Корейсько-український словник

Хо Сун Чьол
Чечельницька Інна

Видавничий дім Мунєрім
Сеул
2012

한국어-우크라이나어 사전

고려대학교 러시아·CIS연구소
허 승 철·체첼니츠카   편저

문예림

2012

머리말

 2012년은 한국과 우크라이나가 외교 관계를 수립한 지 20주년이 되는 해입니다. 우크라이나는 옛 소련에서 분리된 나라 중 러시아 다음으로 인구가 많고, 영토도 유럽에서 두 번째로 넓은 중요한 국가이지만, 국내에서 우크라이나어를 제대로 구사하는 사람의 수는 극히 제한되어 있습니다. 2003년 우크라이나학회가 창설되고 2009년 한국외대에 국내 최초로 우크라이나학과가 창설되어 전문적 교육과 연구가 시작되었지만 아직 국내의 우크라이나학 기반은 약하다고 밖에 볼 수 없습니다. 2007년 국내 최초의 소형 우크라이나어-한국어 사전이 발간되었고, 이번에 한국어-우크라이나어 사전이 발간됨으로써 우크라이나어 공부의 기초 자료가 되는 사전이 한 쌍을 이루어 갖추어지게 된 것에 대해 큰 보람을 느낍니다. 연전에 발간된 〈우-한 사전〉의 오류와 미진한 부분은 곧 개정판을 발행함으로써 바로 잡을 것이고, 이번에 발간되는 〈한-우 사전〉의 내용도 앞으로 계속 보정해 나갈 예정입니다. 그간 우크라이나에 대한 국내의 연구와 언어 교육은 제한적으로 이루어져 왔지만, CIS지역 전체를 폭넓게 연구하는 것이 학문의 균형적 발전뿐 아니라, 우리 국익 증진에도 큰 도움이 된다고 믿습니다. 진정한 세계화, 국제화를 이루기 위해서는 특수 지역 언어를 능숙하고 구사하는 지역 전문 인재들을 골고루 배출하는 일이 선행되어야 합니다.

 슬라브어족에 속하는 우크라이나어는 러시아어, 벨로루스어와 함께 동슬라브어군을 구성하며, 언어 발전 과정과 문법적으로 이 두 언어와 유사성이 많습니다. 우크라이나어의 철자가 러시아어와 네, 다섯 개 밖에 다르지 않아서 우크라이나어를 러시아의 방언 정도로 생각하는 사람이 많지만, 우크라이나어는 러시아어와 분명히 구분되는 언어입니다. 오랜 기간 폴란드-리투아니아, 오스트리아-헝가리 제국의 지배를 받은 결과 서슬라브어로부터의 차용어가 많아서 어휘적 차이가 크고, 특히 동사가 러시아어와 많이 달라서 러시아어를 높은 수준으로 구사하는 사람도 우크라이나어를 독해하고 이해하는 것이 어렵습니다. 현재의 우크라이나의 언어 상황을 정의하자면 우크라이나어와 러시아어가 지역별, 세대별, 사회 영역 별로 혼합적으로 사용되는 이중 언어 국가입니다. 그러나 공식 문서, 방송 등에 국가 공식 언어인 우크라이나어가 사용되고, 무엇보다도 학교 교육이 우크라이나어로 이루어지고 있어서 앞으로 우크라이나어의 역할이 커지고 국가의 주도적 언어가 될 것이 분명합니다.

한국어-우크라이나어 사전이 2년 정도의 짧은 기간에 완성될 수 있었던 것은 〈한러사전(러시아어문학사 간)〉의 구조와 판형을 저본으로 집필하였기 때문입니다. 〈한러사전〉의 구조와 판형을 사용하도록 허락해 준 저자들과 이상수 사장님께 감사의 말씀을 드립니다. 또한 번역이 어려운 일부 단어를 번역해 준 안드레이 리쉬코프 교수와 교정할 부분을 지적해 준 정영주 박사에게 사의를 표하고, 번거로운 편집일을 도와준 고려대 노문과의 권다해, 박종연, 신주원, 이영경, 진지혜, 차상영 학생에게도 고마운 마음을 전합니다. 세계 소수 언어 사전과 교재 발간에 온 힘을 쏟고 계신 〈문예림〉의 서덕일 사장님과 편집진에게도 감사의 뜻을 전합니다.

2012년 6월 저자 허 승 철, 인나 체첼니츠카

일러두기

〈 문법 용어 약어 〉

[남] 남성명사　[여] 여성명사　[남, 여] 남성 또는 여성
[중] 중성명사　[명] 명사　　　[불변] 불변명사
[복수] 복수　　[집] 집합명사　[형] 형용사
[동] 동사　　　[구어] 구어　　[남명] 남성명사 (형용사의)
[여명] 여성명사 (형용사의)　　[복명] 복수명사 (형용사의)

〈 전문용어와 일반적인 약어 〉

{건축} 건축학	{경제} 경제학	{공학} 공학	{광물} 광물학
{군사} 군사용어	{논리} 논리학	{농업} 농업	{동물} 동물학
{물리} 물리학	{법학} 법학	{상업} 상업	{생물} 생물학
{수사} 수사학	{식물} 식물학	{심리} 심리학	{야금} 야금학
{어문} 언어학/문법	{역사} 역사학	{연극} 연극	{영화} 영화
{예술} 예술	{윤리} 윤리학	{음악} 음악	{의학} 의학
{전산} 컴퓨터	{전기} 전기공학	{정치} 정치학	{천문} 천문학
{철도} 철도	{철학} 철학	{해부} 해부학	{해양} 해양학
{화학} 화학			

* -ь로 끝나는 명사의 성 표시
1) -сть로 끝나는 **여성 명사**는 별도 표시 없음
2) -ець, -тель 로 끝나는 **남성 명사**는 별도 표시 없음

〈저자 약력〉

허 승 철
고려대학교 노어노문학과 교수
2006-2008년 주우크라이나 대사
우크라이나 관련 저서:
〈우크라이나어-한국어 사전(공저), 2007〉
〈나의 사랑 우크라이나, 2008〉 〈우크라이나의 이해(공저), 2009〉
〈우크라이나 현대사, 2011〉

체첼니츠카, 인나
2009년 우크라이나 국립언어대학 한국어과 졸업(석사)
2010-2011년 우크라이나 국립언어대학 한국어과 강사

우크라이나어자모 УКРАЇНСЬКИЙ АЛФАВІТ

자모	기울임꼴	발음	명칭	한글 자모	자모	기울임꼴	발음	명칭	한글 자모
А а	*А а*	[а]	а	ㅏ	Н н	*Н н*	[н]	ен	ㄴ, ㄴ
Б б	*Б б*	[б]	бе	ㅂ, 브	О о	*О о*	[о]	о	ㅗ
В в	*В в*	[в]	ве	ㅂ, 브	П п	*П п*	[п]	пе	ㅍ, ㅂ, 프
Г г	*Г г*	[г]	ге	ㅎ, 흐	Р р	*Р р*	[р]	ер	ㄹ, 르
Ґ ґ	*Ґ ґ*	[ґ]	ґе	ㄱ, 그	С с	*С с*	[с]	ес	ㅅ, 스
Д д	*Д д*	[д]	де	ㄷ, 드	Т т	*Т т*	[т]	те	ㅌ, 트
Е е	*Е е*	[е]	е	ㅔ	У у	*У у*	[у]	у	ㅜ
Є є	*Є є*	[є]	є	ㅖ	Ф ф	*Ф ф*	[ф]	еф	ㅍ, 프
Ж ж	*Ж ж*	[ж]	же	ㅈ, 주	Х х	*Х х*	[х]	ха	ㅎ, 흐
З з	*З з*	[з]	зе	ㅈ, 즈	Ц ц	*Ц ц*	[ц]	це	ㅊ, 츠
(И) и	*(И) и*	[и]	и	ㅣ	Ч ч	*Ч ч*	[ч]	че	ㅊ, 치
І і	*І і*	[і]	і	ㅣ	Ш ш	*Ш ш*	[ш]	ша	시, 슈
Ї ї	*Ї ї*	[йі]	ї	ㅣ	Щ щ	*Щ щ*	[шч]	ща	시치
Й й	*Й й*	[й]	йот	ㅣ	ь	*ь*		м'який знак	
К к	*К к*	[к]	ка	ㅋ, ㄱ, 크	Ю ю	*Ю ю*	[ю]	ю	ㅠ
Л л	*Л л*	[л]	ел	ㄹ, ㄹㄹ, 르	Я я	*Я я*	[я]	я	ㅑ
М м	*М м*	[м]	ем	ㅁ, 므	'	*'*		апо́строф	

한글자모 КОРЕЙСЬКИЙ АЛФАВІТ

모 음				자 음			
한글	영문	한글	영문	한글	영문	한글	영문
ㅏ	a	ㅕ	yeo	ㄱ	g, k	ㅌ	t
ㅓ	eo	ㅛ	yo	ㄴ	n	ㅍ	p
ㅗ	o	ㅠ	yu	ㄷ	d, t	ㅎ	h
ㅜ	u	ㅒ	yae	ㄹ	r, l	ㄲ	kk
ㅡ	eu	ㅖ	ye	ㅁ	m	ㄸ	tt
ㅣ	i	ㅘ	wa	ㅂ	b, p	ㅃ	pp
ㅐ	ae	ㅙ	wae	ㅅ	s	ㅆ	ss
ㅔ	e	ㅝ	wo	ㅇ	ng	ㅉ	jj
ㅚ	oe	ㅞ	we	ㅈ	j		
ㅟ	wi	ㅢ	ui	ㅊ	ch		
ㅑ	ya			ㅋ	k		

가

가 край. ‖ 강~ берег річки. 길~ узбіччя дороги. 바닷~ берег моря.

가감 додавання і віднімання. ¶ ~하다 додавати і зменшувати.

가건물 споруда тимчасового типу; времянка.

가게 магазин; лавка.

가격 ціна, вартість. ‖ 소비자~ споживча ціна. ~표 прейскурант.

가결 прийняття; схвалення; твердження. ¶ ~하다 приймати; схвалювати; стверджувати.

가계 домашнє господарство; витрати на життя. ‖ ~부 книга записів витрат по домашньому господарству.

가곡 мелодія пісні; пісня.

가공(加工) обробка; переробка. ¶ ~하다 обробляти; переробляти. ‖ ~공업 переробна промисловість. ~품 оброблений виріб.

가공(可恐) ¶ ~스럽다 страшний.

가공(架空) ¶ ~의 безпідставний; фантастичний.

가관 |볼 만함| гідний уваги. ¶ ~이다! Хороша картина!

가교(架橋) наведення (наведення; споруда) мосту.

가구 меблі [복] ‖ ~점 меблевий магазин.

가극 опера. [형] оперний ‖ ~단 оперна трупа.

가금 домашня птиця.

가급적 наскільки можливо; по можливості; по мірі можливості.

가까스로 ледь, з труднощами.

가까워지다 ставати ближче. |사이가| зблизитися.

가까이 близько; поблизу; біля.

가깝다 |거리| близький; недалекий. |숫자| приблизний. |모양| схожий на кого-що; споріднений кому-чому (з ким-чим). ¶ 가까운 장래에 у близькому майбутньому.

가꾸다 |식물| вирощувати; культивувати. |모양| прикрашати.

가끔 іноді; час від часу; зрідка; порою.

가난 злидні; бідність; потреба; позбавлення. ¶ ~하다 бідний ‖ ~뱅이 бідняк, бідний.

가내공업 кустарна промисловість.

가냘프다 |형체| тоненький; ніжний; крихкий. |소리| тонкий і слабкий. ¶ 가냘픈 희망 боязка надія.

가늘다 тонкий; дрібний. ¶ 가는 목소리 тонкий голос.

가늠 |표적| приціл; припущення. ¶ ~하다 прицілитися; припускати.

가능[성] можливість. ¶ ~하다 можливий. ~한 범위 내에서 в межах можливого.

가다 йти; їхати. |시간| проходити. |관심| зацікавитися |짐작| приходити в голову. |죽다| помирати, піти з життя. |금·주름| тріснути; дати тріщину. |앞으로| 구보로 갓! Кроком бігом марш!

가다듬다 |기억| напружувати пам'ять; зібратися з духом (думками); |목청| прочищати горло; |정신| приходити в себе; брати себе в руки.

가닥 відгалуження. ¶ 한 ~ 희망 промінь надії.

가담 ¶ ~하다 брати участь у чому; приймати участь у чомусь; приєднуватися до кого-чого. || ~자 співучасник; прилучився.

가당하다 підходящий; відповідний. ¶ 가당찮은 нереальне; непідходящий.

가동 завантаження. ¶ ~하다 працю-вати продуктивно. ~시키다 пустити машину.

가두 вулиця. || ~ 연설 виступ на вулиці. ~ 집회 мітинг на вулиці.

가두다 замкнути; тримати в ув'язненні (під замком); брати під варту. ¶ 감옥에 ~ ув'язнити.

가득 битком; повністю; до відмови. ¶ ~싣다 навантажувати до відмови. ~ 차다 бути битком набитим; бути наповненим по вінця.

가득하다 повний; наповнений; наабитий до відмови.

가라앉다 опускатися; занурюватися; осідати; випадати в осад; |배| йти на дно; тонути; |홍분| стихати; заспокоюватися. ¶ 기분이 가라앉은 сумовитий; пригнічений.

가라앉히다 |배| занурювати; опускати на дно. |음| заспокоюватися; втихомирювати.

가락(歌樂) мелодія; мотив.

가락 |실| моток ниток.

가락지 каблучка.

가랑비 дрібний (дробовий) дощ (дощик).

가랑잎 сухе листя.

가래 мокротиння. || ~ 기침 кашель з мокротою.

가래침 слюна з мокротою.

가량 приблизно.

가려내다 вибирати; відбирати.

가련하다 бідний; жалюгідний; нещасний; плачевний.

가렵다 свербіти. [형] сверблячий. || 가려움증 свербіж.

가령 наприклад; якщо; допустимо, що. ¶ ~ …라 하더라도 якщо навіть (нехай; хоча б).

가로 ¶ ~로 горизонтально; на боці; впоперек.

가로(街路) вулиця. || ~등 вуличний ліхтар. ~수길 бульвар; алея.

가로막다 |길| перегороджувати [шлях]. |말| перебивати; переривати.

가로막히다 |길| бути перегородженим; |행동| зустрічати перешкоду.

가로채다 |빼앗다| вихоплювати з чиїх рук. |훔치다| перехоплювати 말 перебивати.

가루|분말| пудра; порошок. |곡분| борошно. || ~약 порошок.

가르다 |쪼개다| розрубувати. |나누다| ділити. |편을| розділяти на дві групи.

가르치다 вчити когось чого; навчати.

가르침 вчення; навчання. |교훈| наставляння. ¶ ~에 따르다 сліду-вати повчанням.

가름하다 ¶ 승패를 ~ вирішувати

результа́т боротьби́.

가리다 |보이지 않게| затуля́ти; закрива́ти; прикрива́ти.

가리다 відбира́ти; вибира́ти. ¶ 음식을 ~ розбі́рливий в їжі. 낯을 ~ боя́тися чужи́х. 수단·방법을 가리지 않다 не вибира́ти ко́штів.

가리마 проді́л. ¶ ~를 타다 роби́ти проді́л.

가리키다 вка́зувати *на кого-що*; пока́зувати.

가마 |머리의| зави́ток.

가마니 соло́м'яний мішо́к (куль) [단위] куль.

가마솥 кухо́нний коте́л.

가만 почека́й[те]; стоп.

가만가만 потихе́ньку; ти́хо-ти́хо; пота́йки.

가만두다 не чіпа́ти, залиша́ти, як є.

가망 наді́я, можли́вість. ¶ ~없는 безнаді́йний.

가맹 вхід *у що-небудь*, у́часть *в чо́мусь.* ‖ ~국 краї́на-уча́сниця.

가면 ма́ска. ¶ ~을 쓰다 надіва́ти ма́ску. ~를 쓰고 під ма́скою *чого.* ‖ ~극 маскара́д.

가명 ви́думане ім'я́.

가무 пісні́ і танці́.

가문 рід, спорі́дненість. ¶ 가문이 좋다 зі зна́тного ро́ду.

가문비나무 яли́нка.

가물거리다 |불빛| мерехті́ти. |먼 뎃것이| нея́вно (тьмя́но) видніти́ся.

가물다 бу́ти ду́же засу́шливим. ¶ 날씨가 ~. Пого́да засу́шлива.

가물치 змієголо́в.

가뭄 за́суха. ‖ ~ 더위 спе́ка в пері́од за́сухи.

가미 ¶ ~하다 надава́ти сма́ку (арома́ту), приправля́ти.

가발 перу́ка. ¶ ~를 쓰다 носи́ти перу́ку.

가방 портфе́ль [남]. |여행용| валі́за. ‖ 손~ су́мка.

가변 ¶ ~적인 мінли́ве.

가볍다 легки́й. |경미| незначни́й; несерйо́зний. ¶ гаплегкоспіш (gавто:еsosno, недовaccio) легко; необа́чно. ¶ 입이 ~ говірки́й. ма́рку мом га́плегкоа з легки́м се́рцем.

가보 фамі́льний скарб.

가부(可否) пра́вильність чи непра́вильність; так або́ ні; «за» або́ «про́ти».

가부장제 патріарха́т. ¶ ~의 патріарха́льний.

가분수 {수학} непра́вильний дріб.

가불 → **가지급**

가뿐하다 легки́й. ¶ 마음이 가뿐하다. Ле́гко на душі́.

가쁘다 |숨| задиха́тися. |힘겹다| важки́й, непоси́льний; задушли́вий. [형동] ледь ди́хаючий.

가사(歌詞) |노래| слова́ пі́сні. |о́пера| лібре́тто (о́пери).

가사(家事) дома́шні (сіме́йні) спра́ви; дома́шнє господа́рство; домогоспода́рство.

가사(假死) (глибо́ка) непритомніс́ть. ¶ ~ 상태에 빠지다 втра́тити свідо́мість.

가산(加算) додава́ння; склада́ння. ¶ ~하다 додава́ти; включа́ти; склада́ти.

가산(家産) майно́ сім'ї́.

가상(假想) уя́ва; припу́щення. ¶ ~의 уя́вний.

가석방 умо́вне (тимчасо́ве) зві́льнення.

가설(假說) гіпо́теза. ¶ ~을 세우

가설(架設) спорядження. |전화선| проведення, прокладка. |다리| наводка. ¶ ~하다 споруджувати; будувати; проводити; прокладати; наводити.

가성(假聲) фальцет; фістула.

가세(加勢) допомога; підтримка, зусилля. ¶ ~하다 допомагати; підтримати; підсилити.

가세(家勢) матеріальне становище сім'ї.

가소롭다 смішний; сміхотворний. .

가속[도] прискорення, збільшення швидкості. ¶ ~하다 прискорювати; збільшувати швидкість.

가솔린 бензин; газолін. [형] бензиновий; газоліновий.

가수(歌手) співак, ~чка.

가스 газ. [형] газовий. ¶ ~ 폭발 вибух газу. ‖ ~관 газопровід; газовий канал. 천연~ натуральний газ. 최루~ слізогінний газ. 탄산~ вуглекислий газ.

가슴 |흉부| груди. |유방| груди; сосок. |심장| серце. |마음| серце; душа.

가시 |장미| шип. |식물의| колючка, скалка. |동물의| голка. ‖ 생선 ~ мілкі риб'ячі кісточки.

가시나무 колючі дерева; колючий кущ.

가시(可視) ¶ ~의 видимий. ‖ 광선 видиме світло.

가식 удавання; лицемірство; афектація. ¶ ~적인 удаваний. ~이 없는 чистосердечний; наївний.

가압류 секвестр. ¶ ~하다 секвеструвати.

가야금 корейський струнний інструмент.

가업 сімейна справа; сімейна професія.

가없다 безкінечний; без кінця; без краю.

가연성 займистість; горючість.

가열 нагрівання. ¶ ~하다 нагрівати.

가엾다 жалюгідний; бідний; сумний. 가엾게 여기다 жаліти *кого-небудь*; співчувати *кому-небудь*. 가엾어라! Яка прикрість!

가오리 скат.

가옥 житловий будинок; будівля.

가요 пісня. ‖ ~제 фестиваль пісні.

가용성(可溶性) розчинність. ¶ ~의 розчинний.

가운 халат; мантія.

가운데 середина; середня частина. ¶ ~의 가운데 посеред (серед) *чого-небудь*.

가위 ножиці. ¶ ~질하다 різати ножицями.

가위 |악몽| кошмарний сон. ¶ ~에 눌리다 мучити (про кошмари уві сні).

가을 осінь [여]. [형] осінній. ‖ 바람 осінній вітер. 늦~ пізня осінь.

가이드 гід; екскурсовод; провідник. ‖ ~라인 директива. ~북 путівник.

가일층 ще більше. ¶ ~ 높게 ще вище.

가입 участь; приєднання; вступ; абонування. ¶ ~하다 брати участь в *чому-небудь*, вступати *у щось*, записатися *у(на) щось*; приєднатися *до чогось*. ‖ ~자 член; абонент.

가자미 {어류} морська камбала.

가장(家長) голова сім'ї; господар дому.

가장(假裝) маскування, перевдягання. ‖ ~ 무도회 маскарад. ~ 행렬 карнавальна хода.

가장 най-|접두|; найбільш. ¶ ~ 좋은 найкращий. ~ 높은 найвищий.

가재 рак.

가재 ¶ ~ 도구 майно сім'ї; домашнє начиння.

가전제품 електроприлад.

가정(家庭) сім'я; сімейство. ¶ ~의 сімейний, домашній. ‖ ~ 교사 гувернер, -ка; домашній вчитель. ~ 교육 домашнє виховання ~ 불화 сімейний розлад.

가정(假定) припущення; гіпотеза; ¶ ~의 гаданий; гіпотетичний. ~하다 гадати; допускати. ‖ ~법 умовний спосіб.

가제 марля. ‖ ~ 붕대 бинт. 소독 ~ стерильний бинт.

가져가다 уносити (з собою), взяти (з собою).

가져오다 приносити (з собою). | 초래하다| тягнути за собою.

가조약 попередня угода.

가조인 парафування; попереднє підписання. ¶ ~하다 парафувати.

가족 сім'я; члени сім'ї. [형] сімейний, домашній. ¶ ~적인 분위기에서 у сімейному колі. ‖ ~법 сімейне право.

가죽 |짐승| шкура; шкіра. |모피| хутро.

가중 обтяження; обваження; посилення. ¶ ~ 처벌하다 посилити міру покарання.

가증스럽다 огидний; ненависний; противний.

가지 гілка.

가지 рід; тип. ¶ ~가지의 різний; різного типу. ~각색의 різноманітний.

가지 {식물} баклажан.

가지급 авансування; видача получки авансом.

가지다 |손에| тримати *що-небудь* в руках. |소유·향유| мати; володіти (розпоряджатися) *чимось*; бути *у когось*. ¶ 아이를 ~ завагітніти. 견해를 ~ мати думку. 반감을 ~ почувати неприязність.

가지런하다 стрункий. [부] злагоджено; в повному порядку.

가짜 |모조품| імітація. |위조품| підробка. ¶ ~의 несправжній. |모조의| імітаційний. |위조의| фальшивий; підробний; підроблений.

가창 спів пісні; пісня. ¶ 그는 ~력이 있다. Він добре співає.

가책 страждання; терзання. ¶ 양심의 ~ докори сумління.

가처분 умовне розпорядження.

가청 чутність. ‖ ~ 범위 межа чутності. ~ 주파수 звукова частота.

가축 (домашня) худоба. ¶ ~을 치다 вирощувати худобу. ‖ ~ 병원 ветеринарна лікарня.

가출 ¶ ~하다 залишати свій дім; тікати з дому. ‖ ~ 청소년 молодь, що залишила дім.

가출옥 (умовне) дострокове звільнення ув'язненого на визначених умовах.

가치 цінність; вартість. ¶ ~가 있는 цінний; вартий *чого-небудь*. ~할 ~가 있다 варто робити *щось*.

가칭 умовне найменування; вигадане ім'я.

가택 дім; житло. ‖ ~ 수색 обшук житла. ~ 연금 домашній арешт

가톨릭교 католицтво; католицизм. [형] католичний ‖ ~인 католик; католичка.

가파르다 крутий; відповідальний. ¶ 가파른 경사 крутий схил.

가판 вулична продажа. ‖ ~점 kiosk.

가풍 сімейні традиції, звичаї сім'ї.

가하다(加--) добавляти; додавати; |타격을| наносити; |탄압| приймати. ¶ 타격을 ~ наносити удар. 압력을 ~ чинити тиск. 비판을 ~ піддавати *кого-небудь* критиці.

가해 ¶ ~하다 завдати шкоди ‖ ~자 шкідник; гвалтівник.

가호 покровительство; підтримка. ¶ 신의 ~로 божою милістю.

가혹 жорстокість; безжалісність. [형] жорстокий; безжалісний.

가훈 сімейний девіз.

각 кут도 кут. ᄈ ріг. ¶ 30도 ~ кут в 30 градусів. ‖ ~설탕 рафінад 예/직/둔 ~ гострий/прямий/тупий кут.

각-- кожний; всякий.

각각 окремо; відповідно. ¶ ~의 різний; різноманітний; окремий.

각계 всі верстви суспільства. ¶ ~각층 всі класи і верстви (суспільства).

각고 посилена робота; посилене намагання. ¶ ~의 노력을 하다 намагатися зі всіх сил, докладати усіх зусиль (намагань) *до чогось*.

각광 рампа; фон. ¶ ~을 받다 бути в центрі уваги, притягувати увагу.

각기병 бери-бери.

각도 кут; кутовий градус |관점| точка зору.

각론 детальний (окремий) виклад; приватність; деталь [여].

각료 член кабінету міністрів; міністр.

각막 рогівка. ‖ ~염 кератит.

각목 дерев'яний брус.

각박 ¶ ~하다 скнарний; скупий; безлюдяний. ~한 세상 жорстокий світ.

각반 гетри; обмотки; краги.

각방[면] кожна сторона; всі сторони; всі напрямки.

각별 ¶ ~하다 особливий. ‖ ~한 사이(관계) особливе (інтимне) відношення.

각본 |영화| сценарій. |연극| п'єса; драма. |오페라| лібретто.

각색(脚色) драматизація; інсценування; екранізація. ¶ ~하다 драматизувати.

각서 замітка; меморандум; пам'ятна записка. |외교| нота ¶ 항의~ нота протесту.

각선미 краса лінії голівки (ноги).

각성 пробудження; свідомість; пильність. ¶ ~하다 пробуджуватися. ‖ ~시키다 будити. ~제 збудливий засіб.

각양각색 різноманітний; різнокольоровий; різношерстий.

각오 готовність; рішимість; свідомість. ¶ 굳은 ~ тверда рішимість.

각운(脚韻) стопа.

각인(刻印) ¶ ~하다 гравірувати. | 혼적| залишати свою печатку *на чомусь.*

각인(各人) кожна (будь-яка) людина.

각자 кожна людина. [형] кожний; особистий; свій.

각재 брус; брусок.

각종 різні сорти. ¶ ~의 різний; різнорідний; різного роду; всякого роду; всі види *чого-небудь.*

각주 виноска; примітка.

각지 кожне місце; різні місця. ¶ 세계 ~에서 в усіх кутках світу.

각처 кожне місце; різні місця. ¶ ~에 скрізь; повсюди.

각축 змагання. ¶ ~하다 змагатися;|| ~장 арена боротьби.

각하 ¶ ~하다 відхиляти, відмовлятися.

각하 |2인칭| Ваша ясновельможність. |3인칭| його (її) ясновельможність.

각혈 → 객혈.

간 |짠 정도·맛| сіль [남]; |간장| соєвий соус. соком́ул розсіл. ¶ ~을 보다 куштувати; наскільки посолено. ~이 맞다 бути посоленим на смак. ~이 싱겁다 недосолений.

간(肝) печінка. ¶ ~이 큰 с міливий; відважний; хоробрий. || ~경변 цироз печінки. ~암 рак печінки. ~염 гепатит.

--간(--間) |기간| протягом часу. |관계| між. ¶ 좌우~에 так чи інакше. 다소~ більше чи менше.

간간이 іноді, час від часу.

간격 відстань; інтервал; проміжок. ¶ ~을 두고 з інтервалом в.

간결 стислість; короткість; лаконізм. ¶ ~하다 стислий; короткий; лаконічний.

간계 хитрість; підступи; задуми; інтрига. ¶ ~를 꾸미다 будувати; підступи; вести інтригу *проти когось.*

간곡 ¶ ~하다 щирий; теплий; щиросердний; наполегливий; пильний. ~한 부탁 наполегливе прохання.

간과 ¶ ~하다 не помітити; продивитися; переглядати; втрачати з виду.

간교 хитрість; підступність. ¶ ~하다 хитрий; підступний.

간구 наполегливе прохання (благання). ¶ ~하다 наполегливо просити (благати).

간극 щілина; тріщина; свердловина. |기술| зазор.

간뇌 проміжний мозок.

간단(簡單) простота; короткість. ¶ ~하다 простий; короткий; спрощенний; нескладний. [부] просто; коротко; в стислій формі; у спрощенній формі. ~히 말하면 коротше кажучи; в двох словах. 점심을 ~히 하다 перекусити.

간단(間斷) ¶ ~없는 безперервний; постійний; невпинний; безупинний. [부] безперервно, постійно.

간담(肝膽) {의학} |간과 쓸개| печінка і жовчний міхур. ~이 서늘해지다 охолонути від страху, від жаху. ~을 서늘케 하ати заморожувати кров.

간드러지다 чарівний; кокетливий. ¶ 간드러지게 웃다 кокетливо; сміятися.

간략 ¶ ~하다 короткий; стислий. ~한 보고 коротка доповідь.

간만 приплив і відлив. ‖ ~의 차 різниця між припливом і відливом

간명 короткість і ясність. ¶ ~하다 короткий і ясний.

간발 ¶ ~의 차이로 на волосинку *від чогось*. ~의 차이로 살아남다 бути на волосинку від смерті.

간밤 минула ніч, минулий вечір.

간병 догляд за хворим. ¶ ~하다 доглядати за хворим. ‖ ~인 санітар, ~ка.

간부(幹部) кадри; кадровий (керівний); керівництво; член правління, верхівка.

간부(奸婦) підступна жінка.

간빙기 міжльодовиковий період.

간사(奸邪) хитрість; лицемірство; підступність; лукавство. ¶ ~하다 лицемірний; хитрий; лукавий. ~한 웃음 підступна (лукава) посмішка. ~한 태도 лукаві манери.

간사(幹事) секретар; діловод.

간석지 болото; солончаки; трясовина.

간선 → 간접선거

간선 магістраль [ея]. ‖ ~ 도로 автомобільна магістраль.

간섭 втручання; інтервенція. ¶ ~하다 втручатися; організовувати інтервенцію. ¶ ~을 받다 піддаватися втручанню. 무력 ~ озброєна інтервенція.

간소 ¶ ~하다 простий; нескладний. ~한 식사 легкий сніданок (обід, вечеря). ~한 옷차림 проста сукня. ‖ ~화 спрощення.

간수 тюремний наглядач.

간수 зберігання; збереження. ¶ ~하다 зберігати.

간식 полуденок. ¶ ~을 먹다 перекусити між сніданком та обідом/обідом та вечерею.

간신히 ледь.

간악 ¶ ~ [무도]하다 злісний; огидлий; підлий.

간언 напучування; застереження. ¶ ~하다 напучувати; застерігати.

간음 порушення подружньої вірності, адюльтер. ¶ ~하다 порушувати подружню вірність; вступати в незаконний зв'язок

간이 [형] простий; спрощений; елементарний. ‖ ~ 식당 закусочна.

간장 соєвий соус. ‖ 양념 ~ соя з приправами. 초~ соя, заправлена оцетом.

간장(肝臟) печінка.

간장(肝腸) ¶ ~이 녹다 |매혹되어| бути зачарованим; очаровуватися чимось. |걱정되어| боліти про душу.

간절 ¶ ~하다 щиросердий; наполегливий; гарячий; щирий ~한 부탁 щире прохання. ~한 소원 пристрасне бажання.

간접 ¶ ~의 посередній; непрямий; опосередкований. ~적으로 посередньо; опосередковано. ~보어 {문법} непрямий додаток. ~ 선거 непрямі вибори; багатоступеневі вибори. ~세 непрямий податок. ~화법 {문법} непряма мова.

간조(морський) відлив.

간주 ¶ ~ ...라고 ~하다 розглядати, як (що); вважати *ким-чим*.

간주곡 інтерлюдія; інтермеццо.

간지(干支) знаки десятирічного та

간지(間紙) паперова прокладка; закладка.

간지럼 лоскоти. ¶ ~ 타다 боятися лоскотів. ~ 태우다 → **간질이다**.

간지럽다 лоскотати; дерти. ¶ 목구멍/코/귀가 ~ *у кого* лоскоче в горлі/носі/вусі. 낯이 ~ почуватися незручно.

간직 зберігання; збереження. ¶ ~하다 зберігати. 추억을 ~ плекати спогади.

간질[병] епілепсія. ‖ ~ 환자 епілептик.

간질간질하다 лоскотний; лоскотливий.

간질거리다 відчувати свербіж (лоскотання).

간질이다 лоскотати.

간책 підступи; інтриги.

간척 осушення. ¶ ~하다 осушувати. ‖ ~ 사업 проект осушення моря чи озера. ~지 осушення поля.

간첩 шпигун; вивідач; агент. ¶ ~을 보내다 засилати шпигуна. ‖ ~죄 шпигунство. ~ 활동 шпигунство.

간청 переконливе прохання. ¶ ~하다 вмовляти; переконливо просити,

간추리다 підсумовувати; резюмувати; підводити підсумки; скорочувати.

간취 ¶ ~하다 осягати; здогадуватися; усвідомлювати; осягати; розгадувати.

간통 перелюбство; адюльтер. ¶ ~하다 перелюбствувати. ‖ ~죄 перелюбство.

간특 ¶ ~하다 хитрий, лукавий.

간파 проникливість. ¶ ~하다 розгадувати; уловлювати; схоплювати.

간판 вивіска. |내세우는 방편| маскування; оманлива зовнішність. |학벌| освітній ценз.

간편 ¶ ~하다 простий; зручний.

간하다(諫--) перестерігати; наставляти *кого*.

간행 видання; публікація. ¶ ~하다 видавати; публікувати. ‖ [정기] ~물 періодичне видання.

간헐 ¶ ~적인 переміжний; перерив-частий; з перебоями.

간호 догляд за хворим. ¶ ~하다 доглядати. ‖ ~병 санітар. ~사 медсестра.

간혹 іноді; часом.

간히다 бути (знаходитися) в ув'язненні (під замком). ¶ 감옥에 ~ знаходитися в ув'язненні.

갈가리 → **갈기갈기**.

갈가마귀 галка.

갈겨쓰다 писати криво і навскоси.

갈고리 гак; гачок.

갈기 грива.

갈기갈기 на шматки, вщент. ¶ ~ 찢다 роздерти (розірвати, порвати) на шматки. 가슴이 ~ 찢기는 아пм щемлива біль у грудях.

갈기다 хльостати, бити; відрізати (одним рухом, ножем). ¶ 따귀를 ~ ударити по щоці.

갈꽃 мітелка тростини (очерету).

갈다 орати, обробляти землю.

갈다 |바꾸다| змінювати; замінювати. |갈아 타다| робити пересадку; пересідати.

갈다 |숫돌에| точити. |칼을| точити

ніж. |연마하다| шліфувати. |가루로| молоти; товкти; розтирати. |이를| скрипіти (скреготіти) зубами.

갈대 очерет; тростина. ‖ ~밭 занавіска з очерету (тростини). ~숲 зарості тростини (очерету).

갈등 конфлікт; розбрат; чвари; розбіжності. ¶ ~을 일으키다 створювати конфлікт; сіяти розбрат.

갈라서다 |이혼| розходитися; стояти порізно.

갈라지다 розбиватися; розриватися; розгалужуватися; розходитися; відходити.

갈래 розгалуження; відгалуження; різновид; вид.

갈륨 галій.

갈리다 розбиватися; розриватися; розгалужуватися; розходитися.

갈리다 |쉬다| захрипнути. ¶ 갈린 목소리| захриплий голос.

갈리다 замінюватися; змінюватися.

갈림길 розвилка доріг; роздоріжжя; дилемма. ¶ ~에서 다 стояти (знаходитися) на роздоріжжі.

갈망 пристрасне бажання; потяг *до чогось*; спрага. ¶ ~하다 жадати *чого*; тягнутися *до чого*.

갈매나무 даурська крушина.

갈매기 чайка.

갈무리하다 дотримуватися в порядку; завершувати; справлятися *з чим*.

갈보 морський огірок.

갈보 повія.

갈비 ребро ‖ ~찜 тушкована грудинка. ~탕 соєвий суп з яловичиної грудинки; суп-пюре з грудинки.

갈색 коричневий колір. |눈·말의 털색| карий колір. ¶ ~의 коричневий; карий.

갈수기 межень. [여]

갈숲 зарості тростини (очерету).

갈아 엎다 розпушувати землю.

갈아 입다 переодягатися.

갈아 타다 пересісти; робити пересадку; пересідати.

갈이 |교체| заміна. |논밭의| оранка.

갈이질하다 |논밭을| орати.

갈이질하다 |날을 세움| точити; виточувати.

갈잎 листя очерету (тростини).

갈증 спрага. ¶ ~이 나다 (을 느끼다) відчувати спрагу. ~을 풀다 вгамовувати спрагу.

갈참나무 дуб кучерявий.

갈채 вигуки схвалення; овація. ¶ 박수 ~ оплески та вигуки схвалення. ~를 보내다 аплодувати.

갈취 присвоєння. ¶ ~하다 присвоювати.

갈치 меч-риба. ‖ ~구이 смажена меч-риба. ~졸임 меч-риба в соєвому соусі.

갈퀴 граблі. ¶ ~로 긁다 згрібати граблями.

갈퀴나물 віка приємна.

갈퀴덩굴 підмаренник чіпкий; липчиця.

갈파 ¶ ~하다 сварити; спростовувати.

갈팡질팡하다 розгубитися; коливатися; замішатися.

갈피 проміжок. ¶ 책 ~ 속에 між сторінками книги. ~를 잡을 수 없다 не могти зрозуміти.

갉다 |쓸다| згрібати. |긁다| дряпати.

갉아먹다 гризти. |이로| грабувати. |재물을| розорити.

갑작거리다 безперервно дряпати (згрібати). безперервно гризти.

갑 хурма. ‖ ~나무 хурма.

갑 |재료| матеріал; заготовка; відріз.

갑 |느낌| почуття. ¶ 공복~ почуття голоду. 책임~ почуття відповідальності.

--갑 матеріал; заготовка; підходяща людина, об'єкт. ¶ 놀림~ об'єкт насміхувань. 며느리~ підходяща невістка. 사위~ підходящий зять. 일~ матеріал для роботи.

갑가 обезцінювання; уцінка; зниження цін. ‖ ~상각 амортизація; амортизаційний фонд.

갑각 відчуття; почуття. ¶ ~적인 чутливий; той, що відчуває; чуттєвий. ‖ ~기관 органи поччуттів. ~ 신경 чуттєвий нерв.

갑감하다 смутний; неясний; туманний. 소식이 ~. Немає ніяких новин.

갑개 глибоке почуття. ¶ ~무량하다. бути сповненим глибоким почуттям.

갑격 хвилювання; глибоке враження; розлучення. ¶ ~적인 [연설] зворушлива (промова). ~스럽다 хвилюючий; зворушливий. ~하다 бути схвильованим (зворушеним). ~시키다 зворушити.

갑광 світлочутливість. ‖ ~지 світлочутливий папір.

갑국 {식물} златоцвіт індійський.

갑군 скорочення воєнних сил. ¶ ~하다 скорочувати воєнні сили.

갑귤 цитрусові.

갑금 тюремне ув'язнення; заключення; утримання під арештом; інтернування. ¶ ~하다 заключати до в'язниці; взяти під арешт; інтернувати. ‖ 불법~ незаконний арешт.

갑기 застуда. ¶ ~에 걸리다 заступитися; підчепити застуду. 나는 ~에 걸렸다. Я застуджений. ‖ ~약 ліки від застуди. 유행성 ~ (епідемічний) грипп. 코~ нежить.

갑기다 |실| бути намотаним (обмотаним). |몸에| чіплятися (приклеїтися) до тіла.

갑기다 |눈이| закриватися; злипатися. |감게 하다| закривати кому очі; змушувати кого закрити очі.

갑내 терпіння; витривалість. ¶ ~하다 терпіти, зносити.

갑다 |눈을| закривати (очі).

갑다 |씻을| мити. ¶ 머리를 ~ мити голову.

갑다 |실 따위를| обмотувати; намотувати. |붕대를| бинтувати кого-що.

갑당 ¶ ~하다 брати на себе; нести (відповідальність); витримати; знести; справитися. ~할 수 있다 в силах зробити що. ~하지 못하다 не справлятися з чимось.

갑도 чутливість.

갑독 контроль [ведення]; інспекція; нагляд. |사람| контролер, інспектор; наглядач. |공사 등의| наглядач. |연극의| режисер. ¶ ~하다 наглядати за чим-ким; наглядати; інспектувати. ~하에 під наглядом кого-чого. ‖ ~관 наглядач. 영화 ~ кінорежисер. ~기관 органи інспекції (нагляду).

갑돌다 витися; вертітися;

кружляти; повертатися.

감동 глибоке враження (почуття). ¶ ~적인 зворушливий; хвилюючий. ~적으로 зворушливо. ~하다 бути глибоко зворушеним (схвильованим, розчуленим). ~시키다 розчулити; зворушити. ~을 주다 справляти глибоке враження.

감람 олива; маслина ‖ ~나무 оливкове дерево; маслина.

감량 втрата в вазі.

감로 нектар; благодатна волога (роса). ‖ ~수 сироп.

감리 нагляд; надзирання. ¶ ~하다 надзирати; наглядати.

감리교 методизм. ‖ ~ 신자 методисти. ~회 методична церква.

감마 гама. ‖ ~ 방사선 гама-радіаційність. ~선 гама-промені.

감면 зменшення; зниження; пом'якшення; відміна. ¶ ~하다 зменшувати; знижувати; пом'якшувати; відміняти.

감명 глибоке враження. ¶ ~적인 хвилюючий; зворушливий. ~을 주다 справляти глибоке враження.

감미 смак солодкого; солодкий смак. ¶ ~롭다 солодкий; солодкуватий. ‖ ~료 підсолоджувачі.

감방 тюремна камера; в'язниця.

감별 відмінність; диференціація. ¶ ~하다 розрізнювати; відрізняти; визначати.

감복 захоплення; захват. ¶ ~하다 захоплюватися.

감봉 зниження зарплати. ¶ ~하다 знижувати зарплату. ~당하다 знижуватися; урізатися; зменшитися про зарплату.

감사(感謝) подяка; вдячність. ~하다 дякувати *комусь за щось*, виражати *кому* свою вдячність *за щось*. ¶ ~의 표시로서 у знак вдячності. ‖ ~장 лист подяки.

감사(監事) інспектор; ревізор.

감사(監查) інспекція; інспектування; перевірка; нагляд; ревізія. ‖ 회계 ~ перевірка звітності.

감산(減產) скорочення виробництва; скорочення продуктивності. ¶ ~하다 скорочувати (знижувати) виробництво.

감상(感傷) сентиментальність. ¶ ~적인 сентиментальний. ‖ ~주의 сентименталізм. ~주의자 сентименталіст.

감상(感想) враження. ¶ ~을 말하다 розповідати про своє враження.

감상(鑑賞) ¶ ~하다 оцінювати; продивлятися.

감색 темно-блакитний колір.

감성 чутливість. ¶ ~적 чутливий.

감세 зниження податку. ¶ ~하다 знижувати податок.

감소 зменшення; скорочення; зниження; спад. ¶ ~하다 зменшуватися; спадати; скорочуватися; знижуватися; йти на спад.

감속 зменшення швидкості. ¶ ~하다 зменшувати (скорочувати) швидкість (хід); уповільнювати. ‖ ~장치 редуктор; редукторна передача.

감수(甘受) ¶ ~하다 охоче (з готовністю) приймати; терпіти; зносити; покорятися *чому-кому*; підкорятися *кому-чому*. 모욕을

~하다 зносити образи.

감수(監修) загальна редакція. ¶ ~자 головний редактор.

감수(減收) зменшення (пониження) доходів (урожаю, збору).

감시 спостереження; нагляд; інспекція. ¶ ~하다 наглядати; інспектувати. ~하에 두다 ставити під нагляд. ‖ ~기구 контролююча організація. ~선 сторожевий (чатовий) катер. ~자 наглядач.

감식(鑑識) ~하다 оцінювати; судити; розбиратися. 지문~ дактилоскопія.

감싸다 |감아 싸다| обгортати; загортати; |비호| покривати; брати під захист.

감안 ¶ ~하다 враховувати; мати на увазі *щось*.

감액 зменшення суми. ¶ ~하다 зменшувати суму.

감언 солодкі слова. ¶ ~이설 звабливі слова; медоточиві промови.

감염 інфекція; зараження. ¶ ~되다 заражуватися *чим*. ‖ ~성의 заразний; заразливий; контагіозний.

감옥 в'язниця; темниця. ‖ ~살이 тюремне ув'язнення.

감원 скорочення штатів (особистого складу). ¶ ~하다 скорочувати штати (особистий склад).

감응 |전기 따위| індукція. |공감| симпатія.

감자 картопля.

감자(減資) зменшення капіталу. ¶ ~하다 зменшувати капітал.

감전 ¶ ~되다 отримувати удар електричним струмом. ‖ ~사 смерть від електричного шоку.

감점 погана оцінка. ¶ ~하다 ставити погану оцінку.

감정(感情) почуття. |정서| емоція. |격정| пристрасть [ф]. ~적인 чуттєвий; емоційний. ~을 자극하다 викликати почуття. ~을 ек нудрти стримувати (угамовувати) пристрасть.

감정(憾情) почуття невдоволення. ¶ ~을 사다 викликати невдоволення. ~을 품다 мати зуб *проти кого*.

감정(鑑定) |판단| оцінка. |전문가의| експертиза. |가격의| визначення. ¶ ~하다 проводити експертизу (оцінку), виказувати свою думку як експерт, визначати. ‖ ~가 експерт.

감지 ~하다 відчувати; усвідомлювати. ‖ ~장치 сенсор.

감지덕지 безкінечна вдячність.

감질나다 відчувати сильне бажання.

감쪽같다 непомітний. ¶ 감쪽같이 속다 обманутися непомітно для себе.

감찰(監察) інспекція; надзор. ¶ ~하다 інспектувати; наглядати.

감청[색] блакить [ф]; блакитний колір.

감초 {한의} солодковий корінь; лакриця. ¶ 약방의 ~ необхідна річ чи людина.

감촉 відчуття; почуття; дотик. ¶ ~하다 відчувати; почувати.

감추다 ховати; приховувати. ¶ 몸을 ~ ховатися. 자취를 ~ переховуватися; зникати з виду.

감축 скорочення; зменшення;

감치다 обметувати (тканину); підрубати.

감칠맛 приємний смак; привабливість.

감탄 захоплення, захват. ¶ ~하다 захоплюватися, бути в захваті ‖ ~문 окличне речення. ~부호 окличний знак. ~사 вигук.

감퇴 падіння; занепад; зменшення; послаблення. ‖ 식욕 ~ втрата апетиту.

감투 |벼슬| посада; пост. ¶ ~를 쓰다 бути на службі; служити; нузаслуженою користуватися поганою славою.

감투(敢鬪) ¶ ~하다 мужньо боротися. ~ 정신 бойовий дух.

감하다 |빼다| відняти. |줄이다| зменшувати; віднімати. |경감| пом'якшувати.

감행 ¶ ~하다 вживати; сміливо здійснювати.

감형 пом'якшення покарання ¶ ~하다 пом'якшувати покарання.

감화 благовторний вплив. |교정| виправлення. ¶ ~를 주다 впливати *на кого-що*, ·· 의 ~를 받а́ти під впливом *кого*. ‖ ~력 сила благотворного впливу.

감회 почуття; думки. ¶ ~가 새롭다 згадувати.

감흥 натхнення; інтерес. ¶ ~이 일다 бути натхненним.

감히 ¶ ~ ...을 하다 сміти (посміти) робити що.

갑(甲) |아무개| дехто.

갑(匣) ящичок, коробок. ¶ 담배 한 ~ пачка цигарок.

갑(岬) мис.

갑각류 ракоподібні.

갑갑하다 нудний; тужливий. ¶ 가슴이 갑갑해 죽겠다. На душі тужливо.

갑론을박 запекла суперечка.

갑문 шлюз.

갑부 багатій.

갑상선 щитоподібна залоза. ‖ ~비대 гіпертеріоз.

갑옷 кольчуга.

갑자기 раптом.

갑작스럽다 неочікуваний; раптовий; розгублений. ¶ 갑작스레 несподівано; раптом.

갑절 в два рази. ¶ 두 ~ в два рази. 여러 ~ в декілька разів, в багато раз.

갑종 перший клас (розряд); категорія А.

갑충 {동물} жук; жорсткокрилі.

갑판 палуба.

값 |가격| ціна. |가치| цінність. ¶ 알맞은 ~ підходяща ціна. ~이 싼/비싼 дешевий/дорогий. ~진 дорогий; вартий; цінний. ~을 치르다 платити. ~이 오르다/내리다 підвищуватися/понижуватися про ціну. ~을 깎다 знижувати ціну.

값어치 |가치| ціна.

갓 |쓰는| капелюх.

갓 |나이| рівно ... років. ¶ ~ 스무 살 рівно 20 років.

갓 |방금| щойно. ¶ ~ 구운 빵 щойно спечений хліб.

갓난아이 новонароджений (дитина).

강(江) річка. ¶ ~ 건너[에] через річку. ~을 따라 по річці ~을

건너다 переходити річку. ‖ ~가 берег річки.

강간 згвалтування. ¶ ~하다 згвалтувати.

강건 ¶ ~하다 міцний; міцного здоров'я.

강경 ¶ ~하다 рішучий; твердий; енергійний; непохитний. ~히 рішучо, енергійно; твердо, непохитно. ‖ ~노선 рішуча лінія. ~파 прибічники крайніх заходів.

강공 сильна атака. ¶ ~을 펴다 сильно атакувати.

강관 сталева труба.

강구(强求) ¶ ~하다 (ретельно) вивчати (досліджувати).

강권(强勸) ¶ ~하다 наполегливо переконувати; примушувати. 일을 ~하다 примушувати; працювати.

강단 кафедра; трибуна.

강당 лекційний зал; аудиторія.

강대 ¶ ~하다 потужний; могутній; великий.

강(대)국 велика (потужна, сильна) держава.

강도 розбійник; ганстер. ¶ ~를 당하다 бути пограбованим.

강독 читання; вивчення. ¶ ~하다 читати, вивчати.

강둑 дамба.

강력 сила; потужність. ¶ ~하다 потужний; могутній; завзятий. ~하게(~히) посилено; завзято; енергійно. ‖ ~범 кримінальний злочинець.

강렬하다 сильний; інтенсивний.

강령 платформа; програма.

강론 пояснення. ¶ ~하다 пояснювати.

강림하다 зійти з небес на землю.

강매 ¶ ~하다 змусити купити.

강박 тиск; нажим; репресії. ‖ ~관념 нав'язлива ідея.

강변(江邊) берег річки.

강변(强辯) софістика; казуїстика. ~하다 займатися софістикою (казуїстикою).

강사 лектор; викладач. ‖ 시간 ~ лектор з неповним навантаженням.

강산 гори й річки; пейзаж; батьківщина.

강설 снігопад. ‖ ~량 кількість випавшого снігу.

강성(强盛) ¶ ~하다 сильний; потужний.

강성(强性) міцність.

강세 наголос.

강수(降水) опади. ‖ ~량 кількість опадів.

강습(强襲) штурм; приступ; наліт. ¶ ~하다 штурмувати; йти на приступ; налітати *на кого-що*.

강습(講習) курс навчання, курс лекцій. ¶ ~하다 навчатися на курсах, слухати курс лекцій. ‖ ~생 курсант. ~회 курси.

강심제 засіб для серця.

강아지 цуценя.

강아지풀 гомі; миший зелений.

강압 примус.¶ ~적인 примусовий. ~적으로 примусово. ~하다 примушувати. …에게 ~을 가하다 виявляти вплив *на кого*.

강약 сила і слабкість.

강연 лекція; виступ. ¶ ~하다 читати лекцію; виступати ‖ ~자 лектор. ~회 (публічна) лекція.

강요(强要) наполеглива вимога; нав'язування; примус. ¶ ~하다

강우 випадіння опадів. ‖ ~량 кількість опадів; опади.
강의 лекція; викладання. ‖ ~실 аудиторія; лекційний зал
강인 ¶ ~하다 стійкий; витривалий.
강자 сильна людина; сильна особистість.
강장제 тонізуючий засіб.
강적 сильний супротивник.
강점(强點) перевага; сильна сторона.
강점(强占) захоплення; окупація. ¶ ~하다 захоплювати; окупувати.
강제 примус. [형] примусовий; насильний. [부] примусово; насильно. ¶ ~하다 примушувати; заставляти. ‖ ~노동 примусова робота. ~집행 примусові міри.
강조 підкресленя; акцент. ¶ ~하다 підкреслювати; особливо відмічати; акцентувати.
강좌 кафедра. ¶ ~를 열다 заснувати кафедру.
강직 ¶ ~하다 прямий; чесний.
강진 сильний землетрус.
강철 сталь. [여]
강촌 село на березі річки.
강추위 сильний мороз.
강타 сильний удар.
강탈 пограбування. ¶ ~하다 грабувати. ‖ ~자 грабіжник.
강판 лита сталь; прокат.
강퍅하다 впертий; деспотичний.
강평 критичний огляд; розбір. ¶ ~하다 робити критичний огляд; розбирати.
강포 ¶ ~하다 жорстокий.
강풍(强風) сильний вітер.
강하 ¶ ~하다 опускатися.
강해 пояснення; тлумачення.
강행 примушення; форсування ¶ ~하다 примушувати; робити, що мусиш; форсувати. ‖ ~군 форсований марш.
강화(講和) мир. ¶ ~하다 укладати мир. ‖ ~조약 мирний договір. ~회의 мирна конференція.
강화(强化) укріплення; посилення. ¶ ~하다 укріплювати; посилювати.
강화 лекція; виступ; бесіда. ¶ ~하다 виступати.
갖다 мати; матися; бути на обличчя.
갖다주다 приносити.
갖추다 мати; підготуватися. ¶ 방어 태세를 ~ підготуватися до оборони.
같다 однаковий; той самий. ¶ 똑~ абсолютно однаковий. 꼭~ точно такий же. 이와 같은 подібного роду; подібний. 아래와 같은 нижченаведений.
같이 однаково; так само; разом.
같이하다 разом робити. ¶ 고락을 ~ розділяти горе та радість. 의견을 ~ розділяти думку.
개 собака. ‖ ~고기 собачатина; собаче м'ясо. ~자식 негідник. ~죽 юшка для собаки. ~집 собача конура.
개 штука.
개-- ¶ ~꿈 плутаний сон. ~판 пекло; неприємна справа; неприємність; безлад.
개가(凱歌) переможна пісня.
개각 перестановка у складі уряду.
개간 підняття (оранка) цілини.

~하다 розорювати; піднімати цілину. ‖ ~지 піднята цілина.

개강 ¶ ~하다 почати курс лекцій.

개개 ¶ ~의 окремий.

개과천선 розкаявшись, вступити на правильну путь; виправляти помилки.

개관(概觀) огляд; загальний вигляд. ¶ ~하다 робити огляд.

개관(開館) відкриття музея; виставки. ¶ ~하다 відчиняти музей; виставку.

개괄 узагальнення; висновок. ¶ ~적인 сумарний; підсумковий; узагальнюючий. ~적으로 в загальних рисах.

개교 відкриття (заснування) школи (учбового закладу).

개구리 жаба. ¶ 우물 안의 ~ людина з обмеженим або вузьким поглядом.

개구리밥 ряска.

개구쟁이 пустун; бешкетник.

개국 ¶ ~하다 засновувати країну; відкривати країну.

개그 жарт; хохма. ‖ ~맨 комік; автор жартів; хохмач.

개근 ¶ ~하다 ходити на роботу кожен день; акуратно (регулярно, щоденно) відвідувати заняття.

개기 ‖ ~ 일식 повне сонячне затемнення. ~ 월식 повне місячне затемнення.

개나리 форзиція висяча.

개념 поняття; концепція. ‖ ~주의 концептуалізм.

개다 |날씨가| проясніти. |비가| переставати.

개다 |옷을| згортати. |이불을| застеляти постіль.

개략 резюме; в загальному; в основному. ¶ ~적 загальний; основний.

개량 покращення; реформа. ¶ ~하다 покращувати; реформувати; удосконалювати. ¶ ~한 удосконалений; модернізований. ‖ ~주의 реформізм. ~주의적 реформовий.

개런티 гонорар; гонорарство.

개론 введення; вступна частина.

개머리[판] приклад зброї.

개명하다 змінювати прізвище (імя); перейменовуватися.

개미 мураха. ‖ ~ 허리 осина талія.

개발 |발전| розвиток. |토지| освоєння; розробка. |자원| експлуатація. ¶ ~하다 розвивати; освоювати; розробляти; експлуатувати. ‖ ~도상국 країни, що розвиваються. 저 ~국 (економічно) слаборозвинуті країни.

개방 відкриття. ¶ ~ 정책 політика «відкритих дверей». ~적 відкритий; вільний. ~하다 відкривати; звільняти. ‖ ~성 відкритий характер. ~형 відкритий тип.

개벽 створення світу; початок нової ери.

개별 окремий; індивідуальний; персональний. ¶ ~적으로 окремо; індивідуально; персонально. ‖ ~성 індивідуальна особливість.

개복 {의학} розтин черевної порожнини. ¶ ~수술 розтин черевної порожнини.

개봉 ¶ ~하다 |봉투| відкривати (конверт). |영화| демонструвати

новий кінофільм.

개비 |장작| поліно. ¶ 담배 한 ~ одна сигарета.

개살구 дикий абрикос.

개서 ¶ ~하다 писати заново.

개선 покращення; виправлення; удосконалення. ¶ ~하다 покращувати; виправляти. ‖ ~책 міри по покращенню (виправленню) чогось.

개선(凱旋) тріумф; перемога ¶ ~하다 вертатися з перемогою (з тріумфом). ‖~장군 тріумфатор. ~문 тріумфальна арка.

개설 заснування; відкриття. ¶ ~하다 засновувати; відкривати.

개성 індивідуальність; індивідуальні особливости; особистість. ¶ ~적 індивідуальний. ~이 뚜렷하다 яскраво виражена індивідуальність.

개소 засновувати; створювати. ‖ ~식 церемонія відкриття (заснування).

개수(改修) ¶ ~하다 ремонтувати.

개수(個數) кількість (число) предметів.

개수사 кількісний числівник.

개수작 нісенітниця; дурниця. ¶ ~하다 городити нісенітницю; нести дурницю.

개수통 таз для миття посуду.

개숫물 вода для миття посуду.

개시(開始) початок; відкриття. ~하다 починати; відкривати.

개악 погіршення; зміни в гіршу сторону. ¶ ~하다 погіршувати; змінювати в гіршу сторону.

개안 |눈을 뜸| відкриття очей; |불교에서| усвідомлення істини.

개암 горіхи ліщини. ‖ ~ 나무 ліщина; ліщина різнолиста.

개업 ¶ ~하다 відкривати підприємство (справу). ‖ 개업의 (開業醫) частопрактикуючий лікар.

개연 ¶ ~적인 ймовірний. ‖ ~성 ймовірність.

개요 короткий нарис; короткий виклад; резюме основи.

개운하다 свіжий; приємний; легкий; радісний.

개울 струмок; річка.

개원 відкриття лікарні (госпіталя; учбового закладу).

개의(介意) ¶ ~치 않다 не брати до уваги.

개이다 прояснiти. ¶ 비가 ~. Дощ закінчується.

개인 індивідум; особистість; особа; приватна. ¶ ~의 особисто; індивідуально; як приватна особа. ‖ ~ 교수 репетитор. ~ 소득 особистий дохід. ~ 소유 приватна власність. ~ 숭배 культ особистости. ~택시 приватне таксі. ~주의 індивідуалізм.

개입 втручання. ¶ ~하다. втручатися у щось; вторгатися у щось.

개자식 → 개

개작 переробка. ¶ ~하다 переробляти.

개장 відкриття. ¶ ~하다 відкривати (театр).

개전(改悛) каяття; покаяння. ~의 정이 보이다 каятися в своїх гріхах.

개전(開戰) початок (відкриття) військових дій. ¶ ~하다 відкривати воєнні дії; починати війну́.

개점 ¶ ~하다 відкрива́ти (нови́й) магази́н; почина́ти торгі́влю.

개정(開廷) ¶ ~하다 почина́ти судови́й проце́с.

개정(改正) ¶ ~하다 виправля́ти; поправля́ти. ‖ ~안 ви́правлений (допо́внений) проє́кт.

개정(改訂) пере́гляд; випра́влення ви́пуску. ‖ ~판 перероблений ви́пуск.

개조 перетво́рення; перероби́ка; перебудо́ва; реконстру́кція. ¶ ~하다 перетво́рювати; реконструюва́ти; перероби́ти; перегляда́ти.

개종 перехо́дити в і́ншу ві́ру. ¶ ~하다 перехо́дити в і́ншу ві́ру.

개중 ¶ ~에 се́ред багатьо́х.

개진 виклада́ти зміст; роби́ти зая́ву; висло́влювати зміст.

개집합 {수학} відкриття́ багатьо́х.

개찰 перевірка біле́тів. ¶ ~하다 переві́рити біле́ти. ‖ ~구 мі́сце перевірки біле́тів.

개척 осно́ва. |토지| обробі́ток. |학문| осво́єння. |시장| відкриття́ ново́го ри́нку. ¶ ~하다 осво́ювати; обробля́ти зе́млю. осво́ювати нову́ га́лузь нау́ки. 자기 길을 ~하다 пробива́ти собі́ шлях. 자기 운명을 ~하다 прокла́дати свій шлях в житті́. 새로운 판로를 ~하다 відкрива́ти нови́й ри́нок збу́ту. ‖ ~자 піоне́р; першовідкрива́ч.

개천절 коре́йське свя́то, коли́ згі́дно мі́фу заснува́лась пе́рша держа́ва.

개체 індиві́дум, осо́ба.

개최 відкриття́; улаштува́ння. ¶ ~하다 відкрива́ти зібра́ння. ‖ ~지 мі́сце, де відкрива́ється зібра́ння, поді́я.

개축 ¶ ~하다 реконструюва́ти; переналашто́вувати.

개칭 перейменува́ння. ¶ ~하다 переймено́вувати.

개탄 ¶ ~하다 горюва́ти; сумува́ти; шкодува́ти.

개통 ¶ ~하다 відкрива́ти рух; повідо́млення. ‖ ~식 церемо́нія відкриття́ ру́ху повідо́млення.

개펄 заболо́чене мі́сце; багно́.

개편 ¶ ~하다 переналашто́вувати; реорганізо́вувати; перегрупо́вувати.

개평 отри́мане дарма́.

개폐(開閉) відкриття́ та закриття́. ¶ ~하다 відкрива́ти й закрива́ти; вмика́ти та вимика́ти. ‖ ~교 розвідни́й міст.

개표 ¶ ~하다 розкрива́ти у́рну для голосува́ння і підрахо́вувати ви́борчі бюлете́ні.

개피 бекма́нія звича́йна

개학 ¶ ~하다 почина́ти заня́ття; нови́й навча́льний рік; відкрива́ти навча́льний за́клад. ‖ ~식날 день ново́го навча́льного ро́ку.

개항 ¶ ~하다 відкрива́ти (нови́й) порт.

개헌 попра́вка конституції. ‖ ~안 припу́щення попра́вки конституції.

개혁 рефо́рма; перетво́рення. ¶ ~하다 реформува́ти; перетво́рювати; обновля́ти. ‖ ~자 рефо́рматор; перетво́рювач; реорганіза́тор. ~파 реформа́торский поті́к (крило́).

개화(開花) цвіті́ння; процвіта́ння;

ро́зквіт. ¶ ~하다 розпуска́тися; цвісти́; розквіта́ти; процвіта́ти. ‖ ~기 пері́од цвіті́ння; пері́од ро́зквіту.

개화(開化) цивіліза́ція; просві́тництво. ‖ ~ 사상 іде́ї прихи́льників «ру́ху за цивіліза́цію». ~운동 «рух за цивіліза́цію». ~파 прихи́льники «ру́ху за цивіліза́цію».

개회 відкриття́ (поча́ток) зібра́ння. ¶ ~하다 відкрива́ти (почина́ти) зібра́ння (засі́дання). ~를 선언하다 оголо́шувати зібра́ння відкри́тим ‖ ~사 вступне́ сло́во (промо́ва).

객 гість; відві́дувач; кліє́нт; гляда́ч.

객고 стражда́ння (незру́чності), що випробо́вуються на чужи́ні.

객관 об'є́ктивна реа́льність; тре́тя (заціка́влена) осо́ба; об'єкти́вний спостеріга́ч. ¶~적 об'єкти́вний. ~성 об'єкти́вність. ‖ ~주의 об'єктиві́зм.

객관화 уречевлення; втілення. ¶~하다 об'єктивізува́ти; втілювати; роби́ти речови́м (предме́тним); об'єктивізува́ти.

객기 гаря́чність; пори́вчастість. ¶ ~를 부리다 проявля́ти гаря́чність (юна́цький запа́л).

객담(客談) марносло́в'я; даре́мні слова́. ¶ ~하다 займа́тися порожньою балакани́ною.

객사(客死) ¶ ~하다 поме́рти на чужи́ні

객사(客 숨) готе́ль [남].

객석 місця́ для гостей (відві́дувачів; гляда́чів)

객실 кімна́та для гостей. |호텔| но́мер. |배| каю́та

객원 гість [남]. ‖ ~교수 запро́шений виклада́ч

객지 чужи́на. ‖ ~살이 життя́ на чужи́ні.

객차 пасажи́рський ваго́н; пасажи́рський по́тяг.

객체 об'є́кт.

객혈 кровохарка́ння. ¶ ~하다 харка́ти кро́в'ю.

갤러리 галере́я.

갤럽 조사 соціологі́чне анке́тне опи́тування насе́лення.

갤론 гало́н.

갭(gap) |틈| проло́м; щіли́на. |간격| ві́дстань; промі́жок. |차이| ро́зрив; розхо́дження. |부족| пробі́л; недоста́ча.

갯마을 село́, що знахо́диться на бе́резі рі́чки.

갯물 річкова́ вода́.

갯바람 ві́тер з рі́чки.

갯버들 верба́.

갯벌 широ́ке мі́сце на бе́резі рі́чки.

갱 ша́хта, копа́льні. ‖ ~구 вхід у ша́хту. ~도 што́льня; підзе́мний хід.

갱 ба́нда розбі́йників; ша́йка грабі́жників.

갱년기 клімакте́рій; менопа́уза; клімакте́рний пері́од. ‖ ~ 장애 клімакте́рний синдро́м.

갱생 пове́рнення до життя́; воскресі́ння. ¶ ~하다 поверта́ти до життя́; воскреса́ти; відроджу́ватися. ‖ 자력~ відро́дження вла́сними си́лами.

갱신 оно́влення. ¶ ~하다 оно́влювати(ся); відно́влювати(ся)

갸륵하다 похва́льний. ¶ 갸륵히 여기다 вважа́ти похва́льним;

хвалити.

갸름하다 продовгуватий; овальний; подовжений. ¶ 갸름한 눈 мигдалеподібні очі. 갸름한 얼굴 продовгувате обличчя. 갸름한 코 тонкий ніс.

갸우뚱 ¶ ~하다 схилитися; нахилитися; покоситися. ~거리다 гойдатися зі сторони в сторону; мотати (головою).

갸웃 ¶ ~하다 схиляти набік (голову)

갹출 ¶ ~하다 робити внесок; вносити плату.

거간 ‖ ~꾼 маклер; посередник.

거구 гігантська (величезна; велика) фігура.

거국 вся країна. ¶ ~적 загальнонаціональний.

거금 (巨金) велика сума грошей.

거기 там; те.

거꾸러지다 впасти ниць; потерпіти крах.

거꾸러뜨리다 |넘어뜨림| повалити; звалити; перекинути. |격파| разити; наносити поразку.

거꾸로 догори ногами; догори дном; шкереберть; навпаки.

--거나 ¶ 많~ 적~ 마찬가지다. Багато чи ні – все одно. 그가 오 ~ 말~ 우리는 갈 것이다. Прийде він чи ні, ми поїдемо. 옳 ~ 그르~ 내 생각은 그렇다. Правильно чи ні, але така моя думка.

거나하다 досить п'яний.

거느리다 |부하·단체| командувати *ким-чим*; керувати *ким-чим*; брати під свій початок. |자식을| турбуватися.

거닐다 прогулюватися; бродити.

거담제 відхаркуючий засіб.

거대 ¶ ~하다 величезний; гігантський; колосальний.

거덜나다 розорятися; приходити в занепад; терпіти крах.

거동 поведінка; образ дій. ¶ ~하다 вести себе.

거두 голова; вожак; лідер.

거두절미 ¶ ~하다 відрізати голову і хвіст; говорити тільки про головне, опускаючи деталі, подробиці.

거두다 |모으다| збирати; прибирати; приводити в порядок. |얻다| домагатися; досягати. ¶ 곡식을 ~ збирати врожай. 성과를 ~ досягати успіхів. 세금을 ~ стягувати податки; збирати мито. 숨을 ~ випустити останній подих.

거드름 надмінне (високомірне) відношення (поведінка); самовдоволений (надмінний) вигляд. ¶ ~을 피우다 проявляти зарозумілість. ‖ ~쟁이 гордій

--거든 가정 якщо; коли.

거들 корсет; ремінь. [남]

거들다 |돕다| допомагати. |말참견| втручатися; вставляти слово.

거들먹거리다 задирати носа; зазнаватися; задаватися.

거들떠보다 дивитися в усі очі (пильно)

거듭 знову; повторно; неодноразово. ¶ ~하다 повторювати. 거듭거듭 знову і знову; неодноразово. ~ 강조하다 знову підкреслювати.

거뜬하다 зручний; легкий. ¶ 마음이 ~ легко на душі.

거래 торгівля; торгове (ділове) відношення; угода. ¶ ~하다

вести́ спра́ву *з ким*; ма́ти ділові́ відно́сини; вступа́ти в уго́ду *з ким*. ‖ ~ 관계 ділові́ зв'язки́. ~선 контраге́нт в уго́ді; клієнт. ~소 бі́ржа. ~처 клієнт; клієнту́ра 선물~ уго́да на строк. 신용 ~ уго́да в креди́т. 콜~ онко́льна уго́да. 현금 ~ ка́сова уго́да.

거론 ¶ ~하다 вино́сити на обгово́рення.

거룩하다 свяще́ний; вели́кий.

거룻배 чо́вен.

거르다 проці́джувати; фільтрува́ти.

거르다 пору́шувати поря́док; пропуска́ти; переска́кувати. ¶ 걸러 뛰다 перестри́бувати; переска́кувати.

거름 |분뇨| гній. |비료| до́бриво. ¶ ~을 주다 угно́ювати; удо́брювати.

거리 |재료| матеріа́л; сировина́. |대상| предме́т; об'є́кт; те́ма. ¶ 자랑~ предме́т го́рдості. 웃음~ об'є́кт насмі́хування. 이야기~ те́ма розмо́ви.

거리 ву́лиця. ¶ ~에 во́ду бри́зкати полива́ти ву́лиці. ~ 거리 ко́жна ву́лиця. ‖ ~등 ву́личні ліхтарі́.

거리(距離) диста́нція; ві́дстань; інтерва́л; рі́зниця; відмі́нність; розбі́жність. ¶ ~를 ре́да виміря́ти ві́дстань. 나의 생각과는 ~가 멀다 Це си́льно розхо́диться з мої́ми ду́мками.

거리끼다 |방해되다| слугува́ти перешко́дою; зважа́ти; перешкоджа́ти. |마음에 걸리다| турбува́тися; хвилюва́тися; вага́тися; не нава́жуватися. ¶ 거리낌 перешко́да. 거리낌 없이 рішу́чо; без коли́вань.

거만 гордови́тість. ¶ ~하다 гордови́тий; зарозумі́лий; високомі́рний. ~하게 гордови́то; високомі́рно. ~을 떨다 вести́ себе́ гордови́то; пово́дитися зарозумі́ло; хизува́тися.

거머리 пия́вка. |비유| кровопи́вця; насти́рлива люди́на.

거머쥐다 схопи́ти; мі́цно трима́ти; стиска́ти в руці́.

거머채다 відбира́ти; відніма́ти.

거멓다 чорнува́тий. ¶ 거먼 구름 те́мна хма́ра.

거목 вели́ке (величе́зне) де́рево.

거무스름하다 чорнува́тий; те́мний; засма́глий.

거문고 коре́йський націона́льний шестиструнний музи́чний інструме́нт.

거물 видатна́ осо́бистість; знамени́тість; гіга́нт; ве́летень. ¶ 당대의 ~ видатна́ люди́на свого́ ча́су. 정계의 ~ політи́чний лі́дер. 재계의 ~ фіна́нсовий магна́т.

거미 паву́к. ¶ ~줄을 치다 плести́ павути́ну. |비유적으로| влашто́вувати обла́ву. ‖ ~줄 павути́на.

거반 бі́льше полови́ни; ма́йже все.

거보 вели́кий крок впере́д. ¶ ~를 내딛다 роби́ти вели́кий крок впере́д.

거부(巨富) ду́же бага́та люди́на.

거부(拒否) відмо́ва; відхи́лення. ¶ ~하다 відмовля́ти; відхиля́ти; відкида́ти; наклада́ти ве́то. ‖ ~권 ве́то. ~을 행са́дати прийма́ти ве́то.

거북 морська́ черепа́ха. ¶ ~이 걸음 крок черепа́хи. ‖ ~선 панци́рний кора́бель.

거북하다 незручний; обмежений; незграбний; нескладний.

거사(巨事) велика подія; велика справа.

거사(擧事) ¶ ~하다 починати велику справу; бути ініціатором у великій справі.

거상 великий торговець.

거석 кам'яна брила. |고고| мегаліти. || ~ 문화 культура періоду мегалітичних споруд.

거성(巨星) {천문} зірка-гігант.

거세 дії тварин кастрація; холостіння;; 세력 вихолощування. ¶ ~하다 каструвати; холостити; вихолощувати.

거세다 сильний; міцний; грубий. ¶ 물결이 ~ міцна хвиля.

거소 місце проживання.

거수 |찬반| голосування підняттям руки. ¶ ~하다 піднімати руку; голосувати підняттям руки. || ~ 경례 віддавання честі підняттям руки.

거스르다 йти наперекір; не коритися; противитися. ¶ 거슬러 올라가다 йти проти течії; розглядати ретроспективно.

거스르다 здавати решту; отримувати решту. || 거스름돈 решта.

거슬리다 суперечити; бути неслухняним. ¶ 마음에 ~ бути не до душі.

거슴츠레 ¶ 눈이 ~ 감기다 очі злипаються. 눈이 ~하다 очі посоловіли.

거시 ¶ ~적 макроскопічний. ~ 세계 макрокосмос. ~ 경제학 макроекономіка. ~ 경제 정책 глобальна економічна політика.

거실 житлова кімната.

거액 величезна сума.

거역 ¶ ~하다 не коритися; чинити опір; суперечити.

거울 дзеркало. |모범| зразок; приклад; урок. ¶ ~ 같다 дзеркально чистий; гладкий як дзеркало. …을 ~로 삼다 вважати кого-що прикладом.

거위 домашня гуска. ¶ ~ 걸음을 걷다 ходити перевальцем.

거의 майже; ледь. ¶ ~거의 майже зовсім.

거인 велетень; гігант; колос. |비유| велика людина.

거작 шедевр.

거장 великий художник; великий майстер; визнаний вчений.

거저 просто; без праці; без всього; ні з чим; безкоштовно; даремно. ¶ ~ 먹다 легко отримати (зайняти); легко справитися з чим.

거적 солом'яний мат. ¶ ~을 깔다 розстеляти солом'яний мат.

거절 відмова. ¶ ~하다 відмовлятися *від чого*; відмовляти *кому в чому*. 요구를 ~하다 відхиляти вимогу.

거점 опорний пункт; база; ключова позиція; точка опори. || 군사 ~ воєнний стратегічний пункт.

거족적 всенародний; загальнонаціональний. ¶ ~으로 всенародно; загальнонаціонально.

거주 проживання. ¶ ~하다 жити; проживати. || ~권 право на проживання. ~ 기간 час проживання; осілість. ~자 житель. ~ 증명서 вид на проживання. ~지 місце проживання.

거지 жебрак. ¶ ~ 같다 бути

거짓

схо́жим на жебрака́; найгі́рший; грубий. ~ 같이 як жебра́к. ~ 꼴 жебра́цький ви́гляд. ~ 발싸개 по́гань. [여]

거짓 брехня́ [여]; фальш [여]. ¶ ~의 помилко́вий; фальши́вий. ~ 없이 правди́во. ~ 없이 고백하다 щиросе́рдно зізнава́тися. ~ 진술 неправди́ві показа́ння. ~을 적발하다 викрива́ти брехню́. ‖ ~부리 брехня́.

거짓말 брехня́. ¶ ~을 하다 бреха́ти; говори́ти брехню́; розповіда́ти нісені́тницю. ‖ ~쟁이 бреху́н.

거처(居處) мі́сце прожива́ння. ¶ ~하다 жи́ти; прожива́ти. ~를 옮기다 змі́нювати мі́сце прожива́ння. ¶ ~를 정하다 поселя́тися.

거쳐가다 прохо́дити через що.

거추장스럽다 клопітли́вий; обтя́жливий; громі́дкий. ¶ 거추장스ре́гьке хати́ заважа́ти кому́; турбува́ти; клопота́ти.

거취 відно́шення; пози́ція. ¶ ~를 정하다 визнача́ти пози́цію в чо́му (відно́шення до чо́го).

거치 ¶ ~의 예금 терміно́вий. |지불| відстро́чений. ‖ ~ 기간 строк за́йму.

거치다 |들러서 가다| захо́дити за що; заїзджа́ти за що.

거칠다 непокла́дливий; грубий; жорсткий; шерша́вий; запусті́лий. ¶ 거칠게 다루다 гру́бо пово́дитися ким-чим. 거친 피부 шерша́ва шкі́ра. 숨결이 ~ тя́жко ди́хати.

거칠하다 худий; ча́хлий.

거침 перешко́да. ¶ ~없다 безперешко́дний. ~없이

безперешко́дно; гла́дко; без затри́мки; рішу́че.

거포 |대포| вели́ка гарма́та. |강타자| си́льний відбива́ючий.

거푸 декі́лька раз; зно́ву і зно́ву.

거푸집 |들뜬 자리| взду́те мі́сце. | 주형| відли́вна фо́рма; опо́ка.

거품 пі́на; пузи́р. [남] ¶ ~이 일다 пі́нитися. 입에 ~을 물다 з пі́ною бі́ля ро́та (на уста́х). 물 ~이 되다 піти́ пра́хом; звести́ся до нуля́; ло́пнути як ми́льна ку́ля. ‖ 맥주 ~ пивна́ пі́на. 비누 ~ ми́льна пі́на.

거한 гіга́нт.

거함 вели́кий воє́нний кора́бе́ль

거행 |행사| прове́дення; при́стрій. ¶ ~하다 прово́дити; влашто́вувати; слі́дувати нака́зу.

걱정 |불안·근심| занепоко́єння; хвилюва́ння; триво́га; заклопо́таність. |신경씀| турбо́та. ¶ ~스럽다 неспокі́йний. ~하다 кори́сн турбува́тися; триво́житися; нерво́ви турбува́тися.

건(巾) головна́ пов'я́зка.

건(件) спра́ва; поді́я; рахунко́ве сло́во для стате́й; докуме́нтів; об'є́ктів.

건(腱) {해부} сухожи́лля. ‖ Ахі́ллес ~ ахі́ллове сухожи́лля.

건-- |마른| сухий; су́шений. ‖ ~ 어물 в'я́лена (су́шена) риба. ~ 전지 суха́ батаре́я.

건강 здоро́в'я. ¶ ~하다 здоро́вий. ~을 회복하다 виду́жувати; віднов́лювати здоро́в'я. ~에 좋은 /나쁜 кори́сний/шкідли́вий для здоро́в'я. ‖ ~ 진단 меди́чний о́гляд.

건국 заснува́ння держа́ви. ¶ ~하다

засновувати державу. || ~ 기념일 день заснування держави

건너 через; на іншій (протилежній) стороні. ¶ 강 ~에 по ту сторону (на тій стороні) річки. ~가다 |길을| переходити (через) вулицю (дорогу); |강을| перепливати (через) річку. ~ 뛰다 перестрибувати; перескакувати; пропускати чергу. ~ 짚다 передбачувати; здогадуватися. || ~ 마을 сусіднє село. ~편 інша (протилежна) сторона.

건너다 |길을| переходити (через) вулицю (дорогу); |강을| перепливати (через) річку.

건널목 переїзд; перехід. || ~지기 сторож на переїзді.

건네다 перевозити; передавати; |말을| перекидатися (словами, жартами).

건달 ледащо бродяга. || ~패 ледарі; нероба.

건더기 продукти, що йдуть на приготування рідких страв (овочі, крупи, м'ясо); гуща.

건드리다 |접촉| рушати; ворушити. |자극| збуджувати; дратувати. ¶ 마음의 상처를 ~ вередити душу.

건들거리다 колихатися; гойдатися. |바람이| віяти. |행동이| поводити себе трохи вульгарно.

건립 ¶ ~하다 споруджувати; створювати. || ~자 творець; засновник.

건망 забудкуватість. || ~증 амнезія; послаблення пам'яті; непритомність.

건물 будівля, будова; || 고층 ~ висотна будівля.

건반 клавіатура. || ~ 악기 клавішні інструменти.

건방지다 самовдоволений; нахабний.

건배 тост. ¶ ~를 제의하다 запропонувати (проголосити) тост.

건빵 сухар; галета.

건사 ¶ ~하다 турбуватися; доглядати; створювати умови для роботи.

건선{의학} псоріаз; лускоподібний лишай.

건설 будівництво; конструкція; споруда; створення. ¶ ~적 конструктивний. ~하다 будувати; створювати; конструювати.

건성 ¶ ~으로 для виду; зовні.

건성(乾性) ¶ ~의 сухий; висушений.

건수 число (кількість) предметів (речей).

건승 цвітуче здоров'я. ¶ ~을 빌다 бажати кому цвітучого здоров'я.

건실 ¶ ~하다 міцний; здоровий. ~한 사람 вірний (надійний) чоловік.

건의 пропозиція; рекомендація. ¶ ~하다 пропонувати; рекомендувати. || ~서 (письмова) пропозиція; рекомендація; докладна записка. ~안 проект пропозиції.

건장 ¶ ~하다 міцний; здоровий.

건재(健在) ¶ ~하다 бути повністю здоровим.

건전 ¶ ~하다 здоровий. |합리적| здравий. ~한 신체에 ~한 정신 В здоровому тілі здоровий дух.

건전지 суха (електрична) батарея.

건조(乾燥) сушка; сушення. ¶ ~하다 [형] сухий; нудний. [동] сушити; висушувати. 무미~하다

건지다 сухи́й; нудни́й. ‖ ~기 суши́лка; суши́льний; суши́льний апара́т.

건지다 (з води́) вийма́ти; витя́гувати.

건초 сі́но. ‖ ~열 сі́нна гаря́чка.

건축 будівни́цтво; спору́дження; возве́дення; застро́йка. ¶ ~하다 будува́ти; спору́джувати; возво́дити; забудо́вувати. ~용의 буді́вельний; призна́чений для будівни́цтва. ‖ ~가 архіте́ктор. ~ 공사 буді́вельні робо́ти. ~물 будо́ва; постро́йка; буді́вля ~ 양식 архітекту́рний стиль. ~업자 буді́вельник. ~학 архітекту́ра. ~학자 архіте́ктор. ~ 현장 감독 виконро́б.

건투 упе́рта боротьба́; мі́цне здоро́в'я. ¶ ~를 빌다 бажа́ти здоро́в'я.

건평 пло́ща примі́щення.

건폐율 коефіціє́нт буді́влі до пло́щі.

건포도 су́шений виногра́д; роди́нки.

걷다 йти́ пі́шки; крокува́ти. ‖걷기 ході́ння.

걷다 |за́ліза| прибира́ти (ска́тувати) посте́ль. ¶ 커튼을 ~ підійма́ти заві́су. 걷어 들이다 підійма́ти; підбира́ти; збира́ти.

걷다 збира́ти. ¶ 세금을 ~ збира́ти пода́тки. 회비를 ~ збира́ти чле́нські вне́ски.

걷어차다 пхну́ти.

걷어치우다 прибира́ти; закі́нчувати; переставати; відкида́ти.

걸걸하다 си́льний. ¶ 걸걸한 목소리 си́льний го́лос.

걸다 |옷을| ві́шати; |줄을| накида́ти; начі́плювати. |시동을| запуска́ти мото́р. |목숨을| ризикува́ти. ¶ 농담을 ~ жартува́ти *над ким*.말을 ~ зверта́тися *к кому*. 목숨을 ~ ризикува́ти життя́м. 최면을 ~ загіпнотизува́ти. 희망을 ~ покладати наді́ї.

걸러 ¶ 한 시간 ~ че́рез ко́жну годи́ну. 두 집 ~ ко́жні два буди́нка. 뛰다 пропуска́ти; не роби́ти чого.

걸레 ганчі́рка. ¶ ~질을 하다 ми́ти (підло́гу) ганчі́ркою; витира́ти (пилю́ку) ганчі́ркою.

걸리다 |매달리다| висі́ти; бу́ти пові́шаним (наки́нутим); бу́ти нача́пленим; зачі́плюватися *за що*. |적발되다| потрапля́ти. |돌에| спіткну́тися об ка́мінь. |시동이| бу́ти запу́щеним. |시간이| вимага́ти; затра́чатися. ¶ 눈에 ~ трапля́тися на о́чі. 마ю́м에 ~ лежа́ти на душі́; турбува́ти. 목에 ~ застряга́ти в го́рлі. 병에 ~ захворі́ти.

걸머지다 |등에| носи́ти на спи́ні. |어깨에| нести́ на свої́х плеча́х. |책임을| бра́ти на себе́. |빚을| ма́ти борги́; заборгува́ти.

걸물 видатна́ особи́стість.

걸상 ла́вка; стіле́ць.

걸쇠 (дверни́й) гачо́к.

걸식 ¶ ~하다 проси́ти ми́лостиню; проси́ти на прожиття́. ‖ ~자 злиде́нний; жебра́к.

걸신 дух, вимага́ючий подая́ння; ненаси́тна обжо́ра. ¶ ~ 들리다 бу́ти ненаси́тним (прожо́рливим).

걸음 крок. ¶ 바́ппе ~ поспі́шний крок. ~을 내디́д роби́ти крок впере́д. ~을 늦추다 упові́ль-нити крок. ~을 멈추다

зупини́тися. ~을 서두르다 поспіша́ти. ~이 빠르다/누ільно ходи́ти швидки́м/пові́льним кро́ком. 한 ~ мулерся́ відступа́ти на крок. ǁ ~걸이 хід. ~마 вчи́тися ходи́ти; шкандиба́ти.

걸인 убо́гий; жебра́к.

걸작 |작품| шеде́вр. |언행| заба́вна (смішна́) поведі́нка. |사람| жартівни́к.

걸쭉하다 густува́тий.

걸출 видатна́ люди́на. ¶ ~하다 видатни́й.

걸치다 |건너 걸치다| бу́ти перекинутим через що. |얹어 놓다| перекида́ти. |옷을| накида́ти; надіва́ти. |시간·거리가| простяга́тися; тягну́тися; охва́чувати. |술을| пи́ти. |해·달이| бу́ти на за́ході. ¶ …에 걸쳐 в те́чію; про́тягом чого.

걸터앉다 сиді́ти на краю́ сті́льця; дива́ну.

걸핏하면 ледь що; з найме́ншого (будь-я́кого) при́воду.

걸쭉지근하다 нерозбі́рливий. |음식이| невередли́вий.

검 меч. ǁ ~법 пра́вила фехтува́ння. ~술 фехтува́ння.

검거 аре́шт. ¶ ~하다 арешто́вувати. ǁ ~ 선풍 ма́сові аре́шти.

검다 чо́рний. ¶ 검은 깨 чо́рний кунжу́т. ¶ 검은 돈 гро́ші, здобу́ті нече́сним шля́хом. ¶ 검은 마음 чо́рна душа́.

검댕 са́жа; кі́птява. нага́р; забру́днений (покри́тий) са́жою.

검도 фехтува́ння.

검둥이 темношкі́ра люди́на; негр. |개| чо́рна соба́ка.

검무 та́нець з меча́ми. ¶ ~를 추다 вико́нувати та́нець з меча́ми.

검문 до́піт. ¶ ~하다 допи́тувати. ǁ ~소 контро́льно-пропускни́й пункт.

검버섯 те́мні пля́ми на обли́ччі.

검붉다 те́мно-черво́ний.

검사(檢査) перевірка; о́гляд; інспе́кція; контро́ль [на]. ¶ ~하다 перевіря́ти; інспектува́ти; огляда́ти; контролюва́ти. ǁ ~관 інспе́ктор; контроле́р; ревізо́р; перевіря́ючий; екзамена́тор. ~증 акт о́гляду. 체력 ~ меди́чний о́гляд.

검사(檢事) прокуро́р; обвинува́ч. ǁ 부장 ~ головни́й прокуро́р.

검색 ¶ ~하다 |범인을| розшу́кувати; |조회| справля́тися про кого-що.

검소 ¶ ~하다 скро́мний.

검수(檢數) перевірка ная́вності. ~하́ перевіря́ти; прово́дити ревізі́ю. ǁ ~원 контроле́р; ревізо́р.

검시 ¶ ~하다 огляда́ти труп; прово́дити ро́зтин тру́па.

검안 ¶ ~하다 перевіря́ти зір. ǁ ~경 офтальмоско́п. ~경 검са́ офтальмоскопі́я.

검약 еконо́мія; оща́дність. ¶ ~하́ді еконо́мити; бу́ти бережли́вим.

검역 каранти́н. ¶ ~хати піддава́ти каранти́ну; піддава́ти меди́чному о́гляду. ǁ ~선 каранти́нне су́дно. ~소 каранти́н; саніта́рний пункт. ~의 каранти́нний лі́кар. ~증명서 сві́доцтво про вакцина́цію. ~항 каранти́нний порт.

검열 |간행물| цензу́ра; перевірка;

검인 контро́ль; інспе́кція. |군대| пара́д; о́гляд. ¶ ~하다 піддава́ти цензу́рі; перевіря́ти; інспектува́ти; контролюва́ти. ~을 받다 проходи́ти цензу́ру. ‖ ~제도 систе́ма контро́лю (цензу́ри).

검인 ві́за; печа́тка (штамп) для засві́дчення про переві́рку. ¶ ~을 찍다 візува́ти.

검인정 ‖ ~교과서 розв'я́заний підру́чник.

검정 офіці́йне затве́рдження (схва́лення); пере́гляд. ‖ ~고시 кваліфіко́ваний екза́мен; екза́мен на зва́ння *кого-чого*.

검증 підтве́рдження; до́каз. ¶ ~하다 засві́дчувати автенти́чність; завіря́ти.

검지 вказівни́й па́лець.

검진 меди́чний о́гляд; судо́во-меди́чна експерти́за. ¶ ~하다 піддава́ти меди́чному о́гляду; проводи́ти судо́во-меди́чну експерти́зу.

검찰(檢察) прокурату́ра. ‖ ~청 прокурату́ра. ~총장 генера́льний прокуро́р.

검출 детектува́ння.

검토 ро́згляд; дослі́дження. ¶ ~하다 розгляда́ти; дослі́джувати. ‖ 재~ пере́гляд; повто́рна переві́рка; переезаменува́ння.

검표 переві́рка квитків. ¶ ~하다 перевіря́ти квитки́.

검푸르다 гу́сто-си́ній; гу́сто-зеле́ний.

겁 |공포| страх. |소심| боягу́зтво; легкоду́шність. ¶ ~이 많다 лякли́вий; бязли́вий. ~이 없다 безстра́шний. ~을 내다 боя́тися; ляка́тися. ‖ ~쟁이 боягу́з.

겁탈 наси́льство; наси́лля. |야탈| грабі́ж. |강간| згвалтува́ння. ¶ ~하다 грабува́ти; гвалтува́ти.

겉 зо́внішня сторона́; пове́рхня; зо́внішній ви́гляд.

겉-- зо́внішній; поверхо́вий; зразко́вий; грубий. ¶ ~늙다 вигляда́ти ста́рше свого́ ві́ку.

겉껍데기 кора́; шкарлу́па; ра́ковина; лушпа́йка.

겉껍질 шкі́ра; лушпа́йка.

겉돌다 |공전| працюва́ти на холосто́му ходу́; верті́тися вхолосту́. |안섞임| не змі́шуватися; не розчиня́тися; сам-на-сам не вжива́тися.

겉면 зо́внішня сторона́.

겉모습 [겉모양] зо́внішній ви́гляд

겉보기 зо́внішній ви́гляд. ¶ ~에는 зо́вні; на ви́гляд.

겉보리 необру́шений ячмі́нь.

겉봉 зо́внішній конве́рт.

겉옷 ве́рхній о́дяг.

겉절이 свіжопросо́льна листова́ капу́ста (молода́ ре́дька).

겉치레 ¶ ~하다 наво́дити зо́внішній блиск; наража́тися.

겉치장 показни́й ви́гляд; види́мість.

게 краб. ¶ 마파람에 ~ 눈 감추듯 нена́че коро́ва язико́м злиза́ла. ~걸음치다 ру́хатися (ходи́ти) бо́ком; бу́ти пові́льним (неповоро́ткий). ‖ ~살 м'я́со кра́ба; су́шене м'я́со кра́ба. ~장 соло́ні кра́би, приготова́ні в со́євому со́усі; со́євий со́ус з соло́ними кра́бами; ікра́ кра́ба

게걸스럽다 здава́тися прожерли́вим (ненаси́тним; жадібним).

게다가 до того́ ж; на дода́чу; бі́льше того́; пона́д те.

게딱지 панцир краба. ¶ 집이 ~ 같다(~만 하다). Маленький і старий дім.

게르마늄 {화학} германій.

게릴라 партизан. ‖ ~전 партизанські війська.

게스트 гість [남].

게시 оголошення; повідомлення; бюлетень [남]. ¶ ~하다 оповіщати; повідомляти; давати оголошення. ‖ ~판 дошка оголошень.

게양 ¶ ~하다 піднімати прапор. ‖ ~대 флагшток.

게우다 рвати; нудити.

게으르다 лінивий; недбайливий.

게으름 лінь [남]. ¶ ~을 부리다 лінуватися. ~을 피우다 ледарювати. ‖ ~쟁이(뱅이) ледащо; ледар.

게이(gay) гомосексуаліст; «ґомік».

게이지 вимірювальний пристрій.

게이트웨이 ворота; вхід; вихід.

게임 гра; змагання. ‖ 컴퓨터 ~ комп'ютерні ігри.

게재 ¶ ~하다 поміщати в газеті; в журналі; опубліковувати.

겨 висівки.

겨냥 ¶ ~하다 мітитися; цілитися.

겨누다 цілитися; мітити; звіряти; співставляти; порівнювати; примірювати. ¶ 총을 ~ цілитися із гвинтівки (пістолету).

겨드랑이 |신체| підмишка. |옷| ластка. ¶ ~에 끼고 가다 нести підмишкою.

겨레 родичі; рідня; нація; співвітчизники. ‖ 한~ корейська нація.

겨루다 змагатися. ¶ 승부를 ~ оспорювати першість. 힘을 ~ мірятися силами.

겨를 вільний час; дозвілля. ¶ 어느 ~에 в якийсь момент.

겨우 ледь; насилу. ¶ ~ 살아가다 перебиватися. ~ 열차 시간에 댔다. Ледь встиг на потяг.

겨우내 всю зиму; за зиму.

겨우살이 все необхідне на зиму.

겨우살이 |기생식물| рослина-паразит; омела пофарбована.

겨울 зима. ¶ ~의 зимовий. [을] 나다 проводити зиму; (перезимувати). ‖ ~맞이 підготовка до зими. ~바람 зимовий вітер. ~밤 зимова ніч; зимовий вечір. ~방학 зимові канікули. ~옷 зимовий одяг.

겨자 гірчиця.

격(格) |지위| розряд; положення. |자격| в якості кого; як. |품위| особистої якості; гідність. |문법| відмінок. ¶ ~이 다르다 належати іншому суспільству. ~이 떨어지다 не підходити.

격감 ¶ ~하다 різко падати; різко скорочувати(ся); помітно зменшувати(ся).

격납고 ангар.

격년 кожний другий рік; через (кожний) рік.

격노 гнів; лють. ¶ ~한 розлючений; збуджений. ~하다 бути охопленим гнівом; розізлитися; розлютитися. ~한 군중 розлючені маси.

격돌 сильне зіткнення. ¶ ~하다 з силою стикатися *с ким-чим*; налітати *на кого-що*.

격동 |움직임| різкий рух. |인심| хвилювання. |충격| удар; імпульс. |동요| потрясіння. |감정|

збу́дження. ¶ ~적 хвилю́ючий; бу́рний; потрясни́й. ~하다 рі́зко вдаря́ти; збу́джувати(ся); прихо́дити в збу́дження.

격랑 бурхли́ві хви́лі. |비유하여| важке́ випробо́вування.

격려 підтри́мка; насна́га; заохо́чення; до́брення. ¶ ~하다 надиха́ти; заохо́чувати; одобря́ти; підтри́мувати. ‖ ~금 заохо́чення. ~문 зве́рнення. ~사 натхне́нна промо́ва.

격렬 ¶ ~하다 запе́клий; бурхли́вий; буйни́й; палки́й. ~한 논쟁 запе́кла супере́чка.

격론 палкі́ деба́ти; гаря́ча супере́чка; го́стра диску́сія.

격리 ізоля́ція; роз'є́днання. ¶ ~하다 ізолюва́ти; відбира́ти; обира́ти. ‖ ~ 병실 ізоля́тор.

격멸 розгро́м; зни́щення. ¶ ~하다 громи́ти; зни́щувати; вини́щувати.

격무 напру́жена робо́та; важкі́ зобов'я́зання. ¶ ~에 시달리다 втомлюватися від напру́женої робо́ти.

격문 зве́рнення; проклама́ція.

격물치지(格物致知) пізна́ння приро́ди рече́й (я́вищ) шля́хом вивче́ння сами́х рече́й.

격발(擊發) уда́р. ‖ ~기 затво́р; збу́джувач. ~ 장치 уда́рний-спускови́й механі́зм; уда́рник.

격변 рі́зка переміна; рі́зка (неочі́кувана) змі́на; переворо́т. |운명·사태| перепиті́я. ¶ ~하다 рі́зко змі́нюватися.

격변화 відмі́нювання.

격분 обу́рення; гнів. ¶ ~하다 обу́рюватися. ~하여 з обу́ренням.

격상(格上) вихваля́ння. ¶ ~하다 вихваля́ти.

격세 че́рез поколі́ння; і́нше столі́ття. ~지감이 있다 відчува́ти себе́ так, як на́че потра́пив в і́нший світ. ‖ ~ 유전 атаві́зм.

격식 но́рми; пра́вила; форма́льність; церемо́нія; заве́дений поря́док. ~ 없이 без церемо́ній. ~을 갖추다 дотри́муватися пра́вил. ~에 맞다 відповіда́ти пра́вилам. ~을 차리다 церемо́нитися.

격심 ¶ ~하다 ду́же си́льний; інтенси́вний; ду́же рі́зкий.

격앙 збу́дження. ¶ ~하다 бу́ти збу́дженим.

격어미 відмі́нкове закі́нчення.

격언 прика́зка; афори́зм.

격월 ¶ ~로 че́рез (ко́жний) мі́сяць. ‖ ~간 вида́ння, яке́ вихо́дить раз в два ро́ки.

격의 сокрове́нне; те, що бережеться гли́боко в душі́. ¶ ~없는 відве́ртий; неприхо́ваний.

격일 ¶ ~로 че́рез (ко́жний) день. ~제로 근무하다 працюва́ти че́рез день.

격자 решітка; переплі́т; сі́тка. ‖ ~망 дротяна́ сі́тка. ~ 무늬 рі́зна (лі́пна) прикра́са. ~창 реші́тчасте вікно́.

격전 жо́стка боротьба́ (схва́тка); жорстки́й бій. ¶ ~을 치르다 вести́ жорстку́ боротьбу́; бра́ти у́часть в жорстко́му бою́. ‖ ~장(지) мі́сце (по́ле) жорсто́кої би́тви.

격정 збу́дження; гаря́чість. ¶ ~적 палки́й; при́страсний.

격조 відпові́дна тона́льність; мелоді́йність; особи́сті я́кості;

(досто́йності). ¶ ~ 높은 натхне́нний; урочи́стий.

격주 ¶ ~의 че́рез (ко́жний) ти́ждень.

격증 рі́зке збі́льшення (ріст) ¶ ~하다 рі́зко збі́льшуватися (зроста́ти)

격차 рі́зниця; прі́рва. ¶ 임금 ~ рі́зниця в опла́ті пра́ці. 빈부의 ~ прі́рва між бі́дністю та бага́тством.

격찬 восхвале́ння; ще́дра похвала́. ¶ ~하다 восхваля́ти; розхва́лювати.

격추 ¶ ~하다 зби́ти літа́к.

격침 потопле́ння. ¶ ~하다 (по)топи́ти корабе́ль.

격퇴 відбиття́ (ата́ки). ¶ ~하다 відбива́ти ата́ку; відкида́ти (во́рога).

격투(激鬪) жорсто́ка бороть́ба́; жа́рка су́тичка. ¶ ~하다 бра́ти у́часть в жарќій су́тичці.

격파 розгро́м; зни́щення. ¶ ~하다 громи́ти; зни́щувати.

격하다(激--) |성격| запальний. |흥분하다| збу́джуватися; гарячи́тися.

격화 загострення; озло́блення. ¶ ~하다 озло́блюватися. ~시키다 загострювати.

겪다 |경험| випробо́вувати. |고난| перено́сити; терпі́ти.

견고 ¶ ~하다 мі́цний; сті́йкий; непору́шний. ~한 진지 непристу́пна форте́ця. ‖ ~성 мі́цність; сті́йкість.

견디다 терпі́ти; вино́сити; витри́мувати. ¶ 시련을 ~ вино́сити (витри́мувати) випробо́вування. 유혹을 ~ встоя́ти перед споку́сою. 불에 ~ вогнетривки́й; незгора́ючий; жаромі́цний. 견딜 수 있는 терпи́мий; сте́рпний; 견디기 어ру́ю неперпи́мий; несте́рпний.

견문 спостере́ження; зна́ння; світо́гляд; еруди́ція; (життє́вий) до́свід. ¶ ~이 넓다 бу́ти до́бре обі́знаним; ма́ти вели́кий (життє́вий) до́свід.

견본 зразо́к; моде́ль [여].

견사 газ; шо́вковий флер; шо́вкова вуа́ль.

견습 учні́вство. ¶ ~하다 перейма́ти до́свід. ‖ ~공 у́чень (на виробни́цтві). ~생 практика́нт; стаже́р.

견실 ¶ ~하다 тверди́й; сті́йкий; наді́йний.

견원 ¶ ~지간이다 жи́ти як кі́шка з соба́кою.

견인(牽引) тя́га; буксирува́ння. ¶ ~하다 тягну́ти; та́щити. ‖ ~구간 діля́нка тя́ги. ~력 си́ла тя́ги; си́ла притяѓне́ння. ~차 тяга́ч.

견장 пого́ни.

견적 попере́дній (приблизний) розраху́нок (підраху́нок); кошто́рис; оці́нка. ‖ ~서 (письмо́вий) кошто́рис.

견제 стри́мування; прибо́ркання; призупи́нка. ¶ ~хаda стри́мувати; ско́вувати; прибо́ркувати; призупи́няти. ~를 받та бу́ти ско́ваним. ‖ {군사} ~ 공격 відволіка́ючий уда́р; фінт.

견주다 порі́внювати; співставля́ти.

견지(堅持) ¶ ~하́a тве́рдо трима́ти; мі́цно утри́мувати; притри́муватися *чого*; рі́шу́чо підтри́мувати.

견지(見地) то́чка зо́ру; по́гляд; пози́ція.

견직(물) шо́вкова ткани́на; шовк.

견책 ¶ ~하다 докоряти *кого в чому*; осуджувати *кого за що*. ~을 받다 отримувати *від кого* догану *за що*.

견학 екскурсія; огляд. ¶ ~하다 здійснювати екскурсію; оглядати. ‖ ~단 екскурсійна група; екскурсія. 공장 ~ екскурсія на завод (фабрику).

견해 погляд; думка. ¶ 나의 ~로는 по-моєму; на мою думку. ‖ ~차 розбіжність в поглядах.

결 |층| шар; пласт. |돌·목재의| жилка. |섬유·직물| будова тканини; ступінь щільності тканини.

결강 ~하다 бути відсутнім на заняттях.

결격 дискваліфікація. ‖ ~자 невідповідна людина.

결과 результат; наслідок. 열매 плодоношення. ¶ ~(적으)로 в результаті *чого*. …한 ~가 되다 закінчуватися *чим*; привести *до чого*.

결국 в кінці кінців.

결근 невихід на роботу. ¶ ~하다 не виходити на роботу.

결단 (категоричне) рішення. ¶ ~하다 прийняти (категоричне) рішення. ~적 рішучий; ~코 рішучо; категорично; неодмінно; ні в якому разі. ‖ ~력(성) рішучість.

결단(結團) ‖ ~식 церемонія відкриття.

결렬 розрив. ¶ ~되다 розривати(ся); припиняти(ся).

결례 непристойність.

결론 висновок; заключення; заключне слово. ¶ ~을 짓다 робити висновок; виступати з заключним словом. ~이 나다 закінчуватися.

결리다 |아프다| колоти. ¶ 가슴이 ~ колоти в грудях.

결막 кон'юктива; з'єднувальна оболонка. ‖ ~염 кон'юктивіт.

결말 кінець; заключення; результат. ¶ ~이 나다 закінчуватися; завершуватися. ~을 짓다(내다) закінчувати; завершувати.

결명자 насіння касії туполистої.

결박 ~하다 зв'язувати; сковувати.

결백 чистота. |무죄| невинність [-ея]. ¶ ~하다 чистий; невинний.

결벽 чистоплотність; брезгливість. ¶ ~하다 чистоплотний; брезгливий.

결별 вічна розлука. ¶ ~하다 розлучатися навіки; пориватити відносини.

결부 ~하다 зв'язувати *що с чим*. …에 ~해서 в зв'язку *з чим*.

결빙 ~하다 замерзати; покриватися льодом. ‖ ~기 період замерзання.

결사(決死) ¶ ~적 відчайдушний. ~ 반대 протест відчайдушності. ~ 투쟁 боротьба не на життя, а на смерть. ~ 투쟁하다 битися до останнього. ‖ ~대 підрозділ смертників.

결사(結社) заснування (створення) суспільства (організації). ¶ ~의 자유 свобода асоціацій (союзів).

결산 підведення підсумків; звіт; підбивання підсумків; підведення рахунків. ¶ ~하다 підводити підсумки; звітувати; розраховуватися; проводити розрахунки. ‖

~ 보고 (бала́нсовий) звіт. ~ 총회 звітне зібрання.

결석(缺席) відсу́тність; нея́вка; про́пуск. ¶ ~하다 бу́ти відсу́тнім; не явля́тися. || ~생(자) відсу́тній на заня́ттях.

결석(結石) {의학} ка́мні; конкре́менти. || ~증 кам'яна́ хворо́ба; літіа́з.

결선 повто́рне кінце́ве обра́ння (голосува́нням). || ~ 투표 оста́нній тур голосува́ння.

결성 організува́ння; формува́ння; заснува́ння. ¶ ~하다 формува́ти; організо́вувати; засно́вувати.

결속 з'є́днання; об'є́днання; є́днання. ¶ ~하다 зв'я́зувати; об'є́днувати; згуртовувати.

결손 недоста́ча; зби́ток; нехва́тка; дефіци́т; втра́та. ¶ ~을 메우다 покрива́ти дефіци́т. ~이 나다 терпі́ти зби́ток; відчува́ти нехва́тку. || ~액 су́ма збитків; дефіци́т; су́ма, яко́ї не вистача́є. ~ 처분 за́ходи по ліквіда́ції дефіци́ту.

결승 фіна́л. |서양장기| е́ндшпіль [남]. || ~선 лі́нія фі́нішу. ~전 фіна́льне змага́ння; вирі́шальна би́тва; фіна́л. ~점 фі́ніш. 준~ полуфіна́л.

결시 ¶ ~하다 не зяви́тися на екза́мен.

결식 ¶ ~하다 не ї́сти; залиша́тися без ї́жі.

결실 |열매| плодоно́сіння; зав'я́зування плоді́в; дозріва́ння плоді́в. |일| закі́нчення; заве́ршення; розв'я́зка. ¶ ~하다 зав'я́зувати; дозріва́ти; приноси́ти плоди́; закі́нчуватися; заве́ршуватися. || ~기 пері́од зав'я́зування плоді́в.

결심(決心) рі́шення; рішу́чість ~하ада нава́жувати(ся).

결심(結審) ¶ ~하다 заве́ршувати судо́вий ро́згляд.

결여 відсу́тність; недоста́ча; нехва́тка. ¶ ~하다 відсу́тність; бракува́ти; не вистача́ти; ма́ти потре́бу в чо́му.

결연(結緣) установле́ння зв'я́зків; одру́ження. ¶ ~하다 встано́влювати зв'язки́; одру́жуватися. || 자매 ~ дру́жні відно́сини; бра́тство.

결연(決然) ¶ ~하다 смі́ливий; рішу́чий; категори́чний. ~히 смі́ливо; рішу́че; категори́чно.

결원 вака́нсія; вака́нтне мі́сце. ¶ ~되다 бу́ти вака́нтним.

결의(決意) рішу́чість. ¶ ~하다 нава́житися *на що*. || ~문 (пи́сьмове) зобов'я́зання.

결의(決議) рі́шення; резолю́ція; постано́влення. ¶ ~하다 виріш́увати; прийма́ти рі́шення (постано́влення; резолю́цію). || ~안 проє́кт рі́шення (резолю́ції).

결의(結義) побрати́мість; бра́тство. ¶ ~하다(를 맺다) става́ти побрати́мами; брата́тися. || ~ 형제 на́звані брати́; побрати́ми.

결장(結腸) {해부} ободо́ва ки́шка. || 급성 ~염 го́стрий колі́т.

결재 ствердже́ння; до́звіл. ¶ ~하다 дава́ти до́звіл; утве́рджувати; санкціюва́ти. ~가 나다 бу́ти утве́рдженим.

결전 вирі́шальна би́тва; вирі́шальна боротьба́. ¶ ~하다 дава́ти вирі́шальну боротьбу́.

결절 {식물} вузо́л; наро́ст. {의학} желва́к; бугор; бугорок.

결점 недостача; дефект; вада; слабке місце.

결정(決定) рішення; визначення. ¶ ~적 рішучий. ~하다 приймати рішення; вирішувати; постановляти; визначати. ‖ ~권 право вирішального голосу. ~론 детермінізм.

결정(結晶) кристал. ¶ ~의 결정 плоди намагання. ‖ ~체 кристал; кристалічне тіло. ~화 кристалізація. ~화하다 кристалізувати(ся).

결제 розрахунок. ¶ ~하다 розраховувати. 현금 ~ готівковий розрахунок.

결집 ¶ ~하다 з'єднувати; об'єднувати; сплачувати.

결코 ні в якому разі; абсолютно; цілком; ніяк не.

결탁 змова; співтовариство. ¶ ~하다 вступати в змову з ким; змовлятися. ~하여 вкупі з ким.

결투 рішучий поєдинок (битва); поєдинок; дуель [я]. ¶ ~하다 битися не на життя, а на смерть; битися на дуелі.

결판 остаточне рішення. ¶ ~을 내다(짓다) виносити остаточне рішення; приходити до остаточного рішення. ~이 나다 бути остаточно вирішеним; вирішитися.

결핍 недостача; нехватка. ¶ ~하다 не вистачати.

결함 недостача; дефект; вада. ¶ ~이 있는 дефектний, з вадою.

결합 зв'язок; з'єднання; зборка; стиковка; об'єднання; поєднання; комбінація. ¶ ~하다 зв'язувати(ся); з'єднувати(ся); об'єднувати(ся); зливати(ся); комбінувати(ся).

결핵 туберкульоз. ‖ ~균 конкреційна текстура.

결행 ¶ ~하다 рішучо проводити (втілювати).

결혼 шлюб. |남자의| весілля. |여자의| одруження. ¶ ~의 шлюбний; матримоніальний. ~하다 вступати в шлюб. |남자가| одружуватися на кому. |여자가| вийти заміж за кого. ~을 신청하다 робити кому пропозицію. ‖ ~기념일 річниця весілля ~식 весілля; весільний обряд; обряд шлюбу.

겸 і; заодно; надодачу. ¶ 밥도 먹을 ~ 쉴 ~ для того, щоб і поїсти, і відпочити.

겸비 ¶ ~하다 поєднувати(ся). 재색을 ~하다 поєднувати розум та красу.

겸사겸사 заодно, доречі.

겸손 скромність; поступливість. ¶ ~하다 скромний; поступливий.

겸업 одночасне ведення декількох справ. ¶ ~하다 виконувати одночасно декілька робіт.

겸연 ¶ ~쩍다 соромно. ~스레 зніяковіло; сором'язливо.

겸용 двояке (різноманітне) примінення.

겸임 сумісництво по службі; посада за сумісництвом. ¶ ~하다 працювати за сумісництвом.

겸직 робота за сумісництвом; сумісництво. ¶ ~하다 займати посаду за сумісництвом.

겸하다 поєднувати. ¶ 겸하여 одночасно з цим; разом з тим.

겸허 скромність. ¶ ~하다

skromnий.

겹 |이중| подвійний; двосторонній; двошаровий. |층| шар; декілька шарів. ¶ ~~으로(이) в декілька рядів (шарів); рядами (шарами).

겹다 ¶ 힘에 ~ непосильний. 분에 ~ розгніваний.

겹치다 нашаровувати(ся); накопичувати(ся); сплітати(ся).

경(徑) діаметр. ‖ 반~ радіус. 직~ діаметр.

경(經) |경서| конфуціанська література. |불경| буддійські сутри.

경(境) кордон; межа [여].

경(頃) біля; приблизно.

경--(硬--) твердий. ‖ ~구개 тверде піднебіння.

--경(--鏡) |유리| скло; лінза; оптичний прилад. |안경| окуляри. |거울| дзеркало. ‖ 반사~ відбивач (рефлектора). 조준~ оптичний приціл. 확대~ збільшувальне скло.

경각(頃刻) мить; момент; критичний момент. ¶ ~을 다투다 переживати критичний момент.

경각심 пильність. ¶ ~을 높이다 підвищувати пильність.

경감(輕減) зменшення; ослаблення; пом'якшення. ¶ ~하다 зменшувати; ослабляти; полегшувати; пом'якшувати.

경거망동 необачність; необережність. ¶ ~하다 чинити необачно; вести себе легкодумно.

경건 благоговіння. ¶ ~하다 благоговійний.

경계(境界) кордон; межа; грань [여]. ‖ ~선 прикордонна смуга. ~표 прикордонний знак (стовб).

경계(警戒) |주의| попередження; застереження; запобіження. |경비| охорона; спостереження. ¶ ~하다 застерігати *кого від чого*; попереджувати; охороняти. ~망을 펴다 створювати систему охорони; виставляти охорону. ‖ ~경보 сигнал про загрозу нападу. ~근무 караульна служба. ~신호 сигнал тривоги; попереджувальний сигнал. ~심 побоювання; пильність; настороженість.

경고 застереження; попередження; догана. ¶ ~하다 застерігати *кого від чого*; попереджувати *кого-що про щось*. 엄중 ~ сурова догана. ‖ ~문 письмове застереження (попередження).

경공업 легка промисловість.

경과 хід; процес; течія; розвиток. ¶ ~하다 |시간| минати. 기한의 ~ закінчення терміну. ‖ ~보고 звіт; звітна доповідь, минаюча нота.

경관(景觀) вигляд; пейзаж; картина; ландшафт.

경관(警官) поліцейський; міліціонер. [집] міліція.

경구(經口) ¶ ~의 оральний. ‖ ~감염 повітряно-крапельне зараження. ~피임약 протизаплідний засіб.

경구(警句) афоризм; епіграма.

경구개 тверде піднебіння.

경기(景氣) кон'юнктура; стан ринку; положення справ. ¶ 요즘 ~가 좋다. Останнім часом справи йдуть добре. ‖ ~변동 зміни кон'юктури. ~순환 економічний цикл. ~침체 спад кон'юк-ту́ри. 호~ висо́ка кон'юктура; благоприє́мний стан справ (ринку).

경기(驚氣) запамо́рочливий стан. ¶ ~하다 втра́та свідо́мості; бу́ти в непритомно́сті.

경기(競技) змага́ння; матч; гра; спорт. ¶ ~하다 прово́дити змага́ння (і́гри); змага́тися; змага́тися в чо́му; займа́тися спо́ртом. ~를 이기다 ви́грати ГРУ. ~에 지다 програва́ти кому́ ГРУ. ‖ ~장 стадіо́н; спорти́вний майда́нчик. 결승 ~ фіна́льна гра. 친선 ~ товари́ська зу́стріч.

경기관총 ручни́й пулеме́т.

경기병 легка́ кавале́рія.

경내 в ме́жах; в зо́ні чого́.

경대 трюмо́.

경도(傾度) на́хил; у́хил. {фіз} градіє́нт.

경도(經度) довгота́.

경도(傾倒) ¶ ~하다 повали́ти(ся); накре́нити(ся); вилива́ти; виси-па́ти; віддава́тися; віддава́тися чому́; бу́ти прибі́чником чого́; зосере́дитися на чому́.

경동맥 со́нна арте́рія

경락(經絡) {한의} суди́нна систе́ма «кьонра́к».

경량 легка́ вага́. ¶ ~의 легкова́жний; поле́гшений. ‖ ~급 선수 легковагови́к.

경력 життє́вий шлях; біогра́фія; стаж; прохо́дження слу́жби; службо́ва кар'є́ра; ‖ ~자 люди́на з до́свідом.

경련 судо́ма; конву́льсія; подьо́р-гування; спазм. ¶ ~이 일다(~하다) зво́дити що судо́мою; подьо́ргуватися. ‖ 심장 ~ се́рцеві спа́зми.

경례 привіта́ння; покло́н. ¶ ~를 받다 відповіда́ти на привіта́ння. ~를 하다 відда́ти честь.

경로(經路) шлях; маршру́т. |과정·단계| проце́сс; хід робо́ти; кана́л. ¶ 외교 ~를 через дипломати́чним шля́хом.

경로(敬老) шанува́ння (пова́га) до ста́рості. ¶ ~하다 відно́ситися з поша́ною до старці́в; шанува́ти (поважа́ти) ста́рість).

경륜(經綸) му́дрий за́дум (план); мисте́цтво управля́ти держа́вою; управлі́ння держа́вою. ‖ ~가 му́дрий прави́тель

경륜(競輪) велого́нка; велоспо́рт. ¶ ~ 선수 велосипеди́ст. ~장 велотре́к.

경리 управлі́ння (підприє́мством); керівни́цтво фіна́нсовими опера́-ціями. |сам| господа́рський робі́тник. ¶ ~과 фіна́нсовий ві́дділ; господа́рський ві́дділ. ~장부 головна́ бухга́лтерська кни́га; гроссбу́х.

경마 перего́ни; ска́чки. ‖ ~기수 жоке́й. ~장 перего́ни; скакове́ ко́ло; іподро́м.

경망 ¶ ~스럽다 здава́тися легкоду́мним. ~하다 легкоду́мний; необа́чний; необду́маний. ~스레 легкоду́мно; необа́чно; необду́мано.

경매 аукціо́н. ¶ ~하다 продава́ти з аукціо́ну (на аукціо́ні). ‖ ~물 ре́чі, що продаю́ться з аукціо́ну (на аукціо́ні). ~인 аукціоні́ст.

경멸 знева́га; пези́рство. ¶ ~하다 знева́жати; не́хтувати. ‖ ~감

відчуття́ пре́зирства; пре́зирство.

경미 ¶ ~하다 незначни́й; нікче́мний; пустяко́вий.

경박 ¶ ~하다 легкоду́мний; легкова́жний.

경범죄 просту́пок.

경보(競步) спорти́вна хода́.

경보(警報) триво́га; сигна́л триво́ги; попере́дження про небезпе́ку; пересторо́га. ¶ ~를 하다 дава́ти сигна́л триво́ги; би́ти триво́гу. ‖ ~기 техні́чний за́сіб пода́чі сигна́лу триво́ги. 발령 пода́ча сигна́лу триво́ги. ~ 신호 сигна́л триво́ги. 공습 ~ сигна́л пові́тряної триво́ги.

경비(經費) |비용| ви́трати. |지출| ви́трати.

경비(警備) охоро́на; ва́рта. ¶ ~하다 охороня́ти; сторожи́ти. ‖ ~대 охоро́нні (прикордо́нні) заго́ни. ~망 мере́жа пості́в охоро́ни; мере́жа сторожови́х пості́в. ~병 охоро́нні війська́; охоро́нник. ~선 сторожове́ су́дно. ~원 охоро́нник. ~정 сторожови́й ка́тер. 해안 ~ берегова́ охоро́на.

경사(傾斜) у́хил; на́хил; крен. ¶ ~가 지다 нахили́тися; накрени́тися. ‖ ~도 крути́зна. ~면 похи́ла пло́щина; скат; спади́стість.

경사(慶事) знамéнна (щасли́ва) поді́я. ¶ ~스럽다 знамéний; щасли́вий; ра́дісний.

경상(經常) ¶ ~의 постійний; незмі́нний; звича́йний; норма́льний; пото́чний. ‖ ~비 пото́чні (повсякдéнні) ви́трати. ~ 수입 постійний до́хід; постійний прибу́ток.

경상(輕傷) легке́ пора́нення; легка́ ра́на. ¶ ~을 입다 бу́ти легко́ пора́неним. ‖ ~자 легкопора́нений [н].

경색 |경제| засті́й. {의학} інфа́ркт. ¶ ~되다 створюватися про про́-бку; пережива́ти пе́ріод засто́ю. ‖ 금융 ~ фіна́нсова напру́га; скру́тність на грошово́му ри́нку.

경선(競選) ви́бори; ко́нкурс.

경성 тве́рдість; жорстокість.

경솔 ¶ ~하다 легкоду́мний; необду́маний; несерйо́зний.

경수(輕水) легка́ (звича́йна) вода́. ‖ ~로 я́дерний (а́томний) реа́ктор.

경시 ¶ ~하다 знева́жливо (зви́соки) відноси́тися; не надава́ти зна́чення; не зверта́ти ува́ги.

경신 ¶ ~하다 реформува́ти; оно́влювати. 세계 기록을 ~하다 поби́ти світови́й реко́рд.

경악 переля́к; здивува́ння. ¶ ~하다 бу́ти здивованим (бу́ти вра́женим; приголо́мшеним); зляка́тися.

경애 ¶ ~하다 люби́ти і поважа́ти. ‖ ~심 відчуття́ коха́ння та пова́ги.

경어 вві́чливі (че́мні) слова́; вві́чливий тон.

경연 ко́нкурс; пере́гляд; о́гляд. ¶ ~하다 проводити конкурс (о́гляд). ‖ ~대회 олімпіа́да.

경영 управлі́ння; адміністра́ція; керівни́цтво; експлуата́ція. ¶ ~하다 управля́ти *чим*; керува́ти *чим*; вести́ *що*; експлуатува́ти *що*; вести́ господа́рство. ‖ ~권 пра́во на управлі́ння *чим*. ~난 затру́днення (тру́днощі) по управлі́нню *чим*. ~자

경외 ¶ ~하다 поважати і боятися.

경우 випадок; обставина; приклад. ‖ ~에 따라서 в залежності від обставин. …한 ~에 у випадку чого; якщо…

경운기 культиватор; просапник.

경원 ¶ ~하다 триматися на відстані; цуратися *кого-чого*.

경위 суть справи; хід (обставин) справи; положення речей. ¶ ~를 말하다 розповідати про те, як все було.

경유 ¶ ~하다 пройти (проїхати) *через що*. ~하여 через що.

경유(輕油) легкі масла; газолін.

경음악 легка музика.

경의 повага; шанування. ¶ ~를 표하다 виявляти *кому* шанування; поважати.

경이 диво; сенсація. ¶ ~롭다 приголомшливий; дивовижний; чудесний.

경작 обробка землі. ¶ ~하다 обробляти землю. ‖ ~권 право на обробку ділянки землі. ~면적 оброблювана площа. ~자 землероб; рільник. ~지 рілля.

경쟁 змагання; суперництво; конкуренція. ¶ ~하다 змагатися; конкурувати *з ким в чому*. ‖ ~심 дух суперництва. ~자 конкурент; суперник. 생존 ~ боротьба за існування.

경적 сирена; гудок.

경전 релігійні тексти; конфуціанські тексти.

경제 економіка; хазяйство. |재정| фінанси. |절약| економія; економність. ¶ ~상의 економічний; фінансовий; господарський; ~적인 절약의 економічний; бережливий. ‖ ~개혁 економічні перетворення (реформи). ~ 공황 економічна криза. ~ 구조 структура економіки. ~ 규모 масштаби економіки. ~ 사범 засуджені за економічні злочини. ~성 хазяйновитість; економність. ~ 성장 економічний ріст. ~외교 дипломатія в області економіки. ~ 원조 економічна допомога. ~ 위기 економічна криза. ~적 잠재력 економічний потенціал. ~적 침체 економічний застій. ~ 정책 економічна політика. ~ 지표 економічний показник. ~학 економіка. ~학자 економіст. ~ 협력 економічна співпраця. 계획 ~ планове господарство. 국민 ~ народне господарство.

경조 радість і горе.

경종 сполох; тривога. ¶ ~을 울리다 піднімати (бити) тривогу; бити на сполох.

경주(傾注) ¶ ~하다 (노력 등을) зосереджувати (сили; увагу) *на чому*; посвячувати себе *чому*.

경주(競走) змагання по бігу; перегони; скачки; гонки. ¶ ~하다 змагатися в перегонах; бігати наперегонки. ‖ ~마 скакова коняка. 장거리 ~ змагання з бігу на далеку дистанцію. 장애물 ~ біг з перепонами.

경중 |중요함| (відносне) значення; важливість. |무게| (відносна) вага. |죄의| важкість ; міра; ступінь.

경지(耕地) рілля. ‖ ~ 면적 площа, яка обробляється. ~ 정리 землеприлад.

경지(境地) |분야| зона; сфера; область [чия]. |상태| стан; стадія. ¶ …의 ~에 이르다 досягати стадії *чого*.

경직(硬直) твердість; непохитність; жорсткість; негнучкість. ¶ ~된 затверділий, закостенілий.

경질 зміна; переміщення. ¶ ~하다 міняти; переміщати. 내각의 ~ перестановки в кабінеті міністрів.

경찰 міліція. ¶ ~에 알리다 повідомити в міліцію. ~에 자수하다 добровільно здатися в руки міліції. ‖ ~국가 міліцейська держава. ~견 міліцейський шукач (собака). ~관 міліцейський [чин]. ~대학 міліцейське академія. ~서 міліцейське управління; міліцейська ділянка. 교통 ~ дорожний патруль. 수상 ~ берегова (морська) міліція.

경천(敬天) поклоніння небу. ‖ ~사상 культ неба.

경첩 шарнір; петля; навіска. ¶ 문에 ~이 빠졌다. Двері зняті з петель.

경청 ¶ ~하다 слухати уважно; прислуховуватися.

경추 шийні хребці. ‖ ~ 신경 шийні нервові відгалуження.

경축 вітання; вшанування; святкування. ¶ ~하다 вітати; святкувати; відзначати. ‖ ~연 урочистий прийом. ~일 знаменна дата.

경치 вид; пейзаж.

경쾌 ¶ ~하다 живий; легкий; бадьорий; життєрадісний; радісний. ~한 걸음 легка хода.

경탄 здивування; подив; захват; захоплення. ¶ ~하다 дивуватися; захоплюватися; бути в захваті.

경품 премія при купівлі *чого*; бонус. ¶ ~권 талон на отримування премії.

경하다 легкий; незначний; легкодумний. ‖ 경한 죄 проступок. 경한 증세 слабкі симптоми.

경합 змагання.

경향 тенденція; схильність; спрямованість. ¶ ~적 тенденційний; спрямований. ~이 있다 бути схильним *до чого*. ‖ ~성 спрямованість; тенденційність; ідейна спрямованість.

경험 досвід. {철학} емпірія. ¶ ~하다 випробувати; знати з досвіду. ~을 쌓다 накопичити досвід. ‖ ~담 розповісти про особистий досвід (про пережите). ~론 теорія, заснована на досвіді. {철학} емпіризм. ~주의 практицизм; емпіризм.

경혈 {한의} точка на тілі, в яку робиться укол при голковколюванні; місце припікання на тілі.

경호 ескорт; конвой; охорона; караул. ¶ ~하다 конвоювати; ескортувати. ~하에 під конвоєм; під ескортом.

경화(硬化) затвердівання; ущільнення; {화학} гідрогенізація. ¶ ~하다 затвердівати; закостеніти; гідрогенізувати(ся). ‖ ~증 {의학} склероз.

경화(硬貨) металічні гроші.

경황 інтерес *до чого*; захоплення *чим*. ¶ ~이 없다 втратити інтерес; стати байдужим *до чого*.

결 бік. ¶ ~에 збоку; поруч; біля.
곁가지 бокова гілка; відгалуження; другорядна частина.
곁눈 ¶ ~질하다 скосити очі; робити знак очима. ‖ ~질 боковий зір.
곁들이다 підкладати в тарілку (інша страва).
계(戒) {불교} заповідь; обітниця.
계(計) |총계| підсумок; в підсумку. ‖ 미인~ шантаж. 체온~ термометр.
계기 прилад для вимірювання.
계략 змова.
계(係) сектор; відділ.
계(契) артель взаємодопомоги; гільдія; товариство. ¶ ~를 타다 отримувати позику з каси взаємодопомоги по списку.
--계(--界) світ; сфера; круги; кордон. ‖ 과학~ наукові круги.
--계(--系) |계통| система. |혈통| рід. |당파| кліка. ‖ 태양~ сонячна система. 한국~ 러시아인 російський кореєць.
계간 щоквартальне видання. ‖ ~지 щоквартальний журнал.
계곡 ущелина, в якій протікає струмок.
계급 |신분| клас; каста. |지위·등급| звання. [형] класовий. ‖ ~구성 класовий склад. ~분화 класове розшарування. ~사회 класове суспільство. ~투쟁 класова боротьба.
계기(計器) вимірювальний прилад. ‖ ~판 приладова дошка.
계기(契機) привід; передумова. ¶ …을 ~로 하여 завдяки.
계단 драбина; сходинка. |현관의| сходинка ганку. ¶ ~을 오르다 підніматися по драбині. ‖ ~강의실 ступінчаста аудиторія. 나선식 ~ спіральна (гвинтова) драбина.
계도 ¶ ~하다 вести *кого* за собою.
계란 куряче яйце. ¶ 날~ сире яйце. 삶은 ~ варене яйце. ~노른자위 жовток. ~흰자위 білок. ~껍질 яєчна скорлупа.
계략 хитрість; інтрига. ¶ ~을 꾸미다 організовувати (задумувати) змову; плести інтриги; інтригувати; задумувати.
계량 вимірювання; зважування. ¶ ~하다 виміряти; зважувати. ‖ ~기 вимірювальний прилад.
계류(繫留) швартування. ¶ ~하다 прив'язувати; пришвартовувати; стояти на якорі. 그 소송은 ~중이다. Ця тяжба йде. ‖ ~장 |배| місце стоянки. |항공| місце кріплення; причал.
계명(戒名) ім'я, отримане буддійським монахом при постриженні; посмертне ім'я буддійського монаха.
계모 мачуха.
계몽 просвітництво. ¶ ~적 просвітницький. ~하다 просвітляти. ‖ ~교육 діяльність просвітників в області народної освіти. ~사상 просвіта. ~사상운동 просвітницький рух. ~철학 філософія просвітників. ~가 просвіт-ник. ~주의 просвітництво.
계발 розвиток. ¶ ~하다 пробуджувати; розвивати.
계보 родовід.
계부 відчим.
계산 підрахунок; обчислення. ¶ ~하다 підраховувати; обчислю-

вати. ~에 넣다 враховувати що. ‖ ~기 обчислювальна машина; калькулятор. ~서 розрахункова відомість.

계상 ¶ ~하다 включати в рахунок.

계속 продовження. ~적 довготривалий; неперервний. ¶ ~하다 продовжувати. ‖ ~성 продовжуваність; неперервність.

계수 коефіцієнт. ‖ 효율~ коефіцієнт корисної дії.

계승(繼承) наслідування; спадкоємність. ¶ ~하다 наслідувати. ‖ ~자 наслідник; спадкоємець; продовжувач; послідовник.

계시(啓示) одкровення; пророче передбачення. ¶ ~하다 відкривач.

계시(計時) хронометраж часу. ‖ ~원 хронометражист.

계약 договір; контракт. ¶ ~하다 заключати договір (контракт). ~을 파기하다 розірвати контракт. ‖ ~금 задаток. ~기한 термін контракту. ~서 контракт. ~위반 порушення договору (контракту). ~자 обличчя, яке заключає договір (контракт); контрагент. 구두~ усний контракт.

계엄 воєнне положення. ¶ ~을 선포하다 вводити воєнне положення. ~을 해제하다 знімати з воєнного положення. ‖ ~령 закон воєнного часу; воєнне положення; воєнне право.

계열 |생물| підклас; порядок. |당파| кліка. |대학의| факультет. |일반적으로| ряд; серія; цикл. ‖ ~회사 дочірнє підприємство; компанія-філіал. ~화 систематизація.

계율 моральні норми; заповіді.

계절 пори року; сезон. ¶ ~의 сезонний; тимчасовий. ~노동자 сезонний робітник. 사~ чотири пори року. ‖ ~풍 мусон.

계정 рахунок в банку. ¶ …의 ~에 넣다 покласти на чий рахунок. ‖ 당좌~ поточний рахунок.

계좌 рахунок. ¶ 은행에 ~를 트다 відкривати рахунок в банку.

계주 ‖ ~경기 естафетний біг.

계집 |여자| жінка. |아내| дружина. ¶ ~질하다 мати коханку. ‖ ~년 баба. ~아이 дівчинка; дівчина. ~종 служниця; рабиня.

계책 задум; план; заходи. ¶ ~을 세우다 виношувати задум.

계측 ¶ ~하다 вимірювати; підраховувати.

계층 шар; прошарок; стан. ¶ 고/저소득 ~ група населення з великим / маленьким доходом.

계통 система; група; партія. ¶ ~적 систематичний. ~적으로 систематично. ‖ 신경~ нервова система. ~학 генеалогія.

계피 кориця.

계획 план; проект. |의도| намір. ¶ ~적인 плановий; планомірний. |고의적인| навмисний; умисний. ~하다 планувати; проектувати; складати план. ~을 세우다 будувати плани. ‖ ~경제 планова економіка.

고(故) покійний.

고가(高價) висока ціна. ‖ ~품 дорога (цінна) річ.

고가(高架) ¶ ~ [의] надземний; підвісний; повітряний. ‖ ~다리 віадук. ~도로 естакада.

고갈 ¶ ~하다 |물이| висихати; пересихати. |결핍하다| виснажуватися; зникати. |감정이| притуплятися про почуття.

고개 загривок; голова. ¶ ~를 끄덕이다 кивати головою. ~를 돌리다 озиратися назад. ~를 들다/숙이다 піднімату/ схиляти голову.

고개 перевал; вершина; кульмінаційний пункт. ‖ ~길 дорога через перевал.

고객 покупець; клієнт; відвідувач.

고견 цінна думка; Ваша (висока) думка.

고결 ¶ ~하다 благородний; піднесений.

고고 ¶ ~하다 благородний; чистий.

고고학 археологія ‖ ~자 археолог.

고공 високе небо. ¶ ~에서 на великій висоті. ~공포증 аерофобія. ~비행 висотний політ.

고관 висока посада; високий пост; високопоставлений чиновник.

고구마 батат; солодка картопля.

고국 батьківщина; рідна країна. ¶ ~을 그리워하다 тужити за батьківщиною.

고군 ¶ ~분투 нерівний бій; непосильна робота.

고궁 стародавній палац.

고귀 ¶ ~하다 високий; благородний; знатний; цінний; дорогий. ~한 문화유산 чудова культурна спадщина.

고금 колись і тепер. ¶ ~에 유례가 없는 небувалий; безпрецедентний.

고금리 великі відсотки.

고급 вищий розряд (клас; сорт). [형] першокласний. ‖ ~품 високосортний товар.

고기 риба; м'ясо. ¶ ~를 굽다 смажити м'ясо (рибу). ~를 잡다 ловити рибу. ‖ ~떼 косяк риб ~밥 корм для риб; наживка. ~잡이 рибна ловля. 돼지~ свинина. 말~ конина. 소~ яловичина. 양~ баранина.

고기압 високий атмосферний тиск.

고깔 капюшон

고깝다 неприємний; прикрий; образливий. ¶ 고깝게 여기다 образитися *на кого*; гудити; думати погано *про кого*

고꾸라지다 впасти ниць.

고난 труднощі; позбавлення. ¶ ~의 важкий; повний позбавлень.

고뇌 страждання; муки; болі.

고다 |고기를| уварювати. ¶ 소주를 ~ випаровувати.

고단하다 втомлений.

고달프다 дуже втомлений; змучений. ‖ 고달픔 втома; стомлення.

고답 ¶ ~적 що тримається осторонь від натовпу (суєтного світу).

고대(古代) старовина. ‖ ~사 древня історія.

고대(苦待) ¶ ~하다 чекати з нетерпінням. ~하던 편지 довгоочікуваний лист.

고도(古都) стародавня столиця.

고도(高度) висота; велика (висока) ступінь. ¶ ~로 більшою мірою. ~를 높이다 набрати висоту. ‖ ~계 альтиметр; висотомір.

고도(孤島) віддалений (самотній) острів.

고독 самотність. ¶ ~하다 самотній. ‖ ~감 почуття самотності.

고동 |장치| стартер. |기적| гудок.

고동(鼓動) пульсація; биття серця. ¶ ~치다 |심장이| битися; колотитися; |흥분하다| хвилюватися; тремтіти

고되다 важкий; непосильний.

고드름 (крижана) бурулька.

고등 ¶ ~하다 високий; вищий. ‖ ~교육 вищу освіту. ~동물 високоорганізована тварина. ~법원 Вищий суд ~학교 вища школа.

고등어 японська скумбрія.

고딕 готичний ‖ ~식 건축 готична архітектура; готика. ~양식 готичний стиль. ~체 готичний шрифт.

고락 радість і горе. ¶ ~을 같이 하다 ділити з ким радість і горе.

고랑 борозна.

고래 кит. ‖ ~기름 китовий жир; ворвань [ея].

고래(古來) ¶ ~로 з давніх часів.

고량주 гаоляна горілка.

고려(考慮) міркування; обдумування. ¶ ~하다 мати на увазі *що*; враховувати; брати до уваги; в розрахунок.

고려(高麗) династія Корьо (918-1392 гг.). ‖ ~청자 фарфор епохи Корьо.

고령 похилий вік; людина похилого віку. ‖ ~자 людина похилого віку.

고로 тому; отже; по причині; так як.

고료 авторський гонорар.

고루 рівно; порівну. ¶ 골~ однаково; порівну.

고루(固陋) ¶ ~하다 відсталий; консервативний; старозавітний.

고르다 |골라내다| вибирати; відбирати. |평평하게 하다| розрівнювати; вирівнювати. |한결같다| |рівний; однаковий.

고름 гній. ¶ ~을 짜다 видавлювати гній. ~이 생기다 гноїтися.

고름 |옷| тасьма.

고리 |둥근 것| кільце. |사슬의| ланка. ¶ ~를 만들다 зав'язувати петлю.

고리(高利) високий відсоток. ‖ ~대금 позика під високий. ~대금업 лихварство. ~대금업자 лихвар.

고리타분하다 |성질이| млявий; інертний. |진부하다| банальний.

고립 самотність; ізоляція. ¶ ~적 самотній; ізольований. ~되다 ізолюватися. ~시키다 ізолювати. ~무원 бути самотнім і безпорадним. ‖ ~주의 ізоляціонізм. ~화 ізолювання; ізоляція.

고막 барабанна перетинка. ‖ ~염 тимпаніт.

고맙다 вдячний; гідний подяки. ¶ 고맙습니다 спасибі *кому за що*; дякую *кому за що*.

고매 ¶ ~하다 високий; благородний; піднесений.

고명(高名) ¶ ~하다 відомий; прославлений.

고명딸 єдина дочка.

고모 сестра батька; тітка. ‖ ~부 чоловік сестри батька; дядько.

고목(枯木) сухе дерево.

고무 натхнення; наснага; підбадьорення; заохочення. ¶ ~적 надихаючий; надихає. ~하다 надихати. 사기를 ~하다 піднімати дух.

고무 гума; каучук. ‖ ~나무 кам'яне дерево; каучуконос. ~신 гумове взуття. ~장갑 гумові рукавички. ~줄 гумовий шнур. ~지우개 гумка; ластик. ~풍선 аеростат; повітряна куля. ~호스 гумовий шланг. 인조(합성) ~ синтетичний каучук.

고문(古文) архаїчне письмо. ‖ ~체 архаїчний стиль.

고문(拷問) катування. ¶ ~하다 катувати; піддавати *кого* катуванню.

고문(顧問) радник; консультант. ‖ ~변호사 адвокат-консультант. 기술~ технічний консультант.

고문헌 стародавній літературний пам'ятник.

고물 |떡| прошарок; обсипання.

고물 |배 뒷부분| корма.

고물(古物,故物) антикварна (старовинна) річ.

고민 мука; страждання; переживання. ¶ ~하다 мучитися *чим (з ким-чим; над ким-чим)*; страждати *чим (за кого-що)*; мучитися.

고발 донос; обвинувачення; залучення до суду; скарга; позов. ¶ ~하다 доносити *на кого в чому* владі; залучати *кого* до суду; переслідувати *кого* по суду; звинувачувати *кого в чому*, подавати позов. ‖ ~인(자) доносчик; обвинувач. ~장 [письмовий] донос.

고배 ¶ ~를 들다 випити гіркої чашу.

고백 визнання; {종교} сповідь [во]. ¶ ~하다 визнаватися; зізнаватися. |감정을| відкриватися. |죄를| сповідатися.

고별 прощання. ¶ ~하다 прощатися. ‖ ~사 прощальне слово. ~식 церемонія прощання; прощання з покійним.

고부 свекруха і невістка. ¶ ~간의 갈등 конфлікт між свекрухою та невісткою.

고분 стародавнє поховання; могильник; могильний курган. ¶ ~을 발굴하다 розкопувати стародавнє поховання.

고분고분 ¶ ~하다 лагідний; слухняний; смиренний; покірний.

고분자 ‖ ~화학 хімія високомолекулярних сполук.

고비 |위기| критичний момент. ¶ ~를 넘다 пройти про кризу. 죽을 ~에 처하다 бути на краю загибелі.

고삐 привід; вуздечка; віжки. ¶ ~를 늦추다/당기다 відпускати/натягнути віжки.

고사(考査) іспит. ‖ 기말~ сесія.

고사(告祀) жертвоприношення духам з благанням про запобігання нещасть. ¶ ~를 지내다(올리다) здійснювати жертво-принесення духам і благати про запобігання нещастя.

고사(固辭) ¶ ~하다 відмовляти навідріз *в чому*.

고사(枯死) ¶ ~하다 засохнути; зав'янути.

고사 ¶ …은 ~하고 не кажучи *про що*; залишаючи осторонь *що*.

고사리 орляк. ¶ ~같은 손 ніжні і пухкі ручки.

고사포 зенітне знаряддя.

고산 зенітне знаряддя. ‖ ~병 страх висоти. ~식물 альпійська флора. ~지대 високогірний район.

고색 старий вигляд *чого*; архаїчний вигляд *чого*. ¶ ~창연하다 старовинний; в старому стилі.

고생 негаразди; позбавлення; важке життя. ¶ ~스럽다

тяжки́й; важки́й; бо́лісний. ~하다 відчува́ти негара́зди (позба́влення); бага́то пережи́ти.

고생대 палеозо́йська е́ра. ¶ ~의 палеозо́йський.

고생물 викопні́ твари́ни та росли́ни. ‖ ~학 палеонтоло́гія. ~학자 палеонто́лог.

고서 старови́нна (да́вня) літерату́ра; стара́ кни́га

고성(高聲) гучни́й го́лос. ¶ ~으로 го́лосно; на по́вний го́лос. ~방가 하다 співа́ти на весь го́лос (го́лосно).

고성(古城) старода́вня форте́ця.

고성능 вели́кі можли́вості; вели́ка ефекти́вність (продукти́вність). ¶ ~의 з вели́кими можли́востями. ‖ ~폭약 вибухо́ва речовина́.

고소(告訴) пред'я́влення по́зову; пода́ча ска́рги; судова́ ска́рга. ~하다 подава́ти ска́ргу (на кого); пред'явля́ти по́зов. ~를 기각하다 відмовля́ти в по́зові. ‖ ~인 яки́й пода́в ска́ргу. ~장 ска́рга.

고소 ¶ ~하다 вида́влювати з се́бе посмі́шку; зму́сити себе́ посміхну́тися.

고소(高所) висо́ке мі́сце. ‖ ~공포증 аерофо́бія; страх висоти́.

고소하다 |맛·냄새가| смачни́й; па́хне за́пахом підсма́женого кунжу́ту. |남의 일이| злора́дний. ¶ 고소하게 여기다 зловті́шатися.

고속 висо́ка шви́дкість. ‖ ~도로 автостра́да. ~버스 автобус-експре́с. ~화도로 автомагістра́ль [여].

고수(固守) за́хист. ¶ ~하다 захища́ти; відсто́ювати; тве́рдо трима́тися (ві́ри; при́нципу). 비밀을 ~하다 суво́ро зберіга́ти таємни́цю.

고수(高手) ма́йстерний гра́вець в ша́шки (ша́хи).

고수(鼓手) бараба́нщик.

고스란하다 ці́лий; по́вний; неза́йманий.

고스톱 гра в япо́нські ка́рти. ¶ ~을 치다 гра́ти в япо́нські ка́рти.

고슴도치 їжа́к.

고시(考試) і́спит. ‖ 국가~ держа́вні і́спити.

고시(告示) спові́щення; оголо́шення. ¶ ~하다 спові́щати когось що про що; оголо́шувати кому що (про що); спові́щати кого про що. ‖ ~가격 фіксо́вані ці́ни.

고심 |노력| самовідда́ні зуси́лля (стара́ння). ¶ ~하다 докла́дати самовідда́ні зуси́лля (стара́ння).

고아(孤兒) сирота́. ¶ ~가 되다 ста́ти сирото́ю. ‖ ~원 приту́лок; дитя́чий буди́нок.

고안 винахі́дництво; ви́нахід. ¶ ~하다 винахо́дити; проектува́ти. ‖ ~물 ви́нахід. ~자 винахі́дник.

고압 |기압| висо́кий тиск. |전기| висо́ка напру́га. ¶ ~적 наси́льницький. ‖ ~선 лі́нію висо́кої напру́ги.

고액 вели́кі гро́ші. ‖ ~권 вели́ка купю́ра.

고약 ¶ ~하다 |성질이| злий; зло́бний; неприя́зний. 냄새가 ~ оги́дний.

고약(膏藥) пла́стир.

고양이 кі́шка; кіт. ¶ ~ 새끼 кошеня́.

고어 лекси́чний архаї́зм.

고언 гірка́ пра́вда. ¶ ~을 하да дава́ти кори́сну пора́ду.

고역 важка́ пра́ця.

고열 |몸의| висо́ка температу́ра. |열| сильна́ спе́ка.

고엽 сухе́ ли́стя. ‖ ~제 дефоліа́нтів.

고온 висо́ка температу́ра. ‖ ~계 піро́метр.

고요 тиша́; безмо́вність; стан спо́кою. ¶ ~하다 ти́хий; безмо́вний; споко́йний.

고용 найм. ¶ ~하다 найма́ти. ‖ ~계약 уго́ду (контра́кт) про найма́ння. ~노동자 на́йманий робітни́к. ~인(주) найма́ч; господа́р. ~조건 умо́ви на́йму.

고원(高原) плоскогі́р'я; гірське́ плато́; нагі́р'я. ‖ ~지대 наго́рний райо́н.

고위 висо́кий ранг; висо́ке поло́ження; висо́кий пост. ‖ ~관리 сано́вник; високопоста́влений чино́вник. ~급 ви́щий ранг. ~급 인사 високопоста́влені осо́би. ~급 회담 нара́да на найви́щому рі́вні.

고유 ¶ ~하다 |특수한| специфі́чний. |특징적인| характе́рний. |내재한| власти́вий; вла́сний. |전형적인| типо́вий. ‖ ~명사 вла́сне ім'я́. ~성 специфі́чність; самобу́тність.

고육지계 ризико́ваний за́дум.

고율 висо́кий коефіціє́нт. ¶ ~관세 висо́кі мита́. ~ 이자 висо́кий відсо́ток.

고을 о́круг; пові́т; во́лость; пові́товий центр.

고음 висо́кий звук.

고의(故意) злий на́мір. ¶ ~적 навми́сний. ~로 навми́сно; навми́сне.

고이 |곱게| краси́во; благоро́дно. | 조용히| споко́йно. |온전히| по́вністю.

고인 покі́йник.

고인돌 дольме́н.

고자세 вла́дне ста́влення. ¶ ~로 наводи́ти вести́ себе́ вла́дно.

고자질 ¶ ~하다 клепа́ти; нашіпту́вати; таємно доноси́ти. ‖ ~쟁이 набреха́ч; доно́щик.

고작 |겨우| лише́, всього́; в кра́щому ви́падку. ¶ ~해야 від си́ли; найбі́льше

고장(故障) |장애| перешко́да; затри́мка. |기계 등의| ава́рія; пошко́дження. ¶ ~이 나다 злама́тися; [зі]псува́тися.

고장 |지방| місце́вість; райо́н; о́бласть; прові́нція. |고향| батьківщи́на.

고저(高低) |높이| висота́. |음성| модуля́ція. |시세의| колива́ння.

고적(古蹟) па́м'ятки старовини́; місця́, де знахо́дилися па́м'ятки старовини́.

고적(孤寂) ¶ ~하다 самотні́й і сумни́й. ~한 날 тужли́вий день.

고적대 заго́н тамбу́рщиків. ‖ ~장 тамбурмажо́р.

고전(古典) класика; старода́вні (старови́нні) тво́ри; літерату́рні па́м'ятники; старода́вні обря́ди; старови́нні пра́вила. ¶ ~적 класи́чний. ‖ ~문학 класи́чна літерату́ра. ~미 класи́чна краса́.

고전(苦戰) важки́й бій. ¶ ~하다 вести́ важки́й бій.

고정 закрі́плення; фікса́ція. ¶ ~적 фіксо́ваний; сті́йкий; стабі́ль-ний; постійна́. ~하다 фіксува́ти; закрі́плювати; роби́ти сті́йким (стабі́льним). ‖ ~가격 стабі́льні ці́ни. ~관념 стереоти́п; сті́йке

고 мислення; нав'язлива ідея; ідея фікс. ~수입 постійний охід. ~자본 основний капітал. ~화하다 фіксувати; закріплювати; стабілізувати.

고조(高潮) |조수의| сізігійні припливи. |고비| апогей; кульмінаційний пункт. ¶ ~하다 надихати; підбадьорювати; акцентувати. 최~에 달하다 досягти зеніту (апогею; кульмінаційної точки). || ~기 сизигії; період підйому. ~점 кульмінація.

고조(高調) |곡조| високий тон. ¶ ~하다 надихати; підбадьорювати; акцентувати.

고조모 прапрабабка.

고조부 прапрадід.

고주파 струм високої частоти; висока частота. || ~전류 високочастотний струм.

고즈넉하다 тихий; спокійний; смирний.

고증 вивчення з'ясування. ¶ ~하다 з'ясовувати; довести; отримувати підтвердження.

고지(高地) височина; висота.

고지(告知) сповіщення; повідомлення. ¶ ~하다 сповіщати *кого про що*; повідомляти *кого про що*. || ~서 офіційне повідомлення. 납세 ~ платіжне повідомлення.

고지대 піднесена місцевість.

고지식하다 прямий; прямодушний; прямолінійний; безтактний; тупуватий.

고진감래 після горя слідує радість.

고질 |병| хронічна (затяжна) хвороба. |버릇| застарілий; укорінений порок; стара погана звичка.

고집 впертість; наполегливість. ¶ ~스럽다 здаватися впертим (непоступливим). ~스레 вперто; наполегливо. ~하다 пручатися; наполягати на своєму. ~불통 впертий як осел. ~을 부리다 пручатися. || ~쟁이 упертюх.

고차방정식 рівняння вищого ступеня.

고착 прикріплення; фіксація. ¶ ~하다 прикріплятися; прилипати. || ~관념 нав'язлива ідея. ~제 закріплювач; фіксатор.

고찰(考察) дослідження; розгляд. ¶ ~하다 досліджувати; розглядати.

고참 старший за віком; за становищем); старожил; ветеран. ¶ ~의 старший; досвідчений. || ~병 старший за званням солдат.

고체 тверде тіло. || ~연료 тверде паливо.

고초 труднощі; позбавлення. ¶ ~를 겪다 зазнавати труднощів.

고추 перець. || 고춧가루 мелений перець. ~장 соєва паста з меленим перцем.

고충 душевний біль; тяжкі думки. ¶ ~을 털어놓다 виливати душу.

고취 ¶ ~하다 бити в барабан і грати на сопілці. |북돋음| надихати; підбадьорювати.

고층 верхній (високий) шар. ¶ ~건물 висотна будівля.

고치 кокон шовкопряда. || ~실 коконна нитка.

고치다 |수리| лагодити; ремонтувати; виправляти. |바꿈| змінювати. |마음을| виправлятися. |병을| лікувати; виліковувати. ¶ 버릇을 ~ позбутися від звички.

고통 біль [여]; мука; страждання. ¶

~스럽다 болісний. **~을 주다** мучити.

고투 завзята боротьба. ¶ **~하다** завзято боротися.

고품위 висока якість.

고풍 старі (древні) звичаї; сліди старовини. |문체| архаїчний стиль. ¶ **~의** античний; архаїчний.

고프다 ¶ батько зголодніти; бути голодним; хотіти їсти.

고하 |지위의| ступінь [ж]; ранг. ¶ **지위~를 막론(불문)하고** незалежно від рангу, і всі люди без винятку.

고하다 повідомляти будь *про що*; оповіщати *кого про що*; сповіщати *кого про що*; оголошувати *про що*.

고학 ¶ **~하다** вчитися у важких умовах. ‖ **~생** студент (учень), який сам оплачує навчання.

고함 гучний крик. ¶ **~ (을)지르다** голосно кричати. **~ (을) 치다** несамовито кричати.

고해(苦海) {불교} світ страждань; сансара.

고해(告解) ¶ **~성사** сповідь [ж].

고행(苦行) аскеза. ¶ **~하다** віддаватися аскезі.

고향 батьківщина; рідні місця. ‖ **~사람** земляк.

고혈압 підвищений кров'яний тиск. ‖ **~증** гіпертонічна хвороба; гіпертонія. **~환자** гіпертонік.

고형(固形) твердість. ‖ **~물**(체) тверде тіло.

고혹 ¶ **~적이다** чарівний; привабливий.

고환 яєчко.

고희 сімдесят років; сімдесятиріччя.

곡(曲) мелодія; мотив; пісня; кілька мелодій (пісень). ‖ **~명** (~목) назва музичного твору; програма концерту. **행진~** марш.

곡(哭) ¶ **~[을]하다** оплакувати (покійного).

곡간 зерносховище.

곡괭이 кирка; кайло. ¶ **~질하다** працювати киркою (кайлом).

곡기 ¶ **~를 끊다** переставати їсти; відмовлятися від їжі.

곡류 зернові; хлібні злаки.

곡마단 циркова трупа.

곡물 зернові; хлібні злаки. ‖ **~상** (оптовий) торговець зерном. **~창고** зерносховище.

곡사포 гаубиця.

곡선 крива лінія. ‖ **~미** меандр; краса ліній. **~운동** криволінійний рух.

곡식 зернові хліба.

곡예 циркове мистецтво. ¶ **~비행** запаморочливий політ. ‖ **~단** циркова трупа. **~사** артист цирку. **~술** циркове мистецтво.

곡절 |물리| перипетії. |파란| мінливість. |복잡| ускладнення. **곤란** труднощі. |까닭| причина; обставини. ¶ **우여~** мінливості; труднощі.

곡조 мелодія; мотив; пісня.

곡주 хлібна горілка.

곡창 |창고| зерносховище; комора; засік. |비유적으로| житниця. ‖ **~지대** житниця; зерновий район (країни).

곡필 ¶ **~하다** спотворювати; перекручувати факти у тексті.

곡해 ¶ **~하다** |왜곡| перекручувати; спотворювати; перекручено розуміти. |오해| неправильно розуміти.

곤경 важке́ станови́ще. ¶ ~에 빠지다(처하다) потрапля́ти в хале́пу; опини́тися в глухо́му куті́ (скруті́); бу́ти в скрутно́му (важко́му) поло́женні.

곤궁 ¶ ~하다 тяжки́й; по́вний поневі́рянь.

곤돌라 гондо́ла.

곤두박질 переки́дання; швидки́й біг. ¶ ~하다 |넘어지다| па́дати догори́ нога́ми.

곤란 тру́днощі. ¶ ~하다 важки́й.

곤로 електропли́тка; керога́з; га́сниця.

곤봉 кийо́к; дерев'я́на па́лиця.

곤욕 тяжка́ обра́за. ¶ ~을 치루다 отри́мати смерте́льну обра́зу. ~을 당하다 піддава́тися важки́м обра́зам.

곤죽 мі́сиво; плу́танина.

곤충 кома́ха. ‖ ~학 ентомоло́гія. ~학자 ентомо́лог.

곤하다 |피곤| вто́млений; сто́млений. |졸림| сонли́вий; |깊은 잠| міцни́й. ¶ 곤히 잠들다 засну́ти міцни́м сном.

곧 |즉시| відра́зу ж; тут же. |멀지 않아| ско́ро. 즉 тобто. |바로| са́ме.

곧다 прями́й.

곧바로 відра́зу; нега́йно; нега́йно ж.

곧이곧대로 че́сно; щи́ро; пря́мо; відве́рто.

곧잘 до́сить до́бре; присто́йно.

골 спа́лах гні́ву. ¶ ~을 내다 серди́тися; хвилюва́тися.

골 мо́зок; голова́. ¶ ~ 아픈 일 клопітка́ спра́ва. ~이 비다 нетя́мущий; тупи́й; дурни́й.

골 |골짜기| уще́лина; доли́на; яр. |틈| паз. |가르마| про́діл. |고을| о́круг; по́віт. ¶ ~을 내다 роби́ти паз на чо́му.

골(goal) воро́та; фі́ніш. |점수| гол. ~을 얻다 заби́ти гол. ~문을 지키다 стоя́ти у воро́тах. 세 ~ 차로 이기다/지다 перемогти́/програ́ти з раху́нком 3:0. ‖ ~라인 лі́нія воріт. ~키퍼 воротар. ~킥 уда́р по воро́тах. ~포스트 шта́нга.

골격 скеле́т; кістя́к; осто́в; карка́с.

골골 ¶ ~하다 бу́ти за́вжди хво́рим; постійно хво́рим.

골다 ¶ 코를 ~ хропі́ти.

골동 антикваріа́т. ‖ ~품 антиква́рна річ. ~품 상점 антиква́рний магази́н.

골똘 ¶ ~하다 зану́ритися в ду́мки; вду́муватися; піти́ з голово́ю в що.

골리앗 |성서| Голіа́ф. |거인| ве́летень; гіга́нт.

골막염 періости́т; запа́лення окі́стя.

골머리 голова́; мо́зок. ¶ ~를 앓다 си́льно турбува́тися; триво́житися.

골목 прову́лок. ¶ ~~ в ко́жному прову́лку. ~길 прову́лок. ~대장 вата́жок; конново́д; заводі́ла.

골몰하다 піти́ з голово́ю в що.

골무 наперсток.

골반 таз. ‖ ~골 та́зова кі́стка.

골방 кімна́тка, розташо́вана за вели́кою кімна́тою в коре́йському буди́нку.

골병 ¶ ~[이] 들다 підірва́ти здоров'я непоси́льною робо́тою; отри́мати тра́вму.

골상 ‖ ~학 френоло́гія. ~학자 френоло́ги.

골수 кістко́вий мо́зок. ¶ ~에 사му́ чи́ти запа́сти в ду́шу. ‖ ~염 остеомієлі́т.

골육 ¶ ~상쟁 чва́ри (бороть́ба)

між родичами.

골인 ¶ ~하다 прийти до фінішу; забити гол. |성공하다| зуміти зробити що. 결혼에 ~하다 вдало одружитися *на комусь* (вийти заміж *за кого*).

골자 сутність; суть [ея].

골재 заповнювачі; пісок, гравій.

골절 перелом кістки.

골짜기 ущелина; долина; яр; лощина.

골초 |사람| завзятий курець.

골치 голова. ¶ ~아픈 일 джерело занепокоєння; проблема; тривога. ~를 앓다 турбуватися про когощо; мучитися *з ким-чим* (*над ким-чим*).

골칫거리 болюче питання; складна справа; турботи; джерело занепокоєння.

골탕 ¶ ~[을] 먹다 опинитися у важкому положенні; потерпіти збитки; обманюватися.

골판지 гофрований папір.

골프 гольф. ¶ ~를 치다 грати в гольф. ‖ ~공 м'яч для гри в гольф. ~장 майданчик для гри в гольф. 골퍼 гравець у гольф.

곪다 |상처가| наривати; гноїтися; |일이| дозріти. ¶ 상처가 곪았다. Рана гноїться.

곯다 не наїдатися. ¶ 배를 ~ голодувати.

곰 ведмідь [-ня]; |사람| бовдур. ‖ ~가죽 ведмежа шкура. ~새끼 ведмежа. 불~ бурий ведмідь.

곰곰이 ретельно; ґрунтовно; уважно. ¶ ~ 생각하다 роздумувати.

곰국 густий м'ясний суп.

곰보 рябий.

곰살궂다 привітний; люб'язний.

곰탕 густий м'ясний суп.

곰팡내 затхлий запах.

곰팡이 цвіль [-ея]. ¶ ~가 나다 (пі́ді) [за]пліснявіти.

곱절 разів. ¶ 세 ~ втричі. 열 ~ ~ в десять разів.

곱다 |아름답다| красивий. |사랑스럽다| улюблений; |상냥하다| ласкавий; м'який. |올이 가늘다| гладкий; |가루 등이| дрібний. 고이 |온전히| як є; без змін. |매끈하게| гладко; без сучка; без задирки. |가만히| спокійно, тихо.

곱다 |손·발이 얼어서| задубівший.

곱다 |굽다| вигнутий; кривий. ¶ 허리가 곱다 згорблений.

곱배기 |음식| подвійна порція (норма). |두 배| подвійна робота.

곱사등 спина з горбом. ‖ ~이 горбань.

곱셈 множення.

곱슬머리 → 고수머리.

곱씹다 пережовувати; повторювати.

곱창 тонкі кишки корови.

곳 місце. ¶ 이 ~ тут. 저 ~ там. ~에 따라 в залежності від місця. ~~에 скрізь; всюди; повсюдно.

공 м'яч. ¶ ~에 바람을 넣다 надути (накачувати) м'яч. ~을 몰다 вести м'яч. ~을 받다 ловити м'яч. ~을 빼앗다 перехоплювати м'яч. ~을 차다 бити по м'ячу. ~놀이를 하다 грати в м'яч. ‖ 가죽/고무~ шкіряний/гумовий м'яч. 축구~ футбольний м'яч.

공(空) нуль [-ля].

공(功) |공적| заслуга. |노력| старання; зусилля. ¶ ~을 세우다 відзначитися *чим*; зробити подвиг. ~을 들이다(쌓다) докладати великі зусилля *до чого* (*для чого*).

공(公) держа́вне; грома́дське. |존칭| Ва́ша (Його́) висо́кість. ¶ ~과 사를 구별하다 відрізня́ти суспі́льне від особи́стого.

공(貢) дани́на [ея]; пода́ти [ві].

공(工) працівни́к. ¶ 용접~ зва́рювальник. 인쇄~ набі́рщик.

공간 про́стір. |сай| промі́жок, інтерва́л; |빈자리| ві́льне (поро́жнє) мі́сце. ¶ ~적 просторо́вий.

공갈 загро́за; заля́кування; шанта́ж. ¶ ~하다 загро́жувати; заля́кувати; шантажува́ти. ‖ ~죄 шанта́ж.

공감 співчуття́ до *кого-чого*; симпа́тія. ¶ ~하다 співчува́ти *комусь чого́*.

공개 ¶ ~적 відкри́тий; публі́чний; ~하다 оголо́шувати; відкрива́ти (для публі́ки). ~석상에서 публі́чно; в публі́чному мі́сці; пе́ред публі́кою. ‖ ~서한 відкри́тий лист в пре́сі. ~수업 відкри́тий уро́к.

공격 ата́ка; штурм; на́ступ; на́пад; напа́дки. ¶ ~적 наступа́льний. ~하다 атакува́ти; штурмува́ти; наступа́ти; напада́ти. |비판| критикува́ти. ‖ ~수 напада́ючий. ~자 наступа́ючий; атаку́ючий. 기습~ рапто́вий на́пад. 정면~ фронта́льний на́ступ; лобова́ ата́ка. 측면~ фла́нгова ата́ка.

공경 ¶ ~하다 поважа́ти; почита́ти; проявля́ти шанобли́вість; ста́витися з пова́гою.

공고(公告) офіці́йне повідо́млення (оголо́шення). ¶ ~하다 офіці́йно повідомля́ти (опові́щати); опублі́кувати; оприлю́днити.

공고(鞏固) ¶ ~하다 міцни́й; тверди́й. ~히 мі́цно; твердо.

공공(公共) ¶ ~[의] грома́дський; публі́чний. ‖ ~건물 грома́дська будівля. ~기관(~단체) грома́дська організа́ція. ~사업 грома́дська робо́та. ~시설 мі́сця грома́дського користува́ння. ~요금 пла́та за комуна́льні по́слуги.

공공연 ¶ ~하다 відкри́тий; відве́ртий. ~히 відкри́то; відве́рто. ~한 비밀 всім відо́мий секре́т.

공과(工科) техні́чний (інжене́рний) ві́дділ (факульте́т). ‖ ~대학 інжене́рний (політехні́чний) інститу́т.

공과(功過) заслу́ги і прови́ни.

공관(公館) грома́дська (держа́вна) будівля; посо́льство; мі́сія.

공교롭다 до́сить несподі́ваний.

공구 знаря́ддя; інструме́нт. ‖ ~함 знаря́ддя; інструме́нт.

공군 військовоповітря́ні си́ли; військо́ва авіа́ція. ~기 військо́вий літа́к. ~기지 військовоповітря́на (авіаці́йна) ба́за. ~력 військовоповітря́ні си́ли.

공권력 держа́вна (суспі́льна) вла́да.

공금 суспі́льні (держа́вні) гро́ші. ‖ ~횡령 скарбницекра́дство.

공급 постача́ння; пода́ння. ¶ ~하다 постача́ти *кого-що чим*; подава́ти *кому-чому що*. ~계약 контра́кт про постача́ння. ‖ ~가격 заводська́ ціна́. ~과다 перевиробни́цтво. ~자 постача́льник.

공기(空氣) пові́тря. |분위기| атмосфе́ра. ¶ 신선한 ~ сві́же пові́тря. 오염된 ~ забру́днене повітря. 타이어에 ~를 넣다/빼다 накачувати/спустити шину. ‖ ~여과기 повітряний фільтр. ~오염 забруднення повітря. ~정화기 очисник повітря. ~펌프 повітряний (велосипедний) насос.

공납(貢納) сплата податку. ¶ ~하다 сплачувати податок.

공단 промислова зона; промисловий комплекс.

공덕 заслуги й добрі справи. {불교} благодійність.

공돈 задарма (легко) отримані гроші.

공동 ¶ ~의 спільний; об'єднаний; загальний; колективний, громадський; публічний. ‖ ~묘지 громадське кладовище. ~사업 колективна (спільна) робота. ~선언/성명 спільна декларація/заява. ~소유 колективна власність. ~작전 спільні операції. ~재산 суспільне майно. ~전선 спільний (єдиний) фронт. ~책임 колективна відповідальність. ~출자 колективний внесок.

공동체 громада.

공란 поля; бланк. ¶ ~을 채우다 заповнювати бланк.

공략 ¶ ~하다 захоплювати.

공로 заслуга; подвиг. ¶ ~가 있는 заслужений. ~를 세우다 здійснювати подвиг; мати заслуги. ~에 의해 по заслугах. ‖ ~상 премія за заслуги. ~자 заслужена людина.

공론(公論) громадська думка.

공론(空論) доктринерство; фразерство; балачки.

공리(公理) істина; |수학의| аксіома. ¶ ~적 аксіоматичний.

공리주의 утилітаризм; егоїзм. ‖ ~적 утилітарний; егоїстичний.

공립 громадський; муніципальний. ¶ ~도서관 публічна бібліотека. ~학교 школа, створена на кошти місцевої влади.

공매 публічні торги; аукціон. ¶ ~하다 продавати з аукціону. ‖ ~처분 розпродаж майна, податок, який не був своєчасно сплачений.

공명(公明) ¶ ~하다 справедливий; чесний; неупереджений; безпартійний. ~정대 справедливість. ‖ ~선거 чесна виборча (передвиборна) кампанія.

공명(功名) відоме ім'я. ‖ ~심 честолюбство.

공명(共鳴) {물리} резонанс. |공감| співчуття; симпатія. ‖ ~음 резонуючі звуки. ~현상 мезомерія.

공모(公募) ¶ ~하다 |사람을| оголошувати про прийом на роботу (набір). |주식을| продавати акції. |기부금을| збирати пожертвування.

공모(共謀) змова. ¶ ~하다 вступати в змову. …와 ~하여 у змові з ким. ‖ ~자 спільник; співучасник; змовник.

공무 офіційні справи; службові обов'язки; громадські справи. ‖ ~원 державний службовець. ~집행 виконання службових обов'язків. 고급~원 висока посадова особа.

공문 офіційний документ; діловий папір.

공문서 офіційні документи.

공물(貢物) данина; обов'язкові поставки державі.

공박 ¶ ~하다 викривати; засуджувати.

공방(攻防) наступ і оборона; напад і захист. ¶ ~하다 наступати та оборонятися. ‖ ~전 наступальний і оборонний бій.

공백 чисте місце на папері; поля; порожнеча; пусте місце; білі плями; пробіл.

공범 груповий злочин. ‖ ~자 співучасники у злочині.

공법 публічне право. ‖ ~학 право.

공병(工兵) сапер; інженерні війська. ¶ ~대 саперна частина.

공보 офіційне повідомлення. |기관지| офіційний вісник (бюлетень).

공복(公僕) державний службовець; чиновник; посадова особа.

공복(空腹) порожній шлунок. ¶ ~에 натщесерце. ‖ ~감 почуття голоду.

공부 заняття; навчання. ¶ ~하다 займатися чим; вчитися чого. ‖ ~방 класна (кімната); аудиторія.

공분 загальне обурення. ¶ ~을 느끼다 обурюватися чим.

공사(工事) будівельні роботи; будівництво. ¶ ~하다 будувати; вести будівництво. ‖ ~비 вартість будівництва; витрати на будівництво. ~장 будівельний майданчик. ~판 будівництво. 토목~ будівельні роботи.

공사(公私) громадське і особисте.

공사(公事) державні справи; громадські справи.

공사(公使) посланник.

공사(公社) кооперація..

공산주의 комунізм. ‖ 공산당 комуністична партія.

공상(空想) пусте мріяння; фантазія; утопія. ¶ ~적 фантастичний; утопічний. ~하다 мріяти; фантазувати; уявляти. ‖ ~가 мрійник. ~과학소설 наукова фантастика.

공생 {생물} симбіоз; мутуалізм. {지질} парагенезис. ¶ ~하다 співмешкати.

공석(空席) |빈자리| вільне місце. 부재 вакансія.

공세 наступ. ¶ ~를 취하다 займати наступальну (агресивну) позицію. 평화~ мирний наступ.

공소(公訴) залучення до суду.

공소(控訴) оскарження; апеляція. ¶ ~하다 подавати апеляцію; оскаржити; апелювати. ‖ ~장 апеляційна скарга.

공손 ¶ ~하다 скромний і шанобливий. ~스럽다 здаватися скромним і шанобливим. ~하게 скромно й шанобливо.

공수(空輸) повітряні перевезення. ‖ ~부대 повітрянодесантні війська. ~작전 авіадесантна операція.

공수병 сказ; водобоязнь. ¶ ~에 걸린 개 скажена собака.

공수표 фіктивний чек (вексель); поряд.ск порожні слова.

공습(空襲) повітряна атака. ¶ ~하다 атакувати з повітря. ‖ ~경보 повітряна тривога.

공시(公示) офіційне повідомлення (сповіщення; оповіщення). ¶ ~하다 офіційно повідомляти (сповіщати; оповіщати). ‖ ~가격 офіційна ціна.

공시(共時) ¶ ~의 синхронний. ‖ ~성 синхронізм. ~언어학 синхронна лінгвістика.

공식(公式) |수학| формула. |도식|

схе́ма. ¶ ~적 офіці́йний. ~발표 опові́щення. ~방문 офіці́йний візи́т. ~성명 офіці́йна зая́ва. ~화 формаліза́ція; схематиза́ція. ~화하다 схематизува́ти; представля́ти у ви́гляді фо́рмули.

공신 заслу́жений високопоста́влений чино́вник.

공신력 кредитоспромо́жність.

공약 офіці́йне зобов'я́зання; уго́да; публі́чно да́на обіця́нка. ¶ ~하다 обіця́ти офіці́йно.

공약수 зага́льний ді́льни́к. ‖ 최대 ~ найбі́льший спі́льний ді́льни́к.

공양 |부모의| зміст; жертвоприно́шення. ¶ ~하다 годува́ти (місти́ти) *кого́*; здійсню́вати жертвоприно́шення.

공언(公言) справедли́ві слова́; публі́чна зая́ва. ¶ ~하다 публі́чно заявля́ти.

공업 промисло́вість; інду́стрія. ¶ ~의(적) промисло́вий; індустріа́льний. ‖ ~용수 техні́чна вода́. ~지대 індустріа́льний райо́н. ~화 індустріаліза́ція.

공여 ¶ ~하다 надава́ти.

공역(共譯) спі́льний (колекти́вний) пере́клад. ¶ ~하다 спі́льно (колекти́вно) переклада́ти.

공연(公演) пода́ння; спекта́кль [남]; ви́ступ. ¶ ~하다 дава́ти уя́влення (спекта́кль); виступа́ти.

공연(空然) ¶ ~한 непотрі́бний; за́йвий; даре́мний; безуспі́шний; безприч́инний. ~히 даре́мно; надаре́мно; безприч́инно.

공영(公營) ¶ ~의 грома́дський; муніципа́льний. ‖ ~주택 муніципа́льний буди́нок.

공예 мисте́цтво (те́хніка) виготовле́ння; прикладне́ мисте́цтво. ‖ ~가 ма́йстер. ~품 худо́жній ви́ріб; твір прикладно́го мисте́цтва.

공용(公用) зага́льне користува́ння. ‖ ~어 спі́льна мо́ва.

공원(公園) парк. |작은 공원| сквер. ‖ 국립~ держа́вний парк.

공원(工員) робі́тни́к заво́ду (фа́брики).

공유(共有) спі́льне володі́ння. ¶ ~의 общи́нний; зага́льний; що знахо́диться в спі́льному володі́нні. ‖ ~물 грома́дська вла́сність. ~자 співвла́сник. ~지 грома́дська земля́.

공익 зага́льна ко́ристь (ви́года); суспі́льне бла́го. ‖ ~단체 грома́дська організа́ція. ~법인 грома́дська правова́ організа́ція. ~사업 грома́дські спра́ви.

공인(公認) офіці́йне визна́ння. ¶ ~하다 офіці́йно визнава́ти. ‖ ~기록 офіці́йний реко́рд. ~회계사 кваліфіко́ваний бухга́лтер.

공인(公人) офіці́йна осо́ба.

공작(工作) виробни́цтво; ви́пуск; будівни́цтво; будо́ва. |수공| ручна́ робо́та. |작업| робо́та; опера́ція. 책동 мане́вр. ‖ ~기계 верста́т.

공작(公爵) князь. ¶ ~부인 княги́ня.

공작(孔雀) па́вич.

공장 заво́д; фа́брика. ¶ ~의 заводськи́й; фабри́чний. ‖ ~지대 фабричнозаводськи́й (промисло́вий) райо́н. ~폐쇄 лока́ут; закриття́ фа́брики (заво́ду).

공저 співа́вторство; спі́льно напи́сана пра́ця. ‖ ~자 співа́втор.

공적(功績) по́двиг; заслу́га.

공적(公敵) зага́льний во́рог.

공적(公的) офіці́йний; грома́дський;

публі́чний.

공전(公轉) {천문} рух небе́сних тіл. ‖ ~주기 пері́од о́бігу.

공전(空前) небува́лий; безприкла́дний.

공전(空轉) холости́й хід. ¶ ~하다 оберта́тися вхолосту́.

공정(公正) ¶ ~하다 пра́вильний; справедли́вий. ‖ ~성 справедли́вість.

공정(公定) ¶ ~의 офіці́йно затве́рджений (встано́влений). ‖ ~ 가격 такса; встано́влена (офіці́йна) ціна́.

공정(工程) проце́с; хід робо́ти.

공제(共濟) взаємодопомо́га.

공제(控除) ви́рахунок; відніма́ння; відраху́вання. ¶ ~하다 відніма́ти; відрахо́вувати. ‖ ~액 утри́мувана (відрахо́вана) су́ма.

공조 взаємодопомо́га. ¶ ~하다 допомага́ти оди́н о́дному.

공존 співіснува́ння. ¶ ~하다 співіснува́ти. ~공영 співіснува́ння і спі́льне процвіта́ння.

공주 принце́са.

공중(公衆) грома́дськість; суспі́льство; публі́ка. ‖ ~도덕 суспі́льна мора́ль. ~화장실 грома́дський туале́т. ~위생 соціа́льна гігіє́на. ~전화 телефонавтома́т.

공중(空中) ¶ ~의 повітря́ний. ~에 в пові́трі; в не́бі. ‖ ~곡예 повітря́ний акробати́чний но́мер. ~전 повітря́ний бій. ~제비 переворо́т че́рез го́лову з упо́ром на ру́ки. ~회전 сальтоморта́ле.

공증 до́каз; обґрунтува́ння; нотаріа́льне засві́дчення. ¶ ~하다 завіря́ти (докуме́нт). ‖ ~사무소 нотаріа́льна конто́ра. ~인 нота́ріус.

공지(公知) ¶ ~하다 офіці́йно пові́домля́ти

공직 пост; поса́да; службо́ві обов'язки. ‖ ~생활 життя́ службо́вця. ~자 чино́вник; посадо́ва осо́ба; держа́вний службо́вець.

공짜 безкошто́вно отри́мана річ. ¶ ~의 безкошто́вний. ~로 да́рмо без пра́ці.

공창 зареєстро́вана пові́я. ‖ ~제도 лега́льна проститу́ція.

공채 держа́вна пози́ка. |증권| обліга́ція держа́вної пози́ки.

공책 зо́шит; записна́ кни́жка; блокно́т.

공처가 підбабу́чник про чоловіка.

공천 висува́ння кандида́тів. ¶ ~하다 висува́ти кандидату́ру (на ви́бори).

공청회 відкри́те засі́дання (збо́ри).

공출 реквізи́ція; наси́льницькі поста́вки. ¶ ~하다 реквізува́ти. ‖ ~제도 систе́ма реквізи́цій.

공치사 ¶ ~하다 вихваля́ти себе́.

공탁 ¶ ~하다 віддава́ти на зберіга́ння; вно́сити в депози́т. ‖ ~금 гро́ші в депози́ті.

공터 ві́льне (пусте́) мі́сце.

공통 ¶ ~의 зага́льний. ‖ ~성(점) спі́льність. ~어 спі́льна мо́ва.

공판 публі́чний суд; відкри́те судо́ве засі́дання. ¶ ~하다 суди́ти відкри́тим судо́м.

공평 ¶ ~하다 справедли́вий. ~무사 неупере́дженість; безкори́сливість.

공포(公布) оприлю́днення; офі-

공포 ційне оголо́шення; опублікува́ння. ¶ ~하다 оприлю́днювати; офіці́йно оголо́шувати; опубліко́вувати.

공포(恐怖) страх; боя́знь [ея]. ‖ ~감 почуття́ стра́ху. ~심 боя́знь. ~증 фобі́я.

공포(空砲) холости́й по́стріл. ‖ ~사격 холости́й по́стріл.

공표 ¶ ~하다 офіці́йно повідом-ля́ти; опубліко́вувати.

공학(工學) техні́чні нау́ки; техноло́гії. ‖ ~부 технологі́чний факульте́т.

공학(共學) спі́льне навча́ння. ‖ 남녀~ шко́ла спі́льного навча́ння.

공항 аеропо́рт.

공해(公害) |오염| забру́днення навколи́шнього середо́вища. |해악 | грома́дська шко́да. ‖ ~산업 виробни́цтво, забру́днююче навколи́шнє середо́вище.

공해(公海) відкри́те мо́ре.

공허 ¶ ~하다 поро́жній; без-змісто́вний; спусто́шений.

공헌 ¶ ~하다 роби́ти (вно́сити) вне́сок *в що*.

공화 республіка́нський. ‖ ~국 респу́бліка. ~당 республіка́н-ська па́ртія. ~제 республіка́н-ський лад.

공황 па́ніка; кри́за. ‖ 금융~ фіна́нсова кри́за.

공회당 буди́нок з'їздів.

공훈 по́двиг; заслу́га.

공휴일 всенаро́дний; вихідни́й день.

곶감 нани́зані на прут і ви́сушені плоди́ хурми́.

과(科) відді́лення; клас; тип; га́лузь [ея]; відді́лення; ка́федра.

과(課) відді́лення; се́ктор; уро́к.

과감 ¶ ~하다 смі́ливий; відва́жний; му́жній. ~하게 смі́ливо; відва́жно; му́жньо. ‖ ~성 смі́ливість; відва́га; му́жність.

과객 перехо́жий; проїжджи́й; подоро́жній.

과거(過去) мину́ле. {언어} мину́лий час.

과거(科擧) і́спит на держа́вну поса́ду.

과격 ¶ ~하다 радика́льний; кра́йній; екстремі́стський. |말이| рі́зкий. ‖ ~분자 радика́л; екстремі́ст. ~파 радика́ли; екстремі́сти.

과녁 мета́; мі́шень [ея]. ¶ ~에 맞다 потра́пити в ціль.

과년 ¶ ~하다 втра́тити час. |жіночий| перезрі́ти. ~한 처녀 стара́ ді́ва.

과다 ¶ ~하다 надмі́рний; зана́дто вели́кий. ‖ 공급~ постача́ння, що переви́щує по́пит.

과단성 рішу́чість. ¶ ~있는 рішу́чий.

과당(果糖) фрукто́за; левуле́за.

과당(過當) ¶ ~하다 надмі́рний. ‖ ~경쟁 жорсто́ка конкуре́нція.

과대 перебі́льшення. ¶ ~평가하다 переоці́нювати. ‖ ~망상증 ма́нія вели́чі. ~평가 переоці́нка.

과도(過渡) перехі́д. ¶ ~[적] перехі́дний; промі́жний. ‖ ~기 перехі́дний пері́од. ~정부 тимчасо́вий у́ряд.

과도(過度) ¶ ~하다 надмі́рний; непомі́рний.

과도(果刀) ніж для фру́ктів

과두정치 оліга́рхія.

과로 перевто́ма. ¶ ~하다

과목(科目) предмет; дисципліна. ¶ 선택~ факультативні предмети. 필수~ обов'язкові предмети

과묵 ¶ ~하다 мовчазний і спокійний.

과문 ¶ ~하다 погано обізнаний.

과민 ¶ ~하다 надмірно (болісно) чутливий. ‖ ~성 надчутливість. ~성의 надчутливий. ~증 гіперестезія; підвищена больова чутливість.

과밀 перенаселення.

과반수 більшість. ¶ ~를 얻다 отримувати більшість (голосів). ~로 통과되다 бути прийнятим (затвердженим) більшістю (голосів).

과부 вдова.

과부족 надлишок або недолік. ¶ ~없이 помірно.

과부하 перевантаження. ‖ ~전류 перенапруження струму.

과분 ¶ ~하다 надмірний; зайвий.

과불급 надмірність і недостатність.

과산화 переокислення. ‖ ~나트륨 перекис. натрію. ~수소 перекис водню. ~질소 перекис азоту.

과세 обкладення податком (митом). ¶ ~하다 обкладати податком. ‖ ~율 ставки оподаткування.

과소 ¶ ~하다 занадто малий; незначний. ‖ ~평가 недооцінка.

과속 завищена (надмірна) швидкість. ¶ ~하다 їхати з перевищенням швидкості; вести автомобіль на підвищеній швидкості.

과수(果樹) фруктове дерево. ‖ ~업 садівництво. ~원 фруктовий сад.

과시 ¶ ~하다 з гордістю показувати; демонструвати.

과식 ¶ ~하다 переїдати; об'їдатися.

과신 ¶ ~하다 надто довіряти.

과실(過失) помилка; промах; недогляд. ‖ ~죄 ненавмисний (ненавмисний) злочин. ~치사 ненавмисне вбивство.

과실(果實) фрукт; плід. ‖ ~나무 фруктове дерево. ~주 фруктова наливка.

과언(過言) ¶ ~이다 сказати зайве. …고 하여도 ~이 아니다 без перебільшень можна сказати, що ...

과업 завдання.

과연 дійсно; справді.

과열 перегрів; перегрівання.

과오 помилка.

과외 ¶ ~의 позакласний; позаурочний; факультативний. ~수업 позакласні заняття. ~지도 факультативні заняття. ~활동 громадські заходи.

과욕(過慾) ¶ ~하다 жадібний; корисливий.

과용 ¶ ~하다 занадто багато витрачати. 약을 ~하다 приймати занадто велику дозу ліків.

과음 ¶ ~하다 занадто багато випити; перепити.

과일 фрукт. ‖ ~술(주) фруктове вино. ~즙 фруктовий сік.

과잉 надлишок. ¶ ~하다 бути в надлишку (в надлишку). ‖ ~생산 перевиробництво. ~인구 перенаселення.

과자 кондитерський виріб. ‖ ~점 кондитерська

과장 перебі́льшення. |문학| гіпе́рбола. ¶ ~의 гіперболі́чний. ~하다 перебі́льшувати. || ~법 гіперболі́чний.

과적 ¶ ~하다 переванта́жувати; надмі́рно наванта́жувати.

과전류 максима́льний струм.

과전압 перенапру́ження.

과정(科程) предме́т; курс (навча́ння); навча́льний план.

과정(過程) хід; проце́с.

과제 (дома́шнє) завда́ння (зада́ча).

과중 ¶ ~하다 зана́дто важки́й; непоси́льний.

과즙 фрукто́вий сік.

과찬 непомі́рна похвала́. ¶ ~하다 захва́лювати; перехва́лювати.

과태료 штраф; пеня́.

과표 су́ма оподаткува́ння. || ~액 су́ма оподаткува́ння.

과하다 надмі́рний; переви́щує но́рму.

과학 нау́ка. ¶ ~적 науко́вий. || ~계 науко́ві ко́ла; науко́вий світ; світ нау́ки. ~자 вче́ний; науко́вий працівни́к.

관(管) труба́; тру́бка. {해부} суди́на.

관(冠) віне́ць; коро́на.

관(棺) труна́.

관(官) посадо́ва осо́ба; чино́вник. || 사령~ команду́вач. 외교~ диплома́т.

관(館) устано́ва. || 대사~ посо́льство. 영화~ кінотеа́тр.

관(觀) ду́мка; по́гляд. || 세계~ світо́гляд. 인생~ по́гляди на життя́.

관개 зро́шення; ірига́ція. ¶ ~하다 зро́шуватися. || ~공사 ірига́ційне будівни́цтво. ~망 ірига́ційна систе́ма. ~수리 гідромеліора́ція. ~용수 вода́ для зро́шення.

관객 гляда́ч; публі́ка. || ~석 мі́сце для глядачі́в.

관건 |중요점| ключ. |조건| умо́ва. ¶ |문제 해결의| ~ ключ до вирі́шення завда́ння.

관계(關係) ста́влення; зв'язо́к. |관여| у́часть. |교제| зно́сини. ¶ ~하다 ма́ти відно́шення (зв'язо́к) *з ким-чим*. ~의(적) ма́є відно́шення; відно́сний; реляти́вний. ~[가] 없다 не ма́ти нія́кого відно́шення; бу́ти непричетним. …한 ~로 че́рез те, що...; у зв'язку́ з тим, що ... || ~대명사 відно́сний займе́нник. ~자 уча́сник; зацікавлена осо́ба. 전후~ контекст.

관계(官界) офіці́йні ко́ла.

관공서 відомство і прису́тність.

관광 тури́зм. ¶ ~하다 здійснюва́ти туристи́чну пої́здку; огляда́ти визначні́ па́м'ятки. || ~가이드 туристи́чний довідни́к. ~객 тури́ст; екскурса́нт. ~버스 туристи́чний авто́бус. ~여행 тури́зм; екску́рсія. ~열차 туристи́чний по́їзд. ~지 па́м'ятка.

관권 уря́д; вла́да. ¶ ~개입 втруча́ння вла́ди.

관내 ¶ ~의 підві́домчий; що знахо́диться у ве́денні *кого-чого*.

관념 пода́ння; поня́ття; іде́я; по́гляди; конце́пція. ¶ ~[론]적 ідеалісти́чний. || ~론 ідеалі́зм. ~론자 ідеалі́ст.

관능 відчуття́. ¶ ~적 сексуа́льний; чуттє́вий. ~적인 жі́нка сексуа́льна жі́нка.

관대 великоду́шність; поблажли́вість. ¶ ~하다 великоду́шний;

관람 перегляд; огляд. ¶ ~하다 дивитися; оглядати. ‖ ~객 глядач; відвідувач. ~료 вхідна плата. ~석 місця для глядачів.

관련 (взаємо) зв'язок. ¶ …와(과) ~되다 бути пов'язаним з ким-чим; залежати від кого-чого. …와(과) ~하여 у зв'язку з чим. ‖ ~성 [взаємо] зв'язок; взаємозалежність.

관례 звичай. ‖ ~법 загальне право.

관록 авторитет; вплив. ¶ ~[이] 있는 досвідчений і авторитетний (впливовий).

관료 чиновництво; бюрократія; чиновники. ¶ ~적 бюрократичний. ‖ ~정치 бюрократизм. ~제 бюрократизм. ~주의자 бюрократ. ~주의체제 бюрократична система. ~화 бюрократизація. ~화하다 бюрократизувати.

관리(官吏) чиновник.

관리(管理) управління; контроль [남]. ¶ ~하다 керувати чим; завідувати чим; контролювати. ~하에 두다 взяти під контроль ‖ ~기관 орган управління. ~자 завідувач; адміністратор.

관망 ¶ ~하다 спостерігати зі сторони; дивитися здалеку. ‖ ~자 (сторонній) спостерігач.

관목 кущ; чагарник.

관문 застава; бар'єр. |장애| трудність; перешкода.

관보 офіційний (урядовий) бюлетень; офіційна телеграма.

관복 форма (мундир) чиновника.

관사(冠詞) {문법} артикль [남].

관사(館舍) резиденція.

관상(觀相) фізіогноміка. ¶ ~을 보다 займатися фізіогномікою; передбачати долю за зовнішністю. ‖ ~쟁이 фізіогноміст.

관상(冠狀) ¶ ~의 вінцевий; коронарний. ‖ ~동맥 вінцева артерія.

관상식물 декоративна рослина.

관선 ¶ ~의 призначений урядом. ‖ ~변호인 призначений судом адвокат.

관성 інерція. |타성| сила звички. ‖ ~법칙 правило інерції.

관세 (митна) мито. ‖ ~동맹 митний союз. ~법 закон про податки. ~율 митний тариф. ~장벽 тарифний бар'єр. ~협정 тарифна угода.

관습 звичка; звичай. ¶ ~적으로 за звичкою. ~이 되다 входити в звичку (до звичаю).

관심 інтерес; увага. ¶ ~을 가지다 цікавитися ким-чим. ~을 돌리다 звертати увагу на кого-що. ~을 보이다 проявляти інтерес ‖ ~사 об'єкт інтересу, діло, в якому зацікавлений. 중대~사 справа величезної важливості.

관악 духова музика. ‖ ~기 духовий інструмент.

관여 ¶ ~하다 брати участь у чомусь; мати відношення до чого.

관용(寬容) великодушність. ¶ ~하다 великодушно прощати; проявляти терпимість; поблажливо ставитися.

관용(慣用) ¶ ~적 звичайний; звичний. ‖ ~구 ідіоматичний вираз. ~어 ідіома. ~어법 ідіоматика.

관원 чиновник.

관자놀이 скроня.

관장(管掌) ¶ ~하다 керувати *чим*; завідувати *чим*, керувати *чим*.

관장(灌腸) ¶ ~하다 робити (ставити) клізму. ‖ ~약 ліки для клізми.

관장(館長) директор; завідувач. ¶ 도서~ директор бібліотеки.

관저 (офіційна) резиденція.

관전 спостереження за ходом військових дій (бою; змагання). ¶ ~하다 спостерігати за ходом військових дій (змагання).

관절 суглоб. ‖ ~류마티즘 суглобовий ревматизм. ~연골 суглобовий хрящ. ~염 артрит. ~통 артральгін.

관점 точка зору. ¶ …의 ~에서 з точки зору *кого-чого*.

관제(官製) державне виробництво; вироби державного виробництва.

관제(管制) контроль [наг]. регулювання. ¶ ~하다 контролювати; регулювати. ‖ ~탑 спостережна вишка. 등화~ затемнення.

관조 спогляданння. ¶ ~적 споглядальний. ~하다 споглядати; спостерігати зі сторони.

관중 публіка; глядач. ‖ ~석 місця для глядачів (публіки).

관직 посада чиновника.

관찰 спостереження; розгляд. ¶ ~하다 спостерігати; розгля-дати. ‖ ~력 спостережли-вість. ~자 спостерігач.

관철 проникнення; проникність. |끝까지 행함| доведення до кінця. |실현| виконання; здійснення; реалізація. ¶ ~하다 проникати (проходити) наскрізь; пронизу-вати; проводити до кінця; здійснювати; реалізовувати. 목적을 ~하다 досягти мети.

관청 відомство.

관측 |관찰| спостереження; обсервація. |예측| передбачення; пророцтво. ¶ ~하다 спостері-гати; передбачити. ‖ ~소 обсерваторія; спостережний пункт.

관통 ¶ ~하다 проникати (проходити; пробивати) наскрізь; пронизувати. ‖ ~상 наскрізна вогнестрільна рана.

관할 юрисдикція; компетенція; ведення. ¶ ~하다 відати *ким-чим*. ~기관 компетентнова установа. …의 ~에 속하다 бути (перебувати) у віданні *кого-чого*. ‖ ~권 юрисдикція.

관행 звичай. ¶ ~을 따르да слідувати звичаєм, ~대로 하다 робити за звичаєм.

관혼상제 обряди (церемонії) повноліття, одруження, похорон і жертвопринесення.

괄괄하다 |성격이| гарячий; |목소리가| гучний; звучний.

괄목 ¶ ~하다 напружено (з інтересом) спостерігати *за ким-чим*. ~상대하다 дивитися, не вірячи своїм очам.

괄시 ¶ ~하다 холодно (погано) ставитися *до кого-чого*.

괄호 дужки.

괄약근 сфінктер.

광 комора.

광(光) ¶ ~을 내다 додавати блиск.

광(鑛) рудник; шахта.

광(狂) ¶ 속도~ любитель великих швидкостей. 축구~ фанат

광견 скажена собака. ‖ ~병 {의학} сказ; водобоязнь [ея].

광경 видовище; картина; сцена.

광고 реклама; оголошення. ¶ ~하다 рекламувати; оголошувати. ‖ ~란 відділ (рубрика) оголошень. ~료 плата за оголошення (рекламу). ~문 текст оголошення (реклами). ~방송 комерційна передача. ~지 оголошення; реклама. ~판 дошка оголошень (реклами). ~탑 стовп для оголошень (реклами).

광공업 гірська і обробна промисловості.

광구 {鑛區} рудна ділянка.

광기 ознаки божевілля; божевілля.

광년 {천문} світловий рік.

광대 актор; комедіант, артист. ¶ ~노릇을 하다 блазнювати. ‖ ~놀음 гра акторів. ~놀이 гра комедіанта.

광대(廣大) ¶ ~하다 широкий; великий; просторий. ~무변하다 безкрайній; нескінченний.

광대뼈 скула; вилиці; вилични кістки.

광대수염 {식물} глуха кропива біла (бородата).

광도 сила світла; світлочутливість.

광란 безглузда, несамовитість. ¶ ~의 божевільний; несамовитий. ~하다 божеволіти. ‖ ~자 безумець.

광맥 гірська жила.

광명 світле життя. ¶ ~하다 світлий.

광목 бязь [ея].

광물 мінерал; руда. мінералів. ‖ ~질 мінеральна речовина. ~학 мінералогія. ~학자 мінералог.

광범위 широка сфера; широке коло (масштаб). ¶ ~하다 великий; широкий.

광복 ‖ ~절 День незалежності країни.

광부 гірник; шахтар; рудокоп.

광분 ¶ ~하다 шаліти; шаленіти; метатися; носитися.

광산 рудник; копальні; шахта. ‖ ~도시 шахтарське селище. ~업 гірнича справа; гірський промисел.

광상곡 рапсодія.

광석 руда; мінерал. ‖ ~광물 рудний мінерал. ~매장량 запас руди.

광선 (світловий) промінь; світло.

광속 швидкість світла.

광신 фанатизм. ¶ ~적 фанатичний. ~하다 фанатично вірити. ‖ ~자 фанатик.

광야 роздолля; простір; безкрайня рівнина.

광어 палтус.

광업 гірничодобувна промисловість. ‖ ~권 право на розробку корисних копалин.

광역 великий район. ‖ ~도시 мегаполіс; агломерація міст; злиття міст.

광열 світло і тепло. ‖ ~비 витрати на опалення та освітлення.

광원 джерело світла.

광의 ¶ ~로 в широкому сенсі.

광인 божевільний.

광장 площа; просторе подвір'я. ¶ 붉은 ~ Червона площа.

광적 ¶ ~이다 божевільний; шалений.

광전도성 фотопровідність.
광전자 фотоелектрон.
광주리 круглий плетений кошик.
광채 блиск; сяйво. ¶ ～가 나다 блискучий.
광천 мінеральне джерело. ‖ ～수 мінеральна вода.
광택 блиск; глянець; лиск. ¶ ～이 나다 блискучий; глянсовий; лискучий. ～없는 позбавлений блиску; матовий; тьмяний. ～을 내다 лощіть; полірувати; наводити глянець (лиск) *на що*.
광통신 фотоніка.
광포 сказ; буйство; шаленство. ¶ ～하다 шалений; скажений; буйний; шалений.
광폭(廣幅) значна ширина.
광풍 ураган.
광학 оптика. ¶ ～적 оптичний. ‖ ～기계(기구) оптичний прилад.
광합성 фотосинтез.
광화학 фотохімія.
광활 простір; широта. ¶ ～하다 великий; широкий.
광휘 сяйво; блискіт; блиск; пишність. ¶ ～롭다 блискучий; сяючий; блискучий; чудовий.
괘 триграми і гексаграми Іцзін; ‖ 점괘 ворожіння; ворожба.
괘념 ¶ ～하다 бути стурбованим. ～치 않다 не турбуватися (дбати; тривожитися).
괘선지 лінійований папір.
괘씸 ¶ ～하다 ненависний; огидний.
괘종시계 настінний годинник.
괜찮다 |나쁘지 않다| непоганий; стерпний; |순조롭다| благополучно; нормально. ¶ 괜찮으시다면 якщо ви не заперечуєте. 괜찮습니다 (사과에 대해) Нічого.
괜하다 |괜한 말씀| Що ви!
괴기 ¶ ～하다 дивний; мерний. ～소설/영화 сенсаційна книга фільм.
괴다 |물이| збиратися; накопичуватися; |눈물이| навертаються.
괴다 |받치다| підставляти; підпирати; підтримувати.
괴담 розповідь про чудеса.
괴력 надзвичайна (дивовижна) сила.
괴로움 муки; страждання. ¶ ～을 주다 піддавати *кого* мукам. ～을 당하다 страждати (мучитися) *від чого*. 양심의 ～ ～ докори сумління. 죽음의 ～ передсмертні муки; агонія.
괴롭다 болісний.
괴로워하다 страждати (мучитися) *від чого*.
괴롭히다 мучити.
괴뢰 маріонетка. ‖ ～정부 маріонетковий уряд.
괴리 різниця; відмінність; розрив. ¶ ～하다 різнитися.
괴멸 розгром; погром. ¶ ～하다 громити. ～되다 бути розгромленим.
괴물 дивна (химерна) річ; чудовисько.
괴벽 дивакувато. ¶ ～하다 дивакуватий; дивний; вибагливий; примхливий. ～한 사람 дивак.
괴사(壞死) {의학} некроз.
괴상 ¶～하다 дивний; дивовижний. ～망측 дуже дивний (химерний).
괴상야릇 ¶ ～하다 ексцентричний; незвичайний.
괴석 камінь химерної форми.
괴수 отаман; ватажок; заправила.

괴이 ¶ ~하다 дивний; химерний.

괴저(醫學) гангрена; омертвляння тканини.

괴질 дивна хвороба. |콜레라| холера.

괴한 дивак.

괴혈병 {의학} цинга. ‖ ~ 환자 цинготних хворий [남명].

굉음 гуркіт; гук; гуркотіння.

굉장 ¶ ~하다 величний; грандіозний. ~히 дуже.

교가 гімн навчального закладу.

교각 бик мосту.

교감(交感) складне почуття (відчуття). ¶ ~하다 бути складним. ‖ ~신경 симпатичний нерв.

교감(校監) заступник директора школи; завуч.

교과 предмет; дисципліна; курс. ‖ ~과정 навчальний процес.

교과목 предмети навчання, передбачені програмою.

교과서 підручник.

교관 офіцер-викладач; викладач спецпредмета.

교교 ¶ ~하다 ясний; яскравий; білосніжний. 달빛이 ~. Яскраво сяє місяць.

교구 церковний прихід.

교권 |학교의| право викладання; |교회의 권력| влада (могутність) церкви.

교단(敎壇) кафедра; навчальний заклад.

교단(敎團) орден; чернеча громада.

교대(交代) зміна. ¶ ~하다 змінювати[ся]; замінювати[ся]. ~로позмінно; по черзі. ‖ ~작업 [по]змінна робота. ~작用 метасоматизм. ~제 [по]змінна робота. 삼~제 робота в три зміни.

교도(敎導) навчання. ¶ ~하다 пояснювати; наставляти.

교도관 тюремний наглядач; тюремник.

교도소 в'язниця. ‖ ~장 начальник в'язниці.

교두보 передмістне зміцнення; |해안의| плацдарм висадки [морського] десанту.

교란 ¶ ~하다 дезорганізовувати; учиняти безладдя; викликати хаос. ‖ ~ 공작 підривна робота.

교량 міст.

교류 |교환| (взаємний) обмін. |전기| змінний струм. ¶ ~하다 обмінюватися ким-чим. ‖ ~전압 напруга змінного струму. 문화~ культурний обмін.

교리 вчення; доктрина; догмат.

교만 зарозумілість. ¶ ~하다 зарозумілий; гордовитий. ~을 부리다 вести себе зарозуміло.

교묘 ¶ ~하다 майстерний; умілий; спритний; майстерний; витонче-ний; прекрасний.

교무 навчально-виховна робота; |종교| релігійні справи. ‖ ~과 навчальна частина; навчальний відділ. ~실 вчительська кімната. ~처 адміністративний відділ в навчальному закладі.

교문 двері навчального закладу.

교미 спарювання. ¶ ~하다 спаровуватися. ‖ ~기 період спарювання (злучки).

교민 співвітчизник, що живе за кордоном.

교배 схрещування; гібридизація. ¶ ~하다 схрещувати. ‖ ~종 гібрид.

교복 шкільна форма.

교본 підру́чник; навча́льний посі́бник.

교부 ви́дача; вру́чення. ¶ ~하다 видава́ти; вруча́ти. ‖ ~금 субси́дія; дота́ція.

교분 дру́жні відно́сини; дру́жба.

교사(教師) вчи́тель; виклада́ч.

교사(校舍) будівля навча́льного за́кладу; шкі́льне примі́щення; навча́льний ко́рпус.

교사(教唆) ¶ ~하다 підбу́рювати. ‖ ~범 підбу́рювач. ~죄 підбу́рювання.

교살 підбу́рювання. ¶ ~하다 задуши́ти. ‖ ~자 души́тель.

교생 у́чень (студе́нт), що прохо́дить пра́ктику в шко́лі.

교서 посла́ння; королі́вський ука́з.

교섭 перегово́ри; уго́да. ¶ ~하다 вести́ перегово́ри; уклада́ти уго́ду. ‖ 단체~ колекти́вні перегово́ри.

교성 чарівни́й го́лос.

교수(教授) |가르침| виклада́ння; навча́ння. |사람| профе́сор. ¶ ~하다 виклада́ти; навча́ти. ‖ ~법 мето́дика виклада́ння. 정~ профе́сор. 부(조)~ доце́нт. 진 професу́ра; виклада́цький склад. 명예~ заслу́жений профе́сор. 지도~ кура́тор.

교수(絞首) пові́шення. ¶ ~하다 пові́сити. ‖ ~대 шибе́ниця. ~형 сме́ртна ка́ра че́рез пові́шення.

교습 навча́ння; тренува́ння; інструктува́ння. ‖ ~소 спеціа́льне учи́лище. 운전 ~소 шофе́рські ку́рси.

교시 зазна́чення; інструкта́ж. ¶ ~하다 інструктува́ти; інформува́ти *кого́ про що*.

교신 обмі́н (ра́діо) переда́чами. ¶ ~하다 обміня́тися переда́чами.

교실 клас; аудито́рія.

교안 план уро́ку (заня́ття).

교양 осві́та; вихова́ння; осві́ченість; вихо́ваність. ¶ ~이 있는 осві́чений; вихо́ваний; культу́рний. ~이 없는 невихо́ваний; некульту́рний; неосві́чений. ‖ ~학부 ві́дділ осві́ти.

교역 торго́вий обмі́н, торгі́вля. ¶ ~하다 торгува́ти чим *з ким-чим*. ‖ ~품 това́ри для обмі́ну.

교외(郊外) око́лиця мі́ста; передмі́стя. ‖ ~열차 примі́ський по́їзд.

교외(校外) позашкі́льний; позааудито́рний. ¶ ~실습 позакла́сна (позааудито́рна) пра́ктика. ~활동 грома́дські за́ходи; позашкі́льна дія́льність.

교우(交友) дру́жба; друг. ¶ ~하다 дружи́ти.

교우(校友) това́риш по навча́нню; шкі́льний това́риш. ‖ ~회 асоціа́ція випускникі́в.

교우(教友) асоціа́ція випускникі́в.

교원 виклада́ч; вчи́тель.

교육 вихова́ння, осві́та; просві́тництво. |훈련| тренува́ння. ¶ ~적(의) осві́тній; вихо́вний; навча́льний; педагогі́чний. ¶ ~하다 вихо́вувати; дава́ти осві́ту *кому*; тренува́ти. ‖ ~가 педаго́г. ~기관 навча́льні за́клади. ~대학 педагогі́чний інститу́т. ~부 міністе́рство осві́ти. ~사업 педагогі́чна робо́та. ~학 педаго́гіка. 가정~ дома́шнє вихова́ння. 의무~ обов'язко́ве навча́ння. 직업~ професі́йна осві́та.

교의 догма́ти це́ркви.

교인 віруючий.

교장 директор школи.

교재 підручник; навчальний матеріал; навчальний посібник.

교전 ведення війни; участь у війні; вступ у війну. |전투| бій. ¶ ~하다 вести війну; вступати у війну. ǁ ~국 держава, яка воює.

교접 |접촉| зіткнення. |성교| статеві зносини; статевий акт.

교정(矯正) виправлення; коригування. ¶ ~하다 виправляти; коригувати; вносити виправлення.

교정(校正) коректура. ¶ ~하다 тримати коректуру. ǁ ~기호 коректорські знаки. ~지 коректура; гранки.

교정(校庭) шкільний двір.

교제 дружні відносини; спілкування. ¶ ~하다 вступати в дружні відносини з ким; спілкуватися з ким; зав'язувати знайомство.

교조(敎祖) основоположник релігії.

교조(敎條) догма. ¶ ~적 догматичний. ǁ ~주의 догматизм. ~주의자 догматик.

교주 глава секти.

교직(敎職) викладач; проповідник. ǁ ~원 викладацький склад і технічний персонал.

교차 перетин; схрещування. ¶ ~하다 перехрещуватися. ǁ ~로 перехрестя. ~점 перехрестя.

교착 приклеювання. ¶ ~하다 приклеюватися.

교체 зміна; заміна. ¶ ~하다 змінювати; замінювати; чергувати.

교칙 правила внутрішнього розпорядку в навчальному закладі.

교태 приємні манери; кокетство. ¶ ~를 부리다 мати приємні манери; кокетувати.

교통 |왕래| вуличний рух; транспорт. |연락| повідомлення, комунікація. |수송| пересування, перевезення. ¶ ~정리를 하다 регулювати вуличний рух. ǁ ~난 затор, пробка. ~법규 правила вуличного руху. ~사고 дорожньотранспортна пригода. ~순경 ДАІ. ~신호 світлофор. ~

교편 ¶ ~을 잡다 ставати вчителем.

교포 співвітчизники, що живуть за кордоном.

교향 ǁ ~곡 симфонія. ~악 симфонічна музика. ~악단 філармонія.

교화 перевиховання; виправлення. ¶ ~하다 перевиховувати; виправляти.

교환 обмін. |전화의| комутація; з'єднання абонентів. ¶ ~하다 обмінювати; з'єднувати. ǁ ~기 комутатор.

교활 ¶ ~하다 підступний; хитрий.

교황 римський папа.

교회 церква.

교훈 |가르침| викладання; навчання. |훈화| урок. ¶ ~적 повчальний; дидактичний.

구(句) фраза.

구(九) дев'ять.

구(區) район; ділянка.

구(球) куля; сфера.

구가 ¶ ~하다 оспівувати чесноти (благодіяння).

구간 ділянка; перегін.

구강 порожнина рота.

구걸 ¶ ~하다 жебракувати.

구경 огляд; ознайомлення. ¶ ~하다 оглядати; знайомитися. ~을

가다 піти (поїхати) подивитися (оглянути). ‖ ~거리 (цікаве) видовище. ~꾼 глядач.

구구 ¶ ~하다 різний; бідний і ганебний. 의견이 ~하다 розходитися в думках.

구국 порятунок вітчизни. ¶ ~적 патріотичний.

구금 висновок; позбавлення волі. ~하다 позбавляти волі; укладати у в'язницю.

구급 швидка (перша) допомога. ‖ ~약 медикаменти для надання першої допомоги. ~차 машина швидкої допомоги.

구기 гра у м'яч.

구기다 м'яти[ся]; морщити[ся]; бгати[ся]. |일이 꼬이다| не ладитися; не клеїтися.

구김살 зморшки; складки.

구내 всередині огородженої ділянки.

구덩이 яма; западина. |길의| вибоїна.

구도 пошук істини. ‖ ~자 шукач істини.

구독 ¶ ~하다 підписуватися на газету (журнал; книгу). ‖ ~료 плата за підписку на газету (журнал; книгу). ~자 читач; передплатник..

구두 черевики; туфлі. ‖ ~끈 шнурки. ~닦이 чистильник взуття. ~약 шевський крем; гуталін. ~을 칠하다 чистити взуття. ~주걱 ріжок для взуття. ~창 підмітка.

구두(口頭) ¶ ~[의] усний. ~계약 усна домовленість. ~설명 пояснення; тлумачення.

구두쇠 жаднюга; скнара.

구두점 розділові знаки.

구들 утеплена підлога. ¶ 방~을 놓다 зробити утеплену підлогу; утеплити підлогу.

구락부 клуб.

구렁이 амурський полоз. |비유적으로| змія підколодна. ¶ ~ 담 넘어가듯 непомітно.

구렁텅이 глибока яма. |비유적으로| безодня; безвихідне становище.

구레나룻 бакенбарди [복].

구령 розпорядження; команда.

구류 арешт; затримання; інтернування. ‖ ~하다 заарештовувати; затримувати; інтернувати.

구르다 котитися.

구르다 |발을| топати.

구름 хмаринка. ‖ 먹~ хмара.

구름다리 віадук; перекидний міст.

구릉 пагорб; горб; курган; височина. ‖ ~지대 горбиста місцевість; невисоке плоскогір'я.

구리 мідь [여]. ‖ ~빛 мідний колір.

구리다 |냄새가| смердючий. |행동이| |지저분하다| огидний; мерзенний. |수상하다| підозрілий; сумнівний.

구린내 поганий запах; сморід. ¶ ~가 나다 виділяти поганий запах; смердіти.

구매 купівля; закупівля. ¶ ~하다 купувати; закуповувати. ‖ ~가격 закупівельні ціни. ~력 купівельна спроможність. ~자 покупець.

구멍 отвір; дірка. |틈| щілина. |굴| нора. |구덩이| яма. |통풍구| віддушина.

구멍가게 крамниця; ларьок.

구면(球面) сферична (кульова) поверхня.

구면(舊面) (старий) знайомий.

구명(救命) ¶ ~하다 рятувати. ‖ ~구 рятувальні засоби. ~대 рятувальний пояс. ~줄 канат; аварійна мотузка. ~정 рятувальний катер (човен). ~조끼 рятувальний жилет.

구미(歐美) Європа і Америка. ¶ ~각국 країни Європи та Америки.

구미 смак; апетит. ¶ ~를 돋우다 стимулювати (викликати) апетит; викликати бажання.

구박 гноблення; пригнічення; гоніння. ¶ ~하다 гнобити; пригнічувати; піддавати гонінням.

구변 вміння говорити. ¶ ~이 좋다 вміти говорити.

구별 |차별| відмінність. |차이| різниця. ¶~하다 робити (встановлювати) відмінність; відрізняти *що від чого*; розрізняти *що*.

구보 біг; рись [ю]. ¶ ~하다 бігти.

구부러지다 згинатися; викривлятися.

구부리다 згинати; вигинати.

구부정하다 зігнутий; вигнутий.

구분 |분류| класифікація; сортування. |구획| розподіл; поділ; підрозділ; дроблення. ¶ ~하다 класифікувати; ділити на частини; розділяти.

구비(具備) ¶ ~하다 підготувати [ся] повністю; повністю укомплектувати[ся].

구비(口碑) (усне) переказ. ‖ ~문학 фольклор.

구사 ¶ ~하다 використовувати; вільно володіти чимось.

구사일생 ¶ ~으로 살다 ледве-ледве врятуватися від смерті, ледве уникнути небезпеки.

구상(構想) задум; намір. |작품구성| композиція. ¶ ~하다 задумати; виношувати задум.

구색 повний комплект. ¶ ~을 갖추다 підготувати повністю; мати повний комплект.

구석 кут (кімнати); затишний (тихий) куточок. ¶ ~지다 глухий. ~~ кожний кут; в кожному кутку. ‖ ~방 кутова кімната.

구석기 ‖ ~시대 палеоліт.

구설 пересуди; наклеп. ‖ ~수 доля бути обумовленим.

구성 склад; структура; конструкція; побудова. |문학의| композиція. ¶ ~하다 складати; утворювати. ‖ ~부분 складова частина. ~분자 компонент.

구성지다 природний; натуральний; невигадливий; простий.

구세주 Месія; Спаситель.

구세대 старше покоління.

구속 обмеження; утиснення; сковування. |감금| затримання. |체포| арешт; тюремне ув'язнення. ¶ ~하다 обмежувати; стискувати; сковувати; затримувати; заарештовувати. ~을 받다 бути обмеженим. ‖ ~력 єднальна сила. ~ 영장 ордер на арешт.

구수하다 апетитний; смачний; приємний на смак.

구수회의 таємна зустріч. ¶ ~를 하다 радитись між собою.

구술 усне пояснення; усний виклад. ¶ ~하다 усно викладати; передавати на словах. ‖ ~시험 усний іспит.

구슬 намистинка; бісер; склярус. |보석| коштовність. |진주| перли. ~땀 крапельки поту.

구슬리다 |설득| умовляти. |꾀다|

구슬프다 сумний; тужливий; сумовитий.

구습 старий звичай.

구식 старий тип; стара мода. ¶ ~의 старого типу; старомодний; застарілий.

구실 роль [여]. ¶ ~을 하다 грати роль. 제~을 하다 виконати свій обов'язок.

구실(口實) привід; виправдання. ¶ …을 ~삼아 під приводом. ~을 만들다 вигадувати привід (відмовку).

구심력 доцентрова сила.

구심성 доцентровість.

구심점 центр тяжіння.

구애(求愛) залицяння. ¶ ~하다 доглядати *за ким*; домагатися чиєї любові.

구약성서 Старий Заповіт.

구어 розмовна (усна) мова. ¶ ~로 розмовною мовою. || ~체 розмовний стиль; коллоквіалізм.

구역 район, сектор. |지대| зона. |경계| кордон.

구역질 нудота. ¶ ~이 나다 нудити. ~나는 мерзенний; нудотний; огидний.

구연 ¶ ~하다 розповідати (виступати) зі сцени.

구워지다 дбати; запікатися; |생선이| дбати; запікатися; |토스트가| підсмажуватися.

구원(救援) порятунок; виручка; допомога. ¶ ~하다 рятувати; виручати; допомагати *кому в чому*. ~을 요청하다 попросити (зажадати) допомоги. || ~자 рятівник. ~투수 змінний пітчер (подаючий).

구원(舊怨) затаєне невдоволення; стара образа.

구월 вересень [남].

구유 годівниця; ясла.

구이 печеня; смаженина. |고기| смажене м'ясо. |생선| смажена риба. || 통닭~ смажена курка.

구인(求人) набір (пошуки) робочої сили; пропозиція роботи. ¶ ~하다 шукати робітників. || ~광고 оголошення про набір робочої сили. ~란 сторінка оголошень про набір робочої сили.

구인(拘引) ¶ ~하다 заарештовувати.

구입 купівля; придбання. ¶ ~하다 купувати; придбати.

구장 майданчик для гри у м'яч.

구전 усна передача; усне повідомлення. ~문학 фольклор. ~민요 народні пісні.

구절 фраза; уривок (мови).

구정물 брудна вода; сукровиця.

구제(救濟) матеріальна допомога. ¶ ~하다 надавати матеріальну допомогу. 빈민을 ~하다 надавати матеріальну допомогу бідним. ~책 заходи надання допомоги.

구제(驅除) дезінсекція. ¶ ~하다 винищувати (знищувати) комах. || ~약 хімікати для знищення комах.

구조(救助) порятунок; допомога; виручка. ¶ ~하다 рятувати; допомагати *кому в чому*; виручати *кого що*; надавати допомогу *кому в чому*. || ~대 рятувальний загін. ~선 рятувальне судно. ~신호 сигнал лиха; сигнал SOS. ~작업 рятувальні роботи.

구조(構造) конструкція; структура;

пристрій; лад. ¶ ~의 конструктивний. ‖ ~물 споруда. ~식 формула будови. ~조정 регулювання структури. ~주의 структуралізм.

구좌 поточний рахунок.

구직 пошуки роботи. ¶ ~하다 шукати роботу. ~ 신청을 하다 звернутися *кому* (*у що*) у пошуках роботи. ‖ ~자 шукає роботу.

구질구질 ¶ ~하다 нечистий; брудний; забруднений. |날씨가| похмурий; непогожий.

구차 ¶ ~하다 |가난| бідний. |비참| жалюгідний; принижений.

구청 адміністрація району.

구체(具體) ¶ ~적 конкретний. ~성 конкретність. ~화 конкретизація. ~화하다 конкретизувати.

구체(球體) кулястий предмет; сферичне тіло.

구축(構築) спорудження; зведення. ¶ ~하다 споруджувати; зводити; закладати. ‖ ~물 споруда; будова.

구축(驅逐) вигнання. ¶ ~하다 виганяти; витісняти. ‖ ~함ескадрений міноносець(есмінець).

구출 порятунок. ¶ ~하다 рятувати; визволяти.

구충 дезінсекція. ‖ ~약(~제) інсектициди; глистогінний засіб.

구치 ¶ ~하다 брати під варту; тримати під арештом. ‖ ~소 слідчий ізолятор.

구타 побиття. ¶ ~하다 бити.

구태 старий (колишній) стан. ¶ ~의연 по-старому.

구태여 навмисне; свідомо; спеціально.

구토 блювота. ¶ ~하다 нудити; рвати. ‖ ~ 설사 блювота і пронос. ~제 блювотний засіб. ~증 хвороба, що супроводжується блювотою.

구폐 старе зло; старі біди.

구하다(求) шукати; знаходити; діставати.

구하다(救) рятувати *когось що від чого*; позбавляти *кого-що від чого*.

구현 втілення; конкретний прояв. ¶ ~하다 втілювати; проявляти. ‖ ~자 виразник.

구형(球形) куля; сфера.

구형(求刑) ¶ ~하다 вимагати покарання.

구형(舊型) ¶ ~의 старомодний; немодний.

구호(口號) гасло; заклик. |군호| пароль [남].

구호(救護) допомога; порятунок; догляд за хворим. ¶ ~의 рятувальний; з порятунку. ‖ ~물자 матеріальна допомога. ~소 пункт першої допомоги.

구혼 любовна пропозиція; залицяння. ¶ ~하다 робити пропозицію *кому*.

구획 ділянка; секція; відділення.

국 суп.

국(局) департамент; управління; бюро. ¶ 보도~ інформбюро.

국가(國家) держава; країна. ¶ ~적 державний. ‖ ~계획 державний план. ~기관 державний орган. ~기능 функції держави. ~사업 державні справи. ~소유 державна власність. ~승인 державна власність. ~예산 державний бюджет.

국가(國歌) державний гімн.

국경 (державний) кордон. ‖ ~분

쟁 прикордо́нний інциде́нт. ~선 прикордо́нна лі́нія.

국경일 національне свя́то.

국고 держа́вна скарбни́ця; казначе́йство.

국교 держа́вна релі́гія.

국군 (коре́йська) а́рмія.

국권 держа́вна вла́да.

국기(國旗) держа́вний пра́пор.

국기(國基) осно́ва держа́ви.

국기(國技) національний вид спо́рту.

국난 національне ли́хо; національна кри́за.

국내 ¶ ~적 всереди́ні; держа́вний. ‖ ~외[에] всереди́ні і по́за краї́ною.

국도 держа́вний тракт; доро́га (тракт; шосе́) загальнодержа́вного значе́ння.

국란(國亂) вну́трішні хвилюва́ння (заворушення).

국력 держа́вна міць; могу́тність краї́ни.

국론 грома́дська ду́мка.

국립 ¶ ~의 держа́вний; націона́льний; засно́ваний держа́вою. ‖ ~공원 національний парк. ~대학교 держа́вний університе́т. ~묘지 національне ладо́вище. ~박물관 держа́вний музе́й.

국면 ситуа́ція; поло́ження; обстано́вка; хід спра́ви. ‖ ~타개 ви́хід з ситуа́ції, що скла́лася.

국명 на́зва держа́ви.

국모 короле́ва.

국무 держа́вні спра́ви. ~성 держа́вний департа́мент. ~위원 міні́стр; член кабіне́ту міні́стрів. ~총리 прем'є́р-міні́стр. ~회의 засі́дання кабіне́ту.

국문 коре́йська націона́льна писе́мність. ¶ ~ соси́л по́вість (оповіда́ння) коре́йською мо́вою. ‖ ~학 рі́дна (націона́льна) літерату́ра.

국물 бульйо́н. |부수입| ко́ристь; толк.

국민 наро́д; на́ція. ¶ ~의 наро́дний; націона́льний. ‖ ~경제 націона́льне господа́рство. ~교육 наро́дна осві́та. ~성 націона́льний хара́ктер. ~소득 націона́льний дохі́д. ~연금 пе́нсія. ~투표 плебісци́т; референ́дум.

국밥 ва́рений рис, розве́дений бульйо́ном.

국방 держа́вна оборо́на. ‖ ~부 міністе́рство оборо́ни. ~부장관 міні́стр оборо́ни. ~비 витра́ти на оборо́ну краї́ни.

국법 держа́вний зако́н.

국부(局部) |부분| части́на. |환부| хво́ре мі́сце. |음부| стате́ві о́ргани. ¶ ~적인 частко́вий; місце́вий; лока́льний. ‖ ~마취 місце́ва анестезі́я. ~마취제 анестезу́ючий за́сіб.

국부(國富) бага́тство краї́ни. ‖ ~론 «Наро́дне бага́тство».

국비 держа́вні витра́ти.

국빈 запро́шена уря́дом осо́ба; висо́кий гість.

국사(國史) націона́льна істо́рія; істо́рія краї́ни.

국사(國事) держа́вні спра́ви. ‖ ~범 держа́вний злочи́нець.

국산 вітчи́зняне виробни́цтво. ‖ ~품 това́ри вітчи́зняного виробни́цтва.

국상 націона́льний тра́ур.

국세(國稅) держа́вні пода́тки

국수 (збори). ‖ ~청 департамент державних податків.

국수 корейська локшина.

국수주의 національна винятковість; крайній націоналізм.

국시 політичний курс країни; державна політика.

국악 національна класична музика; корейська класична музика.

국어 мова; рідна мова; рідне мовлення. |한국어| корейська мова.

국영 ¶ ~의 державний; знаходиться у віданні держави. ‖ ~화 націоналізація; передача у відання держави.

국왕 король [нім]; монарх.

국외(國外) ¶ ~의 закордонний. ~로 за кордон. ~로부터 за кордону. ~에서 за кордоном.

국외(局外) незалежна позиція; непричетність. ¶ ~의 непричетний; байдужий; сторонній; нейтральний.

국운 долі країни.

국위 національний престиж; національна честь. ¶ ~를 선양하다 підняти національний престиж.

국유 державна власність. ‖ ~지 державні землі.

국익 державна користь; інтереси держави. ¶ ~을 생각하다 дбати про інтереси держави. ~을 위해 일하다 діяти на користь держави.

국자 ополоник; черпак.

국장(局長) начальник управління.

국장(國葬) державні похорони; державний траур.

국장(國章) державний герб.

국적 громадянство; підданство; національна приналежність. ‖ ~변경 зміна громадянства. ~상실 позбавлення громадянства. ~선택 оптація.

국정(國政) державна політика; політика країни.

국제 ¶ ~적 міжнародний; інтернаціональний. ‖ ~가격 ціни на світовому ринку. ~경기 міжнародні змагання. ~경제 міжнародне осподарство. ~관계 міжнародні відносини. ~관례 прецедент. ~교류 між-народний обмін. ~무대 міжнародна арена. ~박람회 міжнародна виставка. ~법 міжнародне право. ~부흥개발 은행 Міжнародний Банк Реконструкції та Розвитку (МБРР). ~사법 приватне міжнародне право. ~선 регулярна авіалінія. ~시장 світовий ринок. ~에너지기구 Міжнародне Енергетичне Агентство (МЕА). ~연맹 Ліга Націй. ~연합 Організація Об'єднаних Націй (ООН). ~의회 연맹 Міжпарламентський Союз (МС). ~저작권 міжнародне авторське право. ~정세 між-народне становище. ~주의 інтернаціоналізм. ~통화기금 Міжнародний Валютний Фонд (МВФ). ~항로 міжнародна лінія судноплавства. ~화 інтер-націоналізація. ~회의 між-народна нарада (конференція).

국지 ¶ ~적 місцевий; локальний; обмежений одним районом. ‖ ~전 локальна війна.

국채 державний борг. |증권| державна позика.

국토 територія держави; країна. ‖ ~관리 землевпорядкування.

국학 рідна мова і література.

국한 обме́ження. ¶ ～하다 обме́жувати[ся] *чим*; локалізува́ти[ся].

국호 офіці́йна на́зва краї́ни.

국화(菊花) хризанте́ма.

국화(國花) націона́льна кві́тка.

국회 парла́мент; конгре́с; націона́льні збо́ри. ‖ ～의사당 пала́та. ～의원 депута́т парла́менту; член парла́менту.

군(軍) а́рмія; війська́.

군(郡) пові́т; пові́тове мі́сто.

군(群) гру́па; геологі́чний шар.

군(軍) а́рмія; війська́. ‖～의 військо́вий. 공～ військовоповітря́ні си́ли. 육～ сухопу́тні си́ли. 해～ військовоморські́ си́ли.

군가 військо́ва пі́сня.

군것질 ¶ ～하다 замори́ти черв'я́чка; перекуси́ти.

군견 військо́ва (службо́ва) соба́ка.

군경 а́рмія і полі́ція.

군계일학 видатна́ особи́стість.

군관 офіце́р; офіце́рський склад.

군관구 військо́вий о́круг.

군국주의 мілітари́зм. ¶ ～적 мілітари́стський. ‖ ～자 мілітари́ст. ～화 мілітариза́ція. ～화하다 мілітаризува́ти[ся].

군기(軍旗) військо́вий (бойови́й) пра́пор.

군기(軍紀) військо́ва дисциплі́на. ‖～문란 паді́ння військо́вої дисциплі́ни.

군단 ко́рпус. ‖ ～장 команди́р ко́рпусу.

군대 а́рмія; війська́. ¶ ～식으로 по-військо́вому. ～에 들어가다 вступа́ти на військо́ву слу́жбу. ‖ ～생활 військо́вий по́бут; армі́йське життя́.

군더더기 за́йве; річ, що не відно́ситься до спра́ви.

군데 мі́сце. ¶ ～～ тут і там; скрізь; всю́ди.

군도(群島) архіпела́г; острова́.

군도(軍刀) ша́бля; ша́шка.

군락 цено́з; співтова́риство.

군란 військо́вий за́колот.

군량 прові́ант для а́рмії. ‖ ～미 рис для а́рмії.

군령 військо́вий (бойови́й) нака́з.

군림 ¶～하다 царюва́ти; панува́ти.

군만두 сма́жені пельме́ні.

군말 поро́жня балакани́на; ма́рення. ¶ ～하다 даре́мно базі́кати; ма́рити.

군무(軍務) військо́ві спра́ви; військо́ва слу́жба. ‖ ～원 військовослужбо́вець.

군무(群舞) ма́совий (груповий) та́нець.

군밤 пе́чений кашта́н.

군번 особи́стий но́мер.

군벌 військо́ва (мілітари́стська) клі́ка; воя́ччина.

군법 військо́ві зако́ни; військо́ве законода́вство.

군법무관 військо́вий юри́ст.

군복 військо́ва фо́рма; мунди́р; військо́ве обмундирува́ння.

군부 військо́ві ко́ла; воя́ччина.

군부대 військо́ва части́на.

군불 вого́нь в то́пці [남]. ¶ ～을 때다 топи́ти примі́щення.

군비(軍備) військо́ві приготува́ння; озбро́єння. ‖ ～경쟁 го́нка озбро́єнь. ～제한 обме́ження озбро́єнь. ～축소 скоро́чення

군사(軍事) військо́ві спра́ви. ¶ ～적(의) військо́вий. ‖ ～교육 військо́ве навча́ння. ～기지

військова база. ~분계선 військоводемаркаційна лінія. ~비військові витрати. ~원조 військова допомога. ~정권 військовий режим. ~학 військова наука. ~행동 бойові дії; військові акти. ~훈련 військова підготовка.

군사력 військова сила; бойова міць.

군사령관 командувач армією.

군살 сало. |굳은살| мозоль [ю]. ¶ ~을 빼다 худнути.

군상 людські маси; скульптурна композиція.

군소 безіменні, дрібний і найчисленніший. ‖ ~정당 маленькі партії.

군소리 порожня балаканина; марення. ¶ ~하다 даремно базікати; марити.

군수(郡守) повітовий начальник.

군수(軍需) ¶ ~ (의) військовий; оборонний. ‖ ~공업 військова промисловість. ~공장 військовий завод. ~품 військові матеріали; амуніція.

군악 військова музика. ‖ ~대 військовий оркестр.

군용 ¶ ~ (의) військовий; належить армії. ‖ ~견 військова (службова) собака. ~기 військовий літак. ~물자 військові матеріали. ~열차 (військовий) ешелон.

군율 військова дисципліна.

군의관 військовий лікар.

군인 військовий; військовослужбовець; службова солдатів. ‖ ~생활 солдатське життя; життя військово-службовців. ~정신 бойовий дух.

군자 благородна людина; розсудлива (мудра) людина.

군장 військове спорядження (обмундирування).

군정(軍政) військова адміністрація; військовоадміністративний уряд.

군주 монарх. ¶ ~의 монархічний. ‖ ~국 монархія. ~정치 монархізм. ~제[도] монархічний лад. 전제~ самодержавний монарх.

군중 маси; натовп; публіка, народ. ‖ ~대회 масовий мітинг. ~심리 психологія натовпу (мас); почуття колективізму. ~집회 збори.

군집 ¶ ~하다 збиратися натовпом; [з]товпитися.

군청색 яскравосиній колір.

군축 скорочення озброєнь.

군침 слинки. ¶ ~이 돈다 слинки течуть. ~을 삼키다 ковтати слину.

군함 військовий корабель.

군항 військовий порт.

군화 армійське взуття.

굳건하다 міцний; сильний; здоровий.

굳다 |견고하다| міцний; твердий; міцний. |표정이| напружений. [동] |단단해지다| твердіти. ¶ 굳은 살 суха мозоль.

굳세다 сильний; міцний; твердий; непохитний.

굳어지다 твердіти; бути твердим.

굳이 твердо; міцно; завзято; наполегливо.

굳히다 робити твердим (міцним); зміцнювати.

굴 устриця. ‖ ~껍질 устрична раковина. ~양식 устрицівництво. ~양식장 місце розведення у́стриць; у́стричний заво́д.

굴(窟) |동굴| пече́ра. |동물의| нора́; барлі́г; лі́гво. 터널 туне́ль [남].

굴곡 ви́гини; звиви́ни; кривизна́. ¶ ~지다 ви́гнутий; звивистий. ~진 해안선 порі́зана берегова́ лі́нія.

굴다 |행동하다| вести́ себе́; надхо́дити; ¶ 못되게 ~ вести́ себе́ огидно. 못살게 ~ вести́ себе́ з ким пога́но.

굴다리 віаду́к; перекидни́й міст.

굴뚝 труба́. ¶ 아니 땐 ~에 연기 나랴. Нема́є ди́му без вогню́.

굴렁쇠 о́бруч; ко́лесо.

굴레 узда́; ярмо́. ¶ ~를 쓰다 перебува́ти під ярмо́м.

굴리다 коти́ти. |함부로 두다| пога́но (недба́ло) зверта́тися з чим; розкида́ти. |돈을| пуска́ти в о́біг гро́ші.

굴복 підпорядкува́ння. ¶ ~하다 підкоря́тися (кори́тися) кому́-чому́.

굴비 в'я́лена жо́вта горбу́ша.

굴욕 прини́ження; обра́за; со́ром; ганьба́. ¶ ~적 прини́зливий; обра́зливий; гане́бний; ~을 당ха́ди піддава́тися прини́женню. ~을 참다 терпі́ти (зноси́ти) обра́зи. ~을 주다 прини́жувати; обража́ти. || ~감 почуття́ прини́ження (обра́за).

굴절 ви́гин; перело́млення. {물리} рефра́кція; дифра́кція. {언어} фле́ксія. ¶ ~하다 перело́млюватися. || ~성 перело́млюваність. ~어 флекти́вні мо́ви.

굴젓 соло́ні у́стриці.

굴종 підпорядкува́ння; поневолення. ¶ ~하다 підкоря́тися кому́-чому́.

굴지 ¶ ~의 видатни́й; чудо́вий.

굴착 бурі́ння. ¶ ~하다 бури́ти. || ~기 бури́льна маши́на; ко́пер; екскава́тор.

굽하다 |몸을 굽히다| нагина́тися. | 뜻을 굽히다| підкоря́тися (кори́тися) кому́-чому́. ¶ 굽히지 않고 не боячи́сь; не ди́влячись на що.

굵다 товсти́й, вели́кий. |목소리가| басови́тий; гучни́й; поту́жний. |천 따위가| груби́й.

굵어지다 става́ти товсти́м (вели́ким); баси́стим.

굵직하다 до́сить товсти́й; до́сить вели́кий (вели́кий); басови́тий; до́сить груби́й.

굶기다 мори́ти го́лодом.

굶다 голодува́ти; залиши́тися голо́дним.

굶주리다 голодува́ти; недоїда́ти. ¶ 돈에/사랑에~ жада́ти бага́тства/любо́ві. 배움에 ~ жада́ти вчи́тися.

굶주림 го́лод; недоїда́ння.

굼뜨다 некмітли́вий; неповоро́ткий; пові́льний; леда́чий.

굼벵이 личи́нка цика́ди. || ~걸음 черепа́шачий крок.

굽 |구두의| каблу́к. |마소의| копи́то. ¶ ~을 갈다 міня́ти підбо́ри. 높은/낮은 ~ висо́кий / низьки́й каблу́к.

굽다 піч; сма́жити. |빵을| підсма́жувати. |도자기를| обпа́лювати.

굽다 зі́гнутий; криви́й; ви́гнутий.

굽신거리다 ни́зько кла́нятися; схиля́ти го́лову.

굽어보다 |내려다보다| диви́тися зве́рху. |살피다| ста́витися ува́жно.

굽이 ви́гин; по́ворот; за́крут.

굽이돌다(치다) петля́ти; звива́тися.

굽히다 згина́ти; гну́ти; викривля́ти;

нагинати. ¶ 뜻을 ~ поступатися. 입장을 ~ здавати свої позиції.

굿 шаманський обряд; екзорцизм. |구경거리| видовище.

굿거리 ритуальна мелодія, що супроводжує шаманський обряд.

궁(宮) (королівський) палац.

궁궐 (королівський) палац.

궁극 критичне становище. ¶ ~적 критичний; кінцевий. ~적 목적 кінцева мета.

궁금 ¶ ~하다 хвилюватися; тривожитися; турбуватися. || ~증 хвилювання; тривога; занепокоєння.

궁노루 мускусна кабарга(ка).

궁둥이 |신체의| сідниця. |의복의| задній клин. ¶ ~의 сідничної.

궁리 роздуми; думи. ¶ ~하다 міркувати; обдумувати. ~에 골몰하다 поринути в роздуми. 딴 ~를 하다 мати на увазі інше.

궁상 тяжке становище. ¶ ~스럽게 бідно; шкода. ~떨다 прикидатися бідним; прибіднятися. ~스럽다 здаватися бідним (жалюгідним; нікчемним).

궁색 → **궁하다**.

궁여지책(窮餘之策) крайні (відчайдушні; останні) заходи. ¶ ~을 쓰다 приймати крайні (відчайдушні; останні) заходи.

궁전 палац. ¶ ~의 палацовий. 크레믈린 ~ Кремлівський палац.

궁지 важкий (безвихідний; бідне) становище; глухий кут. ¶ ~에 빠뜨리다 ставити *кого* в глухий кут; притиснути *кого* в кут ~에 빠지다 потрапити в скрутне положення; зайти в глухий кут.

궁핍 бідність; злидні; потреба. ¶ ~하다 бідний. ~하게 бідно. ~해지다 бідувати потребувати; впадати в убогість; убожіти. || ~화 зубожіння; пауперизація.

궁하다 |생활이| бідний. |마음이| жебрак. |상황이| безвихідний. |주머니가| порожній.

궁합(宮合) передбачення долі в сімейному житті шляхом зіставлення дати і часу народження нареченого і нареченої.

궂다 |기분이| поганий; кепський. |날씨가| непогожий. ¶ ~은 일 неприємна робота. ~은 날씨 погана погода.

권(勸) рада; рекомендація. ¶ ~하다 радити; рекомендувати; пропонувати. [술, 음식 등을] пригощати *кого чим*.

권(卷) книга; том.

권(券) [접미] квиток; документ. || 승차~ проїзний квиток. 정기~ абонементний квиток. 초대~ запрошення *на що*. 항공~ авіаквиток.

권(權) [접미] право; влада. || 시민~ право громадянства. 선거~ активне виборче право 저작~ авторське право. 투표~ право голосу. 피선거~ пасивне виборче право.

권(圈) [접미] коло; сфера. || 북극~ північне полярне коло. 세력~ коло впливу (панування). 성층~ стратосфера.

권고 рада; рекомендація; пропозиція. ¶ ~의 рекомендаційний. ~하다 радити; рекомендувати; пропонувати. 사직~ пропозиція піти у відставку.

권능 правоздатність; повноваження.

¶ ~있는 правоспромо́жний; повнова́жний.

권두 ¶ ~의 проло́говий. ‖ ~언 передмо́ва; проло́г.

권력 вла́да. ¶ ~의 вла́дний. ~이 있는 впливо́вий; могу́тній. ~을 잃다 втрача́ти вла́ду. ~을 장악하다 взя́ти вла́ду в свої́ ру́ки; прийти́ до вла́ди; бу́ти при вла́ді. ~을 행사하다 застосо́вувати (використо́вувати) вла́ду. ‖ ~투쟁 боротьба́ за вла́ду.

권리 пра́во. ¶ ~가 있다 бу́ти в пра́ві. ~를 갖다 ма́ти пра́во *на що*. ~를 박탈하다 позбавля́ти *кого* яко́го-не́будь пра́ва. ~를 부여하다 надава́ти *кому* пра́во. ~를 축소하다 уріза́ти *кого* в права́х. ~를 행사하다 вступа́ти у свої́ права́. ‖ ~관계 правовідно́сини. ~계승 правонасту́пництво.

권모술수(權謀術數) пі́дступи; махіна́ція; інтри́ги. ¶ ~를 부리다 влашто́вувати махіна́цію; інтригува́ти; будува́ти *кому-небудь* пі́дступи; вдава́тися до хи́трощів. ~에 능하다 бу́ти спри́тним інтрига́нтом.

권선징악(勸善懲惡) за́клик роби́ти до́брі спра́ви і винагоро́да за до́брі вчи́нки ща́стя, а за пога́ні неща́стя.

권세 вла́да; вплив; могу́тність. ¶ ~있는 вла́дний, впливо́вий. ~를 탐하는 владолю́бна. ~를 부리다 панува́ти; пока́зувати свою́ вла́ду.

권위 авторите́т. ¶ ~있는 авторите́тний. ~를 얻다 завойо́вувати авторите́т. ‖ ~자 авторите́тна люди́на; авторите́т.

권유(勸誘) спокуша́ння; навію́вання. ¶ ~하는 споку́сливий; значни́й. ~하다 спокуси́ти; всели́ти.

권익 права́ та інтере́си. ‖ 공공~ грома́дські права́ та інтере́си

권장하다 → 권(勸).

권총 пістоле́т; револьве́р. ¶ ~의 пістоле́тний. ~으로 위협하다 погро́жувати пістоле́том (револьве́ром). ‖ ~집 кобура́. 신호용~ сигна́льний пістоле́т.

권태 апа́тія; ханд́ра; відчуття́ лі́ні; нудьга́. ¶ ~로운 апати́чний; нудни́й. ~로워지다 става́ти апати́чним (нудни́м). ~에 빠지다 впада́ти в апа́тію. ‖ ~로움 апати́чність.

권투 {체육} бокс. ¶ ~의 боксе́рський. ~하다 боксува́ти; займа́тися бо́ксом. ‖ ~선수 боксе́р. ~장 ринг. ~장갑 боксе́рські рукави́чки.

권하다 → 권(勸).

권한 пра́во; компете́нція; повнова́ження. ¶ ~이 있는 володі́є повнова́женням; повнова́жний; компете́нтний. ~ 밖에 있다 виходи́ти за ра́мки (ме́жі) компете́нції (повнова́ження); поза *чиєю* компете́нцією. ~을 갖다 ма́ти права́ (повнова́ження) *на що*. ~을 부여하다 уповнова́жувати; наділя́ти повно-ва́женнями.

궐석 про́пуск; вака́нсія. ¶ ~의 про́пускний.

궐기 повста́ння. ¶ ~하다 повстава́ти; підніма́тися на боротьбу́. ‖ 무장~ збро́йне повста́ння.

궐련 сигара; сигарета; цигарка.

궤도 орбіта; колія; рейок. ¶ ~의 орбітальний; колійний. ‖ 지구~ земна орбіта.

궤멸 повний розгром; крах. ¶ ~하다 руйнуватися; потерпіти повний розгром (крах). ~시키다 розгромити.

궤변 софізм; парадокс. ¶ ~의 софістичний; парадоксальний. ‖ ~가 софіст. ~술 софістика; мистецтво словесних хитрощів.

궤양 виразка. ¶ ~의 виразковий. ‖ ~환자 хворий на виразку шлунку. 십이지장~ виразка дванадцятипалої кишки. 위~ виразка скринник.

궤적 |수학| геометричне місце точок. |인생의| сліди стародавньої людини; колія.

궤짝 скриня; скринька; ящик. ¶ ~의 скриньковий; ящиковий.

귀 |신체의| вухо. |바늘의| вушко. |바둑의| кут; куточок. ¶ ~의 вушний. ~가 간지럽다 вуха горять. ~가 먹다 оглухнути; бути глухим (тугим на вухо). ~가 밝다 у кого чуйне вухо. ~가 어둡다 тугий на вухо; оглухлий; не знає новини. ~담아듣다 слухати у всі вуха. ~에 거슬린다 неприємний для слуху. ~에 쟁쟁하다 ще звучати у вухах. ‖ ~지(에지) вушна сірка. ~후비개 лопатка для чищення вух. 귓구멍 слуховий прохід. 귓바퀴 вушна раковина. 귓병 вушна хвороба. 귓불 мочка вуха. 귓전 край вуха.

귀가 повернення додому. ¶ ~하다 повертатися додому.

귀감 зразок; приклад. ¶ ~이 되는 зразковий; приблизний. ~으로 삼다 взяти кого за зразок. ~이 되다 служити зразком.

귀걸이 сережки.

귀결 результат; слідство; кінець; висновок. ¶ ~하다 з'явитися з яким результатом (наслідком). ~짓다 зробити висновок.

귀경 повернення до столиці. ¶ ~하다 повертатися до столиці.

귀국 повернення на батьківщину; репатріація. ¶ ~하다 повертатися на батьківщину. ~시키다 повернути на батьківщину; репатріювати. ‖ ~자 репатріант.

귀금속 благородні (дорогоцінні) метали. ‖ ~상(인) торговець благородними (дорогоцінними) металами.

귀납 індукція. ¶ ~적 індуктивний. ~하다 індукувати. ‖ ~논리 індуктивна логіка. ~법 індуктивний метод.

귀대 повернення до своєї частини (у свій загін). ¶ ~하다 повертатися до свого загону.

귀두 |거북이| голова черепахи. |성기| голівка чоловічого статевого члена.

귀뚜라미 |야생의| коник. |집의| цвіркун. ¶ ~의 коника; цвіркуна.

귀띔 натяк; підказка. ¶ ~하다 натякати на що; підказувати.

귀로 зворотний шлях (курс). ¶ ~에 오르다 лягати на зворотний шлях (курс).

귀리 овес. ¶ ~의 вівсяний.

귀머거리 глухий. ¶ ~의 глухий. ~ 노인 глухий старий.

귀부인 знатна (багата) жінка; дама.

¶ ~의 да́мський.

귀빈 висо́кий (поче́сний) гість. ‖ ~석 мі́сце для висо́кого (поче́сного) го́стя. ~실 поко́ї для висо́кого (поче́сного) го́стя.

귀속 пове́рнення наза́д; експропріа́ція. ¶ ~되다 бу́ти пове́рнутим за нале́жністю. ~시키다 експропріюва́ти; піддава́ти *що* експропріа́ції. ‖ ~재산 експропрійо́ване майно́.

귀순 пове́рнення до покі́рності. ¶ ~하다 поверта́тися до покі́рності; виявля́ючи покі́рність; зно́ву підкоря́тися. ‖ ~자 зно́ву підле́глий чолові́к.

귀신 |망자의 넋| душа́ поме́рлого. | 마귀| rus. |신령| нечи́ста си́ла. |자연의 정령| дух, хто всели́вся в річ. |뛰어난 사람| ма́йстер; ас. ¶ ~한테나 잡혀가라. Забира́йся до чо́рта! ~이 곡할 노릇이다 кра́ще й чорт не зро́бить.

귀양 посила́ння; вигна́ння. ¶ ~의 контро́льний. ~살다 жи́ти на засла́нні. ~을 보내다 засила́ти; відправля́ти на засла́ння. ‖ ~살이 життя́ на засла́нні.

귀여워하다 пе́стити; обожню́вати.

귀염 ла́ска; чарі́вність. ‖ ~둥이 ми́ла дити́на; гарне́нька дити́на. ~성 миловидність.

귀엽다 ми́лий; миловидний; симпати́чний.

귀의 ¶ ~하다 поверта́тися і вдава́тися *до чиєї́* допомо́ги; зверта́тися в будди́зм чи і́нші релі́гії.

귀재 ге́ній; незвича́йний тала́нт. ¶ ~의 геніа́льний.

귀족 аристокра́т; аристокра́тія. ~적 аристократи́чний; аристократи́чний ~적으로 аристократи́чно. ~화되다 перетво́рюватися в аристокра́тів. ‖ ~계급 аристокра́тія. ~성 аристократи́чність. ~정치 аристокра́тія.

귀중(貴重) ¶ ~하다 дороги́й; дорогоці́нний, дорогува́тий. ~히 여иди́ти дорожи́ти *чим*; вважа́ти дороги́м; до́рого ціну́вати. ‖ ~품 дорогі́ ре́чі. ~품함 скри́нька для кошто́вностей.

귀착 заве́ршення; закі́нчення. ¶ ~되다 поляга́ти *в чо́му*; прихо́дити до ви́сновку

귀찮다 клопітли́вий; замо́рочливий; надоку́чливий; доку́ч-ливий. ¶ 귀찮게 하다 докуча́ти *кому́ чим*; набри́днути *кому́ що*. 귀찮은 일 клопі́тна спра́ва.

귀천 |재산| бага́тство і зли́дні. |신분| ви́щі і ни́жчі; шляхе́тні й мерзе́нні; високопоста́влені і низькопоста́вленні. ¶ ~을 дуяти́ не 않고 без відмі́нності соціа́льного стано́вища.

귀청 бараба́нна перети́нка. ¶ ~멍해질 до́ степеня́ оглу́шливо.

귀추 зага́льний на́прямок; тенде́нція. ¶ ~를 주목하다 зверта́ти ува́гу на зага́льний на́прямок.

귀하다 |신분이| шляхе́тний; висо́кий. |가치가| дороги́й; дорогоці́нний. |희소한| рідкі́сний.

귀화 натуралізація ¶ ~한 натуралізо́ваний. ~하다 натуралізува́тися. ~시키다 натуралізува́ти. ~민 натуралізува́тися.

귀환 пове́рнення на батьківщи́ну (на мі́сце слу́жби); репатріа́ція.

귓속 ¶ ~에 대고 이야기하다 шепотíти на вýхо. ‖ ~말 шéпіт; шушýкання.

규격 стандáрт; трафарéт; тип; еталóн. ¶ ~의 типóвий. ~화된 стандартизóваний. ~화하다 стандартизувáти. ‖ ~화 стандартизáція. 국가~ Держáвний стандáрт (ГОСТ). 표준공업~ нормати́вно-технíчний стандáрт.

규명 з'ясувáння. ¶ ~하다 з'ясóвувати; розбирáти. ~되다 з'ясóвуватися; розбирáтися.

규모 |범위| масштáб; рóзмах. |절약| розрахýнок. ¶ ~의 масштáбний. 대~로 у великóму масштáбі. 전국적 ~로 в масштáбі всієї краї́ни.

규범 нóрма; критéрій. ¶ ~적 нормати́вний. ~을 따르다 слíдувати нóрмам. ~을 정하다 встанóвлювати нóрми. ~화하다 нормалізувáти. ~에 따라 відпóвідно до норм. ‖ ~성 нормати́вність. ~화 нормалізáція. 국제관계~ нóрми міждержáвних віднóсин. 사회~ соціáльні нóрми. 언어~ мóвні нóрми. 윤리~ етúчні нóрми.

규사 кремнезéм; кварцúт; кварцóвий пісóк. ¶ ~의 кремнезéмних.

규산 кремнекислотá. ¶ ~의 кремнекúслий. ‖ ~염 силікáт.

규소 кремнíй. ¶ ~의 кремнíєвий; кремíнний. ‖ ~강 кремнúста сталь. ~강판 кремнúста листовá сталь. ~비료 кремнíєві добрúва. ~수지 органíчна кремнíєва смолá.

규약 статýт. ¶ ~의 статýтний. ~상의 의무 статýтні обов'язки. ‖ ~초안 проéкт статýту. 당~ статýт пáртії.

규율 дисциплíна; розпорядок. ¶ ~의 дисциплінáрний. ~이 잡힌 дисциплінóваний. ~을 잡다 дисциплінувáти. ~을 지키다 дотрúмуватися дисциплíни. ‖ ~성 дисциплінóваність. ~위반 порýшення дисциплíни.

규정 прáвила; полóження; прúпис; регламéнт; статýт. ¶ ~하다 визначáти; наказувати; регламентувáти. ~을 지кúти/어기다. дотрúмуватися/ порýшувати прáвила. ‖ ~화 регламентáція.

규제 регулювáння; контрóль [н]. ¶ ~의 регуляти́вний; контрóль-ний. ~하다 врегулювáти; контролювáти. ~를 강화하다 посúлити контрóль *за чим.* ‖ 물가~ регулювáння цін на товáри. 환경~ контрóль за стáном навколúшнього середóвища.

규찰 нáгляд; розслíдування. ¶ ~의 наглядóвий. ~하다 увáжно розглядáти; розслíдувати.

규칙 прáвила; закономíрність. ¶ ~적인 прáвильний; регулярний; закономíрний.

규탄 прáвильний; закономíрний; регулярний. ¶ ~받다 отрúмувати осýд. ~하다 засýджувати; засýджувати *за що*; таврувáти.

규폐증 силікóз; пневмоконіóз.

규합 ¶ ~하다 залучáти *кого* в свою

групу; збирати людей *для чого*.

균 |바테리아균| бактерія. |미생물균| мікроб. |간상균| бацила. |곰팡이균| грибок. ¶ ~의 бактеріальний; бактерійних; мікробний; бациловий; грибний. ‖ 발효~ дріжджові грибки.

균등 рівність; паритет. ¶ ~하다 рівний; рівномірний; паритетний. ~히 하다 зрівнювати. ~히 배분하다 рівно розподіляти. ~한 조건에서 на рівних умовах.

균열 тріщина. ¶ ~이 있는 тріснутий. ~하다 тріскатися; покриватися тріщинами; розкладнатися. ‖ ~음 тріскотня.

균일 ¶ ~하다 однорідний; гомогенний; однаковий. ‖ ~성 однорідність; гомогенність.

균질 ¶ ~하다 гомогенний. ~하게 하다 гомогенізувати. ‖ ~성 гомогенність.

균형 рівновага; урівноважування; баланс. ¶ ~의 рівноважний; урівноважений; балансовий. ~을 이루다 врівноважувати; балансувати. ‖ ~론 теорія рівноваги. ~장치 балансир. ~추 противага; балансування вантаж. ~축 зрівняльний валик.

귤 мандарин. ¶ ~의 мандариновий; мандарини. ‖ ~껍질 мандаринова кірка. ~나무 мандаринове дерево. ~차 мандариновий чай.

그 |대상| той; ту; то; цей; ця; це. |인칭| він. ~대신 замість того, зате. ~때까지 до того часу. ~위에 понад те. ~도 그럴것이 і щось сказати. ~도 저도 аніласа ні те, ні се.

그간 → 그동안

그곳 там. ¶ ~도 там же. ~이나 여기나 і там, і тут.

그것 це; воно. ¶ 바로 ~이야. Ось це.

그까짓 дріб'язковий. ¶ ~ 것 дрібниця; дріб'язкова річ.

그나마 і це, і те.

그날그날 |매일마다| кожен день. |하루하루 되는 대로| бездіяльно; безцільно.

그냥 |변화 없이| так, як є; як і раніше. |줄곧| безперервно; не перестаючи. |조건없이| просто. ¶ ~내버려두다 залишати так, як є.

그네 гойдалки. ¶ ~의 гойдалковий. ~타다 гойдатися на гойдалках.

그녀 вона.

그늘 |응달| тінь. |어두움| похмурість; похмурість. |타인의 보호| заступництво. ¶ ~진 тіньовий; тінистий; похмурий. ¶ ~진 구석 тінистий куточок. ~진 얼굴 похмуре обличчя

그다지 так; настільки; не так вже; не дуже, не особливо.

그대로 так, як є (як було).

그동안 тим часом; за той час.

그들 вони.

그때[에] в той час; тоді. ¶ 바로 ~ в той же час, тоді ж.

그라인더 точило. ¶ ~의 точильний. ~로 갈다 точити.

그래 так. |물음| так? |강조| хіба; якраз. ¶ ~, 네가 옳다. Так, ти правий. 이것이 정말 ~? Чи так це насправді?

그래도 все так само, і все ж, при всьому тому.

그래서 тому.

그래프 таблиця; табличка; діаграма. ¶ ~의 табличний. ~로 표시한 в таблицях.

그래픽 графіка. ¶ ~의 графічний. ‖ ~ 예술 графічне мистецтво. 컴퓨터 ~ комп'ютерна графіка.

그랜드피아노 рояль [наш]. ¶ ~의 рояльний. 연주회용 ~ концертний рояль. ~를 치다 грати на роялі.

그램 грам. ¶ ~의 грамовий. ‖ ~ 당량 граммеквівалент.

그러나 але; проте; а.

그러면 в такому випадку; тоді; а тепер.

그럭저럭 як-небудь; стерпно; само собою; непомітно. ¶ ~ 살아가다 жити як-небудь; як-небудь перебиватися. ~ 하다 робити *що* як-небудь.

그런데 а; але.

그럴듯하다 правдоподібний; як ніби хороший. ¶ 그럴듯하게 правдоподібно.

그럼 |긍정의 대답| так; звичайно; |그러함의 준말| такий; це. ¶ ~에도 불구하고 незважаючи на це.

그렇다 такий; так.

그로테스크 гротеск. ¶ ~하다 гротескний; гротесковий.

그루 пінь; пеньок. ¶ ~의 пенечний; пеньковий. ‖ ~터기 пінь.

그르다 неправий; неправильний; невірний; винуватий; безнадійний; порочний. ¶ 그릇되게 неправо; неправильно; невірно; хибно.

그릇 |식기| посуд. |재능| дарування; здатність. ¶ ~의 посудний. ~을 씻다 мити посуд. ~이 큰 사람 людина великих здібностей.

그릇되다 бути неправильним (невірним; помилковим). ¶ 그릇된 견해 неправильний (невірний; помилковий) погляд. 그릇된 생각 омана; неправильна думка.

그리고 і, при цьому; потім. ¶ 그대 ~ 나 Ти і я.

그리다 |그림을| малювати; писати фарбами. |도면을| креслити. |묘사하다| зображати; описувати. |상상하다| уявляти; уявляти собі; малювати в уяві.

그리스도 Христос. ¶ ~의 Христовий. ~를 믿는 вірує в Христа. ~교의 християнський. ~교 식으로 по-християнськи. ~를 믿다 вірити в Христа. ~교화하다 християнізувати. ‖ ~교 християнство. ~교도 християнин, ~ка. 예수 ~ Ісус Христос.

그리워하다 сумувати *за ким-чим*; сумувати за *ким-чим* (*за ким-чим*). ‖ 그리움 туга.

그림 малюнок; картина; картинка; красивий вигляд (пейзаж). ¶ ~의 рисунковий; картинний. ~을 그리다 малювати. ~같은 풍경 картинний пейзаж. ‖ ~엽서 художня листівка. ~책 книга з ілюстраціями; ілюст-рована книга.

그림자 тінь [ж]. |비친 형상| відбиток. |자취| слід; відбиток. |근심| тінь. ¶ ~의 тіньовий. [얼굴에] ~가 지다 хмурніти; ставати похмурим.

그립다 улюблений; дорогий; милий.

그만 |정도| досить; достатньо; вистачить. |모르는 사이에| мимоволі; ненавмисно. |선택의

여지 없이| так; в такому ж положенні (стані). |종결| досить; все. ¶ ~ 자라. Досить спати. 만두 맛이 ~이다 Які смачні пельмені!

그만두다 кинути *що* робити; перестати; залишити. ¶ 공부를 ~ кинути заняття. 직장을 ~ залишити службу. 그만두시오! Перестаньте!

그만큼 стільки. ¶ ~씩 по стільки.

그물 мережа; сітка. |어망| невід. ¶ ~의 мережевий; неводний. ~로 잡다 невода. ~에 걸리다 потрапляти в сітку. ~을 던지다 закидати невід. ~을 치다 ставити невід. ‖ ~바늘 голка для в'язання сітки. ~코 осередок мережі.

그믐[날] останній день місячного місяця. ¶ ~께 до кінця місяця. 섣달 ~ останній день 12-го місячного місяця.

그윽하다 тихий, безмовний; потаємний; ніжний; слабкий. ¶ 그윽하게 тихо; безмовно; сокровенно; глибоко; ніжно; слабо.

그을다 закоптити; злегка обпалити. ¶ 그을린 закопчений.

그저 |그대로| поки ще; все ще; як і раніше. |생각 없이| просто так, не роздумуючи; спроста; безцільно. | 무조건| дуже; дуже тяжко, безмірно.

그제 |그 때에| тоді, в наш час. |어제의 전날| позавчора. ¶ ~서야 лише тоді, тільки тоді.

그지없다 нескінченний; безмежний; безмірний.

그치다 |중단| припиняти[ся]; кінчати[ся]; переставати. |정체| обмежуватися. ¶ 그칠 사이 없이 невпинно; ні на хвилину не перестаючи. 그칠 줄 모르다 нестримний.

극(極) |극단| вищий ступінь *чого*; межа. |극지대| полюс. ¶ ~의 полюсний. ‖ ~성 полярність. ~지 полярна область. ~지방 Заполяр'є. 남~ південний полюс. 북~ північний полюс. 양~ позитивний полюс; анод. 음~ негативний полюс; катод.

극(極) |접두| крайній; сильний; абсолютний; досконалий. ¶ ~히 вкрай; сильно; абсолютно; зовсім. ‖ ~소수 вкрай; сильно; абсолютно; зовсім. ~한 сильний мороз.

극(劇) п'єса; драма; театр. ¶ ~의 театральний; драматичний. ~적으로 драматично. ‖ ~문학 драматургія. ~영화 художній фільм. ~예술 театральне мистецтво. ~작가 драматург ~화 інсценування. 가면~ театр масок. 단막~ одноактна п'єса. 무언~ пантоміма.

극구 усілякими словами; усіма силами; щосили; всіляко. ¶ ~ 말리다 відмовляти усілякими словами.

극기 самовладання; самоконтроль [남]. ¶ ~하다 володіти собою. ‖ ~심 самовладання; витримка.

극단(極端) край; межа; кінець. ¶ ~적 крайній; граничний. ~으로 вкрай; надмірно; до крайності. ~적인 경우에 в крайньому випадку; в крайності. ‖ ~성 крайність. ~주의 екстремізм; максималізм.

극단(劇團) трупа. ‖ 유랑~ гастрольна трупа.

극대 максимум. ¶ ~의 максимальний. ‖ 이윤의 ~화 максималізація прибутку.

극동 Далекий Схід. ¶ ~에서 на Далекому Сході.

극락 рай. ¶ ~의 райський.

극렬 ¶ ~하다 запеклий; лютий; гарячечний. ~한 논쟁 запеклі суперечки. ‖ ~성 запеклість; ярість.

극복 подолання. ¶ ~할 수 있는 здоланний. ~하다 долати; перемагати; справлятися з ким-чим.

극본 сценарій. |가극의| лібрето. ¶ ~의 сценарний. ‖ ~작가 сценарист.

극비 абсолютна (строга) таємниця; суворий секрет. ¶ ~로 하다 тримати в строгому секреті (у повній таємниці). ~리에 зовсім (абсолютно) таємно. ‖ ~문서 абсолютно секретний документ.

극빈 крайня бідність. ¶ ~자 вкрай бідна людина.

극성 натиск. |왕성함| апогей могутності; вершина процвітання; розквіт. ¶ ~스럽다 напористий; завзятий; запеклий; здаватися різким.

극소 мінімум; мікро- |접두|. ¶ ~의 мінімальний. ~로 ‖ ~수 мінімальне (найменше) число; вкрай незначне число. ~형 мікротіп. ~화 мінімалізація.

극약 сильнодіючий засіб (ліки). ¶ ~처방을 내리다 прийняти крайні (екстрені) заходи.

극우 вкрай правий ухил. ¶ ~의 ультраправий. ‖ ~세력 ультраправі сили; вкрай праве крило.

극장 театр; кінотеатр. ‖ ~표 театральний квиток. 연극 ~ драматичний театр. 오페라 ~ оперний театр.

극적 драматичний. ¶ ~으로 драматично. ‖ ~ 장면 драматичний момент.

극좌 вкрай лівий ухил. ¶ ~의 ультралівий. ‖ ~세력 ультраліві сили.

극진 привітність. ¶ ~하다 привітний. ~히 привітно. ~히 대하다 ставитися *до кого* з незвичайною привітністю. ~한 대접 привітний прийом.

극찬 надмірна похвала; надмірне вихваляння. ¶ ~하다 надмірно хвалити; перехвалити.

극치 кульмінація; кульмінаційний пункт, апогей; верх. ¶ ~의 кульмінаційний. 미의 ~ верх краси. 예술의 ~ верх досконалості в мистецтві. ~에 도달하다 досягти апогею.

극한 межа; ліміт. ¶ ~의 граничний; лімітний. ‖ ~상황 екстремальна катастрофічна; позамежна ситуація.

극형 вища міра покарання; смертна кара. ¶ ~에 처дати стратити.

근(根) |고름이 응축된| згусток гною (у нариві). |수학의| корінь [남]. ¶ ~의 корінний.

근(筋) {해부} мускул; м'яз. ¶ ~의 мускульний; м'язовий. ‖ 괄약~ сфінктер. 이두박~ двоголовий м'яз плеча.

근(斤) кин [кор. міра ваги].

근(近) майже; приблизно.

근간(根幹) корінь і стебло [남];

осно́ва; опо́ра. ¶ ~으로 삼아 на осно́ві *чого́*. ~을 이루다 ляга́ти в осно́ву *чого́*.

근간(近刊) ‖ ~서적 книжко́ві нови́нки.

근거 опо́рний пункт; ба́за; опо́ра, осно́ва, аргуме́нт. ¶ ~있는 обгрунто́ваний. ~없는 необгрунто́ваний. ~하다 грунтува́тися *на чому́*; спира́тися *на що*; базува́тися *на чому́*. 아무 ~도 없이 без будь-яких підста́в. ‖ ~지 ба́за; опо́рний пункт; плацда́рм.

근거리 коро́тка (бли́жня) диста́нція; близька́ відста́нь. ‖ ~정찰 бли́жня розві́дка.

근검 ¶ ~하다 стара́нний і скро́мний. ‖ ~저축 трудові́ заоща́дження.

근교 передмі́стя; околи́ці мі́ста. ¶ ~의 приміськи́й. ~에 살다 жи́ти в передмі́сті.

근근히 ле́две-ле́две; сяк-так. ¶ ~살아가다 абия́к перебива́тися; ле́две зво́дити кінці́ з кінця́ми.

근대(近代) нови́й час. ¶ ~의 нови́й; суча́сний. ~화된 модернізо́ваний. ‖ ~사 істо́рія ново́го ча́су; нова́ істо́рія. ~성 суча́сність. ~화 модерніза́ція.

근대 {식물} буря́к.

근동 Близьки́й Схід. ¶ ~의 близько-схі́дний. ~에서 на Близько́му Схо́ді.

근력 си́ли; м'я́зова си́ла; бадьо́рість.

근로 пра́ця. ¶ ~의 трудови́й; ~하는 трудя́щий. ‖ ~성과 трудові́ дося́гнення. ~소득 трудові́ дохо́ди. ~자 трудівни́к; трудя́щий. ~조건 개선 поліпшення умо́в пра́ці.

근면 працьови́тість. ¶ ~하다 стара́нний; працьови́тий. ~하게 일하다 стара́нно працюва́ти; намага́тися з усі́х сил. ‖ ~성 стара́нність.

근무 слу́жба; служі́ння; ва́хта. ¶ ~의 службо́вий; ва́хтовий. ~하다 служи́ти; перебува́ти на слу́жбі. ‖ ~시간 службо́вий час; службо́вий годи́нник. ~연한 трудови́й (службо́вий) стаж. ~자 службо́вець.

근본 осно́ва; ко́рінь [남]. ¶ ~적 основни́й; корінни́й; грунто́вний; радика́льний. ~적인 문제 основне́ пита́ння. ~적인 전환 корінни́й переворо́т. ~이 되다 ляга́ти в осно́ву *чого́*. ~부터 잘못되다 в ко́рені помили́тися.

근사 ¶ ~하다 |비슷한| ма́йже одна́ковий; схо́жий; поді́бний; аналогі́чний. |제법 그럴듯한| як ні́би хоро́ший; правдоподі́бний. |멋지다| краси́вий; хоро́ший; мо́дний. ‖ ~치 набли́жене зна́чення.

근성 наполе́гливість; завзя́тість. ¶ ~있는 наполе́гливий; затя́тий.

근세 → 근대.

근소 ¶ ~하다 незначни́й; невели́кий; скро́мний. ~한 차이 незначна́ різни́ця.

근속 безпере́рвне служі́ння. ¶ ~하다 безпере́рвно служи́ти (працюва́ти). ‖ ~수당 стаж робо́ти на одно́му мі́сці. ~연한 те́рмін (стаж) безпере́рвної слу́жби.

근시 міо́пія; короткозо́рість. ¶ ~의(안적) короткозо́рий; недалеко́глядний. ~안적 полі́тика короткозо́ра політика. ‖ ~안 короткозорі очі; недалекогля́д-ність. ~안경 окуля́ри для короткозо́рих.

근신하다 пово́дитися скро́мно; бу́ти скро́мним; бу́ти слухня́ним.

근심 триво́га; хвилюва́ння; занепоко́єння; нерво́зність. ¶ ~스럽다 стриво́жений; неспокі́йний. ~하다 триво́житися; турбува́тися. ‖ ~거리 занепоко́єння; предме́т занепоко́єння. ~ 걱정 турбо́та і занепоко́єння.

근엄 ¶ ~하다 серйо́зний і суво́рий. ~하게 серйо́зно і суво́ро.

근영 оста́ння фотогра́фія. ¶ 저자 ~ оста́ння фотогра́фія а́втора.

근원 |물의| джерело́; ключ. |근본| джерело́, ко́рінь [남]. ¶ ~의 джере́льний; корі́нний.

근육 му́скул; м'яз. ¶ ~의 му́скульний; м'язо́вий. ~질의 мускули́стий. ‖ ~세포 міоци́т. ~요법 хіміотерапі́я. ~조직 мускулату́ра; м'язо́ва ткани́на. ~주사 внутрішньом'язо́ва ін'є́кція. ~학 міоло́гія.

근절 викорчо́вування; викорі́нення, зни́щення. ¶ ~된 ви́корчуваний; зни́щений. ~하다 викорчо́вувати; викорі́нювати; зни́щувати. ~되다 зни́щуватися.

근접 набли́ження; конта́кт. ¶ ~하다 набли́жуватися; ма́ти конта́кт.

근질거리다 сверби́ти. ¶ 혀가 근질 거린다. Язи́к сверби́ть.

근처 око́лиці. ¶ ~에 в око́лицях; побли́зу. 도시 ~ око́лиця мі́ста.

근친 близькі́ ро́дичі. ‖ ~교배 бли́зько рі́дне розмно́ження. ~상 간 кровозмі́шання; кровозмі́шення.

근해 прибере́жні во́ди. ‖ ~조업 риба́льство в прибере́жних во́дах. ~항로 кабота́жна лі́нія. ~항행 кабота́ж.

글 пи́семність; лист; текст. |학식| зна́ння; вче́ність. ‖ ~재주 зда́тність до тво́ру; зда́тність до навча́ння.

글귀 рядо́к; фра́за; у́ривок.

글라이더 планер. ¶ ~의 планерний.

글러브 рукави́чки. ¶ ~의 рукави́чок. ~를 끼다/벗다 надяга́ти/ зніма́ти рукави́чки. ‖ 권투 ~ боксе́рські рукави́чки. 야구 ~ бейсбо́льні рукави́чки.

글리세린 гліцери́н. ¶ ~의 гліцери́новий. ‖ ~연고 гліцери́нова мазь.

글리코겐 глікоге́н.

글씨 по́черк; чистописа́ння. ¶ 알아 бо́ти쉬운 ~ розбі́рливий по́черк. ‖ ~체 по́черк.

글자 бу́ква; письмо́вий знак; лі́тера. ¶ ~의 бу́квений. ~ 그대로 буква́льно; то́чно; в буква́льному се́нсі. ‖ ~체 стиль напи́сання; по́черк. ~판 цифербла́т.

글짓기 твір; ви́клад. ¶ ~하다 склада́ти; писа́ти твір.

글피 через два дні.

긁다 |문지르다| чеса́ти; шкребти́; дря́пати. |끌어모으다| згріба́ти. |자극하다| зачіпа́ти; зачіпа́ти чиї почуття́. |헐뜯다| чорни́ти; паплю́жити. ¶ 비위를 긁다 обра́жати; псува́ти на́стрій. 긁적이다 чу́хати. ‖ 긁개 скребо́к; скре́бло.

긁히다 бу́ти подря́паним (зі́драним; розче́саним); отри́мати подря́пину.

금 |선| лі́нія. |균열| трі́щина; трі́щинка. ¶ ~의 трі́щинні. ~가

다 тріща́ти; да́ти трі́щину. ~을 긋다 визнача́ти межі́ *чого*; відмежо́вувати.

금(金) зо́лото. ¶ ~의 золоти́й. 이 섞인 золотоно́сний. ‖ ~관 золота́ коро́на. ~광 золоти́й рудни́к; золоті́ копа́льні. ~괴 злито́к зо́лота. ~메달 золота́ меда́ль. ~박 золота́ фольга́. ~언 золоті́ слова́; ви́слів; афори́зм; крила́ті слова́. ~혼식 золоте́ весі́лля. ~화 золота́ моне́та. ~환본위제 золотовалю́тний станда́рт.

금강석 алма́з. ¶ ~의 алма́зний. 절단용 ~칼 алма́зний різе́ць.

금고(金庫) сейф. ¶ ~의 се́йфовий. ‖ 은행~ банкі́вський сейф. 철제 сталеви́й сейф.

금고(禁錮) {법률} тюре́мне ув'я́знення; ув'я́знення. ¶ ~형을 선고하다 засуди́ти до тюре́много ув'я́знення.

금권 вла́да гро́шей. ‖ ~만능 всемогу́тня вла́да гро́шей. ~정치 плутокра́тія.

금기 протипоказа́ння; заборо́на. ¶ ~시되는 протипока́заний.

금년 цей (пото́чний; ни́нішній; спра́вжній) рік. ¶ ~에 в цьо́му (пото́чному) ни́нішній день; тепе́р) ро́ці.

금단 заборо́на. ¶ ~의 заборо́нений. ~의 열매 заборо́нений плід. ‖ ~증상 абстине́нція.

금리 відсо́ток. ¶ ~의 відсо́тковий (лихва́рський) проце́нт. законни́й ~ зако́нний відсо́ток. 여신~ позичко́вий відсо́ток.

금발 золоті́сте воло́сся. ¶ ~의 여인 блонди́нка; златоку́дра ді́вчина.

금방 якра́з за́раз, ті́льки що.

금빛 ко́лір зо́лота; золоти́й ко́лір.

금상첨화 хо́роше - до хоро́шого.

금서 заборо́нена кни́га (літерату́ра). ¶ ~의 епіграфі́чний. ‖ ~자 епігра́фіки; епігра́фісти.

금성 Вене́ра.

금세기 це (пото́чне; ни́нішнє; спра́вжнє) столі́ття. ¶ ~에 у цьо́му (пото́чному) ни́нішній день; тепе́р) столі́тті.

금속 мета́л. ¶ ~의 металє́вий. ~이 함уйо́ваний металоно́сний. ‖ ~공업 металургі́йна промисло́вість. ~공학 металу́ргія. ~관 метале́ва труба́. ~성 власти́вості мета́лів. ~학 металозна́вство; металогра́фія. ~활자 метале́вий рухли́вий шрифт.

금수강산 чудо́ва краї́на; чудо́вий край.

금슬(琴瑟) любо́в і зла́года між подру́жжям. ¶ 부부간에 ~이 좋다. Чолові́к і дружи́на живу́ть в ладу́.

금식 заборо́на на ї́жу. ¶ ~하다 заборони́ти ї́сти.

금액 су́ма [гро́шей]. ¶ ~의 сумови́й. 상당한 ~ вели́кі су́ми. 전체 ~ зага́льна су́ма. ~으로 표시하여 в сумово́му ви́раженні.

금연 заборо́на кур́іння. ¶ ~하다 ки́нути пали́ти.

금요일 п'я́тниця. ¶ ~의 п'я́тничний. ~마다 по п'я́тницях. ~에 в п'я́тницю.

금욕 стри́маність. ¶ ~적인 аскети́чний. ~하다 утри́муватися; вести́ аскети́чне життя́; приборку́вати при́страсті. ‖ ~주의 аскети́зм. ~주의자 аске́т.

금융 грошови́й о́біг; фіна́нси. ¶ ~

금의 фінансовий. ‖ ~공황 фінансова криза. ~계 фінансові кола. ~기관 фінансові установи (органи). ~시장 фінансовий (грошовий) ринок. ~자본 фінансовий капітал. ~전문가 фінансист. ~정책 фінансова політика.

금은 золото і срібло. ‖ ~방 ювелірний магазин. ~보화 коштовності; скарб; дорогоцінні копалини. ~세공술 ювелірне мистецтво.

금자탑 ¶ ~을 쌓다 зробити великі подвиги.

금전 гроші. ¶ ~의 грошовий. ‖ ~욕 жадібність до грошей. ~출납부 касова книга.

금주(今週) цей тиждень. ¶ ~에 на цьому тижні.

금주(禁酒) заборона пити спиртні напої. ¶ ~하다 забороняти спиртні напої; утримуватися від вживання спиртних напоїв. ‖ ~법 закон, що забороняє спиртні напої.

금지 заборона. ¶ ~하는 забороняючий. ~된 заборонений. ~하다 забороняти; закладати заборону. ~되다 заборонятися; забороняється. ~조치를 해제하다 зняти заборону. ‖ ~구역 заборонена зона. ~령 заборонний закон. 출입~ вхід заборонено.

금품 гроші і речі (товари); хабар. ¶ ~을 건네다 дати хабар. ~을 수수하다 брати хабар.

금하다 |금지하다| забороняти; накладати заборону; |감정을 억제하다| стримувати почуття.

금후 надалі; відтепер. ¶ ~부터 영 원히 відтепер і навіки. ~의 사업 подальша робота.

급(急) різкий; швидкий; гострий; крутий; екстрений. ‖ ~경사 крутий схил. ~류 швидка течія; стрімкий потік. ~보 екстрене повідомлення. ~환 раптова хвороба.

급(級) клас; розряд; ранг; ступінь [여]; рівень [남].

급감 різке зменшення (скорочення і зниження). ¶ ~한 різко зменшений (скорочений; знижений). ~하다 різко зменшуватися (скорочуватися; знижуватися).

급강하 пікірування. ¶ ~의 пікіруючий. ~하다 пікірувати.

급격하다 стрімкий; різкий; крутий. ¶ 정세의 급격한 변화 різка зміна обстановки.

급기야 нарешті, в кінці кінців.

급등 різкий підйом; різке підвищення. ¶ ~한 різко піднятий (підвищений). ~하다 різко підніматися (підвищи-тися). ‖ 물가 ~ різке підвищення цін.

급락 різкий спуск; різке зниження. ¶ ~한 різко спущений (знижений). ~하다 різко спускатися (знижуватися). 주가가 ~했다. Акції різко впали в ціні.

급료 → 봉급.

급매 терміновий продаж. ¶ ~의 терміново продажний. ~하다 терміново продавати.

급박하다 строковий; надзвичайний; дуже нагальний. ¶ 급박한 정세 надзвичайна ситуація.

급변 раптова зміна; несподіваний поворот. |변고| несподівана подія

(подія). ¶ ~하다 раптово (круто; несподівано) змінюватися.

급사(急死) раптова смерть. ¶ ~하다 раптово померти.

급사(給仕) хлопчик (дівчинка) на побігеньках; офіціант.

급상승 швидкий (різкий) підйом. ¶ ~하다 швидко (різко) підніматися (зростати; підніматися).

급선무 невідкладна справа; першочергове завдання.

급선회 різкий (крутий) поворот. ¶ ~하다 різко (круто) повертати.

급성 гострий. ‖ ~간염 гострий гепатит. ~위염 гострий гастрит.

급소 життєво важливий орган; вразливе місце. ¶ ~를 찌르다 зачепити за живе; зачепити за хворе місце.

급속하다 швидкий. ¶ 급속히 швидко; спішно. 급속도로 швидкими темпами; з великою швидкістю.

급수(給水) водопостачання. ¶ ~하다 постачати водами. ‖ ~관 водопровідна труба. ~펌프 водопостачальна помпа.

급습 несподівана атака; раптовий наліт; раптовий напад. ¶ ~하다 несподівано атакувати; раптово нападати.

급식 постачання їжею; харчування. ¶ ~하다 постачати їжею; доставляти їжу; живити.

급유 заправка бензином. ¶ ~하다 заправляти бензином. ‖ ~기 лубрикатор. ~선 судно-заправщик.

급작스럽다 раптовий; несподіваний; поспішний.

급전(急錢) гроші на термінові витрати. ¶ ~을 융통하다/융통해 주다 брати / давати в борг гроші на термінові витрати.

급전(急轉) крутий поворот; раптова зміна. ¶ ~하다 швидко змінюватися; круто змінюватися. ‖ ~직하 різкі зміни.

급증 різке збільшення (зростання). ¶ ~하다 різко збільшуватися (зростати; виростати).

급진 ¶ ~적 радикальний. ‖ ~성 радикальність. ~주의 радикалізм. ~주의자 радикал. ~주의화 радикалізація.

급파 термінова відправка. ¶ ~하다 терміново відправляти (відряди́ти; надсилати).

급하다 швидкий; стрімкий; нагальний; квапливий. |사정이| невідкладний; строковий. |성미가| невитриманий; нестриманий; поривчастий. |병세가| серйозний; небезпечний; критичний. ¶ 급히 швидко; терміново; наспіх; нашвидку; поспіхом. 급히 돈이 필요하다 терміново потребувати грошей. 나는 급한 볼일이 있다. У мене термінова справа. 환자의 병세가 급하다. Стан хворого небезпечний.

급행 ‖ ~료 хабар. ~열차 швидкий поїзд; експрес.

긋다 |선을| проводити лінію (паралель). |성냥을| чиркати [сірником].

긍정 твердження. ¶ ~적 позитивний; стверд́ний. ~적으로 позитивно; стверд́но. ~하다 стверджувати; підтверджувати.

긍지 гордість. ¶ ~를 갖다

пиша́тися *чим*.민족적 ~ націона́льна го́рдість.

기(氣) |동양철학| ци. |힘| енерґія; си́ла; бадьо́рість; дух. ¶ ~가 살다 підбадьо́ритися; знайти́ га́рний на́стрій. ~가 죽다 впа́сти ду́хом. ~가 질리다 боя́тися; побо́юватися; душа́ в п'яти́ йде. ~가 차다 захлина́тися; захо́плювати дух. ~를 쓰다 надса́джуватися; надрива́тися.

기(旗) пра́пор; прапоре́ць. ¶ ~를 달다 виві́шувати пра́пор.

기(期) пері́од. || 백악~ крейдяни́й пері́од. 빙하~ льодовико́вий пері́од.

기(記) запи́ски; на́рис. || 여행~ доро́жні за́мітки. 연대~ лі́топис.

기각 відмо́ва; відхи́лення. ¶ ~하 다 відкида́ти; відхиля́ти; відмовля́ти. 신청을 ~하다 відмовля́ти у проха́нні.

기간(期間) пері́од; те́рмін; се́сія. ¶ ~ 만료 후에 пі́сля закі́нчення те́рміну. 일정 ~ 동안 протя́гом пе́вного те́рміну. || 시험~ екзаменаці́йна се́сія. 회계~ зві́тний пері́од.

기간(基幹) основни́й; веду́чий; стри́жневий; ключови́й. || ~산업 провідні́ промисло́вості.

기갑 механізо́ваний; бронета́нковий. || ~부대 механізо́вані части́ни; бронета́нкові війська́.

기강 дисциплі́на, поря́док. ¶ ~있 는 дисциплі́но́ваний; поря́дний. 군대의 ~ військо́ва дисциплі́на. ~을 잡다 підніма́ти дисциплі́ну; наво́дити поря́док.

기개 дух; во́ля. ¶ ~있는 вольови́й.

기결 ви́рішений; затве́рджений. || ~수 за́суджений.

기계 маши́на. ¶ ~의 маши́нний. ~적인 машина́льний. ~화하다 механізува́ти. || ~공학 машинозна́вство. ~설비 маши́нне устаткува́ння. ~체조 спорти́вна гімна́стика. ~화 механіза́ція.

기고 кореспонде́нція; співпра́ця. ¶ ~하다 посила́ти кореспонде́нцію (статті́); співпрацюва́ти. || ~가 співробі́тник.

기골 стату́ра. ¶ ~이 장대한 사람 люди́на вели́кої та мі́цної стату́ри.

기공 ¶ ~하다 почина́ти будівни́цтво. || ~식 церемо́нія поча́тку будіве́льних робі́т; церемо́нія закла́дки пе́ршого ка́меню.

기관(機關) двигу́н; мото́р. |기구| апара́т; о́рган; устано́ва. ¶ ~사 машині́ст. ~실 маши́нний зал; маши́нне відді́лення. 권력 ~ о́ргани вла́ди. 내연~ двигу́н вну́трішнього згоря́ння.

기관(器官) {생물} о́ргани. || 감각 ~ о́ргани почутті́в. 소화~ о́ргани травле́ння. 호흡~ о́ргани ди́хання.

기관(氣管) трахе́я; дихальне́ го́рло. ¶ ~의 трахе́йний.

기관지 бро́нхи. ¶ ~의 бронхіа́льний. || ~염 бронхі́т. ~ 임파선염 бронхоадені́т. ~ 천식 бронхіа́льна а́стма.

기관차 локомоти́в. ¶ ~의 локомоти́вний. 견인~ локомобі́ль. 내연~ теплово́з. 전기~ електрово́з. 증기 ~ парово́з.

기관총 кулеме́т. ¶ ~의 кулеме́тний. ‖ ~ 사수 кулеме́тник.

기교 мисте́цтво; те́хніка; майсте́рність. ¶ ~적 шту́чний. ~를 부리다 показа́ти свою́ майсте́рність.

기구(器具,機具) знаря́ддя; інструме́нт; при́лад; інвента́р. ¶ ~의 інструмента́льний; при́ладовий; інвента́рний. 농~ сільсько-господа́рське знаря́ддя. 실험~ експеримента́льний при́лад. 운동~ спорти́вний інвента́р. 제도~ кресля́рський при́лад. 휴대~ ручни́й набі́р інструме́нтів.

기구(機構) механі́зм; при́стрій; структу́ра. |організа́ція| о́рган; апара́т; лад. ‖ ~개편 реорганіза́ція апара́ту. ~조직표 шта́тний ро́зклад. 국가~ держа́вний лад (апара́т). 국제~ міжнаро́дний о́рган.

기구(氣球) пові́тряна ку́ля; аероста́т. ¶ ~의 аероста́тний. ~를 띄우다 запуска́ти аероста́т. ‖ 관측~ аероста́т спостере́ження. 풍선~ пові́тряна ку́ля.

기구하다 терни́стий; по́вний негара́здів; гірки́й. ¶ 기구한 운명 важка́ до́ля; гірка́ до́ля. 기구한 팔자 терни́стий життє́вий шлях.

기권 ¶ ~하다 утри́муватися від голосува́ння; відмовля́тися від свої́х прав. ‖ ~자 утри́мався.

기금 фонд. ¶ ~의 фо́ндовий. ‖ 사회보장~ фонд соціа́льного забезпе́чення. 실업구제~ фонд безробі́ття.

기꺼이 із задово́ленням; з ра́дістю.

기껏 що є си́ли; в мі́ру свої́х сил. ¶ ~해야 від си́ли; найбі́льше.

기념 ювіле́й; ознаменува́ння; святкува́ння; па́м'ять [єв]. ¶ ~의 ювіле́йний; ознамено́ваний; па́м'ятний; меморіа́льний. ~할 만 한 достопа́м'ятний; знаме́нний. ~ 하다 ознамено́вує *що чим*; святкува́ти; відзнача́ти. ~으로 в па́м'ять *про кого-що*; в ознаменува́ння *чого*. ~의 표и́сло на знак па́м'яті. ‖ ~관 меморіа́льна буді́вля; музе́й. ~비 па́м'ятник; монуме́нт; меморіа́льна до́шка. ~식 урочи́ста церемо́нія; вшанува́ння. ~식수 па́м'ятна поса́дка саджанці́в. ~일 ювіле́йний день; рокови́ни; па́м'ятний день. ~품 сувені́р; па́м'ятний подару́нок. ~호 ювіле́йний но́мер.

기능(機能) фу́нкція. ¶ ~적 функціона́льний. ~을 수행하다 функціонува́ти. 국가 ~ фу́нкція держа́ви. 생리적~ фізіологі́чна фу́нкція. ‖ ~장애 функціона́льний ро́злад; дисфу́нкція. ~저하 депре́сія.

기능(技能) вмі́ння; майсте́рність. ¶ ~적 кваліфіко́ваний. ‖ ~공 ма́йстер; кваліфіко́ваний робітни́к. ~급수 кваліфікаці́йні розря́ди.

기다 по́взти. |бі́гцепно гу́дити| (плазува́ти); повза́ти. ¶ 기어서 попо́взом. 설설 기다 по́взати в нога́х *у кого-небудь*.

기다리다 чека́ти *кого-що*; чека́ти, почека́ти. ¶ 기다리고 기다리던 날 довгоочі́куваний день. 기다리게 하다 приму́шувати *кого* чека́ти. 애타게 ~ чека́ти не дочека́тися; чека́ти з нетерпі́нням.

기대 очі́кування; наді́ї. ¶ ~하다 чека́ти; сподіва́тися; сподіва́тися на що; розрахо́вувати на кого-що. ~하여 в наді́ї на що. ~를 걸다 покладáти на ко́го наді́ї; розрахо́вувати на ко́го. ~에 보답하다 відповіда́ти очі́куванням; ви́правдати наді́ї. ~에 어긋나다 не ви́правдати наді́ї; розчаро́вувати.

기대다 спира́тися на що; притуля́тися до чо́го.

기도(企圖) спро́ба; за́дум; на́мір. ¶ ~된 заду́маний; навми́сний; ~하다 намага́тися; роби́ти спро́бу; ма́є на́мір; допуска́ти; замишля́ти.

기도(祈禱) моли́тва; моле́бень [남]. ¶ ~의 моли́товний. ~하다 моли́тися. ~를 드리다 чита́ти (твори́ти) моли́тву. ~하러 가다 йти на моли́тву. ‖ ~문 моли́тва. ~서 моли́то́вник. ~실 моли́то́вня; моли́товний буди́нок.

기도(氣道) диха́льні шляхи́.

기독교 християнство. ¶ ~의 християнський. ~를 믿다 ві́рити в християнство. ‖ ~인 християни́н [남]; християнка [여].

기동 маневрува́ння. ¶ ~적 мане́врений; рухли́вий. ~하다 маневрува́ти. ‖ ~력 зда́тність маневрува́ти. ~부대 мане́врені війська́ (части́ни). ~성 мане́вреність. ~작전 мане́вр; мане́врена опера́ція.

기둥 стовп; сті́йка; коло́на. |의지| опо́ра; стовп; стри́жень [여]. ¶ ~의 стовпо́вий; коло́нний; опо́рний.

기득권 при́дбане (зако́нне) пра́во. ~을 포기하다 відкида́ти при́дбане (зако́нне) пра́во.

기량 вмі́ння; зда́тність; мисте́цтво; майсте́рність; тала́нт. ¶ ~있는 작가 талановитий письме́нник. ~을 향상시키다 підви́щувати майсте́рність.

기러기 ди́кий гуса́к; гуме́нник. ¶ ~가 줄지어 гусако́м; оди́н за о́дним.

기력 → 기운.

기로 роздорі́жжя; перехре́стя; розви́лка. ¶ ~에 서다 стоя́ти на роздорі́жжі.

기록 за́пис; протоколюва́ння; протоко́л; |최고| реко́рд. ¶ ~의 записни́й; протоко́льний; реко́рдний. ~하다 запи́сувати; протоколюва́ти; реєструва́ти. ~을 갱신하다 поби́ти реко́рд. ~을 깨뜨리다 поби́ти реко́рд. ~을 세우다 створи́ти (встанови́ти; поста́вити) реко́рд. ‖ ~부 кни́га протоко́лів. ~영화 документа́льний фільм. 세계~ світови́й реко́рд.

기뢰 мі́на. ¶ ~의 мі́нний. ~를 부설하다 мінува́ти; встано́влювати (ста́вити) мі́ни.

기류 пові́тряна течія́; течія́ пові́тря; пові́тряний стру́мінь.

기르다 |동식물| виро́щувати; вихо́джувати; відгодо́вувати; вихо́вувати; випе́стувати. |육체나 정신| вихо́вувати; прище́плювати. |머리카락| відро́щувати. ¶ 전문가를 ~ вихо́вувати зді́бних фахівці́в. 음악에 대한 취미를 ~ прище́плювати смак до му́зики.

기름 ма́сло; жир; са́ло. ¶ ~의 ма́сляний; жирови́й; са́льний. ~지다 масляни́стий; жи́рний. ~을 먹이다 прома́слюється. ~을 바

르다 намазувати. ~칠하다 змащувати маслом. || ~기 масляни́стість; жи́рність. ~덩어리 шмато́к са́ла. ~때 са́льні (масля́ні) пля́ми. ~칠 сма́зка. 쇠~ я́ловиче са́ло. 옥수수~ кукуру́дзяне ма́сло. 콩~ бобо́ве ма́сло.

기리다 вихваля́ти; оспі́вувати; звели́чувати. ¶ 영웅을 ~ оспі́вувати геро́їв.

기린 жира́ф. ¶ ~의 жира́фовий. || ~아 му́дра і талановита люди́на.

기립 ¶ ~하라! встава́ти! Вста́ти!

기만 обма́н. ¶ ~적 обма́нний; брехли́вий; фальши́вий. ~하다 обма́нювати. ~당하다 бу́ти обду́реним. || ~성 брехли́вість; фальш; оманли́вість. ~술 махіна́ція. ~책 хитрі ви́верти; та́ктика обма́ну.

기명 ¶ ~하다 запи́сувати ім'я́ та прі́звище; реєструва́ти. || ~투표 відкри́те голосува́ння.

기묘하다 вига́дливий; хи́мерний. ¶ 기묘하게 вига́дливо; химе́рно.

기물 по́суд; начи́ння. ¶ ~의 посу́дна.

기미 те́мна пля́ма. ¶ ~가 끼다 те́мні пля́ми з'явля́ються.

기미(幾微) озна́ка; симпто́м; прикме́та. ¶ ~가 보이다 з'явля́ються симпто́ми. ~를 알아차리다 здога́дуватися (поміча́ти) озна́ку *чогось*.

기민하다 спри́тний і мото́рний. ¶ 기민하게 жва́во; спри́тно і мото́рно. || 기민성 дія́льність; жва́вість; мото́рність.

기밀 таємни́ця; секре́т. ¶ ~의 таємний; секре́тний. ~로 하다 роби́ти *що* в таємни́ці. ~을 누설하다 розголо́шувати таємни́цю. || ~문서 секре́тний докуме́нт. 군사~ військо́ва таємни́ця.

기반 осно́ва; фунда́мент; ба́за. ¶ ~을 두다 грунтува́тися (базува́тися) *на чому*; кла́сти в осно́ву *що*.

기발하다 незвича́йний; оригіна́льний; винахі́длива. ¶ 기발하게 незвича́йно; оригіна́льно; винахі́дливо. 기발한 생각 оригіна́льна іде́я (ду́мка).

기백 ене́ргія. ¶ ~이 넘치는 по́вний ене́ргії; енергі́йний; жва́вий. 불굴의 ~ сті́йкий дух.

기법 техні́чний прийо́м.

기별 звістка; новина́; повідо́млення. ¶ ~하다 сповіща́ти; посила́ти звістку; повідомля́ти.

기복 нері́вність; рельє́ф. ¶ ~이 있는 нері́вний; хвиля́стий.

기본 осно́ва; фунда́мент; ба́за. ¶ ~적 основни́й; ба́зовий; фундамента́льний; капіта́льний; кардина́льний. ~적으로 грунто́вно; фундамента́льно. ~으로 삼다 заснува́ти *що на чому*; ста́вити *що* на чі́льне мі́сце. || ~형 основна́ фо́рма.

기부 поже́ртвування. ¶ ~하다 же́ртвувати. || ~금 грошова́ поже́ртва. ~자 жертвода́вець.

기분 на́стрій; самопочуття́. ¶ ~을 망치다 зіпсува́ти на́стрій. ~을 전환하다 розві́ятися про на́стрій. ~이 좋다 бу́ти в ду́сі; бу́ти в га́рному на́строї; *у кого* на́стрій хоро́ший. || ~파 люди́на на́строю; примхли́ва люди́на.

기뻐하다 ра́діти (зра́діти) *кому-чому*.

기쁘다 ра́дий; ра́дісний. ¶ 기쁨

ра́дість. 기쁘게 ра́дісно. 기쁘게 하다 ра́дувати; пора́дувати.

기사(記事) стаття́; кореспонде́нція; замі́тка. || 신문~ газе́тна стаття́.

기사(技士) інжене́р. ¶ ~의 інжене́рський. || 광산~ гірськи́й інжене́р. 건축~ інжене́р-буді́вник. 전기~ інжене́релектроте́хнік.

기사(騎士) ве́ршник; ли́цар. ¶ ~의 ли́царський. || ~단 ли́царство. ~도 ли́царські зви́чаї.

기사회생(起死回生) воскре́снути з ме́ртвих; поверну́тися до життя́.

기상(起床) підйо́м [пі́сля сну]. ¶ ~하다 встава́ти з лі́жка; підніма́тися. || ~나팔 підйо́м го́рном. ~체조 ранко́ва заря́дка.

기상(氣象) метео́р; пого́да. ¶ ~의 метеорологі́чний. || ~ 관측 метеорологі́чні спостере́ження. ~관측소 метеорологі́чна ста́нція. ~관측시스템 метеосисте́ма. ~대 метеорологі́чна обсервато́рія. ~예보 прогно́з пого́ди. ~위성 метеосупу́тник. ~통보 метеорологі́чне зве́дення; зве́дення пого́ди. ~학 метеороло́гія. ~학자 метеоро́лог.

기상(氣象) → **기백**.

기상천외 абсолю́тно оригіна́льний; дивови́жний; надзвича́йний.

기색 ви́раз обли́ччя, вид. ¶ 우울한 ~ похму́рий ви́гляд. ~이 좋지 않다 пога́но вигляда́ти; *у кого* пога́ний ви́гляд.

기생(寄生) паразити́зм; дармої́дство. ¶ ~의 парази́тарний; туне́ядний. ~하다 паразитува́ти; туне́ядствувати. || ~충 парази́т; паразити́чна кома́ха. ~충학 паразитоло́гія. ~충학자 паразито́лог.

기생(妓生) кисе́н.

기선(汽船) пароплав. ¶ ~의 пароплавний.

기선(機先) пе́рший хід. ¶ ~을 제압하다 завда́ти уда́ру пе́ршим.

기성 гото́вий; сла́вшийся; зрі́лий. || ~복 гото́вий о́дяг. ~세대 зрі́ле поколі́ння.

기세 дух; си́ла ду́ху. ¶ ~가 등등하다 торжеству́ючий; спо́внений го́рдості вла́сної мі́цці. ~가 오르다 *у кого* підніма́ється.

기소 обвинува́чення; пред'я́влення по́зову; пору́шення судо́вої спра́ви. ¶ ~의 обвинува́льний. ~하다 висува́ти обвинува́чення; звинува́чувати *в чому*; пред'явля́ти по́зов. 살인죄로 ~하다 звинува́чувати *кого* у вби́встві. || ~유예 відклада́ння звинува́чення. ~장 обвинува́льний ви́сновок; обвинува́льний акт.

기수(旗手) прапороно́сець; сигна́льник з прапорця́ми.

기수(幾首) носова́ части́на літака́. ¶ ~를 схі́дно́м по́вернути повернути (взя́ти курс) на схід.

기숙사 гуртожи́ток. ¶ ~의 гуртожи́тській. || ~ сам коменда́нт гуртожи́тку.

기술(技術) те́хніка; техноло́гія; майсте́рність. ¶ ~적 техні́чний, технологі́чний. ~적으로 техні́чно. 선진~ передо́ва те́хніка. || ~교육 техні́чне навча́ння. ~자 те́хнік; техно́лог; інжене́рний працівни́к. ~혁신 техні́чне нова́торство.

기술(記述) о́пис; ви́клад; за́пис. ¶ ~하다 опи́сувати; виклада́ти; запи́сувати. || ~언어학

기슭 |산| підошва. |강| підніжжя; берег.

기습 раптовий напад; наліт; рейд. ¶ ~의 нальотний. ~하다 раптово нападати; здійснювати рейд. ‖ ~작전 рейдова операція.

기승 шаленство; буйство; сказ; неприборканість. ¶ ~을 부리다 шаленіти; буйствувати; бушувати; лютувати.

기승전결(起承轉結) вступ, виклад, кульмінація, висновок.

기아 голодний. ¶ ~의 голодний. ~선상에 있다 бути на межі голоду (перед загрозою голоду). ‖ ~상태 стан голоду.

기악 інструментальна музика. ‖ ~곡 музичний твір для інструментів.

기안 складання проєкту (плану); проєктування, планування. ¶ ~의 проєктний. ~하다 складати проєкт (план); проєктувати; планувати. ‖ ~자 проєктувальник.

기압 атмосферний тиск. ¶ ~단위의 атмосферний; ат.; Атм. ‖ ~계 барометр.

기약 обіцянка; домовленість; визначеність. ¶ ~하다 дати обіцянку; домовлятися про термін. ~ 없는 이별 розлука на невизначений час.

기어이 будь-що-будь; чого б це не коштувало; обов'язково; неодмінно; в кінці кінців; нарешті.

기억 пам'ять [여]; спогад. ¶ ~하다 пам'ятати; згадувати. 희미한 ~ куряча (коротка) пам'ять. ~에 따라 по пам'яті. ~에 남다 залишатися в пам'яті. ~에 생생하다 свіжий в пам'яті. ~해 두다 зберегти в пам'яті; запам'ятати. ‖ ~력 пам'ять; здатність апам'ятовувати. ~장치 блок пам'яті; пам'ять; запам'ятовуючий пристрій.

기업 підприємство. ‖ ~가 підприємець, ~ниця. ~경영 управління підприємством. ~활동 підприємницька діяльність. 국영~ державне підприємство. 대~ велике підприємство. 중소~ дрібні і середні підприємства.

기여 внесок. ¶ ~하다 робити (вносити) внесок *в що*.

기염 наснага. ¶ ~을 토하다 говорити з піною у роті (з жаром); говорити бундючно.

기온 температура повітря. ‖ ~관측 спостереження за температурою повітря. ~일교차 добова амплітуда температури повітря.

기와 черепиця. ¶ ~의 черепичний. ~를 굽다 обпалювати черепицю.

기용하다 висувати *кого* на посаду *чого*; відновлювати на службі.

기우(杞憂) марні хвилювання побоювання); марна тривога.

기우뚱 ¶ ~거리다 раз у раз нахилятися туди і сюди; перевалюватися. ~하다 накренитися; нахилитися.

기운 сила; енергія; бадьорість; дух, почуття; відчуття; тенденція; настрій; атмосфера. ¶ ~차다 енергійний. ~차게 енергійно. ~없이 мляво; стомлено. ~을 쓰다 напружувати сили.

기울다 покоситися; нахилитися; схилитися; накренитися; |형세가|

погіршуватися. |마음이| захоплюватися *чим*; вкладати душу *в що*; |해가| схилитися; заходити; [형] косий; похилений; нахилився.

기울이다 схиляти; нахиляти. |집중하다| зосереджувати. ¶ 귀를 ~ прислухатися; схилити вухо *до чого*. 힘을 ~ докладати зусилля до чогось; вкладати душу *в що*.

기웃거리다 похитувати; крутити. | 슬며시 넘겨서 보다| заглядати; підглядати. ¶ 고개를 ~ вертіти головою.

기원(紀元) ера. ¶ ~전 до нашої ери. || ~ 후 нова (наша) ера; н.е..

기원(起源) походження; початок; генезис; джерело. ¶ ~의 генетичний. ~하다 мати *що* своїм джерелом; вести початок від *чого*; сходити до *чого*. 인류의 ~ походження людства.

기원(祈願) благання; моління. ¶ ~하다 молити; молитися.

기이하다 дивний; химерний; дивовижний. ¶ 기이함 дивина; химерність; дивовижність.

기인(基因) основна причина. ¶ ~하다 сходити *до чого*; виникати; виходити *з чого*.

기인(奇人) оригінальний (незвичайний; дивний) чоловік.

기일 термін; призначений день. ¶ ~을 정하다 призначати термін. ~을 준수하다 дотримуватися терміну.

기입하다 вписувати; записувати.

기자 кореспондент; журналіст. ¶ ~의 кореспондентський; журналістський. || ~회견 пресконференція; інтерв'ю. 종군 ~ військовий кореспондент.

기장 довжина одягу.

기장(機長) командир літака. || 부~ помічник командира літака.

기저 основа; фундамент. [석조건축물의] цоколь [남]. ¶ ~의 основний; фундаментний; цокольний.

기저귀 підгузник; памперс. ¶ ~의 підгузковий. 아이에게 ~를 채우다 надіти підгузник на дитину. ~를 풀다 зняти підгузок.

기적(奇蹟) чудо [복 чудеса]. ¶ ~적 чудовий; дивовижний. ~적으로 чудово; дивовижно; дивом. ~을 행하는 чудотворний. ~을 행하는 사람 чудотворець. ~을 행함 чудотворність.

기적(汽笛) гудок.

기절 непритомність. ¶ ~의 непритомний. ~하다 впасти (падати) непритомним; втрачати свідомість.

기점 вихідний (відправний) пункт; відправна точка; початок.

기정 || ~사실 вже встановлений факт.

기조 |악곡| основна нота ключа. |방향| переважний тон; основна думка. ¶ ~연설을 하다 робити основну доповідь. || ~연설 основна доповідь.

기존 наявний; існуючий.

기준 критерій; стандарт; норма; норматив. ¶ ~의 стандартний; нормативний. ~하다 вважати *що* критерієм (нормою); приймати *що* за норму (критерій). ~을 세уда встановлювати критерій; нормувати. || ~가격 стандартна ціна. ~점 початок відліку; початок координат.

기중기 [підйомний] кран. ¶ ~의 крановий. ~로 들다 піднімати краном. ‖ ~ 운전수 кранівник.

기증 дар. ¶ ~하다 дарувати; підносити в дар.

기지(基地) фундамент; база. ¶ ~의 фундаментний; базовий. ~에서 на базі. ~를 두다 базуватися ніж (що). ‖ 군사~ військова база. 원료~ сировинна база. 전진~ передова база. 공군(항공)~ авіаційна база; авіабаза. 해군~ военноморська база.

기지(機智) дотепність; кмітливість; винахідливість. ¶ ~가 있는 дотепний. ~를 발휘하다 бути дотепним. ~가 뛰어난 사람 дотепний чоловік; дотепник.

기지개 потягування. ¶ ~를 켜다 потягуватись.

기진맥진 ¶ ~하다 вибився з сил; змучений; абсолютно вибитися з сил; вимотати, намучилися; знемогтись; падати з ніг. ~하여 в знемозі. ~하게 하다 вимотати; заморити; змучити.

기질 |체력| фізичний стан; здоров'я. |성격| темперамент, характер. ¶ 다혈적 ~ сангвінічний темперамент. 우울~ меланхолійний темперамент.

기차 поїзд. ¶ ~를 타다 сісти на потяг. ~를 타고 가다 їхати на поїзді. ~에서 내리다 зійти з поїзда. ‖ ~시간표 розклад поїздів. ~표 залізничний квиток.

기척 ознака (знак) чиєї присутності. ¶ ~이 없다 немає ніяких ознак чиєї присутності.

기체 газ; газоподібне тіло. ¶ ~의 газовий. ~화시키다 газифікувати; перетворювати що в газ. ~화하다 газифікуватися; перетворюватися на газ. ‖ ~연료 газове паливо. ~화 газифікація; газована вода; газація; перетворення в газ.

기초 основа; фундамент. ¶ ~의 основний; фундаментний. ~적 грунтовний; фундаментальний. ~하다 грунтуватися; базуватися. ~를 쌓다 закладати фундамент чого. ~ 위에서 на основі чого; спираючись на що, на базі чого. 이론적 ~ теоретична основа. ‖ ~과학 фундаментальні науки. ~지식 основні знання.

기치 прапор; стяг. ¶ ~ 하에 під прапором. ~를 높이 들다 високо тримати прапор.

기침 кашель [남]. ¶ ~하다 кашляти. ~이 나다 кашляти.

기타 інші.

기탁 доручення. ¶ ~하다 доручати. ‖ ~증서 лист доручення.

기탄 ¶ ~ 없이 без сорому; без приховування; відверто. ~없이 말하다 сказати навпростець.

기특하다 похвальний; гідний похвали. ¶ 기특히 похвально; втішно. 기특히 여기다 вважати похвальним; відгукуватися втішно.

기포 пузир; піна. ¶ ~가 생기다 пузиритися; пінитися.

기품 благородство. ¶ ~있는 благородний.

기피하다 уникати; ухилятися від чого. ¶ 책임을 ~ ухилятися від відповідальності. ‖ 기피자 той, хто ухиляється.

기필코 неодмінно; неминуче.

기하[학] геометрія. ¶ ~적 геометричний. ~급수적으로 늘어나다 зростати в геометричній прогресії.

기한 термін. ¶ ~이 끝나 가다 термін минає. ~을 앞당기다 робити що достроково. ~을 연장하다 продовжити термін. ~을 정하다 призначати (встановлювати) термін. ~을 초과하다 перевищити термін. ~내에 в строк. ~ 만료 전에 до закінчення терміну; достроково. 3년 ~으로 строком на три роки.

기함 флагман; флагманський корабель. ¶ ~의 флагманський флагманський корабель флоту.

기항 ¶ ~하다 заходити в порт.

기행문 дорожні замітки (записи).

기형 потворність; {의학} тератогенез. ¶ ~적 потворний. ~으로 потворно. ~화하다 спотворювати. ‖ ~성 потворність. ~아 виродок.

기호(記號) знак, символ. ¶ ~의 знаковий. ~ 체계 знакові системи. ‖ ~학 семіотика; семіологія. ~학자 семіологія.

기호(嗜好) смак, схильність. ¶ ~에 맞다 відповідати чиїм смакам. ~에 맞지 않다 припадати не до смаку. ‖ ~품 тютюногорілчані вироби і чай.

기혼 одружений. ¶ ~ 남성 одружений чоловік. ~ 여성 заміжня жінка. ‖ ~자 одружений; заміжня.

기화 газоутворення; пароутворення; випаровування; карбюрація. ¶ ~하다 перетворю-ватися на газ; випаровуватися. ~시키다 перетворю- вати що в газ; випарувати; газифікувати; карбюрувати.

기회 випадок; підходящий момент; шанс. ¶ ~를 놓치다 пропустити нагоду (шанс). ~를 이용하다 скористатися випадком. ~가 생기면 якщо випаде нагода. ~를 보아서 при слушній нагоді.

기회주의 опортунізм; пристосуванство. ¶ ~적 опортуністичний; пристосовницький.

기획 планування. ¶ ~하다 планувати.

기후 клімат. ¶ ~의 кліматичний. ~에 적응하다 акліматизуватися. 대륙성~ континентальний клімат. ‖ 대 кліматичний район.

긴급하다 строковий; невідкладний; екстрений. ¶ 긴급히 терміново; невідкладно; екстрено. ‖ 긴급 명령 екстрені розпорядження.

긴밀하다 близький; тісний. ¶ ~히 близько; тісно. 긴밀한 관계 тісний зв'язок.

긴박하다 строковий; актуальний; критичний; напружений. |긴박한 정세| критична обстановка. ‖ 긴박감 відчуття напруженості. 긴박성 напруженість; актуальність; терміновість; настійність.

긴장 напруга; накал. ¶ ~된 напружений; розжарений; натягнутий. ~하다 напружуватися. 몹시 ~하여 з великою напругою. ‖ ~도 напруженість; загостреність; інтенсивність.

긴축 різке скорочення витрат;

긴하다 сувора економія; згортання. ¶ ~하다 різко скорочувати витрати; проводити сувору економію. ‖ ~정책 політика згортання бюджету.

긴하다 необхідний; дуже потрібний; актуальний; настійний. ¶ 긴히 необхідно; актуально; настійно.

긷다 черпати; набирати воду.

길 дорога; шлях. |방법| спосіб; засіб; шлях. |분야| доступ. ¶ ~의 дорожній; подорожній. ~을 내다 прокладати дорогу. ~을 뚫다 шукати шлях до вирішення *чого*. ~을 막다 загороджувати (перегороджувати) *кому* дорогу. ~을 잃다 втрачати дорогу. 다른 ~은 없다 іншого шляху немає. 배움의 ~ дорога до знань. 성공의 ~ шлях до успіху. 전인 미답의 ~ незвіданий шлях. 평탄한 ~ рівна дорога. 가는 ~에 по дорозі (шляху). 돌아오는 ~에 на зворотному шляху. ‖ ~가 узбіччя (край) дороги. ~목 пам'ять на дороги. ~목 розвилка (розгалуження) дороги. ~잡이 провідник.

길 ¶ ~이 들다 |물건| придбати блиск; блищати. |익숙하게 되다| бути зручним. ~들이다 наводити блиск (лиск); приручати; приборкувати.

길다 довгий. [접두] довго; тривалий; довгий; тривалий. ¶ 다리가 ~ довгоногий. 수염이 ~ довгобородий.

길드 гільдія.

길이 |거리| довжина. |시간| тривалість; проміжок.

길하다 службовець з добрим знаком; передвіщує щастя. ‖ 길일 щасливий день. 길조 добра ознака. 길흉화복 щастя і нещастя.

김 пар; випаровування. ¶ ~의 паровий. ~이 빠지다 холонути; втрачати смак; видихатися. 입~을 불다 дути *на що*; випускати з рота пар.

김 бур'ян. ¶ ~을 매다 виривати бур'яни; робити прополку. ‖ ~매기 прополка.

김 порфіра. ¶ ~의 порфірний. ‖ ~밥 голубці в листі порфіри, начинені рисом з приправами.

김 користуючись випадком. ¶ 홧~에 в (стані) люті. 술~에 в стані сп'яніння.

김장 соління. |김장거리| листова капуста й редька, що вирощуються для приготування солінь. ¶ ~하다 солити на зиму овочі. ‖ ~독 глиняний чан для солінь.

김치 кімчхі. ‖ 김칫독 глиняний чан для зберігання кімчхі.

깁다 штопати; зашивати; латати; лагодити. ¶ 옷을 ~ латати одяг.

깁스 гіпс. ¶ ~의 гіпсовий. ~를 하다 тримати ногу в гіпсі. ‖ ~붕대 гіпсова пов'язка.

깃 |새털| перо. |새의 집| пташине гніздо. ‖ ~털 оперення.

깊다 глибокий. |지식이| глибокий. |빽빽하다| густий. ¶ 깊이 глибина. 깊게 глибоко. 깊이하다 поглиблювати; робити глибоким. 깊은 밤 глибока ніч. 깊은 병 серйозна хвороба. 깊은 비밀 глибока таємниця. 깊은 숲 глухий ліс. 깊은 생각 глибока думка. 깊은 안개 густий туман.

깊은 인상 глибо́ке вра́ження. 깊은 잠 мі́цний (глибо́кий) сон.

까다 очища́ти; чи́стити; лущи́ти; коло́ти. |알을| виво́дити курча́т; сиді́ти на я́йцях. |때리다| би́ти; си́льно би́ти; наноси́ти калі́цтва. ¶ 병아리를 ~ виво́дити курча́т. 사과 껍질을 ~ очища́ти я́блуко.

까다롭다 важки́й; складни́й; делікатний; прискіпливий; вибагливий. ¶ 까다롭게 складно; непросто; небезпечно; вибагливо. 까다롭게 굴다 коверзува́ти. 까다로운 질문 делікатне запитання. 까다로운 사람 вибаглива людина.

까닭 причи́на; при́від. ¶ ~ 없이 ні з того ні з сього. 이러한 ~에 з цієї причи́ни; з цього при́воду.

까마귀 воро́на. ¶ ~의 воро́няче. 새끼 ~ воро́нячий. || 갈가마귀 во́рон.

까마득 ¶ ~하다 ду́же дале́кий; далекий-далекий; недосяга́ємий. ~한 옛날 си́ва давнина́.

까막눈 ¶ 그는 ~이다 він непи́сьменна люди́на.

까맣다 ду́же чо́рний. |거리| ду́же дале́кий; недосяжний. |기억| зо́всім забу́тий. ¶ 까맣게 잊다 зо́всім забу́ти.

까먹다 |까서 먹다| очища́ти (лущи́ти; коло́ти) і є. |밑천을| витрача́ти гро́ші; розтра́чувати; розтринькувати. |잊다| забува́ти.

까무러치다 втрача́ти свідо́мість; непритомні́ти.

까불다 балага́нити; балагу́рити; бу́ти несерйо́зним. |혼들다| блима́ти. ¶ 경망스럽게 ~ легкова́жно балага́нити.

까지 до; к; по. |강조| наві́ть. ¶ 그때 ~ до того́ ча́су. 어린아이~도 모ду́ ді все, і наві́ть ді́ти.

까치 соро́ка. ¶ ~의 соро́чий. ~걸음을 하다 йти́ підстри́-буючи. || ~집 соро́че гніздо́.

까칠하다 шорстки́й; щорсткува́тий. ¶ 까칠까칠 місця́ми шорстки́й; місця́ми жорсткува́тий. 까칠한 살갗 шорстка́ шкі́ра.

까탈 причі́пка; перешко́да. ¶ ~을 부ри́ди чіпля́тися; дошкуля́ти.

까투리 фазани́ха.

깍두기 соло́на ре́дька; narizéна ку́биками.

깍듯하다 ввічливий; че́мний. ¶ 깍듯함 ввічливість; че́мність. 깍듯하게 че́мно; приві́тливо. 깍듯한 태도 че́мна мане́ра.

깍쟁이 скна́ра; жмот. ¶ ~ 노릇을 하다 скупи́тися на гро́ші. ~짓 ску́пість.

깍지 |콩의| оболо́нка; стручка́. |껍질| шкаралу́па; шкі́рка; кі́рка; кора́; оболо́нка. || 콩~ поро́жні стручки́ со́євих бо́бів.

깎다 |칼로| струга́ти; обто́чувати; зато́чувати; ла́годити; зчища́ти. | 털을| стри́гти; голи́ти; коси́ти. |액수를| зме́ншувати. |체면을| псува́ти; плюгавити; підрива́ти ¶ 값을 ~ зме́ншувати ці́ну. 머ли́ ~ стри́гти воло́сся. 연олі́в ~ зато́чувати олі́вець. 체면을 ~ псува́ти репута́цію.

간간하다 рете́льний; акура́тний; допи́тливий. ¶ 간간하게 рете́льно; акура́тно; прискі́пливо. 간간한 사람 допи́тливий чолові́к.

깔깔하다 |까칠까칠하다| шорстки́й; жорстки́й; колю́чий. |성미가 거칠

ді| міцний; черствий.

깔끔하다 |생김새가| чи́стий і гладки́й. |솜씨가| спри́тний; умі́лий. ¶ 깔끔히 чи́сто і гла́дко; спри́тно; вмі́ло. 깔끔히 일을 처리하다 спри́тно владна́ти спра́ви.

깔다 підстила́ти; стели́ти. |뭉개다| дави́ти. ¶ 식탁에 식탁보를 ~ стели́ти скатерти́ну на стіл.

깔리다 бу́ти підсте́леним (розсте́леним). ¶ 자동차에 ~ потра́пити під маши́ну.

깔보다 знева́жати; диви́тися спідло́ба (бундю́чно; презі́рливо). 깔보는 презі́рливий. 깔보는 태도로 대하다 ста́витися до кого з презі́рством.

깜박(깜빡)하다 |불빛이| мерехті́ти. |눈을| мига́ти; морга́ти очи́ма. |정신이| рапто́во втра́тити свідо́мість (па́м'ять). ¶ 눈 까빡(깜짝)할 사이도 없이 не всти́гнути о́ком моргну́ти. 눈 하나 깜빡 안 하다 о́ком не моргну́ти.

깜찍하다 ми́лий; миловидний. 깜찍하게 ми́ло, миловидно. 그녀는 깜찍하게 생겼다. Вона́ вигляда́є миловидною.

깡통 поро́жня ба́нка. ¶ 통조림 ~ поро́жня консе́рвна ба́нка. ~을 차다 ста́ти жебрако́м. 그는 음악에는 ~이다 Він по́вний профа́н в му́зиці.

깡패 га́нгстер; хуліга́н. ¶ ~의 га́нгстерський; хуліга́нський. ~짓을 하다 хуліга́нити.

깨 кунжу́т. ¶ ~의 кунжу́тний. ~가 쏟아지다 ви́ключно ціка́вий; чудо́вий. || 깻묵 кунжу́тні маку́хи. 깻잎 ли́стя кунжу́ту.

깨끗하다 чи́стий. |산뜻하다| чи́стий і сві́жий. |정돈되다| акура́тний. |떳떳하다| бездога́нний. |흔적이 없다| абсолю́тно чи́стий. ¶ 깨끗함 чистота́; акура́тність; бездога́нність. 깨끗히 하다 чи́стити; очи́стити.

깨다 |잠에서| пробу́джуватися; прокину́тися; прийти́ в себе́. |술에서| протверезя́тися. |생각이| осягну́ти; зрозумі́ти; бу́ти осві́ченим. ¶ 깨우다 буди́ти; пробу́джувати; приво́дити до тя́ми. 깨우치다 відкрива́ти о́чі *на що*; дово́дити до свідо́мості *що*.

깨다 |물체를| розбива́ти; лама́ти. |훼손하다| наноси́ти ра́ну; пора́нити. |상태를| пору́шувати; підрива́ти. ¶ 깨어지다 розбива́тися; розла́муватися; руйнува́тися; пору́шуватися; зрива́тися. 낡은 관습을 ~ лама́ти старі́ зви́чаї. 정적을 пору́шити тишу́.

깨닫다 розумі́ти; осяга́ти; усвідо́млювати. ¶ 진리를 ~ осяга́ти і́стину. || 깨달음 розумі́ння; ося́гнення; усвідо́млення.

깨물다 сти́скувати; стиска́ти; гри́зти. ¶ 입술을 ~ стиска́ти гу́би; куса́ти гу́би.

꺼내다 |밖으로| витяга́ти; вийма́ти; витягувати. |말을| почина́ти розмо́ву; висло́влювати; заговори́ти.

꺼리다 остеріга́тися; уника́ти; боя́тися; гидува́ти *чим*. ¶ 꺼리낌 없이 без доко́рів сумлі́ння.

꺼림칙하다 де́що неприє́мний(нудний).

꺼지다 |불이| потуха́ти; га́снути. |거품이| зника́ти. |없어지다| провали́ти. ¶ 불이 ~ га́снути вого́нь. 꺼져라! Прова́люй!

Пішов до чорта!

꺼지다 |바닥이| провалюватися; осідати. |우묵하게 들어가다| увалитися; впадати. ¶ маруебавдаки ~ підлога провалюється. 눈이 움푹 ~ очі запали.

꺼풀 верхній шар; оболонка; кірка. ‖ 눈~ повіки.

꺾다 |분지르다| ламати; рвати. |방향을| змінювати напрямок. |의도를| придушувати; стримувати; перебивати, не давати говорити. |몸을| згинати; підгинати. 꺾임 перебивати. переломлення; рефракція. 꺾이다 зламатися; перепад. 고집을 꺾지 않다 вперто стояти на своєму.

껌 жувальна гумка; жуйка. ¶ ~을 씹다 жувати жувальну гумку.

껍데기 шкаралупа; шкірка; кірка; раковина; панцир. |빈껍데기| оболонка. ¶ ~의 корковий; раковини; панцирний; оболонковий. 굴 ~ устрична раковина.

껍질 шкаралупа; шкірка; кірка; кора; оболонка. ¶ ~을 벗기다 очищати шкірку. 귤~ мандаринна кірка. 빵~ хлібна скоринка.

께 близько; приблизно.

께름직하다 → 꺼림칙하다.

껴안다 |팔로| обіймати. ¶ 꽉 ~ душити в обіймах.

꼬냑 коньяк. ¶ ~의 коньячний.

꼬다 |가닥을| вити; крутити. |몸을| корчитися. |비꼬다| зачіпати словами; єхидничати; грубити. ¶ 꼬이다 витися; крутитися; закручуватися.

꼬리 хвіст. ¶ ~가 드러나다 розкриватися; оголюватися. ~를 감추다 замітати сліди. ‖ ~뼈 куприк. ~표 бірка.

꼬마 |아이| малюк. |작은 것| маленький.

꼬부라지다 зігнутися. |마음이| бути не хорошим; зіпсований. 꼬부랑길 ізогнута дорога. 꼬부랑노인 згорблений старий.

꼬시다 заманювати; втягувати. ¶ 미끼로 써서 ~ калачем заманювати. 올가미를 씌워 ~ заманювати в пастку.

꼬이다 |일이| стопоритися. |비가와| ставати дратівливим. ¶ 일이 꼬였다. Справа стопориться. 그는 성격이 꼬였다. Він став дратівливим.

꼬이다 |모여들다| кишіти; товпитися.

꼬집다 щипати. |말로| зачіпати; вколоти. ¶ 꼬집히다 бути ущіпленим (зачепленим). 아픈 곳을 ~ зачіпати *кого* за живе (хворе місце).

꼬치 страва на рожні; шашлик. ‖ ~안주 закуска на рожні.

꼬치꼬치 |낱낱이| докладно; ретельно. ¶ ~ 묻다 докладно (ретельно) розпитувати.

꼭 міцно; сильно; щільно; міцно; терпляче.

꼭 |어김없이| точно; якраз. |반드시| неодмінно; обов'язково; твердо. ¶ ~같다 точно такий же, як; зовсім схожий на *що* (*кого*). 약속을 ~ 지키다 твердо виконувати обіцянку.

꼭대기 вершина; верхівка; верх. ¶ 산~ вершина гори.

꼭두각시 лялька; маріонетка. ¶ ~의 ляльковий. ~가 되다 бути чиєюсь маріонеткою. ‖ ~놀음

лялькова вистава.

꼭지 |열매의| держа́к. |손잡이| ру́чка кри́шки. ¶ ~의 черенко́вий. ~를 따다 зрива́ти черешо́к.

꼴 ви́гляд; карти́на; ви́довище. ¶ ось таки́й ~ в тако́му ви́гляді. ~불견이다 неприє́мно (оги́дно) диви́тися. ~사납다 оги́дний; мерзе́нний.

꼴리다 |성이 나다| не подо́батися; незадово́лений *чим*. |성욕이 일어나다| збу́джуватися. ¶ ні́ биты́ не по нутру́.

꼴등 (꼴찌) оста́ннє мі́сце; са́мий кіне́ць; хвіст.

꼼꼼하다 рете́льний; ува́жний; деліка́тне. ¶ 꼼꼼함 рете́льність; ува́жність; педанти́чність.

꼽다 |손가락으로| загина́ти па́льці; рахува́ти на па́льцях. |지목하다| рахува́ти; вибира́ти; відбира́ти. ¶ 대통령감으로 ~ вважа́ти *кого* майбу́тнім президе́нтом.

꽁무니 хво́стець; ку́прик; зад; ду́па. ¶ ~를 빼다 потихе́ньку втекти́.

꽁초 недопа́лок..

꽁치 са́йра. ¶ ~의 макрелещу́ковий. ~ 통조림 консерво́вана са́йра.

꽁하다 |마음이| відлю́дний. |앙심이 있다| ма́ти зуб *про́ти кого*; незадово́лений. ¶ 성질이 ~ *у кого* хара́ктер відлю́дний.

꽂다 встромля́ти; засо́вували; вставля́ти; угви́нчувати. ¶ 바늘을 ~ встромля́ти го́лку *в що*.

꽃 кві́тка [복 кві́ти]. |아름다운 것| красу́, приналежність. ¶ ~의 квітко́вий. ~답다 прекра́сний (га́рний) як кві́тка. ~피다 цвісти́; розквіта́ти; бу́ти в розквіті. ~나무 кві́туче де́рево; декорати́вні росли́ни. ~무늬 квітко́вий візеру́нок. ~밭 кві́тник; клу́мба. ~씨 насі́ння кві́тів. ~장수 квіткар. ~향기 арома́т кві́тів. ‖ ~가루 пило́к. ~동산 кві́тник; кві́тучий край. ~망울 невели́кий буто́н. ~봉오리 буто́н. ~송이 кві́тка; кві́точка. ~술 тичи́нка і мато́чка. ~잎 пелю́стка.

꽉 |힘껏| мі́цно; си́льно. |가득히| до межі́; повністю. ¶ 생각이 머리에 ~ 차다 Голова́ заби́та ду́мками. 숨이 ~ 막히다 ди́хання спе́рло.

꾀 хи́трість; ви́верт; план. ¶ ~를 쓰다 хитрува́ти; вдава́тися до хи́трощів. ‖ ~돌이 мали́й спри́тний.

꾀꼬리 солове́й; і́волга. ¶ ~의 солов'ї́ний; і́волговий.

꾀다 → **꼬이다**.

꾀병 удавана хворо́ба; симуля́ція хворо́би. ¶ ~을 부ри́ди прикида́тися хво́рим; симулюва́ти хворо́бу.

꾀하다 планува́ти; заду́мувати; замишля́ти. ¶ 살인을 ~ замишля́ти вби́вство.

꾸다 ба́чити сон; ба́чити уві сні *що*; мрі́яти; ду́мати. ¶ 꿈을 ~는 사람 мрі́йник; фантазе́р. 꿈도 지 않았다. Мені́ на́віть і не сни́лося.

꾸다 бра́ти в борг. ¶ 잠시 돈을 ~ бра́ти на час *в ко́го* гро́ші.

꾸러미 згорто́к; паке́т. ¶ ~의 паке́тний. ~로 싸다 загорну́ти в паке́т. 작은 ~ паке́тик.

꾸리다 |물건을| загорта́ти; зав'язу́-

вати; упако́вувати. ¶ 살림을 ~ 벘ти́ господа́рство. 일을 잘 ~ до́бре обставля́ти спра́ву.

꾸물거리다 лі́ниво ру́хатися; ле́две-ле́две ру́хатися; копа́тися. ¶ 무얼 그리 꾸물거리고 있니? Що ти так до́вго копа́єшся?

꾸미다 |모양을| прикраша́ти; декорува́ти. |거짓을| прикида́тися *ким*; бреха́ти; прикраша́ти. |글을| склада́ти, організо́вувати. |일을| заду́мувати; замишля́ти. ¶ 꾸미지 않은 приро́дність; нехитри́й; невигадли́вий. 꾸민 затія. 꾸미지않고 без ви́тівок (прикра́си). 음모를 ~ замишля́ти змо́ву.

꾸준하다 завзя́тий; невпи́нний. 꾸준함 завзя́тість. 꾸준히 завзя́то; невпи́нно.

꾸지람 докі́р. ¶ ~하다 дорікати *кого в чому*; ла́яти; сва́рити.

꾸짖다 дорікати *кого в чому*; ла́яти; сва́рити. ¶ 호되게 ~ обсипа́ти *кого* докора́ми.

꿀 мед. ¶ ~의 медо́вий. ~맛 смак ме́ду; ду́же соло́дкий смак. ~물 вода́ з ме́дом; ду́же солодка́ вода́. ~벌 медоно́сна бджола́. ~맛이다 соло́дкий як мед. ~ 먹은 벙어리 німи́й, пої́вший ме́ду. ‖ 벌~ бджоли́ний мед. 아카시아~ акаці́євий мед.

꿇어앉다 опуска́тися на колі́на. ¶ ~히다 зму́шувати опуска́тися на колі́на.

꿈 сон; сновиді́ння. |헛된 생각| мрі́я; мрі́ї. |희망| наді́я; сподіва́ння. ¶ ~꾸다 ба́чити сон; ма́рити; мрі́яти. ~ 속에서 уві сні. ~에도 цілко́м; зо́всім; абсолю́тно. ~ 같다 примарний; фантасти́чний; швидкоплинний. ~에 보іти сни́тися. ~자́ри́ сна́вни ба́чити пога́ний сон.

꿩 фаза́н. ¶ ~고기 фаза́нина. 암~ (까투리) фаза́ниха.

꿰다 |실을| проко́лювати; прониза́ти. ¶ 진주에 실을 ~ нанизу́вати пе́рли на ни́тку.

꿰뚫다 прониза́ти; продіря́влюється. |환히| внадивля́ти передбача́ти; вга́дувати. |익у́хі ді́| сяга́ти до кінця́; до́бре зна́ти; бу́ти знавце́м. ¶ 환히 ~ зна́ти вздовж і впо́перек.

꿰매다 зашива́ти; наса́джувати.

뀌다 ¶ 방귀를 ~ звільня́тися від га́зів.

끄나풀 |끈| шнуро́к; тасьма́. |앞잡이| прихво́стень. |남| підлаба́зник; аге́нт. ¶ ~ 노릇을 하다 підлаба́знюватися; працюва́ти аге́нтом.

끄다 |불| гаси́ти. |전기| вимика́ти; гаси́ти. ¶ 불을 ~ гаси́ти вого́нь. TV를 ~ вимика́ти телеві́зор.

끄덕이다 кива́ти; похи́тувати.

끄적거리다 писа́ти нерозбі́рливо.

끄집어내다 |밖으로| витяга́ти; вийма́ти; виявля́ти. |이야기를| навми́сно почина́ти розповіда́ти. | 찾아 내다| зроби́ти висно́вок.

끈 моту́зка; тасьма́; шнур; шнуро́к. ¶ ~으로 묶다 шнурува́ти.

끈기 напо́ристість; завзя́тість; чі́пкість. ¶ ~있다 напо́ристий; завзя́тий; чі́пкий. ~가 부족하다 *в кого* не вистача́є завзя́тості.

끈끈하다 ду́же липки́й (клейки́й). ¶ 끈끈히 ду́же липки́й (клейки́й).

끈적거리다 ли́пнути *до чого*; прилипа́ти *до кого-чого*;

끈질기다 наполегливий; затятий.
¶ 끈질김 наполегливість; завзятість. 끈질기게 наполегливо; завзято 끈질기게 노력하다 наполегливо домагатися.

끊다 відривати; розривати; розрізати; відрізати. |관계를| припиняти; розривати. |버릇을| кидати; припиняти. |공급을| припиняти; переривати. |대화를| обривати. |차표를| купувати. |목숨을| обривати. |수표를| видавати. ¶ 끊어지다 розриватися; припинятися; перериватися; обриватися. |끊임없다| безперервний; невпинний. ¶ 왕복표를 ~ купувати зворотний квиток. 외교관계를 ~ розривати дипломатичні відносини. 갑자기 자기 말을 ~ обірвати своє мовлення.

끌 долото; стамеска; ваяло.

끌다 тягти; тягнути; волочити. |관심을| залучати; притягувати. |미루다| затягувати; тягнути. |선을| прокладати; тягнути. |이끌다| вести за собою; вивести. ¶ 끌리다 тягнутися; тягтися; волочитися. 끌어 내다 витягувати; виводити. 끌어 내리다 витягати вниз; знижувати. 끌어당기다 притягувати; тягнути. 끌어들이다 втягнути; притягувати. 끌어 안다 обніматися; притискати до грудей. 끌어올리다 витягати наверх; піднімати. 시간을 ~ тягнути час. 인기를 ~ бути популярним. 자기 편으로 ~어 들이다 притягувати *do sebe*.

끓다 кипіти; вирувати; перегріватися; розжарюватися. |화가| кипіти; кип'ятитися. |가래가| дихати з присвистом; хрипіти. 끓어오르다 кипіти. 끓이다 кип'ятити; варити. 끓는 물 кипляча вода. 끓어오르는 분노 кипучий гнів. 피가 끓어오르다 кипить кров.

끔찍하다 вражаючий; дивовижний; жахливий. |정성이| надмірний; надзвичайний. |참혹하다| жахливий; страхітливий; викли-кає здригання. ¶ 끔찍하게 (히) разюче; дивно; надмірно; жахливо 끔찍한 광경 страхітливе видовище.

끙끙거리다 стогнати; крехтати. ¶ 아파서 ~ стогнати від болю.

끝 кінець; кінчик; вістря; верхівка; результат. ¶ ~의 кінцевий; останній. ~나다 закінчуватися; завершуватися; закриватися. 모르다 безмірний; безмежний; ~없다 безкінечний. ~장나다 все кінчено. ~까지 до кінця. ~내 в кінці кінців; нарешті. ~ 무렵에 до кінця. 처음부터 ~까지 з початку до кінця. ~없이 безкінечно; без кінця. ǁ ~마무리 завершення; закінчення. ~판 кінець; фінал.

끼니 прийом їжі. ¶ ~를 거르다 пропускати сніданок (обід, вечерю).

끼다 |구름이| заволікатися. |먼지가| сідати; покриватися *чим*.

끼다 вставляти; вкладати; поміщати; доповнювати; додавати; приєднувати. ¶ 결혼반지를 손가락에 ~ надягати обручку на палець. 모스크바 시는 강을 끼고 있다. Місто Москву омиває річка. 창틀에 유리를 ~

вставити скло у віконну раму.

끼리 [접미] між собою; разом. ¶ ~ 끼리 한 з одним.

끼얹다 обливати; обливатися; плескати водою.

끼우다 вставляти; вкладати; встромляти.

끼치다 |소름이| покриватися гусячої шкірою. |어떤 기운이| бити.

끼치다 |수고를| наносити; заподіювати (збиток; шкоду); ускладнювати; |영향을| надавати (благодіяння); впливати. ¶ 폐를 ~ завдавати. 폐를 끼치게 되어 죄송합니다. Вибачте за турботу.

낄낄거리다 приглушено (стримано) реготати, про себе. ¶ 낄낄거림 хихікання.

낌새 ознака; симптом; натяк. ¶ ~ 를 채다 здогадатися.

끙끙거리다 |아파서| крехтати; |보채다| пхікати. ¶ 끙끙거림 крехтання; пхікання.

나

나 я |자신| сам; сама. ¶ ~로서는 для мене. ~의 조국 моя вітчизна.

나가다 |밖으로| виходити; виїжджати; виступати. |직장에| ходити. |정신이| втрачати свідомість. |비용이| витрачати гроші на що. |값어치가| коштувати. |무게가| важити. |전기가| вимкнутися. ¶ 전등이 ~ лампочка перегоріла.

나가떨어지다 падати; валитися з ніг. ¶ 피곤하여 ~ валитися від втоми.

나그네 подорожуюч|ий, -ча; подорожній, -ня; мандрівник, -ця.

나긋나긋하다 м'який; ніжний; лагідний; привітний; люб'язний.

나노 нано- ‖ ~미터 нанометр. ~초 наносекунда.

나누다 ділити. |분배| розділити; роздавати. |의견을| обмінятися. ‖ ~기 {수학} ділення.

나다 з'являтися; виникати. |아이가| народжуватися. |기억이| згадувати; згадуватися. |소문이| стати відомим. |결론이| завершуватися. |탈이| захворіти; зіпсуватися. [형] |잘생기다| гарний; незвичайний. ¶ 겨울을 ~ перезимувати 맛이 ~ набувати смаку 새싹이 ~ пробиваються рістки 소문이 ~ розповсюджуються плітки 흥이 ~ розвеселитися.

나돌다 |돌아다니다| прогулюватися; проходожуватися; тинятися. |소문이| розповсюджуватися.

나들이 ¶ ~하다 виходити з дому; ходити в гості; заходити в гості.

나라 країна; держава; світ; царство. ¶ 꿈~ світ мрій (снів) 어린이~ дитячий світ. 어둠의 ~ темне царство.

나락(奈落) пекло; тяжкий стан; безвихідний стан; страждання. ¶ ~의 пекельний.

나란하다 рівний. ¶ 나란히 в ряд; поряд; рівно; рядком 나란히 서다 стояти в ряд.

나루 переправа; перевіз. ‖ 나룻배 паром ~터 переправа; перевіз.

나르다 возити; перевозити; носити; переносити.

나른하다 в'ялий; розслаблений втомлений. ¶ ~해지다 розслаблятися; втомлюватися; почувати себе в'яло.

나름 ¶ ~이다 залежить від; визначається тим.

나리 лілія.

나머지 залишок; надлишок; те, що залишилось. ¶ 심사숙고한 ~ в результаті довгих роздумів.

나무 дерево. |건축자재| лісоматеріали |땔감| дрова; паливо ¶ ~를 때다 палити дрова. ~를 베다 рубати дерево. ~를 심다 саджати дерево. ‖ ~껍질 кора дерева. ~꾼 дроворуб; лісоруб.

나무라다 докоряти в чомусь; ставити в докір. ¶ 나무람 докір. 나무랄데없다 бездоганний.

나물 їстівна зелень. |반찬| салат із зелені ¶ ~을 무치다 готувати салат із зелені ~을 캐다 збирати зелень.

나방 моль [여]; метелик.

나병 проказа; лепра. ¶ ~에 걸리다 захворіти проказою. ‖ ~요양소 лепрозорій ~환자 прокажений.

나부끼다 розвіюватися; колихатися.

나부랑이 клапоть; клаптик. ¶ 관리 ~ мілкий чинуша.

나붙다 бути вивішеним.

나비 метелик. ‖ ~넥타이 краватка –метелик.

나쁘다 поганий; худий; слабкий; неприємний. |해롭다| шкідливий. |착하지 아니하다| поганий; нехороший. ¶ 기억이 ~ у кого слабка пам'ять. 나쁜 짓을 하다 чинити погано.

나사 гвинт. ¶ ~의 гвинтовий ~를 조이다 загвинчувати. ~를 풀다 відгвинчувати; вигвинчувати; розгвинчувати. ‖ ~돌리개(드라이버) викрутка; гвинтовий ключ. 숫~ гвинт. 암~ гайка.

나서다 виходити; виступати. |시작| приступати; братися за щось. |간섭| втручатися; потикатися.

나선[형] гвинт; спіраль [여]. ¶ ~의 гвинтовий; гвинтовидний; спіральний.

나아가다 рухатися вперед. ¶ 그는 무대로 나아갔다. Він вийшов на сцену.

나아지다 покращуватися. ¶ 건강이 ~ здоров'я покращилось.

나약하다 слабкий; м'який. ¶ 나약함 слабка воля; слабкість; м'якість. 나약해지다 ніжитися.

나열 ¶ ~하다 вишуковуватися в бойовий порядок; ставити в ряд; перераховувати по черзі.

나염 набивка; візерунчасте тиснення.

나오다 |밖으로| виходити; виступати; видаватися; випинатися. |출현| з'являтися; виникати. |그만두다| виходити у відставку; іти з роботи. |생산| вироблятися; добуватися; виходити; випускатися.

나으리 Ваше благородіє; барин, бариня.

나이 вік; роки. ¶ ~가 들다 дорослішати; ставати старше ~를 먹다 постарішати; подорослішати 그녀는 나와 ~가 같다 Ми з нею однолітки ‖ ~테 річні обручки.

나일론 нейлон. ¶ ~의 нейлоновий.

나절 ¶ 점심 ~ до обіду. 저녁 ~ під вечір. 반~ половина дня; полудень.

나중에 потім; як наслідок; після чогось; пізніше чогось; в кінці; нарешті. ¶ 맨 ~ в самому кінці; пізніше за все.

나지막하다 |높이가| доволі низький. |목소리| тихий. ¶ 나지막이 доволі низько; тихо.

나체 оголене (голе) тіло. ¶ ~의 оголений; голий.

나치 нацистська партія. ‖ ~즘 нацизм. ~주의자 націст.

나침반 компас.

나타나다 з'являтися; показуватися; виявлятися; виникати. |표정| виражатися. |재능| проявлятися.

나타내다 показувати; виявляти; виражати; проявляти.

나태 лінь [여]. ¶ ~하다 лінивий. ~하게 ліниво. ~한 사람

лінивець, -ця.

нато НАТО; Організація Північноатлантичного договору.

натрíюм натрíй.

нафал труба; горн; духові музичні інструменти. ¶ ~을 불다 трубити; дути в трубу.

нафалкóт в'юнок.

нафо захват; затримка. ¶ ~하다 затримувати; хапати.

нафталéн нафталíн.

нахоль чотири дня.

нак відрада; радість.

наккван оптимíзм. ¶ ~적 оптимістичний ~하다 дивитись на щось оптимістично. ‖ ~론 оптимíзм.

накноŋ молочне господарство. ¶ ~의 молочний. ‖ ~제품 молочні продукти.

наktam відчай. ¶ ~하다 впадати у відчай.

наkpaŋ ¶ ~하다 провалитися на екзамені.

наksŏ марня на папері; надпис. ¶ 벽에다 ~하다 написати на стіні образливі слова.

наksŏn ¶ ~하다 провалитися на виборах.

наkyŏp листопад; опале листя. ‖ ~송 модрина.

наko ¶ ~하다 відставати *від кого-чого*.

накwŏn рай; щасливий край. ¶ 지상 ~ земний рай.

наkin |불도장| тавро; клеймо. |불명예| клеймо. ¶ ~이 찍힌 заклеймований. ~을 찍다 накладати тавро; клеймити.

наkche ¶ ~하다 провалитися на екзамені; отримати двійку.

наkchі восьминíг.

накcha висота падíння води.

накchхаль ¶ ~되다 вигравати тендер.

накchŏn → 낙관.

накthа верблюд. ¶ ~의 верблюдовий; верблюжий.

наkthхе викидень; аборт; переривання вагíтності. ¶ ~하다 робити аборт.

наkhа падíння; спуск. ¶ ~하다 падати; спускатися.

наkhаsan парашут. ¶ ~의 парашутний. ~을 타고 내리다 стрибати з парашутом.

наkhyaŋ переселення зі столиці в провінцію. ¶ ~하다 переселятися із столиці в провінцію.

наkhu відставання. ¶ ~하다 відсталий. [동] відставати.

наkta |낚시| вудити. |속임수로| спіймати на вудочку. ¶ 물고기를 ~ вудити рибу.

наkсі |낚싯바늘| риболóвний гачóк. |낚시질| рибна ловля. |낚시도구| вудочка. ¶ ~하다 вудити (ловити) рибу. ‖ ~꾼 вудильщик, -ця.

нан(亂) повстання; бунт. ¶ ~의 бунтóвський; повстáнський.

нанкан перила; парапéт; поручень; балюстрáда.

нанкамхада скрутний; нестéрпний.

нанконбуллак непристýпність; невразливість.

нанкван труднощі; перешкóда. ¶ ~에 봉착하다 зіштовхуватися з труднощами (перешкóдами). ~을 극복하다 долати труднощі (перешкóди).

нанкук тяжке становище; тяжкá (важкá) обстанóвка. ¶ ~을 타개 하다 долáти тяжке становище.

난데없다 ¶ 난데없이 раптово.

난동 навіженство; безчинство; дебош. ¶ ~을 부리다 поводитися як навіжений; безчинствувати; влаштувати дебош.

난로 піч; пічка; жаровня. ¶ ~를 피우다 топити піч.

난류 тепла течія.

난리 |전쟁| війна; бунт; смута; безлад; заколот. |무질서| безлад; хаос.

난립 неорганізоване стихійне висунення. ¶ ~하다 неорганізовано виступати; виставляти самих себе.

난무하다 розвиватися; розповсюджуватись у безладі. ¶ 유언비어가 난무한다. Безладно розповсюджуються плітки.

난민 біженці; бігство. ¶ 정치적 ~ політичні біженці.

난방 опалення. ¶ ~하다 опалювати.

난봉 розпуста. || ~꾼 розпутник.

난산 тяжкі пологи. ¶ ~하다 тяжко народжувати.

난삽하다 важкий та тяжкий.

난색 незручність; замішання. ¶ ~을 보이다 здаватися незручним.

난세 смутний час.

난소 ясний.

난시 астигматизм.

난이도 ступінь важкості та легкості.

난자 яйце. || ~세포 яйцеклітина.

난잡 |어수선| безлад; плутанина. |행실| безпутство; розбещення. ~하다 безладний; безпутний; розпусний; розбещений.

난장이 карлик, -ця; ліліпут, -ка; коротун.

난장판 людське збіговище; натовп; давка. ¶ ~이 되다 товпитися.

난처하다 скрутний. ¶ 난처하게 되다 опинитися в важкому становищі; потрапляти в халепу.

난청 туговухість.

난초 |난| орхідея. |붓꽃| ірис.

난치 ¶ ~의 важковиліковний. || ~병 важковиліковна хвороба.

난타 побиття. ¶ ~하다 бити; бити як небудь.

난투 побоїще; жорстока бійка. ¶ ~가 벌어졌다 зав'язалася жорстока бійка.

난해하다 незрозумілий; важкий для розуміння.

낟알 зерно; зерна.

날 день [남]; доба. |날짜| дата; день. |시기| час; період. |경우| випадок. ¶ ~로 з кожним днем; щодня; день за днем. ~마다 кожен день; щоденно. 어느~ одного разу; в один прекрасний день; якось одного разу. ~이 갈수록 з часом.

날 лезо. ¶ ~을 세우다 точити; загострювати; ~ тупим лезом.

날- |익지 않은| сирий; неспілий; незрілий. |마르지 않은| сирий. |가공하지 않은| неопрацьований. |파렴치한| нахабний. |뜻밖의| раптовий. ¶ ~강도 нахабний грабіжник. ~벼락 раптовий удар блискавки. ~로 в сирому вигляді. ~로 먹다 їсти в сирому вигляді.

날개 крило; лопасть [ея] ¶ ~를 펴다 розправляти крила.

날다 літати; летіти; високо підстрибнути. |빨리 움직이다| швидко рухатися. ¶ 날아오르다 взлітати; взлетіти.

날뛰다 біситися; біснуватися; лютувати.

날렵하다 живи́й; розторо́пний; мото́рний; спри́тний. ¶ 날렵함 жва́вість; розторо́пність; мото́рність; спри́тність.

날리다 |먼지| підніма́тися; розно́ситися. |깃발| розвіва́тися; трепеща́ти; полоска́тися. |재물을| по́вністю ви́тратитись; розтра́чувати; втра́тити можли́-вість. |명성을| просла́витися ким-чим.

날림 халту́рщина. ¶ ~의 халту́рний; компані́йський. ~으로 халту́рно; на швидку́ ру́ку; тяп-ляп. ‖ ~공사 халту́рне будівни́цтво.

날밤 вся ніч. ¶ ~을 꼬박 새우다 корота́ти ніч.

날벼락 ра́птовий уда́р бли́скавки; неочі́куване неща́стя. ¶ ~을 맞다 неочі́кувано потра́пити в біду́.

날쌔다 швидки́й; спри́тний; мото́рний; ве́рткий.

날씨 пого́да. ¶ 변덕스러운 ~ переміли́ва пого́да. 온화한 ~ м'я́ка пого́да. ~에 따라 в зале́жності від пого́ди. ~를 예보하다 передава́ти прогно́з пого́ди.

날씬하다 тонки́й; стрункий. ¶ 날씬한 몸매 тонки́й стан.

날아가다 леті́ти; виліта́ти; проліта́ти; відліта́ти. |없어지다| зника́ти; розсі́юватися.

날인 печа́ть. ¶ ~하다 ста́вити печа́ть; прикла́дати печа́ть.

날조 фальсифіка́ція. ¶ ~의 фальши́вий; фальсифікаці́йний. ~하다 фальсифікува́ти; фабрикува́ти.

날짐승 птахи́.

날짜 да́та; день; число́; число́ днів. ‖ ~변경선 лі́нія змі́ни да́ти.

날치기 [속어] |사람| грабі́жник; -ця. |행위| грабі́жництво; грабі́ж.

날카롭다 |날의 끝| го́стрий. |선| тонки́й. |판단력| го́стрий. |형세| рі́зкий. ¶ 날카ро́вм гострота́; тонкість; рі́зкість.

날품팔이 |행위| поде́нщина; поде́нна робо́та. |사람| поде́нник.

낡다 стари́й; застарі́лий; ві́тхий. |생각| застарі́вший.

남 чужи́й; не рі́дні. |관계가 없는| посторо́нній; і́нший ¶ ~의 чужи́й; посторо́нній; і́нший.

남(男) чолові́к.

남(南) пі́вдень; півде́нна сторона́. ¶ ~쪽의 півде́нний. ‖ ~반구 півде́нна півку́ля.

남극 півде́нний по́люс; анта́рктика. ‖ ~대륙 Антаркти́да.

남기다 залиша́ти. |이익| отри́мувати ви́году. ¶ 남김없이 без зали́шка; все по́вністю.

남남 чужі́. ¶ 그들은 ~이다. Вони́ чужі́ оди́н одно́му.

남녀 чоловіки́ та жінки́. ¶ ~노소 할 것 없이 всі від мале́ньких до вели́ких. ‖ ~평등 рівнопра́в'я чоловікі́в та жіно́к.

남다 залиша́тися. |이윤이| бу́ти ви́рученим; ви́ручка, що залиши́лась. ¶ 남은 остато́чний; що залиши́вся; за́йвий.

남다르다 несхо́жий на і́нших; виключни́й; особли́вий; своєрі́дний; незвича́йний. ¶ 남달리 ви́ключно; особли́во; своєрі́дно; незвича́йно.

남루하다 брудни́й; неоха́йний.

남매 брат і сестра́; брати́ та се́стри.

남모르다 таємни́й; невідо́мий кому́; непомі́тний. ¶ 남모르게 пота́йки; крадькома́; ни́шком;

남발하다 випуска́ти зверх но́рми.

남북 пі́вдень і пі́вніч; Пі́вдень і Пі́вніч; Півде́нна та Півні́чна Коре́я. ‖ ~관계 відно́сини між Пі́вднем та Пі́вніччю. ~대화 діало́г між Пі́вднем та Пі́вніччю. ~협력 співробі́тництво між Пі́вднем та Пі́вніччю.

남성 чолові́чий рід; чолові́к |문법| чолові́чий рід. ¶ ~적 чолові́чий; власти́ве чолові́ку.

남아 |아이| хло́пчик. |남자| чолові́к. ‖ ~선호 надава́ти перева́гу хло́пчику.

남용 непра́вильне використа́ння. | 권한을| зловжива́ння чим. ¶ ~하다 використо́вувати як не́будь; зловжива́ти чим. ‖ 직권~ зловжива́ння вла́дою.

남자 чолові́к. ¶ ~의 чолові́чий.

남짓 небага́то бі́льш. ¶ ~하다 бу́ти небага́то бі́льш чого́.

남편 чолові́к.

남향 на пі́вдень.

남회귀선 тро́пік Козеро́га; Півде́нний тро́пік.

남획 хижа́цька ло́вля; хижа́цтво; браконьє́рство. ¶ ~하다 хижа́цьки лови́ти.

납 свине́ць. ¶ ~의 свинце́вий.

납기 строк платежа́; строк поста́вки (доста́вки).

납득 ¶ ~하다 розумі́ти; впе́внюватися. ~시키다 запевня́ти *кого́ в чо́му*.

납부 упла́та. ¶ ~하다 плати́ти; вноси́ти вне́сок.

납세 пла́та пода́тку. ¶ ~하다 плати́ти пода́ток. ‖ ~액 су́ма пода́тку.

납입 → **납부**.

납작하다 пло́ский; приплю́снутий. ¶ 코가 납작해졌다. Впав прести́ж (авторите́т).

납치 викра́дення (люде́й); захва́т. ¶ ~하다 захо́плювати; викрада́ти. 비행기 ~ викра́дення літака́. ‖ ~범 викрада́ч, -ка́.

납품 поста́вка. ¶ ~하다 поставля́ти. ‖ ~업자 постачальни́к.

낫 серп.

낫다 одужувати; го́їтися; покра́щуватись, прохо́дити.

낫다 [형] кра́щий.

낭독 чита́ння вго́лос; деклама́ція. ¶ ~하다 чита́ти вго́лос. ‖ ~자 чита́ч, -ка́; деклама́тор.

낭떠러지 обри́в; скеля́. ¶ ~의 скеля́стий. ~에서 떨어지다 зірва́тися зі скелі́.

낭랑하다 дзвінки́й; звучни́й; чітки́й. ¶ 낭랑하게 дзві́нко; зву́чно; чі́тко.

낭만 рома́нтика. ¶ ~적 романти́чний. ‖ ~성 романти́чність. ~주의 романти́зм. |사람| рома́нтик.

낭보 ра́дісна (приє́мна) зві́стка.

낭비 марнотра́тство; ма́рна тра́та *чого́*. ¶ ~하는 марнотра́тний. ~하다 ма́рно витрача́ти. 시간을 ~하다 ма́рно витрача́ти час.

낭설 дурни́ця; помилко́ві плітки́.

낭송 деклама́ція; публі́чне чита́ння. ¶ ~의 деклама́ційний. ~하다 деклама́увати.

낭자하다 бу́ти розки́даним як не́будь.

낭패 прова́л; невда́ча; неща́стя. ¶ ~를 보다 терпі́ти невда́чу (прова́л); потра́пити в біду́.

낮 день. ¶ ~의 де́нний ~에

вдень. ‖ ~잠 денний сон; сієста.

낮다 низький; невисокий; нижчий; низинний. |수준| низький; незадовільний. ¶ 낮게 низько; невисоко; нижче; неголосно.

낮아지다 понижатися; знижатися; зменшуватися. ¶ 가격이 ~ знижуватися в ціні. 지위가 ~ понижатися в посаді.

낮추다 понижати; знижувати; занижувати; зменшувати; принижувати; |겸손| принижувати себе; бути скромним. ‖ 낮춤말 фамільярна назва (звертання).

낯 |얼굴| обличчя. |체면| честь [여]; репутація; гідність. ¶ ~[을] гаряди дичитися кого-чого. ~[이] 두껍다 безсоромний; нахабний. ~ 뜨겁다 соромно кому. ~[이] 익다 надокучити; приглядатися; знайомий.

낱 штука. ¶ ~낱이 у всіх подробицях; у всіх деталях.

낱말 слово. ‖ ~풀이 тлумачення слів.

낳다 |아이, 새끼| народжувати; метати ікру; нести (яйця) |결과를| породжувати; викликати; приводити до чого; творити.

내 річка; струмок. ¶ 냇가 берег річки (струмка).

내(內) в середині. ¶ ~의 внутрішній. 기한 ~로 в строк

내가다 вивозити; виносити.

내각 кабінет міністрів. ¶ ~을 구성하다 формувати кабінет міністрів. ‖ ~불신임 недовіра парламенту уряду. 연립~ коаліційний кабінет міністрів.

내과 терапія; терапевтичне відділення. ¶ ~의 терапевтичний. ‖ ~ 질환 внутрішня хвороба.

내구 ¶ ~성이 있는 міцний; терплячий. ‖ ~성 міцність. ~재 міцні матеріали.

내규 внутрішні правила.

내근 внутрішня служба; внутрішнє чергування. ¶ ~하다 працювати в приміщенні.

내기 парі [불변]; спор. ¶ ~하다 тримати парі; сперечатися. ~로 на парі; на спір. ~를 걸다 побитися об заклад.

내기 [접미] уродженець; старожил. ‖ 시골~ уродженець провінції. 풋~ новачок.

내내 весь час; від початку до кінця. ¶ 방학 ~ під час канікул.

내년 наступний рік. ¶ ~에 в наступному році.

내놓다 виставляти; виносити; експонувати. |의견을| висувати; промовляти. |작품을| опублікувати; випускати в світ. |가진 것을| віддавати; здавати; поступатися.

내다 |나게 하다| породжувати; виробляти; видаляти. |재물을| віддавати (приносити) (жертву). |음식을| пригощати; подавати страву. |서류를| представляти; пред'являти. ¶ 가루를 ~ робити порошок. 세금을 ~ платити податки. 속력을 ~ витискати швидкість. 시간을 ~ улучати час. 용기를 ~ бідбадьоритися; набратися сміливості. 짬을 ~ викроювати час. 한턱을 ~ пригощати кого.

내다보다 |밖을| виглядати. |멀리 보다| дивитися вперед.

내던지다 викидати; закидати.

내디디다 робити крок вперед;

крокува́ти. |일을 시작하다| роби́ти пе́рші кро́ки *в чо́му*; приступа́ти *до чо́го*.

내란 вну́трішні міжусо́биці. ¶ ~의 міжусо́бний. ~을 꾀하다 розпа́лювати міжусо́бицю.

내려가다 опуска́тися; зхо́дити. |값| знижа́тися; па́дати; скоро́чуватися. |후대로| передава́тися наща́дкам; дохо́дити до наща́дків.

내려다보다 диви́тися зве́рху вниз; диви́тися, спусти́вши о́чі. |자기보다 낮추어| диви́тися звисока́ *на ко́го*.

내려앉다 спуска́тися; опуска́тися. | 건축물이| осіда́ти; прова́люватися.

내려오다 спуска́тися; зхо́дити. |과거로부터| дохо́дити до на́ших днів.

내력 |경력| мину́ле; біогра́фія. |까닭| причи́на; джерело́; ко́рінь [нам].

내륙 вну́трішні райо́ни. ¶ ~의 вну́трішній; внутрішньоконтинента́льний. ~지방 місце́вості, відда́лені від мо́ря.

내리 |위에서| зве́рху вниз. |계속| підря́д; безпере́рвно. |마구| як не́будь.

내리누르다 ти́снути зве́рху вниз. | 억압| пригні́чувати; притисня́ти.

내리다 знижа́тися; опуска́тися; спуска́тися; сіда́ти. |비가| іти́; випада́ти; сіда́ти. |교통기관| вихо́дити; зхо́дити. |가격| па́дати; знижу́ватися. |휘장을| опуска́ти. | 지시를| віддава́ти нака́з. |평가를| роби́ти висно́вок. |판결을| вино́сити (ви́рок).

내리막 спуск; схил. ¶ 가파른 ~ крути́й схил.

내리쬐다 пали́ти; си́льно пригріва́ти. ¶ 햇볕이 쨍쨍 ~. Со́нце безжа́лісно па́лить.

내리치다 би́ти зве́рху вниз.

내막 закулі́сна сторона́. ¶ 사건의 ~ підґру́нтя поді́й.

내맡기다 доруча́ти *кому́*; вві́ряти *кому́*.

내면 вну́трішня сторона́. ¶ ~적 вну́трішній; духо́вний. ‖ ~묘사 зобра́ження вну́трішнього (духо́вного) сві́ту. ~세계 вну́трішній (духо́вний) світ.

내몰다 |밖으로| виганя́ти; підганя́ти.

내무 ‖~부 міністе́рство вну́трішніх справ. ~부 장관 міні́стр вну́трішніх справ.

내무반 каза́рма. ¶ ~의 казарме́нний. 임시 ~ бара́к.

내밀다 |밖으로| виступа́ти; висува́ти; випира́ти; простяга́ти.

내뱉다 плюва́ти. |말을| кида́тися слова́ми; говори́ти прокля́ття. ¶ 침을 ~ ви́плюнути слину́ з мокро́тою (сли́ну).

내버려두다 не торка́тися; не зверта́ти ува́ги. |보살피지 않다| кида́ти на призволя́ще; залиша́ти без до́гляду (ува́ги).

내보내다 випуска́ти; висила́ти; відсила́ти; викида́ти. |직장에서| виганя́ти; виселя́ти.

내복 → 내의.

내복약 лі́ки для вну́трішнього використа́ння.

내부 вну́трішня части́на (сторона́); ви́воріт. ¶ ~의 вну́трішній. ~적으로 вну́трішнє. ~로 всере́дину *чого́* ~로부터 з середи́ни. ~에 всере́дині *чого́*.

내분(內紛) вну́трішній ро́злад;

сімейні розлади. ¶ ~을 일으키다 сіяти внутрішній розлад.

내분비 інкреція; внутрішня секреція. ¶ ~의 інкреторний ‖ ~물 інкрети; гормони ~선 залози внутрішньої секреції; ендокринна залоза.

내비치다 |빛이| світити зсередини; просвічувати. |생각을| трошки розповісти.

내빈 (來賓) гість [남]; відвідувач, -ка ¶ ~의 гостьовий; відвідувальний. ~을 대접하다 приймати гостей. ~을 맞이하다 зустрічати гостей. ~을 배웅하다 проводжати гостей. ‖ ~석 місця для гостей; гостьові місця.

내빼다 тікати; давати тягу.

내뿜다 випускати; вивергати.

내사 секретне (таємне) розслідування. ¶ ~하다 секретно (таємно) розслідувати.

내색 ¶ ~하다 виражатися (відображатися) на обличчі. ~하지 않다 не подавати вигляду *чого*; не показувати вигляду *чого*.

내성 (內省) ¶ ~적 таємний; інтроспективний; невідвертий.

내성 (耐性) стійкість; витривалість. ¶ ~이 있는 стійкий; витривалий.

내세 загробний світ; загробне життя; той світ. ¶ ~의 загробний. ‖ ~관 погляд на загробне життя.

내세우다 виставляти; висувати. |조건을| ставити. |주장하다| звеличувати; ставити *щось* вище *чогось*. ¶ 대표자로 ~ висувати *кого* представником.

내수 попит внутрішнього ринку. ¶ ~가 증가/감소하다 рости/падати попит на внутрішньому ринку.

내숭 хитрість; підступність. ¶ ~스럽다 лукавий; хитрий; підступний.

내쉬다 видихати; видувати; випускати. ¶ ~는 видихальний.

내시경 ендоскоп. ‖ ~검사 ендоскопічний огляд. ~검사법 ендоскопія.

내심 душа; думка; задум; всередині; в душі.

내역 детальний опис; специфікація.

내연 (內緣) позашлюбний зв'язок. ¶ ~의 처 коханка. ‖ ~관계 позашлюбний зв'язок.

내연기관 двигун внутрішнього згорання.

내오다 виносити; витягувати.

내외 |안팎| внутрішня і зовнішня сторона. |대략| приблизно. ¶ 국~에 на батьківщині та за кордоном. |부부| чоловік та жінка.

내용 зміст; сутність; суть {문학} фабула. ¶ ~이 풍부하다 змістовний. ~을 담다 вміщувати. ~과 형식 форма і зміст. ‖ ~물 складові.

내우외환 ускладнення внутрішніх та зовнішніх відносин.

내음 → 냄새.

내의 білизна. ¶ 겨울~ зимова білизна.

내일 завтра; завтрашній день. |미래| майбутнє. ¶ ~의 завтрашній.

내장 |포유류의| внутрішні органи. |조류나 어류의| потрухи.

내장 (內藏) внутрішній прилад. ¶ ~하다 мати.

내재 ¶ ~적 внутрішнє властивий; іманентний. ~하다 бути внутрішнє властивим ‖ ~성 іманентність.

내젓다 |앞으로| розмахувати

чимось перед собою. ¶ 팔을 ~ розмахувати руками.

내정 внутрішні справи держави. ‖ ~간섭 втручання у внутрішні справи.

내정 ¶ ~하다 неофіційно вирішувати.

내조 допомога чоловікові. ¶ ~하다 допомагати чоловікові. 아내의 ~에 힘입어 завдяки допомозі дружини.

내주다 видавати; передавати; подавати. |건네주다| поступатися; здавати.

내지(乃至) від ... до. |또는| чи; і.

내쫓다 виганяти. ¶ 직장에서 ~ виганяти зі служби. 집에서 ~ виганяти з дому. 내쫓기다 бути вигнаним.

내키다 сподобатися; захотіти ¶ 내키지 않다 не подобатися.

내통 таємний зв'язок. ¶ ~하다 бути таємно пов'язаним з кимось; таємно повідомлятися.

내포 {논리} конотація. ¶ ~하다 включати в себе; вміщувати в собі.

내핍 ¶ ~생활을 하다 жити в злиднях.

내한(耐寒) [형] морозостійкий.

내화(耐火) ¶ ~[의] вогнестійкий; вогнетривкий. ‖ ~벽돌 вогнестійка цегла. ~성 вогнестійкість.

내후년 через два роки.

냄비 каструля. ¶ ~의 каструльний. 법랑 ~ емальована каструля. 알루미늄 ~ алюмінієва каструля.

냄새 запах. ¶ ~[가] 나다 пахнути чим; видавати запах. ~를 맡다 нюхати. ~를 피우다 робити вигляд *кого*; подавати вигляд. 그에게선 범죄자 ~가 난다. Відчувається, що він злочинець.

냅킨 серветка; паперові серветки.

냉-(冷) [접두] ¶ ~기 холод; холодне повітря. ~면 локшина в холодному бульйоні.

냉가슴 душевний біль ¶ ~을 앓다 страждати; переживати в душі.

냉각 охолодження. ¶ ~하다 [동] охолоджувати. ~되다 охолоджуватися. ‖ ~장치 холодильна установка.

냉담 байдужість; апатія; байдужість; холодність. ¶ ~하다 байдужий; апатичний; байдужий; холодний.

냉대 холодний прийом. ¶ ~하다 приймати холодно. ~를 받다 бути холодно прийнятим.

냉동 заморожування. ¶ ~하다 заморожувати. ~되다 бути замороженим. ‖ ~식품 морожені продукти. ~실 морозильник. ~육 морожене м'ясо. ~창고 холодильний склад.

냉랭하다 прохолодний; холодний; непривітливий; льодяний.

냉방 штучне охолодження. ¶ ~하다 штучно охолоджувати кімнату. ‖ ~장치 кондиціонер.

냉소 насмішка; висміювання. ¶ ~적이다 насміхатися над *ким-чим*; висміювати *кого-що*.

냉수 холодна вода.

냉이 пастуша сумка. ¶ ~국 суп із листя пастухової сумки.

냉장 збереження в холодильнику; охолодження; заморожження. ¶ ~하다 зберігати в холодиль-нику; охолоджувати; заморожу-вати. ‖ ~고 холодильник. ~차

рефрижера́тор.

냉전(冷戰) холо́дна війна́. ¶ ~ 시대 епо́ха холо́дної війни́.

냉정(冷靜) холоднокро́вність; безпристра́сність. ¶ ~하다 холоднокро́вний; спокі́йний; безпристра́сний ~을 잃지 않다 зберіга́ти холоднокро́вність (спо́кій ду́ха).

냉정(冷情) ¶ ~하다 холо́дний; безду́шний. ~히 хо́лодно; ду́шно. ~하게 대하다 ста́витися *до кого* хо́лодно (з байду́жістю**).**

냉철하다 холоднокро́вний; рішу́чий; безпристра́сний.

냉큼 одра́зу; нега́йно.

냉혈 засти́гла від хо́лода кров ‖ ~ 동물 холоднокро́вні твари́ни.

냉흑하다 жорсто́кий; хо́лодник.

너 ти. ¶ ~나없이 все без ви́ключення. ~나 하는 사이다 бу́ти з ки́мось на «ти».

너구리 єно́т.

너그럽다 великоду́шний; поблажли́вий; ще́дрий. ¶ 너그럽게 ще́дро, великоду́шно; поблажли́вість.

너덜거리다 обтрі́патися; бо́втатися.

너도밤나무 бук. ¶ ~의 бу́ковий.

너머 за; че́рез. |기준에 넘게| зверх; на́дто.

너무 занадто; надмі́рно.

너비 ширина́.

너스레 ¶ ~를 떨다 балагу́рити.

너희[들] ви.

넉넉하다 доста́тній; бу́ти з запа́сом; зажи́точний. ¶ 넉넉히 доста́тньо; з запа́сом; з надли́шком. 시간이 넉넉하다 ма́ти доста́тньо (бага́то) ча́су.

넉살 наха́бність; безсоро́мність. ¶ ~을 부리다 наха́бно пово́дити себе́; наха́бно чіпля́тися *до кого.* ~이 좋다 наха́бний; розв'я́зний.

넋 душа́; дух. ¶ ~을 놓다 розгуби́тися. ~을 잃다 па́дати ду́хом; втра́тити свідо́мість. ~이 나가다 збожево́літи. ~이 빠지다 душі́ не ча́яти в кому.

넋두리 ниття́; ска́рга; наріка́ння. ¶ ~를 늘어놓다 ни́ти; ска́ржитися; наріка́ти на *кого-що*.

넌더리 відра́за. ¶ ~나다 набри́дливий; відра́зливий. ~나게 하다 спроти́витися; набрида́ти кому́ чим.

넌센스 но́нсенс; дурни́ця; маячня́; нісені́тниця. ¶ ~의 дурни́й.

넌지시 непомі́тно; таємно. ¶ ~ 암시하다 непомі́тно натяка́ти *на що*.

널 до́шка на гойда́лці. ¶ ~ 뛰다 гойда́тися на гойда́лках.

널다 ві́шати; розві́шувати. ¶ 빨래를 ~ розві́шувати білизну́.

널리 широ́ко; просто́рно. |너그럽게| великоду́шно; поблажли́во; прихи́льно.

널리다 бу́ти розста́вленим (розкла́деним; розві́шаним.)

넓다 широ́кий; просто́рий; обши́рний.

넓적하다 пло́ский та широ́кий.

넓직하다 до́волі широ́кий; (просто́рний; обши́рний). ¶ ~히 до́волі широ́ко (просто́рно; обши́рно).

넘기다 переправля́ти; переводи́ти; перевози́ти. |종이를| переверта́ти; перекида́ти; перегорта́ти; горта́ти. |음식물을| ковта́ти; проковтну́ти. |권리를| передава́ти; переклада́ти; віддава́ти. |기한을| упуска́ти; пропуска́ти; просро́чити; пропусти́ти. ¶ 고비

를 넘겼다 Криза минула. 재판에 ~ віддавати під суд.

넘나들다 |경계를| переходити (переїжджати) туди і назад.

넘다 |기준을| переходити; перевищувати; перевершувати. | 높은 곳을| переправлятися. |경계선을| переходити. |고비를| долати; позбавлятися; минути.

넘보다 заздрити.

넘실거리다 хвилюватися (про море); здійматися (про хвилю).

넘어가다 |쓰러지다| валитися; падати. |음식물이| проходити; лізти в горло. |권리가| передаватися; перекладатися; віддаватися. |다른 편으로| переходити. |시기가| проходити. | 속임에| бути обманутим; попадатися на хитрість. |반하다| бути зачарованим (захопленим); захоплюватися *ким-чим*.

넘어뜨리다 (з)валити; перекидати. ¶ 다리를 걸어 ~ валити з ніг.

넘어지다 падати; валитися. |망하다| провалитися; потерпіти невдачу.

넘치다 переливатися через край; переходити; перевищувати; перевальовувати. ¶ 기쁨이 넘친다 Веселощі б'ють через край.

넝쿨 батіг. || 호박~ стебло гарбуза.

넣다 |속으로| класти у що; вкладати; вставляти *у що*. |범위 안에| вмикати. ¶ 공기를 ~ нагнітати повітря.

네 так. ¶ 네, 알았습니다 Так, зрозумів(ла).

네거리 перехрестя. ¶ ~에서 на перехресті. ~의 신호등 світлофор на перехресті.

네모 чотири кута; чотирикутник.

네온 неон. || ~가스 неоновий газ. ~사인 неонова вивіска.

네트워크 комп'ютерна сітка.

넥타이 краватка. ¶ ~를 매다 одягати. (зав'язувати) краватку. || 나비~ краватка-метелик.

년(年**)** рік. ¶ 1~간의 річний. || 윤 ~ високосний рік.

년 баба. ¶ 못돼먹은 ~ бабище || ~놈 мужик та баба.

녘 |쪽| сторона; край. |무렵| до *чого*; під *що*. ¶ 동~ східна сторона. 새벽~ до світанку.

노 весло. [복] весла. ¶ ~를 젓다 гребти веслами.

노-(老--**)** [접두] старо-; старий. ¶ ~모 стара мати. ~부부 старе подружжя. ~송 стара сосна. ~처녀 стара діва. ~총각 холостяк.

노가다 чорна робота.

노곤하다 стомлений.

노골적 оголений; відвертий; відкритий; прямий.

노기 гнів. ¶ ~가 어리다 гнівний. ~를 띠고 з гнівом. ~를 띠다 бути в гніві.

노끈 шнур; мотузка; тасьма. ¶ ~으로 묶다 шнурувати.

노년 старість; літній вік. |늙은이| старий; старець. ¶ ~에 в старості; у літньому віці. || ~기 літні роки; старечий період.

노다지 |광물| (горна) жила. |이익| неочікувана удача; неочікувано отримана річ.

노동 праця; робота. ¶ ~의 робочий. ~하다 працювати. 강제 ~ примусова праця. 숙련 ~ кваліфікована праця. 정신 ~ розумова праця. || ~력 робоча

노랑 си́ла. ~법 зако́н про пра́цю. ~부 мініст́ерство пра́ці. ~생산성 продукти́вність пра́ці. ~운동 робо́чий рух. ~자 робо́чий. ~절 свя́то Пе́ршого тра́вня. ~조합 профспі́лка (профе́сійна спі́лка).

노랑 жо́втий (ко́лір).

노랗다 |색깔| я́скраво-жо́втий. |싹수가| безнаді́йний. ¶ 노랗게 되다 жовті́ти.

노래 пі́сня ¶ ~의 пісе́нний. ~하다 співа́ти (пі́сню); оспі́вувати.

노략질 пограбува́ння; розбі́й. ¶ ~하다 грабува́ти; займа́тися пограбува́нням (розбо́єм).

노려보다 пи́льно диви́тися *на кого-що*; кида́ти жа́дібні по́гляди.

노력 стара́ння; зуси́лля; пра́ця. ¶ ~하다 стара́тися; намага́тися; си́литися; прикла́дати стара́ння (зуси́лля). 전력을 다하여 ~하다 прикла́дати всі зуси́лля *до чого (для чого)*.

노련하다 досві́дчений; бува́лий; майсте́рний. || 노련미 хист.

노령 літній вік.

노루 косу́ля.

노른자위 жовто́к яйця́. |중요 부분| серцеви́на; суть [а́я].

노름 аза́ртна гра. ¶ ~하다 гра́ти в аза́ртні і́гри. || ~꾼 граве́ць; картя́р.

노릇 роль [а́я]; фу́нкція; робо́та. |형편| жалюгі́дне (бі́дне) стано́вище. ¶ 저런 딱한 ~이 있나! Яка́ біда́!.

노리개 |장식| жіно́чі прикра́си. |장난감| іграшка. |놀림감| предме́т насмі́шок. ¶ ~감으로 삼다 роби́ти *кого́-що* свої́ю і́грашкою.

노리다 заду́мувати. |기회를| вичі́кувати; мі́тити *в кого (що, куди)*. ¶ 기회를 ~ вичі́кувати зру́чний ви́падок.

노망 старе́че; слабоу́мство; ста́рість; дря́хлість. ¶ ~이 들다 ви́жити з ро́зуму.

노무 фізи́чна пра́ця. || ~자 чорноробо́чий.

노발대발 ~하여 в пори́ві гні́ву.

노벨상 Нобелі́вська пре́мія. ¶ ~수상자 лауреа́т Нобелі́вської пре́мії.

노상 завжди́; постійно; весь час.

노새 мул.

노선 маршру́т; лі́нія. |견해의 방향| лі́нія; курс. ¶ ~의 маршру́тний. ~버스 маршру́тний авто́бус. 지하철 ~ лі́нія метро́. 항공 ~ повітря́на лі́нія.

노소 старі́ та ді́ти. ¶ ~를 막론하고 від мали́х до вели́ких; всі без виня́тку.

노쇠 старе́чий мара́зм; старі́ння. ¶ ~하다 стари́й; дря́хлий. ~해지다 старі́ти.

노숙 ~하다 спа́ти. (проводити ніч) під відкри́тим не́бом.

노숙하다 вмі́лий; досві́дчений; зрі́лий. ¶ 노숙하게 вмі́ло; досві́дчено; зрі́ло.

노심초사 стара́ння та турбо́ти. ¶ ~하다 докла́дати всі зуси́лля.

노약 старі́ та слабкі́. || ~자 старі́ та слабкі́ лю́ди.

노여움 обра́за; почуття́ обра́зи; доса́да; невдово́льство. ¶ 노엽다 обра́зливий; при́крий. 노여워하다 обража́тися на *кого-що*; гні́ватися. 노엽게 하다 обража́ти.

노역 висна́жлива (важка́) пра́ця. ¶ ~하다 займа́тися важко́ю пра́цею.

노예 раб. ¶ ~의 рабський. ~로 만들다 поневолювати. 욕망의 ~ раб пристрастей. ‖ ~화 поневолення.

노을 зоря. ¶ 아침/저녁 ~ ранішня/вечірня зоря.

노이로제 невроз; неврастенія. ¶ ~의(성) невротичний; неврастенічний. ‖ ~ 환자 неврастенік.

노인 старий, -а; стара людина. ¶ ~의(성) старечий ~성 질환 старе́ча хвороба. ~성 치매 старе́че слабоумство.

노임 зарплата (заробітня плата). ¶ ~을 동결하다 заморожувати зарплату. ~을 인상하다 підвищувати зарплату.

노장(老壯) літня людина. ‖ ~파 літні люди.

노점 кіоск. ‖ ~상 продавець в кіоску.

노조 → 노동[조합].

노즐 сопло.

노천 ¶ ~에서 під відкритим небом. ‖ ~광산 кар'єр. ~극장 літній театр. ~무대 відкрита сцена.

노출 оголення; викриття; виявлення. ¶ ~의 експозиційний. ¶ ~하다 оголювати; виявляти; відкривати; експонувати. ~되다 виявлятися; відкриватися.

노크 стук. ¶ ~하다 стукати(ся).

노파 стара; старенька.

노파심 неспокійна (турботлива) душа.

노폐물 непотрібна (стара) річ {생리} виділення.

노하다 сердитися *на кого;* гніватися *на кого.*

노화 старіння. ¶ ~하다 старіти. ‖ ~현상 симптом старіння.

노획 захват трофеїв. ¶ ~하다 захоплювати. ‖ ~물 трофеї.

노후(老後) літні роки; старість. ¶ ~의 생활 життя на схилі років. ~를 대비하다 готуватися до старості.

노후(老朽) ¶ ~하다 старий; непридатний. ~한 장비 старе́ обладнання.

녹(綠) іржа. ¶ ~슨 іржа́вий ~이 슬다 іржавіти; покриватися іржею.

녹내장 глаукома.

녹다 |물처럼| тану́ти; плавитися; розчинятися. |굳은 것이| зігріватися; відігріватися. ¶ 그녀는 녹아 떨어졌다 вона вибивалася із сил.

녹두 маш. ¶ ~전 млинець із борошна та маша.

녹록하다 |평범하다| звичайний. |만만하다| податливий; поступливий; 녹록치 않은 незвичайний; не податливий.

녹말 крохмаль.

녹색 зелений (колір). ¶ ~ [의] зелений. ‖ ~혁명 зелена революція.

녹용 панти. ¶ ~의 пантовий. ‖ ~ 보약 пантокрин.

녹음(綠陰) густа тінь від дерева. ¶ ~이 우거지다 покритий густою зеленню. 시원한 ~ прохолода в тіні дерева.

녹음(錄音) звукозапис; грамзапис. ¶ ~하다 записувати на плівку (грампластинку). ‖ ~기 магнітофон.

녹이다 |굳은 물체를| розтоплювати; розплавляти; розчинювати. |따뜻

하게 하다| зігрівати; відігрівати. ¶ 손을 ~ зігрівати руки. 미모로 남자들을 ~ зачаровувати чоловіків красою.

녹지 зелений куточок; озеленена ділянка. ‖ ~면적 площа озеленення.

녹차 зелений чай.

녹화(綠化) озеленення. ¶ ~하다 озеленяти. 도시 ~ озеленення міста. ‖ ~사업 роботи з озеленення.

녹화(錄畵) відеозапис. ¶ ~하다 робити відеозапис. ‖ ~기(VTR) відеомагнітофон.

논 (поливне, заливне) рисове поле. ¶ ~을 갈다 орати рисове поле. ~을 매다 полоти рисове поле. ‖ ~농사 рисоводство.

논객 полеміст.

논거 аргумент; доказ; підстава. ¶ ~와 사실 аргументи і факти. 설득력있는 ~ переконливий аргумент. ~를 제시하다 приводити аргументи (докази).

논고 звинувачення. ¶ ~하다 звинувачувати кого в чому.

논공 оцінка досягнень. ‖ ~행상 присудження нагороди за досягнення.

논단 трибуна; коло критиків.

논란 → 논쟁.

논리 логіка. ¶ ~적 логічний. ~에 맞다 логічний. ~적 사고 логічне мислення. ~적 오류 логічна помилка. ‖ ~성 логічність. ~학 логіка ~학자 логік.

논문 стаття; монографія; дисертація. ¶ 박사학위~ докторська дисертація. 학술~ наукова стаття. 학위~을 방어하다 захищати дисертацію. ‖ ~집 збірник статей. 졸업~ дипломна робота. 학위~ дисертація.

논박 спростування. ¶ ~하다 спростовувати. ~할 수 없는 незаперечний.

논법 логіка. ‖ 삼단~ силогізм

논설 стаття. ¶ ~문 текст статті; стаття ~위원 оглядач

논술 виклад. ¶ ~하다 викладати.

논스톱 безупинний; безпосадковий; прямого сполучення. ¶ ~으로 비행하다 летіти без посадки.

논외 поза обговоренням. ¶ ~로 하다 ставити що поза обговорянням.

논의 обговорення. ¶ ~하다 обговорювати; міркувати. ~에 붙이다 представляти на обговорення.

논쟁 полеміка; суперечка; дискусія. ¶ ~적 полемічний; суперечливий; дискусійний. ~하다 вести полеміку з ким; дискутувати. ~의 여지가 없다 безперечний; незаперечний.

논점 предмет суперечки. (дискусії); суперечливий пункт (погляд).

논조 тон обговорення. ¶ 비판적인 ~ критичний тон обговорення

논증 аргументація; доказ. ¶ ~적 доказний. ~하다 аргументувати; доводити.

논지 суть статті.

논평 огляд; коментар. ¶ ~하다 оглядати; коментувати; критично розглядати. ‖ ~가 коментатор.

논픽션 → 실화(實話).

놀다 |즐겁게| грати; гуляти. |실업| не працювати; байдикувати. |사용하지 않다| простоювати.

놀라다 лякатися *чого*. |감동하다|

дивуватися *чому*. ¶ 놀란 наляканий. 놀랍다 дивовижний; разючий. 놀라움 переляк; здивування.

놀리다 |쉬게 하다| давати відпочинок; потурати неробству. | 깔보는 행동| жартувати над ким; кепкувати над ким. |사용하지 않다| приводити до простою ¶ 놀림을 당하다 піддаватися глузуванням. || 놀림 насмішка. 놀림감 предмет насмішок.

놀음 гра; розвага; забава; фарс. ¶ 꼭두각시 ~ фарс маріонеток.

놀이 гра; розвага; забава. || ~터 ігровий майданчик. 전쟁~ гра в війну.

놈 |사내| мужик. || ~팽이 мужлан. 쌍~ сучий син.

놋 |놋쇠| латунь. [여] ¶ ~의 латунний. || ~그릇 посуд із латуні.

농(農) сільськогосподарський; селянський; аграрний. || ~기계 сільськогосподарська машина. ~기구 сільськогосподарський інвентар. ~약 агрохімікати [복]; отрутохімікати. ~어촌 села та рибальські селища. ~작물 сільськогосподарська культура. 자영~ селянин-власник.

농(弄) жарт; жартівлива розмова.

농가 селянська родина; хата; селянське подвір'я. || ~소득 сільськогосподарські прибутки.

농간 підступи. ¶ ~에 넘어가다 попадатися на вудочку. ~을 부리다 влаштовувати підступи *кому* (*проти кого*).

농경 обробка землі; пахота || ~지 земельні угіддя.

농구 баскетбол. ¶ ~의 баскетбольний. ~를 하다 грати в баскетбол. || ~공 баскетбольний м'яч. ~선수 баскетболіст.

농노 кріпак, -чка. ¶ ~로 만들ди закріпачувати. ~를 해방하다 розкріпачувати. || ~제 кріпацький устрій; кріпацтво.

농담 жарт; жартівлива розмова ¶ ~하다 жартувати; вести жартівливу розмову. ~으로 말하다 говорити жартома.

농도 концентрація.

농민 селянин, -нка селянство [집합]. ¶ ~의 селянський. || ~운동 селянський рух. 소작~ селянин-орендатор.

농번기 жнива; гаряча пора.

농부(農夫) → 농민

농사 землеробство. ¶ ~의 землеробний. ~짓다 займатися землеробством. 올해는 ~가 잘 되었다. В цьому році видався хороший урожай. || ~꾼 селянин; землероб.

농산물 сільськогосподарські продукти. ¶ ~ 가공 обробка сільськогосподарських. продуктів. ~ 도매시장 оптовий ринок сільськогосподарських продуктів.

농성 сидяча (італійська) забастовка. ¶ ~하다 вести сидячу (італійську) забастовку.

농아 глухонімий, -а [명] || ~학교 школа для глухонімих.

농악 сільська музика. || ~대 сільський ансамбль.

농업 сільське господарство; землеробство. || ~경제학 економіка сільського господарства. ~국 аграрна країна. ~정

농장 аграрна політика. ~협동조합 сільськогосподарський. кооператив.

농장 ферма; господарство. ¶ ~의 фермерський. ‖ ~경영 фермерство. ~주 фермер. 축산 ~ тваринницька ферма.

농지 земля; земельні угіддя. ¶ ~의 земельний. 비옥한 ~ родюча земля. 척박한 ~ суха та неплодородна земля. ‖ ~면적 земельна площа. ~세 земельний податок.

농촌 село. ¶ ~의 селянський. ~에서 в селі. ~식으로 по-селянськи. ‖ ~문학 селянська література.

농후하다 |빛깔| густий; міцний; сгущений; концентрований. |기색| наскрізь просочений чим.

높다 високий; піднесений. ¶ 높이 висота. ‖ 높이뛰기 стрибок в висоту.

높아지다 підвищуватися.

높이다 |높게 하다| підвищувати. |존경하여 받들다| шанувати; поважати. ¶ 목소리를 ~ підвищувати голос. 생산성을 ~ підвищувати продуктивність.

놓다 класти; ставити. |설치하다| встановлювати; споруджувати. |배열하다| розставляти. |불을| підпалювати. |주사를| робити ін'єкцію (укол). |풀어주다| звільняти; випускати. ¶ 시름을 ~ відволікатися від турбот; відлягати від серця. 일손을 ~ припиняти працювати. 훼방을 ~ створювати перешкоди.

놓아주다 пускати; відпускати; випускати; звільняти.

놓이다 бути відпущенним; бути звільненим. |마음이| заспокоюватися. |상태에| знаходитися; лежати *на чому*.

놓치다 упускати; випускати; пропускати. ¶ 좋은 기회를 ~ упустити щасливий випадок. 한마디도 놓치지 않다 не пропускати ні одного слова.

뇌 мозок. ¶ ~의 мозковий. ‖ ~막염 менінгіт. ~신경 черепно-мозкові нерви. ~염 енцефаліт; запалення головного мозку. ~일혈 крововилення в мозок. ~졸중 інсульт. ~종양 цереброма. ~진탕 струс мозку.

뇌관 детонатор.

뇌리 ¶ ~에 в голові (думках; пам'яті) ~에 박히다 врізатися в пам'ять *кому*. ~에서 떠나지 않다 не виходити з голови.

뇌물 хабар. ¶ ~을 받다/주다 брати/давати хабар. ‖ ~수수 хабарництво.

누(累) збиток. ¶ ~가 되다 іти в збиток. ~를 끼치다 причиняти (наносити) *кому* збиток.

누계 сума; висновок; всього. ¶ ~하다 сумувати; підводити підсумок.

누구 хто. ¶ ~의 чий. ~든지 хто-небудь; хто завгодно ~에게 н всякому; любому.

누그러지다 слабшати; м'якшати; тепліти. ¶ 화가 누그러졌다 гнів пом'якшився. 추위가 누그러졌다 мороз спав.

누나 старша сестра (для чоловіка).

누더기 лахміття. ¶ ~가 된 옷 пошарпаний одяг. ~로 만들ди перетворюватися в лахміття.

누락 втрата; пропуск. ¶ ~하다

втратити; пропускати. ~되다 бути втраченим; бути пропущеним.
누렇다 жовтий.
누룽지 підгорілий рис на дні котла.
누르다 тиснути; натискати; притискати. |감정을| стримувати; придушувати. |억압하다| пригнічувати. ¶ 흥분을 ~ стримувати хвилювання.
누리 світ. ¶ 온~ весь світ.
누리다 насолоджуватися чим. ¶ 부귀영화를 ~ насолоджуватися розкішним життям.
누명 дурна репутація; ганебне клеймо. ¶ ~을 벗다 реабілітуватися; змити ганебне клеймо. ~을 쓰다 бути зганьбленим; зганьбити кого.
누비다 |솜을| стьобати. |쏘다니다| пробиратися (через; крізь) ¶ 온 세상을 ~ обійти весь світ.
누설 розголошення; витік. ¶ ~하다 розголошувати; видавати.
누에 тутовий шовкопряд; шовковичний хробак. ‖ ~고치 шовковичні кокони.
누이 сестра; сестриця. [애칭] ¶ {속담} ~ 좋고 매부 좋다 I вам добре, і мені добре. Обидвом добре.
누적 накопичення, зібрання; скупчення. ¶ ~되다 накопичуватися; збиратися; скупчуватися.
누전 коротке замикання. ¶ ~되다 електричний струм замикати. ‖ ~차단기 автоматичний вимикач.
누진 ¶ ~[적] прогресивний. ‖ ~세 прогресивний податок.
누추하다 непристойний; брудний.
눅눅하다 сирий; вологий; відсирівший; розм'яклий. ¶ 눅눅해지다 відсиріти.

눈 око. |시력| зір. |판단력| розум. | 눈길| погляд. |관점| погляд; точка зору. ¶ ~앞에 닥친 일 майбутня справа. ~엣 가시 бельмо на оці. ~에 띄게 помітно. ~에 거슬리다 бути неприємним; різати очі. ~ [밖] 에 나다 втратити довіру. ~에 들다 що подобається кому. ~에 익다 звичний для очей. ~을 끌다 звернути на себе чию увагу; привернути на себе чий погляд. ~이 나쁘다/좋다 зір поганий/ хороший. ~이 높다 дивитися звисока. ~이 뒤집히다 втратити голову. ~이 멀다 |시력을 잃다| сліпнути. |판단력이 없어지다| втратити голову. ~이 빠지게 기다리다 з нетерпінням чекати. ‖ ~가림 удавання. ~꺼풀 повіки. ~다래끼 ячмінь на оці. ~동자 зіниця. ~병 хвороба очей. ~빛 погляд; блиск в очах ~썹 брови. [복]. ~알 очне яблуко. ~인사 привітання очима.

눈 сніг. ¶ ~의 сніжний. ~이 오나 비가 오나 і в сніг, і в дощ. ~이 내린다 іде сніг; сніг падає. ~이 녹다 сніг тане. ‖ ~길 сніжна (засніжена) дорога. ~사람 сніжна баба (сніговик) ~사태 сніжний обвал; сніжна лавина. ~송이 сніжинки. ~싸움 гра в сніжки. ~썰매 сани [복]; санки. 싸락~ мілкий сніг. 첫~ перший сніг. 함박~ пластівці снігу.

눈 брунька; паросток; пагін.
눈곱 гній в кутках очей. ¶ ~만 하다 малесенький; крихітний.
눈금 ділення. ¶ 온도계의 ~ поділки термометра.

눈길 по́гляд. ¶ 부드러운 ~ ні́жний по́гляд. 의미심장한 ~ багатозна́чний по́гляд. ~을 피하다 уника́ти чиєго́ по́гляду.

눈대중 окомі́р. ¶ ~으로 на о́ко.

눈독 злість в оча́х; предме́т жада́ння. ¶ ~들이다 з жада́нням ганя́тися *за чим*.

눈물 сльо́зи. ¶ ~로 지새다 залива́тися сльоза́ми. ~을 닦다 витира́ти о́чі. ~을 참다 стри́мувати сльо́зи. ~을 터뜨리다 розпла́катися. ~이 핑 돌다 сльо́зи наверну́лися на оча́х. ‖ ~방울 сльози́нка; ка́пля сліз. ~샘 сльозова́ за́лоза.

눈물겹다 до сліз сумни́й. ¶ 눈물겹도록 бо́ляче до сліз.

눈보라 замети́ль [여]; бура́н; снігова́ бу́ря. ¶ ~치다 мести́.

눈부시다 яскра́вий; блиску́чий. ¶ 눈부신 성과 блиску́чі успі́хи.

눈살 ¶ ~을 찌푸리다 насу́питися.

눈시울 ¶ ~이 뜨거워지다 розчу́литися.

눈썰미 зрозумі́лість; зді́бність засво́ювати ¶ ~가 있다 легко́ засво́ювати; бу́ти зрозумі́лим.

눈여겨보다 вдивля́тися *у кого-що*.

눈총 ¶ ~을 받다 бу́ти ненави́сним.

눈치 кмітли́вість. ¶ ~가 빠르다 кмітли́вий. ~가 없다 некмітли́вий. ~를 보다 роби́ти з огля́дкою; задивля́тися *комусь* в о́чі; вла́зити в чию́ ду́шу. ~를 채다 здогада́тися; поміча́ти *що*.

눌러쓰다 одяга́ти ни́зько.

눌러앉다 залиша́тися; осіда́ти; заси́джуватися.

눌리다 бу́ти прити́снутим. ¶ 눌려서 지내다 жи́ти під гні́том.

눌변 плу́тане (негладке́) мо́влення ¶ 그는 ~이다. Він говори́ть плу́тано.

눕다 ляга́ти; лежа́ти. ¶ 바로/엎드려 ~ ляга́ти на спи́ну/на живі́т. 병석에 ~ лежа́ти хво́рим 옆으로 ~ ляга́ти на бік.

눕히다 вклада́ти *кого́ у що*

뉘앙스 нью́анс.

뉘우치다 ка́ятися *у чому́* ¶ 뉘우침 каяття́.

뉴스 нови́ни [복]. ¶ 아침/저녁 ~ ра́нішні/вечі́рні нови́ни.

느긋하다 врівнова́жений; замо́жний; рясни́й; спокі́йний. ¶ 마음이 ~ бу́ти врівнова́женим (спокі́йним).

느끼하다 |기름기로| зана́дто жи́рний. |비위를 거스르다| нудо́тний. ¶ 속이 ~ мене́ нуди́ть.

느끼다 відчува́ти; розумі́ти; ду́мати. ¶ 양심의 가책을 ~ відчува́ти доко́ри сумлі́ння. 통증을 ~ відчува́ти біль. 추위를 ~ відчува́ти хо́лод. 필요성을 ~ відчува́ти потре́бу. ‖ 느낌 почуття́; відчуття́. 느낌표 знак о́клику.

느리다 пові́льний; поло́гий; протя́жний.

느슨하다 слабки́й; нетуги́й; нещі́льний. |ма́ю́ми| розсла́блений; в'я́лий. ¶ 느슨해진 규율 розхи́тана дисциплі́на.

느티나무 дзе́льква.

늑대 вовк. ¶ ~의 во́вчий.

늑막 пле́вра. ‖ ~염 плеври́т.

늘 завжди́; пості́йно; весь час.

늘다 збі́льшуватися; рости́; подо́вжуватися. |실력이| розви́ва́тися; рости́; підви́щуватися. |재

산이| багатіти.

늘리다 збільшувати; примножувати; розширювати.

늘어놓다 |물건을| розкидати. |말을| наплітати. ¶ 말도 안되는 소리를 ~ наплести маячню.

늘어서다 стояти в ряд.

늘어지다 |물체가| подовжуватися; розтягуватися. |아래로| звисати; обвисати. |시간이| уповільнюватися. |몸이| розм'якнути. ¶ 팔자가 ~ жити спокійно.

늘이다 подовжувати; розтягувати; продовжувати. ¶ 기한을 ~ продовжувати строк.

늙다 старіти; бути старим. ¶ 늙은 старий; пристарілий. ‖ 늙은이 стаий; стара людина.

늠름하다 бравий; солідний. ¶ 늠름히 солідно. 늠름한 모습으로 з бравим виглядом.

능가 перевага; перевищення. ¶ ~하다 перевершувати; перевищувати; перекривати; далеко піти *в чому від кого*; залишити за собою.

능구렁이 {동물} краснопоясний дінодон. |교활한 사람| тертий калач; хитрун; хитра людина.

능글맞다 дуже хитрий. ¶ 능글맞은 웃음 підступний сміх.

능동 ¶ ~적 активний. ~적 대처 активна підготовка. ‖ ~성 активність; дієвість. ~형 форма дійсного стану.

능란 ¶~하다 вмілий; майстерний. ~히 вміло; майстерно.

능력 здібність; потужність; можливість. ¶ ~있는 здібний; потужний; можливий. 비범한 ~ незвичайна здібність. ~껏 по мірі можливості; що є змоги. ‖ 생산~ виробничі здібності.

능률 ефективність; продуктивність. ¶ ~적 ефективний; виробничий.

능선 вершина гори.

능청 ¶ ~스럽다 хитрий. ~스레 хитро. ~을 떨다 хитрувати.

능통하다 добре обізнаний (знаючий).

능하다 майстерний; умілий *в чому* ¶ 그는 만사에 ~. Він на всі руки майстер.

늦다 пізній. |가락이| протяжний. [동] запізнюватися.

늦잠 ¶ ~ 자다 спати до пізнього ранку. ‖ ~꾸러기 соня.

늦추다 уповільнювати; збавляти; зменшувати; затримувати; відстрочувати. ¶ 긴장을 ~ послаблювати напругу. 속도를 ~ зменшувати швидкість.

늪 болото. ¶ ~의 болотний. ~에 빠지다 потрапляти в скрутне становище. ‖ ~지대 болото

니켈 нікель [남]. ¶ ~의 нікелевий ~ 도금을 하다 нікелювати.

니코틴 нікотин.

님 кохана (мила) людина; милий.

--님 [접미] поважний. ¶ 부모~ поважні батьки [복]. 교수~ поважний професор.

다

다 |완전| все; повністю; цілком. |완료| до кінця; до-. ¶ 누구나 ~ усе без винятку. 전력을 ~하다 докладати всіх сил. 별 말씀을 ~ 하십니다. Ні за що./ Не варто дякувати. 이것이 ~입니다. Це все.

다--(多--) [접두] багато--; різно--; полі--. ¶ ~단계 багатоступеневий. ~종 багато сортів.

다가가다 підходити; підступати; наближуватися. ¶ 바싹 ~ підходити впритул.

다가오다 |거리| підходити до *кого-чого*; підступати; наближатися. |시간| наступати. ¶ 겨울이 다가온다. Наступає зима.

다각[적] багатокутний; багатосторонній; багатогалузевий; багатогранний. ¶ ~화 하다 забезпечувати різносторонній розвиток. ‖ ~도 багатогранність. ~형 багатокутний.

다과 чай і солодощі.

다국적 транснаціональний. ‖ ~기업 транснаціональні підприємства.

다그치다 прискорювати; форсувати. ¶ 다그쳐 묻다 квапливо запитувати.

다급하다 квапливий; поспішний. ¶ 다급히 квапливо; поспішно. 다급한 걸음 квапливі кроки.

다녀가다 заходити; заїжджати; сходити; з'їжджати.

다녀오다 заходити; сходити; з'їжджати. ¶ 고향에 ~ з'їздити на батьківщину.

다년 багато (декілька) років. ¶ ~의 багатолітній. ~간 протягом багатьох років. ‖ ~생 багатолітній.

다니다 ходити; їздити; між чим. ¶ 직장/학교에 ~ ходити на роботу/в школу.

다다익선(多多益善) чим більше, тим краще.

다달이 щомісячно; з місяця в місяць.

다독 ¶ ~ 하다 багато читати.

다독거리다 злегка поплескувати.

다듬다 |맵시| впорядковувати; приводити в порядок. |떼어내다| перебирати; чистити; підрізати; обрізати. |고치다| опрацьовувати; шліфувати. |옷을| гладити; розрівнювати. ¶ ~머리를 причісувати волосся. 문체를 ~ опрацьовувати стиль. 손톱을 ~ обрізати нігті. 양파를 ~ чистити цибулю. ‖ ~질 відбілювання; пригладжування.

다락[방] горище. ¶ ~의 горищний.

다람쥐 білка. ¶ ~의 білчачий. ~ 쳇바퀴 돌듯 крутитися, як білка в колесі. ‖ 날 ~ білка-летяга.

다래 плід актинидії. ‖ ~나무 актинідія. ~주 горілка з плодів актинідії.

다래끼 ячмінь [남].

다량 велика кількість. ¶ ~으로 в великій кількості.

다루다 спілкуватися *з ким-чим*; керувати чим; володіти *ким-чим*. ¶ 아이들을 ~ поводитися з дітьми.

다르다 інший; відмінний; різний; відрізнятися; розрізнятися. ¶ 다르게 по-другому; інакше; відмінно. 다름이 아니라 справа в тому, що ... 다름없다 ні що інше, як. ... 말과 행동이 ~ слова і справи розходяться. 일솜씨가 ~ відрізнятися вмінням працювати. ‖ 다름 різниця; відмінність.

다리 |생물| нога; лапа. |책상| ніжка. ¶ ~가 긴 довгоногий. ~가 짧은 коротконогий. ~를 구부리다 згинати ногу. ~를 벌리다 розставляти ноги. ~를 뻗다 витягувати ноги. ~를 삐다 вивихнути ногу.

다리 міст. ¶ ~ 위에서 на мості. ~ 기둥 опора мосту. ~를 건너다 йти (перейти) через міст. ~를 놓다 |강에| наводити міст; |사람 사이에| бути посередником.

다리다 прасувати. ‖ 다리미 праска.

다만 |오로지| тільки; лише. |예외적인 의미| однак; тим не менш. |강조| навіть; по крайній мірі; хоча б.

다면 ¶ ~[적] багатогранний; різносторонній; ~성 багатогранність; різносторонність. ~체 багатогранник.

다물다 закривати; стискати. ¶ 입을 ~ стискати губи; мовчати.

다민족 багатонаціональний. ¶ ~국가 багатонаціональна держава.

다발 пучок; в'язка. ¶ 건초 ~ пучок сіна. ~로 묶다 зв'язувати в пучки. ‖ 꽃 ~ букет квітів.

다발성 [접두] полі--. ‖ ~ 관절염 поліартрит. ~ 근육염 поліміозит. ~ 신еврит поліневрит.

다방 кафе; чайна. ¶ ~에서 в кафе (чайній).

다복하다 щасливий; везучий.

다부지다 |강단| стійкий; терплячий. |외모| міцний; коренастий; щільний. ¶ 다부진 성격 стійкий характер. 그는 체구가 ~. Він міцно складений.

다분하다 ¶ 다분히 порівняно багато; значно; вірогідно. 이것은 가능성이 ~. Це цілком вірогідно.

다산 народження багатьох дітей. ¶ ~하다 багато (часто) народжувати. ‖ ~모 багатодітна мати.

다섯 п'ять. ¶ ~ [번]째 п'ятий. ~개 п'ятеро. ~ 배로 в п'ять раз.

다세포 багатоклітинний. ‖ ~ 동물 багатоклітинний живий організм; багатоклітинні тварини. ~ 식물 багатоклітинні рослини.

다소 багато чи мало; більше чи менше; небагато; декілька. ¶ ~간의 차이 деяка (невелика, незначна) різниця. ~라도 хоча б в незначній мірі.

다수 більшість; більша частина; більше число. ¶ 압도적 ~ подавляюча більшість. 절대 ~ абсолютна більшість. ~를 차изhати отримувати більшість. ‖ ~결 рішення більшістю голосів. ~파 фракція більшості; більшість.

다수확 високий урожай. ‖ ~ 품종 високоурожайний сорт.

다스리다 управляти. |보살피다|

다시 доглядати за чим. |바로잡다| приводити в порядок; стримувати. | 병을| лікувати. |죄인을| карати; розправлятися з *ким-чим*. ¶ 나라를 ~ управляти державою. 병을 ~ лікувати хворобу. 죄인을 ~ карати злочинця.

다시 знову; ще раз; більше. ¶ ~ 없는 기회 єдиний шанс. ~ 말해서 іншими словами; інакше кажучи. ~는 안그럴게요 більше не буду. ~ 해도 마찬가지다 Знову двадцять п'ять.

다신 боги. ‖ ~교 багатобожжя. ~론 політеїзм.

다양하다 різноманітний. ¶ 다양한 현상 різне явище. ‖ 다양성 різноманітність.

다원 ¶ ~적 плюралістичний. ‖ ~론 плюралізм.

다음 |차례| наступний. |시간| потім; далі; після того, як; вслід за чим. ¶ ~ 차례 наступна черга. ~과 같이 наступним чином. ~ 번에 наступного (іншого) разу.

다의 ¶ ~ [적] багатозначний. ‖ ~성 багатозначність; полісемія.

다이빙 стрибки в воду. ¶ ~하다 стрибати в воду. ‖ ~대 вишка для стрибків. ~ 선수 стрибун.

다이아몬드 алмаз. ¶ ~의 алмазний. ‖ ~상 алмазник. ~ 칼 алмазний різець.

다정하다 сердечний; душевний; дружелюбний. ¶ 다정히 сердечно; душевно; дружелюбно. 다정한 벗 задушевний друг. 다정한 사이 дружелюбні (інтимні; близькі) відносини. ‖ 다정다감 чуттєвість; сентиментальність.

다지다 |무른 것을| втрамбовувати; втоптувати. |약한 것을| зміцнювати. |뜻을| прийняти рішення; зміцнитися в рішенні. |강조하다| робити акцент; підкреслювати. |고기를| мілко рубати; різати. ¶ 기초를 ~ зміцнювати фундамент.

다짐 зобов'язання; обіцянка; клятва. ¶ ~하다 давати зобов'язання; обіцяти. ~을 받다 взяти зобов'язання.

다짜고짜 як-небудь; як здумається; без розбору (не спитавшись).

다채롭다 різнокольоровий; барвистий; різноманітний. ¶ 다채로운 예술공연 різноманітні художні вистави.

다치다 забити; поранити. |건드리다| чіпати; доторкатися; зачіпати. |해를 끼치다| шкодити; доставляти шкоду; псувати. ¶ 건강을 ~ псувати здоров'я. 자존심을 ~ зачіпати (зачепити) самолюбство. 그는 다리를 다쳤다 Він забив (поранив) ногу.

다투다 сваритися *з ким*, сперечатися *про кого-що*, сперечатися *з ким-чим*, оскаржувати; боротися *за що*. |시간을| поспішати. ¶ 사소한 일로 ~ сваритися через дрібниці. 세계선수권을 놓고 ~ оскаржувати звання чемпіона світу. 우승을 ~ боротися за перше місце (першість). 촌각을 ~ поспішати. ‖ 다툼 суперечка; сварка.

다하다 |없어지다| вичерпуватися; виснажуватися. |모두 들이다| вичерпувати; використовувати до кінця; виснажувати. |끝마치다| закінчувати; завершувати;

виконувати. ¶ 다함 없다 безмежний; безмірний. 목숨을 ~ випустити дух. 본분을 ~ виповнити борг до кінця. 온 힘을 ~ напружувати (віддавати) всі сили. 정성을 ~ вкладати всю душу в щось. 책임을 ~ виконувати обов'язки. 최선을 ~ зробити все можливе. 힘이 다하였다 сили вичерпалися.

다행 щастя; удача. ¶ ~한 щасливий; удачливий. ~히 на щастя. ~으로 여기다 почитати (вважати) за щастя. 천만~이다 слава Богу.

다혈질 сангвінічний темперамент. ¶ ~적인 사람 сангвінік.

다홍 малиновий. ‖ ~치마 спідниця малинового кольору.

닥치다 наступати; наближуватися. ¶ 닥치는 대로 без розбору; як-небудь. 불행이 닥쳤다 Наскочило (спіткало) нещастя.

닦다 |문지르다| стирати; витирати; счищати. |기초를| закладати базу (основу). |지식을| удосконалювати; розвивати; виховувати. ¶ 길을 ~ розчищати дорогу. 땀을 ~ витирати рот. 윤이 나도록 ~ натирати до блиску. 의지를 ~ загартовувати волю. 이를 ~ чистити зуби. 접시를 ~ протирати тарілку. 지식을 ~ удосконалювати знання.

닦달하다 допікати; доймати кого чим.

단 в'язка; сніп. ¶ ~을 묶다 в'язати снопи. ‖ 나뭇~ в'язанка дров. 짚~ сніп соломи.

단 |옷단| підшиття; підпушення. ‖ 치맛~ підшивка у спідниці.

단(段) стовпець; абзац. |층계| ступінь [여]; терраса. |무술| ранг; класс; розряд.

단(團) група; організація. ‖ ~복 форма; формений одяг. ~원 член групи. ~장 голова делегації (групи; команди; трупи; місії). 관광~ група туристів. 대표~ делегація.

단(壇) трибуна; поміст. ¶ ~상에 오르다 підніматися на трибуну. ‖ 강~ кафедра. 교~ помісті для вчителя.

단(單) (лише); (тільки) один. ¶ ~둘이서만 наодинці.

단(但) |예외적으로| проте; тільки.

단--(單--) [접두] одно--; моно--. ¶ ~색 монохроїзм. ~선률 єдиноголосся. ~조 одномайтя.

단-- (短--) [접두] коротко--. ¶ ~거리 коротка дистанція. ~파 방송 короткохвильова передача.

단결 солідарність; об'єднання; з'єднання. ¶ ~하다 об'єднуватися; з'єднуватися. ‖ ~력 сила єдності. ~심 дух єдності.

단계 ступінь; етап; стадія; фаза. ¶ ~적 східчастий, поетапний; стадійний. 완성 ~ завершаючий етап. 다~의 багатоетапний. ~별로 поетапно.

단교 розрив. ¶ ~하다 розривати. 외교관계를 ~하다 розірвати дипломатичні стосунки

단기 короткий строк (період). ¶ ~[적] короткостроковий; короткочасний. ~간에 на короткий строк. ‖ ~교육 короткострокове навчання.

단념 відмова; зречення. ¶ ~하다 відмовитися від чого; зректися

단단하다

чого.

단단하다 |굳다| твердий; міцний. |야무지다| стійкий; міцний. |빈 틈이 없다| щільний; тугий. ¶ 단단히 твердо; міцно; стійко; щільно; туго, всерйоз. 단단한 몸 міцне тіло. 단단한 의지 стійка воля. 단단히 묶다 зав'язати туго. 단단히 일러두다 строго наказати. 단단히 틀어쥐다 міцно тримати.

단도 кинджал. ¶ ~로 찌르다 заколювати кинджалом.

단도직입 ¶ ~적으로 прямо; без натяків.

단독[적] окремий; сепаратний. ¶ ~으로 сам один; окремо. ‖ ~비행 одиночний політ.

단두대 ешафот. ¶ ~의 이슬로 사라지다 загинути на ешафоті.

단락 кінець; закінчення; |глві| абзац; рубрика. ¶ ~을 짓다 закінчувати; завершувати.

단란하다 дружній. ¶ 단란히 дружньо. 단란한 가정 дружня родина.

단련 |쇠를| загартування; гартування. |몸과 마음을| гарт. |익숙해짐| звикання; пристосування; |시달림| мука. ¶ ~하다 загартовувати; мучити. ~되다 загартовуватися; звикнути до кого-чого. ~을 받다 маятися; піддаватися мукам. 몸과 마음을 ~하다 загартовувати тіло і душу.

단막[의] одноактовий. ‖ ~극 одноактова п'єса; одноактовий спектакль.

단말마 смертний час; агонія. ¶ ~의 передсмертний. ~의 비명 передсмертний крик.

단맛 → 달다.

단면 розріз; поперечне січення; злам; розруб. |한 부분| уривок; фрагмент. ‖ ~도 креслення в розрізі. ~적 площа січення.

단명 коротке (недовге) життя. ¶ ~하다 недовговічний.

단발(單發) |총| один постріл. |엔진| один мотор. ‖ ~비행기 однодвигунний літак.

단발(斷髮) коротка стрижка. ¶ ~하다 коротко стригти.

단발(短髮) коротке волосся. ¶ ~머리 коротко підстрижене волосся.

단방(單放) |총| один постріл; один удар; один мах. |뜸을 놓는 자리| місце припікання. |단번| тільки один раз. ¶ ~에 один пострілом (ударом; махом); одразу ж. ~에 명중시키다 влучити в ціль одним пострілом.

단백 білок; білкова речовина; альбумін. ¶ ~[의] білковий. ‖ ~질 протеїн; білок. ~질 대са білковий обмін. ~질 섬유 білкове волокно.

단벌 одна пара; один (єдиний) комплект; єдина річ. ¶ ~ 옷 одна пара білизни.

단비 довгоочікуваний (благодатний) дощ.

단상(斷想) уривки спогадів.

단색 один колір; монохроїзм. ¶ ~의 однокольоровий; монохроматичний.

단서 вихідний пункт; ключ; початок; провідна нитка. ¶ ~가 되다 слугувати поводом. ~를 잡다 знайти ключ до чого.

단선 одна лінія (колія). ¶ ~의 одноколійний. ~ 철도 одноколійка.

단세포 одноклітинний. ¶ ~ 동물 одноклітинна тварина. ~ 식물 одноклітинні рослини.

단속(團束) регулювання; управління. ¶ ~하다 контролювати; регулювати; управляти. ~에 걸리다 потрапляти під контроль. 음주운전 ~을 하다 перевіряти водіїв на наявність алкоголю в організмі.

단속(斷續) ¶ ~[적] переривчастий; спазматичний. ~적으로 переривчасто. ‖ ~기 {전기} реле. ~음 переривчасті звуки.

단수(單數) однина. ¶ ~와 복수 однина та множина.

단수(斷水) ¶ ~하다 припиняти водопостачання; виключати воду.

단순 простота. ¶ ~하다 простий; простодушний; нескладний. ~히 просто. ~화시키다 спрощувати. ‖ ~노동 проста праця. ~성 простота. ~화 спрощення.

단숨에 єдиним духом; в один прийом; без перерви. ¶ ~에 마시다 випити залпом (разом).

단시간 короткий час.

단식(單式) ‖ ~경기 ігри одиночного розряду. ~부기 проста бухгалтерія.

단식(斷食) |자발적| голодування. |타율적| голодування. ¶ ~하다 голодати. ‖ ~투쟁 голодний страйк.

단신(單身) один; одинокий.

단아하다 елегантний; витончений.

단안 сміливе рішення; сміливий висновок. ¶ ~을 내리다 сміливо вирішувати.

단어 слово. ¶ ~를 암기하다 вивчити напам'ять слова. ‖ ~장 словник.

단언 ствердження; заява. ¶ ~하다 категорично стверджувати; рішуче заявляти.

단연코 рішуче; неодмінно; категорично; безперечно. ¶ ~ 거부하다 відмовитися категорично.

단오 Тано.

단원(團員) → 단(團).

단위 одиниця; міра. |조직체의 부분| ланка (ланки); складова частина; відділ. ¶ ~[의] одиничний; окремий. ~ 시간 одиниця часу. 도량형 ~ одиниця вимірювання. 화폐 ~ грошова одиниця. ‖ ~노조 окремий профспілка.

단일 єдинство; один склад. ¶ ~하다 єдиний; унітарний; односкладовий. ~하게 하다 єднати; приводити до однаковості. ‖ ~민족 єдина нація. ~성 єдність; монолітність. ~화 уніфікація; єднання.

단자 клемма. ‖ ~함 коробка для клем.

단잠 солодкий (міцний) сон. ¶ ~을 깨다 прокинутися від солодкого сну. ~을 자다 спати міцним сном. ~이 들다 зануритися в солодкий сон.

단장(丹粧) |몸을| туалет; косметика. |건물을| розмальовування; декорування. ¶ ~하다 вбиратися; здійснювати туалет; фарбувати; декорувати.

단장(團長) → 단(團).

단전(斷電) ¶ ~하다 припиняти електропостачання; вимикати струм. ~되다 припиняється електропоста-чання.

단전(丹田) черевна порожнина. ‖

~호흡 абдомінальне (черевне) дихання.

단절 припинення; розрив. ¶ ~하다 припиняти з ким (стосунки); перепивати; розривати; ~되다 припинятися; перериватися; розривати́ся. 관계를 ~하다 розривати стосунки.

단점 недоліки; дефект; слабке́ місце (слабка́ сторона́). ¶ 장점과 ~ позитивні якості та недоліки.

단정하다(端正--) охайний.

단정(斷定) остато́чний ви́сновок (рі́шення). ¶ ~적 остато́чний; категори́чний. ~하다 роби́ти остато́чний ви́сновок.

단조롭다(單調--) монотонний; одноманітний. ¶ 단조로움 монотонність; одноманітність. 단조로운 곡조 монотонна мелодія.

단조(鍛造) {공업} кування. ¶ ~하다 кувати. 주물을 ~하다 кувати литтям. ‖ ~프레스 ковальський прес.

단죄 засудження. ¶ ~하다 засуджувати. 사형으로 ~하다 засуджувати на смерть.

단지 невеликий глечик. ¶ 꿀 ~ глечик меду.

단지 → 다만.

단짝 близький друг.

단체 організація; гру́па; коллекти́в. ¶ ~를 구성하다 створювати організацію (гру́пу; коллекти́в). ‖ ~계약 колекти́вний до́гові́р. ~교섭 колекти́вні перегово́ри. ~전 групове́ змага́ння. ~정신 дух колективі́зму. ~행동 колекти́вні ді́ї.

단추 гу́дзик; за́понка. |스위치| кно́пка. ¶ ~를 누르다 ти́снути на кнопку. ~를 달다 пришива́ти гу́дзик.

단축 скоро́чення; зме́ншення. ¶ ~하다 скоро́чувати; зме́ншувати.

단출하다 |식구가| малочисе́льний; невели́кий. |옷차림이| прости́й; легки́й. ¶ 식구가 ~ у кого-небудь невели́ка сім'я.

단층(單層) оди́н по́верх (я́рус); оди́н шар. ¶ ~의 одноповерхо́вий. ‖ ~건물 одноповерхо́вий буди́нок.

단층(斷層) дислока́ція; тектоні́чний ро́зрив. ¶ ~의 дислокаці́йний. ~면 ро́зріз ски́дів. ~운동 тектоні́чний рух. ~촬영법 рентгеногра́фія.

단칸 одна́ кімна́та. ¶ ~살림을 하다 жити́ в комі́рчині. ‖ ~방 комі́рчина.

단파 коро́тка хви́ля. ¶ ~의 короткохвильови́й. ‖ ~라디오 короткохвильови́й радіоприйма́ч. ~방송 короткохвильо́ва радіопереда́ча.

단팥 черво́на квасо́ля. ‖ ~죽 рідка́ соло́дка ка́ша з черво́ної квасо́лі.

단편(短篇) ро́зповідь; нове́ла. ‖ ~작가 письме́нник-нове́ліст. ~집 збі́рка ро́зповідей (нове́л).

단편(斷片) у́ривок; фрагме́нт. ¶ ~적 уривко́вий; фрагмента́рний. ~적으로 уривка́ми. ~적인 па́м'ять фрагмента́рна па́м'ять.

단풍 клен. |잎| червоно-жо́вте ли́стя дере́в; осі́ннє ли́стя. ¶ ~들다 вдяга́тися в багряне́ць та зо́лото (про дере́ва).

단합 → 단결.

단행 ¶ ~하다 рішу́че ді́яти;

**смі́ливо приво́дити в життя́.
단행본 окре́мий том; окре́ма кни́га; окре́ме вида́ння; моногра́фія.
단호하다 рішу́чий; категори́чний; непохи́тний. ¶ 단호히 рішу́че; категори́чно; непохи́тно. 단호한 입장 непохи́тна пози́ція. 단호히 거절하다 відмо́вити категори́чно.
닫다 закрива́ти; зачиня́ти. ¦닫히다¦ закрива́тися; зачиня́тися. 괄호를 ~ закрива́ти дужки́. 창문을 ~ закрива́ти вікно́.
달 мі́сяць. ¶ ~의 мі́сячний. 다음 ~ насту́пний мі́сяць. ду́нгий 달 кру́глий мі́сяць. ~빛을 받아 при мі́сячному сві́тлі. ~이 뜬다 мі́сяць схо́дить. ~이 이지러진다 мі́сяць зме́ншується. ~이 진다 мі́сяць захо́дить. ~을 채우지 않고 나다 народи́тися передча́сно. ‖ ~거리 менструа́ція; мі́сячні. ~맞이 зу́стріч мі́сяця. ~무리 орео́л навко́ло мі́сяця. ~밤 мі́сячна ніч. ~빛 мі́сячне сві́тло. 보름~ по́вний мі́сяць. 초생~ молоди́й мі́сяць; серп мі́сяця.
달갑다 приє́мний; ра́дісний; ба́жаний. ¶ 달갑지 않은 손님 неба́жаний гість.
달걀 (куря́че) яйце́. ¶ ~ 껍질 яє́чна шкарлу́па. 날~ сире́ яйце́. 삶은 ~ варе́не яйце́.
달관 широ́кий по́гляд; вели́ка ерудиція; далекогля́дність. ¶ ~하다 бу́ти еродо́ваним.
달구다 розжа́рювати; нагріва́ти. ¶ 새빨갛게 ~ розжа́рити до червоно́сті.
달다 соло́дкий; сма́чний; приє́мний. ¶ 달디단 соло́дкий-пересоло́дкий; ду́же соло́дкий. 달게 여기다 вважа́ти що бла́гом; прийма́ти як бла́го. 달게 하다 підсолоди́ти. 물맛이 ~. Смак води́ приє́мний. 배가 ~. Гру́ша соло́дка.
달다 ¦물체가¦ нагріва́тися; розпа́люватися; става́ти гаря́чим. ¦몸이 뜨거워지다¦ горі́ти (від со́рому). ¦애가 타다¦ пересиха́ти (про го́рло); турбува́тися; му́читися. ¶ 부끄러워 얼굴이 달았다 Що́ки горі́ли від со́рому. 입안이 달았다 Пересо́хло в ро́ті.
달다 ві́шати; приє́днати; причіпи́ти; одягти́. ¦설명을¦ дава́ти; постача́ти. ¦장부에¦ заноси́ти; запи́сувати. ¶ 깃발을 ~ пові́сити прапор. 돛을 ~ підніма́ти вітри́ла. 외상을 장부에 ~ заноси́ти креди́т в прибутко́во-витра́тну кни́гу. 제목을 ~ дава́ти заголо́вок. 주석을 ~ забезпе́чувати коментаря́ми; комент́ува́ти.
달다 зва́жувати; ва́жити. ¶ 눈짐작으로 ~ зва́жувати на о́ко. 자기 몸무게를 달아 보다 зва́жуватися.
달라붙다 пристава́ти; прилипа́ти; прикле́юватися. ¦따르다¦ горну́тися до кого. ¦일에¦ енергі́йно взя́тися за що; схопи́тися за що. ¶ 귀찮게 ~ набри́дливо пристава́ти. 마음 먹고 일에 ~ рішу́че взя́тися за спра́ву.
달라지다 міня́тися; змі́нюватися; става́ти і́ншим. ¶ 낯빛이 ~ змі́нюватися на обли́ччі.
달래다 заспоко́ювати; вті́шати; вмовля́ти; переко́нувати. ¶ 우는 아이를 ~ заспоко́ювати дити́ну,

що пла́че.

달러 до́ллар. ¶ ~로 환산하여 в перераху́нку на до́лари. ‖ ~ 시세 ри́нковий курс до́ллара.

달려가다 бі́гти. ¶ 달려가다 бі́гти в ліка́рню.

달려오다 прибіга́ти. ¶ 선두로 ~ прибіга́ти пе́ршим.

달력 календа́р. ¶ 탁상용 ~ насті́льний календа́р. ~을 넘기다 перегорта́ти календа́р.

달리 іна́кше; по-і́ншому; по-рі́зному. ¶ ~하다 розхо́дитися в чому́. …와 ~ іна́кше чим; на відмі́ну від кого́-чого́. ~ 방법이 없다 Іна́кше не мо́жна.

달리기 біг. ¶ 장/거리 ~ біг на до́вгу/коро́тку диста́нцію. 장애물 ~ біг з перешко́дами. ‖ ~ 선수 бігу́н, -ка́.

달리다 висі́ти; бу́ти пові́шеним |열매가| висі́ти. |성패가| зале́жати від кого́-чого́. ¶ 아이가 셋 딸린 이혼녀 розлу́чена жі́нка з трьома́ ді́тьми. 사업의 성공 여부는 우리에게 달려 있다. У́спіх ціє́ї спра́ви зале́жить від нас.

달리다 |자금이| виче́рпуватися; не вистача́ти; відчува́ти неста́чу. |힘이| не вистача́ти; виче́рпуватися. ¶ 일손이 ~ не вистача́є робо́чих рук. 자금이 ~ ко́штів не вистача́є. 힘이 ~ бу́ти не по си́лах.

달리다 бі́гти; мча́тися. ¶ 말을 타고 ~ мча́тися на коні́. 그는 쏜살같이 달렸다. Він мча́вся стріло́ю.

달변 красномо́вство. ‖ ~가 красномо́вна люди́на.

달성 дося́гнення; зді́йснення. ¶ ~하다 досяга́ти чого́ (до чого́); здійснювати. 목표를 ~하다 досягну́ти ці́лі. 염원을 ~하다 здійснювати мрі́ю. 책임량을 초과하여 ~하다. перевико́нувати но́рму.

달아나다 |뛰어가다| бі́гти; мча́тися. |도망치다| тіка́ти. |없어지다| знику́ти; відліта́ти. ¶ 감옥에서 ~ тіка́ти за в'язни́ці. 허겁지겁 ~ тіка́ти поспі́хом. 입맛이 달아났다. Аппети́т пропа́в. 잠이 달아났다. Пропа́в сон.

달아오르다 |쇠붙이가| розжа́рюватися; става́ти гаря́чим. |몸이| горі́ти; почервоні́ти.

달이다 готу́вати; зава́рювати; настоювати. ¶ 인삼을 ~ завари́ти женьше́нь. 차를 ~ зава́рювати чай.

달콤하다 дово́лі соло́дкий. ¶ 달콤한 추억 соло́дкі спо́гади.

달팽이 ра́влик. ¶ ~의 ра́вликовий. 식용 ~ ї́стівний ра́влик.

달필 |글씨| каліграфі́чний по́черк. |사람| калігра́ф. ¶ ~로 каліграфі́чно.

달하다 дося́гати чого́; дохо́дити до чого́. ¶ 극단에 ~ дохо́дити до кра́йнощів.

닭 |수탉| пі́вень. |암탉| ку́рка. ¶ ~의 півня́чий; куря́чий. ¶ ~똥같은 눈물 крупні́ сльо́зи. ~이 매일 알을 낳는다. Ко́жен день ку́рка несе́ яйця́. ~이 알을 про́бить оп. Ку́рка сиди́ть на я́йцях. ‖ ~고기 куря́тина. ~똥 куря́чий по́слід. ~고기 수프 куря́чий бульйо́н. ~모이 пташи́ний корм. ~장 курни́к. ~털 куря́чий пух.

닮다 бу́ти схо́жим; наслі́дувати

닮 кого-що в чому; імітувати. ¶ 그를 닮을 필요는 없다. Не варто його наслідувати. ‖ 닮은꼴 подібні фігури.

닳다 стиратися; зношуватися. ¶ 연필이 다 닳았다. Олівець зовсім списався.

담 стіна; паркан. ¶ 돌~ кам'яна стіна. ~을 쌓다(치다) зводити стіну; оточувати парканом. 그는 술하고는 ~을 쌓았다. Він кинув пити.

담(痰) |가래| мокротиння; слиз. |결리는 것| кіста; хвороба, викликана скупченням виділень. ¶ ~이 들다 захворіти в результаті скупчення виділень.

담(膽) |쓸개| жовчний міхур. |담력| відважність; сміливість; відвага. ¶ ~이 크다 відважний; сміливий. ‖ ~낭염 холецистит. ~석 жовчний камінь. ~석증 жовчнокам'яна хвороба. ~즙 жовч.

담--(淡--) [접두] |빛깔이 엷은| світло--. ¶ ~청색 світло-синій колір. ~홍색 світло-маліновий колір. ~황색 світло-жовтий.

--담(--談) [접미] розповідь. ¶ 경험~ розповідь про пережите. 회고~ спогади.

담그다 занурювати (в рідину); солити; маринувати; заварювати. ¶ 술을 ~ варити пиво; курити вино; робити горілку. 장을 ~ готувати соєвий соус.

담기다 бути покладеним у що (на що); бути вкладеним; бути наповненим (налитим; набитим). ¶ 정성이 가득 담긴 선물 подарунок від усього серця.

담낭 → 담(膽).

담다 накладати; наповнювати; всипати; вливати. |작품 속에| втілювати; відображати. |마음에| вкладати. ¶ 바구니에 과일을 ~ накладати в корзину фрукти. 병에 물을 ~ вливати воду в пляшку. 온 정성을 ~ вкладати всю душу. 작품에 사상을 ~ втілювати ідею у творі.

담담하다 [형] ясний; світлий; чистий. |마음이| врівноважений; спокійний; безпристрасний. ¶ 담담히 врівноважено; спокійно; безпристрасно. 담담한 어조 спокійний тон.

담당하다 брати на себе що; відати чим; завідувати чим. ¶ 아이의 양육을 담당하다 брати дитину на виховання. 회계를 담당하다 завідувати фінансами. ‖ 담당구역 довірена кому ділянка. 담당자 відповідальний за що; завідуючий чим.

담력 → 담(膽).

담배 сигарета; цигарка; тютюн. ¶ ~를 끄다 погасити сигарету. ~를 끊다 кидати курити. ~에 불을 붙이다 прикурювати. 담뱃재를 털다 струшувати попіл з сигарети. ‖ 담뱃갑 портсигар. ~꽁초 недопалок. ~농사 тютюнництво.

담백하다 |마음이| невибагливий; щирий; некорисливий. |음식맛이| несолодкий; прісний. ¶ 담백한 사람 безкорислива людина. 담백한 음식 прісна їжа.

담보 гарантія; застава; забезпечення. ¶ ~하다 гарантувати; давати гарантію;

담비 куниця.

담수 прісна вода. ¶ ~의 прісноводний. ‖ ~어 прісноводні риби. ~호 прісне озеро.

담요 ковдра. ¶ 푹신한 ~ пухнаста ковдра. ~를 깔다 розстелити ковдру. ~를 덮다 вкриватися ковдрою; закутатися в ковдру.

담임하다 брати на себе; відповідати за що. ‖ 담임교사 класний керівник.

담판 переговори. ¶ ~을 진행하다 вести переговори. ~을 짓다 на переговорах прийти до згоди.

담화 бесіда; розмова. |선언| усна заява. ¶ ~를 발표하다 виступати із заявою; опублікувати заяву.

답 |대답| відповідь. |해답| рішення. ¶ ~하다 відповідати. ~을 얻다 знайти вирішення. ‖ ~신(장) лист у відповідь.

답답하다 |숨이| задушливий. |가슴이| нудний. |안타깝다| прикрий. |고지식하다| некмітливий; нездогадливий. ¶ 답답한 경우 прикрий випадок. 답답한 사람 нездогадлива людина. 가슴이 ~ важко на душі.

답례 вітання у відповідь. ¶ ~하다 вітати у відповідь на чиє вітання; відповідати на вітання. ‖ ~ 방문 візит у відповідь.

답변 відповідь. ¶ ~하다 відповідати. 질문에 대한 ~ відповідь на питання.

답사(答辭) промова у відповідь; слово у відповідь. ¶ ~를 하다 виступати з промовою у відповідь.

답사(踏査) експедиція; екскурсія; обстеження; дослідження; розвідка. ¶ ~하다 обстежувати; здійснювати екскурсію (похід). 사전 ~ попередня експедиція. 현지 ~ обстеження на місці.

답습 слідування чому; наслідування; імітація. ¶ ~하다 наслідувати; імітувати що. 낡은 방식을 ~하다 слідувати старому методу.

답신 → 답.

답안 письмова відповідь. ¶ ~을 작성하다 заповнювати екзаменаційний лист. ‖ ~지 екзаменаційний лист.

닷새 п'яте число; п'ять днів.

당(黨) партія. ¶ ~의 партійний. ~ 내부의 внутрішньопартійний. ~에 가입하다 вступати в партію. ~에서 제명하다 виключати кого з партії. ~을 탈퇴하다 виходити з партії. ‖ ~간부 партійні кадри. ~강령(헌) програма партії. ~규[약] статут партії. ~비 партійний внесок (партвнесок). ~쟁 боротьба політичних угрупувань. ~적 належність до партії. ~중앙위원회 Центральний комітет партії. 공산~ комуністична партія. 다수~ партія більшості. 소수~ партія меншості. 야~ опозиційна партія. 여~ правляча партія.

당(當) згідно; на; з. ¶ 인구 1인 ~ на душу населення.

당구 більярд. ¶ ~를 치다 грати на більярді. ‖ ~공 (більярдний) шар. ~대 більярдний стіл. ~장

більярдна.

당국 відповідні установи (органи). ‖ ~자 відповідний чиновник (працівник). 행정~ відповідні адміністративні органи.

당기다 тягнути до себе; тягти; волочити. |불을| підносити вогонь. |마음이| бути захопленим *чим*; відчувати потяг *до кого-чого*. ¶ 입맛이 ~ з'являється (про апетит). 지정된 기일을 ~ просунути вперед призначений термін.

당나귀 віслюк. ¶ ~ 의 віслючий.

당뇨 цукор в сечі. ‖ ~병 діабет; цукрова хвороба. ~병 환자 діабетик, -тичка.

당당하다 гідний; гордий. |위세가| величний; значний. ¶ 당당히 гідно; гордо; з гідністю; по праву. 세력이 ~ мати великий вплив (велику владу).

당돌하다 відважний; нахабний. 당돌히 нахабно. 당돌한 대답 нахабна відповідь. 당돌한 소년 нахабний хлопчик.

당면 першочерговість; насущність. ¶ ~한 що має відбутися; насущний; поточний. ‖ ~과제 першочергова (актуальна) задача.

당번 → **당직**.

당부 прохання; доручення. ¶ ~하다 просити; звертатися з проханням; доручати. 신신~하다 настійно просити.

당분 вміст цукру; цукристість.

당분간 деякий час; поки. ¶ ~ 중단하다 припиняти на деякий час.

당사자 зацікавлена особа; зацікавлена сторона.

당선 відбір. ¶ ~되다 обиратися. ‖ ~자 обранець.

당시 тоді; в той час. ¶ ~의 тогочасний. 전쟁 ~에 під час війни.

당신 ви; він сам; вона сама.

당연하다 природній; закономірний. ¶ 당연히 природньо; закономірно. 당연한 결과 природній результат. 당연시하다 вважати природнім.

당위 ¶ ~적 необхідний; обов'язковий. ‖ ~성 необхідність; обов'язковість.

당일 саме той день; визначений день. ¶ 대회 ~ визначений день з'їзду.

당장 тут же; одразу на місці.

당좌 поточний рахунок. ‖ ~거래 поточні операції. ~예금 поточний рахунок.

당직 чергування. |사람| черговий, -а. ¶ ~을 서다 чергувати.

당차다 кмітливий не по роках; зрілий.

당첨 виграш. ¶ 복권에 ~되다 вигравати в лотереї. ‖ ~금 грошовий виграш.

당치않다 непідхожий; недоречний; неналежний; невиправданий; незаслужений. ¶ 당치않은 질문 недоречне питання. 당치않은 소리를 하다 говорити про неналежні речі.

당파 фракція; групування. ¶ ~적 фракційний. ‖ ~성 схильність до фракційної діяльності; партійність. ~주의 фракціонізм.

당하다 |형편에 처하다| зіштовхуватися *з чим*; потрапляти; опинитися. |해를 입다| піддаватися; терпіти. |일을 만

당황하다

나다| зустріча́ти. |감당하다| виноси́ти; витри́мувати; упо́ратися *з чим*. ¶ 당치도 않은 소리 недоре́чні слова́. 모욕을 ~ терпі́ти о́брази. 불행을 ~ потра́пити в біду́.

당황하다 ніякові́ти; розгуби́тися. ¶ 조금도 당황하지 않고 ні трохи не розгуби́вшись. 당황하게 만들다 бенте́жити.

닻 я́кір. ¶ ~을 올리다 підніма́ти я́кір. ~을 내리다 кида́ти я́кір; става́ти на я́кір. ‖ ~줄 я́кірний кана́т.

닿다 стика́тися з чим; торка́тися. |도착하다| добира́тися *до чого́*; доноси́тися *до чого́*. |어떤 곳에 힘이 미치다| досяга́ти *чого́* (*до чого́*). |연결되다| встано́влюватися. ¶ 목적지에 ~ добира́тися до ви́значеного мі́сця. 그는 힘이 닿는 데까지 달렸다. Він біг що є си́ли. 우연히 그녀와 연락이 닿았다. Випадко́во з не́ю встанови́вся зв'язо́к.

대 |대나무| бамбу́к. ¶ ~ [의] бамбу́ковий. ‖ ~숲 бамбу́ковий гай.

대 |식물의 줄기| стебло́. |긴 물건| жерди́на, па́лка. |횟수| раз. |줏대| самості́йність; хара́ктер. ¶ ~가 가늘다 жерди́на тоне́нька. ~가 곧다 прями́й; че́сний. ~가 세다 тверди́й; ріши́учий. ~가 약하다 слабохара́ктерний. 매를 한 ~ 때리다 вда́рити оди́н раз па́лицею. 깃~ жерди́на з прапо́ром.

대(代) родові́д; рід. |시대| при кому́. |세대| поколі́ння. |지질시대| е́ра. ~를 이은 교사 родови́й вчи́тель. 우리 ~의 사람들 ни́нішнє поколі́ння. 세종대왕 ~에 при королі́ Сечжо́ні. ~대로 із ро́да в рід. ~대손손 із поколі́ння в поколі́ння. ~가 끊기다 вимира́ти (про рід). ~를 물리다 передава́тися з поколі́ння в поколі́ння. ~를 잇다 продо́вжувати рід; наслі́дувати. ‖ ~물림 річ, що переда́ється у спа́док. 고생~ палеозо́йська е́ра. 중생~ мезозо́йська е́ра.

대(大) вели́ке. ¶ ~소 кру́пні та дрібні́. ~소 경중에 따라 в зале́жності від величини́ та важли́вості. ~소 경중을 гляді́ти врахо́вувати всі сто́рони.

대(對) між *ким-чим*; проти *кого́-чого́*. ¶ 공~공 мі́сайл раке́та кла́са пові́тря-пові́тря. 2 ~ 1로 이기다 виграва́ти з раху́нком 2:1.

대(臺) ¶ 비행기 다섯 ~ п'ять літакі́в. 자동차 두 ~ два автомобі́лі.

대--(對--) [접두] з *чим*; проти--. ¶ ~미 관계 відно́сини з США. ~공 방어 протипові́тряна оборо́на.

대--(大--) [접두] вели́кий; кру́пний; міцни́й; си́льний; капіта́льний; вели́кий. ¶ ~가족 вели́ка сім'я́. ~공사 вели́ке будівни́цтво. ~문호 кру́пний пи́сьменник. ~변혁 кру́пні переворо́ння. ~보수 капіта́льний ремо́нт.

--대(--隊) заго́н; кома́нда. ¶ 소방~ поже́жна кома́нда. 유격~ партиза́нський загі́н.

--대(--代) [접미] пла́за *за що*. ¶ 신문~ пла́за за газе́ту.

대가(大家) авторите́т *в чому́*; корифе́й; ма́йстер. ¶ 현대철학의 ~ авторите́т в суча́сній філосо́фії.

~인 척하다 видавати себе за авторитет.

대가(代價) винагорода; плата. |값| ціна. ¶ 노력의 ~ плата за працю. 어떤 ~를 치르더라도 будь-якою ціною. ~를 치르다 платити; розраховуватися.

대가족 → 대-- (大--).

대각 протилежний куток. ¶ ~선으로 по діагоналі. || ~선 діагональ.

대강 загалом; в цілому; в основному. ¶ ~하다 робити недбало (наспіх). ~강 в загальних рисах.

대강당 актова зала. ¶ ~에서 в актовій залі.

대개 майже все; більшою частиною; взагалі.

대검(大劍) великий меч.

대검(大檢) Верховна прокуратура.

대견하다 задоволений. ¶ 대견스럽다 здаватися задоволеним. 그는 자기 아들을 대견스러워한다. Він пишається своїм сином.

대결 протиборство; конфронтація. ¶ ~하다 протиборствувати; протистояти *кому-чому*. 악의 세력과 ~하다 протиборствувати силам зла.

대공 протиповітряний; ПВО.

대공방전 крупномасштабні наступальні та оборонні бої; велика битва.

대구 тріска. || ~탕 гострий суп з тріски.

대구경 крупний калібр. ¶ ~의 крупнокаліберний. ~ 곡사포 крупнокаліберна гаубиця.

대구법 паралелізм.

대국(大國) велика держава. ¶ ~적 великодержавний.

대국(大局) загальне положення; загальна ситуація. ¶ ~적 загальний. ~적 견지에서 з загальної точки зору.

대국(對局) змагання в корейські шашки чи шахи. ¶ ~하다 грати в шашки (шахи).

대권 верховна влада. ¶ ~을 장악하다 взяти владу в свої руки.

대규모 крупний масштаб. ¶ ~ 공격 крупномасштабні наступи.

대금 плата. || ~지불 платіж. ~지불 능력 платоспроможність.

대기(大氣) атмосфера; повітря. ¶ ~의 атмосферний; повітряний. 불안정한 ~ нестійка атмосфера. || ~순환 циркуляція атмосфери.

대기(待機) очікування; вичікування; простій. ¶ ~하다 очікувати; вичікувати. || ~실 кімната очікування; приймальня.

대꾸 сперечання; заперечення; відповідь. ¶ ~하다 сперечатися; суперечити.

대나무 → 대.

대낮 полудень. ¶ ~에 в полудень.

대내 внутрішній; внутрішньо-політичний. ¶ ~외 внутрішній та зовнішній. ~외 정책 внутрішня та зовнішня політика.

대뇌 → 뇌.

대다 торкати; прикладатися; торкатися; приставляти. |잇닿게 하다| з'єднувати; пришивати; підбивати. |배를| причалювати. | 서로 견주다| порівнювати; зіставляти; мірятися *чим*. |겨누다| цілитися в *кого-що*; направляти. |공급하다| подавати; постачати; вкладати. |말해 주다| доповідати; повідомляти; інформувати. |정해

진 시간에| прибувати. ¶ 뒷굽을 ~ підбивати каблук. 구실을 ~ вигадувати приводи. 뒤를 ~ забезпечувати матеріально; торкатися землі ногами. 배를 부두에 ~ причалити пароплав до пристані. 비밀명단을 ~ видавати таємний список. 시간에 맞게 ~ вчасно прибути. 총부리를 ~ цілитися з рушниці. 핑계를 ~ виправдовуватися.

대다수 більшість. ¶ ~의 경우에 в більшості випадків.

대단원 розв'язка; кінець. ¶ ~의 막을 내리다 опускати завісу.

대단하다 великий; величезний; крупний. |기세가| сильний, незвичайний. |값어치가| значний; видатний. ¶ 대단히 дуже; вельми; надзвичайно; зовсім. 대단한 규모 великий масштаб. 대단한 인물 видатна особистість. 대단한 추위 сильний мороз. 대단치 않다 незначний.

대담 (對談) бесіда. ¶ ~하다 вести бесіду. 격의 없는 ~ задушевна розмова.

대담하다(大膽--) відважний; сміливий. ¶ 대담무쌍하다 безстрашний; відважний; хоробрий. || 대담성 відвага; сміливість.

대답 відповідь; відгук. ¶ ~하다 відповідати *кому на що*. 공손한 ~ ввічлива відповідь.

대대 батальйон; ескадрон; дивізія. || 보병~ стрілецький батальйон. 포병~ артдивізіон.

대대적 величезний; грандіозний. ¶ ~으로 у великих масштабах.

대동단결 об'єднання; з'єднання; єднання. ¶ ~하다 об'єднуватися; з'єднуватися.

대동맥 → 동맥.

대동소이하다 схожий; що мало відрізняється.

대두(擡頭) ріст; підйом. ¶ ~하다 зростати; підніматися. 진보세력의 ~ ріст прогресивних сил.

대들다 накинутися на *кого*; нападати на *кого*. ¶ 닥치는 대로 아무에게나 ~ накинутися на кого-небудь.

대들보 ферма; велика балка. |사람| опора; стовп. ¶ 우리 집안의 ~ стовп нашої родини.

대등하다 рівний; паритетний. ¶ 대등한 조건에서 на рівних умовах.

대뜸 тут же на місці; одразу ж. ¶ ~ 눈치채다 одразу не помітити.

대략 скорочений виклад; в загальних рисах; в основному; приблизно. ¶ ~적 загальний; приблизний. ~ 짐작하다 приблизно здогадуватися.

대량 маса; велика кількість. ¶ ~의 масовий. ~으로 в великій кількості. || ~생산 масове виробництво. ~학살 масові вбивства.

대령(大領) полковник.

대령하다 очікувати наказів.

대로(大路) проспект; тракт. |큰 방향| головна ідея.

대로 подібно тому, як …; так, як є; у відповідності з *чим*; згідно з *чим*. |하는 족족| кожний раз; всілякий раз коли. |…하면 곧| як тільки. |따로따로| сам по собі. |…한 만큼| настільки …, наскільки … ¶ 너는 너~ 나는 나~ ти сам по собі, я сам по собі. 닥치는 ~ як небудь. 될 수 있는 ~ по мірі можли́вого. 명령~ у відповідності з наказом.

대류 конве́кція. ¶ ~의 конвекці́йний. ‖ ~전류 конвекці́йний струм.

대륙 контине́нт; матери́к. ¶ ~적(성) континента́льний. ~성 기후 континента́льний клі́мат. ‖ ~간 탄도탄 міжконтинента́льна балісти́чна раке́та. ~붕 континента́льний шельф; материко́ва мілина́. ~판 материко́вий скат.

대리 замі́щення; посере́дництво; засту́пник; що тимча́сово вико́нує обов'язки. ¶ ~하다 замі́щувати *кого*; тимча́сово вико́нувати обов'язки. ‖ ~점 представни́цтво; аге́нство.

대리석 ма́рмур. ¶ ~의 марму́ровий. ‖ ~상 марму́рова ста́туя.

대립 протиста́влення; протиле́жність; конфронта́ція; антагоні́зм. ¶ ~적 протиле́жний; антагоністи́чний. ~하다 протистоя́ти. 첨예하게 ~된 견해 рі́зко протиле́жні по́гляди. ~하여 в протиле́жність *кому-чому*.

대마 коно́пля. ¶ ~의 коноп'яни́й. ‖ ~초 марихуа́на.

대머리 ли́са голова́. |사람| ли́сий. ¶ ~가 되다 лисі́ти. ‖ 민~ лиси́на на всю го́лову.

대면 зу́стріч. {수학} протиле́жна межа́ (сторона́). ¶ ~하다 зустріча́тися з ким; зна́ти оди́н о́дного в обли́ччя.

대명사 займе́нник. ‖ 소유-присві́й-ний займе́нник. 인칭~ особо́вий займе́нник. 재귀~ зворо́тний займе́нник. 지시~ вказівни́й займе́нник.

대모 хреще́на (ма́ти). ¶ ~와 대녀 хреще́на ма́ти та похре́сниця.

대목 |고비| відповіда́льний моме́нт. |부분| мі́сце; діля́нка. |단락| у́ривок. ¶ 바로 그 ~에서 в найвідповіда́льніший моме́нт.

대문 (головні́) воро́та; пара́дні две́рі.

대물리다 → 대 (代).

대미 са́мий кіне́ць. ¶ ~를 장식하다 покла́сти кіне́ць чому; закі́нчити що.

대번에 одра́зу ж; тут же. ¶ ~에 이해하다 одра́зу ж зрозумі́ти.

대범하다 великоду́шний; широ́кий; незворуши́й; стри́маний. ¶ 대범한 사람 великоду́шна люди́на. 대범한 품성 широ́ка нату́ра. 대범하게 행동하다 бу́ти великоду́шним.

대법원 Верхо́вний суд. ¶ ~으로 넘기다 передати спра́ву у Верхо́вний суд. ‖ ~관 Верхо́вний суддя́. ~정 за́ла Верхо́вного су́ду.

대변(大便) екскреме́нти; випоро́жнення; кал. ¶ ~을 보다 випоро́жнюватися.

대변(貸邊) {회계} креди́т; пра́ва сторона́ бухга́лтерської кни́ги.

대변하다 (代辨--) представля́ти; говори́ти від чийо́го іме́ні. ¶ 노동자의 이익을 ~ представля́ти інтере́си робо́чих. ‖ ~인 представни́к.

대변혁 → 대-- (大--).

대보다 порі́внювати з *ким-чим*; мі́рятися чим; зіставля́ти. ¶ 길이를 ~ мі́рятися довжино́ю. 키를 ~ мі́рятися зро́стом.

대보름 15-е число́ пе́ршого

місячного місяця.

대본 сценарій; лібрето. ¶ ~의 сценарний. ~작가 сценарист; лібретист. 오페라 ~ лібрето опери. ~대로 по сценарію.

대부(貸付) кредитування; надання позики. ¶ ~하다 кредитувати; надавати кредит (позику). 담보 ~ позика під заставу. 신용 ~ кредит. ~[를] 받다 кредитуватися; брати у кого в кредит.

대부(代父) хрещений (батько). ¶ ~가 되다 бути хрещеним батьком у кого.

대부분 більша частина; левова частка; більшість. [부] майже все; більшою частиною. ¶ 우리들 ~ більшість з нас. ~ 해결하다 вирішити майже все.

대비(對備) підготовка. ¶ ~하다 підготуватися. 만반의 ~를 하다 підготуватися на всякий випадок.

대비(對比) зіставлення; порівняння; контраст. ¶ ~하다 зіставляти з ким-чим; порівнювати з ким-чим; контрастувати кому-чому (з ким-чим). 사본을 원본과 ~하다 зіставляти копію з оригіналом.

대사(大使) {외교} посол. ¶ ~의 посольський. ǁ ~관 посольство. ~관저 резиденція посла.

대사(臺詞) акторська промова. ¶ 무대에서 ~를 행하다 виступати з промовою на сцені.

대상(對象) об'єкт; предмет. ¶ 과학 연구의 ~ предмет наукового дослідження. ǁ ~자 особа, що представлена до чого.

대상(大賞) головна премія. ¶ ~을 수여하다 присуджувати кому головну премію.

대서양 Атлантичний океан. ǁ 북~ 조약기구 НАТО (Організація Північноатлантичного договору)..

대성공 великий успіх; велике щастя. ¶ ~을 거두다 досягати великого успіху.

대세 (загальна) ситуація. ¶ ~를 거스르다 плисти проти течії. ~가 이미 기울었다. Загальна ситуація несприятлива.

대소 великий та дрібний. ǁ ~사 великі та дрібні справи.

대소변 екскременти; кал та сеча.

대수 важлива (серйозна) справа. ¶ ~롭지 않다 неважливий; несерйозний. ~지 않게 여기다 зневажати; вважати кого-що неважливим (несерйозним).

대수(代數) алгебра. ¶ ~의 алгебричний. ǁ ~방정식 алгебричне рівняння.

대수술 серйозна операція.

대승(大勝) велика перемога; тріумф. ¶ ~하다 одержати велику перемогу.

대승(大乘) {종교} махаяна. ǁ хаяне. ~론 канони махаяни.

대승적 загальний. ¶ ~적 견지에서 з загальної точки зору.

대식 ненажерливість. ¶ ~의 ненажерливий. ~하다 багато їсти. ǁ ~가 ненажера.

대신 замість кого-чого; за кого-що; від імені кого; замість того, щоб…. ¶ ~하다 замінювати (кого-що ким-чим); заміщувати. 우리가 그들의 자리를 ~하게 되었다. Нам довелося замінити їх.

대신(大臣) міністр; посади голови та заступників в державній раді.

대안 контрпропозиція (контрпроект); зустрічний план (контрплан); альтернатива. ¶ ~을 제시하다 висувати (зробити) контрпропозицію (контрпроект). ~이 없다 Немає альтернативи.

대야 таз ‖ 세숫~ таз для вмивання.

대양 океан. ¶ 오~ 육대주 п'ять океанів та шість континентів (материків).

대여 позика. ¶ ~하다 давати у позику. ‖ ~금 грошова позика.

대여섯 п'ять-шість. ¶ ~ [번]째 п'ятий-шостий.

대역(帶域) діапазон. ¶ 단파 ~ короткохвильовий діапазон. 주파수 ~ діапазон частот.

대역(代役) заміна. |사람| дублер. ¶ ~하다 замінювати; дублювати кого.

대역(對譯) підрядковий переклад. ¶ ~하다 робити підрядковий переклад.

대열 стрій; ряд; колона; шеренга. ¶ ~의 стройовий. 시위 ~ колона демонстрантів. ~에 서다 стояти в строю. ~을 짓다 шикуватися в ряди (в колону).

대외 ~ [적] зовнішній; зовнішньо-політичний. ‖ ~무역 зовнішня торгівля. ~정책 зовнішня політика.

대용 заміна; заміщення; субституція. ¶ ~하다 замінювати; заміщувати. 설탕 ~품 сурогат цукру. ‖ ~식 продукт-замінник; субститут. ~품 замінник; субститут; сурогат; ерзац.

대우 звернення; ставлення. |대접| привітний прийом; обслуговування. ¶ ~하다 ставитися до кого; надавати переваги; тепло ставитися до кого; обслуговувати. ~를 받다 зустріти привітний прийом; бути прийнятим з особливою люб'язністю.

대위 капітан.

대위법 контрапункт.

대응 відповідність; реакція; відповідь. {수학} відповідність. ¶ ~하다 відповідати; стояти обличчям до обличчя з ким; реагувати. ~하여 відповідно до чого. ‖ ~사격 зустрічний вогонь. ~책 контрзасіб; відповідні міри.

대의(大義) великий принцип; людський обов'язок; моральні обов'язки. ¶ ~를 지키다 дотримуватися великого принципу. ‖ ~명분 великий принцип та обов'язок.

대의(代議) парламентаризм. ‖ ~원 парламентарій; депутат. ~제도 парламентарна система.

대인(大人) |거인| гігант; велетень; добра та благородна людина; порядна людина.

대인(對人) ‖ ~방어 {체육} самозахист; самооборона. ~지뢰 протипіхотна міна.

대입(代入) підставлення. ¶ ~하다 підставляти; замінювати.

대입(大入) вступ в університет. ¶ ~시험 вступні екзамени в університет.

대자연 → 자연.

대장(大將) генерал армії. ¶ 거짓말

~ брехун. 싸움질 ~ забіяка.

대장(隊長) |한 집단의 우두머리| командир; начальник; директор. ¶ 기상대 ~ директор метеорологічного центру. 소방대 ~ командир пожежної команди. 탐험대 ~ начальник експедиції.

대장(大腸) |큰 창자| товста кишка. || ~균 кишкова паличка; колібацила. ~염 запалення товстої кишки.

대장(臺帳) головна книга; журнал; відомість. ¶ 등록~ реєстраційний журнал. 재고품 ~ комірна книга. 주민등록 ~ домова книга.

대장 |대장장이| коваль. || ~간 кузня.

대적 змагання. ¶ ~하다 знаходитися обличчям до обличчя з супротивником; змагатися з ким в чому.

대접(待接) частування; звернення; прийом. ¶ ~하다 пригощати *кого чим*; приймати; ставитися *до кого*. 정성스런 ~ щирий прийом.

대접 |그릇| миска.

대조 зіставлення; порівняння; контраст. ¶ ~적 контрастний. ~하다 зіставляти. ~를 이루다 складати контраст. 사본과 원본을 ~하다 звіряти копію з оригіналом. || ~법 спосіб контрасту. ~표 порівняльна таблиця.

대졸 |'대학 졸업'의 줄임말| закінчення університету. ¶ ~[의] хто закінчив університет. ~ 실업자 безробітні випускники університету.

대주교 архієпископ. ¶ ~의 архієпископський. ~ 관구 єпархія. || 총~ митрополит.

대중 маси. ¶ ~적 масовий. ~을 사로잡다 заволодіти масами. || ~문학 популярна література. ~성 масовий характер; масовість; популярність. ~소설 популярний роман. ~식당 громадська їдальня. ~화 популяризація.

대지(大地) земля. ¶ 광활한 ~ обширні землі. 비옥한 ~ родючі землі. 어머니 ~ земля-матінка.

대지(垈地) ділянка під будинок. ¶ ~ 면적 площа ділянки під будинок.

대질 очна ставка. ¶ ~하다 влаштовувати очну ставку кого з ким.

대책 міра; захід. ¶ 적절한 ~을 세우다 приймати належні міри *до чого*. || 비상~ екстренні заходи. 임시~ тимчасові заходи.

대처 підготовка.

대체(大體) головне; суть. |대관절| взагалі; в основному; загалом. ¶ ~ 무엇이 문제니? В чому справа?

대체(代替) заміна; заміщення; субституція. ¶ ~하다 замінювати.

대추 плід ююби. || ~나무 ююба. ~씨 насіння плоду ююби.

대출 позика; видача. ¶ ~금 상환 погашення позики. ~ 이자율 позиковий процент. 장기신용 ~ довгострокова кредитна позика. 도서 ~ видача книг. ~받다 взяти у позику. ~해주다 позичати; давати в кредит (в позику; напрокат) || ~금 грошова позика.

대충 → 대강.

대치 протиставлення; протиборство; конфронтація. ¶ ~하다 протистояти; протистояти; знаходитися в стані конфронтації. 남과 북의 무력 ~상태 положення воєнної конфронтації між Півднем та Північчю. ~상태에서 긴장완화로의 이행 перехід від конфронтації до розрядження.

대칭 симетрія. ¶ ~적 симетричний. ~을 유지하다 дотримуватися симетрії. || ~점 симетрична точка. ~축 вісь симетрії.

대통 щаслива доля. ¶ 운수가 ~이다 пощастило в чому.

대통령 президент. ¶ ~의 президентський. ~ 직선 прямі президентські вибори. 전직/현직 ~ колишній/нинішній президент. ~에 선출되다 бути обраним на посаду президента. ~ 직위에서 물러나다 піти (у відставку) з посади президента. ~ 직위를 수행하다 приймати на себе обов'язки президента. || ~직 президентство.

대퇴 стегно (стегна). || ~골 стегнова кістка. ~근 широкий м'яз.

대패 рубанок. ¶ ~질 하다 стругати рубанком.

대패 (大敗) велика поразка, повний провал. ¶ ~하다 отримати повну поразку.

대포 гармата; (артилерійське) знаряддя; |허풍| вихваляння; брехня. ¶ ~를 쏘다 вести вогонь зі зброї. || ~알(артилерійський) снаряд.

대폭 [명] ширина; значний ступінь. [부] різко; круто; значно. ¶ 정원을 ~ 감축하다 різко скоротити штати.

대표 представник; делегат; представництво; зразок. ¶ ~적 типовий; характерний. ~하다 [동] представляти. ~하여 від імені *кого-чого*. ~적 сяє типовий приклад. 무역 ~부 торгове представництво. 수석~ головний представник. ~를 선출하다 обирати делегатів. || ~권 повноваження. ~단 делегація. ~부 представництво. ~이사 генеральний директор. ~작 найбільш крупний твір; типовий (характерний) твір. 전권~ повноважний представник.

대피 укриття; евакуація. ¶ ~하다 рятуватися в укритті; евакуюватися. 안전지대로 ~하다 ховатися в безпечному місці. 주민을 ~시키다 евакуювати населення. || ~소 схованка.

대하 {의학} білі.

대하다 |마주 향하다| стояти обличчям до обличчя з ким. |상대하다| ставитися *до кого*. |마주 보다| зустрічатися обличчям до обличчя з ким. ¶ 대통령에 대한 비판 критика на адресу президента. 조국에 대한 사랑 любов до Батьківщини. 질문에 대한 답변 відповідь на питання. 남처럼 ~ ставитися, як до стороннього.

대학 університет; інститут; вищий учбовий заклад; (ВУЗ). |단과대학| факультет. ¶ ~의 університетський; інститутський;

вузівський. ~에 입학하다 вступати до університету (інституту). || ~가 університетське (вузівське) містечко. ~원 аспірантура. ~원생 аспірант, -ка.

대합실 зал очікування; приймальня. ¶ 여객 ~ пасажирська зала.

대항 опір; протидія; протест. ¶ ~하다 чинити опір; протидіяти. || ~력 сила опору; опірність. ~전 змагання.

대형(大型) великий формат; крупні форми (габарити). ¶ ~화하다 збільшувати габарити (формат; форми) чого. || ~선박 велике судно. ~설비 крупно-габаритне устаткування.

대형(隊形) стрій; порядок. ¶ ~을 변경하다 перебудовувати. ~을 이루다 будуватися. || 전투~ боєвий порядок.

대화 діалог; співбесіда. ¶ ~하다 вести діалог; розмовляти. || ~자 співбесідник; учасник діалогу. ~체 стиль даілогу.

대회 з'їзд; конгресс; конференція. ¶ ~를 개최하다 відкрити з'їзд (конгресс; конференцію). || ~일정 повістка дня з'їзду. 군중~ мітинг. 정기~ черговий з'їзд. 체육~ спартакіада.

댁 Ваш дім. |하대| ти. |시집간 여자| заміжня. ¶ ~내 두루 안녕하신가요? Як Ваша родина, все в порядку? ~은 누구요? Хто ти?

댄서 танцюрист, -ка; артист, -ка балету.

댄스 танець. ¶ ~파티에 가다 піти на танці. || ~음악 музика для танців.

댐 гребля; дамба. ¶ ~의 гребельний; дамбовий. 저수용~ водосховище. 콘크리트 ~ бетонна гребля.

더 ще (більше); більш. ¶ ~ 깊다 більш глибокий. ~는 없다 Більше немає. ~는 참을 수 없다 Більше не можу терпіти.

더구나 на додачу; крім того; зверх того; до того ж.

더듬다 щупати; шарити. |헤아리다| перебирати. |말을| заїкатися; запинятися. ¶ 기억을 ~ згадувати. 길을 ~ іти на дотик. 생각을 ~ перебирати в пам'яті. 첫마디부터 말을 ~ затинатися на першому слові.

더디다 уповільнений; повільний. ¶ 걸음이 ~ іти повільними кроками. 진행이 ~ баритися з виконанням *чого*.

더러 декілька; небагато; деяка частина; деякі; дещо; дехто. |이따금| іноді; час від часу. ¶ ~ 그렇게 이야기 하는 사람도 있다. Дехто так говорить. 우리는 ~ 만나기도 한다. Ми іноді зустрічались.

더럽다 брудний; нечистий. |불쾌하다| поганий; мерзенний; паршивий. |매우 심하다| до чорта. ¶ 더러움 бруд. 더러워지다 забруднюватися; мазатися чим. 더럽히다 бруднити; забруднювати. 더러운 짓 поганий вчинок. 일이 더럽게 돌아간다. Справи йдуть кепсько. 재수가 없어도 더럽게 없었다. Дійсно не пощастило так.

더미 купа; гора. || 돌~ купа каміння. 흙~ купа землі.

더부룩하다 здуватися. ¶ 속이 ~

Живіт здувся.

더부살이 наймичка; утриманець. ¶ ~하다 жити в наймах; жити за чужий рахунок; бути на чиєму утриманні. ~ 신세 утриманство.

더불어 разом *з ким-чим*. ¶ 평생을 책과 ~ 살다 все життя прожити разом з книгами.

더없다 найбільший; найвищий; незрівнянний. ¶ 더없이 незрівнянно, якомога більше (краще). 더없는 행복 найбільше щастя. 더없이 좋은 날씨 на диво гарна погода.

더욱 ще більше. ¶ ~좋아지다 ставати краще; покращуватися.

더위 спека. |증세| тепловий (сонячний) удар. ¶ 숨막힐듯한 ~ гнітюча спека. 참기 힘든 ~ нестерпна спека. ~가 계속된다 спека стоїть. ~가 누그러든다 спека спадає. ~를 먹다 отримати тепловий (сонячний) удар. ~에 힘들어 하다 страждати від спеки.

더하다 |심해지다| посилюватися; збільшуватися. |보태다| посилювати; збільшувати; додавати. |수| складати. ¶ 병세가 ~ стан хвороби погіршився. 추위가 ~ мороз посилюється. ‖ 더하기 складання; плюс.

더하다 бути сильнішим (більшим). ¶ 더할나위 없이 좋다 бути якомога краще.

덕 моральність. |은혜| милість. ¶ ~이 높다 високоморальний. ~이 있다 доброчесний. ~으로 завдяки *кому-чому*. ~을 보다 користуватися чиєю милістю. ‖ ~담 добре побажання. ~망 репутація доброчесної людини.

добра слава.

덕택 → 덕.

던지다 кидати; викидати; метати. ¶ 공을 ~ кидати м'яч. 시선을 ~ кидати погляди на *кого-що*. 주사위를 ~ кидати жереб. 파문을 ~ викликати сенсацію. ‖ ~기 метання; штовхання.

덜 ще не (зовсім); не такий; не так. ¶ ~하다 слабкий. 잠이 아직 ~ 깼다. Ще не зовсім прокинувся.

덜다 зменшувати; послаблювати. |일부를 덜어내다| віднімати. |근심을| зменшувати. ¶ 갈증을 ~ утолити спрагу. 근심을 ~ зменшувати турботи; витрати. 짐을 ~ полегшити тягар.

덜렁거리다 поводити себе несерйозно. ¶ 그는 늘 덜렁댄다 Він завжди поводить себе несерйозно.

덜컹거리다 гримотіти. ¶ 바퀴가 ~ колеса гримотять.

덤 добавка; надбавка. ¶ ~으로 на додаток. ~을 주다 дати в доповнення.

덤덤하다 звичайний; звичний. |무관심하다| байдужий. |맛이| прісний; слабкий. ¶ 덤덤히 байдуже; мовчки.

덤불 зарості. ¶ ~의 чагарниковий. ‖ ~숲 хаща. 가시~ колючі зарості.

덤비다 накидатися; налітати. |바삐 굴다| поспішати; метушитися. ¶ 함부로 ~ накидатися раптово.

덥다 жаркий; гарячий; зігріваючий. ¶ 더운 찜질 компрес, що зігріває. 방이 골고루 더워졌다. Підлога в кімнаті рівномірно нагрілася.

덥석 швидко; енергійно. ¶ ~ 손을

잡다 швидко взяти за руку.

덥수룩하다 волохатий.

덧-- додатковий; зверх *чого*. ¶ ~니 зуб, що знаходиться поза зубною дугою. ~입다 одягати наверх *чого*.

덧나다 погіршуватися; загострюватися; ображатися; розгніватися. ¶ 부스럼이 다시 덧났다 Прищ знову нагноївся.

덧셈 додавання. ¶ ~을 하다 виконувати додавання.

덧없다 метушливий; марний; неясний, нечіткий. ¶ 덧없이 марно; неясно; нечітко. 덧없는 생각 неясні думки. 덧없이 살아온 일생 марно прожите життя.

덩굴 пуга рослини, що повзе чи стелеться. ¶ ~의 пуговий. ~을 걷다 збирати плоди рослин, що повзуть чи стеляться. ‖ 포도~ виноградні батоги.

덩달아 сліпо (несвідомо) слідуючи за ким.

덩어리 грудка; брила; шматок; маса. ¶ 금 ~ злиток золота. 기름 ~ шматок жиру. 얼음 ~ брила льоду. 흙 ~ грудка землі. 한 ~가 되다 згуртуватися в одне ціле.

덩치 тіло; комплекція. ¶ ~값을 하다 виправдовувати свій хліб.

덫 капкан; пастка; западня. ¶ ~에 걸리다 потрапити в капкан (пастку; западню). ~을 놓다 ставити капкан (пастку; западню).

덮다 покривати; накривати; закривати, застеляти. |뚜껑으로| закривати. |가리다| охоплювати; захоплювати. |책을| закривати. |숨기다| закривати очі на що; приховувати. ¶ 뚜껑을 ~ закривати кришкою. 아이에게 이불을 덮어주다 накрити дитину ковдрою. 짙은 안개가 계곡을 덮었다 Густий туман охопив долини. ‖ 덮개 кришка.

덮어놓다 закривати |미루어 놓다| призупиняти; припиняти; відкладати.

덮어두다 закривати очі на що; приховувати. ¶ 사실을 덮어두어서는 안된다 Не можна приховувати правду.

덮어쓰다 вкриватися *чим*. |물을| покриватися *чим*. |누명을| брати на себе. ¶ 누명을 ~ бути незаслуженно заплямованим. 먼지를 ~ покритися пилом.

덮어씌우다 звалювати провину на *кого*. ¶ 책임을 다른사람에게 ~ звалювати відповідальність на іншого.

덮치다 навалюватися (накидатися) *на кого-що*.

데 |장소| місце. |경우| випадок; стан. ¶ 가는 ~마다 всюди. 갈~가 없다 Нікуди йти. 이 약은 머리 아픈 ~에 잘 듣는다. Ці ліки добре допомагають при головному болі.

데다 обпалюватися *чим*. ¶ 덴 자리 місце опіку.

데려가다 вести з собою; везти з собою. ¶ 손을 잡고 ~ вести *кого* за руку. 환자를 병원으로 ~ вести хворого в поліклініку.

데려오다 приводити із собою. ¶ 아이들을 집으로 ~ привести дітей додому.

데모 демонстрація. ¶ ~하다

влашто́вувати демонстра́цію. ~ гурт мас демонстра́нтів.

де́ути грі́ти; підігріва́ти; опа́лювати. ¶ 방을 ~ опа́лювати кімна́ту. 수프를 ~ підігріва́ти суп.

데이터 → 정보.

도(度) мі́ра; межа́; сту́пінь. ¶ ~를 넘지 않다 зна́ти мі́ру. ~에 지나치다 вихо́дити за ра́мки (межі́); заходити зана́дто дале́ко; перехо́дити межі́. ‖ 긴장~ сту́пінь напру́ги.

도(度) гра́дус. ¶ 북위 38~ 38 гра́дусів півні́чної широти́. 알코올 45~의 보드카 45-гра́дусна горі́лка. 영하 20~ 20 гра́дусів моро́зу.

도(道) пра́вильний шлях; мора́льна но́рма; релігі́йне вче́ння. ¶ ~를 닦다 вника́ти в суть релігі́йних вчень. ~에 어긋나다 супере́чити мора́льним но́рмам.

도(道) прові́нція; --до. ¶ ~의 провінці́йний. ‖ ~지사 губерна́тор прові́нції. ~청 адміністрати́вне управлі́ння прові́нції.

도 {음악} до [불변명]. ¶ ~-레-미-파-솔-라-시 до-ре-мі-фа-соль-ля-сі.

--도(--島) о́стрів; --до. ¶ 독~ То́кдо (о́стрів Ток). 제주~ Чечжудо́ (о́стрів Чечжу).

--도(--徒) ¶ 문학~ літера́тор. 불교~ будди́ст.

--도(--圖) карти́на; ка́рта; план; кре́слення. ¶ 설계~ прое́кт. 천체~ астрономі́чна ка́рта.

도가니 атмосфе́ра; обстано́вка. ¶ 기쁨의 ~ атмосфе́ра ра́дості.

도교 даосі́зм. ¶ ~의 창시자는 노자이다. Засно́вник даосі́зму – Ла́о-цзи.

도구 знаря́ддя; інструме́нт; прила́ддя; за́сіб. ¶ ~를 використо́вувати використо́вувати знаря́ддя. ‖ 가제~ дома́шні твари́ни. 생산~ знаря́ддя вироби́цтва.

도굴 незако́нні таємні́ розко́пки. ¶ ~하다 таємно розко́пувати.

도금 плакува́ння. ¶ ~하다 плакува́ти. 금으로 ~하다 золоти́ти; покрива́ти зо́лотом. 금~이 벗겨지다 позоло́та схо́дить.

도깨비 дия́вол; чорт. ¶ 꼬마~ дияволе́ня; чортеня́. ‖ ~놀음 чортівня́. ~불 блука́ючі вогні́.

도끼 соки́ра. ¶ ~질을 하다 руба́ти (коло́ти) соки́рою. ‖ ~날 ле́за соки́ри. ~자루 соки́рище. 손~ соки́рка.

도난 крадіжка. ¶ ~당하다 бу́ти обкра́деним.

도달 дося́гнення *чого*; прибуття́. ¶ ~하다 досяга́ти *чого*; прибува́ти. 목적지에 ~하다 досягти́ призна́ченого мі́сця. 최고수준에 ~하다 досягти́ найви́щого рі́вня. 합의에 ~하다 прийти́ до зго́ди.

도대체 ді́йсно; наспра́вді. |부정문에서| доскона́ло; зо́всім; нія́к. ¶ ~ 무슨 일입니까? Ді́йсно в чо́му ж спра́ва? ~ 알 수가 없다 Зо́всім немо́жливо дізна́тися.

도덕 мора́ль; мора́льність. ¶ ~적 мора́льний; ети́чний. ~의 해이 мора́льний знос. ~적 의무감 почуття́ мора́льного обо́в'язку. ‖ ~관 мора́льні по́гляди. ~성 мора́льність.

도도하다 зарозумі́лий; пиха́тий;

чванли́вий. ¶ 도도한 어조 гордови́тий тон. 도도하게 굴다 бу́ти зарозумі́лим; пово́дити себе́ пиха́то.

도도하다(滔滔--) бурхли́вий; стрімки́й. ¶ 도도히 бурхли́во; стрі́мко. 대하의 도도한 흐름 бурхли́вий поті́к повново́дної рі́чки. 강은 도도히 흐른다. Рі́чка тече́ стрі́мко.

도둑 зло́дій. ¶ ~의 зло́дійський. ~ 맞다 бу́ти обкра́деним. ~질 하다 кра́сти; грабува́ти. ‖ ~고양이 бездо́мна кі́шка. ~질 краді́жка.

도라지 дзвіно́чок. ‖ ~나물 сала́т з ко́ренів дзвіно́чків. 백~ бі́лий дзвіно́чок.

도란도란 ти́хо й ні́жно. ¶ ~ 속삭이다 ти́хо й ні́жно шепоті́тися.

도랑 кана́ва; стік. ¶ ~을 치다 ри́ти кана́ву; очи́щувати кана́ву. {속담} ~ 치고 가재 잡는다. Пое́днувати прие́мне з кори́сним.

도래 на́ступ; набли́ження. ¶ ~하다 наступа́ти; набли́жуватися. 새시대의 ~를 예고하다 передвіща́ти набли́ження но́вої е́ри.

도량(度量) довжи́на та об'є́м. ‖ ~형 мі́ра та вага́; вимі́рювання. ~형표 табли́ця мір та ваги́.

도량(度量) |너그러운 마음| великоду́шність. ¶ ~이 넓은 사람 люди́на широ́кої душі́. ~이 넓다/좁다 великоду́шний/ обме́жений.

도려내다 вирі́зати; вируба́ти.

도로 (道路) доро́га; шлях. ¶ ~의 доро́жній. 자동차 전용~ автостра́да. ~를 개통하다 відкри́ти доро́гу. ~를 막다 перекри́ти доро́гу. ‖ ~망 доро́жня мере́жа; мере́жа дорі́г. 순환~ кільце́ва доро́га. 포장~ асфальто́вана доро́га.

도로 |되돌아서| наза́д. |본래와 같이| зно́ву. ¶ 아이들을 ~ 집으로 돌려보내다 наза́д відпусти́ти діте́й додо́му. 잃어버린 것을 ~ 찾다 зно́ву знайти́ втра́чене.

도로 (徒勞) ма́рна пра́ця. ¶ {속담} ~ 아미타불 залиши́тися бі́ля розби́того кори́та.

도리 мора́льна но́рма; пра́вильний шлях; спо́сіб; шлях. ¶ ~에 맞다 розу́мний. ~에 어긋나다 супере́чити здоро́вому глу́зду. …하는 수 밖에 다른 ~가 없다 нема́є і́ншого шля́ху, як…; ніч́ого не залиша́ється, як…

도리어 навпаки́; напро́ти.

도마 кухо́нна до́шка.

도마뱀 я́щірка. ¶ ~의 ящірко́вий. ~ 새끼 мале́нька я́щірка.

도망 вте́ча. ¶ ~가다 (치다) тіка́ти. 감시를 피해 ~치다 втекти́ з-під ва́рти. ‖ ~자 втіка́ч.

도맡다 бра́ти на се́бе все.

도매 {경제} о́птовий про́даж; опт. ¶ ~의 о́птовий. ~로 о́птом. ~로 팔다 продава́ти о́птом. ‖ ~가 о́птові ці́ни. ~상 оптови́к; о́птовий торго́вець. ~업 о́птова торгі́вля.

도면 кре́слення; схе́ма; план. ¶ ~을 그리다 накре́слити прое́кт (план). ‖ 건물~ план будівлі. 측량~ землемі́рне кре́слення.

도모하다 прийма́ти за́ходи; ство́рювати. ¶ 이익을 ~ обслуго́вувати інтере́си.

도박 аза́рт; аза́ртна гра. |리스크| гра з вогне́м; ри́зик. ¶ ~하다 гра́ти в азартні ігри; грати из вогнем; ризикувати. ~에 빠지다 впасти в азарт. ‖ ~꾼 (азартний) гравець. ~사업 гральний бізнес. ~장 гральний дім.

도발 розпалювання; провокація; підбурювання. ¶ ~적 провокаційний. ~하다 розпалювати; розв'язувати; провокувати. ~적 행동 провокаційні дії. 전쟁 ~ провокування війни.

도배 обклеювання шпалерами. ¶ ~하다 обклеювати шпалерами. 벽을 ~ обклеїти стіни шпалерами. ‖ ~장이 шпалерник. ~지 шпалери.

도벽 клептоманія. ¶ ~ 증세가 심한 환자 клептоман.

도보 ходіння. ¶ ~의 піший. ~로 пішки. ~로 가다 іти пішки. ‖ ~행군 піхота.

도사 даос; майстер; спеціаліст. ¶ 거짓말하는 데는 ~다 майстер на вигадки. 무엇에든지 ~다 майстер на всі руки.

도산 банкрутство; розорення. ¶ ~하다 збанкрутувати; розоритися. ~ 직전에 놓이다 бути на межі банкрутства. ‖ 연쇄~ ланцюгове банкрутство.

도살 (худобу) забій. ~의 забійний. ~하다 забивати. 가축 ~ забій худоби. ‖ ~장 бійня (худоби).

도서 книга. [형] книжковий. ‖ ~대출 видача книг. ~목록 каталог книг. ~열람실 читальний зал; читальня. 참고~ довідник; довідкова книга.

도서관 бібліотека. ¶ ~의 бібліотечний. ~에 등록하다 записуватися в бібліотеку. ‖ ~장 директор бібліотеки. ~학 бібліотекознавство.

도시 місто. ¶ ~의 міський. 외곽에서 살다 жити за містом. ‖ ~계획 планування міста. ~국가 місто-держава. ~녹화 озеленення міста. ~행정 міське управління. 위성~ місто-супутник. 지방~ провінційне місто. 항구~ портове місто.

도시락 обід, закуска; спеціальний посуд для обіду, закуски. ¶ 점심 ~을 싸다 збирати обід.

도식 схема; формула. ¶ ~적 схема-тичний. ~적인 사고방식 схематичне мислення. ~화 하다 схематизувати. ‖ ~성 схематичність. ~주의 схематизм. ~화 схематизація.

도심 центр міста. ¶ ~에서 살다 жити в центрі міста. ‖ ~지 центральний район; центральна вулиця.

도안 ескіз; креслення; контур; план; схема. ¶ ~하다 накреслити ескіз; креслити. 상표 ~ ескіз марки.

도약 стрибок. ¶ ~[의] стрибковий. ~하다 стрибати; робити стрибки. ‖ ~대 трамплін. ~운동 стрибки.

도와주다 допомагати кому в чому. ¶ 도와주세요! Допоможіть!

도외시 ігнорування. ¶ ~하다 ігнорувати; залишати без уваги.

도요새 бекас.

도용 таємне користування чужим; плагіат. ¶ ~하다 таємно користуватися чужим; займатися плагіатом.

도움 допомо́га. ¶ ~으로 за допомо́гою; з допомо́гою. ~을 받다 користува́тися чиє́ю допомо́гою. ~을 주다 надава́ти допомо́гу. ~을 청하다 проси́ти про допомо́гу. ~이 되지 않는다 не допомага́є; не годи́ться.

도의 мора́ль. ¶ ~적 мора́льний. ~적 책임을 다하다 ви́конати свій мора́льний обов'язок.

도입 впрова́дження. ¶ ~하다 впрова́джувати *у що*. 신기술 ~ впрова́дження ново́ї техноло́гії. 외자 ~ впрова́дження інозе́много капіта́лу. ~되다 проника́ти *у що*. ‖ ~부 вступна́ части́на; вступ.

도자기 порцеля́на; фая́нс; керамі́чні ви́роби. ¶ ~의 порцеля́новий; керамі́чний. 고려 ~ порцеля́на епо́хи Корьо́. ‖ ~공업 керамі́чна промисло́вість.

도장(圖章) печа́тка; штамп. ¶ ~을 찍다 кла́сти (наклада́ти; ста́вити) печа́тку; наклада́ти штамп. ‖ ~집 футля́р для печа́тки.

도장(塗裝) забарвле́ння. ¶ ~하다 покрива́ти фа́рбою; фарбува́ти. ‖ ~공 фарбува́льник; маля́р. ~작업 маля́рні робо́ти.

도장(道場) центр підгото́вки; спору́дження для заня́ть. ¶ 유도 ~ спору́дження для заня́ть дзюдо́. 태권도 ~ центр підгото́вки тхеквондо́.

도저히 нія́к; нія́ким чи́ном; ні в яко́му ра́зі.

도전 ви́клик (на бій); провока́ція. ¶ ~적 провокаці́йний. ~하다 виклика́ти на бій; посила́ти (кида́ти) ви́клик; провокува́ти. ~적 행동 провокаці́йні дії. ~을 받아들이다 прийня́ти ви́клик. ~적 태도를 취하다 поводи́ти себе́ нескро́мно. 세계챔піо́нові ~하다 запере́чувати зва́ння чемпіо́на сві́ту. ‖ ~자 претенде́нт на що.

도주 → **도망**.

도중 по доро́зі; прої́здом; про́ходом; на півдоро́зі. |과정이| в хо́ді; в проце́сі. ¶ 강의 ~에 в хо́ді ле́кції. 집으로 가는 ~에 по доро́зі додо́му. ~에 포기하다 кида́ти на півдоро́зі.

도지다 зно́ву відкрива́тися; зно́ву загострюватися; спала́хувати *чим*. ¶ 그는 갑자기 화가 도졌다 Ра́птом він спалахну́в гні́вом. 아물었던 상처가 다시 도진다 Ра́ни, що загої́лися, зно́ву відкрива́ються.

도착 прибуття́; приї́зд. ¶ ~하다 прибува́ти; приї́хати. 무사히 ~하다 прибу́ти (приї́хати) благополу́чно. Літа́к прибува́є в сім годи́н. ‖ ~성명 оголо́шення про прибуття́.

도처 ~에 всю́ди. 전국 ~에서 по всій краї́ні. ~에 활기가 넘쳐 난다 Всю́ди ра́дісне пожва́влення.

도청(盜聽) підслухо́вування. ¶ ~하다 підслухо́вувати. ‖ ~장치 підслухо́вуючий при́стрій. 무선 ~ радіоперехо́плення.

도출 ви́сновок. ¶ ~하다 роби́ти ви́сновок; приходи́ти до ви́сновку. 결론을 ~하다 ви́вести ви́сновок.

도취 сп'яні́ння *чим*. ¶ ~하다 бу́ти сп'яні́лим *від чого*. ~되다 сп'яні́ти.

도크 док. ¶ ~의 до́ковий. 부양식 ~ плавучи́й док.

도탄 крайнє убо́зство; тяжке́ стано́вище. ¶ ~에 빠지다 впа́сти в кра́йнє убо́зство.

도태 відбі́р; селе́кція. ¶ ~되다 відбира́тися; бу́ти ви́даленим (відсторо́неним). ~시키다 відбира́ти; селекціонува́ти; відсторо́нювати. ‖ ~설 селекці́йна тео́рія. 인공~ шту́чний відбі́р. 자연~ приро́дній відбі́р.

도토리 жо́лудь. ¶ ~의 жолудя́ний. ~ 키재기 Хрін ре́дьки не соло́дше. ‖ ~묵 желе́ з жо́лудів.

도표 схе́ма; гра́фік; діагра́ма; табли́ця. ¶ ~로 ната́не схематизува́ти. ~를 гра́фік).

도피 дезерти́рство; втеча́. ¶ ~하다 дезертува́ти; тіка́ти; прихо́вуватися. 현실을 ~하다 відверта́тися від дійсно́сті. ‖ ~자 дезерти́р; втіка́ч. ~주의 ескапі́зм. ~처 схо́ванка.

도하 перепра́ва че́рез рі́чку. ¶ ~하다 переправля́тися че́рез рі́чку; форсува́ти рі́чку. ‖ ~지점 пункт перепра́ви.

도합 всього́; ра́зом; зага́лом.

도화선 вогнепрове́дення; вогнепрові́дний шнур; гніт. |사건의| причи́на; при́від. ¶ 전쟁의 ~ безпосере́дній при́від до війни́.

도화지 папі́р для малюва́ння.

독(毒) отру́та; токси́н. |해독| шко́да. |독살| злість. |독기| отру́йність; злість. ¶ ~하다 |맛이| міцни́й; їдки́й; гірки́й. |성격이| жорсто́кий; лю́тий. ~성[의] отру́йний; токси́чний. ~한 냄새 їдки́й за́пах. ~한 사람 лю́та люди́на. ~한 성미 жорсто́кий но́ров. ~을 품고 зі злі́стю. ~에 중독되다 отруї́тися. ~을 없애다 нейтралізува́ти отру́ту; прийня́ти протиотру́ту. ~이 오르다 зли́тися. 마음을 ~하게 ме́жи і слу́жбу ~ переноси́ти го́ре. ‖ ~가스 отру́йний газ. ~버섯 отру́йні гриби́. ~사 отру́йна змія́. ~약 отру́та. ~충 отру́йні кома́хи.

독 (гли́няний) чан. ¶ {속담} ~ 안에 든 쥐 як ми́ша, що потра́пила в чан. ‖ 장~ чан для со́євого со́усу.

독--(獨--) одино́кий; оди́н; со́льний; монопо́льний. ¶ ~차지 монопо́льне володі́ння. ~채 одино́кий буди́нок.

독감 грип. ¶ ~에 걸리다 захворі́ти гри́пом.

독기 міа́зми. |태도| злість. ¶ ~를 품и́ го́ло́соро́м.

독단 сваві́лля; свавó́ля; дові́льне рі́шення. ¶ ~적 сваві́льний; дові́льний. ~적 판단 дові́льне рі́шення. ~적으로 행동하다 чини́ти сваві́льно. ‖ ~성 сваві́лля; дові́льність.

독려 заохо́чення. ¶ ~하다 заохо́чувати; підбадьо́рювати; надиха́ти *чим*.

독립 незале́жність; самості́йність. |분리된| окре́мий; одино́кий. ¶ ~적 незале́жний; самості́йний. ~하다 бу́ти незале́жним (самості́йним). повна́ ~ по́вна незале́жність. політи́чна ~ політи́чна незале́жність. ~을 선포하다 проголо́шувати незале́жність. ~을 здобува́ти за́бирати

домуга́тися незале́жності; завойо́вувати незале́жність. ‖ ~국 незале́жна держа́ва. ~선언서 деклара́ція незале́жності. ~성 незале́жність; самості́йність. ~운동 рух за незале́жність. ~채산제 хозрахунок; самоопла́тність.

독무대 монопо́лія. ¶ ~를 이루다 займа́ти монопо́льне поло́ження; панува́ти над чим.

독물 токси́н; отру́та; отру́йна речовина́. ¶ ~의 токси́чний; отру́йний.

독방 окре́ма кімна́та; одномі́сний но́мер. |감방| казема́т; одино́чна ка́мера для в'язнів.

독백 моноло́г. ¶ ~의 монологі́чний. ~하다 вимовля́ти моноло́г.

독보 ¶ ~적 незрівня́нний; неперевершений; оригіна́льний.

독본 кни́га для чита́ння; хрестома́тія. ¶ 톨스토이의 인생 ~ ко́ло чита́ння Л. Н. Толсто́го.

독불장군(獨不將軍) норовли́ва люди́на (хара́ктер).

독사 отру́йна змія́. ‖ ~눈 шкідли́ві о́чі.

독살(毒殺) вби́вство за допомо́гою отру́ти; отру́єння. ¶ ~하다 вби́ти за допомо́гою отру́ти; отру́ти. ~당하다 бу́ти отру́єним.

독살(毒煞) ¶ ~스럽다 злі́сний; отру́йний; в'ї́дливий; єхи́дний.

독서 чита́ння. ¶ ~하다 чита́ти кни́гу. ‖ ~삼매 зосере́джене чита́ння. ~실 чита́льний зал.

독선 самовпе́вненість; зарозумі́лість. ¶ ~적 самовпе́внений. ~을 부리다 пово́дити себе́ самовпе́внено.

독설 лихосло́в'я; сарка́зм. ¶ ~을 늘어놓다 злосло́вити. ‖ ~가 лихосло́вна люди́на.

독성 отру́йність; токси́чність. ¶ ~식물 отру́йні росли́ни. ‖ 맹~ смерте́льна отру́йність.

독소 токси́н; шко́да. ¶ ~의 токси́чний; шкідли́вий.

독수공방(獨守空房) одино́ке життя́ вдови́.

독수리 оре́л. ¶ ~의 орли́ний. на́сті́йник ~ орля́ (орля́та). ~ а́мкут орли́ця. ‖ 쌍두~ двоголо́вий оре́л.

독신 несіме́йна люди́на, неодру́жений чолові́к. |홀몸| одино́кий чолові́к. |성직자| целіба́т. ¶ ~의 холости́й; безшлю́бний. ~으로 холости́м. ~으로 зиді́ти жи́ти холости́м, не вступа́ючи в шлюб. ‖ ~생활 холосте́ (одино́ке) життя́; безшлю́бність. ~서원 обі́тниця нешлю́бності. ~자 холостя́к, -чка. ~주의자 прихи́льник нешлю́бності.

독실하다 щи́рий; сумлі́нний. ¶ 독실한 신자 глибо́ко ві́руючий у що.

독약 → **독** (毒).

독일 Німе́ччина. ¶ ~의 німе́цький. ‖ ~어 німе́цька мо́ва. ~인 ні́мець, -мка.

독자(讀者) чита́ч. ¶ ~의 чита́цький. ~의 соро́ки чита́цький ві́дгук. ‖ ~란 коло́нка листі́в чита́чі́в. ~층 ко́ло чита́чі́в.

독자(獨子) єди́ний син.

독자(獨自) ¶ ~적 самості́йний. ~적으로 해결하다 виріша́ти самості́йно (свої́ми си́лами). ‖ ~성 самості́йність.

독재 диктату́ра. ¶ ～적 дикта́торський. ～정권을 전복하다 скину́ти дикта́торську вла́ду. || ～자 дикта́тор. ～정치 деспоти́зм. 군사～ воє́нна диктату́ра.

독점 монопо́лія. ¶ ～적 монополісти́чний; монопо́льний. ～하다 монополізува́ти; воло́діти монопо́лією *на що*. || ～가격 монопо́льні ці́ни. ～권 монопо́льне пра́во. ～자본 монопо́льний капіта́л.

독주(毒酒) мі́цне вино́; міцни́й спиртни́й напі́й. |독을 탄 술| отру́йне вино́.

독주(獨走) випере́дження всіх *в чо́му*. ¶ ～하다 випереджа́ти всіх *в чо́му*; іти́ попе́реду всіх.

독주(獨奏) {음악} со́ло. ¶ ～의 со́льний. ～하다 вико́нувати со́ло. || ～회 со́льний конце́рт.

독지가 засту́пник; доброді́йник.

독창(獨創) оригіна́льна ви́гадка; оригіна́льний твір. ¶ ～적 оригіна́льний; самобу́тній. ～적인 논문 оригіна́льна стаття́. || ～성 оригіна́льність.

독창(獨唱) со́ло; со́льний спів. ¶ ～하다 співа́ти со́ло. || ～회 со́льний конце́рт.

독촉 нага́дування про що; наполе́глива вимо́га. ¶ ～하다 нага́дувати; ква́пити з чим. 회답을 ～하다 ква́пити з ві́дповіддю. || ～장 письмо́ве нага́дування.

독충 → 독 (毒).

독특하다 специфі́чний; своєрі́дний; характе́рний; самобу́тній. ¶ 독특한 냄새 специфі́чний за́пах. 독특한 취향 своєрі́дний смак. || 독특성 специфі́чність; своєрі́дність; характе́р-ність; самобу́тність.

독파 чита́ння. ¶ ～하다 прочита́ти до кінця́.

독하다 → 독(毒).

독학 самоосві́та; самості́йне ви́вчення. ¶ ～하다 самості́йно вчи́тися; вивча́ти само́му що. ～으로 самоту́жки. || ～생 самоу́чка.

독해 чита́ння з розбо́ром прочи́танного. ¶ ～하다 чита́ти. || ～력 зда́тність розумі́ти прочи́тане.

독후감 вра́женя про прочи́тане.

돈 гро́ші. |값| ціна́; ва́ртість. |재산| майно́. |무게 단위| тон. ¶ ～의 грошови́й. ～에 눈이 어둡다 кори́сливий; жа́дібний до гро́шей. 쉽게 번 ～ легкі́ гро́ші. ～을 아무리 써도 ні за я́кі гро́ші. ～에 맛을 들이다 става́ти жа́дібним до гро́шей. ～을 갈퀴로 긁어 모은다 загріба́ти гро́ші лопа́тою. ～을 물쓰듯하다 смі́тити (кида́тися) грошима́. ～을 벌다 заробля́ти. ～을 뿌려대다 кида́ти гро́ші на ві́тер. || ～놀이 лихва́рство. ～뭉치 па́чка гроше́й; значна́ (вели́ка) су́ма гроше́й. ～벌레 скна́ра; скупа́р. ～벌이 заробі́ток. ～줄 джерело́ отри́мання гроше́й. 거스름～ зда́ча. 잔～ мілкі́ гро́ші. 푼～ копі́йки.

돈독하다 доброду́шний; серде́чний. ¶ 돈독히 доброду́шно.

돋다 сходи́ти. |나오다| з'явля́тися; пробива́тися; рости́. |기색이| проявля́тися. ¶ 얼굴에 생기가 돋았다. Обли́ччя оживи́лося. 해가 돋았다. Со́нце зійшло́.

돋보기 окуля́ри для далекозо́рих;

випуклі (товсті) окуляри. ¶ ~를 쓰다 одягати окуляри для далекозорих.

돋보이다 виглядати краще. ¶ 그녀는 단연 돋보인다. Вона безперечно виглядає краще.

돋아나다 |싹이| пробиватися; з'являтися; сходити. |종기 따위가 생기다| вскакувати.

돋우다 трохи піднімати; припускати. |감정을| підвищувати; стимулювати; підсилювати. ¶ 목청을 ~ підвищувати голос. 부아를 ~ нервувати. 사기를 ~ піднімати бойовий дух. 식욕을 ~ збуджувати апетит.

돌 річниця; перша річниця. ¶ 생후 두 ~ два роки від дня народження. ~을 기념하다 відзначати річницю. ‖ ~잔치 частування з нагоди першої річниці від дня народження дитини.

돌 камінь |석재| будівельний камінь. |바둑| шашка; круглий камінець корейських шашок. |머리가 나쁜 사람| бовдур. ¶ ~의 кам'яний. ~을 던지다 кидати камінням в кого. здаватися; капітулювати. ~처럼 굳어지다 скам'яніти. ‖ ~가루 кам'яний пил. ~다리 кам'яний міст. ~담 кам'яна стіна (огорожа). ~대가리 бовдур. ~더미 купа каміння. ~멩이 камінець; невеликий камінь. ~무더기 купа каміння. ~부처 кам'яна статуя Будди. 걸림~ камінь спотикання. 숫~ точильний камінь.

돌격 атака; штурм. ¶ ~하다 атакувати; штурмувати. ‖ ~대 ударна частина; ударний загін.

돌고래 дельфін. ¶ ~ 사육장 дельфінарій. 새끼 ~ дельфіня.

돌다 кружитися; обертатися. |소문이| ходити; циркулювати; розповсю-джуватися. |돈이| обертатися. |방향을| повертати; змінювати напрям. |정신이| зійти з глузду. |먼 데로| обходити; іти окружним шляхом. |이곳 저곳을 다니다| пускати (ходити) по колу. ¶ 기름기가 ~ лисніти. 순찰을 ~ патрулювати. 금융시장에서 자본이 돌지 않는다 На грошовому ринку не обертається капітал. 너 돌았니? Ти з'їхав з глузду?머ріга빙빙 돈다. Голова кружиться. 소문이 돈다. Ходять чутки. 우로 돌앗! Направо! 입안에 군침이 돈다. В роті виділяється слина. 전염병이 급속히 돌았다. Епідемія швидко поширилася.

돌려보내다 повертати; відсилати назад. |사람을| відпускати; відсилати назад. ¶ 선물을 ~ відсилати назад подарунок.

돌려주다 повертати; позичати. ¶ 꾼 돈을 ~ повертати борг.

돌리다 крутити; вертіти; обертати. |방향을| повертати; змінювати напрям. |차례로| пускати по колу. |신문을| роздавати. |작동하게 하다| пускати в хід (дію). |몫을| виділяти; розподіляти. |다른 데로 보내다| переводити; відводити; переміщувати. |책임을| звалювати на кого; приписувати кому що. |주의를| проявляти. |마음을| передумувати. ¶ 돌려서 по черзі; по порядку черги. 공을 남에게 ~ приписувати успіх іншим. 공

장을 ~ запускати завод. 돌려서 말하다 говорити натяками. 술잔을 ~ пускати чарку по колу. 숨을 ~ переводити дух. 시계를 5분 뒤로 ~ перевести стрілку годинника на 5 хвилин назад. 시선을 ~ направляти погляд *на що*. 신문을 ~ роздавати газети. 제 잘못을 남의 탓으로 ~ приписувати чужим свою провину. 주의를 다른 데에 ~ відволікати увагу. 책임을 남에게 ~ покладати відповідальність на іншого.

돌발 раптова поява; спалах. ¶ ~적 раптовий. ~하다 раптово з'являтися; спалахувати. ~ 사건 несподівана подія.

돌변 раптова зміна (перетворення); неочікуваний поворот. ¶ ~하다 раптово змінюватися (перетворюватися). 사태가 전혀 다른 방향으로 ~했다. Ситуація несподівано змінилася.

돌보다 доглядати *за ким-чим*. ¶ 건강을 ~ доглядати за здоров'ям; берегти здоров'я. 아이들을 ~ доглядати за дітьми.

돌아가다 крутитися; вертітися. |방향이| повертати. |비틀어지다| викривитися. |오던 길을| повертатися (приходити) назад. |차례로| передаватися по черзі. |몫이| розподілятися; приходитися на чию долю; діставатися. |작동하다| працювати; функціонувати. |융통이 되다| обертатися. |죽다| померти. |일이| іти. |먼 데로| обходити; іти окружним шляхом. ¶ 돌아가신 분 покійник. 순조롭게 ~ обстояти благополучно. 실패로 ~ закінчитися невдачею. 이전의 직무로 ~ повернутися на попередню посаду. 일이 어떻게 돌아가는지 아직은 명확하지 않다. Поки ще не ясно, як там справи. 입이 돌아갔다 Губи викривились. 자금이 정상적으로 돌아간다. Капітал обертається нормально. 차가 왼쪽으로 돌아간다 Машина повертає наліво.

돌아다니다 обходити; ходити *по чому*. |널리| розповсюджуватися; ходити; обходити. ¶ 거리를 헤매며 ~ бродити по вулицям. 흉흉한 소문이 돌아다닌다 Ходять дурні чутки.

돌아보다 оглядатися. |회고| згадувати; оглядатися на минуле. |두루 살펴보다| оглядати; обстежувати. ¶ 과거를 ~ згадувати минуле.

돌아서다 повертатися; відвертатися. |남과 등지다| повернутися спиною; відвернутися від *кого-чого*. |마음이| переходити на чию сторону. |정상적 상태로| приходити в нормальний стан; покращуватися. ¶ 돌아서서 욕하다 лаяти за спиною. 뒤로 ~ повертатися спиною. 민중의 편으로 ~ переходити на сторону народу. 친구들이 그로부터 돌아섰다. Друзі відвернулися від нього.

돌아앉다 сидіти відвернувшись; сидіти (сідати) спиною *до кого-чого*.

돌아오다 повертатися; повернутися. |본래 상태로| відновлюватися; повертатися. |때가| наступати; наближатися. |몫이| розподілятися; приходитися на чию долю. |우회

하여| огинати; обходити; робити гак; іти окружним шляхом. ¶ 돌아오는 길에 на зворотньому шляху. 제정신이 приходити в себе. 잃었던 입맛이 다시 돌아왔다 Знову з'явився апетит.

돌연 раптово; неочікувано. ¶ ~한 неочікуваний; раптовий. ‖ ~변이 мутант; мутація.

돌이키다 згадувати; оглядатися. |반성| обдумувати, оглядатися. |마음을| передумати. |본래의 상태로| відновлювати; виправляти. ¶ 돌이킬 수 없는 실수 невиправна помилка. 자신을 돌이켜 보다 оглядатися на самого себе.

돌진 стрімке просування вперед; натиск. ¶ ~하다 стрімко просуватися; раптом попрямувати; кинутися.

돌체 {음악} дольче.

돌출 ¶ ~하다 виступати; видаватися вперед. ‖ ~부 виступ; виступаюча частина.

돌파 прорив; подолання. |기준을| перевищення; перевиконання. ¶ ~하다 прориватися; долати; перевищувати; перекривати. 난관의 ~ подолання труднощів. 적진을 ~하다 прорвати оборону ворога. 종전 기록을 ~하다 перекрити попередній рекорд. ‖ ~구 місце прориву; прорив.

돌팔이 шарлатан; бродячий торговець. ‖ ~약사 бродячий лікар.

돌풍 вихор; шквал. ¶ ~의 вихровий; шквальний. ~을 일으키다 підняти шквальний вітер. ~이 불었다 Налетів вихор (шквал).

돔 баня; зведення. ¶ ~의 баневий. ~ 형태의 банеподібний.

돕다 допомагати кому; підтримувати. |기능을| сприяти; стимулювати. |이용하여| користуватися. ¶ 밤을 도와 під покривом ночі. 금전적으로 ~ підтримувати грошима; допомагати один одному. 입맛을 ~ викликати апетит. 도와주세요! Допоможіть!

돗자리 циновка. ¶ ~의 циновковий. 왕골 ~ очеретяна циновка.

동(東) схід; Схід. ¶ ~ [쪽]의 східний. ~ [쪽]에서 на сході. ~ [쪽]으로 на схід. ~에 번쩍 서에 번쩍 раптом з'явитися на зникнути. ~이 트다 світитися; світати. ‖ 극~ Далекий Схід.

동(棟) дім. ‖ 병~ відділення в лікарні.

동(銅) мідь. ¶ ~의 мідний. ‖ ~광 мідна руда. ~메달 бронзова медаль. 청~ бронза; зелена мідь. 황~ жовта мідь.

동(洞) ділянка; мікрорайон. ‖ ~사무소 районна адміністрація.

동감 співчуття до кого-чого; згода з ким. ¶ ~하다 співчувати кому-чому; розділяти чию думку; бути згодним з ким. ~을 표시하다 висловлювати співчуття (згоду).

동갑[내기] одноліток; -тка. ¶ 그들은 ~이다. Вони одного віку. 나는 그녀와 ~이다. Ми з нею однолітки.

동강 шматок, що залишився; частина, що залишилась. [부] шматками; частинами. ¶ 연필 ~ недогризок олівця. ~동강 на шматки (частини). ~[이] 나다 бути розрізаним. ~내다

розрі́зати на шматки́. ~ 부러지다 злама́тися на шматки́.

동거 ¶ ~하다 жи́ти з *ким* ра́зом в одні́й кварти́рі. ‖ ~인 співме́шканець.

동격 одно́го розря́ду; одніє́ї кваліфіка́ції; одно́го ста́ну. {어학} одно́го відмі́нку. ¶ ~으로 대하다 ста́витися до ко́го як до рі́вного.

동결 заморо́жування. |얼어붙음| замерза́ння; заморо́жування. ¶ ~하다 заморо́жувати. ~되다 бу́ти заморо́женим. 외국 재산의 ~ заморо́жування інозе́много капіта́лу. 임금을 ~하다 заморо́зити заробі́тню пла́ту. ‖ ~자산 заморо́жені ко́шти.

동경(憧憬) при́страсне бажа́ння; пра́гнення *до чо́го*. ¶ ~하다 при́страсно бажа́ти *чо́го*; пра́гнути *до чо́го*. 자유를 ~하다 пра́гнути до свобо́ди. ‖ ~심 пра́гнення; бажа́ння; жа́га.

동경(東經) схі́дна довгота́. ¶ ~ 131도 131 гра́дус схі́дної довготи́.

동계 зимо́вий пері́од (сезо́н). ‖ ~올림픽 зимо́ва олімпіа́да.

동고동락 ¶ ~하다 діли́ти сум та ра́дість з *ким*; ра́зом пережива́ти го́ре та ра́дість з ким.

동공 зіни́ця. ¶ ~의 зіни́чний. ‖ ~반응 акомода́ція зіни́ці. ~확대 розши́рення зіни́ці.

동구(東歐) Схі́дна Євро́па.

동구(洞口) в'їзд в село́.

동굴 пече́ра; грі́т. ¶ ~의 пече́рний. 종유석 ~ сталакти́това пече́ра. ‖ ~벽화 пече́рний живо́пис (фре́ска). 인공~ шту́чний грі́т.

동그라미 ко́ло; кільце́. ¶ ~를 그리다 накре́слити ко́ло. ~를 만들다 роби́ти ко́ло.

동그랗다 кру́глий. ¶ 동그랗게 круго́м. 동그래지다 става́ти кру́глим; огруг-ля́тися. 동글동글하다 кругле́нький.

동급 оди́н розря́д (класс; сорт); оди́н сту́пінь; оди́н клас. ¶ ~의 상품 това́ри того́ ж со́рту. ‖ ~생 однокла́сни/к, -ця.

동기(動機) при́від; моти́в; сти́мул; по́штовх. ¶ 개인적 ~ моти́в особи́стого хара́ктеру. 범죄의 ~ моти́в зло́чину. 직접적 ~ безпосере́дній при́від. 어떤 ~에서 по яки́м моти́вам. ~가 되다 послужи́ти сти́мулом (по́штовхом) *до чо́го*. ~를 부여하다 да́ти сти́мул (по́штовх).

동기(同期) оди́н пері́од (курс; ви́пуск). |동기생| одноку́рсник, -ця. ¶ 작년 ~와 비교하여 порі́внюючи цей пері́од з пері́одом в мину́лому ро́ці.

동기(同氣) брати́ та се́стри. ¶ ~간에 між брата́ми (се́страми).

동기(冬期) → **동계**.

동[이]나다 по́вністю ви́тратитися; закінчи́тися.

동남 схі́д та пі́вдень; пів́де́нний схі́д. ‖ ~아시아 пі́вде́нно-схі́дна А́зія.

동냥 подая́ння; пода́чка; ми́лостиня. ¶ ~하다 збира́ти подая́ння; проси́ти подая́ння; проси́ти ми́лостиню. ~으로 먹고 살다 жи́ти подая́нням.

동네 се́лище; село́. ¶ 한 ~사람 односе́лець, односельча́нка. ~방네 все село́.

동년 той же рі́к; той же ві́к. ‖ ~배 одно́літок.

동녘 східна сторона; схід. ¶ ~ 하늘 небо на сході. ~이 밝아온다 світає.

동동거리다 переступати з однієї ноги на іншу. ¶ 초조하여 발을 ~ переступати з однієї ноги на іншу від хвилювання.

동등 той же розряд (класс; сорт; ранг); той же ступінь; рівність; тотожність; еквівалентність. ¶ ~하다 рівний; тотожній; паритетний; еквівалентний. 조건이 ~하다면 при рівних умовах.

동떨어지다 віддалятися *від кого-чого*. ¶ 동떨어져서 окремо від села. 주제로부터 ~ віддалятися від головної теми. 그는 친구들과 동떨어져 지낸다. Він тримається окремо.

동력 (рушійна) сила; енергія. ¶ 사회발전의 ~ рушійна сила суспільного розвитку. ǁ ~계 динамометр; силометр. ~기계 машина з двигуном; енергомашина. ~설비 енергоуста-новка. ~자원 енергоресурси. ~학 динаміка.

동료 коллега; компаньйон. ¶ 직장의 ~ колега по роботі.

동류 той же вид (сорт); компаньйони; спільники; однолітки. ¶ ~의 одновидний. ~의 식물 рослини одного виду. ~로 받아ълюдяти прийняти кого в компаньйони. ǁ ~항 {수학} подібний член.

동률 одна порція; рівний рахунок. ¶ ~로 끝나다 закінчитися внічию.

동맥 артерія. ¶ ~의 артеріа́льний. ǁ ~경화 артеріосклероз. ~출혈 артеріа́льна кровотеча.

동맹 союз; альянс; блок. ¶ ~하다 укладати союз; вступати в союз (блок) *з ким-чим*; об'єднуватися. ~하여 в союзі *з ким-чим*. ǁ ~국 союзні держави. ~조약 союзний договір. ~파업 страйк. ~휴학 страйк учнів; студентський страйк. 방위~ оборонний союз.

동메달 → 동(銅).

동면 зимова спля́чка. ¶ ~에 들다 знаходитися у стані зимової сплячки.

동명 однакове ім'я (назва). ǁ ~이인 (同名異人) тезко.

동무 друг; товариш; партнер; компаньйон. ¶ ~하다 (삼다) дружити *из ким*; робити (грати) сумісно *з ким*. 고향 ~ земля́к. ǁ 길 ~ супутник; попутник. 말 ~ співрозмовник. 소꿉~ товариш з дитинства.

동문(同門) випускники одного універ-ситету (однієї школи); товариші по навчанню. ǁ ~회 асоціа́ція випускників.

동문(同文) ǁ 이하~ і так далі (і т. д.).

동문(東門) східні ворота.

동문서답(東問西答) невлад; не підходяща (доречна) відповідь. ¶ ~하다 відповідати невлад.

동물 тварина. ¶ ~의 тваринний. ~의 세계 світ тварин. ~적 본능 тваринний інстинкт. 육식성/초식성 ~ м'ясоїдні/ травоїдні тварини. дресирувати *кого*. ǁ ~보호구역 заповідник. ~원 зоопарк. ~조련사 дресувальник. ~표본 чу́чело тварини. ~학 зоологія. ~학자 зоолог. ~해부학 анатомія тварин. 무척추~ безхребетні тварини. 포

유~ ссавці.

동반 супровід. ¶ ~하다 супроводжувати(ся). 비가 천둥을 ~했다. Дощ супроводжувався громом. ‖ ~자 попутник; супутник; компаньйон. ~자살 спільне самогубство *з ким*.

동방(東方) схід; Схід. ¶ ~으로 진출하다 виходити на схід.

동백 насіння камелії. |동백나무| камелія. ‖ ~꽃 квіти камелії.

동병상련(同病相憐) взаємне співчуття. ¶ ~하다 співчувати.

동복 зимовий одяг. ¶ 남성용 ~ зимовий одяг для чоловіків.

동봉 ¶ ~하다 вкладати в один конверт разом *з чим*; докладати *до чого*.

동부 східна частина.

동북 північ та схід; північний схід. ¶ ~[의] північно-східний.

동분서주 ¶ ~하다 ганяти туди і сюди; метушитися; бігати.

동사(動詞) дієслово. ¶ ~[의] дієслівний. ~어미변화 відмінювання дієслова. ~완료상 ~ дієслова доконаного виду. ‖ 자/타 ~ неперехідне/перехідне дієслово. 조~ службове дієслово.

동사(凍死) ¶ ~하다 гинути від холоду; замерзати.

동사무소 → **동**(洞).

동산 пагорб (невисока гірка) біля села; сад; садок; парк. ¶ ~의 садовий; парковий. ~에서 в саду; в парку. ‖ 꽃~ квітник. 뒷~ пагорб за селом.

동산(動産) рухоме майно; рухомість. ‖ 부~ нерухоме майно; нерухомість.

동상(銅像) (бронзова) статуя; (бронзовий) пам'ятник *кому*. ¶ ~을 세우다 споруджувати бронзову статую (бронзовий пам'ятник).

동상(凍傷) обмороження. ¶ ~ 연고 мазь, що використовують при обмороженні. ~에 걸리다 обморожуватися.

동상이몽(同床異夢) переслідування різних цілей в спільній справі.

동생 молодший брат; молодша сестра. ¶ 사촌 ~ двоюрідний молодший брат; двоюрідна молодша сестра. 형 ~처럼 사이 좋게 по-братськи. 형 ~하는 사이가 되다 брататися *з ким*. ‖ 이복~ єдинокровний брат; єдинокровна сестра.

동서(東西) схід та захід; Схід та Захід; країни Сходу та Заходу. ¶ ~고금에 없던 일 безпрецедентний випадок.

동서(同壻) свояк; своячка.

동석 місця поруч. ¶ ~하다 сидіти поруч (разом з ким).

동성(同性) однакова властивість (якість); однорідність; однієї статі. ¶ ~의 одностатевий. ‖ ~애 гомосексуалізм. ~애자 гомосексуаліст; лесбіянка.

동성(同姓) однакове прізвище. ‖ ~동본 однакове прізвище та місце походження свого прізвища.

동시 (同時) один й той же час; один і той же період. ¶ ~ [의] одночасний; синхронний. ~에 одночасно; разом з чим. ‖ ~대 одна і та ж епоха; один і той самий період. ~대인 сучасни/к, -ця. ~녹음 синхроний звукозапис.

동시 ~성 одноча́сність; синхро́нність. ~통역 синхро́ний перекла́д.

동시(童詩) пое́зія (вірш) для діте́й; дитя́ча пое́зія.

동식물 твари́ни та росли́ни. ¶ ~계 фа́уна та фло́ра.

동심(同心) однодумність {수학} концентри́чність. ~의 однодумний; концентричний.

동심(童心) дитя́ча душа́. ¶ ~의 세계 дитя́чий світ. ~으로 돌아가다 поверта́тися в дити́нство.

동아리 гурто́к. ¶ ~의 гуртко́вий. ~내에서 в гуртку́. 노래 ~ гурто́к співів. 문학 ~ літерату́рний гурто́к.

동아줄 кана́т. ¶ ~의 кана́тний. 팽팽하게 당긴 ~ ту́го натя́гнутий кана́т. ~을 늦추다 трави́ти кана́т. ~을 당기다 натя́гувати кана́т.

동안 промі́жок ча́су. ¶ 그 ~에 протя́гом цього́ ча́су. 내가 살아있는 ~에 по́ки я живи́й.

동안(童顔) по-дитя́чи наї́вне обли́ччя.

동양 Схід; схі́дна А́зія. ¶ ~적 схі́дний; азіа́тський. ~적 색조 схі́дний колори́т. ~적 풍습 схі́дний звича́й. || ~인 азіа́т, -ка. ~학 сходозна́вство. ~학자 сходозна́вець. ~화 схі́дний живо́пис (карти́на).

동어반복(同語反覆) тавтоло́гія. ¶ ~적 тавтологі́чний.

동업 спі́льна торго́ва спра́ва (підприє́мство); спі́льна робо́та; одна́кове заня́ття (ремесло́). ¶ ~하다 спі́льно працюва́ти *з ким*; займа́тися торго́вельною спра́вою ра́зом *з ким*. || ~자 компаньйо́н.

동여매다 обв'я́зувати; обмо́тувати; оку́чувати. ¶ 붕대로 부상자의 발을 ~ обв'я́зувати но́ги пора́неного бинто́м.

동요(動搖) коливання; хвилюва́ння; нерішу́чість; несті́йкість; флуктуа́ція (флюктуа́ція). ¶ ~하는 що коливається; нерішу́чий; несті́йкий. ~하다 коливатися; хвилюва́тися; не наважуватися; флуктуюва́ти. ~없이 без колива́нь. 사상의 ~ броді́ння іде́й.

동요(童謠) дитя́ча пі́сня; пі́сня для діте́й.

동원 мобіліза́ція. ¶ ~[의] мобілізаці́йний. ~하다 мобілізува́ти; прово́дити мобіліза́цію; приво́дити *кого-що* в акти́вну ді́ю. 무력을 ~하다 мобілізува́ти збро́йні си́ли. || ~령 нака́з про мобіліза́цію. 총~ всезага́льна мобіліза́ція.

동위 одного́ ра́нгу (кла́су; поря́дку); одного́ мі́сця. || ~원소 ізото́п.

동음 одна́кові зву́ки. || ~이의(同音異義) омоні́я. ~이의어 {어학} омо́нім.

동의(同意) одноду́мство; одна́кова ду́мка; зго́да; збіг думо́к (по́глядів). ¶ ~하다 пого́джуватися *на що* (*з ким*); дава́ти зго́ду; бу́ти одніє́ї ду́мки. ~를 얻다 отри́мувати зго́ду від *кого*. ~를 표[시]하다 виявля́ти (висло́влювати) зго́ду.

동의(同義) одна́ковий зміст; синоні́мія. ¶ ~적 синоніми́чний. || ~어 сино́нім.

동의(動議) вне́сення пропози́ції; пропози́ція. || 긴급~ пропози́ція про ро́згляд позачерго́вого питання.

--동이 [접미] малюк. ¶ 귀염~ міла дитина. 막내~ остання дитина.

동인(動因) рушійний фактор; мотив; збудник. ¶ ~을 제공하다 мотивувати.

동인(同人) однодумець. ‖ ~지 журнал, що видається однодумцями.

동일 ¶ ~하다 той самий; тотожній; однаковий. ~시하다 вважати однаковим; ставити на одну дошку. ‖ ~ 개념 тотожні поняття. ~성 ідентичність; тотожність.

동작 рух; дія. ¶ ~하다 рухатися; діяти; бути в дії. ‖ 손~ рух рук.

동전 мідна монета. ¶ ~ 한 닢 없다 ні копійки немає.

동점 рівне число балів; рівний рахунок.

동정(同情) співчуття; жалість. ¶ 어린 눈으로 바라보다 дивитися очима, повними співчуття. ~하다 співчувати (кому); відчувати співчуття (до кого). ~하여 із співчуття; із жалості. ‖ ~심 чуйність.

동정(動靜) рух; стан; поведінка; дія.

동조 співчуття; схвалення; симпатія; розташування. ¶ ~하다 співчувати (кому-чому); схвалювати (кого-що); симпатизувати (кому-чому).

동족 співвітчизники. ‖ ~어 слова, утворені від одного кореня. ~애 любов до співвітчизників.

동종 ¶ ~의 однорідний; однойменний.

동지(同志) товариш; однодумець. ¶ 혁명 ~ товариш по революції. ~애(愛) товариська дружба; почуття товариськості. ~적 товариський.

동지(冬至) зимове сонцестояння. ¶ 동짓날 день зимового сонцестояння.

동쪽 східна сторона; схід.

동참 ¶ ~하다 сумісно брати участь в чому.

동창(東窓) вікно, що виходить на схід.

동창[생](同窓) сумісне навчання; товариш по навчанню. ¶ 나는 그와 ~이다. Ми з ним вчилися разом.

동체 тулуб; торс; корпус. ¶ 비행기의 ~ фюзеляж; корпус літака.

동치미 кімчхі з редьки, засоленої цілою.

동침하다 спати разом; спати разом на одному ліжку.

동태(動態) рух; зрушення; тенденція; зміни.

동태(凍太) морожений мінтай зимового улову.

동토대 зона вічної мерзлоти.

동트다 світати.

동판 листкова мідь; мідні пластини; мідна гравіювальна дошка.

동편 схід; східна сторона.

동포 співвітчизник. ¶ 해외 ~ співвітчизники, що проживають закордоном. ~애 любов до співвітчизників.

동풍 східний вітер.

동하다 |감정이| збуджуватися; пробуджуватися. |사물이| рухатися; рушити. ¶ 호기심이 ~ збуджується цікавість.

동해 Східне море. ¶ ~안 узбережжя Східного моря; східне узбережжя.

동행 супровід. ¶ ~하다 іти разом; супроводжувати. ‖ ~자(인) супутник; попутник.

동향(同鄕) та ж (сама) батьківщина. ¶ ~ 사람 земляк; співвітчизник.

동향(動向) спрямованість; тенденція; схильність.

동호인 люди з однаковими смаками.

동화(童話) дитяча розповідь; оповідання для дітей. ‖ ~ 작가 дитячий письменник. ~집 збірка дитячих оповідань.

동화(同化) асиміляція; адаптація; засвоєння. ¶ ~하다 асимілюватися; уподібнюватися. ‖ ~ 정책 політика асиміляції.

돛 вітрило. ¶ ~을 달다 підняти вітрила.

돛단배 вітрильник; вітрильний човен.

돼지 свиня. ‖ ~ 우리 свинарник.

돼지고기 свинина.

되 [단위] тве.

되 [접두사] напроти; навпаки; назад; знову. ¶ ~돌아서다 повертатися назад.

되감다 знову намотувати; перемотувати.

되뇌다 повторювати.

되다 ставати; перетворюватися; бути; являтися; бути готовим; виходити. |구성되다| складатися з чого; годитися. |농사| вирости. |시간| наступати; здійснитися. ¶ 되는 대로 як небудь; як вийде; навмання; недбало. 다 되었다. Все готово. 밤이 되었다. Настала ніч.

되다 густий; крутий. ¶ 되게 сильно; серйозно. 된 풀 густий клей.

되도록 по можливості; як можна. ¶ ~ 좋게 якнайкраще.

되돌려보내다 посилати (повертати) назад.

되돌리다 змушувати (дозволяти) повертатися.

되돌아가다 назад повертатися.

되돌아서다 повертатися назад.

되돌아오다 приходити (приїжджати) назад; назад повертатися.

되묻다 перепитувати.

되바라지다 причепливий; чванливий.

되받다 |도로 받다| отримувати назад. |반격하다| давати відсіч; заперечувати. ¶ 되받아 넘기다 передавати кому отримане *від кого*.

되살다 оживати; повертатися до життя. |기분이| знову виникати.

되살리다 повертатися до життя; воскрешати; оживати. ¶ 죽은 사람을 ~ повертати мертвого до життя. 추억을 ~ оживити спогади.

되살아나다 заново народжуватися; відроджуватися.

되새기다 постійно жувати; знову обдумувати.

되새김질 жуйка. ¶ ~하다 |동물이| жувати жуйку. |깊이 생각하다| глибоко задумуватися над чим.

되씹다 |되새기다| говорити одне і те ж.

되찾다 знову шукати (розшукувати).

되풀이 повторення. ¶ ~하다 повторювати. ~되다

повто́рюватися.

된소리 {어문} геміна́та. ‖ ~되기 геміна́ція.

된시옷 геміна́та.

된장 со́єва па́ста. ‖ ~국 суп, запра́влений со́євою па́стою.

됨됨이 |사람| хара́ктер; нату́ра. |사물| я́кість.

두 (頭) → [단위]마리

두 два. ¶ ~ 사람 дві люди́ни. ~번째 дру́гий.

두가 маків́ка; ве́рхня части́на голови́. ¶ ~을 나타내다 бу́ти на го́лову ви́ще (і́нших); виділя́тися.

두개 черепна́ коро́бка. ‖ ~골 че́реп.

두건 жало́бна головна́ пов'я́зка з конопля́ного полотна́.

두견새 зозу́ля.

두고두고 до́вго; постій́но.

두고보다 вичі́кувати; слідкува́ти. ¶ 두고보자 Поживе́мо – поба́чимо.

두근거리다 би́тися; трощи́ти. ¶ 가슴이 ~ се́рце стука́є (б'є́ться; стриба́є).

두꺼비 жа́ба.

두껍다 товсти́й. ¶ 두꺼운 책 товста́ кни́га.

두께 товщина́. ¶ 벽의 ~ товщина́ стіни́.

두뇌 головни́й мо́зок; ро́зум; свідо́мість.

두다 покла́сти; кла́сти; залиша́ти. |보존하다| зберіга́ти; берегти́; саджа́ти. |만들다| ство́рювати; засно́вувати; роби́ти; будува́ти. ¶ 그대로 ~ залиша́ти в тако́му ж поло́женні; залиши́ти як є. 염두에 ~ ма́ти на ува́зі. 부서를 ~ ство́рювати ві́дділ.

두더지 кріт.

두둑하다 |모양| опу́клий. |풍부하다| рясни́й.

두둔 засту́пництво; проте́кція. ¶ ~하다 опі́куватися; протегува́ти; заступа́тися; захища́ти *кого́*; бра́ти під за́хист.

두드러기 кропиви́ця. ¶ ~가 났다 ви́ступила кропиви́ця.

두드러지다 опу́клий; релье́фний; вира́зний.

두드리다 сту́кати; би́ти. ¶ 문을 ~ сту́кати в две́рі. 주먹으로 ~ би́ти кулако́м.

두들기다 си́льно сту́кати; би́ти.

두런두런 ¶ ~하다 шепоті́тися; шушу́катися.

두렁 → 논[두렁].

두려움 страх; боя́знь.

두려워하다 боя́тися; відчува́ти страх; побо́юватися.

두렵다 боя́тися; побо́юватися. ¶ 늦을까봐 ~ боя́тися запізни́тися.

두령 голова́; вожа́к; вождь.

두루 ма́йже всі; в зага́льному; всі без виня́тку; навко́ло; круго́м. ¶ ~ 생각해 보다 обду́мати з усі́х сторі́н.

두루두루 круго́м; навкруги́. ¶ ~ 살피다 озира́тися по сторона́м; огляда́тися навкруги́.

두루마기 коре́йський ве́рхній хала́т.

두루마리 папі́р в рулоні́; суві́й.

두루미 жураве́ль.

두르다 оточу́вати. |선·테를| огина́ти; обходи́ти по кра́ю. |스커트를| одяга́ти.

두름 [단위] зв'я́зка ри́би з 20 штук.

두메 відда́лена гірська́ мі́сцевість.

두메 산골 райо́н, що знахо́диться в гора́х.

두목 атама́н; ватажо́к.

두문불출 ¶ ~하다 бу́ти

두발 → 머리카락.

두부(豆腐) соєвий сир.

두부(頭部) голова́.

두서 зв'язність; логі́чна послідо́вність; стру́нкість. ¶ ~없이 незв'я́зно.

두절 припи́нення; пору́шення. ¶ ~되다 припиня́тися; пору́шуватися.

두텁다 товсти́й. |우정| міцни́й; тривки́й. |배려| вели́кий. |풍부한| доста́тній; замо́жний. |짙은| сокови́тий; ду́же густи́й. ¶ 두텁게 маси́вно; гу́сто; сокови́то. 두터운 우정 мі́цна дру́жба.

두통 головни́й біль. ‖ ~거리 головоло́мка.

두툼하다 дово́лі товсти́й. ¶ 두툼히 дово́лі то́всто.

둑 да́мба; гре́бля; на́сип. ¶ ~을 막다 закла́сти да́мбу.

둔감 нечутли́вість; пога́на па́м'ять. ¶ ~하다 нечутли́вий; тупи́й; некмітли́вий. |기억이| пога́ний.

둔갑 |속어| маскува́ння. |신화적 의미| перевті́лення. ¶ ~하다 маскува́тися; перевті́люватися. ‖ ~술 мисте́цтво перевті́лення.

둔덕 па́горб. ‖ ~길 доро́га по па́горбу.

둔부 сідни́ця.

둔중하다 тяжки́й; громі́здкий; важки́й. |소리| гучни́й.

둔재 тупоу́мство; тупоголо́вий.

둔탁하다 |감각| пові́льний та тупи́й. |소리| гучни́й.

둔하다 |동작| пові́льний; неповоро́ткий; незгра́бний. |모양| громі́здкий; маси́вний. |성질| тупи́й; дурнува́тий. ¶ 머리가 둔해졌다. Голова́ отупі́ла. 둔한 사람 пові́льна люди́на.

둔화 ¶ ~되다 стаза́ти тупи́м (грубува́тим).

둘 два; обидва́; оби́дві. ¶ ~이서 вдвох.

둘둘 ¶ ~ 말다 згорта́ти. 종이를 ~ згорта́ти папі́р.

둘러대다 говори́ти не пря́мо (алегори́чно); говори́ти натя́ками.

둘러메다 зва́лювати на плече́.

둘러보다 огляда́ти.

둘러서다 обступа́ти.

둘러싸다 оточу́вати; обступа́ти. ¶ 둘러싸고 навко́ло *кого-чого*.

둘러앉다 сіда́ти навко́ло *чого*.

둘러엎다 перекида́ти.

둘레 ко́ло. ‖ 가슴 ~ об'є́м груде́й. ~에 навко́ло.

둘째 дру́гий.

둥 ‖ …둥, …둥| чи… чи; не то … не то…

둥그러니 в фо́рмі ко́ла.

둥그렇다 → 둥글다.

둥그스름하다 кругля́стий; кру́глий.

둥글다 кру́глий; става́ти кру́глим; окру́глюватися. ¶ 둥글게하다 окру́глювати.

둥둥 ¶ ~ 떠가다 пливти́.

둥실둥실하다 по́вний; угодо́ваний.

둥우리 пле́тений ко́шик.

둥지 гніздо́. ¶ ~를 틀다 ви́ти гніздо́; гнізди́тися.

뒤 |방향| зад; за́дня (і́нша) сторона́. |시간| по́тім; пі́сля. |결과| кіне́ць; результа́т; на́слідок. |배경| підтри́мка. ¶ ~에서 за спи́ною. ~를 따라 слі́дом за *ким*. 일을 ~로 미루다 відкла́сти робо́ту. ~가 든든하다 ма́ти наді́йну підтри́мку.

뒤꿈치 п'ятка; задник.

뒤끓다 кипіти; вирувати.

뒤끝 кінець; закінчення.

뒤곁 задня сторона; заднє місце.

뒤덮다 суцільно покривати. ¶ 안개가 숲을 뒤덮었다 Туман огорнув гай.

뒤덮이다 бути суцільно покритим.

뒤돌아보다 оглядатися назад.

뒤돌아서다 повертатися назад.

뒤따르다 іти слідом; слідувати (за ким); слідувати по п'ятах.

뒤떨어지다 відставати. ¶ 유행에 ~ відставати від моди.

뒤뚱거리다 сильно качатися (розкачу-ватися) зі сторони в сторону.

뒤룩거리다 повільно рухатися. |뚱뚱한 사람이| ледве рухатися.

뒤바꾸다 цілковито переплутати (переміщати).

뒤바뀌다 бути цілком переплутаним (переміщаним).

뒤범벅 безлад; плутанина. ¶ ~이 되다 бути переміщаним; все догори ногами.

뒤섞다 перемішувати; переплутувати; перетасовувати.

뒤섞이다 бути перемішаним (переплу-таним; перетасованим).

뒤숭숭하다 неспокійний; тривожний. ¶ 나는 마음이 ~. В мене на душі тривожно.

뒤안 → 뒤곁.

뒤얽히다 бути недбало зв'язаним.

뒤엉키다 зовсім переплутатися.

뒤엎다 перекидати; перекидати догори ногами.

뒤적거리다 |찾다| ритися; шукати. |책을| гортати.

뒤져보다 шукати; розшукувати; копатися (в чому).

뒤주 скриня. ¶ 쌀 ~ скриня з рисом.

뒤죽박죽 безладно; хаотично. ¶ ~ [이] 되다 бути в безладі; переплутатися; бути переворушеним.

뒤지다 |뒤떨어지다| відстати; не досягти; не доходити.

뒤지다 шукати; копатися (в чому); розривати; розгрібати. |책을| гортати. ¶ 호주머니를 ~ шукати в кишені.

뒤집다 вивертати навиворіт; перевертати; переставляти; міняти місцями. |제도 등을| скидати; закочувати. ¶ 소매를 ~ вивернути рукава. 눈을 ~ закотити очі.

뒤집어쓰다 недбало одягати; накриватися з головою; бути покритим з голови до ніг. |책임을| брати на себе. ¶ 이불을 ~ накритися ковдрою; загорнутися в ковдру. 물을 ~ бути облитим з голови до ніг.

뒤집어엎다 перевертати. |제도 등을| скидати. ¶ 잔을 ~ перекинути чашку. 적들의 주장을 ~ заперечити твердження ворогів.

뒤집히다 бути вивернутим навиворіт; бути переміщеним. ¶ 눈이 뒤집혔다. Очі закотилися.

뒤쪽 → 뒤, 후방.

뒤쫓다 переслідувати; слідувати (за ким); іти слідом.

뒤척이다 шарити; ритися.

뒤쳐지다 перевертатися.

뒤탈 погані наслідки; нове ускладнення.

뒤통수 потилиця. ¶ ~를 치다

뒤틀다 впасти у відчай.
뒤틀다 вивертати; закручувати; перешкоджати; зривати. ¶ 줄을 ~ 크루티ти мотузку.
뒤틀리다 бути вивернутим (закрученим). |계획이| бути зірваним. відвернутися; повернутися спиною.
뒤편 ¶ ~으로 보내다 посилати (відправляти) з наступною попутною людиною.
뒤편 |후편| друга частина.
뒤풀이 коментар, написаний у віршованій формі.
뒤흔들다 сильно качати (трясти); розхитувати.
뒤흔들리다 сильно труситися; розхитуватися.
뒷간 туалет; вбиральня.
뒷감당하다 братися закінчити (справи).
뒷거래 незаконна угода (торгівля).
뒷걸음 крок (хід) назад. ¶ ~질 하다 подаватися назад. ~ 치다 крокувати назад; іти назад.
뒷골목 дальній провулок. ¶ ~길 задній провулок.
뒷구멍 задній отвір; чорний хід. ¶ ~을 파다 підкопуватися.
뒷날 подальші дні; майбутнє.
뒷다리 задні лапи (ноги); задні ніжки. ¶ ~를 잡다 виявити (знайти) слабке місце.
뒷덜미 потилиця; задня частина шиї.
뒷동산 пагорби за будинком; схил гори за селом; декоративна гірка за будинком.
뒷말 продовження (розповіді); післямова; плітки. ¶ ~하다 говорити за очі; пліткувати.

뒷맛 присмак. |작업 후의| настрій.
뒷면 задня сторона. ¶ 사건의 ~ зворотна сторона події.
뒷모습 (зовнішній) вигляд ззаду.
뒷바라지 догляд; турбота. ¶ ~하다 доглядати; турбуватися за ким.
뒷받침 підставка; підкріплення; підпірка. |도움| підтримка, допомога. ¶ ~하다 підставляти; підпирати. |돕다| підтримувати; допомагати.
뒷발 задні ноги (лапи); відставлена назад нога.
뒷산 гора, розташована за чим.
뒷소문 плітки; чутки. ¶ ~이 돌다 ходять чутки.
뒷수습 ¶ ~하다 закінчувати; доробляти.
뒷자리 місце позаду; заднє сидіння; останнє місце. |수확 후의| стерня. |일의| слід роботи.
뒷장 останні листи.
뒷전 позаду; ззаду; обернена (залаштункова) сторона; задня частина борту. ¶ ~에서 비방하다 зводити наклеп за спиною (за очі).
뒷줄 задній ряд.
뒷짐 закладання рук за спину. ¶ ~지다 закладати руки за спину.
뒹굴다 валятися.
드나들다 заходити і виходити; бути нерівним.
드넓다 дуже широкий; просторий. ¶ 드넓은 바다 безкрайнє море.
드높다 дуже високий; грандіозний. ¶ 드높이 дуже високо.
드디어 нарешті; в решті-решт.
드러나다 показуватися; виявлятися; здобувати широку відомість.
드러내다 виявляти; проявляти; показувати; розкривати; виражати.

¶ 대단한 재능을 ~ виявити великі здібності.

드러눕다 лягти; влягтися.

드리다 давати; підносити; вручати. ¶ 선물을 ~ дарувати подарунок. 감사를 ~ приносити кому-чому (свою) вдячність. 보고를 ~ доповідати. 인사를 ~ передавати привіт;

드리우다 опускати; звішувати; висіти; звішуватися. ¶ 구름이 낮게 드리워있다. Люстра висить під стелею.

드릴 дриль; свердло.

드문드문 рідко; зрідка; подекуди. ¶ ~ 찾아오다 приходити (відвідувати) зрідка. ~하다 рідкий.

드물다 рідкий.

드세다 дуже сильний.

득(得) → 소득.

득남(得男) народження сина.

득녀(得女) народження доньки.

득도(得道) пізнання істини.

득세하다(得勢--) здобувати сплив; висуватися; робити кар'єру.

득실(得失) користь та шкода. ¶ ~을 따져보다 думати про користь та шкоду; зважувати всі «за» та «проти».

득실거리다 кишіти. ¶ 개미들이 득실거린다. Мурахи кишать.

득의양양하다 торжествувати; бути на сьомому небі.

득점 оцінка; бал; рахунок.

--든[지] ¶ 가~ 말~ мáйнмдéле дé ра. Роби як хочеш: можеш іти, можешь залишитися (чи іди чи ні).

든든하다 |견고하다| твердий; міцний; сильний; надійний; вірний. |배가| ситий; повний. |마음이| серйозний; суворий. ¶ 든든히твердо; міцно; сильно; надійно; серйозно. 든든한 경제토대 міцний економічний базис. 든든하게 먹고 길을 떠났다. Добре поїв, вирушили в дорогу. 마음이 ~ бути впевненим.

듣다 чути; слухати; отримувати; вислуховувати; слухатися. ¶ 지시를 ~ отримати розпорядження. 부탁을 들어주다 задовольнити прохання. 부모의 말을 ~ слухатися батьків.

듣다 |효험이 있다| діяти; бути ефективним. ¶ 약이 듣는다 Ліки діють.

들[판] рівнина; поле. ¶ 기름진 들 родюче поле.

들-- полевий; дикий. ‖ ~꽃 польова квітка. ~장미 дика троянда; шипшина. ~풀 польові трави.

들것 носилки. ¶ ~으로 환자를 나르다 нести на носилках хворого.

들국화 оман.

들기름 масло з насіння перили.

들깨 перила; насіння перили. ‖ ~기름 листя перили.

들끓다 сильно кипіти; бити ключем. |마음이| збуджуватися; кишіти. ¶ 가슴이 들끓는다. Серце сильно стукає (б'ється). 거리는 사람들로 들끓었다. Вулиці кишіли людьми.

들다 |거처를 정하고 살다| поселитися; залишитися. |안으로| заходити; вступати; підступати. |빛이 스미다| фарбуватися. |소용되다| потребуватися; приходитися. |마음에| сподобатися. |병이| виникати; з'являтися. ¶ 잠자리에 ~ лягти в ліжко. 길을 잘못 ~ загубити дорогу; загубитися. 단풍이 ~ пожовтіти (про листя). 여비가 얼마나 들었니? Скільки коштувала поїздка? 멍이 들었다. З'явився синець. 잠이 ~ заснути. 풍년이 들었다 Вийшов багатий врожай. 시중을 ~ доглядати. 역성을 ~ вступатися.

들다 |연장이| добре різати; бути гострим. ¶ 칼이 잘 든다 Ніж добре ріже.

들다 |나이가| бути в літах.

들다 |손에 가지다| тримати. |위로 올리다| піднімати. |예 등을| приводити. |음식을| їсти; пити. ¶ 수건을 들고 з рушником в руках. 고개를 ~ підняти голову. 많이 드십시오. Смачного! 예를 ~ навести приклад.

들들 ¶ ~ 볶다 підсмажувати; перемішувати. ~ 들볶다 витрачати.

들뜨다 |물건이| відставати; відходити; відклеюватися. |마음이| бути неспокійним. ¶ 벽지가 들떴다 Шпалери відклеїлись. 들뜬 기분을 가라앉히다 заспокоїти збуджений настрій.

들락거리다 то заходити, то виходити.

들려주다 давати можливість послухати; розповідати; давати знати кому. ¶ 노래를 ~ давати можливість послухати пісню.

들르다 заходити; заїжджати; заглядати. ¶ 상점에 ~ зайти в магазин. 오늘 집에 들리십시오. Заходьте сьогодні до мене.

들리다 чутися; змушувати слухати. ¶ 내말이 들립니까? Ви мене чуєте? 들릴락말락하다 ледве чутний.

들리다 |위로| бути піднятим. |코가| бути піднятим (про ніс).

들볶다 досаджати; мотати; не давати життя кому. ¶ 괜히 사람 들을 ~ ні до чого мучити людей.

들볶이다 бути змученим; бути стурбованим (схвильованим).

들소 бізон.

들썩거리다 трясти(ся); шуміти; хвилюватися.

들쑥날쑥하다 нерівний; зубчатий.

들이-- сильно. ¶ ~닥치다 раптом нагрянути.

--들이 місткістю в ... ¶ 1킬로 들이 місткістю в один кілограм. 1 літер ~ 병 літрова пляшка.

들이다 |안으로| змушувати (дозволяти) заходити; приймати |물을| фарбувати. |살게 하다| вселяти; поселяти. |힘·비용 등을| давати; надавати. ¶ 빨간물을 ~ фарбувати в яскраво-червоний колір. 돈을 ~ асигнувати кошти.

들이대다 наполягати; наполегливо вимагати. ¶ 요구조건을 ~ пред'явити вимоги.

들이마시다 сьорбати; ковтати; пити великими ковтками; глибоко вдихати. ¶ 공기를 한가슴 ~ набрати в груди повітря.

들이밀다 вштовхувати; втискувати; всовувати; простромлювати; сильно штовхати; вкладати; надавати.

들이받다 бити (головою); таранити; сильно вдарятися.

들이붓다 всипати у що; вливати; сильно литися; лити як з відра. ¶ 물을 독에 ~ влити воду в чан.

들이쉬다 глибо́ко вдиха́ти; роби́ти глибо́кий вдих.

들이켜다 з жадібністю ви́пити; жа́дібно вдиха́ти. ¶ 단숨에 ~ ви́пити за́лпом. 신선한 공기를 ~ вдиха́ти свіже пові́тря.

들입다 си́льно. ¶ ~ 밀다 си́льно штовха́ти.

들짐승 польові́ зві́рі.

들쭉날쭉 нері́вно; зу́бчато.

들창코 підня́тий (кирпа́тий) ніс.

들추다 ри́тися; розкрива́ти; виявля́ти. ¶ 비밀을 ~ розкрива́ти таємни́цю; дізнава́тися про всі таємни́ці.

들추어내다 ви́рити; ви́копати; розкри́ти; розкри́ти прихо́ваних воро́гів.

들키다 бу́ти помі́ченим (розкри́тим); попа́стися на о́чі.

들통 розкриття́; ви́явлення. ¶ 들통이 나다 розкри́ти; ви́явити.

듬뿍 вдо́сталь; по́вно.

듬성듬성하다 рідки́й; розки́даний.

듬직하다 солі́дний; вража́ючий. ¶ 그는 나이보다 듬직하게 보였다. Він вигляда́в не по рока́х солі́дно.

듯 ймові́рно; здає́ться. ¶ 그가 올 듯 하다. Він, ймові́рно, при́йде.

--듯 |...처럼| немо́вби; як би. ¶ 꾀꼬리가 노래하~ співа́ти, як солове́й. 죽은~ немо́вби ме́ртвий. 다 안다는 ~이 з таки́м ви́глядом, немо́в він все зна́є.

등 |신체의| спи́на. |предме́та| о́бух. ¶ ~을 대고 눕다 лягти́ на спи́ну. ~을 펴다 ви́рівняти спи́ну. ~에 지다 звали́ти на спи́ну. ~을 굽히다 зігну́ти (горби́ти спи́ну). ~을 돌리다 поверну́тися спи́ною (до чого). ‖ 칼~ о́бух (ножа́).

등(等) і тому́ поді́бні; і і́нші. ¶ 사과, 배, 복숭아 ~의 과일 я́блуко, гру́ша; пе́рсик та і́нші фру́кти.

등(等) → 등급.

등(燈) ла́мпа; ліхта́р. ¶ ~을 켜다 включи́ти (запали́ти) ла́мпу. ~을 끄다 ви́мкнути (погаси́ти) ла́мпу. ‖ ~불 вого́нь ла́мпи (ліхтаря́). ~잔 світи́льник. 가로~ ву́личний ліхта́р. 석유~ га́сова ла́мпа.

등가(等價) еквівале́нт; рівноці́нність. ¶ ~적 еквівале́нтний. ‖ ~계산 еквівале́нтний розраху́нок. ~교환 еквівале́нтний о́бмін. ~물 еквівале́нт. ~보상 еквівале́нтне відшкодува́ння. ~성 еквівале́нтність. ~형태 еквівале́нтна фо́рма.

등가죽 шкі́ра на спині́.

등걸 пінь.

등겨 рисові́ ви́сівки.

등고 висота́ маяка́; висота́ сигна́льного ліхтаря́. ‖ ~선 горизонта́ль.

등골 |척추골| спи́нний мо́зок. ¶ ~이 빠지다 вибива́тися з сил; вимо́туватися.

등골 о́бласть хребта́. ¶ ~이 오싹하다 Мура́шки бі́гають по спині́. (від стра́ху).

등교 відві́дування шко́ли. ¶ ~하다 ходи́ти в шко́лу; відві́дувати шко́лу.

등극 вступ на престо́л. ¶ ~하다 вступа́ти на престо́л.

등급 клас; ро́зряд; сорт; ранг. ¶ ~을 매기다 ви́значити ро́зряд (клас). ~이 오르다 підви́щуватися по розря́ду.

등기 реєстрація. ‖ ~우편 замовне поштове відправлення.

등나무 гліцинія.

등단하다 підніматися на трибуну; займати місце в президії; виходити на арену.

등대 маяк.

등등 і так далі; і тому подібне.

등락 здача та нездача екзамена.

등록 реєстрація; прописка. ‖ ~증 свідоцтво про реєстрацію.

등받이 спинка.

등변 рівносторонній. ‖ ~사각형 ромб. ~삼각형 рівносторонній трикутник.

등본 копіювання; копія; дублікат.

등분 ділення на рівні частини. ¶ 세 ~ ділення на три рівні частини. ~하다 ділити на рівні частини (порівну).

등불 вогонь лампи (ліхтаря).

등사기 гектограф; мімеограф; склограф.

등산 сходження на гору; підйом на гору; альпінізм. ¶ ~하다 здійснювати сходження (підйом) на гору; сходити на гору. ‖ ~객 альпініст, що приїхав. ~로 маршрут сходження на гору. ~모 головний убір альпініста. ~복 одяг альпініста. ~지팡이 палиця альпініста; альпеншток. ~화 черевики для альпіністів.

등살 м'язи спини; спина.

등성이 спина; гребінь гори.

등속 рівномірний. ‖ ~운동 рівномірний рух.

등수 порядок прихових місць; розряд; категорія. ¶ ~에 들다 займати перше призове місце; витримати екзамен. ~를 매기다 визначати призові місця; давати розряд; ставити оцінку.

등식 рівність.

등신 бовдур; йолоп.

등심 вирізка з товстого та тонкого края (яловичої туші).

등쌀 чіпляння; причіпки; гоніння. ¶ ~에 못이겨 не витерпівши причіпок.

등압 однаковий тиск. ‖ ~선 ізобари.

등온 однакова температура.

등외 не включений в розряд; несортний.

등용 висування (на роботу); підвищення (по службі). ¶ ~하다 висувати; підвищувати.

등유 гас.

등잔 світильник.

등장 вихід (на сцену); поява (на трибуні); вихід на арену. ¶ ~하다 виходити (на арену); з'являтися (на арені). ‖ ~인물 персонаж; діюча особа; учасник; зацікавлена особа.

등줄기 спинний хребет; хребет.

등지 і інші (подібні) місця.

등지다 повернутися спиною; залишати. |사이가 틀어지다 погіршуватися (про стосунки). ¶ 고향을 ~ залишати рідні місця. 그들은 서로 둥지고 있다 Вони не в злагоді.

등짐 ¶ ~을 지다 звалювати що на спину.

등치다 шантажувати. ¶ 약한 자를 ~ шантажувати слабкого (немічного).

등판 спина.

등한시하다 зневажати; ставитися байдуже.

둥호 знак рівності.
디디다 ступати; давити; натискати (ногою). ¶ 조심조심 발을 ~ обережно переступати ногами.
디딜방아 ножна крупорушка.
디딤돌 кам'яна сходинка.
디스카운트 знижка; дискаунт.
디스켓 дискет.
디스코 дискотека; танці.
디스크 диск. ‖ ~드라이브 дисковід; накопичувач на дисках. 플로피 ~ гнучкий диск.
디스플레이 |진열| показ; проявлення. |전시회| виставка. |전산| дісплей.
디엔에이(DNA) ДНК (дезоксирибонуклеїнова кислота).
디엠지(DMZ) демілітаризована зона.
디옵터(diopter) діоптрія.
디자이너 модельєр; конструктор; дизайнер.
디자인 |계획| план. |도안| дизайн.
디저트 десерт; солодке; третє.
디제이(DJ) диск-жокей.
디젤--(Diesel) ‖ ~기관차 тепловоз. ~엔진 дизель; дізельний двигун.
디지털 цифровий. ‖ ~시계 цифровий (електронний) годинник.
디플레이션 (deflation) дефляція.
딛다 → **디디다**
딜러 |무역업자| банкомет; дилер. | 카드놀이의| що роздає карти.
딜럭스 розкішний, люкс.
딜레마 дилема. ¶ 그는 ~에 빠졌다. Він стоїть перед дилемою.
따갑다 |몹시 덥다| дуже гарячий; жаркий. |피부가| горіти.
따내다 відривати; зривати.
따님 Ваша (його) донька.

따다 |떼다| рвати; зривати; збирати. |골라내다| брати. |뜯다| розкривати; відкривати. ¶ 점수를 ~ набирати очки; отримувати оцінку. 깡통을 ~ відкривати консервну банку.
따돌리다 ізолювати кого; тримати на відстані.
따라서 тому.
따라잡다 доганяти.
따로 |별도로| окремо; роздільно; на відшибі. |다르게| особливо. ¶ ~ 살다 роздільно жити.
따르다 |뒤를 좇다| слідувати; доганяти. |좋아하여 좇다| слідувати; наслідувати.
따분하다 сумний; нудний; незручний.
따사롭다 теплий; лагідний.
따지다 докопуватися; розбиратися в чому; детально розпитувати.
따끈하다 достатньо гарячий. ¶ 따끈따끈하다 дуже гарячий.
따끔하다 відчувати печіння; горіти; різкий.
따뜻하다 теплий.
따위 типу *чого*; подібний *чому*. ¶ 너 ~ такі як ти; ти і тобі подібні.
딱 повністю; зовсім; міцно; щільно; як раз; точно; сильно.
딱따구리 дятел.
딱딱 ¶ ~ 들어붙다 щільно прилипати (приклеюватися). ~ 맞다 точно (повністю) співпадати (сходитися).
딱딱하다 ляскати; стукати; злегка вдаряти.
딱정벌레 жук.
딱지 |상처의| струп; болячка. |종이의| плямка (крапочка) на папері. | 껍데기| панцир; кірка.

딱지 |거절| відмова. ¶ ~를 놓다 відмовляти; відкидати. ~를 맞다 отримати відмову.

딱지 |우표·증지 따위| наклейка; бирка; ярлик; етикетка. |교통위반의| квитанція. ¶ ~를 떼다 виписувати штрафну квитанцію за правопорушення.

딱하다 жалюгідний; що викликає жалість; незручний; важкий. ¶ 딱하게 여기다 жаліти. 딱한 입장 важке становище.

딴 ¶ 내 ~에는 що стосується мене; з моєї сторони; особисто я.

딴딴하다 твердий; жорстокий; міцний; сильний.

딴전 ¶ ~을 부리다 займатися сторонньою справою; говорити на сторонню тему.

딸 дочка.

딸기 суниця; полуниця.

딸꾹질 гикавка. ¶ ~하다 гикати.

딸딸이 ручний візок; тачка.

땀 піт. ¶ ~을 흘리다 обливатися потом. ~이 나다 потіти. ~투성이다 весь в поті.

땅 |뭍| суходіл; земля. |토양| ґрунт. |영토| територія; країна; орна земля.

땅 |소리| бух; бах.

땅거미 сутінки. ¶ ~가 내리다 меркнути.

땅 печера; тунель; яма.

땅꾼 торговець зміями; шкурник.

땅딸막하다 маленький та товстий.

땅딸보 куций.

땅바닥 поверхня землі; гола земля.

땅속 надра. ¶ ~에 в надрах землі; під землею. ~의 자원 корисні копалини.

땅콩 земляний горіх; арахіс.

땋다 |실을| плести; заплітати. |머리를| вплітати.

때 |시간| пора року; сезон. |시대| період; епоха. |경우| момент; випадок. ¶ ~ 맞게 вчасно. ~때로 іноді; час від часу; зрідка. ~없이 коли завгодно; в любий час.

때 |먼지| бруд. |얼룩| пляма. ¶ ~가 묻다 забруднитися.

때다 топити; розпалювати.

때로[는] час від часу; іноді; інколи.

때리다 бити; різко критикувати.

때마침 як раз; вчасно.

때문에 по причині; через; тому; так як; тому що.

땔나무 дрова; паливо.

땜질하다 паяти; залютовувати.

땡땡이 неробство. ¶ ~이를 부рити (치다) ледарювати; байдикувати.

떠나다 вирушати; залишати; зникати; пропадати. ¶ 길을 ~ вирушати в путь. 현실을 ~ відриватися від дійсності. 떠나가게 |크게| дуже голосно.

떠내다 черпати; вилавлювати з води.

떠돌다 бродити; блукати; кружляти (в повітрі); розноситися.

떠들다 шуміти; кричати; піднімати галас; розноситися.

떠들썩하다 дуже галасний; схвильо-ваний; галасувати; хвилюватися.

떠듬떠듬하다 заїкатися; запинатися.

떠맡다 цілком брати на себе; бути змушеним взяти на себе.

떠밀다 штовхати; перекладати на іншого.

떠받다 підчіплювати; піддати; підки-нути верх; давати відсіч.

떠벌이다 перебільшувати; хвалити; хвалькувато розповідати.

떠보다 перевіряти; промацувати.

떠안다 брати на себе.

떠오르다 підніматися; спливати на поверхню. |해가| сходити. |기억이| спливати. |생각이| приходити в голову.

떡 рисовий паровий хлібець. ¶ ~ 먹듯 простіше простого; пара дрібниць. ǁ ~국 (корейський) суп з галушками. ~방아 крупорушка.

떡갈나무 дуб (зубчатий).

떡잎 сім'ядоля.

떨거지 родичі; близькі.

떨구다 впускати; скидати; залишати; вичерпуватися; закінчуватися; знижувати; понижувати. ¶ 눈물을 ~ пускати сльози.

떨기 кущ. ¶ 한 ~의 장미꽃 (один) кущ троянди.

떨기나무 кущ; чагарник.

떨다 тремтіти; трястися.

떨치다 |명예를| гриміти; здобувати відомість. |목소리를| голосно лунати.

떨떠름하다 дуже розгублений.

떨어지다 |낙하하다| падати. |붙은 것이| віддалятися; відриватися. |남다| залишатися. |뒤지다| відставати; залишатися позаду. |값이| знижуватися; понижуватися. |못하다| бути гірше; не йти в порівняння. |바닥나다| закінчуватися; вичерпуватися. |병·습관이| проходити; зникати. |거리·간격이| відстоюватися; бути віддаленим. |헤어지다| розлучатися. |해어지다| зношуватися. |상태가| потрапити в важке положення. |시험에| провалитися. |나눗셈에서| ділитися без залишку. |숨이| померти. |명령이| спускатися.

떨어뜨리다 впускати; скидати; понижувати; схиляти.

떫다 терпкий.

떳떳하다 справедливий; гідний.

떵떵거리다 ¶ 떵떵거리며 살다 жити на широку ногу.

떼 |무리| натовп; стадо; зграя; рій; косяк.

떼 |고집| впертість. ¶ ~를 쓰다 бути впертим.

떼다 |붙은 것을| відривати; відділяти. |봉한 것을| розкривати. |관계를| розривати. |일을| припиняти; призупиняти. ¶ 아이를 ~ зробити аборт. 걸음을 ~ починати ходити. 입을 ~ відкривати рот. 말을 ~ починати говорити. 젖을 ~ віднімати від грудей. 손을 떼라! Руки геть!

떼밀다 штовхати всім тілом.

뗏목 колоди для плоту.

또[다시] знову; і; ще; ще раз.

또는 чи (ж).

또랑또랑하다 ясний; чіткий; виразний.

또렷하다 виразний; ясний.

또래 ¶ 같은 ~ однолітки.

또박또박 ясно; чітко; точно. ¶ ~ 말하다 чітко говорити. ~ 쓰다 чітко писати.

또한 (а) також; до того ж.

똑 точно; як раз. ¶ ~같다 точно такий же, як …; дуже схожий на …

똑바로 прямо; навпростець; в

обли́ччя; то́чно; пра́вильно. ¶똑 바르다 прями́й; справедли́вий.

똑딱거리다 стукоті́ти. |시계가| безпере́рвно цо́кати.

똑하다 |분명하다| я́сний; вира́зний; чітки́й; то́чний. |영리하다| розу́мний; тяму́щий. ¶똑똑한 아이 розу́мна дити́на. ~한 발음 то́чна вимо́ва.

똘똘하다 доте́пний; солі́дний; корена́стий.

똥 кал; гній; по́слід; фека́лії; екскреме́нти. ¶ ~을 누다 випорожня́тися. ~ 묻은 개 겨 묻은 개를 나무란다 В чужо́му о́ці смі́тинку ба́чить, а в своє́му коло́ди не поміча́є. || ~구멍 ана́льний о́твір. ~물 рі́дкі екскреме́нти; зе́лень (при блюво́ті). ~배 вели́кий живі́т. ~오줌 кал та се́ча.

똥똥하다 по́вний; вгодо́ваний; що опу́х; що вздувся.

뙈기 діля́нка по́ля.

뙤약볕 палю́чі про́мені со́нця.

뚜렷하다 я́сний; вира́зний.

뚜벅뚜벅 ¶ ~ 걷다 іти́ чітки́м кро́ком; карбува́ти крок.

뚜껑 кри́шка.

뚝배기 го́рщик з обпа́леної гли́ни.

뚫다 продіря́вити; пророби́ти о́твір; свердли́ти; бура́вити. |길을| прокла́дати. |장애를| перебо́рювати.

뚫어지다 продіря́витися; перебо́рюва-тися. ¶뚫어지게 보다 свердли́ти очи́ма.

뚱보 похму́ра та відлю́дна люди́на. || 뚱~ товсту́н.

뚱딴지 бо́вдур. ¶ ~ 같은 소리 безглу́здя; абсу́рд.

뛰놀다 скака́ти; гра́тися; си́льно би́тися.

뛰다 стриба́ти; підстри́бувати; підска́кувати. |진동·맥박 등이| скака́ти. |심장이| колоти́тися. |달리다| шви́дко бі́гти.

뛰어나다 виділя́тися; рі́зко відрізня́тися; видава́тися; переве́ршувати. ¶ 뛰어на́н визначни́й.

뛰어나오다 вибіга́ти; виска́кувати; несподі́вано (ра́птом) з'яви́тися.

뛰어들다 (стрі́мко) забі́гти (врива́тися); вска́кувати; кида́тися.

뛰어오르다 підніма́тися; застри́бувати.

뜀 стрибо́к.

뜀박질 ¶ ~하다 стриба́ти.

뜨겁다 гаря́чий; жа́ркий.

뜨개바늘 в'яза́льна го́лка; в'яза́льні шпи́ці.

뜨개질 в'яза́ння. ¶ ~하다 в'яза́ти; займа́тися в'яза́нням.

뜨내기 бродя́га; випадко́ва робо́та. ¶ ~ 손님 випадко́вий відві́дувач.

뜨다 |오르다| підніма́тися; зліта́ти. |눈을| відкри́ти; розкри́ти. |해·달이| сходи́ти. |공중에| пла́вати; плисти́.

뜨다 |자리를| залиша́ти; ї́хати; іти́.

뜨다 |만들다| в'яза́ти; плести́; акура́тно ши́ти.

뜨다 |떼어내다| ¶ 각으로 ~ розбира́ти ту́шу. 포를 ~ мі́лко нарі́зати.

뜨다 |느리다| пові́льний; дале́кий; відда́лений; до́вгий; нечутли́вий.

뜨뜻미지근하다 ле́две те́плий; нерішу́чий.

뜬금 ці́ни, що коли́ваються.

뜬눈 ¶ ~으로 밤을 새у́ва́ти всю

ніч не закри́ти оче́й.

뜬소문 неправди́ві чутки́.

뜯다 рва́ти; розрива́ти; вирива́ти; розбира́ти; відрива́ти; відкле́ювати. ¶ 편지를 ~ розкрива́ти лист. 뜯어 고치다 розібра́ти та полаго́дити, ви́правити. 뜯어 말리다 розборо́няти тих, хто б'є́ться. 뜯어 먹다 відрива́ти та ї́сти; жи́ти за раху́нок. 뜯어 보다 ува́жно роздивля́тися.

뜸 |한의학| припіка́ння. ¶ ~을 뜨다 (놓다) припіка́ти.

뜸 |익힘| варі́ння на пові́льному (слабко́му) вогні́.

뜸부기 {조류} рога́тий очере́т; (водяни́й) дерка́ч.

뜸하다 пере́рваний (що призупини́вся) на де́який час.

뜻 ду́мка; во́ля; на́мір; пра́гнення; зміст; зна́чення; важли́вість; значу́щість. ¶ ~이 굳다 тверди́й (про во́лю). ~을 이루다 здійснюватися (про на́міри). ~을 세우다 поста́вити пе́ред собо́ю ціль; ма́ти на́мір.

뜻밖에 несподі́вано; ра́птом; рапто́во. ¶ ~ 성적이 좋았다 У́спіх переве́ршив сподіва́ння.

뜻풀이 тлума́чення. ¶ ~하다 тлума́чити. ‖ ~사전 тлума́чний словни́к.

뜻하다 ста́вити собі́ ці́ллю; ма́ти на́мір; означа́ти.

띄어쓰다 розді́льно писа́ти. ‖ 띄어쓰기 розді́льне написа́ння.

띄엄띄엄 з інтерва́лами; рі́дко; ури́вчасто.

띄우다 |편지를| відправля́ти.

띄우다 |사이를| залиша́ти промі́жок (ві́дстань).

띠 по́яс; ре́мінь; вузька́ сму́жка мате́рії; стрі́чка. ¶ ~를 매다 підпері́зуватися; одягти́ по́яс. ~를 풀다 розстібну́ти по́яс; зня́ти по́яс.

띠다 одяга́ти; підпері́зувати(ся). |지니다| ма́ти; володі́ти; проявля́ти.

띵하다 нічо́го не розумі́ти. ¶ 머리가 ~ ни́ючий головни́й біль.

라

라 {음악} ля.
라돈(radon) радо́н.
라듐(radium) ра́дій.
라디에이터 радіа́тор; батаре́я; випромі́нювач.
라디오 ра́діо. |방송| радіомо́влення. |수신기| радіоприйма́ч. ‖ ~ 방송 радіопереда́ча; переда́ча по ра́діо. ¶ ~ 방송을 하다 передава́ти по ра́діо; вести́ радіопереда́чу.
라면 рамьо́н; коре́йська локши́на, швидко́го приготува́ння.
라벨 ярли́к; етике́тка; бі́рка.
라운드 тур; ра́унд; рейс.
라운지 хол; кімна́та для відпочи́нку.
라이벌 супе́рник; конкуре́нт.
라이센스 ліце́нзія; пате́нт.
라이터 запальни́чка.
라이트 ла́мпа. |자동차의| фа́ра.
라일락 бузо́к. [형] бузко́вий.
라켓 раке́та; раке́тка.
라틴 лати́нський; рома́нський. ‖ ~어 лати́нська мо́ва.
랑데부 зу́стріч; поба́чення; мі́сце зу́стрічі. ¶ ~하다 зустріча́тися в назна́ченому мі́сці.
램프 ла́мпа; ліхта́р; світи́льник.
랭킹 катего́рія; ранг; розря́д; сту́пінь; клас.
러닝 бі́гання; біг(а); біганина́. ¶ ~셔츠 ма́йка; безрука́вка.

러시아 Росі́я. ‖ ~ 연방 Росі́йська федера́ція. ~인 росі́йськ|ий, ~а, росія́н|ин, ~ка. ~어 росі́йська мо́ва.
러시 아워(rush hour) годи́на пік.
럭비 ре́ґбі.
럼주 ром.
레몬 лимо́н. [형] лимо́нний.
레스토랑 рестора́н; рестора́нчик.
레슨 уро́к. ¶ ~을 하다/받다 дава́ти/бра́ти уро́ки чого. ‖개인 ~ репети́торський уро́к.
레슬링 бороть́ба; змага́ння з боротьби́. ‖ ~ 선수 боре́ць.
레이저 ла́зер; ква́нтовий підси́лювач.
레저 |자유 시간| дозві́лля; ві́льний час. |오락| розва́ги; весело́щі; заба́ва.
레코드 |전축의| грамофо́нна пласти́нка. |기록| реко́рд.
레퍼토리 репертуа́р.
렌즈 лі́нза. |볼록 렌즈| сочеви́ця; опти́чне скло. |확대경| лу́па. {광학} об'є́ктив.
로마 Рим. [형] ри́мський. ‖ ~문자 лати́нські бу́кви; латини́ця.
로맨스 |소야곡| рома́нс; рома́нтика. |사랑| любо́в
로봇 ро́бот.
로비 вестибю́ль [남]; прийма́льня; фойє́; хол. ¶ ~하다 намага́тися впли́нути на чле́нів конгре́су. |로비스트| лобі́ст.
로션 примо́чка; лосьо́н; рідки́й космети́чний за́сіб.
로켓 раке́та.
로터리 пло́ща з клу́мбою посереди́ні.
로테이션 оберта́ння; чергува́ння; періоди́чне повто́рення.
로프 кана́т; моту́зка; трос.

뢴트겐 рентге́н. ‖ ~선 рентгеногра́фія.

르네상스 епо́ха Відро́дження; Ренеса́нс. ‖ ~건축 архітекту́ра Відро́дження. ~예술 мисте́цтво Відро́дження.

리듬 ри́ма; ритм.

리바운드 відскі́к; відда́ча; рикоше́т.

리바이벌 відро́дження; відно́влення; поно́влення.

리베이트 |뇌물| зни́жка; усту́пка.

리사이틀 со́льний конце́рт.

리셉션 прийо́м; вечі́рка; зу́стріч.

리스 оре́нда; сда́ча в найм; найм. ¶ ~하다 орендува́ти.

리스크 ри́зик.

리스트 пере́лік; спи́сок; інвента́р; рее́стр.

리얼리즘 реалі́зм. ‖ 리얼리스트 реалі́ст.

리얼리티 ді́йсність; реа́льність; і́стинність.

릴레이 естафе́та; естафе́тні го́нки.

립스틱 губна́ пома́да.

링 ринг; майда́нчик.

링크(link) като́к. |연결| зв'язо́к

마

마(魔) |마귀| злий дух; чорт; диявол. |장애| прикрі перешкоди.

마(麻) конопля.

마가복음 Від Марка; Святе Євангеліє від Марка.

마가린 маргарин.

마각(馬脚) кінські ноги. ¶ ~이 드러나다 виходити назовні; виявлятися.

마감 кінець; закінчення; фінал ¶ 시작과 ~ початок і кінець; на заключення. ~에 кінець; закінчення; фінал. [형] кінцевий; останній; фінальний. ~하다 завершувати; закінчувати. ‖ ~시간 час закриття.

마개 пробка; затичка. ¶ 병~ пробка пляшки. ~를 막다 заткнути (закоркувати) пляшку. ~를 열다 відкоркувати пляшку

마개뽑이 штопор.

마구(馬具) упряж; збруя

마구 |함부로| безладно; без розбору; абияк. |몹시| сильно. ¶ ~ 덤벼들다 обрушитися; накинути; налетіти. 돈을 ~ 쓰다 смітити грошима.

마구간 стайня.

마구잡이 ¶ ~로 без розбору; абияк.

마권(馬券) квиток тоталізатора на іподромі.

마귀 злий дух; диявол; чорт. ¶ ~가 들었다. Злий дух вселився в кого.

마그마 магма. [형] магматичний. ¶ ~ 작용 магматизм.

마그네슘 магнезія. ¶ 탄산 ~ біла магнезія. 수산~ водна магнезія.

마그네틱 магнетизм. [형] магнітний.

마나님 добродійка.

마냥 вдосталь; не кваплячись; не поспішаючи. ¶ ~ 먹다 ситно поїсти; наїстися.

마녀 відьма; чаклунка.

마누라 дружина; стара. |중년의 여자| мамаша.

마늘 часник. ¶ ~ 쪽 долька часнику; зубчик часнику.

마니아 манія.

마님 Ваша дружина.

--마다 кожний. ¶ 사람~ кожна людина. 해~ кожний рік. 10분~ кожні десять хвилин.

마다하다 відмовлятися; відкидати. ¶ 왜 마다하겠는가? Навіщо відмовлятися? 마다하지 않고 не поступаючись; не відмовляючись.

마담 мадам; власниця.

마당 |뜰| двір; майданчик; місце дій; арена. |때·경우| випадок. ¶ ~에 при випадку.

마당발 нога з плоскою стопою.

마대 мішок.

마돈나 Мадонна.

마디 |식물| вузол; коліно. |관절| суглоб; зчленування; сегмент. |말의| слово; фраза; куплет. |음악| такт. ¶ 뼈~ зчленування кісток. 한 ~도 жодного слова.

마디마디 кожний вузол

|대나무의| ко́жне колі́но.

마땅하다 |적당하다| підходя́щий; відпові́дний. |당연하다| нале́жний; пра́вильний.

마라톤 марафо́н; марафо́нський біг.

마력(魔力) надприро́дна си́ла; ча́ри.

마력(馬力) кі́нська си́ла; мі́цність.¶ 10~의 모터 мото́р в де́сять кі́нських сил.

마련 |준비| підгото́вка; прила́д. |당연히 그러할 것임| бу́ти прире́ченим. ¶ ~하다 готува́ти; підгото́влювати; склада́ти. 죽기 ~이다 суди́лося поме́рти.

마렵다 відчува́ти пози́ви. ¶ 오줌이 ~ відчува́ти пози́ви до сечовипуска́ння.

마루 дерев'я́на підло́га.¶ ~를 놓다 настила́ти підло́гу. ~를 닦다 ми́ти підло́гу. ‖ ~판 до́шки підло́ги.

마루터기 гірськи́й пік.

마르다 |건조하다| со́хнути; висиха́ти; пересиха́ти. |몸이| (по)худа́ти. |고갈되다| виче́рпуватися; зника́ти. ¶ 빨래가 마른다 білизна́ со́хне. 입술이 마른 губи со́хнуть. 병으로 몸이 말랐다 похуда́в від хворо́би. 우물이 말랐다. Крини́ця виче́рпнулася. 마른 기침 сухи́й ка́шель. 마른 벼락 гроза́ в я́сний день.

마르크(mark) {화폐} ма́рка.

마름모 ромб.

마름질 викрі́йка. ¶ ~하다 крої́ти.

마리 декі́лька твари́н (пташо́к; риб; кома́х).

마마 |천연두| (натура́льна) ві́спа. ¶ ~ 자국이 있는 얼굴 лице́ в ві́спі.

마마 Ва́ша вели́чність (висо́кість).

마멸 знно́шування; знос. ¶ ~되다 знно́шуватися.

마모 знос; стира́ння; зно́шення. ¶ ~되다 знно́шуватися; стира́тися.

마무리 заве́ршення. [음악] каде́нція. ¶ ~하다 заве́ршувати.

마법 чаклу́нство; ча́ри; ма́гія. [형] чарі́вний; магі́чний. ¶ ~을 부리да чаклува́ти; пока́зувати фо́куси. ‖ ~사 фо́кусник; чароді́й; маг; чаклу́н.

마부 ку́чер; візни́к; ко́нюх.

마분지 груби́й (обго́ртковий) папі́р.

마비 пара́ліч; заціпені́ння. ¶ ~ 시키다 паралізува́ти. ~되다 відніма́тися; паралізува́тися; заціпені́ти; стовпі́ти. ‖ ~ 환자 паралі́тик. [형] паралі́тичний; бу́ти паралізо́ваним; занімі́вший; нечутте́вий. 소아~ дитя́чий пара́ліч. 심장~ рапто́ва зу́пинка се́рця.

마비성 паралі́тичний інсу́льт.

마사(馬舍) коню́шня.

마사지 маса́ж.¶~를 하다 роби́ти *кому́* маса́ж. ‖ ~술 |안마술| маса́жні припри́.

마성 демоні́зм.

마소 кі́нь і віл (коро́ва); худо́ба. ¶ ~처럼 부리다 зму́шувати працюва́ти як худо́ба.

마수 ла́па; щу́пальця.

마술 чаклу́нство; ча́ри; ма́гія. [형] чарі́вний; магі́чний. ‖ ~사 = 마법사

마스카라 туш для вій та брів.

마스코트 талі́сман; люди́на (річ), яка прино́сить ща́стя.

마스크 маска; респіратор; марлева пов'язка. ¶ ~를 쓰다 надівати маску. ‖ 가스 ~ протигаз.

마스터 майстер. ¶ ~하다 майструвати.

마스트(mast) щогла.

마시다 |음료| пити. |공기| дихати; вдихати; нюхати. ¶ 신선한 공기를 ~дихати свіжим повітрям.

마약 наркотик. [형] наркотичний. ¶ ~ 중독자 наркоман. ~ 중독 наркоманія.

마왕 ватажок нечистої сили; диявол; сатана; чорт; біс.

마요네즈 майонез.

마우스 мишка комп'ютера.

마을 село. ¶ ~ 사람 селян|ин, ~ка.

마음 |정신·성격| душа; характер; серце. |기분| почуття; настрій. |의도·희망| бажання; намір. ¶ ~이 불안하다 бути не спокійно на душі. ~이 괴롭다 важко на душі. ~이 가지 않는다 душа не лежить до кого-чого. ~이 넓다 великодушний; благородний. ~이 좁다 бездушний; дріб'язковий; черствий. ~이 약하다 слабохарактерний. ~이 곱다 добросердий. ~이 순하다 слухняний. ~을 합쳐 одностайно; дружно. ~에 들다 бути по душі; подобатися. ~이 통하다 сходитися характерами; розуміти один одного. 무서운 ~이 든다 відчувати страх. ~이 흐트러지다 бути в сум'ятті почуттів. ~대로 по своєму бажанню; скільки душа бажає. ~만 먹으면 못할 일이 없다. При бажанні можна зробити все. 돌려보낼 ~으로 з наміром повернути кого-що. ~이 굴뚝 같다 горіти бажанням. ~을 돌리다 передумати; змінити свій намір. ~에 두다(품다) цікавитися; проявляти інтерес. ~을 끌다 приваблювати; тягнути (до кого). ~을 쓰다 турбуватися; хвилюватися про кого-що. ~이 가라앉다 заспокоюватися; втішатися. ~이 들뜨다 тривожитися; хвилюватися. ~ 고생 (душевні) переживання. ~ 공부 моральне виховання.

마음껏 всією душею; вдосталь. ¶ ~ 먹다 наїстися вдосталь (досхочу).

마음씨 душа; вдача ¶ ~가 곱다 душевний; добросердий. ~가 나쁘다 черствий; безсердечний.

마이너스 мінус. ¶ 10 ~ 4는 6이다. Десять мінус чотири дорівнює шість.

마이동풍(馬耳東風) пропускати повз вуха.

마이크 мікрофон.

마이크로(micro--) мікро. ¶ ~미터 мікрометр. ~버스 мікроавтобус. ~파 {물리} мікрохвиля. ~필름 мікрофільм.

마일(mile) миля.

--마저 навіть; і. ¶ 너~ 떠나다니! Навіть ти йдеш!

마주 прямо; обличчям до обличчя; один до одного; назустріч; взаємно. ¶ ~ 보다 дивитися прямо в обличчя (в очі). ~서다 стояти обличчям до обличчя. ~가다 йти назустріч. 손을 ~잡다 обмінюватися рукостисканням.

마주치다 натикатися на кого;

зіштовхуватися з ким. ¶ 시선이 ~ зустрічатися поглядами.

마주하다 знаходитися обличчям *до кого*; знаходитися один навпроти іншого.

마중 зустріч. ¶ ~가다 йти зустрічати; виходити назустріч. ~하다 зустрічати.

마지못하다 ¶ 마지못해 змушений. 마지못해 동의하다 змушений погодитися.

마지막 кінець; останній етап. [형] останній. ¶ ~ 순간 останній момент. ~으로 нарешті; на заключення; в останній раз.

마직(麻織) лляна тканина.

마진 прибуток.

마차 віз; запрягання; візок. ǁ 쌍두 ~ парне запрягання.

마찬가지 все одно; одне й те саме; такий самий; такого ж роду. ¶ ~로 рівним чином. ⋯과 ~로 (так само,) як і; подібно тому, як. 꼭 ~이다 цілком одне й те ж саме. ⋯에 대해서도 ~이다 так само йде справа *і з чим*.

마찰 |비빔| тертя. ¶ ~하다 тертися. |알력| розбіжності; тертя. ǁ ~력 сила тертя. ~열 теплота тертя. ~음 {어문} щілинний (фрикативний) згідний.

마천루 хмарочос.

마추다 замовляти; зробити замовлення *на що*.

마춤 замовлення.

마취 наркоз; анестезія; знеболювання. ¶~시키다 піддавати наркозу; присипляти; анестезувати. ǁ ~제 анестезуючі засоби; анестетики; дурман.

마치 точно; немов; неначе.

마치다 кінчати; закінчувати. |경주를| фінішувати.

마침 як раз; до речі; саме. ¶ 자네가 ~ 왔군. Він прийшов до речі.

마침내 в кінці кінців; накінець; в кінцевому рахунку.

마침표 крапка. ¶ ~를 찍다 поставити крапку; покласти кінець.

마카로 макарони.

마케팅 маркетинг.

마크 фабрична марка; значок.

마태복음 Від Матвія; Святе Євангеліє від Матвія.

마피아 мафія.

마호가니 махагони [중].

마흔 сорок.

막(幕) |장막| намет; курінь; завіса. |연극의| дія; акт. ¶ ~을 치다 розбивати намет; будувати курінь; повісити завісу. ~을 내리다 закривати (опускати) завісу. ~을 올리다 піднімати завісу.

막(膜) плівка; перепонка; пліва; мембрана. ǁ 횡격~ діафрагма.

막 щойно. ¶ 그는 ~ 가려던 참이었다. Він щойно хотів піти.

막 → 마구.

--막 ¶ 내리~ спуск. 오르~ підйом. 늙으막에 на старості років.

막간(극) антракт.

막간극 інтермедія.

막강하다 незвичайно сильний (міцний)

막걸리 корейська рисова брага.

막기 захист.

막내 останній; молодший. ¶ ~아들 (най)молодший син. ~딸 молодша дочка. ~ 동생

молодший брат.

막내둥이 мізинець; остання дитина (в сім'ї).

막노동 фізична праця; чорна робота. ¶ ~하다 робити чорну роботу.

막다 |틀어막다| зачиняти; затикати; перегороджувати; захаращувати. |금지| забороняти; перешкоджати. |방어하다| відстояти; відбивати. |배척하다| відмовлятися *від чого-небудь*; відкидати. |방지하다| попереджувати. ¶ 수도물을 ~ закривати воду. 공격을~ відбивати атаку. 사고를 ~ попереджувати нещасний випадок.

막다르다 бути зачиненим (загромадженим). ¶ 막다른 골목 глухий кут. 막다른 지경 безвихідна ситуація; безвихідне положення.

막대[기] палиця. ¶ ~ 자석 брусковий магніт.

막되다 |행동이| обурливий; потворний. |성격 등이| грубий; скирний. [동] хуліганити; бешкетувати.

막둥이 мізинець; остання дитина (в сім'ї).

막론 ¶ ~하고 не дивлячись *на що*; незалежно *від чого*. 누구나를 ~하고 хто б то не був.

막막하다 неосяжний; безмежний; широкий; неясний; невизначений; туманний.

막막하다(寞寞--) |적막하다| самотній; пустельно; безлюдне.

막말 грубі слова. ¶ ~하다 говорити грубощі.

막무가내 бути неухильним; ніяк; зовсім.

막바지 кінець; глухий кут.

막사 курінь; сторожка.

막상 насправді.

막상막하 ні гірше ні краще; майже однаковий.

막심하다 дуже великий (глибокий; сильний). ¶ 막심한 손해 величезний збиток.

막역하다 близький; інтимний. ¶ 막역한 친구 близький друг. 나는 그와 막역한 사이이다. Ми з ним близькі друзі. 막역한 사이 інтимні відносини.

막연하다 невизначений; смутний; туманний.

막일 незначна робота. ¶ ~하다 займатися незначною роботою. || ~꾼 чорнороб.

막장 |갱도| забій. |끝| кінець.

막중하다 дуже важливий (дорогий). ¶ 막중한 일 (надзвичайно) важлива робота.

막차 останній потяг (автобус).

막판 обстановка останнього часу. |스포츠| останній раунд; остання партія.

막후 за завісами. ¶ ~교섭 переговори за завісами.

막히다 |구멍·길| бути зачиненим (закупореним); бути перегородженим (загородженим). ¶ 기가 막힌다 дух захвучує. 숨이 막혔다. Подих стиснуло.

만(灣) затока; бухта.

만(萬) десять тисяч. ¶ 수십만 декілька сотень тисяч.

만(滿) цілий. ¶ 만 스무 살 повних (рівно) 20 років. 만 일년 рівно рік. 만으로 몇 살인가? Скільки років тобі виповнилося?

-만 тільки; лише. ¶ 우리끼리~하는 말이지만 тільки між нами. 보기~ 하여도 при одному вигляді.

만감(萬感) різні (почуття).

만개 ¶ ~하다 рясно цвісти; відкривати навстіж.

만고 сива давнина. ¶ ~불멸 безсмертя. ~불멸의 진리 вічна істина. ~강산 давня земля батьківщина. ~ 풍상 довгі страждання. ~에 빛나다 сяяти вічно.

만곡(灣曲) ¶ ~하다 вигнутий; кривий.

만국 всі країни. ¶ ~박람회 міжнародна (всесвітня) виставка.

만금(萬金) величезна сума грошей.

만기 закінчення терміну; повний термін. ¶ ~ 제대 демобілізація по закінченню терміну служби. ~가 되어 по закінченні терміну. ~가 되어가고 있다. Термін закінчується.

만끽 ¶ ~하다 їсти і пити досхочу; пересичуватися.

만나다 зустрічатися з ким; бачитися з ким. ¶ 소나기를 ~ потрапити під зливу. 남편을 잘 ~ вийти заміж за хорошу людину.

만남 зустріч.

만날 день у день; постійно; завжди.

만년(晚年) захід життя; старі.

만년(萬年) десять тисяч років; (ціла) вічність. ¶ ~ 얼음 вічні льоди ∥ ~설 вічні (фірнові) сніги; фірн.

만년필 авторучка.

만능 всемогутність. [형] всемогутній; універсальний. ¶ ~이다 майстер на всі руки.

만담 гумористична (сатирична) розповідь. ∥ ~가 гуморист.

만대(萬代) вічність; віки. ¶ ~에 навіки.

만두 пельмені; манти.

만들다 робити; виготовляти; створювати; виробляти; творити; готувати. ¶ 상품을 ~ виробляти товар. 사전을 ~ складати словник. 길을 ~ прокладати шлях. 자금을 ~ доставляти засоби (гроші). 짬을 ~ знаходити час; вибратися. 음식을 ~ готувати їжу. 일거리를 ~ наробити справ. 부유한 나라로~ перетворювати в багату країну. …을 …로 ~ зробити кого-що ким-чим.

만료 закінчення терміну. ¶ ~하다 закінчуватися; відбувати термін. ∥ ~일 останній день (термін).

만류 ¶ ~하다 утримувати; відмовляти від чого.

만리(萬里) 10,000 лі; далеко (велика) відстань. ∥ ~장성 Велика китайська стіна.

만만하다 повний. ¶ 자신이~ повний впевненості.

만만하다 |유연하다| м'який; слабкий; простий. |다루기 쉽다| легкий. ¶ 만만히 несерйозно; нешанобливо. 만만하게 보다 нечемно поводитися.

만만찮다 → 만만하지 않다.

만면 ¶ ~에 на обличчі. ~에 희색을 띠다 сяюче від радості обличчя.

만무 ¶ ~하다 ні в якому випадку;

만물 не може бути.

만물 все суще; природа; тисяча (багато) речей. ¶ ~의 영장 вінок творіння. ‖ ~상(相) різноманітність форм. ~상(商) дріб'язкова торгівля; дріб'язкова лавка.

만민 всі люди; весь народ.

만반 всякий, всеможливий. ¶ ~의 준비 всесторонні приготування.

만발하다 рясно цвісти.

만방 всюди; всі шляхи (способи).

만백성 весь народ; люди.

만병 (все можливі) хвороби. ‖ ~통치 зцілювати всі хвороби; ефективний в усьому.

만복 повне щастя.

만부당하다 цілком невідповідний (непідходящий).

만사 все; всі можливі справи (події). ¶ ~가 잘되다 все (всі справи) в порядку. 세상 ~ всі події, що відбуваються в світі. ~ 태평 благополуччя і спокій; благодушність; безпечність; самозаспокоєння; ~형통 все йде, як задумано.

만상(萬象) явища природи, природа.

만석꾼 великий поміщик.

만선하다(滿船 --) перевантажений; загружений повністю.

만성 ¶ ~적 хронічний; затяжна; тривалий. ~화되다 прийняти хронічний характер.

만세 Ура!; хай живе!; нехай живе. ¶ ~ 삼창 триразове ура. ~를 부르다 кричати ура.

만수 довголіття. ¶ ~무강하십시오. Довгих вам років життя.

만시지탄 співчуття з приводу запізнення.

만신창이 все поранене тіло.

만약 якщо; допустимо; припустимо. ¶ ~을 위하аю, ~을 생각하여 на всякий випадок; враховуючи всі випадки. ~의 경우에 в крайньому випадку.

만연 поширення. ¶ ~하다 розростатися; поширюватися.

만용 нерозсудлива хоробрість; божевільна відвага. ¶ ~을 부리다 проявляти нерозсудливу хоробрість.

만원 ¶ |극장·교통기관| ~ 이 다 бути повним (заповненим).

만유인력 всесвітнє тяжіння. ‖ ~의 법칙 закон всесвітнього тяжіння.

만인(萬人) безліч людей.

만일 → **만약**

만장(滿場) весь зал; вся аудиторія; всі присутні. ¶ ~에 серед зібраних.

만장 일치 ¶ ~로 одностайно; одноголосно.

만재 ¶ ~하다 повністю завантажувати (навантажувати).

만전 досконалість; бездоганність ¶ ~의 대책 всі необхідні міри. ~을 기하기 위하여 для повної вірності.

만점 найвищий бал; відмінно.

만조(滿潮) приплив; період припливу.

만조백관 всі чиновники королівського двору.

만족 задоволення; задоволеність; достатність; повнота. ¶ ~하다 задоволений; достатній; задовільний. ~스럽다 бути (здава́тися) задово́леним *чим-н.* ~хе задові́льно; доста́тньо. ~해하다 задовільня́тися *чим-н.*; бу́ти задово́леним *чим-н.* ~시키다 задовільня́ти *чим-н.* ‖ ~감 почуття́ задово́лення.

만주어 маньчжу́рська мо́ва.

만지다 ма́цати; обма́цувати; чіпа́ти; пово́дитися; ма́ти спра́ву.

만찬 вече́ря на честь *кого*; офіці́йна вече́ря.

만천하 весь світ; весь всесвіт. ¶ ~에 알려지다 бу́ти відо́мим повсю́ди (в усьо́му сві́ті).

만추 пі́зня о́сінь.

만취 ¶ ~하다 бу́ти (знахо́дитися) в си́льному сп'яні́нні.

만치 → **만큼**.

만큼 |비교| таки́й, як; таки́й са́мий, як; насті́льки. |정도| насті́льки ..., що; в такі́й мі́рі..., що, так..., щоб. |근거| так як, поскі́льки; раз. ¶ 할 ~ 하시오. Робі́ть по можли́вості. 가질 ~ 가져라 Візьми́ скі́льки можли́во.

만판 вдо́сталь; до ме́жі; досхочу́. ¶ ~ 놀다 нагуля́тися; награ́тися. ~ 먹다 ї́сти досхочу́.

만평(漫評) випадко́ві заува́ження. ¶ ~하다 зроби́ти ма́су непроду́ма-них заува́жень.

만하다 таки́й са́мий, як; величино́ю з ... ¶ 수박~ величино́ю з каву́н. 우리만 못하다 не йде ні в яке́ порівня́ння з на́ми.

만학 навча́ння в зрі́лому ві́ці. ¶ ~하다 вчи́тися в зрі́лому ві́ці.

만행 злодія́ння; зві́рства. ¶ ~하다 здійсню́вати злодія́ння (зві́рства).

만화 карикату́ра; гумористи́чний малю́нок. ‖ ~가 карикатури́ст. ~영화 мультипліка́ційний фільм; мультфі́льм. ~책 кни́га з карикату́рами; збі́рка карика-ту́р; ко́мікс.

만회 ¶ ~하다 |위치·상황을| випра́вляти. |실패·패배를| виправдо́вувати. ~할 수 없는 손실 безповоро́тна втра́та.

많다 бага́то числе́нний; бага́то. ¶ 많이 бага́то.

맏 (най)ста́рший. ¶ ~아들 (най)ста́рший син. ~며느리 ста́рша неві́стка. ~형 ста́рший брат. ~딸 ста́рша до́чка.

말(馬) кінь. ¶ ~을 타고 верхи́ (на коні́). ‖ ~고기 коня́на.

말 сло́во; промо́ва; мо́ва. ¶ ~ 같지 않다 це дурни́ця (пусті́ слова́). ~ 같지 않은 말을 하다 говори́ти дурни́цю. ~만 앞세우다 годува́ти обіця́нками. 엉뚱한 ~을 하다 говори́ти невпо́пад. ~을 참다 промовча́ти; стри́матися. ~을 옮기다 переда́вати (*чиї́сь*) слова́.. ~을 내다 видава́ти секре́т; розголошу-ва́ти таємни́цю. ~을 그치다 замовка́ти; перестава́ти гово-ри́ти. ~을 듣다 слу́хатися; підкоря́тися. ~을 막다 пере-бива́ти; перерва́ти. ~이 되다 бу́ти правди́мим; відповіда́ти ді́йсності. ~이 많다 багатослі́вний; балаку́чий. ~이 적다 негові́ркий; мовчазни́й. ~이 통하다 розумі́ти одне́ о́дного. ~이야 ~이죠 так мо́вити. 혼자 남아 있으란 ~인가? Ну, що мені́ одному́ залиша́тися?

말 |도량단위| маль.

말(末) кіне́ць. ¶ 고려~ кіне́ць

епо́хи Корьо́. 학년~ кіне́ць учбо́вого ро́ку.

말갛다 сві́тлий; прозо́рий; я́сний.

말괄량이 жва́ва жі́нка; сварли́ва жі́нка.

말굽 кі́нське копи́то.

말귀 зрозумі́лість. ¶ ~가 밝다 той, що розумі́є. ~가 어둡다 тупоголо́вий. ~를 알아듣다 сенс (зміст) слів.

말기 кіне́ць те́рміну; оста́нній пері́од.

말꼬리 ¶ ~를 물다 виступа́ти з промо́вою вслід *за ким-н*. ~를 잡다 чіпля́тися до *чиїх* слів.

말끔 ¶ ~하다 чи́стий; без до́мішок; ві́льний; незаста́влений. ~히 чи́сто; на́чисто; зо́всім; абсолю́тно; все. ~히 씻다 відми́ти; відчи́стити.

말끝 кіне́ць фра́зи (промо́ви). ¶ ~을 달다 добавля́ти; домовля́ти; договорюва́ти. ~을 흐리다 ска́мкати (зам'я́ти) кіне́ць промо́ви; заплу́татися (зби́тися) в кінці́ промо́ви.

말다 |돌돌| згорта́ти; ска́тувати. ¶ 종이를 돌돌 ~ ска́тувати папі́р в тру́бку.

말다 |물이나 국에| розбавля́ти. ¶ 국수를 ~ розбавля́ти водо́ю локши́ну.

말다 ¶ 가지 마시오 Не йді́ть. 걱정 말아라 не хвилю́йтеся. 가거나 말거나 йти чи не йти. |중단| 책을 읽다가 말았다. Кни́гу не дочита́в. |필연| 가고말고 зви-ча́йно, піду́. 승리하고 말 것이다 обов'язко́во перемо́жемо. 마지못해 понево́лі; ви́мушено. 기뻐 마지 아니하다 не мо́жу не раді́ти.

말다툼 супере́чка. ¶ ~하다 супере́чатися.

말단 кіне́ць; край. ¶ ~기관 найни́жча інста́нція.

말대꾸 запере́чення; ви́раження своє́ї ду́мки. ¶~하다 запере́чувати; вика́зувати (виража́ти) свою́ ду́мку.

말더듬이 заїка́ння; заї́ка.

말동무 співбесі́дник. ¶ ~가 되다 ста́ти співбесі́дником.

말똥 кі́нський гній.

말똥말똥 ¶~하다 |정신·시선이| я́сний. |눈이| блиску́чий. ~쳐다보다 невідсту́пно слідкува́ти. очи́ма; пи́льно диви́тися.

말뚝 кол; па́ля; стовб. ¶ ~공사 пальові́ робо́ти.

말라깽이 худи́й; то́нкий. ¶ 뚱뚱보와 ~ то́встий і тонки́й.

말라리아 малярі́я. ¶ ~모기 малярі́йний кома́р.

말라붙다 пересо́хнути.

말랑 ¶ ~하다 ні́жний; м'яки́й.

말랑말랑 ¶ ~하다 ду́же ні́жний; ду́же м'яки́й.

말로 оста́нні дні життя́; згу́бний шлях.

말리다 суши́ти; вису́шувати; в'я́лити.

말리다 |금지| відмовля́ти; не ра́дити; вгамо́вувати; розніма́ти; оберіга́ти.

말머리 поча́ток розмо́ви (розпо́віді).

말문 рот. ¶ ~을 막다 зажа́ти (заткну́ти) рот. ~을 열다 відкри́т рот; заговори́ти.

말미 відпу́стка; відгу́л; ві́льний час. ¶ ~를 얻다 отри́мати

відпустку (відгу́л).

말(末尾) заключна́ части́на; заклю́чення; кіне́ць.

말미암다 зале́жати *від чого*; витіка́ти *з чого*; поя́снюватися *чим.* ¶ ~로 말미암아 завдяки́ *чому*; через *що*.

말미잘 морські́ анемо́ни; актині́я.

말버릇 зви́чка (в мо́ві); мане́ра говори́ти. ¶ 그게 무슨 ~인가! Як ти зі мно́ю розмовля́єш!

말복 оста́нній жа́ркий день лі́та.

말살 стира́ння; закре́слення; зни́щення; викорі́нення. ¶ ~하다 викре́слювати; закре́слювати; стира́ти з лиця́ землі́; ліквідува́ти; знищувати.

말석 (най)оста́нніше мі́сце; (най)ме́нша поса́да.

말세 декаде́нтство. ¶ ~적 декаде́нський; занепа́дницький.

말소 стира́ння; закре́слення; ви́писка з домо́вої кни́жки. ¶ ~시키다 стира́ти; закре́слювати; викре́слювати з домо́вої кни́ги.

말소리 звук мо́ви; мо́ва.

말솜씨 умі́ння говори́ти.

말수 ¶ ~가 적다 неговірки́й. ~가 많다 багатослі́вний; балаку́чий.

말싸움 супере́чка. ¶ ~하다 спере́чатися.

말썽 ска́рги; бурча́ння; сканда́л; чва́ра. ¶ ~을 부리다 ска́ржитися; бурча́ти; сканда́лити; влашто́вувати чва́ри. ‖ ~꾼 боркоту́н; прихи́льник чвар.

말썽거리 предме́т скарг; при́від до чвар.

말쑥 ¶ ~하다 чи́стий; при́браний.

말씨 мане́ра говори́ти; інтона́ція.

말엽 кіне́ць. ¶ 15세기 ~ кіне́ць 15-го столі́ття.

말일 оста́нній день.

말재간 умі́ння говори́ти; дар мо́ви; умі́ння відповіда́ти.

말조심 обере́жність в розмо́ві. ¶ ~하다 говори́ти обере́жно; вибира́ти слова́ (ви́слови).

말주변 → 말재간.

말짱 ¶ ~하다 чи́стий; |정신이| я́сний; безпідста́вний; необгрунто́ваний. 눈치가 ~하다 тяму́щий.

말초 найоста́нніші (найто́нші) гі́лочки де́рева; периферія. ‖ ~신경 периферійний нерв.

말총 кі́нський во́лос.

말투 мане́ра говори́ти; інтона́ція; акце́нт.

맑다 я́сний; чи́стий; прозо́рий. |얼굴 모양| пра́вильний. |맛| то́нкий. |성격| чистосерде́чний; скро́мний.

맘모스 ма́монт. [형] ма́монтовий.

맛 |미각| смак. |기분| на́стрій; атмосфе́ра. ¶ ~을 내다 придава́ти смак *чому-н.* ~을 보다 про́бувати; випробо́вувати на собі́; відчува́ти. ~이 있다 смачни́й. става́ти смачни́м. 명절~ святко́ва атмосфе́ра.

맛깔 смак ї́жі.

맛살 м'я́со морськи́х ї́стівни́х молю́сків.

망(網) сі́тка; плети́нка.

망 ¶ ~을 보다 слідкува́ти; спостеріга́ти. ~을 서다 стоя́ти на сторо́жі.

망가지다 лама́тися; розбива́тися.

망가뜨리다 лама́ти; розбива́ти.

망각 забуття́. ¶ ~하다 забува́ти; передава́ти забуттю́.

망간 ма́рганець.

망건 мангон.

망국 загибла (розорена) країна ¶ ~적 згубний для країни. ǁ ~민 народ, позбавлений батьківщини.

망나니 грубіян; хуліган; кат.

망년회 проводи старого року.

망대 спостережна вишка (башта).

망둥이 японський речовий бичок.

망라 ¶ ~하다 охвачувати; включати.

망령 навіженство. ¶ ~을 부리다 вести себе навіжено.

망루 спостережна вишка (башта).

망막 сітківка; ретина.

망망 ¶ ~하다 безкрайній; неосяжний; неозорий. ~대해 безкрайній океан.

망명 втеча за кордон; (політична) еміграція. ¶ ~하다 емігрувати (по політичним причинам). ~생활 жити в еміграції. ǁ ~객 (політичний) емігрант.

망발 безглузді слова; безглуздий вчинок. ¶ ~하다 сказати дурницю.

망사 рідкісна та тонка шовкова тканина; сітка; маска.

망상 безглузда ідея; ілюзія. ǁ ~증 маячний синдром.

망설이다 не наважуватися; коливатися.

망신 ¶ ~스럽다 ганебний. ~하다 осоромитися; заплямувати свою честь. ~살 뻗치다 бути приреченим на погибель (смерть). ǁ ~살 приреченість; зла доля.

망아지 лоша.

망언 дурниця; нісенітниця; абсурд. ¶ ~을 하다 говорити дурницю (нісенітницю).

망연 ¶ ~히 неясно; сутінно. ~ 자실 бути в напівнепритомному стані.

망울 грудка; згусток. {의학} лімоформа; брунька; бутон.

망원경 телескоп; бінокль; підзорна труба.

망원렌즈 телеоб'єктив.

망정 ¶ ~이지 добре вийшло, що (поскільки).

망중한 вільна хвилинка.

망측 ¶ ~하다 здаватися огидним (мерзенним); здаватися непоказним (нікчемним). ~스레 огидно, мерзенно; непоказово.

망치 молот; кувалда. ¶ ~질 하다 бити молотом (кувалдою).

망치다 (по)губити; приводити до непридатності.

망태기 кошик; сумка; сітка.

망토 мантія; покрив.

망하다 гинути; поганий; потворний.

망향 туга по батьківщині.

맞-- [접두사] навпроти; обличчям до обличчя; один з одним; рівний; зустрічний.

맞다 |목표에 닿다| потрапляти в що. |받다| потрапляти під що (в що). |때림을 당하다| отримувати що. |맞아들이다| приймати кого. ¶ 총알이 바로 맞았다 Куля потрапила в ціль. 비를 맞다 потрапляти під дощ. 폭풍을 맞다 потрапляти в буревій. 눈보라를 맞다 потрапляти в заметіль. 봄을 맞다 зустрічати весну. 퇴짜를 ~ бути знехтуваним. 매를 ~ бути (по)битим. 뺨을 ~ отримувати ляпаса. 주사를 ~ отримати укол. 손님을 ~ приймати гостей. 도둑을 ~ бути пограбованим.

사위를 ~ видавати дочку заміж.

맞다 |일치하다| підходити; відповідати; співпадати; бути (виявитися) впору. |옳다| бути правильним (точним). ¶ 이 옷이 너에게 맞는다. Цей костюм тобі йде (тобі до лиця). 맞아 떨어지다 співпадати (відповідати) повністю; бути як раз.

맞닥뜨리다 зіштовхуватися (один з одним); налітати (один на одного).

맞닿다 стикатися; торкатися одне одного.

맞대다 стикатися. ¶ 머리를 ~ знаходитися обличчям до обличчя.

맞먹다 рівнятися; бути однаковим (рівним).

맞물다 схвачувати зубами (дзьобом) що.

맞물리다 міцно сплітатися; переплітатися.

맞바꾸다 змінити.

맞바람 зустрічний вітер.

맞받다 отримувати прямо в обличчя; зустрічати грудьми; зіштовхуватися. |맞장구치다| піддакувати; вторити кому. ¶ 맞받아 прямо; назустріч.

맞부딪치다 зіштовхуватися (один з одним); наштовхуватися (один на одного).

맞불 вогонь у відповідь; зустрічна пожежа. ¶ ~을 놓다 влаштовувати зустрічну пожежу.

맞붙다 стикатися; зчіплюватися (з'єднуватися) один з одним; схвачуватися один з одним. ¶ 맞붙어 разом; спільно.

맞상대 протистояння. ¶ ~하다 протистояти один одному.

맞서다 стояти один навпроти одного; протистояти; йти (виступати) один проти одного; зіштовхуватися (зустрічатися) обличчям до обличчя з чим.

맞선 перша зустріч чоловіка і дружини; оглядини. ¶ |총각과 처녀| ~을 보다 вперше зустрітися.

맞수 рівні по силі партнери (супротивники).

맞은편 протилежна сторона.

맞이 зустріч; прийом. ¶ 설~ зустріч нового року. ~하다 зустрічати; приймати.

맞잡다 схопитися одночасно за що-н. ¶ 손을 ~ тримати один одного за руки; взятися за руки.

맞장구 ¶ ~를 치다 вдвох бити в барабани; вторити кому; піддакувати.

맞적수 гідні противники.

맞절 ¶ ~하다 клонитися один одному.

맞추다 докладати; приганяти; пристосовувати. ¶ 간을 ~ надавати чому гострий (солоний) смак. 맛을 ~ надавати належний смак. 입을 ~ (по)цілувати. 맞추어 보다 звіряти.

맞춤법 правила правопису; орфографія.

맞히다 підганяти; приганяти; робити по смаку. ¶ 주사를 ~ змушуватиотримати укол.

맡기다 доручати кому; довіряти; завіряти. ¶ 임무를 ~ покласти місію на кого. 자신의 운명을 …에게 ~ ввірити (вручити) свою долю кому.

말다 |책임을| бра́ти на се́бе. |주문을|прийма́ти. |허가를| отри́мувати. |보관하다| бра́ти на зберіга́ння. ¶ 맡은 일 дору́чена спра́ва.

매 |때리는| па́лиця; кийо́к. ¶ ~를 맞다 бу́ти поби́тим (па́лицею); серйо́зний доко́р; кри́тика.

매 {조류} со́кіл.

매 ко́жний.

매 |모양| будува́ння; покрі́й. ‖ 눈 ~ ро́зріз оче́й. 몸 ~ структу́ра тіла, фігу́ра. 옷~ покрі́й одя́гу.

매각 про́даж. ¶ ~하다 продава́ти; розпродава́ти.

매개 посере́дництво. ¶ ~하다 бу́ти (слугува́ти) посере́дником. ‖ ~체 посере́дник; розно́щик, аге́нт. 전염병의 ~체 розно́щик зарази.

매국 ¶ ~적 зра́дницький; прода́жний.

매국노 зра́дник батьківщи́на.

매기다 оці́нювати; відміча́ти. ¶ 등급을 ~ дава́ти розря́д. 점수를 ~ ста́вити оці́нку.

매끄럽다 слизьки́й; виверткий.

매끈하다 гладки́й; слизьки́й; чи́стий; ви́шуканий.

매너 мане́ри; умі́ння трима́ти себе́.

매년 ко́жний рік; щорі́чно.

매니저 ме́неджер.

매니큐어 манікю́р. ¶ ~를 бáр́дá роби́ти манікю́р.

매다 |묶다| зав'я́зувати; зв'я́зувати; прив'я́зувати. |잡아매다| трима́ти. |묶어 만들다| крути́ти. 목을 ~ пові́ситися.

매다 |밭을| поло́ти; прополо́ювати. ¶ 김을 ~ поло́ти гряди́.

매달 ко́жний мі́сяць; щомі́сячно.

매달다 ві́шати; підві́шувати; прико́вувати; прив'я́зувати.

매달리다 |붙잡다| висі́ти; бу́ти підві́шаним; бу́ти прикрі́пленим; бу́ти доба́вленим (прикла́деним). |애착을 보이다| бу́ти прив'я́заним (прико́ваним). |의지하다| спира́тися; вважа́ти; зале́жати.

매도(罵倒) о́суд; ви́рок. ¶ ~하다 сва́рити; обража́ти.

매도(賣渡) про́даж; збут. ¶ ~하다 продава́ти; збува́ти.

매독 сифі́ліс. ¶ ~환자 сифіліти́к.

매듭 ву́зол; з'є́днання; зако́ви; заве́ршення. ¶ ~을 풀다 розв'я́зувати ву́зол.

매듭짓다 зав'язувати

매력 чарі́вність; прива́бливість; прина́дність. ¶ ~적인 чарі́вний.

매료 ¶ ~하다 зачаро́вувати; спокуша́ти; полони́ти; зачаро́вувати по́глядом.

매립 ¶ ~하다 засина́ти; зарі́внювати.

매만지다 приво́дити в поря́док; пригла́джувати.

매맞다 бу́ти поби́тим.

매매 купі́вля-про́даж; торгі́вля. ¶ ~하다 купува́ти і продава́ти; торгува́ти. ~계약 торго́ва умо́ва.

매몰 ¶ ~되다 зарива́тися.

매몰스럽다 здава́тися холо́дним (сухи́м); сухи́й; холо́дний.

매몰차다 черстви́й; прониз́ливий; різки́й.

매무새 зо́внішній ви́гляд.

매물 річ на про́даж; предме́т на про́даж.

매미 цика́да.

매번 щора́зу; пості́йно; за́вжди.

매복 засідка. ¶ ~하다 влаштовувати засідку.
매부 чоловік сестри; зять [남].
매부리 дзьоб сокола
매부리코 орлиний ніс.
매사 будь-яка (кожна) справа.
매상 продаж; збут.
매상고 кількість проданого товару; виручка.
매설 ¶ ~하다 встановлювати в землі; прокладати.
매섭다 безсердечний; лютий.
매수(枚數) кількість.
매수(買收) ¶ ~하다 купувати; закуповувати; скуповувати. |사람을| підкуповувати.
매스 게임 масова пластика; ритмічна гімнастика.
매스컴 ЗМІ (засоби масової інформації).
매시[간] кожний час; щогодини.
매식 ¶ ~하다 купувати і їсти; харчуватися.
매실 слива. ǁ ~주 сливова наливка.
매연 дим з кіптявою; сажа.
매음 проституція. ¶ ~하다 займатися проституцією.
매우 дуже.
매월 кожний місяць; щомісяця.
매이다 бути зав'язаним(прив'язаним); бути залежним (зв'язаним; прикованим).
매일 кожний день; щоденно. ¶ ~같이 (майже) кожний день.
매일반 все одно; одне й те ж саме.
매입 покупка; закупівля; придбання. ¶ ~하다 купувати; закуповувати; набувати.
매장(埋葬) поховання; похорон. ¶ ~하다 ховати. |사회로부터| ізолювати.
매장(埋藏) ¶ ~하다 заривати; хоронити; ховати в землю; приховуватися в надрах. ǁ ~량 припустимі запаси в надрах.
매점 ларьок; палатка; кіоск.
매점(買占) ¶ ~하다 скуповувати. ~매석하다 скуповувати товари зі спекулятивними цілями. ǁ ~매석 скупка.
매정 ¶ ~하다 безсердечний; безлюдяний.
매주 кожний тиждень; щотижнево.
매진(邁進) ¶ ~하다 енергійно (сміливо) рухатися (йти) вперед.
매진(賣盡) ¶ ~하다 повністю розпродавати.
매질 ¶ ~하다 пороти; бити; бичувати.
매체 засіб; спосіб; агент; посередник.
매춘 проституція. ǁ ~부 повія.
매출 продаж; збут.
매캐하다 пахнути димом (пліснявою).
매크로-- (macro) макро- ¶ ~ 분석 {화학} макроаналіз.
매트리스 матрац; сінник.
매판 ~ 자본 компрадорський капітал. ~ 자본가 компрадор.
매표 продаж квитків. ǁ ~구 каса. ~원 касир.
매한가지 ¶ ~다 все одно; одне й теж саме.
매해 кожний рік; щорічно.
매형 чоловік старшої сестри.
매혹 чарівність. ¶ ~적 чарівний. ~되다 бути чарівним.
매화 квіти сливи. ¶ ~도 한 철 국화도 한 철이다. Все до пори

до ча́су./ Усьо́му свій час.
매회 ко́жний раз.
맥 |맥박| пульс. |생기| си́ла. |광맥,혈관| гірськи́й хребе́т; жи́ла. ¶ ~을 보다(짚다) ма́цати пульс; розню́хувати; промацу́вати. ~없이(놓고) безси́льно; без уся́кої причи́ни. ~ 놓다 осла́бнути. ~[이] 풀리다 втомлюватися; па́дати ду́хом.
맥동 пульса́ція.
맥락 взаємозв'язо́к; конте́кст.
맥맥이 невпи́нно; за́вза́то.
맥박 пульс; пульса́ція; биття́ пу́льсу. ¶ ~치다 пульсува́ти; би́тися. ‖ ~계 сфігмо́метр; вимі́рювач ти́ску.
맥주 пи́во. ¶ ~ 양조 пивоварі́ння. ~ 병 пивна́ пля́шка. ~ 집 пивна́. ~ 안주 заку́ски до пи́ва.
맨 |오로지| (всього́) на́всього; ті́льки; оди́н; ці́лком. |빈| го́лий; позба́влений; пусти́й.
맨 |가장| са́мий. ¶ ~ 끝에 в са́мому кінці́; в кінці́ кінці́в.
맨드라미 целозі́я кучеря́ва.
맨땅 го́ла земля́; необро́блена (недо́гля́нута) земля́.
맨몸 го́ле (оголе́не) ті́ло. ¶ ~으로 го́лим; оголе́ним; без за́собів; без збро́ї.
맨발 го́лі (невзу́ті) но́ги. ¶ ~로 (~ 벗고) босоні́ж. ~[을] 벗다 бу́ти бо́сим (роззу́тим).
맨션 вели́кий особня́к; вели́кий дім; пала́ц.
맨손 го́лі ру́ки; пусті́ ру́ки. ¶ ~으로 го́лими рука́ми; з пусти́ми рука́ми. ~ 체조 гімна́стика.
맨입 пусти́й рот; всухом'я́тку; голо́дний шлу́нок. ¶ ~에 безкошто́вно.
맨주먹 го́лі (пусті́) ру́ки. ¶ ~으로 го́лими рука́ми; одни́ми кулака́ми.
맨 처음 ¶ ~에 в са́мому поча́тку. ~부터 з са́мого поча́тку.
맴 ¶ ~돌다 крути́тися.
맵다 |맛| гірськи́й; го́стрий. |혹독| ду́же холо́дний; лю́тий; суво́рий.
맵시 краси́ва фо́рма; краси́вий ви́гляд; краса́.
맷돌 жо́рно.
맷집 ¶ ~이 좋은 사람 люди́на міцно́ї структу́ри ті́ла.
맹 прі́сний; чи́стий. ¶ ~물 чи́ста вода́.
맹 си́льний; лю́тий; запе́клий. ¶ ~공격 лю́та (запе́кла) ата́ка (на́ступ). ~연습 за́вза́те (поси́лене) тренува́ння.
맹견 зла соба́ка.
맹꽁이 жа́ба; тупи́ця.
맹랑 ¶ ~하다 ма́рний; пусти́й; незгові́рливий. 일이 ~하게 되었다. Спра́ва зірвала́сь.
맹렬 ¶ ~하다 жорсто́кий; запе́клий; лю́тий; скаже́ний.
맹맹 ¶ ~하다 прі́сний; несмачни́й.
맹목 ¶ ~적 сліпи́й. ~적으로 слі́по; беззапере́чно.
맹방 сою́зні краї́ни; сою́зна держа́ва; сою́зник.
맹세 кля́тва. ¶ ~하다 дава́ти кля́тву. ‖ ~문 текст кля́тви.
맹수 хи́жий звір.
맹신 сліпа́ ві́ра. ¶ ~하다 слі́по ві́рити. ‖ ~자 слі́по ві́руючий.
맹아(萌芽) парост́ок. ¶ ~적 руди-

ментарний.

맹아(盲啞) сліпий і глухонімий. ¶ ~ 학교 школа для сліпих і глухонімих дітей.

맹약 обітниця; тверда обіцянка.

맹위 ¶ ~를 부리다 лютувати; шаленіти.

맹인 сліпий.

맹장 сліпа кишка.

맹장염 апендицит.

맹점 мертва крапка.

맹종 ¶ ~하다 сліпо коритися; сліпо слідувати.

맹주 керівник (лідер) союзу.

맹추 дурак.

맹추격 ¶ ~하다 люто переслідувати.

맹탕 прісний (несмачний) суп; нецікава (нудна) робота.

맹호 лютий тигр; (лютий) звір.

맹활약 активна (кипуча) діяльність. ¶ ~하다 активно діяти.

맹훈련 посилене тренування. ¶ ~하다 посилене тренування.

맺다 |끈·매듭을| зав'язувати; в'язати; зав'язуватися; утворюватися. |관계를| зав'язувати; укладати. |끝내다| завершувати; закінчувати; укладати. |원한을| таїти; живити.

맺히다 бути зав'язаним; бути стиснутим; збиратися; накопичуватися. ¶ 눈물이 맺혔다 Навернулися сльози.

머금다 |입에| тримати в роті. |품다| тримати в собі; укладати; таїти; мати почуття. |억제하다| стримувати; затримувати. ¶ 눈물을 ~ стримувати сльози.

머루 дикий амурський виноград.

머리 |두부(頭部)| голова. |머리털| волосся. |두뇌| розум; свідомість. |정상| верхівка; вершина. |앞부분| передня частина; передній край; початок. |우두머리| голова; ватажок. ¶ ~ 끝에서 발 끝까지 з голови до ніг. ~가 무겁다 голова важка. ~를 숙이다 схилити голову. ~를 들다 піднімати голову. ~를 |가로| 흔들다 качати головою. ~를 끄덕이다 кивати головою. 화가 ~ 끝까지 в сильному гніві. ~를 풀다 розпускати волосся. ~를 깎다 підстригатися. ~를 쓰다 роздумувати. ~가 돌다 втрачати розум. ‖ ~기사 передова стаття. 뱃~ ніс судна.

머리끝 тім'я.

머리말 передмова.

머리빗 гребінь; гребінець.

머리숱 кількість волосся.

머리채 (жіноче) волосся.

머리카락 волосся.

머리통 окружність голови; башка.

머릿수건 головна хустка; косинка.

머무르다 зупинятися; топтатися на місці; обмежуватися.

머뭇거리다 коливатися; бути в нерішучості; м'ятися; мимрити.

머슴 наймит. ‖ ~살이 наймит.

머쓱 ¶ ~하다 незграбний; зніяковілий.

머저리 круглий дурень.

머플러 |의상| кашне; шарф. |소음기| глушник; шумоглушник.

먹 суха (рідка) туш.

먹구름 чорна туш.

먹다 |음식을| їсти; пити; палити; вдихати. |남의 것·재물을| брати; отримувати; привласнювати. |나이를| виконуватися. ¶

먹먹 |마음·감정| мáрмýж ~ наважáтися *на що-н.* 겁을 ~ зляка́тися. 귀가 ~ оглóхнути. ¶ ~하다 закла́сти вýха.

먹물 рідкá туш.

먹보 скнáра.

먹빛 чóрний кóлір.

먹성 ¶ ~이 좋다 невибáгливий в їжі. ~이 까다롭다 вибáгливий в їжі.

먹이 корм; фурáж; їжа; харчувáння; стрáва.

먹이다 |음식을| змýшувати *когó* їсти(пи́ти); пригощáти; годувáти; пої́ти. |물감을| забáрвити.

먹자판 мíсце бенкéту; процвітáння злодíйства.

먹지 копіювáльний папíр.

먹히다 бýти з'ї́деним (ви́питим); бýти отрима́ним.

먼길 далéкий шлях; далéка дорóга.

먼데 далéке мíсце.

먼동 схíдна части́на нéба на світáнку. ¶ ~이 트다 розвидня́тися.

먼바다 відкри́те мíсце.

먼발치 далéка вíдстань; віддáлене мíсце.

먼산 далéкі гóри.

먼저 ранíше; перш (за все); спéршу; спочáтку. ¶ 누구보다도 ~ ранíше íнших. 무엇보다도 ~ перш за все; в пéршу чéргу.

먼지 пилю́ка. ¶ ~투성이가 되다 бýти в пилю́ці.

먼지떨이 па́лиця для вибивáння пилюки.

멀개지다 мутнíти; затумáнюватися; соловíти; ставáти рíдким.

멀거니 розсíяно; відсу́тнім пóглядом.

멀겋다 мýтний; мáтовий; затумáнений; посоловíлий.

멀다 далéкий; віддáлений; да́льній; нескінчéнний; безкрáйній; давнíй. ¶ 먼 옛날 далéке мину́ле; глибóка давнинá.

멀다 |눈·귀가| ¶ 눈이 ~ втрачáти зір. 귀가 ~ втрачáти слух.

멀뚱멀뚱 |시선이| безглýздо.

멀리 далéко. ¶ ~에서 здáлеку. ~하다 віддаля́тися; ухиля́тися; уникáти.

멀미 морськá хворóба. ¶ ~하다 захворíти морськóю хворóбою.

멀쑥 ¶ ~하다 свíтлий і чи́стий.

멀쩡 ¶ ~하다 цíлий; нетóрканий. ~한 거짓말 відвéрта брехня́.

멀찍이 дóсить далéко.

멈추다 припиня́ти(ся); переставáти; зупиня́ти(ся). ¶ 눈길을 ~ зупиня́ти пóгляд *на чомý*.

멈칫 ¶ ~하다 рáптом зупини́тися. ~거리다 рáптом зупини́ти(ся); не наважуватися роби́ти *що*.

멋 смак; елегáнтність; франтíвство. ¶ ~을 내다 франти́ти; бýти мóдним.

멋대로 на свій смак.

멋모르다 |이해하지 못하다| не розумíти; не усвідóмлювати. |느끼지 못하다| не відчувáти.

멋없다 непривáбливий; сíрий.

멋있다 привáбливий; мóдний.

멋쟁이 чепурýн; франт.

멋지다 дóсить привáбливий (мóдний).

멋쩍다 |멋없다| непривáбливий; немóдний. |어색하다| незгрáбний; невпрáвний.

멍 си́нець. ¶ ~이 들다 з'яви́вся си́нець.

멍하다 втратити дар мови від розсіяності, бути оглушеним.

멍게 асцидія.

멍멍 ¶ ~거리다 гавкати; лаяти.

멍석 солом'яний мат.

멍에 ярмо; іго; гніт. ¶ ~를 메우다 надягати ярмо.

멍울 грудка; згусток. ¶ ~이 지다 утворюється грудка.

멍청하다 розгублений; приголомшений; нерозумний. ¶ 멍청히 розгублено; нерозумно.

멍청이 бовдур; недотепа; роззява.

멍텅구리 → 멍청이.

멎다 переставати; припинятися; зупинятися. 모터가 멎었다. Зупинився мотор. 바람이 멎었다 Вітер стих.

메 |나무망치| молоток; молот.

메가폰 мегафон; рупор.

메기 амурський сом.

메뉴 меню.

메다 |어깨에 지다| брати (на плечі); нести (на плечах).

메달 медаль [여]. ¶ 금/은/동~ золота/срібна/бронзова медаль. ~을 수여하다 нагороджувати медаллю.

메들리 попурі.

메뚜기 коник; сарана.

메리야스 трикотаж; трикотажне полотно.

메마르다 |땅이| сухий; неплодоносний. |마음이| сухий; нечутливий.

메모 нагадування; меморандум; замітка; запис; записка. ¶ ~하다 записувати.

메밀 гречка. ¶ ~ 국수 локшина з гречаного борошна.

메벼 неклейкий рис.

메스 скальпель.

메스껍다 відчувати нудоту; нудити. [형] нудотний; огидний.

메시아 месія.

메시지 повідомлення; донесення; лист; послання.

메신저 вісник; посильний; кур'єр.

메아리 ехо. ¶ ~치다 відгукуватися ехом.

메우다 заповнювати; засипати; затикати; заробнювати.

메이다 засипатися; засмічуватися.

메이데이(May Day) свято Першого травня.

메이커 |생산자|творець; виробник. |상표| (фабрична) марка.

메주 розтерті соєві боби. ¶ ~콩 соєві боби.

메추라기 перепел.

메카(Mecca) Мекка.

메케하다 той, що віддає димом.

메타포 (metaphor) метафора.

메탄 метан; болотний газ.

메탄올 метанол.

메탄 가스 → 메탄.

메탈 метал; рельси. ¶ ~의 металічний.

멘스 менструація.

멜로디 мелодія; мелодійність.

멜빵 підтяжки; шлейки.

멤버 член; учасник; партнер; представник.

멥쌀 неклейкий рис.

멧돼지 кабан; вепр.

며느리 невістка. ¶ 손자~ дружина внука. 조카~ дружина племінника.

며칠 |일수| декілька днів. |날짜| яке число.

멱 |목| горло. ¶ ~따다 вбити; зарізати.

멱 |미역| морська капуста.

멱 |수영| купання. ¶ ~을 감다 купатися.

멱 |서양장기에서| хід конем; хід шахматною фігурою.

멱살 горло; комір. ¶ ~을 잡다 свхачувати (взяти) за комір.

면(面) |표면| поверхня. |측면| грань [여]. |페이지| сторінка. |얼굴| обличчя. |체면| репутація.

면(綿) бавовна; вата.

면경 дзеркальце; дзеркало.

면구 ¶ ~스럽다 здаватися бентеженим; соромитися; соромливий; той, що викликає збентеження.

면담 особиста бесіда; бесіда. ¶ ~하다 особисто розмовляти.

면도 гоління; бритва. ¶ ~하다 битися. || ~날 лезо бритви. ~칼 бритва. ~크림 крем для гоління.

면류관 королівська корона.

면면 різні сторони (області; сфери).

면모 обличчя; зовнішній вигляд; подоба.

면목 |얼굴| обличчя. |양상| зовнішній вигляд. |체면| достоїнство; репутація. ¶ ~이 없다 соромитися; соромно; совісно.

면밀 ¶ ~한 ретельний; уважний; докладний; грунтовний; детальний.

면박 ¶ ~(을) 하다(주다) відкрито відкидати; сварити в обличчя (відкрито).

면방적 бавовнопрядіння. ~공장 бавовнопрядильна фабрика.

면방직 виробництво бавовняних тканин.

면사포 весільна фата нареченої.

면상 риси обличчя; обличчя.

면세 звільнення від хабарів (мита).

면세점 безмитний магазин.

면식 ¶ ~이 있다 знати один одного в обличчя.

면실유 бавовняне масло.

면역 імунітет; імунізація. ¶ ~하다 володіти імунітетом; придбати імунітет. ~요법 імуно-терапія. ~생물학 імунобіологія. ~주사 ін'єкція сироватки. ~혈청 сироватка.

면적 площа.

면전 ¶ ~에서 в присутності; передочима (поглядом) (*кого*); на очах (*у кого*).

면접 інтерв'ю. ¶ ~하다 отримати (дати) інтерв'ю.

면제 ¶ ~하다 звільняти від обов'язків. (відповідальності).

면제품 вироби з бавовни; бавовняні вироби.

면직 → **면방직**.

면직(免職) ¶ ~하다 відстороняти від посади.

면책 звільнення (від відповідальності) недоторканість. ¶ ~하다 уникати ідповідальності(догани).

면하다 уникати (*чого*); рятуватися; звільнятися (*від чого*).

면학 навчання. ¶ ~하다 старанно навчатися.

면허 дозвіл; одобрення; патент. || ~ 리цензія; патент. 운전 ~증 водійські права.

면회 прийом; особиста зустріч; побачення. ¶ ~하다 приймати (*кого*); особисто зустрічати(ся) (бачитися).

면회실 приймальня.

멸균 стерилізація. ¶ ~하다 стерилізувати.

멸망 загибель [여]. падіння. ¶ ~하다 загинути; пасти; зникнути з лиця землі.

멸시 презирство; зневажання. ¶ ~하다 зневажати.

멸절 ¶ ~하다 губити; знищувати.

멸족 винищування всього роду (плем'я).

멸종 знищення всього роду.

멸치 японський анчоус.

멸하다 гинути; губити; знищувати.

명(命) |목숨| життя. ¶ ~이 길다 довговічний; живучий.

명(命) → **명령**.

명(名) |사람수| людина. ¶ 세 ~ три чоловіки.

명(名) |유명| відомий; знаменитий. ¶ ~배우 знаменитий актор. ~가수 відомий співак.

명(銘) |묘비| стиль меморіальних надписів; меморіальний напис; епітафія.

명가(名家) відоме (знамените) прізвище.

명곡 відома мелодія; відомий музичний витвір.

명구 прекрасні рядки(слова); вислів; епіграф.

명기(名妓) знаменита (відома) кисен.

명기(名器) знаменитий посуд; знаменитий музичний інструмент.

명기(明記) ¶ ~하다 чітко викладати; точно визначати.

명년 майбутній рік.

명단 список імен та прізвищ.

명당 |묘자리| щасливе місце (для могили). |좋은 자리| хороше (зручне) місце.

명란 ікра минтая. ‖ ~젓 солона ікра минтая.

명랑 ¶ ~하다 життєрадісний; світлий; ясний; чистий; яскравий.

명령 наказ; команда; приписання; розпорядження. ¶ ~하다 наказ; віддавати наказ. ~을 수행하다 виповнювати наказ. ‖ ~서 письмовий наказ; приписання.

명령형 {어문} наказовий спосіб.

명료 ¶ ~하다 чистий; сний; виразливий. ‖ ~성 чистота; ясність; виразність.

명리(名利) слава і вигода.

명마(名馬) прекрасний кінь.

명망 (хороша) репутація; популярність. ¶ ~이 있는 відомий; авторитетний. ‖ ~가 відома (прославлена) людина.

명맥 биття серця; життя; артерія. ¶ ~을 잇다 підтримувати життя.

명멸 ¶ ~하다 миготіти; мерехтіти; мигати.

명명(命名) найменування. ¶ ~적(의) номінативний; називний. ~하다 називати; давати наймену-вання (ім'я). ‖ ~문 називне речення.

명명 백백 ¶ ~하다 цілком ясний (чистий; виразний); очевидний.

명목 назва; найменування. ¶ ~상의 номінальний; показний. ~하에 під приводом (*чого*).

명문 прославлений рід; знатний рід. ¶ ~출신 виходець зі знатного роду. ‖ ~가 знатний рід.

명문(名文) прекрасний витвір.

명문화 ¶ ~하다 уточнити (з'ясувати) з надійних джерел.

명물 знаменита річ; відома осо-

명민 ¶ ~하다 кмітливий і спритний.

명백 ¶ ~하다 ясний; світлий; очевидний. ~히 하다 роз'яснювати; з'ясовувати.

명복 блаженство (щастя) на тому світі.

명부 список імен та прізвищ.

명분 моральний обов'язок; зобов'язання. ‖ ~론 фаталізм.

명사(名士) видатна людина; крупна фігура.

명사수 прославлений (чудовий) стрілець.

명산(名山) знаменита гора.

명산지 місце, яке славиться виробництвом *чого*.

명상 глибокі роздуми (роздумування). ¶ ~의 задумливий. ~하다 спокійно і глибоко обдумувати. ~에 잠기다 бути в глибоких роздумах.

명색 назва; найменування; ім'я; привід; відмовка.

명석 ¶ ~하다 ясний; світлий.

명성 слава; популярність. ¶ ~이 높다 відомий; знаменитий. ~을 떨치다 бути овіяним славою; прославитися.

명세서 детальний опис.

명소(名所) визначне місце.

명수(名手) майстер; віртуоз.

명수(名數) кількість(число) людей.

명승 чудовий пейзаж; живописне місце.

명승지 визначні місця; живописне місце.

명시 ¶ ~하다 ясно показувало (вказувати).

명실 공히 по формі і по змісту.

명실상부 відповідність форми (найменування) і змісту.

명심 ¶ ~하다 відбивати в душі.

명암 світло і тінь (морок); світлі і тіньові сторони; світлотінь.

명약관화 ясніше ясного.

명언 розумне слово; знамениті слова; відомий вислів; мудрий вислів; золоті слова.

명예 честь; пошана; слава. ¶ ~롭다 почесний; доблесний; славет-ний. ‖ ~심 честолюбство. ~욕 честолюбиві прагнення; често-любство. ~직 почесна посада. ~훼손 дифомація (*на кого*); наклеп.

명운 → 운명(運命).

명월 яскравий місяць.

명의(名義) ім'я; назва. ¶ …의 ~로 від імені (*кого*).

명의(名醫) відомий лікар (медик).

명인 майстер (своєї справи).

명작 знаменитий (відомий) витвір.

명장(名匠) відомий майстер.

명저 відома (знаменита) праця.

명절 свято; святковий день; святкові дні.

명제 положення; тезис. {논리} судження.

명주 гладкий тонкий корейський шовк. ‖ ~실 шовкова нитка. ~옷 шовковий одяг.

명줄(命 --) продовження роду (життя).

명중 попадання в ціль. ¶ ~하다 попадати (прямо) в ціль. ‖ ~률 відсоток потрапляння (в ціль).

명징 ¶ ~하다 ясний; прозорий; чистий.

명찰 ярлик з прізвищем та ім'ям (званням).

명창 співак-віртуоз; добре виконана пісня.

명철 мудрість; кмітливість. ¶ ~하다 ясний; мудрий.

명치 підложечна ямка. ‖ ~뼈 мечеподібний паросток.

명칭 назва; найменування. ¶ ~을 붙이다 давати назву (найменування).

명콤비 злагоджена група; вдала пара; хороша компанія.

명쾌 ¶ ~하다 ясний; чіткий; точний; визначений.

명태 минтай. ¶ ~알 ікра минтая. ~국 суп з минтая.

명판 вивіска; заводський щиток.

명패 дощечка з прізвищем та іменем (званням).

명필 каліграф; красивий (хороший) почерк.

명하다 → 명령[하다].

명함 ім'я; візитна карточка.

명화(名畵) відома картина.

명현(名賢) прославлений конфуціанський мудрець.

명확 ¶ ~하다 ясний; виразний. ‖ ~성 ясність; виразність.

몇 скільки; наскільки.

모 |각도| вугол; вугол зору. |성격물| різкість; злість. ¶ 어느 ~로 보나 з усіх точок. |옆| ~로 боком.

모 |벼의| рисова розсада. ¶ ~를 심다 висажувати рисову розсаду.

모(毛) шерсть [여].

모(母) мати [여]. мама.

모(某) якийсь; один. ¶ ~ 회사 енська компанія.

모가지 → 목. ¶ ~가 붙어 있다 ледь втриматися на службі.

모계 материнська лінія. ¶ ~사회 людське суспільство в період матріархату. ~ 제도 матріархат.

모과 китайська айва. ¶ ~ 나무 китайська айва.

모교 рідна школа.

모국 Батьківщина.

모국어 рідна мова

모권 влада жінки.

모근(毛根) корінь волосу.

모금 ковток. |담배의| затяжка. ¶ 단 ~에 마시다 випити залпом.

모금(募金) грошова пожертва; збір пожертви. ¶ ~하다 добувати гроші.

모기 комар. ¶ ~소리만 하다 тоненький, як комарине пищання.

모기장 сітка від комарів.

모나다 |물건이| гострий; з гострими вуглами. |성격이| злий.

모내기 пересадка (висадка) рисовоїрозсади.

모녀 мати й дочка.

모놀로그 монолог.

모니터 світловий ліхтар; контролер передачі; монітор.

모닥불 багаття.

모더니즘 модернізм.

모데라토 модерато.

모델 модель [여]. зразок; натурщ|ик, ~иця.

모델링 виконання по моделі; ліпна робота; формовка.

모독 наруга; осквернення. ¶ ~하다 учинити наругу; осквернити.

모두 все.

모두(冒頭) початок розповіді.

모든 все; весь; вся.

모락모락 ¶ ~ 피어나다 підніматися клубами.

모란 півонія.

모래 пісо́к. ¶ ~가 많은 піща́ний. ~위의 누각 за́мок, яки́й побудо́ваний на піску́. ∥ ~ 시계 піща́ний годи́нник.

모래밭 піща́ні берега́; піща́на рівни́на.

모래성 піща́на форте́ця.

모래알 піщи́нка.

모략 хи́трість; ви́верт; за́ходи; пла́ни; мане́вр; інтри́га; змо́ва. ¶ ~적인 хитрому́дрий; підсту́пний. ~하다 удава́тися до ви́вертів (інтри́г); інтригува́ти. ~에 걸려들다 попа́стися на ву́дочку (у па́стку).

모럴 е́тика; повча́ння; мора́ль [여].

모레 післяза́втра.

모르다 |알지 못하다| не зна́ти; не розумі́ти; не вмі́ти; не поміча́ти. |몰라보다·몰라주다| не взнава́ти (знайо́ме); не поважа́ти (*кого*); не вважа́ти (*з чим*); не розумі́ти (*кого*). ¶ 모르기는 몰라도 то́чно невідо́мо, але́... 모르는 체하다 роби́ти ви́гляд, що не зна́єш. |추측| ...일지 모른다 мо́же бу́ти. 어찌 반가운지 모른다 ду́же рад.

모르핀 мо́рфій.

모름지기 неодмі́нно; обов'язко́во.

모리배 спекуля́нти.

모멘트 моме́нт; мить.

모면 ¶ ~하다 ухиля́тися; уника́ти.

모멸 презирство. ¶ ~적 презирли́вий. ~하다 презира́ти. ~을 당하다 бу́ти знева́женим. ∥ ~감 почуття́ презирства.

모밀 гре́чка. ¶ ~국수 ку́ксу з греча́ного бо́рошна.

모반 змо́ва; повста́ння; бунт; зра́да. ¶ ~하다 влашто́вувати змо́ву; заду́мувати зра́ду.

모발 воло́сся.

모방 наслі́дування. ¶ ~하다 наслі́дувати; імітува́ти; копіюва́ти; слі́дувати при́кладу. ∥ ~작 ко́пія.

모방직 вовнотка́цтво.

모범 зразо́к; при́клад. ¶ ~적인 зразко́вий; приблизни́й; повча́льний. ~이 되다 слугува́ти (бу́ти) при́кладом. ~을 보이다 пока́зувати при́клад. ∥ ~생 приблизни́й (зразко́вий) той, що навча́ється.

모빌(mobile) рухли́вий; мобі́льний; пересувни́й; мінли́вий.

모빌유 ма́сло для автомаши́н.

모사(謀士) розва́жлива (оба́члива) люди́на.

모사(謀事) ¶ ~하다 будува́ти пла́ни. ∥ ~꾼 винахі́длива люди́на.

모사(模寫) копіюва́ння; калькува́ння. ¶ ~하다 копіюва́ти; роби́ти репроду́кцію.

모색 ¶ ~하다 шука́ти навпо́мацки. 암중~ по́шуки насліп (в темноті́).

모서리 вуго́л.

모선(母船) плаву́ча ба́за. |우주선| космі́чний корабельно́сій.

모성 матери́нство.

모성애 матери́нська любо́в.

모세관 капіля́ри.

모세 혈관 капіля́рна мере́жа.

모순 протирі́ччя. ¶ ~적 супере́чливий. ~되다 супере́чити ∥ ~성 супере́чливість; супере́чливий хара́ктер.

모스크(mosk) мече́ть [여].

모습 ви́гляд; зовні́шній ви́гляд. ¶ 늠름한 ~ бра́вий ви́гляд. 당황한 ~ розсі́яний ви́гляд.

가련한 ～으로 в жалюгідному вигляді. 그의 ～이 눈에 선하다. Я неначе бачу його перед собою. 천사의 ～으로 в образі ангела.

모시 тканина з рами.

모시다 |섬기다| турбуватися; доглядати (*за ким*); шанувати; поклонятися. |인도하다| проводжати; супроводжувати. |초청하다| поміщати; влаштовувати.

모심다 висаджувати рисову розсаду.

모씨(某氏) хтось; дехто.

모양 |형상·외관| (зовнішній) вигляд; зовнішність. |차림·맵시| фігура; поза; манера. |…처럼| неначе; подібно, як. |짐작| видимо. |상태| стан. ¶ …의 ～으로 в вигляді *чого*. ～을 부리다 франтити. ～이 사납다 (흉하다) жахливий; страшний. ‖ 모양새 зовнішність; вигляд; фігура; достоїнство; репутація.

모역(謀逆) замах на святиню.

모욕 образа. ¶ ～적 образливий; принизливий; ганебний. ～하다 ображати; ганьбити. ～을 당하다 терпіти образи; бути зневаж-ливим. ～을 참다 проковтнути.

모유 материнське молоко.

모으다 збирати; складати; зосереджувати. ¶ 돈을 ～ накопичити грошей.

모음(母音) голосний (звук). ‖ ～생략 елізія. ～조화 гармонія голосних. ～화 вокалізація.

모의(模擬) репетиція. ¶ ～시험 попередній екзамен. ～재판 інсценування судового процесу.

모의(謀議) нарада; (тайна) змова. ¶ ～하다 радитися; змовлятися.

모이 пташиний корм.

모이다 збиратися; бути зібраним. ¶ 모엿! Шикуйся!/ Ставай!

모일(某日) якийсь день. ¶ 모월 ～ якийсь день якогось місяця.

모임 збір; зібрання. ¶ ～을 가지다 збиратися; засідати.

모자 головний убір; шапка; шляпа; кепка; кашкет. ¶ ～를 쓰다 надягати шляпу. ～를 벗다 знімати шляпу. ‖ ～걸이 вішалка.

모자(母子) мати і син. ¶ ～간 (відношення) між матір'ю та сином.

모자라다 |부족하다| недоставати; не вистачати. |머리가| бути нерозвиненим.

모자이크 мозаїка.

모작 зліпок; копія витвору. ¶ ～하다. копіювати *з чого*; робити копію *чого*.

모조 ¶ ～하다 робити за зразком; імітувати; копіювати. ‖ ～어 калька. ～품 імітація; підробка.

모조리 все; цілком; повністю

모조지 веленевий папір.

모종(苗種) розсада. ¶ ～하다 висаджувати розсаду. ‖ ～삽 маленька лопатка.

모종(某種) деякий. ¶ ～의 혐의 деякі підозри (сумніви).

모지다 вугластий з виступами (вуглами); причепливий; сварливий.

모직 бавовняна річ.

모질다 |잔인하다| жорстокий; суворий; злий. |배겨내다| терплячий; стійкий. ¶ 모진 목숨 тяжке життя. 모진 바람 сильний

모집 набір; прийом; вербування; заклик; збір. ¶ ~하다 набирати; приймати; вербувати; збирати.

모처(某處) якесь місце; якийсь пункт.

모처럼 навмисно; спеціально; вперше (за довгий час).

모체 |어머니의 몸| материнське лоно. |주체·기반| основа; ядро; головна організація. ¶ ~ 전염 наслідування хвороби.

모충(毛蟲) волохаті комахи.

모친 мати. ¶ ~상 смерть матері.

모태 утроба матері; основа; база.

모토 девіз; лозунг; епіграф.

모퉁이 вугол; завулок; куток; частина. ¶~길 поворот дороги; вугол вулиці. ~를 돌아 за вуглом.

모티브 основна тема; головна думка; лейтмотив.

모포 бавовняна ковдра.

모판 ділянка; відведений підрисові розсадники; рисовий розсадник.

모피 шкура; хутро. ¶ ~의 хутровий; з хутра. ~목도리 хутровий шарф ~외투 хутрове пальто; шуба.

모필(毛筆) пензель [ч]. ‖ ~화 картина, написана пензлем.

모함 звинувачення; неправий докір. ¶ ~하다 штовхати; втягувати.

모함 → 모선.

모해 саботаж. ¶ ~하다 саботувати; навмисно шкодити.

모험 авантюра; пригода. ¶ ~적 авантюрний пригодницький. ~하다 ризикувати; йти на авантюру. ‖ ~가 авантюрист. ~담 пригодницька розповідь. ~심(주의) авантюризм.

모형 модель [ж]; зразок; макет. ‖ ~도 макет. ~선 модель судна.

모호 ¶ ~하다 неясний; невизначений; туманний. 모호한 대답 розпливчата відповідь. ~하게 하다 придавати невизначений характер (чому); наводити тінь (на ясний день).

목 шия; горло; гортань [ж]. |목소리| голос. |목숨| життя. |물건의| горлечко; горловина; шийка; халява. |좁은 장소| вузький прохід. ¶ ~마르다 пересохло в горлі. ~빠지게 дуже; сильно. ~을 놓아 у все горло; голосно. ~을 축이다 вгамовувати спрагу; промочити горло. ~이 쉬다 хриплий. ~을 걸다 віддати життя. ~이 달아나다 загинути. ~이 잘리다 (해직되다) бути звільненим.

목(目) |항목| загін.

목가(牧歌) буколіка; пастораль [ж]. ¶ ~적 пасторальний.

목각 різьблення по дереву. ¶ ~활자 дерев'яний шрифт; дерев'яна літера. ‖ ~화 гравюра на дереві; ксилографія.

목걸이 намисто.

목검 дерев'яний меч.

목격 ¶ ~하다 бачити своїми очима; бути свідком (очевидцем). ‖ ~담 розповідь очевидця. ~자 очевидець; свідок.

목공 тесляр; столяр; теслярська (столярна) справа.

목공소 столярна майстерня.

목관 дерев'яна труба. ¶ ~악기 дерев'яний духовий музичний інструмент.

목구멍 горло; гортань. ¶ ~이 포도청 голод штовхає на будь-який злочин. ~풀칠 жалюгідне існування.

목근(木根) коріння дерева.

목기 дерев'яний посуд.

목기침 дуже сильний кашель.

목놓다 в усе горло; голосно. ¶ 목놓아 울다 голосно плакати.

목덜미 задня частина шиї; потилиця. ¶ ~를 잡히다 бути схопленим за комір; бути схопленим зненацька.

목도 ¶ ~하다 бачити своїми очима.

목도리 шарф; кашне.

목도장 дерев'яна печатка.

목돈 кругла сума грошей.

목동(牧童) пастушок; маленька пастушка.

목련 магнолія. ‖ ~화 квітка магнолії.

목례 привітання очима.

목록 список; каталог; перелік. ‖ ~카드 картотекар.

목마 дерев'яний кінь.

목마르다 пересохло в горлі (від спраги).

목말 ¶ ~을 타다 сидіти на чиїх плечах.

목면 груба бавовняна тканина.

목물 миття тіла до пояса. ¶ ~하다 митися (обтиратися) до пояса.

목민(牧民) управління народом. ‖ ~관 правитель.

목발 милиця [남]. опора; підтримка.

목사 священик; пастор.

목석 дерево чи камінь; нечуттєва колода; бовван.

목선 дерев'яний човен; дерев'яне судно.

목소리 звук мови; мова; тембр голосу; голос; думка; вимоги; відклики.

목수→ 목공.

목숨 життя. ¶ ~을 걸다 віддати життя. ~을 걸고 ризикуючи життям. ~을 잃다 позбавляти життя. ~을 부지하다 підтримувати життя. ~이 있는 한 до останнього подиху; поки живий. ~이 왔다갔다한다 знаходитися на межі життя і смерті.

목요일 четвер.

목욕 купання; миття. ¶ ~하다 купатися; митися; приймати ванну. ~재계 омовіння. ~탕 баня.

목운동 рух головою.

목자(牧者) пастух; пастор.

목장 тваринницька ферма.

목재 лісоматеріали; ліс. ¶ ~공업 лісова промисловість. ~펄프 целюлоза. ~상 лісоторговець. ~소 лісорозробки; підприємство лісової промисловості.

목적 ціль [여]. об'єкт. ¶ 무슨 ~으로 з якою метою? Навіщо …을 ~으로 з метою; в цілях. ~으로 하다 ставити собі за мету *(що-н.)* ‖ ~물 об'єкт. ~[지향]성 цілеспрямованість.

목격 знахідний відмінок.

목적어 {어문} доповнення.

목적지 місце призначення; ціль [여].

목전 на очах; перед очима; під

목 носом; той, що має бу́ти. |위험 등이| нависа́ти. ¶ ~에서 на оча́х (*у кого*). ~에 다다르다 насува́тися. ~의 일만 생각한다 ду́мати ті́льки про сього́дніш-ній день. 위험이 ~에 있다. Нави́сла загро́за (небезпе́ка).

목젓 {해부} язичо́к.

목제 (зро́блений) з де́рева; дере́в'яний. || ~품 ви́роби з де́рева.

목제기(木祭器) ритуа́льний дерев'я́ний по́суд.

목조 дерев'я́ний. ¶ ~건물 дерев'я́на буді́вля.

목차 зміст.

목책 дерев'я́на огоро́жа; ліс.

목청 тембр го́лосу; го́лос; голосові́ зв'я́зки. ¶ ~이 터지도록 부르다 крича́ти щоси́ли. ~을 돋우다 напряга́ти го́лос.

목초 трава́; підні́жний корм.

목축 твари́нництво.

목축업 твари́нництво; скота́рство.

목측(目測) газомі́р; вимі́рювання на о́ко. ¶ ~측량 візуа́льний ви́мір.

목침 дерев'я́ний вал, який підкла́дають під го́лову.

목탁 дерев'я́на кия́нка.

목탄 вугі́льний олі́вець; дереви́нний ву́голь. || ~화 малю́нок (карти́на) вугі́ллям.

목판 гравю́ра на де́реві. ¶ ~인쇄 друкува́ння з гравіюва́льної до́шки. ~본 ксилогра́фія.

목표 ціль [어]. об'є́кт. ¶ ~에 맞다 потра́пити в ціль. ~에 맞지 않다 схи́бити. ~로 삼다 ста́вити свої́ю ці́ллю.

목표물 ціль [어]. об'є́кт.

목형 дерев'я́на моде́ль.

목화 баво́вна; баво́вник. || ~솜 ва́та з баво́вни.

목화송이 коро́бочка баво́вни.

목회 місіоне́рство; фу́нкції свяще́ника; духове́нство; па́сторство.

몫 до́ля; части́на. ¶ …의 ~으로 되다 достава́тися (*кому*). Своє́ ~으로 만족하다 бу́ти задово́леним свої́ю части́ною.

몰-- ці́лком; повні́стю; все до одного́.

몰골 (неприва́бливий) зо́внішній ви́гляд; фізіоно́мія. ¶ ~이 사납다 бридки́й.

몰다 гна́ти; зганя́ти; заганя́ти. |새 따위를| відганя́ти; відляку́вати; управля́ти; води́ти. |추격하다| пересліду́вати; направля́ти; поверта́ти; сва́рити; поно́сити. ¶ …으로 ~ вважа́ти (розгля́дати; зверта́тися) як. || 몰아가다 викрада́ти.

몰두 ¶ ~하다 ухо́дити з голово́ю (*у що*); захо́плюватися (*чим*); до самозабуття́; бу́ти погли́неним (*чим*). ¶ 공부에 ~하다 віддава́тися навча́нню.

몰라보다 |인식하지 못하다| не впізнава́ти. |무시하다| не зверта́тися вві́чливо. ¶ 몰라보게 달라졌다 зміни́вся до невпізна́ння. 어른을 ~ пога́но (невві́чливо) ста́витися до ста́рших.

몰락 паді́ння; за́гибель [어]. розо́рення; банкру́тство; занепа́д. ¶~하다 па́сти; розори́тися; обанк-ру́титися. 몰락 가문 заху́-далий рід.

몰래 непомі́тно; крадькома́; поти-хе́ньку. || ~ 몰래 зовсі́м

непомітно (тайно).
몰려가다 йти юрбою (натовпом).
몰려나오다 вийти юрбою.
몰려다니다 ходити юрбою.
몰려들다 входити юрбою (натовпом).
몰려오다 прийти юрбою; підбігти юрбою.
몰리다 бути загнаним (*куди*); бути гнаним. |일이| накопичуватися.
몰리브덴 молібден.
몰살 ¶ ~하다 поголовно знищувати (винищувати).
몰상식 ¶ ~하다 дурний; той, що позбавлений здорового глузду.
몰수 експропріація; конфіскація. ¶ ~하다 експропріювати; конфіскувати. 무상~ безоплатна конфіскація (розподіл). ~품 конфісковані речі. ~재산 конфісковане майно.
몰아 |모두| все (без залишку); цілком.
몰아(沒我) самоприниження; бажання стушуватися; самозречення; самопожертва.
몰아대다 заганяти.
몰아세우다 сварити; лаяти; мучити; подражнювати.
몰아오다 приганяти.
몰아넣다 втягувати; вкидати (*у щось*).
몰아내다 виганяти.
몰아주다 докоряти; осуджувати; переслідувати; мучити.
몰아치다 зганяти. |눈보라가| мести; докоряти; осуджувати.
몰염치 ¶ ~하다 безсоромний; нахабний. ~하게 безсоромно; без докорів сумління. ~한 사람 безсоромна людина. ~한 놈! Ах ти, безсоромний.
몰이 загін. ¶ ~하다 заганяти. ‖ ~꾼 наганич.
몰이해 нерозуміння.
몰인정 ¶ ~하다 нелюдяний жорстокий; безсердечний.
몰입 → 몰두.
몰지각 ¶ ~하다 неблагорозумний; необережний; нестриманий; нескромний.
몸 |신체| тіло; тулуб. |선박 등| корпус; острів. |신분| людина. ¶ ~도 마음도 і тіло, і душа ~에 좋다 корисний; лікувальний. ~에 나쁘다 шкідливий (для здоров'я). ~이 좋아지다 поздоровшати; зміцніти. ~조심하십시오 Прошу вас, бережіть себе (своє здоров'я). ~에 맞는 옷 підходящий по розміру одяг. ~둘 바를 모르다 не знаходити собі місця; губитися. ~을 더럽히다 втрачати дівочу честь. ~을 던지다 повністю віддавати себе (*чому*). ~을 바치다 віддавати всього себе; жертвувати собою; посвятити себе (*чому*). ~을 버리다 шкодити здоров'ю; втратити честь. ~을 사리다 непомітно сховатися. ~을 팔다 займатися проституцією. ~이 나다 товстіти; повніти; гладшати. ~이 달다 нервувати. ~에 배다 звикати. ~가까이 близько від себе. ~성히 지내십시오 Будьте здорові.
몸가짐 манера триматися; поведінка; догляд за собою.
몸값 викуп (за *кого*). ¶ 제 ~을 올리다 набити собі ціну.

몸놀림 рух тіла.
몸단장 вбрання. ¶ ~하다 вбиратися; наводити красу.
몸매 структура тіла; фігура.
몸무게 вага (тіла). ¶ ~를 재다 зважуватися.
몸보신 підтримка здоров'я. ¶ ~하다 берегти себе; підтримувати здоров'я.
몸부림 ¶ ~치다 метушитися; барахтатися; корчитися; перевертатися уві сні.
몸살 перевтома. ¶ ~[이] 나다 перевтомитися.
몸서리 тремтіння. ¶ ~[가] 나다(~치다) |공포로| льодяніти. |혐오로| коробити.
몸소 сам; особисто.
몸수색 обшук (тіла). ¶ ~하다 обшукувати.
몸져눕다 лежати пластом.
몸조리 ¶ ~하다 слідкувати за своїм здоров'ям.
몸조심 ¶ ~하다 берегти здоров'я; слідкувати за собою.
몸종 покоївка; служанка.
몸집 комплекція; структура тіла. ¶ 이 아이는 나이에 비해 ~이 크다. Ця дитина велика для свого віку.
몸짓 (тіло) рух; жест. |스포츠| рух; вправа.
몸짓 언어 {어문} мова жестів.
몸차림 наряд.
몸치장 наряд; прикраса. ¶ ~하다 вбиратися; прикрашати себе.
몸채 основна (головна) будівля.
몸체 корпус (*чого*).
몸통 тулуб; корпус. ¶ ~운동 рух тулубом.
몹시 дуже; сильно. ¶ ~지쳤다.

Дуже втомився./ Пекельно втомився. ~ 사랑하다 палко кохати.
몹쓸 поганий; недобрий; непридатний.
못 цвях. |상처| біль. ¶ ~을 박다 забивати цвях. ~박히다 запасти в душу; не виходити з голови; неначе скований. || ~뽑이 цвяходер.
못 |연못| водоймище; ставок; озеро.
못 |굳은 살| мозоль [여]. ¶ ~이 박이다 натирати мозоль.
못 |불능| не (могти). ¶ 알아차리지 ~하다 не впізнавати. ~먹는 감 찔러 보기 як собака на сіні. 이것은 아무데도 못 쓴다. Це нікуди не годиться.
못나다 нетямущий; грубий; негарний.
못난이 дурень; дурний [남].
못내 |그지없이| безмежно. |몹시| дуже сильно; глибоко. |늘| постійно; завжди.
못다 не все.
못되다 поганий; дурний. ¶ 못된 놈 негідник. 못된 병 тяжка хвороба.
못마땅하다 не подобатися; бути не по душі.
못미덥다 ненадійний; той, що не заслуговує довіри.
못미치다 не доходити; не досягати; не добиратися. ¶ 결과가 기대에 못미쳤다 Результат не виправдав надії.
못살다 жити бідно (важко). ¶ 못살게 набридливо. 못살게 굴다 торсати.
못생기다 негарний; потворний; незграбний.

못쓰다 не годиться; непридатний. ¶ 못쓰게 되다 |모습이| ставати негарним. |건강이| погіршуватися. 못쓰게 만들다 псувати; ламати перекручувати; пошкоджувати.

못이기다 не могти терпіти. ¶ 그는 기쁨에 못이겨 감격의 눈물을 흘렸다. Він був зворушеним до сліз від радості.

못자리 рисовий розсадник.

못지 않다 не поступатися; не гірше.

못질 ¶ ~하다 забивати цвях.

못하다 |할 수 없다| не вміти; могти; бути не в стані. |금지| не можна. ¶ 수영을 ~ не вміє плавати. 분을 참지 ~ не міг стримати гніву. 여기서는 담배를 피우지 못한다. Тут курити заборонено.

못하다 |뒤떨어지다| менше; не більше; не поступатися. ¶ 이 집은 당신 집보다 못하지 않다. Цей будинок не поступається вашому. 못해도 по крайній мірі.

몽그라지다 рушитися.

몽글다 безостий.

몽글몽글 ¶ ~하다 грудкуватий.

몽당연필 короткий олівець.

몽당치마 стара (пошарпана) спідниця.

몽둥이 палиця; тростина; дубина. ¶ ~질하다 бити палицею. ~세례 хрещення палицею. ~찜질 биття палицею.

몽땅 все; повністю; цілком.

몽롱 ¶ ~하다 тьмяний; неясний; туманний; нечіткий; невизначений.

몽매 темнота; дурість; невігластво; мракобісся. ¶ ~하다 дурний та неосвічений. ~한 사람 темна людина. ~주의 обскурантизм; мракобісся.

몽상 марення; мрія; (дика) фантазія; навіжені ідеї. ¶ ~하다 мріяти; марити; фантазувати. ~에서 깨еруватися пробуджуватися від марення. || ~가 фантазер; мрійник; утопіст.

몽실몽실 ¶ ~하다 округлий і м'який; пухлий; грудкуватий; горбкуватий.

몽오리 грудка.

몽유병 сомнамбулізм; лунатизм. || ~자 лунатик.

몽타주 монтаж; фотомонтаж.

뫼 могила. ¶ ~를 쓰다 ховати; передавати землі.

묏자리 місце (для) могили.

묘 могила; гробниця. ¶ ~를 쓰다 ховати; хоронити; передавати землі.

묘기 чудове мистецтво; віртуозність; майстерність.

묘단 жертовник біля могили.

묘령 квітучий вік.

묘목 саджанець.

묘미 принадність; чарівність; приємний (чудовий) смак.

묘방 → 묘법.

묘법 чудовий спосіб; рецепт чудодійного засобу.

묘비 намогильна стела. ¶ ~명 напис на стелі при могилі.

묘사 опис; обмальовка; зображення. ¶ ~하다 описувати; обмальовувати; зображувати.

묘사력 здатність описувати (обмальовувати, зображати).

묘사법 спосіб опису (зображення).

묘석 → 묘비.

묘소 → 묘.

묘수 дотепний спосіб.

묘안 блискучий (дотепний) план (ідея). ¶ ~이 떠올랐다. Мені прийшла в голову блискуча ідея.

묘약 чудодійний засіб (ліки).

묘연 ¶~하다 неясний; невідомий; нечіткий; неясно видимий.

묘지 кладовище;місце для поховання.

묘지기 цвинтарний сторож; наглядач кладовища.

묘책 чудовий план; умілий прийом.

묘하다 чудовий; розкішний; дивовижний; цікавий; дивний; хитрий. ¶ 묘하게도 як не дивно. 묘한질문 хитре (дивне) питання. 묘한 이야기 дивна розмова. 이것은 묘하게 들린다. Це звучить дивно.어제 묘한 일이 생겼다. Учора зі мною сталося дещо дивне.

묘혈 могильна яма; могила.

무 редька. ‖ ~국 суп з редькою. ~ 김치 кімчі з редькою. ~절임 солона редька. ~ 채 мілко нарізана редька.

무(無) ніщо; нуль [я]. небуття. ¶ ~에서 유를 창조하다 з нічого створити все. ‖ ~자비하다 безпощадний. ~ 책임하다 безвідповідальний.

무가치 ¶~하다 не маючий цінності.

무감각 бездушність. ¶ ~하다 бездушний; втративший свідомість.

무개차 відкритий (грузовий) вагон; відкрита машина; на піввагон.

무겁다 |무게가| важкий. |중대한| вагомий; важливий; серйозний. |행 동이| повільний. |목소리가| низький. |기분이| задумливий; похмурий. ¶ 마음이 ~ важко на душі. 입이 ~ той, що вміє берегти таємниці (секрети). 궁둥이가 ~ важкий на підйом. 무거운 침묵을 깨다 порушити глибоку тишу.

무게 |중량| вага; важкість. |중요성| важливість; значущість. ¶ ~를 달다 вішати; зважувати. ~ 가 얼마인가? Скільки ти важиш?/ Яка твоя вага? ~가 4킬로그램 줄었다 Я втратив чотири кіло-грами. ~ 있는 말 будь-які слова. 그는 ~ 있게 말한다 Він говорить вагомо (переконливо).

무결 ¶ ~하다 бездоганний; довершений. 완전~ повна (абсолютна) досконалість; бездоганність.

무계획 безплановість. ¶ ~적 безплановий.

무고(誣告) неправильне звинувачення.

무고(無故) ¶ ~하다 благополучний; безаварійний. 집안이 다 ~하다 Вдома все благополучно.

무고(無辜) ¶ ~ 하 다 |죄없다| невинний; ні в чому невинний. ~ 한 백성 ні в чому невинні жителі.

무곡 → 무용곡.

무골호인 кмітлива людина.

무공 бойова заслуга; подвиг (в бою). ¶ ~을 세우다 відрізнятися на війні; мати бойову заслугу.

무과(武科) екзамен на державну посаду по воєнному розряду.

무관(武官) військовий аташе; військовий чиновник.

무관 ¶ ~하다 не маючий відношення (до справи) (*до чого*); безвідносний.

무관심 байдужість; незацікавленість; апатія. ¶ ~하다 байдужий; неуважний; бути байдужим; зневажати. 외모에 ~하다 байдужий до зовнішності. 그는 나의 일에 전혀 ~하였다. Він не виявив до мене ніякої уваги.

무구 ¶ ~하다 чистий; бездомішковий; непорочний.

무궁 ¶ ~하다 безкінечний; безмежний; вічний.

무궁무진 ¶ ~하다 невичерпний; незглибимий; вічний; безсмертний; непочатий.

무궁화 гібіскус.

무궤도 전차 тролейбус.

무규율 недисциплінованість; безладність.

무균 асептичний; стерильний; протигнильний; стерилізований; пастеризована. ¶ ~조작법 асептичний спосіб виготовлення ліків.

무극(無極) первісний хаос.

무근 ¶ ~하다 бездоказовий; необґрунтований.

무급 неоплачуваний; безоплатний. ¶ ~으로 дарма; безкоштовно; без нагороди. ~ 노동자 неоплачуваний робітник.

무기 зброя. ¶ ~를 지닌 озброєний; при зброї. ~를 놓다 скласти зброю. ~를 잡다 братися за зброю; озброюватися.

무기 → **무기한**. ¶ ~연기 відкладання на невизначений термін. ~징역 довічне тюремне ув'язнення.

무기고 арсенал; збройний склад.

무기력 ¶ ~하다 в'ялий; обезсилений; бездіяльний; неенергійний; слабо характерний; безсильний. || ~성 в'ялість; бездіяльність; безсилля.

무기명 анонімний; закритий; таємний. ¶ ~ 투표 таємне голосування.

무기물 неорганічна речовина.

무기질 неорганічний. ¶ ~ 비료 неорганічне добриво.

무기한 безстроковий; необмежений; без (вказання) терміну. ¶ ~ 연기하다 відкладати на необмежений термін.

무기 화학 неорганічна хімія.

무난하다 неважкий; гладкий; благополучний; бездоганний; безпомилковий. ¶ 무난히 неважко; без забруднень; бездоганно; безпомилково; безперешкодно.

무남 독녀 єдина дочка.

무너뜨리다 рушити; обвалювати; ламати.

무너지다 рушитися; обвалюватися; відходити; віддалятися. ¶ 하늘이 무너지지 않는 한 поки небо не обрушиться.

무녀 → **무당**.

무념 бездумність. ¶ ~하다 бездумний; безхарактерний; безтурботний.

무능 нездатність; бездарність. ¶ ~하다 нездатний; бездарний.

무능력 нездібність; неправоздатність; безси́лля. ¶ ~하다 нездатний; неправоздатний. ‖ ~자 нездатна (бездарна) людина.

무늬 візеру́нок. ¶ ~를 놓다 малювати (вирізати) візерунок; вишивати візерунок.

무단 самові́льний; безпричи́нний. ¶ ~외출 самові́льний ви́хід. ~결근 самові́льна відсу́тність; прогу́л. ~결근하다 відлуча́тися (іти́; бу́ти відсу́тнім) без до́зволу (без по́питу); прогу́лювати. ~결석 самові́льна відсу́тність. ~결석하다 бу́ти відсу́тнім без до́зволу (без по́питу). ~출입 самові́льний вхід і ви́хід.

무당 шама́нка ¶ ~춤 тано́к шама́нки.

무당벌레 бо́жа корі́вка.

무대 сце́на; аре́на; по́ле. ¶ 국제~ міжнаро́дна аре́на(по́ле). 야외~ відкри́та сце́на. 회전~ сце́на, яка́ ру́хається.

무대 감독 постано́вник; режисе́р спекта́кля.

무대 미술 декорати́вне мисте́цтво.

무대 의상 театра́льний костю́м.

무대 장치 декора́ція; театра́льна декора́ція.

무대 조명 осві́тлення сце́ни.

무대 예술 сцені́чне мисте́цтво.

무더기 ку́па; гру́да; па́ка. |책·종이의| стопа́. ¶ ~로 쌓다 скла́сти в ку́пу. ~ 죽음 пова́льна смерть.

무더위 заду́ха; спе́ка; жара́.

무던 ¶~하다 великоду́шний; до́брий; задові́льний; гі́дний. ~히 великоду́шно; до́бро; задові́льно.

무덤 моги́ла; гробни́ця. ¶ 제 ~을 파다 ри́ти моги́лу самому́ собі́.

무덥다 ду́шний; жа́ркий.

무도(武道) ви́ди воє́нного мисте́цтва та воє́нна майсте́рність.

무도(舞蹈) тано́к; пля́ска. ‖ ~장 да́нсінг; танцюва́льний зал. ~회 бал; танцюва́льний ве́чір.

무동 сиді́ння на плеча́х (*у кого́*) ¶ ~을 타다 сиді́ти на (*чиї́х*) плеча́х.

무드 на́стрій; розташува́ння ду́ху.

무디다 тупи́й. ¶ 날이 무딘 칼 ніж з тупи́м ле́зом.

무뚝뚝하다 холо́дний; офіці́йний; холоднокро́вний; непривітний. 무뚝뚝하게 묻다 запита́ти непри́вітно. 무뚝뚝하게 대하ати су́хо прийма́ти.

무량 ¶ ~하다 безмі́рний безме́жний.

무럭무럭 |자라는 모양| бурхли́во. |김·연기 따위가| клуба́ми.

무려 не ме́нше, ніж.

무력(武力) озбро́єні си́ли; військо́ва си́ла. ¶ ~에 호소하다 удава́тися до збро́ї. ~간섭 озбро́єне втруча́ння; озбро́єна інтерве́нція. ~도발 озбро́єна провока́ція. ~시위 військо́вий пара́д. ~침공 озбро́єний на́пад. ~행사 військо́ва ді́я з допомо́гою озбро́єних сил.

무력(無力) ¶ ~하다 безси́льний; слабки́й; безпомі́чний; в'я́лий.

무렵 час; моме́нт; пора́. ¶ 그 ~에 тоді́; в ті часи́. 바로 이 ~에 як раз в цей час. 동틀 ~에 до світа́нку. 저녁 ~에 до ве́чора. 일이 끝날 ~에 коли́ закі́нчували робо́ту. 1990년 ~부터 приблизно з 1990 ро́ку.

무례 ¶~하다 безцеремо́нний; безтактовний; невиховане; неввічливий; грубий; різкий; нахабний. 무례한 부탁이지만 пробачте за безцеремонність, але... 무례한 짓을 하다 вести себе невиховано (неввічливо, грубо). 무례하게도 …을 하다 мати нахабство зробити (*що*).

무뢰배 хуліган; бродяга; грубіян; нахаба.

무뢰한 → 무뢰배.

무료(無聊) |심심함| нудьга; сум; туга. ¶ ~하다 нудний; тяжкий.

무료(無料) безкоштовний. ¶ ~로 безкоштовно; даремно; безоплатно. ~교육 безкоштовне навчання. ~봉사 безкоштовне обслуговування. ~의무교육 безкоштовна обов'язкова освіта.

무르녹다 достигати; поспівати. |그늘이| бути густим; в самому розпалі.

무르다 |샀던 것을| повертати; взяти назад.

무르다 м'який. |식품이| рідкий. |의자가| слабкий.

무르익다 дозрівати; поспівати. |나뭇잎| (по)червоніти; бути в розпалі. ¶ 무르익은 зрілий; спілий.

무릅쓰다 зневажати; ризикувати. ¶ 자신의 위험을 ~ зневажати власною небезпекою. 위험을 무릅쓰고 не дивлячись на небезпеч-ність. 생명의 위험을 무릅쓰고 ризикуючи життям.

무릇 загалом; в цілому.

무릉도원 обітована земля; райські межі.

무릎 коліно. ¶ ~을 다치다 забити коліно. ~을 맞대고 이야기하다 говорити з ока на око (*з ким*). ~을 꿇다 впасти на коліна (*перед ким*); опуститися (стояти) на колінах. ~을 꿇고 용서를 빌다 просити пробачення на колінах. ‖ ~걸음 повзання на колінах. ~마디 суглоб коліна. ~뼈 колінна чашечка. ~장단 удар по колінам в такт музиці.

무리 |도당| натовп; група; зборище; банда; зграя. |말의| табун. |양의| отара. |개·늑대의| швора. |새의| зграя. |벌의| рій. |물고기의| косяк. ¶ ~를 지어 натовпом; групою; всією масою; стадом; зграєю. 10 명씩 ~를 지어 групами по 10 людей.

무리 |해·달의| ореол. ¶ 달 ореол (вінок) навкруг місяця. 해~ корона; ореол.

무리(無理) нерозумність; безпідставність; неприродність; нелогічність; надмірність. ¶ 네가 그렇게 말하는 것도 ~는 아니다. Природно (зрозуміло), що ти говориш. ‖ ~수 ірраціональне число. ~식 ірраціональний вираз.

무리하다 нерозумний; безпідставний; неприродний; надмірний; непомірний; робити (*що*) через силу; намагатися робити неможливе. ¶ 무리하게 натягнуто; з натяжкою. 무리함 없이 без натяжки.

무마 ¶ ~하다 гладити; погладжувати; втішати; заспокоювати; заминати. 사건을 ~하다 зам'яти справу.

무망 ¶ ~하다 безнадійний.

무면허 без водійських прав.

무명 груба бавовняна тканина.

무명(無名) безіменний; невідомий; маловідомий. ¶ 용사의 묘 могила невідомого солдата. ~ 작가 маловідомий письменник.

무모 ¶ ~ 하다 нерозсудливий; навіжений; відчайдушний; ризикований. 무모한 행동 божевільний вчинок.

무미 несмак.

무미건조 ¶~ 하다 безкольоровий; сухий; нудний; сумний; нецікавий.

무반동포 безвідкатна зброя.

무반주 без акомпанементу. ¶ ~ 합창 акапела.

무방 ¶ ~ 하다 нешкідливий; невразливий.

무방비 ~의 незахищений; неукріплений; необороняємий; беззахисний.

무법 беззаконня; незаконність; нелегальність; анархія. ¶ ~의 незаконний; нелегальний; беззаконний. ǁ ~자 людина поза законом. ~천지 анархія. ~천지다 панує безправність.

무병 ¶ ~ 하다 здоровий. ~ 장수 Бути живим і здоровим довгі часи.

무보수 безоплатний; безкоштовний. ¶ ~ 노동 безкоштовна робота.

무분별 ¶~ 하다 неблагорозумний; нерозсудливий; необачний. ~ 한 행동 необдуманий вчинок.

무비판적 некритичний.

무사(武士) воїн.

무사 ¶ ~ 하다 спокійний; благополучний; безтурботний; залишитися цілим.

무사고 без подій; без аварій.

무사 통과 безперешкодний пропуск.

무사 태평 ¶ ~ 하다 безтурботний; бездіяльний.

무산 незаможній.

무산 계급 незаможній клас; пролетаріат.

무산자 незаможній; пролетарій.

무상(無常) мінливість; швидкоплинність; невпевненість. ¶ ~ 하다 мінливий; швидкоплинний; непостійний.

무상(無償) безоплатний; безкоштовний. ¶ ~으로 дарémно; безкоштовно. ~ 원조 безоплатна допомога. ~ 분배 безоплатна роздача. ~몰수 безоплатна конфіскація.

무색 безбарвність.

무색 ¶~ 하다 сконфужений; збентежений.

무생물 неживий предмет; нежива природа.

무서움 страх. ¶ ~을 타다 відчувати страх.

무선 бездротовий; безпровідний.

무선 공학 радіотехніка.

무선기 радіовисилач; рація.

무선 전화 радіотелефон.

무선 조종 управління по радіо.

무선 통신 радіозв'язок; зв'язок по радіо.

무섭증 боязкість; боязнь [и]; страх.

무섭다 страшний; лютий; неймовірний; надмірний. ¶ 무서워서 під страхом; боятися (чого-н.); в страху (від чого). 아무것도 무서운 것이 없다 нічого боятися. …하기 무섭게 одразу ж; як тільки. 집에 돌아오기가 무섭게 그는 화를 냈다. Як тільки повернувся додому, він розлютився.

무성 ¶ ~하다 густий; ставати густим; густо рости. 언덕에는 풀이 ~하였다. На пагорбах росла густа трава.

무성(無聲) беззвучний; німий; безголосий.

무성 영화 німе кіно; німий кінофільм.

무성음 глухий звук. ¶ ~화 оглушення; перетворення в глухий звук.

무성의 ¶ ~하다 невідвертий; недобросовісний.

무소속 той, який не належить; той, що не входить (ні в яку організацію); незалежний; безпартійний. ¶ ~의 원 непартійний член (конгресмен).

무소식 відсутність новин (звісток). ¶ 그 후로 전혀 ~이다. З тих пір (про нього) ніяких звісток. ~이 희소식 відсутність новин – найкраща новина.

무속 шаманство; шаманізм.

무쇠 чавун. ¶ ~의 залізний; сталевий. ~가마 залізний казан. ~주먹 залізний кулак.

무수 ¶ ~하다 незчисленний; незлічений. ~히 без числа; в великій кількості.

무술 військове мистецтво.

무슨 який; що за; якийсь; який-небудь. ¶ ~ 일인가? У чому справа? ~ 문제로? З якого питання? ~ 일이 생기면 у разі *чого*; якщо щось станеться. ~ 일이든지 будь яка справа; яка-небудь робота.

무승부 гра в нічию; нічия. ¶ ~의 нічийний. 이 경기는 ~로 끝났다 Матч закінчився з нічийним результатом.

무시 ігнорування (*чого*); зневажання (*до чого*). ¶ ~하다 ігнорувати; зневажати; не вважатися (з ким-чим); не звертати уваги (на кого-що) закривати очі (на що).

무시로 в будь-який час; постійно; завжди.

무시무시 ¶ ~하다 страшний; жахливий. ~한 정적 зловісна тиша. ~하게 з жахом.

무시험 вільний від екзаменів; без екзаменів. ¶ ~ 입학 поступання без екзамену.

무식 неосвіченість; безграмотність; темнота; некультурність. ¶ ~하다 неграмотний; неосвічений; темний; некультурний; ‖ ~쟁이 невіглас; неук; неосвічена людина.

무신경 нечутливість; бездушність; байдужість.

무신론 атеїзм. ‖ ~자 атеїст; безбожник.

무심결에 байдуже; ненавмисно; мимоволі.

무심코 → 무심결에.

무심 ¶ ~하다 ненавмисний; непередбачений; бездушний; холодний; байдужий. ~한 세월 безпощадний час.

무쌍 ¶ ~하다 безпрецедентний; нечуваний; незрівнянний; не маючий собі рівних. 용감~하다 надзвичайно відважні.

무아 самозабуття. ¶ ~의 захоплено; самовіддано.
무안 збентеження; відчуття сорому; конфуз. ¶ ~하다 ганебний; збентежений; конфузний. ~해하다 сконфузитися; прийти в збентеження. ~을 주다 соромити. ~을 당하다 відчувати сильне збентеження. ~스럽다 здаватися збентеженим. ~스레 відчувати сором (збентеження).
무어 |놀람| хіба; а що. ¶ ~, 그게 정말이냐? Хіба це правда? ~니 ~니 해도 як не кажи; що й казати.
무언 безмовність; безмовний; мовчазний.
무언극 пантоміма.
무엄 ¶ ~하다 нетактовний; зухвалий; невитриманий.
무엇 що; щось; що-небудь. ¶ ~이나 всякий. ~이든지 що-небудь. ~ 때문에 через що; по якій причині. ~보다도 більше всього; перш за все. 누가 ~이라고 하든 хто б що не казав. ~이 ~인지 전혀 모르겠다 Абсолютно не розумію, *що до чого*.
무엇하다 неприємний; незручний; збентежений; важкий.
무역 зовнішня торгівля. ¶ ~하다 вести торгівлю.
무역대표부 торгове представництво.
무역상사 торгова фірма.
무역 적자 зовнішньоторговий дефіцит.
무역풍 пасат.
무역항 торговий порт.

무연탄 антрацит.
무예 → 무술.
무용 танок; танці; балет.
무용가 балерина; танцовщи|к –ця.
무용곡 танцювальна музика; музика до балету.
무용극 балет.
무용담 розповідь про ратні подвиги.
무용수 → 무용가.
무용지물 непотрібна (зайва) річ; п'яте колесо в возі.
무우 → 무.
무원칙 безпринциповість. ¶ ~하다 безпринциповий; непринциповий.
무위도식 не працювати, а тільки їсти; порожність. ¶ ~하다 байдикувати; жити в порожнечі.
무의미 ¶ ~하다 безглуздий; незначущий; несуттєвий; пустий; мізерний.
무의식 без свідомості; безсвідомість; беззвітність. ¶ ~적 непритомний; машинальний; мимовільний; беззвітний; ненавмисний.
무의촌 село, в якому немає лікаря (лікарні).
무의탁 безпритульний. ‖ ~자 безпритульна (одинока) людина.
무익 ¶ ~하다 даремний; невигідний; марний.
무인도 безлюдний острів.
무인지경 безлюдні (незаселені) місця.
무인칭 безособовий. ¶ ~문 безсобове речення.
무일푼 без гроша; безгрішшя
무임 безкоштовний. ¶ ~승차하다 їхати по безкоштовному квитку.

~ 승차 безкоштовний проїзд. ~ 승차권 пільговий квиток.

무임소 장관 міністр без портфеля.

무자격 відсутність кваліфікації; відсутність диплому; непридатність. ¶ ~의 некваліфікований; недипломований; ǁ ~자 некваліфікований (недипломований) працівник.

무자본 без капіталу.

무자비 ¶ ~하다 безпощадний; безжалісний. ǁ ~성 безпощадність; безжалісний.

무자식 бездітність. ¶ ~이 상팔자 бездітність – найкращий уділ.

무작정 невизначеність; невирішеність; не розмірковуючи, без усякого. ¶ ~덤벼들다 кинутися напропалу.

무장 озброєння; озброєність; оснащеність (*чим*). ¶ ~하다 озброюватися. ~을 해제하다 роззброювати; обеззброювати(ся).

무저항 непротивлення. ¶ ~으로 без опору. ǁ ~주의 принцип непротивлення.

무적 непереможний; не маючий собі рівних. ¶ ~의 군대 непереможна армія. ~ 함대 непереможна армада.

무전 радіо; радіограма. ¶ ~으로 по радіо. ~을 치다 посилати радіограму.

무전기 радіоапарат.

무전 여행 подорож без засобів.

무절제 ¶ ~하다 нестриманий; надмірний.

무정 ¶ ~하다 безсердечний; безжалісний; бездушний; нечутливий.

무정스레 бездушно; безсердечно; байдужо.

무정견 ¶ ~하다 без визначених поглядів; позбавлений власної думки.

무정부 анархія; анархійність. ¶ ~적 анархічний; безладний. ǁ ~주의 анархізм. ~주의자 анархіст.

무정형 безформність; аморфність. ¶ ~의 без визначеної форми; аморфний; безформенний.

무조건 반사 безумовний рефлекс.

무조건적 безумовний; безсуперечний; беззаперечний; без усяких застережень.

무조건 항복 безсуперечлива капітуляція.

무좀 грибкове захворювання (між пальцями ніг і на підошві).

무종교 атеїзм. ¶ ~의 атеїстичний.

무중력 невагомість. ¶ ~상태 стан-невагомості.

무죄 невинність. ¶ ~로 하다 признати невинним; виправдати. ~ 선고를 받다 бути виправданим судом. ~ 석방 звільнення за відсутності складу злочину.

무지 незнання; неграмотність; неосвіченість; невідання. ¶ ~하다 неосвічений; незнаючий.

무지개 райдуга. ǁ ~ 다리 арковиймість. ~꽃 кольори райдуги.

무지막지 ¶ ~하다 лютий; жорстокий; величезний; надмірний.

무지 몽매 ¶ ~하다 абсолютно неосвічений (дурний).

무직 безробіття; відсутність роботи.

무직자 безробітний; обличчя, яке не має постійної роботи.

무진 невичерпно; дуже. ¶ ~ 애를

쓰다 дуже намагатися.
무진장 ¶ ~하다 невичерпний; безмірний.
무질서 безлад. ¶ ~하다 безладний; хаотичний.
무찌르다 знищувати; винищувати; громити.
무차별 недиференційований; безладний. ¶ ~ 폭격 безладне бомбардування. ~로 без різниці; без розбору; безладно.
무참 ¶ ~하다 безжалісний; безсердечний; трагічний.
무책임 безвідповідальність. ¶ ~하다 безвідповідальний.
무척 дуже; надмірно; безмірно.
무척추 동물 безхребетна тварина.
무치다 заправляти. ¶ 나물을 ~ готувати салат.
무턱대고 навмання; без розбору; безладно.
무표정 ¶ ~하다 невиразний; неживий. |시선이| тупий; безпристрасний. ~한 얼굴 безпристрасне (нерухоме) обличчя; кам'яне обличчя.
무풍 безвітровий; спокійний. ¶ ~지대 безвітровий район.
무한 ¶ ~하다 безмежний; безкінечний; безкрайній. ~히 безмежно; дуже; безкінечно. ~급수 безкінечний ряд. ~ 궤도 гусениця; гусеничний ланцюг.
무한대 величезний; безкінечний. {과학} безкінечність.
무한정 безкінечно; безмежно.
무해 ¶ ~하다 нешкідливий; невразливий.
무허가 без дозволу; без ліцензії; без патенту.
무혈 безкровний. ¶ ~혁명 безкровна революція.
무형 безформний. ¶ ~ 무색 безформний і безкольоровий.
무호흡 апное.
무화과 інжир; винна ягода.
무효 недіючий; не маючий законної сили; неефективний; безрезультатний. ¶ ~로 하다 вважати недіючим; анулювати. ~로 되다 втрачати силу; ставати недійсним.
무훈 подвиг (в бою); бойова заслуга; військові заслуги (подвиги).
무휴 без відпочинку; без перерви.
무희 танцовщиця.
묵 желе; густий кисіль.
묵계 ¶ ~하다 зрозуміти один одного без слів; мовчазно допускати.
묵과 ¶ ~하다 обходити мовчанням.
묵념 ¶ ~하다 молитися про себе; спокійно роздумувати.
묵다 |오래 되다| бути старим. |토지가| відпочивати; знаходитися під паром. ¶묵은 솜 стара вата. 묵은 밭 залежні суходільні землі.
묵다 ночувати; зупинятися.
묵도 мовчазна молитва; мовчання. ¶ ~하다 молитися про себе.
묵독 читання про себе. ¶ ~하다 читати про себе.
묵묵히 мовчазно; мовчки; не говорячи ні слова.
묵묵부답 мовчки; не відповідаючи.
묵비권 право на мовчання
묵살 замовчування. ¶ ~하다 обходити мовчання; замовчувати;

ігнорувати.

묵상 ¶ ~하다 спокійно роздумувати. ~에 잠기다 зануритися в роздуми.

묵인 ¶ ~하다 потурати; мовчки погоджуватися (признавати); давати мовчазну згоду; мовчки допускати.

묵주 чотки [여복].

묵직하다 важкий; досить важкий; важливий; солідний; статечний.

묵향 запах ароматичної туші.

묵화 картина, написана тушшю.

묵히다 не прибирати; залишати. |토지를| залишати необробленою.

묶다 |매다| зв'язувати; перев'язувати; ув'язувати; упаковувати. |결합하다| з'єднувати; об'єднувати; комплектувати. |일괄하다| складати; збирати.

묶음 |열쇠| зв'язка ключів. |장작| в'язанка дров. |밀·쌀| сніп пшениці, рису. |짚·종이| пук соломи, паперу. |꽃| букет квітів. |종이·돈| пачка паперу, грошей, листів.

묶이다 бути зв'язаним (перев'язаним).

문(門) двері; ворота [중복]. вхід; прохід; вікно.

문(文) речення. ‖ 복합~ складне речення. 결의~ текст резолюції.

문가 біля дверей. ¶ ~에 서다 стояти біля дверей.

문간방 кімната, розташована в прибудові біля воріт.

문갑 бюро (для збереження паперу).

문건 офіційний документ.

문고 бібліотека; серія книг; книгосховище.

문고리 дверне кільце.

문고판 книга, видана в серії.

문과(文科) літературне відділення у вузі.

문관 (громадянський) чиновник.

문구 канцелярські приналежності.

문구(文句) фраза; речення.

문구멍 отвір в дверях.

문기둥 одвірок; стовб воріт.

문단(文 段) параграф; відрізок тексту.

문단(文壇) літературний світ; літературні кола. ¶ ~에 나서다 зробити літературну кар'єру.

문단속 ¶ ~하다 закривати двері на замок.

문답 питання і відповіді; діалог. ~하다 відповідати на питання; вести діалог. ‖ ~식 форма діалогу.

문대다 терти; витирати.

문둥병 витівка.

문둥이 прокажений [명].

문득 раптом.

문득문득 неочікувано.

문란하다 хаотичний; безладний. ¶ 규율이 ~ дисципліна розхитана.

문리 розуміння змісту написаного; розуміння. ¶ ~가 환하다 добре розуміти сенс написаного; добре розуміти; осягати.

문맥 контекст; хід викладу думки. ¶ ~이 닿다(~이 통하다) бути зрозумілим у контексті.

문맹 безграмотність. ¶ ~ 퇴치 운동 рух за ліквідацію безграмотності. ‖ ~자 безграмотний.

문명 цивілізація; освіта. ¶ ~의 이기 блага цивілізації; сучасні зручності. ‖ ~국 цивілізована держава. ~인 культурна (освічена) людина; освічена людина.

문무 громадянський та військовий початки; освіта і військова справа. ¶ ~를 겸비하다 сполучати громадянський і військовий початки.

문무백관 всі громадянські та військові чиновники; чиновництво.

문물 політика; економіка та культура; цивілізація.

문방구 канцелярські (письмові) приналежності; канцтовари

문벌 родовитість; родовита сім'я; знатність.

문법 граматика. ¶ ~적 граматичний.

문병 ¶ ~하다 відвідувати; відвідувати хворого. || ~객 відвідування хворого.

문사(文士) літератор.

문상 співчуття. ¶ ~하다 співчувати *кому-чому*.

문서 документ; папери.

문설주 дверний одвірок.

문수 |신발의 치수| розмір; номер.

문신(文臣) громадянський сановник.

문신(文身) татуювання

문안(門--) внутрішня сторона дверей.

문안(問安) проінформування про здоров'я; привіт. ¶~하다 передавати привіт. ~객 відвідувач, інформуючий про здоров'я ~ 편지 лист з повідомленням про здоров'я. ~ 인사 привіт з повідомленням про здоров'я.

문양 візерунок; орнамент.

문어(文魚) восьминіг; спрут.

문어(文語) літературна мова.

문예 література та мистецтво.¶ ~비평 літературна сторінка в газеті; літературний розділ в журналі.

문외한 стороння людина; профан; людина, немаюча відношення (*до чого-кого*); неспеціаліст.

문의 ¶ ~하다 запитувати. 서면으로 ~하다 запитувати (звернутися з запитом) в письмовій формі.

문인 літератор; людина науки.

문자 літера; письмовий знак; алфавіт; писемність.

문장 речення; фраза; твір; текст. || ~가 літератор; письменник. ~부호 розділовий знак. ~성분 член речення.

문전 перед воротами; біля воріт; біля дверей.

문전 걸식 збір подаяння. ¶ ~하다 жити подаяннями.

문제 питання; проблема; задача. ¶ ~를 내다 задавати запитання. ~로 삼다 ставити (піднімати) запитання. || ~성 проблематичність.

문제시하다 робити проблему; ставити під питання.

문중 наш рід.

문지기 сторож; воротар; швейцар.

문지르다 гладити; натирати; витирати; стирати.

문지방 поріг дверей.

문집 збірка творів.

문짝 стулка дверей.

문책 ¶ ~하다 осуджувати; робити догану.

문초 допит. ¶ ~하다 допитувати.

문턱 поріг дверей.

문투 особливість тексту (твору); тон тексту.

문틀 рама дверей.

문틈 щілина (шпарка) в дверях.
문패 дощечка на дверях дому з вказівками адреси та прізвища проживаючого.
문풍지 папір для обклеювання вікон (дверей).
문필 літературна робота; текст і манера листа.
문필가 літератор; письменник.
문학 література. ¶ 사실주의 ~ реалістична література. ~적 літературний.
문학가 літератор; літературознавець; літературний критик.
문학 개론 введення в літературознавство.
문학계 літературні (письменницькі) кола.
문학도 студент літературного відділення; учасник літературного гуртка; любитель літератури.
문학사(文學史) історія літератури.
문학자 літературознавець.
문학 작품 літературний витвір.
문헌 документ; класична праця. ‖ ~ 집 збірка документів. ~ 학 текстолог; архівознавство.
문호(文豪) прославлений (великий) письменник.
문호 개방 відкриття дверей.
문화 культура. ¶ ~ 수준 культурний рівень. ~ 예술 культура і мстецтво.
문화사 історія культури
문화 사업 культурна робота.
문화성 культурність.
문화 유물 культурні релікти (пам'ятники).
문화 유산 культурна спадщина.
문화인 культурна (освічена) людина.
문화재 культурні цінності.
묻다 |붙다| чіплятися; поприліплювати. ¶ 기름이 ~ амаслюватися.
묻다 |질문| запитувати.|추궁| розслідувати; вести слідство. ¶ 길을 ~ запитати, як пройти; дізнатися дорогу. 책임을 ~ притягувати до відповідаль-ності.
묻다 |파묻다| заривати; закопувати; ховати; приховувати; крити в душі. 어머니의 가슴에 얼굴을 ~ уткнутися обличчям в груди матері; ховати обличчя в грудях матері.
묻히다 бути закритим (закопаним; похованим); знаходитися в надрах; загрузнути *в чому*.
묻히다 намазувати. ¶ 가루를 ~ обвалювати в борошні.
물 |일반적인| вода. ¶ 더운 ~ тепла вода. ~이 부글부글 вода кипить ключем. 물끓듯하다 неначе вода вирує.
물 |빛깔| забарвлення. ¶ ~ [을] 들이다 фарбувати. 검게 ~ 들다 бути пофарбованим в чорний колір (пофарбованим в чорне).
물 |과일·해산물의| свіжість ¶ ~ 이 나쁘다 несвіжий.
물가 берег.
물가(物價) ціна. ¶ ~ 지수 індекс цін.
물갈이 ¶ ~ 하다 оброблювати (залите водою рисове поле).
물 фарба; барвник.¶ 천에 ~ 이 잘 든다 тканина добре фарбується.
물개 морський котик.
물거품 піна; бульбашки (на воді).
물건 річ [у]. предмет.
물결 хвиля. ¶ ~ 이 치다 здійматися

ся. |바다가| хвилюватися. |들판이| колихатися.

물고기 риба. ¶ ~ 잡이 рибна ловля; риболовне судно. ~ 떼 косяк (риби).

물구나무서다 стояти на руках вниз головою.

물귀신 водяний. |익사자| втопленик. ¶ ~이 되다 потонути.

물기 волога; вологість. ¶ ~를 빼다 зневоднювати.

물기둥 струмінь (стовб) води.

물길 водний шлях; шлях води; дорога до колодязя.

물꼬 місце виходу води; проріз.

물끄러미 ~ 쳐다보다 не зводячи очей дивитися.

물난리 розлив; повінь.

물놀이 |물결| брижі |복|. |물장난| купання на березі. ¶ ~ 하다 гуляти (грати) на березі.

물다 тримати (у роті; у дзьобі); кусатися; хапатися. ¶ 담배를 ~ тримати цигарку в роті.

물다 |갚다| платити; відшкодовувати. ¶ 얼마나 물어야 합니까? Скільки з нас?

물동(物動) вантаж; транспортовані матеріали. || ~ 량 кількість перевізних вантажів.

물동이 глиняний глечик для води.

물들다 фарбуватися; забарвлюватися(ся); приймати забарвлення.

물러가다 відсуватися; відходити; відступати; зникати; прибиратися.

물러나다 ¶ 옆으로~ відійти в сторону.

물러서다 ¶ 뒤로 ~ відступити назад. 한걸음 ~ відступити на крок.

물러지다 ставати м'яким; пом'якшуватися.

물렁물렁하다 дуже м'який; рідкуватий.

물레 (ручна) прядка. ¶ ~ 질 하다 прясти на прядці.

물레방아 водяний млин (круporушка).

물려받다 успадковувати; отримувати (від кого). ¶ 그의 음악적 재능은 어머니에게서 물려받은 것이다. Його музичний талант йде від матері.

물려주다 передати кому.

물론 звичайно; безумовно; зрозуміло.

물리(物理) фізика. |사물의 이치| закони природи.

물리다 |싫증나다| набридати; приїдатися.

물리다 |압착하다| бути схопленим. |개·모기에| бути укушеним. |입에| сунути; дозволяти кусати; засовувати; втікати. |낚시| ловитися. ¶ 젖을 ~ давати груди дитині. 아침에는 고기가 잘 물린다. Зранку риба добре ловиться.

물리다 |배상| змушувати; платити (відшкодовувати).

물리다 |돌려주다| змушувати (дозволяти) повертати (віддавати) |치우다| змушувати (дозволяти) передвигати. |연기하다| відсувати; переносити.

물리 치료 фізіотерапія.

물리학 фізика. ¶ ~적 фізичний || ~자 фізик.

물망 суспільне визнання. ¶ ~에 오르다 завоювати суспільне визнання.

물망초 незабудка.

물물교환 товарообмін. ¶ ~하다 обмінятися товарами; проводити обмін товарами.

물밀듯이 неутриманий лавиною.

물바가지 черпак для води.

물받이 водостічний жолоб; водостічна труба.

물방울 водяна крапля.

물병 пляшка для води; фляжка.

물보라 бризки прибою.

물산(物産) місцеві продукти; місцева продукція.

물살 потік (струмінь) води.

물새 водоплаваюча пташка.

물색 ¶ ~하다 підбирати; шукати; підшуковувати.

물수건 мокрий рушник; мокра хустина.

물심 양면 матеріальна та духовна сторони.

물쓰듯하다 розбазарювати; пускати на вітер.

물씬하다 м'який; переспівший; переварений.

물안개 туман із мрякою.

물안경 окуляри для підводного плавання.

물어뜯다 рвати. |모기·벼룩 따위가| кусатися; гризти.

물어주다 платити; відшкодовувати; розраховувати.

물엿 рідка (корейська) тягнучка.

물오르다 наливатися соками.

물오리 дика качка.

물오리나무 вільха сибірська.

물욕 жадібність; користивість.

물위 → **수면**(水面).

물음 питання.

물의 пересуди; галас. ¶ ~를 일으키다 викликати неблагоприємні розмови; нашуміти.

물이끼 мох.

물자 матеріали; речі. ¶ ~ 동원 мобілізація матеріальних ресурсів.

물장구 ¶ ~치다 полоскатися.

물장난 гра з водою.

물적 речовий; матеріальний. ¶ ~증거 речовий доказ.

물정 загальне положення; настрій громадськості.

물주 позикодавець; кредитор.

물줄기 русло річки; струмінь води.

물질 матерія; речовина ¶ ~보존의 법칙 закон збереження речовини. ~적 матеріальний; речовий.

물집 пухир; водяний мозоль.

물체 тіло; річ; предмет; форма предмета.

물컹하다 дуже м'який; перезрівший; переварений.

물통 баддя; відро; діжка.

물푸레나무 ясен носолистий.

물품 річ [єч]. предмет. ‖ ~명 найменування предмету.

묽다 рідкий; водянистий. ¶ 묽게 하다 розводити що.

뭇 безліч. ¶ ~별 (багаточисельні) зірки.

뭇매 побиття. ¶ ~질하다 бити.

뭇사람 багато (маса) людей; люди.

뭇짐승 різні звірі.

뭉개다 |으깨다| роздавити; вижимати; дробити; м'яти.

뭉게구름 купчасті хмари.

뭉게뭉게 ¶ ~피어 오르다 клубочитися; підніматися клубами.

뭉뚱그리다 упаковувати; ув'язу-

вати.
뭉치 моток; зв'язка; пачка; грудка.
뭉치다 |덩어리가| утворюватися. |피가| звертатися. |종이가| м'яти. |말아서| скачувати. |진흙·석고| ліпити. |접합하다| сплачувати(ся); змикати(ся).
뭉클하다 м'який; стояти грудкою. |기분| щемить в грудях.
뭉툭하다 тупий; притуплений; короткуватий.
뭐 → 무엇
미(美) краса. [형] гарний. ‖ 고전 ~ класична краса.
미(未) ще не. ‖ ~성년 неповноліття.
미(微) найдрібніший; мікроскопічний. ‖ ~생물 мікроорганізм.
미각 смак; смакові відчуття.
미간(眉間) перенісся.
미간(未刊) неопублікований; невиданий.
미감 естетичне почуття; смак.
미개하다 дикий; нецивілізований; некультурний; неосвічений; той, що не розпустився. ¶ 미개한 나라 первісна (нецивілізована) країна. ‖ 미개인 дикун.
미개척 ще не оброблений (неосвоєний). ¶ ~시장 потенційний ринок.
미개척지 (ще) не освоєні землі; (ще) не розвита галузь (область).
미결 нерішучість. [형] невирішений. |법률| який, перебуває під слідством. ‖ ~수 обличчя, яке знаходиться в попередньому заключенні; який перебуває під слідством.
미경험 недосвідченість.
미곡 рис; зерно. ¶ ~상 торгівля зерном; торговець зерном.
미관 красивий зовнішній вигляд; прекрасний вигляд. ¶ ~상 по зовнішньому вигляду.
미관말직 невелика посада; найвищий чиновник.
미구 ¶ ~에 незабаром.
미국 Сполучені Штати Америки.
미궁 лабіринт; глухий кут. ¶ ~에 빠지다 заходити в глухий кут.
미꾸라지 амурський в'юн.
미끄러지다 ковзати; послизнутися. |낙제하다| провалюватися ¶ 미끄럼 сковзання.
미끄럽다 слизький; гладкий. 미끄러우니 주의하айте. Слизько, будьте обережні.
미끈거리다 ковзати; слизький.
미끈하다 |체격 등이| складний; добре складений. |사물이| рівний; гладкий; слизький. [동] вислизати.
미끼 наживка; приманка. ¶ ~를 꿰다 насаджувати наживку.
미나리 омежник лежачий.
미남 красивий чоловік; красень.
미네랄 мінерал; корисні копалини.
미녀 красива жінка; красуня.
미니(mini) [접두사] міні-.
미달하다 ще не дійти (не досягти); не виконати.
미덕 доброчесність. благородство.
미덥다 заслуговуючий довіри; надійний; вірний.
미동 слабкі коливання. ¶ ~하다 трохи коливатися; злегка похитуватися.
미등(尾燈) |자동차| задній ліхтар.
미라 мумія.
미래 майбутнє; грядуще; майбутній час.

미량 мікродоза; мікро--.

미려하다 красивий; прекрасний.

미력하다 слабкий; маломіцний.

미련 дурість; тупість. ¶ ~스럽다 здаватися дурним(тупим). ~하다 нездогадливий; дурний; тупий. ~을 남기다 залишити рану в серці; поселити в душі тугу.

미련(未練) невідчепна думка; співчуття. ¶ ~을 가지다 бути (все ще) прив'язаним *до кого*; тужити *за ким*.

미로 заплутаний шлях; лабіринт. |마음 상태| розгубленість. ¶ ~에 빠지다 потрапити в важке становище.

미루다 |연기하다| відкладати; відсувати. |책임을 전가하다| перекладати; звалювати. |추측| виходячи *з чого*; враховуючи *що*; судячи *по чому*. ¶ 후일로 ~відкладати на майбутнє.

미루나무 тополя.

미리 заздалегідь; завчасно; вперед. ¶ 돈을 ~ 주다 дати гроші вперед.

미리미리 задовго; трохи раніше.

미립자 мікрочастинка; корпускула. {생물학} мікросома.

미만 менше *ніж*; неповний; не дозрівший; молодше. ¶ 5세 ~의 아이들 діти, які не досягли (молодші) п'яти років.

미망인 вдова.

미명 красива назва; ім'я; добре ім'я; хороша репутація. |구실·핑계| привід.

미모 красиве обличчя; красива зовнішність.

미몽 омана; ілюзія; затемнення свідомості.

미묘하다 тонкий; витончений; делікатний. ¶ ~한 문제 делікатне питання.

미문(美文) витончена словесність; красивий вираз.

미물 |동물| дуже мала тварина. |인간| нікчема; бовдур; мізерна річ.

미미하다 слабкий; мілкий; блідий; тьмяний; неясний; незначний; несуттєвий; дурнуватий.

미발표 ¶ ~의 неопублікований; невиданий.

미봉책 паліативні заходи.

미분 диференціал. ‖ ~법 диференціювання. ~학 диференціювальне обчислення.

미비하다 ще не готовий (не підготовлений; не впорядкований).

미사 меса.

미사여구 гарні слова; написане пишномовним стилем.

미사일 реактивний снаряд; ракета; метальний снаряд.

미상(未詳) [형] невідомий.

미색 |색깔| колір слонової кістки. |용모| красива зовнішність; жіноча краса.

미생물 мікроб, мікроорганізм. ‖ ~학 мікробіологія; мікробіолог.

미성년 підліток; неповноліття. [형] неповнолітні.

미성숙 незрілий.

미세하다 крихітний; мікроскопічний; найдрібніший; докладний; детальний.

미소 посмішка. ¶ ~ 어린 얼굴 усміхнене обличчя.

미소년 красивий юнак.

미수(未遂) ¶ ~로 끝나다 не добиватися; не досягати. 방화 ~로

잡히다 бути схопленим при спробі зробити підпал.

미수(未收) ¶ ~하다 ще не вийде.

미숙하다 незрілий; неспілий; неготовий; недосвічений; некваліфікований. ‖ 미숙성 незрілість; нестиглість; недосвіченість.

미술 зображальне мистецтво; художество. ‖ ~가 художник; скульптор. ~관 картинна галерея; музей зображального мистецтва. ~품 витвір (зображального) мистецтва.

미시적 мікроскопічний.

미식가 гурман; гастроном.

미신 забобони; сліпа віра; культ.

미심쩍다 сумнівний; підозрілий.

미안하다 відчувати себе незручно (збентеженим). ¶ 미안하지만 про-бачте (вибачте); будьте ласкаві; 늦어서 미안합니다. Вибачте мене за спізнення./ Прошу пробачення, що запізнився.

미약하다 слабкий; маломіцний; недостатній.

미역 морська капуста. ‖ ~국 суп із морської капусти.

미역 купання. ¶ ~을 감다 купатися.

미연 ¶ ~에 заздалегідь; завчасно; наперед.

미열 невеликий жар; невелика температура.

미온적 боязкий; нерішучий.

미완 ¶ ~의 ще не завершена (незакінчений).

미완성 [형] незакінчений; незавершений; той, що не склався. ‖ ~품 напівфабрикат.

미용 догляд за обличчям (волоссям). ‖ ~사 косметолог; перукар, ~ша; дамський перукар. ~실 косметичний кабінет; жіноча перукарня.

미욱하다 темний; неосвічений; нерозумний.

미움 ненависть; нелюбов [я].

미워하다 ненавидіти; недолюблювати; незлюбити.

미음 рисовий відвар.

미의식 естетичні погляди (смаки).

미인 красуня. ‖ ~계 заманювання (спокушення) з допомогою жіночих чар.

미장 штукатурка. ‖~이 штукатур.

미장원 → 미용[실].

미적(美的) естетичний. ¶ ~ 교양 естетичне виховання.

미적미적 ¶ ~거리다 потроху пересувати (штовхати); відкладати (переносити) з дня у день.

미정 неустановлений; невирішений; невизначений.

미주(美洲) американський континент.

미주(美酒) хороше вино; хороші спиртні напої.

미주알고주알 докладно; до дрібниць. ¶~캐묻다 розпитувати до дрібниць.

미증유 ¶ ~의 небувалий; нечуваний; небачений; безпрецедентний; безприкладний.

미지 незнаний; невідомий ¶ ~의 세계 незнаний світ.

미지근하다 |온도| теплуватий. |태도| боязкий; нерішучий.

미지수 шукане (невідоме) число; невідомість; неясність.

미진하다 не закінчувати; не завершати; не досить задоволе-

미처 ще не. ¶ 누구도 거기까지는 ~ 생각하지 못했다. Ще ніхто до такого не додумався./ Ще ніхто про це не думав.

미천하다 низький.

미치광이 |광인| ненормальний; божевільний; |열광자| маніяк; одержимий.

미치다 |정신 이상| втрачати глузд; біснуватися; позбавлятися здорового глузду. |지나치다| виходити поза рамки; переходити межі; відхилятися від норми. |열중| збожеволіти *від чого*; піти з головою *у що*. ¶ 미친개 скажена собака. |무뢰한| негідник; сволота.

미치다 |이르다| досягати; доходити *до чого*; доторкатися; задівати; зачіпати; чинити; поширювати; позначатися *на чому*. ¶ 못 미쳐 не доходячи; 생각이 못 미쳐 доходити розумом.

미투리 постоли з конопель.

미풍(美風) хороший стиль; зразок; хороший (красивий) звичай;

미풍(微風) легкий вітерець.

미풍 양속 хороші звичаї.

미학 естетика. ¶ ~적 естетичний.

미행 стеження. ¶ ~하다 ходити по п'ятам; слідкувати (*за ким*) ~자 сищик.

미혹 ¶ ~되다 бути зачарованим (захопленим); бути приголомшеним; бути в розгубленості.

미혼 неодружений; незаміжня.

미화 ¶ ~하다 прикрашати.

미흡하다 недостатній; незадоволений.

--민(--民) люди, народ. ‖ 이재~ постраждалі від стихійного лиха.

민가 приватний (жилий) будинок.

민간 ¶ ~에서 серед народу; в народі. ~의 приватний; громадянський; неурядовий; неофіційний; народний.

민간 신앙 народні забобони.

민간 요법 народна медицина; методи народного лікування.

민감하다 чуттєвий; чуйний; кмітливий; швидко реагуючий. ‖ 민감성 чуйність; кмітливість; чуйність; швидка реакція.

민국 республіка.

민권 народні (громадянські) права. ¶ ~운동 рух за народні (гро-мадянські) права.

민담 старовинна бувальщина.

민들레 кульбаба широкоголова.

민란 народне повстання.

민망스럽다 здаватися жалюгідним (прикрим).

민망하다 жалюгідний; прикрий; шкода; прикро.

민물 прісна вода. ¶ ~고기 прісноводні риби.

민방위 організація протиповітряної оборони.

민법 громадянські закони; громадянський кодекс; громадянське право. ‖ ~학 громадянське право ~학자 спеціаліст (учений) по громадянському праву.

민병 народне ополчення; загін народного ополчення. ‖ ~대 загін народного ополчення.

민사 громадянська справа. ‖ ~사건 громадянський позов. ~소송법 громадянський кодекс.

민생 життя народу. ‖ ~고 страждання народу; життєві лиха.

민속 народні звичаї; етнографія. ‖ ~무용 народний танець. ~학 етнографія.

민수품 товари (предмети) народного споживання.

민심 настрій (почуття) народу; суспільна думка; популярність. ¶ ~을 얻다 завоювати популярність; заслужити довіру народу. ~을 잃다 втратити популярність (довіра народу).

민어 обапіл; миной.

민영 приватний. ‖ ~ 공장 приватний завод. ~화 приватизація.

민완 здатність; уміння.

민요 народна пісня.

민의 воля народу.

민정(民情) положення народу.

민정(民政) громадянська адміністрація; управління народом. ¶ ~을 실시하다 вводити громадянську адміністрацію. ‖ ~이양 поступка громадянської адміністрації.

민족 нація; народ. ‖ ~국가 національна держава. ~문제 національне питання. ~문화 національна культура. ~사 історія нації. ~성 національний характер. ~의식 національна свідомість. ~적 національний. ~주의 націоналізм.

민주 демократія. ‖ ~국가 демократична держава. ~당 демократична партія. ~주의 демократія; демократизм. ~화 демократизація.

민중 народні маси.

민첩하다 живий; моторний. ‖ 민첩성 моторність; міткість.

민촌 село.

민화(民畵) народна пісня.

믿다 вірити. ¶ 믿을 만한 사람 чоловік, заслуговуючий довіри.

믿음 віра; довіра.

믿음직하다 достовірний; надійний; вірний; що заслуговує довіри.

밀 пшениця. ‖ ~가루 пшеничне борошно.

밀감 мандарин.

밀고 донесення. ¶ ~하다 (таємно) доносити; секретно інформувати. ‖ ~자 донощик.

밀다 |떠밀다| штовхати; відштовхувати. |깎다| стругати. |수염을| брити.

밀담 секретна (конфіденційна) розмова; секретна бесіда; таємні переговори. ¶ ~하다 вести секретну (конфіденційну) розмову; говорити з ока на око.

밀도 густота; щільність; консистенція.

밀랍 (бджолиний) віск.

밀려나다 бути витісненим (вигнаним; виключеним); випроваджуватися.

밀려들다 ринути. ¶ 사람들이 광장으로 밀려들었다. Народ ринув на площу.

밀려오다 насуватися; наринути.

밀리--(milli--) мілі-. ¶ ~그램 міліграм.

밀리다 |기간이| відкладатися; відсуватися.

밀리다 |떠밀리다| → 밀려나다.

밀림 густий ліс; тайга.

밀매 ¶ ~하다 незаконно (таємно) продавати. ‖ ~품 незаконно (таємно) продані товари.

밀물 припливна течія; приплив.

밀봉(密封) закупорка; укупорка; консервація. ¶ ~하다 міцно (щільно) запечатувати; герметично закупорювати; консервувати.

밀봉(蜜蜂) → 꿀[벌].

밀사 таємний емісар; секретний (таємний) агент (посланець).

밀살 ¶ ~하다 самовільно вбивати (різати) худобу.

밀수 контрабанда. ¶ ~하다 займатися контрабандою. ‖ ~품 контрабандний товар; контрабанда.

밀수입 ввіз контрабанди. ¶ ~하다 ввозити контрабанду. ‖ ~자 контрабандист.

밀실 секретне приміщення.

밀어내다 виштовхувати; витісняти; витягувати; висувати.

밀어붙이다 вклеювати; штовхати водну сторону.

밀월 медовий місяць.

밀입국 ¶ ~하다 таємно переходити (державну) межу.

밀접하다 щільно прилягати; близький; тісний. ¶ 밀접한 관계에 있다 бути тісно зв'язаним (в тісному зв'язку) *з ким-чим*; знаходитися в близьких відносинах *з ким-чим*.

밀주 таємно приготована горілка; самогон.

밀집 концентрація; скупченість. ¶ ~하다 концентруватися; скупчуватися; тіснитися; товпитися.

밀짚 пшенична солома. ¶ ~모자 широкопола шляпа із пшеничної соломи.

밀착하다 (щільно) прилягати (прилипати); тісно зв'язуватися.

밀치다 штовхати; відштовхувати.

밀폐 ¶ ~하다 щільно(геометрично) закривати.

밀항 ¶ ~하다 здійснювати незаконний (невирішений) рейс. ‖ ~선 судно, яке здійснює незаконний рейс.~자 людина, яка здійснює незаконний (невирішений) рейс.

밀회 таємне зібрання; таємна зустріч.

밉다 огидний; бридкий; мерзенний; ненависний.

밋밋하다 довгий і прямий; стрункий; гладкий.

및 і.

밑 |바닥| низ; дно. |근거| основа; база. |밑에서| знизу. |나이| молодший. ¶ ~의 동생 молодший брат. ‖ ~바닥 днище; дно. ~줄 лінія, яка підкреслює слово. ~ 빠진 독 бездонна бочка. ~ 빠진 독에 물 붓기 наливати воду в бездонну бочку.

밑거름 основне добриво.

밑그림 начерк; ескіз; малюнок для вишивання.

밑동 → 밑둥.

밑둥 |나무| комель [남]. |기둥| нижня частина стовпа. |구근| бульба. коренеплід.

밑면 нижня сторона; основа.

밑바탕 основна властивість.

밑반찬 приготований про запас гарнір до рису.

밑지다 бути (виявитися, знаходитися) в збитку; терпіти (нести) збиток.

밑창 підошва.

밑천 капітал; стан; основа; база.

바

바가지 черпак з засушеної половини гарбуза-горлянки; ківш. ¶ ~를 긁다 пиляти (чоловіка).

바구니 (плетений круглий) кошик. ¶ 꽃~ кошик квітів.

바깥 зовнішній; зовні; ззовні; на дворі; на вулиці; на свіжому повітрі; під відкритим небом.

바깥일 роботи на вулиці (на відкритому повітрі); робота поза домом; подія, що трапилася поза домом.

바꾸다 міняти(ся); обмінювати(ся); змінювати. ¶ 자리를~(по)мінятися (з ким) місцями.

바꾸어 말하다 ¶ 바꾸어 말하면 інакше кажучи; говорячи іншими словами.

바뀌다 бути заміненим; замінюватися.

바나나 банан.

바느질 шиття. ¶ ~하다 шити.

바늘 голка. |뜨개질용| в'язальна спиця. |시계| стрілка. |주사| голка шприца. ¶ 바늘도둑이 소도둑 된다 хто вкрав голку, вкраде й вовка.

바다 море. ¶ 바닷가 берег моря. 바닷가재 морський рак; краб. 바닷물 морська вода. 바다표범 тюлень. [남].

바닥 рівна поверхня. |길| полотно; підлога; нижній шар; дно. |신발| підошва. |평지| рівнина; квартал; район. ¶ ~나다 закінчуватися; повністю витратитися. |밑창이| протертися.

바둑 корейські шашки на багатоклітковій дошці. ¶ ~을 두다 грати в (корейські) шашки. || ~돌 шашка. ~판 багатоклітковa дошка для гри в корейські шашки.

바라다 надіятися; бажати; хотіти. ¶ 건강하길 바랍니다 Бажаю вам здоров'я.

바라보다 |보다| дивитися прямо; дивитися вдалину; дивитися зі сторони; бути стороннім спостерігачем. |기대하다| покладати надії; очікувати. ¶ 멍하니 ~ задивитися. 뚫어지게 ~ спрямувати погляд (в кого-що). 정신없이 ~ задивитися.

바라지 забезпечення (чим); турбота; догляд (за ким). ¶ 뒷~하다 забезпечувати; турбуватися; доглядати.

바락바락 ¶ ~기를 쓰다 працювати з жорстокістю; видавати люті крики.

바람 |대기의 흐름| вітер. |공기| повітря. |영향·세력| дія; вплив; сила (чого). |복장| неповне вбрання. |유행| мода; віяння. |중풍| захоплення. ¶ ~이 불다 дути. 공에 ~을 넣다 накачувати м'яч. 셔츠 ~으로 오다 приходити в одній сорочці. ~을 피우다 фліртувати.

바람개비 |장난감| вертушка. |풍차의| крило. |프로펠러의| лопаті. [여복].

바람막이 ¶ ~하다 захищати від

вітру.

바래다 знебарвлюватися; вигоряти; линяти; знебарвлювати; відбілювати.

바래다 주다 проводжати.

바로 |정당·정확하게| прямо; рівно; правильно; нормально. |가까이| недалеко; збизька. |즉시| зараз же; негайно. |마치| саме; як раз.

바로잡다 |굽은 것을| випрямляти; виправляти. |잘못을| виправляти. ¶ 옷깃을~ поправити комір. 질서를 ~ наводити порядок.

바르다 мазати; намазати; штукатурити; обмазувати. ¶ 빵에 버터를 ~ (на)мазати на хліб масло.

바르다 |곧다| прямий; невигнутий. |참되다| правильний; правдивий; чесний; справедливий.

바르다 → **발라 내다**.

바르르 ¶ ~떨다 злегка тремтіти.

바른손 |오른손| права рука.

바리 |짐짝| вантаж на спині коня (вола).

바리톤 баритон.

바보 дурень; дурний; простак; бевзь. [남] ¶ ~ 같은 소리 дурниці; нісенітниця. ‖ ~짓 дурний вчинок; дурна поведінка.

바쁘다 |틈없다| дуже зайнятий. |급하다| дуже спішний.

바싹 щільно; впритул; туго. ¶ ~ 마르다 засохнути; пересохнути. 띠를 ~ 죄다 туго затягнути ремінь. ~ 마른 худий; шкіра та кості. 정신을 ~차리다 тримати себе в руках; стримуватися.

바야흐로 в самий розпал; як раз зараз.

바위 скала; великий камінь; валун. ¶ ~가 많은 скелястий.

바이러스 вірус. |전염병균| зараза.

바이올린 скрипка. ¶ ~을 켜다 грати на скрипці.

바지 брюки; штани.

바지런하다 → **부지런하다**.

바짝 → **바싹**

바퀴 |수레의| колесо. |원| круг; оберт. ¶ 운동장을 세 ~ 돌다 оббігти спортмайданчик три рази.

바탕 |기초| основа; база; підвалини. |상황| положення. |배경| зупинка; середовище; поле; фон. |성질·체질| конституція; тіло. ‖ ~색 первісний (природній) колір; основні кольори.

바통 естафетна паличка. ¶ ~을 넘기다 передавати естафету.

바투 зовсім поруч; щільно; біля. |기간| коротко. ¶ 곁에 ~ 다가앉다 сидіти впритул. 기간을 ~ 잡고 일하다 робити роботу за короткий срок.

박 гарбуз-горлянка. ‖ 두레~ криничний цебер.

박(箔) |금속의| фольга. ‖ 금~ позолота.

박격포 мінометt.

박넝쿨 переплетені стебла гарбуза-горлянки.

박다 |말뚝을| забивати; вбивати; втикати. |속을 넣다| класти; начиняти; засовувати. |찍어내다| штампувати. |인쇄하다| друкувати. |촬영하다| знімати; фотографувати. |재봉하다| шити; робити стебки. ¶ 벽에 못을 ~ вбивати (забивати) цвях в стіну. 쐐기를 ~ вбити клинок.

박달나무 береза.

박대하다 холодно приймати; нелюдяно (недбало) ставитися

(звертатися).

박덕하다 недостатньо доброчесний.

박두하다 наступати; наближатися; насуватися; близько підходити.

박람회 виставка.

박력 сила дії. ¶ ~있는 сильний; дійсний.

박막 тонка плівка.

박멸 знищення; ліквідація; винищування; викорінювання. ¶ ~하다 знищувати; ліквідувати; винищувати; викорінювати.

박명하다 нещасний; злощасний.

박물 ‖ ~관 музей. ~학 природничі науки.

박박 ¶ ~ 긁다 дряпати; скребти. ~ 찢다 різати (рвати) з тріском. 머리를 ~ 깎다 постригти наголо.

박복하다 нещасливий.

박봉(薄俸) маленька (скромна) платня.

박빙 |살얼음| тонкий лід. ¶ ~의 싸움 рівна боротьба.

박사 доктор (наук); майстер; знавець. ¶ ~ 학위를 수여하다 привласнити вчену ступінь доктора наук. ‖ ~ 논문 докторська дисертація; дисертація на отримання вченого ступеня доктора наук.

박살 내다 стерти в порошок.

박색 негарне жіноче обличчя; негарна жінка.

박수 оплески; рукоплескання. ¶ ~치다 аплодувати; плескати в долоні. ‖ ~ 갈채 овація.

박식 глибокі знання; ерудиція. ¶ ~하다 дуже освічений; що має глибокі знання; ерудований. ~한 사람 ерудована людина; ерудит.

박애 філантропія; благодійність. ‖ ~주의자 філантроп; благодійний.

박약 слабкість; недостатність (чого). ¶ ~하다 слабкий; недостатній; слабовольний.

박음질 строчка.

박자 такт; ритм. ¶ ~를 맞추어 ритмічно; в такт.

박장대소 ¶ ~하다 голосно сміятися та плескати в долоні.

박정하다 безсердечний; безжалісний.

박제 набивка опудал. ‖ ~품 опудало.

박쥐 летюча миша.

박차 шпори. ¶ ~를 гадати |말에| пришпорювати. |강화하다| прискорювати; форсувати. (що) давати штовхана (чому).

박차다 ударяти (відкидати) ногою; штовхати; не звертати уваги. ¶ 모든 난관을 박차고 переборовши всі труднощі.

박탈 |신분| позбавлення. |обов'язку| зняття. |майна| конфіскація. ¶ ~하다 позбавляти; відбирати; конфіскувати; знімати.

박테리아 бактерія.

박하 м'ята польова.

박하다 черствий; непривітний; негостинний; нікчемний.

박학 ученість; ерудиція. ¶ ~하다 → 박식[하다].

박해 гніт; утискання; переслідування. ¶ ~하다 гнобити; утискувати; переслідувати. ~를 받다 піддаватися переслідуванням.

박히다 бути забитим (вбитим); бути втикнутим. |活자로| бути надрукованим. |사진이| бути знятим (сфотографованим). |시선이| бути спрямованим.

밖 |바깥쪽| поза (*чим*). |이외| крім; окрім. ¶ ~에 на дворі; на вулиці; на відкритому повітрі. 이 ~에 крім цього.

반(班) група; бригада; команда; клас.

반(半) половина. |일부분| пів-, напів-. ¶ 9시 ~ половина десятого. ~씩 나누다 розділити (розколоти) на дві частини. ~자동화 напівавтоматизація.

반-- (反--) анти-; контр-; проти-. ‖ ~작용 протидія.

반가움 радість.

반가워하다 → 반갑다.

반가이 радісно; з радістю; гостинно; приємно; привітно.

반감(反感) почуття протесту; ворожість; образа. ¶ ~을 사다 викликати образу.

반감기 період напіврозпаду.

반갑다 приємний; радісний; гостинний. ¶ 반가운 소식 радісна новина. 만나서 반갑습니다. Дуже приємно познайомитися з вами.

반개 половина.

반격 відсіч; контратака; контрнаступ; контрудар. ¶ ~하다 контратакувати; відбивати атаку; вести контрнаступ.

반경 радіус. ¶ ~을 긋다 провести (накреслити) радіус.

반공 антикомунізм.

반구 півкуля; півсфера.

반국가적 антидержавний.

반군 бунтівні війська.

반기(半期) половина терміну.

반기(反旗) знамено повстання. ¶ ~를 들다 підніматися на *кого-що*; піднімати бунт.

반기다 радувати.

반나절 чверть дня.

반납 ¶ ~하다 повертати назад. 책을 도서관에~하다 повертати книгу в бібліотеку.

반년 півроку. ¶ ~ 마다 кожні півроку; раз в шість місяців.

반닫이 корейський комод (з відкидними верхніми дверима).

반달 |달| серп місяця. |한 달의 반| півмісяць; 15 днів.

반달음 ¶ ~에 швидким кроком.

반대 |역(逆)| протилежність; контраст. |반항| заперечення; протест; протидія. ¶ ~ 방향 протилежна сторона. 그와는 ~로 в протилежність цьому; навпаки; навпроти. ~의 목소리 голоси проти. ‖ ~자 виступаючий *проти чого*; незгодний; інакомислячий; опозиціонер; опонент; супротивник.

반도 півострів. ‖ 한~ корейський півострів.

반도체 напівпровідник. ‖ ~ 소자 напівпровідниковий елемент.

반동 реакція; реакційні елементи; протидія.

반동강 ¶ ~이 나다 бути розрізаним навпіл.

반드시 неодмінно; обов'язково; безумовно.

반들거리다 |윤나다| бути гладеньким та блискучим. |약게 굴다| лінуватися.

반들반들하다 гладенький та слизький.

반듯하다 |곧은| прямий; рівний. |흠 없는| акуратний; витончений. ¶ 모자를 반듯하게 쓰다 одягати кепку прямо.

반듯이 рівно; акуратно.

반등세 реакція; віддача; рикошет.

반디 |벌레| світлячо́к; світля́к.

반딧불 мерехті́ння світлячка́.

반란 повста́ння; бунт. ¶ ~을 일으키다 підніма́ти бунт, повста́нські війська́.

반려[자] чолові́к [남]. жі́нка [여].

반론 спростува́ння.

반말 інти́мна фо́рма особи́стого відно́шення.

반면 ¶ ~에 з і́ншої сторони́; навпаки́.

반목 ворожне́ча; ро́збрат. ¶ ~하다 ворогува́ти; бу́ти у воро́жих відно́синах. ~ 질시 взає́мна ворожне́ча.

반문 контр пита́ння; зустрі́чне пита́ння. ¶ ~하다 відповіда́ти пита́нням на пита́ння.

반미(反美) [형] антиамерика́нський. ‖ ~주의 антиамерикані́зм.

반바지 брю́ки (штани́) до колі́н; го́льфи (брю́ки).

반박 спростува́ння; запере́чення; супере́чення. ¶ ~하다 спросто́вувати; запере́чувати; пере́чити. ~의 여지 없는 неспросто́вний.

반반씩 навпі́л.

반반하다 |예쁘장하다| прива́бливий; милови́дний; симпати́чний. |판판하다| рі́вний та гладе́нький.

반발 ¶ ~하다 |되퉁기다| відштовхуватися; відбива́тися. |반항하다| чини́ти о́пір; опира́тися; відбива́ти. ~적 відбива́ючий.

반발심 дух протирі́ччя.

반백 воло́сся з сивино́ю; напі́в си́ве воло́сся. ¶ ~의 напівси́вий.

반벙어리 недомо́вний [명].

반보 пів кро́ку.

반복 повто́рення. ¶ ~하다 повто́рювати; роби́ти ще раз.

반봉건(反封建) ¶ ~의 антифеода́льний.

반봉건(半封建) ¶ ~의 напівфеода́льний.

반분 полови́на. ¶ ~하다 ділити́ навпі́л; розріза́ти навпі́л.

반비례 зворо́тня пропо́рція. ¶ ~하다 склада́ти зворо́тню пропо́рцію; бу́ти в зворо́тній пропо́рції (до чого).

반사 відобра́ження; ві́дблиск; ві́дсвіт. {물리} рефле́кс. ¶ ~하다 відбива́тися; рефлектува́ти. ~적 рефлекто́рний. ‖ ~광 ві́дблиск; ві́дсвіт; відби́те сві́тло. ~ 현미경 рефлекто́рний мікроско́п.

반사회적 антигрома́дський; нетовари́ський; недружелю́бний.

반상회 збо́ри жи́телів одно́го райо́ну; збо́ри дома́шнього коміте́ту.

반색하다 си́льно зраді́ти.

반생 полови́на життя́.

반석 пло́ска кам'яна́ бри́ла. ¶ ~의 непору́шний.

반성 самоаналі́з; самокри́тика; самопереві́рка. |재고| пере́гляд; обду́мування; міркува́ння. ¶ ~하다 перевіря́ти себе́; озира́тися на само́го се́бе.

반세기 півсторі́ччя, 50 ро́ків.

반소(反訴) {법학} зустрі́чний по́зов.

반소(半燒) обву́глене; напівзгорі́вше. ¶ ~되다 бу́ти обву́гленим; напівзгорі́вшим.

반소매 ¶ ~ 셔츠 соро́чка з коро́ткими рука́вами.

반송 ¶ ~하다 відсила́ти наза́д; поверта́ти.

반수 полови́на числа́.

반숙 ¶ ~하다 не достига́ти; недовари́ти(я); не бу́ти гото́вим.

계란~ яйце некруто зварене.
반식민지 напівколонія.
반신(半身) половина тіла; верхня (нижня) половина тіла; одна сторона тіла; права (ліва) сторона тіла. ¶ ~사진 (фото) знімок.
반신반의 і вірити і не вірити
반신불수 геміплегія; напівпаралітик.
반신상 бюст; поясний портрет; поясна фотографія.
반어 іронія.
반역 зрада; ренегатство. ¶ ~하다 зраджувати. ‖ ~자 зрадник; ренегат. ~죄 зрада.
반열 ряд; чин; звання.
반영 відображення; відгук. ¶ ~하다 відбиватися; виявлятися *на чому*.
반영구적 напівперманентний.
반원(半圓) напівокружність; на півколо.
반원(班員) член бригади (групи; команди).
반월 півмісяць.
반음 півтон.
반응 реагування. {화학} реакція. |효과| ефект; дія. ¶ ~하다 реагувати. {화학} вступати в реакцію.
반의어 антонім.
반입 привіз; ввіз; доставка; надання. ¶ ~하다 привозити; ввозити; доставляти; поставляти.
반작용 протидія; реакція. протидіяти.
반장 староста (класу); начальник групи (команди); бригадир.
반전(反戰) антивоєнний. ¶ ~운동 антивоєнний рух.
반전(反轉) повна зміна; повна перестановка.
반점 пляма; крапинка. {어문} кома. ¶ ~을 찍다 ставити кому.
반정부적 антиурядовий.
반제품 напівфабрикат.
반주(伴奏) музичний супровід; акомпанемент. ¶ ~하다 акомпанувати. ~에 맞추어 під акомпанувати; у супроводі (*чого*). ‖ ~자 акомпаніатор.
반주(飯酒) вино, яке п'ють під час їжі.
반죽 тісто. ¶ ~하다 замішувати; місити.
반증 заперечення; контраргумент. ¶ ~하다 заперечувати; доводити зворотнє.
반지 каблучка. ¶ ~를 끼다 надягати каблучку. ‖ 결혼 ~ вінчальна каблучка. 약혼 ~ обручка.
반지르르하다 блискучий.
반질거리다 |매끈거리다| лиснітися; блищати. |교활하다| ухилятися (*від кого-чого*).
반질반질하다 |매끈거리다| що лисніє; блискучий. |교활하다| безсовісний; безсоромний.
반짝거리다 виблискувати; блищати; мерехтіти.
반짝이다 блиснути; мерехтіти. ¶ 별들이 반짝인다. Зірки мерехтять.
반쪽 половина (*чого*). ¶ ~이 되다 (*від чого*) залишилась одна половина.
반찬 закуски; гарнір до рису. ‖ ~거리 продукти для гарніру до рису; закуски.
반창고 липкий пластир [남].
반추 ¶ ~ 동물 жуйна тварина.
반출 вивезення. ¶ ~하다 вивозити.
반칙 порушення правил. ¶ ~하다 порушувати правила; діяти проти

правил.

반타작 оре́нда. ¶ ~하다 отри́мувати полови́ну прибу́тку.

반투명하다 напівпрозо́рий.

반파(半破) ¶ ~의 напівзруйно́ваний.

반평생 півжиття́; півстолі́ття.

반품 ¶ ~하다 поверта́ти (това́р).

반하다 бу́ти зачаро́ваним (захо́пленим); захо́плюватися; зако́хуватися в кого.

반하다 (反--) бу́ти про́ти. ¶ …에 반하여 всу́переч; в протиле́жність; в противагу (чому).

반항 о́пір; протибо́рство; протиді́я; проте́ст; ві́дсіч. ¶ ~하다 опира́тися; протиді́яти; опира́тися; протестува́ти; дава́ти ві́дсіч. ~ 적인 що чи́нить о́пір; що протиді́є. || ~심 дух непоко́ри; дух о́пору.

반향 ві́дгук; ві́дголос; е́хо; ві́дклик. ¶ ~을 불러일으키다 виклика́ти відлу́ння.

반혁명 контрреволю́ція.

반환 ¶ ~하다 поверта́ти; віддава́ти наза́д.

받다 |수령하다| отри́мувати; бра́ти. |방문객을| прийма́ти. |당하다| підляга́ти чому; бу́ти об'є́ктом чого. |내려오는 것을| підхо́плювати. |그릇에 담다| наповнювати. |전화를| говори́ти по телефо́ну (з ким). ¶ 공격을 ~ підляга́ти на́паду (ата́ці). 사랑을 ~ користува́тися любо́в'ю; бу́ти коха́ним (коха́ною). 공을 ~ підхопи́ти м'яч.

받다 |머리로| би́ти (рога́ми); штовха́ти.

받들다 |지지하다| ста́витися з пова́гою; поважа́ти; іти́ слі́дом. | 받쳐 들다| підхо́плювати;

підтри́мувати.

받아들이다 привла́снювати; прийма́ти; впрова́джувати; слу́хати(ся).

받아쓰다 диктува́ти; писа́ти під дикто́вку. ¶ 받아쓰기 дикта́нт; дикто́вка

받치다 підкла́сти; підста́вити. |감정이| розпира́ти.

받침 підста́вка; підпо́ра. || ~대 постаме́нт; підста́вка; п'єдеста́л.

받히다 вдаря́тися у кого-що; попада́ти(ся).

발 |발| ступня́; нога́. |걸음| крок. ¶ 제 ~로 서다 стоя́ти на вла́сних нога́х; бу́ти самості́йним; ні від кого не залежа́ти. 한~ 늦었다 трошки запізни́вся. ~벗고 나서다 акти́вно виступа́ти. ~을 들여놓다 вмі́шуватися у що з ціка́вістю. ~을 끊다 переста́ти ходи́ти; розірва́ти стосу́нки.

발 |가리는| што́ра. ¶ ~을 чи́ти опуска́ти што́ру.

발 ¶ |직물의| ~이 굵다 грубий. ~이 가늘다 тонки́й.

발 |탄환의| ку́ля. ¶ 총알 두 ~ дві ку́лі.

발가락 па́лець.

발가벗기다 роздяга́ти догола́; оголю́вати.

발가벗다 роздяга́тися догола́; оголю́ватися; позбавля́тися росли́нності.

발각 розкриття́. ¶ ~되다 виявля́тися; викрива́тися.

발간 публіка́ція; вида́ння. ¶ ~하다 публікува́ти; видава́ти; випуска́ти.

발갛다 я́скраво-черво́ний; рум'я́ний.

발걸음 крок; хода́; ході́ння.

발견 відкриття́; ви́явлення. ¶ ~하다 відкрива́ти; виявля́ти; знахо́дити;

робити відкриття. ‖ ~자 той, хто виявив, першовідкривач.

발광(發狂) божевілля; втрата глузду; безглуздя. ¶ ~하다 біснуватися; біситися; зійти з глузду; збожеволіти; втратити глузд.

발광(發光) світіння; люмінесценція.

발군 ¶ ~의 визначний; помітний; що кидається в очі.

발굴 (археологічні) розкопки; відшукування; виявлення. ¶ ~하다 відкопувати; викопувати; розкопувати; відшукувати; виявляти; знаходити.

발굽 ратиця. ¶ 말~ сорлікінський тупіт.

발권 випуск банкнот; емісія. ¶ ~하다 випускати (банкноти). ~은행 емісійний банк.

발그레하다 червонястий з приємним відтінком.

발급 видача. ¶ ~하다 видавати.

발기(發起) пропозиція; ініціатива; починання. ¶ ~하다 пропонувати (виявляти) ініціативу; виступати ініціатором; висувати пропозицію; виступати з пропозицією. ‖ ~인 ініціатор; зачинатель.

발길 крок. ¶ ~이 잦은 частий. ~이 떨어지지 않는다 не в силах позбутися.

발길질하다 штовхати.

발꿈치 пятка.

발끈 раптом; раптово. ¶ ~거리다 гарячкувати.

발끝 ¶ ~으로 걷다 ходити навшпиньках. 머리에서 ~까지 з голови до п'ят.

발단 початок; виникнення; зародження. ¶ 사건의 ~ початок справи.

발달 розвиток; прогрес. ¶ ~하다 розвиватися; прогресувати. ‖ ~사 історія розвитку.

발돋움 ¶ ~하다 вставати на підставку (підніжку); підніматися навшпиньки; стояти навшпиньках.

발동 приведення в рух; діяльність; активність; пуск; запуск. ¶ ~하다 приводити в рух; пускати в хід; запускати; вводити в силу (в дію).

발동선 моторний човен; моторний катер.

발뒤축 п'ятка.

발등 підйом ноги.

발딱 ¶ ~ 일어서다 скочити.

발라 내다 витягати; очищати; знімати.

발라 먹다 їсти, попердньо обчистивши (від кісток, шкірки).

발랄하다 живий; енергійний; життєрадісний. ‖ 발랄성 жвавість; енергічність.

발랑 → 벌렁. ¶ ~ 뒤로 자빠지다 легко перекидатися.

발레 балет.

발령 видання постанови; оголошення наказу. ¶ ~하다 видавати постанову; віддавати наказ.

발로 виявлення; прояв́лення.

발매 продаж; розпродаж. ¶ ~되다 поступити в продаж. ~중이다 бути в продажу.

발명 винахід; відкриття. ¶ ~하다 винаходити; робити відкриття. ‖ ~가 винахідник. ~품 винахід.

발목 щиколотка; кісточка. ¶ ~을 잡히다 |일에| бути зайнятим; бути вразливим; зачіпати вразливе місце.

발문 |책의| післямова.

발밑 під ногою. ¶ ~에서 під

발바다 246

ногами. ~에도 못 간다 і нігтя *чийого* не вартий.

발바닥 підошва; ступня.

발발(勃發) ¶ ~하다 спалахувати; раптово виникнути. 전쟁이 ~하였다 Вибухнула війна.

발발 ¶ ~떨다 |추위에| тремтіти. | 공포에| трястись.

발버둥치다 |몸부림치다| борсатися (ногами). |노력하다| намагатися з усіх сил. |발광하다| шаленіти; скаженіти.

발벗다 |맨발이다| роззутися; на босу ногу. |적극 나서다| активно діяти.

발병(發病) захворювання. ¶ ~하다 занедужати.

발본 색원하다 викорінювати.

발붙이다 |의지하다| покладатися на *кого*. ¶ 발붙일 곳 없는 безпомічний.

발뺌 відмовка; виверт. ¶ ~하다 відмовлятися; виправдовуватися; викручуватися; примудрятися.

발사 постріл; запуск. ¶ ~하다 стріляти; запускати.

발산 |증기·냄새| випаровування. |보급·유포| розсіювання; розповсюдження. ¶ ~하다 звітрюватися; випаровуватися; розсіюватися; озповсюджуватися. |냄새를| видавати.

발상(發祥) поява; виникнення; народження. ‖ ~지 місце виникнення; колиска.

발상(發想) ідея; поняття; думка.

발생 зародження; виникнення; поява; генеза. ¶ 문명의 ~ зародження цивілізації. ~하다 зароджуватися; виникати; з'являтися. ~학 ембріологія.

발설 ¶ ~하다 виявляти; викривати.

발성 ¶ ~하다 видавати; виробляти (звуки); відтворювати звук. ‖ ~기관 органи мовлення. ~법 постановка голосу.

발소리 звук кроків.

발송 посилання; відправлення. ¶ ~하다 відправляти; посилати. ‖ ~자 відправник.

발신 ¶ ~하다 надсилати (кореспонденцію). ‖ ~인 відправник.

발아 проростання; поява бруньок. ¶ ~하다 проростати; пускати паростки; давати бруньки.

발악 ¶ ~하다 біснуватися; злобувати; робити все можливе; скаженіти; шаленіти. 최후의 ~ остання (передсмертна) агонія.

발암(發癌) ракове новоутворення.

발언 висловлювання; виступ; заява. ¶ ~하다 висловлюватися; виступати. ~을 허용하다 надати слово. ‖ ~권 право голосу (виступу).

발열 підвищення температури; виділення теплоти; нагрівання. ¶ ~하다 виділяти тепло; мати підвищену температуру. |체온이| підніматися; нагріватися. ‖ ~체 нагрівальне тіло.

발원 джерело; початок; походження. |수원| початок. ¶ ~하다 брати початок; починатися; сходити (*до чого*). ‖ ~지 початок.

발육 розвиток; ріст. ¶ ~하다 розвиватися; рости.

발음 вимова. ¶ ~하다 вимовляти(ся).

발의 пропозиція. ¶ ~하다 вносити пропозицію.

발인(發靷) винесення. ¶ ~하다

виноси́ти ті́ло.

발자국 слід (ноги́); крок. ¶ ~을 따라 по слі́ду. 세 ~ три кро́ки

발자취 слід (ноги́).

발작 припа́док; при́ступ; пароксизм; несамови́тість; інсу́льт. |감정| по́рив. ¶ ~적 припа́дковий. ~하다 наступа́ти. |감정이| охо́плювати.

발전(發展) ро́звиток; розго́ртання; перероста́ння. ¶ ~하다 розвива́тися; розго́ртатися; перероста́ти.

발전(發電) ви́роблення електроене́ргії. ¶ ~하다 виробля́ти електроене́ргію. ‖ ~기 генера́тор; динамомаши́на. ~소 електроста́нція.

발정 стате́вий по́тяг. ¶ ~하다 бу́ти в ста́ні стате́вого по́тягу.

발족 ¶ ~하다 базува́тися; встано́влюватися; ство́рюватися; почина́тися; бра́ти поча́ток.

발주 замо́влення. ~하다 замовля́ти.

발진(發疹) ¶ ~하다 висипа́ти. {의학} ви́сип [ви].

발진기 хвилеству́рювач; осциля́тор.

발짓하다 воруши́ти (ру́хати) нога́ми.

발찌 чиря́к; нари́в.

발췌 ви́тримка; ви́писка; екстра́кт. ¶ ~하다 роби́ти ви́тримку.

발치 заса́да; ни́жня части́на; за́дня (хвосто́ва) части́на. ¶ ~에 в нога́х.

발칙하다 гане́бний; обу́рливий; нече́мний; невихо́ваний; грубий.

발칵 рі́зко; несподі́вано; ра́птом. ¶ ~ 뒤집다 переки́нути догори́ дном.

발코니 балко́н.

발톱 |사람의| ні́гті. |짐승의| кі́гті. ¶ ~을 깎다 обріза́ти ні́гті

발파 ¶ ~하다 підрива́ти; проводи́ти вибухо́ві робо́ти. ‖ ~공 підри́вник; підрива́ч.

발판 помі́ст; трап; ба́за; плацда́рм; підні́жка; трамплі́н. {체육} трамплі́н.

발포(發砲) ¶ ~하다 стріля́ти; вести́ (вого́нь)

발포(發泡) пі́нитися.

발표 публіка́ція; повідо́млення; публіка́ція. ¶ ~하다 опублікову́вати; повідомля́ти; видава́ти.

발한(發汗) потíння.

발행 |책의| вида́ння; ви́пуск. |지폐의| емі́сія. ¶ ~하다 видава́ти; випуска́ти. 신문의 ~ 부수 тира́ж газе́ти. ‖ ~인 вида́вець.

발현 ви́явлення; поя́ва; ви́яв. ¶ ~하다 виявля́ти(ся); з'явля́тися; винина́ти.

발화(發火) запа́лення; спа́лах; загоря́ння; запа́лювання. ¶ ~하다 спала́хувати; загоря́тися; запа́люватися. ‖ ~점 то́чка запа́лення.

발화(發話) висло́влювання.

발효 бродíння; ферме́нтація. ¶ ~하다 броди́ти; ферментува́ти. ‖ ~균 дрі́жджові грибки́. ~법 спо́сіб бродíння; те́хніка броди́льної спра́ви; спо́сіб заква́шування.

발휘 ви́явлення. ¶ ~하다 виявля́ти; вимовля́ти; пока́зувати.

발흥 ро́зквіт; (бу́рний) підйо́м. ¶ ~하다 розквіта́ти.

밝다 |빛| сві́тлий; я́сний; яскра́вий. |청각| го́стрий. |명랑하다| життєра́дісний; щасли́вий. |공정하다| чи́стий; справедли́вий. |정통하다| хто розумі́ється в чо́му; посвя́чений; знайо́мий з чим;

обізнаний. |날이 밝다| світати. ¶ 방안이 ~ кімната світла. 밝은 얼굴 щасливе обличчя. 역사에 ~ обізнаний в історії.

밝히다 |명백히 하다| висвітлювати; осявати; викривати; розкривати; відкривати; виявляти. |환하게 하다| додавати вогню. ¶ 잘못을 ~ виявляти помилки. 밤을 ~ заповнювати ніч; проводити без сну (ніч).

밟다 |디디다| крокувати; наступати; толочити. |절차를| проходити (пройти) процедуру. |뒤를| стежити. ¶ 무대를 ~ виступати на сцені. 그림자를 ~ наступити на тінь.

밟히다 бути стоптаним; змушувати (дозволяти) крокувати (топтати); змушувати проходити. |뒤를| (дозволяти) слідувати по шляху.

밤 ніч [여]. морок; темрява. ¶ ~이 깊도록 до пізньої ночі. ~을 새우다 проводити ніч; проводити без сну (ніч).

밤 каштан. ‖ 군~печений каштан.

밤길 нічний шлях.

밤나무 каштан.

밤낮 день та ніч; доба; вдень та вночі; завжди; постійно. ¶ ~없이 і (ні) вдень і (ні) вночі.

밤눈 |시력| ¶ ~이 어둡다 нічого не бачити вночі. ~이 밝다 добре бачити в темряві.

밤눈 сніг, що йде вночі.

밤비 нічний дощ.

밤새 протягом ночі; за ніч. ¶ ~껏 до світанку; всю ніч.

밤새우다 не змикати очі всю ніч, провести безсонну ніч.

밤색 каштановий колір.

밤손님 нічний гість.

밤송이 гілка каштану.

밥 |쌀밥| варений рис. |음식물| їжа. |식사| їжа. |먹이나 사료| корм; фураж. |낚시의 미끼| наживка. |생계| засоби до існування. |희생물| жертва. ‖ ~값 затрати на харчування. ~그릇 миска для вареного рису. ~맛 смак вареного рису. ~벌이 заробляти на хліб. ~알 зерна вареного рису. ~줄 джерело існування. ~통 велика миска для вареного риса. ~풀 зерна вареного рису.

밥 |부스러기| тирса. ‖ 톱~ деревна тирса.

밥상 обідній стіл. ¶ ~을 받다 сідати за стіл. ~을 차리다 накривати на стіл. ~을 치우다 забирати зі столу.

밧줄 мотузка. |노끈| тоненька мотузка. ¶ ~의 мотузковий. ~을 매다 кріпити канат. ‖ ~사닥다리 мотузкова драбина.

방(房) кімната. ¶ 방이 난방이 잘 되었다 Кімната добре прогрілась.

방(方) клітка в центрі поля (в грі юта).

방(放) ¶ 세 ~ три постріли.

방갈로 бунгало.

방계(傍系) бокова лінія (споріднення).

방공(防空) протиповітряна оборона. ‖ ~호 бомбосховище; протиповітряна траншея. ~ 훈련 навчання з протиповітряної оборони.

방과 후 після уроків. ¶ ~에도 놀 시간이 없다 після уроків немає часу гуляти.

방관(傍觀) байдужість. ¶ ~적 байдужий; знеохочений. ~하다 дивитися байдуже; байдуже спостерігати; дивитися крізь пальці. ‖ ~자 байдужа людина.

방광(膀胱) {해부} сечовий міхур. ‖ ~염 запалення сечового міхура; цистит.

방구석 кути кімнати.

방귀 гази. ¶ ~를 뀌다 випускати гази; насмердіти [구어].

방금 (тільки) зараз; тільки що. ¶ 그는 ~ 도착했다 Він тільки що приїхав. ~ 방으로 들어가는 참이었다. Щойно я зайшов в кімнату.

방긋 ¶ ~웃다 ніжно посміхнутися; мило посміхнутися.

방기(放棄) залишання; відчайдушність; безтурботність. ¶ ~한 розпусний; залишений; кинутий; закинутий.

방년(芳年) квітучий вік.

방대(尨大) ¶ ~하다 величезний; грандіозний; масивний; об'ємистий. ~한 계획 обширний план.

방도 шлях; спосіб; метод; засіб. ¶ ~를 취하다 вводити (застосовувати) метод; використовувати метод.

방독면 протигазна маска; протигаз.

방랑(放浪) блукання; бродяжництво. ¶ ~하다 блукати; бродяжити. ~생활을 하다 вести бродячий образ життя. ‖ ~자 (бездомний) бродяга; бурлак.

방류(放流) ¶ ~하다 спускати воду. 댐의 물을 ~하다 спускати воду з дамби. 물고기를 ~하다 пускати мальків в воду.

방만(放漫) недбалість. ¶ ~하다 недбалий; розпущений; розбещений. 그 회사는 ~한 경영으로 부도가 났다. Ця фірма розорилася через недбале управління.

방망이 качалка (для білизни); дубинка. ¶ ~질하다 катати (бити) білизну качалкою. ‖ 경찰~ поліцейська дубинка. 고무~ гумова дубинка. 참나무~ дубова дубинка.

방면(方面) сторона; напрямок; область; сфера; галузь.

방면(放免) звільнення. ¶ ~하다 звільняти; відпускати. 구류자를 ~하다 звільняти заарештованого.

방명록(芳名錄) пам'ятна книга із записом імен. ¶ ~에 이름을 기록해 주십시오 Запишіть ваше ім'я в пам'ятній книзі.

방목(放牧) пасовисько; випас. ¶ ~하다 пасти (худобу); тримати на підніжному корму. 젖소를 ~하다 випасти дійну корову.

방문(房門) двері в кімнату.

방문(訪問) відвідування; візит; відвідування сімей учнів (вчителем). ¶ ~의 візитний. ~하다 відвідувати кого-н; прибути з візитом куди-н.. 박물관을 ~(구경)하다 відвідувати музей. 모교를 ~하다 відвідати рідну школу (університет). ‖ 공식~ офіційний візит. ~자 수 відвідування. ~카드 (명함) візитна картка. 의례적인 ~ протокольний візит. 의사의 ~ (왕진) візит лікаря. 우호~ дружній візит.

방문(方文) рецепт на ліки.

방문객(訪問客) відвідувач. ¶ 그는 문간에서 ~을 만나고 있다. Він зустрічає відвідувача біля воріт.

바닥 підлога (в корейському домі). ¶ 나무~ дерев'яна підлога. ~을 깔다 настилати підлогу. 천장

방방곡곡 에서 ~까지 від стелі до підлоги.

방방곡곡 повсюдно; всюди. ¶ 전국 ~에서 з усіх куточків країни. 삼천리 ~ В будь-якому місці Кореї.

방백(傍白) монолог до глядачів.

방범(防犯) запобігання злочину. ¶ ~순찰을 실시하다 здійснювати патрулювання для запобігання злочину.

방법(方法) метод; спосіб; засіб; методика; модус; вихід. ¶ 다양한 ~으로 різними способами. 다른 ~이 없다 Немає іншого виходу. ~을 취하다 приймати міри; вводити метод; користуватися методом. 이것이 가장 간단한 ~이다. Це найпростіший спосіб. 과학적 ~ науковий спосіб. 변증법적 ~ діалектичний метод. 새로운 ~ новий метод 연구~ метод дослідження. 문제해결 ~ спосіб вирішення питання (проблеми).

방법론 методологія; методика. ¶ ~학자 методист; методолог.

방벽(防壁) барикада. ¶ ~의 барикадний. ~으로 막다 барикадувати. ~을 쌓다 будувати барикади.

방부제(防腐劑) антисептичний засіб.

방불(彷彿) ¶ ~하다 схожий; майже однаковий. 실전을 방불케 하는 훈련 навчання; близькі до бойових дій.

방비(防備) оборона; оборонні роботи. ¶ ~하다 обороняти; готувати оборону. 허술한 ~ недбала оборона.

방사(紡絲) прядіння; пряжа.

방사(放射) випромінювання; радіація. ¶ ~하다 випромінювач; випускати.

방사능 радіоактивність; радіоактивний. ¶ ~무기 радіоактивна зброя. ~비 радіоактивний дощ. ~전 радіоактивна війна.

방사선 радіоактивне випромінювання; радіоактивні промені.

방사성 радіоактивність. ¶ ~의 радіоактивний. ‖ ~ 물질 радіоактивні речовини.

방사형(放射刑) радіальний; променевий. ¶ 모스크바는 방사형 도시이다. Москва – вузлове (центральне) місто.

방생 звільнення. ¶ ~하다 звільняти; відпускати. 물고기를 ~하다 відпускати рибу.

방석(方席) товстий квадратний килимок (подушка) для сидіння.

방세(房貰) квартплата; квартирна платня. ¶ 주인이 ~를 올렸다 Хазяїн дома підвищив квартплату.

방송(放送) передача; телерадіопередача; радіомовлення; телемовлення. ¶ ~하다 передавати по радіо. ~을 듣다 слухати по радіо. 오늘의 ~ програма сьогоднішніх передач.

방송국 телерадіостанція. ¶ 텔레비전 ~ телевізійний центр; телецентр.

방송극 телеграма; радіодрама. ‖ 연속~ багатосерійна драма; мильна опера.

방송망 мережа телемовлення (радіомовлення).

방송실 кімната телепередачі (радіопередачі); студія.

방수(防水) захист від води; гідроізоляція. ¶ ~ 시설을 설치

하다 встановити гідроізоляційне обладнання.

방수복(防水服) одяг з непромокальної тканини.

방식(方式) метод; спосіб; система; режим; формула. ¶ 경기 ~ Метод змагання.

방심(放心) відсутність думок; умиротворення. ¶ ~하다 проявляти благодушність; бути незібраним; витати в хмарах.

방아 ступа; крупорушка; млин. ‖ 물레~ водяний млин. 풍차~ вітряний млин.

방아깨비 вид коника.

방아쇠 спусковий гачок. ¶ ~를 당기다 спустити гачок.

방안(方案) пропозиція; проект; план. ¶ 구체적인 ~을 모색하다 шукати конкретний план. ~을 마련하다 (세우다) складати план. ‖ 대응~ зустрічний план.

방안 ¶ ~에 в кімнаті. ~에서 개를 기르다 тримати (розводити) собак в кімнаті.

방앗간 будівля млина; млин.

방어(防禦) оборона; захист. ¶ ~하다 обороняти; захищати. 자기 권리를 ~하다 захищати свої права ‖ ~력 оборонна міць. ~선 оборонна межа; лінія оборони. ~태세 повна готовність.

방언 діалект. ‖ ~학 діалектологія.

방역 попередження епідемії; карантин; профілактика. ‖ ~대책 протиепідемічні заходи. ~사업 профілактична робота.

방열 випромінювання тепла; тепловіддача; випромінюване тепло. ‖ ~기 радіатор.

방영(放映) телепередача.

방울 |종| дзвіночок (дзвінок). |물·잉크| краплина. ¶ 굵은 빗~이 내렸다 Випали крупні краплі дощу. ‖ ~ ~ крапля по краплі.

방위(方位) сторона світу; напрям; орієнтація.

방위(防衛) оборона; захист. ¶ ~하다 обороняти; захищати; виступати захисником. ‖ ~군 оборонна армія. ~산업 оборонна промисловість. ~선 лінія оборони.

방음(防音) звукоізоляція. ¶ ~의 звуконепроникний. ~ 장치가 잘 되있는 방입니다 Кімната з хорошим звукопоглинаючим пристроєм.

방임(放任) невтручання. ¶ ~하다 лишати напризволяще.

방자(放恣) розпещеність; нахабство. ¶~하다 свавільний; самовільний; норовливий; нахабний.

방장 кімната головного монаха в монастирі.

방재 попередження біди.

방적 прядіння. ¶ ~의 прядільний. ‖ ~공 прядільщик; ця. ~공장 прядільна фабрика. ~기 прядільна машина.

방전(放電) електричне розрядження. ‖ ~기 електричний розрядник.

방정 легковажна поведінка; необачний вчинок. ¶ ~떨다 чинити легковажно (необачно). ~맞다 легковажний; вітряний; необачний.

방정식 рівняння. ¶ ~을 풀다 розв'язувати рівняння.

방제 попередження.

방조 допомога [ye]. сприяння. ¶ ~하다 допомагати; сприяти; підтримувати. ‖ ~범 помічник. ~죄 підсобництво.

방조제(防潮堤) хвилелом; траверс; дамба.

방종(放縱) ¶ ~하다 діяти свавільно. ~한 생활을 하다 вести розпущений образ життя.

방주 ковчег. ¶ 노아의 ~ Ноєв ковчег. 구원의 ~ ковчег спасіння.

방지(防止) попередження; запобігання; захист. ¶ ~하다 попереджувати; запобігати (від кого-чого); попереджувати. 재난을 미연에 ~하다 попереджувати нещастя.

방직(紡織) ткацтво; прядіння та ткання. ¶ ~의 ткацько-прядільний. ‖ ~공 ткач, -иха; ткацький майстер.. ~공장 ткацька фабрика. ~업 ткацька робота.

방책 попереджувальні заходи.

방청 ¶ ~하다 бути присутнім; бути гостем на засіданні. ‖ ~객 вільний слухач; публіка; гості на засіданні.

방추 веретено; човник. ‖ ~형 веретеноподібна форма.

방출(放出) випуск. ¶ ~의 випускний. ~하다 випускати; вивільняти.

방충(防蟲) проти комах. ‖ ~망 сітка проти комах. ~제 інсектицид.

방치(放置) ¶ ~하다 залишати так; як є (в спокої; без уваги).

방침 курс (політичний); лінія; напрям. ¶ ~을 세우다 визначати курс. ~을 취하다 брати курс.

방탄(防彈) ¶ ~의 кулепробивний; броньовий. ‖ ~유리 броне скло.

방탕 розпуста. ¶ ~하다 розпущений; розпусний. ~한 생활을 하다 вести розпусний образ життя.

방파제(防波堤) → 방조제.

방패(防牌) щит; прикриття. ¶ …을 ~로 삼아 під прикриттям (чого-н.); прикриваючись (чим-н.). …을 ~로 삼다 укриватися (за чим-н). ‖ ~막이 привід; відмовка.

방편(方便) тимчасовий засіб.

방풍(防風) вітрозахисний.

방학(放學) канікули. ¶ ~하다 припинити заняття на час канікул. ‖ 여름/겨울~ літні/зимові канікули.

방한(防寒) ‖ ~복 зимовий одяг проти холоду.

방해(妨害) перешкода; завада; перепона. ¶ ~하다 заважати (кому-чому); перешкоджати; гальмувати; чинити перешкоди ~가 되다 бути перешкодою. ~되지 않습니까? Не заважатиму вам? ‖ ~꾼 людина, що створює перешкоди. ~물 перешкода; бар'єр.

방향(方向) напрям; курс; орієнтація. ¶ ~을 잡다 тримати курс (на що-н.). ~을 바꾸다 змінювати напрям. ~ 전환을 하다 змінювати курс; зайняти іншу позицію. 반대 ~으로 в протилежному напрямі. ‖ ~전환 перелом; поворот.

방향성(芳香性) ароматичність; пахучість.

방화(放火) підпал; підпалювання. ¶ ~하다 підпалювати; розпалювати. ‖ ~죄 підпал.

방황(彷徨) ¶ ~하다 блукати; мандрувати; тинятися; вештатися; бути збентеженим (нерішучим).

вагатися.

밭 (суходільне) поле. ¶ ~에 밀을 뿌리다 засіювати поле пшеницею. ‖ ~고랑 борозна́. ~두렁 межа́. 솔~ сосно́вий ліс. 풀~ луг; клітка поля. 호밀~ жи́тнє по́ле.

배 живі́т; утро́ба; че́рево; шлу́нок. ¶ ~가 고프다 зголодніти; бу́ти голо́дним. ~가 부르다 бу́ти си́тим; наси́титись.

배 |노젓는| чо́вен. |어선| су́дно. |기선| пароплав. |돛단배| вітри́ло. |함대| флот. ¶ ~를 젓다 ката́тися на чо́внах.

배 гру́ша.

배(胚) заро́док; ембріо́н.

배(倍) вдві́чі (в … ра́зів).

배가(倍加) подво́єння; редуплікація. ¶ ~하다 подво́єний; подво́ювати(ся); збі́льшувати(ся) в два ра́зи.

배격(排擊) відсіч. ¶ ~하다 дава́ти відсіч; відкидати.

배경(背景) фон; за́дній план. |극| декора́ція; підтри́мка; засту́пництво. ¶ …을 ~으로 하여 на фо́ні (чого).

배고프다 зголодніти; бу́ти голо́дним. ¶ 배가 너무 고팠다 Я си́льно зголодні́в (голо́дний).

배관(配管) ¶ ~하다 прокла́дати (трубопро́від; тру́би). ‖ ~공사 робо́та по прокла́данню трубопрово́ду.

배교(背敎) ренега́тство. ‖ ~자 ренега́т.

배구 волейбо́л. ‖ ~선수 волейболі́ст.

배금(拜金) ‖ ~주의 покло́ніння гро́шам.

배급 розпо́діл; ви́дача (по ка́ртках). ¶ ~의 розподі́льчий. ~하다 розподі́ляти; видава́ти по ка́ртках. ‖ ~소 розподі́льчий пункт.

배기(排氣) ви́хлоп; ви́пуск. ¶ ~하다 вихо́дити; випуска́ти. ‖ ~가스 вихлопні гази.

배기다 |견디다| ви́тримати (ви́стояти) до кінця́.

배꼽 пуп(о́к); мі́сце прикрі́плення плодоні́жк.

배낭(背囊) за́плічний мішо́к; ра́нець; рюкза́к; речови́й мішо́к. ¶ ~을 메다 наді́ти рюкза́к.

배낭(胚囊) {рослин} заро́дковий мішо́к.

배다 |젖다| вбира́тися; проступа́ти; просо́чуватися; запа́сти в ду́шу; става́ти звичним; просо́чуватися.

배다 |아이를| носи́ти (дити́ну; дитинча́); бу́ти вагі́тною; дава́ти ко́лос; колоси́тися.

배달(配達) доста́вка; рознесе́ння; розсила́ння. ¶ ~하다 доставля́ти; розно́сити; розсила́ти. ~로 з доста́вленням. ‖ ~부 листоно́ша; розно́щик; постача́льник. 우편~ доста́влення по́штою.

배당(配當) розпо́діл; ви́ділення. ¶ ~하다 розподі́ляти; виділя́ти. ‖ ~금 ча́стка; пай; дивіде́нд. 이익 ~ розпо́діл прибу́тків.

배드민턴 бадмінто́н. ‖ ~선수 бадмінтоні́ст, /ка.

배따라기 пі́сня, яко́ю проводжа́ють відпливаючи.

배럴(barrel) баре́ль [남].

배려(配慮) турбо́та; занепоко́єння. ¶ ~하다 турбува́тися; хвилюва́тися. ~해 주어 감사합니다 дя́кую за ва́ше клопота́ння. 환자에 대한 ~ турбо́та за хвори́ми

배반 зра́да; ренега́тство. ¶ ~의 зра́дницький. ~하다 зра́джувати.

배변 кал. ¶ ~하다 випорожнюватися.
배부(配付) ¶ ~하다 розподіляти; роздавати.
배부르다 бути ситим. ‖ 배부름 ситість.
배분 розподіл; дистрибуція. ¶ ~하다 розподіляти; роздавати. 시간~ розподіл часу.
배불리 досхочу; ситно.
배불뚝이 товстий.
배상(賠償) відшкодування; компенсація; репарація. ¶ ~하다 відшкодувати; компенсувати. ‖ ~금 компенсація; контрибуційні платежі.
배색 змішування кольорів.
배석 ¶ ~하다 видіти разом зі старшими.
배선 ¶ ~하다 прокладати. ~ 공사 ремонт (робота) по проведенню дротів.
배설(排泄) виділення. {생리} секреція. ¶ ~하다 виділяти. ‖ ~관 вивідний протік. ~물 {생리} виділення; секрети
배속(配屬) ¶ ~하다 прикомандувати; придавати; прикріплювати (до кого).
배수(倍數) {수학} кратне число. |인쇄| пункт.
배수(排水) відкачування води; дренаж; осушення; водовідвід; водовідлив.
배수(配水) водопостачання; подача води. ‖ ~공사 ремонт водопостачання.
배수관(配水管) розподільчий водопровід. ¶ ~이 터지다 водопровідна труба тріскається.
배식(配食) рознесення харчів. ¶ ~하다 розносити (харчі).
배신 віроломність; ренегатство. ¶ ~하다 зраджувати; ренегатувати. ‖ ~자 віроломна людина; зрадник.
배심원 присяжний засідатель.
배양 розведення; вирощування; культивування; культура. ¶ ~하다 культивувати; вирощувати; розводити; прищеплювати; виховувати (в дусі чого). 인재를 ~하다 виховувати кадри. ‖ ~액 штам.
배역(配役) роль [여]. ¶ ~을 정함 розподіл ролей.
배열(排列) розташування; розміщення (в визначеному порядку). ¶ ~하다 розташовувати; розміщувати (в певному порядку).
배영(背泳) плавання на спині.
배우 артист, /ка; актор; актриса.
배우다 вчити(ся); вивчати; учитися. ¶ 부모를 보고 ~ вчитися у батьків 대학에서 함께 ~ вчитися разом в університеті. 인생을 ~ вчитися життю.
배우자 чоловік; дружина. ¶ ~를 고르다. вибирати чоловіка (дружину).
배움터 школа; училище; місце навчання.
배웅 проводи. ¶ ~하다 проводжати.
배율 збільшення.
배점 розподіл балів.
배정(配定) розподіл. ¶ ~하다 розподіляти; роздавати. 수업 시간을 ~하다 розподіляти час занять. ‖ 시간~ розподіл часу.
배제(排除) видалення; виключення; усунення; витиснення; відвід. ¶ ~하다 видаляти; виключати;

배짱 думки́; ду́ми; наполе́гливість; завзя́тість.

배차(配車) розпо́діл (ваго́нів).

배척(排斥) вигна́ння. ¶ ~하다 виганя́ти; видаля́ти.

배추 листова́ капу́ста. ¶ 김치는 ~와 고춧가루로 만든다. Кімчі ро́блять з листово́ї капу́сти та пе́рцю.

배출(排出) ¶ ~하다 виділя́ти; випуска́ти. ‖ ~구 витяжни́й (випускни́й) о́твір.

배출(輩出) підгото́вка, вихова́ння. ¶ 인재를 ~하다 вихо́вувати тала́нти (талано́витих люде́й).

배치(配置) розташува́ння; розмі́щення (чого-н.); розпо́діл; дислока́ція; розставля́ння. ¶ ~하다 розташо́вувати; розмі́щувати; розставля́ти; розподіля́ти. ‖ ~도 схе́ма розташува́ння (розмі́щення).

배치(背馳) протирі́ччя. ¶ ~하다 протирі́чити (чому); іти́ врозрі́з (з чим).

배타(排他) ви́ключення. ‖ ~적 людиноненави́сний; шовіністи́чний. ‖ ~성 почуття́ неприя́зні до і́нших. ~주의 шовіні́зм.

배탈 шлунко́ві захво́рювання. ¶ ~나다 болі́ти (про живі́т).

배터리 батаре́я. |전지| ано́дна батаре́я. ‖ 건~ суха́ батаре́я. 전기~ електри́чна батаре́я.

배트 |야구| би́та. ‖ 야구용 ~ бейсбо́льна би́та.

배팅 |야구| уда́р би́тою.

배편 морські́ (корабе́льні) по́слуги. ¶ ~으로 물건을 보내다 відправля́ти това́р корабле́м (морськи́м шля́хом).

배포(排布) |계획| план; за́дум. ¶ 그는 ~가 큰 사람이다 Люди́на з вели́кими пла́нами.

배포(配布) розповсю́дження; розпо́діл; доста́вка. ¶ ~하다 розно́сити; доставля́ти; розповсю́джувати; роздава́ти유인물을 ~하다 розповсю́джувати тира́ж.

배필(配匹) подру́жня па́ра.

배합(配合) змі́шування; сполу́чення. ¶ ~하다 змі́шувати; сполуча́ти; комбінува́ти. 사료를 잘 ~하다 до́бре змі́шувати фура́ж для худо́би.

배회(徘徊) ¶ ~하다 блука́ти; мандрува́ти. 밤거리를 ~하다 Ді́ти блука́ють по нічні́й ву́лиці.

배후(背後) за спино́ю; поза́ду (чого). ‖ ~세력 тилове́ прикриття́, тилова́ підтри́мка

백(白) бі́лий (ко́лір).

백(百) сто. ¶ 당신이 ~프로 옳아요. Ви на сто проце́нтів пра́ві. ~번 듣는 것이 한 번 보는 것만 못하다. Кра́ще оди́н раз поба́чити, ніж сто разі́в почу́ти.

백골 ко́сті; скеле́т.

백과사전 енциклопе́дія; енциклопеди́чний словни́к [на́м].

백관 всі чино́вники. ‖ 문무~ громадя́нські й військо́ві чино́вники.

백구(白鷗) ча́йка.

백군 бі́лі (в спорт. змага́нні).

백금 пла́тина.

백기 бі́лий пра́пор. ¶ 적들은 마침내 ~를 들고 항복하였다 Вороги́ вре́шті-решт підня́ли бі́лий пра́пор і зда́лися.

백김치 бі́лий кімчі́ (без пе́рцю).

백날 Сотий день (від дня народження дитини).

백내장 {의학} катаракта.

백넘버 задній номер.

백년 сто років; дуже довгий час. ‖ ~ 가약 клятва в вірності на все життя (подружжя). ~대계 план на далеке майбутнє; план, що далеко йде

백로(白露) |이슬| білі роси.

백로(白鷺) |새| біла чапля.

백마(白馬) білий кінь.

백만 мільйон; величезна кількість. ‖ ~ 장자 міліонер; багач.

백모 тітка. ¶ ~ 의 тітчин.

백목련 магнолія гола.

백묵 крейда. ¶ ~ 으로 쓰다 писати крейдою.

백미(白米) очищений (білий) рис. ‖ 현미 неочищений рис.

백미러 дзеркало заднього виду.

백반 факели.

백발 сіде волосся; сивина.

백발백중 стовідсоткове попадання (в ціль).

백방(百方) ¶ ~의 всесторонній; всілякий. ~으로 всіляко, різнобічно. ~으로 수소문하다 розповсюджувати плітки у всі сторони.

백병전 рукопашний бій. ¶ ~ 을 벌이다 вступати в рукопашний бій.

백부 старший брат батька. ¶ ~님이 살아 계신다 Старший брат.

백사(白蛇) біла змія.

백사(白絲) білий шовк.

백사장 піщаний берег.

백색 білий колір.

백서(白書) біла книга (офіційне видання).

백설(白雪) білий сніг.

백성 народ.

백세 сто років.

백송 сосна з сірою корою.

백숙 варене м'ясо; варена курка.

백신 вакцина. ¶ ~ 주사를 놓다 вакцинувати. ‖ ~ 요법 вакцинотерапія.

백악관 Білий дім.

백안시(白眼視) погляд скоса. ¶ ~ 하다 ігнорувати.

백야(白夜) біла ніч [여]. ¶ ~ 축제 Фестиваль білої ночі.

백약 всілякі ліки. ¶ ~이 소용없다 Від всіляких лік мало користі.

백양 тополя. ‖ ~ 나무 тополя.

백여우 білий лис. |비유적| підступна жінка.

백열 біле розжарення; розжарення. ‖ ~등 лампа розжарювання.

백옥 молочнобілий дорогоцінний камінь.

백운(白雲) біла хмара.

백의(白衣) білий одяг. ‖ ~ 민족 |은유| корейський народ. ~ 종군 іти на війну простим солдатом. ~ 천사 |은유| медсестра.

백인 людина білої раси; білошкіра людина (європеєць).

백일 сотий день (від дня народження дитини).

백일몽(白日夢) порожня мрія; денний сон.

백일장(白日場) екзамен з віршової творчості.

백일하에 ¶ ~ 드러나다 оприлюднювати, щоб всі люди дізналися.

백일해 коклюш.

백자(白瓷) білий посуд періоду Чосон.

백작(伯爵) граф (титул).

백전노장(白戰老將) досві́дчений полково́дець.

백정(白丁) люди́на, що займа́ється забо́єм худо́би; м'ясни́к.

백조(白鳥) ле́бідь; бі́ла ча́пля.

백중(伯仲) ¶ ~하다 рі́вний; одна́ковий.

백지 бі́лий папі́р; чи́стий папі́р; чи́стий бланк.

백지화 ¶ ~하다 ігнорува́ти.

백합(百合) лі́лія.

백합(白蛤) |연체동물| дози́нія.

백혈구 бі́лі кров'яні́ ку́льки; лейкоци́ти.

백혈병 білокрі́в'я; лейкемі́я.

백화 (рі́зні) квіти́.

백화점 універса́льний магази́н.

뱀댕이 зуна́сі (ри́ба).

밴드 |끈| стрі́чка. |음악| музи́чний анса́мбль. ‖ ~ 마스터 керівни́к музи́чного анса́мблю.

밴텀급 «петуша́ вага́» в бо́ксі.

밸 |속어| нутро́. ¶ ~ (창자)이 꼴리 다 Нутро́ виверта́ється.

밸런스 бала́нс. ¶ ~가 맞지 않는다 Бала́нс непра́вильний.

밸브 кла́пан. ¶ ~를 꽉 조여라 щі́льно закри́тий кран.

뱀 змія́. ¶ ~에 물려 죽다 вме́рти від уку́су змії́.

뱀장어 (япо́нський) річни́й ву́гор.

뱃고동 пароплавни́й гудо́к.

뱃길 во́дний (морськи́й) шлях.

뱃노래 пі́сня човняре́й.

뱃사공 човня́р; моря́к; матро́с. ‖ 처녀 ~ човня́рка.

뱃사람 моря́к.

뱃속 вну́трішня части́на живота́. ¶ ~이 좋지 않다 з живото́м пога́но. ~이 쓰리다 живі́т коли́ть. ~이 들여다 보인다 видні́ється нутро́. ~을 알 수 없 다 ва́жко взна́ти чужі́ ду́мки.

뱃심 си́льний дух. ¶ ~ 좋게 대들 다 показа́ти си́льний дух.

뱃전 бокова́ части́на корабля́.

뱅뱅 ¶ ~ 돌다 вертіти́ся; крути́тися; ходи́ти кру́гом.

뱅크 банк.

뱉다 виплю́овувати; виклада́ти; виставля́ти; вича́влювати з се́бе. ¶ 침을 ~ плюва́ти.

버거(burger) бу́ргер. ‖ 치즈~ чі́збургер. 햄~ га́мбургер.

버글거리다 спі́нюватися; скипа́ти; товпи́тися.

버금 насту́пний (по поря́дку). ¶ ~ 가다 іти́ насту́пним; бу́ти дру́гим (пі́сля *кого*).

버드나무 верба́.

버들 верба́. ‖ ~가지 гі́лки верби́.

버러지 кома́ха; черв'я́к. ¶ ~ 같은 놈! Черв'я́к!

버럭버럭 ¶ ~ 성을 내다 розлюти́тися. ~ 고ла́м зрі́зти́ крича́ти.

버릇 зви́чка; пога́на зви́чка; пога́ні на́хили; пра́вила поведі́нки. ¶ ~ 없다 невихо́ваний; неповажли́вий; непристо́йний; нече́мний.

버리다 кида́ти; залиша́ти; позбавля́тися (*кого-чого*); псува́ти; калі́чити.

버무리다 переміш́увати. ¶ 밥과 나물을 ~ переміш́увати тра́ви та ва́рений рис.

버선 (корейські́) шкарпе́тки.

버섯 гриб(и́). ‖ ~ 요리 стра́ва з грибі́в. 독~ отру́йний гриб. 식용 ~ істи́вний гриб.

버스 авто́бус. ¶ ~ 운전사 воді́й авто́буса. ~의 авто́бусний. ~가

정류장에 들어선다 Автобус підходить до зупинки. ‖ ~ 노선 автобусна лінія. ~ 여행 подорож на автобусі. ~요금 плата за проїзд на автобусі. 관광 ~ туристичний автобус. 마을 ~ районний автобус. 시내 ~ міський автобус. 시외~ міжміський автобус.

버젓하다 важкий; солідний; достойний. ¶ 버젓이 відкрито.

버찌 вишня.

버터 вершкове масло. ¶ ~를 빵에 바르다 намазувати на хліб.

버튼 кнопка; дзвінок. ¶ ~을 누르다 натискати на кнопку.

버티다 підпирати; підтримувати; витримати; вистояти; триматися до кінця; не підкорюватися; впиратися; опиратися.

버팀목 підпірка; підпірний брус. ¶ ~을 세워라 Підстав підпірку.

벅차다 непосильний; переповнений; кипучий; напружений. ¶ 가슴 벅찬 감격 почуття, що переповнює груди.

번 раз. ¶ 세 ~ три рази.

번개 блискавка. ¶ ~의 блискавичний. ~ 치다 блискати; сяйнути. ~가 번쩍였다 Блискавка сяйнула. ~ 같은 속도로 зі швидкістю блискавки.

번갯불 спалах блискавки.

번거롭다 доволі важкий (заплутаний); гучний.

번뇌(煩惱) душевні муки (страждання); мучитися; страждати.

번데기 лялечка (комахи). ¶ ~로 되다 перетворюватися в лялечку.

번드르르 гладенький та блискучий.

번득이다 блищати; виблискувати.

번들거리다 блищати; виблискувати.

번들번들 гладенько та блискуче. ¶ ~하다 гладенький та блискучий.

번듯하다 прямий; рівний. ¶ 번듯 하게 생긴 여자 жінка з правильними рисами обличчя.

번뜩 ¶ ~이다 спалахний. 눈빛이 ~ 이다. Палахкий погляд.

번민(煩悶) засмучення; мука; роздирання; страждання. ¶ ~하다 засмучуватися; мучитися; страждати.

번번이 кожен раз; постійно; завжди. ¶ ~ 실패하다. Кожен раз зазнавати невдачу.

번복(飜覆) ¶ ~하다 спотворювати промовлені в минулому слова.

번성(繁盛) процвітання; розквіт. ¶ ~ хада розквітати; процвітати; бурно рости (розвиватися).

번식 розмноження; розведення. ¶ ~하다 розмножуватися; розводити. ‖ ~기 період розмноження. ~력 плодовитість.

번안 переоблення; переробка. ¶ ~하다 переробляти; переробювати.

번역 переклад. ¶ ~하다 перекладати. ~할 수 없는 표현 вираз, що не піддається перекладу. 이 ~은 원문과 뜻이 아주 다르다. Цей переклад за змістом далекий від оригіналу. ‖ ~가 перекладач.

번영(繁榮) процвітання; розквіт. ¶ ~하다 квітучий; що процвітає; процвітати. ‖ 国家 процвітання держави.

번잡 заплутаність. ¶ ~하다 складний; заплутаний; клопітливий. ~해지다 заплутувати(ся); ускладнювати(ся).

번지(番地) номер земельної ділянки.

번지다 поширюватися; розходитися; розтікатися; розпливатися; змінюватися; преображатися. ¶ 잉크가 종이에 ~ чорнила розтікаються по паперу.

번질번질 гладенько й блискуче.

번째 ¶ 첫~ перший. 두~ другий.

번쩍 ¶ ~하다 блиснути; миготіти; різко; несподівано; швидко. ~이다 блиснути; спалахнути. ~거리다 блищати; виблискувати; спалахувати.

번창 процвітання; розквіт. ¶ ~하다 процвітати; що процвітає; жвавий.

번호 номер. ¶ ~판을 돌리다 набирати номер. ‖ ~부 довідник номерів.

번화하다 що процвітає; жвавий; гучний; багатолюдний.

번화가 гучна вулиця; багатолюдна вулиця.

벋다 стирчати; виступати; простиратися; тягнутися.

벌 |땅| поля (і луки); рівнина.

벌 бджола; оса. ‖ 꿀~ медоносна бджола. 야생~ дика бджола; лісова бджола.

벌(罰) покарання; кара; стягнення. ¶ ~을 받다 підлягати покаранню; понести кару; бути покараним. ~을 주다 покарати; піддавати покаранню. ~로써 в покарання. 본보기로 ~벌을 주다 покарати зразково. ‖ 천~ покарання згори.

벌 комплект. |짝| пара; сервіз. ¶ 양복 세 ~ три костюми.

벌(閥) родинні зв'язки. ¶ 그는 나의 조카~이다 Він мій племінник.

벌거벗다 роздягатися догола; оголятися.

벌거숭이 оголена людина; голе тіло.

벌겋다 яскраво-червоний.

벌과금 штраф; грошовий штраф. ¶ 기간 후에는 ~을 물린다 За простроченя платиться штраф.

벌금(罰金) штраф; пеня. ¶ ~의 штрафний. ~을 물다 заплатити штраф. ~을 메기다 штрафувати; накладати штраф. ‖ ~형 грошове покарання.

벌다 заслуговувати; заробляти. ¶ 돈을 ~ заробляти гроші.

벌떡 раптово. ¶ ~ 일어나다 раптово вставати.

벌떼 рій бджіл.

벌렁 на спину. ¶ ~ 자빠지다 падати на спину.

벌레 комаха; черв'як. ¶ ~먹은 червоточний; комахоїдний. ~먹은 식물 комахоїдні рослини. ~먹은 자리 червоточина. 누에~ шовковичні черви.

벌리다 формувати (щілину); широко розставляти (розкривати); простягати; розгрібати; розкидати.

벌목(伐木) ¶ ~하다 рубати (ліс); підсікати дерево.

벌벌 ¶ ~ 떨다 тремтіти, як осиковий листок.

벌써 вже. ¶ 그는 이미 (벌써) 애가 아니다 Він вже не дитина.

벌어들이다 заробляти. ¶ 외화를 ~ заробляти валюту.

벌어먹다 заробляти на життя.

벌어지다 утворюватися (про щілину); розкрутитися; розходитися; розширюватися.

벌이 заробіток. ¶ ~로 생екею утри зидати заробити свій хліб. 그는 ~가 좋다 Він добре заробляє.

벌이다 розкладати; розставляти; простягати; починати; засновувати; відчиняти.

벌점 штрафне очко.

벌주다 штрафувати; карати. ¶ 본보기로 ~ публічне покарання.

벌집 соти. ‖ 가로 ~ вулик-лежак 세로 ~ вулик-стояк.

벌채(伐採) рубка. ¶ ~하다 рубати. 삼림을 ~하다 рубати ліс. ‖ 산림 ~ рубка лісу.

벌책(罰責) докір.

벌칙 положення про покарання (штрафи); порушення положення про покарання. ‖ ~ 강화 посилення правил.

벌컥 звук при ковтанні води.

벌통 вулик. ¶ ~의 вуликовий. ~을 이용한 양봉 вуликове бджільництво.

벌판 поле; рівнина. ¶ ~을 지나가다 іти полем. ~이 눈으로 덮여 있었다. Поля були покриті снігом.

범 тигр; страшна та люта людина.

범람 розливатися; виходити з берегів; наводнювати. ¶ ~하다 річка вийшла з берегів.

범례(凡例) вступні зауваження; умовні знаки.

범벅 густий кисель з борошна; безлад. ¶ ~되다 неуважний; недбалий; неакуратний.

범법(犯法) правопорушення; злочин. ‖ ~자 правопорушник; злочинець.

범상(凡常) ¶ ~하다 звичайний; банальний. ~히 звичайно.

범선(帆船) вітрило.

범속하다 звичайний; банальний; вульгарний.

범용(犯用) незаконне привсвоєння; казнокрадство. ¶ ~하다 (незаконно) привласнити.

범위 сфера; область; межі; коло.

범인(凡人) звичайна особа; звичайна людина. ¶ 초인과 ~ видатна і звичайна (людина).

범인(犯人) злочинець; суб'єкт злочину. ¶ ~이 숨었다 Злочинець зник. 전범 воєнний злочинець.

범죄(犯罪) злочин; злочинний акт; злочинний вчинок; злочинність. ¶ ~적 злочинний. ~를 범하ати здійснити злочин. 국제적 ~ міжнародний злочин. 반 평화 인류 ~ злочини проти світу та людства. ~자 злочинець. 범죄자 인도 екстрадиція; видача злочинців. 비인도적 ~ злочини проти людяності. 전쟁~ воєнні злочини.

범주(範疇) категорія.

범타(凡打) слабкий удар.

범퍼(bumper) бампер. ¶ 자동차 사고로 ~가 찌그러 들었다 Через дорожню пригоду бампер викривився.

범하다 порушувати; вчиняти.

범행(犯行) злочин; злочинний вчинок.

법(法) право; закон; правило; правосуддя; законодавство. ‖ ~교육 правова освіта. 국제~ міжнародне право. 군~ воєнний закон. 기본~ основний закон. 노동~ трудове законодавство; трудове право; закон про працю 민~ громадянське право. ~철학 філософія права. ~학 (法學) юридичні науки; юриспруденція; правознавство. 상~ комерційне право. 성문~ позитивний закон. 자연~ природній закон; закон природи. 해양~ морське право

해상~ морський закон. 형~ кримінальне право. 가족~ закон про шлюб та сім'ю.

법관 судовий чиновник; суддя.

법규 закони та правила; правові норми; статут; узаконення; встановлення; законоположення. ¶ 현행~에 따라 по існуючим законоположенням. ‖ 관세~ митний статут. 당~ статут партії.

법당(法堂) будівля з буддійською статуєю.

법대 |법학부| юридичний факультет. ¶ 한국에서는 ~가 가장 인기있다 В Кореї юридичний факультет – найпрестижніший.

법도 уклад (образ) життя. ¶ ~에 어긋나는 행동을 하지 마라 Не роби вчинків, що протирічать (звичайному) укладу життя.

법등(法燈) {불교} лампа в буддійському храмі.

법령(法令) закон; закони й декрети. ¶ ~의 декретний.

법률 закон; законодавство. ¶ ~상 з юридичної точки зору. ‖ ~가 юрист; правознавець; законознавець. ~개정 перегляд закону. 고문 юрисконсультація ~관계 правові відносини. ~안 законопроект. ~위반 порушення закону. ~제정 законодавство.

법리(法理) юридичний принцип; правовий принцип; закон й принцип.

법망(法網) сітки закона.

법무(法務) юстиція, юридична діяльність. ‖ ~장관 міністр юстиції.

법무관 воєнний юрист.

법무부(法務部) міністерство юстиції.

법문(法文) {법} текст закона.

법사(法師) |설법승| буддійський жрець.

법석 шум; гвалт; галас; гучно.

법안 законопроект. ¶ 이민 ~ закон про іміграцію.

법왕 папа (римський).

법원(法院) суд; трибунал. ‖ ~ 소환장 повістка в суд. ~장 прокурор. 고등~ касаційний суд. 대~ верховний суд. 지방~ окружний суд. 최고~ верховний суд (трибунал).

법의학 судова медицина.

법인 юридична особа.

법인세 податок на юридичну особу. ‖ ~법 закон про оподаткування юридичних осіб.

법적 законний; юридичний; правовий; законно; по закону; в законодавчому порядку.

법전(法典) зведення законів; кодекс. ‖ ~ 편찬 кодифікація.

법정 суд; трибунал; зала суда; судове засідання. ¶ ~에 서다 постати перед судом. ‖ 국제 전범 ~ міжнародний військовий трибунал судового засідання.

법제(法制) правова система; законодавство.

법조(法曹) стаття закона. ‖ ~인 юрист; законознавець; юрисконсультант.

법질서 правовий порядок; правопорядок.

법치(法治) конституційне правління. ‖ ~국가 країна з конституційним правлінням. ~주의 конституціоналізм.

법칙 закон; правило; закономірність.

법통(法統) законодавчі традиції.

법하다 вірогідний; здаватися; здавалося б; напевно. ¶ 이것은 충분히 있을 ~ Це цілком вірогідно.

법학 право; юриспруденція.

법회(法會) будійська лекція.

벗 друг; подруга; соратник. ¶ ~하다 дружити.

벗기다 бути знятим; спадати; розстібати. ¶ 사과 껍질을 ~ знімати шкірку з яблука.

벗님 поважний друг.

벗다 знімати; скидати; позбуватися; звільнятися; відмовлятися (від звичая); кинути; зовнішнє змінюватися. ¶ 벗은 голий.

벗삼다 подружитися з *ким*. ¶ 자연을 벗삼아 산촌에서 살고 싶다. Хочу жити в селі, зблизившись з природою.

벗어나다 зійти (*з чого*). ¶ 기차가 레일에서 벗어났다 Потяг зійшов з рейок.

벗어버리다 скидати з себе плаття (одяг); скидати шкіру. ¶ 가면을 ~ скидати маску.

벙거지 повстяний ковпак; шапка.

벙긋벙긋 злегка посміхнутися.

벙벙하다 приголомшений; розгублений. ¶ 어안벙벙하여 서 있다 стояти в розгубленості.

벙어리 німий. ¶ ~와 봉사 німий і сліпий.

벙커 {군사} бліндаж; бліндаж для знаряддя.

벚 вишня; черешня. ‖ ~꽃 вишнева квітка. ~나무 вишня; вишневе дерево. ~동산 вишневий сад.

베개 подушка. ¶ ~가 너무 높다 Подушка надто висока. 환자 머리맡에 ~를 대어주었다 Хворому підклали під голову подушку.

베고니아 {식물} бегонія.

베끼다 переписувати; списувати. ¶ 교과서를 베껴 쓰세요! Спишіть з підручника!

베니어 шпон; фанера. ¶ 이 건물벽은 ~로 되어 있다 Ця стіна будівлі зроблена з фанери.

베다 підкладати під голову; різати; рубати. ¶ 나무를 베어냈다 Дерево перерубали.

베란다 веранда. ¶ 우리집 ~에서는 시내가 한눈에 보인다 З веранди нашого будинку місто видно як на долоні.

베레모 берет.

베스트 найкращий. ‖ ~드레서 людина, що вдягається краще всіх. ~멤버 самий передовий член. ~셀러 бестселер.

베어링 підшипник. ¶ 그 기계의 ~이 망가졌다 У тієї машини зламався підшипник.

베이비 дитина.

베이스 основа; фундамент. |음악| бас.

베이커(baker) булочник. ¶ 베이커리 булочка.

베이컨 бекон.

베일 вуаль [*жен*]. ¶ 그녀는 얼굴을 ~로 가리고 있다 Вона закриває обличчя вуаллю.

베테랑 ветеран. ¶ 내전에 참가한 ~ ветеран громадянської війни. 학계의 ~ ветеран науки.

베풀다 засновувати; створювати; влаштовувати; чинити.

벤젠 |휘발유| бензин. ¶ 자동차에 ~을 채우다 заправляти машину

бензи́ном.
벤치 ла́вка. ¶ ~의 ла́вковий.
벨 електри́чний дзвіно́к. ¶ ~소리가 시끄럽다 Дзвіно́к голосни́й. ‖ 전화~ дзвіно́к в телефо́нному апара́ті. 탁상용 ~ насті́льний дзвіно́к.
벨트 поясни́й (привідни́й) ре́мінь.
벼 рис. ‖ ~농사 рисово́дство; культу́ра ри́су.
벼락 блиска́вка; грозови́й розря́д; уда́р блиска́вки. ¶ ~의 блискави́чний. ~맞다 отри́мати уда́р блиска́вки. ~이 치다 вибли́скувати (блиска́вка). ~이 나무에 떨어지다 блиска́вка вда́рила в де́рево. ‖ ~공부 навча́ння на́спіх; поверхне́ві заня́ття. ~부자 люди́на, що ра́птово розбагаті́ла.
벼랑 про́пасть; у́рвище; стрімки́й схил; крути́й схил. ‖ ~길 урви́ста доро́га.
벼루 чо́рний ка́мінь, що слу́жить для ви́готовлення чорни́л.
벼룩 блоха́.
벼르다 заду́мувати; зами́слювати; ма́ти на́мір; збира́тися; готува́тися
벼슬 поса́да чино́вника; чин. ¶ ~하다 служи́ти на держа́вній слу́жбі; бу́ти чино́вником. ‖ ~길 держа́вна слу́жба; кар'є́ра. ~아치 урядо́ві чино́вники.
벽 стіна́; стіна́. ¶ ~에 못을 박다 вби́ти в сті́ну цвях. ~에 공고를 붙였다 На сті́ну приклє́їли оголо́шення. ~에 구멍을 뚫다 проби́ти ді́рку в стіні́. ‖ 크레믈린 성 ~ кремлі́вська стіна́.
벽걸이 насті́нні прикра́си. ¶ 기념품으로 ~를 선물하다 подарува́ти насті́нні прикра́си в я́кості сувені́рів.
벽계수 лазу́рні во́ди струмка́.
벽공(碧空) лазу́р. ‖ ~의 лазу́рний; блаки́тний.
벽난로 пі́чка. ¶ 그 집에는 ~가 설치되어 있다. В то́му буди́нку встано́влена піч.
벽돌 це́гла. ¶ ~을 쌓다 кла́сти це́глу. ~로 집을 짓는다 Будува́ти буди́нок із це́гли.
벽두 поча́ток. ¶ ~에 в са́мому поча́тку. 새해 ~부터 з са́мого поча́тку ново́го ро́ку.
벽력 ¶ ~같이 як пере́кіт гро́му.
벽면 пове́рхня стіни́.
벽보 стінна́ газе́та; стінгазе́та. ¶ 여기에 ~를 붙이지 마시오 Не кле́йте тут оголо́шення. ‖ ~판 до́шка оголо́шень.
벽장 стінна́ ша́фа.
벽지 заку́ток; глушина́; глухома́нь. [여].
벽촌 глухе́ село́; глухома́нь [여]. ¶ 그는 ~ 출신이다 Він ро́дом з глухо́го села́.
벽화 стінни́й жи́вопис; фре́ска. ¶ 동굴 ~ пече́рний жи́вопис.
변(邊){수학} сторона́ багатоку́тника.
변(變) незвича́йна поді́я.
변(便)|대변| екскреме́нти; виді́лення.
변경 змі́на; попра́вка; змі́нювати; вноси́ти попра́вку.
변고 змі́на на гі́рше; поді́я; неща́сний ви́падок; неща́стя.
변괴(變怪)|재변| біда́.
변기 нічни́й го́рщик; уніта́з; су́дно. ¶ ~를 깨끗하게 사용합시다. Дава́йте чи́сто користува́тися уніта́зом.
변덕 непості́йність; при́мхи;

забаганки. ¶ ~스럽다 здаватися непостійним (примхливим; вітряним).

변동 зміна; зміни. ¶ ~하다 змінювати.

변두리 край; околиця.

변량 {수학} змінна величина.

변론(辯論) суперечки; дебати; дискусія; захист; пріння. ¶ ~하다 обговорювати; захищати; суперечити; дебатувати; виступати в суді.

변명 виправдання; пояснення. ¶ ~하다 виправдовувати(ся). ~하지 말고, 솔직히 말해라 Не виправдовуйся, а говори відверто.

변모(變貌) змінений вигляд; видозмінення; преображення; трансформування. ¶ ~하다 (видо)змінюватися; змінювати вигляд; преображатися.

변방 околиці; прикордонні райони; край.

변변하다 хороший; пристойний; достатній; придатний.

변변히 добре; пристойно; достатньо.

변별(辨別) відмінність; різниця. ¶ ~다 відмінний від ... ‖ ~력 відмінна особливість.

변비(便秘) запор. ¶ ~로 고생하는 환자가 의외로 많다 Достатньо багато пацієнтів, що страждають запором. ‖ ~약 проносний засіб.

변사(辯士) оратор; лектор. |무성영화의| диктор; що читає текст.

변상(辨償) відшкодування; компенсація. ¶ ~하다 відшкодовувати; компенсувати.

변색(變色) |빛깔의| знебарвлювання. ¶ ~하다 знебарвлювати(ся).

변성기 статева зрілість; період, коли у підлітка ламається голос.

변소(便所) вбиральня; туалет; вбиральня зі спуском води; ватерклозет. ¶ ~가 무척 더럽다 Туалет жахливо брудний.

변수(變數) {수학} змінна (величина). ¶ ~가 많다 існує багато чинників.

변시체 труп, знайдений на місці подій.

변신(變身) преображення; трансформація. ¶ ~하다 змінювати (зовнішній вигляд); змінений вигляд.

변심(變心) ¶ ~하다 змінюватися; передумувати; змінювати свій намір.

변압 {전기} трансформація.

변압기 трансформатор. ¶ ~가 고장났다 Трансформатор зламався.

변역(變易) зміна; мутація. ¶ ~하다 видозмінюватися.

변이 мутація. ‖ 돌연~ раптова мутація.

변장(變裝) маскування; перевдягання. ¶ ~하다 маскувати; перевдягати.

변절 зрада; ренегатство. ‖ ~자 зрадник; ренегат.

변제(辨濟) відшкодування. ¶ 손해를 ~하다 відшкодовувати збитки.

변조(變調) половина циклу.

변조(變造) чергування; зміна. ¶ ~하다 чергувати; перемежовувати.

변조기 {전기} перетворювач; конвертер; генератор змінного струму.

변종(變種) різновид; варіант.

변주 варіація. ‖ ~곡 варіація мелодії.

변죽 натяк; край; обідок. ¶ ~을 울리다 натякати.

변증법 діалектика. ¶ ~적 діалектичний. ~적 유물론 діалектичний матеріалізм.

변질 зміна якості (властивості); переродження; виродження; дегенерація; змінювати якості (властивості). ¶ ~되다 змінюватися; переріджуватися.

변천 зміна; змінення. ¶ ~하다 змінюватися.

변칙(變則) |비정상| безлад; нерегулярність; несиметричність; неправильність; нерівність. ¶ ~적 нерегулярний; неприйнятий; нерівний; неоднаковий; нерівномірний.

변태(變態) аномалія; патологія; метаморфоза; анаморфоз. ¶ ~적 ненормальний. ‖ ~ 성욕 ненормальна сексуальність. ~심리 психопатологія.

변동 зміна; змінення. ¶ ~하다 змінювати.

변하다 змінювати(ся); перетворювати(ся). ¶ 물이 얼음으로 변했다. Вода перетворилася в лід. 모든 것이 변했다. Все змінилося.

변혁(變革) перетворення (зміна); реформа; переміна; перетворювати(ся); реформувати; чинити переворот. ¶ ~하다 проводити корінне ламання. ‖ ~기 період корінних змін. 혁명적 ~ революційні зміни.

변형(變形) видозмінення; метаморфоза; трансформація; деформація; нова форма. ¶ ~하다(시키다) змінювати (форму); видозмінюватися; деформувати(ся)..

변호(辯護) захист. ¶ ~하다 захищати; виступати в захист. ‖ ~사(인) адвокат; захисник.

변화(變化) зміна; змінення. ¶ ~시키다(하다) змінювати(ся); схиляти(ся); спрягати(ся). 근본적 ~ корінні зміни.

변환 дивовижні зміни (перетворення). ¶ ~하다 (з)мінюватися; перетворюватися. 사고의 ~이 중요하다 важко змінити образ мислення.

별 зірка; зірочка. ¶ ~들이 하늘을 덮었다 Зірки засіяли небо.

별개 [형] особливий; відмінний; незвичайний; дивний; надзвичайний.

별거 ¶ ~하다 жити окремо.

별것 дещо особливе; рідкісна річ; рідкість; дивина. ¶ ~을 다 묻네 Питає все завгодно.

별고(別故) надзвичайна подія; особлива причина; особлива обставина. ¶ ~없이 지내다 проводити час благополучно (безтурботно; спокійно).

별관(別館) філіал.

별나다 особливий; відмінний; незвичайний; дивний; надзвичайний. ¶ 별난 사람 надзвичайна людина.

별나라 світ зірок; зірковий світ. ¶ ~여행 подорож в зоряний світ. [형] відмінний.

별당(別堂) флігель; крило будинку; келія.

별도(別途) другий спосіб; друга сторона; особливе (інше) призначення. ¶ ~의 інший; окремий; особливий.

별동대 загін (група) особливого призначення, загін, що діє окремо.

별똥별 |유성| метеор. |운석| метеорит. ¶ ~의 метеоритний.

별로 не дуже; не зовсім; не так; особливо. ¶ 그 문제는 ~ 중요하지 않다 Це питання не дуже важливе.

별명 прізвисько; кличка. ¶ 그에게 탱크라는 ~이 붙었다 Йому дано було прізвисько «танк».

별문제 особливе (інше) питання.

별미(別味) особливий (специфічний) смак; особлива страва; делікатес.

별별 різноманітний; усякого роду. ¶ ~ 이야기를 다 듣다 слухати різні розмови.

별사람 дивна людина; дивак.

별세(別世) ¶ ~하다 покинути цей світ; померти. 우리 아버님은 아흔 살을 일기로 ~하셨다 Наш батько помер на дев'яностому році життя.

별세계 інший світ; той світ.

별수(別數) особливий спосіб (метод), особливий засіб. ¶ ~가 없다 нічого не залишається робити. ~를 다 써보다 приймати всілякі міри.

별식(別式) другий (особливий) спосіб.

별식(別食) особлива страва; делікатес.

별실(別室) друга (особлива) кімната; окрема кімната.

별안간 раптом; несподівано; зненацька. ¶ ~ 일어난 일이라 영문을 모르겠다 Трапилась несподівана річ і я не знаю її причини.

별의별 різноманітний; різний. ¶ 서가에는 ~ 책들이 다 꽂혀 있다. На книжкових полицях стоять різноманітні книги.

별일 дивна справа; несподіванка; подія. ¶ 모든 것이 ~ 없이 지나갔다 Все пройшло добре. ~ 없이 지내다 жити без особливих подій. ~을 다 겪다 проходити через різноманітні випробування.

별자리 сузір'я; констеляція.

별장(別莊) дача; приміський будинок. ‖ ~지기 дачний сторож.

별종(別種) особливий біологічний вид; незвичайний рід.

별주(別酒) особлива водка; спиртний напій.

별칭(別稱) інше найменування (назва).

별표(別標) зірочка. ¶ 그는 중요한 문서에 별표를 해 놓았다. Важливі документи він помітив зірочкою.

볍씨 рисове зерно. ¶ 새 품종의 ~를 구하다 Знайти новий вид рисового зерна.

볏 |닭의| гребінець.

볏단 зв'язаний жмутик рису.

병(瓶) пляшка; графин; ваза; глечик. ¶ 나는 포도주 한 ~을 주문하였다 Я замовив пляшку вина. ‖ 주사약~ ампула.

병(病) хвороба; захворювання; порок [от.]. ¶ ~을 치療하다 лікуватися від хвороби. ~이 낫다 вилікуватися від хвороби. ~을 앓다 хворіти чим. 가вений~ легке захворювання. ‖ ~력 анамнез. 결석~ кам'яна хвороба. 노인~ стареча хвороба. 눈~ очна хвороба. 당뇨~ цукрова хвороба; діабет. 만성~(질병) хронічна хвороба. 심장~ хвороба серця. 유행~ епідемія. 전염~ заразна хвороба; інфекційна хвороба; інфекційне захворювання (зараза). 정신~ хвороба психічного розладу. 중~ серйозне захворювання. 피부~ шкірна хвороба. 혈우~ гемофілія (кровоточивість).

병(兵) солдат; рядовий. ¶ ~으로 징집해(뽑아) 가다 забрати (взяти) в солдати. ∥ 장~ солдати та командний склад.

병가 відпустка по хворобі. ¶ ~를 내다 взяти відпустку по хворобі.

병간호 догляд за хворим; турбота за хворим. ¶ ~하다 доглядати (за хворим).

병객(病客) хвора людина.

병고(病故) хвороба [ея].

병고(病苦) страждання (муки) хворого. ¶ 오랜 ~에 시달리다 довго страждати від хвороби.

병과(兵科) військове відділення. ¶ 보병 ~ піхотний полк.

병권(兵權) військова сила; військова влада. ¶ ~을 잡다 захопити військову владу.

병균(病菌) хвороботворний мікроб.

병기(兵器) зброя; озброєння; бойова техніка. ¶ 우리는 비밀 ~를 사용할 예정이다. Ми плануємо застосовувати таємну зброю. ∥ ~창 збройний завод.

병동(病棟) палата; корпус; хірургічна палата.

병들다 занедужати. ¶ 그는 걱정이 많아서 병들었다. Через великі хвилювання він захворів.

병력(兵力) збройні сили; склад; сили. ¶ 새로운 정치 세력이 ~을 완전히 장악하였다. Нова політична влада захопила в свої руки збройні сили.

병렬(並列) паралельне розташування. ¶ ~하다 розташовуватися паралельно. ~적 паралельний. ∥ ~ 구조 складена контрукція. ~ 접속사 складені союзи.

병리(病理) патологія. ∥ ~학 патологія. ~학자 патолог.

병립(並立) сумісність. ¶ ~하다 сумісний; стояти поруч.

병마(病魔) хвороби; захворювання. ¶ ~에 시달린 вражений хворобою.

병명(病名) назва хвороби; хвороба. ¶ 정확한 ~을 모르겠습니다 Не знаю точної назви хвороби.

병목 горлечко пляшки. ∥ ~현상 пробка (автомобільна).

병무(兵務) військова служба. ∥ ~청 відділення військової служби.

병법(兵法) тактика; стратегія; військове мистецтво.

병사(兵士) солдат; рядовий та сержантський склад; матроський та старшинський склад; рядовий. ¶ ~와 지휘관 солдати та командир.

병사(兵舍) казарма.

병사(病死) ¶ ~하다 померти від хвороби.

병살(併殺) подвійна гра (в бейсболі). ¶ ~하다 робити подвійну гру.

병상(病床) постіль хворого.

병상(病狀) хворобливий стан; стан хворого.

병석(病席) постіль хворого. ¶ 아버지가 ~에 누워 계신 지 3 년째 입니다. Ось вже три роки як батько лежить в ліжку.

병세(病勢) нездоровий (хворий) стан. ¶ ~가 호전되다 Стан хворого покращується.

병신(病身) інвалід; каліка; хворобливa (людина); хронік;

병실 казарма; кімната (палата) хворого; медичний кабінет; кабінет лікаря. ¶ ~이 부족하다 Не вистачає лікарняних палат.

병실(病室) лікарняна палата.

병아리 курча.

병약(病弱) ¶ ~하다 що послабшав від хвороби.

병역(兵役) військова повинність; воєнка. ¶ ~에 복무하다. Служити в солдатах. ‖ ~법 права про воєнну службу.

병영(兵營) військовий табір; фортеця; казарма. ‖ ~일기 щоденник військового табору.

병용 ¶ ~하다 вживати (приймати) одночасно.

병원(病院) лікарня; шпиталь [여]. ¶ 나는 ~에 다녀와야 한다. Мені треба піти до лікарні.

병원균(病原菌) хвороботворча бактерія.

병자(病者) хворий. ¶ ~에게는 황금의 침대도 기쁘지 않다 Хворий і золотому ліжку не радий.

병장(兵長) єфрейтор; капрал; сержант.

병적(病的) хворий; хворобливий. ¶ ~인 흥분 상태 хворий у збудженому стані. ~ 증세 хворобливий симптом.

병정(兵丁) солдат; військовий. ‖ ~놀이 гра в солдати.

병졸 солдат.

병중(病中) ¶ ~이다 хворіти.

병참(兵站) етап. ‖ ~ 기지 етапна база.

병(해)충 комаха-шкідник [남].

병충해 збиток, нанесений комахами-шкідниками і хворобами (рослинами). ¶ ~ 때문에 올 농사는 망쳤다. Через шкоду, нанесену комахами в цьому році, доброго урожаю не було.

병치료 лікування хвороби. ¶ ~하다 лікувати хворобу.

병치레 ¶ ~하다 перенести хворобу; перехворіти. ~하느라고 얼굴이 야위었다. Після хвороби, обличчя схудло.

병폐(病幣) нездоровий вплив; зло. ¶ 해묵은 ~를 말끔히 씻어 내다. Начисто видалити нездоровий вплив.

병풍(屏風) (стулчаста) ширма. ¶ ~을 치다 розсовувати ширму.

병합(併合) злиття; поглинання. ¶ ~하다 злитися; консолідуватися; поглинатися.

병해(病害) збиток, нанесений хворобою.

병행(竝行) ¶ ~적 паралельний. ~하다 вести (проводити) одночасно (*щось*); іти паралельно. …와 ~하며 поряд *з ким-чим*; паралельно *з ким-чим*. 공부와 운동을 ~하다 вчитися й займатися спортом паралельно (одночасно).

병환 Ваша (його) хвороба.

병후(病後) видужання. ¶ ~의 який видужує. ~ 조리를 잘 해야 한다 Після хвороби треба гарно харчуватися.

볕 сонячне світло; промені сонця; світить сонце. ¶ ~에 앉아 꾸벅꾸벅 졸고 있는 고양이의 모습이 한가롭다 Вид кішки що сидить та дрімає на сонці, невимушений.

보(步) крок. ¶ 제 일~ перші кроки. 일~ 전진 крок вперед. ‖ 속~ швидка хода.

보(褓) хустинка для зав'язування речей. ‖ 책상~ скатертина на письмовий стіл. 침대~ ковдра для ліжка. 테이블~ скатертина.

보(洑) |둑| загата; гребля.

--보(補) |보조| помічник; асистент. ‖ 서기~ помічник-секретар; помічник завідуючого.

보강(補强) підкріплення; закріплення. ¶ ~하다 підкріплювати; закріплювати; підсилювати; поповнювати.

보강(補講) додаткова лекція. ¶ ~하다 читати (додаткові лекції).

보건(保健) охорона здоров'я. ‖ ~소 медпункт. ~ 체조 оздоровча гімнастика.

보검(寶劍) дорогоцінний меч.

보고(報告) доповідь; повідомлення; донесення; звіт; рапорт. ¶ ~하다 доповідати; повідомляти; робити доповідь (повідомлення); звітувати. ‖ 구두 ~ усна доповідь; звіт. 서면 ~ письмова доповідь. 출장 ~ звіт про відрядження.

보고(寶庫) скарбниця. ¶ 지식의 ~ скарбниця знань.

보관(保管) зберігання. ¶ ~하다 берегти; зберігати. ~시키다 віддати на зберігання. 돈을 금고에 ~하다 зберігати гроші в сейфі. 몰래 ~하다 зберігати(ся) в таємниці. 수하물을 ~시키다 здати багаж на зберігання. ‖ ~료 плата за зберігання. ~비 витрати за зберігання. ~소 сховище. ~자 охоронець.

보관증 квитанція за зберігання; депозитна квитанція; офіційна розписка. ‖ 수하물~ багажна квитанція.

보궐(補闕) додання; доповнення. ‖ ~선거 додаткові вибори; додаткове голосування.

보균 ¶ ~하다 бути бацилоносієм. ‖ ~자 бацилоносій.

보글보글 ¶ ~하다 (거리다) кипіти; вирувати; спінюватися.

보금자리 гніздо; гніздечко; рідне (домашнє) вогнище.

보급(普及) розповсюдження; популяризація. ¶ ~하다 розповсюджувати; популязувати.

보급(補給) постачання. ¶ ~하다 постачати; поповнювати; заправляти; ‖ ~기관 постачальницький апарат; орган постачання. ~로 шлях постачання. ~소 відділ постачання.

보기 |본보기| приклад; зразок. ¶ ~를 들다 приводити приклад. ~를 들어 설명하다 пояснити приклад. 어떤 것을 ~로 들다 брати що за приклад. 용맹의 본~를 보이다 показати приклад мужності.

보내다 посилати; відправляти; проводити; надіслати. ¶ 대표자를 ~ посилати представника. 돈을 ~ посилати гроші. 의사를 부르러 ~ посилати за лікарем. (어떤 물건을) 가져오라고 ~ посилати *за чим*. 인사를 ~ посилати *кому* уклін. 철도로 화물을 ~ відсилати вантаж по залізній дорозі.

보내오다 присилати. ¶ 그는 내게 책을 보내왔다 Він прислав мені книгу.

бо́да |바라보다| диви́тися. |둘러보다| огля́нути; ба́чити. |맛을| куштува́ти. ¶ 영화를 ~ диви́тися кіно́. 음식의 맛을 ~. куштува́ти їжу на смак. 사회를 ~ взя́ти на себе́ роль веду́чого. 집을 ~ вартува́ти дім. аї́ю́ я́ ~ диви́тися за дити́ною. 시험을 ~ сдава́ти екза́мен. 손자를 ~ диви́тися за ону́ком. 며느리를 ~ зустріча́ти неві́стку. 욕을 ~ потрапля́ти в біду́. 재미를 ~ ма́ти інтере́с. 결말을 ~ підво́дити пі́дсумки. 좋지 않게 ~ диви́тися з недові́рою. 만만히 ~ диви́тися із знева́гою, знева́жати. 뒤를 ~ випоро́жнюватися. 시장을 ~ ходи́ти за поку́пками на база́р. 상을 ~ накрива́ти стіл. 사정을 ~ врахо́вувати стан (ситуа́цію).

бо́да вести́; вико́нувати; догляда́ти; чита́ти; перегляда́ти; розгляда́ти.

бода́п(報答) ві́дповідь (на турбо́ту, ува́гу). ¶ ~하다 відповіда́ти (на турбо́ту; ува́гу). ···의 ~으로 у ві́дповідь (на *що*).

бодо́(報道) повідо́млення; інформа́ція. |군대| зве́дення. ¶ ~하다 повідомля́ти; інформува́ти. 믿을만한 ~에 따르면 по достові́рним повідо́мленням. ‖ ~기관 за́соби ма́сової інформа́ції; масме́діа; інформаці́йне бюро́; інформбюро́. ~기사 репорта́ж.

бодра́пда м'яки́й (на до́тик); мілки́й; поступли́вий.

боды́мда притиска́ти до груде́й.

бодары́ ре́чі; зав'я́зані в хусти́нку. ¶ ~를 싸다 кида́ти; припиня́ти; збира́ти ре́чі та іти́.

бора́ фіоле́това фа́рба.

бора́ме ручни́й со́кіл-одноліток.

бора́сек фіоле́товий (бузко́вий) ко́лір.

бора́м результа́т; ефе́кт; ко́ристь. ¶ ~찬 плі́дний; ді́йсний; ва́ртий. ~보람찬 내일 сві́тле майбу́тнє.

бору́(堡壘) тверди́ня; форт; опо́ра; укрі́плення. ‖ 민주주의 ~ опо́ра демокра́тії.

бор'ю́(保留) ¶ ~하다 відклада́ти; резервува́ти; роби́ти застере́ження; застеріга́ти. 발표를 ~ 하다 відклада́ти ви́ступ.

бору́м 15-е число́; 15 днів.

бору́мдал по́вний мі́сяць.

бори́ ячмі́нь [여]. ‖ ~밥 ячмі́нь; зва́рений на пару́ (ра́зом з ри́сом). ~쌀 ячмі́нна крупа́. ~죽 рідка́ ячмі́нна ка́ша. ~차 відва́р підсма́женого ячме́ня. ~타작 молоті́ння ячме́ню. 보릿고개 весі́нні тру́днощі з харча́ми.

бори́су я́годи ли́пи.

бомо́(保母) вихова́телька; ня́ня. ¶ 그녀는 유치원에서 ~로 일하고 있다 Вона́ працю́є вихова́телькою в дитя́чому садку́.

бому́л(寶物) кошто́вність; скарб.

бому́лсеп о́стрів скарбі́в.

бобе́ кошто́вність; скарб. ¶ ~롭다 кошто́вний. 그는 집안의 ~다 Він – скарб того́ до́му. 세́віт культу́ри 의 ~ скарб світово́ї культу́ри.

бобьо́н(步兵) піхо́та; піхоти́нець; стрілко́вий взвод. ¶ ~의 стрілко́вий. ‖ ~대대 стріле́цький батальйо́н. ~사단 стріле́цька диві́зія. ~연대 піхо́тний полк; стріле́цький полк. ~중대 стріле́цька ро́та.

보복(報復) відплата; помста; реванш. ¶ ~당하다 отримати відплату.

보부상 торговець, що розносить товари зав'язані в хустинку.

보사부(保社部) міністерство охорони громадського здоров'я.

보살 (буд) правовірний; буддійська монахиня.

보살피다 доглядати; турбуватися; проявляти турботу. ¶ 고아들을 ~ дивитися за сиротами. 집안살림을 ~ слідкувати за домашнім господарством.. ‖ босалпім турбота; увага; догляд.

보상(補償) компенсація; відшкодування. ¶ ~하다 відшкодовувати; компенсувати; віддавати; платити. 비용을 ~하다 відшкодовувати витрати. 부족액을 ~하다 відшкодовувати суму, що бракує. ‖ ~금 грошова компенсація.

보석(寶石) коштовний камінь. ‖ ~상 торгівля ювелірними виробами; торговець ювелірними виробами.

보석(保釋) ¶ ~하다 звільняти під заставу (на поруки). ‖ ~금 застава, під яку випускають заарештованого.

보세(保稅) відстрочення сплати податків. ‖ ~품 товари, на які сплата податків відстрочена.

보송보송하다 сухий; просохлий; чистий. ¶ 피부가 ~하다 Обличчя (шкіра) суха.

보수(報酬) сплата; винагорода (за працю). ¶ ~없이 без сплати; не отримуючи винагороду.

보수(補修) лагодження; ремонт. ¶ ~하다 лагодити; ремонтувати; робити ремонт. 둑을 ~하다 ремонтувати.

보수(保守) консервативність. ¶ ~적 консервативний. ~와 진보의 투쟁 боротьба між старим та новим. ‖ ~당 консервативна партія. ~주의 консерватизм. ~주의자 консерватор. ~파 консерватори.

보스 бос. ¶ 그는 암흑가의 ~다 Він бос гангстерського світу.

보슬비 мілкий (мрячний) дощ.

보신(補身) ¶ ~하다 підтримувати (закріплювати) (здоров'я).

보신(保身) самозахист. ¶ ~하다 берегти (себе). ‖ ~탕 харчування для підтримки здоров'я.

보아주다 проявляти турботу; допомагати.

보아하니 імовірно; можливо; по можливості.

보안(保安) охорона громадського спокою.

보안경 темні (світлозахисні) окуляри; пилозахисні окуляри.

보안대 загін служби безпеки (в армії).

보안법(保安法) закон безпеки.

보약(補藥) тонічний (закріплюючий) засіб. ¶ 몸이 약해서 ~을 먹고 있다. Через слабке здоров'я приймати тонічні засоби.

보양(保養) ¶ ~하다 берегти; підтримувати (здоров'я); підтримувати (силу).

보어(補語) {어문} доповнення. ‖ ~종속문(보문) підрядне додаткове речення. 간접 ~ непрямий додаток. 직접 ~ прямий додаток.

보여주다 показувати. ¶ 오늘 당신에게 도시를 보여주고 싶다. Сьогодні я хочу показати вам місто.

보온(保溫) зберегти (тепло). ‖ ~기 термос. ~ 밥통 термос для їжі. ~병 термос.

보완(補完) доповнення. ¶ ~하다 доповнювати. 부족한 자료를 ~하다 доповнювати недостатні матеріали.

보위(寶位) трон; престол. ¶ ~에 오르다 вступити на престол.

보위(保衛) ¶ ~하다 захищати. 나라를 ~하다. захищати країну.

보유(保有) володіння; підтримка; зберігання; утримання. ¶ ~하다 володіти; мати; зберігати; залишати за собою. ‖ ~량 що має кількість.

보유자 носій; володар; власник. ¶ 세계 신기록 ~ власник світового рекорду.

보육(保育) харчування; виховання; догляд. ¶ ~하다 живити; виховувати. ‖ ~원 дитячий будинок; дитячий садок; дитсадок.

보이다 видно; бути видним; виднітися; виглядати; здаватися. ¶ 당신은 나이보다 젊어 보인다. Ви виглядаєте молодше свого віку.

보이콧 бойкот. ¶ ~하다 бойкотувати(ся); піддавати бойкоту.

보일러 (паровий) котел; бойлер. ¶ ~를 수리해야 한다 Треба полагодити бойлер.

보자기 хустинка (для зав'язування в неї речей). ¶ 책을 쌀 ~가 필요하다 Потрібна хустинка для зав'язування книг.

보잘것 ¶ ~없다 нікчемний; неприваблений; невартий.

보장 гарантія; забезпечення; постачання. ¶ ~하다 гарантувати; забезпечувати; постачати. 이것은 세계 평화를 ~할 것이다 Це забезпечить мир у всьому світі. ‖ 신분~ гарантія стабільності.

보전(保全) ¶ ~하다 зберігати в цілісності; зберегти повністю. 영토를 ~하다 зберегти в цілісності територію.

보전(寶典) цінне джерело (знань); цінна допомога.

보조(步調) крок; хода. ¶ 보조를 맞추다 підлаштовуватися під крок. 공동 보조를 취하다 приймати загальну ходу.

보조(補助) допомога; підтримка. ¶ ~적 службовий; додатковий; допоміжний; підсобний; підручний; допомагаючий. ~하다 допомагати; чинити (допомогу; підтримку). 경비의 일부를 ~하다 покривати частину витрат.

보조개 ямочки (на щоках).

보조금 пенсія; (грошова) допомога; (грошова) дотація; субсидія.

보조비 субсидія.

보조자 помічник

보존(保存) зберігання; консервація. ¶ ~하다 зберегти; зберігати; консервувати. 유물을 ~하다 зберігати культурні пам'ятки.

보좌 ¶ ~하다 допомагати (старшому); асистувати. 장관을 ~하다 Асистувати міністру. ‖ ~관 помічник; асистент.

보증(保證) порука; гарантія; забезпечення. ¶ ~하다 ручитися; гарантувати. ‖ ~금 грошове забезпечення, застава. ~서 письмова гарантія; гарантійний документ; заставний (гарантійний) лист. ~인 поручитель;

보지 вульва.

보직(補職) призначення; призначення на посаду. ¶ ~을 받다 отримати призначення; призначити на посаду. 국장으로 ~되다 бути призначеним на посаду начальника управління.

보채다 вередувати (про дитину); пестити; приставати; набридати. ¶ 아기가 젖을 달라고 보챈다. Дитина просить материнські груди.

보청기 слуховий апарат (у глухого). ¶귀가 안들려 ~를 사용하다 використовувати слуховий апарат через поганий слух.

보초(步哨) пост; пікет. ¶ ~를 서다 стояти на посту (на часах). ‖ ~근무 вартова служба; вартовий караул.

보충(補充) поповнення; доповнення; комплектування; заправка.¶ ~하다 поповнювати; доповнювати; комплектувати; заправляти. ~적으로 додатково. 결원을 ~하다 комплектувати відсутні кадри. ‖ ~병 додаткові війська. ~ 설명 додаткове пояснення. ~ 수업 додатковий урок. ~ 학습 додаткові заняття.

보태다 додавати; доповнювати. ¶ 힘을 ~ додавати сили. ‖ 보탬 додаткова допомога.

보통 звичайно; звичайний; простий. ¶ ~ 때처럼 як звичайно. 나는 ~ 6시에 일어난다 Я звичайно встаю в шість годин. 이것은 흔히 있는 ~ 일이다 Це звичайна історія. ‖ ~ 선거 звичайні вибори. ~ 수준의 작품 твір середнього рівня. ~ 예금 звичайний вклад.

보퉁이 речі, зав'язані в хустинку.

보편(普遍) універсалія. ¶ ~적 повсюдний; всезагальний; універсальний; популярний. ~성 있는 주장 встановлення, що має універсальність. ‖ ~성 універсальність; популярність. ~주의 універсалізм. ~주의자 універсаліст.

보편화 розповсюдження; популяризація. ¶ ~하다 розповсюджувати

보폭 довжина кроку; крок. ¶ ~이 좁다 короткий крок.

보푸라기 ворсинка; пушинка.

보필(輔弼) допомога; сприяння. ¶ ~하다 допомагати; сприяти.

보하다 підтримувати (себе); турбуватися.

보합(保合) {경제} стійкість; рівномірність.

보행 ходіння. ¶ ~하다 крокувати; ходити пішки; піший гінець. 자동차가 보행자를 치었다. Машина наїхала на пішохода. ‖ ~자 мандрівник.

보험(保險) страхування. ¶ ~에 들다 страхувати. ~ 계약하다. Застрахуватися. ~을 해약하다 анулювати страхування. ‖ ~ 계약 страхування; контракт страхування. ~금 страхова премія. ~ 기관 страхові установи. ~료 страховий внесок; сума страхування. ~업 страховий бізнес. ~업자 страховик. ~자 страховик; страховий агент. ~ 회사 страхова компанія; страхове суспільство. 국가 ~ державне страхування. 단체 ~ колективне

보혈

страхува́ння. 사회 ~ соціа́льне страхува́ння. 생명 ~ страхува́ння життя́. 재해 ~ страхува́ння від неща́сних ви́падків. 화재 ~ страхува́ння під поже́жі.

보혈(補血) кровозбага́чення. ‖ ~제 кровозбага́чувач.

보호(保護) за́хист; охоро́на; засту́пництво; опі́ка. ¶ ~하다 захища́ти; охороня́ти; оберіга́ти; огоро́джувати; опіка́ти. ~ 아래 під за́хистом. …의 ~를 받다 знахо́дитися під за́хистом; користува́тися засту́пництвом. ‖ 환경 ~ за́хист навколи́шнього середо́вища 국제 하천 및 호수의 생물자원 ~ охоро́на живи́х ресу́рсів міжнаро́дник річо́к та озе́р. 해양 환경~ охоро́на морсько́го середо́вища. ~구 заповідник. ~무역 протекціоні́зм. ~자 засту́пник; захисни́к; опіку́н. ~주의 протекціоні́зм. ~제도 протектора́т. 어린이 ~구역 терито́рія, на які́й ді́ти знахо́дяться під за́хистом.

복(福) ща́стя; уда́ча; вели́ка кі́лькість. ¶ ~되다 щасли́вий.

복(伏) три найпеку́чеших дні.

복고(復古) реставра́ція. ¶ ~적 реставраці́йний.

복교(復校) ¶ ~하다 відновлю́ватися у навча́льному за́кладі.

복구(復舊) відно́влення; реставра́ція. ¶ ~하다 відно́влювати; реставрува́ти. ~ 작업 відбудо́вні робо́ти.

복권(福券) лотере́йний квито́к.

복귀(復歸) пове́рнення. ¶ ~하다 поверта́тися.

복날 пеку́чі дні лі́та.

복더위 лі́тня спе́ка.

복덕방 ма́клерська конто́ра; аге́нт з про́дажу неру́хомості.

복도 коридо́р; кри́та галере́я; кри́тий пере́хід; туне́ль.

복락(福樂) ща́стя та ра́дість. ¶ ~을 누리다 Насоло́джуватися ща́стям та ра́дістю.

복리(福利) добро́бут; бла́го. ¶ ~증진 підви́щення добро́буту.

복리(複利) складні́ проце́нти (в ба́нківських опера́ціях).

복마전(伏魔殿) осе́ля; дия́вола; верте́п; кубло́.

복무 слу́жба; служі́ння. ¶ ~하다 дослужи́тися; служи́ти; стоя́ти на слу́жбі; працюва́ти.

복문(複文) складна́ пропози́ція.

복받치다 ри́нути; би́ти ключе́м. ¶ 울음이 복받쳐 올라왔다. Сльо́зи підступи́ли до го́рла. 복받치는 슬픔을 억누를 길이 없다. Не зупини́ти сум, що нахли́нув

복병(伏兵) за́сідка; солда́ти в за́сідці; влашто́вувати за́сідку. ¶ 예기치 않은 ~을 만나 당황하다 розгуби́тися, зустрі́нувши за́сідку.

복부(腹部) о́бласть живота́; живі́т.

복부인(福婦人) жі́нка, що займа́ється спекуля́цією неру́хомості.

복비 комісі́йні за ма́клерські по́слуги з неру́хомості.

복사(複寫) копіюва́ння; розмно́ження; відтво́рення. ¶ ~하다 дублюва́ти; зніма́ти ко́пію з *чого*; повто́рювати; роби́ти (репроду́кцію);копіюва́ти; передруко́вувати; розмно́жувати; репроду́кція; ко́пія. 서류를 ~하다. роби́ти ко́пії докуме́нтів. 사진을 ~하다

робити копії фотографій.

복사기 копіювальний апарат; копіювально-розмножувальна машина.

복사뼈 кісточка; щиколотка.

복서(boxer) боксер.

복선(伏線) побічна інтрига. ¶ ~이 많이 깔린 추리소설 дуже заплутаний детектив.

복선(複線) подвійна лінія; двоколійний шлях.

복수(復讐) помста [남]. відплата; реванш. ¶ ~하다 мстити; відплачувати; брати реванш. 지난번 패배를 ~하다 помститися за минулу поразку. ‖ ~주의 реваншизм. ~주의자 реваншист. ~심 почуття помсти.

복수(複數) {수학} комплексне число. {문법} множинне число.

복수(腹水) {의학} водянка черевної порожнини; асцит.

복수전(復讐戰) реванш. ¶ ~을 하다 дати (взяти) реванш.

복숭아 персик. ‖ ~나무 персикове дерево.

복스럽다 виглядати щасливим та квітучим.

복습 повторення (вивченого). ¶ ~하다 повторювати; вчити; вивчати. ‖ ~시간 урок-закріплення вивченого матеріалу. ~시험 контрольна робота.

복시(複視) {의학} диплопія.

복식(複式) складний; подвійний; здвоєний. ‖ ~경기 складні ігри.

복싱(boxing) бокс. ¶ ~하다 боксувати. ‖ 쉐도우 ~ бій з тінню. 아마츄어 ~ любительський бокс. 아웃~ далекий бій. 인파이팅 ~ ближній бій. 프로 ~ професійний бокс.

복안(腹案) міркування; план.

복안(複眼) |겹눈| складне око.

복역 ¶ ~하다 відбути в срок покарання. ‖ ~수 мешканець камери у тюрмі.

복용(服用) приймати ліки. ¶ 하루에 세번 물약을 ~하다 приймати мікстуру три рази на день.

복원(復元) ¶ ~하다 повернутися до вихідного положення; бути реставрованим.

복위(復位) повторне возведення на престол. ¶ ~하다 бути знову возведеним на престол.

복음(福音) |기쁜소식| радісна звістка. |종교| Євангеліє.

복음(複音) |음악| акорд.

복음서(福音書) {종교} Євангеліє.

복잡 ¶ ~하다 складний; заплутаний; неспокійний; тривожний. ¶ ~한 사정 складні обставини. 문제가 ~해졌다 питання ускладнилося. 여자 관계가 ~하다 Відносини з жінками складні. ‖ ~성 складність. складний характер.

복잡다단하다 (дуже) складний; заплутаний (про положення, справи).

복장(服裝) костюм; одяг. ¶ ~이 언제나 단정하다. Костюм завжди акуратний.

복제(複製) копія; дублікат; подвоєння; зняття копії; розмноження. ¶ ~하다 дублювати; відтворювати; передруковувати; знімати (копію); репродуктувати.

복종(服從) підкорення; покора. ¶ ~

하다 підкоря́тися; кори́тися; слу́хатися.

복지(福地) щастя. ‖ ~국가 держа́ва всезага́льного добро́буту. ~사업 за́ходи з добро́буту. ~사회 упорядко́ване суспі́льство. 사회~시설 обла́днання з благоустро́ю.

복직(復職) відно́влення на поса́ді. ¶ ~하다 відно́влювати(ся) на поса́ді; поверта́ти(ся) на робо́ту.

복통 шлунко́ве захво́рювання; сум; го́ре.

복판 середи́на; центр.

복학(復學) ¶ ~하다 відно́влюватися в попере́дньому університе́ті.

복합 складни́й; складови́й. ¶ ~하다 з'є́днувати(ся) ра́зом (одне́ ці́ле).

복합어(複合語) складне́ сло́во.

복합체 осере́док; скла́дність (чого́); агрега́т.

복화술(腹話術) черевомо́влення. відбу́ти в срок покара́ння ‖ ~자 черевомо́вець.

볶다 сма́жити; тушкува́ти; турбува́ти; набрида́ти; виво́дити; му́чити.

볶음밥 ва́рений рис, підсма́жений з м'я́сом та овоча́ми.

본(本) при́клад; зразо́к; ви́крійка. ¶ ~을 따다 сліду́вати при́кладу (кого́); сліду́вати зразку́ (ви́крійці).

본(本) мі́сце, де народи́лись пра́щури одного́ й того́ ж прі́звища.

본가(本家) рі́дний (батькі́вський) дім; батькі́вський дім одру́женої жі́нки.

본거지 основна́ ба́за.

본격(本格) основна́ фо́рма; оригіна́л. ¶ ~적 спра́вжній; основни́й. ~적으로 по-спра́вжньому; в по́вну си́лу; серйо́зно.

본격화 ¶ ~하다 зроби́ти спра́вжнім; форсува́ти по-спра́вжньому.

본고장 батькі́вщина (чого́); рі́дні місця́.

본과(本科) основні́ відді́лення (учбо́вого за́кладу).

본관(本館) головна́ буді́вля (устано́ви і т. д.).

본관(本官) «я, моя́ персо́на» (високопоста́влена персо́на про себе́).

본교(本校) основна́ шко́ла (в протиле́жність філіа́лу).

본국(本國) батькі́вщина; ця (да́на) краї́на.

본국(本局) департа́мент; управлі́ння (в протиле́жність відді́ленню); цей (да́ний) департа́мент; це (да́не) управлі́ння.

본궤도 орбі́та, колі́я, ре́йкові шляхи́. ¶ ~에 오르다 війти́ в колі́ю; піти́ по шля́ху; оберта́тися по орбі́ті; пройти́ шлях по орбі́ті; виво́дити на орбі́ту. 생활은 ~에 올랐다 Життя́ вві́йшло в звича́йну колі́ю.

본능(本能) інсти́нкт. ¶ ~적 інстинкти́вний. ~에 따라 행동하다 ді́яти, підко́рюючись інсти́нкту.

본대(本隊) головні́ си́ли.

본디 з (са́мого) поча́тку; споконві́чний; взагалі́; по приро́ді; по су́тності; по су́ті спра́ви.

본뜨다 імітува́ти. ‖ 본뜨기 копіро́вка; формо́вка.

본뜻 да́внє бажа́ння; основне́ зна́чення.

본래 з (са́мого) поча́тку; споконві́чно; взагалі́; по приро́ді; по су́тності;

по суті справи.

본론(本論) основний текст; головна тема; суть справи [↗]. ¶ ~에 들어가다 перейти до обговорення головної теми.

본류(本流) основна течія річки.

본말(本末) початок і кінець; головне та другорядне.

본명(本名) справжнє ім'я (назва); первісне ім'я (назва).

본무대(本舞臺) сцена; естрада; театральні підмостки.

본문(本文) первісний текст; основний текст.

본바닥 старе (попереднє) місце.

본바탕 властива (*чому*) якість; справжній характер (*чого*).

본받다 слідувати прикладу.

본보기 приклад; зразок. ¶ ~가 되다 служити (стати) прикладом (зразком).

본봉(本俸) основна зарплатня.

본부(本部) головне управління; штаб (квартира). ставка; цей (даний) відділ установи. ǁ ~석 місце розташування головного управління. 연대 ~ полковий штаб; штаб полку. 참모 ~ генеральний штаб.

본분(本分) (своє) положення; обов'язок; покликання; призначення. ¶ ~을 다하다 виконувати своє призначення.

본사(本社) головний офіс; наша компанія.

본산(本山) головний будистський храм.

본색(本色) |빛깔| основні кольори. | 정체| справжній характер; реальний характер.

본선(本線) головний шлях.

본성(本性) природа; (справжній; істинний) характер; сутність. ¶ ~을 드러내다 показати своє справжнє обличчя.

본시 від початку; споконвічно; по природі; по сутності; по суті справи.

본심 справжні думки (думи); потаємні думки (думи); від чистого серця.

본안(本案) первісний проект (план).

본업(本業) основне заняття; основна професія.

본원(本源) витоки; коріння.

본원(本院) головне управління; керівний центр.

본원적 основний; початковий; первісний.

본위(本位) стандарт; норма. ¶ 품질 ~ якість перш за все.

본의(本意) справжнє почуття; правдивий намір. ¶ ~ 아니게 мимоволі, несамохіть.

본인(本人) дана (згадана) особа; я; сам.

본적(本籍) постійна прописка. ǁ ~지 місце прописки; постійне місце проживання.

본전(本錢) початковий капітал.

본점(本店) центральна установа (в протилежність відділенням); цей (даний) магазин; свій (мій) магазин.

본지(本旨) |본래의 취지| головна ціль; перший намір; правдивий намір; щирий намір.

본직(本職) основна спеціальність; основне заняття.

본진(本陣) головний військовий табір; головна військова казарма (фортеця).

본질(本質) су́тність; головне́. ¶ ~적 сутте́вий. ~에 있어서 (~적으로) по су́ті спра́ви; по су́тності; су́тність.

본처 дружи́на по зако́ну; пе́рша дружи́на.

본체(本體) ко́рпус.

본토(本土) материко́ва части́на краї́ни; метропо́лія. ǁ ~인 корінни́й жи́тель.

본토박이 місце́вий жи́тель.

본회(本會) (центра́льне) правлі́ння (товари́ства); своє́ (на́ше) товари́ство.

본회의(本會議) головна́ конфере́нція.

볼 |뺨| щока́. ¶ ~에 키스하다 поцілува́ти в що́ку.

볼 |넓이| ширина́; повнота́ (взуття́); запла́та (на кор. шкарпе́тці); бу́ти енергі́чним (наполе́гливим).

볼(ball) |공| м'яч; шар; ку́ля. ¶ ~을 다투다 боро́тися за м'яч. ~을 멈추다 зупиня́ти м'яч. ~을 차내다 відбива́ти м'яч. ~을 빼앗다 забира́ти м'яч. ~을 패스하다 передава́ти м'яч. ~을 받다 прийма́ти мяч. 튀어나온 ~ м'яч, що відско́чив. ǁ 공중~ висо́кий м'яч. 스핀~ кру́чений м'яч.

볼거리 {의학} пухли́на при флю́сі.

볼기 сідни́ці; зад. ¶ ~를 막대기로 때리다 би́ти па́лицею по сідни́цям.

볼기짝 сідни́ці.

볼륨(volume) |소리| звук; си́ла зву́ка. |외형| о́бсяг, ро́змір. ¶ ~을 낮추다 зроби́ти звук тихі́ше. ~이 있는 вели́ких ро́змірів (о́бсягів). ǁ ~조절 регуля́тор гу́чності.

볼만하다 ва́ртий о́гляду (диви́тися; вигляда́ти).

볼모 зару́чник. ¶ ~를 잡다 бра́ти в зару́чники.

볼셰비키 більшовики́. ǁ 볼셰비즘 більшови́зм.

볼썽 사납다 [형] недо́брий; нена́лежний; непристо́йний. ¶ 볼썽 사나운 행위 нена́лежний вчи́нок.

볼트(volt) болт; вольт.

볼품 зовні́шній ви́гляд. ¶ ~이 없다 дріб'язко́вий; бридки́й; неприва́бливий про зовні́шність; непоказни́й; незгра́бний.

봄 весна́. ¶ ~의 весня́ний. ~에 весно́ю. 겨울이 가면 ~이 온다 За зимо́ю йде слі́дом весна́. 오늘은 완전히 ~날씨 Сього́дні зо́всім весня́на пого́да. ǁ ~기운 весня́ний на́стрій. ~바람 весня́ний ві́тер. ~볕 весня́ний про́мінь. ~철 весня́на пора́; весня́ний сезо́н; весна́. ~파종 я́рий хліб. 이른~ ра́ння весна́.

봉(鳳) фе́нікс.

봉(棒) па́лиця. ǁ ~체조 впра́ви з па́лицею.

봉(峰) |산꼭대기| гі́рський пік; гі́рська верши́на.

봉건(封建) феодалі́зм; феода́льний у́стрій. ǁ ~시대 пері́од феодалі́зму. ~주의 феодалі́зм.

봉급(俸給) зарпла́тня; платня́; окла́д. ¶ ~날 день вида́чі зарпла́тні. ~쟁이 люди́на, що живе́ на зарпла́тню.

봉기(蜂起) повста́ння; бунт. ¶ ~하다 повста́ти; підніма́тися на повста́ння.

봉변(逢變) неща́сний ви́падок; біда́; ава́рія. ¶ ~을 당하다 наклика́ти на себе́ біду́; скочи́ти на сли́зьке.

봉봉 |과자| цуке́рка.

봉분(封墳) моги́льний па́горб. ¶ ~하다 насипа́ти (моги́льний па́горб).

봉사(奉仕) обслуго́вування; служі́ння; послу́га. ¶ ~하다 обслуго́вувати; слугува́ти (кому); роби́ти послу́гу. || ~자 служи́тель; люди́на, яка́ слу́жить суспі́льству.

봉사(奉事) сліпи́й.

봉산탈춤 та́нець з ма́сками в прові́нції Понса́н.

봉선화 бальзамі́н; недото́рга бальзамі́нова.

봉쇄 закупо́рення; блока́да; обло́га. |포위| отóчення. ¶ ~하다 блокува́ння; закупо́рювати; затика́ти; блокува́ти; оточува́ти; виставля́ти (ото́чення). || 경제적 ~ економі́чна блока́да.

봉수 сигна́льний вого́нь; вогневи́й сигна́л. || ~대 сигна́льна ве́жа.

봉양(奉養) до́гляд. ¶ ~하다 догляда́ти (за батька́ми).

봉오리 |눈·싹| бру́нька. |꽃봉오리| пу́п'янок.

봉인(封印) друк (на на мі́сці скле́йки; напр. конве́рта). ¶ ~하다 ста́вити (печа́ть) на мі́сці скле́йки. ; опеча́тувати; накла́сти печа́ть (на що).

봉제(縫製) шва́цька спра́ва. || ~공장 шва́цька фа́брика. ~공업 шва́цька промисло́вість. ~품 шва́цькі ви́роби.

봉제사 шва́чка; кравчи́ня; краве́ць.

봉지(封紙) паке́т (для упакува́ння това́рів).

봉직(奉職) держа́вна слу́жба. ¶ 그는 국가 공무원으로 ~하고 있다. Він знахо́диться на держа́вній слу́жбі. 그는 외교관으로 ~하였다. Він поступи́в на диплома́тичну слу́жбу.

봉착(逢着) ¶ ~하다 зіштовхува́тися; зустріча́ти(ся). 난관에 ~하다 зіштовхну́тися з тру́днощами; наштовхну́тися на тру́днощі.

봉창(封窓) щі́льно зачи́нене вікно́.

봉축(奉祝) святкува́ння; урочи́стість. ¶ ~하다 святкува́ти; торжествува́ти.

봉투 конве́рт. ¶ ~를 붙이다 закле́їти (запеча́тати) конве́рт. ~를 열다 розкри́ти конве́рт. ~에 우표를 붙이다 накле́їти ма́рку на конве́рт.

봉하다(封--) закри́ти (конве́рт); затика́ти; закрива́ти; затика́ти (ді́рку; щі́лину). ¶ 편지를 풀로 ~ запеча́тати лист кле́єм.

봉합(縫合) {의학} шов. ¶ ~용의 шо́вний; для наклада́ння швів. ~하다 |상처를| зашива́ти. 수술 후에 ~하다 накла́сти шви пі́сля опера́ції.

봉헌(奉獻) жертвоприно́шення; поже́ртвування. ¶ ~하다 роби́ти поже́ртвування.

봉화(烽火) сигна́льний фа́кел; сигна́льний вого́нь; сигна́льна раке́та.

봉황(鳳凰) фе́нікс; міфі́чний птах.

뵙다 |존칭어| ба́чити; зустріча́ти (ста́ршого за ві́ком). ¶ 대통령을 ~ зустріча́ти президе́нта. 어른을 ~ зустріча́ти ста́ршого. 요즘 참 뵙기 힘듭니다. Ва́жко зустрі́ти вас в ці дні.

부(父) ба́тько. || ~모 ба́тько й ма́ти. 부자 ба́тько й син.

부(夫) чолові́к.

부(副) приставка, що стоїть перед назвою посади та виражає посаду після неї. ‖ ~사장 заступник президента. ~회장 заступник голови. ~총장 віце-ректор.

--부(婦) ‖ 가정~ домогосподарка. 간호~ медсестра. 파출~ хатня робітниця (служниця).

--부(部) міністерство; відділ; частина. ‖ 건설~ міністерство будівництва. 교육~ міністерство просвіти. 교통~ міністерство транспорту (шляхів сполучення). 내무~ міністерство внутрішніх справ. 노동~ міністерство праці. 농림~ міністерство землеробства та легкої промисловості. 농림수산~ міністерство сільського лісового та рибного господарства. 문화~ міністерство культури. 문화공보~ міністерство культури та інформації. 문화관광~ відділ культури та туризму. 법무~ міністерство юстиції. 보건사회~ міністерство охорони здоров'я та громадських справ. 사회보장~ міністерство соціального захисту. 상공~ міністерство торгівлі та індустрії. 국가안전~ міністерство національної безпеки. 영업~ відділ продаж. 외무~ міністерство закордонних справ. 재무~ міністерство фінансів. 지방자치~ міністерство у справах місцевої автономії. 통산산업~ міністерство торгівлі та промисловості. . 체신~ міністерство зв'язку. 환경~ міністерство навколишнього середовища.

부(富) багатство, одне з п'яти щасть. ¶ 물질적 ~ матеріальне багатство. ~의 분배 розподіл багатства.

부(不) {수학} негативний. ‖ ~도덕 аморальність. ~자유 несвобода. ~적 непридатність.

부(否) проти (при голосуванні). ¶ 가부 표결에서의 반대 протистоянні голосів за та проти. 가 10 표, 부 15 표 10 голосів за, 15 голосів проти. ‖ 가부 (可否) за та проти.

부(部) екземпляр. ¶ 세 ~ три екземпляри.

부가(附加) доповнення; додавання; приєднування; придаток. ‖ ~가치 (價置) додаткова вартість. ~세 додатковий податок. ~적 додатковий.

부각(浮刻) рельєфне зображення; виділення. ¶ ~시키다 вирізати рельєф; виділяти. 개성이 뚜렷이 ~되다 індивідуальність чітко виділяється.

부강(富强) збагачення та зміцнення держави. ¶ ~한 багатий та сильний.

부검(剖檢) розтин трупу та з'ясування причини смерті. ¶ 시체를 ~하여 죽은 원인을 검사해야 한다. Після розтину трупу, потрібно з'ясувати причину смерті.

부계(父系) батьківська лінія спорідненості. ‖ ~친족 родичи зі сторони батька.

부결(否決) відхилення; відмова. ¶ ~하다 відхиляти. 국회에서 법률안이 ~되었다. В парламенті законопроект був відхилений.

부과(賦課) ¶ ~하다 Покладати (*що на кого*). |세금을| обкладати.

부관(副官) ад'ютант (в армії цивільний офіцер, що виконує обов'язки вищестоящого офіцера.

부교수 доцент.

부국강병 збагачення та зміцнення держави.

부군(夫君) {존칭어} чоловік. ¶ ~께서는 지금 어디에 계신가요? Де знаходиться ваш чоловік зараз?

부국(富國) багата держава. ¶ 미국은 세계 최대의 ~이다. США -- найбагатша держава світу.

부귀(富貴) багатство та вельможність. ¶ 당신은 ~를 누릴 수 있는 운명을 타고 났다. Вам випала доля насолоджуватися розкішним життям. → 영화를 누리다 насолоджуватися розкішним життям. ‖ → 영화 розкішне життя.

부근(附近) околиця; близькість; сусідство. ¶ 서울 ~ околиці Сеула. ~에 아무도 없었다 Поблизу нікого не було.

부글거리다 |끓는 물| кипіти; вирувати. |거품| спінюватися. ¶ 화나서 ~ кипіти від гніву.

부금(賦金) виплата за визначений період часу.

부기(簿記) бухгалтерія; рахівництво. ¶ ~하다 вести бухгалтерський облік. ‖ 공장 ~ заводська бухгалтерія. ~장 бухгалтерська книга.

부끄러움 сором; засоромлення; сором'язливість; совісність. ¶ ~을 타다 бути сором'язливим.

부끄럽다 відчувати сором; ніяковіти; соромно.

~금 додатковий податок. ~액 обкладена сума.

부내(部內) всередині відділу (міністерства). ¶ ~의 비밀을 누설하다 видавати внутрішньо-міністерські таємниці.

부녀(婦女) жінка. ¶ ~를 희롱하지 말라. Не знущайся над жінкою

부녀(父女) батько та дочка. ¶ ~지간에 사이가 좋다 Стосунки між батьком та дочкою добрі.

부녀자(婦女子) заміжня жінка. ¶ ~를 학대하다 вчинити наругу над жінкою.

부농(富農) куркуль; багатий (заможний) селянин. ¶ 10월 혁명 이후 ~은 모두 숙청되었다. Після Жовтневої революції куркулі зникли.

부닥치다 зіштовхуватися; наштовхуватися. ¶ 난관에 ~ зіштовхнутися з труднощами.

부단하다 невпинний; безперервний; постійний. ¶ 부단한 노동 невпинна праця. 그는 부단한 노력으로 성공하였다. Він досяг успіху невпинною працею.

부담(負擔) тягар; відповідальність; ноша. ¶ 보내는 쪽에서 운송료를 ~하다 Витрати на відправку бере на себе відправляюча сторона. 정신적 ~이 크다 Душевний тягар величезний. ~으로 느끼다 відчувати тягар. 자기 ~으로 за свій рахунок. ‖ ~감 почуття тягаря. ~금 виплачувані (ким) гроші. ~액 виплачувана (ким) сума. 각자 ~ кожен платить сам за себе.

부당하다 невідповідний; несправедливий; неправомірний. ¶ 부당한 요구 неправомірна вимога. 부

당한 주장 неправомірне твердження. 부당한 거래 несправедлива угода. 부당이득 прибуток, отриманий незаконним способом.

부대끼다 бути вимученим; бути постраждалим. ¶ 빚 독촉에 ~ бути вимученим борговим тягарем.

부대(部隊) військова частина; війська; команда. ¶ 적의 ~ ворожа частина. ‖ ~원 член частини. ~장 командир частини. 공수 ~ спеціальні підрозділи. 유격 ~ партизанський загін 전방 ~ передова частина. 후방 ~ тилова частина.

부덕(不德) відсутність доброчесності. ¶ 내가 ~한 탓이다. Причина в моїй відсутності доброчесності.

부도(不渡) невиплата; непогашення. ¶ ~나다 розоритися; стати боржником. 그 사업가는 ~를 내고 도망갔다 Цей підприємець розорився та втік. ‖ ~수표 неоплачений чек. ~어음 неоплачений вексель.

부도덕(不道德) аморальність. ¶ ~한 행위 аморальний вчинок.

부동(不同) нерівність; несхожість. ¶ 표리가 ~하다 нещирий; зрадницький.

부동(不動) нерухомий. ‖ ~물 нерухомий предмет. ~자세 позиція уваги; Смирно!.

부동산(不動産) нерухоме майно. ¶ 그는 ~을 소유하고 있다 Ця людина володіє нерухомістю. ‖ ~ 감정사 оцінник нерухомості. ~ 등기 реєстрація нерухомості. ~ 매매업 бізнес з нерухомості. ~보험 страхування нерухомості. ~ 취득세 податок на придбання нерухомості.

부동성(浮動性) плавучість; легковажність.

부동액(不凍液) антифриз. ¶ 겨울철에 자동차 엔진의 냉각수를 얼지 않게 하려면 반드시 ~을 사용하여야 한다. Взимку, щоб не дати охолоджувальній рідині двигуна заморозитися, обов'язково треба застосовувати антифриз.

부동표(浮動票) невикористаний бюлетень при голосуванні. ¶ 선거 때 승리하려면 부동표를 잡아야 한다. Щоб перемогти на виборах, треба здобути голоси виборців.

부두 пристань; причал. ¶ 여행객들이 ~에서 배를 기다린다. Мандрівники чекають пароплав біля причала.

부둣가 набережна біля пристані (причала).

부둥켜안다 обіймати; притискати (до грудей). ¶ 형제는 서로 부둥켜안았다. Брати обійняли один одного.

부드럽다 м'який (на дотик); мілкий (про пісок, борошно і т. д.); ніжний. ¶ 부드러운 감촉 ніжний дотик. 부드러운 목소리 м'який голос. 살결이 ~ шкіра м'яка. 마음씨가 ~ душа м'яка.

부득이 вимушено. ¶ ~한 일 вимушена справа. ~한 사정으로 부탁을 거절하다 відхиляти прохання з вимушеної причини.

부딪치다 сильно вдаритися; з силою зіштовхнутися; зустріти

зіштовхнутися. ¶ 문에 머리를 ~ вдаритися головою об двері. 난관에 ~ зіштовхуватися з труднощами. 일에 ~ зіштовхнутися з роботою.

부딪히다 зіштовхуватися; розбиватися. ¶ 배가 바위에 부딪혔다. Корабель розбився об скелю.

부뚜막 кухонна плитка.

부랑 бродяжництво. ¶ ~하다 бродяжити. ‖ ~아 малолітній волоцюга. ~자 волоцюга.

부랴부랴 метушливо. ¶ 기차에 타다 метушливо сідати на потяг. 짐을 꾸리다 метушливо збирати багаж.

부러뜨리다 ламати. ¶ 나뭇가지를 ~ ламати гілки дерева.

부러운 завидний. ¶ 그는 ~ 직업을 가졌다 Він має завидну професію.

부러워하다 заздрити. ¶ 타인의 성공을 ~ заздрити чужому успіху. 남의 재산을 부러워하지 말라. Не заздри чужому добру.

부러지다 зламатися. ¶ 교통사고로 다리가 하나 부러졌다. Нога зламалася в автокатастрофі.

부럽다 відчувати заздрість. ¶ 나는 그의 행운이 ~ Я заздрю його щастю. 다재다능한 그의 재능이 ~. Заздрю його багатогранному таланту.

부록(附錄) додаток. ¶ 책의 ~ додаток до книги.

부류(部類) клас; розряд; категорія. ¶ 이 ~에 속하다 належати до цієї категорії.

부르다 ситий; вагітна; що опух; здутий. ¶ 배 부르게 먹다 їсти досхочу. 그 여자는 배가 부르다. Ця жінка вагітна.

부르다 звати; викликати; запрошувати; скликати; називати; проголошувати; оголошувати; зачитувати; співати; кричати; призначати ціну. ¶ 손님으로 ~ звати до себе в гості. 노래방에서 노래를 ~ співати пісню в караоке. 물건 값을 ~ називати ціну товара.

부르르 ¶ ~ 떨다 тремтіти.

부르주아 буржуа. ‖ ~ 혁명 буржуазна революція.

부르짖다 кричати; викрикувати; наполегливо відстоювати (вимагати). ¶ 크게 ~ голосно кричати. 임금 인상을 ~ вимагати заробітню платню. 여권 신장을 ~ вимагати розширення жіночих прав.

부르짖음 крики; вигукування.

부르트다 тріскатися. ¶ 추위 때문에 손이 ~ руки тріскаються від холоду.

부름 поклик.

부릅뜨다 витріщати; блискати (очима). ¶ 눈을 ~ витріщати очі.

부리 |새의| дзьоб; гострий кінець (предмета). |악기의| язичок; горлечко (пляшки); носик (чайника). ‖ 총 ~ дуло рушниці.

부리나케 поспішно; квапливо; поспіхом. ¶ ~ 일을 하다 працювати поспіхом. 그는 식사를 마치자 마자 ~ 달려 갔다 Він, не встигнув пообідати, поспішно побіг.

부리다 примушувати працювати; водити; правити; виявляти (якісь якості). ¶ 많은 사람을 ~

примушувати працювати багато людей. 재주를 ~ 보여주다 показувати фокуси. 요술을 ~ чарувати. 고집을 ~ упиратися.

부모(父母) батько й мати, батьки. ¶ ~ 슬하 під крильцем у батьків. ‖ ~상 смерть батьків.

부목(副木) шина для зламаної кінцівки. ¶ 부러진 다리에 ~을 대다 накладати шину на зламану ногу.

부문(部門) галузь [ви]; область; розділ. ¶ 생산 ~ виробнича галузь. 문학 ~에서 노벨상을 받다 Отримувати Нобелівську премію в області літератури.

부부(夫婦) чоловік та дружина; подружжя. ‖ ~간 стосунки чоловіка та дружини; між подружжям. ~싸움 подружня сварка. ~애 подружня любов. ~유별 дотримання етикету між чоловіком та дружиною.

부분(部分) частина. ¶ 조직을 5개 ~으로 나누어 관리하였다 Керувати організацією, розділивши її на 5 частин. ‖ ~적 частковий.

부사(副詞) прислівник.

부사장(副社長) замісник президента (директора) компанії.

부산하다 поратися; піклуватися. ¶ 할 일 없이 ~ бути зайнятим без причини.

부산물(副産物) побічний продукт; додаткові (другорядні) справи. ¶ 사건의 ~ другорядні деталі; події.

부상(負傷) рана; поранення. ¶ ~하다 бути пораненим. ‖ ~병 поранений. ~자 поранений.

부상(浮上) ¶ 잠수함이 ~한다 Підводний човен спливає. 대통령 후보로 ~하다 обирати кандидата в президенти.

부상(副賞) ¶ 백만원을 ~으로 받다. Отримати приз в один мільйон вон.

부서(部署) відділ; відділення. ¶ 자기의 원래 ~로 돌아가다 повертатися в свій попередній підрозділ.

부서지다 розбиватися; кришитися; розбризкуватися; ламатися; руйнуватися. ¶ 산산이 ~ розбиватися вщент. 책상이 ~ стіл ламається. 우승의 꿈이 산산이 부서졌다. Мрія про перемогу розбилася вщент.

부설(附設) будівля; прокладка; проведення. ¶ 공장에 연구소를 ~하다 будувати лабораторію біля заводу. ‖ ~권 право на спорудження (проведення; встановлення; прокладку).

부성(父性) батьківство. ‖ ~애 батьківська любов.

부속(附屬) додатковий; допоміжний; що належить. ‖ ~물 атрибут; приладдя. ~품 запасні частини; приладдя; арматура; фурнітура; деталі.

부수(部數) тираж. ‖ 발행~ випущений тираж. 주문~ замовлений тираж.

부수다 ламати. ¶ 산산이 ~ ламати на шматки. 자물쇠를 부수고 열다 зламати замок. 낡은 담장을 ~ ламати старий паркан.

부수상(副首相) замісник прем'єр-міністра.

부수입(副收入) додатковий

прибу́ток; підсо́бний заробі́ток. ¶ ~이 짭짤하다 заробі́ток хоро́ший.

부수적(附隨的) насту́пний; яки́й є супу́тником. ¶ ~ 효과를 얻었다 Досягти́ насту́пного успі́ху.

부스러기 шматки́; ула́мки. ¶ 과자 ~ 를 치워라. Прибери́ зали́шки пе́чива.

부스러지다 розбива́тися; руйнува́тися; ру́шитися; розлама́тися.

부스럭 звук шарудіння.

부스럼 гнійни́к; нари́в; прищ.

부스스하다 розтрі́паний; заплу́таний; переплу́таний; нещі́льно наби́тий; крихки́й.

부슬부슬하다 що розсипа́ється; що кри́шиться; ламки́й.

부슬비 мря́чний (мілки́й) дощ.

부식(腐蝕) коро́зія; еро́зія. ¶ ~하 다 гни́ти; іржа́віти.

부식(副食) додатко́ві стра́ви. ‖ ~비 пла́та за додатко́ві стра́ви.

부신(副腎) {해부} наднирко́ва зало́за.

부실(不實) ¶ ~하다 нездоро́вий; нестійки́й; ненаді́йний; нече́сний; непо́вний; недоста́тній; бі́дний (про життя). ¶ 몸이 ~하다 ті́ло нездоро́ве. ‖ ~ 공사 фальши́ва робо́та. ~ 경영 нездоро́ве управлі́ння.

부심(副審) помі́чник екзамена́тора. {스포츠} помі́чник (засту́пник судді́).

부심(腐心) ¶ ~하다 роздира́ти ду́шу. 문제 해결을 위해 ~하다 віддава́ти всі си́ли (всьо́го себе́) для виріше́ння пробле́ми.

부아 |화| злість; зло́ба; о́браза. ¶ ~ 가 치밀다 о́браза виника́є.

부양(扶養) утри́мування. ¶ ~하다 утри́мувати. 가족을 ~하다 утри́мувати сім'ю́. ‖ ~ 가족 сім'я́ на утри́манні. ~의무 зобов'я́зання з утри́мання (кого).

부양(浮揚) ¶ 침체된 경기를 부양 하다 покра́щувати застійни́й стан. ‖ ~책 мі́ра з покра́щення. 경기 ~ покра́щення ситуа́ції.

부언(附言) додава́ння до ска́заного; додатко́ве заува́ження. ¶ 한 마디 더 ~하고자 합니다. Хо́чу дода́ти па́ру слів до ска́заного.

부업(副業) підсо́бний про́мисел; другоря́дна робо́та. ¶ 돈을 벌려 고 ~을 하다 роби́ти другоря́дну робо́ту, щоб заробити гро́ші.

부엉이 сова́.

부엌 ку́хня. ¶ 어머니가 ~에서 음식을 준비하신다. Ма́ма на ку́хні гото́є ї́жу.

부여(附與) ¶ ~하다 надава́ти; дава́ти. 권리를 ~하다 дава́ти права́.

부여잡다 схо́плювати (скру́чуючи). ¶ 두 손을 부여잡고 이별을 아 쉬워하다. Взя́вшись за ру́ки, жалкува́ти про розлу́чення.

부역(賦役) трудова́ пови́нність. ¶ ~을 과하다 наклада́ти трудову́ пови́нність. ‖ ~자 що несе́ трудову́ пови́нність.

부역(附逆) зра́да; приє́днання до во́рога. ¶ 6.25 때 ~을 한 사람 люди́на, що приєдна́лась до во́рога під час Коре́йської війни́ 1950 ро́ку.

부연(敷衍) додава́ння. ¶ ~설명 додатко́ве поя́снення.

부왕(父王) ба́тько (зве́рнення діте́й короля́ до ба́тька).

부용(芙蓉) лотос.
부원장(副院長) заступник директора.
부위(部位) ділянка; місце.
부위원장(副委員長) заступник голови комітету (комісії).
부유(富裕) ¶ ~하다 багатий; заможний. ~하게 태어나다 народжуватися багатим. ‖ ~층 багатий клас.
부음(訃音) звістка про смерть.
부응(副應) задоволення; сумісництво; відповідність. ¶ ~하여 відповідно з чим. 목적에 ~하다 відповідати меті. 어머니의 기대에 ~하다 виправдати надії матері.
부의금(賻儀金) грошова допомога сім'ї померлого. ¶ 초상집에 ~을 전달하다 передавати грошову допомогу дому (сім'ї) померлого.
부의장(副議長) заступник голови (зборів).
부인(婦人) заміжня жінка; дама. {존칭어} Ваша (його) дружина. ‖ ~병 жіночі хвороби; гінекологічні захворювання.
부인(否認) заперечення; відхилення. ¶ ~하다 заперечувати; відхиляти. 사실을 ~하다 заперечувати факт. 범죄를 ~하다 заперечувати злочин.
부임(赴任) ¶ ~하다 відправлятися до місця нового призначення. 새 직장에 ~하다 приймати нове місце роботи. ‖ ~지 новий пост.
부자(父子) батько та син. ¶ ~가 모두 예술계에 종사한다 І батько і син займаються мистецтвом. ‖ ~간 стосунки між батьком та сином.
부자(富者) багатій. ¶ ~가 되다 ставати багатієм.
부자연(不自然) неприродність; невимушеність; неправдоподібність. ¶ ~스러운 행동 неприродня поведінка. ‖ ~스럽다 неприродній.
부자유(不自由) незручність; дискомфорт; нестача свободи; обмеження. ¶ ~하다 невільний; обмежений. 몸이 ~한 사람 людина, що фізично страждає. 행동에 ~를 느낀다 відчувати обмеженість дій.
부자유친(父子有親) любов між батьком та сином (один з п'яти).
부작용(副作用) побічна дія (ліків); додаткова дія. ¶ ~을 일으키다 викликати побочні дії.
부장(部長) завідувач відділом; начальник відділення. ‖ 인사~ начальник відділу кадрів.
부재(不在) відсутність. ‖ ~자 відсутня людина. ~중 відсутній. 정책 ~ відсутність політики.
부적(符籍) амулет; талісман. ¶ 부적을 좋아하는 사람이 의외로 많다. Людей, що люблять амулети, достатньо багато.
부적당(不適當) невідповідність; непридатність. ¶ ~하다 непідхожий; невідповідний; непридатний. 교육자로는 ~한 사람 людина, непридатна в якості працівника просвіти.
부적용(不適用) непридатність.
부전승(不戰勝) перемога без боротьби. ¶ ~으로 결승전에 오르다 вийти в фінал (перемогою) без боротьби.
부전자전(父傳子傳) передача від батька до сина.

부젓가락 щипці для вугілля.
부정(不正) несправедливість; нечесність. ¶ ~한 수단 нечесний засіб. ~한 일 марна справа. ~ 공무원 корумпований чиновник. ~ 사건 скандал. ~ 행위 неправомірний акт. ~을 일삼다 бути несправедливим.
부정(不定) невизначеність; неясність. ¶ ~ 수 невизначене число. 주거 ~ невизначеність місця проживання.
부정(不貞) невірність. ¶ 그녀는 ~한 여자이다. Вона – невірна жінка.
부정(不淨) бруднота; нечистота. ¶ ~한 돈 гроші, зароблені брудним способом.
부정(否定) заперечення; протиріччя. ¶ ~하다 заперечувати. ~하기 어려운 사실 важко заперечний факт. ‖ ~적 заперечний.
부정기(不定期) неперіодичність. ¶ 그 섬에는 ~로 다니는 여객선이 있다. На той острів нерегулярно ходить пасажирський пароплав.
부정맥(不整脈) аритмія; серцевий пульс.
부정직(不正直) нечесність. ¶ ~하다 несумлінний.
부정형(不定形) невизначена форма.
부정확(不正確) ¶ ~하다 неточний; невірний.
부제(副題) підзаголовок.
부조(扶助) матеріальна підтримка. ¶ 상가집에 ~를 하다 матеріальна допомога (підтримка) сім'ї померлого. ‖ 상호 ~ взаємна матеріальна допомога.
부조리(不條理) ірраціональність; абсурд. ¶ ~한 ірраціональний. ‖ ~ 문학 література абсурду.
부조화(不調和) дисгармонія; неузгодженість.
부족(不足) нестача. |금액| недостача; дефіцит. ¶ ~하다 невистачати; бракувати. 노동력 ~ нестача робочої сили. ‖ 자금 ~ нестача грошей. ~ 없는 생활을 누리다 жити в достатках. 수면 ~ нестача сну. 연습 ~ нестача тренування.
부족(部族) плем'я.
부주의(不注意) неуважність; необачність; необережність. ¶ ~하다 неуважний; необачний; необережний. ~로 인하여 지갑을 잃어버리다 втрачати через неуважність гаманець.
부지(敷地) ділянка, відведена під будівництво. ¶ ~의 선정 вибір ділянки під будівництво. ‖ ~면적 площа ділянки під будівництво. 공원~ місце для будівництва парку. 공장~ місце для будівництва заводу.
부지기수 незліченний; незчисленний. ¶ 폭설로 지각한 사람은 ~였다. Кількість людей, що запізнилися через снігопад, була незчисленною.
부지런하다 старанний; ретельний; завзятий. ¶ 부지런한 사람이 언젠가는 성공한다. Старанна людина завжди досягає успіху.
부지불식간 несвідомо зроблена помилка.
부지사(副知事) заступник губернатора провінції.
부진(不振) застій; депресія; неактивність. ¶ 수출 ~ застій в експорті. 식욕 ~ відсутність

апети́ту. 학업 성적이 ~하다. Пога́на навча́льна успі́шність. 판매가 ~하다 торгі́вля пережива́є засті́й.

부진성(不振性) засті́йний хара́ктер; засті́й.

부질없다 безглу́здий; нісені́тний; дурни́й; даре́мний; непотрі́бний; нікче́мний. ¶ 부질없이 시간을 보내다 ма́рно прово́дити час.

부차적(副次的) другоря́дний; дру́гий; побі́чний. ¶ ~인 원인 другоря́дна причи́на. ~인 문제에 너무 집착하지 마라. Не зупиня́йся ті́льки на другоря́дних пита́ннях.

부착(附着) дода́ток; притяга́ння; зче́плення.

부채(負債) борг; заборго́ваність. ¶ 그 회사는 ~가 많다. У цієї фі́рми бага́то боргі́в. || ~비율 рі́вень заборго́ваності. ~상환 пога́шення заборго́ваності.

부채 ві́яло; опа́хало. || ~꼴 вялоподі́бний. ~질 обма́хування ві́ялом; роздува́ння сва́рки.

부처 Бу́дда. ¶ 그는 화를 낼 줄 모르고 자비심이 많은 ~같은 분이다. Він був як Бу́дда, ми́лостивий і не зна́ючий лю́ті.

부처님 {존칭어} ввічливе збеота́ння до Бу́дди.

부촌 бага́те село́.

부총장 ві́це-ре́ктор; проре́ктор.

부총재 ві́це-президе́нт.

부추기다 спонука́ти; стимулюва́ти; підбу́рювати. ¶ 싸움을 걸도록 자꾸 ~ підбу́рювати весь свій час на сва́рку.

부추김 спонука́ння; сти́мул; підбу́рювання.

부축하다 підтри́мувати під ру́ку.

부츠 череви́ки.

부치다 |힘에| не вистача́ти (про си́ли); бу́ти не по си́лах. ¶ 힘에 부치는 일은 하지 마라 Не роби́те, що тобі́ не по си́лах.

부치다 |부채를| обма́хувати ві́ялом.

부치다 |요리| сма́жити (на ма́слі). ¶ 달걀을 ~ сма́жити я́йця.

부치다 |우편·기차로| відправля́ти; відсила́ти (лист). ¶ 항оповітря́м ~ відправля́ти по авіапо́шті.

부치다 |논밭을| обробля́ти (зе́млю).

부치다 виставля́ти; ста́вити. ¶ 사건을 공판에 ~ виставля́ти спра́ву на зага́льний суд.

부칙(副則) дода́ткове пра́вило.

부친(父親) ба́тько. || ~상 {존칭어} смерть ба́тька.

부침(浮沈) зліт та паді́ння. ¶ ~을 함께하다 зліта́ти та па́дати ра́зом. ~이 심한 인생 життя́, по́вне злеті́в та паді́нь.

부침개 ї́жа, підсма́жена на ма́слі.

부케 буке́т.

부탁(付託) проха́ння; дору́чення. ¶ ~에 응하다 відповіда́ти на проха́ння. 취직을 ~하다 проси́ти про вступ на робо́ту.

부탄(butan) |가스| бута́н.

부터 від; з; із. ¶ 아침~ 저녁까지 зра́нку до ве́чора. 다음부터 조심하라. Нада́лі (насту́пного ра́зу) будь обере́жним.

부통령 ві́це-президе́нт (краї́ни).

부패(腐敗) гниття́; псува́ння; мора́льний ро́зклад; кору́пція. ~하다 гни́ти; корумпува́ти; розклада́тися. ~한 정치계 корумпо́вані політи́чні ко́ла. ~상 ро́зклад. ~성 гни́лість. 정경유

착은 ~한 사회를 만든다. Злиття політичних та економічних кіл робить суспільство корумпованим.

부평초(浮萍草) трава (качиний бур'ян).

부풀다 |털 종류| ворситися; розпушуватися. |물런데가| опухати; здуватися; підходити. |빵이| набрякати; розбухати. |마음이| бути задоволеним. ¶ 그의 마음은 기대에 부풀었다 Душа його переповнювалась надією. 빵이 제대로 부풀었다 Хліб добре піднявся.

부풀리다 розпушити; надувати; накачувати. |과장하다| перебільшувати. ¶ 풍선을 ~ надувати повітряну кульку.

부품(部品) деталь. ¶ 기계의 ~ деталі машини. 자동차 ~을 구하기가 힘들다 важко дістати деталь для автомашини.

부피 об'єм. ¶ ~가 큰 물건 об'ємний предмет.

부하(部下) підлеглий; слуга. ¶ 유능한 ~ кваліфікований підлеглий.

부하(負荷) ноша; навантаження; завантаження; тягар. ¶ ~하다 завантажувати; бути завантаженим. ‖ ~ 요소 фактор завантаження.

부합(符合) ¶ ~하다 збігатися; відповідати; узгоджуватися. 의견과 ~하다 збігатися з думкою.

부호(符號) знак; код. ¶ ~로 쓰다 писати знаками.

부호(富豪) багата та впливова людина.

부화(孵化) |알까기| інкубація; висиджування яєць. ‖ 인공~ інкубація.

부활(復活) відродження; відновлення; оживлення. {종교} воскресіння. ¶ 예수의 ~은 기적이다. Воскресіння Ісуса – це диво. 군국주의의 ~ відродження мілітаристської держави. ‖ ~절 Пасха.

부황(浮黃) набряклість та жовтизна шкіри (від недоїдання).

부회장(副會長) заступник голови.

부흥(復興) відродження. ‖ ~기 період відродження. 문예~ відродження культури та мистецтва. ¶ 나라의 경제적 ~ економічне відродження країни.

북 |베틀의| човник (в прядильній та швацькій машині).

북 |악기| барабан. ¶ ~을 치다 бити в барабан. ‖ ~소리 удари в барабан. ~춤 танок з барабаном.

북(北) північ, північна сторона. ¶ ~(쪽)으로 가다 іти на північ.

북구(北歐) Північна Європа; Скандинавія.

북극(北極) Північний полюс. ‖ ~곰 білий ведмідь.

북극성(北極星) Полярна зірка.

북녘(北--) північ; північна сторона.

북단(北端) північні райони (окраїна). ¶ 최~ крайні північні райони.

북돋우다 |흙으로| підгортати (рослину). |힘을| стимулювати. ¶ 사기를 ~ піднімати дух.

북동(北東) північний схід. ‖ ~풍 північно-східний вітер.

북두칠성 Велика Ведмедиця.

북문(北門) північні ворота. ¶ ~에 도착하다 прибувати до північних

воріт.
북미(北美) Північна Америка.
북방(北方) північна сторона.
북부(北部) північна частина.
북부지방(北部地方) північна провінція.
북상하다 відправлятися (їхати) на північ. ¶ 강력한 태풍이 ~. Сильний ураган переміщується на північ.
북새통 гул; натовп; плутанина. ¶ ~에 아이를 잃다 втратити дитину в плутанині.
북서(北西) північний захід.
북어(北魚) сушений (в'ялений) мінтай. ‖ ~구이 смажений мінтай. ~국 суп із сушеного (в'яленого) мінтаю. ~찜 приправлений мінтай на пару.
북위(北緯) північна широта. ‖ ~선 північна широта.
북유럽 Північна Європа.
북적거리다 юрбитися та галасувати. ¶ 거리가 ~ гучний натовп на вулиці.
북조선(北朝鮮) Північна Корея.
북진(北進) просування на Північ. ¶ ~하다 просуватися на Північ.
북쪽 північна сторона.
북측(北側) північна сторона. ‖ ~대표 представник Північної Кореї.
북풍(北風) північний вітер.
북한(北韓) Північна Корея.
북해(北海) Північне море.
분가하다 жити окремо від сім'ї.
분간하다 розрізняти; розпізнавати. ¶ 분간할 수 없는 차이 різниця, яку не можна розпізнати. 옳고 그름을 ~ розрізняти, що правильно, а що ні. 너무 어두워 앞뒤를 분간할 수 없다 Було так темно, що не міг розрізнити нічого ні спереду, ні ззаду.
분개(憤慨) обурення. ¶ 그는 너에 대해 실망하고 ~하였다 Він розчарований та обурений тобою.
분계(分界) межа (району). ‖ ~선 демокраційна (розмежувальна) лінія. 군사~선 воєнний кордон.
분골쇄신(粉骨碎身) прикладання величезних зусиль; роблення всього можливого; викладання всіх сил.
분과(分課) відділення; секція.
분광(分光) спектр. ‖ ~감도 спектральна чутливість. ~계 спектрометр.
분교(分校) філіал учбового закладу.
분권(分權) децентралізація. ¶ ~하다 децентралізовувати. ‖ 지방~ провінційна децентралізація.
분규(紛糾) заплутаність; ускладнення; розбрат; чвари. ¶ 유산을 둘러 싼 ~가 일어났다. Виникли чвари через спадок.
분기(忿氣) обурення. ¶ ~가 치밀어 오르다. розлютуватися.
분기(分期) квартал.
분기(分岐) розгалуження. ‖ ~점 вузол, розгалуження; стик.
분노(憤怒) гнів; обурення. ¶ ~하다 бути обуреним; лютувати.
분뇨(糞尿) виділення; випорожнення. ¶ ~를 치다 прибирати нечистоти.
분단(分團) первинна організація.
분단(分斷) ділення; розколення; розчленування; розподілення. ‖ ~국 розділена країна. ~영토 розділена територія.
분단장 макіяж. ¶ ~하다 пудрити(ся).

분담(分擔) розподіл роботи; розділення. ¶ 비용을 ~하다 розділяти витрати. 업무를 ~하다 розділяти обов'язки. ǁ ~금 розподіл витрат. 손해~ розподіл збитків.

분대(分隊) відділення. ǁ ~장 командир відділення.

분란(紛亂) безлад; хаос. ¶ 가정 ~ сімейний безлад. 집안에 ~을 일으키다 спричиняти безлад в домі.

분량(分量) доза; кількість; вага; об'єм. ¶ 약의 ~ доза ліків. ~이 너무 많다. Доза дуже велика.

분류 класифікація. ¶ ~하다 класифікувати; сортувати. 편지를 지역 별로 ~ сортувати листи по регіонам. 동물을 ~ класифікувати тварин.

분리 ¶ ~하다 відділяти; відокремлювати. 분리할 수 없는 부분 невід'ємна частина. ǁ ~기 роздільник. ~ 운동 сепаратистський рух. ~주의 сепаратизм.

분만(分娩) ¶ ~하다 народжувати. ǁ ~실 кімната жінки, що народжує.

분망하다 дуже зайнятий. ¶ 수업 준비에 ~ бути зайнятим підготовкою до занять.

분명하다 ясний; явний; визначений. ¶ 분명히 말해 두다 говорити раз і назавжди. 분명히 기ам'ятати ясно пам'ятати. 말소리가 ~ голос ясний. 일이 잘 될 것이 ~ Зрозуміло, що все вийде.

분모(分母) {수학} знаменник.

분묘(分墓) могила. ǁ ~발굴 ексгумація.

분무 ¶ ~하다 розпилювати; розбризкувати. ǁ ~기 пульверизатор.

분발하다 зробити зусилля; напружити всі сили. ¶ 금메달을 목표로 ~ Докласти всі зусилля для завоювання золотої медалі.

분방하다 свавільний; нестримний; нерозсудливий; нестримно (стрімко) мчати. ¶ 자유 분방한 생활 свавільне життя.

분배 ¶ ~하다 розподіляти. 소득을 ~ 하다 розподіляти прибуток. ǁ ~금 розподілена сума.

분별 ¶ ~하다 розрізняти; відрізняти; диференціювати. ~ 없다 нерозумний; нерозсудливий. ~ 없는 행동 нерозумний вчинок.

분부 ¶ ~하다 наказувати; веліти. ~에 따르다 слідувати наказу.

분분 ¶ ~하다 різний (про думки та ін.); безладний; метушливий. ~ 한 소문 різні плітки. 의견이 ~ 하다 різні думки.

분비 ¶ ~하다 {생리} виділяти. ¶ 호르몬을 ~ 하다 виділяти гормони. ǁ ~물 секрет.

분사(分詞) дієприкметник. ¶ 부사적(부동사) дієприкметник.

분사(噴射) ¶ 물을 ~하다 розпилювати воду. 가스 총을 ~ 하다 стріляти з газового пістолета.

분사식(噴射式) реактивний; ракетний.

분신(分身) самоспалення. ¶ 이 작품은 나의 분신이다 Цей шедевр – частина мого життя.

분실(分室) окрема кімната.

분실(紛失) втрата. ¶ ~하다 загубити; втратити. 서류를 ~하다 губити документи.

분야(分野) область; галузь. ǁ 미술

~ о́бласть мисте́цтва.

분양(分讓) розда́ча; розпо́діл. ¶ 주택~ розпо́діл буди́нків. 아파트~ розпо́діл кварти́р.

분업(分業) розпо́діл пра́ці. ‖ ~화 проце́с розпо́ділу пра́ці.

분연하다 рішу́чий; смі́ливий. ¶ 자유를 위해 분연히 일어나다 смі́ливо стоя́ти за свобо́ду.

분열(分裂) розпо́діл. ¶ ~하다 розділя́ти. ~되다 розділя́тися. 당 내에서 분열이 일어나다 в па́ртії виника́є розко́лення. ‖ 정신~증 шизофре́нія. 정신~증 환자 шизофре́нік. 세포~ розді́лення клі́тини.

분원(分院) відді́лення; філіа́л.

분위기(分圍氣) атмосфе́ра; умо́ви. ¶ ~를 깨뜨리다 пору́шувати атмосфе́ру. ~가 좋은 식당 їда́льня з га́рними умо́вами. 가정 적인 ~ сіме́йна атмосфе́ра. ~를 익히다 звика́ти до атмосфе́ри.

분유(粉乳) моло́чна су́міш (порошо́к).

분자(分子) {물리학} ча́стка. ‖ 반동~ супроти́вник.

분장(扮裝) грим; підгото́вка до ви́ходу на сце́ну; прикра́шення. ¶ ~하다 гримува́тися; готува́тися до ви́ходу на сце́ну; прикраша́ти.

분재 переса́дження росли́ни в го́рщик; росли́на, поса́джена в го́рщик.

분쟁 конфлі́кт; супере́чка. ¶ ~을 해결하다 розв'я́зувати конфлі́кт. 중동에는 ~이 잦다 На Близько́му схо́ді ча́сто бува́ють конфлі́кти. ‖ ~ 문제 спі́рне пита́ння. ~ 지역

분전(奮戰) жорсто́ка боротьба́. 끝가지 ~하다가 목숨을 버리다 відда́ти життя́ жорсто́ко бо́рючись до кінця́.

분절 окре́ма строфа́; окре́мий.

분절음 окре́мий звук.

분점(分店) то́чка по́ділу; то́чка рівноді́ння.

분주(奔走) за́йнятість. ¶ ~하다 за́йнятий; спі́шний. ~히 за́йнято, спі́шно. ~한 나날 за́йняті дні.

분지(盆地) ба́лка; уло́говина.

분지(分地) га́лузь [чя]; відді́лення; ві́дділ.

--분지(分之) части́на (ці́лого). ¶ 5 분지 3 три п'я́тих.

분출(噴出) ви́верження; викида́ння. ¶ ~하다 випуска́ти; виверга́ти; викида́ти. 용암이 ~하다 ла́ва виве́ржується. ‖ ~구 кра́тер; жерло́ вулка́на. ~물 ви́верження.

분토(糞土) гній; компо́ст; перегні́й.

분통(憤痛) лють; обу́рення; гнів. ¶ ~이 터지다 лютува́ти. 참으로 ~한 일이다. Ді́йсно, спра́ва, що приво́дить в обу́рення.

분투(奮鬪) стара́ння (бороть́ба́) з усіх сил. ¶ ~하다 відчайду́шно боро́тися; стара́тися з усіх сил.

분파(分派) відгалу́ження; се́кція; фра́кція. ‖ ~주의자 фракціоне́р.

분패(憤敗) пора́зка при можли́вості ви́грати.

분포(分布) поши́рення; розпо́діл. ¶ ~하다 поши́рюватися; розподі́ляти. ‖ ~도 ка́рта поши́рення. ~율 рі́вень поши́рення.

분풀이하다 зрива́ти лють. ¶ 부하에게 ~ зрива́ти лють на підле́глому. 엉뚱한 사람에게 ~ зрива́ти лють не на тій люди́ні.

분필(粉筆) крейда́. ¶ ~로 칠판에

글씨를 쓰다 писа́ти крейдо́ю на до́шці.

분하다 обра́зливий; при́крий; сумни́й. ¶ 분해서 이를 갈다 обра́зившись точи́ти зуб. 그 여자의 거만한 태도가 그를 분하게 하였다 Зарозумі́ле ста́влення цiє́ї жі́нки засмути́ло його́.

분할(分割) розді́лення; розчленува́ння. ¶ ~하다 розділя́ти; розчлено́вувати. ~하여 지불하다 плати́ти окре́мо.

분해(分解) ро́зклад; ро́зпад; розще́плення. ¶ ~하다 розщепля́ти; розкла́дати; розбира́ти; демонтува́ти. 기계를 ~하다 розбира́ти маши́ну. 총을 ~하다 розбира́ти рушни́цю. 비행기가 공중 ~되었다 Літа́к зруйнува́вся в пові́трі.

분향(焚香) па́хощі. ¶ 제단에 ~하다 розпа́лювати па́хощі на вівтарі́.

분홍(粉紅) роже́вий. ‖ ~색 роже́вий ко́лір. ~치마 спідни́ця роже́вого ко́льору.

분화(分化) розшарува́ння; диференціа́ція. ¶ ~하다 розшаро́вувати; диференціюва́ти.

분화구 кра́тер; вулкані́чне же́рло.

분회(分會) відді́лення; філіа́л (товари́ства).

붇다 набряка́ти; збі́льшуватися; зроста́ти. ¶ 쌀이 물에 붇었다 Рис набря́к від води́. 재산이 ~ вла́сність збі́льшується. 강물이 ~ рі́чка підніма́ється.

불 вого́нь; сві́тло (ла́мпи); поже́жа; полум'я́. ¶ 담배에 ~을 붙이다 запали́ти сигаре́ту. 등잔에 ~을 켜다 запали́ти ла́мпу. 산에 ~이 나다 в гора́х вини́кає поже́жа. 욕정의 ~ вого́нь при́страсті. ~난데 부채질하다 роздува́ти вого́нь. ~을 끄다 погаси́ти вого́нь. ~을 켜다 розвести́ вого́нь. ‖ ~조심 обере́жно з вогне́м.

불가(不可) неможли́вість. ¶ 주차 ~ стоя́нка заборо́нена. 흡연~ палі́ння заборо́нено.

불가결하다 необхі́дний. ¶ 불가결의 요소 невід'є́мний фа́ктор.

불가능 ¶ ~하다 неможли́вий. 불가능한 일을 가능하게 만들어라 Зроби́ неможли́ве можли́вим. ‖ ~성 неможли́вість.

불가분(不可分) невіддільний; нерозри́вний. ¶ ~의 관계 нерозри́вний зв'язо́к.

불가사리 пульгасарі́.

불가사의 ¶ ~의 незбагне́нний. ~한 자연의 신비 незбагне́нне та́їнство приро́ди. ~한 사건 незрозумі́ла поді́я.

불가침(不可侵) недоторка́ність; невторгне́ння. ‖ ~ 조약 уго́да про ненапа́д.

불가피(不可避) немину́че. ¶ ~하다 немину́чий. ~한 사정 때문에 Че́рез немину́чу обста́вину. ‖ ~성 немину́чість.

불가항력 безси́лля. ¶ 인간이 자연에 대항하는 것은 ~이다. Змага́тися з приро́дою люди́ні не по си́лах.

불가해(不可解) містерія. ¶ ~하다 місти́чний.

불감증 нечутте́вість. {의학} фригі́дність.

불개입(不介入) невхо́дження; невторгне́ння; нейтраліте́т.

불거지다 виступа́ти; видава́тися; випина́тися; неочі́кувано

불건전하다

виникати. ¶ 종기가 ~ пухлина виступає.

불건전하다 нездоровий. ¶ 불건전한 생활 нездорове життя.

불경(佛經) будійські сутри.

불경기(不景氣) депресія; застій. ¶ ~때문에 이 기업은 망한다. Підприємство руйнується через депресію.

불경죄(不敬罪) провина неповаги.

불고기 бульгогі; яловичина, підсмажена на вогні.

불곰 бурий ведмідь.

불공(佛供) жертвоприношення Будді. ¶ ~을 드리다 принести жертву Будді.

불공정 ¶ ~ 하다 несправедливий; неправильний; пристрасний. ‖ ~ 거래 несправедлива угода.

불공평하다 несправедливий; пристрасний. ¶ 불공평한 사회 несправедливе суспільство.

불과 ¶ ~하다 всього лише; не більше як. 그것은 일시적 현상에 ~하다. Це всього лише тимчасове явище.

불교(佛敎) буддизм. ‖ ~도 буддист(и).

불구(不具) потворність; каліцтво. ¶ 그는 ~의 몸으로 대통령이 되었다. Він, будучи інвалідом, став президентом. ‖ ~자 каліка; інвалід.

불구 ¶ …에도 불구하고 не дивлячись на те, що.

불구속 ¶ ~하다 не ув'язнювати; не засилати (у в'язницю). 불구속으로 송치하다 знаходитися в камері попереднього ув'язнення в очікуванні суду.

불규칙 ¶ ~하다 нерегулярний; несистематичний. ~적 нерегулярний; несистематичний.

불균등(不均等) нерівномірність; непропорційність.

불균형 диспропорція. ¶ ~하다 нерівномірний; непропорційний.

불그레하다 блідо-рожевий. ¶ 술을 마셔서 얼굴이 ~ від водки обличчя порожевіло.

불급(不急) ненагальність. ¶ ~하다 ненагальний; неспішний.

불긋불긋하다 в червонуватих (рожевих) плямах.

불기(--氣) вогонь. ¶ 방에 ~가 없어 꼭 한 데 같다. Через те, що в кімнаті не ввімкнено опалення, холодно.

불기소(不起訴) скасування суду по причині невинності. ¶ 검사가 공소를 ~처분하였다. Слідчий по причині невинності закрив справу.

불길 полум'я, язики полум'я. ¶ ~이 일다 запалюватися. ~을 잡다 гасити вогонь. 분노의 ~ полум'я люті. 정념의 ~ полум'я пристрасті.

불길(不吉) нещастя, біда.

불꽃 іскра; полум'я. ¶ ~튀다 запалювати. ~이 이글거리다 полум'я горить. ‖ ~놀이 салют.

불끈 ¶ ~ 하다 стирчати; помітно виступати; стиснути кулаки. ~화를 내다 серйозно лютувати. 주먹을 ~ 쥐다 міцно стискати кулаки. 근육이 ~ 솟다 напружувати м'язи.

불나다 спалахувати. ¶ 불난 집 будинок в огні.

불능(不能) неможливість. ‖ 성교 ~ імпотенція.

불다 |바람이| дути; роздувати. |악

기를| гра́ти (на духово́му інструме́нті). |휘바람을| свиста́ти. |비밀폭로| видава́ти (секре́т). ¶ 바람이 ~ ду́є ві́тер. 손을 호호 ~ ду́ти на ру́ки. 휘파람을 ~ свиста́ти. 공모한 사실을 ~ роздува́ти конспірати́вний факт.

불덩어리 вогня́на ку́ля.

불덩이 по́лум'я; ті́ло, що пала́є жа́ром; розпе́чений предме́т.

불도(佛徒) будди́ст.

불도저 бульдо́зер. ¶ 산을 ~로 밀어 버렸다 Бульдо́зер зсу́нув го́ру.

불똥 і́скра. ¶ ~ 튀기다 іскри́тися.

불량(不良) неспра́вність; брак. ¶ ~하다 пога́ний; недо́брий; недоброя́кісний; другосо́ртний. 품행이 ~하다. Хара́ктер та поведі́нка ніку́ди не годя́ться. ~배들이 나에게 덤벼들었다. На ме́не наки́нулись хуліга́ни. ‖ ~배 хуліга́ни. ~품 това́ри низько́ї я́кості; недоброя́кісні (низькосо́ртні) това́ри. 성적 ~ пога́на успі́шність. 청소년 ~ малолі́тні хуліга́ни.

불러내다(오다) виклика́ти; зва́тися.

불로(不老) ві́чна мо́лодість. ‖ ~약 лі́ки (еліксир) ві́чної мо́лодості. ~장생 ві́чне життя́. ~초 трава́ ві́чної мо́лодості.

불로(不勞) нетрудови́й. ¶ ~소득 нетрудови́й прибу́ток.

불룩하다 опу́клий. ¶ 불룩한 배 опу́клий живі́т. 불룩한 지갑 товсти́й гамане́ць.

불륜(不倫) амора́льність. ‖ ~ 관계 амора́льний зв'язо́к.

불리 ¶ ~하다 невигі́дний. ~한 형세 невигі́дне стано́вище.

불만(不滿) незадово́лення; невдово́леність. ¶ ~의 незадово́лений. ~스러운 표정 незадово́лений ви́раз обли́ччя. 마음에 ~을 품다 кри́ти невдово́лення в душі́.

불만족하다 незадові́льний; незадово́лений.

불면증(不眠症) безсо́ння. ¶ 나는 밤마다 ~에 시달린다. Мене́ ко́жну ніч му́чить безсо́ння.

불멸 безсме́ртя. ¶ ~의 безсме́ртний. 영혼~ безсме́ртя ду́ха.

불명(不明) нея́сність; невідо́мість. ¶ ~하다 нея́сний; невідо́мий. 신원~의 시체 нерозпі́знаний труп. ‖ 행방~ нея́сність слідів.

불명예 ганьба́; безче́стя; несла́ва. ¶ 그것은 우리 가문에 ~스러운 일이다. Це ганьба́ на́шому ро́ду. ‖ ~제대 зняття́ ганьби́.

불명확하다 нея́сний; невира́зний.

불모(不毛) ¶ ~의 безплі́дний; неплодоро́дний. ‖ ~지 неродю́чі зе́млі; неплодоро́дна земля́.

불문가지 бу́ти очеви́дним. ¶ ~의 일 очеви́дна спра́ва.

불문 ¶ ~ 하다 не пита́ти. ‖ 불문곡직 не пита́ти, що до́бре, що пога́но.

불문율(不文律) непи́саний зако́н.

불문학 францу́зька літерату́ра.

불미(不美) невродли́вість; потво́рність. ¶ ~스럽다 негі́дний; потво́рний. 신사로서 ~스러운 행동 поведі́нка, недосто́йна джентльме́на.

불바다 мо́ре вогні́в. ¶ ~가 되다 ста́ти по́вністю зруйно́ваним.

불발(不發) невідпра́влення; осі́чка. ¶ ~하다 да́ти осі́чку; не ви́бухнути.

불법(不法) незаконність; нерівномірність. ‖ ~적 незаконний; що порушує встановлені норми. ~감금 незаконні ув'язнення (у в'язницю). ~주차 заборонена парковка. ~행위 правопорушення; незаконні дії. ~화 визнання (чого) незаконним.

불변(不變) постійність. ¶ ~하다 постійний.

불벼락 блискавка. ¶ ~이 내리다 блискавка б'є.

불볕 гарячі промені сонця. ¶ 더위라 일을 할 수 없다. Через гарячі промені сонця не міг працювати.

불복(不服) непокора; непідкорення. ¶ 상관의 지시에 ~하다 не коритися наказу старшого.

불복종 непокора.

불분명하다 неясний; невиразний.

불붙다 запалюватися; спалахувати. ¶ 불붙기 쉬운 легко запальний. 쌍방의 공격이 불붙기 시작하였다. Через двосторонню атаку спалахнув вогонь.

불빛 відсвіт; відблиск; світло; вогняно-червоний колір. ¶ 희미한 ~ неясний (блідий) відблиск. ~이 새어 나오다 проливається світло.

불사(不死) безсмертя. ¶ ~의 безсмертний. ‖ ~약 ліки безсмертя.

불사르다 спалювати; віддавати вогню; ліквідувати; знищувати. ¶ 시체를 ~ кремувати труп. 기록을 ~ спалювати записи.

불사조(不死鳥) фенікс; безсмертний птах.

불상(佛像) статуя (зображення) Будди.

불상사(不祥事) нещасний (неприємний) випадок; нещастя. ¶ ~가 일어나다 виникає нещасний випадок.

불성(佛性) природа Буддизму.

불성실(不誠實) нещирість; нечесність; недобросовісність. ¶ ~하다 нещирий; нечесний; несумлінний.

불세출(不世出) ¶ ~의 незрівняний; що не має собі рівних; безпрецедентний. 불세출의 영웅 герой епохи.

불손 ¶ ~하다 зарозумілий; нескромний; безцеремонний. ~하게 굴다 поводити себе безцеремонно. ~한 언동 нескромна поведінка.

불순(不純) нечистота; бруд; непокора. ¶ ~하다 нечистий; брудний; неблагонадійний; неслухняний; непокірний; свавільний. 의도가 ~하다 брудний задум. ‖ ~물 домішка.

불시(不時) поза сезоном. ¶ ~의 несподіваний; випадковий. ~의 방문객 несподіваний гість.

불시착(不時着) вимушене приземлення. ¶ 항공기가 연료 부족으로 ~하였다. Літак через нестачу палива зробив вимушене приземлення.

불식(拂拭) чисто прибрати; цілковито усувати. ¶ 오해를 ~시키다 цілковито усунути непорозуміння.

불신(不信) недовіра. ¶ ~하다 недовіряти. ‖ ~감 почуття

недовіри.

불신임(不信任) недовіра. ¶ 내각을 ~하다 виражати вотум недовіри прем'єр-міністру. ‖ ~ 결의 резолюція. ~투표 вотум недовіри.

불심(佛心) великодушність Будди.

불쌍 ¶ ~하다 нікчемний, нещасний. 그의 처지가 ~. Його положення нікчемне. ~하게 여기다 жаліти. ~한 처지 жалюгідне положення.

불쑥불쑥하다 перевалюватися (перекочуватися) туди-сюди.

불씨 вугілля, що тліє; іскра. ¶ 말썽의 ~가 되다 ставати іскрою для сварки.

불안(不安) тривога; неспокій. ¶ ~하다 тривожний; неспокійний. ~한 출발 тривожне відправлення. ‖ ~감 почуття тривоги.

불안전하다 небезпечний; ненадійний.

불안정 нестійкість. ¶ ~하다 нестійкий. ~한 정부 нестабільний уряд.

불알 {생리} яєчки.

불야성 море вогнів.

불어 французька мова.

불어나다 рости; збільшуватися; прибувати; гніватися; хвилюватися. ¶ 가족이 불어난다 Сім'я збільшується. 장마로 강물이 불어난다. Через постійні дощі ріка піднімається.

불어넣다 вдувати; вселяти. ¶ 청소년에게 애향심을 ~ вселяти дух любові до батьківщини.

불연속(不連續) обривання. ‖ ~선 лінія, що обривається.

불온(不穩) неслухняний; неблагонадійний. ¶ ~하다 непідходящий; недоречний. 태도가 ~하다 недоречна поведінка. ~문서 документ небезпечного змісту. ~사상 небезпечна ідея.

불완전 недосконалість; недостатність; неповність. ¶ ~하다 недосконалий; неповний; недостатній.

불요불급(不要不急) ¶ ~의 невпинний; безперестанний; непохитний; незламний.

불용(不用) невикористання. ¶ ~하다 не використовувати.

불우(不遇) нещастя. ¶ ~하다 нещасний. ‖ ~아동 нещасна дитина. ~한 일생 нещасне життя.

불운(不運) невдача; нещастя. ¶ ~하다 невдалий. ~이 겹치다 біда не приходить одна.

불유쾌하다 невеселий; нерадісний; неприємний. ¶ 불유쾌한 냄새 неприємний запах. 생각할수록 ~ чим більше думаєш, тим неприємніше.

불응(不應) несумісність. ¶ ~하다 несумісний. 질문에 ~하다 не відповідати на питання. 검문에 ~하다 відкидати перевірку.

불의(不意) несподіваність; раптовість. ¶ ~의 несподіваний; раптовий. ~의 사고 несподівана думка.

불의(不義) аморальність; невірність. ¶ ~에 항거하다 опиратися аморальності. ~의 관계를 맺다 вступати в недобрі стосунки.

불이익(不利益) невигода; збиток; нестача. ¶ ~의 невигідний; збитковий.

불이행(不履行) невиконання; недотримання. ¶ ~하다 не

виконувати; не дотримуватися. IMF 의 요구 사항을 ~하다 не виконувати вимоги Міжнародного Валютного Фонду. ‖ 조약~ недотримання угоди.

불인정(不認定) невизнання.

불일치(不一致) неоднорідність. ¶ ~를 초래하다 приводити до неоднорідності. ‖ 언행~ розходження сказаних слів.

불임(不姙) яловий. ‖ {의학} ~증 безплідність. ~수술 операція по безплідності.

불입(拂入) ¶ ~하다 вносити; платити; купувати (на акції). ‖ ~금 гроші за купівлю (акцій).

불자(佛者) буддійський священник.

불자동차 пожежна машина.

불장난 гра з вогнем. ¶ ~하다 грати з вогнем. 사춘기의 ~ гра з вогнем в підлітковому віці.

불전 плата хазяїну ігрового закладу.

불제자(佛弟子) буддист.

불지르다 запалювати; підпалювати.

불찰 неуважність; недбалість. ¶ 나의 ~로 через мою недбалість.

불참(不參) неучасть. ¶ ~하다 не брати участь. 행사에 ~하다 не брати участь в заході. 경기에 ~하다 не брати участь у змаганні.

불철저하다 неповний; непослідовний; розпливчастий. ¶ 조사가 ~ непослідовні дії.

불철주야(不撤晝夜) не спання вдень та вночі. ¶ ~일하다 працювати і вдень і вночі. ~로 연구에만 몰두하다 бути зайнятим і вдень і вночі.

불청객(不請客) незваний гість.

불출(不出) дурна людина; невдаха.

불출마(不出馬) виставлення кандидатури на виборах.

불충(不忠) невірність; невідданість.

불충분(不充分) недостатність. ¶ ~하다 недостатній. 자금이 ~하다 капітала недостатньо. 설명이 ~하다 пояснення недостатньо.

불치(不治) невиліковність. ¶ ~의 병에 걸리다 захворіти невиліковною хворобою. ‖ ~병 невиліковна хвороба.

불친절 неввічливість. ¶ ~하다 неввічливий. ~한 직원 неввічливий співробітник. ~한 태도 неввічлива поведінка. 대접이 ~하다 неввічливе обслуговування.

불쾌(不快) неприємність. ¶ ~하다 неприємний; нерадісний. 스스ро불쾌한 일을 초래하다 Нажити собі неприємності. ‖ ~감 неприємне почуття. ~지수 коефіцієнт неприємності (дискомфорта).

불타(佛陀) Будда.

불타다 горіти; згоріти; полум'яніти; спалахувати. ¶ 불타는 사랑 гаряча любов. 의욕에 ~ горіти в пристрасті.

불통(不通) втручання; нерозуміння; непроходження. ¶ 도로가 ~이 되다 По дорозі неможливо проїхати. ¶ 소식~ відсутність новин. 고집~ впертий. ~하다 непроникнення; непровідність; непроходження; нерозуміння.

불투명 непрозорість. ¶ ~하다 непрозорий. ~한 유리 непрозоре скло. ~한 태도 неясне (незрозуміле) ставлення.

불특정(不特定) неособливість. ¶ ~기간 неособливий період.

불티 іскри (що летять з вогнища). ¶ ~가 튀다 іскри літають.

불편 незручність. ¶ ~하다 незручний. 몸이 ~하다 відчувати тілесні муки.

불평 скарга; незадоволення; нарікання. ¶ ~하다 скаржитися. 투덜투덜 ~하다 бурчати та скаржитися. 상사에게 ~하다 скаржитися босу (директору). ‖ ~분자 хто скаржиться. ~불만 скарги та незадоволення.

불평등 нерівність; несправедливий. ¶ ~하다 нерівний. ~한 제도 несправедлива система. 남자와 여자의 ~이 사라져가고 있다. Нерівність між чоловіками та жінками зникає. ‖ ~조약 несправедлива угода.

불포화(不飽和) {화학} ненасиченість.

불필요(不必要) непотрібність. ¶ ~하다 непотрібний. ~한 인력 непотрібні робочі кадри. ~한 말 참견을 삼가다 не припускати непотрібної цікавості.

불하(拂下) ¶ ~하다 продавати державне майно в приватну власність.

불한당(不汗黨) банда грабіжників.

불합격(不合格) невідповідність вимогам; непридатність. ¶ ~되다 бути непридатним. ‖ ~자 що не відповідає вимогам. ~품 товар, що не відповідає вимогам.

불합리 нераціональність; нерозумність. ¶ ~하다 нераціональний; нерозумний. ~성 нераціональність. ~한 제도 нераціональна система. ~복지정책 неправильна політика благоустрою.

불행 невдача; нещастя; горе; біда. ¶ ~하다 нещасливий; невдалий; злощасний. ~은 겹치기 마련이다. Біда не приходить одна. ~할 때 친구를 등졌다. Кинув друга в біді.

불허하다 не дозволяти; забороняти. ¶ 입국을 ~ забороняти в'їзд в країну.

불현듯이 раптово; неочікувано; раптом.

불협화(不協和) різниця; розбіжність. ‖ ~음 дисонанс.

불호령(不號令) окрик. ¶ 할아버지의 ~이 떨어졌다. Пролунав окрик діда.

불혹(不惑) вільний від спокус; сорок років. ¶ 나는 ~의 나이에 들어섰다. Я вступив у вік, вільний від спокус.

불화(不和) розбрати; чвари; суперечки. ¶ 부부간의 ~ подружні чвари. 고부간의 ~를 해소하다 розв'язати конфлікт між невісткою та свекрухою.

불확정(不確定) невизначений; точно не встановлений. ¶ ~기간 невстановлений період.

불확실(不確實) недостовірність; неточність. ¶ ~하다 недостовірний; неточний. ~한 사업 ненадійний бізнес. ~한 기상 예보 неточний прогноз погоди.

불황(不況) депресія. ‖ ~대비자금 капітал на чорний день. ~시대 роки депресії.

불효(不孝) непошана до батьків. ‖ ~자 нешаноблвий до батьків. нешаноблві діти.

불후(不朽) вічність. ¶ ~의 명작 вічний шедевр.

붉다 червоний. ¶ 붉은 광장 Червона площа.

붉어지다 червоніти. ¶ 얼굴이 ~ обличчя червоніє.

붉히다 робити червоним; рум'янити. ¶ 얼굴을 ~ рум'янити обличчя.

붐비다 стовпитися; набитий людьми; терміновий; спішний; хаотичний; безладний. ¶ 시장이 몹시 ~ ринок набитий людьми.

붓 пензель (для письма, малювання); знаряддя письма. ǁ ~끝 кінець пензлика (для письма, малювання). ~대 ручка пензлика.

붓다 розпухати; здуватися; набрякати; дутися; сердитися. ¶ 손등이 ~. Кисть руки розпухла.

붓다 (액체) лити(ся).

붕괴 (崩壞) обвал; крах; повалення. ¶ ~하다 руйнуватися; завалюватися; зазнавати крах. 건물이 ~하다 Будівля обвалюється.

붕대 бинт. ¶ ~를 감다 перев'язувати бинтом.

붕붕거리다 дзинчати; гудіти (про комах). ¶ 벌이 붕붕거리며 날아다닌다. Бджоли дзинчать та літають.

붕소 {화학} бір.

붕어 карась [남].

붙다 приставати; прилипати; приклеюватися; склеюватися; клеїтися. |풀이| скріплювати (про клей); притулятися; влаштовуватися (куди); сдавати екзамен. |학교에| проходити по конкурсу; розпочинати. |추가하다| примикати; прилаштовуватися; додаватися. |늘어나다| збільшуватися; паруватися. ¶ 옷이 몸에 ~ Одяг прилип до тіла. 연인들은 붙어 다닌다 Закохані ходять, пригорнувшись один до одного. 벽에 постер가 붙어 있다. На стіні приклеїн плакат. 입학 시험에 ~ здавати вступний екзамен.

붙들다 схопити; схопитися (за що); братися (за справу); допомагати; підтримувати. ¶ 달아나는 도둑을 ~ ловити тікаючого злочинця. 손님을 ~ приймати гостей.

붙들리다 бути схопленим; бути затриманим (арештованим).

붙박이 затверділий (встановлений) на одному місці; нерухомий.

붙이다 |말을| починати розмову. |희망을| покладати надії. |뺨을| бити по щокам. |토론에| виносити на обговорення. ¶ 벽지를 벽에 ~ клеїти на стіну шпалери. 담배 불을 ~ давати прикурити. 포스터를 다시 ~ переклеїти плакат.

붙임성 товариськість; дружність; відкритість. ¶ 그는 ~이 있다. Він товариський.

붙잡다 |일자리를| міцно тримати(ся). |손을| схопитися (за що). |도둑을| схоплювати. ¶ 손잡이를 ~ схопитися за держак.

붙잡히다 бути схопленим (затриманим).

뷔페 буфет.

브라운관 телевізійна трубка.

브래지어 бюстгальтер; ліфчик.

브레이크(break) гальма. ¶ 그의 독주에 ~가 걸린다. В його перегонах спрацювали гальма.

브레인 розумна людина. ǁ ~뱅크 мозковий банк. ~수출 експорт мозків. ~드레인(두뇌유출) витік мо́зку.

브로치 бро́шка. ¶ 가슴에 ~를 달고 다니다 носи́ти бро́шку на грудя́х.

브론즈 бро́нза.

블라우스 блу́зка.

블랙 чо́рний. ¶ 당신은 ~리스트에 올라있다. Ви внесені в чо́рний спи́сок. ‖ ~리스트 чо́рний спи́сок.

블로킹 блокува́ння. ¶ ~하다 блокува́ти.

블록 блок; шмато́к. ¶ ~건축 блокова́ архітекту́ра.

비(雨) дощ. ¶ ~가 오다 Йде дощ. ~가 멎다. Дощ припини́вся. ~를 맞으며 걷다 іти́ під доще́м. ~를 만나다 потра́пити під дощ. ~를 피하다 вкрива́тися від дощу́.

비 [빗자루] мітла́; ві́ник.

비(碑) монуме́нт; меморіа́льна до́шка; надмоги́льний па́м'ятник.

비(非) не--, без--.

비가(悲歌) сумна́ пі́сня.

비감(悲感) сум; сму́ток; жаль.

비강(鼻腔) порожни́на но́са.

비겁 боягу́зство; несміли́вість. ¶ ~하다 боязли́вий. ~한 행동을 하다 пово́дити себе́ боязли́во.

비계 свиня́че са́ло; са́льний жир.

비견(比肩) схо́жий.

비경(悲境) пога́ні умо́ви; жалюгі́дне поло́ження.

비결(秘訣) таємни́ця (чого́); ключ (до ви́рішення чого́). ¶ 성공의 ~ таємни́ця у́спіху.

비공개(非公開) закри́тий; таємни́й.

비공식(非公式) неофіці́йний. ‖ ~ 보고 неофіці́йна допові́дь.

비과세(非課稅) безподатко́вий. ‖ ~품 това́р, що не підляга́є оподаткува́нню.

비과학적(非科學的) антинауко́вий.

비관(悲觀) песимі́зм; розчарува́ння. ¶ ~적 песимісти́чний. ~하다 диви́тися песимісти́чно (на що); бу́ти розчаро́ваним. ‖ ~론자 песимі́ст.

비교(比較) порівня́ння; зіста́влення. ¶ ~적 порівня́но. ~하다 порі́внювати; зіставля́ти. ~되다 бу́ти порі́вняним (зіста́вленим).

비구니(比丘尼) монахи́ня.

비구름 дощові́ хма́ри. ¶ 저쪽에서 ~이 몰려온다. З тіє́ї сторони́ насува́ються дощові́ хма́ри.

비굴(卑屈) підсту́пність; пі́длість. ¶ ~하다 підсту́пний; пі́длий.

비극(悲劇) траге́дія. ¶ ~적 трагі́чний. ‖ 가정~ дома́шня траге́дія.

비근하다 зрозумі́лий; близьки́й до життя́.

비금속(非金屬) немета́л; металої́д.

비기다 зігра́ти (закі́нчитися) в нічию́; склада́ти бала́нс.

비난(非難) заву́дження; о́суд; звинува́чення. ¶ ~하다 засу́джувати; осу́джувати; звинува́чувати; дорі́кати. ~의 여지́가 없다. Нема́є при́воду для обвинува́чення. ~의 дарую́чий об'є́кт для осу́дження.

비너스(Venus) Вене́ра.

비녀 шпи́лька для голови́.

비뇨기(泌尿器) о́ргани виді́лення. ‖ ~과 уроло́гія.

비누 ми́ло. ¶ ~질 하다 ми́литися. ‖ ~거품 ми́льна пі́на. ~ 제조 виробни́цтво ми́ла.

비늘 луска́.

비능률적(非能率的) неефекти́вний.

비닐 вініл. ‖ ~봉지 вініловий (поліетиленовий) пакет. ~판 вініловий диск.

비다 порожній; вільний; вакантний; порожнювати. ¶ 집이 ~ залишати будинок без нагляду. 자리가 ~ місце порожнє. 주머니가 텅텅 ~ кишеня порожня.

비단 шовк. ‖ ~결 шовкова фактура. ~길 шовковий шлях. ~보 шовкова хустинка.

비대(肥大) повнота. ‖ {의학} ~증 гіпертрофія.

비도덕적 аморальний. ¶ ~행위 аморальний вчинок.

비둘기 голуб. ¶ 통신용 ~ поштовий голуб.

비듬 лупа. ‖ ~약 ліки проти лупи.

비등(沸騰) кипіння; клекотання. ¶ 여론이 ~하다 Суспільна думка повна обурення.

비디오 відео. ¶ ~를 찍다 знімати на відео. ‖ ~대여 відеопрокат. ~복사 відеокопія.

비뚤어지다 похилитися; нахилитися; робити наперекір; на зло. ¶ 비뚤어진 나무 дерево, що похилилося. 비뚤어진 성격 зіпсований (розбещений) характер.

비련(悲戀) трагічна любов.

비례(比例) пропорція. ¶ ~하다 зіставляти; балансувати; бути пропорційним. 수입에 ~한 지출 балансувати витрати на імпорт.

비로소 тільки що; вперше. ¶ 그가 죽은 후에야 ~ 그의 가치를 깨달았다 Тільки після його смерті я усвідомив його справжню цінність.

비록 хоча. ¶ ~ 농담이라 해도 хоча це і жарт…

비롯 ¶ ~하다 починати з … ~하여 починаючи з …

비료(肥料) добриво; гній. ‖ ~공장 завод по виробництву добрив. 광물성 ~ мінеральні добрива.

비리(非理) ірраціональність; абсурд. ‖ ~척결 повне звільнення від ірраціональності. 공무원 ~ бюрократична ірраціональність.

비리비리 худий. ¶ ~ 여윈 사람 худа людина.

비린내 запах крові; запах сирої риби.

비릿하다 слабко віддає (сирою) рибою; зі слабким присмаком сирого арахісу.

비만(肥滿) повнота. ¶ ~하다 повний; гладкий; жирний. ‖ ~증 корпуленція.

비매품(非賣品) товар, що не підлягає продажу.

비명(非命) галас; крик. ¶ ~지르다 кричати.

비명횡사 насильницька смерть.

비목(碑木) пам'ятник з дерева.

비목(費目) найменування витрат.

비몽사몽(非夢似夢) напівдрімота.

비무장(非武裝) неозброєний. ‖ ~지대 демілітаризована зона.

비문(碑文) епітафія; надмогильний напис.

비밀 таємниця, секрет. ¶ ~스럽다 таємний. ~스레 таємно; потай; потайки. ~로 간직하다 зберігти в таємниці. Наші розмови ~로 하기로 해 Збережи в таємниці нашу розмову. ‖ ~공작 таємна розмова. ~결사 таємне товариство. ~경찰 таємний агент поліції. ~선거 таємні вибори. ~외교 таємна дипломатія. ~투표

та́ємне голосува́ння.

бібара́м ві́тер та дощ; непого́да. ¶ ~을 무릅쓰다 неди́влячись на непого́ду.

біба́н(誹謗) на́клеп; інсинуа́ція; обмо́ва. ¶ ~하다 зво́дити на́клеп; обмовля́ти.

біба́мхада незвича́йний; виняткови́й; надзвича́йний. ¶ 비범한 재주 надзвича́йний тала́нт.

біб(非法) беззако́ння. ¶ ~적 незако́нний.

бібо́(悲報) сумна́ (при́кра) зві́стка.

бібунга́е обу́рення та сум.

бібіккода́ ту́го скрути́ти (зав'яза́ти) ра́зом. ¶ 말을 비비꼬아서 약을 올리다 говори́ти з іро́нією (глузува́нням) та серди́ти.

бібіда́ те́рти; розтира́ти; натира́ти; приправля́ти; заправля́ти (ї́жу).

бібі́м стра́ва з припра́вою.

бібі́мба́п зва́рений на пару́ рис, припра́влений м'я́сом та овоча́ми.

біса́н ¶ ~하다 незвича́йний; екстраординарний; надзвича́йний; нага́льний; авари́йний. ¶ ~시 надзвичайна поді́я. ~ 수단을 취하다 прийма́ти нага́льні за́ходи. ‖ ~구 (запасни́й) ви́хід. ~금 недото́рканий запа́с гро́шей. ~사태 надзвича́йне поло́ження

бісе́к зеле́ний ко́лір порцеля́на.

бісе́нсанджо́к невиробни́чий.

бісо́ секрета́р. ¶ 그녀는 ~로 채용 되었다 Вона́ працю́є секретаре́м. ‖ ~관 секрета́р; діловод. ~실 секретаріа́т.

бісо́к(碑石) ка́мінь для надмоги́льного па́м'ятника.

бісоса́л(非小說) нехудо́жній твір.

бісокхада́ груби́й; вульга́рний.

бісу́(匕首) го́стрий кинджа́л.

біскі́т біскві́т.

бісиумхада́ ле́две нахи́лившийся; ле́две схо́жий.

бісы́тхада схо́жий. ¶ 모양이 ~ схо́жий ви́гляд.

білсіл́білсіл похи́туючись. ¶ ~ 다가 서다 похи́туючись підхо́дити.

бісса́да дороги́й. ¶ 비싼 가격 висо́ка ціна́. 비싸게 팔다 до́рого продава́ти.

біа́е(悲哀) сум; скорбо́та; жаль. ¶ ~를 느끼다 відчува́ти сум.

бія́к(飛躍) стрибо́к; перескаку́вання. ¶ ~적 стрибоподі́бний. ~하다 роби́ти стрибо́к.

бія́к(秘藥) лі́ки, що приготовані секре́тним спо́собом.

бія́нгоріда́ хвали́тися.

бія́нсимджо́к безсо́вісний. ¶ ~ 행동 безсо́вісна поведі́нка.

бійо́льхада пі́длий; низьки́й. ¶ 비열 한 수단 пі́длий за́сіб. 비열한 정 신 підсту́пна душа́.

бійо́м(鼻炎) {의학} риніт.

бійо́кхада родю́чий; гладки́й.

бійо́лла |악기| альт.

біо́т дощови́к; плащ.

бійо́нг(費用) витра́ти; вида́тки; затра́ти. ¶ ~이 많이 드는 일 спра́ва, що потребу́є вели́ких витра́т. ~을 줄이다 зме́ншити витра́ти. ‖ 공공~ суспі́льні витра́ти.

біу́да |잔| спорожня́ти; спусто́шувати. |집| залиша́ти без на́гляду (буди́нок); звільня́ти (кварти́ру); залиша́ти (робо́ту і т.д.).

біу́н(非運) сумна́ у́часть; гірка́ до́ля.

біу́тда насміха́тися, висмі́ювати (*кого*). ¶ 남을 ~ глузува́ти над

비웃음 насмішіка.

비원(秘園) таємний сад.

비위(脾胃) апетит; бажання; смак (до чого); наполегливість; завзятість. ¶ ~가 상하다 настрій псується. ~를 맞추다 дивитися в очі кому; догодити; пристосовуватися під настрій.

비위생(非衛生) ¶ ~적 негігієнічний; антисанітарний.

비유(比喩) метафора; алегорія. ¶ ~하다 зображувати алегорично. ‖ ~법 спосіб метафор (алегорій).

비육(肥育) відгодування. ‖ ~돈 відгодована свиня. ~우 відгодована корова.

비율(比率) процентний рівень.

비인간(非人間) нелюди; звір (про людину). ¶ ~적 звірячий. ~적 행위 звірячий вчинок.

비일비재(非一非再) не раз і не два; декілька різ; неодноразово.

비자 віза. ¶ ~를 발급받다 отримати візу. ~를 신청하다 робити заяву на візу. ~를 연장하다 продовжувати візу. ‖ ~카드 кредитна картка «Віза».

비자나무 торрея горіхоплідна.

비장(脾臟) {의학} спленалгін.

비장하다 у сумі. ¶ 비장한 죽음 героїчна та трагічна смерть.

비전 видіння. ¶ ~이 있는 기업 підприємство, що має перспективу.

비전문가(非專門家) неспеціаліст.

비정(非情) ¶ ~하다 холодний; безсердечний; жорстокий.

비정상(非正常) ненормальний. ‖ ~적 ненормальний; аномальний.

비조(飛鳥) птах, що летить.

비좁다 доволі тісний. ¶ 비좁은 방에서 살다 жити в тісній кімнаті.

비준(批准) ратифікація; затвердження; санкція. ¶ ~서 교환 обмін ратифікаційними грамотами.

비중(比重) питома вага.

비즈니스 бізнес; справа. ‖ ~맨 бізнесмен.

비지 |콩비지| їжа з розтертих соєвих бобів, зварених з зеленню; залишки розтертих бобів.

비지땀 рясний піт. ¶ ~을 흘리다 обливається рясним потом.

비집다 розпорювати (шов); розсовувати; розширювати; відсовувати. |눈을| розтирати.

비쭉 ¶ ~하다 витягнути(ся); випинати(ся). 입술을 ~ 내밀다 випинати губи.

비쭉비쭉 ¶ ~하다 випинати(ся); витягувати(ся); то висовуватися, то зникати; зневажливо ставитися; насміхатися.

비참(悲慘) сум; жаль. ¶ ~하다 сумний; тужливий. ~히 сумно; тужливо. ~한 광경 сумне видовище. ~한 인생 сумне життя.

비책(秘策) секретний план; секретна стратегія.

비천하다 низький; скромний.

비철(非鐵) ¶ ~ 금속 кольоровий метал.

비추다 освітлювати; осявати; просвічувати (що променями); відбиватися; бути відбитим. ¶ 전등으로 어두운 구석을 ~ освітлювати ліхтарем темні кутки.

비축(備蓄) запаси. ¶ ~하다 запасатися. ‖ ~미 запас рису.

비취(翡翠) малахіт. ‖ ~색 малахітовий колір.

비취다 бути освітленим; бути просвіченим.

비치하다 проготувати заздалегідь. ¶ 무전 장치를 ~ приготувати передаючий пристрій.

비치다 |빛이| світитися; освітлюватися; відбиватися; просвічуватися; втручатися; випитувати. ¶ 얼굴을 ~(잠깐 나타나다) показуватися ненадовго.

비키다 відсуватися; відходити у бік; відсувати. ¶ 길을 ~ уступати дорогу. 자동차를 ~ відходити вбік від автомашин. 비켜 서세요 Відійдіть.

비타민 вітамін. || ~제 вітамінна речовина.

비타협적 непримиренний.

비탄(悲嘆) скорбота; сум. ¶ ~에 잠기다 занурюватися в сум.

비탈지다 крутий; стрімкий.

비탈 стрімкий схил; урвистий берег; косогір. || ~길 дорога по стрімкому схилу.

비토(肥土) родючий грунт.

비통(悲痛) жаль; сум; скорбота. ¶ ~하다 сумний; прикрий; тужливий.

비트(bit) {컴퓨터} біт.

비틀거리다 іти похитуючись.

비틀다 крутити. |목을| скручувати; закручувати; заважати (справі, роботі). ¶ 팔을 ~ скрутити руки.

비틀리다 бути закрученим.

비판(批判) критика. ¶ ~적 критичний. ~하다 критикувати. 엄밀히 ~하다 суворо критикувати. || ~력 критична сила. ~론 теорія критики

비평(批評) критика; рецензія. ¶ ~의 가치가 없다 нижче будь-якої критики. || ~가 критик.

비표(秘標) секретний знак; секретна позначка.

비품(備品) обладнання; інвентар; устаткування. ¶ ~ 목록 опис майна.

비하(卑下) низький рівень землі; самокатування; самознищення.

비하다(比--) зіставляти; порівнювати. ¶ …에 비하여 порівнюючи з …

비합리(非合理) нерозумність; ірраціональність; нераціональність. ¶ ~적 нераціональний; ірраціональний. || ~성 нерозумність.

비행(非行) поганий вчинок; погана поведінка. ¶ 남의 ~을 들추다 виявляти погані вчинки у інших людей.

비행(飛行) політ; переліт. ¶ ~하다 літати. || ~기 літак; аероплан. ~사 пілот; льотчик; авіатор. ~장 аеродром.

비현실적 нереальний. ¶ ~ 계획 нереальний план.

비호(庇護) захист; заступництво; егіда. ¶ ~하다 захищати; заступатися.

비화(飛火) летючі іскри.

비효율 неефективність.

빈곤(貧困) лихо; убозтво; злидні. ¶ ~하다 бідний; повний нестатків (важкий). ~에 빠지다 біднувати. ~한 가정에서 태어나다 народжуватися в бідній сім'ї.

빈궁(貧窮) бідність; убозтво; злидні.

빈농(貧農) найбідніше селянство.

빈대 клоп.

빈대떡 млинці з зеленого горошку.

빈도(頻度) частота́; часто́тність. ¶ ~수가 높은 말 сло́во з висо́кою частото́ю кolива́ння.

빈둥거리다 байдикува́ти; лінува́тися; не працюва́ти. ¶ 집안에서 ~ байдикува́ти вдо́ма.

빈말 поро́жня розмо́ва; поро́жня фра́за; балакани́на.

빈민(貧民) бі́дний наро́д; зли́дні. ‖ ~가 бі́дна ву́лиця. ~굴 місь́кі не́трі. ~촌 бі́дний райо́н (кварта́л).

빈발(頻發) ¶ ~하다 ча́сто відбува́тися.

빈번하다 ча́стий; неоднора́зовий. ¶ 빈번히 ча́сто; неоднора́зово. 화재가 빈번히 일어난다 Поже́жі ча́сто відбува́ються.

빈병 поро́жня пля́шка.

빈부(貧富) бі́дність та бага́тство. ¶ ~격차 ро́зрив між бі́дними та бага́тими.

빈사(瀕死) ¶ ~의 지경에 있다 опини́тися на краю́ заги́белі.

빈소(殯所) морг.

빈손 поро́жні ру́ки; оголе́не ті́ло; нагота́.

빈약(貧弱) бі́дність; приміти́вність. ¶ ~하다 бі́дний; приміти́вний. ~한 지식 мізе́рні знання́.

빈자리 ві́льне; незайня́те мі́сце. ¶ ~를 메우다 запо́внювати мі́сце.

빈정거리다 глузува́ти (над ким); кепкува́ти. ¶ 그 문제를 가지고 ~ глузува́ти над цим пита́нням.

빈집 поро́жній (заки́нутий) буди́нок.

빈촌(貧村) бі́дне село́.

빈축(嚬蹙) кри́тика. ¶ ~을 사다 бу́ти розкритико́ваним.

빈털터리 той, хто все розтри́нькав; пустоме́ля.

빈틈 щіли́на; трі́щина; прога́лина.

빈혈(貧血) недокрі́в'я; анемі́я.

빌(bill) раху́нок; квита́нція.

빌기 проха́ння; молі́ння Го́спода.

빌다 бажа́ти; проси́ти; моли́ти. ¶ 행운을 ~ бажа́ти уда́чі.

빌다 позича́ти; запози́чувати.

빌딩 буді́вля. ‖ ~숲 місь́кі джу́нглі.

빌리다 дава́ти в борг (у по́зику; напрока́т). |집을|здава́ти в аре́нду; вдава́тися до допомо́ги; позича́ти; базува́тися (на чо́му); вихо́дити (з чого); випи́тувати. ¶ 책을 ~ позича́ти кни́гу. 돈을 빌려 주다 позича́ти гро́ші.

빌미 причи́на зла; неща́стя. ¶ ~를 제공하다 слугува́ти приво́дом (для чого).

빌붙다 підле́щуватися; плазува́ти (пе́ред ким).

빗 гре́бінь; гнебіне́ць. ¶ ~으로 머́рі́ вишти ро́знісувати во́лосся гребінце́м.

빗나가다 ухиля́тися в бік; вихо́дити з ра́мок. ¶ 화제가 ~ ухиля́тися від те́ми. 총탄이 ~ прихо́дити повз.

빗다 зачі́сувати; розчі́сувати.

빗대다 говори́ти непра́вду; говори́ти натя́ками.

빗맞다 не влуча́ти (в ціль); відхиля́тися (від ці́лі); не здійсню́ватися; не вихо́дити.

빗발 пото́ки дощу́.

빗발치다 крупни́й та швидки́й; як пото́ки дощу́. ¶ 빗발치는 질문 пита́ння, що шви́дко си́пляться.

빗물 дощова́ вода́.

빗방울 дощові́ бу́льбашки.

빗살 зу́би гребінця́.

빗소리 шум дощу́.
빗속 під доще́м.
빗자루 ві́ник; мітла́.
빗장 засу́в; засу́вка.
빗줄기 струмені́ дощу́.
빗질하다 розчі́суватися.
빙구 |아이스하키| хоке́й на льоду́.
빙그레 ¶ ~ 웃다 люб'я́зно посміха́тися.
빙그르르 ¶ ~ 돌다 кружля́ти.
빙글빙글 ¶ ~ 돌다 кружля́ти; верті́тися; оберта́тися.
빙긋 ¶ ~하다 злегка́ посміха́тися.
빙벽(氷壁) льодяна́ стіна́.
빙빙 ¶ ~ 돌다 кружля́ти; верті́тися; оберта́тися.
빙상(氷上) льодяна́ пове́рхня. ‖ ~ 선수 ковзаня́р; хоке́їст; ли́жник.
빙수(氷水) вода́ з льо́дом; фрукто́вий сік з льо́дом.
빙자(憑藉) відмо́вка; посила́ння. ¶ ~하다 посила́тися (*на що*); відмовля́тися.
빙점(氷點) то́чка замерза́ння.
빙판(氷板) льодяна́ пове́рхня.
빚 борг; заборго́ваність. ¶ ~을 지지마라 Не бери́ гро́ші в борг.
빚다 |만두·송편 따위를| лі́пити (ті́сто); готува́ти; розбира́ти. |술| готува́ти (ри́сову горі́лку).
빚어내다 поро́джувати; ство́рювати.
빚쟁이 кредито́р; лихва́р.
빚지다 бра́ти в борг.
빛 сві́тло. ¶ ~나다 ся́яти; блиска́ти; вибли́скувати. ~내다 зму́шувати ся́яти (вибли́скувати); прославля́ти. 배움은 ~이고 문맹은 어둠이다 Навча́ння – сві́тло, ненавча́ння – те́мрява. 커튼이 빛을 막았다. Гарди́ни не пропуска́ють сві́тло. ‖ ~깔 ко́лір; забарвлення. ~살 про́мінь сві́тла.
빠개지다 розко́люватися на дві части́ни. ¶ 머리가 빠개질듯 하다 голова́ розко́люється від бо́лю.
빠끔하다 розши́рюватися (про трі́щину; ді́рку).
빠드득 звук при те́рті двох тіл.
빠듯하다 щі́льний; заби́тий.
빠뜨리다 піддава́ти (*чому*); втрача́ти; пропуска́ти. ¶ 곤란한 입장에 ~ піддава́ти важко́му поло́женню. 한 줄을 ~ пропуска́ти одну́ стрі́чку. 지갑을 ~ губи́ти гамане́ць.
빠르다 швидки́й; хутки́й. ¶ 그는 이해가 ~ Він шви́дко мірку́є. 생각이 빠른 사람 люди́на швидко́го ро́зуму. 난 빠르게 신문을 대충 보았다 Я шви́дко перегля́нув газе́ту. 머리의 회전이 아주 빠르다 В ньо́го голова́ до́бре працю́є.
빠름 шви́дкість.
빠지다 па́дати; бу́ти пропу́щеним; бу́ти низьки́м; схуднути́; іти́; не вистача́ти. ¶ 물에 ~ па́дати в во́ду (то́нути). 이가 ~ зуб випада́є. 살이 빠졌다 схуднути́. 나는 너무 뛰어다녀 맥이 빠졌다 Я забіга́вся. 나는 빠진 단어를 덧붙였다. Я надписа́в пропу́щені слова́. 좌석에서 빠져 나오다 іти́ з мі́сця. 누구에게나 빠지지 않다 не бу́ти гі́рше і́нших. 간계에 빠져들다 попа́стися на ву́дочку.
빡빡하다 |국| густи́й; тісни́й. |기계| негладе́нький. |고지식한 사람| вузьколо́бий.
빤하다 яскра́вий.
빨강 черво́ний ко́лір.

빨갛다 червоний.
빨개지다 червоніти.
빨다 ссати. ¶ 젖을 ~ ссати груди.
빨다 прати. ¶ 옷을 ~ прати одяг.
빨대 соломинка для пиття. ¶ ~로 주스를 마시다 пити сік через соломинку.
빨래하다 прати.
빨래터 місце для прання.
빨래판 пральна дошка.
빨리 швидко. ¶ 그들을 ~ 떼어놓으세요. Розбороніть їх швидше. 나는 가능한 ~ 별장을 다 짓고 싶다. Я хочу добудувати дачу як найшвидше. 주저하지 말고 빨리 결정해 Не тягни, вирішуй скоріше.
빨아내다 висмоктувати.
빨아들이다 |액체| всмоктувати. |기체| вдихати.
빨아먹다 |음식물 따위를| висмоктувати.
빨치산 партизан.
빡빡하다 задушливий; тісний. ¶ 빡빡한 칼라 тісний комір.
빵 хліб. ¶ ~ 한 조각을 베어내다 відрізати шматок хліба. ~ 두 개를 먹어치우다 перехопити пару піріжків. ‖ ~집 хлібний магазин.
빵빵 дірки в різних місцях.
빻다 перетворювати на порошок. ¶ 커피를 ~ молоти каву.
빼기 віднімання.
빼내다 віднімати; виймати. ¶ 가시를 ~ виймати скалку. 좋은 것을 ~ обирати краще. 짐을 ~ виймати багаж. 나는 반지를 빼냈다. Я зняв обручку.
빼놓다 залишати; відкласти. ¶ 너만 빼놓고 우리가 간다 Ми всі, окрім тебе, йдемо.
빼다 виймати; віднімати; виключати. ¶ 명단에서 이름을 ~ виключати ім'я зі списку. 공기를 ~ видаляти (випускати) повітря. 3에서 1을 ~ віднімати від трьох один. 칼을 ~ виймати ніж. 이를 ~ видаляти зуб. 병마개를 빼다 витягати корок.
빼돌리다 сховати. ¶ 빼돌려 둔 돈 сховані гроші.
빼먹다 пропустити; вкрасти. ¶ 수업을 ~ пропустити заняття.
빼물다 прикусити (губу; язик).
빼앗기다 відбирати; забирати. ¶ 권력을 ~ забирати владу. 돈을 ~ забирати гроші.
빼앗다 забирати. ¶ 돈을 ~ забирати гроші. 목숨을 ~ забирати життя. 많은 시간을 ~ забирати багато часу.
빼어나다 виділятися. ¶ 다른 사람보다 ~ виділятися серед інших.
빽빽하다 густий; недалекий. ¶ 빽빽하게 우거지다 рости густо.
뺄셈 віднімання.
뺏기다 німіти.
뺑소니치다 тікати. ¶ 그는 감시의 눈을 피해 뺑소니쳤다 Він втік з-під варти.
뺨 щока. ¶ ~을 때리다 вдарити по щоці. ~에 키스를 하다 поцілувати в щоку.
뻐개다 розколювати на дві частини.
뻐기다 хвалитися. ¶ 몹시 ~ не в міру хвалитися.
뻐근하다 відчувати знесиленість та важкість. ¶ 어깨가 ~ важкість в плечах.
뻐꾸기 зозуля. ¶ ~의 зозулин. ‖ ~시계 годинник з зозулею. 새끼 зозуленя.

삐꾹삐꾹 ку-ку.
삐국새 зозуля.
삐끔삐끔 глибоко вдихати при курінні. ¶ 담배를 ~ 빨다 затягатися цигаркою.
삐드렁니 виступаючий зуб.
삐히 очевидно; ясно.
뻔뻔하다 нахабний. ¶ 뻔뻔스럽다 нахабний.
뻗다 розтягнутися; злягати. ¶ 나무가 길을 따라 뻗어 있다 Дерева тягнуться вздовж дороги.
뻗치다 протягнути. ¶ 구조의 손을 ~ протягувати руку допомоги.
뻣뻣하다 твердий; жорсткий.
뼈 кість [ж]. ¶ ~가 부러저 어긋났다. В результаті перелома кості змістилися.
뼈다귀 кісточка.
뼈대 структура кісток.
뼈마디 з'єднання (суглобів).
뼈지게 важко.
뼈아프다 боліти (про суглоби).
뼈저리다 ломити (про суглоби).
뼘 п'ядь [ж].
뽀뽀 поцілунок.
뽀얗다 бути молочно-білого кольору.
뽐내다 хвалитися. ¶ 요리 솜씨를 ~ хвалитися кулінарними здібностями.
뽑다 обирати; виймати. ¶ 권총을 ~ виймати пістолет. 잡초를 ~ висмикувати траву. 의사가 내 이를 뽑았다. Лікар вирвав мені зуб. 이웃 사람을 대의원으로 뽑았다. Нашого сусіда обрали в депутати. 나사를 뽑아내다 вивернути гвинт.
뽑히다 бути обраним. ¶ 최고로 ~ бути обраним як кращий..

뽕나무 шовковиця. ‖ ~잎 листя шовковиці.
뾰족하다 гострий.
뿌듯하다 повний; тісний.
뿌리기 кидання. ¶ 씨 ~ кидати насіння. 돈을 ~ витрачати гроші. 물을 ~ бризкати воду.
뿌리 корінь [м]. ¶ 땅 속에 ~내리다 пускати коріння в землю. 질병의 ~ причини хвороби.
뿌리다 бризкати; поливати. ¶ 향수를 ~ душитися.
뿌리박다 пускати коріння.
뿌리치다 струшувати. ¶ 유혹을 ~ струшувати з себе спокуси.
뿌옇다 бути молочно-білим.
뿐 тільки.
뿔 ріг.
뿔뿔이 окремо. ¶ ~ 흩어지다 розповсюджувати окремо.
뿜다 бризкати; струменіти. ¶ 피를 ~ проливати кров. 상연할 때 고의로 무대에 연기를 뿜었다. Під час вистави сцену спеціально обволокли димом.
삐걱삐걱 шерех.
삐걱거리다 шарудіти.
삐딱하다 схилитися в одну сторону.
삐툴어지다 викривлятися.
삐라 рекламні оголошення.
삐삐 пейджер. ¶ ~를 치다 посилати повідомлення на пейджер.
삐죽삐죽 гостро.
삐죽하다 гострий. ¶ 삐죽한 칼 гострий ніж.
삐지다 дутися; сердитися; ображатися.

사

사(士) |선비| вче́ний |관리| чино́вник; посадо́ва осо́ба; дворяни́н. |신사| джентельме́н; фігу́ра; видатна́ особи́стість.

사(巳) змія́; вуж; змій.

사(四) чоти́ри. ¶ 4 사람 че́тверо. 4 점 четві́рка. 4 배로 вче́тверо. 모두 넷이서 вчотирьо́м. 넷째로 по-четве́ртих. 4 차원 четве́ртий ви́мір.

사(死) смерть [ж]. ‖ 급~ швидка́ смерть. 횡~ наси́льницька смерть.

사(私) особи́сте; прива́тне. ¶ ~적인 прива́тний; особи́стий. ~적으로 прива́тно. ~기업 прива́тне підприє́мство. ~유재산 прива́тна вла́сність. ~적인 이유로 з особи́стих причи́н. ~적인 일 особи́сті спра́ви. ~적 견해 особи́стий по́гляд (ду́мка). ~생활 особи́сте життя́.

사(邪) |사악| зло. |사악한 행위| злодія́ння.

사(社) |회사| компа́нія; товари́ство; фі́рма; видавни́цтво. ‖ 출판~ видавни́цтво. 통신~ телекомунікаці́йне аге́нство.

사(紗) |실| шовк; шовкови́на. ¶ 생~ шовкси́рець. 생~공장 шовкопряди́льна фа́брика.

사(辭) |인사말| промо́ва [ж]. ‖ 송별~ проща́льна промо́ва. 축~ привіта́ння (віта́льна промо́ва). 취임~ урочи́ста промо́ва.

사(史) |역사| істо́рія. ¶ 미술~ істо́рія мисте́цтва. 러시아 문학 ~ істо́рія росі́йської літерату́ри.

사가(史家) істо́рик.

사각모 конфедера́тка.

사각형 чотирику́тник.

사감(舍監) коменда́нт гуртожи́тку.

사거리 |십자로| перехре́стя.

사건(事件) поді́я; ви́падок; інциде́нт. {법률} спра́ва. ¶ 역사적 ~ істори́чна поді́я. 국제적 ~ міжнаро́дна поді́я. 불의의 ~ неспо́дівана поді́я. 그는 이 ~에 관련되어 있다 Він ма́є відно́шення до ціє́ї поді́ї. ‖ 민사 ~ громадя́нська спра́ва. 유괴 ~ інциде́нт з ви́краденням. 형사 ~ криміна́льна спра́ва.

사격(射擊) стріляни́на; о́бстріл; вого́нь. ¶ ~을 개시하다 поча́ти стріляни́ну. ~하다 стріля́ти. 목표를 ~하다 стріля́ти в ціль. ‖ ~경기 стрілько́ві змага́ння. ~장 стрі́льбище; полі́гон; тир. 조준~ прице́льна стрільба́.

사견(私見) особи́ста ду́мка. ¶ 나의 ~으로는 на мою́ особи́сту ду́мку.

사경(死境) сме́ртний час. ¶ ~에 처하다 потрапля́ти в ру́ки сме́рті. ~을 벗어나다 вирива́тися з рук сме́рті.

사계(四季) чоти́ри по́ри ро́ку; чоти́ри сезо́ни. 춘계/하계/추계/동계 весі́ння/лі́тня/осі́ння/зимо́ва по́ра.

사고(思考) ду́мка; ми́слення. ¶ ~하다 ми́слити. ‖ ~과정 проце́с ми́слення. ~력 зда́тність ми́слити. ~방식 о́браз ми́слення.

사고(事故) поді́я; неща́сний

випадок; катастро́фа; ава́рія. ¶ ~의 원인은 부주의이다 Причи́на ава́рії – неува́жність. ‖ 교통~ автомобі́льна катастро́фа. 열차~ залізоро́жня катастро́фа.

사공 |뱃사공| човня́р.

사과 я́блоко. ¶ ~의 яблуне́вий. ‖ ~과수원 яблуне́вий сад. ~나무 я́блоня. 애플파이 я́блучний пирі́г.

사과(謝過) проще́ння; ви́бачення. ~하다 вибача́тися. …에게 …에 대해 ~하다 приноси́ти ви́бачення кому́ за що. ‖ ~문 письмо́ве проще́ння.

사관(士官) офіце́р; офіце́рський склад; сержа́нтський склад. ‖ ~ офіце́рство. ~생도 каде́т, курса́нт.

사교 соціа́льні взаємосто́сунки; грома́дські збо́ри. ¶ ~적 тов́ариський. ‖ ~계 світські кола́; суспі́льство. ~성 товариськість. ~술 вмі́ння трима́ти себе́ в суспі́льстві.

사귀다 спілкува́тися; дружи́ти; води́ти знайо́мство з ким; пересіка́тися; схре́щуватися ¶ сгуіги 좋은 사람 дружелю́бна (товари́ська) люди́на.

사규(社規) пра́вила фі́рми.

사그라지다 розклада́тися; гни́ти; га́снути; погаса́ти; стуха́ти; зника́ти. ¶ 불이 ~ вого́нь га́сне.

사극(史劇) істори́чна дра́ма.

사금(砂金) розси́пне зо́лото; золоти́й пісо́к.

사금파리 ула́мки порцеля́нового по́суду.

사기(沙器) порцеля́на; порцеля́новий по́суд. ‖ ~그릇 порцеля́нова ча́шка.

사기(士氣) бойови́й дух. ¶ ~가 떨어지다 бойови́й дух па́дає. ~가 높다 Бойови́й дух висо́кий.

사기(詐欺) обма́н; шахра́йство. ¶ ~를 당하다 підда́тися шахра́йству. ‖ ~꾼 злоді́й; обма́нщик; шахра́й. ~술 шахра́йство. ~죄 шахра́йські махіна́ції (зло́чин).

사기업(私企業) прива́тне підприє́мство.

사나이 чолові́к. ¶ ~답지 않은 짓 немужні́й вчи́нок. ~의 чолові́чий; мужні́й; мужи́цький.

사나흘 три-чоти́ри дні.

사납다 злий; немилосе́рдний; рі́зкий; жорсто́кий; стра́шний; відра́зливий. ¶ сану́н бада́ бурхли́ве мо́ре.

사냥 полюва́ння. ¶ ~하다 полюва́ти. 맹수~하다 полюва́ти на хижака́. ‖ ~터 мі́сце полюва́ння. 매~ соколи́не полюва́ння.

사념(思念) ро́зуми; мірку́вання. ¶ ~에 빠지다 впа́сти в ро́здуми.

사노비 кріпаки́.

사농공상(士農工商) традиці́йні чоти́ри кла́си суспі́льства: чино́вники, селя́ни, реміс́ники та купці́.

사다 купува́ти; придба́ти. ¶ 건강은 돈으로 사지 못한다. Здоро́в'я за гро́ші не ку́пиш. 물건을 외상으로 ~ купува́ти ре́чі в креди́т. 현금으로 ~ купува́ти за готівко́вий розраху́нок. 사는 사람 покупе́ць.

사다리 схо́ди. ¶ 줄~ мотузко́ва драби́на. 접는 ~ складна́ драби́на.

사닥다리 драби́на. ¶ ~로 올라가다/내려가다 підніма́тися/спуска́тися по схо́дам.

사단(師團) диві́зія. ‖ ~장

사대 командир дивізії.

사대(事大) схиляння перед великими державами. ‖ ~주의 підлабузництво перед великими державами.

사대부(士大夫) людина знатного походження.

사돈 сват; сваха; свояк. ‖ ~댁 [존칭어] сватй; будинок свата. ~집 будинок свата.

사들이다 закуповувати. ¶ 대량으로 ~ закуповувати у великій кількості.

사또 староста на селі.

사라지다 зникати; переховуватися; пропадати. ¶ 모든 희망이 ~ Вся надія зникає. 군중 속으로 ~ загубитися в натовпі.

사람 людина. ¶ ~의 인생 життя людини. ~답게 행동하다 робити по-людськи. ~답다 людський; вартий людини. ~됨 характер (вигляд) людини; склад; норов.

사랑 кохання. ¶ ~하다 любити. ~스럽다 коханий; милий; симпатичний. ~에 빠지다 закохуватися. 정신적 ~ платонічне кохання. 조국에 대한 ~ любов до батьківщини. 첫~ перше кохання. 짝~ нерозділене кохання.

사랑채 будинок для прийому гостей.

사랑방 вітальня.

사려(思慮) роздуми; міркування; стурбованість. ¶ ~하다 розуміти. 깊은 ~ глибокі роздуми.

사력(死力) відчайдушні зусилля. ¶ 그는 ~을 다해 싸웠다 Він бився насмерть.

사령(司令) диспетчер; командую-чий. ‖ ~관 командуючий. ~부 штаб. ~탑 капітанський місток.

사르다 спалювати; запалити; розпалити; затопити. ¶ 아궁이에 불을 ~ затопити піч.

사례(事例) приклад; випадок. ¶ ~를 설명하다 пояснити прикладом. ~를 들다 приводити приклад. ~를 따르다 слідувати прикладу. ~를 보여주다 показати (подати) приклад. ‖ ~연구 дослідження на прикладах.

사례(謝禮) вдячніть. ¶ ~를 표하다 виражати вдячніть; дякувати кому за що. ~의 표시 знак вдячності. ‖ ~금 грошовий дар (в знак вдячності). ~편지 лист подяки.

사로잡다 піймати живим; взяти в полон; захоплювати. ¶ 마음을 완전히 ~ заповнити всю душу.

사로잡히다 бути спійманим живим (взятим в полон); бути захопленим.

사료(思料) розглядання. ¶ ~하다 розглядати; вважати; приймати до уваги. ~되다 вважатися.

사료(飼料) корм для худоби; фураж. ¶ ~용의 кормовий. ~를 주다 давати корм; годувати. 조잡한 ~ грубі корми. ~용 식물 кормові культури. ‖ ~ 주기 годування. ~창고 кормовий сарай. 농축~ концентровані корми. 생~ соковиті корми.

사료(史料) історичні матеріали. ¶ ~를 수집하다 збирати історичні матеріали.

사리(私利) власна вигода; користивість; своєкористивість. ¶ ~를 도모하는 사람 людина, що

사리(事理) суть справи; резон; довід

사리 capi.

사리다 намотувати; вкладати витками; згортатися клубком; збиратися з духом; збиратися з думками; позбавлятися; сідати; скорочуватися; відскочити ¶ 그는 위험 앞에서 몸을 사린다. Він відступає перед небезпекою.

사리사욕 користивість; егоїзм.

사립대학 приватний університет.

사립학교 приватна школа.

사마귀 |피부| бородавка. ¶ ~의 бородавковий. ~가 난 бородавчатий.

사마귀 |동물| богомол.

사막(沙漠) пустеля. ǁ 모래~ піщана пустеля.

사망(死亡) смерть; кончина; гибель [ж]. ¶ ~하다 вмирати; гинути. 그녀는 암으로 ~하였다 Вона померла від раку. ǁ ~률 коефіцієнт смертності. ~자 померлий; загиблий. 자연~ природня смерть. ~증명서 свідоцтво про смерть.

사면(斜面) нахил; схил; ухил; спадистість. ǁ 산~ гірські схили.

사면(四面) чотири сторони. ¶ ~에서 둘러싸다 бути оточеним зі всіх боків. ǁ ~팔방 всі сторони.

사면(赦免) амністія. ¶ ~하다 амніструвати. ~을 받다 потрапити під амністію. ǁ ~장 прохання про амністію. 개인 특별~ часткова амністія. 일반~ загальна амністія.

사면초가(四面楚歌) вороги зі всіх сторін; весь світ проти.

사멸(死滅) гибель; відмирання; вимирання. ¶ ~하다 гинути; відмирати; вимирати.

사명(使命) місія. ¶ ~을 부여하다 покласти місію *на кого* 숭고한 ~ шляхетна місія. ǁ ~감 увідомлення місії.

사모하다 любити; тужити; думати з любов'ю.

사모님 дружина вчителя; Ваша дружина.

사무(事務) діловодство; справа; управління справами. ¶ ~적인 діловий; діловитий. ~적으로 по-діловому. ǁ ~실 офіс. ~원 працівник офіса. ~장 начальник офіса.

사무치다 перейматися (*чим*); доходити (*до чого*).

사문(死文) недійсний документ. ¶ ~화하다 робити недійсним.

사문서(私文書) особисті документи.

사물(事物) предмет. ¶ ~의 предметний.

사물(私物) особисті речі.

사뭇 від початку до кінця; весь час; безмірно; дуже сильно; як; немов би.

사바(娑婆) {불교} місце катування в людському світі; місце позбавлення свободи. |인간세계| людський світ.

사발 порцелянова миска. ǁ 국~ миска для супа. 밥~ рисова миска.

사방(四方) чотири сторони світу; навколо; повсюду; скрізь.

사범(師範) педагог. ǁ ~대학교 педагогічний інститут.

사법(司法) юстиція. ¶ ~적 юстиційний. ǁ ~부 міністерство

юстиції.

사변(事變) нещасний випадок; катастрофа; біда. ¶ 국가의 ~ лихо національного масштаба; повстання.

사별하다 бути розлученим смертю. ¶ 남편과 ~ бути розлученим через смерть чоловіка.

사병(私兵) особисте військо; дружина.

사병(士兵) солдат.

사복(私服) неформений (громадянський) одяг

사본(寫本) копія; рукописна книга. ¶ ~을 만들다 робити копію.

사부(師父) хазяїн та батько; вчитель та батько

사부(師傅) вчитель; майтер.

사분오열 ¶ ~되다 розриватися на клапті; розпадатися; розсипатися; розколюватися на частини.

사뿐 легко.

사뿐사뿐 ¶~ 걷다 іти легкою ходою.

사사(事事) ‖~건건 все; всі випадки.

사사오입 {수학} округлення.

사사하다 вчитися в кого; бути учнем кого.

사사롭다 неофіційний; приватний; особистий. ¶ 사사로운 정이 있다 є особисте прохання.

사산(死産) ¶ ~하다 народитися мертвим.

사살(射殺) розстріл. ¶ ~하다 розстрілювати.

사상(思想) ідея. ¶ ~적 ідеологічний. ‖ ~가 мислитель; ідеолог. ~범 політичний злодій. ~성 ідейність.

사상누각(沙上樓閣) будинок, збудований на піску.

사색(思索) міркування; роздуми. ¶ ~하다 розмірковувати; роздумувати.

사생(死生) життя та смерть. ¶ ~결단하고 적진에 뛰어들다 ризикуючи життям, проникнути в табір ворога. ‖ ~결단 ризик для життя.

사생(私生) ‖ ~아 незаконнонароджена дитина.

사생활(私生活) приватне життя. ¶ ~이 문란하다 безладне особисте життя.

사서(司書) бібліотекар.

사서삼경(四書三經) Чотири Книги та Три Трактата конфуціанства.

사석(私席) місце неофіційної (приватної) зустрічі. ¶ ~에서 неофіційно.

사선(死線) межа між життям та смертю. ¶ ~을 몇 번 넘다 бути на межі смерті декілька разів.

사설(私設) приватна установа. ‖ ~기관 приватний орган. ~단체 приватне товариство. ~묘지 приватне кладовище.

사세(社勢) могутність (впливовість) компанії. ¶ ~가 기울다 набиратися сили (впливовості); розвиватися.

사소하다 незначний; мілкий. ¶ 사소한 일 때문에 걱정하다 хвилюватися через дрібницю. 사소한 금액 мілка сума. 사소한 문제로 다투다 сваритися через мілку проблему.

사수(死守) відчайдушний захист. ¶ ~하다 відчайдушно захищатися. 진지를 ~하다 відчайдушно захищати позицію.

사슬 |쇠사슬| ланцюґ [여]. |구속|

привязь ¶ 개를 ~로 매다 прив'язати собаку на ланцюг. ~을 풀다 розв'язати ланцюг. 쇠~에 맨 개 собака на прив'язі. 쇠~을 끊다 розірвати ланцюг.

사슴 олень [남]. ¶ ~의 оленячий. ~ 기르기의 оленярський. ‖ ~고기 оленина. ~뿔 (녹각) оленячі роги. ~사육 оленярство. ~사육자 оленяр. 숫~ самець. 암~ самка.

사시(四時) [사계절] чотири пори року.

사시나무 осина.

사식(私食) передача їжі ув'язненому.

사신(私信) приватний лист.

사신(使臣) посланник; посол; посланець; посланий; дипломат. ‖ 특별~ надзвичайний посланник.

사실(事實) факт; реальність; дійсніть. [부] насправді; фактично. ¶ ~적 дійсний; реальний. ~을 왜곡하다 спотворювати факт. ~에 근거를 두다 опиратися на факти. ~을 밝히다 викласти факт. ~ 그렇다 Насправді так. ‖ ~무근 відсутність доказів. ~성 реалістичність. ~주의 реалізм. ~혼 незареєстрований шлюб.

사심(私心) користь; користолюбний [여]. ¶ ~이 있는 корисливий; користолюбний. ~을 위해 이용하다 використовувати заради користі. ~을 품다 приховувати користь. ~을 버리다 відкидати користь. ~없는 충고 безкорисна порада.

사악하다 шкідливий. ¶ 사악한 사람 шкідлива людина. 사악한 생각 шкідливі думки.

사안(事案) діловий план. ‖ 미결~ незатверджений план.

사약(死藥) смертоносна отрута. ¶ ~을 받다 прийняти смертоносну отруту.

사양(辭讓) поступлення. ¶ ~하다 поступати.

사업(事業) робота; діло. ¶ ~하다 проводити роботу; діло. ‖ ~가 підприємець. ~비 видатки; пов'язані з роботою. ~주 хазяїн підприємства. ~체 підприємтво.

사역(使役) найм на роботу. ¶ ~하다 наймати на роботу.

사연(事緣) обставини; факти; зміст. ¶ ~을 말해 주시오 Розкажіть про свої обставини.

사열하다 проводити огляд.

사오십 сорок-п'ятдесят.

사옥(社屋) будівля фірми.

사욕(私慾) користь; корисливість. ¶ ~을 채우다 задовольнити особисту користь. ‖ 사리~ особиста вигода та особиста користь.

사용(事用) використання. ¶ ~하다 використовувати. ~되다 увійти в користування. ‖ ~가치 споживча вартість. ~권 право користування (експлуатації). ~료 плата за користування. ~법 метод користування. ~자 користувач.

사우(社友) колега по роботі.

사우나 сауна.

사운드 звук; шум. ‖ ~엔지니어 звукооператор. ~트랙 звукова доріжка. ~효과 шумові ефекти.

사원(寺院) будійський храм.

사원(社員) службовці фірми. ‖ 신입~ людина, яка поступила на роботу (на фірму); новичок.

사월(四月) квітень [남]. ¶ 4월의 날

씨 квітнева погода. ‖ ~초파일 → 석가탄신일.

사위 зять; чоловік дочки. ¶ ~를 보다 вибирати зятя.

사유(思惟) мислення. ¶ ~하다 мислити. ‖ ~기능 функція мислення.

사유(私有) приватне володіння. ‖ ~권 право володіння. ~재산 приватне майно.

사육 ¶ ~하다 вигодовувати. ‖ ~자 скотар; птахівник; шовківник. ~장 місце для скотарства та шовківництва.

사육제 карнавал.

사은회(謝恩會) збори подяки; випускний вечір.

사의(辭意) подання у відставку компанія. ¶ ~를 표명하다 висловлювати намір піти у відставку.

사이 між *чим* (*ким*). ¶ 우리들 ~ між нами. 그 ~에 між тим. 선생과 제자 ~ між вчителем та учнем. 산 ~의 오솔길 стежка між гір.

사이다 лимонад.

사이드 сторона. ‖ ~ 라인 бокова лінія.

사이비(似而非) псевдо--. ‖ ~종교 псевдорелігія. ~철학 псевдофілософія.

사이사이 між; інтервал. ¶ 일하는 ~ 책을 읽다 в проміжках між роботою читати книгу.

사이즈 розмір. ¶ ~를 재다 знімати розмір.

사이클 цикл. ‖ ~경기 (대회) циклічні змагання.

사인(sign) підпис. ¶ ~하다 підписуватися; розписуватися.

사임(辭任) вихід у відставку. ¶ ~을 권고하다 радити вийти у відставку.

사잇길 проміжна стежка; проміжна дорога.

사자(獅子) лев. ¶ ~는 동물의 왕이다 Лев – цар звірів.

사자(使者) {불교} провідник в світ померлих. ¶ 죽음의 ~ провідник смерті

사장(社長) президент фірми; директор. ¶ ~이 되다 стати президентом.

사재(私財) особисте майно. ¶ ~를 털다 витрачати особисте майно.

사재기 масова закупка. ‖ ~ 열풍 ажіотаж масових закупок.

사저(私邸) приватний особняк (будинок).

사적(史蹟) історичні міця; памятники. ¶ ~을 보ставити зберігати історичні памятки.

사적(社的) |개인적| приватний та особистий. ¶ ~ 감정 особисті почуття.

사전(辭典) словник. ¶ ~을 찾다 шукати (дивитися) в словнику. ~편찬 사업 робота по видавництву словника. ‖ ~편찬인 словарник. 기술용어~ технічний словник. 백과~ енциклопедичний словник. 해석~ тлумачний словник.

사절(謝絶) відмова. ¶ ~하다 відмовляти.

사절(使節) посланник; делегат.

사정(事情) обставини; становище справ; обстановка; ситуація. ¶ 가정 ~으로 по сімейним обставинам.

사제(師第) вчитель та учень. ‖ ~

지간 взаємовідносити між вчителем та учнем.

사조(思潮) ідейні течії. ¶ 근대~ сучасні течії. 문예~ літературні течії.

사족 ¶ ~을 못쓰다 бути божевільним на *чому*.

사죄(赦罪) вибачення. ¶ ~하다 просити пробачення.

사주(四柱) рік, місяць, день та час народження. ‖ ~팔자 віщун долі по року, місяцю, дню та часу народження.

사주다 купити; купувати. ¶ 중소기업 제품을 ~ купувати товари мілких та середніх підприємств.

사주팔자(四柱八字) доля; рік.

사지(四肢) кінцівки. ¶ ~가 멀쩡한 사람 цілковито здорова людина.

사지(死地) смертельна точка; лапи смерті. ¶ ~를 벗어나다 вирватися із лап смерті.

사직(辭職) відставка. ¶ ~하다 вихід у відставку.

사진(寫眞) фотографія. ¶ ~을 찍다 знімати; фотографуватися. ~이 잘 나왔다 Фотографія добре вийшла. ‖ ~사 фотограф. ~관 фотостудія; фотоательє. ~기 фотоапарат. ~실 фотокімната. ~술 фотографія (як мистецтво). ~첩 фотоальбом.

사찰(査擦) спостереження; слідкування. ‖ 세무~ податкове спостереження.

사창 ‖ ~가 вулиця нелегальної проституції.

사채(私債) особистий борг. ‖ ~동결 заморожування боргу.

사철 чотири пори року; круглий рік.

사철나무 падуб.

사체(死體) мертве тіло; труп. ‖ ~공포증 некрофобія; боязнь трупів. ~안치소 морг.

사촌 двоюрідний брат; двоюрідна сестра.

사춘기 період статевої зрілості. ¶ ~의 소녀 дівчинка-підліток. ~의 청소년들 діти підліткового періоду.

사출(射出) катапультування. ¶ ~하다 катапультуватися.

사취(詐取) обман; шахрайство. ¶ 돈을 ~하다 добувати гроші шахрайським шляхом.

사치(奢侈) розкіш [єв]. ¶ ~하다 (스럽다) розкішний. ~스럽게 살다 Жити широко. ‖ ~품 предмети розкоші.

사칭(詐稱) фальшиві особисті дані. ¶ ~하다 підробляти особисті дані.

사타구니 промежина; пах. ¶ ~를 긁다 лизати зад; підлещуватися; підлабузнюватися.

사탄 сатана. ¶ ~이 광야에서 예수를 시험하였다. Сатана спокушав Ісуса в пустелі.

사탕 цукерка.

사탕발림 обман за допомогою лестощів. ¶ ~의 말에 속지 말라 Не піддавайся на лестощі.

사탕수수 цукрова тростина.

사태(沙汰) обвал; зсув; наплив; масовий потік ¶ 불경기로 인해 실업자 ~가 났다 Через депресії почалося масове безробіття.

사태(事態) становище справ; подія. ‖ 국가 비상~ надзвичайне положення справ в країні.

사택(私宅) відомчий жилий

будинок.

사퇴(辭退) ви́хід у відста́вку. ¶ ~하다 вихо́дити у відста́вку.

사투(死鬪) відчайду́шна боротьба́. ¶ ~를 벌이다 відчайду́шно воюва́ти.

사투리 діале́кт. ¶ ~ 흉내내기 наслі́дувати діале́кт.

사팔뜨기 косоо́кий.

사표(辭表) проха́ння про відста́вку; зая́ва про відста́вку. ¶ ~를 제출하다 подава́ти зая́ву про відста́вку.

사학(史學) істо́рія. ¶ ~과 ка́федра істо́рії.

사항(事項) пу́нкти; статті́; пара́графи. ¶ 관련~ відпові́дні пу́нкти.

사해(四海) чоти́ри моря́; весь світ. ‖ ~동포 всесві́тнє бра́тство.

사행(射倖) спекуля́ція. ¶ ~심을 조장하다 розвива́ти аза́рт та тре́ба бу́ти обере́жним з ни́ми. ‖ ~심 аза́рт.

사형(死刑) сме́ртна ка́ра. ‖ ~수 пригово́рений до сме́ртної ка́ри. ~장 мі́сце ка́ри; лобо́ве мі́сце.

사화산(死火山) поту́хлий вулка́н.

사환(使喚) хло́пчик на побіге́ньках в конто́рі.

사활(死活) життя́ та смерть. ¶ ~이 달린 문제 пита́ння життя́ та сме́рті.

사회(社會) суспі́льство. ¶ ~의 이익 суспі́льна ви́года. ~적 지위 суспі́льний стан. ‖ ~단체 суспі́льні організа́ції. ~보장 соціа́льне страхува́ння. ~복지 суспі́льний добро́бут. ~상 осо́ба суспі́льства. ~악 соціа́льне зло. ~여론 суспі́льна ду́мка. ~장 (葬) публі́чні по́хорони. ~제도 суспі́льний у́стрій; соціа́льна структу́ра. ~질서 суспі́льний поря́док. ~화 соціаліза́ція. ~활동가 суспі́льний діяч. 봉건~ феода́льне суспі́льство. 상류~ ви́щий світ.

사회(司會) голосува́ння. ¶ ~를 보다 головува́ти; вести́ зібра́ння (збо́ри). ‖ ~자 головую́чий; веду́чий.

사회과학 суспі́льна нау́ка.

사회주의 соціалі́зм.

사회학 соціоло́гія. ‖ ~자 соціо́лог.

사훈(社訓) вну́трішній стату́т компа́нії.

사흘 три дні.

삭감(削減) скоро́чення. ¶ ~하다 скоро́чувати; урі́зувати. 예산을 ~하다 скоро́чувати бюдже́т.

삭다 |새끼줄| гни́ти. |김치| ки́снути. |술| ква́ситися. |음식| перева́рюватися; засво́юватися.

삭막하다 нея́сний; тума́нний. ¶ 분위기가 너무 ~. Стан ду́же нея́сний.

삭발(削髮) стри́жка наго́ло.

사글세 мі́сячна пла́та за (аре́нду) кімна́ту. ‖ ~방 кімна́та; що знима́ється за мі́сячну пла́ту.

삭신 м'я́зи та кі́стки. ¶ 늙으면 ~이 쑤신다. Коли́ ста́неш стари́м, кі́сті бу́де ломи́ти.

삭이다 сприя́ти перева́рюванню ї́жі; заспоко́ювати; приму́шувати заспоко́їтися; витрача́ти. ¶ 흥분한 감정을 ~ заспоко́ювати збу́джені почуття́.

삭제(削除) ви́ключення; ви́лучення; ви́креслення. ¶ ~하다 виключа́ти; вилуча́ти; знима́ти.

삭히다 квасити. |술| давати бродити.

삯 плата за роботу. ‖ ~바느질 шиття за гроші.

산(山) гора. ¶ ~에 오르다 підніматися на гору ~에서 내려오다 спускатися з гори. ‖ ~기슭 підніжжя гори. ~길 гірська дорога. ~꼭대기 вершина гори. ~등성이 гірський хребет. ~봉우리 гірський пік. ~불 лісова пожежа. ~사 храм на горі. ~새 гірський птах. ~수화 пейзажний живопис. ~신 гірський дух. ~악 гори. ~악회 товариство альпіністів. ~야 гори та рівнини. ~정 вершина гори. ~줄기 гірський хребет. ~촌 гірське поселення. ~토끼 заєць.

산골 глухий гірський район.

산짜기 лощина; гірська долина.

산도(酸度) {화학} кислотність.

산들바람 свіжий прохолодний вітер.

산들산들 освіжаюче (про вітер); кокетний; легкий (про поведінку).

산뜻하다 чистий; охайний; свіжий; витончений; гарний. ¶ 산뜻한 공기 свіже повітря. 산뜻한 옷 охайний одяг.

산란(産卵) яйцекладка; ікрометання. ¶ ~하다 відкладати яйця.

산만하다 безладний; розпливчастий; невиразний; неясний. ¶ 정신이 ~ неясна свідомість. 나를 산만하게 하지 마세요. Не відволікайте мене. 이웃사람이 질문을 해서 내 주위를 산만하게 만든다. Сусід відволікає мене питаннями.

산맥 гірський хребет.

산모(産母) жінка, що народжує. ¶ ~의 상태가 어떻습니까? Який стан жінки, що народжує?

산문(散文) проза. ¶ ~으로 쓰다 писати в прозі. ~적 прозаїчний. ~시 білий вірш; вірш в прозі.

산보 прогулянка; гуляння. ¶ ~하다 прогулюватися; гуляти. ‖ 교외 ~ прогулянка за місто.

산부인과 акушерство та гінекологія; гінекологічне відділення. ‖ ~의사 гінеколог.

산사태 гірський обвал.

산산이 вщент; на частини. ¶ 그릇을 ~ 부수다 ламати посуд вщент.

산산조각 дрібні уламки. ¶ ~으로 부서지다 ламатися на шматки.

산삼(山蔘) гірський женьшень.

산성화(酸性化) окиснення. ¶ 산(성)화하다 окиснюватися.

산소 кисень. ¶ ~ 처리하다 окиснювати.

산수(算數) арифметика. ¶ ~문제 арифметичні задачі.

산수유 кизил.

산술 арифметика. ¶ ~을 하다 розв'язувати арифметичні задачі. ‖ ~적 арифметичний.

산실(産室) кімната для новонароджених.

산업(産業) промисловість. ¶ ~의 발달 розвиток промисловості. ‖ ~계 промислові кола. ~구조 структура промисловості. ~체 промислове підприємство. ~혁명 промислова революція. ~화 індустріалізація.

산울림 луна.

산유(産油) виробництво нафти. ‖ ~국 країна-виробник нафти.

산장(山莊) дача в горах.

산적(散積) ¶ 문제가 ~하다

проблéми підступáють (у велúкій кíлькості).

산전(産前) до полóгів.

산전수전 ¶ ～ 겪다 випрóбувати (переборювати) всі трýднощі. 그는 ～ 다 겪었다. Він пройшóв вогóнь та вóду.

산중 сéред гір.

산지(産地) мíсце виробнúцтва; обувáння. ¶ 담배의 ～ мíсце виробнúцтва тютюнý.

산천초목 вся прирóда.

산책 прогýлянка. ¶ ～하다 прогýлюватися.

산출(算出) обчúслення; підрахýнок. ¶ ～한 금액 обчúслена сýма.

산출(産出) виробнúцтво; вúроблення; добувáння. ‖ ～량 обсяг виробнúцтва; добувáння.

산타클로스 Сáнта Клáус.

산통(産痛) післяполóговий біль.

산통(算筒) малéнький ящик, що використóвє сліпéць при гадáнні. ¶ ～을 깨다 розбивáти надії.

산파(産婆) акушéр(ка). ‖ ～술 акушéрство.

산하(傘下) що вхóдить в; що знахóдиться в (*чиєму*) відáнні. ‖ ～기관 нúжчий óрган. ～기업 відóмче підприéмтво.

산해진미(山海珍味) вúшукана ї́жа; делікатéс.

산행하다 ітú по гірськíй стéжці.

산호(珊瑚) корáл. ‖ ～섬 корáловий óстрів. ～목걸이 корáлове намúсло.

산화(酸化) {화학} окúснення. ¶ ～하다 окúснюватися. ～시키다 окисняти. ‖ ～물 óкисел. ～알미늄 óкис алюмíнія. ～제 окиснúк. ～철 окúснене залíзо. ～피막 окúснювальна плíвка.

산후(産後) післяполóговий; пíсля полóгів.

살구 абрикóс.

살 плоть; мясо; мязи; шкíра. ¶ ～을 빼다 скидáти вагý. ～과 피 кров та плоть.

살 шпúця. ¶ 우산～ шпúця парасóлі. ‖ 구김～ змóршки. 빗～ зубці́ грéбінця.

살 стрілá. ¶ 손～같이 빠르다 швидкúй як стрілá.

살 |나이| лічúльне слóво; що означáє вік. ¶ 한 ～ одúн рік. 두 ～ два рóки.

살갗 шкірнúй покрúв; шкíра. ¶ 고운 ～ хорóша шкíра.

살결 шкíра. ¶ 그녀는 ～이 부드럽다 Її шкíра мякá.

살균 ¶ ～하다 стерилізувáти. ‖ ～제 знезарáжувальний зáсіб. ～력 стерúльність; бактерицúдність.

살그머니 потайкú; крадькомá; нúшком. ¶ ～ 다가오다 підхóдити крадькомá. ～ 쳐다보다 крадькомá підглядáти.

살금살금 потихéньку; крадькомá; крадучúсь. ¶ ～ 가다 іти крадькомá; на вшпинькáх.

살기(殺氣) шкідлúвість; отрýйність; злість. ¶ ～등등하다 дúхати злíстю; таї́ти смертéльну загрóзу.

살길 зáсоби існувáння; рятувáння. ¶ ～을 찾다 знахóдити зáсоби до існувáння.

살다 жúти; проживáти. ¶ 아내가 남편보다 더 오래 살았다. Дружúна пережилá чоловíка. 검소하게 ～ жúти скрóмно. 사이좋게 ～ жúти душá в дýшу. 옛날

옛적에 왕이 살았었다. Давним-давно жив-був цар.

살덩이 шматок плоті.

살뜰하다 дбайливий; уважний; чуйний; ощадливий; ретельний; економний.

살랑거리다 |바람이| дути; шарудіти; шуміти.

살랑살랑 ¶ ~ 불다 дути (про легкий вітерець). ~ 걷다 іти легкою ходою.

살래살래 ¶ ~ 짓다 хитати головою. ~ 혼들다 махати хвостом.

살롱 салон. ¶ ~음악 музичний салон. ‖ 뷰티~ салон краси.

살리다 рятувати; залишати в живих.

살림 домашнє господарство; життя. ¶ ~을 하다 вести хазяйство. ~을 꾸려가다 вести хазяйство. ‖ ~꾼 хазяїн; хазяйка; хороший хазяїн; хороша хазяйка. ~살이 господарство. ~집 житловий будинок; квартира.

살맛 радість життя.

살며시 крадькома; обережно; потайки. ¶ ~ 집을 나가다 потайки виходити з будинку.

살모사 східний щитомордник.

살벌하다 кривавий; жорстокий; страшний; що всиляє страх. ¶ ~한 분위기 жорстока обстановка.

살살 непомітно; злегка. ¶ ~ 닿다 торкатися злегка.

살상 ¶ ~하다 вбивати і (чи) поранити. 수많은 살상 багаточисленні жертви.

살색 колір шкіри.

살생 ¶ ~하다 відбирати життя; вбивати. 무익한 ~ безглузда смерть.

살수(撒水) бризкання водою. ¶ ~차 візок для води.

살신성인 самопожертвування заради гуманності.

살아가다 жити. ¶ 세상을 ~ жити в цьому будинку.

살아나다 виживати. ¶ 회복돼서 ~ виживати, одужавши після хвороби.

살아오다 доживати.

살아생전 протягом життя.

살얼음판 тонкий лід; небезпечна ситуація.

살육하다 вбивати людей.

살의 думка про вбивство людини. ¶ ~를 품다 задумувати вбивство.

살인 вбивство. ¶ ~적 вбивчий; звірський; людожерський. ~하다 вбивати. ‖ ~기도 замах. ~마 вбивця; бандит; душегуб. ~범 вбивця. ~사건 вбивство. ~자 вбивця. ~죄 вбивство.

살점 шматок м'яса.

살지다 повний; товстий; гладкий; вгодований; плодючий. ¶ 살진 돼지 вгодована свиня.

살짝 злегка; непомітно; потайки. ¶ ~ 도망가다 непомітно тікати.

살찌다 повніти; товстіти. ¶ 살찐 송아지 жирне теля.

살찌우다 вгодовувати; відгодовувати.

살충(殺蟲) винищення шкідливих комах. ‖ ~제 інсектициди.

살펴보다 розглядати; роздивлятися. ¶ 지도를 ~ роздивляти карту.

살포 розкидання. ¶ ~하다 розкидати.

살풀이 вигнання злого духа; екзорцизм.

살피다 роздивлятися. ¶ 창밖을 ~ дивитися в вікно. 방안을 ~

살해 вбивство. ‖ ~범 вбивця.

삶 життя [여]. ¶ 힘든 ~을 이어가다 вести тяжке життя.

삶다 варити; кип'ятити; підготувати; обробити. ¶ 고기를 ~ варити м'ясо.

삼(三) три; третій.

삼(參) женьшень [남].

삼가다 бути обережним; остерігатися; знати міру; відступатися. | 술과 담배를| обмежувати. |먹는 것을| уникати.

삼각(三角) трикутник; тригонометрія. ‖ ~대 триніжок; штатив. ~자 дельта. ~형 трикутник.

삼강오륜(三綱五倫) три основи і п'ять правил в людських стосунках.

삼계탕 суп з женьшеня та курячого м'яса.

삼거리 (тридорожнє) перехрестя.

삼경(三更) північ; після півночі.

삼나무 криптометрія.

삼남(三南) три південні провінції Кореї (Чхунчхондо; Чолладо; Кьонсандо).

삼다 робити (вважати) (кого, ким, чим). ¶ 며느리로 ~ вважати невісткою. 고아를 양자로 ~ дати притулок сироті. 그 점을 문제로 삼지 않는다. не робити з цього проблему.

삼동(三冬) три зимовиї місяця в році.

삼라만상(森羅萬象) вся природа; всесвіт.

삼류 третій клас; розряд. ¶ ~작가 поганий письменник.

삼매(參昧) {불교} концентрація; поглинення. ‖ ~경 ідеальний стан духовної концентрації.

삼베 конопляне сукно.

삼삼오오 втрьох-вчотирьох; вчотирьох-впятьох.

삼십육계(三十六計) втеча. ¶ ~를 놓다 тікати.

삼엄하다 урочистий. ¶ 삼엄한 분위기 урочиста обстановка.

삼월 березень.

삼인칭 третя особа.

삼위일체 Свята Трійця – Батько, Син та Святий Дух

삼자(三子) три зацікавлені особи; третя особа.

삼중(三重) потрійний. ‖ ~주 музичне тріо.

삼지창(三枝槍) тризуб.

삼진(三振) {스포츠} страйк-аут; три гравця в ауті (в бейсболі).

삼척동자(三尺童子) маленька дитина. ¶ ~라도 아는 사실 істину, яку знає навіть маленька дитину.

삼촌 брати батька; дядько; молодший брат батька.

삼치 дрібноплямова макрель.

삼키다 ковтати; проковтнути; захоплювати; стримувати (сміх, сльози і т. п.).

삼투압 осмотичний тиск.

삼파전 трьохстороння боротьба. ¶ ~을 벌이다 розв'язувати трьохсторонню боротьбу.

삽 лопата. ¶ ~으로 땅을 파다 копати землю лопатою. ‖ 삽질하다 працювати лопатою.

삽시간 мить; момент. ¶ ~에 миттєво; вмить.

삽입 вставлення; поміщення. ¶ ~하다 вставляти; поміщати.

삽화 ілюстрація. ¶ ~를 넣다 вносити ілюстрації.

삿대질하다 рухатися на човні за допомогою жердини; тикати, сунути під ніс.

상(上) верх. ¶ ~부 верхня частина.

상(賞) премія; нагорода. ¶ 노벨~ Нобелівська премія. 우등~ перший приз.

상(床) стіл. ¶ ~을 차리다 накривати стіл. ‖ 밥~ обідній стіл.

상가(喪家) дім в жалобі.

상가(商家) торговий дім; магазин.

상감(象嵌) інструкція; мозаїчна робота ‖ ~세공 робота по інструкції. ~장 інструктор.

상거래 комерційна угода. ¶ ~를 맺다 укладати угоду.

상견례 етикет знайомства та привітання.

상경하다 їхати в Сеул з провінції.

상고(上告) касаційна скарга. ¶ ~하다 подавати касаційну скаргу.

상고사(上古史) стародавня сторія. ¶ 상고 시대 період стародавньої історії.

상고심 суд в вищій інстанції; апеляційний суд.

상공 повітряний простір. ‖ ~업 торгівля та промисловість.

상관 ¶ ~하다 відноситися. ~없다 не мати відношення до ... 남의 일에 ~ 마시오 не втручатися в чужі справи. ‖ ~성 взаємовідносини.

상권(上卷) перший том трьохтомника (двухтомника).

상극 несумісність. ¶ ~하다 виключати один одного. 물과 불은 상극이다. Вода та вогонь – дві протилежності.

상근(常勤) повний режим роботи.

상금(賞金) грошова премія. ‖ ~제 преміальна система.

상급(上級) вищий клас; старший клас; вищий командир. ‖ ~생 старшокласник. ~학교 вища школа.

상기 ¶ ~하다 згадувати; пригадувати.

상납 виплата податку. ¶ ~하다 сплата податку. ‖ ~금 виплачувана сума.

상냥하다 милий; лагідний; привітливий. ¶ 상냥히 미소짓다 добродушно посміхнутися.

상념(想念) думки; міркування. ¶ ~에 사로잡히다 занурюватися в думки.

상놈(常--) мужик; невихована людина.

상단(上端) верхній кінець.

상담(相談) консультація. ¶ ~하다 консультуватися. ‖ ~료 плата за консультацію. ~소 консультаційна контора. ~역 консультант. 법률~소 юридична консультація.

상당(相當) ¶ ~하다 відповідний; підходящий; пристойний; значний. ~수 значне число. ~액 значна сума.

상대(相對) протилежність; інша, протилежна сторона; супротивник; партнер; опонент. ‖ ~방 інша (протилежна) сторона. ~성 відносність. ~주의 відносності.

상례(常例) звичай. ¶ ~를 따르다 дотримуватися звичая.

상록(常綠) вічна зелень. ‖ ~수 вічнозелені дерева.

상류(上流) |강| верхня течія; верхів'я. ¶ ~사회 вищий світ.

상륙(上陸) висадження на берег; десант. ¶ ~하다 висаджуватися на берег. ~을 허가하다 дозволяти висадження на берег.

상머리(床--) головна частина столу. ¶ ~에 앉다 сідати в головній частині столу.

상면하다 знайомитися; зустрічатися.

상무(尙武) мілітаризм. ¶ ~기상 дух мілітаризму; бойовий (войовничий) дух.

상반하다 бути протилежним. ¶ 성격이 ~ протилежний характер.

상반신(上半身) верхня половина тіла (тулуба).

상벌(賞罰) нагорода та покарання. ¶ 공죄에 따라 ~을 주다 нагороджувати та карати по заслугам.

상법(商法) закон про торгівлю.

상병(上兵) капрал.

상보(床褓) скатертина. ¶ ~를 덮다 накривати скатертину на стіл.

상보(詳報) докладна доповідь; докладне повідомлення. ¶ ~하다 робити докладне повідомлення.

상보성(相補性) взаємодоповнення.

상복(喪服) траурний одяг. ¶ ~을 입다 одягати траурний одяг.

상봉하다 зустрічатися. ¶ 오랜만에 ~ зустрічатися через довгий час. 남북으로 헤어진 이산가족이 40년 만에 서로 상봉했다. Розділені сім'ї на Півночі та Півдні зустрілися один з одним через 40 років.

상부(上部) вищий орган; вища людина. ¶ ~의 지시에 따르다 виконувати наказ вищого органа.

상부상조 взаємодопомога. ¶ 어려울 때 ~가 필요하다 Взаємодопомога потрібна в важні часи.

상비(相備) ¶ ~하다 тримати наготові. ‖ ~군 регулярна постійна армія; кадрові війська. ~약 домашня аптечка.

상사(商社) зовнішньоторгові об'єднання; торгова фірма.

상상(想像) уява; уявлення. ¶ ~하다 уявляти. ~의 уявний. 밝은 미래를 ~하다 уявляти світле майбутнє. ‖ ~력 сила уяви; фантазія. ~외 всупереч; несподівано; неймовірно.

상생(相生) забобони, що визначають гармонію між чоловіком та жінкою.

상서롭다 щасливий; добрий.

상석(上席) перше місце (в ряду); високий пост.

상선(商船) торгове судно. ‖ ~선원 моряк з торговельного судна.

상설(常設) постійний; стаціонарний.

상세하다 докладний; детальний. ¶ 상세한 보고 детальний звіт.

상소(上疎) апеляція; оскарження. ¶ ~하다 апелювати.

상소리 вульгарні слова; лайка; сварка.

상속 успадкування. ¶ ~하다 успадковувати. ‖ ~권 успадковане право. ~세 податок на спадок. ~인 спадкоємець.

상쇄하다 взаємно компенсувати. ¶ 득실이 ~ позитивні та негативні якості взаємно компенсуються.

상수(常數) константа; постійне число.

상수도(上水道) водопровід.

상수리 жолудь [남].

상순(上旬) перша декада; перша третина місяця.

상술(上述) вищевикладений. ¶ ~하여 однаково з вищевикладеним.

상술(詳述) докладно викладати. ¶ 사건의 내용을 ~하다 докладно висловлювати зміст події.

상술(商術) мистецтво торгівлі.

상습(常習) звичка. ¶ ~적 звичний. ‖ ~범 рецидивіст. ~자 людина з закоренілими звичками.

상승(上昇) підйом. ¶ ~하다 підніматися. ~적 підйомний. ~기 період підйому. ~력 сила підйома.

상시(常時) звичний час. ¶ ~고용 регулярний найм.

상식(常識) елементарні знання; здоровий глузд. ¶ ~적 елементарний. ~이 없는 사람 людина без здорового глузду.

상실(喪失) втрата. ¶ ~하다 губити. ‖ 기억력 ~ втрата пам'яті.

상심(傷心) засмучення. ¶ ~하다 засмучуватися.

상아(象牙) слоновий бивень. ‖ ~탑 вежа із слонової кості.

상어 акула.

상업(商業) торгівля; торгова промисловість. ‖ ~도시 торговельне місто. ~디자인 промисловий дизайн. ~미술 промислове мистецтво. ~주의 меркантилізм. ~화 комерціалізація.

상여(喪輿) поховальні ноші. ‖ ~꾼 носій, що несе труну.

상여금(賞與金) грошова премія.

상연(上演) вистава. ¶ ~하다 ставити (на сцені).

상온(常溫) нормальна температура.

상용(常用) ¶ ~하다 постійно вживати. 마약을 ~하다 вживати наркотики.

상원(上院) верхня палата парламента. |영국| Палата лордів. |미국| Сенат.

상위(上位) ¶ 여성 ~시대 епоха домінування жінок.

상응하다 відповідати.

상의(上衣) верхній одяг.

상의(相議) порада; консультація. ¶ ~하다 радитися; консультуватися. 변호사와 ~하다 радитися з юристом.

상이(相異) різниця. ¶ ~하다 різноманітний.

상인(商人) торговець; купець; комерсант.

상임(常任) постійна посада. ¶ ~이사 виконавчий директор.

상자(箱子) ящик. ¶ 술 한 ~ один ящик горілки. 사과 한 ~ один ящик яблук.

상장(賞狀) грамота; сертифікат; почесний диплом.

상전(上典) хазяїн; господар (по відношенню до раба). ¶ ~ 모시다 служити хазяїну.

상점(商店) магазин. ¶ ~을 열다/닫다 відчиняти/зачиняти магазин.

상정하다 включати в порядок денний; вносити пропозицію в палату.

상존하다 все ще існувати.

상종하다 дружити; спілкуватися; мати звязок (з ким).

상주(常住) постійне проживання. ¶ ~하다 постійно проживати.

상중하 верх, середина та низ; вищий; середній та нижчий. |책의 권| перший, другий, третій.

상징(象徵) символ. ¶ ~하다

상찬(賞讚) похвала; заохочення.

상책(上策) кращий план.

상처(傷處) рана. ¶ ~를 입다 бути пораненим; поранитися. ~를 치료하다 заліковувати рану. ~가 아물었다. Рана залікувалася.

상체(上體) верхня частина тулуба.

상충(相衝) протиріччя; невідповідності. ¶ ~하다 протирічити.

상층(上層) верхні шари. ‖ ~계급 вищий клас. ~운 високі хмари.

상치하다 бути протиставленим одним одному; бути різноманітним.

상치쌈 голубці з листя салату.

상쾌하다 бадьорий; веселий; свіжий. ¶ 상쾌한 기분 веселий настрій.

상큼상큼 легка хода.

상타다 отримувати приз. ¶ 최고의 성적으로 ~ отримати приз за кращу успішність.

상태 стан; положення. ¶ 위험한 ~ небезпечна ситуація. ‖ 건강~ стан здоров'я. 경제~ економічний стан.

상통(相通) взаємний обмін; взаєморозуміння; звязок. ¶ ~하다 обмінюватися один з одним. 의사가 ~하다 розуміти один одного.

상투 пучок (стара корейська чоловіча зачіска).

상투(常套) звичність; тривіальність. ‖ ~수단 звичайний засіб.

상판 морда; фізіономія.

상팔자 щаслива доля.

상패 медаль [여]. ‖ ~수상자 медаліст. ~수여식 церемонія вручення медалі.

상표 торгова марка; ярлик. ‖ ~권 права на торгову марку.

상품(商品) товар. ‖ ~권 талон на придбання товара.

상하(上下) верх та низ; старші та молодші. ‖ ~수도 водопровід та каналізація.

상하다 отримати поранення; забиватися; псуватися; гнити; худнути. ¶ 다른 사람들의 자존심을 상하게 하지 마세요. Не зачіпайте самолюбство інших людей.

상행(上行) напрям до верху (до столиці). ¶ ~차 машина, що направляється в толицю.

상행위(商行爲) торгова угода; торгашество.

상향(上向) верхній напрям.

상현(上弦) |상현달| місяць в першій чверті.

상형(象形) зображення; образ. ‖ ~문자 піктографія.

상호(相互) взаємо-. ‖ ~관계 взаємозвязок. ~보험 взаємострахування. ~원조조약 договір про взаємодопомогу. ~의존 взаємозалежність. ~이익 взаємовигода. ~작용 взаємодія. ~주의 взаємність.

상환(償還) погашення. ¶ ~하다 гасити; сплачувати. ‖ ~금 сума погашення.

상황(狀況) ситуація; положення; обставина.

상회(商會) торгівельна фірма.

상훈(賞勳) нагородження.

상흔(傷痕) шрам. ¶ ~이 남아 있다 шрам залишається.
살바 пов'язка, що зав'язують на ногу бійця.
살살이 досконально; до точки. ¶ ~ 뒤지다 продивлятися досконально.
새 птах. ¶ ~의 깃 перо птаха. ~를 기르다 вирощувати птаха. ‖ ~집 гніздо птаха.
새 новий.
새것 нове; новітнє.
새겨듣다 слухати уважно.
새기다 вирізати по дереву (металу); робити скульптуру.
새길 новий шлях.
새까맣다 темний; чорний.
새끼 |동물| молода особа; дитинча. |욕| негідник; сволота. |자식| дитина.
새끼줄 маленька мотузка.
새날 новий день.
새다 текти; протікати. ¶ 가스가 샌다 Газ протікає. 물통에서 물이 샌다 Вода протікає з відра.
새달 новий місяць.
새댁 |새집| новий будинок. |새 색시| нова сила.
새롭다 новий. ¶ 새로운 계획 новий план. 새로운 소식 новина. 새로운 힘 нова сила. 새로운 사실이 발생하였다 Спливли нові факти.
새벽 світанок. ‖ ~녘 світанок; зоря. ~달 місяць на світанку. ~별 зірка на світанку. ~잠 міцний сон на світанку.
새별 нова зірка.
새봄 нова весна.
새빨갛다 червоний. ¶ 새빨간 얼굴 почервоніле обличчя.
새빨개지다 червоніти. ¶ 술을 마시면 얼굴이 새빨개진다. Обличчя червоніє від випивки.
새삼스럽다 свіжий; бадьорий.
새색시 наречена.
새순 {식물} нові бруньки.
새신랑 наречений.
새싹 молоді пагони.
새아씨 нова дівчина.
새앙쥐 миша.
새옹지마(塞翁之馬) приховане (таємне) благословення. ¶ 인간만사 ~ Шляхи Господа невідомі.
새우 креветки.
새우다 не спати вночі. ¶ 공부로 밤 ~ займатися всю ніч.
새우잠 спати; згорнувшись в клубок.
새우젓 солоні креветки.
새잎 нове листя.
새장 пташина клітка.
새치기 ¶ ~하다 втиснутися; стягти.
새침하다 холодний; байдужий.
새침데기 холодна байдужа людина.
새콤하다 кислий. ¶ 새콤한 과일 кислі фрукти. 새콤한 양배추 кисла капуста.
새털 пташине пір'я.
새파랗다 темно-синій. ¶ 새파란 하늘 синє небо.
새파래지다 синіти.
새해 новий рік. ¶ ~를 맞이하다 зустрічати новий рік. ~를 축하하다 святкувати новий рік.
색(色) |색| колір; сорт. |육욕| тілесні (сексуальні) втіхи. |용모| жіноча краса. ¶ 색칠하다 фарбувати. 색 다른 느낌 незвичайне почуття.. 색에 빠지다 впадати в сексуальні втіхи.. 여자의 미색에 반하다 захоплюва- тися жіночою

색감(色感) відчуття́ кольору.

색깔 ко́лір. ¶ 이 ~은 오래 가지 않는다. Цей ко́лір не витри́має.

색다르다 незвича́йний.

색동옷 о́дяг з кольоро́вими сму́жками.

색동 сму́жки різномані́тних кольорі́в.

색맹(色盲) дальтоні́зм. ‖ ~인 дальто́нік.

색상(色相) забарвлення. ¶ 넥타이의 ~ кольори́ крава́тки. 좋은 ~ га́рне забарвлення.

색소(色素) пігме́нт. ‖ ~형성 пігмента́ція.

색소폰 саксофо́н. ¶ ~을 연주하다 гра́ти на саксофо́ні.

색시 незамі́жня ді́вчина; нарече́на.

색실 кольоро́ва моту́зка; кольоро́вий шнур.

색안경 кольоро́ві окуля́ри. |біу| упере́джена ду́мка. ¶ ~을 쓰고 보지 마시오! Не диві́ться на це упере́джено.

색조 ко́лір; забарвлення.

색종이 кольоро́вий папі́р.

색채 забарвлення; відті́нок; колори́т.

색출 шука́ння. ¶ ~하다 шука́ти; вишу́кувати; розві́дувати *про кого-що*.

색칠 розфарбува́ння; забарвлення. ¶ ~하다 розфарбо́вувати; фарбува́ти.

샌님 со́вісна (сумлі́нна) люди́на.

샌드위치 бутербро́д.

샌들 санда́лі; та́почки [*мн*].

샐러드 сала́т. ¶ 파와 감자가 들어 있는 토마토 ~. Сала́т з помідо́рів з цибу́лею та карто́плею. ~용 소스 запра́вка до сала́ту. ~용 야채 сала́тні о́вочі.

샐러리 зарпла́та. ‖ ~맨 люди́на, що живе́ на платню́.

샘 джерело́; ключ. ¶ ~의 дже́рельний; ключови́й. ~이 솟다 би́ти ключе́м. ‖ ~물 дже́рельна (ключова́) вода́. ~터 ключ; неви́черпне джерело́; мі́сце для пра́ння (бі́ля джерела́).

샘 |시샘| не́нависть та за́здрість. |질투| за́здрість; за́здрісність. ¶~내다 за́здрити *кому́-чому́*.

샘플 зразо́к; при́клад.

샛길 відгалуження доро́ги; найкоро́тший (прями́й) шлях; доро́га навпросте́ць.

샛별 ра́нішня зі́рка.

생(生) життя́; во́гке; недости́гле. ¶ ~으로 в си́ром (него́товому) ви́гляді. |출생 후에| 1990년~ 1990-го ро́ку наро́дження. |і́стот чи тварин| 10년~ десятирі́чний. ~후에 пі́сля наро́дження.

생가(生家) буди́нок батькі́в; рі́дний дім.

생각 ду́ма; ду́мка; спо́гад. ¶ ~하다 ду́мати; вважа́ти; розгляда́ти; зга́дувати. 무엇을 ~합니까? Про що ви ду́маєте?

생각나다 зга́дуватися; прихо́дити в го́лову.

생강 імби́р. ¶ ~차 напі́й з імби́ря та ме́ду.

생겨나다 з'явля́тися; вини́кати; трапля́тися; відбува́тися.

생경 ¶ ~한 грубий. ~하다 виникати.

생계(生計) засоби до існування. ¶ ~를 근근히 유지하다 зводити кінці з кінцями; заробляти на життя. ‖ ~비 витрати на життя.

생고무 натуральний каучук.

생기 живопис; бадьорість; життєвість. ¶ ~가 없는 безжиттєвий. ~가 있는 пожвавлений; живий; повний життя.

생기다 з'являтися; виникати; траплятися; відбуватися; придбати; знаходити; виглядати. ¶ 근심이 ~ відчути неспокій. 그 여자는 어떻게 생겼죠? Яка вона з себе? Як вона виглядає? 무슨 일이 생겼지? Що з тобою трапилось?

생김새 вигляд; зовнішність. ¶ ~로 판단하다 судити по зовнішності. 아름다운 ~ гарна зовнішність.

생도 учень; школяр.

생동(生動) [형] живий. ¶ ~하다 жити повним життям. ‖ ~성 живість.

생떼 ¶ ~를 쓰다 вперто стояти на своєму.

생략 скорочення. {언어학} еліпсис. ¶ ~한 скорочений. ~하다 скорочувати; випускати. ‖ ~법 {언어학} еліптичний нахил.

생로병사 чотири страждання (народження, старість, хвороба та смерть).

생리 фізіологія. |월경| менструація; фізіологічні явища. ¶ ~적(학적) фізіологічний. ‖ ~대 гігієнічна прокладка. ~일 менструальний період. ~통 больове відчуття. ~학 фізіологія. ~휴가 звільнення від роботи на час менструації.

생매장 ¶ ~하다 ховати живим (людину).

생맥주 розливне пиво.

생면부지 зовсім незнайома людина.

생명 життя [여]. [형] життєвий. ¶ ~의 위험을 무릅쓰고 з небезпекою для життя. ~을 걸다 ризикувати життям. 인간에게 가장 값진 것은 ~이다 Найдорожче у людини – це життя. ‖ ~력 життєздатність; життєва сила. ~보험 страхування життя. ~선 життєво важлива зона. ~체 жива істота.

생모(生母) рідна мати.

생물(生物) жива істота. ‖ ~체 живий організм. ~학 біологія. ~학자 біолог.

생방송 прямий ефір; позастудійна передача по телебаченню (зі стадіона; з театра).

생사(生死) життя та смерть [여].

생사람 |관계가 없는| стороння людина. ¶ ~잡다 зганьбити невинну людину; забруднити репутацію ні в чому невинну людину; вбити невинну людину.

생산(生産) виробництво. ¶ ~적 виробничий; продуктивний. ~하다 виробляти. ‖ ~가격 ціна виробництва. ~관계 виробничі відносини. ~교환 продуктообмін. ~구조 структура виробництва. ~기간 час виробництва. ~량 об'єм продукції. ~력 виробничі сили. ~물 продукція; продукт. ~방식 спосіб виробництва. ~비 видатки виробництва. ~성 продуктивність. ~수단 засоби виробництва. ~액 об'єм продукції.

생 ~자본 виробничий капітал. ~재료 матеріал виробництва. ~지 місце виробництва. ~품 продукція.

생색 ¶ ~내다 давати зрозуміти всю послугу, зроблену *кому*; пишатися допомогою, наданою *кому*.

생생 ¶ ~하다 живий; свіжий. 생생한 기억 свіжі спогади. 그것이 머리속에 ~하게 떠오른다. Я в думках бачу це прям перед собою (свіже в пам'яті). 지난날의 감격적인 일들이 아직도 기억에 ~하다. Ще свіжі в пам'яті хвилюючі події минулих днів.

생선 риба. Свіжі спогади ‖ ~국 суп із свіжої риби; уха. ~묵 желе (зі свіжої риби). ~회 дрібно нарізана сира риба з прянощами.

생성 зародження; поява; створення. ¶ ~하다 зароджувати(ся); з'являти(ся); формувати(ся). ‖ ~물 продукт.

생소 ~하다 незнайомий; недосвідчений; невмілий.

생수 вода, що б'є з землі.

생식(生食) ¶ ~하다 є *що* в сирому вигляді.

생식(生殖) розмноження. ¶ ~하다 розмножуватися. ‖ ~기(관) статеві органи; органи розмноження. ~세포 статеві клітини. 무성~ безстатеве розмноження. 유성~ статеве розмноження.

생신(生辰) Ваш (Його) день народження.

생애(生涯) життя.

생야단 даремний шум; даремна лайка.

생약(生藥) лікарська сировина.

생업(生業) заняття; професія; праця. ¶ 고기잡이를 ~으로 삼다 жити риболовством.

생육(生育) ¶ ~하다 народжувати та ростити; ростити.

생이별 розлука; розлучення. ¶ ~하다 розлучатися *з ким*. 그 부부는 전쟁으로 ~했다. Війна розлучила це подружжя.

생일(生日) день народження. ¶ ~을 축하하다 вітати з днем народження.

생장(生長) ріст. ¶ ~하다 рости. ‖ ~기 період росту; вегетаційний період.

생전(生前) період життя. ¶ ~에 за життя.

생존(生存) існування. ¶ ~하다 існувати; жити. ‖ ~경쟁 борьба за існування. ~권 право на існування. ~자 нині живучий; живий.

생쥐 миша.

생즙 сік, вижатий з рослини.

생지옥 пекло кромішне.

생채 салат з сирих овочів.

생채기 подряпина; ранка.

생체(生體) організм; тіло (живої) тварини. ‖ ~의 організмовий. ‖ ~해부 вівісекція.

생태(生太) свіжий мінтай.

생태(生態) образ життя: екологічна обстановка. {생물} ‖ ~계 екосистема. ~변화 зміни екологічної обстановки. ~학 екологія.

생트집 безпричинні чіпляння. ¶ ~잡다 даремно чіплятися *до кого-чого*.

생포 полонений. ¶ ~하다 піймати *кого* (живим); брати *кого* в полон; полонити; захоплювати *кого* живим (в полон). |짐승 따위를| ловити живим. ~되다 бути спійманим (живим) (взятим у полон).

생화학 біохімія.

생환(生還) ¶ ~하다 повертатися живим.

생활(生活) життя; існування. ¶ ~하다 жити; існувати. ~화하다 оживляти(ся); ставати повсякденним. ‖ ~고(苦) життєві негоди. ~공간 життєвий простір. ~권 біосфера. ~비 витрати на життя; заробітна платня. ~상 образ життя. ~양식 образ життя. ~필수품 предмети першої необхідності; товари масового споживання.

샤머니즘 шаманство.

샤워 душ. ¶ ~를 하고 싶다 я хочу прийняти душ.

샴페인 шампанське.

샹들리에 люстра.

샹송 французька пісня; шансон.

서(西) захід. [형] західний. ‖ ~반구 західна півкуля. ~유럽 Захід; Західна Європа. ~향 західний напрям.

서(序) передмова; пролог.

서(書) книга; запис. ‖ 비준~ ратифікаційна грамота. 성명~ письмова заява.

서(署) установа; управління; відділ. ‖ 경찰~ поліцейський відділ.

서가(書架) книжкова полиця.

서간(書簡) письмо; послання. ‖ ~문 текст, написаний епістолярним стилем. ~문학 епістолярна література. ~체 епістолярний стиль.

서거(逝去) кончина. ¶ ~하다 померти.

서고 книгосховище, бібліотека.

서곡(序曲) вступ, увертюра; прелюдія; музичний твір для духовий та струнних інструментів. ¶ 새로운 전쟁의 ~ прелюдія до нової війни.

서광(曙光) зоря, проблиски. ¶ 한 가닥의 ~ проблиски надії.

서구 Західна Європа.

서글서글 ¶ ~하다 милий; приємний; ввічливий.

서글프다 одинокий; сумний; невеселий.

서기(書記) секретар. ‖ ~관 секретар (посольства). ~장 перший (генеральний) секретар.

서까래 кроква.

서남(쪽) захід та південь.

서낭당 храм духа-охоронця села.

서너 три-чотири.

서넛 приблизно 3-4; 3 чи 4.

서녘 західна сторона; захід.

서늘 ¶ ~하다 прохолодний; свіжий; похолодати.

서다 вставати; стояти. |결심이| приймати рішення. |나라가| створюватися. |무지개가| з'явитися. |발걸음을| зупини- тися. |보증을| ручитися *кому за кого-що*; представити поручництво. |장이| відчиня- ється базар. |중매를| бути посередником. |칼날이| бути гострим (наточеним). ¶ 위신이 ~ користуватися авторитетом. 시계가 섰다 годинник стоїть.

서당 (приватна, сільська) школа.

서도(書道) краснопис; написання.

서두(書頭) передмова; початок; вступ. ¶ ~를 꺼내다 робити

вступ; сказа́ти вступне́ сло́во.

서두르다 кваптися; поспіша́ти. ¶ 귀가를 ~ кваптися додо́му. 기차를 타려고 ~ кваптися на по́їзд. 일을 ~ кваптися з викона́нням *чого́*. 아무것도 서두를 것이 없다. Не тре́ба кваптися.

서랍 я́щик. ¶ ~의 я́щиковий. ~에 넣다 склада́ти (скла́сти) в я́щик.

서러움 сум; сму́ток; засму́чення. ¶ ~을 겪다 відчува́ти засму́чення.

서러워하다 тужи́ти *за ким-чим*; горюва́ти *за ким-чим*; сумува́ти *за ким-чим*; засму́чуватися. ¶ 서러워하지 마라, 다 잘 될 것이다. Не тужи́, все бу́де до́бре. 서러워할 것 없다 Нема́ чого́ сумува́ти.

서럽다 сумни́й; су́мно *кому́*. ¶ 서럽게하다 засму́чувати. 서러운 생각 су́мні ду́мки.

서로 |서로간에| між собо́ю. |서로 나란히| оди́н з о́дним нарівні. |서로서로를| оди́н о́дного. |서로에게| оди́н о́дному. |서로 함께| оди́н з о́дним, взає́мно. ¶ ~ 사랑하다 люби́ти взає́мно.

서론(序論) передмо́ва; проло́г; вступ. ¶ 책의 ~ передмо́ва до кни́ги.

서류 докуме́нти; папе́ри. ‖ 증거~ документа́льні до́кази.

서른 три́дцять.

서리 і́ній. ¶ ~가 내렸다 ви́пав і́ней. ~를 맞다 покрива́тися і́неєм. |의기소침하다| па́дати ду́хом. ~를 이다 |머리털이 세다| сиві́ти; срібли́тися. 나무에 ~가 앉았다 Де́рево покри́лося і́неєм.

서리다 сплі́татися; переплі́татися. | 연기·안개가| обку́тувати(ся); застила́(ся); затума́нювати. |생각이| збері́гатися (в па́м'яті); наповнюватися *чим*. |향기가| випуска́ти; па́хнути *чим*; духмя́ніти; смерді́ти *чим*. |표정| виявля́тися; зявля́тися. ¶ 골짜기에 안개가 서려 있다 Ра́нішній тума́н обку́тав доли́ну. 얼굴에 짜증이 서려 있다. На обли́ччі зяви́лась прикрість.

서릿발 го́лчатий і́ній. ¶ ~치다 величний та суво́рий.

서막 {연극} проло́г.

서먹 ¶ ~하다 відчува́ти боя́зкість (нія́ковість); соро́митися; прихо́дити в збенте́ження.

서면 ¶ ~으로 письмо́во. ~으로 보고́дати письмо́во допові́дати.

서명 підпис. ¶ ~하다 підпи́сувати(ся); поста́вити підпис. ~을 받기 위해서 на підпис. 그는 계약에 ~했다 Він підписа́в догові́р. ~을 위조하다 підробля́ти підпис. ‖ ~운동 кампа́нія зі збо́ру підписів. ~자 той, хто підписа́вся.

서문(序文) передмо́ва. [형] перед-мо́вний.

서민(庶民) прости́й наро́д. [형]. неаристократи́чний; покі́рливий. ‖ ~층 низьки́й стан; прости́й наро́д.

서방(西方) за́хід; краї́ни за́ходу. ‖ ~국가 краї́ни за́ходу.

서방님 чолові́к.

서법(書法) каліграфія.

서부(西部) за́хідна части́на. ‖ ~해안지대 за́хідне узбере́жжя.

서부극 ве́стерн; ковбо́йський фільм.

서북(西北) за́хід та пі́вніч;

північний захід.

서브 {스포츠} подача.

서비스 обслуговування; послуга; служба.

서사(敍事) опис. ¶ ~적 описовий; оповідний; епічний. ~적 작품 епіка. ‖ ~성 описовість; епічність. ~시 (епічна) поема. ~체 описовий (епічний) стиль.

서산(西山) західні гори; гори на заході.

서서히 повільно; помалу; крок за кроком; мало-помалу; поступово.

서성 ¶ ~거리다 вештатися. |한 장소에서| соватися, не сидіти на місці; не знаходити собі місця.

서수(序數) порядковий числівник.

서술 виклад; опис. ¶ ~하다 викладати; описувати; оповідати. ¶ ~된 викладений; описовий. ‖ ~형 розповідна форма.

서스펜스 напруженість; неспокій.

서슬 вістря; кінчик. ¶ ~이 푸르다 гострий; нагострений.

서슴다 коливатися; не зважуватися. ¶ 서슴지 않고 не вагаючий; не соромлячись.

서슴없다 рішучий; без коливань. ¶ 서슴없이 рішуче; без коливань.

서식 ¶ ~하다 жити; мешкати. |동물·곤충이| водитися. ~에 알맞은 장소 придатне для життя (населене) місце. ‖ ~지 місце поширення; батьківщина.

서신 → 서한.

서약 клятва; присяга. ¶ ~하다 клястися *кому в чому (кому)*; присягати *кому в чому*. ~을 깨다 порушувати клятву. ~을 지키다 бути вірним клятві. ‖ ~서 клятва; присяга.

서양 Захід. ‖ ~사 історія західних країн. ~식 західний стиль. ~인 європеєць; американець. ~화 західний живопис.

서언 передмова; пролог.

서열 ранг. [형] ранговий.

서예 каліграфія. ‖ ~가 каліграф. [형] каліграфічний.

서운 ¶ ~하다 повний жалю; засмучений; сумний. ~해하다 жаліти; жалкувати; засмучуватися.

서울 Сеул; столиця.

서울말 сеульська мова (говір).

서원(書院) конфуціанський храм.

서유럽 Західна Європа.

서자(庶子) син від наложниці; позашлюбний син.

서재(書齋) (робочий) кабінет.

서적 книга.

서점 книжний магазин.

서정 лірика; переживання. ¶ ~적 ліричний. ~적인 분위기 ліричний настрій. ‖ ~성 ліричність. ~시 лірика; ліричні вірші.

서지학(書誌學) бібліографія. [형] бібліографічний.

서쪽 захід. ¶ ~에서부터 із заходу. ~으로 на захід; до заходу.

서체(書體) почерк. ¶ 그의 ~는 뛰어나다 В нього гарний почерк. 아름다운 ~ гарний почерк.

서투르다 недосвідчений; незграбний; невмілий. ¶ 그는 서투른 노어로 말한다 Він говорить на ламаній російській мові.

서평 відгук про книгу.

서풍 західний вітер.

서한(書翰) лист; послання. [형] письмовий. ‖ ~문 письмова пропозиція. 공식 ~ офіційний лист. 업무 ～ діловий лист.

서해(西海) західне море. ‖ ～안 узбережжя західного моря; західне узбережжя.

서화(書畵) каліграфія та живопис. ‖ ～가 каліграф та живописець. ～첩 альбом зі зразками каліграфії та ескізів.

석(石) камінь; мінерал. ¶ 초～을 놓다 закласти перший камінь. ～(돌)을 던지다(비난하다) кидати камінь *в кого*. ‖ ～상 камяна статуя. ～순(洵) {광물} сталагміт. ～실 камяна печера. ～재 будівний камінь. ～조 зроблене з каменя. ～주 камяний стовп. ～질 властивість мінерала (каменя). ～탄 {광물} камяне вугілля. ～탄가스 камяновугіль- ний газ. ～탑 камяна вежа. ～판(版) літографський камінь. 간장결～ {의학} камінь в печінці. 묘～ надмогильний камінь. 방광결～ {의학} камені в сечовому міхурі. 시금～ пробний камінь. 운～ повітряний камінь. 초～ (근본사상) наріжний камінь.

석가 Будда. ‖ ～탄신일 День народження Будди.

석간(夕刊) ‖～신문 вечірня газета.

석고 гіпс. ‖ ～붕대 гіпсова повязка. ～상 статуя з гіпса. ～조각 скульптура з гіпса.

석공 каменяро. ‖ ～업 робота (професія) каменяра.

석권 ¶ ～하다 швидко охопити (оволодіти).

석등 камяний світильник; ліхтар.

석류 гранат. [형] гранатовий. ‖ ～나무 гранат. ～의 열매 гранатовий плід.

석방 |감옥으로부터| звільнення. ¶ ～하다 звільняти; випускати на волю; випускати з-під арешту. ‖ ～운동 рух за визволення *кого*.

석별 сумне прощання. ¶ ～의 정을 나누다 з жалем прощатися.

석사(碩士) магістратура.

석상 ¶ ～에(～에서) на місці *чого*. 연회～에서 не бенкеті.

석양 вечірня зоря. ‖ ～별 промені сонця, що заходить. ～빛 вечірні промені сонця.

석연 ¶ ～치 않다 незадоволений; неясний; незясований.

석영 кварц. ‖ ～유리 кварцеве скло.

석유 нафта. ‖ ～난로 гасниця. ～등 гасова лампа. ～정제 рафінування нафти. ～제품 нафтопродукт; гас. ～통 нафтова (гасова) бочка. ～화학공업 нафтохімічна промисловість.

석차 порядок місць.

석태 {식물} (їстівні) водорості, що ростуть на камянистому дні.

석판(石板) грифельна (аспідна) дошка. ‖ ～화 літографія (відтиск).

석학(碩學) великий вчений.

석화 |굴| устриця. |돌 위에 그린 그림| малюнок на камені.

석회(石灰) вапно. ‖ ～석(암) вапнякові породи; вапняк. 가성～ їдкий вапняк. 생～ негашене вапно. 소～ гашене вапно.

섞다 змішувати *з чим*; підмішувати; домішувати; додавати. ¶ 술에 물을 섞었다 змішувати вино з водою. 밀가루를 반죽에 ～ підмішувати борошно в тісто. 시멘트에 모래를 ～ піщмішувати пісок в цеме́нт.

쉬이다 бу́ти змі́шаним (підмі́шаним; примі́шаним).

선(線) лі́нія; межа́. ¶ ~을 긋다 провести́ лі́нію. ~을 대다 ма́ти конта́кт (зв'язо́к). ‖ 국경~ пригордо́нна сму́га. 도화~ вогнепровідни́й (бікфо́рдів) шнур; гніт.

선(善) добро́. ‖ 진~미 і́стина, добро́ та краса́.

선(船) корабе́ль; су́дно. ‖ 비행~ дирижа́бль [남]. 병원~ госпіта́льне су́дно. 상~ торго́вий корабе́ль.

선(禪) спогляда́ння; медита́ція; вче́ння се́кти спогляда́чів; доктри́ни се́кти «Дзен».

선각자 передо́ва люди́на; піоне́р; ініціа́тор; нова́тор.

선거 ви́бори [복]. ¶ ~하다 вибира́ти; обира́ти. 의원을 ~다 вибира́ти *кого́* в депута́ти. ‖ ~구 ви́борчий о́круг. ~권 ви́борче пра́во. ~법 ви́борчий зако́н. ~인 ви́борець. ~인단 гру́па ви́борців. ~일 день ви́борів. ~전 передви́борча боротьба́. 보궐~ додатко́ві ви́бори. 총~ всезага́льні ви́бори.

선견지명 прозо́рливість. [형] прозо́р- ливий. ¶ ~이 있는 사람 прозорли́вець.

선결 ¶ ~적 першочергови́й. ~하다 виріш́увати в пе́ршу че́ргу. ~과제 першочерго́ва зада́ча.

선경(仙境) ра́йські кущі́; ра́йський куто́к.

선고 ¶ ~하다 оголо́шувати; повідомля́ти *кого́-що ким-чим*. |판결을| виноси́ти. 파산 ~를 내리다 оголо́шувати кого́ банкру́том. ‖ ~문 текст деклара́ції (ви́року). ~장 оголо́шення; деклара́ція; ви́рок.

선곡 ви́бір пі́сні. ¶ ~하다 вибира́ти пі́сню.

선교(宣敎) пропові́дництво; місіоне́рство. ¶ ~하다 поши́рювати. |종교를| пропові́дувати. 그리스도를 ~하다 пропові́дувати христия́нську ві́ру. ‖ ~사 місіоне́р. ~회 асоціа́ція пропові́дників.

선구(先驅) ¶ ~적 передови́й. 유리 가가린은 우주여행의 ~자이다. Юрій Гага́рін був піоне́ром космі́чних польо́тів. ‖ ~자 передови́й ве́ршник; піоне́р; призві́дник; ініціа́тор.

선급(先給) ава́нс. ¶ ~하다 авансува́ти; випла́чувати впере́д.

선남선녀(善男善女) лю́ди з незаплямо́ваною репута́цією.

선납 ¶ ~하다 плати́ти (вноси́ти) достроко́во. ‖ ~금 достроко́во вне́сені (спла́чені) гро́ші.

선녀 фе́я; чарі́вниця.

선도(先導) керівни́цтво. ¶ ~적 веду́чий; керівни́й. ~하다 очо́лювати; вести́; керува́ти *ким-чим*. 그는 노동운동을 ~했다. Він керува́в робо́чим ру́хом. 당을 ~하다 очо́лювати па́ртію. ‖ ~자 ініціа́тор; призві́дник.

선도(禪道) {불교} спогляда́ння.

선도(仙道) {도교} шлях до свя́тості.

선동 підбу́рювання; агіта́ція. ¶ ~적 підбу́рювальний; агітаці́йний. ~하다 підбу́рювати. |도발을| провокува́ти. |대중을| агітува́ти. 총파업을 ~하다 агітува́ти на

선두 ¶ ~에 на чолі. ~에 나서서 бути попереду інших. ~에 서다 стояти на чолі.

선들선들 ¶ ~하다 [바람이] освіжаючий.

선뜻 ¶ ~한 чистий; свіжий; гарний; витончений.

선량 ¶ ~한 добрий; хороший. ~한 사람 добра людина.

선례(先例) прецедент. ¶ ~가 없는 небувалий; безпрецедентний.

선로 лінія; шлях. ‖ ~공 дорожній робітник. ~원 дорожній обхідник.

선린(善隣) хороший сусід; добросусідські стосунки. ‖ ~우호관계 добросусідські стосунки.

선망 ¶ ~하다 заздрити *кому-чому*. 남의 성공을 ~하다 заздрити чужому успіху.

선매(先買) ¶ ~하다 раніше (інших) купувати товар.

선명 ¶ ~한 ясний; виразний; чіткий. ‖ ~도(성) яскравість (кольору).

선물 подарунок; дар. ¶ ~하다 дарувати; підносити (подарунок); зробити подарунок. ~로 받다 отримати *що* в подарунок. ‖ 생일 ~ подарунок до дня народження. 크리스마스 ~ різдвяний подарунок.

선미(船尾) корма.

선민(先民) предки; люди старшого покоління.

선박 судно. [형] судовий. ‖ ~ 건조 суднобудування. ~ 급수 клас суднів.

선반 полиця; токарський верстат. ‖ ~공 токар. ~공장 токарська майстерня. 금속~공 токар по металу.

선발 відбір; підбір. ¶ ~하다 відбирати; підбирати. ~되다 бути вибраним. 적당한 사람을 ~하다 підібрати підходящу людину. ‖ ~대 загін, що йде попереду; авангард. ~시험 відбірні змагання.

선방 вдала оборона; захист. ¶ ~하다 обороняти; захищати. маgickaj ~하다 боронити до останнього.

선배 старший (по курсу, класу); попередник.

선별 ¶ ~된 обраний; відібраний; сортований. ~하다 відбирати; обирати; сортувати. ~된 상품들 сортовані товари.

선보다 зустрічатися з наміром одружитися.

선보이다 показувати (вперше).

선봉(先鋒) авангард. ¶ ~적 авангардний; передовий. ~에 в авангарді; на чолі. ~이 되다 бути ведучим (передовим). ‖ ~장 начальник авангарда.

선분 [수학] відрізом.

선불(先拂) аванс. ¶ |돈을| ~하다 платити наперед; давати аванс. ‖ ~금 аванс.

선비 вчений.

선사시대 стародавній період; доісторичні часи.

선사 ¶ ~하다 |선물 등을| підносити.

선산(先山) могили предків; гора, на якій знаходяться могили предків.

선상(線狀) лінійний. [명]

선생(先生) вчитель.

선서(宣誓) ¶ ~하다 давати *кому* (клятву, присягу). 재판관 앞에서 ~하다 вимовляти клятву перед суддею.

선선 ¶ ~하다 свіжий; прохолодний; живий; життєрадісний. ~히 [부] відверто.

선수(先手) |장기나 바둑에서| перший хід. ¶ ~를 두다 першим зробити хід.

선수(選手) майстер спорту; спортсмен. ‖ 농구 ~ баскетболіст. 축구 ~ футболіст. 테니스 ~ тенісист.

선수권 першість. ‖ ~대회 чемпіонат. 세계~ чемпіонат світу. 전국~ чемпіонат країни.

선수단 (спортивний) майданчик.

선수촌 олімпійське (спортивне) село.

선술집 трактир з стійкою.

선실(船室) каюта.

선심 доброта. ¶ ~을 쓰다 виявляти доброту.

선악 добро та зло; хороше та погане. ‖ ~과 плоди з забороненого дерева.

선양 збільшення; підвищення. ¶ ~하다 підвищувати; підніматі; збільшувати; поширювати. 국위를 ~하다 збільшувати славу країни.

선언 декларація; маніфест. ¶ ~하다 декларувати; оголошувати; проголошувати. 중립을 ~하다 оголошувати нейтралітет. ‖ ~문 декларація; маніфест. ~식 церемонія оголошення *чого*. 인권 ~ декларація прав людини.

선열 той, хто помер за справедливість.

선영 могили предків.

선원 екіпаж (судна); член екіпажу.

선율 мелодія; ритм.

선의 добрі наміри; добра воля. ¶ 그는 ~로 그런 일을 했다. Він зробив це з добрим наміром.

선인(仙人) небожитель.

선인(善人) хороша (добра) людина.

선인장 опунція.

선임(先任) ¶ |어떤 직무에| ~하다 бути попередником. ‖ ~자 попередник.

선임(選任) висунення; призначення. ¶ |일을| ~하다 висувати. |사람을| призначати.

선입감 упередження. ¶ ~을 갖게 하다 упереджувати проти *кого-чого*.

선입견 упереджена думка; упередження. ¶ ~에 사로잡힌 упереджений.

선입관 упереджений погляд.

선잠 неміцний (неглибокий) сон.

선장 капітан судна.

선적 вантаження судна. ¶ ~하다 навантажити. 화물을 ~하다 навантажити товар на корабель.

선전 пропаганда. ¶ ~하다 пропагандувати. ~포고를 하다 оголошувати війну. ‖ ~문 прокламація; агітлистовка. ~자(원) пропагандист; агітатор. ~포고 оголошення війни.

선점 ¶ ~하다 захоплювати (займати) раніше інших.

선정(選定) ¶ ~하다 вибирати; відбирати; сортувати.

선정(善政) гуманне правління. ¶ ~을 베풀다 проводити гуманну політику.

선정적 ¶ ~이다 відчувати

(статевий потяг).

선제 ¶ ~하다 виключати в першу чергу.

선제공격 перевентивна атака. ¶ ~하다 проводити превентивну атаку *на кого-що* (*проти кого-чого*).

선조 предок; родоначальник.

선주(船主) судновласник.

선지 |음식용| кров тварин.

선지(先知) ‖ ~자 хто дізнався першим (раніше інших).

선진(先陣) передовий загін.

선진 ¶ ~적 передовий. ‖ ~국 передова країна.

선집 обрані твори.

선착(先着) ¶ ~하다 прибувати раніше інших (першим).

선창(船窓) ілюмінатор.

선창(先唱) пропаганда; заспів. ¶ |구호 등을| ~하다 вигукувати першим. |노래를| ~하다 заспівувати. ‖ ~자 заспівувач.

선처(善處) ¶ ~하다 робити найкращим чином.

선천 ¶ ~적 вроджений; успадкований. ‖ ~성 природжений характер. ~성 심장 판막 장애 вроджені пороки серця. ~적 기형 вроджена аномалія. ~적 면역 вроджений імунітет.

선체(船體) корпус судна (корабля).

선출(選出) відбір. ¶ ~하다 вибирати; обирати; відбирати. ‖ ~된 обраний; вибраний.

선취 ¶ ~하다 отримувати (знаходити) раніше інших; вибирати. ‖ ~점 переважне відзначення.

선친 покійний батько.

선택 відбір; вибір; обрання. ¶ ~된 вибраний; обраний. ~하다 вибирати; відбирати; обирати. ~된 사람 (피선자) обранець. 직업의 ~ вибір професії. ‖ ~과목 (навчальний) предмет на вибір. ~능력 виборча властивість.

선편 попутне судно.

선포(宣布) проголошення; оприлюднення. ¶ ~하다 проголошувати.

선풍(旋風) вихор. |대소동| переполох; метушня. ¶ ~을 일으키다 підняти метушню. ‖ ~기 вентилятор.

선하다 згадуватися. ¶ 눈에 ~ стояти перед очима.

선행 хороша поведінка; благородний вчинок. ¶ ~을 쌓다 робити багато добра.

선행(先行) ¶ ~하다 передувати *кому-чому*.

선험(先驗) ¶ ~적 {철학} трансцендентельний. ~적 관념론 трансцендентельний ідеалізм. ‖ ~철학 трансцендентальна філософія.

선혈 свіжа кров. свежая кровь.

선회 обертання; оберт. ¶ ~하다 обертати(ся); крутити(ся). 비둘기가 하늘에서 ~하고 있다. Голуб кружляє в небі. ‖ ~비행 обернений політ. ~포탑 обертальна гарматна башта.

섣달 |음력으로| 12-й місяць.

섣부르다 незграбний; неповороткий. ¶ 섣불리 незграбно.

설 перший день нового року; початок року; Новий рік. ¶ ~을 쇠다 зустрічати Новий рік. ‖ ~날 перше січня.

설(說) теорія; думка.

설거지 |그릇의| миття. ¶ ~하다 мити; прибирати.

설경(雪景) зимовий пейзаж; снігова панорама.

설계 проектування; планування. ¶ ~하다 проектувати; планувати ‖ ~도 план; проект; перспективний план. ~사 плановик; конструктор; проектувальник. ~안 проект; план.

설교 проповідництво; проповідь [ж]. ¶ ~하다 проповідувати; пояснювати; розтлумачувати. ‖ ~자 проповідник.

설날 перше січня. → 설.

설다 |과일이| не зовсім дозріти. |뜸이 덜든| бути недовареним. |잠이 덜깬| бути неглибоким. ¶ 눈에 ~ незнайомий. 손에 ~ невмілий. 밥이 ~ каша недоварена. ‖ 선잠 неміцний сон. 선 참외 недостигла диня.

설득 ¶ ~하다 переконувати *кого* в *чому.* ‖ ~력 сила переконання; переконливість.

설레다 |서성거리다| бути непосидючим, не сидіти на місці. |바람에 움직이다| колихатися, вирувати. |가슴이| хвилюватися, тріпотіти. ¶ 놀라서 가슴이 ~ на серці неспокійно. ‖ 설레임 непосидючість.

설레설레 ¶ |머리를| ~흔들다 гойдати (головою).

설령 припустимо, що …; нехай.

설립 заснування; установа. ¶ ~하다 засновувати; встановлювати; організовувати. 국제기구를 ~하다 заснувати міжнародну організацію. ‖ ~자 засновник.

설마 навряд чи; ледве; либонь. ¶ ~가 사람 잡는다 Не сподівайся на «либонь».

설명 пояснення; розтлумачення; тлумачення. ¶ ~하다 пояснювати; розтлумачувати. ‖ ~서 письмове пояснення; пояснювальна записка.

설문 питання; запит.

설법 |불교에서| проповідь; спосіб викладу. ¶ ~하다 проповідувати.

설복 переконання. ¶ ~하다 переконувати; вмовляти *кого.*

설비 обладнання; пристрій; оснащення. ¶ ~하다 устатковувати; оснащувати. ‖ ~비 витрати на обладнання. ~용량 {електрика} встановлена міць.

설빔 новорічні святковий одяг та взуття. ¶ ~하다 вдягнутися для зустрічі Нового року.

설사 пронос. ¶ ~병에 걸리다 захворіти розладом шлунку. ~하다 страждати розладом шлунку. ‖ ~병 пронос. ~약 ліки від розладу шлунку (проноса); проносний (засіб).

설상가상 біда біду родить; біда не ходить одна.

설왕설래 диспут; суперечка.

설욕 ¶ ~하다 змивати (ганьбу).

설욕전 розплата; відплата; реванш. ¶ ~을 벌이다 відплачувати.

설움 сум; смуток. ¶ ~이 복받치다 сум тісниться в серці.

설익다 недостигнути; недоваритися; не бути готовим.

설정 встановлення; заснування; поставлення. ¶ ~하다 встановлювати; засновувати. |문제 등을| ставити.

설치 ¶ ~하다 встано́влювати; монтува́ти; створювати; засно́вувати. ‖ ~대 стани́на. ~안 план; проє́кт.

설치다 недоробля́ти до кінця́; зупиня́тися на півдоро́зі. ¶ 아침을 ~ не закі́нчити (не дої́сти) сніда́нок.

설탕 цу́кор. ‖ ~가루 цукро́вий пісо́к.

설파 поя́снення. ¶ ~하다 поя́снювати; розтлума́чувати; спросто́вувати.

설혹 припу́стимо, що…; неха́й.

설화(說話) ро́зповідь. ¶ ~적 легенда́рний. ‖ ~문학 наро́дні перека́зи.

설화(舌禍) неща́стя (зло), спричи́нене язико́м (вуста́ми).

설화(雪花) сніжи́нки; пласті́вці сні́гу.

섧다 сумни́й; су́мно.

섬 |가마니| соло́мяний мішо́к (ланту́х). |곡식| мішо́к з зерно́м. |용량| сом.

섬 |돌층계| схо́динка кам'яни́х схо́дів.

섬 о́стрів. ‖ ~나라 острівна́ краї́на.

섬광 (світлови́й) спа́лах. {фізи.} сцинтиля́ція. ‖ ~결정체 сцинтиляці́йний криста́л. ~스펙트럼 спектр спа́лаху.

섬기다 |윗사람을| дба́йливо догляда́ти.

섬뜩 ¶ ~하다 страшни́й, що зму́шує тремті́ти. 나는 온몸이 ~해졌다. Я тремті́в.

섬멸 зни́щення; ви́нищення. ¶ ~적 нищі́вний. ~하다 знищу́вати; вини́щувати. 적을 ~하다 знищувати супроти́вника (во́рога). ‖ ~전 війна́ на вини́щення; бій на зни́щення.

섬세 то́нкість; витонче́ність. ¶ ~한 то́нкий; ви́тончений; рете́льний.

섬유 {біол.} воло́кно. {бот.} фі́бра. ‖ ~세포 волокни́сті кліти́ни. ~소 клітко́вина; целю- ло́за; фібри́н. {хім.} волокни́на. ~유리 фіберглас. 인조~ шту́чна фі́бра. ~작물 волокни́ста росли́на. ~질 волокни́стість.

섭렵 ¶ ~하다 бага́то чита́ти.

섭리 {рел.} провиді́ння. ¶ ~하다 |병을| сте́жити за собо́ю. |음양을| приво́дити у відпові́д- ність.

섭생 особи́ста гігіє́на. ¶ ~하다 доти́муватися особи́стої гігіє́ни; берегти́ своє́ здоро́в'я.

섭섭 ¶ ~하다 сумни́й; при́крий; обра́зливий. 난 무척 ~하네요. Мені́ ду́же при́кро. 떠나신다니 매우 ~합니다. Ду́же шко́да, що ви ї́дете.

섭섭히 су́мно; при́кро. ¶ 너무 ~ 생각 마세요. Не засму́чуйтесь.

섭씨 Це́льсій. ¶ ~20도 20 гра́дусів по Це́льсію.

섭외 ¶ ~하다 підтри́мувати стосу́нки з ким; бу́ти зв'я́заним. ‖ ~관계 суспі́льні відно́сини.

섭취 засво́єння. ¶ ~하다 засво́ювати; сприйма́ти; перейма́ти.

성 гнів; злість. ¶ |마음에| ~이 나 다 серди́тися; хвилюва́тися; збу́джуватися; ~이 풀리다 заспоко́юватися; втіша́ти.

성(省) міністе́рство.

성(城) форте́чна стіна́; форте́ця. ‖ ~문 форте́чні воро́та. ~벽 форте́чна стіна́; опо́ра.

성(姓) прі́звище.

성(性) |남녀의| стать [여]; рід. |본성| натура; характер. ¶ ~의 статевий. ~적인 сексуальний. ~별에 관계없이 незалежно від статі. ~적인 본능 статевий інстинкт. ǁ ~감 сексуальні почуття. ~교 статевий акт; статевий зв'язок. ~교육 статеве виховання. ~기 статеві органи. ~별 статеве розрізнення. ~병 венеричне захворювання. ~욕 сексуальність; статевий потяг. 남~ чоловіча стать. 여~ жіноча стать.

성(聖) святий.

성가(成家) ¶ ~하다 заводити своє хазяйство; складати славну плеяду.

성가(聖歌) хорал; гімн. ǁ ~대 хор.

성게 {생물} морський їжак.

성격 характер. ¶ ~적 характерний; по характеру. ǁ ~ 묘사 характеристика. ~배우 характерний актор.

성경 священні книги; Біблія.

성공 успіх; досягнення. ¶ ~적 успішний. ~하다 досягати (успіху); закінчитися успіхом. ~을 바라다 бажати успіху.

성과 результат; досягнення; успіх. ¶ ~를 거두다 досягнути успіху. ~를 올리다 користуватися успіхом.

성과급 винагорода по заслугах.

성곽 міцність.

성교 статевий акт; статевий зв'язок. ¶ ~하다 мати статевий акт.

성구 |어문| фразеологія. ǁ ~사전 фразеологічний словник.

성글다(성기다) рідкий; розкиданий.

성금 гроші, принесені в дар духу.

성급 ¶ ~하다 нетерплячий; гарячий. ~하게 нетерпляче; з нетерпінням; квапливо.

성깔[머리] роздратованість; запальність; різкий характер.

성나다 сердитися; злитися на *кого-що*. |사람에 대해| лютувати; скаженіти. |상처가| прорватися.

성냥 сірники. ǁ ~갑 коробка сірників. ~개비 (один) сірник.

성녀(聖女) свята.

성년 повноліття; повнолітній; зрілий вік; дорослий. ǁ ~기 період повноліття. ~식

성능 можливості; здібності; дані.

성당 католицький храм.

성대(聲帶) тембр голоса; голос. ǁ ~묘사 імітація голоса.

성대(盛大) пишнота. ¶ ~하다 урочистий; строгий; розкішний.

성도 священне місто.

성량 діапазон голоса.

성령 святий дух.

성리학 конфуціанська натурфілософія.

성립 утворення; формування; складання. ¶ ~하다 |조직되다| утворюватися; формуватися; складатися. |체결하다| укладати. 계약이(매매가) ~되다 укладати договір (торг).

성명(聲明) заява; декларація. ¶ ~을 내다 зробити заяву; заявити про *кого-що*; оголосити. ǁ ~서 заява; декларація.

성명(性名) прізвище та ім'я.

성모 {종교} борогодиця.

성묘 ¶ ~하다 відвідувати могили.

성문화(成文化) ¶ ~하다 кодифікувати(ся); придавати законну форму.

성미 характер; норов. ¶ ~가 급하다 невитриманий. ~[를] 부리다 нервувати.

성벽(性癖) вкорінена дурна звичка.

성병 венерична хвороба. ‖ ~예방 профілактика венеричних хвороб. ~학 венерологія. ~환자 венеричний хворий.

성분 склад; складова частина; компонент; інгрідієнт. ‖ 출신~ соціальний склад.

성불 ¶ ~하다 ставати буддою; вмирати.

성사 успішне завершення справи. ¶ ~하다 успішно завершити справу.

성상(聖像) ікона; портрет мудреця.

성서 Біблія; священні книги.

성선설 вчення Менцзи про природну схильність людини до добра..

성성 ¶ ~하다 |백발이| сивий.

성수 священна вода.

성숙 дозрівання; достигання. ¶ ~하다 дозрівати; достигати; стигнути; досягнути зрілості. ‖ ~기 період дозрівання; період зрілості. ~도 ступінь зрілості.

성스럽다 священний; святий.

성신(聖神) святий дух.

성신(星辰) зірки.

성실 ¶ ~하다 вірний; відданий; щирий. ‖ ~성 вірність; відданість; щирість.

성심 щирість; відвертість. ‖ ~껏 від всього серця; щиро.

성싶다 здається, що...

성씨 прізвище.

성악 вокальна музика. ‖ ~가 вокаліст.

성악설 вчення Сюньцзи про природну схильність людини до зла.

성에 паморозь [여].

성역(聲域) {음악} діапазон.

성역(聖域) святе місце.

성욕 статевий потяг; лібідо. ¶ ~을 자극하다 збуджувати статевий потяг.

성우 актор на радіо.

성원 підбадьорюючий вигук. ¶ ~하다 підбадьорювати вигуками.

성의 сумлінність; чесно. [형] сумлінний; чесний. ‖ ~껏 сумлінно; чесно.

성인(成人) дорослий. ¶ ~이 되다 ставати дорослим. / взрослеть. ‖ ~병 хвороба дорослих. ~학교 школа для дорослих.

성인(聖人) святий.

성자 святий; пророк; великий мудрець.

성장(成長) ріст; розвиток. ¶ ~하다 рости; виростати; розвиватися; зріти в роках. ‖ ~기 період росту (розвитку); період зрілості. 급속한 ~ швидкий ріст. ~률 ступінь росту (розвитку).

성장(盛裝) ¶ ~하다 нарядно одягнутися; причепуритися.

성적 результат; досягнення; успіх; успішність. ¶ ~이 좋은 학생 успішний учень; учень з гарною успішністю (оцінками). ~을 매기다 поставити оцінку. 좋은 ~을 얻다 робити гарні успіхи; досягти гарних успіхів. ‖ ~순 порядок успішності. ~표 відомість успішності.

성적(性的) статевий; сексуальний. ‖ ~충동 сексуальний потяг (імпульс).

성전(聖戰) священна війна.

성전(聖殿) священний храм.

성정 характер; натура.

성조기 американський стяг.

성좌 {천문} сузір'я. ‖ 오리온 ~ сузір'я Оріон.

성지 священна земля. ‖ ~ 순례 паломництво до священної землі.

성직 духовний сан. ‖ ~자 духовна особа; священник.

성질 |기질| характер; натура; склад; норов. |사물의 성질| якість. |고유한 특성| властивість. ¶ 감수성이 풍부한 ~ чуттєва натура. 부드러운/험악한 ~ мякий/ крутий характер. 온화한/조용한 ~ покірний/ тихий норов.

성찬 розкішне частування; багатий стіл. |종교에서의| причастя. ‖ ~식 причащання.

성찰 ¶ ~하다 копатися. 마음속을 ~하다 копатися в душі.

성채 фортеця; цитадель [여].

성충 {생물} комаха в стадії імаго.

성취 ¶ ~하다 завершувати; виконувати; досягати. 목적은 되지 않았다. Ціль не була досягнута.

성큼 ¶ ~걷다 іти вистрибом.

성큼성큼 ¶ ~ 걷다 ходити вистрибуючою ходою.

성탄 народження святого. ‖ ~절 Різдво.

성토 ¶ ~하다 викривати та засуджувати.

성패 успіх та невдача; перемога та поразка.

성품 натура; характер; моральні якості.

성하다 бурхливо рости. |번성기에| бути в розпалі; процвітати. |식물에 대해서| бурхливий; буйний; квітучий; процвітаючий.

성함 Ваші прізвище та імя.

성행 ¶ ~하다 широко поширюватися; ставати відомим (модним).

성행위 статева поведінка.

성향 темперамент; характер.

성현 святий та мудрець.

성형 ¶ ~하다 надавати (форму). ‖ ~수술 пластична операція. ~외과 ортопедія; ортопедична хірургія.

성혼 ¶ ~하다 вступати в шлюб.

성홍열 скарлатина.

성화(聖火) священний вогонь.

성화(聖畵) святий малюнок.

성화같다 нагальний; терміновий. ¶ 성화같은 독촉 нагальні вимоги. 성화같이 재촉하다 квапити нагально.

성화대다 набридати.

성황 розквіт; процвітання.

성황당 храм духа-охоронця села.

성황리 ¶ ~에 в розквіті; в урочистих обставинах.

섶 |의복의| пола. |식물을 고정시키는| підпірка.

세 |세력| сила; могутність; вплив. |세금| податок. |나이| рік. |숫자| три.

세(貰) здавання в оренду (напрокат). |임대료| орендна плата; плата за прокат. ¶ ~를 놓다 здавати в оренду; давати напрокат. ~를 얻다 брати в оренду; знімати в оренду; орендувати.

세(世) епоха.

세간[살이] домашні тварини.

세계 світ. ¶ ~적 світовий. ~를 일주하다 здійснювати навколосвітню подорож. ~무대에 나서다 вступати на світову арену. ‖ ~관 світогляд. ~대전 світова війна. ~무대 світова арена. ~사 всесвітня історія. ~사적

세계화 глобалізація; глобальність.

세공 тонка робота. ¶ ~하다 тонко (вміло) обробляти. ‖ ~사 обробник. ~품 тоненькі вироби.

세관 митниця. ‖ ~검사 митний догляд. ~제도 митна система.

세균 бактерія. ‖ ~학 бактеріологія.

세금 грошовий податок.

세기 сторіччя. ‖ ~적 сторічний. ~말 кінець сторіччя.

세납 податковий внесок; виплачуваний грошовий податок.

세내다 брати в оренду.

세놓다 здавати в оренду; давати напрокат.

세다 |하얗게| сивіти; блідну́ти; сіріти. ¶ 그는 머리가 셌다. Він посивів.

세다 |숫자를| рахувати; порахувати. ¶ 돈을 ~ рахувати гроші. 백까지 ~ рахувати до ста.

세다 |힘이| сильний. ¶ 센 바람이 일었다. Піднявся сильний вітер.

세다 |머리털이| жорсткий; грубий; твердий. ¶ 뻣뻣하고 센 머리털 жорстке волосся.

세대 покоління. ¶ 젊은 ~ молоде покоління; підростаюче покоління. ~교체 зміна поколінь. |생물학에서| метагінез. ~주 голова сім'ї.

세도 політична влада; висока службова позиція. ¶ ~를 부리다 зловживати владою. ‖ ~가 людина, що користується своєю високою позицією. ~정치 влада могутнього міністра, що керує замість короля.

세력 сила; могутність; вплив. |병의| стан. [형] впливовий; могутній. ¶ ~을 떨치다 поширювати свій вплив. ‖ ~가 впливова людина. ~권 сфера впливу. ~범위 сфера впливу. 혁명~ революційні сили.

세련 ¶ ~하다 вдосконалювати; шліфувати. ~되다 відшліфований; відточений; витончений. ‖ ~성 відточеність; відшліфованість.

세례 хрещення; випробування; перевірка. ‖ ~식 обряд хрещення.

세로 вертикально; зверху вниз; вздовж.

세면 вмивання. ¶ ~하다 вмиватися. ‖ ~대 умивальник. ~장 кімната для вмивання; туалет.

세모 три кута трикутника. ¶ ~진 трикутній. ‖ ~꼴 тригранне долото.

세모(細毛) |털실| тонка шерсть.

세모(歲暮) кінець року.

세목(細目) параграфи; пункти. ¶ ~으로 나누다 розбити на параграфи.

세목(稅目) стаття податку.

세무 справи по стягненню податків. ‖ ~관 податковий чиновник. ~관청 податковий апарат. ~사 людина, що займається податковими питаннями. ~서 податкове управління. ~조사 податкове розслідування.

세밀 деталь [ев]. ¶ ~하다 детальний; ретельний. ~히 детально; ретельно. ‖ ~성 ретельність; детальність; докладність.

세밀화 детальний малюнок.

세밑 кінець року.

세배 поклін старшим на Новий рік. ¶ ~하다 вітати з Новим роком. ‖ 세뱃돈 гроші, які дають дітям, що прийшли привітати з Новим роком.

세법 закон про оподаткування.

세부 мілкі частини; деталі. ¶ ~적 детальний; мілкий.

세분 ¶ ~하다 ділити на мілкі частини; роздрібнювати. 문제를 ~하다 ділити питання (по пунктам).

세상 світ. ¶ ~없는 що не має собі рівних. ~없어도 при будь-яких обставинах. ~없이 незрівнянно; чудово. ~에 Боже мій! ~을 모르다 цілковито не розумітися в житті. ~이 바뀌다 корінним чином мінятися. ~을 떠나다 (하직하다) померти; піти з життя. ‖ ~만사 все на світі. ~사 людські (життєві) справи. ~살이 життя. ~일 людські справи.

세세 ¶ ~히 детально; докладно; мілко; дуже тонко. ~하다 дуже докладний; детальний; мілкий; мізерний.

세속 звичай. ¶ ~적 простий; поширений; вульгарний.

세수 вмивання. ¶ ~하다 вмиватися. ‖ 세숫대야 таз для вмивання. 세숫비누 туалетне мило. ~ 수건 рушник.

세습 спадковість. ¶ ~적 спадковий. ~하다 спадковувати; отримувати у спадок. ‖ ~제도 спадкова система.

세시(歲時) початок року.

세심 ¶ ~하다 уважний; ретельний; скурпульозний.

세액 розмір (сума) податку.

세우 мілкий дощ.

세우다 |서게 하다| змушувати стояти; ставити; встановлювати. | 설립하다| споруджувати; зводити. |발길을 멈춰| зупиняти. |칼날을| гострити. |질서를| наводити (порядок); упорядковувати. ¶ 공훈을 ~ здійснювати подвиг. 기초를 ~ закладати основу. 귀를 ~ наставляти вуха. 보초를 ~ виставляти пост.

세원(稅源) джерело надходження податків.

세월 час; період. ¶ ~은 나는 화살과 같다. Час летить немов стріла.

세율 пропорція податку.

세인(世人) люди. ¶ ~을 놀라게 하다 дивувати людей.

세일(sale) продаж; розпродаж; сейл.

세일즈맨 продавець; комівояжер.

세입 річний дохід. |세금의| надходження від податків.

세자 спадкоємець престолу; принц-наступник. ‖ ~빈 дружина принца-наступника.

세정(洗淨) ¶ ~하다 чисто мити. ‖ ~제 миючий засіб; очищаючий засіб.

세정(稅政) податкова адміністрація.

세제(稅制) податкова система.

세주다 здавати в оренду; давати напрокат.

세차(洗車) мийка автомобіля.

세차다 дуже сильний; могутній.

세차장 мийка автомашин.

세척 промивання; промивка. ¶ ~하다 мити; промивати; прати. ‖

~제 очищаючий засіб.
세출 річні витрати.
세출입 річні витрати та дохід.
세칙(細則) докладні правила; інструкція; положення. ‖ 선거~ положення про вибори.
세칭 загальновідомий.
세탁 прання; чистка. ¶ ~하다 прати; чистити(ся). ‖ ~기 пральна машина. ~물 білизна для прання. ~소 пральня; хімчистка.
세태 життя; побут.
세트 |연극의| декорація. |영화의| знамальна апаратура. |파마에 쓰이는| щипці для завивання волосся. |수신기의| приймач. |한 벌| набір; комплєкт; гарнітур.
세파 життєві негоди.
세평 проголос; чутки; розмови.
세포 {생물} клітка. |당조직| первинна організація; чашечка. ‖ ~막 клітковá оболóнка. ~ 분열 поділ клітини. ~생리학 цитофізіологія. ~생물학 цитобіологія. ~학 цитологія.
세화(細畫) мініатюра.
섹션 січення; розріз; відрізок.
섹스 стать; статевий акт.
섹시 ¶ ~한 сексуальний.
센서 сенсор.
센서스(census) перепис. ‖ 인구~ всезагальний перепис населення.
센세이션 сенсація.
센스 почуття; відчуття; сенс; значення.
센터 центр.
센터링 центрування.
센트 цент.
센트럴 центр; середина.
센티(centi) |백분의 일| санти--. ‖ ~미터 сантиметр.
센티(senti) ¶ ~하다 сентиментальний.
셀러(seller) продавець.
셀러리 платня; зарплата.
셀로판 |용지| целофан.
셈 підрахунок; розрахунок; міркування. ¶ ~하다 підраховувати; рахувати. ~에 넣지 않고 не рахуючи чого. ‖ ~법 правила рахунку; арифметика.
셋 три.
셋집 будинок, що орендують.
셋째 третій.
소 віл; корова.
소(所) установа; підприємство; місце; пункт; підприємство. ‖ 관측~ спостережливий пункт.
소각 спалення. ¶ ~하다 спалювати; віддати спаленню. ‖ ~장 місце спалення (сміття).
소감 враження; почуття.
소강 ¶ ~하다 |상태가| спокійний.
소개 ¶ ~하다 рекомендувати; представляти; знайомити кого з ким (з чим). ‖ ~업 посередництво; маклерство. ~업자 посередник; маклер. ~자 рекомендуючий; посередник; маклер. ~장 (письмова) реко-мендація; рекомендаційний лист.
소거 ¶ ~하다 підчищати.
소견 думка; здібність правильно оцінювати.
소경 сліпий.
소계(小計) частковий (попередній) підсумок.
소고기 яловичина. [형] яловичий. ‖ 훈제 ~ копчена яловичина.
소곡(小曲) невелика музична п'єса.
소곤 ¶ ~거리다 шепотіти(ся).

소관 |관할의| підвідомчий *кому-чому*. ¶ 교통부 ~의 여러 기관 установи, підвідомчі міністерству шляхів сполучення. | 관련된| маючий відношення.

소굴 |사람·동물의| гніздо. |짐승의| лігвище; лігво. |안식처로서| кубло. 도둑의 ~ злодійське кубло. 창녀의 ~ кубло розпусти.

소규모 невеликий масштаб. ¶ ~적 невеликого масштабу.

소극 ¶ ~적 пасивний. || ~성 пасивний характер; пасивність.

소극장 невеликий (малий) театр.

소금 сіль [여]. [형] солоний. ¶ ~을 치다 посипати сіллю. ~에 담그다 засолити. || ~기 солоність. ~물 солона вода. ~절이 мокре соління.

소금쟁이 {동물} водомірка.

소급 ¶ ~하다 |법규 등을| мати зворотню силу. |회고적인| розглядати ретроспективно; звертатися до минулого.

소기 ¶ ~의 очікуваний; бажаний. ~의 결과 очікуваний (бажаний) результат.

소기업 невеліке підприємство.

소꿉 іграшковий посуд. ¶ ~질하다 грати в дочки-матері. || ~동무 товариш по іграм.

소나기 злива; проливний дощ ¶ ~가 퍼부었다 Линув дощ.

소나무 {식물} сосна.

소나타(sonata) соната.

소녀 дівчинка; дівчина.

소년 хлопчик; підліток; юнак. || ~기 юність. ~원 табір для неповнолітніх злочинців.

소농(小農) заняття землеробством на маленькій ділянці. || ~가 дім (сім'я) дрібного селянина.

소다 сода. || ~ 석회 натронне вапно.

소담(消痰) ¶ ~하다 |гарякле| відкашлюватися.

소담스럽다 здаватися налитим (повним; соковитим); здаватися привабливим (милим).

소대 взвод. || ~장 командир взводу. ~원 боєць взводу.

소도(小島) невеликий острів.

소도구 {연극} реквізит.

소도둑 злодій, що краде волів; зла та підступна людина.

소독 дезінфекція; стерилізація; дегазація; дезактивація. ¶ ~된 [형] стерильний. ~하다 стерилізувати; дезінфікувати; дегазувати; дезактивувати. || ~기 дегазатор; дезінфектор; стерилізатор. ~법 спосіб стерилізації. ~실 дезінфекційна камера. ~제 дезінфікуючий засіб; антисептик.

소동 заворушення; галас. ¶ ~하다 чинити (заворушення, скандал); піднімати (галас).

소두(小豆) червоні боби.

소득 прибуток; дохід. || ~ 공제 прибуткове вираху- вання. ~세 прибутковий податок. ~액 сума (розмір) прибутку.

소등 ¶ ~하다 гасити (світло).

소라 {생물} молюск.

소란 ¶ ~하다 гучний; метушливий. ~스럽다 здаватися гучним (метушливим). ~을 피우다 піднімати метушню (галас).

소래 неглибока миска з невипаленої глини.

소량(少量) невелика кількість.

소련 Союз Радянських Соціалістичних Республік (СРСР).

소령 майор.

소로(小路) вузька дорога; стежка.

소록소록 |아기가 곱게 자는 모양| міле видовище, коли дитина спить. |비가 오는| мрячить дощ.

소름 сироти. ¶ ~끼치다 сироти бігають по спині; мороз проймає. ~이 돋다 покритися сиротами.

소리 звук; звук голоса. |동물의| крик. |새| спів. ¶ ~하다 співати. ~치다 кричати. ‖ ~꾼 хороший виконавець народних пісень.

소리개 {동물} чорний шуліка.

소리소리 ¶ ~지르다 голосно скандувати.

소리판 гуляння з піснями. |음반| грамофонна пластинка.

소립자 {물리} елементарна частка.

소망(所望) бажане; бажання. ¶ ~하다 бажати. 너의 ~이 무엇이냐? Чого ти бажаєш?

소매 рукав. [형] рукавний. ¶ ~를 걷고 나서다 бути застрілювачем в чому.

소매 роздріб; роздрібний продаж. ¶ ~의 роздрібний. ~하다 продавати в роздріб. ‖ ~가격 роздрібні ціни. ~상 роздрібна торгівля; торговець, що торгає в роздріб. ~점 лавка; магазин.

소매치기 дрібна крадіжка; кишеньковий злодій.

소멸 знищення; винищення. ¶ ~하다 зникати; припиняти існування; знищувати. |화재가 나서| віддавати вогневі; спалювати.

소명(召命) наказ короля про виклик можновладного чиновника.

소모 витрачання; зношування. ¶ ~하다 витратити(ся); зношуватися.

‖ ~량 витрати. ~전 бій (війна) на виснаження. ~품 дрібні канцелярські товари.

소묘 малюнок, виконаний одним кольором.

소문 поголос; чутки. ¶ ~나다 поширюватися (про чутки).

소미 {식물} чумиза.

소바리 перевезення вантажів на спині вола.

소박(疎薄) ¶ ~하다 не любити (дружина); зневажливо ставитися (до дружини). ‖ ~데기 некохана дружина.

소박(素朴) ¶ ~하다 простий; природній; наївний. ‖ ~성 наївність; простодушність.

소반 (корейський) обідній столик; підніс.

소방 попередження та гасіння пожежі. ¶ ~하다 гасити пожежу. ‖ ~관(수) боєць пожежної команди; пожежник. ~서 пожежна охорона. ~ 호스 пожежна труба.

소변 сеча. ¶ ~의 сечовий. ~을 보다 мочитися; справити маленьку нужду. ~ 보러 가다 ходити по маленькому. ‖ ~검사 дослідження сечі. ~기 нічний горщик.

소복(素服) білий одяг. ¶ ~하다 одягатися в біле.

소비 споживання; витрачання. ¶ ~의 споживчий. ~하다 споживати; витрачати. ‖ ~량 споживча кількість; норма витрат. ~세 податок на споживання; акциз; акцизний збір. ~재 споживчі матеріали. ~조합 споживча кооперація. ~품

споживчі товари.

소비자 споживач. ¶ ~의 споживчий. ‖ ~조합 споживче суспільство (товариство).

소비에트 рада.

소사(燒死) ¶ ~하다 (заживо) згоріти.

소사(掃射) обстрілення. ‖ 기총 ~ обстрілення з літака.

소사(小事) дрібні справи.

소사나무 {식물} граб корейський.

소산(所産) продукція, що виробляється. ‖ ~물 продукт.

소상(昭詳) ¶ ~하다 ясний; докладний.

소생 воскресіння; повернення до життя; відродження; оживлення. ¶ ~하다 відроджуватися; воскрешати; оживати. ~시키다 воскрешати; повертати до життя. 만물이~한다 вся природа оживає.

소생(小生) |자기를 낮춘 말| я.

소석 |자갈| гравій. [남명] |조약돌| галька. |건축용자재| щебінь [남].

소선(小船) човен.

소선거구 маленька виборча дільниця.

소설 роман. ‖ ~가 прозаїк; романіст.

소소(小小) ¶ ~하다 дрібний; мізерний. ~한 문제 дрібне питання. ~한 잔돈푼 дрібні гроші.

소속 належність. ¶ ~하다 належати кому-чому; входити в склад чого. ‖ ~기관 підвідомча установа.

소송 судовиробництво; (судовий) процес; позов. ¶ ~하다 відкривати справу; предявляти позов. ‖ ~ 기간 процесуальні терміни. ~ 관계 процесуальні відносини. ~법 процесуальний кодекс. ~ 사건 судова справа. ~장 позовна заява. ~ 제기 предявлення позову. 민/형사~ громадянське/кримінальне судовиробництво.

소수(小數) {수학} дріб; десятковий дріб. ‖ ~점 десяткова кома (крапка).

소수(少數) |적은 수| невелике число; меншість. ‖ ~민족 національна меншість. ~파 меншість.

소수(素數) {수학} просте число.

소수 |여분으로| трохи більше; зазначто.

소스라치다 здригатися від переляку.

소슬 ¶ ~하다 |바람이| сумний. ‖ ~바람 тужливий осінній вітер.

소승(小乘) хинаяна; мала колісниця; вузький шлях порятунку. ‖ ~불교 хинаяна (школа). 대승불교 махаяна (школа).

소시(少時) ¶ ~적 молодість; в молодості.

소시민 міщанин. ¶ ~적 міщанський. ‖ ~ 계급 міщанський стан. ~ 근성 міщанська ідеологія; міщанство.

소시지 сосиска; ковбаса.

소식 звістка; вісті. ‖ ~란 шпальна новин; хроніка. ~통 добре інформована людина; обізнана людина; знавець.

소신(所信) віра.

소실 зникнення. ¶~하다 зникати; загубити в результаті пожежі. 책이 ~되었다 Книга зникла.

소실(小室) |첩| коханка.

소심 легкоду́хість. ¶ ~한 боязки́й; легкоду́хий. |겁 많은| боязки́й. ~하다 бу́ти легкоду́хим. || ~한 사람 нері́шу́ча люди́на.

소아 дити́на; немовля́. || ~과 педіатрі́я. ~과 의사 дитя́чий лі́кар; педіа́тр. ~마비 дитя́чий параліч. ~병 дитя́чі вну́трішні хворо́би.

소야곡 серена́да; легка́ інструмента́льна му́зика.

소액 невели́ка су́ма.

소양 осві́ченість; підгото́вка. ¶ ~있는 осві́чений.

소염제 протизапа́льний за́сіб.

소외 відчу́ження. ¶ ~하다 відчу́жувати.

소요 необхі́дне; потрі́бне. ¶ ~하다 бу́ти необхі́дним; бу́ти потрі́бним. || ~량 потрі́бна (необхі́дна) кі́лькість. ~시간 необхі́дний час.

소요(逍遙) ¶ ~하다 прогу́люватися.

소요(騷擾) га́лас. ¶ ~하다 підніма́ти га́лас. || ~죄 пору́шення грома́дського поря́дку.

소용 ко́ристь; потре́ба. ¶ ~되다 потрі́бний; кори́сний; ма́ти потре́бу в *чо́му*. ~ 없다 непотрі́бний. 그것이 무슨 ~이 있는가? Яка́ з цього́ ко́ристь?

소용돌이 вир; кругово́рот; ви́хор. ¶ ~치다 вихри́тися; крути́тися. |감정이| бу́рхати.

소원(所願) ба́жане; бажа́ння. ¶ ~하다 бажа́ти; хоті́ти. ~을 풀다 задово́льняти бажа́ння. ~을 이루다 здійснювати свої́ бажа́ння. || ~ 성취 зді́йснення бажа́нь.

소원(疏遠) ¶ ~하다 дале́кий; відчу́жений. 나는 그와 사이가 ~하다. Я дале́кий від ньо́го.

소원(訴願) пети́ція. [형] петиці́йний. ¶ ~하다 подава́ти пети́цію. ~ проси́ти.

소위(所謂) так на́званий; в лапка́х.

소위(少尉) моло́дший лейтена́нт.

소위원회 мали́й коміте́т.

소유 вла́сність. [형] вла́сний. ¶ ~하다 ма́ти; володі́ти. || ~권 пра́во вла́сності. ~물 вла́сність. ~욕 при́страсть до стяжа́тельства; жаді́бність. ~자 вла́сник; володар. ~지 земе́льна вла́сність.

소음 га́лас.

소읍(小邑) мале́ньке пові́тове мі́сто.

소이(所以) причи́на.

소이(小異) || 대동~ схо́жий; що ма́ло відрізня́ється.

소이탄 запа́льна бо́мба; запа́льний снаря́д; запа́льна ку́ля.

소인(小人) люди́на мале́нького зро́сту; пі́гмей; дити́на; незначне́ обли́ччя; дрібна́ душа́. |자신을 낮추어| я.

소인 |우체국의| штемпель [남]. [형] штемпельний.

소일 прово́дження ча́су. ¶ ~하다 безді́яльно проводи́ти час; розважа́тися. ~거리로 зара́ди прово́дження ча́су. || ~거리 предме́т для розва́г.

소임 дору́чене; дору́чення.

소자본 невели́кий капіта́л.

소작(小作) оре́нда. ¶ ~하다 орендува́ти; бра́ти в оре́нду. ~을 주다 здава́ти в оре́нду. || ~권 пра́во на оре́нду землі́. ~농 селяни́н-орендáтор. ~료 оре́ндна пла́та за зе́млю. ~인 орендáтор землі. ~쟁의 орендний конфлікт. ~제도 орендова система.

소장(少壯) ¶ ~하다 молодий та енергійний. ‖ ~파 група молодих; молодіжна група.

소장(小腸) кишечник; тонка кишка.

소장(少將) |육군| генерал-майор. 해군~ контр-адмірал.

소장(所長) начальник; директор; завідуючий. ‖ 연구소~ директор науково-дослідницького інституту.

소장(所藏) ¶ ~하다 мати; зберігати; річ, що зберігається. ‖ ~품 власна річ.

소장(訴狀) прохання, подане до відомства; поданий позов.

소재(所在) місцезнаходження; місце перебування; що мається. ¶ 책임 ~를 밝히다 зясовувати, хто несе відповідальність ‖ ~지 місце розташування (чого); адміністративний центр.

소재(素材) сировина; матеріал. ¶ 작품의 ~ зміст.

소전(小傳) коротка біографія.

소전투 сутичка.

소절(小節) |예절| коротка церемонія. {음악} такт.

소정 встановлення. [형] встановлений. ¶ ~의 기간 встановлений час.

소제 чищення; прибирання. ¶ ~하다 чистити; очищати; прибирати; чистити труби. ‖ ~부 прибиральний; двірник.

소제목 підтема; підзаголовок.

소주 міцна горілка (отримана переганянням). ‖ ~잔 чарочка для міцної горілки.

소주주 власник невеликого пакета акцій; акціонер, що має невеликий пакет акцій.

소죽 пійло.

소중 ¶ ~히 цінно; дорого; дуже важливо. ~하다 цінний; дорогий; дуже важливий. ‖ ~성 цінність; важливість; значущість.

소지 ¶ ~하다 мати (при собі); носити (з собою). 여권을 ~하다 мати при собі паспорт. ‖ ~자 власник; володар. |주식 등의| тримач. ‖ ~품 власність кого; особисті речі.

소진(消盡) ¶ ~하다 зовсім зникнути; вичерпатися.

소진(燒盡) ¶ ~되다 |화재로| згоріти вщент; бути знищенним вогнем.

소질 природжені (природні) якості; натура; характер; схильність; задатки.

소집 збір; скликання; приликання. ¶ ~하다 збирати; скликати; приликати. ‖ ~령 наказ про скликання. ~장 сповіщення про збір. |소환을 위한| повістка.

소집단 невелика група; маленький колектив.

소쩍새 сплюшка.

소책자 брошура.

소철 {식물} сагова пальма.

소청(訴請) ¶ ~하다 скаржитися на долю та просити.

소촌(小村) маленьке село.

소총 гвинтівка. ‖ ~탄 патрон.

소추(訴追) предявлення обвинувачення. ¶ ~하다 предявляти обвинувачення (підсудному).

소출 врожай; прибуток. ¶ ~의 врожайний. ~하다 вродити. ~이 많다 вродитися багато.

소치 наслідок; результат.

소쿠리 корзина, сплетена з бамбуку.

소탈 ¶ ~하다 простий; простосердий.

소탕 ліквідація; знищення. ¶ ~하다 ліквідувати; знищувати; винищувати. ‖ ~전 бій на знищення (винищення).

소통 взаєморозуміння. ¶ ~하다 розуміти один одного.

소파 шезлонг; диван.

소포 поштова посилка. ¶ ~로 보내다 посилати поштовою посилкою. ‖ ~ 우편 пересилання поштою. ~우편물 поштова посилка.

소품 |문예의| невеликий художній твір.

소풍 прогулянка; екскурсія. ¶ ~을 가다 виходити провітритися (погуляти); освіжитися; подихати повітрям; гуляти.

소프라노 сопрано.

소프트 ¶ ~하다 мякий; ніжний; лагідний.

소해(掃海) {군사} тралення. [형] траловий. ¶ ~하다 тралити. ‖ ~구축함 міноносець, устаткований для тралення мін. ~망 мінний трал. ~정 катерний тральник.

소행 проблена робота; зроблений вчинок; поведінка.

소향(所向) місце, куди направляється хто.

소향(燒香) ¶~하다 курити фіміам.

소형 малий; малого формату; малих розмірів. ‖ ~ 자동차 малолітражний автомобіль.

소호(沼湖) озеро.

소홀 ¶ ~하다 неуважний; недбалий; халатний. ~하게 대하다 ставитися недбало до чого. ~히 неуважно; несерйозно; недбало. 직무를 ~히 하다 зневажати обовязками.

소화(消化) травлення. |지식을| засвоєння, освоєння. ¶ ~하다 перетравлювати; засвоювати; освоювати. ~하기 쉬운 음식 легка їжа. ‖ ~ 과정 процес травлення. ~관 травні органи. ~기 질환 хвороби шлунково-кишкового тракту. ~력 здатність перетравлювати (засвоювати) їжу. ~불량 диспепсія; нетравлення шлунка; погане травлення. ~액 травний сок. ~제 засіб, що сприяє травленню. ~효소 травні ферменти.

소화(消火) вогнегасіння; гасіння пожежі. ‖ ~기 огнетушитель. ~전 пожежний кран.

소환(召喚) виклик. ¶ ~하다 |법정에의| ~ виклик в суд. ‖ ~장 |법원으로| повістка.

소환(召還) відгук. [형] відкличний. ¶ ~하다 відкликати. 대사의 ~ відклик посла. ‖ ~장 документ про відкликання; відкликна грамота.

소회(所懷) |마음에 품은| заповітне.

속 |물건의| внутрішня частина чого. |본질| суть; зміст. |만두의| начинка. |마음의| намір; думки. |위장 등의| нутрощі; нутро. |생각| душа. ¶ ~에 있는 말은 하지 않고는 못 견딘다 Що на думці, то й на язиці. ~이 불편하다 розладнюватися (про шлунок). ~으로 про себе. ~을 차리다 робити як належить; займатися тільки своїми справами. ~을 터

놓다 бути відкритим; посвячувати *кого* в свої думки. ~을 태우다 засмучувати(ся); тривожити(ся). ~을 떠보다 випитувати; закинути вудку. ~을 썩이다 засмучувати(ся). ~이 뒤집히다 нудити; дратуватися. ~이 보이다 відчинитися. ~이 부글부글 끓다 дратуватися. ~이 상하다 поранити душу; шматувати серце. ~이 타다 сильно переживати; боліти душею; душа розривається. ~이 없는 인간 порожня людина.

속간 відновлення видання. ¶ ~하다 відновлювати видання.

속개 продовження; відновлення. ¶ ~하다 продовжувати; відновлювати.

속결 негайне (швидке) рішення. ¶ ~하다 швидко вирішувати.

속계 тлінний світ.

속고름 потаємні тасьми.

속곳 жіночі шаровари.

속공 стрімка атака. ¶ ~하다 стрімко атакувати *на кого-що* (*проти кого-що*). || ~전술 тактика стрімкої атаки.

속구(速球) швидкий м'яч.

속국 залежна держава; сателіт.

속기 стенографія. [형] стенографічний. ¶ ~하다 стенографувати; швидко писати. || ~록 стенограма. |회의의| протокол. ~ 부호 стенографічні знаки. ~수 стенограф; стенографіст, -ка.

속눈썹 вія. [형] війковий.

속다 обманюватися *в чому*; бути обманутим; залишитися в дурнях; помилитися; підпасти під обман.

속닥거리다 голосно шепотітися; нашіптувати (*чого*).

속단 поспішний висновок; поспішний підсумок. ¶ ~하다 робити поспішний висновок.

속담 прислів'я; приказка.

속도 швидкість; темп; хід. {음악} темпо. ¶ ~의 темповий. ~를 높이다/낮추다 додавати (збільшувати)/зменшити швидкість. || ~계 спідометр.

속되다 грубий; вульгарний; простий.

속력 швидкість; хід. ¶ ~의 швидкісний. ~을 내다 набирати (розвивати; збільшувати) швидкість (хід). ~을 낮추다 знижувати (зменшувати; уповільнювати) швидкість (хід). || 전~으로 повним ходом. || 최대~ максимальна швидкість.

속마음 душа. ¶ …에게 ~을 털어놓다 відкривати *кому* свою душу; говорити по щирості. 남의 ~을 들여다보다 заглядати в душу.

속말 довірча розмова. ¶ ~하다 вести довірчу розмову.

속물 |경멸| обиватель; міщанин. [형] обивательський. || ~근성 обивательщина; міщанство.

속박 утиск; обмеження; защемлення. ¶ ~된 утиснутий; обмежений. ~하다 утискати; обмежувати; защемляти. |자유를| звязати *кого* по руках та ногах; завязати руки *кому*.

속병 внутрішні хвороби.

속보(速步) швидка хода. ¶ ~로 걷다 іти швидкою ходою.

속보(速報) термінове повідомлення. ¶ ~하다 негайно (терміново) повідомляти. || ~판

дошка для термінової повідомлень (оголошень).

속사(速射) {군사} швидкий вогонь [남]. ¶ ~하다 вести швидкий вогонь.

속사(速寫) {미술} ескіз. ¶ ~하다 швидко малювати; накреслити ескіз.

속사랑 таємне кохання.

속사정 інтимна сторона справи. ¶ ~을 말하다 вести інтимну розмову.

속삭이다 шепотіти; говорити на вухо; шелестіти; тихо шарудіти.

속삭임 шепіт; нашіптування; шушукання. |나뭇잎 등의| шуршання; шелест. ¶ 시냇물의 ~ шепіт струмка.

속살 прикрите одягом тіло; м'якуш. |지방질이 있는| м'ясо з жировим прошаруванням.

속상하다 ранити душу; роздирати серце.

속설 вульгарні погляди.

속성(屬性) властивість. |사물의| атрибут ¶ ~의 властивий.

속성(速成) прискорення. [형] прискорений. ~으로 прискореними методами. || ~과 короткострокове навчання. ~ 교육 прискорене навчання.

속세 світ; суспільство. {불교} земне існування; тлінний світ.

속셈 |의도| підрахунки в думках. ¶ ~하다 рахувати (підраховувати) в думках; розраховувати в думках. ...할 ~으로 згідно з підрахунками.

속속 один за одним; безперервно.

속속들이 до дрібних деталей; у всіх подробицях; досконало.

속수무책 безпомічність. [형] безпомічний. ¶ ~이다 досконало; кроку ступити не може.

속시원하다 бути задоволеним; відійшло від серця.

속심 душа; таємні думки.

속썩다 хворіти душею.

속썩이다 розладнити; вразити душу.

속어 {언어} вульгаризм; просторіччя.

속언 вульгарне слово.

속옷 нижня білизна.

속이다 обманювати; вводити *кого* в обман; дурити. [구어] проводити. [속어] обдурювати. ¶ 호락호락 속아넘어 가지는 않을 거다. Жартуєш, не обдуриш.

속인 проста людина. |경멸적| обиватель. {종교} миряни; світська особа.

속임수 хитрість; фокус. ¶ ~를 부리다 викидати (пробляти) фокус. ~를 쓰다 вдаватися до хитрощів. ~에 걸려들다

속잎 молоде листя.

속전(速戰) короткий бій (сутичка). || ~속결 блискавичний кінець війни.

속죄 спокутування. [형] спокутний. ¶ ~하다 спокутувати (провину) *що чим*. ~의 선бого спокутувальна жертва. || ~자 спокутник.

속출 ¶ ~하다 зявлятися один за одним.

속치마 нижня спідниця.

속칭 популярна назва. ¶ ~하다 називати популярною (народною) назвою.

속타다 сильно переживати; хворіти душею.

속태우다 |남을| засму́чувати. |스스로| засму́чуватися; триво́жити(ся). ¶ 속태우지 마라! Не засму́чуйся!

속편 чергова́ кни́га; черго́вий том.

속필 скоропи́с. [형] скоропи́сний.

속하다 нале́жати *до ко́го-чо́го*; вхо́дити в число́ *чо́го*; відно́ситися *до ко́го-чо́го*.

속행 ¶ ~하다 продо́вжувати да́лі роби́ти.

속히 шви́дко; ско́ро.

솎다 прорі́джувати.

손 |신체| рука́. |능력| си́ла; зуси́лля. |도움| робо́чі ру́ки. |지소형| ру́чка. ¶ ~에 넣다 отри́мати у вла́сність; захопи́ти; оволоді́ти. ~에 잡히다 іти́ на лад (спра́ва). ~에 ~을 잡다 співпрацюва́ти; ді́яти.~에 땀을 쥐다 си́льно пережива́ти; се́рце завмира́є; хворі́ти душе́ю. ~에 익다 набива́ти ру́ку. ~을 거치다 прохо́дити крізь *чиї́* ру́ки; користува́тися *чиє́ю* ми́лістю. ~을 내젓다 розма́хувати рука́ми. ~을 대다 доторкра́тися руко́ю. |착수하다| підступа́ти *до чо́го*. ~을 들다 підніма́ти ру́ку. |항복| здава́тися; капітулюва́ти. |찬성| голосува́ти за; схва́лювати. ~을 빌리다 отри́мувати допомо́гу (підтри́мку). ~을 잡다 працюва́ти ра́зом; зно́ву здружи́тися. ~을 흔들다 маха́ти руко́ю. ~을 털다 ки́нути робо́ту; програ́тися. ~을 꼽다 рахува́ти, загина́ючи па́льці; опини́тися в числі́ кра́щих. ~을 떼다 (씻다) самоусува́ти; вми́ти ру́ки *від чо́го*; закінчи́ти; заве́ршити. ~을 쓰다 вча́сно прийма́ти мі́ри. ~이 가다 бу́ти зро́бленим рука́ми. ~이 모자란다 не вистача́є рук. ~이 맵다 важки́й на ру́ку. |일솜씨| акура́тний. ~이 크다 ще́дрий. ~가락질받다 бу́ти ви́смiюним. ~버릇이 나쁘다 бу́ти нечи́стим на ру́ку. ~ 들어! Ру́ки верх! ~바닥보듯이 분명하다 Я́сно як на доло́ні. 이 ~에 잡히지 않는다. Ді́ло ва́литься з рук. ‖ ~가락 па́лець (на руці́). ~가방 портфе́ль; су́мка. ~거울 ручне́ дзерка́льце. ~끝 кі́нчик па́льця. ~동작 жест; рух руко́ю. ~등 ти́льна сторона́ доло́ні. ~때 бруд на руці́; пля́ма. ~목 зап'я́сток. ~목시계 ручни́й годи́нник. ~바닥 доло́ня. ~버릇 дурна́ зви́чка. ~수건 носова́ хусти́нка.

손 |손님| гість; відві́дувач. |고객| клі́єнт; покупе́ць. |나그네| мандрівни́к; подоро́жній.

손(孫) ді́ти та вну́ки; нащáдки.

손금 лі́нії на доло́ні. ¶ ~ 보듯 하다 зна́ти як свої́ пять па́льців. ~을 보다 ворожи́ти по лі́ніях на доло́нях рук.

손길 протя́гнута рука́. ¶ 구원의 ~을 뻗치다 дава́ти ру́ку допомо́ги.

손녀 вну́чка.

손님 гість [남]. ¶ ~을 맞이하다 прийма́ти го́стя. 차에 탄 ~ пасажи́р. 이 상점에는 ~이 많다 В цьо́му магази́ні бага́то покупці́в.

손발 ру́ки і но́ги; кінці́вки. ¶ ~을 걷다 нада́ти рука́ми та нога́м покі́йного пра́вильне поло́ження. ~이 말을 듣지 않다. Переста́ти

사

володіти руками та ногами. ~을 묶어 놓다 звязувати по руках та ногах; приборкувати. ~이 맞다 працювати душа в душу; іти в ногу.

손뼉 ¶ ~을 치다 хлопати в долоні.

손상 втрати; шкода; ушкодження. ¶ ~된 пошкоджений. ~을 입다 бути пошкодженим. ~을 입히다 наносити шкоду (пошкодження); нести втрати. |명예의| підрис. ~하다 підривати(ся). 권위를 ~하다 підривати (защемляти) авторитет. 명예를 ~하다 бруднити чиє добре ім'я. 자존심을 ~하다 защемляти (вражати) самолюбство.

손색 недолік чого (в чому); недостатність. ¶ ~이 없다 бездоганний; бути не гірше.

손수 своїми власними руками; власноруч; особисто.

손수레 ручний візок; тачка.

손쉽다 легкий; неважкий.

손실 збиток; шкода; втрата. ¶ ~을 입다 понести збитки; понести втрати. ~을 주다 заподіяти (наносити) збитки.

손아래 молодший; нижчий.

손위 старший; вищий.

손익 прибуток та збиток; вигода та шкода. ‖ ~ 계산서 відомість прибутків та збитків.

손자 внук.

손잡이 ручка; рукоятка. |자전거나 자동차의| кермо. ¶ 찻주전자의 ~ ручка чайника. 가방의 ~ ручка портфеля.

손장단 такт руками. ¶ ~을 치다 відбивати такт руками.

손재수 доля; нести збитки.

손재주 спритність рук; золоті руки. ¶ 그는 ~가 있다 В нього золоті руки.

손질 обробка; доробка. |정리| приведення в порядок; догляд; лагодження. ~하다 доробляти; обробляти. 집을 ~하다 ремонтувати дім. 의복을 ~하다 почистити (попрасувати) костюм. 화초의 ~ догляд за квітами.

손짓 жест; знак; жестикуляція. ¶ ~하다 робити жест (знак); жестикулювати.

손치더라도 навіть якщо...; нехай...

손찌검 рукоприкладство. ¶ ~하다 бити рукою.

손톱 ніготь [남]. [형] нігтьовий. ¶ ~을 깎다 підрізати (підстригти) нігті. ~을 기르다 відрощувати нігті. ~만큼도 взагалі; зовсім. ~만큼도 달라지지 않았다 Ані трохи не змінилось. ‖ ~깎이 манікюрні ножиці.

손해 шкода; збитки; втрати. ¶ ~되다 нести збитки. ~를 보다 нести збитки. ~를 끼치다 наносити (заподіювати) збитки. ‖ ~배상 відшкодування збитків; компенсація збитків.

솔(나무) сосна. ‖ ~방울 соснова шишка. ~밭 сосновий ліс (бір). ~잎 соснова хвоя.

솔 |브러시| щітка. |램프용| йорж. ¶ ~의 щітковий. ~질하다 чистити щіткою. ‖ 구두~ взуттєва щітка. 옷~ одежна щітка. 칫~ зубна щітка.

솔개 шуліка.

솔깃 схилення. ¶ ~하다 схиляти; схильний до чого; прихилений. ¶ 귀가 ~하다 напружувати слух.

솔다 |가렵다| свербі́ти. |귀가| продзижча́ти. ¶ 발바닥이 ~ свербит́ь ступня́. 귀가 ~ продзижча́ти всі ву́ха.

솔다 |좁다| вузьки́й; ті́сний.

솔로 со́ло; со́льний спів.

솔리스트 соліст́, що викон́ує со́ло.

솔선 раніш́е і́нших. ¶ ~하다 ви́ступити пе́ршим; іти́ спе́реду; бу́ти ініціа́тором. ‖ ~자 ініціа́тор; піоне́р; зачина́тель.

솔솔 легки́й; м'який́. ¶ |바람이| ~ 불다 ві́яти; ні́жно ду́ти. ~ 새다 потро́ху си́патися. ~ 풀리다 легко́ розмо́туватися.

솔직 відве́ртість. [형] відве́ртий. ¶ ~히 말하자면 говоря́чи відве́рто. ~한 고백 відве́рте зізна́ння.

솜 ва́та; баво́вна. ¶ ~을 넣다 саджа́ти на ва́ту; роби́ти на ва́ті; підбива́ти ва́тою. ~을 타다 ша́рпати ва́ту. ‖ ~바지 ватні́ штани́. ~털 пух; пушо́к. ~틀 дзи́га; джин.

솜씨 вмі́ння; майсте́рність; вмі́ння; спри́тність. ¶ ~ 있는 вмі́лий; спри́тний. ~있게 майсте́рно; з вели́ким мисте́цтвом (майсте́рністю). ~를 보이다 показа́ти майсте́рність (мисте́цтво).

솟다 |높이| підніма́тися; височі́ти. | 샘물이| би́ти ключе́м. |땀·눈물이| виступа́ти. |돌출되다| стирча́ти; настовбу́рчуватися. |느낌| прорива́тися; нари́нути. ¶ 해가 솟는다 Схо́дить со́нце.

솟아나다 з'явля́тися; височі́ти; підніма́тися; виростат́и.

솟아오르다 |위로| підніма́тися до ве́рху; височі́ти; здійма́тися ¶ 그는 울화가 솟았다 Його́ прорва́ло. 적에 대한 증오심이 솟아올랐다 Кипі́ла в ньо́му не́нависть до во́рога.

솟치다 висо́ко підніма́ти.

송(頌) о́да. |찬사| панегі́рик.

송가 хвале́бна пі́сня; гімн; о́да.

송골매 со́кіл.

송곳 ши́ло. |큰 송곳| све́рдел. ¶ ~ 모양의 шилува́тий.

송곳니 і́кло.

송구 ¶ ~스럽다 здава́тися незру́чним. ~스레 з почуття́м незру́чності.

송금 грошови́й перека́з. ¶ ~하다 перека́зувати гро́ші; посила́ти гро́ші перека́зом. ‖ ~ 수수료 пла́та за грошови́й перека́з.

송년 про́води Старо́го ро́ку. ¶ ~을 하다 проводжа́ти Стари́й рік.

송두리째 все без зали́шку.

송림 сосно́вий ліс.

송백 сосна́ та кедр.

송별 про́води. ¶ ~회를 베풀다 влаштува́ти про́води. ‖ ~회 проща́льний ве́чір; про́води. [복]

송부 відпра́влення; поси́лка; перепрова́дження. ¶ ~하다 відправля́ти; посила́ти; переси́лати; перепрова́джувати *що* (*кого́*).

송사 по́зов. |재판에| ска́рга; проце́с. ¶ ~하다 подава́ти по́зов (ска́ргу) в суд *на кого́*; вести́ проце́с.

송수관 водопрові́дна труба́.

송신 телеграфува́ння. ¶ ~하다 телеграфува́ти. ‖ ~기 (ра́діо) передава́ч; трансмі́тер. ~소 телегра́ф.

송아지 теля́.

송어 си́ма.

송이 |꽃| пупя́нок. |과일| ки́тиця; гро́но. |밤나무 등의| шкарлупа́. |

눈·구름 등| шмато́чок. || 국화 ~ буто́н хризанте́ма. 눈~ сніжи́нки; пласті́вці сні́гу. 목화 ~ коро́бочка баво́вника. 밤~ шкаралу́па кашта́на. 포도 ~ виногра́дне гро́но.

송장 труп люди́ни.

송장(送狀) |화물증서| накладна́.

송전 електропереда́ча. || ~선 лі́нія електропереда́чі. ~탑 опо́ра висо́ковольтної лі́нії.

송죽(松竹) сосна́ та бамбу́к. || ~매 (梅) сосна́, бамбу́к та сли́ва.

송지(松枝) сосно́ва гі́лка.

송진 сосно́ва смола́; смола́.

송축 возхваля́ння. ¶ ~하다 хвали́ти; співа́ти панегі́рики.

송충이 гу́сінь сосно́вого шовко́пря́ду.

송치 доставля́ння. ¶ ~하다 доставля́ти.

송판(松板) сосно́ва до́шка.

송편 ри́совий парови́й хлі́бець з начи́нкою.

송환 пове́рнення; репатріа́ція. ¶ ~하다 відсила́ти (відправля́ти) наза́д; поверта́ти; репатрію́вати. 포로를 ~하다 поверта́ти полоне́них. || 본국 ~자 репатрійо́ваний [명].

솥 каза́н. || ~뚜껑 кри́шка казана́.

쇄도 ¶ ~하다 нари́нути; ки́датися; спрямо́вуватися.

쇄빙선 кригола́м; кригола́мне су́дно (пароплав). ¶ ~의 кригола́мний.

쇄신 ¶ ~하다 злама́ти та побудува́ти зно́ву.

쇠 |철| залі́зо. |금속| мета́л. |열쇠| замо́к. || 쇳덩이 шмато́к залі́за.

쇠고기 я́ловичина.

쇠고랑 нару́чними; кайда́ни [복]. ¶ ~의 кайда́новий. ~을 채у́ди зако́вувати в кайда́ни.

쇠기름 я́ловиче са́ло.

쇠꼬리 коро́в'ячий (воля́чий) хвіст.

쇠다 дерев'яні́ти. |너무 자란 야채가| става́ти жорстки́м. |굽이지다| викри́влюватися. ¶ 배추가 ~ капу́ста ста́ла тверд́ою.

쇠다 |설을| відзнача́ти.

쇠똥 коро́в'ячий по́слід.

쇠망 ¶ ~하다 прихо́дити у занепа́д.

쇠먹이 корм для вола́; годува́ння вода́.

쇠붙이 залі́зо; мета́л; шмато́к залі́за; залі́зний лом.

쇠뿔 ро́ги вола́ (коро́ви). ¶ ~도 단김에 빼렸다. Куй залі́зо, по́ки гаря́че.

쇠약 посла́блення; слабкі́сть; не́міч; кво́лість. ¶ ~하다 нем́ічний; слабки́й; кво́лий; хиря́вий; розсла́блений. || ~자 нем́ічна люди́на.

쇠잔 в'я́нення; осла́блення. ¶ ~하다 зав'я́лий; осла́блений.

쇠톱 ножі́вка по мета́лу.

쇠퇴 занепа́д. ¶ ~하다 прихо́дити в занепа́д.

쇠파리 шкі́рний о́від.

쇠하다 сла́бнути; втрача́ти си́ли.

쇼(show) теа́тр; кі́но; шо́у.

쇼윈도 вітри́на.

쇼크 |의학| шок; спону́кання. |감정적| і́мпульс; по́штовх; уда́р; скирта́. ¶ ~를 주다 да́ти по́штовх.

쇼킹 уда́р; по́штовх. ¶ ~한 поштовхо́вий; обу́рливий; жахли́вий; ~한 일 жахли́ва поді́я.

쇼트 |누전| коро́тке замика́ння.

쇼핑 покупки. || ~ 센터 торго́вий

центр.

숍 |상점| магазин; лавка.

수 |동물의 수컷| самець. ‖ ~캐 пес |남|. ~닭 півень.

수 |수단| спосіб; засіб. |능력| вміння; майстерність. ¶ ~를 쓰다 вдаватися до хитрощів; приймати міри. 갈 ~ 있다 можу піти.

수 |수량| число; кількість. ¶ ~가 적은 нечисленний. ~를 채우다 надолужувати; доводити.

수 |운수| везіння. ¶ ~가 나쁘다 не пощастити.

수(手) людина. ‖ 사격~ стрілець.

수(繡) |무늬| вишивка. |자수| вишивання. ¶ ~의 вишивальний. ~놓은 вишитий. ~를 놓다 вишивати; займатися вишивкою.

수감 ув'язнення; арешт. ¶ ~된 ув'язнений; заарештований. ~하다 піддавати тюремному ув'язненню; взяти під арешт. ‖ ~자 арештант; ув'язнений.

수갑 |장갑| рукавички. |쇠고랑| наручники. ¶ ~을 끼다 одягати рукавички. ~을 채우다 одягати наручники.

수강 відвідування лекції (курсів). ¶ ~하다 слухати лекції (курс лекцій). ‖ ~생 слухач (курсів, лекцій). ~자 слухач лекції.

수개월 декілька місяців.

수거 ¶ ~하다 прибирати.

수건 хустинка; рушник. ~걸이 вішак для рушників. 손~ носова хустинка.

수경법(水耕法) гідропоніка.

수고 клопіт; турботи; хвилювання; клопотання. ¶ ~하다 працювати над чим; брати на себе клопоти (турботи); багато працювати. ~를 끼치다 заподіювати (доставляти) клопотання; обтяжувати кого. ‖ 헛 ~ даремна праця.

수공 рукоділля; ручна робота; тонка робота; плата за працю. ¶ ~의 рукодільний. ‖ ~업 ремесло; кустарне виробництво. ~업자 ремісник; кустар. ~예품 вироби декоративно-прикладного мистецтва.

수교(修交) встановлення дипломатичних відносин. стосунки. ¶ ~하다 встановлювати дипломатичні стосунки.

수구(水球) водне поло.

수구(守舊) консерватизм. [형] консервативний. ‖ ~파 консерватор; прихильники старовини (старих звичаїв).

수국 {식물} гортензія.

수군거리다 шепотіти(ся); шушукатися.

수그러지다 схилятися; опускатися; никнути. |바람이| затихати. |화가| поступово проходити. ¶ 바람이 수그러졌다 Вітер ущух.

수그리다 схилити; опустити; похнюпити. ¶ 고개를 ~ схилити голову.

수금(收金) ¶ ~하다 збирати гроші. ‖ ~인 збирач (грошей).

수급 попит та пропозиція.

수긍 згода; схвалення; затвердження. ¶ ~하는 згодний. ~하다 погоджуватися з ким-чим; схвалювати.

수기(手記) записки.

수기(手旗) прапорець. ‖ ~ 신호 сигналізація прапорцями.

수난 лихо; страждання. ¶ ~의

страждальний. ~을 겪다 терпіти лихо; бідувати; страждати *від чого* (*за кого-що*). ‖ ~기 період біди. ~자 постраждалий від стихійного лиха; страждальний.

수납 прийом; збір. ¶ ~하다 приймати ; збирати (гроші).

수녀 монахиня; католична монахиня. ‖ ~원 жіночий монастир.

수년(數年) декілька років. ‖ ~ 간에 걸쳐 протягом декількох років.

수뇌 голова; керівник. ‖ ~부 керівництво; керівники.

수다 багатослівність; балакучість. ¶ ~를 떨다 балакати; тріпати язиком. [속어] ~스런 사람 балакуча людина. ‖ ~쟁이 базіка; балакун.

수다스럽다 здаватися балакучим (говірливим).

수단 засіб; знаряддя; спосіб; міри. | 솜씨| вміння. |қмудрий| спритність. ¶ ~을 가리지 않고 не гребуючись ніякими засобами; будь-яким шляхом. ~을 강구하다 вишукувати засоби. ~이 좋다 пронозливий. 가능한 ~ можливий засіб. ‖ 방어 ~ засіб захисту. 상투 ~ заїжджений спосіб. 생산 ~ засоби виробництва.

수달 видра.

수당 грошова допомога; надбавка. ¶ ~을 지급하다 дати *кому* грошову допомогу. ‖ 실업 ~ допомога безробітним.

수더분하다 простий; простодушний. ¶ 수더분한 마음 простодушність.

수도(水道) водопровід. [형] водопровідний. ¶ ~를 놓다 провести водопровід. ‖ ~공 водопровідник. ~관 водопровідна труба. ~ 꼭지 водопровідний кран. 수돗물 вода з водопроводу.

수도(首都) столиця. [형] столичний.

수도사 доброчесний монах.

수도원 монастир. [형] монастирський.

수동(受動) пасивність; пасивні дії. [형] пасивний. ¶ ~적인 성격 пасивний характер. ~적인 역할 을 하다 грати пасивну роль.

수동(手動) ¶ ~의 ручний. ‖ ~식 ручного типу. ~ 펌프 ручний насос.

수두 {의학} вітряна віспа.

수두룩하다 доволі багаточисленний; доволі багато.

수라장 пекло кромішнє; суцільний хаос.

수락 прийняття. ¶ ~하다 приймати.

수량 кількість. [형] кількісний. ‖ 물의 양| кількість води.

수렁 болото; драговина. трясовина.

수레 віз; візок. ‖ ~바퀴 колесо візка.

수려 грація; витонченість. ¶ ~하다 граціозний; витончений; чудовий; чарівний; прекрасний. ~한 모습 чудовий вигляд.

수력 гідравлічна сила; гідроенергія. ‖ ~발전 гідрогенерація. ~발전 소 гідроелектростанція.

수련 тренування. [형] тренувальний. ¶ ~하다 тренувати; гартувати.

수련 {식물} лататтся; водяна лілія.

수렴(收斂) {수학} збіжність. {물 리} конвергенція.

수렴(垂廉) ‖ ~청정 регенство.

수렵(狩獵) полювання. ¶ ~하다

полювати. ~하러 가다 іти на полювання. ‖ ~지 район полювання.

수령(首領) вождь; голова; лідер.

수령(受領) отримання; прийняття. ¶ ~하다 отримувати; приймати. ‖ ~자 отримувач. ~증 квитанція.

수로(水路) водяний шлях; фарватер.

수록 запс; реєстрація. ¶ ~된 реєстраційний. ~하다 збирати(ся); колекціонувати. |기재하다| записувати; протоколювати.

수뢰(水雷) {군사} морська міна; торпеда. ‖ ~정 торпедний катер.

수뢰(受賂) ¶ ~하다 отримувати (брати) хабар.

수료 |교육 과정의| закінчення. ¶ ~하다 закінчити. ‖ ~생 учень, хто закінчив курс навчання; випускник.

수류탄 ручна граната.

수륙 вода та суходіл.

수리(水利) гідромеліорація. |관개| зрошення. ‖ ~안전답 рисове поле з іригаційними спорудами. ~학 гідравліка; гідрологія. ~학자 гідролог.

수리(受理) отримання. |사표를| ~하다 отримувати. |사건을| приймати на розгляд.

수리(修理) ремонт; лагодження. ¶ ~하다 ремонтувати; лагодити. ~를 맡기다 віддавати (здавати) на лагодження (ремонт). ~를 맡다 взяти на лагодження (ремонт). ‖ ~공 ремонтник. ~비 витрати на ремонт.

수리(數理) |수학이론| принципи (закони) математики. |계산법| математика. [형] математичний.

수립 основа; заснування; встановлення. ¶ ~하다 засновувати; створювати; встановлювати. 외교관계를 ~하다 встановлювати дипломатичні стосунки. 그는 신기록을 ~했다. Він встановив новий рекорд.

수많다 багаточисленний; багато.

수매(收買) заготівля; закупівля. ¶ ~의 заготівельний; закупівельний. ~하다 заготовляти; закуповувати, скуповувати. ‖ ~가격 закупівельні ціни. 곡물 ~ заготівля хліба.

수맥(水脈) русло річки; струмінь води.

수면(水面) |물위| поверхня води.

수면(睡眠) |잠| сон; сплячка. ¶ ~하다 спати. ‖ ~병 {의학} сонна хвороба. ~부족 недосипання; нестача сна. ~제 снодійний (засіб).

수명 |인간의| тривалість життя. |물건의| срок служби *чого*. ¶ ~을 연장시кідати продовжувати людське життя. 기계의 ~ срок служби машини. ‖ 평균 ~ середня тривалість життя.

수모 образа. ¶ ~를 당하다 зазнавати образ.

수목 {식물} дерево.

수묵 рідка (водяниста) туш. ‖ ~화 монохроматичний хивопис тушю.

수문(水門) шлюз; шлюзовий засув. ¶ ~의 шлюзний; шлюзовий. ~을 만들다 шлюзувати.

수문장 начальник варти біля воріт.

수박 кавун. [형] кавуновий. ‖ ~밭 кавуновий баштан.

수반(首班) голова. ¶ 국가의 ~ голова держави. …을 ~으로 하

수반(隨伴) ¶ ~하다 супроводжувати.

수배 розставляння; розташування. ¶ ~하다 розставляти; розташовувати.

수백(數百) декілька сот.

수범(垂範) ¶ ~하다 подавати (показувати) приклад; бути прикладом. ‖ 솔선~ бути ініціатором.

수법(手法) прийом; спосіб; засіб.

수복 ¶ ~하다 повертати назад. 국권을 ~하다 відвойовувати державну владу.

수부(水夫) матрос; моряк.

수북하다 наповнений (навалений) до верху. |풀 등이| густий та довгий.

수분 волога. ¶ ~이 많은 вологий.

수비 охорона; пильнування. [형] охоронний. ¶ ~하다 охороняти; нести гарнізонну службу. ‖ ~군 прикордонні війська. ~대 гарнізон; загід охорони (варта). 국경 ~ охорона державного кордону.

수사(修辭) риторика; ораторське мистецтво. ¶ ~의 риторичний. ‖ ~법 {언어} правила риторики.

수사(數詞) |문법| числівник.

수사(修士) католицький монах.

수사(搜査) дізнання; розслідування; обшук. ¶ ~의 обшуковий. ~하다 вести дізнання; розслідувати; обшукувати. ‖ ~대 загін з розшуку.

수산 морська (рибна) промисловість. ‖ ~물 продукт морської (рибної) промисловості; рибопродукт. ‖ ~업 рибна промисловість. Промисловість. Кооператив.

수산화 {화학} гідроокис.

수상(水上) на воді; над водою. ‖ ~ 경기 змагання на воді.

수상(首相) прем'єр-міністр. ‖ 내각 ~ голова кабінету міністрів.

수상(受賞) ¶ ~하다 отримувати нагороду. ‖ ~식 церемонія вручення нагороди. ~자 лауреат; призер; премійований. [명]

수상 ¶ ~하다 сумнівний; підозрілий.

수상기 телевізійний приймач; телевізор.

수색 обшук; розвідка. |군사| пошук. ¶ ~의 пошуковий; розвідковий. ~하다 обшукувати; розвідувати; проводити пошук. 가택 ~하다 піддати пошуку. ‖ ~대 загід з розшуку (злочинця); розвідувальний загін. ~망 розвідувальна мережа.

수석(首席) голова; старший [명].

수선 шум; метушня. ¶ ~스럽다 метушливий; галасливий. ~을 피우다 шуміти; метушитися; властовувати метушню.

수선(修繕) ремонт; лагодження. ¶ ~의 ремонтний. ~하다 ремонтувати; лагодити. ‖ ~공 ремонтник.

수선화 нарцис.

수성 {천문} Меркурій.

수세(守勢) оборонне положення; оборона. ¶ ~에 빠지다 позбутися ініціативи; опинитися в оборонному положенні.

수세미 {식물} люфа; ганчірка для миття посуду з люфи.

수세식 |화장실| туалетна (вбиральня) з каналізацією.

수소 {동물} бик; віл.

수소 {화학} водень. [형] водневис-

수소문 ¶ ~하다 дошукуватися до джерела чуток.

수속 процедура; формальності оформлення *чого*. ¶ ~의 процедурний. ~하다 проходити процедуру; виконувати процедуру. |서류를| оформлювати. ‖ 세관 ~ митні формальності.

수송 перевіз; перевезення; транспорт; транспортування. ¶ ~의 перевізний; транспортувальний. ~에 편리한 транспортабельний. ~하다 перевозити; транспортувати. ‖ ~기 транспортний літак. ~ 능력 пропускна здатність; транспорті можливості. 여객 ~ перевезення пасажирів. ~ 체계 система перевезень. 철도 ~ перевіз по залізній дорозі. 화물 ~ перевезення вантажів.

수수 {식물} гаолян.

수숫대(깡) стебла гаоляна.

수수하다 простий; скромний; неяскравий; непомітний. ¶ 옷을 수수하게 입다. Скромно вдягатися.

수수께끼 загадка. |난해한 문제나 과업 등| головоломка. ¶ ~의(같은) загадковий. ~를 내다(걸다) загадувати загадку. ~를 풀다 розгадувати (відгадувати) загадку. ~같은 인물 загадкова особистість.

수수료 плата за оформлення *чого*.

수수방관 байдуже спостереження. ¶ ~하다 сидіти вдома склавши руки; бути стороннім спостерігачем; байдуже спостерігати.

수술 {의학} операція. ¶ ~의 оперативний; операційний. ~하다 робити *кому* операцію; оперувати (хворого) ~받다 отримати операцію. ‖ ~실 операційна. 외과 ~ хірургічна операція.

수습 управління; контроль. [남] ¶ ~하다 управляти; контролювати; приводити в порядок; впорядковувати; налагоджувати. ‖ ~책 заходи з налагоджування *чого*.

수시(隨時) ¶ ~로 в будь-який час; коли завгодно; час від часу.

수식(修飾) |언어| визначення. ‖ ~어 |문법| гарні слова.

수식(數式) чисельний вираз.

수신(受信) отримання сигналу; радіоприйом. ¶ ~하다 отримувати (приймати) сигнал (повідомлення). ‖ ~기 приймач; радіоприймач. ~ 안테나(прийомна) антена. ~인(자) адресат; одержувач.

수신(修身) моральне самовдосконалення.

수심(水深) глибина річки.

수심(愁心) сум; смуток; хвилювання; тривога. ¶ ~에 잠기다 віддатися суму; зануритися в журбу.

수십 декілька десятків.

수압 тиск води. ‖ ~기 гідравлічна машина.

수액 деревний сік.

수양 самовиховання; самовдосконалення. ¶ ~의 самовиховний. ~하다 займатися самовихованням.

수양버들 {식물} плакуча верба.

수양아들 прийомний син.

수양딸 прийомна дочка.

수업 викладання; заняття; урок. ¶ ~하다 викладати *кому що*; давати уроки. ~중에 під час занять; на уроках. ~에 출석/결석하다 відвідувати/ пропускати урок. ‖ ~시간 години занять; навчальна година. ~ 시간표 розклад уроків.

수없다 незліченний; незчисленний.

수없이 дуже багато. ¶ ~ 많다 не можна порахувати *кого-що*.

수여 вручення; присудження; присвоєння; нагородження. ¶ ~하다 вручати; присуджувати; присвоювати; удостоювати *кого-що*; нагороджувати. ‖ ~식 церемонія присудження (нагородження).

수역(水域) водний простір.

수역(獸疫) {수의학} епізоотія.

수염 борода; вуса. |이삭의| ость. ¶ ~을 기르다 відрощувати вуса; відпускати бороду. ~을 기른 노인 бородатий старий. ~을 쓰다듬다 гладити бороду.

수영 плавання. ¶ ~하다 плавати. ‖ ~복 плавки; купальник (жіночий). ~장 басейн для плавання; пляж.

수예 вишивка; вишивання.

수온 температура води.

수완 здібності; вміння. ¶ ~ 있는 здібний. ‖ ~가 здібна людина.

수요 попит; запит; потреба. ¶ ~를 충족시키다 задовольняти потреби *в чому*. ‖ ~와 공급 попит та пропозиція.

수요일 середа. ¶ ~마다 по середах. ~에 в середу.

수욕(獸慾) звіряча жадібність; тваринна пристрасть.

수용 розміщення; поміщення. ¶ ~하다 розміщувати; поміщувати; вміщувати. 이 경기장은 5 만 명을 ~한다. Цей стадіон розрахований на 50 000 людей. ‖ ~능력 місткість; пропускна здатність. ~소 табір для в'язнів. 포로~소 табір для військовополонених.

수원 початок. ‖ ~지 витік річки.

수월하다 легкий; неважкий; нетяжкий; простий. ¶ 수월하게 легко; просто.

수월찮다 нелегкий; тяжкий; важкий.

수위(首位) перше місце; ведуче положення; голова.

수위(守衛) вахтер; сторож; вартовий. ‖ ~실 вартове приміщення.

수위(水位) рівень (горизонт) води.

수유(授乳) ¶ ~하다 годувати груддю (молоком); нянчити. ‖ ~기 період годування груддю; лактаційний період.

수육 варена яловичина.

수은 ртуть [여]. [형] ртутний. |온도계의| ‖ ~주 ртутний стовпчик. ~ 중독 отруєння ртуттю.

수의(獸醫) ветеринар. ‖ ~과 факультет ветеринарної медицини. ~사 ветеринарний лікар; ветеринар.

수익 прибуток; виручка. ¶ ~이 있는 рентабельний; прибутковий. ‖ ~금 грошовий прибуток. ~성 рентабельність. ~자 людина, яка отримує прибуток.

수인(囚人) в'язень.

수인사 вітання. ¶ ~하다 вітати; вітатися *з ким*.

수일(數日) декілька днів. ‖ ~간 протягом декількох днів; за декілька днів.

수임(受任) ¶ ~하다 отримувати.

수입(收入) дохід; прихід; надходження. ¶ ~의 дохідний; прибутковий. ‖ ~금 грошові

수입(輸入) імпорт; ввіз. ¶ ~의 імпортний; ввізний. ~하다 імпортувати; ввозити. ‖ ~상 імпорт; імпортер. ~액 обєм імпорту. ~품 імпортна річ; імпортні товари; ввізний товар.

숫자 цифра. ‖ 아라비아 ~ арабські цифри.

수자원(水資源) водні ресурси.

수작 слова; вчинки (*кого, іншого*). ¶ ~하다 базікати; теревенити; чинити про *кого*; наробити дурниць; розмовляти. 어리석은 ~ дурні вчинки; дурниці; розмови.

수장 похорони на морі. ¶ ~하다 ховати на морі.

수재(水災) збитки від повені. ‖ ~민 постраждалі від повені.

수재(秀才) видатний талант; талановита людина. ‖ ~교육 навчання особливо обдарованих дітей.

수저 ложка та палички.

수전(水田) рисове поле.

수전노 скнара. [속어] скупар.

수전증 {의학} тремтіння рук.

수절 ¶ ~하다 берегти вірність чоловікові.

수정(水晶) {광물} гірський кришталь. ~과 같은 кришталовидний. ~같이 맑은 물 прозора як кришталь вода. ‖ ~체 кришталик ока.

수정(受精) |동·식물| запліднення. |생물| штучне запліднення. |식물| запилення. ¶ ~하다 запліднювати. |인공으로| штучно запліднити. ‖ 인공 ~ штучне запліднення.

수정(修正) |의안의| виправлення; поправлення. |이론의| ревізія. |외관의| модифікація. ¶ ~된 модифікаційний. ~할 수 있는 виправний. ~하다 виправляти. |외형을| модифікувати; ревізувати. ‖ ~안 проект поправлень; проект з поправленнями. ~주의 ревізіонізм. ~주의자

수정과(水正果) напій з імбиря, хурми та кориці з цукром.

수제(手製) ¶ ~의 ручний; саморобний. ‖ ~품 саморобна річ.

수제비 корейські галушки.

수제자 перший (кращий) учень.

수족(手足) руки та ноги.

수족관 акваріум.

수종(水腫) {의학} водянка; набряк.

수주(受注) ¶ ~하다 приймати; отримувати.

수준 рівень [남]. ‖ 문화~ культурний рівень. 생활~ життєвий рівень. 지적 ~ рівень розумового розвитку.

수줍다 сором'язливий; боязкий; сором'язливий.

수줍어하다 соромитися; ніяковіти; торопіти. 수줍음 сором'язливість; сором'язливість.

수중(水中) в воді. ‖ ~ 촬영 підводна зйомка; підводне фотографування.

수중(手中) ¶ ~에 в руках; в руки. ~에 넘어가다 перейти (потрапити) в *чиї* руки.

수증기 водяна пара.

수지(樹脂) смола. |송진| каніфоль [ж]. |고무| камедь. [ж] ‖ 합성 ~ синтетична смола.

수지(收支) прибу́ток та витра́ти; бала́нс. ¶ ~를 맞추다 балансува́ти; підво́дити бала́нс. ~가 맞는 дохі́дний; прибутко́вий.

수직(垂直) перпендикуля́р; вертика́ль [ж]. ¶ ~의 перпендикуля́рно. ~으로 перпендикуля́рно; вертика́льно. ‖ ~선 вертика́льна лі́нія. ~면 вертика́льна пло́ща.

수질 власти́вість води́. ‖ ~ 오염 погі́ршення я́кості (власти́вості) води́.

수집 збира́ння; колекціонува́ння. ¶ ~하다 збира́ти; колекціонува́ти. 정보를 ~하다 збира́ти да́ні (інформа́цію). ‖ ~가 колекціоне́р; збира́ч. 골동품 ~가 збира́ч антикваріа́ту. 자료 ~ збір матеріа́лів. 우표 ~ філателі́я; філателі́зм; колекціонува́ння ма́рок.

수차(數次) де́кілька разі́в; неоднора́зово.

수채 дрена́жна труба́; водосто́к; гідротранспорте́р. ‖ 수챗구멍 о́твір стічно́ї труби́.

수채화 акваре́ль. [형] акваре́льний.

수척 ¶ ~하다 худи́й; худю́чий; ви́сохлий. 얼굴이 ~해지다 змарні́ти.

수천(數千) де́кілька ти́сяч.

수첩 записна́ кни́жка; блокно́т.

수초 во́дорості.

수축 скоро́чення; сти́снення; згорта́ння; уса́дка. ¶ ~하다 скоро́чуватися; стиска́тися; згорта́тися. ‖ ~성 сти́сливість; скоро́чуваність.

수출 е́кспорт; ви́віз. ¶ ~의 експо́ртний; виві́зний. ~하다 виво́зити; експортува́ти. ‖ ~난 тру́днощі з е́кспортом; тру́днощі е́кспорта. ~ 생산 виробни́цтво на е́кспорт. ~액 обє́м е́кспорта. ~업자 експорте́р. ~입 ввіз та ви́віз; е́кспорт та і́мпорт. ~품 експо́рті това́ри; предме́т е́кспорта; виві́зний това́р.

수취 оде́ржання. ¶ ~하다 бра́ти; оде́ржувати. ‖ ~인 оде́ржувач.

수치 ганьба́; со́ром; ~스럽다 ганє́бний; стидки́й. ~를 당하게 하다 ганьби́ти. ~를 당하다 ганьби́тися. ~심을 느кі́ти соро́митися *кого-чого*. ~심을 잃다 втра́тити со́ром. ‖ ~감 відчуття́ со́рому. ~심 со́ром.

수컷 саме́ць; осо́бина чоловічо́ї ста́ті.

수탁(受託) ¶ ~하다 прийма́ти; отри́мувати; става́ти дові́реним.

수탈 експропріа́ція. ¶ ~하다 наси́льно забира́ти; експропріюва́ти.

수탉 пі́вень [м].

수태 зача́ття. ¶ ~하다 зача́ти; завагітні́ти.

수통 |물통| цебе́р. |목제통| ді́жка.

수판 раху́вниця. ¶ ~을 놓다 рахува́ти на раху́вниці.

수평 рі́вень [м]. ‖ ~ 거리 горизонта́льна ві́дстань. ~면 горизонта́льна площи́на. ~선 помі́тний горизо́нт.

수포 бу́льбашка. ¶ ~로 돌아가다 лу́снути як ми́льна бу́льбашка; піти́ по́рохом.

수표 чек. ¶ ~로 지불하다 заплати́ти по че́ку.

수풀 ліс; гай; за́рості [мн].

수필 на́рис; позна́чки. ¶ ~의 на́рисовий. ‖ ~가 на́рисове́ць. ~집 на́риси.

수하(手下) моло́дші; підле́глі [복].

수하물(手荷物) бага́ж. [형] бага́жний. ¶ ~로 보내다 відпра́вити бага́ж; зда́ти в бага́ж. ~ 인수증 бага́жна квита́нція. 취급소 бага́жне відді́лення. 휴대 ~ ручни́й бага́ж.

수학(修學) навча́ння. ¶ ~하다 навча́ти(ся); вчи́ти(ся). ‖ ~여행 навча́льна екску́рсія.

수학 матема́тика. [형] математи́чний. ¶ ~자 матема́тик.

수해(水害) зби́тки від пове́ні. |홍수| по́вінь. ¶ ~를 입다 постражда́ти від пове́ні. ‖ ~지 місце́вість, що зазна́ла пове́ні.

수행(修行) навча́ння; пра́ктика. ~을 쌓다 |불교| навча́тися; практикува́тися.

수행(遂行) зді́йснення; викона́ння; впрова́дження в життя́. ¶ ~하다 здійсню́вати; вико́нувати. 임무를 ~하다 вико́нувати завда́ння.

수행(隨行) супрові́д. ¶ ~하다 супрово́джувати. ‖ ~원 супрово́джуюча осо́ба; супрово́джуючий.

수험 ¶ ~하다 здава́ти екза́мени. ‖ ~생 хто екзаменує́ться (у́чень, студе́нт). ~장 мі́сце прове́дення екза́мена. ~표 екзаменаці́йний лист.

수혈 перелива́ння кро́ві. ¶ ~하다 перелива́ти кров.

수형자 засу́джений; пока́раний.

수호 за́хист; охоро́на. ¶ ~의 захисни́й. ~하기 위ан для за́хисту (охоро́ни). ~하다 захища́ти; охороня́ти; відстою́вати; стоя́ти на ва́рті. ‖ ~신 дух-засту́пник. ~자 захисни́к.

수화기 телефо́нна тру́бка; навýшник.

수확 жни́ва; збір (збира́ння) урожа́ю; урожа́й. |성과| результа́т; дося́гнення. ¶ ~의 урожа́йний. ~하다 збира́ти урожа́й; пожина́ти; чини́ти прибира́ння. ~이 많다/ 적다 бага́тий/пога́ний урожа́й. ‖ ~기 збира́ння. Пері́од збира́ння урожа́ю. ~량 урожа́й; урожа́йність. ~물 урожа́йність.

수효 число́; кі́лькість.

수훈 відмі́нність; нагоро́дження. ¶ ~을 세у́ди відрізня́тися. ‖ ~자 нагоро́джений.

쑥 {식물} поли́нь [여].

숙고 обду́маність; ро́згляд. ¶ ~하다 рете́льно обду́мувати; зва́жувати.

숙녀 шляхе́тна да́ма (ле́ді). ¶ 신사 숙녀 여러분! Ле́ді та джентльме́ни!/ Па́ні та пано́ве!

숙달 ¶ ~된 вмі́лий. ~하다 володі́ти *ким-чим*; опано́вувати; вдоскона́лювати.

숙련 майсте́рність; нави́чки; вмі́ння. ¶ ~된 споку́шений; вмі́лий. ~되다 набу́ти майсте́рності (нави́чки) *в чому*; оволоді́вати *ким-чим*. ‖ ~공 кваліфіко́ваний робі́тник.

숙맥 нетя́ма.

숙면 глибо́кий сон. ¶ ~하다 мі́цно спа́ти.

숙명 ви́значення (напере́д); фа́тум. ¶ ~적 фата́льний; немину́чий. ‖ ~론 фаталі́зм. ~론자 фаталі́ст, що ві́рить в фа́тум.

숙모 ті́тка.

숙박 нічлі́г; нічлі́г. ¶ ~하다 ночува́ти; зупиня́тися на нічлі́г.

숙부 дя́дя.

숙성 ¶ ~하다 не по рока́х

숙식 нічліг та харчування. ¶ ~하다 ночувати та харчуватися; жити на повному пансіоні.

숙연 ¶ ~하다 спокійний та урочистий. 숙연히 спокійно та урочисто.

숙영 привал на ніч; бівак. ¶ ~의 бівуачний. ~하다 робити привал на ніч; стояти біваком (на биваках). ‖ ~지 місце бивака.

숙원(宿願) заповітне (таємне) бажання.

숙의 ¶ ~하다 всесторонне обговорювати.

숙이다 нахиляти; схилити; опустити; похнюпити (голову). ¶ 고개를 ~ похнюпити (опустити; схилити) голову; потуплюватися.

숙적(宿敵) старий(давній) ворог.

숙제 домашнє завдання. ¶ ~하다 робити домашнє завдання; робити, вчити уроки. ~를 내주다 давати домашнє завдання; задавати додому.

숙주 {생물} тварини та рослини, на (в) яких живуть паразити.

숙지 ¶ ~하다 добре знати.

숙직 нічне чергування. ¶ ~하다 чергувати (вартувати) вночі. ‖ ~실 кімната нічного чергового. ~자 черговий. [남명]

숙청 |정치| чищення. |상업| ліквідація. ¶ ~하다 проводити чищення; ліквідувати.

숙취 похмілля.

숙환 стара хвороба.

순(旬) |10 일간| декада. |10 년간| десятиріччя. |날짜| 상/중/하~ перша/друга/третя декада.

순(筍) {식물}(молоді) паростки; пагони. ¶ ~이 나오다 пустити бруньки. ‖ 죽~ бамбукові пагони.

순(純) чистий; споконвічний.

순간 момент; мить; хвилина. ¶ ~적 миттєвий; моментальний; швидкоплинний. ~에 миттєво; в одну мить. 결정적인 ~ вирішальний момент. 잊을 수 없는 ~ незабутня хвилина.

순결 чистий; незаплямований. ‖ ~성 чистота.

순경 патруль [남]. (рядовий) поліцейський.

순교 ¶ ~하다 віддавати життя за віру. ‖ ~자 людина, що віддала життя за віру; подвижник.

순국 ¶ ~하다 віддавати життя (загинути) за батьківщину.

순금 чисте золото.

순대 (корейська) кров'яна ковбаса.

순도 ступінь чистоти.

순두부 незгорнута соєва маса.

순례 паломництво. ¶ ~하다 займатися паломництвом; здійснювати паломництво. ‖ ~자 прочанин.

순리 розумність; раціональність. ¶ ~적 раціональний.

순면 чиста бавовна.

순모 чиста шерсть; мита шерсть.

순박 ¶ ~하다 простодушний; простосердий; невинний; простий; наївний. ~한 시골뜨기 простодушні селюки.

순발력 прискорена сила.

순방 обхід. ¶ ~하다 обходити.

순배 чарка, що передається по колу.

순백 білосніжний; чистий. ‖ ~색 білосніжний колір.

순번 черга; порядок. ¶ ~의

черго- ви́й; поря́дковий. ~에 따라 по че́рзі. ~제로 в поря́дку че́рги. ~을 지키다 приту́муватися че́рги. ~이 되다 стоя́ти в че́рзі. ‖ ~제 черго́вість.

순산 легкі́ поло́ги. ¶ ~하다 легко́ наро́джувати.

순서 поря́док; че́рга. ¶ ~대로 по че́рзі. ~를 정하다 встанови́ти че́ргу. ~를 지키다 доти́муватися че́рги. ~를 어기다 не доти́муватися че́рги.

순수(純粹) чистота́. ¶ ~하다 чи́стий; спра́вжній. ‖ ~성 чистота́.

순수문학 мисте́цтво для мисте́цтва.

순순하다 покі́рний; слухня́ний; суми́рний; м'яки́й; пола́жливий; лагі́дний. |음식 맛이| него́стрий. |담배·술맛이| слабки́й. ¶ ~하게 말을 잘 듣는다 покі́рно слу́хатися.

순시 інспе́кторський обі́зд; інспе́кція; об'їждчик. ¶ ~하다 інспектува́ти. ‖ ~선 інспе́кторське су́дно.

순식간 мить; моме́нт. ¶ ~에 в одну́ мить; митте́во.

순양 {군사} кре́йсерство. [형] кре́йсерський. ‖ ~함 кре́йсер.

순연(順延) ¶ ~하다 ко́жен раз відкла́дати те́рмін.

순위 че́рга; поря́док; ранг. ¶ ~의 чергови́й; поря́дковий.

순응 поко́ра; слухня́ність; пристосо́ваність; присто́сованість; адапта́ція. ¶ ~하다 кори́тися; слу́хатися; пристосо́вуватися; адаптува́тися. 환경에 ~하다 пристосо́вуватися до обста́вин; пристосува́тися до обста́вин.

순이익 чи́стий дохі́д; чи́стий прибу́ток.

순장 ¶ ~하다 хова́ти живце́м (раба́) ра́зом з хазя́їном.

순전 ¶ ~하다 чи́стий; суці́льний. ¶ ~히 цілко́м; по́вністю; начи́сто.

순정 чи́ста любо́в.

순조롭다 гладе́нький; норма́льний; благоприє́мний; безперешко́дний. ¶ 모든 것이 순조로웠다. Все йшло як по ма́слу.

순종 поко́ра; покі́рність. ¶ ~하다 кори́тися *кому-чому*; слу́хатися *кого*. 명령에 ~하다 кори́тися нака́зам.

순직 ¶ ~하다 заги́нути на своє́му посту́; заги́нути при викона́нні службо́вих обов'язків. ‖ ~자 заги́блий при викона́нні службо́вих обов'язків.

순진 чистота́; простоду́шність; неви́нність. ¶ ~하다 простоду́шний; наї́вний; неви́нний.

순차적 послідо́вний.

순찰 інспекці́йний о́бізд (о́бхід). |군대| патрулюва́ння. ¶ ~하다 роби́ти інспекці́йний о́бізд (о́бхід); патрулюва́ти. ‖ ~대(병) патру́ль; до́зір.

순치(脣齒) гу́би та зу́би. ‖ ~음 {언어} губо́-зубні́ при́голосні.і

순탄 ¶ ~히 споко́йно та рі́вно; гладе́нько. ~하다 споко́йний; рі́вний; незвору́шний.

순풍 слабки́й (леге́нький) вітере́ць; попу́тний ві́тер.

순하다 |성질이| слухня́ний; лагі́дний; м'яки́й; слабки́й; рі́вний. |맛이| него́стрий; нємі́цний.

순항 ¶ ~하다 здійсню́вати рейс.

순행 ¶ ~하다 обхо́дити;

순환 обїжджати; патрулювати.

순화(醇化) очищення; очистка. ¶ ~된 очищений. ~하다 очищати.

순환 періодична зміна; круговорот; циркуляція. || ~계 система кровообігу. ~기 цикл. 대기 ~ циркуляція атмосфери. 혈액 ~ циркуляція крові.

순회 обїзд; обхід. ¶ ~하다 обїжджати; обходити; передавати. || ~ 공연 гастролі.

숟가락 ложка.

술 вино; горілка; алкогольні напої. ¶ ~김에 під впливом вина; під пяну руку. ~주정을 하다 влаштувати дебош. ~이 깨다 протверезитися. ~판을 벌이다 влаштовувати випивку. 독한 ~ міцне вино. 갑자기 ~기운이 확 꼈다 Хміль вишибло (вилетів) в *кого*. 그는 ~을 입에 대지 않는다 Він не бере спиртного в рот. 빈속에 ~을 마시다 пити горілку на голодний шлунок. ~한 모금 ковток вина. || ~고래 пяниця. ~기운 спяніння; хміль [нп]. ~꾼 любитель випити; пияка; пяниця. ~자리(좌석) місце гулянки. ~잔 чарка. |작은 술잔| чарка. | шампейн зан| келих. ~주정 пияцтво; бешкет. ~집 |선술집| трактир. ~통 винна бочка. ~판 випивка; гульня.

술 |장식용| пензлик; бахрома.

--술 мистецтво; вміння. || 비행~ мистецтво пілотування; пілотаж.

술렁거리다 вирувати; шуміти. |가슴이| колотися.

술래 водити в іграх. ¶ ~잡기하다 грати в хованки. || ~잡기 гра в хованки.

술수 магія; чари; чаклунство.

술술 ¶ ~ 풀리다 легко розмотуватися. 비밀을 ~ 털어놓다 розповідати все не криючись.

술어 термін. |언어| присудок.

술책 махінація; трюк; хитрість; підступи; заміри. ¶ ~의 трюковий. ~을 쓰다 вдаватися до хитрощів; влаштовувати махінацію; викидати трюки; створювати підступи.

술회 ¶ ~하다 виливати душу.

숨 дихання; свіжість овочів. ¶ ~을 죽이고 затамував подих; з затамованим подихом. ~을 거두다 випустити останній подих. ~이 (지다) 넘어가다 вмерти. ~을 돌리다 перевести дух; перепочивати; збиратися з духом. ~을 쉬다 дихати; робити вдих. ~을 죽이다 затамувати подих. ~이 막히다 подих (дух) захоплює. ~이 차다 тяжко дихати. ~이 턱에 닿다 сильно задихатися. || ~가쁨 задуха. ~소리 дихання.

숨결 дихання. ¶ ~이 고르다 дихання рівномірне (рівне).

숨기다 ховати; приховувати. ¶ 사실을 ~ приховувати правду. 몸을 ~ ховатися.

숨다 ховатися; переховуватися.

숨바꼭질 гра в хованки. ¶ ~하다 грати в хованки.

숨통 горло. ¶ ~을 조이다 задушити.. ~을 끊다 покінчити з *ким-чим*; вибити дух з *кого* ~이 끊어지다 вмерти; здохнути; випустити дух.

숫-- перший; чистий; невинний.

숫기 товариськість.

숫돌 гострильний камінь. ¶ ~에 칼을 갈다 гострити ніж на бруску.

숫자 цифра.

숫제 простодушно; краще; скоріше.

숫처녀 цнотлива дівчина.

숫총각 цнотливий парубок.

숭고 ¶ ~하다 високий; величний; благородний; священний. ~한 사명 благородна місія.

숭늉 суннюн; рисовий напій; рисовий чай.

숭배 схиляння; глибока повага *до кого*; поклоніння; шанування; культ. ¶ ~하다 обожнювати; схилятися. ‖ 개인 ~ культ особистості. ~자 палкий прихильник.

숭상 шанування; культ. ¶ ~하다 почитати; шанувати; високо цінувати.

숭숭 ¶ ~ 뚫리다 зяяти. ‖ ~ 썰다 крупно різати.

숭어 кефаль [여]. [형] кефальний.

숭엄 ¶ ~하다 величний; підвищений; урочистий.

숯 деревне вугілля. ¶ ~을 굽다 випалити деревне вугіллял. ~을 피우다 розпалити вугілля. ‖ ~불 гаряче деревне вугілля.

숱하다 рясний; численний; незліченний.

숲 ліс; гай.

쉬 |조용히 하라는 뜻으로| тсс; тихше.

쉬다 |음식이| киснути; прокиснути; заквaситися. ¶ 쉰 냄새 прокислий запах. 밥이 쉰다 каша кисне.

쉬다 |목이| хрипіти. ¶ 목이 쉰 хриплий. ‖ 쉰 목소리 хриплий голос.

쉬다 |휴식하다| відпочивати. |중지하다| припиняти; зупиняти(ся). |잠자다| спати. |일을| пропускати; не відвідувати. ¶ 쉴새 없이 без втоми; безперервно. 쉬지 않고 일하다 працювати без перерви (без відпочинку). ‖ 쉬는 날 вихідний день.

쉬다 |숨을| дихати. |한숨을| зітхнути.

쉬쉬 ¶ ~하다 шушукатися по кутках.

쉬어 |구령| вільно!

쉬엄쉬엄 з відпочинком; з перервами.

쉰 (50) п'ятдесят.

쉼표 {음악} знак паузи.

쉽다 |용이하다| легкий; простий. |가능| можливо; імовірно. ¶ 그런 일은 정말 쉽지 않다. Насправді не часто буває такий випадок.

쉽사리 легко. ¶ 문제를 ~ 풀다 легко вирішити задачу.

스냅(snap) моментальний знімок. ‖ ~ 사진

스님 {불교} наставник; монах.

스러지다 |사라지다| зникати; губитися; пропадати. |약해지다| гаснути; погасати. |시들다| в'янути. ¶ 스러진 꽃 пов'яла квітка. 모닥불이 스러진다 Багаття згасає.

스르르 легко; непомітно; тихо. ¶ ~ 풀리다 легко розмотуватися. 눈을 ~ 감다 тихо закривати очі. 문이 ~ 열렸다. Безшумно відчинились двері.

스릴 тріпотіння; збудження.

스마일 посмішка.

스매시(smash) удар.

스물 двадцять.

스미다 просочуватися; проникати;

проймати; просочувати. |가슴에| бути сповненим (наповненим).

스산하다 безладний; сумбурний; похмурий; метушливий. ¶ 스산한 날씨 жахлива погода. 스산한 기분 тривожний (кепський) настрій.

스스럼없다 невимушений; вільний.

스스럽다 офіційний; натягнутий; сором'язливий; соромливий. ¶ 스스러운 사이 натягнуте ставлення.

스스로 сам; самостійно; само собою; природньо.

스승 вчитель; наставник. ¶ 스승과 제자 вчитель та учень.

스웨터 светр.

스위치 вимикач; перемикач. || 자동 ~ автоматичний вимикач.

스윙 (swing) свінг; удуар. ¶ ~하다 розмахувати чим.

스치다 злегка зачіпити (торкнутися); ковзати. |생각이| промайнути.

스카우트 розвідник.

스캔들 скандал; скандальні чутки.

스커트 спідниця.

스케이트 ковзани. ¶ ~를 타다 кататися на ковзанах.

스케일 |도량이 큰| великодушність. | 규모| масштаб. ¶ ~이 큰 사람 людина широкої натури.

스케줄 розклад.

스케치 ¶ ~하다 швидко переписувати; швидко малювати.

스코어 |경기의| рахунок балів. |오선지의| партитура.

스크랩 шабер.

스크린 екран; світлофільтр.

스키 лижі. ¶ ~를 타다 кататися на лижах.

스타디움 стадіон.

스타일 стиль [남].

스타킹 спортивна панчоха.

스태미너 запас життєвих сил, витривалість.

스탠더드 стандарт.

스탠드 |관람석| трибуни. |받침대용| підставка. |진열대| стенд. |전등| настольна лампа.

스탬프 штемпель. ¶ ~를 찍다 поставити штемпель.

스테이션 вокзал; станція; зупинка.

스테이지 стадія; сцена.

스텝 крок.

스토리 фабула.

스토브 пічка; плита; жаровня.

스토아 магазин.

스톱 стоп.

스튜디오 студія.

스튜어디스 стюардеса.

스트라이크 страйк; страйкова боротьба.

스트레스 стрес; напруга.

스트립 роздягнутий.

스트링(string) |실| нитка. |현의 줄| струна.

스틱 палиця. [형] паличний.

스파이 шпигун. [형] шпигунський. ¶ ~ 행위를 하다 шпигувати. || ~ 행위 шпигунство.

스파이크 |신발| спортивне взуття на шипах.

스페셜 спеціальний.

스페이스 простір; проміжок; інтервал.

스펙트럼 {광학} спектр. [형] спектральний. || ~ 사진 спектограма. 태양 ~ сонячний спектр.

스펠링 орфографія.

스포츠 спорт. [형] спортивний. || ~계 спортивний світ. ~ 시합 спортивні змагання. ~ 종목

ви́ди спо́рта.

спортсмен спортсме́н. [형] спортсме́нський.

스프 суп.

스프레이 пульвериза́тор; форсу́нка; розбри́зкувач. ¶ ~를 뿌리다 пульверизува́ти; розбри́зкувати.

스프린트 |단거리 경주| біг на коро́тку диста́нцію. ‖ 스프린터 спри́нтер.

스피드 шви́дкість; темп.

스피커 |확성기| гучномо́вець. |연설자| ора́тор. |의장| спі́кер.

스핀(spin) верті́ння. ¶ ~을 걸다 крути́ти(ся); верті́ти(ся).

스핑크스 сфінкс.

슬그머니 непомі́тно; таємно; ни́шком; без зуси́ль та пові́льно.

슬금슬금 непомі́тно; ни́шком; без зуси́ль.

슬기 му́дрість; ро́зум. ¶ ~로운 розу́мний; му́дрий. ~롭게 판단하다 му́дро мірку́вати.

슬다 |푸성귀가| со́хнути; в'я́нути; марні́ти. |곰팡이가| плісня́віти.

슬라이드(slide) діапозити́в. [형] діапозити́вний. ‖ ~ 영사기 діапрое́ктор.

슬라이딩 ¶ ~하다 коти́тися.

슬랭(slang) сленг.

슬럼(slum) міські́ нетрі.

슬럼프 засті́й. [형] засті́йний. ¶ ~에 빠지다 впада́ти у сму́ток (депре́сію).

슬로건 ло́зунг. [형] ло́зунговий. ¶ ~을 내걸다 висува́ти ло́зунг.

슬리퍼 кімна́тні ту́флі; та́почки.

슬며시 кра́дькома; ти́шком; непомі́тно; ти́шком-ни́шком. ¶ ~ 떠나다 піти́ кра́дькома.

슬슬 непомі́тно; зле́гка; не поспі-
ша́ючи; кра́дькома. ¶ ~ 다가가다 підхо́дити кра́дькома. 눈이 ~ 녹고 있다. Непомі́тно та́не сніг.

슬쩍 |몰래| непомі́тно; кра́дькома; мимохі́дь. |가볍게| зле́гка; шви́дко та без зуси́ль. ¶ ~ 눈치를 보다 огляда́тися кра́дькома. ~ 보아 넘기다 подиви́тися мимохі́дь.

슬퍼하다 сумува́ти *за ким-чим*; горюва́ти *про кого-що*; жури́тися *за ким-чим*. ¶ 슬퍼하지 말라! Не сумуй!

슬프다 сумни́й; скорбо́тний; су́мно *кому*. ¶ 슬픈 소식 сумна́ зві́стка.

슬픔 сум; сму́ток; го́ре; скорбо́та; туга́.

슬하 під кро́вом; під крильце́м. ¶ 부모의 ~를 떠나다 залиши́ти батькі́вський дім.

습격 налі́т; штурм; на́пад. ¶ ~하다 напада́ти; атакува́ти; штурмува́ти; здійсни́ти налі́т. ~ 당하다 зазна́ти нальо́ту (на́паду).

습곡 скла́дка; складча́стість.

습관 зви́чка; звича́й. ¶ ~적 зви́чний. ~에 따라 по зви́ччі ~이 되다 става́ти зви́чкою; входи́ти в зви́чку. ~이 있다 ма́ти зви́чку (звича́й).

습기 воло́гість; во́гкість. ¶ ~ 찬 воло́гий; во́гкий. ~ 차다 става́ти воло́гим.

습도 воло́гість. ‖ ~계 гігроме́тр; гігроско́п.

습득 оволоді́ння; засво́єння. ¶ ~하다 оволоді́ти; засво́ювати. ‖ ~물 знахі́дка.

습벽 вкорені́ла зви́чка.

습성 зви́чка; звича́й. ¶ ~적 зви́чний. ~화하다 роби́ти

습속 норов та звичаї.

습자(習字) краснопис; каліграфія. ¶ ~하다 вчитися писати.

습작 етюд; пробна робота ¶ ~하다 робити етюд. || ~품 етюд.

습지(濕地) болотиста місцевість.

습진(濕疹) {의학} екзема. [형] екзематозний.

습하다 вологий; вогкий; мокрий.

승(乘) {수학} ступінь [여].

승(勝) перемога. || 2~ 1패 дві перемоги, одна поразка.

승(僧) буддійський монах. || ~가 (家) дім монаха.

승강(昇降) коливання. || ~구 сходова клітка. |광산| тамбур. ~기 ліфт; підйомник. ~장 майданчик в вагоні.

승객 пасажир. [형] пасажирський. || 무임 ~ безбілетний пасажир.

승격 підвищення на посаді. ¶ ~하다 підвищувати(ся) на посаді.

승계 наслідування; наступність. ~의 спадкоємний. ~하다 наслідувати. || ~자 спадкоємець; наступник.

승급 підвищення на посаді.

승낙 згода; схвалення. ¶ ~하는 згодний на що; схвальний. ~하다 згоджуватися на що; схвалювати. || ~서 письмова згода (схвалення).

승냥이 вовк.

승려 буддійський монах.

승률(勝率) співвідношення перемог та поразок.

승리 перемога; успіх; торжество. | 개선의| тріумф. ¶ ~의 переможний. ~하다 перемагати; торжествувати над ким-чим. ~를 거두다 торжествувати перемогу. 정의의 ~ торжество справедливості. || ~의 기쁨 радість перемоги. ~자 переможець; тріумфатор.

승마 верховий кінь. ¶ ~하다 сідати верхи.

승무(僧舞) {종교} танець монаха.

승무원 екіпаж. |선박| команда. |기차| бригада. ¶ ~의 екіпажний.

승복(承服) покора. ¶ ~하다 коритися кому-чому; слухатися кого-що; підкорятися кому-чому.

승복(僧服) одяг буддійського монаха.

승부 |승패| перемога та поразка. |결과| кінець; результат. ¶ ~가 나다 кінець боротьби вирішений наперед. ~를 겨루다 заперечувати перемогу.

승산 розрахунки на успіх; шанси на успіх. ¶ ~이 있다 є шанси на успіх.

승선 ¶ ~하다 сідати; здійснювати посадку.

승소(勝訴) ¶ ~하다 виграти справу.

승승장구 ¶ ~하다 переможно наступати.

승용차 автомобіль; легкова машина.

승인 схвалення; визнання. ¶ ~의 схвальний. ~하다 схвалювати; визнавати. ~을 받다 отримати схвалення. ¶ 법안이 의회에서 ~되었다. Проект закона схвалений на засіданні. || ~서 письмове схвалення.

승자 переможець.

승전(勝戰) перемога; переможна війна. || ~고 барабан, що сповіщає про перемогу.

승진 підвищення по службі. ¶ ~하다 отримати підвищення по службі.

승차 ¶ ~하다 сідати. ‖ ~권 (проїзний) квиток.

승천 ¶ ~하다 підніматися в небо.

승패 перемога та поразка. ¶ ~를 겨루다 вирішувати результат боротьби.

승하다 перевершувати; бути краще.

승화 |хімія| сублімація. |航上·증진| підйом; взліт; підвищення. ¶ ~하다 |хімія| сублімувати(ся). |새 단계로| підніматися.

시(市) місто. ‖ ~가 міські вулиці; територія міста. ~가전 вуличний бій.

시(詩) вірші; поезія. ¶ ~적 поетичний. ‖ ~평 критичний розбір вірша. ~학 поетика; форма та правила віршескладання. ~화전 експонування віршів.

시(時) година; час.

시각 час; година; момент; хвилина. ¶ ~을 다투다 потребувати невідкладних заходів. 약속된 ~ обіцяна хвилина.

시간 час; година. |학교의| урок; заняття. ¶ ~적 часовий. ~을 내다 виділити час. ~이 급하다 час не терпить. ~이 많이 걸린다 Це займе багато часу. ~을 맞추다 звіряти годинник. ~을 보내다 заповнювати час. ~을 아끼다 берегти час. ~을 빼앗다 забирати час. ~은 금이다 Час – гроші. ‖ ~급 погодинна оплата. ~당 погодинний; годинний. ~표 розклад. 근무 ~ робочий час; службові години. 수업 ~ години занять. 수업 ~표 розклад уроків.

시계 годинник. ¶ ~가 멎었다 Годинник зупинився. ~가 5분 빠르다 Годинник поспішає на п'ять хвилин. ~가 늦다 Годинник відстає. ‖ ~ 바늘 годинникова стрілка. ~줄 ремінець для годинника; ланцюжок для годинника. ~추 гиря (настінного) годинника; маятник годинника. ~탑 вежа з годинником.

시골 село. |벽지| глухий закуток; провінція. |지방| периферія. ¶ ~풍 глухий; провінційний. ‖ ~뜨기 провінціал; селюк.

시공(施工) будівництво; будівельні роботи. ¶ ~의 будівельний. ~하다 будувати. ‖ ~법 метод будівництва. ~자 будівельник.

시구(詩句) строфа.

시국 ситуація; положення. ‖ ~강연 публічна лекція з сучасного стану. 현~ теперішній момент.

시궁창 гнойова яма. |사회의| дно.

시그널 знак; сигнал.

시끄럽다 гучний; надокучливий; набридливий. |성가시게 굴다| приставати; чистити.

시금(試金) ¶ ~하다 робити пробу золота. ‖ ~석 пробний камінь.

시금치 шпинат; [형] шпинатний. ‖ ~ 나물 салат зі шпинату.

시급 крайність; крайня необхідність. ¶ ~하다 невідкладний; терміновий. ~히 терміново; екстрено; невідкладно. ~한 문제 невідкладна задача. ~한 용건 термінова справа.

시기(時期) час; період. |계절| сезон. ¶ 가까운 ~에 скоро. ‖ ~상조 передчасність. ~성 своєчасність.

시기(時機) слушний випадок (момент). ¶ ~를 놓치다 втрачати слушний випадок.

시기(猜忌) заздрість; ревнощі. ¶ ~하는 заздрісний; ревнивий. ~하다 заздрити *кому-чому*; ревнувати *кого до кого-чого*. ‖ ~심 почуття заздрощів; заздрість.

시꺼멓다 дуже чорний; чорний.

시나리오 сценарій. [형] сценарний. ‖ ~ 작가 сценарист.

시나브로 |틈틈이| непомітно; потроху.

시내 струмок; річка. ‖ ~의 струмковий. 시냇가 берег струмка (річки). 시냇물 вода в струмку (річці).

시내(市內) місто. [형] міський. ¶ ~에 в місті; в межах міста. ‖ ~ 구경 огляд міста. ~버스 міський автобус.

시녀 особиста служниця.

시누이 сестра чоловіка; зовиця.

시늉 наслідування; імітація. ¶ ~의 наслідувальний; імітаційний. ~하다 наслідувати *кого-що в чому*; передражнювати.

시니시즘 цинізм; [형] цинічний.

시니컬하다 цинічний.

시다 |맛이| кислий. |뼈가| відчувати тупу біль. |눈이| відчувати різь в очах. ¶ |맛이| 시어지다 скиснути; закваситися. 신맛이 나다 мати кислий смак.

시단(詩壇) поети; поетичні кола.

시달(示達) пересилка; спуск. ¶ ~하다 спускати; пересилати.

시달리다 мучитися; томитися. ¶ 고된 노동에 ~ мучитися від важкої роботи.

시답잖다 незадоволений.

시대 епоха; період; час. ¶ ~적 даної епохи. ‖ ~상 риси часу. ~정신 дух часу. ~착오 анахронізм; анахронічність.

시댁 сім'я (дім) чоловіка.

시도 спроба; намір; помисли. ¶ ~하다 намагатися; мати наміри; задумувати.

시동 пуск; запуск. ¶ ~하다 приводити в дію (рух); запускати. 모터를 ~시키다 запускати двигун. 기계의 ~ пуск машини. ‖ ~ 장치 пусковий механізм.

시동생 молодший брат чоловіка.

시들하다 незадоволений; несерйозний; незначний.

시들다 |초목이| в'янути; марніти; чахнути. |기세가| падати. ¶ 기세가 ~ падати духом.

시들시들 ¶ ~하다 зав'ялий.

시래기 сушена листова капуста; сушене бадилля редьки.

시럽 (syrup) сироп.

시력 зір. [형] зоровий. ¶ ~이 약하다 мати слабкі очі; слабкий на очі; мати слабкий зір. ~을 상실하다 втратити зір. ‖ ~ 검사 перевірка зору.

시련 випробування. ¶ ~을 겪다 втримати випробування. ~을 이겨내다 витримати випробування. 삶의 가혹한 ~ суворі (тяжкі) випробування в житті. ‖ ~기 період випробування.

시론(時論) |일반의 여론| судження сучасників. |시사평| огляд поточних подій.

시론(詩論) поетика.

시료(試料) проба; зразок.

시루 сиру. ‖ ~떡 корейський рисовий хлібець, виготовлений в сиру.

시류(時流) віяння часу.

시름 турботи; неспокій. ¶ ~을 놓다 звалювати з себе клопоти.

시름시름 ¶ ~ 앓다 довго хворіти.

시리다 замерзати. ¶ 귀가 (손이) ~. Вуха (руки) мерзнуть.

시리아 Сирія.

시리즈 ряд; серія.

시립(市立) міський. ‖ ~ 도서관 міська бібліотека.

시말서 письмове пояснення.

시멘트 цемент. [형] цементний. ¶ ~를 바르다 цементувати. ‖ ~가루 цементний порошок. ~ 공장 цементний завод.

시모 свекруха; мати чоловіка.

시무(視務) ¶ ~하다 займатися діловодством.

시무룩하다 незадоволений; надутий. ¶ 시무룩한 표정 незадоволений вигляд.

시무식(始務式) церемонія початку нового трудового року.

시문(詩文) поезія та проза. ‖ ~학 поезія.

시민 мешканці міста; містяни. [복]. ‖ ~권 громадянські права ~단체 громадянське суспільство. ~혁명 громадянська революція.

시발 старт; відправлення. ¶ ~의 стартовий; відправний. ~하다 відправлятися; стартуватися. ‖ ~역 станція відправлення. ~점 вихідний пункт; висхідна точка; старт; відправний пункт.

시방 → 지금.

시범 ¶ ~적 зразковий; взірцевий; показовий. ~하다 показувати приклад.

시베리아 Сибір [여]; [형]

Сибірський. ‖ ~인 сибіряк, -чка.

시보(時報) хроніка; кінохроніка.

시부(媤父) свекір; батько чоловіка.

시부모(媤父母) свекір та свекруха; батьки чоловіка.

시비 |잘잘못| істина та брехня; правда та кривда. |싸움| суперечка. ¶ ~하다 розбирати; ставити під питання правильність. ~가 났다 Зав'язалась суперечка. ~를 가르다 розбиратися, хто правий. ~를 걸다 сперечатися з ким; чіплятися до кого-чого. ‖ ~곡직 правота та помилкова думка.

시뻘겋다 яскраво-червоний.

시사(時事) поточні події; останні новини. ¶ ~에 밝다 добре розбиратися (орієнтуватися) в поточних питаннях. ~에 어둡다 бути не в курсі поточних подій. ‖ ~문제 питання поточного моменту. ~ 보도 останні новини; повідомлення про поточні події. ~평론 критика поточних подій. ~해설 коментарі до поточних подій.

시사(示唆) натяк. ¶ ~하다 натякати *на що (про що)*; давати зрозуміти.

시사회(試寫會) закритий перегляд кінофільму.

시상(施賞) нагородження; преміювання. ¶ ~하다 нагороджувати *кого чим*; приміювати. ‖ ~식 церемонія вручення нагороди.

시상(詩想) поетичний задум; ідея вірша.

시새우다 ненавидіти та ревнувати.

시샘 ревнощі. ¶ ~하다 ревнувати *кого до кого-чого*.

시생 я; сам.

시선 погляд; зір. ¶ …와 ~이 마주

치다 зустрі́тися по́глядом *з ким*. ~을 던지다 кинути по́гляд. ~을 돌리다 спрямо́вувати по́гляд. ~을 피하다 укрива́тися від по́гляду.

시설 устано́ва; устаткува́ння; спору́дження. ¶ ~하다 устатко́вувати; осна́щувати; спору́джувати. ‖ 관개 ~ іригаці́йні спору́ди. 국가 ~ держа́вна устано́ва. ~물 устаткува́ння; осна́щення; спору́дження.

시성(詩聖) найвидатні́ший пое́т.

시세(時勢) |시장의 형편| пото́чна ситуа́ція; дух ча́су |시장 가격| ри́нковий курс; ці́ни

시속 шви́дкість на годи́ну.

시숙 бра́ти чолові́ка.

시술(施術) {의학} опера́ція. ¶ ~하다 |수술을| роби́ти *кому* опера́цію. |마술을| займа́тися (чаклу́нством, ма́гією).

시스템 систе́ма.

시시하다 незначни́й; мілки́й; нева́ртий; оги́дний; мерзе́нний. ¶ 시시한 소리를 하다 говори́ти дурни́ці. 시시한 일로 다투다 сва́ритися че́рез дрібни́ці. 시시하게 굴다 чини́ти відра́зливо (мерзе́нно).

시시각각 ¶ ~으로 час від ча́су; щогоди́нно та щохвили́нно.

시시비비 позити́вні та негати́вні сто́рони. ¶ ~를 гаряди́ти розбира́ти(ся).

시식 ¶ ~하다 куштува́ти ї́жу. ‖ ~회 дегуста́ція ї́жі.

시신(屍身) труп. [형] тру́пний.

시신경 {의학} зоро́вий нерв.

시아버지 свéкор; ба́тько чолові́ка.

시안(試案) позна́чка пла́ну.

시앗 |첩| нало́жниця.

시야 по́ле зо́ру; кругозі́р. ¶ ~가 ши́рокий з широ́ким кругозо́ром. ~에 вхо́дити потрапля́ти в по́ле зо́ру. ~에서 сарадида́тися зни́кнути з ви́ду. ~ бakу́ ба́йти зо́ри. ~에서 но́чідa втрача́ти з ви́ду; втра́тити з ви́ду.

시약 {화학} реакти́в; реаге́нт.

시어(詩語) мо́ва пое́зії.

시어머니 свекру́ха; ма́ти чолові́ка.

시연(試演) репети́ція; демонстра́ція. ¶ ~의 репетиці́йний. ~하다 перетирува́ти; демонструва́ти. ‖ ~회 прослу́ховування; генера́льна репети́ція.

시영(市營) (о́рган) місько́го підпорядкува́ння.

시오니즘(zionism) сіоні́зм.

시외 при́город. [형] примі́ський. ¶ ~에 за мі́стом. ‖ ~버스 примі́ський авто́бус.

시원 ¶ ~하다 прохоло́дний; освіжа́ючий. |기분이| відчу́ти поле́гшання. |태도가| відкри́- тий; відве́ртий. ~한 바람 сві́жий ві́терець. 마음이 ~하였다. На душі́ ста́ло ле́гко; Відчува́в задово́лення.

시원스럽다 сві́жий; прохоло́дний; легки́й. |태도가| приє́мний. |성질이| відкри́тий; відве́ртий.

시원스레 холоднува́то; прохоло́дно; ле́гко; жва́во. ¶ ~ 대답하다. відповіда́ти я́сно та чі́тко.

시원찮다 не подоба́ється; не годи́ться; незадово́лений. ¶ 건강이 ~ почува́ти себе́ пога́но.

시위 демонстра́ція. ¶ ~하다 демонструва́ти. ~에 나가다 іти́

на демонстрацію. ‖ ~ 군중 натовп демонстрантів. ~대 ряди́ демонстрантів; демонстрація. ~자 демонтранти. 가두 ~ вулична демонстрація.

시의(時宜) вимоги часу. ¶ ~의 своєчасний. ~적절한 원조 своєчасна допомога.

시의회 міські збори.

시인 зізнання; підтвердження; схвалення. ¶ ~하다 визнавати; підтверджувати; схвалювати. 자신의 잘못을 ~하다 визнати свою помилку.

시일(時日) день та час; призначений срок.

시작 початок. [형] початковий. ¶ ~하다 починати. ~이 반이다. Добрий початок – півсправи.

시장 ¶ ~하다 голодний; зголоднілий. ~기를 느끼다 відчувати голод. ~이 반찬이다 Якщо голодний, то все здається смачним. ‖ ~기 відчуття голоду.

시장(市場) базар; ринок. ¶ ~의 базарний; ринковий. ‖ ~ 가격 ринкова ціна. ~ 상인 ринковий торговець. 국내/해외 ~ внутрішній/зовнішній ринок. 세계 ~ світовий ринок. 암~ чорний ринок.

시장(市長) мер (міста).

시절 сезон; пора року; період життя; роки. ¶ 나의 젊은 ~ роки моєї молодості. 어린 ~ дитинство.

시점 момент. ¶ 현~에서 в даний момент.

시정(是正) виправлення. ¶ ~할 수 있는 виправний. ~하다 виправляти.

시제(詩題) тема вірша.

시제(時制) {언어} час.

시제품(試製品) до́свідний виріб; до́свідна продукція; пробний зразок.

시조(始祖) родоначальник; предок.

시조(時調) тривірш; січжо. ‖ ~집 збірник січжо.

시종 від початку до кінця; незмінно. ¶ ~일관하다 бути послідовним від початку до кінця; бути постійним.

시주(施主) |사람| дарувальник. |행위| пожертвування. ¶ ~하다 жертвувати.

시중 догляд; доглядання. ¶ ~하다 (들다) доглядати за ким; прислуговувати. ~을 받다 бути під наглядом кого. ‖ 환자 ~ догляд за хворим.

시중 은행 міський банк.

시집 сім'я (дім) чоловіка. ¶ ~ 가다 виходити заміж за кого. ~ 보내다 видавати заміж за кого. ~오다 вийти заміж; стати дружиною. ‖ ~살이 життя в домі чоловіка.

시집(詩集) збірник віршів.

시차(時差) зрівняння часу; різниця у часі.

시찰 інспекція; огляд. ¶ ~하다 інспектувати; оглядати. ‖ ~단 комісія інспекторів; група наглядачів.

시책 політика; міри [복].

시청(市廳) мерія; міська управа.

시청(視聽) ¶ ~하다 дивитися та слухати. ‖ ~각 зір та слух. ~료 плата за прослуховування.

시청률 кількість, процент телеглядачів.

시체 |사람·동물의| труп. |작은 동

물·곤충의| тру́пик. ¶ ~의 тру́пний. ‖ ~실 морг.

시초(始初) са́мий поча́ток. ¶ ~부터 з са́мого поча́тку.

시추 про́бне бурі́ння. ¶ ~하다 бури́ти. ‖ ~공 |уу́мвіль| (про́бна) бурова́ шпа́ра. ~선 бурове́ су́дно.

시치다 намі́тати; ши́ти кру́пними стебка́ми.

시치미 ¶ ~ 떼다 прикида́тися байду́жим.

시침 шиття́ кру́пними стебка́ми; наме́тування. ¶ ~질하다 ши́ти кру́пними стебка́ми; намі́тувати.

시커멓다 ду́же чо́рний.

시큰하다 що си́льно ни́є; си́льно ни́ти (ломи́ти). ¶ 시큰거리다 постійно ломи́ти; ни́ти.

시큰둥하다 смі́ли́вий.

시큼하다 ки́слий.

시키다 |강요| зму́шувати (дозволя́ти) *кого*; прилу́шувати роби́ти *що*; нака́зувати *кому*. ¶ 구경을 ~ дозволя́ти (дава́ти) огляда́ти.

시판 ¶ ~하다 продава́ти на ри́нку; ви́пустити това́р на ри́нок.

시퍼렇다 я́скраво-си́ній; те́мно-си́ній. |칼날이| го́стрий.

시편 вірш; кни́га ві́ршів. |서서| Псало́м.

시평(時評) крити́чний о́гляд пото́чних поді́й.

시학 пое́тика; фо́рма та пра́вила віршескла́дання.

시한 ви́значений час; срок. ‖ ~폭탄 бо́мба упові́льненої ді́ї.

시합 змага́ння; матч. ¶ ~하다 змага́тися; проводити змага́ння (матч). ‖ 원정 ~ виїзни́й матч.

시합장 майда́нчик.

시해 ¶ ~하다 вбива́ти.

시행 здійсне́ння. ¶ ~ 가능한 здійсне́ний. ~하다 здійсню́вати; вводити в ді́ю. ‖ ~ 기간 срок здійсне́ння. ~령 нака́з про поча́ток *чого*.

시험 екза́мен. |дослі́д| випро́бування; про́ба. ¶ ~하다 екзаменува́ти; піддава́ти екза́мену; ви́пробувати; про́бувати. ~보다 здава́ти екза́мен. ~에 통과하다 зда́ти екза́мен. ~에 합격하다 ви́тримати екза́мен. ~에 떨어지다 (낙제하다) провали́тися на екза́мені. 신형 기계를 ~하다 ви́пробувати но́вий апара́т. ‖ ~공부 підгото́вка до екза́мену. ~관 |люди́на| екзамена́тор; випробува́ч [남]; |хі́мія| пробі́рка. ~ 답안 екзаменаці́йна письмо́ва робо́та. ~대 досліднний стенд. ~비행 випробний полі́т. ~장 мі́сце прове́дення екза́менів (випро́бувань). ~지 екзаменаці́йний бланк. |хі́мія| реакти́вний папі́р. 구두/필기 ~ у́сний/ письмо́вий екза́мен. 발동기의 ~ випро́бування двигуна́. 수학 ~ екза́мен з матема́тики. 입학 ~ вступни́й екза́мен. 졸업 ~ випускни́й екза́мен. 진급 ~ перехідни́й екза́мен. 채용 ~ вступни́й екза́мен.

시혜(施惠) ¶ ~하다 чини́ти благодія́ння; благодія́ти.

시호(諡號) посме́ртне ім'я́ (короля́).

시화(詩畵) ві́рші з ілюстра́ціями.

시황(市況) стан ри́нку; кон'юнкту́ра ри́нку.

시효 срок да́вності; да́вність; час

(срок) дії. ¶ ~가 경과했다 Минув срок дії. ‖ ~권 право давності.

--씩 по. ¶ 둘~ по два (дві). 세 번 ~ по три рази.

식(式) |형식| форма. |양식| тип; зразок; стиль; модус. |의식| церемонія; обряд. |방법| спосіб; метод. |수학, 화학의| формула; вираз. ¶ 그런 ~으로 таким методом (способом). ‖ 분자~ |화학| молекулярна формула. 서양/동양~ західний/східний стиль. 졸업~ церемонія з нагоди випуску з навчального закладу. 화학~ хімічна формула.

식객 нахлібник.

식견 знання; кругозір; вміння розбиратися в чому.

식곤증 сонливість після їжі.

식구 член сім'ї; їдок.

식기 столовий посуд.

식다 остигати. |관심·열의가| охолоджуватися; заспокоюватися. ¶ 음악에 대한 열정이 ~ охолонути до музики.

식단[표] меню.

식당 їдальня; ресторан. ¶ ~의 їдальний; ресторанний. ‖ ~ 종업원 офіціант, -ка. ~차 вагон-ресторан.

식대 плата за їжу.

식도(食刀) |칼| кухонний ніж.

식도(食道) {해부} стравохід. ‖ ~~암 рак стравоходу. ~염 езофагіт.

식도락 гурманство. ‖ ~가 гурман, -ка.

식량 продовольство. [형] продовольчий. ¶ ~을 공급하다 постачати (забезпечувати) продовольством. ~의 자ґальне самозабезпечення та самопостачання продовольством. ‖ ~난 труднощі з продовольством; продовольчі труднощі. ~ 문제 продовольче питання. ~ 배급 постачання продовольством. ~ 수송 перевезення продуктів. ~ 창고 продовольчий склад.

식료 їжа; харчові продукти.

식료품 продукти (харчування); продовольчі товари; їжа. ¶ ~의 харчовий. ‖ ~ 공업 харчова промисловість. ~점 продмаг (продовольчий магазин). 냉동~ заморожені продукти.

식모(食母) куховарка.

식물 рослина; рослинність. ¶ ~의 рослинний. ‖ ~계 світ рослин; флора. ~ 분류학 таксономія рослин. ~ 섬유 рослинне волокно. ~성 рослинний. ~원 ботанічний сад. ~유 рослинне масло. ~의 분포 географічне поширення рослин. ~학 ботаніка. ~학자 ботанік. 관상용/온실 ~ декоративна/ теплична рослина. 다년생 ~ багаторічна рослина. 열대 ~ тропічна рослинність.

식민 колонізація. ‖ ~ 정책 політика колонізації.

식민지 колонія. ¶ ~[화]하다 колонізувати; перетворювати в колонію. ‖ ~화 колонізація.

식별 розрізнення; розпізнавання. ¶ ~하는 розпізнавальний. ~하다 розрізняти; розпізнавати; розбиратися.

식비 витрати на харчування.

식빵 хліб. [형] хлібний.

식사 їжа; харчі. ¶ ~의 харчовий. ~하다 приймати їжу. ‖ ~ 예절 етикет за столом.

식상(食傷) ¶ ~하다 бути хворим.

식생활 харчування. ‖ ~ 문제 проблема харчування.

식성 смак (до їжі). ¶ ~이 까다롭다 вибагливий в їжі.

식솔 член сім'ї.

식수(植樹) лісонасадження; лісопосадка. ¶ ~하다 саджати дерева.

식수(食水) питна вода.

식순 порядок проведення церемонії.

식언(食言) ¶ ~하다 порушити обіцянку; взяти свої слова назад.

식염수 солона вода.

식욕 апетит. ¶ ~이 없는 позбавлений апетиту. ~을 돋구다 викликати апетит. ~을 잃다 втрачати апетит. ~이 생기다/없어지다 з'явитися/зникнути про апетит.

식용 ¶ ~의 їстівний. ‖ ~ 버섯 їстівний гриб. ~ 색소 харчові барвники. ~ 식물 їстівні рослини. ~유 масло, що використовується в їжі. ~ 작물 харчові культури.

식은땀 холодний піт (від слабкості).

식음 їжа та пиття. ¶ ~을 전폐하다 нічого не брати у рот.

식이 корм; харчі; харчування. ‖ ~요법 дієта.

식인 людожерство; канібалізм. ‖ ~종 людожер; канібал; варвар; кровопивця.

식자(植字) {인쇄} набір. [형] набірний. ¶ ~하다 набирати; робити набір. ‖ ~공 складальник.

식자(識字) грамотність. [형] грамотний. ‖ ~우환 дурням легше жити.

식장(式場) місце проведення церемоній.

식전(食前) до сніданку; до їжі; перед їжею. [부] натще. ¶ ~에 약을 먹다 приймати ліки натще.

식중독 отруєння їжею; ботулізм. ¶ ~에 걸린 환자 хворий ботулізмом.

식초 харчовий оцет.

식칼 кухонний ніж.

식탁 обідній стіл. ¶ ~에 앉다 сісти за стіл. ‖ ~보 скатертина.

식품 їжа; продовольчі товари.

식혜 варений рис, розбавлений солодкою водою.

식후 після їжі. ¶ 금강산도 ~경. Алмазні гори приємно оглядати на ситий шлунок. / Голод не тітка. ‖ ~경 видовища добрі на ситий шлунок.

식히다 давати охолонути; холоджувати; охолоджувати; давати заспокоїтися; заспокоювати.

신 взуття. [형] взуттєвий. ¶ ~을 신다 натягнути взуття. ~을 벗다 роззутися. ‖ 고무~ гумове взуття. 짚~ солом'яні личаки.

신 |즐거움| піднесений настрій; натхнення. ¶ ~이 나다 бути в піднесеному настрої; надихатися.

신(神) бог; дух. ¶ ~을 믿다 вірити в кого-що. ~에게 기도하다 молитися богу. ~의 축복이 있기를! З богом! ‖ ~자 віруюча людина.

신(新) новий. ‖ ~무기 нова зброя. ~생활 нове життя.

신간(新刊) нове видання.

신격화 ¶ ~하다 обожнювати.

신경 {해부} нерв. [형] нервовий. ¶

~질을 부리다 нервувати. ~을 자극하다 грати на нервах; дратувати. ~을 쓰다 піклуватися; проявляти зайву турботу; загострити увагу. ~이 무디다 міцний (про нерви); товстошкірий. ‖ ~ 계통 нервова система. ~과민 нервозність. ~세포 нервопласт; невроцит. ~쇠약 невродинамія. ~염 неврит. ~외과학 нейрохірургія. ~전 психологічний двобій. ~조직 нервова тканина. ~질 нервоз- ність; дратівливість. ~통 невро динія; невралгія. 교감~ симпа- тичний нерв. 시~ зоровий нерв. 운동~ рухові нерви. 중추~ нервові центри.

신경향 нова тенденція.

신고(申告) подача даних; повідомлення; заява. ¶ ~하다 подавати заяву; заявляти *про кого-що*; повідомлювати *кому про що*; доповідати; робити заявку. ‖ 세관 ~ митна декларація. 출생 ~ повідомлення про народження.

신고(辛苦) тягар; нестатки; негоди. ¶ ~하다 мучитися *з ким-чим*; страждати *від чого, за кого-що*.

신곡(新曲) нова мелодія.

신교(新敎) протестантство; протестантизм. ‖ ~도 протестант.

신교육 нова освіта (навчання).

신구(新舊) старе та нове; стародавнє та сучасне.

신규 нове правило (положення); нові масштаби. ‖ ~ 등록 перереєстрація. ~ 사업 робота в нових масштабах.

신기(神技) дивовижна майстерність.

신기(神奇) ¶ ~하다 здаватися дивовижним (чудовим); дивовижний; чудовий. 전혀 ~하지가 않다. Немає нічого дивного.

신기다 змушувати одягати взуття; взувати *кого*. ¶ 아이에게 신발을 ~ взувати дітей.

신기록 новий рекорд. ¶ ~을 세우다 поставити новий рекорд.

신기롭다 дивовижний; чудовий; оригінальний; чудесний.

신기루 міраж. |공중누각| повітряні замки.

신기원 нова ера (епоха). ¶ ~을 열다 відкрити нову еру.

신나무 {식물} клен надрічковий.

신년 новий рік. ‖ ~사 новорічне привітання; новорічна промова. 근하~ З Новим роком!

신념 віра; переконання ¶ ~을 갖다 вірити; мати віру *у що*; бути переконаним *у чому*.

신다 взувати (на ноги). ¶ 구두를 ~ взути черевики.

신대륙 Новий світ.

신데렐라 Попелюшка.

신도(信徒) віруючі.

신동(神童) вундеркінд; чудо-дитина.

신랄 ¶ ~하다 жорстокий; гострий; різкий; колючий; їдкий. ¶ ~하게 жорстоко; гостро; різко. ~한 말 колюче слово. ~한 비평 колюча критика. ~한 야유를 퍼붓다 наговорити.

신랑 щойно одружений; наречений; молодий чоловік. ‖ ~감 підходящий наречений.

신령 дух; бог; душа померлого. ¶ ~스럽다 здаватися чудовим. ~하다 чудовий; надзвичайний. ‖ 산~ гірський дух.

신록 колір свіжої трави (зелені). ¶

~이 우거지다 покритися зеленню. ~으로 덮이다 сховатися в густій зелені. ~의 계절 сезон цвітіння.

신뢰 віра; довіра. ¶ ~하다 довіряти *кому-чому в чому*; покладатися *на кого*; облягати довірою. ~할 만한 사람 надійна людина; людина, що заслуговує на довіру. ‖ ~감 почуття довіри; довіра. ~심 віра; довіра.

신맛 кислий смак.

신망 довіра. [형] довірчий. ¶ ~을 얻다 завойовувати (заслуговувати) довіру. ~을 잃다 втрачати довіру.

신명(身命) життя [여]. ¶ ~을 바치다 віддати життя.

신명 піднесений настрій. ¶ ~나다 радіти.

신문(訊問) {법학} допит. ¶ ~하다 допитувати. ~을 받다 бути на допиті; піддаватися допиту. ‖ ~자 допитуючий. ~ 조서 допитний акт.

신문(新聞) газета. [형] газетний. ‖ ~ 광고 газетна реклама. ~ 기사 газетні статті. ~ 기자 кореспондент газети; журналіст. ~ 매점 газетний кіоск. ~ 배달부 рознощик газет. ~사 газетне видання. ~지 газетний папір. ~철 підшивка газет. ~학 журналістика. 석간 ~ вечірня газета. 일간 ~ щоденна газета. 조간 ~ ранкова газета. 주간 ~ щотижнева газета.

신문명(新文明) нова цивілізація.

신문화 нова культура.

신물 |트림| відрижка. |혐오| огида. ¶ ~이 나다 відчувати огиду.

신바닥 підошва взуття.

신바람 натхнення; пійдом; ентузіазм. ¶ ~이 나서 일하다 працювати весело; працювати з ентузіазмом.

신발 взуття. [여] ¶ ~을 신다 взуватися; одягати взуття. ~을 벗다 роззуватися; знімати взуття. ~이 작다 взуття тісне (тисне). ‖ ~장 шафка для взуття.

신방 кімната для молодих. ¶ ~을 차리다 обставити кімнату для молодих.

신변 тіло. ¶ ~이 위험하다 бути в небезпеці. ~을 걱정하다 хвилюватися про *(чию)* безпеку. ~ 보호 охорона *кого*.

신병(身病) хвороба.

신병(新兵) новобранець. [형] новобрачний.

신보(新報) новина; вісник.

신복(臣僕) васал. ¶ ~의 васальний.

신봉 віра. ¶ ~하다 вірити. |종religion| сповідати; слідувати (бути прихильником). ‖ ~자 прихильник; послідовник.

신부(神父) пастер; святий отець.

신부(新婦) молода; наречена [여명]. ‖ ~감 підходяща наречена.

신분 |지위| суспільне (соціальне) положення. |직업| професія; особистість; індивідум; особа. |계급| стан. ¶ ~적 становий. ~을 밝히다 встановити особу *кого*. ~을 속이다 приховувати свою сутність; приховувати своє обличчя. ‖ ~증 посвідчення особи. 농노 ~ кріпацький стан.

신비 ¶ ~하다(스럽다) містичний; таємни́чий; чудо́вий; чуде́сний. ‖ ~성 містичність; таємни́чість. ~[론]주의 містици́зм. ~주의자 містик.

신비화 містифіка́ція. ¶ ~하다 містифікува́ти.

신빙 ¶ ~하다 опира́тися на фа́кти; базува́тися на фа́ктах. ‖ ~성 наді́йність.

신사 джентльме́н. [형] джентльме́нський. ‖ ~도 мора́ль джентльме́на. ~협정 джентльме́нська уго́да.

신사조 нова́ іде́йна те́чія.

신상 поло́ження (у кого); обста́вини чиї.

신생 новонаро́джений; що зно́ву з'яви́вся; відро́дження ‖ ~ 독립국가들 молоді́ незале́жні держа́ви. ~대 {지학} кайнозо́йська е́ра. ~아 новонаро́джений [남명].

신석기 {고고} кам'яне́ знаря́ддя неолі́ту. ‖ ~시대 неолі́т.

신선(神仙) небожи́тель; ка́зкова люди́на.

신선 ¶ ~하다 нови́й; сві́жий. ~한 공기를 좀 마시러 갑시다 Підем поди́хати тро́хи сві́жим пові́трям. ~한 과일 сві́жі фру́кти. ‖ ~미 сві́жість; новизна́; почуття́ новизни́.

신선로 синсоло́; коре́йська стра́ва ти́пу соля́нки, приготова́на в синсоло́.

신설 нове́ будівни́цтво. ¶ ~하다 будува́ти зно́ву. ‖ ~ 공장 зно́ву збудо́вана фа́брика. ~ 학교 нова́ шко́ла.

신성 ¶ ~하다 святи́й; свяще́нний. ~화하다 обожи́ти. ~시하다 вважа́ти святи́м (свяще́нним). ~한 의무 святи́й обов'я́зок. ‖ ~불가침 свяще́нний та недоторка́ний.

신세 життя́; поло́ження кого; мора́льний обов'я́зок. |감사| вдя́чність. ¶ ~를 갚다 віддя́чити. ~를 지다 бу́ти зов'я́заним (вдя́чним). ~ 타령을 하다 ска́ржитися на неща́сне життя́. Ваши́м вам ду́же ви́нен; Я в боргу́ у вас (пе́ред ва́ми). ‖ ~ 타령 ска́рга на неща́сне життя́.

신세계 нови́й світ.

신세기 нове́ столі́ття; нова́ епо́ха.

신세대 нове́ поколі́ння.

신소설 нова́ опові́дна літерату́ра.

신속 ¶ ~히 шви́дко. ~하다 швидки́й; шви́дко прийня́в рі́шення. ‖ ~성 шви́дкість.

신수 ви́гляд; особи́ста до́ля. ¶ ~가 멀쩡하게 생긴 사람 люди́на з солі́дною зо́внішністю. ~가 사납다 нещасли́вий; бідола́шний. ~가 좋다 везу́чий.

신시대 нова́ епо́ха; нове́ столі́ття.

신식 нови́й тип (зразо́к); нова́ фо́рма; нова́ моде́ль.

신신당부 перекон́ливе (насті́йне) проха́ння. ¶ ~하다 перекон́ливо проси́ти.

신실 ¶ ~하다 наді́йний; достові́рний. ~한 사람 наді́йна люди́на.

신심(信心) ві́ра; впе́вненість.

신앙 ві́ра; віроспові́дання. ¶ ~하다 ві́рити у що; сповіда́ти релі́гію. ~의 자유 свобо́да віросповіда́ння.

신약(新藥) нові́ ліка́рські препара́ти.

신약(新約) нова́ обіця́нка; нова́ домо́вленість.

신약성서 Нови́й заві́т.

신어(新語) {언어} неологізм.

신역(新譯) новий переклад

신열 жар; температура.

신예 новий та кращий.

신용 довіра *кому* (*до кого*). |상업| кредит. ¶ ~하다 довіряти; мати довіру *до кого*. ~을 얻다 завоювати довіру; ввійти в довіру *до кого*. ~을 잃다 втратити довіру; вийти з довіри. ~이 높다 користуватися великою довірою. ~이 있다 що заслуговує на довіру. ‖ ~기관 кредитні установи. ~ 업무 прийом та видача ссуди; кредитна операція. ~자금 кредитні засоби. ~장 аккредитив. ~카드 кредитна картка. ~협동조합 кредитний кооператив. 사회적~ громадський кредит.

신용대부 кредит. ¶ ~하다 кредитувати; надавати *кому* кредит.

신원 анкетні дані. ¶ ~을 조회하다 встановлювати особу *кого*; з'ясовувати *чиє* походження та минуле. 나는 그의 ~을 보증한다. Я ручаюся за нього. ‖ ~보증 порука; рекомендація; характеристика.

신음 стогін. ¶ ~하다 стогнати; знемагати; томитися *чим*.

신의 віра та обов'язок. ¶ ~가 있는 사람 вірна обов'язку людина

신인 початківець; дебютант. ‖ ~작가 письменник-початківець.

신임(信任) довіра. [형] довірчий. ¶ ~하다 довіряти *кому-чому*; виказувати довіру; ставитися з довірою; покладатися *на кого-що*. ~을 받다 користуватися довірою. ~을 얻다 завоювати довіру; війти в довіру. ~을 잃다 втратити довіру. ‖ ~장 мандат; довірча грамота.

신임(新任) знову призначений. ¶ ~ 교원 знову призначений викладач.

신입 хто знову поступив (вступив). [남명]. ‖ ~생 новачок; учень нового набору.

신자(信者) віруюча людина.

신작(新作) новий твір; нова робота.

신작로 шосе.

신장(伸張) експансія; розширення; збільшення; ріст. ¶ ~된 експансійний; розширений. ~시키다 розширяти(ся); збільшувати(ся).

신장(身長) ріст. [형] ростовий. ¶ ~이 큰 사람 людина високого зросту.

신장(腎臟) {의학} нирка. ‖ ~결석 нефроліт. ~병 захворювання нирок. ~염 нефрит; запалення нирок.

신제품 новий товар; новий виріб.

신조(信條) |신념| кредо; девіз. ‖ 생활~ життєве кредо.

신조어 {언어} неологізм.

신종(新種) новий рід (вид, сорт).

신주 поминальна дощечка померлого. ¶ ~모시듯 하다 берегти, як зеницю ока.

신중 ¶ ~히 розсудливо; зважено; обережно. ~한 태도 зважений підхід. ~하다 розсудливий; зважений; обережний. ‖ ~성 обережність; обдуманість.

신지식 нові знання.

신진 що нещодавно був висунутий; початківець. ‖ ~작가 письменник-початківець.

신진대사 |신구대체| оновлення; заміна старого новим; обмін речовин. |생리| метаболізм.

신착 останнє прибуття (приїзд).

신참 новачок.

신창 підметки; підстилка. ¶ ~을 갈다 замінити підметки.

신천지 новий світ.

신청 заява; заявка; прохання; замовлення. ¶ ~하다 просити *що* в заяві. 발명특허를 ~하다 зробити заявку на винахід. || ~서 (письмова) заява; заявка. ~인 (자) заявник.

신체 тіло (людини). ¶ ~의 тілесний. ~의 결함 фізичний недолік. ~ 검사를 하다 проводити (проходити) медичний огляд. || ~검사 медичний огляд.

신체제 нова система (організація, структура).

신축(新築) ¶ ~하다 знову (заново) побудувати.

신축(伸縮) розширення та скорочення; розтяжність. ¶ ~하다 розширити та скорочувати; розтискати та стискати. || ~성 розтяжність; еластичність; гнучкість; пристосованість.

신춘 |이른 봄| нова весна. |신년| весна нового року.

신출귀몰 невловимість [여]. ¶ ~한 невловимий. ~한 사람 невловима людина.

신출내기 молодий. |풋나기| зелений.

신탁 поручництво. ¶ ~하다 доручати; довіряти. || ~자 що дає доручення. ~통치 політичне опікунство.

신통 ¶ ~하다 чудовий; незвичайний; дивовижний; чудодійний; ефективний; прекрасний; задовільний. 날씨가 ~치 않다. Погода погана. ~한 약 чудодійні ліки.

신파 новий напрямок; нова школа. || ~극 «нова драма» в Кореї на початку XX ст.

신품(新品) нові товари; нова річ.

신하 |고관| високопоставлений чиновник. |중세의| васал.

신학 теологія; богослов'я. ¶ ~의 теологічний; богословський. || ~교 духовна семінарія. ~생 семінарист. ~자 теолог; богослов.

신학기 новий семестр; нова (учбова) чверть.

신학문 «нова наука».

신형 нова форма; новий тип. || ~자동차 автомобіль нової конструкції.

신호 сигнал; сигналізація. ¶ ~의 сигнальний. ~하다 сигналізувати; давати сигнал. ~를 무시하다 ігнорувати сигнал || ~기 сигнальний прапорець; сигналізатор. ~등 сигнальний ліхтар; сигнальна лампа. ~수 сигнальник. ~탄 сигнальна ракета. 음향 ~ звуковий сигнал. 조난 ~ сигнал біди. 호출 ~ позитивний сигнал.

신혼 нещодавні вступи в шлюб. ¶ ~의 щойно одружений. ~ 여행을 떠нати відправлятися у весільну подорож. || ~ 부부 молоді; щойно одружені. ~생활 життя молодих. ~ 여행 весільна подорож.

신화 міф. |전설| легенда. ¶ ~의 міфічний. |그리스 로마| міфи класичної давнини. || ~학 міфологія. ~학자 міфолог.

신흥 що підніма́ється; що заро́джується. ¶ ~하다 підніма́тися; заро́джуватися. ‖ ~ 계급 клас, що розвива́ється. ~ 국가 держа́ва, що розвива́ється. ~ 세력 си́ли, що заро́джуються.

싣다 |적재하다| вантажи́ти *що чим.* |실어 나르다| перевози́ти; транспортува́ти. |기고하다| поміща́ти. |향기를| вміща́ти в собі́; нести́ з собо́ю. ¶ 배에 짐을 ~ вантажи́ти корабе́ль това́рами. 신문에 광고를 ~ помісти́ти оголо́шення в газе́ту.

실 ни́тки; ни́тка. ¶ ~을 감다 намо́тувати ни́тку. ~을 바늘에 꿰다 всо́вувати ни́тку в го́лку. ~을 꼬다 крути́ти ни́тку. ~이 엉 켰다 Ни́тки заплу́тались. ‖ 명주 ~ шо́вкова ни́тка. 털~ шерстяна́ ни́тка.

실(室) |기관의| ві́дділ; кімна́та; кабіне́т. ‖ 기관~ маши́нний зал (цех). 실험~ лаборато́рія.

실각 паді́ння. ¶ ~하다 па́сти. 내각이 ~했다 У́ряд пав.

실감 живе́ сприйня́ття; реа́льне пережива́ння. ¶ ~이 나게 말하 다 жи́во опи́сувати. 이 그림은 ~ 나지 않는다. Ця карти́на нежитте́ва (нереа́льна).

실개울 мале́нький (вузьки́й) стру́мо́к.

실개천 вузька́ кана́ва; вузьки́й стру́мо́к.

실격 невідпові́дність пра́вилам (но́рмам). |스포츠| дискваліфі́ка́ція. ¶ ~하다 не відповіда́ти (пра́вилам, но́рмам). |경기에서| дискваліфіко́вувати.

실과(實科) прикладна́ дисциплі́на.

실과 |과일| фрукт; плід.

실권 ¶ ~하다 втрача́ти вла́ду.

실권(實權) реа́льна вла́да. ¶ ~을 쥐다 захопи́ти (взя́ти в ру́ки) по́вну вла́ду. ‖ ~자 ді́йсний волода́р.

실금 тонка́ лі́нія; тонка́ трі́щинка.

실기(失機) ¶ ~하다 втра́тити слу́шний ви́падок (моме́нт).

실기(實技) майсте́рність; кваліфі́ка́ція; те́хніка; віртуо́зність. ‖ ~연습 впра́ви для вдоскона́лення те́хніки (майсте́рності).

실낱 окре́ма ни́тка. ¶ ~ 같다 ду́же тоне́нький. ~ 같은 한 가닥 наді́я, що ле́две жеврі́є (слабка́).

실내 всереди́ні кімна́ти. ‖ ~복 дома́шній о́дяг.

실내악 {음악} ка́мерна му́зика. ‖ ~ 음악회 ка́мерний конце́рт.

실눈 трохи відкри́ті о́чі. ¶ ~을 하 다 жму́рити о́чі; жму́ритися.

실랑이(질) ¶ ~하다 пристава́ти; набрида́ти *кому чим;* хвилюва́ти; жартува́ти; розі́грувати.

실력 (реа́льна) си́ла; реа́льна зді́бність. ¶ ~을 기르다 розвива́ти зді́бності; вдоскона́лю-вати свої́ зна́ння. ~을 행사하다 вдава́тися до си́ли; застосо́вувати збро́ю. ‖ ~가 впливо́ва люди́на.

실례(失禮) нетакти́чність; без-такти́чність; неввічли́вість. ¶ ~가 많았습니다. Ви́бачте за хвилюва́ння. 먼저 ~하겠습니다. Прошу́ ви́бачення, я пови́нен поки́нути вас.

실례(實例) конкре́тний при́клад. ¶ ~를 들다 привести́ живи́й при́клад.

실로 в ді́йсності; наспра́вді; ді́йсно.

실록 історична хроніка. ‖ 이조~ історична хроніка династії Лі.

실루옛 силует. [형] силуетний.

실룩거리다 посмикуватися; кривитися. ¶ 눈썹이 실룩거린다 Брови посмикуються.

실리 практична користь (вигода). ¶ ~적 практичний; прагматичний. ‖ ~주의 матеріалізм. ~주의자 матеріаліст.

실리다 |실어서 보냄| бути навантаженим. |신문에| бути розміщеним. ¶ 기사가 신문에 ~. В газеті розміщена стаття. 배에 짐이 실려있다. Судно навантажене товарами.

실린더 циліндр. ¶ 증기 기관의 ~ паровий циліндр.

실마리 |실 끝| початок нитки. |단서| ключ; (провідна) нитка. ¶ 문제 해결의 ~를 찾다 знайти ключ до вирішення питання. 이야기의 ~ нитка розмови.

실망 втрата надії; розчарування; відчай. ¶ ~한 розчарований. ~하다 втрачати надію; розчаровуватися *в кому-чому*.

실명(失明) втрата зору. ¶ ~하다 втрачати зір; сліпнути.

실명(失命) ¶ ~하다 втратити життя; вмерти.

실무 практична робота; справа. ¶ ~적 практичний; діловий. ~를 익히다 привчати до справи. ~에 밝은 사람 знавець справи. ‖ ~능력 ділова хватка (здібність); кваліфікація. ~자 спеціаліст. ~자 회담 переговори на рівні спеціалістів.

실물 реальна річ. ‖ ~ 경제 натуральне господарство.

실밥 обривки (обрізки) ниток; шматок нитки, що стирчить.

실비 |비용| фактичні витрати; собівартість.

실사(實事) дійсна подія; факт. ‖ ~구시 пізнавати істину на основі вивчення фактів; вивчення фактів.

실사(實査) облік; переоблік. ¶ 재고를 ~하다 проводити облік (переоблік).

실사(實寫) малюнок (знімок) з натури. ¶ ~하다 малювати з натури.

실사회 реально існуюче суспільство.

실상 |실제의 사정| дійсне положення; дійсний зміст. |사실상| в дійсності; насправді; фактично. ¶ 이것은 ~ 불가능하다 Фактично це неможливо.

실생활 (реальне) життя; дійсність.

실성 психоз; божевілля; очманіння. ¶ ~한 помішаний. ~하다 зійти з розуму; збожеволіти.

실세(失勢) ¶ ~하다 втратити вплив.

실소(失笑) ¶ ~하다 мимоволі засміятися.

실소득 реальний прибуток.

실속 користь; внутрішній зміст. ¶ ~ 없는 사람 пуста людина. ~ 없다 пустий; беззмістовний; несерйозний; ~ 있다 змістовний; серйозний; путній. ~을 차리다 добути реальну вигоду.

실수 помилка; хиба; похибка. |오산| перерахування. ¶ ~의 помилковий. ~하다 помилятися; робити промах; прораховуватися.

실수요 реальний (дійсний) попит (потреби). ‖ ~자 реальний споживач.

실습 практика. |교육| практикум. ¶

~의 практи́чний. ~하다 практикуватися *в чо́му*. ‖ ~교육 практи́чне навча́ння. ~생 практика́нт. ~시간 практи́чне заня́ття. ~실 кабіне́т для пра́ктики (лаборато́рія). ~장 мі́сце прове́дення пра́ктики. 교육~ педагогі́чна пра́ктика.

실시 здійсне́ння; перетво́рення в життя́. ¶ ~하다 здійснювати; вводити; прово́дити; перетво́рювати в життя́.

실신 зомлі́ння; непритóмність. ¶ ~하다 знепритóмніти; зомлі́ти. ~에서 깨어나다 прийти́ до тя́ми. 그녀는 ~했다. Вона́ знепритóмніла.

실어증 {의학} афа́зія.

실언 обмо́вка. ¶ ~하다 обмо́витися.

실업(失業) безробі́ття. [형] безробі́тний. ‖ ~자 безробі́тний. ~자가 되다 втра́тити робо́ту; ста́ти безробі́тним. ~률 рі́вень безробі́ття.

실업(實業) практи́чна дія́льність; підприє́мництво. ‖ ~가 діло́к; підприє́мець. ~계 ділові́ ко́ла. ~학교 шко́ла професі́йного навча́ння.

실연(實演) ¶ ~하다 виступа́ти; виступа́ти на сце́ні; гра́ти роль.

실외 на дворі́; на ву́лиці; (по́за до́мом).

실용 практи́чне використа́ння; застосува́ння на пра́ктиці. ¶ ~적 практи́чний. ‖ ~성 практи́чність. ~주의 прагмати́зм. ~품 предме́ти по́буту.

실용화 ¶ ~되다 популяризува́ти; впрова́джувати.

실은 наспра́вді.

실의(失意) ¶ ~하다 припиня́ти пра́гнути *до чо́го*; охоло́нути.

실익 практи́чна ко́ристь (ви́года).

실재 реа́льне існува́ння; реа́льність; буття́. ¶ ~적 реа́льний; ді́йсний. ~하다 реа́льно існува́ти. ‖ ~론 {철학} реалі́зм.

실적 (реа́льні) результа́ти; реа́льні дося́гнення. ¶ ~을 올ри́да покра́щувати результа́ти; досягти́ висо́ких результа́тів.

실전 бій. [형] бойови́й. ¶ ~의 до́свід бойови́й до́свід. ~을 방불케 хад́а нагад́увати справжній бій.

실점 втра́чені очки́. ¶ ~을 манхо́ехад́а нагнати втра́чені очки́.

실정(失政) пога́не управлі́ння; поро́чна полі́тика. ¶ ~하다 пога́но керува́ти.

실정(實情) ді́йсне поло́ження; ді́йсність.

실제 |사실| пра́вда; і́стина. |이론이 아닌| пра́ктика; застосува́ння. |현실| ді́йсність; реа́льність. ¶ ~적 реа́льний; ді́йсний; практи́чний. ‖ ~생활 практи́чне життя́. ~소득 реа́льний прибу́ток.

실족 ¶ ~하다 оступа́тися.

실존 існува́ння. ‖ ~주의 |철학| екзистенціалі́зм.

실종 ¶ ~되다 пропа́сти без ві́сті. ‖ ~자 без ві́сті пропа́вший.

실증 до́каз на фа́ктах. ¶ ~적 позити́вний. ~하다 дово́дити на фа́ктах (на ді́лі). ‖ ~주의 {철학} позитиві́зм. ~주의자 позитиві́ст.

실지 ді́йсність; пра́ктика. ¶ ~적 ді́йсний. ~로 ді́йсно; в ді́йсності.

실직 втра́та робо́ти. ¶ ~하다 втра́тити робо́ту; залиши́тися без

실질 су́тність; реа́льність. ¶ ~적인 реа́льний. ‖ ~ 소득 реа́льний прибу́ток. ~ 임금 реа́льна заробі́тня пла́та.

실천 пра́ктика; здійснення на пра́ктиці. ¶ ~적 викона́вчий. ~하다 здійснювати на пра́ктиці; перетво́рювати в життя́. 결의를 ~에 옮기다 викона́ти обов'язки на ділі. 계획을 ~하다 перетво́рювати план в життя́. ‖ ~가 пра́ктик. ~성 практи́чність. ~자 викона́вець.

실체 реа́льний предме́т; реа́льна річ. {철학} мате́рія; субста́нція.

실추 поми́лка; похи́бка.

실컷 вдо́сталь; ввво́лю; скі́льки хо́четься; скі́льки завго́дно. ¶ 나는 ~ 먹었다. Я вдо́сталь наї́вся.

실크 шовк. [형] шо́вковий.

실탄 бойови́й снаря́д. ‖ ~ 사격 бойова́ стріля́нина.

실태 реа́льний стан. ‖ ~ 조사 обсте́ження поло́ження справ.

실토 відве́рте зізна́ння. ¶ ~하다 відве́рто розпові́дати; зізнава́тися.

실톱 лобзи́к.

실팍하다 міцни́й на ви́гляд.

실패 коту́шка ни́ток. ¶ шовк ~에 감да намо́тувати ни́тки на коту́шку.

실패(失敗) прова́л; невда́ча. |승부에서의| пора́зка. ¶ ~한 невда́лий. ~하다 зазна́ти пора́зки (невда́чу). ~로 끝나다 закінчи́тися пора́зкою (прова́лом). ‖ ~자 що зазна́в пора́зку; невда́ха. ~작 невда́лий твір.

실핏줄 {해부} капіля́ри.

실하다 |건강| міцни́й; я́дерний. |빽빽한| густи́й. |풍족한| замо́жний. | вмі́сту| повномі́рний; не ме́нший ніж. |ми́слити ма́ні| наді́йний; ві́рний.

실학 «сільха́к». ‖ ~자 послідо́вник шко́ли «сільха́к». ~파 прихи́льники шко́ли «сільха́к».

실행 викона́ння; здійснення; прове́дення. ¶ ~하다 викону́вати; здійснювати; прово́дити. 계획을 ~하다 ви́конати план. 계약대로 실행하다 ви́конати по до́говору. ‖ ~자 викона́вець.

실험 |нау́ково| експериме́нт; до́слід; випро́бування. ¶ ~의 експерименталь́ний; до́слідний; випро́бувальний. ~된 випро́буваний. ~하다 випро́бувати; експеримент́увати *над ким-чим*. ~중이다 бу́ти на випро́буванні. ‖ ~ 극장 експерименталь́ний теа́тр. ~실 лаборато́рія. ~자 експеримента́тор; до́слідник. 원폭 ~ випро́бування а́томних бомб. 핵 ~ я́дерні випро́бування. 화학 ~ хімі́чний експериме́нт.

실현 реаліза́ція; здійснення; приве́дення в життя́. ¶ ~ гага́нний здійсненний; реа́льний; реалісти́чний. ~하다 реалізува́ти(ся); здійснювати(ся); приво́дити в життя́. 희망/이상을 ~하다 реалізува́ти бажа́ння/іде́ю. ‖ ~성 реа́льність.

실화(失火) поже́жа, що ви́никла че́рез недба́лість. ¶ ~하다 влашто́вувати поже́жу че́рез недба́лість.

실화(實話) ро́зповідь про спра́вжні поді́ї; спра́вжня істо́рія.

실황 ді́йсна (реа́льна) обстано́вка.

실효(失效) вт́рата си́ли (ді́ї). ¶ ~하

다 втрачати сили.

실효(實效) ефект; результат; корисна дія. ~ 있는 ефективний. ~를 거둔 ефектний. ~를 거두다 давати задовільні результати; приводити до потрібних результатів. ‖ ~성 ефективність.

싫다 неприємний; гидкий; не хотіти; не любити. ¶ 그는 보기도 ~ Огидно навіть дивитися на нього. 나는 이것에 대하여 말하기조차도 ~. Мені огидно говорити про це.

싫어하다 не хотіти; не любити.

싫증 відраза. ¶ ~ 나다 набридати; втрачати інтерес до *чого*; холонути. 일에 ~이 나다 холонути до роботи.

심 |핵심| серцевина. |심지| качан. | 연필의| грифель [남].

심각 ¶ ~히 глибоко; серйозно; всерйоз; гостро. ~한 문제 серйозне питання. ~하다 глибокий; серйозний; гострий. ~해지다 поглиблюватися; загострюватися. ‖ ~화 поглиблення; загострення.

심경 душевний стан. ¶ ~의 변화 зміна душевного стану. ~을 피력하다 висловити свій душевний стан.

심계항진 {의학} тахікардія.

심근 {해부} міокард.

심금 серцеві струни. ¶ ~을 울리다 захоплювати; хвилювати *чиє* серце.

심기(心氣) настрій; душевний стан. ¶ ~가 불편하다 поганий душевний стан.

심기(心機) ¶ ~ 일전하다 цілковито змінюватися (про характер).

심난하다 дуже важкий.

심다 |나무를| саджати. |씨를| сіяти. ¶ 심기 위한 для сіяння. 꽃을 ~ саджати квіти. 사과를 ~ саджати яблуню. 음악에 대한 취미를 심어 주다 прищепити смак до музики.

심도(深度) глибина.

심란하다 неспокійний; стривожений.

심려 неспокій; турбота. ¶ ~하다 хвилюватися в душі; турбуватися.

심령 дух; душа.

심리(心理) душевний склад; психіка; психологія. ¶ ~의 психічний. ~[학]적 психологічний. ‖ ~ 묘사 опис психологічного стану. ~ 소설 психологічний роман. ~ 언어학 психолінгвістика. ~전 психологічна війна; психічна атака. ~주의 {철학, 문예} психологізм. ~학 психологія. ~학자 психолог.

심리(審理) судовий розгляд; слухання справи. ¶ ~하다 розбирати; слухати справу.

심문 допит; розслідування. ¶ ~의 допитний. ~하다 допитувати; проводити допит; розслідувати; проводити слідство. ~을 받다 бути на допиті; піддаватися допиту. ‖ ~자 допитувач.

심미안 око естета.

심미주의 естетизм. ‖ ~자 естетик.

심방 {해부} передсердя.

심벌 символ.

심보 норов; натура. ¶ ~가 고약하다 недобрий; злорадний; шкідливий.

심복 поплі́чник. ¶ ~이 되다 бу́ти прибі́чником.

심부름 дрібні́ дору́чення. ¶ ~하다 вико́нувати дрібні́ дору́чення; бу́ти на побіге́ньках. ‖ ~꾼 люди́на на побіге́ньках.

심사(心思) но́ров; схи́льність; шкідли́вість. ¶ ~가 편치 않다 душа́ не на мі́сці.

심사(審査) о́гляд; ро́згляд; перевірка; реце́нзія. ¶ ~하다 огля́нути; розгляда́ти; переві́ряти. ‖ ~자(위원) журі́; рецензе́нт.

심사숙고 глибо́кі ро́здуми; вду́мливість. ¶ ~하다 глибо́ко обду́мувати; вду́муватися *у що*.

심산유곡 ди́кі го́ри та ти́хі доли́ни.

심상 ¶ ~하다 звича́йний; звичний; прости́й. ~치 않다 незвича́йний; ди́вний; непрости́й.

심성 нату́ра; хара́ктер. |불교| ві́рність.

심술 |변덕스런| при́мха. |고집| норовли́вість. |악의 있는| недоброзичли́вість. |질투| ре́внощі. ¶ ~궂다 шкідли́вий; норовли́вий. ~ 부리다 вередува́ти; роби́ти *що* напереко́ір. ~을 피우다 шко́дити *кому* зі зло́сті. ~이 나다 ревнува́ти. ~이 사납다 злора́дний.

심신(心身) душа́ і ті́ло.

심실 {해부} шлу́ночок (се́рця).

심심풀이 ¶ ~로 для розва́ги; зара́ди втіхи; зара́ди нудьги́. ~하다 розганя́ти нудьгу́; вбива́ти час.

심심하다 нудни́й; прі́сний; недосо́лений.. ~ 하는 일없이 심심해서 нудьгува́ти від неробства.

심야 глибо́ка ніч.

심약 ¶ ~하다 слабохара́ктерний.

심연 глибо́кий став; глибо́ке о́зеро; безо́дня.

심오하다 глибо́кий; сер́йо́зний. ¶ 심오한 연구 глибо́ке вивче́ння.

심원하다 глибо́ко мисленне́вий; глибо́кий. ¶ 심원한 진리 глибо́ка і́стина.

심의 обгово́рення; ро́згляд. ¶ ~하다 розгляда́ти; обгово́рювати; розбира́ти. ~에 붙이다 ста́вити (вно́сити) на обгово́рення. ~에 착수하다 почина́ти обгово́рення. 문제를 ~하다 обгово́рювати пита́ння. 사건을 ~하다 розбира́ти спра́ву. ‖ ~권 пра́во у́часті в обгово́ренні.

심장(心臟) се́рце. ¶ ~이 고동친다 Се́рце б'є́ться. 그녀는 ~이 나쁘다 В не́ї пога́но з се́рцем. ‖ ~ 마비 інфа́ркт. ~병 серце́ві захво́рювання; кардіопа́тія. ~ 이식 переса́дка се́рця. ~ 판막 серце́вий кла́пан.

심장(深長) 의미~하다 багатозна́чний; багатообіця́ючий.

심적 душе́вний. ¶ ~ 변화 зміни в душе́вному ста́ні. ~ 고통 душе́вні стражда́ння; біль в душі́.

심정 душа́; се́рце.

심증 роздратова́ність; нерво́вість.

심지 світи́льник; гніт.

심지어 наві́ть.

심취 оп'яні́ння; захо́плення. ¶ ~하다 захо́плюватися *ким-чим*; зачаро́вуватися; п'яні́ти.

심통 пога́ний хара́ктер; злість. ¶ ~을 부리다 зли́тися *на кого-що*.

심판 |기독교, 재판| ви́рок. |경기의| Суддівство. |심판하는 сам́а|́ суддя́. ¶ ~하다 ви́нести ви́рок. |경기에서| ~을 бо́дити суди́ти; бу́ти суддє́ю. ‖ ~관(원) суддя́.

국제~ |스포츠| суддя міжнародної категорії.

심포니 симфонія; симфонічна музика.

심플 ¶ ~하다 простий; короткий.

심하다 сильний; різкий; жорстокий. ¶ 심한 모욕 сильна образа. 심한 추위 міцний мороз. 심한 코감기 сильний нежить. 심한 폭우 сильна злива.

심해(深海) глибоке море. ‖ ~어 глибоководні риби. ~어업 глибинний лов.

심혈 вся душа. ¶ ~을 기울이다 вкладати всю душу *у що*.

심호흡 глибоке дихання. ¶ ~하다 глибоко дихати.

심화(深化) поглиблення. ¶ ~하다 поглиблювати.

심화(心火) дратування; злість; гнів. ¶ ~가 솟다 злитися *на кого-що*; досадувати *на кого-що*. ‖ ~병 іпохондрія.

십 десять. ‖ ~분의 1 десята частина; одна десята. ~배의 десятковий. ~종 경기 десятиборство. ~진법 десяткова система обчислення.

십계(명) десять заповідей.

십년 десять років. ‖ ~ 감수 Слава богу, пронесло.

십대(十代) тінейджер.

십이지장 дванадцятипала кишка.

십일조 десятина.

십자가 {종교} хрест; розп'яття. |네거리| перехрестя.

십자형 форма хреста.

십장생(十長生) десять живих істот та предметів, що володіють довголіттям.

십중팔구 ймовірно; в восьми випадках з десяти.

싱겁다 |음식이| прісний; несолоний; недосолений. |담배 등이| слабкий; неміцний. |행동이| недоречний; зайвий; непотрібний; беззмістовний; безглуздий. ¶ 싱거운 소리를 하다 нести дурниці. 싱거운 음식 прісна страва.

싱그럽다 свіжий та ароматний.

싱글벙글 ¶ ~ 웃다 розпливатися в посмішці.

싱싱하다 свіжий. |식물이| що буйно росте. |행동이| живий; енергічний; жвавий. ¶ 싱싱한 과일 свіжі фрукти. 기운이 ~ бути дуже енергічним.

싱싱히 буйно; швидко; енергічно; жваво.

싶다 хотіти; бажати. |…같이 보인다| здається. | …되었으면 싶다| хотілося б. |~시피| як. ¶ 너희들도 알다시피 як ви знаєте. 노래하고 ~ хочу співати. 보다시피 як бачите. 오후쯤엔 비가 올 듯 ~. Здається, після обіду буде дощ.

싸느랗다 зовсім холодний; остиглий.

싸늘하다 холодний.

싸다 загортати; обгортати *що у що*; упаковувати. ¶ 모두 함께 싸 주세요. Загорніть, будь ласка, все разом.

싸다 |배설하다| паскудити.

싸다 |값이| дешевий. |처벌을 받아도| що заслуговує.

싸다니다 бігати; носитися; метушитися.

싸라기 на вагу золота; дорогоцінність.

싸락눈 крупа; перший сніг. ¶ ~이 내렸다 багато снігу випало.

싸래기 рисова січка.

싸리(나무) {식물} ліспедеза.

싸매다 обв'язувати; обмотувати *кого-що чим (навколо чого)*; намотувати. ¶ 붕대로 상처를 ~ бинтувати рану.

싸우다 битися *з ким*. |유형·무형의 것과| боротися *з ким-чим*; битися. ¶ 권리 옹호를 위해 ~ боротися за свої права. 전염병과 ~ боротися з епідемією.

싸움 бійка; битва; боротьба. ¶ ~하다 битися *з ким*; боротися *з ким-чим*. ~질하다 битися. ~으로 번지다 доходити до бійки. ~을 시작하다 почати бійку. ‖ ~꾼 забіяка; задирака. ~터 поле бою. ~패 забіяки [복].

싸이다 |불안감에| бути охопленим. |둘러| вміти ладнати *з ким-чим*.

싹 {식물} брунька; пагін; |곡식의| прорість; паросток. ¶ ~을 내다 пустити (дати) паросток. ~을 밟다 здогадуватися; вгадувати.

싹수 надії; ознака. ¶ ~가 있다 подавати надії.

싹싹 ¶ ~ 베다 легко зрізати. ~ 비비다 потирати руки. ~ 빌다 благати.

싹싹하다 слухняний; вихований.

싹트다 розпускатися; лопатися; пробиватися.

싼값 дешевина; дешевизна. ¶ ~으로 дешево.

쌀 рис; крупа. ¶ ~의 рисовий. ‖ ~가게 рисова лавка. ~값 ціни на рис. ~겨 рисові висівки. ~농사 рисівництво. ~뜨물 вода, в якій мили рис. ~자루 мішок з зерном.

쌀쌀하다 холодний. ¶ 쌀쌀맞은 사람 холодна людина.

쌈 |싼 음식| (корейські) голубці [복]. ¶ ~을 싸다 робити корейські голубці.

쌈 |20개들이| пачка голок.

쌈지 |담배| кисет.

쌍 пара. ¶ 부부 한 ~ подружня пара.

쌍곡선 {수학} гіпербола.

쌍꺼풀 подвійна повіка ‖ ~눈 очі з подвійною повікою.

쌍둥이 близнюки; двійня. ¶ ~를 낳다 народити двійню.

쌍두마차 візок, запряжений двома кіньми; парами. ¶ ~를 타다 їздити парою.

쌍무적(雙務--) двосторонній. ‖ ~ 계약 двосторонній контракт. ~ 협정 двостороння угода.

쌍무지개 подвійна веселка.

쌍발기 двовигунний літак.

쌍방 обидва боки. ¶ ~의 двосторонній.

쌍수 руки [복]. ¶ ~를 들고 환영하다 вітати (підтримувати) *кого* двома руками.

쌍쌍 пари [복]. ‖ ~이 парами; по-парно.

쌍안경 бінокль [남]. ‖ 야전용 ~ польовий бінокль.

쌓다 |겹겹이 포갬| складати; накладати; навалювати *на що*. |벽에| класти. |기초를| закладати. |지식을| нагромаджувати; скласти в купу ¶ 경험을 ~ накопичувати досвід.

쌓이다 бути складеним (накладеним); складатися; накладатися; накопичуватися. |기초가| бути закладеним. |지식이| бути накопиченим. ¶ 눈이 무릎까지

쌓였다. Снігa навалило по коліно.

쌔근쌔근 ¶ ~거리다 |숨을| піхкати; сопіти; дихати важко; задихатися.

쌕쌕거리다 дихати легко.

쌩쌩 ¶ ~하다 бадьорий; енергічний.

써넣다 вписувати.

썩 |아주| дуже; добре; |곧| одразу ж; тут же; виразно; помітно. ¶ ~ 물러가라! Пішов геть! ~ 좋다. Дуже добре. 그는 노래를 ~ 잘 부른다. Він співає дуже добре.

썩다 |부패| гнити; псуватися. |물건이| не використовуватися. |돈·자금이| лежати мертвим вантажем. |재주가| заривати. |마음이| тяжко на душі. ¶ 썩은 냄새 гнилий запах. 생선이 썩었다 Риба зіпсувалася. 재능을 썩히다 заривати талант в землю.

썰다 дрібно різати (нарізати).

썰렁하다 застиглий; холодний.

썰매 сани [복]. |작은| санчата. ¶ ~의 санний.

썰물 відлив; відливна вода. ¶ ~의 відливний.

쏘다 |쏘시다| ныти; ломити. |벌레가| жалити. |말로| зачіпати; говорити ущипливі слова. |쏘아보다| пронизувати поглядом. |쏘아서 떨어뜨리다| збивати (літак).

쏘시개 |불을 지피는| розпалювання. [형] розпалювальний.

쏘아보다 спрямувати очі (погляд); спрямувати погляд.

쏘이다 |벌에| бути вжаленим; змушувати стріляти.

쏙 ¶ |고개를| ~내밀다 випинати; витягувати. ~ 빠지다 глибоко провалитися. ~ 뽑아내다 вихопити.

쏙쏙 різко; швидко; ривками.

쏟다 виливати; висипати. |피·눈물을| лити; виливати. ¶ 군중들이 거리로 쏟아져 нawoли. Народ висипав на вулицю. 눈물을 ~ лити потоки сліз.

쏟아지다 |가루가| висипатися. |눈이| валити. |비가| лити. |폭포가| виверждуватися. |곡물 등이 엎질러지다| розсипатися; проливатися. |복이| привалювати. ¶ 함박눈이 펑펑 쏟아졌다. Сніг валить пластівцями. 호우가 쏟아진다 Дощ ллє.

쏠다 |쥐가| гризти; прогризати. |몰래 해를 끼치다| таємно шкодити.

쏠리다 |기울다| схилятися; нахилятися; сповзати. |집중하다| спрямовуватися в одну сторону; захоплюватися чим. ¶ 모든 시선이 그에게 쏠렸다. Всі погляди спрямувалися на нього; Всі очі спрямувалися на нього.

쐐기 клин. [형] клиновий. ¶ ~ 모양의 клиновидний. ~형 문자 клиноподібні письмена. ~로 죄다 заклинювати. ~를 박다 вбивати клин між ким. |대화에서| перебивати кого під час бесіди. ~질하다 забивати клин.

쐬다 вдихати; дихати; виходити на свіже повітря. ¶ 신선한 공기를 ~ вдихати свіже повітря.

쑤다 |죽 등을| варити.

쑥 {식물} полин. ¶ ~을 캐다 використовувати полин.

쑥갓 {식물} златоцвіт.

쑥대머리 брудне скуйовджене волосся.

쑥대밭 місце, заросле полином; закинуте місце; пустир.

쑥덕거리다 нашіптувати.

쑥스럽다 дурний та розв'язний; ганебний.

쓰다 |글씨를| писати; складати. ¶ 받아 ~ писати під диктовку.

쓰다 |사용| вживати; використовувати; користуватися; |약을| приймати ліки. |힘을| прикладати сили (зусилля). |애를| прикладати старання, старатися. | 아껴서| економити; берегти. |꾀를| пускатися на хитрощі. |돈을| витрачати. |묘를| робити могилу.

쓰다 |모자·안경을| одягати. |우산을| відкривати парасолю. |흙탕물을| покриватися. |언어·손발을| володіти *чим*. ¶ 그는 오른발을 쓰지 못한다. Він не володіє правою ногою.

쓰다 |맛이| гіркий. |담배가| міцний. ¶ 입이 ~ в роті гірчить. 쓰디쓴 진리 гірка істина.

쓰디쓰다 гіркий.

쓰라리다 ниїти, палити; тяжкий; важкий. |인생이| гіркий. ¶ 가슴이 ~ серце (душа) ниє. 쓰라린 경험 гіркий досвід. || 쓰라림 душевні переживання.

쓰러뜨리다 звалити; повалити ¶ 바람이 나무를 쓰러뜨린다. Вітер валить дерева.

쓰러지다 падати; повалитися; розвалитися. |병·피로로| злягти; звалитися. |몰락하다| потерпіти поразку; пасти. |죽다| загинути. ¶ 기진맥진하여 ~ валитися від стоми. 땅 위에 ~ пасти на землю. 폭풍에 나무가 쓰러졌다. Дерево звалилося від бурі.

쓰레기 сміття; відходи. ¶ ~를 어디에 버려야 합니까? А куди сміття викидати? || ~통 сміттєвий ящик; відро для відходів; бак для сміття. 인간~ покидьок. |폐인| руїни.

쓰르라미 |곤충| цикада.

쓰리 кишенькова крадіжка || ~꾼 кишеньковий злодій.

쓰리다 |아픔으로| пекучий. |마음이| хворіти. |명치가| смоктати під грудьми. ¶ 마음이 ~ хворіти душею (серцем). 위가 ~ в шлунку смокче.

쓰이다 |글이| писатися; писаний; складений. |사용·이용| вживатися; використовувати. ¶ 이 약은 기침에 쓰인다. Цей засіб вживається проти кашлю.

쓰임 витрачати; витрати.

쓰임새 придатність. ¶ ~가 있다 згодитися; придатний; годящий.

쓱 |슬슬| легко. |빨리| миттєво. |슬쩍| непомітно.

쓴맛 гіркий смак; горе гірке.

쓴웃음 гірка усмішка; розгублена посмішка. ¶ ~을 짓다 усміхатися гірко (криво).

쓸개 {해부} жовчний міхур. ¶ ~가 빠지다 дурний; нерозумний.

쓸다 замітати; мести; змітати. ¶ 먼지를 ~ мести сміття.

쓸다 |줄로| правити; гострити.

쓸데없다 непотрібний; зайвий. ¶ 쓸데없는 책 непотрібна книга.

쓸모 придатність. ¶ ~ 있는 придатний. ~가 있다 згодитися.

쓸쓸하다 хмурий; похмурий; сумний.

쓸어 버리다 зметати з обличчя землі.

씀바귀 {식물} латук зубчастий.

씀씀이 витрати.

씁쓰레하다 трохи гіркуватий.
씁쓸하다 гіркуватий.
씌우다 |모자 등을| одягати *що на кого-що*. ¶ 죄인에게 족쇄를 ~ одягати на злочинця кандали.
씨 |종자·근본| насінина; насіння. ¶ ~를 말리다 повністю знищити. ~를 받다 залишати на насіння. ~를 뿌리다 сіяти (насіння). 불화의 ~ насіння розбрату.
씨 |경칭| пан; пані.
씨근거리다 |숨을| пихкати; сопіти.
씨나락 насіння рису.
씨눈 {식물} брунька.
씨름 корейська національна боротьба; старанна робота *над чим*. ¶ ~하다 |스포츠| боротися; битися *над чим*; перемагати *що*. 문제와 ~하다 боротися з проблемою. || ~꾼 борець.
씨알 |종자| насінина; насіння. |누에의| дозріла насінина. |물고기의 크기| розмір риби; молодь. ¶ ~이 먹히지 않는 소리 дивна історія.
씨암탉 племенна курка.
씨앗 → **씨**.
씨족 рід; кровне споріднення.
씩 ¶ ~ 웃다 злегка посміхнутися.
--씩 по. ¶ 둘 ~ по два (дві). 세 번 ~ по три рази. 각자에게서 100원~ по сто вон з кожного.
씩씩 ¶ ~거리다 сопіти; важко дихати; задихатися.
씩씩하다 бадьорий; енергійний. ¶ 씩씩한 남자 бадьорий чоловік.
씰룩 ¶ ~거리다 |근육이| смикатися. 눈썹이 ~거린다 брови смикаються.
씹다 жувати; пережовувати. ¶ 음식을 소리내어 ~ жувати їжу причмокуючи (з шумом); чавкати.

씻다 мити. |세탁| прати. |닦아내다| витирати. |누명을| змивати начисто. ¶ 손을 ~ мити руки. 이 치욕을 씻어버릴 수는 없다. Цієї ганьби не змиєш. 씻을 수 없는 수치 незмивна ганьба.

아

아가미 зябра. ¶ ~로 호흡하다 дихати зябрами.

아가씨 дівчина.

아교 тваринний клей.

아군 наша армія.

아궁이 топка. ¶ ~에 불을 때다 топити.

아귀 морський чорт.

아귀 |갈라진곳| місце розгалуження *чого*. |씨눈| вічко. |손아귀| улоговинка на долоні між великим і вказівним пальцями; сила руки.

아귀다툼 суперечка; спір; сперечання. ¶ ~하다 сперечатися; сваритися.

아기 крихітка; малюк; донечка. синочок.

아기자기 ¶ ~하다 приємний; радісний; чарівний; цікавий.

아까 недавно; тільки що.

아깝다 шкодувати; шкода. ¶ 시간이 ~ жаль часу.

아껴 쓰다 заощаджувати; берегти; бути бережливим. ¶ 돈을 ~ економно витрачати гроші.

아끼다 жаліти; щадити; берегти. ¶ 돈을 ~ жаліти (берегти) гроші. 목숨을 아끼지 않다. Не жаліти свого життя. 자기 몸을 ~ жаліти себе. 시간을 ~берегти свій час.

아낌없다 щедрий; щедро. ¶ 아낌없이 щедрою рукою.

아낙네 жінка.

아내 дружина.

아녀자 дитина і жінка; жінка.

아늑하다 закритий від вітру; тихий; теплий; затишний.

아니 не. |놀람| о!; ох! Боже мій!

아니꼽다 нудотний; огидний.

아니다 не [бути]. ¶ 이건 농담이 ~. Це не жарт.

아담 ¶ ~하다 шляхетний; елегантний; гарний; зручний.

아동 дитина. ‖ ~극 постановка для дітей; п'єса, поставлена дітьми. ~문학 дитяча література. ~복 дитячий одяг.

아둔하다 тупий; некмітливий; тупоумний; нетямущий. ¶ 아둔한 사람 тупа голова; тупа людина.

아드님 Ваш син.

아득하다 дальній; далекий; давній. ¶ 아득한 옛날에 в незапам'ятні часи.

아들 син.

아뜩하다 відчувати запаморочення.

아라비아 숫자 арабські цифри.

아랑곳 ¶ ~ 없다 не мати ніякого відношення *до чого*. ~하지 않고 не дивлячись *на кого-що*. ~하지 않다 не звертати ніякої уваги.

아래 нижня частина *чогось*; низ. 하위의 нижчий, підлеглий. ¶ ~의 нижній. ~에 внизу. ~에서 위까지 від низа до верха. ~를 내려다보다 дивитися вниз; опустити очі. ‖ ~쪽 низ; нижня частина (сторона); область, що розташована нижче. ~층 нижній поверх. ~턱 підборіддя; нижня щелепа. 아랫사람 підлеглий.

아랫길 нижня дорога.

아랫도리 нижня частина тулуба (тіла). |옷의| брюки; штани; спідниця.

아랫목 частина утепленої підлоги біля топки.

아랫배 нижня частина живота.

아랫사람 нижчий; молодший. |부하| підлеглий.

아량 великодушність; поблажливість. ¶ ~ 있는 великодушний; поблажливий. ~을 베풀다 проявляти великодушність.

아련하다 м'який; м'якосердечний; поступливий; тьмяний. ¶ арельонний 불빛 тьмяне світло.

아령 гиря; гантель. ‖ ~ 운동 вправи з гантелями.

아로새기다 |마음에| чітко зафіксувати. |조각| майстерно вигравірувати (вирізати). ¶ 가슴에 ~ чітко зафіксувати в серці.

아롱거리다 то з'являтися, то зникати; блимати (миготіти).

아롱지다 строкатий; покриватися цятками (плямками); майоріти.

아류 низький розряд; другорядне обличчя; другосортна річ.

아르곤(argon) {화학} аргон.

아른거리다 миготіти; майоріти; переливатися; пістрявити.

아름 обхват; оберемок. ¶ 한 ~ 되는 나무 дерево в один обхват.

아름답다 гарний; чарівний; прекрасний.

아름드리 ‖ ~ 나무 більш, ніж в один обхват.

아리다 |맛이| гіркуватий, терпкий, їдкий. |상처가| пекучий (сверблячий).

아리땁다 милий, чарівний.

아리랑 апіран.

아리송하다 неясний; нечіткий, невиразний.

아리아(aria) {음악} арія.

아릿하다 гіркуватий.

아마(亞麻) льон.

아마 ймовірно, може бути; напевно; мабуть, можливо.

아마추어 любитель. [형] аматорський.

아명(兒名) дитяче ім'я.

아멘(Amen) амінь.

아무 |사람| хтось. |부정문에서| ніхто. |성씨 다음에| дехто, якийсь. |부정| який-небудь; що за; ніякий. ¶ 문 ~개 якийсь Мун. ~ 의심도 없다 без сумнівів. ~ 것도 아니다 нічого собою не являти. ~ 일도 없었다 Нічого не сталося. Все добре.

아무래도 як не роби; що б не; як би не; не дивлячись ні на що. ¶ 나는 ~ 좋다. Мені все одно (байдуже).

아무러면 звичайно; беспеpечно.

아무렇다 який, який-небудь. |부정문에서| ніякий. ¶ 아무렇게나 так-сяк; на скору руку.

아무리 як би не; скільки б не; не. ¶ ~ 기다려도 скільки б не чекав. ~ 보아도 як не поглянь; з усіх точок зору. ~ 생각해 보아도 як не ламай голову.

아무쪼록 у міру можливості; по мірі сил; будь-що-будь. ¶ ~ 몸조심 하세요. Як би не було, будьте обережні.

아물거리다 |물체가| миготіти перед очима.

아물다 |상처가| загоїтись; зарубцюватися. |무인칭문|

아미노산 {화학} амінокислоти.

아버지 батько. ¶ 그는 성격이 ~를 닮았다. Він характером пішов у батька. 이 기술은 ~에게서 아들에게로 전수되고 있다. Ця майстерність передається від батька до сина.

아부 підлесливість. [형] улесливий. ¶ ~하다 лестити *кому-чому*; підлещуватись *до кого*. ‖ ~쟁이. підлесник.

아비규환 |불교| два пекла; гіркий стогін; відчайдушний крик.

아빠 |어린이말| тато.

아사 голодна смерть. ¶ ~하다 помирати з голоду.

아성 цитадель [여]. 보수의 ~ цитадель консервативності.

아세톤(acetone) {화학} ацетон. [형] ацетоновий.

아수라 {불교} демон Асура. ‖ ~장 хаотичний стан; суцільний хаос; розгардіяш.

아쉽다 бракувати *чого-що кому*; не вистачати; образливий.

아스라하다 надзвичайно високий (далекий). |높이가| запаморочливий.

아스팔트 асфальт. [형] асфальтний; асфальтовий. ¶ ~로 포장하다 асфальтувати. ‖ ~ 콘크리트 асфальтовий бетон. ~ 포장 асфальтування.

아스피린 |의학| аспірин.

아슬아슬 ¶ ~하다 холодний; льодовий; небезпечний; тривожний; схвильований.

아시아 Азія. [형] азіатський.

아씨 |호칭| пані; заміжня дама.

затягтись. ¶ 상처가 아물었다. Затягнуло рану.

아양 кокетсво. ¶ ~을 떠는 кокетливий. ~을 떨다 кокетувати *з ким-чим*.

아역 дитяча роль.

아연 {화학} цинк. ‖ ~ 도금 цинкування.

아연 ¶ ~케 하는 приголомшливий. ~하다 приголомшений; онімілий (від страху). ‖ ~실색 сполотніти від страху.

아열대 субтропічний пояс; субтропіки. ‖ ~ 기후 субтропічний клімат.

아예 на самому початку; з самого початку.

아웅다웅하다 сперечатися.

아우 молодший брат; молодша сестра.

아우르다 зливати в одне ціле; поєднувати; ставити разом.

아우성 ревіння; гул; бойовий клич. ¶ ~치다 підняти ревіння.

아욱 |식물| просвирник.

아이 дитина; син і дочка; діти. ‖ 아이들 хлопці; дітвора; діти.

아이디어 думка, ідея.

아이러니 іронія. [형] іронічний. ¶ ~한 표현 іронічний вираз.

아장거리다 шкутильгати; ходити, перевалюючись з ноги на ногу.

아저씨 дядько [남]; зять [남].

아전인수 клопотатися тільки про свою вигоду.

아주 дуже; цілком; зовсім; назавжди.

아주까리 {식물} рицина.

아주머니 тітка. |형수| невістка; тітка.

아지랑이 серпанок.

아지트 приміщення підпільної організації; явка; яочний пункт.

아직 ще.
아직껏 досі.
아집 пристрасть.
아찔하다 відчувати сильне запаморочення; каламутити в голові (в очах). ¶ 눈앞이 ~. В очах темніє.
아차 ай-ай-ай!; от лихо!.
아첨 лестощі [여]; підлещування; підлабузництво. ¶ ~을 잘하는 улесливий. ~조로 말하다 лестиво говорити. ~하다 лестити *кому-чому*; підлещуватись *до кого*; підлабузнюватися *перед ким*. || ~쟁이 підлесник, підлабузник.
아치(雅致) добірність; елегантність.
아치 арка; аркада; зведення. ¶ ~형 вигнутий; арковий; склепінний; куполоподібний.
아침 ранок. |식사| сніданок. ¶ ~의 ранковий. ~마다 кожен ранок; вранці. ~에 зранку. ~부터 밤까지 з ранку до ночі. || ~나절 перша половина дня; час до полудня.
아카데미 академія; спеціальний навчальний заклад. ¶ 아카데믹하다 академічний; університетський. || ~즘 академізм. ~회원 академік. 과학~ Академія наук.
아카시아 {식물} акація. [형] акацієвий.
아코디언 акордеон; гармоніка; гармошка. || ~연주자 акордеоніст; гармоніст.
아크릴산 {화학} акрилова кислота.
아킬레스건 ахілесова п'ята; найбільш уразливе місце.
아틀리에 ательє [불변]; майстерня.
아파트 багатоквартирний будинок. || 임대~ багатоквартирний будинок, здаваний в аренду.
아편 опіум; опій. ¶ ~을 피우다 курити опіум (опій). || ~중독자 курець опіуму (опія).
아포리즘(aphorism) афоризм; короткий вислів.
아프다 |신체가| хворіти; відчувати біль [여]. |마음이| сильно засмучуватися.
아호 псевдонім.
아홉 дев'ять; дев'ятеро; дев'ятка. дев'ять; дев'ятеро; дев'ятка. ¶ ~번째 дев'ятий.
아흔 дев'яносто.
악 оскаженіння; гнів. ¶ ~을 쓰다 докладати відчайдушних зусиль. ~이 오르다 розлютитися (оскаженіти).
악(惡) зло; зле начало; зле. ¶ ~하다 злий; злісний; зловісний; єхидний; недобрий. 선을 ~으로 갚다 платити злом за добро. || 사회~ соціальне зло; соціальний порок.
악감정 ворожість; зле почуття; злоба; злість; ворожість; злість. ¶ ~을 품다 злобувати; відчувати ворожість (злість) до когось.
악곡 мелодія.
악공 [придворний] музикант.
악극 музична драма; опера. ¶ ~을 보러 가다 іти на оперу.
악기 музичний інструмент. || ~반주 інструментальний акомпанемент. 건반~ клавішні інструменти. 민속~ народні музичні інструменти. 타~ ударні музичні інструменти. 현~ струнні музичні інструменти. смичкові інструменти.

악녀 зла жінка.

악단 оркестр. [형] оркестровий. ‖ 교향~ симфонічний оркестр. 실내~ камерний оркестр. 취주~ духовий оркестр.

악담 лихослів'я; лихомовство; наклеп. ¶ ~하다 ганьбити *чию* репутацію; обмовляти *кого*; злословити.

악당 негідник; мерзотник; лиходій; бандит. ¶ ~의 злочинницький.

악대 оркестр. ‖ 군~ воєнний оркестр.

악덕 порок; аморальність; порочність. ‖ ~기업주 аморальний підприємець.

악독 ¶ ~하다 найлютіший; нелюдський; жорстокий; злісний.

악동 зіпсована (неслухняна, примхлива) дитина.

악랄하다 злісний; мерзенний; найлютіший.

악력 сила м'яз; стиск; стискання.

악령 біс; злий дух.

악마 диявол; демон; сатана. ~적 диявольский; сатанічний. ‖ ~성 демонізм. ~숭배 сатанізм.

악명 погана репутація; дурна слава. ¶ ~높은 горезвісний.

악몽 кошмар; страшний сон. ¶ ~같은 кошмарний.

악물다 стискати [зуби].

악바리 груба людина; грубіян.

악법 драконівські закони. ‖ ~철폐 скасування драконівських законів.

악보 ноти; партитура. ‖ ~집 нотний зошит; нотний альбом.

악사 музикант; оркестрант.

악상 задум композитора; тема.

악선전 ворожа пропаганда.

악설 образа; лайка.

악성(惡性) поганий (зіпсований) характер. ¶ ~의 злоякісний. ‖ ~감기 грип. ~루머 порочащі чутки. ~빈혈 злоякісна анемія. |컴퓨터|~바이러스 віруси в комп'ютері; комп'ютерний вірус

악셀 прискорювач; акселератор.

악수 рукостискання. ¶ ~하다 стискати чиїсь руки. 서로 ~를 나누다 потиснути один одному руки.

악순환 порочне коло.

악습 |버릇| погана звичка. |풍습| шкідливий звичай. ¶ 오래 묵은 ~ закоренiла погана звичка.

악심 злий намір; поганий намір. ¶ ~을 품다 мати недобрі почуття; мати погані наміри.

악쓰다 докладати відчайдушних зусиль.

악어 крокодил. [형] крокодилячий. ‖ ~가죽 крокодиляча шкіра.

악역(惡役) головний лиходій в драмі; головний негативний персонаж у драмі.

악연 фатальні зв'язки. |부부 사이| недружнє подружжя. ¶ ~을 맺다 мати фатальні зв'язки *з ким*.

악영향 поганий (дурний) вплив. ¶ ~을 미치다 погано впливати *на кого-що*.

악용 зловживання. ¶ ~하다 зловживати *чим*; вживати *щось* на зло. 신뢰를 ~하다 зловживати *чиєю* довірою.

악운 гірка доля.

악의 злий намір; злість; зловмисність; погане ставлення; дурний намір. ¶ ~로 зі зла. ~있는 зловмисний; злісний; злий.

~섞인 비방 злісний наклеп. ~를 품다 відчувати (таїти) злобу *до кого*.

악인(惡人) погана (порочна) людина; негідник; лиходій.

악장 частина музичного твору.

악전고투 тяжкий бій; відчайдушна боротьба. ¶ ~하다 вести відчайдушний бій.

악조건 несприятливі (погані, огидні) умови. ¶ ~에서 при несприятливих умовах.

악질(惡質) |성격| порочність. |사람| злодій; порочна людина; злюка. ¶ ~적 порочний; злющий;

악착스럽다 впертий; наполегливий; незговірливий; жорсткий.

악처 сварлива дружина; погана (порочна) дружина.

악천후 огидна погода.

악취 поганий (огидний) запах; сморід. ¶ ~를 풍기는 смердючий.

악취미 поганий смак; схильності.

악평 поганий (негативний) відгук; погана оцінка; погана репутація. ¶ ~하다 давати поганий відгук (погану оцінку); погано озиватися *про кого-що*. ~을 얻다 отримати поганий відгук (оцінку).

악폐 порок; зло.

악필 поганий почерк; карлючки.

악한 лиходій; негідник; мерзотник.

악행 поганий вчинок; погана поведінка; злодіяння; гріх; канальство. ¶ ~을 저지르다 вчиняти злодіяння; лиходіяти; вести себе погано.

악형 жорстоке покарання; жорстока кара. ¶ ~을 과하다 жорстоко карати *кого*.

악화 погіршення. ¶ ~되다 погіршуватись; змінюватись у гіршу сторону. ~시키다 погіршувати *щось*; змінювати *щось* в гіршу сторону. 상태를 ~시키다 погіршувати становище.

안 |내부| внутрішня частина. |이면| виворіт. ¶ ~에 |내부| всередині *чого*; *у чому*. |기간| в межах *чогось*; протягом *чогось*. ~으로 в *щось*.

안(案) |계획| проект; план. |제안| пропозиція. |안건| порядок денний.

안간힘 відчайдушне зусилля. ¶ ~을 쓰다 докладати відчайдушне зусилля.

안감 внутрішня оббивка; підкладка.

안개 туман. ¶ ~낀 туманний. ~가 끼었다 Туман стоїть. ‖ ~비 дрібний (мрячащий) дощ.

안건 порядок денний. ¶ ~에서 빼다 знімати *що* з порядку денного.

안경 окуляри. [형] очковий. ¶ ~을 끼다 носити окуляри. ~을 낀 사람 людина в окулярах. ‖ ~알 скло окуляр. ~자국 вм'ятини (сліди) від окулярів. ~집 футляр для окулярів. ~테 оправа.

안과 офтальмологія; глазне відділення. ¶ ~의사 окуліст; глазний лікар; офтальмолог.

안광 блиск очей; погляд.

안구 глазне яблуко.

안기다 |아기가 품에| бути на руках *у кого*. |포옹| бути в *чиїх* обіймах; бути притиснутим до *чиїх* грудей. |책임을| покладати [відповідальність] *на кого*.

안내 супровід [гостей]. |안내인| гід; супровідник; провідник;

екскурсово́д. ¶ ~하다 супрово́дити *кого́*; води́ти *кого́*. || ~서 путівни́к; дові́дник. ~소 дові́дкове бюро́. ~인 гід; супрові́дник; прові́дник.

안녕 спо́кій; благополу́ччя. ¶ ~하십니까? Здра́вствуйте! ~히 가십시오 щасли́вої доро́ги!; До поба́чення!. ~히 계십시오 Щасли́во залиша́тися! ~히 주무세요. Надобра́ніч!.

안다 |품에| обійма́ти; трима́ти на рука́х; притиска́ти [до груде́й]. |책임 의무를| нести́ (бра́ти на себе́) [відповіда́льність]. |바람| іти́ назу́стріч чому́. ¶서로 얼싸~ мі́цно обійма́тися. аги́ку ~ обійма́ти дити́ну.

안단테 {음악} анда́нте.

안달 ¶ ~하다 ду́же хвилюва́тися (непокої́тися); не знахо́дити собі́ мі́сця від нетерпі́ння.

안대 пов'я́зка на о́чі.

안도 спо́кій. ¶~하다 знахо́дити спо́кій. ~의 숨을 내쉬다 зітха́ти з полегше́нням. || ~감 відчуття́ спо́кою.

안되다 |금지| не мо́жна; неможли́во. |유감| відчува́ти жаль; *кому́ кого́* жаль. |실패| не вихо́дити; не ла́дитися. ¶ 그가 안 됐다. Мені́ його́ жаль.

안락 зру́чність; комфо́рт; зати́шок; благополу́ччя. ¶ ~하다 зру́чний; зати́шний; благополу́чний. || ~사 евтана́зія; милосе́рдне вби́вство. ~의자 м'я́ке крі́сло.

안료 |도료| барвни́к; фарбу́юча речови́на. |그림물감| фа́рба.

안마 маса́ж. [형] маса́жний. ¶ ~하다 масажува́ти *кого́*; роби́ти *кому́* маса́ж; розтира́ти. || ~기 маса́жний інструме́нт. ~사 масажи́ст, ~ка. ~시술소 маса́жний сало́н.

안면 |얼굴| обли́ччя. |지면| знайо́мство. || ~부지 абсолю́тно незнайо́ма [люди́на]. ~신경 лицеви́й нерв; ~치레 пово́дження з малознайо́мими людьми́.

안목 проникли́вість; зда́тність проника́ти *у що*. ¶ ~이 있는 прони́кливий.

안무 постано́вка та́нців. ¶ ~하다 ста́вити та́нець. || ~자 постано́вник та́нців.

안방 кімна́та, примика́юча до ку́хні. |규방| жіно́ча полови́на буди́нку. || ~샌님 домосі́д, ~ка.

안배 |배치| упорядкува́ння. |배분| розташува́ння. ¶ ~하다 |배치| влашто́вувати; упорядко́вувати. |배분| розташо́вувати; розпоряджа́тися *чим*; врахо́вуючи обста́вини.

안보 безпе́ка [краї́ни]. || ~외교 дипломатія для держа́вної безпе́ки.

안부 здоро́в'я; стан здоро́в'я. |сосіб| зві́стка про стан здоро́в'я. ¶ ~를 묻다 дові́дуватись (запи́тувати) про здоро́в'я. ~를 передавати передава́ти *кому́* приві́т.

안사돈 сва́ха.

안사람 (моя́) дружи́на.

안색 |혈색| ко́лір обли́ччя. |표정| ви́раз обли́ччя. ¶ ~이 나쁘다 си́льно блі́днути. ~이 바뀌다 зміню́ватись обли́ччям.

안성맞춤 ¶ ~이다 доре́чний; підхо́дящий.

안수 |종교| конфірмáція. ¶ ~하다 конфірмірувáти *когósь*; благословля́ючи, клáсти рýку на гóлову вíруючого.

안식 спокíй; відпочи́нок. ¶ ~하다 спокíйно відпочивáти. ‖ ~일 день відпочи́нку і моли́тв. ~처 мíсце, де мóжна спокíйно відпочивáти; приста́новище.

안심 [душéвний] спокíй. ¶ ~하다 заспокóюватися; бýти спокíйним.

안쓰럽다 співчувáючий; жáлісливий.

안약 |약품| глазнí лíки; |세정액| примóчка для очéй; крáплі для очéй.

안온 ¶ ~하다 спокíйний; ти́хий; ми́рний.

안이 ¶ ~하다 |일이| спокíйний; легки́й. |편안함| безтурбóтний; |태도가| не обере́жний.

안일(安逸) безтурбóтність; ледáрство. ¶ ~하다 безтурбóтний; бездія́льний.

안일 |집안일| домáшня робóта; робóта по дóму.

안장(鞍裝) сідло́. [형] сідéльний. ¶ ~에 앉다 сідáти в сідло́. ~을 얹다 сідлáти [коня́].

안장(安葬) ¶ ~하다 ховáти; передавáти *когó* землí.

안전(安全) безпéка; схорóнність. ¶ ~하다 безпéчний; надíйний. ‖ ~기사 інженéр з технíки безпéки. ~모 шолóм. ~보장 забезпéчення безпéки. ~보장이사회 Рáда Безпéки. ~성 безпéка. ~장치 запобíжний при́стрій; запобíжний апарáт.

안전 ~에서 пéред очи́ма.

안절부절 ¶ ~못하다 не знахóдити собí мíсця; непокóїтися. 시험을 앞두고 ~못하다 хвилювáтися пéред íспитом.

안정(安靜) спокíй. ¶ ~하다 заспокóюватися. ~시키다 заспокóювати; полéгшувати; змéншувати тя́жкість гóря.

안정(安定) |정국·물가의| стíйкість; стабíльність. |평형| рівновáга. ¶ ~되다 бýти (ставáти) стíйким; мíцним; стабілізувáтися. ~시키ти усталювáти. ‖ ~감 відчуття́ впéвненості; урівновáженість. ~기 перíод стабілізáції. ~도 стýпінь (стабíльності) стíйкості. ~성 стíйкість; стабíльність. ~제 хíм. стабілізáтор. ~화 стабілізáція.

안존 ¶ ~하다 |성질| спокíйний і добродýшний. |상태| спокíйний.

안주(按酒) закýска до винá.

안주(安住) ¶ ~하다 |편анно живи́ти| спокíйно жи́ти. |현 стáні| задовóлений ни́нішнім життя́м.

안주인 хозя́йка.

안중 ¶ ~에 в умí *у когó*. ~에 두지 않다 не брáти *когó-щó* до увáги (у розрахýнок); не врахóвувати *щóсь*.

안질 хворóба очéй.

안집 |안채| бýдинок у подвíр'ї. |주인집| сім'я́, якá живé в головнíй будíвлі; головнá будíвля.

안짱다리 клишоно́гість. ¶ ~의 клишоно́гий. ~ 걸음걸이로 걷다 ходи́ти кóсо.

안쪽 внýтрішня части́на. ¶ ~의 внýтрішній. ~에 усередині *чогó*. ~으로 усередину *чогó*.

안착 благополýчне прибуття́. ¶ ~하다 благополýчно прибувáти;

доходити в цілості.

안채 будинок у подвір'ї; головна будівля.

안출 вигадка. ¶ ~하다 вигадувати; винаходити.

안치 ¶ ~하다 |시선을| дбайливо ставитися *до чого*; дбати *про що*; поміщати. |죄인을| тримати під замком. ‖ ~소 місце зберігання.

안타 подача м'яча. ‖ 적시~ своєчасна подача м'яча.

안타깝다 |뜻대로 되지 않아| непокоїтись *про кого-що*. |남의 딱한 사정에| жаліти *кого*.

안테나 антена. [형] антенний.

안팎 внутрішня і зовнішня сторони. |대략| біля; приблизно. |부부| дружина і чоловік; подружжя.

안하무인 ¶ ~이다 дивитися на всіх зверхньо; заноситися.

앉다 |자리에| сидіти, сідати. |지위에| займати [місце]. |먼지가| сідати; осідати. ¶ 앉은 자리에서 відразу на місці; експромтом. 앉은뱅이 людина з паралізованими ногами. 앉은키 зріст людини у сидячому положенні.

앉히다 |좌석에| змушувати сісти; саджати. |지위에| призначати; влаштовувати.

않다 не. ¶ 술을 마시지 않는 людина, яка не п'є алкоголь.

알 |새, 닭의| яйце. |물고기의| ікра́ ; ікринка зернятко; крупинка. |작고 둥근 것| невеликий округлий предмет. ‖ 안경~ скло для окулярів. 총~ куля.

알-- |벗은| незакритий; голий. |순전한| справжній. ‖ ~거지 справжній жебрак. ~몸 голе тіло.

알갱이 |곡식| зерно; зернятко. |열매| ягідка.

알곡 зерно. |잡것이 섞이지 않은| відсортоване зерно.

알다 |일반적으로| знати; бути пізнаним. |이해| осягати; розуміти. |아는 사이| знайомитися *з ким*. |관계•관여| мати відношення *до чого*. |간주하다| приймати *за кого*; вважати *за кого-що*. ¶ 알아듣다 розуміти; розчути. 알아맞히다 догадуватися. 알아보다 |조사| розпізнавати; упізнавати. |문의| розпитувати. 알아주다 |처지를| розуміти. |가치를| гідно оцінювати. 알아채다 здогадуватися. 내가 알고 있는 한에서는 по моїй відомості; наскільки мені відомо.

알뜰하다 |생활이| ощадливий; акуратний. |정성이| ретельний; сумлінний.

알랑 ¶ ~거리다 лестити *кому-чому*; підлещуватись *до кого-чого*; раболіпствувати *перед ким*. ~쇠 підлабузник.

알랑하다 |내면적| нікчемний. |외면적| непоказний; непривабливий.

알레고리 алегорія. [형] алегоричний.

알레그로 {음악} алегро.

알레르기 алергія. [형] алергічний. ‖ ~환자 алергік.

알력 суперечність; розбрат; конфлікт. ¶ 가족 간의 ~ сімейний розбрат.

알로에 алое |불변|; [형] алойний.

알록달록하다 строкатий; різнокольоровий; строкатенький.

알루미늄(aluminium) алюміній. [형]

алюмінієвий. ‖ ~주전자 алюмінієвий чайник.

알리다 сповіщати; доводити до відома *кого про що*; повідомляти; сповіщати.

알리바이 алібі [불변중]. ¶ 자기의 ~를 내세우다 довести (встановити) своє алібі.

알맞다 відповідний; підходящий; відповідний *чому*; доречний.

알맹이 |껍질 속의| ядро; насіння. |사물의 핵심| суть [여]; сутність.

알몸 |나체| голе (оголене) тіло; нагота. |빈털터리| останній бідняк. ¶ ~이 되다 оголюватися.

알부민 альбумін; білковина.

알선 |추천|сприяння; рекомендація. | 중개| посередництво. ¶ ~하다 | 마련·추천| сприяти; рекомендувати; робити послугу. | 중개| бути посередником. 취직을 ~하다 рекомендувати *кого* на роботу.

알쏭달쏭하다 |무늬가| строкатий. |뜻이| неясний; плутаний.

알알 кожне зерно; кожен плід; кожне яйце. ¶ ~이 по одному зернятку.

알약 таблетка; пігулка.

알음 ~알음 знайомство. ~알이 близькі знайомі.

알집 |난소| яєчник.

알짜 найбільш коштовне (справжнє; дійсне).

알차다 |속이| повний. |내용이| змістовний.

알칼리 {화학} луг. ‖ ~성 лужність.

알코올 алкоголь; спирти. ¶ ~의 алкогольний; спиртний. ‖ ~음료 спиртні (алкогольні) напої. ~중독 алкоголізм. ~중독자 алкоголік.

알토 {음악} альт. ‖ ~가수 альтист, ~ка.

알파 (alpha) альфа. ¶ ~와 오메가 альфа і омега; початок і кінець; від альфи до омеги.

알파벳 алфавіт. [형] алфавітний. ¶ ~순으로 по алфавіту (алфавітам); в алфавітному порядку.

알현 аудієнція *у кого*. ¶ ~하다 отримувати аудієнцію *у кого*.

앎 знання; ерудиція.

앓다 хворіти чимось; бути хворим. ¶ 앓는 소리 |통증으로| стогін. | 불평| невдоволення; скарга. 앓던 이가 빠진 것 같다. Немов камінь з серця звалився.

--앓이 біль; захворювання. ‖ 가슴~ біль (болі) у грудях 배~ шлункові болі.

암-- самка; жіноча особина. ‖ 말 кобила. ~소 корова. ~캐 сука. ~코양이 кішка. ~닭 курка.

암(癌) рак; карцинома. |비유적으로| хворе місце; язва. ¶ ~의 раковий. 사회의 ~적 존재 язви суспільства. ‖ ~세포 ракова клітина. 위~ рак шлунку. 폐~ рак легенів.

암갈색 темно-коричневий колір.

암거래 підпільна торгівля; торгівля на чорному ринку. ¶ ~하다 продавати *що* підпільно. ‖ ~상 спекулянт.

암기(暗記) вивчення напам'ять. ¶ ~하다 запам'ятовувати (вивчати) напам'ять; заучувати;

암나사 гайка. [형] гайковий.

암내 |동물의| запах від самки тварини в період тічки.

암내 запах поту під пахвами.

암달러 долари, які продають і купують на чорному ринку.

암담 ¶ ~하다 похмурий; безнадійний. ~한 시대 похмурі часи.

암록색 темно-зелений колір.

암만해도 ніяк; ніяким чином; ні в якому разі.

암매장 таємне поховання. ¶ ~하다 таємно поховати.

암모늄 амоній. [형] амонієвий.

암모니아 аміак. [형] аміачний. ¶ ~수 аміачна вода; нашатирний (їдкий) спирт.

암묵 мовчання. ¶ ~리에 мовчки; неофіційно; потай; не висловлюючись.

암반 лаколіт.

암벽 стрімка скеля; крутий обрив; стрімчак. [형] скельний. ‖ ~등반 підйом (сходження) на стрімчак (стрімку скелю).

암산(暗算) рахунок (обчис- лення) в умі. ¶ ~하다 рахувати (обчислювати) в умі.

암살 вбивство з-за рогу. ¶ ~하다 вбивати з-за рогу. ‖ ~미수 замах на вбивство. ~자 найманий вбивця; кіллер. 요인~ вбивство видатного діяча.

암석 скеля; гірські породи. ‖ ~학 петрографія.

암송 читання напам'ять. ¶ ~하다 читати напам'ять.

암수 |암컷과 수컷| самка і самець.

암술 {식물} маточка. [형] маточний; маточковий.

암시 натяк; підказка; вселяння. ¶ ~적 наводящий на думку. ~하다 натякати *на що*; підказувати *що*; вселяти *що*; подавати думку; натякати *на що*.

암시세 ціни на чорному ринку.

암시장 чорний ринок.

암실 фотолабораторія; затемнена кімната.

암암리 ¶ ~에 таємно; нишком; келійно; потай; непомітно; нишком; під шумок.

암약 таємна (закулісна) діяльність. ¶ ~하다 таємно діяти; вести таємну (закулісну) діяльність.

암염 кам'яна сіль.

암운 |먹구름| чорні (похмурі, хмурі) хмари. |비유적으로| лиховісна ознака.

암울 ¶ ~하다 похмурий; хмурий. ~한 시대 похмурі часи.

암중 ¶ ~모색하다 шукати навпомацки; намацувати. ‖ ~모색 пошуки наосліп (навпомацки).

암초 підводна скеля; риф. ¶ ~에 부딪치다 наскакувати на риф. |비유적으로| потрапляти в безвихідне становище.

암컷 самка. ¶ 새끼 딸린 ~ самка з дитинчатами.

암투 прихована (підпільна) боротьба. ¶ ~를 벌이다 вести приховану (підпільну) боротьбу.

암팡지다 міцний і сміливий.

암팡스럽다 здаватися міцним і сміливим.

암페어 {전기} ампер. [형]

амперний.

암표(暗標) секретний (таємний) знак.

암표상 спекулянт квитками.

암행 поїздка інкогніто. ¶ ~하다 їздити інкогніто. ‖ ~어사 королівський таємний ревізор.

암호 |비밀의| шифр. |군대의| пароль. |신호•상용의| код. ¶ ~를 풀다 дешифрувати; дешифрирувати; розшифровувати. ‖ ~문 зашифрований теcкт; криптограма.

암흑 морок; тьма; темрява. ‖ ~가 злочинний світ. ~기 тяжкі часи.

압권 |작품에서| кращі рядки. |여러 가지 가운데| щось найкраще.

압도 перевага. ¶ ~적 переважаючий. ~하다 перевершу- вати *кого*; придушувати.

압력 |물리적| тиск. |심리적| натиск; тиск; примус. ¶ ~을 가하다 |물리적| піддавати *що* тиску. |심리적| робити натиск; тиснути на *кого*; примушувати. ‖ ~계 манометр. ~단체 впливова кліка, яка тисне на політику.

압류 секвестр; накласти заборону (арешт) на майно. ¶ ~하다 накладати заборону (арешт) на майно. 가~ накладання арешту на майно до рішення суду.

압박 |물리적인| гніт; гноблення. |심리적인| утискання. ¶ ~하다 |물리적으로| придушувати; гнобити. |심리적으로| утискати. ‖ ~감 відчуття тиску. 피~민족 пригноблений народ.

압사 ¶ ~하다 бути задавленим.

압살 ¶ ~하다 задавлювати; давити.

압송 конвоювання; супровід. ¶ ~하다 конвоювати; супроводжувати.

압수 конфіскація; реквізиція. ¶ ~하다 конфіскувати; реквізувати. ‖ ~품 конфіскована річ.

압승 чиста перемога. ¶ ~하다 здобути чисту перемогу.

압연 {공학} прокатка; катання; вальцювання. ‖ ~기 прокатний стан; катальна машина.

압운 рима. [형] римний.

압정(押釘) кнопка. [형] кнопковий.

압정(壓政) тиранія; деспотизм; тиранічне правління.

압제 утискання; придушення; гноблення. ¶ ~하다 пригноблювати; придушувати; гнітити. ~의 ярмо вбрати скидати ярмо рабства. ‖ ~자 гнобитель; пригноблювач; деспот; тиран.

압착 пресування; обтиснення. ¶ ~하다 пресувати. ‖ ~기 прес; лабети.

압축 стиск. ¶ ~된 стиснутий. ~하다 стискати. ~가스 стиснутий газ. ~기 компресор.

앗다 відбирати; вихоплювати; позбавляти.

앗아가다 відбирати; позбавляти.

앙가슴 улоговинка між грудьми

앙갚음 помста; відплата. ¶ ~하다 мстити *кому за що*.

앙금 осад; відстій; покидьки.

앙등 підвищення ціни; подорожчання. ¶ |물가가| ~하다 дорожчати [ціна на товари]; підвищення (рости).

앙상블 ансамбль [남]. [형] ансамблевий.

앙상하다 |신체가| дуже худий. кістлявий. |나뭇가지가| голий. |세간살이가| пустельний.
앙숙 ворожість. ¶ ~이다 бути у ворожих відносинах.
앙심 почуття ненависті і помсти. ¶ ~을 품다 мати зуб *проти кого*; ставитися вороже *до кого*.
앙양 підйом. ¶ ~하다 підіймати; підбадьорювати
앙증맞다 дуже мініатюрний (витончений).
앙칼지다 різкий; лютий; наполегливий.
앙케트 анкета. ¶ ~용지에 기입하다 заповнювати анкету. || ~용지 анкетний аркуш.
앙코르 біс. ¶ ~를 요청하다 визивати *кого* на біс. ~연주하다 зіграти на біс.
앙큼하다 зухвалий; самовпевнений.
앙탈 ¶ ~[을] 부리다 відговорюватися; упиратися; не слухатися; пручатися.
앞 |미래| майбутнє; перспектива; |전방| перед; передня частина; перед. |면전| перед *ким*. |몫| доля; частина. ¶ ~을 다투다 прагнути перегнати одне одного.
앞가림 ¶ ~하다 (ледве) виконувати призначену роботу.
앞날 найближчі дні.
앞당기다 наближати; прискорювати. ¶ 종말을 ~ наближати кінець.
앞뒤 |전후| спереду й позаду; послідовність; хід подій. |결과| наслідок; результат. ¶ ~ 생각없이 безроссудно. ~가 맞지 않다 бути суперечливим. ~를 둘러보다 оглядатися навкруги. 비유적 ретельно зважувати; обмірковувати з усіх боків.
앞두다 має бути. ¶ ...을 앞두고 *перед чим*. 변화를 앞두고 있다 мають бути зміни.
앞뜰 передній двір.
앞모습 фас; вид спереду.
앞발 |짐승의| передні лапи.
앞서 |지난번에| минулого разу. |미리| заздалегідь. |다른 사람보다| раніше *кого (ніж хто).*
앞서다 |달리기에서| стояти попереду; обганяти. |앞장서다| бути на чолі; очолювати. |뛰어나다| перевищувати; перевершувати. ¶ 앞서거니 뒤서거니 то випереджаючи, то відстаючи.
앞자리 місце попереду. |강당의| переднє місце.
앞잡이 прислужник; поплічник; агент.
앞지르다 обганяти; випереджати.
앞치마 фартух; кухонний фартух.
애 |수고| старання; зусилля. |걱정| заклопотаність; стривоженість. ¶ ~쓰다 старатися. ~타다 бути заклопотаним.
애 дитина.
애-- |처음| самий початок. |어린| молодий. || ~당초 на самому початку. ~호박 молодий гарбуз.
애가 елегія; сумна пісня.
애간장 ¶ ~이 타다 бути дуже засмученим (заклопотаним).
애걸 прохання; благання. ¶ ~하다 благати; випрошувати; вимолювати ~복걸하다 благати на колінах.
애견 улюблена собака.
애곡(哀哭) голосіння. ¶ ~하다

оплакувати *кого-що*; голосити *по кому*; горювати *про кого-що*.

애교 чарівність; кокетство; чари. ¶ ~있는 привабливий; чарівний. ~를 부리다 кокетувати *з ким-чим*. ‖ ~쟁이 кокетка.

애교심 любов до свого навчального закладу.

애국 патріотизм; любов до батьківщини. ~적 патріотичний. ~하다 любити батьківщину. ‖ ~가 гімн. ~선열 патріот, віддавший своє життя за батьківщину. ~심 патріотичний дух; патріотизм. ~자(지사) патріот.

애꿎다 |죄 없는| невинний; незаслужений. |무관하다| не маючий відношення; непричетний.

애끓다 непокоїтися; мучитися.

애늙은이 молодий старий; дитина, яка поводить себе немов доросла.

애니미즘 анімізм.

애달프다 гіркий; несамовитий.

애당초 на самому початку; з самого початку.

애도 співчуття. ¶ ~하다 співчувати *кому-чому*. ~의 뜻을 표하다 висловлювати співчуття.

애독 читання з захопленням. ¶ ~하다 читати з захопленням. ‖ ~서 улюблена книга. ~자 постійний читач; передплатник.

애드벌룬 повітряна куля для реклами; некерований аеростат для реклами.

애로 |산중의| тіснина; вузька небезпечна стежка. |일의| труднощі; вузьке місце.

애마 улюблений кінь.

애매(曖昧) ¶ ~하다 неясний; туманний; невизначений. ~모호하다 неясний і двозначний.

애먹다 відчувати муку (досаду).

애먹이다 мучити; досаджати.

애모(愛慕) ¶ ~하다 любити; обожнювати.

애물|애태움| предмет занепокоєння. ‖ ~단지 предмет занепокоєння.

애사심(愛社心) любов до своєї фірми.

애상(哀想) смуток; сум. ¶ ~적 сумний; смутний.

애송이 |연령에서| молокосос. |경험에서| новачок; недосвідчена людина.

애수 смуток; сум; горе; туга; томління. ¶ ~에 잠기다 томитися; тужити за *ким-чим*.

애쓰다 докладати зусиль; старатися.

애연가 запеклий курець.

애오라지 лише; тільки.

애완견 улюблена собака.

애욕 кохання і пристрасть; пристрасне захоплення; прагнення.

애용 ¶ ~하다 постійно користуватися *чим*; звикати користуватися *чим*; користуватися *чим* з задоволенням.

애원 благання; настійне прохання. ¶ ~하다 благати; молити; звертатися з настійним проханням.

애인 коханий (кохана).

애자 ізолятор; непровідник.

애잔하다 |갸날프다| дуже слабкий; тендітний; кволий. |마음이| тужливий; жалюгідний.

애절 ¶ ~하다 дуже сумний (смутний); несамовитий; той, що

щеміть душу. ~한 사연 жалюгідні (дуже сумні) обставини.

애정(哀情) почуття жалю; жалісливість.

애정(愛情) кохання; кохання (почуття); прив'язаність.

애조 сумний (тужливий) тон; сумна мелодія. ¶ ~를 띤 сумний; тужливий; траурний.

애주가 любитель випити.

애증 любов; і ненависть (ворожість); упередженість.

애지중지하다 гаряче любити і високо цінувати; берегти *що* як скарб; дорожити *чим*.

애착 прихильність. ¶ ~을 느끼다 відчувати прихильність *до кого-чого*; бути прихильним *до кого-чого*. 가족에 대한 ~ прив'язаність до родини. ‖ ~심 відчуття прихильності.

애창 ¶ ~하다 любити співати. ‖ ~곡 улюблена пісня.

애처가 люблячий чоловік.

애처롭다 викликати жалість; жалюгідний.

애첩 улюблена наложниця.

애초 самий початок. ¶ ~[에] на самому початку; з самого початку.

애칭 пестливе (зменшене) ім'я.

애타다 бути засмученим; бути стурбованим.

애태우다 терзати душу; душа болить за *кого-що*.

애통 глибока печаль; співчуття. ¶ ~하다 бути глибоко засмученим; журитися; мучитися.

애틋하다 |사연| стурбований. |작별| жалюгідний; сумний. |정| дружній; сердечний.

애향 любов до рідного краю. ‖ ~심 почуття любові до рідного краю.

애호(愛好) схильність. ¶ ~하다 любити; дорожити *чим*. ‖ ~가 любитель; шанувальник; уболівальник.

애호박 молодий гарбуз.

애환 радості і смутки.

액(厄) нещастя; біда; невезіння; крах. ¶ ~을 때우다 уникати нещастя (біди), піддаючи себе найменшому випробуванню. ~을 면하다 тікати від біди.

액(液) |액체| рідина. |용액| розчин. | 과실 나무의 ~ сік. ‖ 위~ шлунковий сік.

--액(--額) сума. |액면| гідність. ‖ 생산~ сума виробництва. 소비~ сума витрат.

액면 номінал; гідність; номінальна вартість. ¶ ~ 그대로 받아들이다 приймати *що* за чисту монету (на віру). ‖ ~가 номінальна ціна.

액세서리 |의복의| аксесуар; приналежності; дрібні предмети. | 기구의| арматура.

액션 |동작| дія; справа; діяльність; загоди. |배우의| виконання бійки (боротьби) артистом.

액수 сума [грошей].

액운 нещасна доля.

액자 рамка. ¶ 그림을 ~에 끼우다 вставляти картину в рамку.

액체 рідина. [형] рідкий; рідинний. ‖ ~공기 рідкий газ. ~연료 рідке паливо.

액화(液化) ¶ ~하다 перетворюватися в рідину;

앨범 альбо́м. [형] альбо́мний. || 졸업~ альбо́м з фотогра́фіями випускникі́в.

앰뷸런스 автомобі́ль швидко́ї допомо́ги.

앰프 підси́лювач.

앳되다 моложа́вий.

앵두 ви́шня. [형] вишне́вий. || ~나무 ви́шня; вишне́ве де́рево.

앵무새 папу́га. [형] папу́жий.

앵앵거리다 дрижча́ти; пища́ти. ¶ 앵앵거리는 소리 дрижча́ння; писк.

야 |놀라서| ax!; ой!; ай! |부를 때| гей.

야간 ве́чір; ніч; нічни́й час. ¶ ~의 нічни́й. ~에 вночі́. || ~경기 вечі́рнє (нічне́) змага́ння. ~관측 장비 при́лади нічно́го ба́чення. ~교대 нічна́ змі́на. ~근무 нічна́ слу́жба. ~대학 вечі́рній інститу́т. ~전투 нічни́й бій.

야경(夜景) нічний пейза́ж (вид).

야경(夜警) нічна́ охоро́на (ва́рта); нічна́ ва́рта. || ~꾼 нічни́й сто́рож.

야광 сві́чення у те́мряві. || ~시계 годи́нник з цифербла́том, що сві́титься.

야구 бейсбо́л. [형] бейсбо́льний. ¶ ~를 하다 гра́ти в бейсбо́л. ~공 бейсбо́льний м'яч. ~선수 бейсболі́ст. ~장 бейсбо́льне по́ле.

야근 нічна́ робо́та (слу́жба). ¶ ~하다 працюва́ти вночі́. || ~수당 пла́та за нічну́ робо́ту (слу́жбу).

야금 металургі́я. || ~술 металургі́я.

야기(惹起) ¶ ~하다 виклика́ти що; спричиня́ти що; вести́ до чого; заподі́ювати що.

야단 |소란| шум; гам; сканда́л. |곤란| біда́; неприє́мності. |호통| ла́йка; сканда́л. ¶ ~나다 розшумі́тися; тра́питися. ~치다 |떠들다| підніма́ти шум. |꾸짖음| ла́ятися. ~하다 |소란| шумі́ти. |호통| ла́ятися. || ~법석 со́дом; ґвалт.

야담 неофіці́йно-істори́чна про́за.

야당 опозиці́йна па́ртія. || ~인사 дисиде́нт; інакоду́мець. ~탄압 приду́шення (пригні́чення) опозиці́йної па́ртії.

야릇하다 ди́вний; дивови́жний; підозрі́лий.

야만 ди́кість; ва́рварство. ¶ ~적 ди́кий; ва́рварський. || ~국 ди́ка (ва́рварська) краї́на. ~성 ди́кість; ва́рварство. ~인 дику́н, ва́рвар.

야망 честолю́бство; амбі́ція. || ~가 честолю́б.

야맹증 куря́ча сліпота́; гемерало́пія; вечі́рнє осліпле́ння.

야멸차다 холо́дний; безду́шний.

야무지다 міцни́й; си́льний; сті́йкий.

야바위 |노름| аза́ртна гра. |속임수| хи́трість; обма́н; шахра́йство; обду́рювання. ¶ ~치다 обма́нувати; надува́ти. || ~꾼 ошука́нець; шахра́й.

야박하다 черстви́й; безду́шний; безсерде́чний; безду́шний.

야반 опі́вночі. || ~도주 вте́ча опі́вночі (глибо́кої но́чі).

야밤 глибо́ка ніч. ¶ ~에 пі́зно вночі́.

야비 ни́зість; пі́длість. ¶ ~하다 низьки́й; пі́длий; низькопро́бний.

야사 неофіці́йні істо́рії.

야산 паго́рб; гі́рка; курга́н; бу́гор.

야생 ди́кість; дикоро́слий. ‖ ~동물 ди́кі твари́ни. ~마 ди́кий кінь. ~식물 ди́кі росли́ни. ~초 дикоро́слі тра́ви. ~화 дикоро́слі кві́ти.

야성 ди́кість; гру́бість; неотеса́ність. ¶ ~적 неоте́саний.

야속 ¶ ~하다 |세상이| черстви́й; безсерде́чний; холо́дний. |섭섭함| при́крий.

야수(野獸) ди́кий (хи́жий) звір. ¶ ~적 звіря́чий. ‖ ~성 зві́рство; жорсто́кість; гру́бість.

야수(野手) гравці́ кома́нди, що оборо́няється, в бейсбо́лі.

야습 нічна́ ата́ка.

야시장 вечі́рній (нічни́й) база́р.

야식 |저녁식사| вече́ря. |밤참| нічна́ трапе́за. ¶ ~하다 вече́ряти.

야심(夜深) глибо́ка ніч.

야심(野心) честолю́бство. ¶ ~만만하다 сповню́ватися честолю́бством (честолю́бства). ‖ ~가 честолю́б.

야영 та́бір; біва́к. ¶ ~하다 стоя́ти на біва́ках (біва́ком); розташо́вуватися та́бором. ‖ ~지 мі́сце розташува́ння та́бору.

야외 по́ле. ¶ ~[에] |들판 교외| за мі́стом; у по́лі. |옥외| на відкри́тому пові́трі; під відкри́тим не́бом; зо́вні. ‖ ~극장 лі́тній теа́тр.

야욕 |일반적인| честолю́бні за́думи. |성적인| по́хіть. ¶ ~을 채우다 вгамо́вувати честолю́бство (по́хіть).

야위다 худну́ти; бу́ти худоща́вим; втрача́ти вагу́; спада́ти з ті́ла (з обли́ччя).

야유(揶揄) насмі́шка. ¶ ~적 насмішкува́тий. ~하다 жартува́ти *над ким*; піддра́жнювати *кого*.

야음 нічни́й мо́рок; нічна́ те́мрява. ¶ ~을 타고 під покри́вом но́чі.

야인 |존사람| провінціа́л; сі́льський жи́тель. |재야| простолю́дин. |거친 사람| гру́ба (неоте́сана) люди́на; селю́к.

야자 |열매| коко́совий горі́х. |나무| коко́сова па́льма; коко́с. ‖ ~수 коко́с; коко́сова па́льма. ~유 коко́сове ма́сло.

야적 смі́тник. [형] зва́лищний. ¶ ~하다 зва́лювати; склада́ти. ‖ ~장 польови́й склад.

야전 би́тва на відкри́тій мі́сцевості. ‖ ~군 ді́юча а́рмія; польові́ війська́; піхо́та. ~병원 польови́й го́спіталь. ~포 польова́ артиле́рія; польове́ знаря́ддя.

야채 о́вочі; зе́лень. ‖ ~밭 горо́д. ~상 овочівни́к.

야하다 сексуа́льний; вульга́рний.

야학 вечі́рні ку́рси; вечі́рні заня́ття. ¶ ~하다 займа́тися вечора́ми.

야합 |일 따위의| змо́ва. ¶ ~하다 вступа́ти в змо́ву. ~와 야합하여 в змо́ві *з ким*.

야행성 ¶ ~[의] перева́жаючий нічни́й спо́сіб життя́. ‖ ~동물 нічні́ твари́ни.

야화(夜話) нічна́ розмо́ва; нічна́ бе́сіда.

야회 ве́чір; вечі́рка; вечі́рні збо́ри. |무도회| бал. ‖ ~복 вечі́рнє (ба́льне) пла́ття.

약 |감정| неприємне почуття; досада. ¶ ~[을] 올리다 докучати *кому*. ~이 올라 в азарті.

약(藥) |치료약| ліки; засіб; медикамент. |화학약품| хімікалії. |이익| користь; вигода. ¶ ~을 처방하다 прописувати ліки. 가루~ порошок. 두통~ ліки від головного болю. 물~ мікстура.

약(約) поблизу *чого*; приблизно.

약간 небагато; декілька; трошки; злегка, ледь-ледь; в деякій мірі.

약골 |몸| тендітна статура. |사람| людина тендітної статури.

약과 |음식| кондитерські вироби з солодкого рисового тіста. |쉬운 일| [відносно] неважка справа.

약관(弱冠) пора повноліття чоловіка; двадцятирічний вік.

약관(約款) узгоджені пункти договору; умови договору.

약국 аптека. [형] аптекарський; аптечний.

약다 здогадливий; хитрий; кмітливий. ¶ 약아빠진 підступний.

약도 схема; план; начерк; контур.

약동 биття; енергійні дії; швидкі рухи. ¶ ~하다 битися; діяти енергійно; швидко рухатися; бути в русі.

약력 коротка біографія.

약리학 фармакологія.

약물 лікарська речовина. || ~소독 дезінфекція. ~요법 метод лікування ліками. ~중독 отруєння ліками.

약방 → 약국

약사(藥師) фармацевт; аптекар; провізор.

약사(略史) коротка історія; короткий нарис історії.

약삭빠르다 дуже кмітливий.

약세 слабкість; слабкі сили. |주식의| затишшя.

약소(略少) ¶ ~하다 невеликий. |선물이| скромний.

약소(弱小) ¶ ~하다 маленький та слабкий; малий. || ~국 мала країна.

약속 обіцянка; домовленість. |만남| умовлена зустріч. ¶ ~하다 обіцяти *кому що*; давати слово; домовлятися *з ким про що*. |합의| узгоджувати *що*; домовлятися про зустріч *з ким*. ~을 믿다 вірити на слово. ~을 어기다 порушувати обіцянку. ~을 지키다 виконати (виконувати) обіцянку; дотримувати слово (обіцянку). ~을 취소하다 брати своє слово назад. ~에 따라 згідно з обіцянкою. ~어음 простий вексель; авансові витрати; боргове зобов'язання.

약손가락 безіменний палець.

약솜 гігроскопічна вата.

약수(藥水) мінеральна вода. || ~터 мінеральне джерело.

약수(約數) |수학| дільник. || 최대공~ найбільший загальний дільник.

약술(略述) короткий виклад. ¶ ~하다 викладати коротко; підсумовувати; описувати в загальних рисах.

약식(略式) скорочений (спрощений) спосіб; недотримання формальностей. ¶ ~으로 без дотримання формальностей (церемоній); неофіційно; спрощено.

약식(藥食) → **약밥**.

약쑥 полин як лікарський матеріал.

약어 скорочене слово; абревіатура.

약오르다 сердитися *на кого-що*; дратуватися; входити в азарт.

약올리다 досаджати *кому*; дратувати; викликати дратування.

약용 вживання в якості ліків. ¶ ~의 лікарський; лікувальний; для ліків. ‖ ~식물 лікарські ліки.

약육강식 пригноблення слабкого сильним; закон джунглів.

약자(略字) |약어| скорочене слово; абревіатура. |한자의| спрощений ієрогліф.

약자(弱者) слабка людина; сторона що підкоряється.

약장수 торговець ліками.

약재 лікарський матеріал.

약전 рецепт; фармакопея.

약점 слабке (хворе; вразливе) місце); дефект.

약정 договір; контракт; угода; конвенція. ¶ ~하다 домовлятися *про що*; вмовлятися *з ким про що*; заключати договір (контракт). ~한 금액 умовлена сума. ‖ ~기간 обумовлений строк. ~서 угода; контракт; договір.

약제 ліки; засіб. ‖ ~사 фармацевт; аптекар; провізор.

약조 |언약| (словесна) домовленість; обіцянка. |규정| узгоджений пункт; умова. ¶ ~하다 домовлятися; узгоджу- вати; ~금 завдаток.

약주 |약술| лікувальна настоянка. |술| горілка; вино.

약지 безіменний палець.

약진(躍進) скачок; стрибок; стрімкий розвиток. ¶ ~하다 стрімко кидатися вперед; стрімко розвиватися; робити скачок; кинутися вперед.

약체 слабкий (хворий) організм; слабке тіло. ¶ ~의 слабкий; крихкий; виснажений; немічний. ~화하다 ослаблюватися; слабнути; виснажуватися.

약초 (дикорослі) лікарські (лікувальні) рослини (трави); лісова аптека. ‖ ~상 торговець лікувальними травами.

약칭 скорочена назва. ¶ ~하다 скорочено називати.

약탈 грабіж; мародерство; грабіжництво; пограбування. ¶ ~적 грабіжницький. ~하다 грабувати; мародерствувати; викрадати; виносити здобич. ‖ ~물 (награбована) здобич; награбоване добро. ~자 грабіжник; мародер.

약탕기 |그릇| посуд для цілющого відвару.

약품 |약| ліки. |의약상품| аптекарський товар. ‖ ~회사 фармацевтична компанія.

약하다 |몸이| слабкий; безсильний; кволий. |물건이| неміцний; нетривкий. |마음이| слабохарактерний; легкодухий; слабовольний. |술이| слабкий. ¶ 시력이 ~ у кого поганий зір. 심장이 ~ серце слабке.

약학 фармацевтика; фармакологія; фармація. ‖ ~대학 фармакологічний інститут.

약혼 заручини; сватання. ¶ ~하다 здійснювати заручини;

약화 послаблення. ¶ ~되다 послаблюватися.

약효 дія ліків. ¶ ~가 난다 Ліки діють.

얄궂다 дивний; нестійкий. |성질이| вередливий; норовливий; образливий. ¶ 얄궂은 심사 вередлива душа. 얄궂은 운명 вередлива доля.

얄밉다 мерзенний; огидний; бридкий; що дратує. ¶ 얄미운 사람 огидна людина.

얄팍하다 |두께가| тонкий; плаский. |행위가| вузький; обмежений.

얇다 → 얄팍하다.

얌전하다 порядний; пристойний; спокійний; слухняний. ¶ 얌전을 빼다 прикидатися порядним. 얌전한 아이 тиха дитина.

얌체 егоїстична людина; безсоромний хлопець.

얌치 → 염치.

양(羊) |수컷| баран. |암컷| вівця. |거세한| валух. |교회에서 신자| паства. ‖ ~가죽 овеча шкіра. ~고기 баранина. ~떼 стадо вівців.

양(陽) |동양철학에서| світлий (чоловічий) початок. |전기의| позитивний електричний заряд.

양(量) |분량| кількість. |식량| доза; норма. ¶ ~적 кількісний. ~껏 먹다 бути ситим; наїстися удина. ‖ 교통~ інтенсивність вуличного руху. |주량| норма; межа.

양(良) хороший. ‖ ~민 благонадійні люди. ~서 хороша книга.

양--(兩--) два; обидва (обидві). ‖ ~교 обидві школи; обидва інститути; обидва університети. ~면 обидві сторони; обидві сторінки. ~손 обидві руки. ~팀 обидві команди.

양--(養--) |養| прийомний. ‖ ~부모 прийомні батьки.

--양(--孃) |성·이름 뒤에서| пані; міс. ¶ 김~ пані Кім; міс Кім.

양가(兩家) обидві сім'ї.

양각 рельєфне (випукле) зображення; горельєф. ‖ ~세공 карбована обробка.

양계 птахівництво. ¶ ~하다 розводити (тримати) курей. ~장 птахоферма; птахівницька.

양곡 (продовольче) зерно; хлібні злаки; зернові. ‖ ~상 торговець хлібними злаками. ~창고 зерносховище; житниця. |사일로| елеватор.

양국 обидві країни. ‖ ~관계 стосунки між двома країнами.

양궁 західний лук (для стрільби).

양귀비 мак; маковий. ‖ ~꽃 квітка маку.

양극(陽極) |전기| анод; позитивний полюс.

양극(兩極) обидва полюси. |양극지대| Південний полюс та Північний полюс. |전기에서| анод та катод. ¶ ~의 двополюсний. ‖ ~지방 полярні зони; Арктика та Антарктика.

양기 |만물의| бадьорість; жвавість. |한의학에서| стан організму, що визначається позитивними симптомами. |남자의| статева потенція.

양녀(養女) прийомна дочка.

양념 приправа; прянiсть; спецiї; прянi корiння; пiкантнi подробицi. ¶ ~치다 надавати пiкантностi. ~하다 приправляти; додавати спецiї. ‖ ~장 соя з приправами.

양다리 двi ноги. ¶ ~걸치다 сидiти на двох стiльцях; займати вичiкувану позицiю; коливатися мiж двох думок.

양단간 так чи iнакше; як би там не було; в любому випадку.

양담배 iмпортний тютюн; європейськi сигарети.

양대 два найбiльших. ‖ ~회사 два найбiльшi пiдприємства.

양도 поступлення; передача. ¶ ~하다 передавати; поступатися. ~할 수 있는 що допускає передачу. 소유권을 ~하다 передавати майновi права. ‖ ~인 особа, що передає права.

양돈 свинарство. ¶ ~하다 розводити свиней. ‖ ~업 свинарство.

양동이 вiдро; жерстяний глечик.

양동작전 маневр для вiдвернення уваги ворога; фальшивий випад; виверт.

양력(陽曆) сонячний календар.

양로 турбота за лiтнiми людьми; забезпечення старостi. ‖ ~기금 фонд для старих. ~원 притулок для людей похилого вiку.

양론 двi протилежнi думки. ‖ 찬반~ схвалення та несхвалення.

양립 |맞섬| протистояння. |공존| спiвiснування; сумiснiсть. ¶ ~하다 |맞섬| протистояти; стояти напроти один одного. |공존| спiвiснувати.

양말 |짧은 양말| шкарпетки. |긴 양말| панчохи.

양면 обидвi сторони. ¶ ~적 двостороннiй. |마음이| дворушницький. ~인쇄하다 друкувати на обох боках сторiнки. ‖ ~성 дворушни-цтво; суперечливiсть. ~정책 дворушницька полiтика.

양명 입신~하다 добиватися успiху в життi та ставати вiдомим.

양모(養母) прийомна мати.

양모(羊毛) (овеча) шерсть; руно. ¶ ~의 шерстяний.

양몰이꾼 чабан. [형] чабанський.

양묘(養苗) ¶ ~하다 вирощувати (саджанцi). ‖ ~장 (лiсо)розсадник.

양미간 перенiсся. ¶ ~을 찌푸리다 насуплюватися.

양미리 |어류| коротко пера пiщанка.

양민 благонадiйнi люди. ‖ ~학살 жорстоке вбивство людей.

양반 дворянин; [형] дворянський.

양방 обидва боки. ¶ ~의 двостороннiй.

양배추 (качанова) капуста; [형] капусний. ‖ ~밭 капусник.

양보 поступлення. ¶ ~적 примирний. 쉽게 ~하는 поступливий. ~하다 поступатися кому; iти на поступки. 자리를 ~하다 поступатися кому мiсцем. ‖ ~심 поступливiсть.

양복 костюм (європейського стилю); європейський одяг.

양봉 бджiльництво. |벌| домашня бджола. ¶ ~하다 розводити

(тримати) бджіл. || ~가 бджоляр. ~상자 дерев'яний вулик. ~업 (вуликове) бджільництво; пасічне хазяйство.

양부 прийомний батько.

양부모 прийомні батьки.

양분(兩分) ділення навпіл (надвоє). ¶ ~하다 ділити навпіл (на дві частини).

양분(養分) поживні речовини.

양사 кошара.

양산(陽傘) сонячна парасолька; парасолька від сонця.

양산(量産) масове виробництво. ¶ ~하다 виробляти що у великій кількості.

양상 вигляд; картина; положення; фаза; умови.

양생 ¶ ~하다 |섭생| берегти себе (своє здоров'я). |토목| обробляти поверхню бетону. || ~법 |섭생| спосіб зберегти своє здоров'я. |토목| спосіб обробки поверхні бетону.

양서(洋書) книга іноземною (європейською) мовою; іноземна книга.

양서(良書) хороша книга.

양서(兩棲) ¶ ~의 земноводний. || ~동물 земноводні тварини. ~류 земноводні; амфібія.

양성(兩性) обидві статі. ¶ ~의 двостатевий. || ~생식 статеве розмноження. ~화(花) двостатева квітка. ~평등 статева рівність; рівність чоловіків і жінок.

양성(陽性) || ~반응 позитивна реакція.

양성(養成) підготовка; виховання; вирощування. ¶ ~하다 виховувати; вирощувати; готувати. || ~소 (короткострокові) курси. 인재~ підготовка кадрів.

양성(良性) {의학} ¶ ~의 доброякісний. || ~종양 доброякісна пухлина.

양성자 протон. [형] протонний.

양속 добрі звичаї. || 미풍~ добрі звичаї.

양손 обидві руки; руки. || ~잡이 людина, що однаково володіє двома руками.

양수(讓受) передача та отримання (посади; майна; права). ¶ ~하다 отримувати; приймати. || ~인 отримувач; отримуючий в дар.

양수(羊水) біля плідні води.

양수(揚水) ¶ ~의 водопідйомний. ~하다 піднімати воду. || ~기 насос. ~시설 водопідйомне спорудження. ~장치 водопідйомник.

양순 ¶ ~하다 добрий та слухняний.

양식(洋式) західний стиль.

양식(洋食) страви європейської кухні. || ~당 ресторан з європейською кухнею.

양식(良識) здоровий глузд; добрі знання та правильні судження. ¶ ~이 있는 розумний.

양식(養殖) |동물의| розведення. |식물의| культивування. ¶ ~하다 розводити; вирощувати; культивувати. || ~굴 вирощена устриця. ~업 розведення; вирощування. ~장 розсадник. ~진주 штучні (штучно вирощені) перли.

양식(樣式) форма; образ; стиль;

манера.

양심 совість [여]. ¶ ~적 совісний. ~의 가책 докори сумління. 그는 ~의 가책을 느끼고 있다 Совість його гризе.

양아들 прийомний син.

양아버지 усиновитель; прийомний батько.

양아치 лахмітник.

양악 європейська музика.

양악기 європейські музичні інструменти.

양양(洋洋) ¶ ~하다 |바다가| обширний; безбережний. |앞길이| прекрасний. 그의 전도가 ~하다. У нього прекрасні перспективи.

양양(揚揚) ¶ 의기~하다 переможний; що радіє. 의기~하게 урочисто; в припіднятому настрої; самовдоволено.

양어머니 прийомна мати.

양어장 рибацька ферма (станція).

양여 уступлення; передача. ¶ ~하다 поступатися; передавати.

양옥 будинок, побудований в європейському стилі.

양용 ‖ 수륙~비행기 літак-амфібія. 수륙~전차 танк-амфібія.

양원 обидві палати (парламента). ‖ ~제 двопалатна система. 상하~ верхня та нижня палати.

양위 зречення престолу. ¶ ~하다 зрікатися престолу.

양육 виховання; вирощування. ¶ ~하다 виховувати; вирощувати. ‖ ~법 метод виховання. ~비 витрати на виховання дітей. ~원 дитячий будинок; притулок. ~자 вихователь.

양의(洋醫) лікар європейської медицини.

양이온 катіон; позитивний іон.

양일간 за два дні; на два дня.

양자(兩者) обидва (людини). ‖ ~택일 альтернатива.

양자(量子) {물리} квант. [형] квантовий. ‖ ~역학 квантова механіка.

양자(養子) прийомний син. ¶ ~로 가다 входити в чужу сім'ю в якості прийомного сина. ~를 들이다 брати прийомного сина.

양잠 розведення (вирощування) тутового шовкопряда; шовківництво. ¶ ~하다 розводити (вирощувати) тутовий шовкопряд. ‖ ~업 шовківництво; шовкопрядільна промисловість. ~업자 шовківник.

양장 |의복| іноземний (жіночий) одяг. |제본| іноземне переплетення. ¶ ~하다 |의복| одягати європейський одяг. |제본| переплітати книгу по європейськи. ‖ ~판 підлога, наслана по-європейськи.

양재 кроєння та шиття європейського одягу. ¶ ~하다 кроїти та шити європейський одяг. ‖ ~사 кравець, що шиє європейський одяг.

양재기 емальований посуд.

양잿물 пральна сода.

양적 ¶ ~인 кількісний. ~으로 кількісно; по кількості. ‖ ~변화 кількісні зміни.

양전기 позитивні заряди.

양전자 позитрон. [형] позитронний.

양조 винокуріння; пивоваріння. ¶ ~하다 готувати (горілку; пиво);

гна́ти (спирт); вари́ти (пи́во). ‖ ~업 виноку́рна (пивова́рна) промисло́вість. ~장 виноку́рний (пивова́рний) заво́д.

양주 європе́йське вино́.

양지(陽地) со́нячне мі́сце. ¶ ~의 осві́тлений со́нцем. ~바르다 со́нячний; спрямо́ваний на пі́вдень. ‖ ~식물 світлолю́бна росли́на. ~쪽 со́нячна сторона́.

양지(諒知) розумі́ння. ¶ ~하다 усвідо́млювати.

양질 до́бра (висо́ка) я́кість; до́бра нату́ра. ¶ ~의 висо́кої я́кості.

양쪽 оби́дві сто́рони.

양처 хоро́ша (до́бра) дружи́на. ‖ 현모 ~ му́дра ма́ти та до́бра дружи́на.

양철 жерсть. [형] жерстяни́й. ‖ ~지붕 жерстяни́й дах.

양초 парафі́нова сві́чка.

양측 оби́дві сто́рони.

양치 |칫솔로| чи́стка зубі́в. |물로| полоска́ння ро́та. ¶ ~하다 |칫솔로| чи́стити зу́би. |물로| полоска́ти рот. ‖ ~물 вода́ (лі́ки) для полоска́ння ро́ту.

양치기 вівча́рство. [형] вівча́рський.

양치류 папоротеподі́бний.

양친(兩親) батьки́. ¶ ~의 батькі́вський.

양키(Yankee) янкі́. [남불변].

양탄자 ки́лим. [형] килимо́вий. ¶ ~를 깔다 вистила́ти що ки́лимом; покрива́ти що ки́лимом.

양태 |어류| інді́йський плоско́голов.

양태(樣態) → **양상**.

양파 рі́пчаста цибу́ля; цибу́лина; голо́вка цибу́лі.

양품 закордо́нні (і́мпортні) това́ри. ‖ ~점 магази́н, що торгу́є європе́йськими това́рами; магази́н і́мпортних това́рів.

양피 овчи́на; ове́ча шкі́ра; ове́ча шку́ра. ‖ ~지 пергаме́нт.

양해 уго́да; домо́вленість. ¶ ~할 수 있는 збагне́нний; зрозумі́лий. ~하다 розумі́ти; домовля́тися; досяга́ти зго́ди. ~를 구하다 отри́мувати зго́ду. ‖ ~각서 мемора́ндум.

양호(養護) запобіга́ння; охоро́на. ‖ ~교사 вчи́тель-медсестра́. ~실 кімна́та для лікува́ння; медпу́нкт.

양호(良好) ¶ ~하다 хоро́ший; прекра́сний.

양화(良貨) тверда́ валю́та; офіці́йна валю́та; повноці́нна моне́та.

양회 цеме́нт. [형] цеме́нтний.

얕다 |물이| мілки́й; неглибо́кий. |생각이| пове́рхневий. |빛깔이| слабки́й; блі́дий. |관계가| незначни́й. |높이가| невисо́кий. ¶ 얕은꾀 мілкі́ хи́трощі.

얕보다 знева́жати *кого́-що*.

애 |어린아이를 부를 때| гей. |'이 아이'의 준말| ця дити́на.

어간 осно́ва (сло́ва). [형] основна́ фо́рма (сло́ва).

어감 чуття́ (почуття́) мо́влення.

어구(語句) словосполу́чення; фра́за.

어구(漁具) рибало́вне прила́ддя; рибало́вна снасть.

어군(魚群) кося́к.

어군(語群) гру́па слів.

어귀 вхід; ви́їзд; поча́ток. ¶ 강[의] ~ ги́рло рі́чки. мао́л[의] ~ ви́їзд в село́.

어그러지다 |불일치| іти врозрі́з *з ким*; протирі́чити *кому*-*чому*. |빗나가다| засму́чуватись. |사이가| псува́тися.

어근 ко́рінь (сло́ва).

어금니 корінни́й зуб.

어긋나다 не співпада́ти; не підхо́дити. |길이| розхо́дитися. |위반| іти врозрі́з *з ким-чим*; протирі́чити *кому-чому*. ¶ 규칙에 ~ протирі́чити пра́вилам. 기대에 ~. Надія не виправдо́вується. 기대에 어긋나지 않다 виправдатися (надія).

어기다 пору́шувати; не дотри́муватися. ¶ 명령을 ~ послу́хатися нака́зу. 법을 ~ пору́шити зако́н. 약속을 ~ дотри́матися обіця́нки. 시간을 어기지 않고 то́чно; вча́сно.

어김 пору́шення. ¶ ~없는 безпомилко́вий; наді́йний. ~없이 безпомилко́во; наді́йно.

어깨 плече́; плече́вий. [형] плечки́й. ¶ ~가 무겁다 нести́ тяжки́й тяга́р. ~가 뻐근하다 плечі́ но́ють. ~를 움추리다 поти́снути плечи́ма. ~를 펴다 розправля́ти пле́чі. ~에 메다 зва́лювати що на пле́чі. || ~뼈 лопа́тка. ~춤 тано́к, що супрово́джується ру́хом плече́й.

어눌 ¶ ~하다 запина́тися; заїка́тися.

어느 |의문사로서| яки́й. |모두| весь; вся́кий. |한| яки́йсь; де́який. ¶ ~곳 |의문| яке́ мі́сце. |특정장소| де́сь. ~겨를에 ко́лись; в яки́йсь моме́нт. ~덧 непомі́тно; невільно; неочі́ку-вано. ~새 непомі́тно; я́кось; вже. ~세월(천년)에 невідо́мо коли́. ~정도 частко́во; до де́якого сту́пеня; більш менш. ~틈에 шви́дко; момента́льно.

어두워지다 темні́ти. ¶ 바깥이 어두워진다 На дворі темні́є.

어두육미 в ри́би смачна́ голова́, а у твари́н – хвіст.

어두캄캄하다 те́мний; сутінко́вий.

어둑하다 те́мний; сутінко́вий; похму́рий.

어둠 те́мрява; мо́рок. ¶ ~속에서 в те́мряві. ~을 타고 під покро́вом те́мряви.

어둡다 |날·공간 따위가| те́мний; похму́рий. |감각이| пога́ний. |정보에| нетяму́щий *в чому*; пога́но інформо́ваний *про що*. ¶ 귀가 ~ пога́но чу́ти. 눈이 ~ пога́но ба́чити. 세상일에 ~ ма́ти ма́ло до́свіду. 시국에 ~ не розбира́тися в тепе́рішній полі́тиці. 어ду́ний те́мний пога́ні перспекти́ви.

어디 |의문사| де; куди́. |어딘가| де́сь. |정하지 않은 곳| де-не́будь; куди́-не́будь. ¶ ~까지 наскі́льки. ~까지나 до кінця́.

어디 ну. ¶ ~ 한번 이야기해봐 Ну, розповіда́й.

어떠하다 |의문사| яки́й. |불특정한 것| яки́йсь.

어떤 |어떠한| яки́й. |어떤 경우라도| яки́й би там не був. |어느| яки́йсь. ¶ ~경우에는 і́ноді; в яко́мусь ви́падку. ~곳에서 де́сь. ~까닭인지 чому́сь. ~때 ніко́ли; ко́лись. ~ 용무로 наві́що; з яко́їсь спра́ви. ~ 의미로는 в відо́мому се́нсі. ~ 이유로 чому́;

навіщо. ~일이 있더라도 в будь-якому випадку. ~짓을 해서라도 будь-якою ціною; любим способом.

어떻게 |의문사| як; яким чином; яким способом. ¶ ~해서라도 будь-якою ціною; будь-яким способом.

어란 риб'яча ікра.

어려움 важкість. ¶ ~을 겪다 відчувати труднощі.

어려워하다 соромитися. ¶ 어려워 하지 않고 відверто; не соромлячись; рішуче.

어련하다 безсумнівний; надійний; вірний. ¶ 어련히 звичайно; як і слід було очікувати; природно.

어렴풋하다 |빛이| слабкий; тьмяний; |사물이| неясний; невиразний. ¶ 어렴풋이 слабо; тьмяно; неясно; невиразно.

어렵다 |일이| важкий; утруднений; складний; тяжкий. |조심스럽다| незручний. |생활이| бідуючий; бідний.

어렵사리 з важкістю.

어로 риболовство (і морська промисловість). [형] рибальський. ‖ ~권 право рибної ловлі.

어뢰 торпеда; [형] торпедний. ¶ ~로 공격하다 торпедувати. ‖ ~정 торпедний катер.

어루만지다 |몸을| гладити *кого по чому*. |위로하다| втішати; заспокоювати.

어류 клас риб; риби. ‖ ~학 іхтіологія. ~학자 іхтіолог.

어르다 качати *кого* на руках; пестити.

어른 |성인| дорослий. |윗사람| старший; поважний. ¶ ~스럽다 благо норовливий; вагомий.

어른거리다 миготіти; тьмяно світити; мерехтіти. ¶ 불빛이 ~ Вогник мерехтить.

어름어름 коливаючись; сумнівно.

어리광 кокетство (дитини). ¶ ~을 부리다 пеститися *до кого*; чіплятися *до кого*; кокетувати *з ким*.

어리다 |나이가| молодий; маленький. |미숙| невеликий; малий; низький. ¶ 어린 나무 саджанець.

어리다 |눈물이| зволожуватися. ¶ 눈에 눈물이 어려 있다. На очах з'явились сльози.

어리둥절하다 бути розгубленим (зніяковілим); ніяковіти; сплутуватися.

어리석다 дурний; тупий; некмітливий. ¶ 어리석은 사람 дурень. 어리석음 дурість.

어리숙하다 злегка дурний.

어린아이 дитина. [형] дитячий. ¶ ~같은 дитячий. ~같은 행동 дитячість.

어림 припущення; наметування. ~잡다 прикинути на око; приблизно розраховувати. ~하다 припускати; намічати; приблизно розраховувати. ‖ ~짐작 припущення; допущення.

어림없다 неймовірний; неможливий; абсурдний. |능력이| неможливо справитися *з ким-чим*. ¶ 어림없는 수작 безглузді (абсурдні) вчинки (слова). 그것은 내 힘으로는 ~. Це вище моїх сил.

어릿광대 |직업| блазень; клоун. |익살꾼| жартівник; веселун.

어마어마하다 грандіозний; величний.

어망 риболовна сітка; невід.

어머나 ой!; матінка ріденька.

어머니 мати. |사물의 근본| джерело; початок.

어명 наказ короля.

어묵 (рибне) желе. [형] желейний.

어문학 філологія; мовознавство та література. ‖ ~부 філологічний факультет. ~자 філолог.

어물전 рибна лавка.

어물쩍하다 ухилятися; хитрувати.

어미 мамка. |동물의| матка; самка.

어미(語尾) закінчення. ‖ ~변화 зміна закінчень.

어민 рибалки; рибацький; рибальський.

어버이 батьки; мати та батько.

어법 граматика.

어부 рибак; риболов.

어부지리 двоє б'ються, а третій виграє.

어불성설 ¶ ~이다 нести дурниці; бути логічно непослідовним; не витримувати критику.

어색 ¶ ~하다 |기분이| незручний. |문장이| невмілий.

어서 |재촉| скоріше; жваво. |환영| будь-ласка.

어선 рибальський човен; рибальське судно.

어설프다 |그물이| нещільно підігнаний. |일하는 것이| неохайний; грубий; недбалий; легковажний.

어수룩하다 простодушний; безхитрісний; наївний. ¶ 어수룩한 사람 простодушна (безхитрісна) людина.

어수선하다 сплутаний; безладний; розкиданий.

어순 порядок слів (в реченні).

어스름 сутінки. ¶ ~하다 сутінковий; тьмяний; неяскравий. ‖ ~달 тьмяний місяць.

어슴푸레하다 |빛이| слабкий; неяскравий; тьмяний. |지각이| невиразний; неясний.

어시장 рибний базар.

어안 ¶ ~이 벙벙하다 бути приголомшеним; втратити дар мовлення; оніміти.

어업 рибна промисловість; рибальство. ‖ ~권 право на рибну ловлю. 근해 ~ рибальство в прибережних водах. 원양~ дальня ловля риби; ловля риби в відкритому морі.

어엿하다 гідний; солідний; пристойний. ¶ 어엿이 пристойно; солідно.

어용 ¶ ~의 найманий; продажний; урядовий; урядової орієнтації; оплачуваний урядом. ‖ ~학자 вчений, що послужив перед урядом.

어우러지다 зливатися; поєднуватися; змішуватися; гармонувати з чим.

어우르다 зливати в одне ціле; об'єднувати. ¶ 힘을 ~ співробітничати з ким; поєднувати сили.

어울리다 |조화| підходити до кого-чого. |교제| об'єднуватися з ким; спілкуватися з ким.

어원 етимологія; походження слова.

어육 |생선| м'ясо риби. |생선과 수육| риба і м'ясо.

어음 вексель. [형] вексельний. ¶ ~

에 이서하다 писа́ти на ве́кселі свої да́ні. ~을 발행하다 видава́ти ве́ксель. || ~교환 клі́ринг. ~발행인 векселеда́вець. ~할인 ве́ксельний о́блік; о́блікова опера́ція. 부도~ неопла́чений ве́ксель. 약속~ прости́й ве́ксель. 환~ перекладни́й ве́ксель.

어의 значе́ння сло́ва.

어이없다 вража́ючий. ¶ 어이없는 요구 надмі́рна вимо́га. 정말 어이가 없군. Сміхо́вище одне́!

어장 риболо́вна діля́нка; мі́сце ри́бної ловлі́.

어정거리다 шкандиба́ти; ходи́ти переваль́цем.

어정쩡하다 нея́сний; неви́значений. ¶ 어정쩡한 태도 нея́сні пози́ції.

어제 вчо́ра; [형] вчора́шній. || ~밤 вчо́ра вно́чі.

어조 тон мо́влення; інтона́ція; акце́нт.

어족(語族) мо́вна сім'я́; спорі́днені мо́ви.

어족(魚族) роди́на риб; ри́би.

어종 вид риб.

어중간 ~하다 |중간쯤 되다| що знахо́диться ма́йже на сереви́ні; ма́йже сере́дній; |알맞지 않다| непідхо́дящий; неприда́тний; ~히 наполови́ну; частко́во; непо́вно.

어중이떠중이 на́брід; вся́кі лю́ди.

어지간하다 підхо́дящий; задові́льний. |무던하다| доста́тній. ¶ 어지간히 до́волі.

어지럼증 запа́моро́чення.

어지럽다 |머리가| крути́тися; іти́ круго́м. |무질서| безла́дний; хаоти́чний. ¶ 머리가 ~ відчува́ти запа́мо́рочення. 어지러운 세상 непе́вні часи́.

어지르다 приво́дити що в безла́д; розкида́ти що безла́дно.

어질다 до́брий; люб'я́зний; м'якосе́рдий; милосе́рдий. ¶ 어진 마음 доброзичли́вість.

어쨌든 в будь-яко́му ви́падку; так чи іна́кше.

어쩌다가 |이따금| і́ноді; ча́сом. |뜻밖에| випадко́во; ненави́сно. ¶ ~ 있는 일 незвича́йний ви́падок.

어쩌면 можли́во; віро́гідно. |감탄| як; яки́й.

어쩐지 |웬일인지| чому́сь. |그래서| неди́вно, що; ось чому́.

어찌 |방법| як; яки́м чи́ном. |왜| чому́. ¶ ~할 수 없이 мимово́лі; ви́мушено.

어차피 так чи іна́кше; в будь-яко́му ви́падку. |결국| в ре́шті-решт.

어촌 риба́льське село́; риба́льське селище.

--어치 ва́ртістю. ¶ 만원~ (ва́ртістю) де́сять ти́сяч вон.

어투 мане́ра говори́ти.

어폐 невда́лий ви́раз; помо́вка. ¶ ~가 있다 мо́же бу́ти непра́вильно витлума́чено.

어학 лінгві́стика; мовозна́вство. || ~실습 практи́чний курс інозе́мної мо́ви.

어항 аква́ріум. [형] аква́ріумний.

어항(漁港) риба́льський порт; риба́льська га́вань.

어획 |생선의| ло́вля ри́би; риболо́вство. |해산물의| добува́ння морськи́х проду́ктів. || ~고(량) уло́в ри́би; об'є́м добува́ння

어휘 ле́ксика; словни́к. ¶ ~가 풍부하다 бага́тий запа́с слів. ‖ ~론 лексиколо́гія.

억 сто мілйо́нів. ¶ ~만년 бага́то-бага́то ро́ків; ціла́ ві́чність. ~만장자 мілйоне́р.

억누르다 подавля́ти; стри́мувати; трима́ти в підпорядкува́нні. ¶ 억누를 수 없는 невтри́мний. 격정을 ~ стри́мувати при́страсть. 노여움을 ~ стри́мувати гнів.

억류 затри́мання; інтернува́ння. ¶ ~하다 затри́мувати; інтернува́ти. ‖ ~자 інтерно́ваний; зати́маний.

억새(풀) міска́нтус пурпуро́вий.

억세다 ду́же си́льний (міцни́й). ¶ 억세게 завзя́то; наполе́гливо.

억수 зли́ва. [형] зли́вовий. ¶ ~같이 내리는 비 зли́вові дощі́. 비가 ~같이 내린다. Дощ зли́вою ллє. Дощ ллє як з відра́.

억압 тиск;ути́снення; гно́блення. ¶ ~하다 подавля́ти; гноби́ти; утиску́вати. ‖ ~자 гноби́тель; утиску́вач.

억양 інтона́ція. [형] інтонаці́йний. ¶ ~을 붙이다 інтонува́ти.

억울 ¶ ~하다 несправедли́вий; обра́зливий.

억제 приду́шення; репре́сія; прибо́ркання. ¶ ~하다 стри́мувати; придушувати; прибо́ркувати. ~할 수 없는 нестри́мний.

억지 впе́ртість; норовли́вість; натяга́ння. ¶ ~를 쓰다 впира́тися; проявля́ти впе́рство. ‖ ~이론 натя́гнення.

억지로 наси́льно; си́ломі́ць.

억척 наполе́гливість; непідда́тливість; непосту́пливість. ¶ ~스럽다 наполе́гливий; насті́йливий; негнучки́й. ~꾸러기 впе́ртий віслю́к; упертю́х.

억측 припу́щення; здо́гадка. ¶ ~하다 припуска́ти; будува́ти здо́гадки.

언급 зга́дування. ¶ ~하다 торка́тися *чого*; зупиня́тися *на чому*; зга́дувати *кого-що (про що)*. 위에서 ~한 вищезга́даний.

언니 ста́рша сестра́. |호칭| сестра́.

언덕 па́горб; со́пка. ¶ 가파́рний ~ крути́й па́горб. 완만한 ~ поло́гий па́горб. ‖ ~길 доро́га, що йде по па́горбу; підйо́м. ~배기 верши́на па́горка (со́пки).

언도 ви́рок. ¶ ~하다 вино́сити ви́рок.

언동 слова́ та поведі́нка (вчи́нки).

언뜻 ми́гцем; крадькома́. |우연히| несподі́вано; ра́птом; знена́цька. ¶ ~ 생각이 떠오르다 *кого* ося́яти ду́мкою. ~보기에 на пе́рший по́гляд.

언론 сло́во; висло́влювання. ¶ ~의 자유 свобо́да сло́ва. ‖ ~계 ко́ла публіци́стів. ~인 публіци́ст.

언명 зая́ва; деклара́ція. ¶ ~하다 роби́ти зая́ву про що; заявля́ти про що; оголо́шувати що.

언문 мо́ва та писе́мність.

언변 дар мо́влення; красномо́вство. ¶ ~이 좋다 бу́ти красномо́вним; володі́ти да́ром мо́влення.

언사 слова́; мо́влення; ви́рази. ¶ 외교적 ~ дипломати́чні ви́рази.

언성 го́лос. ¶ ～을 높이다 підви́щувати го́лос.

언어 мо́ва; мо́влення; слова́. ‖ ～장애 афа́зія; ро́злади мо́влення. ～학 мовозна́вство; лінгві́стика.

언어도단 ¶ ～의 |말할 수 없는| невимо́вний; що ва́жко описа́ти. |어리석은| безглу́з дий; абсу́рдний; дурни́й.

언재 дар мо́ви.

언쟁 супере́чка; сва́рка. ¶ ～하다 спереча́тися *про кого-що*; свари́тися з ким.

언저리 край; кордо́н. ¶ 숲의 ～ узлі́сся.

언제 бу́дь-який час. ～든지 завжди́; в бу́дь-який час. ～부터 з яко́го ча́су; як давно́.

언질 обіця́нка. ¶ ～을 받다 отри́мувати обіця́нку, що… ～을 주다 обіця́ти; да́ти сло́во (обіця́нку); руча́тися.

언짢다 не подо́батися; бу́ти не по душі́; нерпиє́мний.

언청이 люди́на з за́ячою губо́ю.

언필칭 як за́вжди (звича́йно) householdгово́рять; зви́чно.

언행 слова́ та поведі́нка (вчи́нки). ¶ ～이 일치한다 чини́ти так, щоб слова́ не розхо́дилися із спра́вами. ～이 일치하는 사람 люди́на сло́ва.

얹다 |물건을| кла́сти на що; накла́сти. |돈을| набавля́ти; додава́ти.

얹히다 |놓이다| бу́ти покла́деним. |소화불량| не засво́юватися. |붙어살다| жи́ти за чужи́й раху́нок. |좌초| сади́тися на мі́лину.

얻다 отри́мувати; придба́ти; досяга́ти *чого́*. ¶ 아내를 ～ одру́жуватися з ким. 자신을 ～ пові́рити в себе́. 얻어듣다 випадко́во дізна́тися (почу́ти). 얻어맞다 бу́ти поби́тим. 얻어먹다 |대접받다| пригоща́тися. |빌어먹다| проси́ти ми́лостиню. |욕을| бу́ти зга́ньбленим.

얼 душа́; дух. ¶ ～ 빠지다 па́дати ду́хом.

얼간이 бо́вдур; ду́рень; тупа́к.

얼굴 обли́ччя. [형] лицьови́й. ¶ ～을 붉히다 багрові́ти; червоні́ти. ～을 찌푸리다 ко́рчити ро́жу (грима́су). ～을 맞대고 з обли́ччя на обли́ччя; обли́ччям до обли́ччя. ‖ ～빛 |안색| ко́лір обли́ччя. |표정| ви́раз обли́ччя.

얼기설기 безла́дно; хаоти́чно; переплу́тано. ¶ ～ 얽힌 заплу́таний; важки́й.

얼다 |물체가| замерза́ти. |몸이| закляка́ти (від хо́лоду). |기가 꺾이다| па́дати ду́хом; става́ти сором’язли́вим. ¶ 얼어붙은 льодяни́й. 두려움에 심장이 얼어붙는 것 같다 Жах льодяни́ть се́рце. 물이 얼기 시작 한다 Вода́ почина́є замерза́ти. 바람에 몸이 얼어붙었다 Ві́тер холоди́ть ті́ло.

얼떨결 збенте́ження; розгу́бленість. ¶ ～에 в розгу́бленості (збенте́женні).

얼떨떨하다 ду́же розгу́блений.

얼뜨기 ду́рень.

얼렁뚱땅 |속임수로| підсту́пно; обма́нливо. |잘 생각치 않고| як-не́будь.

얼룩 пля́ма; кра́пинка. ¶ ～이 진 в пля́мах. ～을 빼다 виво́дити пля́му. 옷에 묻은 ～ пля́ми на сукні. ~이 빠지지 않는다 Пляма не сходить. ‖ ~말 зебра. ~무늬 строкатий візерунок. ~소 строкатий віл; строката корова.

얼룩지다 строкатий; крапчастий; поцяткований чим.

얼른 швидко; жваво.

얼리다 заморожувати; льодянити.

얼마 |의문사로서| скільки. |정도| небагато. ¶ ~간 |다소간| більш менш. |시간| деякий час. |나 |수량| скільки. |수량의 비교| наскільки. |감탄| як. ~뒤에 через деякий час; незабаром. ~전에 нещодавно.

얼버무리다 |말을| говорити невиразно; бурмотіти.

얼빠지다 втрачати голову. ¶ 얼빠진 사람 дурень. 얼빠진 시선 відсутній погляд.

얼싸안다 міцно обіймати; заключати в обійми. ¶ 서로 ~ міцно обніматися.

얼씬거리다 маячити між очима; маячити. ¶ 얼씬못하다 не маячити перед очима.

얼얼하다 |상처가| палити. |맛이| гострий.

얼음 лід. ¶ ~의 льодяний. ~장 같다 дуже холодний; холодний, як лід; льодяний. ‖ ~물 холодна вода з льодом. ~장 крижина. ~판 місце, покрите льодом.

얼추 приблизно; майже.

얼큰하다 |맵다| гіркуватий. |취하다| що випив.

얼토당토아니하다 цілковито непідходящий; що не має ніякого відношення.

얽다 зв'язувати; сплутувати. |꾸며 대다| складати; писати.

얽다 |마마자국| бути рябим (від віспи; у віспинах). |홈| мати вади; бути щербатим. ¶ 얽은 얼굴 рябе (від віспи) обличчя.

얽매이다 зв'язуватися; сплутуватися.

얽히다 бути зв'язаним. |일이| бути складним (заплутаним). |연루| сплутуватися; бути причетним до чого. ¶ 얽히고설키다 переплутаний; заплутаний; складний.

엄격 суворість; вимогливість. ¶ ~하다 суворий; вимогливий. ~한 구별 чітке розрізнення. ~히 말해서 строго кажучи; в суворому сенсі слова.

엄금 сувора заборона. ¶ ~하다 суворо забороняти.

엄나무 калопанакс.

엄마 матінка; матуся; мама.

엄명 суворий наказ; сувора інструкція. ¶ ~하다(을 내리다) суворо наказувати; дати суворий наказ (сувору інструкцію).

엄밀 ¶ ~하다 суворий та точний. ~히 말해서 строго кажучи.

엄벌 суворе покарання; сувора кара. ¶ ~하다 суворо наказувати; карати.

엄벙덤벙하다 марно витрачати час.

엄살 притворство; симуляція. ¶ ~부리다 прикидатися ким-чим; роздратовано жалітися.

엄선 ретельний відбір. ¶ ~되다 бути ретельно відібраним. ~하 다 суворо (ретельно) відбирати (обирати).

엄수 строге виконання. ¶ ~하다

строго виконувати (берегти; дотримуватися).

엄숙 ¶ ~하다 строгий та переконливий; серйозний. |의식이 | урочистий; величавий.

엄습 раптовий напад; раптова атака. ¶ ~하다 раптово (зненацька) нападати (атакувати).

엄연 ¶ ~하다 суворий; серйозний. ~히 з гідністю; серйозно, суворо. ~한 사실 абсолютний факт.

엄정 точність; суворість; вимогливість. ¶ ~하다 строгий (суворий) і справедливий; безпристрасний.

엄중 ¶ ~하다 дуже строгий; суворий; вимогливий.

엄지 великий палець. || ~발가락 великий палець (на нозі). ~손가락 великий палець (на руці).

엄처시하 чоловік, що знаходиться під каблуком у своєї дружини.

엄청나다 величезний; непомірний; страшний. ¶ 엄청나게 жахливо; страшно; дуже. 엄청나게 величезний; гігантський; велетенський.

엄포 залякування; порожня погроза. ¶ ~를 놓다 грозитися на словах; залякувати кого; теризувати.

엄하다 строгий; суворий. ¶ 엄하게 다루다 чинити з ким круто.

엄호 прикриття; заслін. ¶ ~하다 прикривати. || ~사격 прикриваючий вогонь.

업(業) |직업| професія; робота. | 불교| карма. ¶ ~을 업으로 하다 (삼다) займатися чим; бути по професії ким.

업계 ділові кола.

업다 носити на спині. ¶ 아기를 ~ носити дитину за спиною (на спині).

업무 господарська служба; робота; заняття; операція; обов'язки. ¶ ~외 поза роботою (службою). ~용 для службового користування; для ділових потреб.

업보 воздаяння.

업신여기다 зневажати *кого-що*. ¶ 업신여김 зневажливе ставлення; зневага.

업자 підприємець; промисловець.

업적 досягнення; заслуга; успіхи.

업종 вид підприємства (виробництва); галузь промисловості. || ~별 класифікація (розділення) за родом промисловості (за видами виробництва).

업주 власник підприємства.

업체 підприємство. || 서비스~ підприємство побутового обслуговування. 영세~ дрібне підприємство.

업히다 |아이가| носитися на спині.

없다 |존재하지 않다| не бути; не матися; бути відсутнім. |죽고 없다| покійний. ¶ 둘도 없는 친구 рідкий (виключний) друг.

없애다 |제거| знищувати; ліквідувати; винищувати; усувати. |낭비| марнувати; марнотратити.

없어지다 |분실| губитися; втрачати. |다하다| бути виснаженим. ¶ 희망이 ~ ставати безнадій- ним.

없이 без *кого-чого*. ¶ 뜻~ безглуздо. 소리~ безшумно. 쉴 새~ без відпочинку. 정신~ розсіяно. 틀림~ безсумнівно. 힘~ безсильно.

없이 살다 жити бідно; бідувати.

엇갈리다 |도중에| розминутися;

розхо́дитися. |서로 얽히다| переплі́татися. |사이가| віддаля́тися (*оди́н від о́дного*); холо́нути (*оди́н до о́дного*).

엉거주춤하다 |앉은 자세가| підво́дитися; присіда́ти. |태도가| колива́тися; не нава́жуватися. |사람이| нерішу́чий; що колива́ється.

엉겁결에 ра́птом; несподі́вано; знена́цька.

엉금엉금 ¶ ~ 기어가다 пові́льно повзти́.

엉기다 |응축| загу́снути; згорта́тися. |뒤얽히다| сплу́туватися; змі́шуватися; переплі́татися; зчі́плюватися.

엉덩방아 ¶ ~를 찧다 незру́чно сі́сти; гепну́тися.

엉덩이 сідни́ці. ¶ ~가 무겁다 в'я́лий; іне́ртний; пові́льний; важки́й на підйо́м.

엉뚱하다 незвича́йний; непомі́рний; ди́вний; своєрі́дний; екстрава́гантний.

엉망 плутани́на; бе́злад; гарми́дер. ¶ ~이 되다 псува́тися.

엉성하다 |몸이 말라서| худи́й; худю́щий; |머리털| негусти́й; рідки́й. |서툴다| незадові́льний.

엉클어지다 |물건이| сплу́туватися; переплу́туватися; переплі́татися; |일이| заплу́туватися.

엉터리 безглу́зді слова́ (вчи́нки); підро́бка. |근거| підста́ва; вірогі́дність. |윤곽| набі́р; карка́с; розбиття́. ¶ ~없는 безпідста́вний; необґрунто́ваний.

엊그제 |수일 전| декі́лька днів (тому́) наза́д; нещода́вно. |그저께| позавчо́ра.

엎다 |땅을| перекида́ти; переверта́ти. |살림을| зва́лювати. |쏟다| вива́лювати.

엎드리다 ляга́ти ниць (плазо́м); па́сти ниць.

엎어지다 впа́сти впере́д. |주전자가| перекида́тися.

엎지르다 перекида́ти; переверта́ти. ¶ 창에서 물을 ~ вилива́ти во́ду за вікно́.

엎치다 ¶ 엎친 데 덮치다. Біда́ не хо́дить одна́.

에너지 ене́ргія. [형] енергети́чний. || 열~ теплова́ ене́ргія. 전기~ електри́чна ене́ргія. 태양~ со́нячна ене́ргія.

에다 ¶ 살을 에는 추위 моро́з, що прони́зує до кісто́к.

에워싸다 ото́чувати; обступа́ти. ¶ 에 에워싸여 в ото́ченні *кого́-чого́*.

에이즈 (AIDS) СНІД (синдро́м набу́того імунодефіци́ту).

에틸 ети́л. [형] ети́ловий. || ~알코올 ети́ловий спирт; ви́нний спирт.

에틸렌 етиле́н.

엑스선 рентге́нівські про́мені. || ~사진 рентгеногра́фія; рентге́нівський зні́мок.

엑스트라 (extra) е́кстра. |영화에서의| стати́ст, -ка; дода́ння.

엔간하다 ду́же бли́зький (схо́жий); значни́й. ¶ 엔간히 дово́лі; вельми́.

엔지니어 інжене́р; меха́нік.

엔진 маши́на; двигу́н. |자동차의| мото́р.

엘리트 елі́та; відбі́рна части́на суспі́льства.

여-- (女--) жі́нка. || ~의사

жінка-лікар; лікарка.

여가 дозвілля; вільний час. ¶ ~가 없다 немає вільного часу.

여간 ¶ ~이 아니다 незвичайний; рідкісний; надмірний. ~ 똑똑하지 않다 дуже розумний.

여객 |여행자| мандрівник; подорожній. |승객| пасажир. ‖ ~기 пасажирський літак. ~선 пасажирський пароплав.

여건 умови. ¶ 좋은 작업 ~ гарні умови для роботи.

여걸 героїня; жінка твердого характеру.

여공 робітниця; робоча.

여과 фільтрація; фільтрування. ¶ ~하다 фільтрувати; проціджувати. ‖ ~기 фільтр. ~액 фільтрат. ~지 фільтрувальний папір.

여관 готель другого розряду; мотель.

여권(旅券) закордонний паспорт. ‖ ~사증 віза.

여권(女權) права жінок. ‖ ~신장론 фемінізм.

여기 тут; в цьому місці. ¶ ~까지 до цього місця. ~로 сюди. ~서 |여기에| тут. |여기에서부터| звідси. ~저기 тут і там.

여기다 вважати; розглядати; думати. ¶ 소중히 ~ цінувати; дорожити чим.

여기자 журналістка.

여념 ¶ ~이 없다 цілком піти *у що*; бути поглинутим *чим*. ~없이 уважно; зосереджено.

여느 |보통의| звичайний; щоденний. |그 밖의| інший (інші).

여단 бригада. [형] бригадний.

여닫다 відчиняти та зачиняти. ‖ 여닫이 розсувні стінки (стулки).

여담 сторонні розмови; відхилення від теми розмови; зайві слова ¶ ~으로 бесіда на абстраговану тему.

여당 правляча (урядова) партія.

여대 жіночий вуз. ‖ ~생 студентка.

여덟 вісім. ¶ ~번째 восьмий.

여독(旅毒) втома від дороги.

여독(餘毒) шкідливі наслідки.

여동생 молодша сестра.

여드름 вугор; прищ. ¶ ~투성이 얼굴 обличчя в вуграх (прищах); прищаве обличчя.

여든 вісімдесят.

여러 багато; декілька. ¶ ~차례의 неодноразовий. ~모로 так чи інакше. ~가지 різного роду; різноманітний. ~번 декілька (багато) разів. ~사람 декілька людей.

여러분 |호칭| громадяни; пани. |여러 사람| декілька людей.

여럿 безліч; багато.

여력 залишки сили; останні сили. ¶ ~이 있다 бути ще в силах.

여로 подорож; поїздка. ¶ ~에 오르다 відправлятися в подорож (путь; дорогу).

여론 суспільна думка. ¶ ~에 호소하다 апелювати (звертатися) до суспільної думки. ~조사 опитування (дослідження) суспільної думки.

여류-- жінка. ‖ ~시인 поетеса. ~작가 письменниця.

여름 літо. ¶ ~의 літній. ~내내 протягом всього літа. ~에 літом. ‖ ~날 літній день. ~방학 літні канікули.

여리다 м'який; слабкий. ¶ 여린 줄기 хрящовий промінь.

여망 надія людей. ¶ 국민의 ~을 받다 користуватися довірою народу.

여명 світанок; ранішня зоря.

여물다 |과실이| достигати; дозрівати. |사람이| бути акуратним (бережливим).

여미다 загортати. ¶ 외투의 옷깃을 ~ запинати пальто.

여배우 актриса.

여백 прогалина; вільне місце.

여벌 |옷| запасний одяг. |남는 것| зайвий предмет; залишок. ‖ ~옷 запасний комплект одягу.

여보 |아내가 남편에게| милий; дорогий. |남편이 아내에게| мила; дорога; голубка.

여보시오(여보세요) (по)слухайте! | 전화에서| алло.

여부 так це чи на так. ¶ ~없다 безсумнівний; безпомилковий. 가능~ можливість чи неможливість. 성공~ удача чи невдача.

여분 надлишок. ¶ ~으로 가지고 있다 мати що в надлишку.

여비 дорожні витрати. ¶ ~를 따로 받지 않고 간다. Я їду за свій рахунок.

여사 мадам; дама; пані.

여색 |미색| жіноча краса; жіночі риси. |미인| красуня. |성관계| статевий зв'язок. ¶ ~에 빠지다 захоплюватися жінками; бути зачарованим жінкою.

여생 останні роки життя. ¶ ~을 편안히 보내다 спокійно проводити останні роки життя.

여선생 вчителька; викладачка.

여섯 шість. ¶ ~ [번]째 шостий.

여성 жінка; жіноча стать. |언어학에서| жіноча стать. ¶ ~적 жіночий; властивий жінці; м'який; жіночний. ~관 погляд на жінок. ~미 жіноча краса. ~복 жіночий одяг. ~해 방론 фемінізм. 직장 ~ служниця; робітниця.

여세 сили, що залишилися; залишки колишнього духа.

여승 буддійська монахиня.

여신(女神) богиня.

여신(與信) видача в кредит; кредитування. ‖ ~업무 кредитна операція.

여실 ¶ ~하다 реальний; дійсний. ~히 жваво; життєво; точно.

여심 жіноче серце.

여아 дівчинка; немовля жіночої статі.

여야 |여당과 야당| урядова та опозиційна партії.

여염집 (звичайне) місце проживання.

여왕 королева; цариця. ‖ ~개미 цариця (у мурах). ~벌 матка (у бджіл).

여우 лисиця. |암컷| лисиця. |새끼여우| лисеня. [형] лисячий. ¶ ~같은 хитрий. ‖ ~모피 лисяче хутро.

여운 |여음| відгук. |남는 느낌| враження, що залишилося. |시문 따위의| прихований сенс. ¶ ~이 있는 що викликає думки (роздуми).

여울 перекочування; мілина. ‖ ~목 вузьке місце на мілині.

여위다 худнути; ставати худим. ¶ 여윈 얼굴 худе обличчя.

여유 |여력| надлишок. |침착| великодушність та врівноваженість; спокій духу. ¶ ~ [가] 있다 не квапитися; вільний духом. || ~시간 вільний час.

여의 ¶ ~치 않다 всупереч бажанню.

여의다 втратити. ¶ 부모를 ~ втратити батьків.

여인숙 готель низького розряду; заїжджий двір.

여자 жінка. ¶ ~같은 жіноподібний. |나약한| немужній; негідний чоловіка.

여장 жіночий костюм. ¶ ~하다 перевдягатися жінкою.

여장부 героїня; жінка твердого характеру.

여전 ¶ ~하다 як колишній. ~히 як і раніше; як колись.

여정 туга мандрівника; втома подорожнього.

여죄 інші злочини.

여주인공 героїня.

여지 вільне місце. ¶ ~가 있다 є можливості. ~가 없다 немає підстав. ~없이 вщент. 변명의 ~가 없다 не мати доказів (виправдання).

여진 окремі поштовхи після землетрусу.

여쭈다 |아뢰다| докладати; повідомляти. |알아보다| питати. |인사하다| вітати.

여타 інше.

여태껏 до цих пір; до цього часу.

여파 наслідки; відгуки; вплив. ¶ 전쟁의 ~ наслідки війни.

여하튼 → 어쨌든.

여학교 жіноча школа; жіночий навчальний заклад.

여학생 учениця; школярка; студентка.

여한 гіркий осад (на душі); приховане горе.

여행 подорож; поїздка. ¶ ~하다 подорожувати; здійснювати поїздку. || ~가(자) подорожуючий; турист. ~가방 чемодан, саквояж. ~기 дорожні записки; дорожній щоденник; щоденник подорожі. ~사 туристичне бюро; бюро подорожей. ~안내소 туристичне бюро. ~안내인 гід; путівник. ~일정 маршрут подорожі. ~자수표 дорожній чек. 수학~ освітня екскурсія. 신혼~ весільна подорож.

여흥 розваги; розважання. |막간의| дивертисмент.

역(驛) (залізнична) станція; вокзал. || ~무원 станційний службовець. ~사 будівля вокзалу (станції). ~장 начальник станції. ~전광장 привокзальна площа.

역(役) |연극에서| роль [남]. |직위| пост; посада.

역--(逆--) зворотний; зустрічний; супротивний. || ~풍 супротивний (зустрічний) вітер. ~효과 протилежний результат; обернений ефект.

역겹다 огидний; набридлий; гидкий. ¶ 역겨운 냄새 огидний запах. 역겨운 행동 огидний вчинок.

역경 важке становище; несприятлива обстановка; біда; напасть. ¶ ~에 처하다 бути у важкому становищі. ~을 극복하

다 долати біду (важке становище).

역광 світло позаду; яскравий фон.

역기 штанга. [형] штанговий.

역도 важка атлетика. ‖ ~선수 важкоатлет; штангіст.

역량 здатність до чого. ¶ ~있는 здібний до чого; компетентний. ~껏 зі всієї сили.

역력 ¶ ~하다 ясний; виразний; явний; очевидний. ~한 증거 очевидний доказ.

역류 обернена течія; протитечія; обернений струм.

역반응 обернена реакція.

역부족 нездатність; неможливість. ¶ ~이다 нездібний *до чого (на що)*.

역사 історія. [형] історичний. ¶ ~적 사건 історична подія. ‖ ~가 історик. ~관 історичний погляд. ~성 історичність. ~소설 історичний роман. ~학 історична наука; історія.

역설(力說) ¶ ~하다 наполегливо пояснювати; всіляко підкреслювати; гаряче переконувати.

역설(逆說) парадокс. ~적 парадоксальний.

역수입 реімпорт. ¶ ~하다 реімпортувати.

역수출 реекспорт. ¶ ~하다 реекспортувати.

역습 контратака. ¶ ~하다 контратакувати.

역시 |또한| також. |결국| в решті-решт. |예상대로| як і очікувалось.

역이용 ¶ ~하다 використовувати навпаки.

역임 ¶ ~하다 займати різні посади (послідовно); займати посаду за посадою.

역성 ¶ ~들다 стати на чию сторону.

역자 перекладач.

역작 чудова робота; шедевр.

역작용 обернена дія; реакція.

역적 |배신자| зрадник. |반역자| бунтівник; бунтар.

역전(逆轉) різкий поворот; різка зміна. |역행| зворотний хід; обертання в зворотному напрямку. ¶ ~되다 обертатися в оберненому напрямку; різко повертатися; різко мінятися.

역전(歷戰) ¶ ~의 용사 ветеран; бувалий солдат.

역점 головний пункт; наголос. ¶ ~에 ~을 두다 робити наголос *на чому*.

역정 злість; роздратованість. ¶ ~나다 сердитися; дратуватися. ~내다 дратувати.

역조 ¶ 무역 ~ несприятливий баланс зовнішньої торгівлі.

역주 ривок. ¶ ~하다 робити ривок; бігти з усіх сил.

역하다 огидний; бридкий. |비위가| нудотний. ¶ 역한 냄새 нудотний запах.

역학(力學) механіка; динаміка. ~적 механічний. ‖ 천체~ небесна механіка.

역학(易學) наука (учіння) про пророкування (віщування).

역할 роль [여]. маъяти할 일 обов'язок. ¶ ~을 할당하다 відводити роль. ~하다 грати роль; виконувати обов'язок (роль). 중요한 ~을 하다 грати важливу

역행 зворо́тний (за́дній) хід; зворо́тний рух; рух наза́д. ¶ ~하다 іти́ наза́д; іти́ про́ти течії; ру́хатися наза́д (в зворо́тному напря́мку; за́днім хо́дом). 시대에 ~하다 плисти́ про́ти течії.

역효과 зворо́тний (протиле́жний) ефе́кт (результа́т). ¶ ~를 내다 показувати зворо́тний (протиле́жний) ефе́кт.

엮다 |얽어 만들다| плести́; сплітати. |책을| писа́ти; склада́ти.

연(鳶) (паперо́вий) змій. ¶ ~을 날리다 запуска́ти (паперо́вого) змі́я.

연(蓮) ло́тос. [형] ло́тосовий. || ~근 ко́рінь ло́тоса. ~꽃 ло́тос. ~못 ло́тосовий ставо́к.

연(年) рік. || ~말 кіне́ць ро́ку.

연(聯) |시에서의| строфа́.

연(連) підря́д. ¶ ~이어 підря́д; оди́н за о́дним.

연가 любо́вна поезія (пі́сня; лі́рика).

연간 протя́гом ро́ку; за рік; щорі́чно.

연거푸 деі́лька разі́в підря́д; оди́н за о́дним.

연결 зв'язо́к; зче́плення; причі́плення. ¶ ~하다 зв'я́зувати; з'є́днувати; зчі́плювати; причі́пляти. || ~장치 причіпни́й при́лад.

연계 зв'язо́к; смичо́к; конта́кт; співробі́тництво. ¶ ~하다 зв'я́зувати; встано́влювати конта́кт. ~되다 знаходитися в зв'язку́ *з ким-чим*; бу́ти зв'я́заним *з ким-чим*; бу́ти в конта́кті *з ким*. ~하여 у зв'язку́ *з ким-чим*; в конта́кті *з ким*. || ~성 зв'я́зність.

연고(軟膏) мазь; витяжни́й пла́стир.

연고(緣故) |까닭| причи́на; при́від. |관계| зв'язки́; відно́сини. ¶ ~가 없다 не ма́ти відно́шення. || ~자 ро́дич.

연골 хрящ. [형] хрящо́вий. || ~조직 хрящева́ ткани́на.

연공 до́вга слу́жба; вели́кий стаж; ви́слуга ро́ків.

연관 зв'язо́к. ¶ ~되다 зв'я́заний *з ким-чим*. || ~성 зв'язо́к.

연구 дослі́дження; ви́вчення. ¶ ~하다 дослі́джувати; вивча́ти. || ~자(원) дослі́дник; випро́бу- вач. ~비 витра́ти (за́соби) на науко́во-досліднйцьку робо́ту. ~소 науко́во-досліднйцький інститу́т; лаборато́рія; інститу́т; лаборато́рія. ~실 кабіне́т; лаборато́рія. ~원 співробі́тник науко́во-досліднйцького інститу́ту; лабора́нт. ~회 науко́во-досліднйцьке товари́ство; науко́вий гурто́к.

연극 дра́ма; театра́льне (драмати́чне) мисте́цтво; виста́ва; спекта́кль. |거짓꾸밈| підро́бка; фальши́вка. ¶ ~적 драмати́чний. ~하다 ста́вити спекта́кль; ста́вити театра́льну виста́ву. |거짓으로| підробля́ти; фальсифікува́ти. || ~계 театра́льний світ.

연금(年金) пе́нсія; ре́нта. || ~보험 пенсі́йне страхува́ння. ~수령자 пенсіоне́р. 종신~ дові́чна ре́нта.

연금(軟禁) дома́шній аре́шт. ¶ ~하다 посади́ти (взя́ти) кого́ під домашній арешт. ~되다 знаходитися під домашнім арештом.

연기(煙氣) дим. ¶ ~가 나다 димити. ~가 자욱하다 бути охопленим димом. ~를 내다 димити чим. ~에 가려서 в димі.

연기(延期) відстрочення; продовження строку; пролонгація. ¶ ~하다 відстрочувати; пролонгувати; продовжувати; відкладати; переносити. ~되다 бути відкладеним (перенесеним). ‖ 지불~ відстрочення виплати.

연기(演技) виконання; вистава; театральне мистецтво. ¶ ~하다 виконувати. ‖ ~자 виконавець.

연내 ¶ ~에 протягом року.

연년생 погодки з ким. ¶ 아이를 ~으로 낳다 народжувати кожен рік.

연단 трибуна; кафедра. ¶ ~에서 연설하다 виголошувати промову з трибуни.

연대(年代) роки; період; епоха. ¶ ~순으로 в хронологічному порядку; по роках. ‖ ~기 літопис; хроніка; аннали. ~표 хронологічна таблиця; хронологія.

연대(連帶) солідарність. [형] солідарний. ¶ ~하다 солідуватися з ким-чим. ~책임을 지다 відповідати за що солідарно; нести солідарну відповідальність. ~하여 спільно; солідарно. ‖ ~보증 кругова порука. ~성 солідарність. ~채무 спільний боржник. ~책임 солідарна (спільна) відповідальність.

연대(聯隊) полк. ‖ ~장 командир полку.

연도 рік. ‖ 사무(사업)~ операційний рік. 회계~ фінансовий рік.

연동장치 синхронний механізм; синхронна передача.

연두빛 салатовий колір.

연락 зв'язок; контакт; зносини; повідомлення; комунікації. ¶ ~하다 зв'язуватися; зноситися з ким про що. ~을 취하다 входити в контакт з ким. ‖ ~망 мережа зв'язку. ~선 рейсовий пароплав.

연령 вік. ¶ ~순으로 по старшинству. ~제한 віковій обмеження. ~차 різниця у віці. 결혼~ шлюбний вік.

연례 щорічна церемонія. ‖ ~보고 щорічна доповідь. ~행사 щорічна подія.

연로 ¶ ~하다 старий; літній.

연료 пальне; паливо. ‖ ~비 витрати на паливо (пальне). 액체~ рідке паливо.

연루 співпричасність; співучасть. ¶ ~되다 бути співпричасним до чого; бути замішаним у що. ‖ ~자 співучасник.

연륜 річна каблучка; вік.

연리 річний процент.

연립 коаліція. [형] коаліційний. ¶ ~하다 знаходитися в коаліції. ‖ ~내각 коаліційний кабінет (міністрів). ~정부 коаліцій- ний уряд. ~주택 багатоквар- тирний будинок.

연마(硏磨) |기계| шліфування; полірування. |연구| дослід-

ження. ¶ ~하다 |기계| шліфува́ти; полірува́ти. |연구| стара́нно вчи́тися *чому́* (займа́тися *чим*); освіжа́ти зна́ння; вдоскона́люватися *в чому́*. ‖ ~기 наждако́ва маши́на; шліфува́льний стано́к.

연마(鍊磨) тренува́ння; вдоскона́лення. ¶ ~하다 (поси́лено) тренува́ти; вдоскона́лювати. 기술을 ~하다 вдоскона́лювати майсте́рність.

연막 димова́ заві́са. ¶ ~을 치다 ста́вити димову́ заві́су. ‖ ~탄 димови́й снаря́д.

연말 кіне́ць ро́ку. ¶ ~에 в кінці́ ро́ку.

연맹 сою́з; лі́га; федера́ція; об'є́днання. ¶ ~에 가입하다 входи́ти в сою́з. ~을 조직하다 формува́ти сою́з. ‖ ~국 сою́зник. 국제~ Лі́га на́цій.

연명 ¶ ~하다 перебива́тися; волокти́ жалюгі́дне існува́ння.

연모 зако́ханість; любо́в *до кого*. ¶ ~하다 си́льно люби́ти; закоху́ватися *в кого-що*.

연못 ставо́к.

연무(煙霧) серпа́нок та тума́н.

연무(演武) військо́ві навча́ння. ‖ ~장 (навча́льний) плац; мане́ж.

연미복 фрак; візи́тка.

연민 жа́лість; співчуття́. ¶ ~의 정을 느끼다 жалі́ти *кого*; відчува́ти співчуття́. ~의 정이 깊은 жалі́сний. ~하다 співчутли́вий; жалі́сний.

연발 безпере́рвний ряд. ¶ ~하다 |사고가| безпере́рвно (підря́д) трапля́тися. |총을| вести́ безпере́рвний вого́нь. ‖ ~권총 револьве́р. 6~ шестизаря́дний револьве́р. ~총 автомати́чна гвинті́вка.

연방 сою́з; федера́ція; конфедера́ція. ‖ ~공화국 федерати́вна респу́бліка. ~의회 федерати́вна ра́да. ~정부 федерати́вний у́ряд; федерати́вна вла́да. ~제 федерати́вний стрій.

연배 |동년배| одноліток.

연보(年報) щорі́чний бюлете́нь; щорі́чник. ‖ 통계~ статисти́чний щорі́чник.

연보(年譜) хронологі́чний о́пис *чийо́го* життя́.

연봉 платня́ за рік; річни́й окла́д.

연분 у́зи; зв'язо́к; знайо́мство. ¶ 부부의 ~ у́зи шлю́бу; шлю́бні у́зи.

연분홍 сві́тло-роже́вий ко́лір.

연산(演算) |수학| дія; опера́ція. ‖ ~법 спо́сіб (під)рахунку.

연상(年上) старшинство́ по ві́ку. ¶ ~의 ста́рший.

연상(聯想) асоціа́ція іде́й. ¶ ~되다 асоціюва́тися *з ким-чим*. ~시키다 нага́дувати; виклика́ти в па́м'яті *що*. ~하다 асоціюва́ти *кого-що (що з чим)*.

연서 ¶ ~하다 колекти́вно (спі́льно) підпи́сувати. ~로 за спі́льними пі́дписами.

연석 ¶ ~하다 прийма́ти спі́льну у́часть. ~회의 об'є́днані (спі́льні) збо́ри (засі́дання).

연설 промо́ва; ви́ступ. ¶ ~하다 виступа́ти з промо́вою; проголо́шувати промо́ву. ‖ ~문 текст промо́ви. ~자 ора́тор; виступа́ючий. ~집 збі́рка промо́в.

연성(延性) {물리} тягучість; тягучий.

연성(軟性) м'якість.

연세 вік.

연소(年少) юність; неповноліття. ¶ ~하다 молодий. ‖ ~자 підліток; неповнолітній; молодь.

연소(燃燒) згоряння; спалення; горіння. ¶ ~하다 горіти; згоряти. ‖ ~성 займистість; горючість. ~실 камера згоряння.

연속 безперервність; продовження. ¶ ~적 безперервний; суцільний; перманентний. ~하다 продовжуватися; не припинятися. ~삼주 간 три тижні підряд. ~적으로 безперервно; підряд. ‖ ~강의 курс (цикл) лекцій. ~극 драма в декількох частинах (з продовженням). ~물 роман з продовженням; фільм в декількох серіях.

연쇄 ланцюг; ланка; ланцюговий. ‖ ~반응 ланцюгова реакція. ~상구균 стрептококи. ~점 мережа магазинів.

연수(研修) поглиблення знань. ¶ ~하다 поглиблювати знання; вдосконалювати знання. ‖ ~생 слухач курсів (інституту) вдосконалення; практикант; стажист. ~원 курси (інститут) вдосконалення.

연수(軟水) м'яка вода.

연습 вправа; тренування. ¶ ~하다 вправлятися; тренуватися; репетирувати; практикуватися. ‖ ~경기 тренувальний матч. ~비행 тренувальний політ.

연승 ряд перемог.

연신 підряд; безперервно; весь час.

연안 берег; узбережжя. ¶ ~의 береговий; прибережний; каботажний. ‖ ~국 країна, що має вихід до моря (омивається морем). ~지대 прибережний район; узбережжя; узбережна смуга (місцевість).

연애 любов. ¶ ~하다 любити; закохуватися в кого. ‖ ~결혼 шлюб по любові. ~사건 любовний епізод; роман. ~소설 повість (роман) про любов. 동성~자 гомосексуаліст.

연약 слабкість; м'якість; ніжність. ¶ ~하다 слабкий; м'який; ніжний; тендітний.

연어 лосось; сьомга; кета.

연역 дедукція. ¶ ~적 дедуктивний. ~하다 робити дедукцію; дедукувати.

연연 ¶ ~하다 гаряче любити; прив'язуватися *до кого-чого*; захопитися *чим*. 지위에 ~하다 прив'язуватися до займаної посади.

연예 виступ (на сцені). ‖ ~계 актори; коло акторів. ~인 виконавець.

연유(緣由) |유래| джерело; походження. |사유| причина; основа; привід. ¶ ~하다 брати початок *від чого-кого*.

연유(煉乳) згущене молоко.

연인 |남자| коханий. |여자| кохана. ¶ 한 쌍의 ~ закохана пара; закохані.

연인원 кількість (число) людей (що потрібні для якої роботи).

연일 декілька днів підряд; день у день. ¶ ~의 щоденний. ~계속

되다 продовжуватися декілька днів підряд.

연임 ¶ ~하다 знову призначатися на (попередню) посаду; бути відновленим в (попередній) посаді.

연잇다 формувати ланцюг; складати ланцюжок; продовжуватися; слідувати одне за одним. ¶ 연이어 один (одне) за одним; безперервно.

연장 |공구| робочий інструмент; інвентар.

연장(延長) протяг; розтягнення; подовження; пролонгація. ¶ ~하다 продовжувати; пролонгу- вати; розтягувати; подовжувати. ǁ ~전 додаткова (продовжена) гра.

연장자 старший за віком.

연재 публікація по частинам (окремими випусками). ¶ ~하다 публікувати по частинами. ǁ ~만화 розповідь в малюнках, що публікуються по частинах. ~물 твір, що публікується по частинах (з номера в номер; окремими випусками).

연적 суперник в коханні.

연전(連戰) ряд битв. ¶ ~연승하다 перемагати в кожній битві; не знати поразки. ~연패하다 постійно терпіти поразку; програвати битву одну за іншою. ǁ ~연승 перемога за перемогою. ~연패 поразка за поразкою.

연정 любовна туга; закоханість; любов. ¶ ~을 품다 закохуватися *в кого*.

연정 → 연립정부.

연좌 |앉음| присутність багатьох людей. |관련| співучасть *в чому*; причасність *до чого*. ¶ ~하다 бути залученим *у що*.

연주 виконання (музичного твору); гра; виступ (музиканта; оркестра). ¶ ~하다 виконувати; грати *на чому*; давати концерт. ǁ ~가 музикант; виконавець. ~곡목 репертуар. ~실 (музична) студія. ~회 концерт.

연줄 стосунки; знайомства. ¶ 연줄로 через знайомих; завдяки зв'язкам.

연중 протягом року. ǁ ~무휴 цілий рік без відпочинку; без вихідних. ~행사 свято, що проводиться щорічно; річний календар; святкування та звичаї, що святкуються кожен рік.

연지 рум'яна. ¶ ~를 찍다 рум'янитися.

연차 вікова черга. [형] річний; щорічний. ǁ ~대회 річні (щорічні) збори.

연착 ¶ ~하다 прибути пізно (з запізненням); запізнюватися.

연착륙 м'яке приземлення.

연철 м'яке залізо.

연체(延滯) прострочення; затримка; зволікання. ¶ ~되다 затримуватися; бути простроченим. ~하다 прострочувати; відкла- дати; затягувати. ǁ ~료 пеня; заборгованість. ~자 неплатник; хто прострочив виплату.

연체(軟體) м'яке тіло. ǁ ~동물 молюски.

연초 початок року. ¶ ~에 на початку року.

연출 режисура. ¶ ~하다 режисувати. ǁ ~가(자)

연타 ¶ ~하다 наносити *кому* один удар за іншим; обсипати *кого* ударами.

연탄 вугільний брикет. ‖ ~가스 чадний газ.

연통 (жерстяна) димова труба.

연패 ряд поразок. ¶ ~하다 зазнавати ряд поразок.

연필 олівець. ¶ ~을 깎다 точити олівець. ‖ ~통 пенал; футляр для олівців. 색~ кольоровий олівець. 제도~ креслярський олівець.

연하 ¶ ~이다 бути молодше *кого*.

연하다 |무르다| м'який; ніжний; |빛깔이| світлий. ¶ 연한 고기 м'яке м'ясо. 연한 빛깔 світлий колір.

연하장 новорічний вітальний лист; письмове новорічне вітання.

연한 срок; період. ‖ 복무~ трудовий стаж.

연합 об'єднання; союз; коаліція; унія; альянс. ¶ ~하다 об'єднувати(ся); з'єднувати(ся); комбінувати(ся). ‖ ~국 союзні держави. ~군 союзна армія.

연해 морський узбережжя. [형] прибережний; приморський. ‖ ~어업 прибережне ловлення. ~지방 примор'я.

연행 перепровадження. ¶ ~하다 перепроваджувати.

연혁 історія (розвиток) подій.

연호 ¶ ~하다 кричати декілька разів підряд.

연화(軟貨) паперові гроші.

연회 бенкет; прийом; (парадний) обід (вечеря). ¶ ~를 베єлда влаштовувати (давати) бенкет (прийом). ‖ ~석 місце бенкета (прийома). ~장 бенкетна зала.

연회비 річний членський внесок.

연휴 ряд свят (днів відпочинку) поспіль. ‖ 연말~ ряд свят (днів відпочинку) поспіль в кінці року.

열 десять. ¶ ~번째 десятий.

열(列) ряд; шеренга. |종렬| колона. ¶ ~을 지어가다 іти рядами.

열(熱) жар. |열기| тепло; теплота. |체온| температура тіла; жар. |열성 | порив|; запал. |분노| нервове збудження. ¶ ~을 가하ати нагрівати; підігрівати. ~이 난다 в *кого* висока (підвищена) температура. ‖ ~기관 тепловий двигун. ~역학 термодинаміка. ~처리 термічна обробка, термообробка. ~효율 термічний коефіцієнт корисної дії. 태양~ сонячне тепло; сонячний жар. 투기~ біржова лихоманка.

열강 (великі) країни.

열거 перерахування. ¶ ~하다 перераховувати.

열광 ентузіазм; захоплення; лихоманка; сильне захоплення. ~적 захоплений; гарячий; пропасний; пристрасний. ~적으로 з ентузіазмом; гаряче; захоплено. ~적인 관중 захоплені глядачі. ~하다 бути охопленим ентузіазмом; бути дуже захопленим *ким-чим*. 청중을 ~시키다 захоплювати слухачів.

열기 |더운 공기| гаряче (жарке) повітря. |신열| жар; висока температура. |열정| запал; порив. ¶ ~띤 논쟁 палка суперечка.

열나다 |몸에| у кого висока температура. |화나다| виходити з себе.

열녀 вірна дружина.

열다 відкривати. ¶ 입을 ~ заговорити.

열대 тропіки; тропічний пояс. ¶ ~성[의] тропічний. ‖ ~병 тропічна хвороба. ~식물 тропічні рослини. ~어 риби тропічних морів. ~지방 тропічні країни.

열도 острова; архіпелаг.

열등 більш низька якість. ¶ ~한 поганий; низької якості. ~감을 느끼다 страждати комплексом неповноцінності. ~감 комплекс неповноцінності.

열람 читання; перегляд (тексту). ¶ ~하다 читати; проглядати. ~실 читальний зал; читальня.

열량 калорійність. ¶ ~이 많은 (високо)калорійний. ‖ ~계 калориметр.

열렬 ¶ ~하다 гарячий; палкий; полум'яний. ~히 пристрасно; палко.

열리다 бути відкритим; відкриватися. |열매가| плодоносити.

열망 гаряче (пристрасне) бажання; прагнення; спрага. ¶ ~하다 гаряче (пристрасно) бажати чого; прагнути до чого.

열매 плід. ¶ ~를 많이 맺는 плодовитий. ~를 맺다 приносити плоди; плодоносити.

열무 молода редька.

열반 |해탈| нірвана. |고승의 죽음| смерть [여].

열변 пристрасна (гаряча) промова; гарячий виступ. ¶ ~을 토하다 говорити з великим захопленням; виступати з пристрасною промовою.

열병(熱病) лихоманка; хвороба з температурою (жаром). ¶ 사랑의 ~ любовна лихоманка.

열병(閱兵) огляд військ. ¶ ~하다 проводити огляд військ. ‖ ~식 воєнний парад.

열사 (палкий) патріот. ‖ ~묘 могила палкого патріота. 순국~ патріот, що віддав життя за батьківщину.

열사병 тепловий удар.

열선 тепловий промінь.

열성(熱誠) ентузіазм; активність; порив. ¶ ~을 다하여 гаряче; вкладаючи душу; віддано. ~적 активний; ревний; гарячий. ‖ ~가 ентузіаст; палкий прибічник.

열성(劣性) |생물| неповноцінність. ‖ ~인자 неповноцінний фактор.

열세 ослаблення; слабкість. ¶ ~인 більш слабкий; менш впливовий; що поступається силою.

열쇠 ключ. ¶ 문제 해결의 ~ ключ до вирішення проблеми. ‖ ~구멍 замкова шпара.

열심 запал; гарячність; порив; ентузіазм. ¶ ~이다 проявляти ентузіазм (порив); захоплюватися чим. ~히 гаряче; ревно; з ентузіазмом; з величезною увагою.

열십자 хрест. ¶ ~의 хрестоподібний. ~로 хрестоподібно; нахрест.

열악 ¶ ~하다 поганий; гірший; низької якості; кепський.

열애 палке (пристрасне) кохання.

열연 натхненна гра (в театрі). ¶ ~

하다 грати (виконувати) роль натхненно.

열의 ентузіазм; запал; натхнення. ¶ ~를 가지고 з ентузіазмом.

열전(熱戰) озлоблений бій; гаряча сутичка.

열전(列傳) життєвий опис великих людей минулого.

열전도 теплопровідність. ‖ ~율 теплопровідимість.

열정 пристрасть; запал; гаряче почуття. ¶ ~적 пристрасний; палкий.

열중 захоплення. ¶ ~하다 захоплюватися ким-чим; віддаватися чому.

열차 поїзд. ¶ ~편으로 на потязі; потягом. ‖ ~시간표 розклад потягів. ~운행표 графік руху поїздів. 급행~ швидкий потяг. 우편~ поштовий потяг. 화물~ товарний потяг.

열탕 окріп.

열팽창 теплове розширення.

열풍 |사막의| суховій; спекотний вітер. |용광로의| гаряче повітря.

열혈 |피| гаряча кров. |열정| запал; пристрасть. ‖ ~남아 палкий чоловік.

열화 вогонь; (яскраве) полум'я. ¶ ~와 같은 성원에 힘입어 завдяки чиїй активній підтримці.

엷다 |두께가| тонкий. |빛깔이| світлий; блідий. |천박하다| неглибокий; поверхневий.

염 запалення. ‖ 뇌~ запалення мозку; енцефаліт. 늑막~ плеврит. 폐렴 запалення легень.

염가 низька ціна. ¶ ~의 дешевий. ~로 за низькою ціною; дешево.

염두 думка; дума. ¶ ~에 두다 мати на увазі; думати. ~에도 없다 навіть в думках не було.

염려 |걱정| турбота; стурбованість. |불안| занепокоєння. ¶ ~스럽다 занепокоєний. ~하다 непокоїтися; турбуватися про кого-що. ~마시게 Не хвилюйтесь.

염료 фарба; барвник; фарбуюча речовина.

염류 {화학} солі [복].

염문 розмови про чиє кохання.

염병 |장티푸스| черевний тиф. |전염병| заразне (інфекційне) захворювання.

염분 солоність; вміст солі. ¶ ~이 있는 солоний; що вміщує сіль.

염불 молитва Будді. ¶ ~하다 молитися Будді.

염산 соляна (хлороводнева) кислота. ‖ ~염 солі соляної кислоти; хлориди.

염색 фарбування; забарвлення. ¶ ~하다 фарбувати. 모발을 ~하다 фарбувати волосся. ‖ [모발] ~약 фарба для волосся.

염색체 хромосоми. [복].

염세 ¶ ~적 песимістичний. ‖ ~가 песиміст. ~주의 песимізм.

염소 коза. |숫염소| козел. [형] козячий. ‖ ~젖 козяче молоко. 야생~ козеріг.

염소(鹽素) хлор. [형] хлорний.

염원 заповітне бажання; прагнення. ¶ ~하다 палко (всім серцем) бажати чого (прагнути до чого).

염전 соляні поля; солончак.

염주 чотки [복].

염증(厭症) відраза. ¶ ~이 나다 набридати кому.

염증(炎症) запалення. ¶ ~을 일으키다 запалитися. ~의

염치 со́ром; со́вість. ¶ ~가 없다 безсоро́мний; безсо́вісний.

염탐 шпигу́нство; ро́звідка; таємне розслі́дування. ¶ ~하다 (таємно) розві́дувати; шпигува́ти.

염화 злу́ка з хло́ром; хлорува́ння. ǁ ~나트륨 хлори́стий на́трій; поварена сіль. ~칼슘 хлори́стий ка́льцій.

엽기 підви́щений інтере́с до незвича́йного. ¶ ~적 що проявля́є підви́щений інтере́с до незвича́йного; незвича́йний.

엽록소 хлорофі́л. [형] хлорофі́ловий.

엽록체 хлорофі́лове зерно́.

엽총 мисли́вська рушни́ця.

엿 коре́йська пато́ка. ǁ 물~ рідка́ коре́йська пато́ка.

엿기름 со́лод.

엿듣다 підслухо́вувати.

엿보다 |남몰래| підгляда́ти; вигляда́ти. |기회를| вичі́кувати. 기회를 ~ вичі́кувати моме́нт.

영(零) нуль [м]. ¶ ~시 нуль годи́н. ~하 ни́жче нуля́.

영(靈) |신령| дух; душа́ поме́рлого. | 영혼| душа́, дух. ¶ ~적 духо́вний.

영감(令監) |노인의 높임말| стари́й. |아내가 연로한 남편에게| мій стари́й.

영감(靈感) натхне́ння (згори́).

영결 ǁ ~식 по́хорон.

영계(--鷄) пі́вник; моло́дка.

영계(靈界) духо́вний світ.

영공 повітря́ний про́стір.

영광 сла́ва; честь [ж]. ¶ ~스럽다 сла́вний; поче́сний.

영구 ві́чність. ¶ ~적 ві́чний; перманентний; постійний. ~히 ві́чно; наві́ки; назавжди́. ~불변의 незмі́нний. ǁ ~보존 ві́чне зберіга́ння. ~성 ві́чність; пості́йність. ~치 корі́нний зуб.

영내(領內) ¶ ~[에] на терито́рії; в територіа́льних во́дах; в повітря́ному про́сторі (краї́ни).

영내(營內) ¶ ~[에] в воє́нному та́борі; в каза́рмах. ǁ ~생활 каза́рмене життя́.

영농 заня́ття сі́льським господа́рством; ве́дення сі́льського господа́рства. ǁ ~기술 агроте́хніка. ~법 спо́сіб ве́дення сі́льського господа́рства.

영달 успі́шне просува́ння по службі́. ¶ ~하다 успі́шно просува́тися по службо́вій драби́ні.

영도 керівни́цтво; направле́ння. ¶ ~하다 керува́ти ким-чим. ǁ ~자 керівни́к.

영락 розо́рення; зубожі́ння; занепа́д. ¶ ~없다 безсумні́вний. ~하다 розо́рюватися.

영령 душа́ поме́рлого.

영롱 ¶ ~하다 |이슬 따위가| яскра́вий; блиску́чий. |소리가| чи́стий; вира́зний.

영리(營利) витя́гнення прибу́тку (ви́годи). ¶ ~를 도외시하면서 безкошто́вно; не ду́маючи (без ду́мки) про ви́году.

영리(怜悧) ¶ ~하다 розу́мний; кмітли́вий.

영면 ві́чний спо́кій; непробу́дний сон. ¶ ~하다 засну́ти ві́чним сном.

영문 |까닭| причи́на. |상황| обста́вина. ¶ ~을 모르다 не

знати, в чому справа.

영민 ¶ ~하다 проникливий; розумний.

영빈관 зала для прийомів.

영사기 кіноапарат; проекційний апарат; кінопроектор; кіно пристрій.

영사(領事) консул. [형] консульський. ‖ ~관 консульство. 총~ генеральний консул.

영상(映像) оптичне зображення; відображення.

영상(零上) вище нуля. ¶ ~ 2도 два градуси вище нуля.

영생 безсмертя; вічне життя. ¶ ~하다 вічно жити.

영세(永世) вічність. ‖ ~중립 постійний нейтралітет.

영세(零細) ¶ ~하다 |규모가| мізерно малий; крихітний; роздроблений. |가난하다| бідний; що розорився. ‖ ~농 селянин, що володіє мізерною ділянкою землі. ~민 збідніла (що розорилася) людина. ~성 роздробленість. ~업체 дрібне підприємство.

영세(領洗) хрещення. ¶ ~를 베풀다 хрестити; давати ім'я. ‖ ~명 ім'я, дане при хрещенні.

영속 сталість; вічність; непорушність. ¶ ~적 тривалий; довговічний; довгочасний; постійний. ¶ ~하다 довго продовжуватися; нескінченно тривати. ‖ ~성 довговічність.

영수(領收) отримання. ‖ ~인 отримувач. ~증 розписка в отриманні; квитанція (про отримання).

영수(領袖) вождь; голова. ‖ 여야 ~회담 бесіда глав урядових та опозиційних партій.

영아 (грудна) дитина; новонароджений.

영악 ¶ ~하다 старанний та невтомний. ~스레 старанно та невтомно.

영양 харчування. ¶ ~상태가 좋은 вгодований. ~이 풍부한 поживний. ‖ ~가 поживність; поживна якість. ~부족 недостатнє харчування; недоїдання. ~사 дієтолог. ~식 поживна їжа. ~실조 (аліментарна) дистрофія.

영어(英語) англійська мова.

영업 торгова справа; підприємство; робота. ¶ ~하다 вести справи; працювати. ~용[의] для ділових (комерційних) цілей; призначений для підприємства. ‖ ~권 право на ведення робіт. ~비 оперативні витрати; витрати по експлуатації. ~자금 обіговий капітал. ~주 комерсант; ділок; підприємець. ~허가 дозвіл (ліцензія) на ведення підприємства (справи). 24시간~ цілодобова робота.

영역(英譯) ¶ ~하다 перекладати що англійською мовою.

영역(領域) |영토| територія держави. |분야| область; сфера.

영영 (на)вічно; назавжди. ¶ ~ 헤어지다 розлучатися назавжди.

영예 слава; честь; пошана. ¶ ~로운 славний; почесний.

영욕 слава та сором.

영웅 герой. ¶ ~적 героїчний. ~적으로 героїчно. ~적으로 행동

영원 ¶ ~하다 вічний; незмінний. ~히 навік; назавжди; вічно. ǁ ~성 вічність.

영위 ¶ ~하다 вести.

영유 володіння чим. ¶ ~하다 володіти чим. ǁ ~권 право власності.

영입 прийом; запрошення. ¶ ~하다 приймати кого; зарпошувати *кого*.

영장(令狀) письмове розпорядження (наказ). ¶ ~을 발부하다 давати ордер. ǁ 소환[영]장 судова повістка. 체포(구속) ~ ордер на арешт.

영장(靈長) ¶ 인간은 만물의 ~이다 Людина – цар природи. ǁ ~류 примати.

영재 |사람| (видатний) талант; обдарована (талановита) людина. |재능| обдарованість; талант. ǁ ~교육 навчання особливо обдарованих дітей.

영전(靈前) ¶ ~에 перед (духом померлого; похором); могилою.

영전(榮轉) перехід на більш високу посаду. ¶ ~하다 переходити на більш високу посаду.

영점 нуль; нуль балів.

영접 зустріч; прийом. ¶ ~하다 зустрічати; приймати.

영정 зображення; образ.

영주(永住) постійне проживання. ǁ ~권 право постійного проживання (вид на проживання). ~지 постійне місце проживання.

영주(領主) феодал.

영지 територія; володіння.

영치 тимчасове вилучення. ¶ ~하다 забирати; залишати на збереження. ~금 гроші, залишені за зберігання.

영토 територія; володіння. ǁ ~권 суверенні права; суверенітет. ~분쟁 територіальний конфлікт. ~확장 розширення території; територіальна експансія.

영특 ¶ ~하다 розумний та незвичайний.

영하 нижче нуля. ¶ ~6도 мінус шість; шість градусів морозу.

영합 лестощі; улесливість; низькопоклонство. ¶ ~적인 태도 пристосовництво. ~하다 лестити *кому-чому*; пристосовуватися до *кого-чого*.

영해 територіальні води. ǁ ~선 кордон територіальних вод.

영향 вплив; дія. ¶ ~을 받다 знаходитися під впливом; попадати під вплив. ~을 주다 впливати *на кого-що*; діяти *на кого-що*; чинити вплив *на кого-що*. ~력 впливовість.

영혼 душа; дух. ǁ ~불멸 безсмертя душі.

영화(榮華) повне благополуччя; процвітання; розквіт; слава.

영화(映畵) кінокартина; (кіно)-фільм. ¶ ~를 찍다 робити кінозйомку; знімати фільм. ~에 출연하다 з'являтися на екрані; зніматися в кіно. ~화하다 екранізувати. ǁ ~각본 кіносценарій. ~감독 (кіно)режисер. ~관 кінотеатр. ~계 світ кіно; коло кінема- тографістів. ~배우 кіноактор. |여배우| кіноактриса. ~사업

кінопромисло́вість. ~상영 кіносеа́нс. ~제 кінофестива́ль. ~제작소 кіносту́дія. 기록~ документа́льний фільм. 만화~ мультиплікаці́йний фільм; мультфі́льм. 예술~ худо́жній фільм.

єл́да |깊이가| неглибо́кий; мілки́й. |빛이| сві́тлий; блі́дий.

оп бокова́ сторона́; бік. ¶ ~의 бокови́й. 양~에 з бокі́в. ~에서부터 з бо́ку. ~으로 бо́ком. ‖ ~길 бокова́ дорі́жка; відгалу́ження. ~문 бокові́ две́рі.

опгу́рі бік. [형] бокови́й.

예 давнина́; старина́. ¶ ~로부터 з давні́х пір; з давни́ни.

예 |대답| да. |반문| що?.

예(例) при́клад; аналогі́чний ви́падок. ¶ (전)~가 нема́є безприкла́дний; безпрецеде́нтний. ~의 вищевикла́дений; вищеска́заний. ~를 дава́ти наво́дити при́клад. ~를 들면(컨대) напри́клад; до при́кладу.

예(禮) |예의| етике́т; присто́йність; вві́чливість; че́мність. |절| віта́ння; покло́н.

예각 го́стрий кут.

예감 передчуття́. ¶ ~하다 передчува́ти. 불길한 ~ дурне́ передчуття́.

예견 передба́чення. ¶ ~하다 передба́чити.

예고 попере́дження *про що*; повідо́млення напере́д. ¶ ~하다 попере́джувати *кого про що*; повідомля́ти *про кого-що*. ~없이 без попере́дження. ‖ ~편 рекла́мний пока́з у́ривків з кінокарти́ни.

예금 (грошо́вий) вне́сок; депози́т. ¶ ~하다 роби́ти (грошо́вий) вне́сок; депонува́ти. ~을 ину́лу́ти зніма́ти вне́сок. ‖ ~액 су́ма вне́ску. ~주 вкла́дник; депози́тор. 당좌~ безстро́ковий депози́т. 정기~ терміно́вий депози́т (вне́сок).

예기(豫期) очі́кування; наді́ї; припу́щення. ¶ ~치 않은 непередба́чуваний; неочі́куваний. ~하다 чека́ти; очі́кувати; припуска́ти.

예년 звича́йний рік. ¶ ~과 달리 на відмі́ну від звича́йних ро́ків. ~의 행사 щорі́чна поді́я; щорі́чне свя́то.

예능 худо́жній тала́нт. ‖ ~인 акто́р.

예단(豫斷) упере́дження. ¶ ~하다 ста́витися з упере́дженням.

예리 ~하다 го́стрий. ~한 비판 го́стра кри́тика.

예매(豫買) ¶ ~하다 заздалегі́дь купува́ти.

예매(豫賣) попере́дній про́даж. ¶ ~하다 заздалегі́дь продава́ти.

예문 при́клад (з те́ксту).

예물 |사례의 선물| дар; подару́нок; підно́шення. |신랑신부의| подару́нки, яки́ми міня́ються нарече́ний та нарече́на. ‖ ~반지 обру́чка.

예민 то́нкість; гостро́та. ¶ ~하다 то́нкий; го́стрий. ~한 후각 то́нкий (го́стрий) нюх.

예방 попере́дження; запобіга́ння. ¶ ~하다 попере́джати; запобіга́ти. ‖ ~법 запобі́жні за́ходи. ~약 профілакти́чний за́сіб (лі́ки). ~접종(주사) запобі́жне ще́плення (ін'єкція); вакцинація.

예배 богослужіння. ¶ ~하다 здійснювати богослужіння. ‖ ~당 церква.

예법 етикет; правила поведінки; пристойності. ¶ ~에 어긋나는 порушуючий етикет.

예보 попереднє сповіщення; передбачення; прогноз. ¶ ~하다 заздалегідь сповіщувати; передбачати; давати прогноз. ¶ 일기~ прогноз погоди. ~관 синоптик; службовець бюро погоди.

예봉 вістря. ¶ ~을 꺾다 пом'якшувати удар.

예비 |사전준비| приготування; підготовка *до чого*. |비축| резерв. ~하다 заздалегідь (попередньо) готувати; підготовувати; резервувати. ‖ ~군 резерв; резервні війська. (резервістів). ~비 резервні (запасні) фонди. ~시험 попередній екзамен. ~역 служба в запасі (резерві).

예쁘다 милий; симпатичний.

예쁘장하다 доволі милий (симпатичний).

예사 звичайна справа; звичайна практика. ¶ ~가 아닌 незвичайний. ~롭다 звичайний; повсякденний. ~로이 звичайно.

예산 бюджет; кошторис. ¶ ~외 [의] непередбачений в бюджеті; не включений в бюджет. ~을 세우다 складати бюджет. ‖ ~년도 бюджетний рік. ~안 проект бюджета. ~위원회 бюджетний комітет. ~초과 перевищення бюджету.

예상 припущення; очікування; перспектива. ¶ ~외의 неочікуваний; непередбачений. ~하다 припускати; передба- чати. ~대로 як очікувалось; як передбачалось. ~외로 неочікувано; всупереч очікуванням.

예선 попередній відбір. ¶ ~하다 попередньо вибирати (відби- рати). ~전을 치루다 проводити відбірні змагання. ‖ ~전 попереднє змагання; попередній матч.

예속 підкорення; закабалення; поневолення. ¶ ~적 залежний. ~하다 підкорювати; закабаляти; поневолювати. ‖ ~국 залежна держава. ~성 залежність.

예수 Ісус.

예수교 християнство. [형] християнський. ‖ ~인 християнин, -ка.

예술 (художнє) мистецтво. ¶ ~적 художній; артистичний; що відноситься до мистецтва. ‖ ~가 художник; діяч мистецтва. ~계 світ мистецтва; художні кола; кола працівників мистецтва. ~론 мистецтво- знавство. ~사 історія мистецтва.

예스럽다 здаватися давнім (стародавнім).

예습 приготування уроків. ¶ ~하다 готувати уроки.

예시(例示) ілюстрація; приклад. ¶ ~하다 ілюструвати прикладами.

예시(豫示) ¶ ~하다 слугувати ознакою; вказувати; передві- щати.

예식 |예법| етикет. |의식| церемонія; церемоніал; обряд;

예심 попереднє розслідування (слухання справи). ‖ ~판사 судовий слідчий.

예약 попереднє замовлення; підписка. ¶ ~하다 робити попереднє замовлення; підписувати на що; замовляти заздалегідь. ‖ ~금 внесок за підписку (замовлення); завдаток. ~석 зарезервоване (заздалегідь замовлене) місце. ~자 передплатник.

예언 передбачення; пророцтво. ¶ ~적 пророчий. ~하다 передбачати; пророкувати що; пророкувати про що. ‖ ~자 пророк.

예열 попереднє нагрівання. ¶ ~하다 попередньо нагрівати.

예외 виняток. ¶ ~적 винятковий; що є винятком. ~로 하다 робити виняток *для кого-чого*. ~없이 без винятку. ~적으로 як виняток.

예우 |대접| прийом з почестями; почесті. |특권| привілегія. ¶ ~하다 шанобливо приймати кого (ставитися до кого).

예의(銳意) старанно; ревно; ретельно; невтомно. ¶ ~검토하다 розглядати старанно (невтомно).

예의(禮儀) етикет; правила пристойності. ¶ ~바르다 ввічливий; вихований; *в кого* гарні манери. ~상 через ввічливість; заради етикету.

예인 буксирування. ¶ ~하다 буксирувати. ‖ ~선 буксир; буксирне судно.

예전 далеке минуле. ¶ ~부터 з давніх пір. ~에 раніше.

예절 етикет; ввічливість; гарні манери; чемне обходження. ¶ ~을 지키다 дотримуватися етикету.

예정 припущення; наметування; план. ¶ ~된 припущений; призначений; (заздалегідь) намічений (встановлений). ~하다 намічувати; (заздалегідь) встановлювати; призначати. ‖ ~일 передбачувана дата; намічений день. ~지 місце призначення; призначений район.

예제 зразок для вправи.

예증 що підтверджує приклад; підтвердження прикладом. ¶ ~하다 підтверджувати прикладами; доводити на прикладі.

예지(叡知) мудрість; проникливість.

예지(豫知) ¶ ~하다 передбачити; передчувати.

예진 попередній медичний огляд. ¶ ~하다 попередньо оглядати.

예찬 хвала. ¶ ~하다 хвалити; прославляти. ‖ ~자 людина, що восхваляє; шанувальник.

예측 здогадка; припущення; передбачення. ¶ ~하다 вгадувати; припускати; перед- бачати; робити припущення. ~이 맞았다 здогадка здійснилась.

예탁 депозит. ¶ ~하다 покласти (в банк); депонувати.

예편 ¶ ~되다 ставати запасним; входити в запас. ~하다 вносити кого в список офіцерів запасу.

예행 репетиція. ¶ ~하다

예후 прогноз. [형] прогнозний. ¶ 질병의 ~ прогноз хвороби.

옛 давній; старий. ¶ ~부터 з давніх пір. ~적에 в давнину; раніше. ‖ ~모습 попередній вигляд; старий зовнішній вигляд. ~사랑 старе кохання. ~이야기 옛날이야기 казка. |과거에 관한 이야기| розповідь про минуле. ~일 минула подія. ~정 стара прихильність. ~추억 спогади про минуле. ~친구 стародавній друг.

옛날 (далеке) минуле; давні часи; давнина. ¶ ~의 стародавній. ~식으로 по-старому. ‖ ~이야기 казка.

오(五) п'ять.

오가다 |오고가다| приходити та іти. |배회하다| тинятися; блукати.

오감(五感) п'ять почуттів.

오그리다 вбирати (втягувати) всередину.

오금 підколінна ямка. ¶ ~이 저리다 мучитися (через допущену помилку).

오기(傲氣) завзятість; наполегливість; непоступливість. ¶ ~를 부리다 наполягати.

오기(誤記) описка. ¶ ~하다 помилково писати; неправильно записувати.

오늘 сьогодні. ¶ ~의 сьогоднішній. ~까지 до сьогоднішнього дня. ~밤 сьогодні вночі. ~부터 з сьогоднішнього дня. ‖ ~날 теперішній (даний) час.

오다 |도착| прибувати; приходити; приїжджати. |눈비가| іти. |계절이| наставати; приходити. |기인하다| виникати. |수준에| досягати. ¶ 잠이 ~ засипати. 졸음이 ~ задрімати. 온데간데없다 ні слуху ні духу.

오다가다 |도중에| по дорозі. |우연히| випадково.

오대양 п'ять океанів. ¶ ~육대주에서 по всьому світі; в цілому світі.

오도방정 надмірна легковажність. ¶ ~을 떨다 проявляти надмірну легковажність.

오동[나무] павлонія.

오동통하다 пухлий; повний.

오두막 курінь. [형] курінний. ‖ ~집 хатина; халупа.

오똑하다 підвисний; що стирчить.

오뚜기 ванька-встанька.

오라기 шматок. [형] шматковий. ‖ 실~ шматок нитки.

오락 розвага. ¶ ~하다 розважатися чим. ‖ ~기 ігровий автомат. ~실 кімната для розваг; ігрова кімната.

오락가락하다 |배회| бродити; тинятися. |정신이| то приходити в себе; то втрачати свідомість. |비가| то іти, то припиняти.

오랑캐 варвар; дикар.

오래 довго. ¶ ~다 давній; стародавній; довгий; тривалий. ~오래 дуже довго; вічно. 오랫동안 на довгі роки; довго.

오렌지 апельсин. [형] апельсиновий. ‖ ~나무 апельсинове дерево. ~색 оранжевий колір.

오로지 тільки; лише; виключно.

오류 помилка. ¶ ~를 범하다

робити помилку.

오륜기 прапор із зображенням п'яти кілець; олімпійський прапор.

오르간 орган. ‖ ~연주자 органіст, -ка.

오르내리다 |층계를| то підніматися, то спускатися. |사람들의 입에| потрапляти на язик кому; говорити про що.

오르다 |높은 곳으로| підніматися. |기록| бути записаним (занесеним). |열차에| сідати на що. |약이| вселятися. ¶ 살이 ~ поправлятися; повніти.

오르막 підйом. [형] підйомний. ‖ ~길 дорога в гору.

오른 правий. ¶ ~편에서 справа. ~편으로 направо. ‖ ~발 права нога. ~팔 |오른쪽 팔| права рука. |심복| помічник. ~편(쪽) права сторона.

오리 качка. [형] качковий. ‖ ~ 걸음 качкова хода. ~고기 качкове м'ясо. 새끼~ каченя.

오만 зарозумілість; гордовитість; пихатість; чванливість. ¶ ~하다 високомірний; гордовитий; зарозумілий; чванливий. ~불손하다 високомірний; гордовитий; пихатий.

오매불망 ¶ ~하다 пам'ятати днем і вночі.

오명 заплямована (дурна) репутація. ¶ ~을 벗다 відновлювати репутацію (честь). ~을 쓰다 змити ганьбу.

오목 з поглибленням. ¶ ~하다 запалий; вгнутий. ‖ ~렌즈 вгнута лінза.

오묘 ¶ ~하다 глибокий; таємничий.

오물 нечистоти; бруд; сміття; відходи. ‖ ~수거차 сміттєвіз.

오므리다 вдавити; заправляти всередину. |입술을| підгинати.

오미자 |나무| китайський лимонник. ‖ ~차 напій з китайського лимонника.

오발 ¶ ~하다 |총을| помилково обстріляти.

오보 неправильна інформація; хибне повідомлення (звістка); неправильні відомості; неточні дані. ¶ ~하다 неправильно інформувати; дезінфікувати; повідомляти неправильні відомості.

오붓하다 |넉넉하다| повний; достатній; заможний. |실속 있다| змістовний. ¶ 오붓이 повністю; достатньо; заможно.

오븐 піч. |형| пічний.

오빠 → 오라버니.

오산 неправильний рахунок; перерахування; помилка в рахунках (обрахунках). ¶ ~하다 прораховувати; не розраховувати; робити помилку в підрахунках; помилятися в (роз)рахунках.

오색 п'ять кольорів (синій; жовтий; червоний; білий; чорний). ¶ ~이 영롱하다 сяяти всіма кольорами райдуги.

오선지 нотний папір.

오솔길 стежка. ¶ 숲에 난 ~ лісна стежка.

오수 брудна (стічна) вода; помиї.

오순도순 дружно та мирно.

오심 |경기에서| неправильне суддівство. |재판에서| судова помилка. ¶ ~하다 неправильно

суди́ти; зроби́ти судову́ помі́лку.

оси́п п'ятдеся́т. ¶ ~번째의 п'ятдеся́тий. ~보 бало дрібни́ця.

оси́кхада зіщу́люватися від хо́лоду (стра́ху).

оаси́с оа́зис. [형] оа́зисний.

оёл ¶ ~하다 схли́пувати.

оём забру́днення. |군사적으로| зара́ження. ¶ ~되다 бу́ти забру́дненим. ~시키다 бру́днити. ‖ ~구역 заражений райо́н. ~물 заражений предме́т. 대기~ забру́днення пові́тря. 환경~ забру́днення навко́лишнього середо́вища.

оёк ганьба́; безче́стя; обра́ження. ¶ ~하다 ганьби́ти; безче́стити; паплю́жити; обли́ти бру́дом; обража́ти.

оён непра́вильне використа́ння (застосува́ння). ¶ ~하다 непра́вильно використо́вувати (застосо́вувати).

оі огі́рок. [형] огірко́вий. ‖ ~지 соло́ні огірки́.

оін непра́вильне (помилко́ве) уя́влення; непорозумі́ння. ¶ ~하다 прийма́ти одне́ за і́нше; помили́тися; непра́вильно (помилко́во) уявля́ти собі́.

оіп розпу́ста. ¶ ~하다 жи́ти розпу́сно. ‖ ~쟁이 розпу́сник.

оджан'юкбу вну́трішні о́ргани.

оджон ¶ ~에 до по́лудня. ‖ ~회의 ра́нішні засі́дання.

оджом випра́влення; забру́днення; пля́ма. |평판에 대한| пля́ма ганьби́; пля́ма на репута́ції. ¶ ~을 залиша́ти забру́днювати, плямува́ти. ~을 씻다 змива́ти пля́му. ~ 하나 없는 без жо́дної пля́ми; незаплямо́ваний; безпере́чний.

оджон озо́н. [형] озо́новий. ‖ ~층 шар найви́щої концентра́ції озо́ну. ~에 난 구멍 озо́нова діра́.

одюк як; скільки.

одюм се́ча. |전문용어로서| ури́на. ¶ ~누다 мочи́тися. ~이 마렵다 відчува́ти пози́ви до сечовипуска́ння.

оджі глухе́ мі́сце в гора́х; медве́жий кут; глиб краї́ни; глиби́нні райо́ни (пу́нкти).

оджін помилко́вий (неві́рний) діа́гноз. ¶ ~하다 ста́вити неві́рний (непра́вильний) діа́гноз.

оджіно кальма́р.

оча помі́лка (хи́ба; відхи́лення) при обчи́сленнях.

очан обі́д для госте́й.

окестра орке́стр. [형] орке́стровий. ¶ ~를 керува́ти дири́гувати орке́стром.

опхан помилко́ве рі́шення; непра́вильний ви́бір. ¶ ~하다 непра́вильно (помилко́во) визнача́ти.

охан озно́б; тремті́ння. ¶ ~이 나다 кого́ в озно́б кида́є.

охапчжо́л (неорганізо́ване) збо́рище; на́товп.

охе непра́вильне розумі́ння; непорозумі́ння. ¶ ~하다 непра́вильно розумі́ти. ~를 풀다 розсі́ювати непорозумі́ння. ~때문에 по непорозумі́нню.

оху ¶ ~에 пі́сля по́лудня.

охірйо навпаки́; скорі́ш за все.

ок(玉) |구슬보석| дорогоці́нний ка́мінь. |보석의 일종| нефри́т; я́шма.

옥(獄) в'язниця. [형] тюремний. ¶ ~바라지하다 носити передачі у в'язницю. ~에 가두다 заключати (саджати) у в'язницю. ‖ ~살이 перебування у в'язниці.

옥고 муки (страждання) в'язня.

옥내 ¶ ~의 кімнатний. ~에 в будинку; в закритому приміщенні.

옥동자 хлопчик.

옥사(獄死) смерть у в'язниці. ¶ ~하다 помирати у в'язниці.

옥상 ¶ ~에 на пласкому даху. ‖ ~정원 сад на даху.

옥색 жовтувато-зелений колір.

옥석 |옥과 돌| дорогоцінний та простий камінь. |좋은 것과 나쁜 것| хороше та погане.

옥수수 кукурудза. [형] кукурудзяний. ‖ ~가루 кукурудзяне борошно.

옥신각신 незгоди. ¶ ~하다 бути в незгоді (один з одним).

옥양목 перкаль; коленкор. ¶ ~의 перкалевий.

옥외 ¶ ~에 поза домом; під відкритим небом. ‖ ~집회 збори під відкритим небом.

옥죄다 туго затягувати (зав'язувати).

옥죄이다 бути туго затягнутим (зав'язаним).

옥중 ¶ ~에 у в'язниці. ‖ ~기 тюремний щоденник.

옥탄 {화학} октан. [형] октановий. ‖ ~가 октанове число.

옥편 ієрогліфічний словник.

온 весь; цілий. ¶ ~몸이 떨리다 тремтіти всім тілом. ~몸에 по всьому тілу. ~힘을 다하여 з усіх сил. ~세상 весь світ.

온갖 всілякий. ¶ ~노력을 다하다 всіляко намагатися. ~종류의 всілякий.

온건 ¶ ~하다 помірний. ‖ ~파 партія поміркованих.

온고지신 вчитися на помилках (уроках) минулого.

온기 тепло; теплота; задуха.

온난 ¶ ~하다 теплий; помірний. ~한 기후 помірний клімат. ‖ ~전선 теплий фронт.

온당 ¶ ~하다 доречний; що личить; підходящий. ~한 조치 відповідні заходи.

온대 помірний пояс.

온도 температура. [형] температурний. ¶ ~를 재다 вимірювати температуру. ‖ ~계 термометр. 연평균~ середня річна температура.

온돌 утеплена підлога (в корейському будинку). ‖ ~방 кімната з утепленою підлогою.

온상 |식물| парник; теплиця. |발상지•환경| розсадник. ¶ 악의 ~ сприятливий грунт для зла; розсадник зла.

온수 тепла вода. ‖ ~공급망 теплова мережа; тепломережа.

온순 ¶ ~하다 смирний; слухняний; покірний; піддатливий.

온실 теплиця; оранжерея. ¶ ~속의 교육 оранжерейне тепличне виховання. ~에서 자란 사람 людина, вихована як в теплиці; розпещена людина. ~에서 자란 아이 теплична дитина. ‖ ~식물 оранжерейна рослина.

온열 тепло та жар.

온유 ¶ ~하다 покірний; м'який; лагідний.

온전 ¶ ~하다 цілий; повний.

온정 щирість; теплі почуття. ¶ ~의 손길 рука допомоги. ~이 있는 теплий; щирий; чуйний. ‖ ~주의 угодовство.

온종일 весь день; цілий день.

온천 гаряче (мінеральне) джерело. ¶ ~에 가다 їхати на гарячі джерела. ‖ ~수 гарячі мінеральні води. ~장 курорт з гарячими (мінеральними) джерелами.

온탕 |온천| гаряче (мінеральне) джерело.

온통 все цілком.

온혈 тепла кров. ‖ ~동물 тепло-кровні тварини.

온화 ¶ ~하다 |기후가| тихий та теплий. |성질이| покірний; мирний; спокійний.

올 одна нитка. ¶ ~이 곧다 прямий; нелицемірний.

올가미 |짐승을 잡기 위한| пастка; петля; аркан. |꾀| хитрість. ¶ ~를 쓰다 ставати жертвою чиїх інтриг; попадатися на вудочку. ~를 씌우다 взяти кого хитрістю; ловити кого в пастку.

올곧다 |줄이| прямий. |사람이| чесний.

올라가다 |높은 곳으로| підніматися; здійматися. |물가가| підвищуватися. |승진| пере-суватися. ¶ 서울로~ їхати, їти з провінції в столицю. 거슬러 ~ іти (їхати) проти течії.

올라오다 |높은 곳으로| підніматися; здійматися. |속이| рвати; нудити кого.

올리다 |높은 곳으로| піднімати. |거행하다| проводити; влаштовувати. |드리다| давати; підносити. |얻다| досягати; |기재하다| вміщувати; вписувати. ¶ 결혼식을 ~ справляти весілля. 기도를 ~ молитися; читати молитву.

올림픽(대회) олімпіада; олімпійські ігри.

올망졸망하다 неоднаковий; нерівний.

올바르다 чесний; прямий. ¶ 올바로 чесно; прямо; правильно.

올봄 весна цього року. ¶ ~에 весною цього року.

올빼미 звичайна сіра сова.

올챙이 пуголовок. |형| пуголовків.

올케 дружина брата (для сестри).

올해 цей рік. ¶ ~에 в цьому році.

옭다 |잡아매다| ловити сіткою. |정신적으로| обмежувати; стискувати.

옮기다 |물건을| переводити; переміщувати; переносити. |병을| передавати. |말을| переказувати; передавати (почуте).

옳다 правильний; правий; вірний. ¶ 옳은 해석 правильне тлумачення. 당신 말이 ~. Ви праві.

옳지 точно; правильно.

옴 короста. [형] коростовий.

옴짝달싹 못하다 бути не в стані поворухнутися.

옵서버 спостерігач; делегат, (учасник), що має дорадчий голос.

옵션 вибір; право вибора (заміни).

옷 одяг; сукня. ¶ ~을 벗다 роздягатися. ~을 벗은 неодягнений; роздягнений. ~을 입다 одягати одяг; одягатися. ~가지 предмети одягу. ~감 відріз матерії. ~걸이 вішалка.

~깃 комір. **~맵시** вид (фасон) одягу. **~장** шафа для одягу. **겉~** верхній одяг. **속~** нижня білизна.

옹고집 віслюкова впертість.

옹골지다 повний; змістовний.

옹골차다 |사람이| дуже міцний.

옹기 |그릇| обпалений глиняний посуд.

옹기종기 купою; горою; натовпом; щільно.

옹달샘 неглибоке джерело.

옹벽 захисна стіна; підпірна стіна; стіна схилу.

옹색 ¶ ~하다 |살림이| бідний. |공간이| тісний. |생각이| обмежений; вузький.

옹알거리다 |입속말| бурмотати. |아기가| белькотати.

옹졸 ¶ ~하다 обмежений; вузький; недалекий; з вузькими поглядами.

옹호 захист; заступництво; підтримка. ¶ ~하다 захищати; підтримувати; чинити кому підтримку. || ~자 захисник; прибічник.

옻칠 лакування. ¶ ~의 лакувальний. ~하다 лакувати(ся); покривати(ся) лаком.

와글거리다 |사람들로| товпитися; роїтися; кишіти. |시끄럽게| шуміти; галасувати.

와병 ¶ ~하다 злягти; хворіти.

와신상담 ¶ ~하다 все переносити заради помсти ворогу.

와이셔츠 верхня сорочка.

와전 неправильне повідомлення; хибна чутка. ¶ ~되다 бути неточно переданим; бути хибно повідомленим.

와중 ¶ ~에 у вихорі; у виру. 사건의 ~에 у виру подій.

와트 ват. [형] ватний.

와해 розвалення; провал; дезорганізація; крах. ¶ ~되다 розпадатися; розвалюватися; зазнавати крах (провал).

왁스(wax) воск; восковий. ¶ ~칠을 하다 воскувати.

왁자지껄하다 шуміти.

완강 ¶ ~하다 впертий; стійкий; наполегливий; непіддатливий. ~한 저항 завзятий опір.

완결 закінчення; завершення. ¶ ~하다 повністю закінчувати; завершати; доводити що до кінця. || ~성 завершеність. ~편 остання частина.

완고 ¶ ~하다 впертий; непіддатливий.

완곡 ¶ ~하다 непрямий; ухильний; евфемістичний; пом'якшений. ~히 말하ати виражатися ухильно; говорити натяками (недомовками). || ~어법 евфемізм.

완공 закінчення будівництва. ¶ ~하다 закінчувати чиєсь будівництво.

완구 іграшка. [형] іграшковий. || ~점 магазин іграшок.

완급 темп; повільність та швидкість.

완납 повна сплата; внесок повністю. ¶ ~하다 сплачувати (вносити) повністю.

완두 горох посівний.

완력 |주먹힘| сила рук. |폭력| фізична сила; груба сила. ¶ ~을 쓰다 застосовувати силу.

완료 закінчення; кінець. ¶ ~하다

완만 повільність. ¶ ~하다 повільний. ~한 흐름 повільна течія; потік, що повільно тече.

완벽 досконалість; верх досконалості; бездоганність. ¶ ~하다 досконалий; ідеальний; бездоганний. ~을 기하다 прагнути до досконалості.

완봉 ¶ ~하다 повністю закривати; блокувати. |야구에서| не дати (виграти) ні одного очка.

완비 повна укомплектованість (оснащеність). ¶ ~하다 оснащувати; повністю устатковувати (укомплектовувати).

완성 закінчення; обробка; довершеність. ¶ ~하다 закінчувати; довершувати; обробляти. ǁ ~작업 оздоблювальні роботи. ~품 готова продукція. 자기~ самовдосконалення.

완수 завершення; виконання; доведення до кінця. ¶ ~하다 закінчувати; виконувати; доводити до кінця; успішно закінчувати.

완숙 (повна) спілість; зрілість. ¶ ~하다 |열매가| повністю достигати. |계란을| повністю зваритися.

완승 чиста перемога. ¶ ~하다 одержати чисту перемогу.

완연 ¶ ~히 |분명| виразно; ясно; очевидно. |흡사| дуже схоже. ~하다 |분명하다| виразний; ясний. |흡사하다| схожий.

완자 м'ясні кульки в яйці, підсмажені на маслі.

완장 нарукавні знаки (значки); нарукавна пов'язка; нашивка. ¶ ~을 차다 носити (мати) нарукавну пов'язку.

완전 досконалість. ¶ ~하다 цілий; повний; чистий; досконалий; повноцінний; бездоганний. ~히 цілковито; повністю; сповна; цілком. ~한 성공 повний успіх. ~을 기хати прагнути до досконалості. ǁ ~고용 повна зайнятість. ~무결 (абсолютна) досконалість; бездоганність.

완제품 готовий виріб.

완충 пом'якшення ударів. ¶ ~하다 амортизувати. ǁ ~기 амортизатор; буфер. ~작용 амортизація; буферна дія. ~장치 амортизаційні механізми; амортизатор. ~지대 буферна зона.

완치 лікування. ¶ ~가 가능한 виліковний. ~하다 повністю вилікуватися.

완쾌 ¶ ~되다 повністю вилікуватися.

완패 повна поразка; розгром. ¶ ~하다 зазнавати повну поразку; бути розгромленим; бути розбитим вщент.

완행 ǁ ~열차 потяг з малою швидкістю.

완화 пом'якшення; полегшення; заспокоєння; розрядка. ¶ ~하다 пом'якшувати; полегшувати; заспокоювати. ǁ ~책 заспокійливий засіб.

왈가왈부 одні схвалюють, а інші сварять.

왈츠 вальс. [형] вальсовий.

왈칵 раптом; зненацька; одразу; швидко.

왔다갔다 ¶ ~하다 прогулюватися; мандрувати.

왕 монарх; король; імператор.

왕-- |аду큰| великий; крупний. ‖ ~거미 крупний (гігантський) павук.

왕가 імператорська (королівська) сім'я.

왕관 королівська корона.

왕국 королівство; царство.

왕궁 королівський палац.

왕권 королівська влада.

왕년 минулі роки. ¶ ~에 в минулі часи.

왕도 справедливе правління; правильний шлях.

왕래 |통행| вуличний рух. |친교| стосунки; зв'язок; переписка. ¶ ~하다 |통행| ходити (їздити) туди і назад; курсувати. |친교| підтримувати зв'язок; спілкуватися; листуватися. ‖ 서신~ листування.

왕릉 королівська могила.

왕복 ходіння (рух) (в обидва кінці); курсування; поїздка в обидва кінці. ¶ ~하다 ходити (їздити) курсувати) туди і назад. ‖ ~비행 безпосадковий політ туди і назад; човникові польоти. ~요금 вартість проїзду в обидва кінці; проїзна плата туди і назад. ~운동 подвійний поступально-повертальний рух. ~차표 білет в обидва кінці.

왕비 дружина короля; королева. [형] королівський.

왕성 розквіт; процвітання. ¶ ~하다 квітучий; що процвітає; бути в розквіті. 원기~하다 бути в прекрасному настрої; бути повним енергії; відчувати приплив сил. 혈기~하다 повний кипучої енергії; бути в бурхливому розквіті сил.

왕실 королівська сім'я.

왕왕 часто; час від часу.

왕위 (королівський) престол. ¶ ~에 오르다 вступати на престол. ~에서 물러나다 зрікатися престолу. ‖ ~계승 престолонаслідок. ~계승자 престолонаступник.

왕자 син короля; принц.

왕정 монархія; монархічне правління. ¶ ~의 монархічний.

왕조 королівська династія.

왕족 королівська сім'я.

왕좌 |왕위| престол. |최고자리| високе положення; першість. ¶ ~를 차지하다 займати перше (панівне) місце.

왕진 візит лікаря додому. ¶ ~하다 іти додому до хворого.

왕초 ватажок; бос.

왜 чому.

왜곡 спотворення; викривлення. ¶ ~하다 викривляти; спотворювати.

왜소 ¶ ~하다 маленький; короткий; малий ростом; карликовий.

외 (外) ¶ ~에 окрім *кого-чого*; крім *кого-чого*.

외-- всього один; єдиний. ‖ ~아들 єдиний син.

외가 будинок (рідна) матері.

외간 чужий; сторонній; не справжній в спорідненості. ‖ ~남자 чужий чоловік.

외견 зовнішній вигляд; зовнішність. ¶ ~상으로는 на

외경 вигляд; за зовнішнім виглядом; зовнішнє.
외경 шанування. ¶ ~하다 шанувати; поважати.
외계 зовнішній світ. ‖ ~생명체 жива істота із зовнішнього світу. ~인 прибулець.
외고집 |고집| дурна впертість. |사람| впертий. ¶ ~의 впертий; заскнілий. ‖ ~쟁이 впертий віслюк.
외곬 |길| один шлях. |방법| єдиний напрям. ¶ ~수로 вузько; односторонньє.
외과 хірургія. [형] хірургічний. ¶ ~수술 (хірургічна) операція.
외곽 |성의| зовнішня стіна фортеці. |바깥 테두리| зовнішнє кільце. ‖ ~단체 підтримуюча організація.
외관 зовнішній вигляд; зовнішність. ¶ ~상으로 за зовнішнім виглядом; зовнішнє.
외교 дипломатія; зовнішня політика; зовнішні стосунки. ¶ ~적 дипломатичний. ~관계를 단절하다 розривати (припиняти) дипломатичні відносини з ким. ‖ ~관 дипломат. ~문서 диплома- тичне листування; диплома- тичний документ. ~사절단 дипломатичний корпус. ~술 мистецтво дипломатії.
외국 іноземна держава; зарубіжні країни; закордон. ¶ ~산의 закордонний; закордон- ного походження. ~식으로 в закордонному стилі; на закордонний лад. ~에서 за кордоном. ~으로 закордон. ~으로부터 з-за кордону. ~의 закордонний; іноземний. ‖ ~무역 зовнішня (закордонна) торгівля. ~상품 іноземний товар. ~어 іноземна мова. ~인 іноземець, -ка.
외근 ¶ ~하다 робота поза закладом.
외길 єдина дорога. ¶ ~을 가다 іти своєю єдиною дорогою.
외도 |오입| розбрат; розпуста. |정도가 아닌 길| неправильний шлях; згубний напрям; погана дорога. ¶ ~하다 |오입| жити розпусно. |정도가 아닌 길| стати на неправильний шлях.
외동아들 єдиний син.
외동딸 єдина донька.
외람 ¶ ~되다 самовпевнений.
외래 |외부에서 온| що прийшов ззовні; чужий; запозичений. |외국의| іноземний. ‖ ~어 запозичене слово. ~환자 амбулаторний хворий.
외롭다 одинокий. ¶ 외로움 самотність. 외로이 самотньо. 외로움을 느끼다 почувати себе самотнім.
외마디 |동강| одне коліно; один сегмент. |소리| одне слово; одна фраза.
외면(外面) зовнішня сторона; зовнішність; зовнішній вигляд. ¶ ~적 зовнішній. ~적으로 볼 때 з вигляду; на вигляд.
외면(外面) ¶ ~하다 відвертати(ся); відвертатися в бік.
외모 риси обличчя; зовнішність. ¶ ~로 판단하다 судити за зовнішністю.
외무 зовнішні (іноземні) справи. ‖ ~부 міністерство іноземних

справ. ~부장관 міністр закордонних справ.

외박 ночівля поза домом. ¶ ~하다 спати (ночувати) в чужому будинку (поза домом).

외벽 зовнішня стіна.

외부 зовнішня частина. [형] зовнішній. ¶ ~로부터 ззовні; зі сторони. ‖ ~인 сторонній. ~인 출입금지 Стороннім вхід заборонений.

외사촌 двоюрідні брати та сестри (по материнській лінії).

외삼촌 дядько; брат матері.

외상 кредит. [형] кредитний. ¶ ~으로 들여놓다 брати в кредит. ~으로 팔다 продавати що в кредит.

외상(外傷) травма. [형] травматичний.

외설 ¶ ~적 непристойний; порнографічний; соромітний; брудний. ‖ ~문학 порнографічна література. ~물 порнографія.

외세 |세력| зовнішні сили; іноземний вплив. |형세| зовнішнє положення. ‖ ~의존 опора на зовнішні сили.

외손 онук (онучка) по дочірній лінії. ‖ ~녀 онучка по дочірній лінії. ~자 онук по дочірній лінії.

외숙모 тітка; дружина дядька (по материнській лінії).

외식(外食) ¶ ~하다 обідати поза домом.

외식(外飾) показний вигляд; видимість. ¶ ~하다 вбиратися.

외신 звісті з-за кордону; повідомлення з-за кордону.

외아들 єдиний син.

외압 тиск зі сторони.

외야 |야구에서| зовнішня частина поля.

외양(外樣) зовнішній вигляд; зовнішність. ¶ ~을 꾸미다 вбиратися; вирядитися.

외양간 скотинячий двір; корівник; стайня.

외연 об'єм поняття; спільне коло.

외연기관 вторинний двигун.

외우다 |암송| читати напам'ять; декламувати. |암기| завчати; зазублювати; запам'ятовувати.

외유 закордонна подорож; подорож за кордон. ¶ ~하다 здійснювати закордонну подорож.

외음부 піхва. [형] піхвовий.

외인 |외국인| іноземець. |관계없는 사람| чужа (стороння) людина. ‖ ~부대 іноземний легіон.

외자 іноземний капітал; іноземні фонди. ‖ ~도입 введення іноземних фондів.

외장 |겉 덮개| зовнішній покрив; зовнішня оболонка. |포장| упакування; обгортка.

외적(外敵) зовнішній ворог.

외적(外的) |겉| зовнішній. |물리적| матеріальний; фізичний. ¶ ~으로 зовнішнє. ~영향 зовнішній вплив.

외제 ¶ ~의 закордонного (іноземного) виробництва; іноземного виробництва; виготовлений за кордоном. ‖ ~품 іноземний товар.

외주 зовнішнє замовлення; замовлення, що розміщені на інших підприємствах. ¶ ~하다

외지 чужина; закордон; чужа́ краї́на. ‖ ~근무 слу́жба на чужи́ні.

외지다 глухи́й; відда́лений; усамі́тнений. ¶ 외진 골목길 глухи́й прову́лок.

외채 зо́внішня по́зика (креди́т). ‖ ~난 тру́днощі з зо́внішньою по́зикою. ~상환 спла́та зо́внішньої по́зики (креди́ту).

외출 ви́хід з до́му; відсу́тність. ¶ ~중에 під час ви́ходу з до́му; під час відсу́тності. ~하다 (ненадо́вго) вихо́дити. ‖ ~복 вихідна́ су́кня; вихідни́й костю́м. ~증 запи́ска про зві́льнення; до́звіл на ви́хід.

외치다 крича́ти; вигу́кувати. ¶ 구호를 ~ вигу́кувати ло́зунги; крик; ви́гуки.

외탁 ¶ ~하다 бу́ти схо́жим на ро́дича по матери́нській лі́нії.

외투 пальто́; шине́ль. ¶ ~의 пальто́вий; шине́льний. ‖ 겨울 ~ зимо́ве пальто́.

외판 про́даж по́за магази́ном. ¶ ~하다 шука́ти замо́влення. ‖ ~원 комівояже́р.

외풍 хо́лод в кімна́ті.

외할머니 бабу́ся (по матери́нській лі́нії).

외할아버지 дід (по матери́нській лі́нії).

외항 порт, розташо́ваний за кордо́ном мі́ста.

외항선 океа́нський ла́йнер.

외향 ¶ ~적 екстрове́ртний. ~적인 사람 екстраве́рт.

замовля́ти на стороні́; замов- ля́ти (розмісти́ти замо́влення) на і́ншому підприє́мстві.

외형 зо́внішня фо́рма; зо́внішній ви́гляд. ¶ ~적 зо́внішній. ~적으́ро зо́внішнє.

외화(外畵) закордо́нний (інозе́мний) кінофі́льм.

외화(外貨) інозе́мна валю́та.

외환 о́бмін валю́ти. ‖ ~업무 валю́тні опера́ції.

왼발 лі́ва нога́.

왼손 лі́ва рука́. ‖ ~잡이 лівша́.

왼쪽 лі́ва сторона́. ¶ ~의 лі́вий. ~에서부터 злі́ва. ~으로 налі́во. ~을 보다 диви́тися налі́во.

요 |바닥에 까는| стебно́ваний матра́ц.

요(要) суть; головне́. ¶ ~하다 вимага́ти чого́; потребува́ти що. ~는 по су́ті; в су́тності; ко́ротше ка́жучи; в ре́шті-ре́шт.

요강 нічни́й горщи́к.

요강(要綱) зага́льний на́рис; основні́ поло́ження (при́нципи).

요건 |요긴한 조건| необхі́дні умо́ви. ¶ ~을 갖추다 ма́ти необхі́дні умо́ви.

요격 рапто́вий на́пад; налі́т; перехо́плення. ¶ ~하다 ра́птом напада́ти на кого-що.

요구 вимо́га; проха́ння. ¶ ~하다 вимага́ти чого́; проси́ти що. ~를 받아들이다 задовольня́ти вимо́ги. ~를 해오다 зверта́тися з вимо́гою. ~에 응하다 відповіда́ти вимо́гам. 시대의 ~ вимо́ги епо́хи (ча́су). ‖ ~증(서) вимо́га. 부채상환~ вимо́га спла́ти бо́ргу.

요금 пла́та. ¶ 수도~ 을 내다 спла́чувати за во́ду. ‖ 전기~ пла́та за електри́ку.

요기(妖氣) злові́сна атмосфе́ра.

요기(療飢) ¶ ~하다 заморювати черв'ячка; перекусити.

요긴 ¶ ~하다 вкрай важливий (необхідний); актуальний.

요도 сечовипускаючий канал; уретра. ‖ ~검사 уретроскопія. ~염 уретрит.

요동 коливання; вібрація. ¶ ~하다 коливатися; вібрувати; трястися; гойдатися; розгойдуватися.

요란 ¶ ~하다 гучний; галасний; шумливий.

요람(要覽) |요약소개| огляд; нарис. |안내서| довідник.

요람(搖籃) |아기의| колиска; люлька. |좋은 환경| сприятлива обстановка. ¶ ~을 흔들다 гойдати колиску. ~에서 무덤까지 від колиски до могили.

요량 міркування. ¶ 내 ~으로는 за своїм міркуванням.

요령 головна думка; головне; суттєве; суть; сутність. ¶ ~있는 діловий; змістовний; що ставиться до справи (до питання). ~부득하다 не збагнути суті. ~을 터득하다 потрапляти в (саму) точку.

요로 |고위층| відповідальний пост; важливе місце. |길| важливий шлях; головна траса. |당국| влада; правлячі кола. ~에 있는 사람 відповідальна особа; особа, що займає відповідальну посаду.

요리 |만들기| приготування їжі. |음식| їжа; страва; кухня. |일이나 사람의| вміле управління *ким-чим*. ¶ ~하다 |음식을| готувати їжу; куховарити |일·사람을| вміло управляти *ким-чим*; упоратися з *ким-чим*. ‖ ~학원 курси кулінарії. ~법 спосіб приготування їжі; кулінарія; кулінарне мистецтво. ~사 кухар; кулінар, -ка.

요리조리 |동작| туди-сюди. |행동양식| так чи інакше.

요망(妖妄) ¶ ~을 떨다 чинити необачно (легковажно).

요물 |괴물| дещо надприродне. |사람| дурна (порочна) людина.

요법 терапія. [형] терапевтичний. ¶ 물리~ фізіотерапія.

요부 спокуслива жінка; спокусниця.

요사 ¶ ~스런 порочний та підступний.

요새 нещо-давно; на днях; останнім часом.

요새(要塞) зміцнений пункт; фортеця; укріплення. ¶ ~를 구축하다 споруджувати фортецю. ‖ ~전 бій за фортецю. ~화 фортифікація; укріплення. 해안 ~ морська фортеця.

요소(要素) (важливий) елемент; (суттєвий) фактор. ¶ ~를 이루다 бути суттєво необхідним; складати невід'ємну частину.

요소(要所) важливе місце; важливий пункт; ключова позиція.

요술 чаклунство; магія. ¶ ~적 чарівний; магічний. ~을 부리다 чарувати; показувати фокуси; займатися магією (чаклунством). ‖ ~쟁이 фокусник; чарівник; маг.

요시찰인 піднаглядна людина.

요식 (необхідні) формальності. ¶ ~적 формальний. ‖ ~행위 офіційна акція.

요약 короткі висновки; резюме; основний зміст. ¶ ~하다 підбивати підсумок; резюмувати; сумувати. ~해서 말하자면 коротко (коро́че) кажучи

요양 санаторне лікування; одужання; виліковування. ¶ ~하다 виліковуватися (в санаторії). ‖ ~소 курорт, санаторій; оздоровниця. ~자 пацієнт. ~지 (клімати́чний) курорт.

요업 керамічна промисловість; кераміка; гончарне виробництво.

요연 ¶ 일목~하다 очевидний з першого погляду; ясний як день.

요염 ¶ ~하다 спокусливий; чарівний; привабливий. ~하게 미소짓다 спокусливо посміхнутися.

요오드 йод. [형] йодний; йодистий. ‖ ~액 йодний розчин. ~팅크 настійка йоду.

요원(遙遠) ¶ ~하다 далекий; віддалений.

요원(燎原) поля, охоплені вогнем. ¶ ~의 불길 |들판의 불| степна пожежа. |기세| нездоланна сила.

요원(要員) агент; основний особистий склад; необхідний персонал. ‖ 기술~ технічний персонал. 의료~ медичний персонал.

요율 тариф. [형] тарифний. ‖ 보험~ страховий тариф.

요인(要人) важлива людина; важлива персона; крупна фігура. ‖ 정부~ керівники уряду.

요인(要因) основна (суттєва) причина; головний фактор.

요일 день тижня.

요전 ¶ ~ |에| днями; нещодавно.

요절(夭折) рання смерть. ¶ ~하다 померти молодим.

요절(腰折) ¶ ~복통하다 надривати (собі) животи від сміху; покотитися від сміху. ~케 하다 морити кого зі сміху.

요절나다 |물건이| псуватися; ламатися. |일이| зриватися; не здійснюватися.

요절내다 |물건을| псувати; ламати. |일을| розладнувати.

요점 головний (найважливіший) пункт; суть (сутність) справи. ¶ ~을 말ерзамо в сутності кажучи.

요정(妖精) фея; ельф; німфа. ¶ 숲의 ~ дріада. 물의 ~ наяда.

요조숙녀 приваблива жінка.

요즘 нещодавно; днями.

요지(要地) важливий (стратегічний) пункт (район).

요지(要旨) основний зміст; скорочений текст; головний пункт.

요지경 кінетоскоп.

요지부동 непохитність. ¶ ~으로 непохитно. ~이다 непохитний.

요직 важливий (відповідальний) пост.

요철 ввігнутість та випуклість.

요청 прохання; вимога. ¶ ~하다 просити що; вимагати що. 그의 ~으로 за його проханням. ‖ ~서 письмова вимога; (письмова) заявка.

요체 головна умова; секрет чого. 성공의 ~ секрет успіху.

요추{해부} поперекові хребці.

요충 важливий пункт; (стратегічно) важлива (ключова) позиція. ‖ ~지 важливий пункт (район).

요컨대 кажучи по суті; коротше кажучи.

요통 болі в попереку; простріл; люмбаго.

요트 яхта; [형] яхтовий.

요행 щасливий випадок; випадковість; випадкова вдача. ¶ ~히 (으로) завдяки щасливій випадковості. ~을 바라다 ‖ ~수 щаслива доля.

욕(辱) |욕설| лайка; сварка; образження. |치욕| ганьба. |수고| важкі випробування; обме- ження. ¶ ~되다 соромитися; ганьбити себе. ~되게 하다 соромити. ~먹다 бути насвареним. ~보다 перено- сити важкі випробування. ~보이다 ганьбити. ~하다 сваритися; сварити кого. ‖ ~설 сварка; образи. ~쟁이 сквернослов.

--욕(--慾) спрага. ‖ 금전~ спрага золота; жадібність до грошей. 지식~ жадоба знань; жадібність до знань.

욕구 бажання. ¶ ~를 충족시키다 задовольняти бажання. ‖ ~불만 незадоволення.

욕망 пристрасне бажання; жадоба чого. ¶ ~하다 пристрасно бажати чого; жадати чого.

욕실 ванна кімната.

욕심 |욕망| сильне бажання. |물욕| корисливість. ¶ ~많은 жадібний; корисний. ~없는 безкорисливий. ‖ ~장이 скнара.

욕정 жага; похіть; пристрасне захоплення чим. ¶ ~을 억제하다 стримувати жагу (похіть).

욕조 ванна (для купання).

욕탕 лазня. [형] лазневий.

용(龍) дракон. [형] драконів.

용감 доблесть; відвага; хоробрість. ¶ ~하다 відважний; доблесний; хоробрий; мужній. ~무쌍하다 безпрецедентно відважний (хоробрий). ~한 사람 хоробрий.

용건 справа; справи. ¶ 급한 ~으로 у терміновій справі; у термінових справах.

용광로 доменна піч; домна.

용구 прилади; інвентар; інстру- мент; знаряддя. ‖ 농업~ сільськогосподарський інвентар. 소방~ пожежні інструменти. 어업~ риболовне приладдя. 필기~ письмове приладдя.

용궁 подвійний палац морського царя.

용기(用器) інструмент; приладдя; (потрібні) речі.

용기(容器) вмістище; посуд.

용기(勇氣) сміливість; мужність; відвага; хоробрість. ¶ ~있는 мужній; сміливий; хоробрий. ~없는 несміливий; боязкий; лякливий. ~를 잃다 падати духом; втрачати мужність. ~를 주다 надавати кому мужність; надихати кого.

용납 допущення; дозвіл. ¶ ~하다 проявляти терпимість; припускати; дозволяти. ~할 수 없는 неприпустимий; непрощенний.

용단 сміливе рішення. ¶ ~을 내리다 сміливо вирішувати.

용달 |납품| поставка. |배달| доставка.

용도 застосування; призначення (предмета); використання. ¶ ~가 넓다 широко застосовуватися

용돈 (використовуватися); вживатися для різноманітних потреб.

용돈 кишенькові гроші; гроші на дрібні витрати.

용두사미 гучний початок та ганебний кінець.

용량(容量) місткість; ємність; об'єм. ¶ ~계 фарад метр. ~분석 об'ємний аналіз.

용량(用量) доза. [형] дозовий.

용렬 посередність. ¶ ~하다 звичайний; посередній. ~한 사람 сіра (звичайна) людина. ~한 짓 дурна помилка; пустощі; блазенство.

용례 приклад; прецедент. ¶ ~를 들다 наводити приклад.

용매 {화학} сольвент; розчинник.

용맹 ¶ ~하다 сміливий; безстрашний; відважний. ‖ ~심 безстрашність; відвага.

용모 зовнішність; зовнішній вигляд; риси обличчя.

용무 справа; справи. ¶ ~를 마치다 виконувати свою справу.

용법 спосіб використання (застосування) чого.

용변 природня потреба. ¶ ~을 보다 справляти природню потребу.

용병(用兵) бойове управління (застосування; використання); тактика. ‖ ~술 мистецтво управління військами.

용병 |부대| наймані війська. |병사| найманий солдат.

용사 |무사| відважний воїн. |용감한 사람| хоробрий.

용서 прощення; вибачення; пощада. ¶ ~할 수 없는 непробачний. ~하다 прощати; вибачати; ~를 빌다 вибачатися перед ким в чому. ~없이 безжалісно; непохитно; невблаганно.

용석 {지학} лава. [형] лавовий.

용선 |행위| фрахтування. |배| зафрахтоване судно. ¶ ~하다 фрахтувати (судно). ‖ ~계약 фрахтовий договір. ~료 фрахт.

용솟음치다 закипати; бити ключем.

용수 вода (для різного використання; водопровідна; для зрошення).

용수철 пружина; ресора. ¶ ~의 пружинний; ресорний. 나선형의 ~ спіральна пружина (ресора).

용쓰다 докладати великі зусилля (всі сили).

용암 (вулканічна) лава. [형] лавовий. ¶ ~굴 лавова печера. ~석 застигла лава.

용액 розчин. [형] розчинний.

용어 термін; термінологія; номенклатура. ‖ 학술~ наукові терміни.

용역 сервіс; послуга.

용의 ¶ ~가 있다 намірятися; готуватися. ~주도하다 передбачливий; турботливий; ретельний.

용의자 підозрювана особа; підозрюваний. ¶ 살인사건의 ~ підозрюваний у вбивстві.

용이 ¶ ~하다 легкий; простий. ~하게 легко.

용인 ¶ ~하다 дозволяти; схвалювати; дозволяти. ~하기 어려운 неприпустимий.

용적 ємність; місткість; об'єм; кубатура. ‖ ~량 міра ємкості; місткість.

용접 (автогенне) зварювання. [형]

зва́рювальний. ¶ ~하다 зва́рювати. ‖ ~공 зва́рник. ~기 зва́рювальний апара́т.

용지(用紙) бланк; фо́рма. ¶ ~에 기입하다 заповнювати бланк. ‖ 주문~ бланк замо́влення. 투표~ (ви́борчий) бюлете́нь.

용지(用地) земля́; діля́нка; сму́га відчу́ження (відве́дення). ‖ 주택~ земля́ під будівни́цтво житлово́го буди́нку.

용퇴 ¶ ~하다 добровільно відхо́дити від справ (залиша́ти спра́ви) (іти́ у відста́вку).

용트림 ¶ ~하다 го́лосно відри́гувати.

용품 прила́ддя; потрі́бні ре́чі (предме́ти). ‖ 가정~ предме́ти дома́шнього вжи́тку. 일상~ това́ри широ́кого спожива́ння. 여행~ доро́жнє прила́ддя.

용하다 |재주가| вида́тний; незвича́йний. |기특하다| чудо́вий; прекра́сний. |온순하다| сумирний.

용해 розчи́нення. ¶ ~성의 розчи́нний. ~하다 розчиня́ти(ся); розпуска́ти(ся). 물에 ~ розчиня́тися у воді́. ‖ ~도 сту́пінь розчи́нності; розчи́нність. ~성 розчи́нність. ~액 розчи́н. ~점 то́чка пла́влення.

용호상박 су́тичка між сильни́ми супротивниками.

우(右) пра́ва сторона́. ¶ ~향~ Напра́во!

우거지 ве́рхнє ли́стя (капу́сти); бади́лля.

우거지다 гу́сто рости́; густі́ти.

우거지상 ки́слий (хму́рий) ви́раз обли́ччя.

우격다짐 ¶ ~으로 наси́льно. ~하다 зму́шувати си́лою; приму́шувати.

우경 пра́вий на́хил. ¶ ~적 пра́вий. ~화하다 дотри́муватися пра́вих по́глядів; става́ти пра́вим.

우국 патріоти́зм. [형] патріоти́чний. ‖ ~지사 патріо́т. ~충정 патріоти́зм.

우군(右軍) війська́ пра́вого фла́нгу (на пра́вому фла́нзі); правофла́нгова части́на.

우군(友軍) сою́зна а́рмія; дру́жня а́рмія.

우그러지다 угина́тися; вва́люватися; вда́влюватися.

우글거리다 ро́єм роі́тися.

우기 сезо́н дощі́в. ¶ ~에 접어들었다 Наста́в сезо́н дощі́в.

우기다 наполяга́ти на чо́му.

우는 소리 фальши́ві ска́рги. ¶ ~하다 хни́кати; виража́ти незадово́лення.

우대 те́пле ста́влення; особли́ва гости́нність; (особли́во) те́плий прийо́м. ¶ ~받다 бу́ти прийня́тим з особли́вою люб'я́зністю. ~하다 те́пло (люб'я́зно) ста́витися до кого; надава́ти перева́ги. ‖ ~권 запро́шувальний біле́т.

우동 локши́на. [형] локшино́вий.

우두 ¶ ~를 접종하다 прище́плювати ві́спу. ‖ ~접종 ще́плення про́ти ві́спи.

우두머리 |꼭대기| верхі́вка; маківка. |장| вата́жо́к; атама́н.

우두커니 розсі́янно; байду́же; безду́мно. ¶ ~바라보다 розсі́яно диви́тися.

우둔 дурни́ця. ¶ ~하다 дурни́й; тупи́й.

우등 ви́щий сорт (ранг; клас). || ~상 поче́сний приз; нагоро́да за відмі́нні успі́хи у навча́нні. ~생 учень, що до́бре встига́є; відмі́нник; кра́щий у́чень.

우뚝하다 |산이| височі́ти; виси́тися *на чому́*. 뛰어나다 бу́ти видатни́м.

우라늄 ура́н. [형] ура́новий.

우락부락 ¶ ~하다 буйни́й; ду́же грубий; смілиі́вий; відва́жний. ~하게 굴다 буйствувати; говори́ти гру́бощі.

우람하다 значу́щий; солі́дний; грандіо́зний. ¶ 우람한 모습 вража́ючий ви́гляд.

우량(優良) ¶ ~하다 високоя́кісний; відбі́рний; чудо́вий; відмі́нний. ~아 фізи́чно міцна́ дити́на. ~종 씨앗 відбі́рне (селекці́йне) насі́ння. |가축| поро́дисте пле́м'я. ~주 а́кції перспекти́вних підприє́мств.

우량계 дощемі́р.

우러나다 |때가| |вилиня́ти (від пра́ння). |색이| схо́дити. |차가| настоюватися; заварюватися.

우러나오다 виника́ти; наро́джуватися; прихо́дити в го́лову. ¶ 진심에서 우러나온 감사 серде́чна вдя́чність.

우러러보다 |쳐다보다| диви́тися, заде́рши го́лову. |앙모하다| диви́тися з пова́гою; поважа́ти.

우렁차다 |목소리가| голосни́й; гучни́й. |힘차다|씩씩하다 енергі́йний; си́льний.

우레탄 {화학} урета́н.

우려 неспо́кій; триво́га. ¶ ~하다 турбува́тися *про кого́-що*; три- во́житися; побо́юватися *з що*.

우려내다 здирати вимага́ти *що*; випро́шувати *що*. ¶ 돈을 ~ вимага́ти гро́ші.

우롱 знуща́ння. ¶ ~하다 дури́ти *кого́*; глузува́ти *над ким*; висмі́ювати *кого́*.

우뢰 грім. [형] громови́й. ¶ ~와 같은 갈채 грім апло́дисме́нтів.

우리 |가축의| сара́й (за́гін) для скоти́ни; хлів. || 돼지~ свина́рник. 소~ корі́вник.

우리 ми. |우리의| наш. ¶ ~집에서 у нас вдо́ма.

우리다 |물에 담가서| вимо́чувати; роби́ти ви́тяжку. |우려먹다| зно́ву ви́користати. |강탈하다| вимага́ти *що*; випро́шувати *що*.

우매 |어리석음| ду́рість; ідіоти́зм. |문맹| невігла́ство; те́мрява. ¶ ~하다 |어리석다| дурни́й. |문맹| те́мний.

우묵하다 запа́лий; уві́гнутий. ¶ 우묵한 눈 глибо́ко поса́джені о́чі.

우물 коло́дязь. [형] коло́дязний. || ~물 крини́чна вода́.

우물거리다 |씹다| пові́льно жува́ти |말을| воруши́ти губа́ми.

우물쭈물하다 |동작이| колива́тися; не нава́жуватися. |말을| воруши́ти губа́ми.

우민 дурни́й наро́д; чернь. || ~화 обду́рювання наро́ду (люде́й).

우박 град. ¶ ~처럼 гра́дом. || ~피해 градобі́й.

우발 випадко́ве ви́никнення. ~적 випадко́вий. ~적 сито́вище випадко́ва (несподі́вана) поді́я.

우방(國) дру́жня краї́на.

우범지대 криміноге́нна зо́на.

우사 корі́вник; хлів.

우산 (дощова) парасоля. ¶ ~을 쓰다 тримати парасолю в руці. ~을 접다 закривати парасолю. ~을 펴다 відкривати парасолю. || ~꽂이 підставка для парасолі. ~대 стрижень парасолі. ~살 каркас парасолі.

우상 ідол; фетиш; кумир. ¶ ~을 숭배하다 поклонятися ідолу (кумиру). || ~숭배 ідолопоклонство; фетишизм. ~숭배자 ідолопоклонник.

우상화 фетишизація. ¶ ~하다 фетишизувати; перетворювати *кого-що* в фетиш; творити собі кумира.

우생학 євгеніка. ¶ ~적 євгенічний.

우선(于先) перш за все.

우선(優先) першість; перевага. ¶ ~적 переважний; найкращий. ~하다 користуватися перевагами. || ~권 право переваги; пріоритет. ~배당 переваги у відношенні дивідента.

우성 домінуюча ознака (спадковості); домінанта. ¶ ~의 домінуючий.

우세 перевага; привілей. ¶ ~하다 що перевершує. ~를 보이다 перевершувати; мати перевагу; демонструвати перевагу. ~를 차지하다 брати верх (перевагу) в чому. 명백히 ~하다 мати явну перевагу *перед ким-чим*. 병력의 ~ перевага в силі. 수적 ~ численні переваги.

우송 поштова посилка. ¶ ~하다 посилати по пошті. || ~료 поштовий тариф; поштова оплата.

우수(優秀) зверхність; видатні якості. ¶ ~하다 чудовий; кращий; прекрасний.

우수(憂愁) сум; меланхолія. ¶ ~의 меланхолічний; сумний. ~에 잠기다 бути охопленим глибоким сумом; бути в глибокому сумі.

우수리 |거스름돈| здача; дрібниця. ¶ ~를 떼고 для круглого рахунку.

우스개 жарти; баляси. ¶ 우스갯소리하다 жартувати. || 우스갯소리 жарт.

우습게 보다 зневажати *кого-що*; третирувати *кого-що*; дивитися звисока *на кого*.

우습다 |재미있다| смішний; забавний; комічний. |가소롭다| смішний; сміхотворний.

우승 першість; перемога. ¶ ~하다 одержувати перемогу; завойовувати першість. || ~기 перехідний прапор; прапор, що присуджується за перемогу. ~자 переможець (в змаганні); чемпіон. ~컵 кубок.

우시장 скотячий ринок.

우심방 праве передсердя.

우심실 правий шлуночок (серця).

우아 ¶ ~하다 витончений; елегантний.

우악스럽다 грубий; сміливий. ¶ 우악스럽게 грубо; сміливо.

우애 братство; братська любов; дружба. ¶ ~롭다 братський; дружній. || ~심 почуття братства (дружби); братська любов; дружні почуття.

우엉 лопух великий.

우여곡절 злигодні; труднощі. ¶ ~끝에 відчувши труднощі. ~을 겪다 відчувати труднощі.

уе́н випадко́вість. ¶ ~하다 випадко́вий; неочі́куваний. ~히 випадко́во; неочі́кувано. ~의 일치 випадко́вий збіг. ~의 탓으로 돌리다 припи́сувати випадко́вості; зво́дити до випадко́вості. ~히 만나다 випадко́во зустрі́тися. ‖ ~성 випадко́вість.

уе́л перева́га. ¶ ~을 다투다 запере́чувати (боро́тися за) перева́гу. ~을 따지다 обгово́рювати перева́ги та недо́ліки (одно́го пе́ред і́ншим); дава́ти перева́гу на шко́ду і́ншому. ~을 가릴 수 없다 однако́вий; рі́вний.

уванджва́н ¶ ~하다 метуши́тися; не знахо́дити собі́ мі́сця.

у́ул сму́ток; пону́рість; чо́рна журба́. ¶ ~하다 пону́рий; меланхолі́чний. ~에 잠기다 віддава́тися сму́тку; впада́ти в сму́ток. ~한 기분으로 в похму́рому на́строї. ~해지다 впада́ти в сму́ток (депре́сію); сумува́ти; похмурні́шати. ‖ ~증 меланхолі́чність; похму́рість; іпохо́ндрія. ~증환자 меланхо́лік; іпохо́ндрик.

у́вол зве́рхність; перева́га. ¶ ~하다 бу́ти кра́щим (переве́ршеним); бу́ти кра́ще і́нших. ~감을 갖다 ма́ти почуття́ переве́ршеності. ~감 почуття́ (усві́домлення) вла́сної переве́ршеності над ким. ~성 перева́га.

у́ві перева́га. ¶ ~를 차жа́ти досяга́ти перева́ги над ким-чим.

ую́ (коро́в'яче) молоко́. |형| моло́чний. ‖ ~병 моло́чна пля́шка; пля́шка від молока́. ~분말 порошко́ве молоко́.

уюбуда́н нерішу́чість; колива́ння; невпе́вненість. ¶ ~하다 нерішу́чий; що колива́ється; не нава́жуватися; колива́тися; бу́ти в нерішу́чості.

уі(友誼) дру́жба; дру́жні відно́сини. ¶ ~가 두텁다 бу́ти хоро́шим дру́гом. ~를 두те́пке 하다 укрі́плювати дру́жбу.

уі(雨衣) плащ; дощови́к; макінто́ш.

уі́к |날개나 대열의| пра́ве крило́; пра́вий фланг. |정당| пра́ві. ‖ ~공격수 пра́вий напада́ючий. ~단체 пра́ві організа́ції. ~수 гра́вець на пра́вому фла́нзі.

уджо́нг дру́жба; дру́жні почуття́. ¶ ~어린 дру́жній; напо́внений почуття́м дру́жби. ~을 두те́пке 하다 укрі́плювати дру́жбу. ~으로 по-дру́жньому.

уджу́ все́світ; ко́смос; космі́чний про́стір. ¶ ~의 космі́чний. ‖ ~개발 осво́єння ко́смосу. ~공간 космі́чний про́стір. ~과학 космоло́гія. ~복 (космі́чний) скафа́ндр. ~비행 космі́чний полі́т; полі́т в ко́смос. ~비행사 (льо́тчик-) космона́вт. ~선 космі́чний корабе́ль. ~정거장 космі́чна ста́нція.

уджу́нг ¶ ~에 під час дощу́; під доще́м. ~에도 불구하고 не дивля́чись на дощ.

уджунчунгха́да похму́рий. ¶ 우중충한 날씨 похму́ра пого́да.

уджі́ ни́ркове (нутряне́) са́ло коро́ви.

уджі́к простакува́та че́сність;

простоду́шність. ¶ ~하다 простоду́шний; че́сний до ду́рощів.

우쭐하다 велича́тися; напуска́ти на себе́ важли́вість; задира́ти ніс.

우체 ‖ ~국 почта́мт; по́шта. ~부 листоно́ша. ~통 пошто́ва скри́нька.

우측 пра́ва сторона́. ¶ ~에 спра́ва. ‖ ~통행 правосторо́нній рух; рух з пра́вої сторони́.

우툴두툴하다 |길이| вибо́їстий.

우파 пра́ве угрупува́ння; пра́ве крило́; пра́ві.

우편 по́шта; кореспонде́нція. ‖ ~물 по́шта; пошто́ве відпра́влення. ~배달 доста́вка по́шти. ~주문 замо́влення по́штою. ~함 пошто́ва скри́нька. ~환 пошто́вий грошови́й перека́з. 항공 ~ авіапо́шта.

우표 (пошто́ва) ма́рка. [형] ма́рковий. ¶ ~를 붙이다 накле́ювати (пошто́ву) ма́рку *на що*. ~수집 збір пошто́вих ма́рок. ~수집가 філателі́ст.

우현 пра́вий борт (су́дна).

우호 дру́жба. ¶ ~적 дру́жній. ‖ ~관계 дру́жні відно́сини. ~국 дру́жня краї́на. ~조약 до́говір про дру́жбу.

우화 ба́йка. ‖ ~작가 байка́р. ~집 збі́рка ба́йок.

우환 неспо́кій; турбо́ти; сум.

우회 обхі́д. ¶ ~적 обхідни́й. ~적 방법으로 обхідни́м шля́хом. ~하다 обхо́дити *що*; роби́ти крюк; іти́ обхідни́м шля́хом. ‖ ~도로 обхідни́й шлях.

우회전 поворо́т напра́во. ¶ ~하다 поверта́ти напра́во. ‖ ~금지 заборо́нений поворо́т напра́во.

우후죽순 як гриби́ пі́сля дощу́.

욱박지르다 приму́шувати загро́зами.

욱신거리다 |쑤시다| ни́ти; ломи́ти. |떼가| товпи́тися; метуши́тися; штовха́тися; киші́ти.

욱하다 гарячи́тися; бу́ти запальни́м. ¶ 욱하는 성질 запальни́й хара́ктер.

운(運) до́ля; форту́на. ¶ ~나쁜 *кому́* не тала́нить; безтала́нний. ~좋은 тала́нний; везу́чий. ~이 나쁘다 *кому́* не щасти́ть. ~이 좋다 пощасти́ти; кому́ щасти́ть. ~나쁘게도 до невда́чі. ~에 맡기고 ризику́ючи; на ли́бонь. Його́ ~이 다했다. Його́ зірка́ закоти́лася. Ща́стя йому́ зра́дило.

운(韻) ри́ма. [형] римо́ваний. ¶ ~을 떼다 почина́ти ро́зповідь.

운구 ¶ ~하다 перевози́ти труну́ з ті́лом поме́рлого.

운동 |물리| рух. |체육| фізкульту́ра; спорт; фізи́чна заря́дка. |акти́вність| рух; кампа́нія; агіта́ція. ¶ ~하다 |물리| ру́хати(ся). |체육| займа́тися фізкульту́рою (спо́ртом). |акти́вність| прово́дити кампа́нію; агітува́ти. ‖ ~경기 спорти́вні змага́ння; матч. ~기구 спорти́вний інвента́р. ~복 спорти́вний костю́м; спорти́вна фо́рма. ~선수 спортсме́н. ~신경 руховий нерв. ~요법 лікува́льна гімна́стика. ~장 спортмайда́нчик; стадіо́н. ~화 спорти́вне взуття́; ке́ди. ~회 фізкульту́рне (спорти́вне) свя́то. 독립~ рух за націона́льну незале́жність. 독립~가 боре́ць за націона́льну

운명 незалежність. 선거~ виборча кампанія.

운명(殞命) ¶ ~하다 вмирати.

운명(運命) доля; участь; рок. ¶ ~적 роковий; фатальний; неминучий. ~에 맡기다 залишити на волю долі. ~을 같이하다 розділяти долю *з ким-чим*. 실패할 ~이다 бути приреченим на провал. ‖ ~론 фаталізм. ~론자 фаталіст.

운문 вірші; поезія. ‖ ~극 драма у віршах. ~소설 роман у віршах.

운반 перевезення; транспортування. ¶ ~하다 перевозити; транспортувати. ‖ ~료 плата за перевезення вантажів. ~비 транспортні витрати. ~선 вантажний лайнер; вантажне судно.

운석 (кам'яний) метеорит. [형] метеоритний.

운송 → **운반**.

운수(運輸) → **운반**.

운신 ¶ ~하다 рухатися; пересуватися.

운영 ведення (справ); управління *чим*; експлуатація. ¶ ~하다 вести; управляти *чим*; експлуатувати. ‖ ~자금 обіговий капітал.

운용 застосування; використання. ~하다 використовувати; пускати в хід.

운운 ¶ ~하다 сказати що-небудь.

운율 ритм; розмір; метр. ¶ ~의 ритмічний; метричний.

운임 плата за перевезення; фрахт; вартість перевезення. ‖ ~표 тариф.

운전 водіння; управління чим. ¶ ~하다 водити; сидіти за кермом; управляти *чим*. 배를 ~하다 управляти кораблем. 자동차를 ~하다 водити автомобіль (автомашину). ‖ ~대 кермо; ручка управління. ~면허증 водійські права. ~석 кабіна водія (машиніста). ~수 машиніст; шофер; моторист. 시~(пробне) випробування; випробувальний пробіг.

운집 ¶ ~하다 збиратися у великій кількості (натовпом).

운치 мальовничість; краса; принада. ¶ ~가 있다 мальовничий; чарівний.

운하 (судноплавний) канал. [형] канальний. ‖ ~통과세 канальний збір.

운항 рух кораблів. ‖ ~시간표 розклад руху кораблів.

운행 |차의| рух; хода. |천체의| обіг. ¶ ~하다 |차가| ходити; курсувати. |천체가| обертатися. | 열차의| експлуатація залізничної дороги. ‖ 열차~시간표 розклад поїздів.

울 → 울타리; |신발의| обідок; край. ¶ ~밑에 під парканом.

울긋불긋하다 строкатий; різнокольоровий.

울다 |사람이| плакати. |새·벌레가| співати; щебетати; цвірінькати. |닭이| кудкудакати. |개구리가| квакати. |고양이가| мявкати. |말이| іржати. |소가| мукати. |옷·장판이| сміятися; зморщитися. |종이| гуркотіти; шуміти; дзвеніти. ¶ 머벌머 ридаючи. 흐느껴 ~ пхикати; плакати; хникати.

울렁거리다 |두근거리다| битися

(від хвилювання). |흔들다| хлюпатися. |메슥하다| відчувати легку нудоту; злегка нудити.

울리다 |소리가| звучати; лунати (про звуки). |울게 하다| змушувати плакати. |심금을 хвилювати. |소리나게 하다| змушувати лунати. ¶ 심금을 울리는 이야기 зворушлива розповідь. 종이 울린다. Дзвін дзвенить.

울림 |소리| звучання; дзвін. |반향| луна. |진동| вібрація.

울먹이다 ледве не плакати; бути готовим розплакатися. ¶ 울먹이는 (목)소리 плаксивий голос.

울보 плакса, плаксива дитина.

울부짖다 голосно плакати; ревіти; вити. ¶ 울부짖는 소리 ревіння. 바람이 울부짖는다 Вітер виє. 짐승이 사납게 울부짖는다 Звір страшно реве.

울분 почуття образи (досади); невдоволення. ¶ ~을 터뜨리다 вилити (всю) образу. ~을 참다 стримувати гнів (почуття образи).

울상 плаксивий вираз обличчя. ¶ ~을 짓다 створювати плаксиву гримасу.

울음 плач. [형] плачний. ¶ ~을 터뜨리다 роздатися плачем. ~을 그치다 припинити плакати.

울적 ¶ ~하다 тужливий. ~한 기분 душевний смуток.

울창 ¶ ~하다 дрімучий; густий. ~한 삼림 густий (дрімучий) ліс.

울컥하다 |토하다| кого нудити. |화가| виплескувати. ¶ 울컥 화가 치밀다 обуритися; не стримувати досади.

울타리 паркан; тин; огорожа. ¶ ~를 치다 загороджувати (оточувати) що парканом.

울퉁불퉁하다 нерівний; горбистий, вибоїстий.

울화 злість; почуття образи. ¶ ~가 치밀다 злість бере кого; відчувати приплив злості. || ~병 іпохондрія.

움막(집) землянка; хатина; халабуда.

움직이다 |몸을| рухати(ся). |기계를| приводити (приходити) в рух. | 마음을| схилятися до чого. |변경하다| змінюватися.

움직임 рух; зміна.

움찔하다 |놀라서| зіщулитися від переляку. |움직이다| злегка коливатися (рухатися).

움츠러들다 |몸이| зіщулюватися; стискатися. |마음이| бути в пригніченому (подавленому) настрої.

움츠리다 швидко стискати. ¶ 몸을 ~ зіщулюватися.

움켜잡다 міцно схопити. ¶ 멱살을 ~ міцно схопити за шкібарку.

움큼 жменя. ¶ 모래 한 ~ жменя піску.

움트다 давати пагони; пускати паростки.

움푹하다 дуже запалий; сильно вігнутий (посередині).

웃-- |위치가| верхній. |나이가| старший. || ~마을 верхнє селище. ~사람 старша (людина).

웃기다 смішити. ¶ 농담하여 ~ смішити жартами.

웃다 сміятися; посміхатися. |조소| насміхатися над ким-чим. ¶ 남 몰래 ~ сміятися нишком.

윗도리 |웃옷| верхня частина

웃돈 додаткова платня. ¶ ~으로 в якості додаткової платні. ~을 주다 додавати *що до чого*.

웃목 частина утепленої підлоги, найбільш віддалена від вогнища.

윗사람 |나이가| старший. |직위가| вищестоячий.

웃어른 старший.

웃음 сміх; посмішка. ¶ 너털~ заразливий сміх. 억지~ дурна (притворна) посмішка. 쓴~ кисла посмішка. ~을 참다 подавляти сміх; утримуватися від сміху; стримувати сміх.

웃음거리 посміховисько.

웅담 жовчний міхур ведмедя.

웅대 ¶ ~하다 грандіозний, величний. ~한 구상 велика ідея.

웅덩이 яма (вибоїна), що заповнена стоячою водою.

웅변 красномовність, ораторство. ~의 красномовний. || ~가 оратор, трибун. ~술 ораторське мистецтво.

웅비 ¶ ~하다 сміливо (енергійно) діяти, висуватися, робити великий стрибок, високо підноситися.

웅성거리다 шуміти, галасувати. ¶ 웅성거림 галас.

웅얼거리다 бурмотіти, белькотати.

웅장 ¶ ~하다 величний, грандіозний.

웅지 грандіозні задуми, неприкорбне прагнення.

웅크리다 сильно стискати, підгинати. ¶ 몸을 ~ зіщулюватися.

워낙 |본디| з самого початку, за природою. |아주| дуже, жахливо, занадто.

원 |화폐단위| вона.

원(圓) круг. [형] круговий. ¶ ~을 그리며 날다 крутити. ~을 긋다 накреслювати круг. || ~운동 рух по колу.

원(願) |기원| бажання. |소망| бажане. ¶ ~하다 хотіти *чого*, бажати *чого*. ~을 이루다 виконувати бажання.

원--(原--) |본디| первісний. || ~년 перший рік (нового літочислення).

원가 собівартість. || 생산~ собівартіс продукції. ~계산 калькуляція.

원거리 далека відстань, дальня дистанція.

원격 дальня дистанція. ¶ 기계를 ~조종하다 керувати апаратурою дистанційно. || ~제어 телеконтроль. ~조종 дистанційне керування, телекерування. ~조정 телерегулювання.

원경 вигляд здалека.

원고(原告) позивач/ка. [형] позивний. ¶ ~와 피고 позивач та відповідач.

원고(原稿) рукопис. || ~료 авторський гонорар. ~지 письмальний папір для рукопису.

원광(석) вихідна руда.

원군 підкріплення, допоміжні війська. ¶ ~을 보내다 відправляти допоміжні війська.

원근(화)법 перспектива.

원기 бадьорість, енергія. ¶ ~가 왕성하다 енергійний. ~를 내다 підбадьорюватися. ~를 북돋우다 підбадьорювати, додавати бадьо́рості.

원내 ¶ ~(에) в парла́менті, в пала́ті. ‖ ~총무 лі́дер парла́ментської фра́кції.

원년 пе́рший рік (ново́го літочи́слення).

원단 поча́ток ро́ку, ра́нок Ново́го ро́ку.

원대 ¶ ~하다 грандіо́зний, далекогля́дний. ~한 구상 далекогля́дний за́дум.

원동 ‖ ~기 мото́р, двигу́н. ~력 руші́йна (рухо́ва) си́ла.

원두막 сторо́жка на башта́ні.

원래 взагалі́, за приро́дою, споча́тку. ¶ ~(의) коли́шній, початко́вий. ~부터 споконві́ку, з са́мого поча́тку.

원로 ветера́н, старі́йший член, старі́йшина. ‖ ~원 ве́рхня пала́та парла́менту, сена́т.

원론 осно́ви, основні́ поло́ження, тео́рія. ‖ 경제학~ осно́ви еконо́міки.

원료 сировина́. [형] сирови́нний. ¶ ~의 비축 сирови́нні запа́си. ‖ 공업~ промисло́ва сировина́.

원리(原理) при́нципи, основні́ поло́ження. ¶ ~를 알려주다 роз'ясня́ти основні́ поло́ження.

원만 ¶ ~하다 |일의 진행이| до́брий, задові́льний. |성격이| присто́йний, згра́бний, гармо́нійний. ~한 성격 складни́й хара́ктер. ~한 해결 задові́льне не рі́шення.

원망 наріка́ння на кого-що, ска́рга на кого-що. ¶ ~하다 наріка́ти на кого-що, доріка́ти кому за що, ска́ржитися на кого.

원목 дере́вний матеріа́л, дереви́на ма́са. [형] брусо́ваний.

원무 |왈츠| вальс. |윤무| тано́к, круговий та́нець. ‖ ~곡 вальс.

원문 оригіна́л. ¶ ~으로 읽다 чита́ти в оригіна́лі.

원반 диск. [형] ди́сковий. ‖ ~던지기 мета́ння ди́ску. ~던지기 선수 дискобо́л.

원본 оригіна́л. ‖ ~과 사본 оригіна́л і ко́пія.

원뿔(형) ко́нус. [형] ко́нусний.

원산물 перви́нні проду́кти.

원산지 мі́сце похо́дження (виробни́цтва, виро́щування).

원상 перві́сний (попере́дній) стан. ¶ ~으로 복구하다 відно́влювати в перві́сний стан.

원색 |천연색| перві́сний ко́лір. |기본색| основні́ кольори́ (черво́ний, жо́втий, си́ній).

원생 ‖ ~대 протерозо́йська е́ра. ~동물 протозо́а. ~식물 протофі́ти.

원서(原書) оригіна́л.

원서(願書) зая́ва, проха́ння. ¶ ~를 제출하다 подава́ти зая́ву. ‖ 입학~ зая́ва про прийо́м (до учбо́вого за́кладу).

원성 ска́рги на кого-що, наріка́ння, незадово́лення чим, бродіння.

원소 |화학| (хімі́чний) елеме́нт. ¶ ~기호 си́мвол елеме́нта. ~주기율 періоди́чна систе́ма елеме́нтів.

원수(元帥) ма́ршал.

원수(元首) ‖ 국가~ голова́ держа́ви.

원수(怨讐) во́рог. [형] воро́жий. ¶ ~지다 става́ти во́рогом, бу́ти на ножа́х з ким. ~를 갚다 мсти́ти во́рогу за що. 와 ~지간이다 бу́ти у ворожне́чі з ким.

원숙 досконалість, зрілість, стиглість. ¶ ~의 경지에 이르다 досягати зрілості. ~하다 зрілий. ~해지다 ставати зрілим.

원숭이 мавпа. [형] мавпячий.

원시(原始) ¶ ~적 первісний, примітивний. ‖ ~림 непорочний ліс. ~시대 еоліт. ~인 первісна людина.

원시(遠視) далекозорість, гіперметропія. ‖ ~안경 окуляри для далекозорих (для далі).

원심(原審) вирок суда першої інстанції.

원심(圓心) центр круга.

원심력 відцентрова сила.

원심분리기 центрифуга. [형] центрифугальний.

원안 першопочатковий (законо)проєкт (план). ¶ ~대로 가결하다 прийняти (закон) проєкт в первісному вигляді (без змін).

원앙(새) мандаринська качка.

원액(原液) нерозведена рідина.

원양 відкрите море. ‖ ~어선 рибацьке судно далекого ловіння. ~어업 дальній лов риби. ~항해 навігація у відкритому морі.

원어민 носій мови, народ або нація.

원예 садівництво. ‖ ~가 садівник. ~식물 садова рослина. ~학 садівництво.

원외 ¶ ~의 позапарламен- тний. ‖ ~단체 позапарламентне угрупування, лобі, лобісти.

원용 посилання *на що*, цитата. ¶ ~하다 посилатися *на кого-що*, приводити на підтвердження.

원유 нафта. [형] нафтовий.

원인(原因) причина, фактор. ¶ ~과 결과 причина і наслідок. ~을 밝히다 встановлювати причину. ‖ 근본 ~ корінна причина.

원자 атом. [형] атомний. ‖ ~가 валентність. ~량 атомна вага. ~력 атомна енергія. ~력 발전소 атомна електростанція. ~로 атомний реактор. ~물리학 атомна фізика. ~폭탄 атомна бомба. ~핵 атомне ядро. ~핵분열 розщеплення атомного ядра.

원자재 сировина і матеріали.

원작 оригінал. ‖ ~자 автор оригінала.

원장(元帳) головна бухгалтерна книга, гросбух.

원장(院長) директор, завідувач *чого*. ‖ 병원~ завідувач поліклініки.

원적 попереднє місце проживання (прописка). ‖ ~지 місце попередньої прописки, місце проживання.

원전 першоджерело, оригінал.

원전(原電) атомна електростанція.

원점 початковий (відправний) пункт, відправна точка.

원정 похід, кампанія, військова експедиція. ¶ ~하다 відправлятися в (військовий) похід, йти походом, здійснювати похід. ‖ ~경기 спортивна поїздка. ~군 експедиційна армія, експедиційне військо. ~대 експедиційний загін.

원조(元祖) |조상| родоначальник, прабатько. |창시자| засновник, фундатор.

원조(援助) допомога. ¶ ~하다 надавати допомогу. ~를 청하다 просити допомоги. ‖ ~물자 гуманітарні товари, ті які

원죄 першородний гріх.

원주(圓柱) круглий стовп, кругла колона.

원주민 корінне населення, корінні жителі, аборигени.

원천 джерело, криниця. ¶ 지식의 ~ джерело знань. ‖ ~과세 оподаткування податками (джерела) прибутків. ~소득세 прибутковий податок, який утримують з заробітної плати. ~징수 стягання (утримування) податків за місцем отримування прибутку.

원추형 пірамідальна форма.

원칙 (основний) принцип, загальне правило. ¶ ~적 принциповий. ~을 세우다 встановлювати принцип. ~을 지키다 відстоювати принципи. ~상 з принципової точки зору. ~적으로 в принципі, принципово, загалом.

원탁 круглий стіл. ‖ ~회의 конференція (нарада) за круглим столом.

원통(寃痛) ¶ ~하다 образливий.

원통(圓筒) циліндр, барабан. ‖ ~형 циліндрична форма.

원폭 атомна бомба, атомне бомбардування.

원하다 → 원(願).

원한 злість, обурення. ¶ ~을 사다 нажити собі ворога. ~을 품다 живити злість *проти кого*.

원형(原形) початкова форма. ¶ ~대로 복원하다 реставрувати в початковій формі.

원형(原型) прототип, зразок, модель [ея]. ‖ ~질 протоплазма.

원형(圓形) круг. [형] круглий. ‖ ~극장 амфітеатр. ~동물 круглі черв'яки.

원호 ‖ ~기금 фонд допомоги.

원혼 душа ображеного за життя людини.

원화 вон. ¶ ~로 в вонах.

원활 ¶ ~하다 рівний, безперешкодний. ~하게 гладко, мирно.

원흉 заводій, ватажок.

월 місяць. [형] місячний.

월간 щомісячне видання, щомісячник. ‖ ~잡지 щомісячний журнал, щомісячник.

월경(月經) менструація, менструальний. ¶ ~중에 있다 менструювати. ‖ ~과다 менорагія, гіперменорагія. ~불순 викарна кровотеча. ~주기 менструальний цикл.

월경(越境) порушення (перехід) кордону. ¶ ~하다 порушувати (перетинати) межу.

월계관 лавровий вінок, лаври. ¶ ~을 쓰다 пожинати лаври.

월계수 лавр (шляхетний).

월권 перевищення влади. ¶ ~행위 하다 перевищувати свої права (повноваження).

월급 (місячна) заробітна плата, платня за місяць. ¶ ~으로 살다 жити на платню. ‖ ~날 день видачі заробітної плати (платні). ~봉투 конверт с заробітною платою (платньою). ~장이 людина, що живе на платню, який служить.

월남 ¶ ~하다 переходити на південь (через кордон). ‖ ~자

월동 зимівля, зимування, зимовище, перезимування. ¶ ~하다 зимувати. ‖ ~식물 зимові рослини.

월례 ¶ ~의 щомісячний. ‖ ~회 щомісячна нарада.

월말 кінець місяця. ¶ ~에 в кінці місяця. ‖ ~지불 сплата (за рахунками) в кінці місяця.

월부 щомісячний внесок, помісячна виплата (за куплену в розтрочку річ). ‖ ~금 щомісячний грошовий внесок.

월북 ¶ ~하다 переходити на північ (через кордон).

월세 орендна плата на місяць; місячна платня за прокат, оренду. ‖ ~방 кімната, що здається в найми (в оренду) на місяць.

월수입 місячний прибуток.

월식 місячне затемнення.

월요일 понеділок. ¶ ~에 у понеділок.

월일 дата; місяць і день. ‖ 생년~ дата народження.

월중 ~ (에) протягом місяця.

월초 ~ (에) на початку місяця.

웨이브 завивка. ¶ ~진 머리 завите волосся.

웨이터 офіціант. [형]офіціантський.

웨이트리스 офіціантка.

웬만큼 в міру, належним чином.

웬만하다 стерпний; задовільний; середній. ¶ 웬만하면 якщо ви (ти) не проти.

위(位) місце. ¶ 1~를 차지하다 займати перше місце.

위(胃) шлунок. [형] шлунковий. ‖ ~경련 гастроспазм. ~궤양 виразка шлунка. ~벽 стінка шлунка. ~염 гастрит.

위 |상부| верх; верхня частина. |꼭대기| вершина. |표면| поверхня. |상위| верхи; начальство. |나이가| бути старше. ¶ ~에 на *чим*, над *чим*, вище *чого*. ~에서 말한 바와 같이 як сказано вище.

위계 ранг. [형] ранговий.

위급 критичні обставини; критичний момент; (крайня) небезпека. ¶ ~하다 небезпечний, критичний, невідкладний.

위기 кризи; критичний момент; критичне положення. ¶ ~에 처하다 знаходитися в критичному стані; переживати критичний момент. ~에 처해в критичний момент. ‖ ~일발 надзвичайно небезпечний мо- мент. 재정~ фінансова криза.

위대 ¶ ~하다 великий; величезний. ~한 인물 велика людина, велика постать. ‖ ~성 велич.

위독 небезпечний (тяжкий) стан. ¶ ~하다 небезпечний, критичний, який загрожує.

위락 задоволення, розвага, комфорт. ‖ ~시설 місця для розваги.

위력 міць [ж]; могутність. ¶ ~있는 міцний, потужній, могутній.

위령제 жертвоприношення душі померлого.

위로 втішання. ¶ ~하다 втішати. ~의 말 слова втіхи. ‖ ~금 матеріальна допомога.

위문 втіха, підбадьорення. ¶ ~하다 втішати, підбадьорювати. ‖ ~공연 виїзний спектакль (ви́ступ) пе́ред во́їнами. ~편지 лист на фронт. ~품 |군대로 보내는| подару́нок на фронт. |고 아원으로 보내는| поже́ртвування.

위반 пору́шення. ¶ ~하다 пору́шувати; йти про́ти чо́го; йти вро́зріз з чим. 조약을 ~하다 пору́шувати до́говір. ‖ ~자 пору́шник. ~행위 право- пору́шення; злочи́нне ді́яння. 교통법규~ пору́шення пра́вил ву́личного ру́ху. 주차~ пору́шення пра́вил стоя́нки (маши́н).

위배 → **위반**.

위법 пору́шення зако́ну. ¶ ~의 незако́нний, нелега́льний. ‖ ~성 незако́нність, нелега́ль- ність. ~행위 незако́нні ді́ї, беззако́ння, незако́нний акт.

위병(胃病) шлунко́ві хворо́би. ¶ ~을 앓다 стражда́ти шлун- ко́вою хворо́бою. ‖ ~환자 хво́рий шлунко́вою хворо́бою.

위병(衛兵) охоро́на, ва́рта. ‖ ~근무 вартівна́ слу́жба. ~소 вартівне́ примі́щення.

위산 кисло́тність шлунко́вого со́ку. ‖ ~과다 підви́щення кисло́тність шлунко́вого со́ку.

위상 фа́за. [형] фа́зовий.

위생 санітарі́я, гігі́єна. ¶ ~적 саніта́рний; гігієні́чний. ‖ ~법 пра́вила гігі́єни; гігі́єна. ~병 саніта́р. 공중~ соціа́льна гігі́єна.

위선 лицемі́рство; святе́нництво, фарисе́йство. ¶ ~적 лице- мі́рний, святе́нницький, фарисе́йський. ~적으로 행동하다 лицемі́рити. ‖ ~자 лицемі́р, святе́нник, фарисе́й.

위성 супу́тник, сателі́т. ¶ ~을 궤도에 올려놓다 виво́дити супу́тник на орбі́ту. ‖ ~국 краї́на-сателі́т. ~궤도 орбі́та супу́тника. ~도시 мі́сто- супу́тник. 인공~ шту́чний супу́тник.

위세 могу́тність, си́ла, вплив. ¶ ~있는 могу́тній, вплив́овий, си́льний. ~를 떨치다 прославля́тися могу́тністю.

위수 гарнізо́н. [형] гарнізо́нний. ‖ ~사령관 нача́льник гарнізо́на.

위스키 ві́скі.

위시 ¶ ~하여 почина́ючи *з кого́-чого́,* на чолі́ *кого́.*

위신 прести́ж, авторите́т. ¶ ~을 떨구다(잃다) упуска́ти авторите́т, втрача́ти прести́ж.

위안 втіша́ння. ¶ ~하다 втіша́ти. ~을 찾다 (구하다) знахо́дити вті́шення в чо́му.

위암 рак шлу́нка.

위압 вла́дність, ти́снення, на́тиск, заля́кування. ¶ ~적 вла́дний, наказо́вий. ~하다 зді́йсню- вати тиск *на ко́го*; імпонува́ти *кому́-чому́*. ~적으로 вла́дно. ‖ ~감 почу́ття гні́ту.

위엄 гі́дність, переко́нливість. ¶ ~있는 спо́внений гі́дності; гі́дний, ста́вний, переко́нливий, той, що трима́є себе́ з гі́дністю.

위업 вели́ке ді́ло, по́двиг.

위염 гастри́т. [형] гастри́тний.

위용 вража́ючий (вели́чний) ви́гляд. ¶ ~을 떨치다 про- славля́тися своє́ю вража́ючою зовнішністю.

위원 член комісії (комітету). ‖ ~단 комісія. ~장 голова комісії (комітету). ~회 комісія, комітет. 상임~ постійний член комітета (комісії).

위인(偉人) велика людина, світило. ‖ ~전 біографія (життєпис) великих людей.

위임 уповноваження, доручення, мандат *на що*, передача в розпорядження, повноваження. ~받다 бути уповнова- женним, отримати доручення. ~하다 доручати *кому що*, уповноважувати *кого на що*, довіряти *кому що*, передавати на розгляд (на дозвіл) *чого*. ‖ ~권 повноваження. ~자 довіритель, уповноважений, мандат. ~장 довіреність.

위자료 грошова допомога, компенсація, відшкодування.

위장(胃腸) шлунок і кишечник. ~병 шлунково-кишечні хвороби. ~염 гастроентерит.

위장(偽裝) маскування. ¶ ~된 (за)маскований. ~하다 маску- вати *що*, маскуватися *чим*. ‖ ~망 маскувальна сітка, маско сіть.

위정자 правитель, державний діяч.

위조 підробка, підлог, фальсифі- кація. ¶ ~하다 підробляти, фальсифікувати. ‖ ~문서 підроблений документ. ~여권 фальшивий паспорт. ~지폐 підроблена асигнація. ~품 підробка. ~화폐 фальшива купюра, фальшиві гроші. 화폐~ виготовлення фальшивих грошей.

위주 ¶ ~로 하다 вважати що головний, робити основний упор на що.

위중 ¶ ~하다 небезпечний, тяжкий.

위촉 доручення. ¶ ~하다 доручати, довіряти, покладати.

위축 ¶ ~되다 |심리적으로| бути в пригніченому стані, маятися. |사물이| в'янути, зморщуватися. ‖ ~감 пригніченість.

위치 місце, позиція, розташу- вання.

위탁 |위임| доручення. |상업에서| консигнація, комісія. ‖ ~가공 обробка (виготовлення виробів) на замовлення. ~금 підзвітні гроші, (грошовий) кредит. ~수수료 комісійна винагорода, комісійні. ~인 консигнат. ~판매 комісійний продаж (торгівля). ~판매점 комісійний магазин.

위태 ¶ ~하다 критичний, ризиковий, небезпечний, бути в небезпеці. ~롭게 하다 піддавати *кого-що* небезпеці, створювати *кому-чому* загрозу.

위트(wit) жарт, дотепність. ¶ ~가 있는 дотепний.

위패 поминальна дощечка, (дерев'яна) табличка з ім'ям померлого.

위폐 підроблена (фальшива) банкнота.

위풍 величність, значність. ¶ ~당당하다 величний, значний, ставний.

위하다 |사람을| слугувати *кому-чому*; доглядати *за ким*, піклуватися *про кого-що*; дорожити *чим*. |공경하여|

шанувати *кого*. ¶ 부모를 ~ шанувати батьків. 위하여 для *кого-чого*; за *що*; заради *чого*; в ім'я *кого-чого*; з метою.

위해(危害) страшне лихо; шкода; зло. ¶ ~를 가하다 задавати шкоди; заподіювати зло.

위헌 неконституційність. ¶ ~의 неконституційний; суперечний конституції. ~하다 порушувати конституцію.

위험 небезпека; ризик. ¶ ~하다 небезпечний, ризикований. ~을 무릅쓰다 нехтувати небез- пекою. ~에 직면하다 наражатися на небезпеку. ~에서 вертатися бути поза небезпекою. ~시하다 вважати *кого-що* небезпечним. ‖ ~물 небезпечний предмет, небезпечна річ. ~부담 розмір ризику покупця і продавця у випадках «форсмажор». ~성 небезпечність; ризикованість. ~신호 сигнал небезпеки. ~지역 небезпечний регіон.

위협 загроза. ¶ ~적 який загрожує. ~하다 загрожувати *кому-чому*; грозити *чим*. ~적으로 загрозливо. ~받는 стан загрозливе положення (стан).

윗니 верхні зуби.

윙윙거리다 |바람이| завивати. |총 알이| свистіти; дзижчати.

윙크 підморгування, моргання. ¶ ~하다 підморгувати кому.

유(有) буття, існування. ¶ 무에서 ~를 창조하다 з небуття створити буття.

유(類) |무리| група, клас. |종류| рід, вид, сорт. ‖ 보석~ коштовності.

유가증권 цінні папери.

유가족 родина загиблого (померлого).

유감 жаль. ¶ ~스럽게도 на жаль. ~스럽다 вартий жалю; жаль, що. ~의 뜻을 표하다 виражати співчуття. 재능을 ~없이 발휘하다 повністю проявляти свої здібності.

유개 ¶ ~(의) критий. ‖ ~화물열차 (화차) критий товарний вагон.

유격 вилазка, наліт; рейд. ‖ ~대 партизанський загін. ~대원 партизан, боєць партизанського загону. ~전 партизанська війна.

유고 посмертні праці; рукописна спадщина.

유곡 глибока ущелина, глибока лощина. ¶ 심산~ гірська глушина та глибока ущелина.

유골 останки; прах.

유공 ¶ ~(의) заслужений. ‖ ~훈장 орден за заслуги.

유괴 ~하다 увозити (уводити, викрадати) (дитину) за допомогою обмана.

유교 конфуціанство.

유구 ¶ ~하다 стародавній, давній.

유구무언 немає слів для виправдання.

유권자 виборець.

유급(有給) ¶ ~의 оплачуваний. ‖ ~휴가 відпустка зі збереженням утримання; оплачувальна відпустка.

유급(留級) другорічництво. ¶ ~하다 залишатися на другий рік. ‖ ~생 другорічник.

유기(有機) ¶ ~적 органічний. ‖ ~물 органічна речовина. ~체 організм. ~화합물 органічна сполу́ка.

유기(遺棄) ¶ ~하다 залиша́ти; кида́ти; забува́ти. ‖ ~죄 кримі́нальна відповіда́льність за зали́шення опі́куваних без до́гляду та необхі́дної допомо́ги.

유난 ¶ ~하다 особли́вий, незвича́йний. ~히 особли́во, незви́чно.

유년 дити́на. [형] дитя́чий. ¶~기에 в дити́нстві. ~기 дити́нство.

유능 ¶ ~하다 зді́бний; який володі́є на́виками; компете́нтний.

유달리 незвича́йно, незви́чно.

유당 {화학} моло́чний ца́хар.

유도(柔道) дзюдо́. ‖ ~선수 дзюдої́ст.

유도(誘導) наве́дення; управлі́ння. ¶ ~하다 вести́; наво́дити. ‖ ~미사일 керо́вана раке́та. ~질문 пита́ння, що наво́дить. ~체дерива́т; похідне́. ~탄 керо́ваний снаря́д.

유독(惟獨) особли́во; ті́льки.

유독(有毒) ¶ ~하다 отру́йний. ‖ ~가스 отру́йний газ. ~물질 отру́йна речовина́.

유동 |액체의| течія́. |사람이나 형세의| теку́чість. ¶ ~적 теку́чий; непості́йний. ~하다 |액체가| текти́. |사람이나 형세가| пересува́тися; перемі́ща- тися; бу́ти теку́чим. ~적 теку́чий. ‖ ~성 |형세의| теку́чість. ~자 본 оборо́тний капіта́л. ~자산 ліквідні ко́шти.

유람 о́гляд; тури́зм; екску́рсія. ¶ ~하다 огля́дати; здійснюва́ти екску́рсію. ‖ ~객 екскурса́нт; тури́ст. ~선 екскурсі́йний паропла́в. ~지 мі́сце для екску́рсій.

유랑 бродя́жництво; блука́ння. ¶ ~의 блука́цький; бродя́чий; кочови́й. ~하다 бродя́жити; блука́ти; кочува́ти. ‖ ~민 кочови́й наро́д. ~자 бродя́га; блука́ч.

유래 поча́ток; джерело́; похо́дження. ¶ ~하다 похо́дити; вести́ (свій) поча́ток від чого́.

유량 об'є́м води́. ‖ ~계 водомі́р.

유려 ¶ ~하다 пла́вний, гла́дкий, елега́нтний. ~한 문체 гла́дкий стиль.

유력 ¶ ~하다 си́льний; впливо́вий. ‖ ~자 впливо́ва осо́ба.

유령 при́вид; прима́ра. ‖ ~회사 фікти́вне акціоне́рне суспі́льство.

유례 поді́бний (схо́жий) при́клад. ¶ ~가 нема́є незрівня́нний, особли́вий.

유료 ¶ ~의 пла́тний. ~주차장 пла́тна стоя́нка.

유류품 релі́квія.

유리(有利) ¶ ~하다 виі́дний, кори́сний. ~하게 виі́дно, кори́сно, сприя́тливо.

유리(遊離) відді́лення, відри́в, ізоля́ція. ¶ ~하다 відділя́тися; відрива́тися *від кого́-чого́*.

유리(琉璃) скло. [형] скляни́й. ¶ ~를 끼우다 вставля́ти скло *у що*.

유리수 |수학| раціона́льне число́.

유린 топта́ння. ¶ ~하다 топта́ти; потопта́ти.

유망 ¶~하다 багатообіця́льний, яки́й подає́ наді́ї; перспекти́вний.

유명(幽明) те́мрява і сві́тло, цей і той світ. ¶ 그는 ~을 달리했다. Він поме́р.

유명(有名) ¶ ~하다 знамени́тий,

відо́мий. ~하게 되다 ста́ти знамени́тим. ~한 음악가 знамени́тий музика́нт. ‖ ~세 тя́гар сла́ви.

유명론{철학} номіналі́зм.

유명무실 ¶ ~하다 номіна́льний; яки́й не ма́є ді́йсної си́ли.

유모 годува́льниця, ня́ня. ‖ ~차 (дитя́ча) коля́ска.

유목 кочове́ скота́рство. ¶ ~의 кочови́й. ~하다 кочува́ти. ‖ ~민 скотарі́-кочовики́.

유물(遺物) спа́дщина, релі́квія, релі́кти.

유물 ‖ ~론 матеріалі́зм. ~ро́нза матеріалі́ст. ~변증법 матеріалісти́чна діале́ктика. ~사관 матеріалісти́чне розумі́ння істо́рії. 사적~론 істори́чний матеріалі́зм.

유미 ¶ ~적 естети́чний. ‖ ~주의 естети́зм. ~주의자 есте́т; есте́тик.

유발 ~하다 виклика́ти; призво́дити *до чого*, спричиня́ти.

유방 (жіно́чі) гру́ди.

유배 засла́ння, вигна́ння. ¶ ~하다 жи́ти в засла́нні. ‖ ~살이 життя́ в засла́нні.

유별(有別) ¶ ~나다 особли́вий; незвича́йний; відмі́нний; рі́зний. ~난 사람 незвича́йна люди́на.

유보 ~하다 відклада́ти, перено́сити.

유복 ¶ ~하다 бага́тий; замо́жний; забезпе́чений.

유복자 дити́на, яка́ народи́лася пі́сля сме́рті ба́тька.

유부녀 замі́жня (жі́нка).

유사(有史) ¶ ~의 істори́чний. ~ 이래 처음 впе́рше в істо́рії.

유사(類似) ¶ ~하다 схо́жий; поді́бний. ‖ ~성 схо́жість; анало́гія. ~점 схо́жі ри́си, схо́жість.

유사(有事) ¶ ~시에 у ви́падку кра́йньої необхі́дності; в кра́йньому ви́падку; кра́йня необхі́дність; непередба́чений ви́падок.

유산(流産) ви́кидень; передча́сні поло́ги; або́рт. ¶ ~하다 ви́кинути дити́ну; зроби́ти ви́кидень. ¶ ~되다 [일이] не вдава́тися; не збува́тися; зазнава́ти невда́чі.

유산(遺産) спа́дщина, спа́док. ¶ ~ 을 물려받다 отри́мати в спа́дщину *від кого-чого*. ‖ ~상속인 спадкоє́мець. 문화~ культу́рна спа́дщина.

유상 компенса́ція, відшкодува́ння. ¶ ~으로 з компенса́цією. ~으로 받은 отри́маний в я́кості компенса́ції. ‖ ~분배 розпо́діл за пла́ту.

유색 ¶ ~의 кольоро́вий. ‖ ~인종 кольоро́ва ра́са.

유생 конфуціа́нець, конфуціа́нський вче́ний.

유서(由緒) істо́рія. ¶ ~가 깊다 яки́й ма́є істори́чне зна́чення, знамени́тий, істори́чний.

유서(遺書) (письмо́вий) запові́т. ¶ ~를 남기다 залиша́ти запові́т (посме́ртний лист).

유선 ка́бель, про́від. ‖ ~방송 ка́бельне телеба́чення.

유선형 обті́чна фо́рма.

유성(遊星) плане́та.

유성(有性) {біоло́гія} стате́вий. ‖ ~ 생식 стате́ве розмно́ження.

유성(有聲) ¶ ~의 дзвінки́й,

유세 передвиборча агітація. ¶ ~하다 збирати голоса перед виборами, агітувати.

유속 швидкість течії (потоку). ‖ ~계 гідрометр, гідрометрична вертушка.

유수(流水) проточна вода. ¶ 세월이 ~같다 Час летить.

유수(有數) ¶ ~한 видатний; видний; провідний.

유숙 ¶ ~하다 зупинятися у кого поселятися.

유순 ¶ ~하다 покірний; смирний; слухняний, покірливий.

유식 ¶ ~하다 який знає, освічений, грамотний.

유신론 {철학} теїм. ‖ ~자 теїст.

유실(流失) змив; розмив. ¶ ~되다 бути змитим (розмитим), розмивати.

유실(遺失) втрата; утрата. ¶ ~하다 загубити. ‖ ~물 загублена річ. ~물 [신고/센터 бюро знахідок.

유심하다(有心--) уважний. ¶ 유심히 уважно.

유심(唯心) {철학} ідеалізм. ‖ ~론자 ідеаліст.

유아 немовля, дитина, грудна дитина.

유야무야 ¶ ~하다 неясний, невизначений, невиразний. ~하게 만들다 робити неясним, затемнювати.

유약 ніжність. ¶ ~하다 ніжний, тендітний.

유약 глазур для кераміки. ¶ ~을 바르다 глазурувати.

유언 заповіт, завіт. ¶ ~하다 заповідати. ‖ ~자 заповідач.

голосовий. ‖ ~자음 дзвінкий приголосний звук.

유언비어 (хибні) чутки, плітки. ¶ ~를 퍼뜨리다 пускати (розпускати) плітки.

유업 справа, що була залишена предками.

유역 басейн (річки).

유연 ¶ ~하다 ніжний; м'який; гнучкий; пластичний.

유영 плавання; купання. ¶ ~의 плавальний. ~하다 плавати.

유예 відстрочення; відкладання. ¶ ~하다 відстрочувати; відкладати.

유용(流用) ¶ ~하다 використовувати не за призначенням.

유용(有用) ¶ ~한 корисний; придатний; застосовний. ‖ ~성 користність; придатність; застосовність.

유원지 парк; паркова зона.

유월 червень [남].

유유 ~한 спокійний; некваплививий. ~히 걸어가다 йти неквапливо; йти не поспішаючи. ~자적한 생활을 하다 вести спокійне життя.

유의 ¶ ~하다 звертати увагу цікавитися; приймати до уваги. ~해서 듣다 уважно слухати.

유의어 {어학} синонім.

유익 ¶ ~하다 вигідний; корисний.

유인(誘引) притягнення; заманювання. ¶ ~하다 притягати; заволікати; заваблювати.

유인원 антропоїд, людиноподібна мавпа.

유일 ¶ ~하다 єдиний; спільний. ~한 희망 єдина надія. ‖ ~무이하다 єдиний; унікальний.

유임 ¶ ~하다 залишатися на попередній посаді.

유입 притік, наплив, вступ. ¶ ~하다 впадати у що, вливатися в *кого-що*. 금의 ~ притік золота.

유자 {식물} цитрон.

유자녀 діти, померлих батьків.

유작 літературна спадщина *кого*.

유적 залишки; звалища; руїни.

유전(遺傳) спадковість, [형] спадковий. ǁ ~병 спадкова хвороба. ~자 공학 генна інженерія. ~학 генетика.

유전(油田) нафтове родовище.

유정(有井) нафтова свердловина.

유조 ǁ ~선 танкер; нафтоналивне судно. ~차 автоцистерна.

유족 сім'я померлого (загиблого).

유죄 провина, винуватість. ¶ ~의 винуватий. ~를 선고하다 винести обвинувальний вирок. ǁ ~판결 обвинувальний вирок.

유지(維持) підтримка; збереження. ¶ ~하다 підтримувати; зберігати. 질서를 ~하다 підтримувати порядок.

유지(油脂) масла й жири.

유지(遺志) воля покійного.

유착 спаювання, зрощення. ¶ ~하다 зрощувати.

유창 ¶ ~하다 швидкий (про мовлення); плавний; вільно; який швидко говорить.

유추 проведення аналогії. ~적 аналогічний. ~하다 провести аналогію; судити за аналогією з чим.

유출 |액체의| закінчення. |물의| стік. |가스의| ефузія. |인력의| витік. ¶ ~하다 витікати, стікати.

유충 личинка.

유치(幼稚) дитинство. ¶ ~한 наївний; примітивний; незрілий. ǁ ~원 дитячий садок. ~원생 вихованець дитячого садку.

유치(留置) затримання. ¶ ~하다 затримувати, брати під охорону. ǁ ~장 тюремна камера.

유치(誘致) притягнення. ¶ ~하다 притягати; приманювати; викликати.

유쾌 ¶ ~하다 приємний; веселий; ~하게 시간을 보내다. весело проводити час.

유탄 куля, яка не потрапила в ціль; шалена куля.

유태 ¶ ~의(인) іудейський; єврейський. ǁ ~교 іудаїзм. ~인 єврей/ка; іудей/ка.

유통 оборот; товарообіг; обернення; поширення; розподіл. ǁ ~량 кількість, яка заходиться в оберті. ~망 канали оберту (товарів). ~비 витрати обігу.

유파 школа; секта.

유폐 ув'язнення. [형] ув'язненний. ¶ ~하다 ув'язнювати; піддавати арешту.

유포 розповсюдження. [형] розповсюджений. ¶ ~하다 розповсюджуватися; розноситися. ǁ ~자 поширювач.

유품 речі покійного.

유하다 м'який, слабкий.

유학 навчання за кордоном. ¶ ~하다 навчатися за кордоном.

유한(有限) ¶ ~하다 який має межі; обмежений. ǁ ~책임회사 суспільство з обмеженою відповідальністю.

유한(有閑) ~계급 бездіяльні багаті люди, білоручки.

유해(有害) ¶ ~하다 шкідливий, згубний. ǁ ~성 шкідливість.

유해(遺骸) останки; труп.

유행 мо́да. |감기의| розповсю́дження. ¶ ~의 мо́дний; ходя́чий; розповсю́джений. ~하다 бу́ти в мо́ді, війти́ в мо́ду. ~에 뒤지다 вийти́ з мо́ди; відста́ти від мо́ди. || ~가 популя́рна пі́сня; шля́гер. ~가수 викона́вець мо́дних пі́сень. ~성 감기 грип.

유혈 поточна кров; кровопроли́ття. ¶ ~의 крова́вий. || ~참사 крова́ва траге́дія.

유형(有形) фо́рма. ¶ ~의 матеріа́льний, конкре́тний, реа́льний.

유형(流刑) засла́ння. ¶ ~살이 하다 жи́ти в засла́нні. || ~수 засла́ний. ~지 мі́сце засла́ння.

유형(類型) тип, розря́д; катего́рія. ¶ ~의 типо́вий. ~화하다 типізува́ти. || ~학 типоло́гія. ~화 типіза́ція.

유혹 споку́са, спокуша́ння. ¶ ~하다 споку́шувати, вводити в споку́су. || ~자 споку́сник, звідник.

유화(宥和) примирення; умиротво́рення. [형] примирний.

유화 карти́на, яка́ напи́сана ма́слом.

유황 {광물} сі́рка.

유효 ефе́кт; прида́тність; дієвість. ~하다 дійовий; що ма́є си́лу; який діє, ефекти́вний. || ~기간 те́рмін прида́тності. ~숫자 ци́фра, що зна́чить.

유훈 запові́т; передсме́ртні наставля́ння.

유휴 [형] ві́льний; не використо́вуваний. || ~설비 недіюче обла́днання. ~자본 не використо́вуваний капіта́л.

유흥 розва́га; весе́лість, гульня́. ¶ ~하다 розволіка́тися; весели́тися; гуля́ти.

유희 гра; спорт; розва́ги. ¶ ~하다 гра́ти, розважа́тися.

육(六) шість.

육(肉) |동물의| м'я́со. |소의| ялови́чина. |돼지의| свини́на. |양의| бара́нина. |말의| кони́на.

육각 шість куті́в. || ~형 шестику́тник.

육감(肉感) почуття́вість; хти́вість. ¶ ~적 чуттє́вий; хти́вий; спокусли́вий. ~적인 아름다움 почуття́ва краса́.

육감(六感) шо́сте відчуття́.

육교 віаду́к, перекидний міст.

육군 сухопу́тні війська́. ¶ ~의 військо́вий; армі́йський. || ~사관학교 військо́ве учи́лище.

육담 непристо́йна розмо́ва.

육두문자 грубий ви́раз.

육로 шлях по су́ші. ¶ ~로 수송하다 перевезти́ сухи́м шля́хом.

육류 м'я́со. [형] м'ясни́й.

육면체 гекса́едр, шестигра́нник.

육박 ~하다 наближуватися, підхо́дити впритул. || ~전 рукопа́шний бій.

육상 || ~경기 ле́гка атле́тика. ~경기 선수 легкоатле́т.

육성(育成) вихова́ння. [형] вихо́вний. ¶ ~하다 вихо́вувати, сприя́ти (допомага́ти) ро́звитку. 인재를 ~하다 рости́ти (вихо́вувати) ка́дри.

육성(肉聲) лю́дський го́лос.

육수 м'ясни́й бульйо́н.

육순 шістдеся́т ро́ків.

육식 ¶ ~의 який харчу́ється м'я́сом, м'ясої́дний. ~하다

вживати в їжу м'ясо, харчуватися м'ясом. || ~동물 м'ясоїдні тварини.

육신 тіло. [형] тілесний.

육아 виховання дітей. ¶ ~하다 ростити (виховувати) дитину. || ~법 методи виховання дітей.

육안 ¶ ~으로 неозброєним оком.

육영 виховання; освіта; навчання. ¶ ~하다 виховувати; надавати освіту. || ~사업 виховна робота. ~자금 фонд стипендій.

육욕 плотське (почуттєве) бажання; жадання.

육종 селекція. ¶ ~하다 селекціонувати, виводити (нові сорта). || ~법 метод селекції.

육중 ¶ ~하다 громіздкий; масивний; важкий. ~한 몸집 важке тіло. ~한 설비 масивне обладнання.

육지 земля, суша. ¶ ~에 на суші.

육질 м'ясистість. |고기의 질| якість м'яса.

육체 тіло, плоть [ж]. ¶ ~적 тілесний; плотський; фізичний. || ~노동 фізичний труд. ~미 фізична краса, краса тіла.

육촌 [형] троюрідний.

육친 кровне споріднення. ¶ ~의 кровний; рідний.

육탄 «людина-снаряд». || ~전 рукопашний бій.

육포 тонко нарізане в'ялене (сушене) м'ясо.

육필 автограф.

육회 хве з яловичини.

육해공군 армія, флот і авіація; сухопутний, військово-морські і військово-повітряні сили.

윤간 групове згвалтування. ¶ ~하다 здійснювати групове згвалтування.

윤곽 обрис; конрути; нарис; начерк. || ~선 контурна лінія.

윤기 блиск; лиск. ¶ ~가 흐르다 блищати; лиснітися. ~를 내다 наводити лиск (блиск) на що, вилощувати.

윤년 високосний рік, рік з додатковим 13-м місячним місяцем.

윤달 додатковий 13-й місячний місяць; лютий в високосному році.

윤독 ¶ ~하다 читати по черзі.

윤락 падіння. ¶ ~의 який занепав, загиблий. ~하다 падати. || ~녀 занепала жінка.

윤리 етика, мораль [ж]. ¶ ~적 етичний, моральний. || ~학 етика.

윤무 круговий танок, хоровод. || ~가 хороводна пісня.

윤번 черга. ¶ ~으로 по черзі. || ~제 черговість.

윤색 прикраса. ¶ ~하다 прикрашати; прикрашувати.

윤작 {농업} сівозміна; ротація. ¶ ~하다 провести сівозміну. || ~물 культури сівозміни. ~제 система сівозміни (ротації).

윤전기 ротаційна машина; ротація.

윤택 блиск; лиск. ¶ ~하다 |생활이| багатий; забезпечений. |광택이| блискучий; лискучий.

윤활 мащення. || ~유 мастильне масло.

윤회 |불교| метемпсихоз; цикли перевтілення.

율(律) |법률의| закон; правило. |시의| ритм; метр; розмір. ¶ 도덕~

мора́льний ко́декс.

율(率) |비율| пропо́рція; проце́нт. | 계수| коефіціє́нт. |지수| і́ндекс, пока́зник.

율동 ритмі́чні ру́хи; ритм. ¶ ~의 ритмі́чний. || ~성 ритмі́чність. ~체조 ритмі́чна гімна́стика.

율무 |식물| іє́влева сльоза́.

율법 |법률의| зако́н. |종교의| мора́льні но́рми; за́повіді.

융기 підня́ття; підйо́м. ¶ ~하다 підніма́тися. 지각의 ~ підня́ття земно́ї кори́. || ~해안 підня́тий бе́рег.

융단 кили́м.

융성 процвіта́ння; ро́зквіт; добро́бут. ¶ ~하다 [형] процвіта́ючий; квіту́чий. [동] процвіта́ти. 국가의 ~ процвіта́ння держа́ви. || ~기 пері́од (епо́ха) ро́зквіту.

융숭 ¶ ~하다 вві́чливий; серде́чний. ¶ ~한 대접을 받다 бу́ти те́пло прийня́тим.

융자 фінансува́ння; креди́ти; пози́ковий капіта́л. ¶ ~하다 кредитува́ти; фінансува́ти. ~를 받다 взя́ти креди́т.

융점 {물리} то́чка пла́влення.

융통 оберта́ння; о́берт. ¶ ~하다 пуска́ти в оберта́ння (в о́берт). || ~성 пристосо́ваність, виве́рткість; гну́чкість.

융합 сто́плення. ¶ ~하다 сплавля́ти(ся).

융해 пла́вка; пла́влення; розчи́нення; та́нення. ¶ ~하다 пла́вити.

융화(融和) при́мирення. ¶ ~하다 пом'я́кшувати(ся); примиря́ти(ся).

으깨다 дави́ти; м'я́ти.

으뜸하다 пе́рший; найкра́щий; головни́й.

으레 |물론| звича́йно; зрозумі́ла річ. |응당| як і завжди́; як і ра́ніше.

으름 |식물| плід ака́ції.

으름장 загро́за. ¶ ~을 놓다 загро́жувати, наво́дити страх на кого.

으리으리하다 грандіо́зний; блиску́чий.

으스러뜨리다 розла́мувати; розбива́ти на дрібні́ шмато́чки.

으스러지다 розла́муватися; розбива́тися.

으스름하다 похму́рий; тьмя́ний; присме́рковий.

으슥하다 глибо́кий; глухи́й; безлю́дний; відда́лений.

은(銀) срі́бло. [형] срі́бний. ¶ ~빛의 сріб'я́стий.

은거 усамі́тнення; затво́рництво. ¶ ~하다 усамі́тнюватися; жи́ти затво́рником.

은공 до́брі спра́ви; заслу́ги.

은괴 злив́ок срі́бла.

은근 |정중| вві́чливість; че́мність. | 친교| інти́мність. |비밀| таємни́ість. ¶ ~하다 вві́чливий; че́мний; інти́мний; та́ємний. ~한 태도 че́мне пова́дження.

은닉 прихо́вування; зата́ювання. ¶ ~하다 прихо́вувати; хова́ти; захо́вувати. || ~죄 прихо́вування.

은덕(恩德) до́брі спра́ви; благодія́ння.

은덕(隱德) та́ємні до́брі спра́ви.

은도금 срі́блення. ¶ ~하다 покрива́ти срі́блом; срі́блити.

은둔 усамі́тнення; ві́дхід від ми́рського життя́. ¶ ~하다

віддаля́тися від сві́ту; залиша́ти світ; жи́ти затві́рником. ‖ ~자 самі́тник; затві́рник; анахоре́т. ~처 житло́ (при́туло́к) затво́рника (самі́тника).

은막 кіно́(екра́н).

은메да́ль срі́бна меда́ль.

은밀 ¶ ~하다 секре́тний; таємни́й; схо́ваний. ~한 장소 таємне́ мі́сце. ‖ ~성 секре́тність.

은박 срі́бна фольга́; сухозлі́тне срі́бло. ‖ ~지 срі́бний папі́р.

은반 |얼음판| дзерка́льна пове́рхня льо́ду.

은반지 срі́бна каблу́чка.

은발 срі́бне воло́сся.

은방울꽃 {식물} тра́внена конва́лія.

은백색 ко́лір срі́бла.

은백양 {식물} бі́ла то́поля.

은빛 срібля́стий ко́лір.

은사 (шано́вний) вчи́тель; наста́вник.

은색 срібля́стий ко́лір.

은수저 срі́бні ло́жка та па́лички для їжі.

은신 ¶ ~하다 хова́тися, перехо́вуватися. ‖ ~처 схо́ванка.

은어 жарго́н, арго́ [불변].

은연 ¶ ~중 таємно; пота́йки.

은유 мета́фора. [형] метафори́чний. ‖ ~법 спо́сіб мета́фори.

은은(隱隱) ¶ ~하다 ледь помі́тний. |소리가| ледь чу́тний.

은인 добро́дій.

은자 самі́тник, пусте́льник.

은장도 ніж, прикра́шений срі́блом.

은전 привіле́ї; на́дані короле́м (держа́вою).

은제품 срі́бні ви́роби; ви́роби зі срі́бла; срі́бло.

은총 прихи́льність; благоволі́ння; особли́ва прихи́льність (ви́щого). ¶ ~을 받다 користува́тися благоволі́нням (особли́вою прихи́льністю). ~을 베ру́ла удосто́ювати прихи́льністю кого́; живи́ти особли́ву прихи́льність до кого́.

은퇴 відста́вка; зві́льнення з робо́ти. ¶ ~하다 йти у відста́вку (з робо́ти).

은폐 прихо́вування; затаю́вання. ¶ ~하다 затаюва́ти; прихо́вувати.

은하계 галакти́чна систе́ма; гала́ктика.

은하수 Чума́цький Шлях.

은행(銀行) банк. ¶ ~에 예금하다 кла́сти гро́ші на рахунок в ба́нку. ~에 구좌를 개설하다 відкри́ти раху́нок в ба́нку. ‖ ~가 банкі́р. ~원 ба́нківський службо́вець. ~예금 ба́нківський раху́нок.

은행(銀杏) |식물| плоди́ гі́нкго. ‖ ~나무 гі́нкго дволопате́вий.

은혜 ми́лість; благодія́ння. ~롭다 доброді́йний; ми́лостивий. ~를 베풀다 зроби́ти кому́ благодія́ння, доброді́яти кому́. ~를 입다 бу́ти зобов'я́заним кому́.

은혼식 срі́бне весі́лля.

은화 срі́бна моне́та.

을씨년스럽다 |쓸쓸해 보이는| здава́тися нещасли́вим (жалюгі́дним). |가난해 보이는| здава́тися бі́дним.

읊다 деклама́вати; чита́ти (ві́рші). |시를 짓다| склада́ти (ві́рші).

음(音) |소리| звук. |발음| коре́йська вимо́ва ієро́гліфа.

음각 різьбле́ння; гравіюва́ння. ¶ ~하다 різьби́ти; гравіюва́ти.

음경 чоловічий статевий о́рган;

дітородний орган, фалос.
음계 гама; звукоряд.
음극 |전기| негативний полюс; катод. ‖ ~관 катодна лампа. ~광 катодне світіння. ~선 катодні промені.
음기 похмурість; понурість.
음낭 {해부} мошонка.
음담 непристойна розмова (розповідь). ‖ ~패설 непристойна розповідь.
음덕 добрі справи; які здійснюються таємно.
음독(飮毒) ¶ ~하다 прийняти отруту; отруюватися. ‖ ~자살 하다 вчинити самогубство, прийнявши отруту.
음독(音讀) читання вголос. ¶ ~하 다 читати вголос.
음란 ~하다 непристойний; розбещений; хтивий.
음량 діапазон голоса.
음력 місячний календар.
음료 напій. ‖ ~수 питна вода.
음율 стрій; метр; ритм.
음모(陰毛) волосяний покрів зовнішніх статевих органів.
음모(陰謀) змова; інтрига; (підступні) задуми. ¶ ~를 꾸미 다 замислювати змову; замислювати інтригу *проти кого*. ‖ ~가 змовник, інтриган.
음미 вивчення; оцінка. ¶ ~하다 вивчати; вникати в суть *чого*. |작품을| оцінювати.
음반 грамофонна пластинка; компактний диск.
음부(陰部) {해부} пах; зовнішні статеві органи.
음부(音符) нотні знаки.
음산하다 |날씨가| хмарний; хмурий. |집이| незатишний; понурий.
음색 тембр; тон.
음성(音聲) голос; звук. ‖ ~기호 звуковий знак. ~학 фонетика. ~학자 фонетист.
음성(陰性) {의학} «негативні симптоми». {전기} негативна електрика.
음속 швидкість звука. ‖ 초~ надзвукова швидкість.
음습 ¶ ~하다 тінистий та вологий; вогкуватий. |바람이| холодний та вологий.
음식 їжа та пиття. ‖ ~물 їжа (і напої), харчові продукти.
음악 музика, [형] музикальний. ‖ ~가 музикант. ~당 концертний зал. ~원 консерваторія. ~이론 теорія музики. ~회 концерт. 고전~ класична музика. 교회~ духовна музика.
음양 позитивне та негативне; чоловіче та жіноче початки; активне та пасивне; світ і тінь, сонце і луна.
음역 {음악} діапазон.
음영 відтінок; тінь [ж]. |회화에 서| світлотінь [ж].
음욕 жадання; похіть.
음용 ¶ ~의 для пиття, питний. ‖ ~수 питна вода.
음운 {음악} фонема.
음울 ¶ ~하다 похмурий; смутний; тужливий.
음이온 {물리} негативний іон.
음절 {어문} склад. ‖ ~문자 силабічне письмо.
음정 {음악} (музичний) інтервал.
음조 тон; мелодія; гармонія; інтонація.

음주 пити спиртні напої. [구어] випивка. ¶ ~에 빠지다 пиячити, випивати.

음지 місце в тіні; місце, яке захищене від сонця (сонячних променів).

음질 якість звука.

음치 ¶ ~의 немузичний; позбавлений музичних здібностей (музичного слуха).

음침 ¶ ~하다 похмурий; хмарний; темний. |성질이| підступний; хитрий.

음탕 ¶ ~하다 розпусний; розбещений.

음파 звукова хвиля.

음해 ¶ ~하다 шкодити нишком.

음행 непристойний вчинок.

음향 звук; шуми. ‖ ~기 акустичний випромінювач. ~학 акустика. ~효과 звукові ефекти; акустика.

음험 ¶ ~하다 віроломний; підступний; дволикий.

음흉 ¶ ~하다 підлий; мерзенний; підступний. ~스럽다 здаватися підлим (мерзенним, підступним).

읍 (повітове) місто. ‖ ~내 всередині повітового міста, в повітовому місті.

응결 застигання, твердення. {물리} конденсація. {화학} коагуляція.

응고 твердення, коагуляція. ¶ ~하다 загусати, твернути.

응급 ¶ ~의 терміновий; тимчасовий. ‖ ~대책 термінові (екстрені) заходи. ~수리 терміновий ремонт. ~처치 перша (медична) допомога.

응낙 згода. ¶ ~하다 погоджуватися; давати згоду.

응답 відповідь; відгук; реакція. ¶ ~하다 відгукатися; відповідати.

응당 ¶ ~하다 природний; закономірний. ~히 обов'язково; неодмінно.

응대 ¶ ~하다 приймати (гістя).

응모 підписка; заявка; вступ; відповідь; відгук. ¶ ~하다 відгукуватися на заклик. |예약하다| підписуватися *на що*. |지원하다| подавати заяву. ‖ ~자 передплатник. бажаючий; кандидат. |지원자|

응분 ¶ ~의 підходящий; відповідний. ~의 대우 підходящі умови.

응석부리다 підлизуватися; пеститися; ластитися.

응수 відповідь. ¶ ~하다 відповідати; відгукуватися: озиватися. |바둑 등에서| робити хід у відповідь.

응시(應試) ¶ ~하다 складати (іспит). ‖ ~자 той, який складає іспит.

응시(凝視) ¶ ~하다 пильно дивитися; розглядати.

응어리 |혹| жовно. |과일의 씨 부분| серцевина плода; суть; корінь. ¶ 마음의 ~ серцевина душі.

응용 практичне застосування (додавання). ¶ ~할 수 있는 застосовний; який має застосування. ~하다 застосовувати на практиці; використовувати на практиці. ‖ ~과학 прикладна наука. ~문제 прикладна задача.

응원 підтримка. ¶ ~하다 надавати допомогу (підтримку). ‖ ~가 гімн групи; яка підтримує. ~단

група підтримуючих (прихильників). ~단장 голова групи підтримуючих.

응전 ¶ ~하다 приймати бій (виклик).

응접 прийом гостей (відвідувачів). ‖ ~실 вітальня; приймальня.

응집 {물리} зчеплення. {생물} аглютинація. ¶ ~하다 зчеплюватися(ся). ‖ ~력 сила зчеплення.

응징 ¶ ~하다 наказувати; карати. [구어] підкорювати; завойовувати.

응축 згущення. {화학} конденсація. ¶ ~하다 згущатися; конденсуватися.

응하다 відповідати; відгукуватися. 초대에 ~ приймати запрошення. 시험에 ~ складати іспит.

응혈 кров, яка запеклася.

의(義) |정의| справедливість; правда. |신의| вірність.

의(誼) дружба. ¶ |관계가| ~가 상하다 псуватися; гіршати.

의거(依據) ¶ ~하다 ґрунтуватися, опиратися.

의거(義擧) шляхетний вчинок, праве діло. ¶ ~하다 шляхетно чинити.

의견 думка; погляд; точка зору. ¶ ~을 진술하다 висловлювати думку. ‖ ~서 думка; викладена в письмовій формі.

의결 резолюція; рішення; постанова. ¶ ~하다 рішати, постановляти; виносити резолюцію. ‖ ~기관 законодавчі органи. ~권 право голосу.

의과 медичний факультет. ‖ ~대학 медичний інститут. ~생 студент-медик.

의구심 побоювання. ¶ ~이 들다 побоюватися. ~이 풀리다 розсіювати побоювання.

의기 дух; настрій.

의논 обмірковування; суперечка; дебати. ¶ ~하다 обмірковувати(ся); суперечити; дебатувати.

의당 ¶ ~하다 природній, належний; правильний. ~ природно; правильно; належним чином.

의도 план; задум; намір. ¶ ~하다 мати намір; задумувати; планувати.

의례 як завжди; як і раніше (колись).

의롭다 справедливий; правий.

의뢰 прохання; доручення. ¶ ~하다 |의지| покладатися на кого, залежати від кого. |위임| просити кого про що, доручати кому що. ‖ ~서 письмове прохання; клопотання. ~인 клієнт (адвоката); довіритель.

의료 лікування. ‖ ~기구 медичні інструменти. ~비 плата за (затрати на) лікування. ~시설 медичний заклад.

의류 одяг; плаття.

의리 почуття (свідомість) обов'язку; вірність. ¶ ~가 있다 мати почуття обов'язку; вірний своєму обов'язку.

의무 обов'язок, повинність. ¶ ~의 обов'язків. ‖ ~감 почуття (свідомість) обов'язку. ~교육 обов'язкове навчання. ~병역제 система обов'язкової військової повинності.

의무실 амбулаторія; медичний

의문 питання. ¶ ~스럽다 питальний; який містить питання. ~시하다 вважати сумнівним; сумніватися. ~대명사 питальний займенник. ~문 питальне речення. ~사 питальне слово. ~점 сумнівний пункт.

의미 значення; сенс. ¶ ~의 значеннєвий; семантичний. ~하다 значити; означати. ~(가) 없다 безглуздий. ‖ ~론 семасіологія; семантика.

의법 ¶ ~하다 ґрунтуватися на законі.

의병 доброволець; повстанець; добровольча армія; ополчення. ‖ ~대 загін добровольців. ~운동 рух ополченців.

의복 одяг; обмундирування.

의부 ‖ 의붓딸 дочка жінки від першого шлюбу; падчерка. 의붓아비 вітчим. 의붓어미 мачуха. 의붓자식 син жінки від першого шлюбу; пасинок.

의분 справедливе (законне) обурення.

의사(醫師) лікар. |구어적으로| доктор. |외과의| хірург. |내과의| терапевт. |개업의| практикуючий лікар.

의사(意思) |생각| думка. |의향| воля; намір. ¶ ~에 따라 у відповідності з волею, з волі *кого*.

의사(議事) засідання; дебати; обговорення. ‖ |국회| ~당 парламентська будівля. ~록 протокол (засідання). ~방해 обструкція. ~일정 повістка дня; порядок обговорення.

의사--(疑似--) квазі--, псевдо--. ¶ ~환자 уда́ваний хворий.

의상 одяг; костюм.

의석 місце члена парламенту.

의성어{어문} звуконаслідувальне (ономатопоетичне) слово.

의수 штучна рука, протез (руки).

의술 медицина; лікування; мистецтво лікаря.

의식(儀式) церемонія; обряд. |종교의| ритуал.

의식주 одяг; їжа та житло.

의식(意識) свідомість. ¶ ~의 свідомий. ~하다 усвідомлювати.

의심 сумнів; підозра; недовіра. ¶ ~스러운 сумнівний. ~하다 сумніватися; підозрювати. ~쩍다 дещо сумнівний (підозрілий).

의아 ¶ ~한 сумнівний; дивний. ~스럽다 здаватися сумнівним (дивним). ~해 하다 сумніватися. ‖ ~심 сумніви.

의안(議案) законопроект; білль. [남] ¶ ~을 제출하다 внести законопроект. ~을 채택하다 прийняти (відхиляти) законопроект.

의안(義眼) штучне око; очний протез.

의약 |약| ліки. |진료와 조제| лікування і ліки; медицина і фармація. ‖ ~분업 розподілення аптекарської справи від медичної допомоги. ~품 медикаменти.

의역 смисловий (вільний) переклад. ¶ ~하다 робити (вільний) переклад.

의연(義捐) ‖ ~금 грошове пожертвування.

의연(依然) ¶ ~하다 колишній;

의연 незмінний. ~히 як колись, як і раніше.

의연(毅然) ¶ ~하다 сміливий; рішучий; твердий. ~히 сміливо; рішуче; твердо.

의외 ¶ ~의 |뜻밖의| неочікуваний. |놀라운| вражаючий. ~로 неочікуванно; всупереч сподіванням; на подив.

의욕 воля; бажання; прагнення. ¶ ~에 불타다 бути одержимим пилким прагненням до чого.

의용군 добровольча армія; ополчення.

의원(醫院) лікарня; госпіталь [남].

의원(議院) парламент; палата.

의원(議員) член парламента; депутат; парламентарій.

의의 значення. ¶ 커다란 ~를 갖다 мати велике (важливе) значення.

의인(義人) справедлива людина.

의인(擬人) уособлювати. ¶ ~하다 персоніфікувати. || ~법 |수사| уособлення; алегорія. ~화 персоніфікація.

의자 стілець; сидіння.

의장(意匠) модель [여]; [구어] план; креслення; ескіз.

의장(議長) голова зборів. || ~단 президія.

의적 благородний розбійник.

의전 → 의식(儀式).

의절 ¶ ~하다 пориватти з кимось; відрікатися від когось-чогось; відмовлятися від когось.

의젓하다 серйозний; вагомий; значний.

의정서 протокол.

의제 тема (предмет) обговорення.

의존 залежність. ¶ ~하다 спиратися на когось-щось; залежати від когось-чогось. || 상호~ взаємозалежність. ~성 несамостійність; залежність. ~심 почуття залежності.

의지(依支) опора. ¶ ~하다 спиратися на когось-щось; притулятися до чогось. ~할 곳이 없다 ніде голову прихилити.

의지(意志) воля. [형] стремління. || ~력 сила волі.

의처증 хворобливі ревнощі у чоловіка.

의치 штучний зуб.

의탁 ¶ ~하다 спиратися на когось; довіряти комусь.

의태어 {어문} образливе слово.

의하다 ґрунтуватися; спиратися.

의학 медицина.

의향 намір; прагнення. ¶ ~을 알아보다 дізнаватися про наміри.

의협 лицарство; героїзм. ¶ ~의 лицарський. || ~심 лицарський дух; великодуш- ність.

의형제 названий брат; побратим. ¶ ~를 맺다 брататися.

의혹 сумнів; недовіра; підозра. ¶ ~을 품다 підозрювати; мати підозри проти когось; ставити під сумнів. ~을 풀다 розсіяти сумнів (підозру). ~을 사다 накликати на себе підозру; бути під підозрою.

의회 парламент. || ~주의 парламентаризм.

이 зуб. |톱날의| зубець; зуби. ¶ ~가 빠지다 випав зуб.

이 воша. ¶ ~잡듯 뒤지다 ретельно шукати.

이(二) |기수| два. |서수| другий. ¶

~년 два роки. ~학년 другий клас.

이(利) |이점| перевага. |이익| вигода; користь [ж]. |금리| відсотки.

이까짓 незначний (дріб'язковий).

이간 відчуження; роз'єднання. ¶ ~하다 сіяти ворожнечу (розбрати); вбивати клин *між кимось-чимось*; роз'єднувати.

이깔나무 модрина Ольгинська.

이갈다 |이를 갈다| скрипіти (скреготіти) зубами. |복수심을 가지다| мати зуб *на когось*.

이감 ¶ ~하다 перемістити (ув'язненого) в іншу в'язницю.

이것 це.

이견 інша думка.

이골나다 набити руку; з'їсти собаку в чомусь.

이관 ¶ ~하다 передати керівництво *чимось*; передати у відання *комусь-чомусь*. ¶ 국고로 ~하다 передати в (державну) скарбницю.

이교 язичництво; іновіри; паганізм. |이단의| єресь [ж]. ¶ ~도 язичник; іновірець; єретик.

이구 || ~동성 в один голос; одностайно; одноголосно.

이국 чужа (інша) країна. ¶ ~의 чужоземний; іноземний. ¶ ~살이하다 жити на чужині (в іншій країні). || ~인 чужоземець, іноземець; чужина. ~정취 екзотика.

이권 концесія; концесійне право. ¶ ~을 양도하다 віддати що на концесію. ~을 얻다 отримати (завоювати) концесію.

이끌다 |인도| тягнути; залучати; втягувати; залучати. |지도| вести за собою. ¶ 옳은 길로 ~ вивести *когось* на правильний шлях.

이기(利己) егоїзм; себелюбство. ¶ ~적 егоїстичний; себелюбний. || ~주의 егоїзм. ~주의자 егоїст.

이기(利器) предмети комфорту; зручності. |도구| знаряддя. | 무기| зброя. ¶ 문명의 ~ зручності цивілізації.

이끼 мох. ¶ ~낀 바위 обріс мохом валун.

이기다 |승리| перемагати; здобувати перемогу (верх); вигравати. |정복| долати; переносити; витримувати. ¶ 어려운 시련을 ~ витримати важкі випробування.

이날 |오늘| сьогодні. |당일| в цей день. | ~ ~이때까지 до цих пір, до цього часу, по цей день.

이내 в межах *чогось*; не понад.

이년 два роки. || ~생 |대학의| другокурсник. |고교 이하의| другокласник. ~생 식植 дворічні рослини.

이념 ідея; поняття.

이뇨 діурез. ¶ ~제 діуретичний (сечогінний) засіб.

이따금 раз у раз; часто; час від часу.

이단 єресь [ж]. [형] єритичний. ¶ ~시하다 вважати (визнавати) єрессю. || ~자 єретик.

이달 цей (сей) місяць.

이동 пересування; переміщення. ¶ ~의 пересувний. ~하다 пересуватися. || ~도서관 пересувна бібліотека.

이득 ви́года; прибу́ток. ¶ ~을 보다 отри́мувати прибу́ток (ви́году). ‖ 부당~ нетрудові́ дохо́ди; спекуля́ція.

이듬해 насту́пний рік.

이등분 ¶ ~하다 розділи́ти по́рівну (на дві рі́вні части́ни).

이래 з ча́су; після. ¶ 그때~ з тих пір; з того́ ча́су.

이럭저럭 так і сяк; по-вся́кому, тим ча́сом; непомі́тно. ¶ ~하다 роби́ти абия́к.

이력 біогра́фія. ¶ ~이 나다 набува́ти до́свід (нави́чку). ‖ ~서 автобіогра́фія; анке́та.

이례 ~적 виняткови́й; небува́лий; безпрецеде́нтний.

이론(異論) запере́чення; розбі́жності.

이론(理論) тео́рія. [형] теорети́чний. ‖ ~가 теоре́тик. ~화 теоретизува́ння.

이롭다 кори́сний; ви́гідний. ¶ 이것은 우리에게 ~. Це прино́сить нам ко́ристь.

이루다 |형성| ство́рювати; утво́рювати; склада́ти. |здійсне́ння| здійсню́вати; досяга́ти; домага́тися. ¶ 낙원을 ~ створи́ти рай. 뜻을 ~ доби́тися своє́ї ці́лі. 잠을 ~ засну́ти.

이룩하다 |실현| здійсню́вати; досяга́ти; домага́тися.

이류 ¶ ~의 другосо́ртний; другоря́дний; другорозря́дний.

이륙 зліт; відри́в від землі́. ¶ ~하다 зліта́ти; відрива́тися від землі́.

이륜 два коле́са́. ¶ ~차 біда́рка.

이르다 |도착| досяга́ти; доходи́ти; добира́тися. |말하다| говори́ти, назива́ти. ¶ 결론에 ~ дійти́ ви́сновку. 높은 수준에 ~ досягну́ти висо́кого рі́вня.

이를테면 допусти́мо; наприклад; ска́жем; так би мо́вити.

이름 ім'я́, на́зва. ¶ ~으로 від і́мені. ~을 짓다 дава́ти ім'я́.

이리 шака́л. ‖ ~떼 ста́я шака́лів.

이마 чоло́. ¶ 넓은/зу́пкий ~ висо́ке/ни́зьке чоло́. ~를 찌пу́рити мо́рщити чоло́.

이맘때 (прибли́зно) в цей час.

이면 зворо́тна сторона́; ви́воріт. |вну́трішнє становище| підгру́нтя.

이명증 |мед.| дзвін у ву́хах.

이모 ті́тка (сестра́ ма́ми). ‖ ~부 дя́дько (чолові́к сестри́ ма́тері).

이모저모 з різних сторі́н ¶ ~로 편리하다 зру́чний у всіх відноси́нах.

이목 о́чі і ву́ха. |ува́га| ува́га. ¶ сáрам들의 ~을 꺼리다 остеріга́тися чужи́х оче́й і вух. ~을 끌다 зверта́ти ува́гу.

이무기 піто́н.

이물 |бі́льма| ніс су́дна |чо́вна|.

이미 вже, рані́ше.

이민 імміґра́ція, переселе́ння (в другу́ краї́ну). ¶ ~하다 переселя́тися, імміґрува́ти. ‖ ~촌 сели́ще переселе́нців.

이바지 ¶ ~하다 роби́ти (вно́сити) вне́сок в щось; присвя́чувати|ся|; віддава́ти(ся); служи́ти *чому́сь*.

이반 відчу́ження. ¶ ~하다 відхо́дити (віддаля́тися) *від когось-чогось*.

이발 перука́рська спра́ва; стри́жка; спра́ва; стри́жка. ¶ ~하다 стри́гти, підстрига́тися. ‖ ~관 перука́рня. ~사 перука́р.

이방 чужина́; чужа́ краї́на; чужі́ краї́.

이변 несподíвана подíя; непередбáчений вúпадок. |재해| лúхо.

이별 розставáння; розлýка; прощáння. ¶ ～하다 розлучáтися; прощáтися.

이복 ‖ ～동생 єдинокрóвний молóдший брат; однокрóвна молóдша сестрá. ～형제 єдинокрóвні брати́ (сéстри).

이부 дві частúни. |제2부| дрýга частúна. ‖ ～수업 навчáння у дві змíни. ～작 худóжній твір у двох частúнах. ～합창 дуéт.

이부자리 покривáло і матрáц. ¶ ～(를) 깔다 стелúти лíжко.

이북 на пíвніч *від чóгось*; півнíчніше *чóгось*.

이분 роздвóєння. ¶ ～하다 роздвóювати(ся); розділя́ти|ся| нáвпіл (надвóє).

이불 кóвдра. ¶ ～을 덮다 накривáтися кóвдрою.

이비인후과 ториноларингологíя.

이쁘다 красúвий; мúлий; симпатúчний; гарнéнький.

이사(移徙) переíзд. ¶ ～하다 переíжджáти|на íншу квартúру; переселя́тися; змíнювати мíсце проживáння. ¶ ～를 가다/오다 виíхати/приíхати.

이사(理事) дирéктор; член правлíння. ¶ 상임～ постíйний член правлíння. ‖ ～장 головá правлíння. ～회 правлíння; директорáт.

이삭 кóлос. ¶ ～이 많은 колосúстий. ～이 나다 колосúтися.

이산 розбíжність; рóзбрід; розкúданість. ¶ ～하다 розхóдитися; розбрідáтися; розсíюватися; розкидáтися. ‖ ～가족 розділена сім'я.

이상(以上) |～보다 더 많이| пóнад; бíльше, не мéнше. |～한 바엔| оскíльки; раз. |상기| вищевкáзане. |합계| всьогó.

이상(異常) ¶ ～하다 |정상이 아닌| надзвичáйний; рíдкісний; ненормáльний; дúвний; екстраординáрний. |경이로운| дивовúжний; феноменáльний.

이상(異狀) перемíна; ненормáльність; аномáлія. ¶ ～현상 ненормáльні (аномáльні) я́вища.

이상(理想) ідеáл. [형] ідеáльний. ¶ ～화하다 ідеалізувáти. ～을 실현하다 здíйснúти ідеáл. ～과 현실 ідеáл і дíйсність. ‖ ～가 ідеалíст. ～주의 ідеалíзм. ～향 утóпія.

이색 дрýгий кóлір; дрýга покрáска. |두드러짐| відмíнність; особлúвість. ¶ ～적 відрізня́ється; протилéжний.

이서 |상업| індосамéнт; передавáльний нáпис. ¶ ～하다 розпúсуватися на зворóті докумéнта; індосувáти; робúти передавáльний нáпис.

이설(異說) íнша дýмка; рíзні вéрсії. ¶ ～을 제기하다висувáти íншу теóрію.

이성(理性) рóзум. [형] розýмний. ¶ 비～적인 нерозýмний. ～을 잃다 утрачáти рóзум. ～적으로 행동하다 дíяти розýмно (по рóзуму). ‖ ～주의 раціоналíзм. ～주의자 раціоналíст.

이성(異性) протилéжну стать; íнший харáктер. {화학} ізомéрія.

이송 перевíз; перевéзення. ¶ ～하다 перевóзити; переміщáти.

아

이수 ¶ ~하다 проходити курс; вчитися.

이쑤시개 зубочистка.

이슈 спірне питання; предмет спору; розбіжність.

이슬 роса. ¶ ~이 내렸다 випала роса. ‖ ~방울 крапля роси.

이슬람 іслам, мусульманство. ~ 교도 мусульманин ~ 근본주의 ісламський фундаменталізм.

이슬비 дрібний дощ; мжичка.

이승 цей світ.

이식 пересадка; трансплантація. ~하다 пересаджувати; трансплантувати. ‖ ~수술 операція з пересадкою. 각막~ пересадка рогової оболонки ока. 피부~ пересадка шкіри.

이신론 деїзм. ‖ ~자 деїст.

이심전심 телепатія; розуміти одного без слів.

이십 двадцять.

이야기 розповідь; історія. |담화| розмова, бесіда. ¶ ~하다 говорити; розповідати; повідомити. 감동적인 ~ хвилююча розповідь. ~거리 предмет розмови; тема оповідання (бесіди). ~꾼 оповідач. ~책 книга казок.

이양 передача; поступка. ¶ ~하다 передавати; поступатись. 정권~ передача влади.

이어 |다음에| потім; далі; продовжуючи. |그 후에| слідом за ~; відразу ж, тут же. ‖ ~달리기 естафета.

이어받다 успадковувати; одержувати в спадщину (у спадщину) щось; приймати естафету у когось.

이역 чужина; чужі краї, інша країна. ‖ ~만리 далека чужина.

이온 {화학} іон. ‖ ~층 іоносфера; іоносферний шар. ~화 іонізація.

이완 ослаблення, пом'якшення. ¶ ~하다 послаблювати(ся); пом'якшувати(ся); робити(ся) менш суворим.

이왕 ¶ ~에 в минулому; раніше; до цього; вже. ~이면 раз вже так вийшло, то...; у всякому разі.

이외 ¶ ~에 крім; окрім; за винятком.

이용 використання; застосування; вживання. ¶ ~하다 використовувати; вживати; застосовувати. ‖ ~가치 вартість використання; придатність. ~자 користувач.

이웃 сусідство; сусід. ¶ ~간 між сусідами. ~집 сусідній будинок; будинок сусіда.

이원 {철학} подвійність. [형] двоїстий. ‖ ~론 дуалізм.

이월(二月) лютий.

이월(移越) перенос. ¶ ~하다 переносити.

이유(理由) причина. |동기| мотив; привід. |근거| підстава. ¶ 정당한 ~없이 без поважної причини. 아무 ~도 없이 без всякої причини. ~불문하고 беззастережно; незалежно від причини, не питаючи (не слухаючи), в чому справа.

이유(離乳) ¶ ~하다 віднімати від грудей. ‖ ~기 період відібрання від грудей. ~식 дитяча поживна суміш.

이윤 прибуток. ¶ ~을 얻다 витягати (отримувати) прибуток з (від) чогось. ~을 추구하다

гна́тися за прибу́тком. ‖ ~율 но́рма прибу́тку.

이율 проце́нт, проце́нтна ста́вка, но́рма проце́нту.

이윽고 че́рез де́який час.

이의 запере́чення, незго́да. ¶ ~를 말하다 запере́чувати кому́ на що (про́ти чо́го). ~없습니까? Тих хто запере́чує нема́?

이익 |이윤| прибу́ток, ви́года. |이익| ко́ристь. |이해| інтере́си. ¶ ~이 되는 прибутко́вий. ~이 적다/많다 роби́ти (прино́сити) ма́ло/бага́то прибу́тку.

이자 відсо́тки; відсотко́вий прибу́ток. ¶ 무~로 без нараху́вання відсо́тків. 연체~ простро́чені відсо́тки.

이장 ¶ ~하다 похова́ти ще раз.

이재(罹災) ли́хо. ¶ ~하다 стражда́ти від ли́ха. ‖ ~민 постражда́лі.

이재(理財) ¶ ~하다 з ко́ристю використо́вувати (ужива́ти) стан.

이적(移籍) ¶ ~하다 перено́сити з одни́х подві́рних спи́сків в і́нші.

이적(異蹟) |기적| ди́во; чудеса́; дивні дії (вчи́нки);

이적행위 дія на ко́ристь во́рога.

이전(以前) рані́ше; коли́сь. ¶ ~부터 з да́вніх пір; давно́. ~처럼 як рані́ше, як коли́сь.

이전(移轉) |다른 장소로| переї́зд; пересе́лення. |다른 상태로| пере́хід. |권리의| переда́ча. ¶ ~하다 переїздя́ти; пере- селя́тися; передава́ти.

이점 перева́га; кори́сна сторона́.

이정표 верстови́й стовп.

이제 за́раз; те́пер; ті́льки що. ¶ ~곧 цю хвили́ну. ~까지 до сих пір. ~부터 відни́ні.

이종(姨從) ‖ ~사촌 двоюрі́дні бра́ття (се́стри) за матери́нською лі́нією.

이종(異種) дру́гий (і́нший) вид (сорт). |동식물| різнови́д.

이주 пересе́лення. |국외로의| емігра́ція. |국외로부터의| імігра́ція. ¶ ~하다 переселя́тися; емігрува́ти; імігрува́ти. ‖ ~민 переселе́нець; емігра́нт; імігра́нт.

이죽거리다 підче́плювати; розмовля́ти ущи́пливо; підколу́пувати; жартува́ти. |얼굴을| криви́ти.

이중 ¶ ~의 подві́йний; двої́стий. ~으로 вдво́є; подві́йно; дві́чі. ‖ ~국적 подві́йне громадя́нство. ~인격자 двули́чна люди́на. ~창 вікно́ з подві́йними ра́мами.

이지 інтеле́кт; ро́зум. ¶ ~적인 інтелектуа́льний; розу́мний. ~적인 사람 розу́мна люди́на.

이질(異質) ¶ ~적인 гетероге́нний; різнорі́дний.

이질(痢疾) {의학} дизентері́я.

이차 ¶ ~의 дру́гий, повто́рний. |부차적인| другоря́дний. ‖ ~방정식 квадра́тне рівня́ння.

이채 ¶ ~롭다 особли́вий; своєрі́дний. ~를 띠다 виділя́тися; відрізня́тися.

이첩 ¶ ~하다 передава́ти докуме́нт в і́ншу інста́нцію.

이층집 двоповерхо́вий дім.

이치 резо́н; розу́мні підста́ви; здоро́вий глузд. ¶ 사물의~ ло́гіка рече́й. ~에 맞지 않다 нелогі́чно; не в'я́жеться зі здоро́вим глу́здом. ~를 깨닫다

이타 ¶ альтруїстичний ~적 альтр. || ~주의 альтруїзм. ~주의자 альтруїст.

이탈 відрив, відхід, вихід. ¶ ~하다 відриватися, відходити *від чого*.

이튿날 друге число, наступний (другий) день.

이하 менше, не більше, дальше, у подальшому. ¶ 수준~ нижче рівня. ~생략 Інше опускається.

이학 природничі науки. || ~부 природничий (фізико-математичний) факультет.

이합집산 з'єднання та розходження.

이항 {수학} перенесення члена.

이해(利害) інтереси. ¶ ~의 충돌 зіткнення інтересів. || ~관계자 зацікавлена особа.

이해(理解) розуміння; з'ясування. ¶ ~하기 쉬운 доступний; дохідливий. ~하다 розуміти; з'ясовувати (собі); зрозуміти.

이행(履行) виконання, виконування. ¶ ~하다 виконувати; здійснювати. 약속을 ~하다 виконувати обіцянку; дотримуватися слова. 계약을 ~하다 виконувати контракт.

이혼 розлучення; розірвання шлюбу. ¶ ~하다 розводитися.

이후 після (*цього*) *того*.

익 крило (крила). |날개의 측면| фланг.

익다 дозрівати; поспіти. |음식이| зваритися; бути готовим. |익숙| стати звичним; бути знайомим. 눈에 ~ бути звичним для очей. 손에~ набивати руку в чому. 낯이 ~ Ваше обличчя мені дуже знайомо.

익명 анонім, вигадане ім'я. ¶ ~으로 анонімно.

익모초 пустирник сибірський.

익사 ¶ ~하다 потонути. || ~자 утопленик.

익살 гумор; жарт. ¶ ~스럽다 жартівливий; смішний; комічний. ~부리다 жартувати; смішити жартами. || ~꾼 жартівник.

익숙하다 досвідчений; вмілий; умілий. |잘 알다| звичний; знайомий.

익일 наступний день.

익히다 |음식을| варити (на пару). |연습| робити умілим. |알게 하다| привчати; робити звичним (знайомим). ¶ 눈에 ~ ознайомити. 손에~ набивати руку.

인(仁) людинолюбство; гуманність.

인(印) печатка; штамп; штемпель.

인(人) людина; особа.

인가(認可) дозвіл; санкція; визнання; схвалення. ¶ ~하다 дозволяти; санкціонувати; визнавати; схвалювати. || ~증 письмовий дозвіл, ліцензія. ~제 ліцензійна система.

인가(人家) дім; житло.

인간 людина. |인류| людство. ¶ ~적 людський. ~관계 відношення між людьми. ~미 людяність; душевність. ~성 людська натура.

인감 печатка. ~증명 засвідчення оригінальності печатки.

인건비 витрати на особистий склад; оплата праці.

인걸 видатна особа.

인격 особа; характер. ¶ 이중~ подвійна особистість. ‖ ~자 людина високих особистих якостей.

인계 сдавання; передача. ¶ ~하다 сдавати; передавати. ‖ ~자 який здає; який передає.

인골 людські кістки.

인공 людське мистецтво. [형] штучний. ¶ ~미 штучна краса. ~적으로 штучно; рукою людини. ‖ ~강우 дощування. ~수정 штучне запліднення. ~위성 (штучний) супутник Землі. ~호흡 штучне дихання.

인과 причина та наслідок. |불교| карма. ‖ ~관계 причинний зв'язок. ~율 закон причинності. ~응보 відплата.

인광 фосфоричне світло. {物리} фосфоресценція.

인구 населення, чисельність; кількість жителів. ‖ ~밀도 цільність (густота) населення. ~조사 загальний перепис населення. ~증가 ріст населення.

인권 людські права, права людини. ‖ ~선언 декларація про права людини.

인기 популярність. [형] популярний. ¶ ~가 있다 користуватися популярністю. ~를 얻다 завойовувати (здобувати) популярність.

인기척 ознаки присутності *кого*. ¶ ~이 났다 з'явились ознаки присутності людини.

인내 терпіння, витривалість. ¶ ~하다 бути терплячим (витривалим).

인대 {해부} зв'язка.

인덕 гарні якості людини.

인도(引渡) передача. ¶ ~하다 передавати.

인도(引導) ¶ ~하다 вести за собою, направляти, керувати.

인도주의 гуманізм. ¶ ~적 гуманістичний; гуманний.

인두 праска.

인두세 подушний податок.

인력(人力) людська сила, людська праця.

인력(引力) притягання; тяжіння. ¶ 만유~설 теорія всесвітнього тяжіння. 지구의 ~ земне тяжіння.

인류 людство. ‖ ~사 історія людства. ~학 антропологія.

인륜 мораль; моральність; моральні принципи.

인멸 зникнення, стирання. ¶ ~하다 зникати, стирати(ся).

인명(人名) ім'я людини. ‖ ~사전 біографічний словник (довідник).

인명(人命) (людське) життя. ¶ ~을 구조하다 рятувати кому життя.

인문 ‖ ~과학 гуманітарні науки. ~주의 гуманізм. ~지리학 описова географія.

인물 |사람| людина. |인격| особа. |위인| велика людина. |작품의| персонаж; дійова особа. ‖ ~평 критика особи. ~화 портрет; портретний живопис.

인부 чорноробський. |토목공사의| землекоп. |하역의| вантажник; стивідор.

인분 випорожнення, кал.

인비 особісті секрети.

인사(人士) люди́на; лице́. ¶ 정계~ полети́чна фігу́ра.

인사(人事) приві́т; привіта́ння; знайо́мство; предста́влення один одно́му; вві́чливість; вдя́чність. |인사관리| персона́льні (особи́сті) спра́ви. ¶ ~문제 ка́дрові спра́ви (пита́ння). ~를 나누다 обмі́нюватися привіта́ннями. ~를 전하다 передава́ти приві́т. ~를 시키다 познайо́мити *кого з ким*, предста́вити *кого кому*. ~를 차리다 доти́римуватися вві́чливості (но́рми поведі́нки). ~하다 привіта́тися, віта́тися, знайо́митися, представля́тися кому́. || ~말 слова́ привіта́ння. ~부 ві́дділ ка́дрів. ~성 вві́чливість, че́мність. ~행정 робо́та з ка́драми, підбі́р і розставле́ння ка́дрів.

인사불성 втра́та свідо́мости; безпа́м'ятство. ¶ ~이 되다 втрача́ти свідо́мість.

인산 {화학} фо́сфорна кислота́.

인삼 женьше́нь [남].

인상(人相) ри́си обли́ччя. || ~학 фізіоно́міка.

인상(引上) |가격| підви́щення. |끌어 올림| підйо́м. ¶ ~하다 підви́щувати, підтяга́ти наве́рх, підійма́ти.

인상(印象) вра́ження. ¶ ~적인 вража́ючий; який справля́є си́льне вра́ження. ~을 남기다 залиша́ти (справля́ти) вра́ження. || ~주의 імпресіоні́зм. ~파 шко́ла імпресіоні́зму.

인색 скупі́сть, скна́рість. ¶ ~한 скупи́й; скна́рний. ~하다 скупи́тися на що, скаре́дничати.

인생 (лю́дське) життя́. [형] життє́вий. || ~관 по́гляди на життя́. ~철학 філосо́фія життя́.

인선 ¶ ~하다 підбира́ти, відбира́ти (люде́й).

인성(人性) лю́дська приро́да (нату́ра).

인세 а́вторський гонора́р.

인솔 ¶ ~하다 вести́ за собо́ю; керува́ти; очо́лювати; кома́ндувати; супрово́джувати. 대표단을 ~하다 очо́лювати делега́цію. 부대를 ~하다 кома́ндувати заго́ном. || ~자 керівни́к, команди́р.

인쇄 друкува́ння. ¶ ~하다 друкува́ти. || ~기 друкува́льна маши́на, друка́рський верста́т. ~공 друка́р. ~물 друка́рська проду́кція; друка́рські матеріа́ли (видання́). ~소 друка́рня. ~술 мисте́цтво книгодрукува́ння. ~업 друка́рська спра́ва.

인수(引受) прийо́м. ¶ ~하다 прийма́ти.

인수(因數) {수학} фа́ктор. || ~분해 факторіалза́ція.

인슐린 інсулі́н.

인습 забобо́ни, старі́ зви́чаї. ¶ 낡은 ~을 버리다(탈피하다) позбавля́тися від стари́х зви́чок; відки́нути старі́ зви́чаї.

인식 пізна́ння; поня́ття; розумі́ння. ¶ ~적 пізнава́льний. ~하다 розумі́ти; пізнава́ти. || ~론 фі́лософська тео́рія пізна́ння; гносеоло́гія. ~부족 непоро- зумі́ння.

인신 лю́дське ті́ло, люди́на, осо́ба. || ~공격 особи́сті напа́дки. ~매매 торгі́вля людьми́, работоргі́вля.

인심 душа́ люди́ни; сумлі́ння; людя́ність. ¶ ~이 좋다 до́брий, добро́душний; добросе́рдний. ~을 쓰다 бу́ти ще́дрим. ~을 얻다 здобу́ти симпа́тії, завойо́вувати зага́льну прихи́льність. ~을 잃다 зіпсува́ти відно́шення. ~이 사납다 черстви́й, безсерде́чний.

인양 ¶ ~하다 підніма́ти. ǁ ~장치 підйо́мне устано́влення.

인어 руса́лка.

인연 зв'язо́к. ¶ ~이 깊다 ду́же близьки́й; тісни́й. ~이 없다 не пов'я́заний з ким-чим. ~을 맺다 встано́влювати зв'язо́к. ~을 끊다 розірва́ти зв'язо́к з ким, посва́ритися з ким.

인용 цитува́ння, посила́ння. ¶ ~하다 цитува́ти; наво́дити цита́ту; посила́тися. ǁ ~문 цита́та. ~부호 ла́пки.

인원 особи́стий склад; штат. ¶ 참가~ склад тих, які́ беру́ть у́часть (прису́тні). ~을 보충하다 попо́внити особи́стий склад. ǁ ~점호 перекли́чка.

인위 ¶ ~적 шту́чний. ~적으로 шту́чно.

인육 лю́дське м'я́со.

인자(仁慈) ¶ ~하다 милосе́рдний; ні́жний; співчутли́вий. ~한 모습 шляхе́тна подо́ба.

인자(因子) {수학} фа́ктор. {생물} ген.

인장 ште́мпель [남].

인재 зді́бна люди́на. ¶ ~를 등용하다 відбира́ти ка́дри.

인적 сліди́ люди́ни, озна́ки прису́тності люди́ни. ¶ ~이 끊어진 밤거리 безлю́дна нічна́ ву́лиця.

인절미 конди́терський ви́ріб з клейко́го ри́су.

인접 безпосере́днє сусі́дство (стика́ння). ¶ ~한 сусі́дський; яки́й безпосере́дньо стика́ється; сумі́жний. ~하다 бу́ти сумі́жним; знахо́дитися в безпосере́дньому сусі́дстві (стика́нні); пряга́ти; примика́ти. ǁ ~국 сумі́жна (сусі́дня) держа́ва.

인정(人情) лю́дське почуття́; людинолю́бство; щи́рість. ¶ ~이 많다 щи́рий, заду́шевний. 그는 ~이 없다. В ньо́го нема́є се́рця. ~이 있다 ува́жний до люде́й.

인정(認定) |승인| устано́влення; визна́ння. |인허| кваліфіка́ція. ¶ ~하다 устано́влювати; визнава́ти; кваліфікува́ти як.

인조 шту́чний; зро́блений люди́ною. ǁ ~가죽 шту́чна шкі́ра. ~견 шту́чний шовк; віско́за.

인종(人種) ра́са. ¶ 황색~ жо́вта ра́са. ~적 편견 ра́совий передсу́д. ǁ ~문제 пробле́ма рас. ~차별 ра́сова дискриміна́ція.

인중 запа́динка над ве́рхньою губо́ю.

인증 запе́внення. ¶ ~을 받다/주다 отри́мати/да́ти запе́внення. ~하다 запе́внювати, засві́дчувати. ǁ ~서 посві́дчення.

인지(印紙) ге́рбова ма́рка. ǁ ~세 ге́рбовий збір.

인지(認知) визна́ння. ¶ ~하다 визнава́ти.

인질 зару́чник. ¶ ~로 붙잡아놓다 бра́ти кого зару́чником.

인책 ¶ ~하다 бра́ти на се́бе відповіда́льність.

인척 своя́цтво; своя́к. ¶ ~와 인척 관계이다 бу́ти у своя́цтві з ким.

인체 лю́дське ті́ло, органі́зм. |육체| ті́ло, плоть [여]. ‖ ~학 стоматоло́гія. ~해부도 анатомі́чний а́тлас.

인출 ¶ ~하다 вийма́ти; витяга́ти; витя́гувати.

인칭 {어문} осо́ба. ¶ 동사의 ~변화 відмі́нювання дієсло́ва. 1/2/3 ~ пе́рша/дру́га/тре́тя осо́ба.

인터뷰 інтерв'ю́, співбе́сіда. ¶ ~를 하다 проводи́ти співбе́сіду.

인파 потік люде́й, на́товп.

인편 попу́тник, з яки́м передає́ться що.

인품 хара́ктер; особи́сті я́кості. ¶ 고상한 ~ шляхе́тний хара́ктер.

인플레(이션) інфля́ція. [형] інфляці́йний.

인하 зни́ження. ¶ 물가를 ~하다 знижа́ти ці́ни на това́ри.

인하다 залежа́ти *від чого*, виплива́ти *з чого*, поя́снюватися *чим*. ¶ 로 인하여 і́з-за; в си́лу. 병으로 인하여 і́з-за хворо́би.

인허 ¶ ~하다 дозволя́ти; дозво́лити; схва́лювати.

인형 ля́лька. ‖ ~극 ля́лькова виста́ва; ляльковий спекта́кль. ~극장 ля́льковий теа́тр.

인화(引火) запа́лення; загора́ння. ¶ ~하다 займа́тися, загоря́тися. ‖ ~물 легкозайми́ста речови́на. ~점 температу́ра (то́чка) спалаху́вання.

인화(印畵) відби́ток (з негати́ва). ¶ ~하다 друкува́ти (фотозні́мки). ‖ ~지 фотопапі́р.

일 спра́ва; робо́та; заня́ття. |사건| поді́я; випа́док; інциде́нт. ¶ ~을 보다 вести́ спра́ви; працюва́ти. 뻔한 ~이다 Я́сна спра́ва.

일(一) оди́н. ¶ 제1의 пе́рший.

일가 |가정| сім'я́. |친척| ро́дичі. |유파| стиль [남]; шко́ла; течі́я. ¶ ~의 сіме́йний; дома́шній. ‖ ~친척 чле́ни одного́ ро́ду.

일가견 своя́ особи́ста ду́мка, свої́ особи́сті по́гляди.

일각 мить, моме́нт.

일간 щоде́нне вида́ння. [형] щоде́нний. ~신문 щоде́нна газе́та.

일갈 ¶ ~하다 накрича́ти *на кого́*.

일감 робо́чі матеріа́ли.

일개 оди́н, шту́ка. ¶ ~월 оди́н мі́сяць. 비록 ~ 여자의 몸이지만 хоча́ я і жі́нка.

일깨우다 пробу́джувати; дово́дити до свідо́мості; умовля́ти; переко́нувати.

일거 одна́ ді́я; оди́н вчи́нок (акт). ¶ ~에 одни́м уда́ром; в оди́н прийо́м; одни́м ма́хом, одра́зу. ‖ ~양득 одни́м уда́ром вби́ти двох за́йців.

일격 (оди́н) уда́р. ¶ ~에 одни́м уда́ром. ~을 가하다 нанести́ кому́ уда́р. ~에 적을 물리치다 Одни́м уда́ром відби́ти ата́ку супроти́вника.

일견 на пе́рший по́гляд, з пе́ршого по́гляду. ¶ ~하다 оди́н раз погля́нути (поба́чити).

일곱 сім. ‖ ~째 сьо́мий.

일과 режи́м дня, щоде́нні заня́ття. ‖ ~표 режи́м дня; ро́зклад уро́ків; програ́ма дня.

일관 ¶ ~하다 постійний; послідо́вний. ~하여 послідо́вно. ‖ ~성 послідо́вність.

일괄 охо́плювати; узага́льнювати; підсумо́вувати. ¶ 법안을 ~상정하다 поста́вити одноча́сно всі законопрое́кти на обгово́рення.

일광 со́нячне сві́тло, со́нячні про́мені. ~소독 дезінфере́нція со́нячним сві́тлом. ~요법 геліотерапі́я, ліку́вання со́нячними про́менями. ~욕 со́нячна ва́нна.

일교차 аммпліту́да добово́го хо́ду.

일구다 |땅을| ора́ти; зорю́вати.

일꾼 робі́тник.

일그러지다 скривля́тися; коси́тися.

일급(日給) де́нний заробі́ток; поде́нна опла́та.

일급(一級) пе́рший клас (сорт, ранг); пе́рша катего́рія.

일기(日記) щоде́нник; ве́дення щоде́нника. ¶ ~를 쓰다 вести́ щоде́нник. ‖ ~장 щоде́нник.

일기(日氣) пого́да. ‖ ~예보 прогно́з пого́ди.

일년 (оди́н) рік. ‖ ~생 |고교 이하의| першокла́сник. |대학의| першоку́рсник. ~생식물 одноліт́ня росли́на; одноліт́ок.

일념 єдніст́ь; однод́умство; єди́не бажа́ння.

일단 |한번| якщо́; ті́льки; раз. |잠깐| на час; ненадо́вго. |우선| споча́тку; перш за все.

일단락 кіне́ць, заве́ршення. ¶ ~짓다 заве́ршувати, закі́нчити, кінчи́ти.

일당(一黨) |정당| (одна́ політи́чна) па́ртія. |무리| (одна́) гру́па. ‖ ~독재 диктату́ра однієї́ па́ртії.

일당(日當) де́нний заробі́ток.

일대(一代) (одне́) поколі́ння; (все) життя́. ‖ ~기 біогра́фія; життє́пис.

일대(一帶) весь райо́н; вся місце́вість; зо́на. ¶ ~에 навкруги́, всю́ди.

일독 ¶ ~하다 прочита́ти; чита́ти.

일동 весь колекти́в. ¶ 졸업생 ~을 대표하여 від іме́ні всіх випускникі́в.

일등 пе́рший клас; пе́рший сту́пінь; пе́рший сорт; пе́рше мі́сце. ¶ ~의 першокла́сний; першоря́довий; першосо́ртний. ‖ ~품 першосо́ртна річ; першосо́ртний това́р.

일람 перегля́д; прочита́ння; стисли́й пере́клад; зве́дення. ¶ ~하다 продивля́тися; погля- ну́ти. ‖ ~표 табли́ця; гра́фік; діагра́ма.|요람| зага́льний о́гляд.

일러바치다 роби́ти доне́сення; видава́ти.

일러주다 |알려주다| розпові́дати; повідомля́ти. |전해주다| передава́ти.

일렁거리다 гойда́тися; носи́тися на хви́лях.

일련 ряд; се́рія; ланцю́г. ¶ ~의 사건 ланцю́г поді́й.

일렬 ряд; ліні́я. |종열| коло́на. |횡열| шере́нга.

일례 оди́н при́клад. ¶ ~를 들면 наприкла́д.

일류 ~의 першокла́сний. ~대학 прести́жний (відо́мий) університе́т.

일률 ¶ ~적 одномані́тний; шабло́нний. ~적으로 за шабло́ном; одна́ково; одномані́тно; в одна́ковій мі́рі; не ро́блячи відмі́нностей.

일리 де́які підста́ви; ча́стка пра́вди.

일말 ¶ ~의 де́який, незначни́й.

일망타진 ¶ ~하다 схопи́ти (захопи́ти) усі́х; влаштува́ти обла́ву.

일맥상통 спі́льність, спі́льне. ¶ ~하다 ма́ти де́що спі́льне *з ким-чим*, ма́ти де́який зв'язо́к *з ким-чим*.

일면 |전면| вся пове́рхня. |반면| оди́н бік. |신문의| пе́рша сторі́нка. || ~부지 зо́всім незнайо́мий. ~식 дале́ке знайо́мство.

일모작 збір одного́ врожа́ю на рік.

일목요연 по́гляд. ¶ ~하다 я́сний (зрозумі́лий) з пе́ршого по́гляда.

일몰 за́хід со́нця.

일문일답 пита́ння і ві́дповідь.

일미 розкі́шний смак.

일박 ночі́вля. ¶ ~하다 переночува́ти; залиши́тися на ночі́влю.

일반 зага́льне. |대중| широ́ка публі́ка. ¶ ~의 зага́льний. ~적으로 в зага́льному, взагалі́. |원칙적으로| як пра́вило. ~적으로 말하여 взагалі́. || ~교육 зага́льна осві́та. ~론 зага́льна тео́рія. ~성 зага́льність. ~인 прості́ лю́ди. ~회계 зага́льний рахуно́к.

일반화 узага́льнення; популяриза́ція. ¶ ~하다 узага́льнювати; популяризува́ти; роби́ти загальнодосту́пним (загальновжи́ваним).

일방 оди́н бік. ¶ ~적 однобі́чний; обме́жений. ~적으로 однобі́чно; обме́жено. ~에 치우치다 схиля́тися на і́нший бік. || ~통행 однобі́чний рух.

일변 оди́н бік. [부] з одно́го бо́ку; частко́во; ~도 прихи́ль- ність (схи́льність) до одного́ бо́ку.

일별(一瞥) по́гляд. ¶ ~하다 погля́нути, ки́нути по́гляд.

일보(一步) (оди́н) крок. ¶ ~를 내디ди́да зроби́ти крок. ~도 물러서지 않다 ні на крок не відступа́ти *від кого*.

일부 |일부분| части́на, ча́стка. |책의| екземпля́р; том. ¶ ~의 частко́вий; де́який.

일부러 з на́міром; навми́сне, уми́сно.

일사병 со́нячний уда́р. ¶ ~에 걸리다 отри́мати со́нячний уда́р.

일사불란 по́вний (відмі́нний) поря́док, стру́нкість. ¶ ~한 행진 стру́нка коло́на.

일사천리 ¶ ~로 без сучка́; без задирки; гла́дко і шви́дко.

일삼다 віддава́тися *чому*; захо́плюватися *чим*.

일상 звича́йно; за́вжди́. ¶ ~적 повсякде́нний; звича́йний; буде́нний. ~하는 말 звича́йні слова́. || ~사 звича́йна спра́ва. ~생활 повсякде́нне (буде́нне) життя́.

일상화 ¶ ~하다 зроби́ти звича́йним (повсякде́нним заня́ттям). ~되다 увійти́ в побу́т (зви́чаю).

일색 |한 색| оди́н ко́лір; одне́ пофарбува́ння. |비유적| хара́ктерна ри́са атмосфе́ра.

일생 усе́ життя́. |죽을 때까지| все життя́; протя́гом усього́ життя́. ¶ ~의 사업 спра́ва життя́. ~에 한 번 оди́н раз в житті́.

일석이조 Єди́ним по́стрілом вби́ти двух за́йців.

일선 пе́рша лі́нія; пе́рший ряд.

일설 яка́сь ве́рсія; яка́сь ду́мка. ¶ ~에 의на́фин за одніє́ю ве́рсією.

일소(一掃) ¶ ~하다 змі́тати *кого-що*, викорі́нювати

일 (знищувати) *кого-що*, очищати *що від кого-чого*.

일손 робітничі руки. ¶ ~을 놓다 припинити працю. ~을 돕다 допомагати в роботі. ~이 딸리다 не вистачає рук.

일솜씨 вміння працювати; майстерність; вправність.

일순간 мить; момент. ¶ ~에 в одну мить; моментально, в мить ока.

일시(日時) день (число) і пора (час).

일시(一時) один час; деякий час. ¶ ~적 тимчасовий. ~적인 대책 тимчасовий захід.

일식 {천문} сонячне затем- нення.

일신(日新) ¶ ~하다 відновлюватися день у день.

일신(一新) ¶ ~하다 цілковито оновлювати(ся), невпізнанно змінювати(ся).

일신(一身) одна людина; сам. ¶ ~의 свій; особистий. ~상의 문제 особиста справа.

일신교 єдинобожжя; монотеїзм.

일심(一心) одна душа; одностайність. ¶ ~으로 всією душею; всім серцем. ‖ ~단결 повна одностайність і згуртованість. ~동체 нерозривне ціле.

일심(一審) {법학} перша інстанція.

일쑤이다 часто траплятися; звичайна справа; звичайно; часто.

일약 стрибок; скік. ¶ ~ 유명해지다 несподівано стати відомим.

일어나다 |발생| з'являтися; виникати; походити. |기상| підніматися, вставати. ¶ 소동이 ~ піднявся скандал.

일어서다 підніматися; вставати (на ноги).

일언 одне слово. ¶ ~반구도 없다 немає жодного слова.

일요일 неділя. [형] недільний.

일용 ¶ ~의 повсякденний; щоденний. ‖ ~품 товари широкого споживання; товари першої необхідності.

일원(一元) єдиний початок; один початок. ¶ ~적 єдиний; уніфікований; моністичний. ‖ ~론 монізм. ~론자 моніст.

일원(一員) член. ¶ 사회의 ~ член суспільства.

일원화 зведення до єдиного; уніфікація. ¶ ~하다 зводити до єдиного; уніфікувати.

일월 січень [남]. ¶ ~에 в січні.

일위 перше місце; першість.

일으키다 піднімати, збуджувати, викликати. ¶ 공포심 (호기심)을 ~ збудити (викликати) страх (цікавість). 먼지를 ~ піднімати пил.

일익 важлива частина; одна частина; одна ланка. ¶ ~을 담당하다 брати на себе важливу частину праці.

일인자 знавець; знаменитість; світило.

일일이 все; подібно; детально; один за одним. ¶ ~ 간섭하다 у все втручатися.

일임 ¶ ~하다 доручати цілком (повністю) *кому*, покладати повністю *на кого*.

일자리 професія, місце праці, робота. ¶ ~를 구하다 шукати собі роботу.

일장일단 достоїнство та недолік.

일장춘몽 марність; марна справа.

일정(一定) ¶ ~한 визначений; встановлений; регулярний. ~하다 визначати; встановлювати. ~한 수입 регулярний прибуток. ~한 직업 визначене заняття.

일정(日程) програма; розклад. |의사일정| повістка дня. ¶ 방문~ програма візиту.

일제히 дружньо; всі разом; разом.

일조 ‖ ~량 величина інсоляції. ~시간 тривалість сонячного сяяння.

일족 |친족| родичі; рідня. |가족| сім'я; клан.

일종 вид; рід; порода; сорт. ¶ ~의 свого роду; своєрідний.

일주(一周) оборот; (один) круг; об'їзд. ¶ ~하다 робити оборот; об'їжджати (обходити) навколо *чого*. 세계를 ~하다 здійснити кругосвітню подорож.

일주(一週) (один) тиждень.

일지 щоденні записи, щоденник.

일찍감치 раненько; досить рано.

일직 денне чергування; денний черговий.

일직선 (одна) пряма лінія.

일진일퇴 вперед і назад; наступ і відступ. ¶ ~하다 йти то вперед, то назад; наступати і відступати.

일차 один раз. ¶ ~의 перший; первинний. ‖ ~방정식 рівняння першого ступеню. ~산품 первинний продукт.

일천 ¶ ~하다 недавній.

일촉즉발 ¶ ~의 критичний; небезпечний; ризикований. ~의 위기 критичний момент.

일축 ¶ ~하다 |이기다| з легкістю перемагати. |거절하다| відмовляти навідріз в *чому*, відкидати.

일출 схід сонця.

일취월장 ¶ ~하다 стрімко рости (розвиватися).

일치 збіг; відповідність; єдність; згода; погодженість. ¶ ~하다 співпадати; відповідати; узгоджуватися. ~시키다 узгоджувати; координувати; приводити в відповідність. 의견~ збіг (єдність) думок (поглядів). 완전히 ~하다 знаходитися в повній відповідності. ‖ ~단결 єдність і згуртованість. ~성 єдність, тотожність.

일컫다 звати, називати.

일탈 ¶ ~하다 виходити за межі (рамки) *чого*, відхилятися *від чого*.

일터 місце роботи.

일파 |당파| партія; фракція. |종파| секта. |학파| школа. |단체| група.

일편단심 самовіддана вірність. ¶ ~으로 з самовідданою вірністю.

일평생 все життя.

일품(一品) (одна) річ. |요리의| (одна) блюдо. ¶ 천하~의 найкращий в світі. ‖ ~요리 делікатес.

일필휘지 написати одним розчерком пера.

일하다 працювати; трудитися. ¶ 부지런히 ~ працювати не покладаючи рук.

일행 група; партія. |동행자| супутник; попутник; супроводжуюча особа. ¶ 관광단~ група туристів. 대표단~ всі члени делегації.

일화 анекдот; цікава історія; епізод. ¶ ~집 збірник анекдотів.

일확천금 швидке збагачення.

일환 одна ланка.

일회 (один) раз. [형] перший. ¶ 월~ раз в місяць.

일흔 сімдесят.

일희일비 то радіти, то сумувати; радіти і сумувати.

읽다 читати. ¶ 소리내어 ~ читати вголос. 속으로 ~ читати про себе.

잃다 (за)губити, позбавлятися *кого-чого*. ¶ 입맛을 잃었다 я втратила апетит/В мене пропав апетит.

임 улюблена (дорога; мила) людина.

임검 огляд на місці. ¶ ~하다 здійснювати огляд на місці. |배를| оглянути судно.

임계 ¶ ~의 критичний. ǁ ~온도 критична температура.

임관 призначення на державну посаду. ¶ ~되다 отримувати призначення (бути призначеним) на державну посаду.

임균 {의학} гонокок.

임금 король.

임금(賃金) заробітна плата; зарплата; заробіток. ¶ 명목/실질 ~ номінальна / реальна зарплата. 최저~ мінімальна зарплата. 평균~ середній заробіток. 월~ місячна заробітна плата. ǁ ~노동자 найманий працівник. ~투쟁 боротьба за підвищення зарплати.

임기 термін служби. ¶ ~가 만료되었다 Минув термін служби.

임기응변 ¶ ~으로 по обставинам. ~하다 пристосовуватися до обставин; діяти згідно обставинам.

임대 здача в оренду. ¶ ~하다 здавати в оренду (найм, напрокат). ǁ ~계약 договір про оренду. ~료 орендна плата. ~인 який здає в оренду.

임대차 здача і взяття в оренду (найм); оренда. |민법상의| найм. |선박의| фрахт. ǁ ~료 рента.

임면 призначення і звільнення (зняття). ǁ ~권 право призначення та звільнення.

임명 призначення. ¶ ~을 받다 отримувати призначення. ~하다 призначати *кого-ким*. ǁ ~장 наказ (документ) про призначення.

임무 борг; обов'язок; завдання. |사명| місія.

임박 ¶ ~하다 нависати; насуватися; наступати.

임산부 вагітна жінка; породілля.

임상 клініка. [형] клінічний. ¶ ~실험 клінічний досвід.

임석 ¶ ~하다 бути присутнім. ǁ ~자 присутній.

임시 ¶ ~의 тимчасовий; надзвичайний; екстрений; позачерговий. ~로 тимчасово. ǁ ~국회 позачергова сесія парламенту. ~열차 спеціальний поїзд. ~정부 тимчасовий уряд. ~총회 надзвичайні загальні збори. ~휴업 тимчасове закриття.

임신 вагітність. ¶ ~하다 завагітніти; бути вагітною. [구어] бути в (ікавому) положенні. ~중에 в період вагітності. 그녀는 ~ 7개월이다. Вона знаходиться на сьомому місяці вагітності. ǁ ~중절 аборт.

임야 ліси та поля.

임엽 лісівни́цтво.

임용 ¶ ~하다 признача́ти (на поса́ду); прийма́ти (на слу́жбу).

임원(任員) посадо́ва (відповіда́льне) обли́ччя.

임의 вла́сне бажа́ння; доброві́льність. ¶ ~의 доброві́льний; самові́льний. ~로 за вла́сним бажа́нням (на вла́сний ро́зсуд); з вла́сної во́лі; як завго́дно; в будь-яки́й час.

임자 вла́сник; господа́р.

임전 ‖ ~태세 гото́вність до вступу́ у війну́.

임종 оста́ння годи́на життя́. [형] передсме́ртний. ¶ ~하다 прожива́ти оста́нні годи́ни життя́

임질 {의학} гонорея́; три́пер.

임차 оре́нда. ¶ ~하다 орендува́ти; взя́ти в оре́нду. ‖ ~료 оре́ндна пла́та. ~인 оренда́р.

임파 лі́мфа; лімфати́чна за́лоза. ‖ ~구 лімфоци́ти. ~선 лімфати́чна за́лоза. ~선염 лімфадені́т.

임하다 стоя́ти (перебува́ти) *перед чим*; вступа́ти *у що*. ¶ 담판에 ~ вступа́ти у перегово́ри.

임학 дендроло́гія; лісівни́цтво. ‖ ~자 дендро́лог; лісівни́к.

입 |사람의| рот. |말| язи́к; мо́ва; слова́. |입술| гу́би. ¶ ~이 무겁다 міцни́й на язи́к. ~이 가볍다(싸다) балаку́чий. ~을 맞추다 цілува́тися. ~을 놀리다 жартува́ти; лихосло́вити. ~밖에 내다 проговори́тись. ~이 짧다 бу́ти примхли́вим в їжі́. ~에 풀칠을 하다 тягну́ти жалюгі́дне існува́ння; жебраку́вати; зводи́ти кінці́ з кінця́ми. ~만 살다 ті́льки язико́м базі́кати. ~을 모으다 говори́ти в оди́н го́лос. ~에 맞다 бу́ти до смаку́. ~에 발린 소리 уле́сливі слова́. ‖ ~가 куто́чки ро́та.

입가심 ¶ ~하다 освіжа́ти (полоска́ти) рот.

입각(入閣) ¶ ~하다 вхо́дити до скла́ду кабіне́ту (міні́стрів).

입각(立脚) ¶ ~하다 спира́тися *на що*; ґрунтува́тися *на чому*. 에 ~하여 на підста́ві *чого*; спира́ючись *на що*; ґрунту́ючись *на чому*.

입고 ¶ ~하다 помі́щати на склад, склада́ти(ся). ‖ ~량 кі́лькість това́ру на скла́ді.

입관 ¶ ~하다 кла́сти (поко́йного) в труну́.

입구 вхід.

입국 в'їзд (в кра́їну). ¶ ~하다 вступа́ти (в'їжджа́ти) у межі́ кра́їни. ‖ ~사증 ві́за на в'їзд. ~허가서 до́звіл на в'їзд в кра́їну.

입금 надхо́дження гро́шей (вклад у банк). ¶ ~하다 роби́ти вне́сок (в банк); надхо́дити про гро́ші .

입김 па́ра з ро́та, диха́ння (по́дих).

입다 |의복을| надяга́ти; одяга́ти(ся). |상처·손해·은혜를| піддава́тися; терпі́ти; отри́му- вати. ¶ 부상을 ~ отри́мати ра́ну; бу́ти пора́неним. 손해를 ~ терпі́ти зби́тки; нести́ втра́ти.

입단 вступ (до яко́ї організа́ції). ¶ ~하다 вступа́ти.

입담 дар мо́ви; вмі́ння говори́ти (розка́зувати).

입당 вступ в па́ртію. ¶ ~하다 вступа́ти в па́ртію.

입대 вступ на військо́ву слу́жбу. ¶ ~하다 вступа́ти на військо́ву

입덧 хворобливий стан при вагітності; токсикоз. ¶ ~하다 переносити токсикоз при вагітності.

입도선매 продаж рису на корені.

입맛 апетит. ¶ ~이 좋다 гарний апетит. ~이 당기다 викликати апетит. ~을 잃다 втратити апетит.

입문 початок вивчення; введення в курс. ¶ ~하다 вступати в учні; починати щось вивчати. || ~서 (навчальний) посібник.

입방 |수학| куб. ~구조 кубічна структура. ~체 куб.

입방아찧다 базікати; молоти язиком.

입버릇 улюблені слова; манера говорити. ¶ ~처럼 되었다 стали улюбленими словами. ~이 고약하다 лихословити.

입법 законодавство. || ~권 законодавча влада. ~기관 законодавчий орган. ~자 законодавець. ~부 законодавча влада.

입사 ¶ ~하다 вступати на службу в компанію. || ~시험 вступний (приймальний).

입산 ¶ ~하다 йти в гори.

입상(入賞) отримання призу (премії). ¶ ~하다 отримувати приз (премію). || ~자 лауреат; переможець конкурсу.

입성 ¶ ~하다 вступати в замок (у фортецю); займати фортецю.

입속말 бурмотіння.

입수 придбання; отримання. ¶ ~하다 діставати; отримувати; придбати; брати до рук.

입술 губа; губи. ¶ ~을 깨물다 прикусити губу. ~을 핥다 облизувати губи.

입씨름 спір; сперечання. ¶ ~하다 вступати в суперечку; сперечатися.

입신 успіх у житті. ¶ ~하다 домогтися успіху в житті; вибитися з низів; зробити кар'єру. || ~양명하다 робити блискучу кар'єру і прославитись.

입실 ¶ ~하다 входити в кімнату.

입안 письмове підтвердження. ¶ ~하다 складати план (проект). || ~자 упорядник (автор) плана (проекта).

입영 ¶ ~하다 вступати на військову службу.

입원 госпіталізація. ¶ ~하다 лягати в лікарню. ~시키다 покласти хворого в госпіталь. || ~비 плата за лікування. ~수속 порядок госпіталізації. ~실 приймальне відділення; приймальний спокій; палата. ~환자 стаціонарний (госпітальний) хворий.

입자 зерно; крупиця.

입장(入場) вхід. ¶~하다 входити. || ~객 відвідувач. ~권 вхідний квиток. ~식 церемонія відкриття.

입장(立場) |관점| позиція. |지위| місце; положення. ¶ 딱한 ~ скрутне становище. 자신의 ~을 명확히 하다 визначити свою позицію.

입적 зачислення, вступ. ¶ ~하다 бути записаним в домову книгу.

입주 заселення. ¶ ~하다 заселятися; вселятися.

입증 підтвердження; свідоцтво; доказ. ¶~하다 підтверджувати;

입지 свідчити; доводити. 무죄를 ~하다 доводити невинновність.

입지 || ~전 біографія людини; яка вийшла з нижчих шарів суспільства.

입지조건 умови проживання.

입찰 торги [복]. ¶ ~하다 пропонувати ціну на торгах. || ~자 учасник торгів. ~참가 участь у торгах.

입체 куб. ~감 відчуття об'ємності. ~기하학 просторова геометрія; стереометрія. ~사진 стереофотографія. ~영화 стереокіно. ~음향 стереофонічний звук; стерео- звук. ~파 кубізм. |사람| кубіст. ~효과 стереоефект.

입추 «початок осені».

입춘 «початок весни».

입출 прибутки і витрати.

입하 надходження товару (вантажу). ¶ ~하다 вступати про товар; вантаж. || ~량 кількість товару (вантажу) що надійшло.

입학 вступ до школи (училища, університету). ¶ ~하다 вступати до школи. ~원서를 내다 подати заяву про прийом. || ~금 вступний внесок. ~시험 вступний (приймальний) екзамен. ~생 студент (учень), який вступив до навчального закладу студент. ~식 церемонія з нагоди вступу. ~원서 заява про прийом до школи. ~지원자 бажаючі вступити до училища.

입항 вхід (прибуття) в порт. ¶ ~하다 входити (прибувати) в порт. || ~세 портовий збір. ~증명 відмітка про вхід судна в порт.

입헌 ¶ ~의 конституційний. || ~국가 конституційна держава. ~군주제 конституційно-монархічний режим.

입회(入會) вступ в суспільство. ¶ ~하다 вступати в суспільство.

입회(立會) ¶ ~하다 бути присутнім; бути свідком *чогось*. || ~인 очевидець; свідок.

입후보 кандидатура. ¶ ~하다 виступати кандидатом. 그를 ~로 추천하다 висунути його кандидатуру. ~를 사퇴하다 відмовитися від висування своєї кандидатури. || ~자 кандидат.

입히다 |옷을| одягати. |덮다| покривати. |가하다| наражати; наносити; заподіювати. ¶ 상처를 ~ наносити рану. 잔디를 ~ обкладати (одягнути).

잇다 |연결| з'єднувати; зв'язувати. |계승| продовжувати. ¶ 말을 ~ продовжувати говорити (розповідати).

있다 |존재하다| бути; мати(ся); знаходитися. |위치| залишатися; перебувати; жити. |발생| мати місце; відбуватися.

잉어 сазан; карп.

잉여 залишок; надлишок. || ~가치 додаткова вартість.

잉크 чорнила. ¶ ~병 чорнильниця.

잉태 вагітність. ¶ ~하다 завагітніти; бути вагітною.

잊다 |망각| забувати. |염두를 떠나다| відкинути; залишити. ¶ 근심을 ~ не хвилюватися. 잊을 수 없는 추억 незабутні спогади.

잊어버리다 забути.

잊히다 забуватися; бути забутим.

잎 лист. ¶ 푸른 ~ зелене листя.

자

자 лінійка; марка. |길이의 단위| ‖ 삼각~ креслярський трикутник.

자(子) син.

자(字) буква; письмовий знак.

자(者) людина. ¶ 돈있는 ~ заможна людина.

자가당착 протиріччя самому собі.

자가용[차] власна (особиста) автомашина.

자각 самосвідомість; самовідчуття. ¶ ~하다 усвідомлювати; усвідомлювати(ся). ‖ ~심 свідомість.

자갈 гравій; галька; щебінь [남]. ¶ ~을 깔다 посипати гравієм.

자개 раковина молюска; перламутр. ‖ ~그릇 посуд, інкрустований перламутром.

자객 найманий вбивця.

자격 |법률적| права [복]; |기능| кваліфікація; |권한| компетенція. ¶ ~으로 в якості *кого*. ‖ ~시험 іспит на кваліфікацію. ~심사위원회 мандатна комісія. ~증명서 посвідчення про кваліфікацію; атестат.

자격지심 почуття неповноцінності; докори совісті.

자결 |자기결정| самовизначення. ‖ ~권 право на самовизначення.

자결 |자살| самогубство. ¶ ~하다 самостійно вирішувати; покінчити з собою.

자경 самоохорона. ‖ ~단 група охоронців. ~단원 охоронець.

자고이래 здавна; з давніх пір; споконвіку.

자구(字句) слова і фрази; письмове висловлювання.

자구(自救) ¶ ~하다 рятувати самого себе. ‖ ~책 спосіб самоврятування.

자국 слід; шрам.

자국(自國) своя країна; |모국| батьківщина. ‖ ~의 рідний; вітчизняний. ‖ ~어 рідна мова.

자궁 {해부} матка. ‖~암 рак матки. ~외 임신 позткова вагітність.

자귀나무 {식물} шовкова акація.

자그마치 трохи; саме мале; по меншою мірою; лед.

자그마하다 невеликий; невисокий; крихітний.

자극(刺戟) |아픔| роздратування; збудження; |영향| вплив *на кого* |동기| імпульс; спонукання; стимул стимулювання. ¶ ~하다 дратувати; порушувати; впливати на *кого-що*; спонукати; стимулювати. ~을 받다 отримати стимул; бути спонуканим *до чого*. ‖~제 збудливий (стимулюючий) засіб; стимулятор.

자극(磁極) {фізика} магнітний полюс.

자금 капітал; |기금| грошовий фонд. ‖ ~공급 фінансування. ~난 фінансова криза, фінансові труднощі. ~부족 нестача грошових коштів.

자급 самозабезпечення; самопостачання. ¶ ~하다 самому задовольняти свої потреби. ‖ ~력 здатність забезпечувати самого себе.

자궁심

~자족 виробництво всього необхідного своїми силами.

자긍심 самовихваляння.

자기(自己) сам. ¶ ~의 свій; власний; особистий. ‖ ~만족 самовдо-волення. ~암시 самонавіяння. ~중심주의 егоцентризм. ~혐오 відраза до себе.

자기(磁氣) {물리} магнетизм.

자기(磁器) порцеляна; фаянс; кераміка.

자꾸 весь час; безперервно; раз у раз. ¶ ~조르다 весь час приставати.

자네 ти.

자녀 діти, сини і дочки. ¶ ~교육 виховання дітей.

자다 |잠을| спати; ночувати. |풍파가| стихати; |시계| зупинятися. ¶ 자나깨나 і (ні) днем, і (ні) вночі; весь час. 깊이 ~ міцно спати.

자단 {식물} червоне сандалове дерево.

자동 автоматична дія (рух). ¶ ~의(적) автоматичний; спонтанний; саморушний. ~화하다 автоматизувати. ‖ ~소총 автоматична гвинтівка. ~조종[장치] автопілот.

자동사 {어문} неперехідне дієслово.

자동차 автомобіль [남]; [авто] машина. |화물차| вантажівка. ¶ ~에 타다 сідати в машину. ~를 운전하다 водити машину. ‖ ~경주 автоперегони. ~공업 автомобільна промисловість ~공장 автомобільний завод. ~정비소 авторемонтна майстерня. ~운전수 водій; |직업| шофер. ~전용도로 автострада. ~주차장. автобаза; автопарк; стоянка.

자동화 автоматизація. ¶ ~하다 автоматизувати. ~되다 автоматизуватися.

자두 злива.

자라 далекосхідна черепаха.

자라다 |성장| зростати; дорослішати; |증가| зростати; збільшуватися.

자라풀 {식물} жовтець їдкий.

자랑 гордість. ¶ ~스럽다 гідний гордості; славний ~하다 пишатися. ‖ ~거리 предмет гордості; гордість.

자력(自力) свої (власні). ¶ ~으로 власними силами; на свої кошти. ‖ ~갱생 реконструкція (відродження) без сторонньої допомоги.

자력(磁力) магнетизм. ‖ ~계 магнітомер.

자료 матеріал. ‖ ~집 збірник матеріалів.

자루 мішок. ¶ ~에 넣다 класти у мішок.

자루 рукоятка; ручка. ¶ 도끼~ рукоятка сокири.

자르다 |끊다| розділяти; розрізати; розрубувати; розпилювати; відрізати; відрубувати; відпилювати. |말을| відрізати; пробити.

자리 місце. |깔개| циновка; підстилка. |잠자리| постіль [여]; |지위| посада; пост; |좌석| сидіння. ¶ ~를 차지하다 займати місце. ~가 잡히다 утвердитися; звикнути до якої-небудь роботі. ~에 눕다 занедужати; злягти. ~다툼하다 боротися за місце (пост). ~를 지키다 триматися за місце (посаду).

자리공 {식물} фітолакка.

자립 самостійність; незалежність. ¶

~적 самостійний; незалежний. ~하다 бути самостійним (незалежним); ні *від кого* не залежати.

자막 титр; напис.

자만 хвастощі; зазнайство; самовдоволення. ¶ ~하다 хвалитися; пишатися; хизуватися.

자매 сестри. ‖ ~도시 міста-побратими.

자맥질 пірнання. ¶ ~하다 пірнати.

자멸 самознищення; самовинищення. ¶ ~하다 губити себе; прирікати себе на загибель.

자명 ¶ ~하다 ясний; очевидний; само собою зрозумілий.

자명종 будильник.

자모(字母) буква; алфавіт; |활자의| матриця. ‖ ~순 алфавітний порядок. ~표 алфавіт; таблиця алфавіту.

자목련 {식물} магнолія.

자못 дуже; вельми.

자문(諮問) запит. ¶ ~하다 робити запит, запитувати. ‖ ~기관 консультативний орган.

자문(自問) ¶ ~하다 задавати собі питання.

자물쇠 замок. ¶ ~를 잠그다 замикати на замок. 문을 ~로 잠그다 замкнути двері на замок.

자빠지다 перекинутися; повалитися; впасти на спину (навзнак).

자빠뜨리다 перекинути (повалити) навзнак.

자발 ¶ ~적 мимовільний; добровільний. ~적으로 협력하다 допомагати *кому* мимоволі.

자백 визнання; свідомість. ¶ ~하다 визнаватися; зізнаватися. ‖ ~서 письмове визнання.

자본 капітал; |자금| фонд. ‖ 금융~ фінансовий капітал. 고정~ основний капітал. ~가 капіталіст. ~주의 капіталізм.

자부 [само] впевненість. ¶ ~하다 бути впевненим у собі (самовпевненим); бути гідним. ‖ ~심 самовпевненість, почуття власної гідності; гордість.

자비(自費) особисті витрати. ¶ ~로 за свій рахунок.

자비(慈悲) милосердя, милість. ¶ ~롭다 добрий; м'якосердий; милосердний. ~를 베풀다 подавати *кому* милостиню; милувати *кого*. ‖ ~심 почуття жалості.

자산 майно; кошти [복]. ¶ ~을 동결하다 заморозити майно. ‖ ~가 людина із засобами; заможня людина. ~계급 імущий клас.

자살 самогубство. ¶ ~하다 покінчити з собою (з життям). ‖ ~미수 спроба вчинити самогубство. ~자 самогубець.

자상 ¶ ~하다 докладний; детальний. ~하게 докладно; детально.

자생 ¶ ~의 той, що сам зароджується; |야생의| дикорослий; дикий. ~하다 зростати в дикому стані.

자서전 автобіографія. ¶ ~적 автобіографічний.

자석 магніт; |나침반| компас. [형] магнітний.

자선 благодійність; філантропія. ‖ ~가 благодійник; філантроп. ~단체 благодійне товариство. ~사업 благодійне підприємство. ~음악회 благодійний концерт.

자성(自省) ¶ ~하다 займатися самоконтролем (самоаналізом).

자성(磁性) {물리} магнетизм. ‖ ~체 магніт.

자세(仔細) ¶ ~하다 докладний; детальний; ретельний. ~히 докладно; детально; ретельно.

자세(姿勢) положення; позиція; поза; фігура.

자손 потомство; нащадок.

자수(自首) явка з повинною; добровільна здача. ¶ ~하다 бути з повинною; зізнаватися у злочині.

자수(刺繡) вишивка; вишивання. ‖ ~품 вишиті вироби.

자수성가 будувати життя власними руками.

자숙 самоконтроль [남]; стриманість.

자습 самоосвіта; самопідготовка; самостійне вивчення; самостійні заняття. ¶ ~하다 займатися (вивчати) самостійно. ‖ ~서 самовчитель.

자승자박 потрапити в біду зі своєї вини.

자식 |애칭| дитина; дитинка. |자녀| син і дочка; діти. |욕| сучий син.

자신(自身) сам. ¶ ~의 власний; свій. ~의 힘으로 власними (своїми) силами.

자신(自信) самовпевненість; апломб; віра в себе. ¶ ~만만하다 бути впевненим у собі; самовпевнений.

자아 сам; {철학} власне «Я». ¶ ~의식 самосвідомість.

자아내다 |실을| мотати; викачувати; |느낌을| вичавлювати; викликати. ¶ 눈물을 ~ видавлювати сльозу. 동정심을 ~ викликати жалість.

자애 [ніжна] любов; ласка. ¶ ~롭다 повний батьківською [материнської] любові.

자양분 поживні речовини.

자연 природа; натура. ¶ ~의 природний; натуральний; мимовільний. ~히 природно; натурально. ‖ ~계 природа; світ природи. ~과학 природничі науки; природознавство. ~과학자 природознавець. ~도태 природний відбір. ~발생 самозародження; мимовільне народження; автогенез. ~보호 охорона природи. ~사 природна смерть. ~재해 стихійне лихо. ~주의 натуралізм. ~주의자 натураліст. ~현상 явища природи; стихія.

자영 ¶ ~의 самостійний.

자오선 меридіан.

자외선 ультрафіолетові промені.

자욱하다 дуже густий; щільний. ¶ ~히 дуже густо. 안개가 ~ густий туман.

자운영 {식물} астрагал.

자웅 самка і самець; перемога. ¶ ~을 겨루다 виявляти найсильнішого.

자원(自願) власне бажання; добровільність. ¶ ~하다 виявляти бажання. ‖ ~병 доброволець. ~입대 добровільний вступ.

자원(資源) ресурси; багатства. ¶ 인적 ~ людські ресурси. ~을 개발하다 експлуатувати ресурси.

자위(自衛) самозахист; самооборона. ¶ ~조치를 취하다 вживати заходів самозахисту. ‖ ~권 право на самозахист.

자위(自慰) самозаспокоєння. [형]

자유 свобо́да; во́ля. ¶ ~의 ві́льний; во́льний. ~롭게 ві́льно. ~자재로 ві́льний і дові́льний. ~분방하다 ві́льний; необме́жений; окри́лений. 언론/출판의 ~ свобо́да сло́ва / дру́ку. ‖ ~경제 лібера́льна еконо́міка. ~무역 ві́льна торгі́вля; фритре́дерство. ~방임주의 при́нцип невтруча́ння. ~사상 вільноду́мство. ~시 ві́льний вірш. ~업 ві́льна профе́сія. ~의지 до́бра во́ля. ~주의 ліbералі́зм. ~주의자 ліberалі́ст. ~형 ві́льний стиль.

자유화 ліbераліза́ція. ¶ ~하다 ліbералізува́ти. ~되다 ліbералізува́тися.

자율 автоно́мія; самоконтро́ль; самодисциплі́на. ‖ ~신경계 автоно́мна нерво́ва систе́ма.

자음 при́голосний (звук). ¶ 무성~ глухи́й при́голосний.

자의(恣意) сваві́лля. ¶ ~적 самові́льне; сваві́льний. ~로 по-своє́му; сваві́льно; дові́льно.

자의(自意) свої́ ду́ми (ду́мки). ¶ ~대로 по-своє́му; як заманє́ться.

자의식 самосвідо́мість.

자인 ¶ ~하다 само́му визнава́тися; зізнава́тися у *чо́му*.

자임 ¶ ~하다 вважа́ти себе́ *ким*; претендува́ти *на що*.

자자 ¶ ~하다 поши́рений; широ́ко відо́мий.

자자손손 кі́лька поколі́нь наща́дків.

자작(自作) вла́сний твір; вла́сний ви́ріб. ‖ ~극 самодія́льний спекта́кль. ~농 селяни́н вла́сник. ~시 вла́сний вірш.

자작(自酌) ¶ ~하다 само́му налива́ти і само́му пи́ти.

자작나무 бере́за.

자잘하다 дрібні́.

자장 {물리} магні́тне по́ле.

자장가 колиско́ва пі́сня.

자재 матеріа́л. ¶ ~공급 матеріа́льне забезпе́чення. ‖ ~난 тру́днощі з матеріа́лами. 건축~ будіве́льні матеріа́ли.

자전(自轉) оберта́ння. ¶ ~하다 оберта́тися навколо́ свої́ осі́. ‖ ~주기 пері́од оберта́ння.

자전(字典) ієрогліфі́чний словни́к.

자전거 велосипе́д. ¶ ~를 타고 가다 ї́хати на велосипе́ді.

자정(子正) двана́дцята годи́на і но́чі; опі́вночі.

자정(自淨) самоочи́щення.

자제 самоконтро́ль; самовла́дання; стри́маність. ¶ ~하다 володі́ти собо́ю; стри́мувати себе́. ~력을 잃다 вихо́дити з себе́; втрача́ти самовла́дання. ‖ ~력 ви́тримка; стри́маність; самовла-да́ння.

자조(自嘲) ¶ ~적 іроні́чний по відно́шенню до само́го се́бе. ~하다 смія́тися (підсмі́юватися) над собо́ю.

자조(自助) ¶ ~하다 допомага́ти само́му собі́.

자족 самовдово́лення; самозадово́лення. ¶ ~하다 бу́ти задово́леним собо́ю; задовольня́тися.

자존심 самолю́бство та го́рдіст; почуття́ вла́сної гі́дності. ¶ ~이 강한 사람 го́рда люди́на.

자주 ча́сто; найчасті́ше.

자주(自主) самості́йність; незале́жність. ¶ ~적 самості́йний; незале́жний. ‖ ~권 сувереніте́т. ~독

자중 ¶ ~하다 |신중| поступа́ти (говори́ти) обачно (обере́жно).

자지 чолові́чий стате́вий о́рган.

자지러지다 |놀라서| з'їжуватися; з'їжуватися. |웃음으로| дзвінко луна́ти (про сміх).

자진(自進) ¶ ~하여 доброві́льно. ~하다 роби́ти самому́ (доброві́льно).

자진(自盡) ¶ ~하다 |굶주림으로| вмира́ти в результа́ті голодува́ння. |약으로| вмира́ти, відмо́вившись прийня́ти лі́ки.

자질 я́кість; нату́ра; темпера́мент; зда́тність.

자찬 самовихваля́ння.

자책 самозвинува́чення. ¶ ~하다 звинува́чувати (доріка́ти) себе́. || ~감 до́кори со́вісті, почуття́ провини́.

자처 ¶ ~하다 претендува́ти на *якусь роль*; зобража́ти з се́бе *кого*.

자천 ¶ ~하다 висува́ти [себе́].

자청 ¶ ~하다 виклика́тися зроби́ти *що*.

자체(字體) фо́рма букв; |활자의| шрифт.

자체(自體) сам по собі́.

자초지종 від поча́тку до кінця́.

자축 ¶ ~하다 поздоровля́ти себе́.

자취 слід. ¶ ~를 감у́ти заміта́ти сліди́. ~를 남и́ти залиша́ти сліди́. ~없이 сарса́ти сховатися в невідо́мому напря́мку; безслі́дно зни́кнути. ~를 밟다 іти́ по сліду́.

자취(自炊) ¶ ~하다 самому́ готу́вати собі́ [ї́жу].

자치 самоврядува́ння; автоно́мія. ~의 автоно́мний. || ~공화국 автоно́мна респу́бліка (о́бласть). ~권 пра́во на автоно́мію. ~령 домініо́н. ~제 систе́ма самоврядування. ~행정 автоно́мна адміністра́ція. ~회 коміте́т самоврядування.

자칫 трохи; ма́ло не. ¶ ~ 잘못하면 якщо́ помили́шся.

자칭 самозва́нство. ¶ ~의 самозва́ний; уя́вний. ~하다 назива́ти себе́ *ким*; видава́ти себе́ *за когось*.

자타 сам та і́нші (чужі́).

자탄 зая́ва; наріка́ння. ¶ ~하다 ска́ржитися; наріка́ти.

자태 фігу́ра. ¶ 요염한 ~ чарівна́ по́стать; коке́тлива по́за.

자택 своя́ кварти́ра; свій буди́нок. || ~요양 лікува́ння у се́бе вдо́ма.

자퇴 ¶ ~하다 піти́ (залиши́ти) доброві́льно самому́.

자투리 обрі́зки; зали́шки [матерії].

자포자기 ві́дчай. ¶ ~하다 втрача́ти наді́ю.

자폭 ¶ ~하다 підірва́ти себе́.

자필 авто́граф. [형] власнору́чний. || ~이력서 автобіогра́фія, напи́сана власнору́ч.

자학 самокатува́ння. ¶ ~하다 катува́ти себе́.

자행 сваві́лля; самоупра́вство. ¶ ~하다 сваво́лити.

자형 чолові́к ста́ршої сестри́.

자혜 милосе́рдя; благоді́йність. ~롭다 милосе́рдний; ще́дрий.

자화상 автопортре́т.

자화자찬 самовихваля́ння. ¶ ~다 вихваля́ти само́го себе́; займа́тися саморекла́мою.

자활 самості́йне життя́. ¶ ~하다 жи́ти свое́ю пра́цею; самому́

작 |저작| робо́та; пра́вя; |тво́рі́р| твір; |경작| обро́бка землі́; |작물| врожа́й.

작가 письме́нник; а́втор; літера́тор.

작고 кончи́на. ¶ ~하다 поме́рти.

작곡 [музи́чна] компози́ція. ¶ ~하다 писа́ти (склада́ти) му́зику. || ~가 компози́тор.

작년 мину́лий рік. ¶ ~에 у мину́лому ро́ці.

작다 мале́нький; невели́кий. |키가| низьки́й. |소리가| слабки́й. |사소| дрібни́й; незначни́й.

작당 ¶ ~하다 утво́рювати па́ртію (гру́пу); збира́ти згра́ю.

작대기 па́лиця; жерди́на; підпо́ра.

작두 різа́к; січка́рні.

작렬 ви́бух. ¶ ~하다 вибуха́ти.

작명 ¶ ~하다 дава́ти ім'я́; іменува́ти.

작문 твір. ¶ ~하다 писа́ти твір; склада́ти.

작물 сільськогоспода́рська культу́ра. || ~학 росли́нництво.

작법 пра́вила написа́ння *чого*. |му́зи| компози́ція.

작별 розстава́ння; проща́ння. ¶ ~하다 розлуча́тися; проща́тися.

작부 служни́ця в трактирі́.

작사 написа́ння те́ксту (слів) пі́сні. ¶ ~하다 склада́ти текст (слова́) пі́сні.

작살 острога́; гарпу́н.

작성 склада́ння; оформле́ння. ¶ ~하다 склада́ти; оформля́ти. || ~자 склада́ч.

작시 віршува́ння. ¶ ~하다 склада́ти ві́рші. || ~법 віршува́ння; пое́тика.

작심 рішу́чість. ¶ ~하다 зва́житися.

작약 вибухо́ва речовина́.

작업 робо́та; заня́ття. ¶ ~중에 під час робо́ти. ~하다 працюва́ти. || ~대 верста́к; робо́чий стіл. ~량 о́бсяг робо́ти. ~반 брига́да робітникі́в. ~복 робо́чий о́дяг; спецо́дяг. ~시간 робо́чий час. ~장 мі́сце робо́ти; робо́че мі́сце.

작열 ¶ ~의 розпе́чений; палю́чий. ~하는 태양 палю́че со́нце.

작용 ді́я; проце́с. ¶ ~하다 ді́яти. 화학~ хімі́чний проце́с. ~과 반작용 ді́я і протиді́я (реа́кція). 상호~하다 взаємоді́яти.

작위 |인위| шту́чність; |고의| на́мір; навми́сність; |법률| ді́я. ¶ ~적 уми́сний; навми́сний.

작자 |저작자| а́втор; творе́ць; |사람| люди́на.

작전 (військо́ва) опера́ція. |군사행동| військо́ві ді́ї; |전술| та́ктика; |전략| страте́гія. ¶ ~하다 прово́дити опера́цію; вести́ бойові́ ді́ї. ~을 변경하다 зміни́ти план дій (та́ктику). 공동~ спі́льна опера́ція. || ~계획 план військо́вих дій.

작정 рі́шення; на́мір. ¶ ~하다 виріш́уватися; ма́ти на́мір.

작품 робо́та; твір; тво́рчість; |음악| твір; о́пус; 문학 літерату́рний твір. || ~론 літерату́рна кри́тика; реце́нзія (відгук) на твір. ~집 збі́рник тво́рів.

작풍 літерату́рний стиль; стиль робо́ти.

작황 врожа́й.

잔(盞) ча́рка ¶ ~을 돌리다 пусти́ти ке́лих по ко́лу.

잔-- дрібни́й; мале́нький.

잔가지 тонка́ гі́лка; гі́лочка.

잔걸음 дрібні́ кро́ки, дріботі́ти.

잔고 залишок суми; сальдо.
잔꾀 маленька хитрість (прийом).
잔금 тонка тріщина.
잔금(殘金) залишок; сальдо.
잔기침 часте покашлювання. ¶ ~하다 часто покашлювати.
잔당 залишки *кого-чого*
잔돈 дрібні гроші. |거스름 돈| решка.
잔뜩 |충분히| до відмови; до країв; повністю. |힘껏| міцно; сильно; дуже. |~ 찌푸리다 сильно супити (морщити) *що*.
잔디 дерен; газон, трава. || ~밭 галявина; газон.
잔류 залишки. ¶ ~하다 залишатися на місці. || ~물 осад; відстій.
잔말 порожня балаканина; марнослів'я. ¶ ~하다 базікати порожнє; займатися балаканиною.
잔모래 дрібний пісок.
잔무 справи, які залишилися незакінченими.
잔반 залишок вареного рису.
잔병 легке нездужання; несерйозна хвороба.
잔뼈 кісточка; дрібні кістки. ¶ ~가 굵어지다 мужніти.
잔상 залишкове зображення.
잔설 залишки снігу, нерозталий сніг.
잔소리 бурчання; буркотіння. ¶ ~하다 бурчати, буркотіти. || ~꾼 буркотун.
잔손질 легка ручна робота. ¶ ~하다 робити легку ручну роботу.
잔심부름 дрібні доручення. ¶ ~하다 виконувати дрібні доручення.
잔악 ¶ ~하다 жорстокий; лиходійський. || ~성 жорстокість.
잔액 сума, що залишилася; залишок. |부기| сальдо [불변].
잔업 понаднормова робота. ¶ ~하다 працювати понаднормово; переробляти. || ~수당 понаднормові.
잔여 залишок; надлишок.
잔인 ¶ ~하다 жорстокий; безжалісний; звірячий. || ~성 жорстокість; безжалісність.
잔일 дрібна робота. ¶ ~하다 виконувати дрібну роботу.
잔잔하다 |소리가| тихий; слабкий; |바람이| заспокоєний; стихлий; |바다 등이| мирний, спокійний. ¶ ~히 тихо, спокійно.
잔재 пережитки; залишки.
잔존 ¶ ~하다 зберігатися; залишатися в живих.
잔주름 дрібні зморшки (складки).
잔치 банкет, бенкет; частування; |결혼식| весілля. ¶ ~날 день святкування. ~상 святковий стіл. ~집 будинок, де відбувається святкування.
잔학 вірство; нелюдяність; жорстокість. ¶ ~하다 жорстокий; лютий; звірячий. ~한 행위 звірячий(нелюдський) вчинок; звірство
잔해 рештки; уламки. ¶ 비행기의 ~ уламки літака.
잔혹 жорстокість. ¶ ~한 жорстокий; безжалісний. ~한 사람 жорстока людина.
잘 добре. |적절하게| своєчасно; до місця; |마땅히| як слід; |쉽게| легко. ¶ ~하다 робити (виконувати; вести) добре (майстерно, вміло); успішно здійснювати. ~되다 добре виходити; ставати гарним.

잘나다 видатний; чудовий; красивий.
잘다 дрібний. |성격이| дріб'язковий.
잘라말하다 різко сказати; відрізати.
잘라먹다 відрізати і їсти; вирізати; |빚을 안갚다| не повертати борг; не віддавати борг; |횡령하다| привласнювати собі.
잘리다 бути відрізаним (відсіченим, відрубаним).
잘못 |오류| помилка, похибка; |과실| провина. ¶ [부사] помилково; неправильно; невміло; абияк. ~듣다 неправильно почути. ~보다 обізнатися. ~하다 помилятися; здійснювати помилку. |능력부족| невміло робити. ~되다 бути не в порядку (несправним).
잘잘못 правильне і неправильне; хороше і погане. ¶ ~을 가리다 відрізняти погане від доброго.
잘하다 робити (виконувати; вести) добре (майстерно; вміло); успішно здійснювати.
잠 сон; сплячка. ¶ 깊이 ~이 들다 поринути в глибокий сон. ~을 청하다 збиратися заснути. ~을 깨다 просинатися. ~을 이루다 засинати. ~이 모자라다 не висипатися.
잠깐 якийсь (короткий) час; недовго.
잠결 ¶ ~에 в напівсні; уві сні. ~에 듣다 чути крізь сон.
잠꼬대 марення. ¶ ~하다 марити; говорити уві сні; нести дурниці.
잠꾸러기 (за)соня.
잠그다 замикати; закривати.
잠기다 |문이| бути замкненим (зачиненим). |목이| здавити; стиснути. |물에| бути зануреним; |열중| занурюватися.
잠들다 заснути. |죽다| померти.

잠망경 перископ.
잠바 блуза; джемпер; куртка; жакет; тужурка. ¶ 가죽~ шкіряна куртка.
잠복 ¶ ~하다 ховатися. || ~근무 екретна служба. ~기 інкубаційний (прихований) період.
잠수 занурення у воду. ¶ ~하ада ануритися у воду || ~병 есонна хвороба. ~복 водолазний костюм. ~부 водолаз. ~함 підводний човен.
잠시 (на) короткий час; недовго; ненадовго; на хвилиночку.
잠식 ¶ ~하다 поступово вторгатися. 시장을 ~하다 мало-помалу проникати на ринок.
잠언 афоризм; прописна істина.
잠업 шовківництво.
잠옷 нічна сорочка; піжама.
잠입 ¶ ~하다 таємно проникати; пробиратися.
잠자다 спати; |조용해지다| бути тихим (спокійним).
잠자리 |곤충| бабка. |잘곳| постіль.
잠자코 мовчки; безмовно.
잠잠 ¶ ~하다 [형] стихлий; заспокоївся; спокійний; мовчазний. ~히 спокійно, мовчки. ~하다 [동] мовчати.
잠재 ~적 прихований; латентний; потенційний. ~하다 бути прихованим; перебувати в прихованому (латентному) стані. || ~력 потенція. ~의식 підсвідомість.
잠적 ¶ ~하다 замітати сліди.
잠정적 тимчасовий. ¶ ~ 조치 тимчасові заходи.
잠행 поїздка інкогніто. ¶ ~하다 путешествовать інкогніто; діяти таємно.

잡곡 зернові. ‖ ~밥 суміш з рису і іншої крупи, зварена на пару. ~상 зерновщік.

잡귀 злі духи.

잡기 азартні ігри. ‖ 주색~ жінки, вино і азартні ігри.

잡념 плутані (безладні) думки.

잡놈 безпутна людина.

잡다 |손에| тримати (в руках); брати (в руки); |날짜를| вибирати; дотримуватися; призначати (дату). |체포| ловити; |가축을| бити, різати; |붙잡다| хапати; захоплювати; схоплювати. ¶ 권력을 ~ захопити владу. 홈을 ~ чіплятися. 중심을~ зберігати рівновагу. 불길을 ~ гасити вогонь. 일정을 ~ складати розклад.

잡다하다 строкатий; різношерстий; всякого роду.

잡담 порожня балаканина. ¶ ~하다 вести пусту розмову; даремно базікати.

잡동사니 суміш; всяка всячина.

잡되다 |불순| змішаний; нечистий; |난잡| розпущений; безпутний.

잡목 нестройової ліс; різні інші дерева. ¶ ~숲 змішаний ліс.

잡무 різні справи. ¶ ~에서 해방되다 звільнитися від будь-яких (неважливих) справ.

잡범 кримінальний злочинець; кримінальний злочин.

잡병 різні захворювання (хвороби).

잡부 чорнороб; підручний.

잡부금 різні податки (побори).

잡비 накладні витрати.

잡색 строкате фарбування.

잡소리 |허튼소리| балаканина; марнослів'я. |잡음| шум. ¶ ~하다 базікати; вести порожні розмови; шуміти.

잡수다 |경어| їсти; пити. |약을| приймати ліки.

잡수입 додатковий дохід.

잡식 будь-яка їжа. ¶ ~의 всеїдний. ~하다 їсти все підряд. ‖ ~동물 всеїдна тварина.

잡아가다 приводити; притягати.

잡아내다 ловити; виловлювати.

잡아당기다 тягти (до себе); перетягувати (на свій бік).

잡아떼다 |손으로| відкремлювати; відривати; здирати; |모르는 척하다| прикидатися (прикидатися) абсолютно не знати(безневинним).

잡아매다 пов'язувати; прив'язувати.

잡아먹다 |먹다| [зарізати і] з'їсти. |괴롭히다| переводити; допікати; труїти. |시간을| гаяти.

잡역 різна (випадкова) робота. ‖ ~부 різноробочий.

잡음 шум; сторонні шуми. ‖ ~방지기 шумоглушник.

잡일 різні дрібні справи. ¶ ~하다 займатися різними дрібними справами.

잡종 {생물} помесь; гібрид. ¶ ~의 гібридний. ‖ ~견 дворняжка.

잡지 журнал. ¶ ~를 간행하다 редагувати (видати) журнал. ‖ ~사 видавництво журналу. 월간~ щомісячник. 주간~ тижневик.

잡채 корейське рагу.

잡초 бур'ян.

잡치다 зіпсувати; пошкодити.

잡탕 |국| суп з різних продуктів; |난잡| мішанина; плутанина.

잡티 смітинки; крихти.

잡풀 бур'ян.

잡화 різні товари; галантерея;

галантерейні товари; |식료잡화류| бакалійні товари. ‖ ~상 галантерейна крамниця; |사람| галантерейник.

잡히다 |손에| знаходитися врукáх. |날짜가| бýти óбраним (намíченому). |주름이| бýти зрóбленим (закладеним). |불길이| бýти погáшеним. |체포| бýти взя́тим (захóпленим, схóпленим).

잣 кедрóвий горíх. ‖ ~나무 сосна корейська. ~죽 рíдка кáша з товчéного рису і товчéних кедрóвих горíхів.

잣다 |실을| прясти. |물을| качáти; викáчувати.

장(長) |길이| довжинá; |우두머리| дирéктор завíдувач; начáльник; командир; головá. ¶ 가가 главá сім'ї.

장(帳) занавíска.

장(章) главá [книги].

장(場) |장소| місце; майдáнчик; приміщення; |연극의| картина. |시장| ринок; базáр. ¶ ~을 보다 ходити на базáр.

장(腸) {해부} кишкá. ¶ ~의 кишкóвий. ~운동 перистáльтика. 대/소~ товстá / тонка кишкá.

장(醬) сóєвий сóус; сóя.

장(欌) шáфа. ¶ 벽~ стíнна шáфа. 책~ книжкóва шáфа.

장(張) лист; плíтка. ¶ 기와~ черепиця. 종이~ áркуш папéру.

장가 одрýження. ¶ ~를 가다 одрýжуватися. ~보내다 одружити.

장갑(裝甲) броня́. ¶ ~의 броньóваний. ~을 입히다 бронювáти; покривáти бронéю. ‖ ~차 бронéвик; бронемашина.

장갑(掌匣) рукавички; рукавиці. ¶ ~을 끼다 надягáти рукавички (рукавиці).

장강 дóвга рíчка.

장거리 далéка вíдстань, дóвга дистáнція. [형] далéкий. ‖ ~경주 біг (змагáння з бíгу) на довгі дистáнції, марафóнський біг. ~선수 стáєр. ~유도탄 далеко-бíйний балістичний снарáд [дáльньої дії]. ~전화 міжгороднíй телефóн.

장검 меч.

장관(壯觀) грандіóзний вигляд; велиáчне видóвище.

장관(長官) мінíстр, начáльник. ¶ 국무~ держáвний секретáр.

장광설 балакýчість; багатослíвність; тирáда. ¶ ~을 늘어놓다 просторíкувати.

장고(長考) ¶ ~하다 тривáло випрóбувати.

장교 офíцер.

장구 велий корéйский барабáн. ‖ ~채 барабáнна пáлочка.

장구(長久) ¶ ~하다 дýже дóвгий; тривáлий.

장국밥 бульйóн, заправлений сóєвим сóусом і вáреним рисом.

장군 полковóдець; воєначáльник; генерáл; генерáл.

장기(長期) ¶ ~적 тривáлий. ~화 되다 затя́гуватися. ‖ ~간 дóлгий (тривáлий)час; дóлгий (привáлий) термíн. ~계약 довгострокóвий контрáкт. ~성 тривáлість, затяжний харáктер. ~전 тривáла боротьбá; тривáлий бій. ~협정 довгостроковá угóда. ~형 тривáлий термíн ув'язнення.

장기(臟器) {해부} внутрíшній óрган.

장기(將棋) (корéйські) шáхи. ¶ ~를

두다 грати в шахи. ‖ ~판 шахівниця.

장난 витівка; пустощі; прокази. ¶ ~하다 пустувати; балуватися. ‖ ~감 дитяча іграшка. ~꾸러기 пустун, балуваних. ~끼 пустотливість; пустощі.

장날 базарний день.

장남 страший син.

장내 ¶ ~에 в залі; в приміщенні.

장녀 старша донька.

장년 людина зрелого віку, зрілий вік. ‖ ~기 період зрілості. ~층 люди зрелого віку.

장롱 плаття́на шафа.

장님 сліпий.

장단 |길이| довге та коротке; довжина; |장단점| гіності і негідності; |음악| такт; ритм. ¶ ~이 맞다 потрапля́ти в стру́мінь.

장딴지 ікри (ноги).

장담 самовпевненна заява. ¶ ~하다 самовпевненно заявля́ти.

장대(壯大) ¶ ~하다 грандіозний.

장대비 сильний дощ; злива.

장도 шлях до великої (шляхетної) мети. ¶ ~에 오르다 відправлятися в героїчну подо рож.

장도리 молоток.

장독 чан для зберігання соєвого соусу. ‖ ~대 помост (підвищення) у дворі (для чанов з соєвим соусом).

장돌뱅이 торговець, який торгує на різних базарах.

장래 майбутнє; перспективи. [형] майбутній. ¶ ~에 в [найближчому] майбутньому. ‖ ~성 майбутність; перспективність.

장려 заохочення. ¶ ~하다 заохочувати *кого*. ~되다 заохочуватися. ‖ ~금 заохочувальна премія.

장력 розтяг; розтя́гування; натяг; {物리} розтя́гуюче зусилля; натяг; зусилля натягу. ¶ 표면 ~ натягнення поверхневе (поверхні).

장렬 ¶ ~하게 전사하다 загинути смертю хоробрих.

장례 поховання; похорони. ¶ ~하다 ховати. ‖ ~식 похоронний обряд; похорони. ~차 катафалк.

장로 старший; старійшина; |교회의| священик. ‖ ~교회 пресвітеаріанська церква.

장롱 шафа для одягу.

장마 затяжні (муссоні) дощі. ¶ ~가 지다 йти декілька днів поспіль (про дощ); починатися (про сезон дощів). ‖ ~철 сезон дощів.

장막 палатка; тент; шатро; завіса. ¶ ~을 치다 розбивати намет (шатро), натя́гувати тент.

장만하다 готувати; приготувати; придбавати; заводити.

장면 сцена; картина; епізод; кадр; видовище. ¶ ~전환 зміна кадрів.

장모 теща.

장목 товста і довга колода.

장문 довгий текст. ¶ ~의 편지 довге письмо.

장물 крадена річ; крадений.

장미 роза. ¶ ~들 дика роза. ~빛 рожевий колір. ‖ ~향 запах (аромат) рози.

장발 довге волосся. [형] довговолосий.

장방형 прямокутник. [형] прямокутний.

장벽 перегородка; барикада. ¶ ~을 쌓다 збудувати перегородку;

장병 солдати, офіцери і генерали; всі військовослужбовці.

장복 ¶ ~하다 |약을| постійно приймати ті самі ліки.

장본인 призвідник; ватажок.

장부 прибутковооваткова книга; рахункові книги.

장비 обладнання; екіпірування; оснащення. ¶ ~하다 обладнювати; оснащувати. || 기술~ технічне обладнання.

장사 торгівля; купівля-прожаж. ¶ ~하다 торгувати. || ~꾼 торговець.

장사(壯士) добрий молодець; богатир.

장사(葬事) похорони; поховання; кремація. ¶ ~를 지내다 хоронити; ховати. || ~날 день поховання.

장사진 довгий ряд; довга черга.

장삼 верхня сорочка буддійського ченця з чорного полотна з широкими рукавами.

장생 ¶ ~하다 довго жити.

장서 (особиста) бібліотека. || ~가 книголюб. ~목록 бібліотечний каталог.

장성(長成) ¶ ~하다 рости; дорослішати.

장성(將星) генеральський склад; генерали.

장소 місце; приміщення.

장손 старший онук.

장송곡 похвальний марш.

장수(長壽) довголіття. ¶ ~하다 довго жити. ~비결 секрет довголіття. || ~자 довгожитель.

장수(將帥) полководець; богатир.

장수(張數) |종이의| кількість листів.

장승 корейській верствовий стовп.

장시간 довгий (тривалий) час.

장식 прикраса; декорування. ¶ ~적 декоративний. ~하다 прикрашати; декорувати. || 실내~ внутрішнє убрання; оформлення інтер'єру. ~미술 декоративний живопис. ~품 прикраса.

장신 високий зріст. ¶ ~의 високий; високого зросту

장신구 прикраси.

장아찌 овочі, мариновані в соєвому соусі.

장악 ¶ ~하다 взяти в свої руки; захопити; тримати в руках; утримувати. 해상을 ~하다 господарювати на морі.

장안 всередені міста (селища).

장애 перешкода; перепона; |의학| розлад. ¶ ~하다 перешкоджати; заважати; бути перешкодою чому. 기능~ розлад функцій. 발육~ хвороба росту. || ~물 перешкода; перепона; загородження.

장약 заряд. ¶ ~하다 класти порох, заряджати.

장엄 ¶ ~하다 величний; урочистий. ~한 의식 урочиста церемонія. || ~성 урочистість, величність.

장외 ¶ ~에 за межами; поза чим.

장음 |음성학의| довгий голосний (звук). || ~계 мажорна гама.

장의 похорони. || ~사 похоронне бюро, трунар.

장인(丈人) тесть

장인(匠人) ремісник, містровий.

장자 старний син. || ~상속권 право старшого сина на отримування у спадщину нерухомості.

장작 дрова. ‖ ~개비 поліно. ~더미 купа дрів. ~불 багаття.

장전 ¶ ~하다 наповнювати; начиняти. |총알을| заряджати.

장점 гідності, позитивні якості.

장정(壯丁) молодий чоловік; парубок.

장정(裝幀) художнє оформлення книги.

장정(長程) далекий шлях; дальня дорога.

장조 {음악} мажор.

장조림 м'ясо, тушковане в соєвому соусі.

장조카 старший племінник; старший син старшого брата.

장족 ¶ ~의 발전을 하다 досягати великого прогресу (значних успіхів) в чому.

장중 ¶ ~하다 значний; важливий; переконливий; урочистий. ~한 선율 урочиста мелодія.

장차 в майбутньому; надалі.

장총 гвинтівка.

장치 обладнання; улаштування; [기계의] апарат. ~하다 влаштовувати; встановлювати; встатковувати. ‖ ~물 встановлене обладнаня. 안전~ запобіжник

장쾌 ¶ ~하다 хвилюючий; радісний.

장탄식 ¶ ~하다 тяжко зітхати.

장터 базарна площа.

장티푸스 брюшний тиф.

장파 {전기} довгі хвилі. ‖ ~방송 довгохвильова передача.

장판 підлога, покртіа товстим промасленим папіром.

장편 ‖ ~소설 роман.

장하다 |훌륭하다| блискучий; прекрасний; |찬탄할 만하다| вельми похвальний; гордий і радісний; гордовитий ¶ 장하다! Браво! Чудово! Молодець!

장학 ‖ ~금 стипендія. ~생 стипендіат.

장해 перепона; перешкода; завада.

장화 чоботи. ¶ 가죽~ кожані чоботи. ~를 신다 надягати чоботи.

장황 ¶ ~하다 складний (заплутаний) і довгий; розлогий; нудний; тривалий.

잦다 |증발하다| висихати; випаровуватися.

잦다 |빈번하다| частий; безперервний.

잦은 걸음 швидкі кроки.

잦은 장단 дуже швидкий ритм.

재 |타고남은| зола; попіл. ¶ 담배~를 털다 струшувати попіл.

재 |고개| перевал; гірський хребет (пасмо).

재(再)-- пере--; ре-.

재(財) гроші; кошти; майно; |경제| товар. ¶ 문화~ культурна цінність.

재(才) талант; здібності; хист.

재가(再嫁) другий шлюб. ¶ ~하다 удругу виходити заміж.

재가(裁可) санкція; згода. ¶ ~하다 санкціонувати.

재간(才幹) талант; обдарювання; здібності; вміння.

재갈 вудила. ¶ ~을 물다 закушувати вудила.

재개 відновлення. ¶ ~하다 поновлювати.

재건 реконструкція; перебудова. ¶ ~하다 реконструювати; перебудовувати.

재검토 перегляд. ¶ ~하다 переглядати.

재결 рішення. |배심원의| вердикт.

재계 |금융계| фінансові кола. |실업계| ділові кола; діловий світ. ‖ ~인 фінансист.

재고(再考) ¶ ~하다 піддавати *що* повторному обговоренню (розглядання); передумувати.

재고(在庫) наявний на складі; запас *чого*. ‖ ~량 кількість запаса *чого*. ~품 запас; інвентар. ~품 조사 інвентаризація.

재교육 перевиховання; перенавчання. ¶ ~하다 перевиховувати; перенавчати. 직업~ підвищення кваліфікації.

재구성 відтворення. ¶ ~하다 відтворювати.

재귀 ‖ ~대명사 {어문} зворотний займенник. ~동사 {어문} зворотне дієслово.

재기(才氣) дар; талант. ¶ ~이 있는 талановитий; обдарований.

재기(再起) одужання, відновлення. ¶ ~하다 одужувати; відновлюватися.

재난 |불행| нещастя. |재액| лихо. ¶ ~을 만나다 потрапити в біду.

재능 здібності; талант. |천부의| дар. ¶ ~있는 обдарований; талановитий; здібний.

재다 |길이를| вимірювати; міряти. |일을| зважувати; розраховувати; думати; вважати. ¶ 발의 치수를 ~ знімати мірку з ноги.

재단(財團) фінансове об'єднання; консорціум; фонд.

재단(裁斷) кроєння. ¶ ~하다 кроїти. ‖ ~사 закрійник. ~실 закрійний цех.

재담 дотепна (цікава) розповідь. ¶ ~하다 дотепно (цікаво) розповідати. ‖ ~꾼 дотепник.

재두루미 даурський жравель.

재떨이 попільничка.

재래 ¶ ~의 звичайний; загальноприйнятий. ~식 старого зразку; традиційний стиль. ‖ ~종 старий сорт.

재량 розсуд. ¶ ~껏 на власний розсуд. …의 ~에 맡기다 подавати *що на чий* розсуд.

재력(才力) сила таланта; талант.

재력(財力) сила грошей (багатства).

재론 ¶ ~하다 знов обговорювати (дебатувати).

재롱 дитячий лепет і забавні рухи дитини. ¶ ~떨다 лепетати; забавляти. ‖ ~둥이 забавна дитина.

재료 матеріал.

재목 лісоматеріал; ліс.

재무 фінансові справи. ‖ ~감독관 фінінспектор. ~장관 міністр (міністерство) фінансів.

재무장 переозброєння. ¶ ~하다 переозброювати(ся).

재물 стан, майон; багатство.

재미 інтерес. ¶ ~있다 цікавий. ~가 없다 нецікавий; неприємний. ~를 보다 досягати успіху; отримувати результат.

재빠르다 швидкий; моторний; прудкий; зграбний.

재빨리 швидко; розторопно; моторно; спритно.

재발 повторний спалах; новий приступ; |병의| рецидив. ¶ ~하다 знов виникати.

재방송 ретрансляція.

재배 вирощування; обробленя. ¶ ~하다 вирощувати; обробляти;

культивувати. ‖ ~법 спосіб вирощування.

재배치 передислокація. ¶ ~하다 переміщувати; передислокувати.

재벌 фінансова кліка (олігархія); |집합| пултократія.

재범 повторний злочин; рецидив. ‖ ~자 рецидивіст.

재보 скарби; багатства.

재봉 (кроєння і) шиття. ¶ ~하다 шити; займатися шиттям. ‖ ~사 кравець; кравчиня. ~틀 швацька машина.

재분배 перерозподіл. ¶ ~하다 знов розподіляти; перерозподіляти.

재분할 переділ. ¶ ~하다 виробляти переділ.

재사 талановитий чоловік.

재산 майно; стан. ¶ 국유~ державне майно. 사유~ приватне (особисте) майно. ‖ ~가 заможній чоловік. ~권 майнові права. ~목록 опис майна. ~몰수 конфіскація майна.

재삼 неодноразово; повторно; ще раз.

재상 королівський канцлер; прем'єр-міністр.

재색 розум і врода. ¶ 그녀는 ~을 겸비하고 있다. Вона має і розум, і вроду.

재생 вторинне народження; відродження, народження. ¶ ~하다 знов народжуватися, відроджуватися; регенерувати. ‖ ~고무 регенерована гума. ~타이어 регенерована шина.

재생산 відтворення. ¶ ~하다 відтворювати. ‖ 단순/확대 ~ просте/розширене відтворення.

재선 переобрання; перевибори. ¶ ~하다 переобирати *кого*.

재수 везіння. ¶ ~없다 не пощастило.

재수입 реімпорт. ¶ ~하다 реімпортувати. ‖ ~품 реімпортовані товари.

재수출 реекспорт. ¶ ~하다 реекспортувати.

재시공 ¶ ~하다 переробляти.

재심 перегляд; повторний розгляд справи. ¶ ~하다 переглядати *що*, піддавати *що* повторному розгляду. ~을 신청하다 клопотатися перед судом про перегляд справи.

재앙 лихо; беда; нещастя.

재야 ¶ ~의 опозиційний. ~인사 відомий чоловік; який не знаходиться у влади.

재연(再演) ¶ ~하다 поновлювати.

재외 перебування за кордоном. ¶ ~의 той, що знаходиться за кордоном; закордонний; зарубіжний.

재우다 вкладати спати.

재원(財源) фінансові джерела.

재원(才媛) талановита жінка; освічена дівчина (наречена).

재위 царювання, правління. ¶ ~하다 бути на троні; царювати; правити.

재인식 ¶ ~하다 сприймати (розуміти) *щось* по-новому.

재임(再任) повторне призначення. ¶ ~하다 отримати повторне призначення (на попередню посаду).

재임(在任) ¶ ~하다 перебувати на посаді займами пост. ~중에 під час перебуття на посаді (на посту).

재입학 повторне вступання до учбового закладу. ¶ ~을 허가하다 повторно прийняти *кого* до учбового закладу.

재작년 позаминулий рік.

재잘거리다 тріщати; базікати; сокорити; цвірінькати.

재적 ¶ ~하다 бути в списку; бути зареєстрованим. ~인원 обліковий склад. ‖ ~생 який учиться; який значиться у списку.

재정(財政) фінанси. [형] фінансовий. ¶ 국가~ національні фінанси. ‖ ~난 фінансові труднощі. ~정책 фінансова політика. ~학 фінанси (наука).

재정(裁定) (арбітражне) рішення. ¶ ~하다 винести (арбітражне) рішення.

재정비 переоснащення; переобладнання. ¶ ~하다 переоснащувати; переобладнувати.

재조사 повторна перевірка; повторний огляд.

재조정 повторне регулювання (упорядкування). ¶ ~하다 вдруге регулювати (упорядковувати).

재조직 реорганізація. ¶ ~하다 реорганізовувати.

재종 троюрідний брат; троюрідна сестра. ‖ ~간 троюдні брати (сестри).

재주 |재능| хист; талант; здатність; |솜씨| вміння; вправність; прийом. ¶ ~껏 доклавши все здібності (всі вміння). ‖ ~꾼 особливо обдарований (талановитий) чоловік.

재직 ¶ ~하다 знаходитися на службі; займати пост.

재질 якість деревени (матеріалу).

재차 повторно; другий раз, знов.

재채기 чхання; чих. ¶ ~하다 чхати.

재천명 ¶ ~하다 пояснювати ще раз.

재청 ¶ ~하다 знов просити; викликати на біс.

재촉 ¶ ~하다 вимагати; спонукати; квапити; підганяти.

재출발 ¶ ~하다 починати спочатку.

재취 друга дружина. ¶ ~하다 повторно одружуватися

재치 вміння; майстерність; вправність.

재탕 другий раз.

재판(再版) перевидання; друге видання. ¶ ~하다 перевидавати; переиздавать.

재판(裁判) суд; судебний розгляд. ¶ ~하다 судити. ‖ ~관 суддя; |집합| суд. ~권 юрисдикція. ~비용 судові витрати. ~소 суд. ~장 головний суддя. ~정 зал (засідань) суду.

재판정 повторне визначення (рішення); |법률| переглянуте судове рішення. ¶ ~하다 переглядати (судове рішення).

재편성 переформування; реорганізація. ¶ ~하다 переоформляти; реорганізовувати.

재평가 переоцінка. ¶ ~하다 переоцінювати.

재학 навчатися в учбовому закладі ‖ ~생 який вчиться. ~증명서 справка з міста навчання.

재해 шкода від стихійного лиха; лихо. ¶ ~를 당하다 перетерплювати лихо. ‖ ~대책 заходи проти стихійних лих. ~보상 компенсація збитків від стихійних лих. ~보험 страхування від нещасних випадків. ~지역 район лиха, район, який постраждав.

재향군인 резервіст.

재현 ¶ ~하다 знов з'являтися;

відтво́рювати *що*.

재혼 други́й шлюб. ¶ ~하다 повто́рно одру́жуватися.

재화(財貨) майно́; бла́го.

재화(災禍) неща́стя; ли́хо.

재확인 ¶ ~하다 ще раз підтве́рджувати (упе́внитися).

재회 ¶ ~하다 зустріча́тися знов.

재훈련 перепідгото́вка. ¶ ~하다 здійснювати перепідгото́вку.

잽싸다 швидки́й; мото́рний.

잿더미 ку́па по́пілу (золи́). ¶ ~로 만들다 оберну́ти (перетвори́ти) на по́піл.

잿빛 попеля́стий ко́лір.

쟁기 соха́. ¶ ~질하다 ора́ти сохо́ю.

쟁론 супере́чка; полемі́ка. ¶ ~하다 сперча́тися; полемізува́ти; дискутува́ти.

쟁반 лату́нна стра́ва; кру́глий лату́нний підно́с.

쟁송 ¶ ~하다 суди́тися; вести́ тя́жбу.

쟁의 конфлі́кт. ¶ 노동 ~ трудови́й конфлі́кт.

쟁쟁 ¶ ~하다 видатни́й; чудо́вий; знамени́тий.

쟁점 спі́рний пункт (моме́нт); я́блуко розбра́ту.

쟁취 захо́плення; завоюва́ння. ¶ ~하다 захо́плювати; завойо́вувати.

쟁탈전 боротьба́ (бій) за зва́ння *кого-чого*.

쟁투 ¶ ~하다 би́тися; боро́тися.

쟁패전 боротьба́ за гегемо́нію.

장르 жанр.

저 я (сам).

저간 тоді́; той чай; той пері́од.

저것 ось той предме́т.

저격 прици́льна стрільба́. ¶ ~하다 стріля́ти. ‖ ~수 сна́йпер.

저고리 коре́йська чолові́ча ку́ртка (блу́за); коре́йська жіно́ча ко́фта.

저공 мале́нька (невели́ка) висота́. ‖ ~비행 полі́т на невелі́й висоті́.

저금 збере́ження. ¶ ~하다 накопи́чувати гро́ші; вклада́ти гро́ші в банк. ~을 찾다 бра́ти гро́ші з ба́нку. 은행에 ~하다 роби́ти вклад в банк; покла́сти гро́ші в банк. ‖ ~통 скарбничка. ~통장 оща́дна кни́жка.

저급 ¶ ~한 низькопро́бний; бульва́рний. ~한 행동 низьки́й вчи́нок.

저기 ось те мі́сце, там.

저기압 низьки́й атмосфе́рний тиск, цикло́н.

저녁 ве́чір; |식사| вече́ря. ¶ ~마다 вечора́ми; ко́жен ве́чір. ~을 같이 하다 вече́ряти ра́зом. ‖ ~때 вве́чері.

저능 слабоу́мство. ¶ ~의 слабоу́мний; розу́мово відста́лий. ‖ ~아 слабоу́мна дити́на.

저다지 насті́льки; до тако́ї мі́ри; так

저당 заста́ва; закла́д. ¶ ~하다 закла́сти; відда́ти в заста́ву. ~되다 бу́ти закла́деним. ‖ ~권자 кредито́р за заста́вною. ~물 закла́дена річ.

저돌 ¶ ~하다 мета́тися; метуши́тися.

저런 ось це так; невже́.

저력 терпі́ння; упе́ртість; си́ла.

저렴 ¶ ~하다 деше́вий.

저류 підво́дна (до́нна) течі́я; прихо́вана тенде́нція.

저리 низькі́ проце́нти.

저리다 оніми́ти; затекти́; загуби́ти чутли́вість.

저마다 кожна людина.

저만큼 в такому ступені; на такій же відстані.

저명 ¶ ~하다 знаменитий; прославлений; відомий.

저물다 меркнути. ¶ 날이 ~ вечоріти.

저미다 дрібно (тонко) різати.

저버리다 залишати; кидати *кого*, відступати; відмовлятися *від чого*; |약속을| порушувати; забувати.

저벅거리다 голосно тупати; тяжко ступати.

저변 база; основа.

저서 книга; твір.

저속 ¶ ~하다 вульгарний. || ~화 вульгаризація.

저수 ¶ ~하다 запасати (воду). || ~량 кількість води у водосховищі. ~지 водосховище; водойом; резервуар.

저술 витвір; твір. ¶ ~하다 писати книгу. || ~가 автор.

저승 потойбічний світ; загробний світ. || ~길 шлях на «той світ».

저압 низький тиск; {전기} низька напруга.

저온 низька температура. || ~살균 пастеризація.

저울 ваги. ¶ ~질하다 зважувати. ~에 달다 зважувати на вагах. || ~추 гиря для ваг.

저율 низький тариф; |저이율| низька процентна ставка.

저으기 в (до) деякій мірі, більш чи менш.

저음 низький звук; {음악} бас.

저인망 донний невід. || ~어선 рибальське судно з донним неводом.

저임금 низька заробітня плата.

저자 автор. ¶ ~불명의 책 книга невідомого автора.

저자세 приниження. ¶ ~를 취하다 бути приниженим; принижуватися.

저작 |저술| авторство; літературна праця; |저서| витвір; твір; труд. || ~권 авторське право.

저장 зберігання; складування. ¶ ~하다 зберігати; складувати. || ~고 склад; сховище. ~품 запаси; припас.

저절로 само по собі; самостійно. ¶ 상처가 ~ 아물었다 рана загоїлася сама по собі.

저조 низький тон; |부진| млявість; [형] в'ялий.

저주파 {전기} низька частота.

저주 прокляття. [형] проклятий. ¶ ~하다 проклинати.

저지 ¶ ~하다 заважати; гальмувати. || ~선 лінія загородження.

저지르다 робити; допускати.

저질 низька якість.

저촉 ¶ ~되다 суперечити *чому*.

저축 збереження; |저금| збереження.. ¶ ~하다 накопичувати (відкладати) гроші. || ~심 ощадливість.

저층 нижній поверх (ярус).

저택 особняк; резиденція; (приватний) дім.

저편 та (протилежна) сторона; те (протилежне) направлення.

저하 зниження; зменшення; падіння. ¶ ~하다 знижувати; понижувати; падати.

저학년 молодші (нижчі) класи.

저항 відсіч; опір; протидія. ¶ ~하다 опиратися; протидіяти; чинити опір. || ~기 реостат. ~력 опірність; сила опору.

저해 перешкода. ¶ ~하다

저혈압 {의학} гіпотонія.
적(敵) противник; супротивник; ворог.
적(籍) |법률상의| доміциілий; |단체의| членство. ¶ ~을 두다 стати членом *чого*; стати на облік. ~이 있다 бути прописаним.
적개심 ворожість; ненависть.
적격 кваліфікованість; компетентність. ¶ ~의 кваліфікований; компетентний. ‖ ~자 особа, яка має визначену кваліфікацію.
적국 ворожа країна; противник.
적군(赤軍) Червона Армія. [형] червоноармійський. ‖ ~병사 червоноармієць.
적군(敵軍) війська супротивника; ворожі війська.
적극 ¶ ~적 позитивний; активний. ~적으로 активно ~적으로 활동하다 проявляти активність *в чому*, прийняти активну участь *в чому*. ‖ ~성 позитивність, активність.
적금 збереження.
적기(敵機) ворожий літак; літак противника.
적기(赤旗) червоне знамено; червоний прапор.
적기(適期) слушний період; слушний час.
적나라 ¶ ~하다 неприкритий; відвертий; оголений.
적다 |기술| записувати; писати.
적다 |양이| нечисленний; невеликий; маленький.
적당 ¶ ~한 підхожий, який відповідає; належний; придатний; доречний. ~하게 відповідним (належним) чином, як слід. ~하다 підходити *до кого-чого*, відповідати *чому*.
적대 ворожість; антагонізм. ¶ ~적 антагоністичний; ворожий. ~하다 вороже відноситися *до чого*, протидіяти *чому*; зайняти антагоністичну позицію. ~시하다 дивитися *на кого* вороже; відноситися *до кого* антагоністично. ‖ ~감 почуття ворожнечі; антагоністичні дії. ~행동
적도 екватор. [형] екваторіальний.
적량(適量) необхідна кількість, норма, порція, доза; |약의| доза.
적량(積量) ємність; ємкість.
적령 підходящий (який відповідає) вік.
적록색 зелений колір з червоним відливом.
적립 ¶ ~하다 накопичувати; запасати. ‖ ~금 збереження; накопичення.
적막 усамітнення. ¶ ~하다 усамітнений (тихий) і сумний; самотній; безпритульний. ‖ ~감 почуття самотності.
적반하장 валити з хворої голови на здорову.
적발 викриття; розкриття; викривання. ¶ ~하다 викривати; розкривати.
적법 законність; легальність. ¶ ~의 законний; легальний. ‖ ~행위 законні дії.
적병 ворожий солдат; солдат противника.
적부 придатність, доречність.
적분 {수학} інтеграл; [형] інтегральний. ¶ ~하다 інтегрувати.
적삼 верхня сорочка.

적색 червоний колір; червоне.

적선(敵船) вороже судно; корабель супротивника.

적선(積善) ряд добрих справ. ¶ ~하다 зробити багато добра (доброго) *кому*.

적설 сніговий покрив.

적성(適性) відповідний характер; придатна властивість.

적성(敵性) ворожість. ‖ ~국가 ворожа держава.

적소 відповідне місце.

적수 противник; ворожа рука.

적시(摘示) ¶ ~하다 указувати; показувати.

적시(適時) ¶ ~에 своєчасно; вчасно.

적시다 намочити; промочити; змочити.

적십자 червоний хрест. ‖ ~사 Суспільство Червоного Хреста.

적외선 інфракрасні промені.

적용 застосування. ¶ ~하다 застосовувати *що до чого*.

적응 відповідність; пристосування. ¶ ~하다 відповідати; пристосовуватися. ···에 ~시키다 приводити у відповідність *з чим*. ‖ ~력 здатність пристосовуватися; пристосовність, адаптація.

적의 вороже почуття; ворожість. ¶ ~에 찬 ворож настроєний.

적임 ~의 придатний, годящий. ‖ ~자 придатна особа.

적자 {경제} дефіцит. ¶ ~를 내다 бути дефіцитним (збитковим), давати (приносити) дефіцит. ~를 메우다 покривати дефіцит. ‖ ~예산 дефіцитний бюджет.

적자生存 природний відбір.

적장 ворожий полководець.

적재 навантаження; навантажування. ¶ ~하다 вантажити; навантажувати. ‖ ~량 вантажопідйомність; грузоємкість.

적재적소 вірне розміщення кадрів.

적적 ¶ ~하다 самотній (тихий) і сумний. ~히 тихо; самотньо.

적절 ¶ ~하다 цілком підходящий; своєчасний; доречний. ~히 відповідним чином; доречно; своєчасно.

적정 ¶ ~한 правильний; належний; ~하게 належним (слушним) образом. ‖ ~가격 правомірна (справедлива) ціна.

적조 зміна кольору морської води від наявність мікроорганізмів.

적중 ¶ ~하다 |목표물에| попадати; |예상이| справдитися; здійснюватися. ‖ ~율 меткость.

적지 територія противника.

적진 позиції противника, ворожий стан.

적체 ¶ ~하다 накопичуватися; нагромаджуватися; затримуватися.

적출 виривання; вимушене витягання; викорінювання. ¶ ~하다 виривати; витягати; викорінювати.

적탄 ворожий снаряд; ворожа пуля (бомба).

적합 ¶ ~하다 відповідати *чому*, підходити *чому*.

적혈구 {의학} еритроцити.

적화 ¶ ~하다 піддатися впливу комуністичних ідй.

적히다 бути записаним.

전(煎) смажене в олії. ¶ ~을 부치다 смажити в олії.

전--(全--) весь; все. ¶ ~세계 весь світ.

전(傳) біографія

–전(--戰) бій, війна́.
전(殿) дворе́ць; храм.
전가 ¶ ~하다 переклада́ти; зва́лювати. 그에게 책임을 ~하다 зва́лювати на ньо́го відповіда́льність.
전갈(全蝎) скорпіо́н.
전갈(傳喝) ¶ ~하다 повідомля́ти; передава́ти че́рез *кого (з ким)*.
전개 розгорта́ння; розвива́ння. ¶ ~하다 розгорта́ти(ся); розвива́ти(ся).
전격 ¶ ~적인 блискави́чний. ‖ 전 бліцкри́г.
전결 ¶ ~하다 виріша́ти на вла́сний ро́зсуд.
전경 зага́льний ви́гляд; панора́ма.
전골 рідка́ соля́нка з я́ловичини; овочі́в, грибі́в і т.д.
전공 спеціа́льність; спеціаліза́ція. ¶ ~하다 спціа́льно вивча́ти; спеціалізува́тися *в чому*. ‖ ~과목 спеціа́льні предме́ти; спеціа́льність.
전과(戰果) войовни́чі у́спіхи.
전과(轉科) ¶ ~하다 перево́диться з одно́го факульте́ту на і́нший.
전과(前科) коли́шня суди́мість. ‖ ~자 коли́шній злочи́нець.
전광 ¶ ~석화같이 блискави́чно, як блиска́вка.
전교 вся шко́ла; весь учбо́вий за́клад.
전구 (електри́чна) ла́мпочка.
전국 вся краї́на; загальнодержа́вний. ¶ ~에 по всій краї́ні.
전군 вся а́рмія.
전권 всі права́; повнова́ження. ¶ ~을 위임하다 обля́гти повнова́женнями. ‖ ~대사 повнова́жний посо́л.

전극 {전기} електро́д.
전근 переве́дення на і́ншу робо́ту. ¶ ~하다 перево́дитися на і́ншу робо́ту.
전기(前期) пе́рша полови́на.
전기(電氣) електри́ка; |전류| струм. ¶ ~를 끄다 відключа́ти електри́ку. ‖ ~공학 електроте́хніка. ~기관차 електрово́з. ~기구 електроприла́д. ~료 пла́та за електроене́ргію.
전기(轉機) поворо́тний пункт.
전기(傳記) біогра́фія. ‖ ~작가 біо́граф.
전나무 я́лиця цельнолі́ста.
전날 день напередо́дні *чого*. ¶ ~에 рані́ше; в мину́лому.
전년 мину́лий рік.
전념 ¶ ~하다 зосере́джувати всі думки́ (всю ува́гу) на *чому*.
전능 ¶ ~하다 всемогу́тній.
전달 переда́ча; перено́с. ¶ ~하다 передава́ти.
전담 ¶ ~하다 бра́ти все на себе́.
전답 (зро́шувані та суході́льні поля́).
전당(殿堂) пала́к; |신전| храм; святи́лище. ¶ 학문의 ~ святи́лище нау́к.
전당(典當) заста́ва; запору́ка. ¶ ~을 잡다 бра́ти заста́ву. ‖ ~포 ломба́рд, пози́кова конто́ра.
전대(纏帶) (що но́ситься на по́ясі чи че́рез плече́) су́ма.
전대(轉貸) субо́ренда. ¶ ~하다 передава́ти в оре́нду.
전대(前代) яки́й мину́в (мину́лий) вік. ¶ ~미문의 небува́лий.
전도(前途) шлях попере́ду; шлях, що ма́є бу́ти, перспекти́ви. ¶ ~유망한 학생 багатообіця́ючий

учень.

전도(傳道) пропо́відь; місіоне́рська дія́льність. ¶ ~하다 проповідувати. ‖ ~사 проповідник; місіоне́р.

전도(傳導) переда́ча; прові́дність. ¶ ~하다 проводити; передава́ти. ‖ ~체 прові́дник.

전도(顚倒) |엎어져서 넘어짐| переверта́ння. |거꾸로 함| перестано́вка; інве́рсія. ¶ ~하다 переверта́ти(ся); переставля́ти(ся); інверсі́рувати(ся).

전동기 електромото́р; електродвигу́н.

전동차 мото́рний ваго́н; електропо́їзд.

전등 (електри́чна) ла́мпа.

전락 паді́ння. |추락| ро́зклад; палі́ння. ¶ ~하다 ска́тится; впа́сти.

전란 безла́ддя (хвилюва́ння), ви́кликані війно́ю.

전람 експонува́ння. ¶ ~하다 експонува́ти. ‖ ~품 експона́т. ~회 ви́ставка. ~회장 павільйо́н ви́ставки.

전래 переда́ча. |외국에서의| запози́чення. ¶ ~의 спадко́вий. |외국에서의| вве́дений з-за кордо́ні. ~하다 передава́тися, позича́тися.

전략(前略) ¶ ~하다 скоро́чувати попере́дню части́ну.

전략(戰略) страте́гія. [형] стратегі́чний; ‖ ~가 страте́г.

전량 зага́льна кі́лькість.

전력(全力) всі си́ли.

전력(專力) ¶ ~하다 доклада́ти стара́ння; стара́нність.

전력(電力) електроене́ргія. ‖ ~공급 електропостача́ння. ~계 ва́тмер. ~제한 обме́ження спожива́ння електроене́ргії.

전력(戰力) боєзда́тність.

전령 переда́ча нака́зу; |사람| зв'язкови́й, поси́льний.

전례 прецеде́нт. ¶ ~에 따ра ви́ходячи з мину́лого при́клада, так са́мо, як ра́ніше. ~를 따рди́ ґрунтува́тися на мину́лому при́кладі.

전류 електри́чний струм. ¶ 고압~ електри́чний струм висо́кого напру́ження.

전리품 воє́нні трофе́ї.

전립선 передміхуро́ва за́лоза.

전말 хід (обста́вини) спра́ви. ¶ ~을 зсе́ві́ше ої́рояа́ги докла́дно розповісти́ про те, що ста́лося.

전망 о́гляд; огляда́ння; перспекти́ва. ¶ ~하다 огля́нути. 정치~ політи́чний о́гляд. ‖ ~대 спостере́жлива ви́шка.

전매(專賣) монопо́льний про́даж; монопо́лія. ¶ ~하다 монопо́льно продава́ти. ‖ ~특허 пате́нт на виготовле́ння (торгі́влю).

전매(轉賣) перепро́даж. ¶ ~하다 перепродава́ти.

전면(前面) пере́дня сторона́; фаса́д.

전면(全面) вся пло́ща (пове́рхня). ¶ ~적 всебі́чний; по́вний; суці́льний.

전멸 по́вне зни́щення; вини́щування. ¶ ~시키다 по́вністю зни́щувати; вини́щувати.

전모 ви́гляд; зага́льний ви́гляд.

전몰 смерть в бою́. ¶ ~하다 заги́нути в бою́.

전무 ¶ ~하다 по́вністю бу́ти відсу́тнім.

전무후무 ¶ ~하다 небува́лий; неба́чений.

전문(專門) спеціальність. ¶ ~적 спеціальний; спеціалізований. ~하다 спеціально вивчати; спеціалізуватися. ‖ ~가 спеціаліст. ~화 спеціалізація.

전문(全文) повний (весь) текст.

전문(電文) телеграма; текст телеграми.

전반(前半) перша половина; перший тайм. ‖ ~기 перший період. ~전 перша половина гри (змагання).

전반(全般) ¶ ~적 загальний; всеосяжний.

전방 передня сторона; фронт; |군대의| передова лінія.

전번 минулий (попередній) раз.

전범(典範) зразок.

전범(戰犯) воєнний злочинець.

전법 методи (засоби) ведення бою (боротьби).

전별 ¶ ~하다 влаштовувати. ‖ ~연 прощальний бенкет (прийом). ~회 прощальний вечір (мітинг).

전병 смажені коржики.

전보 телеграма. ¶ ~를 치다 відсилати телеграму; телеграфувати.

전복(顚覆) перекидання; |정부의| скинення; |열차의| катастрофа. ~하다 вивертати; скидати.

전복(全鰒) морські вушка (молюски).

전부 всі; все; цілком; повністю.

전분 крохмаль.

전사(戰死) смерть в бою. ¶ ~하다 загинути (пасти) в бою. ‖ ~자 загиблий в бою (битві); загиблий на фронті.

전사(戰士) борець; боєць.

전생 минуле життя.

전선(電線) лінія (електропередачі, телефонна); провід.

전선(戰線) фронт; лінія фронту.

전설 легенда; переказ. [형] легендарний. ¶ ~적 인물 легендарна особистість.

전성 розквіт. ¶ ~하다 розцвітати. ‖ ~기 період розквіту.

전세 оренда зі сплатою авансу; аванс за оренду *чого*. ‖ ~방 кімната, знята зі сплатою задатка. ~집 дім, який арендован зі сплатою авансу.

전소 ¶ ~하다 згорати дотла.

전속(轉屬) перехід в інше відомство.

전속(專屬) ¶ ~하다 бути підвідомче ним; знаходитися в підкоренні.

전속력 повна швидкість; повний хід. ¶ ~으로 на повній швидкості. ~을 내다 дати (розвинути) повну швидкість; їхати (летіти) на повній швидкості.

전송 електрична передача. |사진의| фототелеграфія. ¶ ~하다 передавати по телеграфу, телеграфувати.

전수(傳受) ¶ ~하다 передавати свої знання, досвід; навчати; викладати.

전술(前述) ¶ ~의 вищевикладений. ~하다 викласти (сказати) раніше.

전술(戰術) тактика. [형] тактичний.

전승(傳承) успадкування. ¶ ~하다 успадкувати; отримати у спадщину.

전승(戰勝) перемога. ¶ ~하다 отримати перемогу. ‖ ~국 країна-переможниця.

전시(展示) показ. експонування. ¶ ~하다 виставляти; експонувати. ‖ ~품 експонат. ~회 виставка.

전시(戰時) військовий час. ¶ ~상태 воєнний стан.

전신(傳信) телеграф. [형] телеграфний. ‖ ~국 телеграф. ~기 телеграфний апарат. ~망 телеграфна мережа. ~주 телеграфний стовп.

전신(全身) все тіло. ¶ ~사진 фотографуватися у вась зріст.

전심 ¶ ~하다 отдаватися цілковито чому. ~을 다하다 відавати всю душу чому. ‖ ~전력 всею душею і всіма силами.

전압 напруження, вольтаж. ‖ ~계 вольтметр.

전액 вся сума.

전야 минула (попередня) ніч; переддень. ¶ ~에 напередодні.

전언 чужі слова; повідомлення.

전업(轉業) ¶ ~하다 змінювати професію; переходити на іншу роботу.

전업(專業) робота за спеціальністю.

전역 весь район; вся зона (територія).

전역(轉役) ¶ ~하다 переводити на іншу посаду.

전연 повністю; зовсім; цілковито.

전열 електронагрів. ¶ ~의 електротермічний; електронагріваючий. ‖ ~기 електронагріваючий прилад. |난방용| електрична пічка.

전염 зараза; інфекція. ¶ ~성의 заразний; інфекційний. ~하다 бути заразним; заразитися. ‖ ~균 бактерії. ~병 ін'єкційна (заразна, епідемічна) хвороба; епідемія. ~성 інфекційний характер.

전용(專用) особисте користування; виняткове (спеціальне) застосування. ¶ ~하다 особисто користуватися чи, виключна використовувати що. ‖ ~선 спеціальне судно. ~차 персональна автомашина; відомча автомашина.

전용(轉用) ¶ ~하다 вживати що для іншої мети.

전우 бойовий товариш; соратник; товариш по зброї. ‖ ~애 дружба товаришів по зброї.

전운 хмари війни.

전원(電源) джерело електроенергії (струму).

전원(田園) поля і сади. ¶ ~생활 сільське життя.

전원(全員) всі члени; весь штат (персонал).

전월 минулий (попередній) місяць.

전위 авангард; передовий відряд. ¶ ~적 авангардний, передовий.

전유 ¶ ~하다 монопольно володіти. ‖ ~물 річ, що знаходиться в повному володінні кого.

전율 трепет; здригання. ¶ ~하다 тріпотіти; здригатися.

전의(戰意) бойовий дух.

전이 ¶ ~하다 переходити; переїжджати; переводити.

전인미답 небачене; нечуване; незнане.

전임(專任) спеціальне назначення. ¶ ~교원 штатний викладач.

전임(前任) колишня посада; |사람| попередник (по службі).

전임 ¶ ~하다 переїхати на інше місце; перевестися на іншу роботу.

전자(電子) електрон. ‖ ~계산기 електронно-обислювальна машина. ~공학 електроніка.

전자(電磁) ¶ ~의 електромагнітний. ‖ ~기 електромагнети́зм. ~파 електромагні́тні хви́лі.

전작 попере́дня ви́пивка.

전장(戰場) по́ле бо́ю.

전장(全長) все (зага́льна) довжина́.

전장(前章) попере́дня глава́.

전재(轉載) передру́к; репроду́кція. ¶ ~하다 передруко́вувати; репродукува́ти.

전재(全載) ¶ ~하다 ці́лком помі́щати (публікува́ти).

전재(戰災) бі́ди війни́.

전쟁 війна́. ¶ ~하다 воюва́ти; вести́ війну́. ‖ ~고아 сиро́ти війни́.

전적(戰跡) слід війни́ (би́тви). ‖ ~지 мі́це мину́лих бої́в (битв).

전적(轉籍) ¶ ~하다 зніма́тися з о́бліку; става́ти на о́блік.

전전(前前) дале́ке мину́ле; давно́; позамину́лий раз.

전전(戰前) до війни́; пе́ред війно́ю.

전전(轉轉) ¶ ~하다 перехо́дити з мі́сця на мі́сце; броди́ти.

전전긍긍 ¶ ~하다 тріпоті́ти (тремті́ти) від стра́ху.

전제(前提) передумо́ва. [형] попере́дній. ¶ ~조건 попере́дня умо́ва. ~하다 предпосла́ти.

전제(專制) самоде́ржавство; абсолюти́зм; деспоти́зм; автокра́тія. ‖ ~국가 абсолю́тна мона́рхія. ~군주 абсолю́тний мона́рх.

전조(前兆) прикме́та, прові́сник.

전조등 пере́дня фа́ра.

전족 бинтува́ння ніг.

전주 музи́чний ви́ступ. ‖ ~곡 уверпо́ра.

전지 (електри́чна) батаре́я; гальвані́чний елеме́нт. [형] батаре́йний. ¶ 건~ батаре́я сухи́х елеме́нтів. 축~ акумуля́торна батаре́я.

전지전능 всевіда́ння; всемогу́тність.

전직(轉職) змі́на ро́ду заня́ти. ¶ ~하다 змі́нювати профе́сію (рід заня́ть), перехо́дити на і́ншу робо́ту.

전직(前職) попере́дне заня́ття; попере́дня профе́сія.

전진 просува́ння впере́д; прогре́с. ¶ ~하다 просува́тися (ру́хатися) впере́д; прогресува́ти.

전집 по́вна збі́рка тво́рів.

전차(電車) трамва́й, троле́йбус.

전차(戰車) танк.

전처 попере́дня (коли́шня) дружи́на.

전철(前轍) шлях, про́йдений *ким*. ~을 밟다 йти *чиї́мось* шля́хом, повто́рювати *чиї́* поми́лки, йти по стопа́х.

전철(電鐵) електри́чка.

전체 весь, все, всі. ‖ ~성 цілі́сність. ~주의 тоталітари́зм.

전초 передови́й пост; аванпо́ст. ‖ ~기지 фо́рпост, аванпо́ст; плацда́рм. ~전 бій сторожово́го пильнува́ння.

전축 електропрогра́вач.

전출 ¶ ~하다 |거주지를| переселя́тися; переї́зджати; |근무지를| перехо́дити на і́ншу слу́жбу (робо́ту). ‖ ~자 пересе́ленець.

전치사 {어학} при́від.

전통 тради́ція. [형] традиці́йний.

전투 бій; би́тва. ¶ ~하다 вести́ бій. ‖ ~기 бойови́й літа́к.

전파(電波) радіохви́лі. ‖ ~방해 перешко́ди. ~탐지기 радіолока́тор; рада́р.

전파(傳播) поши́рення. ¶ ~하다

전패(戰敗) військова поразка. ¶ ~하다 потерпіти військову поразку.

전패(全敗) повна поразка. ¶ ~하다 зазнавати повної поразки.

전편(全篇) весь текст; вся книга.

전편(前篇) перший том; перша частина.

전폐 повне скасування; ліквідація. ¶ ~하다 скасовувати; повністю скасовувати; ліквідувати.

전폭 вся ширина; весь об'єм; все цілком.

전폭적 весь; повний. ¶ ~으로 повністю; повною мірою; дуже широко.

전표 талон; ордер; чек. ¶ ~를 떼다 виписувати чек.

전하 {전기} електричний заряд.

전하(殿下) Ваша величність.

전하다 передавати. ¶ 대대로 ~ передавати з покоління до покоління.

전학 ¶ ~하다 переводитися (в інший учбовий заклад).

전함 бойовий (лінійний) корабель.

전해 електроліз. ¶ ~하다 піддавати електролізу. ‖ ~질 електроліт.

전향 поворот; перелом; зміна. ¶ ~하다 повернутися; змінити напрям. ‖ ~자 відступник.

전혀 зовсім; цілковито; повністю.

전형 зразок; тип. [형] типовий. ‖ ~성 типовість. ~화 типізація.

전화 телефон. ¶ 자동~ телефон автомат. ~를 받다 підходити до телефона; брати слухавку. ~를 끊다 повісити (покласти) слухавку; закінчити ромовляти по телефону; роз'єднати. ~하다 говорити по телефону. ‖ ~국 телефонна станція. ~료 абонентська плата за телефон. ~번호 номер телефону. ~선 телефона лінія.

전화위복 не було б щастя, да нещастя допомогло.

전환 поворот; зміна; |마음의| відвернення. ¶ ~하다 повернути; змінити; |기분을| провітрюватися. ‖ ~기 переломний момент. ~점 поворотний пункт.

전황 положення на фронті. ‖ ~보고 бойове зведення.

전횡 свавілля; самоправство. ¶ ~하다 творити свавілля. ~을 부리다 діяти за власним свавіллям.

전후(戰後) післявоєнний період. ¶ ~시기 післявоєнний період.

전후(前後) |앞과 뒤| передня і задня частини. |시작과 끝| початок і кінець. ¶ ~하여 майже одночасно з *чим*.

전후좌우 всюди, скрізь; з усіх сторін.

절 покін. ¶ ~하다 кланятися; віддавати уклін. 맞~하다 відповідати уклоном на поклін.

절 будиський храм (монастир).

절(節) |문장의| параграф. |음악의| куплет.

절간 храм; монастир.

절감 зменшення; скорочення. ¶ ~하다 скорочувати; урізувати; зменшувати. 경비를 ~하다 скорочувати; поменшити витрати.

절감(切感) гостре відчуття. ¶ ~하다 гостро відчувати.

절개(切開) розріз. ¶ ~하다 розрізувати, розкривати.

절개(節槪) вірність; постійність.

절경 розкішний (чудовий) вид.

절교 ¶ ~하다 припиняти знайомство; розірвати відношення *з ким*.

절구 ступа. ¶ ~질하다 товкти в ступі.

절규 гучний крик; зойк. ¶ ~하다 голосно кричати про *що*, волати про *що*.

절기 сезон; пора року; період.

절다 кульгати; втрачати рівновагу. ¶ 오른쪽 다리를 ~ кульгати на праву ногу.

절단 відріз(аніе); розріз(аніе). ¶ ~하다 відрізати; розрізати; ампутувати. ‖ ~기 яка ріже машина.

절대 абсолютність; безумовність. ¶ ~의 абсолютний; категоричний. ~로 абсолютно; категорично; безумовно. ‖ ~다수 абсолютна більшість. ‖ ~량 абсолютна кількість. ~성 абсолютний характер *чого*. ~자 абсолют. ~주의 абсолютизм. ~치 абсолютна величина. ~화 абсолютизація.

절도 крадіжка; злодійство; розкрадання. ‖ ~죄 крадіжка, розкрадання.

절름거리다 накульгувати; кульгувати. ‖ ~발이 кульгавий.

절망 відчай; розпач. ~적 розпачливий; безнадійний; позбавлений будь-яких надій. ~하다 втрачати надію. ~에 빠지다 приходити у розпач. ‖ ~감 почуття розпачу; відчай.

절멸 повне знищення; винищення. ¶ ~하다 повністю знищити; винищити.

절명 ¶ ~하다 померти; умерти.

절묘 ¶ ~하다 витончений; чарівний.

절박 ¶ ~하다 терміновий; актуальний; настійний; невідкладний.

절반 половина. ¶ ~씩 나누다 ділити навпіл (надвоє).

절벽 обрив; стрімкі скали; (берегова) скеля.

절상 перелом. ¶ ~하다 зламати.

절세 ¶ ~의 незрівнянний. ~의 미녀 незрівнянна красуня.

절수 ¶ ~하다 заощаджувати воду.

절실 ¶ ~한 настійний; насущний; життєвий. ~히 щиро; настійно; дотепно.

절약 економія. ¶ ~하다 економить. ‖ ~정신 ощадливість.

절연 розрив відносин; |전기의| ізоляція. ¶ ~하다 порвати *з ким*; розірвати відносини *з ким*. |전기| ізолювати. ‖ ~체 ізолятор.

절이다 солити (засолювати). 배추를 ~ засалити.

절전 ¶ ~하다 заощаджувати електроенергію.

절절 ¶ ~하다 пристрасний; гарячий. ~히 яскраво; наочно.

절정 апогей; вершина; зеніт; кульмінаційний пункт; пік.

절제 помірність; стриманість. ¶ ~하다 бути помірним *в чому*.

절조 вірність; сталість.

절족동물 {생물} членистоногі.

절차 порядок; черговість; послідовність; процедура. ¶ 필요한 ~를 밟다 проходити необхідну процедуру.

절차탁마 гризти граніт науки.

절찬 висока похвала; хвала. ¶ ~하다 вихваляти; звеличувати до небес.

절창 чудово виконана пісня.

절충 змішування; еклектизм; компроміс. ¶ ~하다 іти на компроміс; змішувати. ‖ ~안 компроміс. ~주의 еклектизм.

절치 ¶ ~하다 срKреготати зубами. ‖ ~부심 скрегіт зубів.

절친 ¶ ~하다 дуже близький; інтимний.

절판 ¶ ~하다 зникати з продажу.

절편 корейський паровий хліб з видавленими на ньому квітами.

절필 ¶ ~하다 припинити (кинути) писати.

절해 далеке море.

절호 прекрасний; чудовий. ¶ ~의 기회 чудовий шанс (випадок); сприятливий момент (випадок).

젊다 молодий. ‖ 젊음 молодість.

젊은이 молодий чоловік.

점(占) ворожіння. ¶ ~을 치다 ворожити.

점(點) крапка. |반점| пляма. |점수| відмітка; бал.

점거 окупація; заняття; захват. ¶ ~하다 займати; окуповувати; захопити.

점검 огляд; перевірка; інспекція. |인원의| перекличка. ¶ ~하다 оглядати; перевіряти; інспектувати.

점괘 гексаграма (триграма) Ізина.

점도 в'язкість. ‖ ~계 віскозиметр.

점등 ¶ ~하다 запалювати світло.

점령 окупація; захват. ¶ ~하다 окуповувати; захоплювати. ‖ ~군 окупаційні війська. ~지 окупована територія.

점막 {해부} слизова оболонка.

점멸 ¶ ~하다 то загорятися, то гаснути.

점박이 |사람| людина з великою плямою на обличчі (тілі). |동물| тварина з плямою на морді (тілі).

점선 пунктир(на лінія).

점성 клейкість

점성술 астрологія.

점수 |성적의| відмітка; оцінка; |경기의| окуляри. ‖ ~제 бальна система (оцінок).

점술 способи (прийоми) ворожіння.

점심 обід. ¶ ~식사 중에 за обідом. ‖ ~때 час обіду, обідній час.

점액 слиз.

점원 продавець. |여점원| продавщиця, клерк.

점유 присвоєння. ¶ ~하다 присвоювати. ‖ ~권 право присвоєння. ~물 привласнена річ.

점입가경 чим далі, тим пейзаж стає красивіше.

점자 абетка для сліпих (за Брайлем). ‖ ~책 книга для сліпих.

점잔 важливий вигляд. ¶ ~피우다 солідно триматися; приймати важливий вигляд.

점잖다 солідний; важливий; шляхетний; витончений.

점장이 ворожка.

점점 поступово; мало-помалу; все більш і більш.

점증 ¶ ~하다 поступово збільшуватися.

점지 ¶ ~하다 посилати *кому* дитину.

점진 поступове просування. ¶ ~적 поступовий; помірний. ¶ ~하다 поступово розвиватися (рухатися). ‖ ~주의 |주의자| принцип (прихильник) поступового розвитку.

점차 поступо́во; потро́ху; ма́ло-пома́лу; крок за кро́ком.

점철 ~하다 розташо́вуватися; розставля́ти.

점토 гли́на. ‖ ~층 гли́нястий шар; пласт (гли́ни).

점포 магази́н; крамни́ця.

점하다 |장소를| займа́ти. |구성 부분을 이루다| склада́ти.

점호 перекли́к; переві́рка. ¶ ~하다 роби́ти перекли́к.

점화 запа́лювання. [형] запа́льний. ¶ ~하다 запа́лювати; вмика́ти запа́лювання.

접 прище́плювання. ¶ ~을 붙이다 прище́плювати.

접객 ¶ ~하다 прийма́ти госте́й (відві́дувачів).

접견 прийма́ння. ¶ ~하다 прийма́ти *кого;* зустріча́тися з *ким,* дава́ти аудіє́нцію.

접경 межа́, кордо́н. ¶ ~하다 межува́ти. ‖ ~지대 прикордо́нна зо́на.

접골 ¶ ~하다 вправля́ти (кі́стку).

접근 набли́ження; пі́дхід; пі́дступ. ¶ ~하다 наближа́тися *до кого́-чого́;* підхо́дити *до кого́-чому́;* збли́жуватися *з ким-чим.*

접다 склада́ти. ¶ 봉투를 ~ роби́ти конве́рт. 우산을 ~ закрива́ти парасо́льку.

접대 прийма́ння; пригоща́ння. ¶ ~하다 прийма́ти; пригоща́ти. ‖ ~부 проститу́тка

접두사 пре́фікс.

접목 прище́плення; підпе́па. ¶ ~하다 прище́плювати.

접미사 су́фікс.

접사 {어문} а́фікс.

접선 |수학| доти́чна; зі́ткнення; зв'язо́к. ¶ ~하다 установля́ти; зв'я́зуватися.

접속 зв'язо́к; з'є́днання; підклю́чення. ¶ ~하다 приє́днуватися до *чого,* пригляга́ти. ‖ ~사 сою́з. ~자 конта́кт.

접수 ¶ ~하다 запи́сувати; оформля́ти замо́влення. ‖ ~구 вікно́. ~처 прийо́мний пункт.

접시 таріл́ка; блю́дце.

접시꽃 {식물} алте́й роже́вий; шток-троя́нда.

접안렌즈 окуля́р.

접어놓다 склада́ти і кла́сти.

접어들다 наближа́тися; досяга́ти.

접전 рукопа́шний бій. ¶ ~하다 прийма́ти рукопа́шний бій; вести́ впе́ртий боротьбу́.

접점 {수학} то́чка пере́тину.

접종 {의학} іноку́ля́ція. ¶ ~하다 іноку́лювати.

접질리다 звихну́ти.

접착 ¶ ~하다 прилипа́ти; приклє́ювати. ‖ ~제 клей; клею́ча (зв'язува́льна) речовина́.

접촉 до́тик (стиска́ння); конта́кт. ¶ ~하다 доторка́тися; контактува́ти; бу́ти в конта́кті. ~을 가지다 встано́влювати; (підтри́мувати) конта́кт з *ким.*

접하다 торка́тися; |소식을| отри́мувати; дізнава́тися.

접합 з'є́днання. ¶ ~하다 з'є́днуватися; зро́щувати.

젓[갈] соле́на ри́ба (соле́ні молю́ски) з пря́нощами.

젓가락 па́лички для їди́. ¶ ~질 하다 ї́сти па́личками.

젓다 |노를| гребти́. |휘젓다| маха́ти; розма́хувати.

정 зуби́ло.

정(情) відчуття; кохання. ¶ ~이 떨어지다 розлюбити. ~이 들다 звикнути одне до одного. ~을 쏟다 дуже кохати; кохати всією душою.

정가 ціна.

정각 точно, якраз. ¶ 9시 ~에 якраз о 9 годині.

정간 ¶ ~하다 тимчасово припиняти видання.

정갈하다 чистий; охайний.

정감 відчуття; почуття.

정강(政綱) політична програма (платформа).

정강이 гомілка.

정객 політикан.

정거 зупинка транспорту. ¶ ~하다 зупинятися. ‖ ~장 зупинка, станція.

정격 ‖ ~전압 {전기} нормальне напруження.

정견 політичні погляди. ¶ ~을 발표하다 оголошувати свої політичні погляди.

정결(貞潔) ¶ ~하다 чистий; цнотливий.

정결(淨潔, 精潔) ¶ ~하다 чистий; охайний. ~스럽다 здаватися чистим (охайним).

정겹다 зворушливий; любовний; велелюбний.

정경 політика і економія.

정계(定界) встановлена межа. ¶ ~하다 встановлювати (визначати) межу.

정계(政界) політичні кола; політичне поле діяльності.

정곡 «яблучко» мішені; ціль.

정공법 фронтальна атака.

정관(定款) статут.

정관(靜觀) ¶ ~하다 спокійно спостерігати і обдумувати.

정관사 визначений артикль.

정교(精巧) ¶ ~하다 тонкий; ретельний.

정교(政敎) |정치와 종교| політика і релігія. |정치와 교육| політика і освічення.

정교(正敎) ортодоксія; ортодоксальність. ‖ ~회 православ'я.

정구 теніс. ¶ ~하다 грати в теніс. ‖ ~장 тенісний корт.

정국 політична кон'юктура.

정권 політична (державна) влада; державність. ‖ ~욕 жадоба влади.

정규 ¶ ~의 регулярний; нормальний; легальний; законний; належний. ‖ ~군 регулярна армія; кадрове військо.

정근 старанність; |무결근| робота без прогулів (безпропускання).

정기(精氣) дух; сила; енергія.

정기(定期) встановлений (визначений) строк (період). ¶ ~적 регулярний; періодичний. ‖ ~간행물 періодичне видання.

정나미 інтерес *до чого*. ¶ ~가 떨어지다 втратити інтерес *до чого*.

정남 істинний південь.

정년 крайній вік для заняття посади.

정녕 безсумнівно; звичайно; дійсно.

정다각형 правильний багатокутник.

정다면체 правильний багатогранник.

정담(情談) дружня бесіда; дружня розмова; щира (сердечна) розмова.

정담(政談) бесіда на політичну тему.

정답다 дружній; дружелюбний; люб'язний; ввічливий; коханий, любий.

정당(正當) ¶ ~하다 справедливий;

належний. |합법적| законний; легальний. ‖ ~방위 (виправдана) самозахист. ~성 правильність; справедливість.

정당(政黨) (політична) партія. ‖ ~원 член партії.

정당화 ¶ ~화하다 виправдовувати(ся).

정대 ¶ ~하다 чесний; справедливий, праведний; істинний.

정도(正道) шлях істинний. ¶ ~를 걷다 йти істинним шляхом.

정도(定都) ¶ ~하다 засновувати (столицю).

정돈 приведення до ладу; прибрання. ¶ ~하다 приводити до ладу.

정략 політика; політичний виверт; політичний хід; політичний. ‖ ~결혼 шлюб; шлюб в політичних інтересах.

정량 визначена кількість.

정력 енергія. [형] енергічний. ‖ ~가 енергічна (жива) людина.

정련(精鍊) |담금질| загартування. | 정제| рафінування. ¶ ~하다 загартовувати; рафінувати.

정렬 побудова. ¶ ~하다 будуватися; вибудовуватися.

정령 дух; духовний початок.

정례 установлена практика (традиція); звичай.

정론(正論) справедливий довід.

정론(政論) політична дискусія.

정류 ¶ ~하다 зупиняти(ся). ‖ ~장 зупинка, станція.

정리(情理) почуття і розуму.

정리(整理) упорядкування; урегулювання; реорганізація. ¶ ~하다 упорядковувати; приводити до ладу. ‖ 교통~ регулювання вуличного руху.

정리 {수학} теорема.

정립 ¶ ~하다 знаходитися (розташовуватися) по кутам трикутника.

정말 чесне слово. [부] насправді.

정맥 {해부} вена.

정면 фронт. |가옥의| фасад. [형] передній. ¶ ···의 ~에 перед чим, спереду чого. ‖ ~도 анфас.

정무 політичні (державні) справи; адміністрація.

정문(正門) головні ворота; парадний вхід.

정물 неживий предмет. ‖ ~화 натюрморт.

정미 обдирка (очистка) рису. ‖ ~소 рисоочищувальний млин.

정밀 ¶ ~하다 точний; ретельний; докладний. ‖ ~검사 ретельне дослідження. ~기계 точні прилади. ~도 точність.

정박(碇泊,淳泊) ¶ ~하다 вставати на якір; стояти на якорі.

정반대 пряма (діаметральна) протилежність. ¶ ~되다 бути (діаметрально) протилежний; подавати повну протилежність.

정방형 квадрат.

정변 політичні зміни; переміна; зміна уряду; державний переворот.

정보 повідомлення; інформація; звістка; зведення. ‖ ~국 інформаційне бюро (інформбюро). ~기관 інформаційний орган. ~망 інформаційна мережа. ~원 інформатор; працівник інформаційної служби.

정복(征服) завоювання; покорення. ¶ ~하다 покоряти; завойовувати; переборювати. ‖ ~욕 пристрасть

정복(正服) формений одяг.

정본 оригінал.

정부(正否) вірне і невірне.

정부(情夫) коханець.

정부(情婦) коханка.

정부(政府) уряд. [형] урядовий. ‖ 연립/임시~ коаліційне/тимчасовий уряд.

정분 дружні почуття.

정비 екіпірування; приведення до ладу. ¶ ~하다 встатковувати; оснащувати; приводити до ладу (до готовності). ‖ ~사 обслуговуючий персонал.

정비례 пряма пропорція (пропорційність). ¶ ~하다 бути прямо пропорційним *чому;* знаходитися в прямій пропорції.

정사(正史) справжня (достовірна) історія; офіційна історія.

정사(情事) любовне походження.

정사각형 квадрат.

정사면체 правильний тетраедр.

정산 точний розрахунок (підрахунок). ¶ ~하다 точно підраховувати.

정상(正常) ¶ ~의 нормальний; регулярний. ~화하다 нормалізувати.

정상(情狀) обставина. ¶ ~을 참작하다 прийняти до уваги пом'якшуючі вину обставини.

정상(頂上) ¶ ~에 на вершині.

정상배 політикани; політичні інтригани.

정색 суворий вираз обличчя. ¶ ~하다 прийняти суворий вигляд.

정서(情緒) емоція; почуття; відчуття. [형] емоціональний.

정서(淨書) ¶ ~하다 чисто писати; переписати набіло.

정서(正書) ¶ ~하다 писати чітко.

정선(精選) старанний вибір. ¶ ~하다 старанно відбирати (вибирати).

정선(停船) ¶ ~하다 зупиняти (судно).

정설 встановлена теорія.

정성 щирість; щиросердя. ¶ ~스럽다 щирість;, щиросердечний. ~어리다 бути до кінця щирим.

정세 положення; обстановка; обставина; ситуація; умови.

정수(淨水) чиста вода. ‖ ~기 прилад для очищення води. ~장 водоочищувальна станція. ~지 водоочищувальний ставок.

정수(精髓) суть; сутність; квінтесенція.

정수리 тім'я.

정숙(貞淑) ¶ ~하다 цнотливий.

정숙(靜肅) ¶ ~하다 мовчазний; тихий.

정시 встановлений (призначений) час.

정식(正式) належний (відповідна) форма. ~의 формальний; законний. ~으로 по формі; формально; офіційно.

정식(定食) комплексний обід.

정식(定式) визначена (встановлена) форма.

정신 дух; душа. ¶ ~의 душевний; духовний; розумовий. ‖ ~력 душевні сили. ~분석 психоаналіз. ~상태 псиіка; моральний стан. ~위생 психогігієна. ~이상 душевний (психічний) розлад.

정실(情實) |실제 사실| фактичне положення справи; реальні факти; |사적인 이익| пристрасть; особисті інтереси.

정실(正室) зако́нна дружи́на.
정압 ви́значений тиск.
정액(精液) спе́рма; сі́м'я.
정액(定額) ви́значена су́ма. ‖ ~임금 почасова́ опла́та.
정양 відпочи́вник; відно́влення сил. ¶ ~하다 відпочива́ти; відно́влювати си́ли (здоро́в'я).
정어리 сарди́на.
정언 категори́чне ствердження. [형] стве́рдливий. ¶ ~하다 категори́чно стве́рджувати
정연 ¶ ~하다 стрункий; систематичний систематично; -하게 стру́нко; в по́вному поря́дку.
정열(情熱) при́страсть; жар се́рця. ¶ ~적인 страстный; пы́лкий.
정염 палка́ при́страсть.
정예 цвіт; елі́та; вібі́рна части́на. ~의 найска́рщий; відбі́рний. ‖ ~부대 відбі́рні війська́; цвіт а́рмії.
정오 по́лудень. ¶ ~에 в по́лудень.
정온 визначна́ температу́ра.
정욕 при́страсть; чуттє́ві бажа́ння; хти́вість.
정원(定員) штат. |의결에 필요한| кво́рум.
정원(庭園) двір і квітник. ‖ ~수 де́рево у дворі́.
정월 сі́чень.
정유 рафіні́роване (ефі́рне) ма́сло; очи́щена на́фта.
정육 хоро́ший кусо́к м'я́са.
정의(正義) справедли́віть; пра́вда. ¶ ~의 справедли́вий. ‖ ~감 почуття́ справедли́вості.
정의(定義) ви́значення, дефіні́ція. ¶ ~하다 визнача́ти.
정의(情誼) дружелю́бність; дру́жба.
정자(精子) сперматозо́їд.
정자(亭子) павільйо́н, альта́нка.
정자(正字) |ба́рне пи́сьмо| зразо́к літери; |한자의| пра́вильна фо́рма ієрогліф.
정작 головне́; важли́ве; |сн́нне; тепе́рішнє. |부사적| в ді́йсності; справді; са́ме; якраз.
정장 пара́дна (по́вна) фо́рма; пара́дний мунди́р.
정쟁 політи́чна боротьба́.
정적(政敵) політи́чний супроти́вник.
정적(靜寂) тиша́; усамі́тнення. ¶ ~의 ти́хий; усамі́тнений. ~을 깨트리다 пору́шувати тишу́.
정전(停電) припи́нення подава́ння стру́му. ¶ ~되다 припиня́тися.
정전(停戰) припи́нення військо́вих дій; переми́р'я. ¶ ~하다 припиня́ти (військо́ві ді́ї).
정절 жіно́ча ві́рність.
정점 найви́ща части́на; верхі́вка; верши́на.
정정(訂正) ла́годження; ви́правлення; коректу́ра. ¶ ~하다 виправля́ти; ла́годити; коректува́ти.
정정(訂定) ¶ ~하다 дава́ти оці́нку в на́слідків обмірко́вування.
정정(政情) політи́чне поло́ження; політи́чна ситуа́ція
정정당당 ¶ ~하다 пра́вильний, який відповіда́є.
정제 ¶ ~하다 рафіну́вати. ‖ ~석유 рафіно́вана на́фта.
정조(貞操) цнотли́вість.
정족수 кво́рум.
정좌 ¶ ~하다 сиді́ти пря́мо.
정주 ¶ ~하다 пості́йно жи́ти (ме́шкати).
정중 ¶ ~하다 солі́дний; вража́ючий; приві́тний; вві́чливий; приві́тний. ~한 인사 шано́бливий покло́н.

정지(靜止) непорушність; спокій. ¶ ~하다 бути в спокої; залишатися на місці, не рухатися.

정지(整地) ¶ ~하다 розрівнювати.

정직(正直) чесність; щиросердність. ¶ ~하다 чесний; щиросердний.

정직(停職) тимчасове відсунення від служби.

정진 ¶ ~하다 віддатися (посвячувати себе) *чому*.

정차 зупинка. ¶ ~하다 зупинитися.

정착 закріплення. {хімія} фіксація. ¶ ~하다 влаштовуватися; приклеплюватися. |사진의| закріплятися; фіксуватися. ‖ ~성 осілість.

정찰 розвідка. ¶ ~하다 розвідувати. ‖ ~기 розвідувальний літак; літак-розвідник.

정책 політика; політичний курс; політичні заходи. [형] політичний.

정체(政體) режим; форма правління. ¶ 공화 (입헌) ~ республіканська (конституційна) форма правління.

정체(正體) справжній характер; істинне обличчя. ¶ ~를 밝히다 показати справжнє обличчя, зірвати маску *з кого*.

정체(停滯) застій. [형] застійний. ¶ ~하다 бути застійним.

정초(正初) 1-ша декада 1-ого місячного місяця.

정초(定礎) ~의 фундаментальний; закладати основу (фундамент).

정충 {생물} сперматозоїд.

정취 принадність, настрій.

정치(政治) політика; державне управління. [형] політичний. ‖ ~가 політик. ~공작 політична інтрига (махінація). ~국 політбюро. ~범 політичний злочинець; політичний ув'язнений. ~학 політологія. ~학자 політолог.

정치(精緻) ¶ ~하다 тонкий; витончений.

정탐 ¶ ~하다 вистежувати; шпигувати. ‖ ~꾼 розвідник; шпигун.

정태 нерухомий стан; стан покою.

정토 «чиста земля»; будиський рай.

정통(正統) найважливіше; сама суть; законність. ¶ ~하다 ортодоксальний; законний. ‖ ~파 ортодоксальна школа.

정통(精通) ¶ ~하다 бути добре поінформованим (обізнаним); добре знати.

정평 установлена (визначена) думка.

정표 подарунок; зроблений від всього серця.

정하다 визначати; встановлювати; призначати.

정학 ¶ ~하다 тимчасово виключати зі школи.

정형(定型) стандартна (встановлена) форма; стандарт; трафарет.

정형(整形) ‖ ~수술 ортопедія; пластична операція. ~외과 ортопедія. ~외과의 ортопед; ортопедист.

정화 чистка; очищення. ¶ ~하다 чистити, очищати.

정화수 кринична вода, що вичерпана на світанку.

정확 ¶ ~하다 правильний; точний. ‖ ~성 правильність; точність.

정회 ¶ ~하다 зробити перерву в роботі.

젖 |액체| молоко. |기관| груди. ¶ ~을 떼다 віднімати від груді. ‖ ~먹이 грудна дитина. ~줄 грудна залоза.

젖가슴 жіночі груди.

젖다 намокати, ставати вологим (сирим).

젖산 молочна кислота.

젖소 (молочна) корова.

제(祭) фестиваль; ювілей, річниця.

제(題) тема, заголовок.

--제(--製) виготовлений; зроблений. ¶ 금속~ виготовлений з металу.

--제(--制) система.

제각기 кожен окремо.

제거 усунення, видалення. ¶ ~하다 усувати, видаляти.

제격 ¶ ~이다 відповідати *чому*, підходити *чому*.

제고 підвищення; підняття. ¶ ~하다 підвищувати; піднімати.

제곱 {수학} подвоєння. ¶ ~하다 подвоювати.

제공 поставка; постачання; доставка. ¶ ~하다 поставляти; постачати.

제공권(制空權) панування в повітрі.

제과 виробництво кондитерських виробів.

제구실 свій обов'язок; своя повинність; своє завдання. ¶ ~하다 виконувати свій обов'язок (своє завдання).

제국(諸國) (усі) держави (країни).

제국(帝國) імперія. ‖ ~주의 імперіалізм.

제군 ви.

제기(提起) висунення, внесення, поставлення (питання). ¶ ~하다 | 문제를| ставити, піднімати (питання); |제안을| вносити; |요구를| висувати.

제기(祭器) ритуальний посуд, який використовують при жертвоприношенні.

제단 вівтар.

제당 виробництво цукора,; цукроваріння. ‖ ~업 цукрова промисловість.

제대 демобілізація. ¶ ~하다 демобілізуватися.

제도(制度) інститут, система, порядок. ¶ 교육~ навчальна система.

제도(製圖) картографія; креслення. ¶ ~하다 складати (карти); креслити.

제도화 ¶ ~하다 систематизувати(ся); робити (становитися) правилом.

제독 командуючий флотом; адмірал.

제동 гальмування. ‖ ~기 гальмо. ~력 гальмівна сила.

제라늄 герань [여].

제련 плавка; плавлення. ¶ ~하다 виплавляти. ‖ ~소 металоплавильний завод.

제례 обряд жертвоприношення.

제로 нуль [남].

제막식 церемонія відкриття пам'ятника (монумента).

제멋대로 на свій розсуд, по-своєму.

제명(除名) виключення зі списку; відрахування. ¶ ~하다 виключати (викреслювати) зі списку; відраховувати.

제명(題名) назва; заголовок.

제목 заголовок; назва; тема.

제문 текст, який читається під час жертвоприношення.

제물 жертва.

제민 ¶ ~하다 полегшувати життя народа.

제반 всілякий; різноманітний. ‖ ~대책 різноманіття заходів.

제발 будь ласка.

제방 дамба; гребля.

제법 досить; достатньо. ¶ ~이다 стати справжнім майстром.
제복 (встановляти) форму; формений одяг.
제본 переплетення. ¶ ~하다 переплітати. ‖ ~소 переплетена майстерня.
제분 помел. ‖ ~업 борошномельна промисловість. ~소 (борошномельний) млин; борошномельня.
제비 жереб. ¶ ~를 뽑다 тягнути жереб.
제비 ластівка.
제비꽃 фіалка маньчжурська.
제빙 виробництво (штучного) льоду. ¶ ~하다 робити лід. ‖ ~기 лідогенератор.
제사 жертвоприношення. ¶ ~하다 робити (жертвоприношення). ‖ 제삿날 день жертвоприношення.
제삼 третій. ‖ ~국 треті (незацікавлені) країни (держави). ~자 третя (незацікавлена) особа; сторонній [명].
제설 прибирання снігу. ¶ ~하다 прибирати сніг.
제세 рятування світу.
제소 ¶ ~하다 збуджувати справу.
제스처 жест, жестикулювання.
제시 ¶ ~하다 подавати; пред'являти; пропонувати; показувати; експонувати.
제식 ‖ ~훈련 будівельна підготовка.
제안 пропозиція; проект. ¶ ~하다 вносити пропозицію; представляти проект.
제압 заглушення. ¶ ~하다 приушувати *кого-що*; брати *кого-що* під контроль; підчиняти *кого-що* своїй владі; завойовувати панування над *ким-чим*.
제야 ніч під новий рік; останній вечір року.
제약(制約) обмежувальна обставина; обмеження; ліміт. ¶ ~하다 обмежувати, лімітувати. ‖ ~성 обмеженість.
제약(製藥) фармацевтика; виготовлення (приготування) ліків. ¶ ~(조제)하다 приготувати ліки. ‖ ~자(약사) провізор; фармацевт. ~회사 фармацевтична фірма. ~법 фармація, фармацевтика.
제어(制御) стримування; контроль; віжка. |자제| стриманість. |조정| регулювання; управління. ¶ ~하다 контролювати. |감정을| загнуздувати (пристрасть); стримувати (гнів), управляти *чим*; |엄격히| прибирати віжки до рук; |문제·사안을|조정·중재하다| регулювати; улагоджувати; упорядкувати. |기계를| налагоджувати; налаштувати (піаніно, машину). ‖ ~기 контролер, регулятор. |원자로의| ~봉 장치 контрольний стрижень. ~장치 контрольна апаратура.
제언(提言) пропонування; подавання; пропозиція; пред'явлення.
제의(提議) ¶ ~하다 пропонувати; надавати погляд; вносити пропозицію. ~을 채택하다 приймати пропозицію.
제연(諸緣) різні (всілякі) зв'язки.
제열(齊列) ставний ряд. ¶ ~하다 будуватися в ряди; вступати в стрій.
제염(製鹽) солеваріння. ‖ ~의 солеварений; солеварний. ~하다 робити (варити) сіль. ‖ ~소

солеварня; солеварниця. ~업 солевиробництво; соляна промисловість. ~노동자 солевар.

제왕(帝王) |권력자| імператор; монарх; государ. ¶ ~의 державний; імператорський.

제외 виключення; виведення. ~하다 виключати *кого-що* від *чого*, виводити. …을 ~하고 виключая *чого*; крім *чого*; за виключенням *кого-чого*.

제우스 Зевс.

제위(帝位) трон; престол. ¶ ~에 오르다 вступати на престол (прийти до влади).

제의(提議) пропозиція; внесення. ¶ ~하다 пропонувати; вносити пропозицію. …의 ~로 за пропозицією *кого*. ~를 받아들이다/거절하다 приймати/ відклоняти пропозицію.

제일(祭日) день жертвоприношення. ¶ ~의 обрядовий.

제일 перωо-. ¶ ~의 перший. |최초의·초기의| первинний; головний; першопочатковий. |원시의| первісний; вихідний. |시급한| першочерговий; першорядний; найважливіший (головний); |최고의| першозорядний; найкращий; першокласний. ~ 먼저 в першу чергу; по-перше. ~중요한 важніше всього. || ~보 перший шаг. ~차 세계 대전 Перша світова війна. ~착(着) прибуття першим.

제자(弟子) учень; виученик. [구어] підмайстер. ¶ ~를 두다 приймати *кого* в учні.

제자백가 твори стародавніх китайських мудреців.

제자리 |마땅한 자리| потрібне місце. |본딧자리| першопочаткове місце. ¶ ~에 두다 поставити *кого-що* на місце. |적합한 자리| ~에 있지 않다 не на своєму місці. |좌불안석| душа (серце) не на місці. || ~걸음 крок на місці; |답보상태| застій [명]; стоячий [형].

제작(製作) виготовлення. |정교한| вироблення; вичинка. |수제품| підробка. |가공품| обробка; виробництво; фабрикація; створення; будівництво. ¶ ~하다 виготовляти; виробляти; виробити; створювати. |생산| робити, фабрикувати; |수제품| майструвати; споруджувати. |건설| будувати. 얼렁뚱땅 ~하다 пекти як млинці [구어]; постоли плести. || ~법 спосіб виготовлення (приготування). ~비 витрати виробництва. ~소 фабрика; майстерня. ~자 виробник; вторець; продюсер.

제재(題材) тема, предмет, матеріал для літературоного проведення.

제재(制裁) {법률} санкції [복]; обмеження. |처вalu| кара; покарання. ¶ ~하다 карати, покарати, застосовувати санкції, санкціонувати. 사회적 ~ соціальні санкції (обмеження). 임시 ~ тимчасові санкції. ~를 가하다 застосовівати санкції (на *що*); 법률의 ~를 받다 отримувати юридичні санкції. 위반자에게 ~를 가하다 приміняти санкції до порушника.

제재(製材) лісозаготівля та розпилювання; лісоповал; пиломатеріали.

‖ ~공장 лісозаво́д. ~업 деревообро́бна промисло́вість.

제적(除籍) ви́ключення; відраху́вання; ви́мкнення; |말소| спи́сання. ¶ ~시키다 |제명| виключа́ти *кого* зі спи́ску; відрахо́вувати; |해고| відрахо́вувати; ви́шгаьт (зі слу́жби). ~당하다 бу́ти ви́ключенним.

제전(祭典) обря́д жертвоприно́шення; церемо́нія; |공식적| ритуа́л; фестива́ль. ¶ ~의 обрядо́вий; святко́вий. |종교적인| ритуа́льний.

제정(制定) вве́дення; устано́влення (пра́вила, зако́на). |수용| прийня́ття. ¶ …을 ~하다 вво́дити *во що*, прийма́ти; встановля́ти; визнача́ти; нала́годжувати (відно́сини, зв'язки́). |조직·입안하다| конструюва́ти. |지명| назнача́ти. 법률을 ~하다 видава́ти (вводи́ти) зако́ни.

제정(帝政) мона́рхія; монархі́чний режи́м; імпе́рія. ¶ ~하에서 під засту́пництвом імпера́тора. ‖ ~러시아 Імпе́рська Росі́я.

제정(祭政) це́рква і держа́ва. ‖ ~일치 є́дність це́ркви і держа́ви. |신권정치| теокра́тія.

제제(製劑) ви́готовлення лі́ків. {제약} препара́т. ¶ ~하다 виготовля́ти (лі́карські препара́ти, препарува́ти.

제조 ви́готовлення; виробни́цтво. ¶ ~하다 виготовля́ти; роби́ти з *нічо́го*; виробля́ти. ‖ ~법 спо́сіб виготовле́ння (виробни́цтва). ~ су́ дан за́соби виробни́цтва. ~ сі́cел виро́бнича поту́жність. ~ бу обробля́юча промисло́вість. ~ бі́н фабри́чна ціна́; заводська́ собіва́ртість.

제주(祭主) упоря́дник жертвоприно́шення, той, хто прису́тній на по́хоронах; найбли́жчий ро́дич поме́рлого.

제지(制止) |억제| стри́мування. |진압| приду́шення. |억압| репре́сія. ¶ ~하다 відмовля́ти *кого від чого*; відверта́ти *кого від чого*; стри́мувати; утри́мувати; не дава́ти *кому що*. |금지| заборо́няти. |접근을 막다| не підпуска́ти. |방해| перешкоджа́ти. ~가 어렵다 утри́маю ні кому́ (на кого́). ~를 прийма́ти і без упи́ну.

제지(製紙) виробни́цтво папе́ру. ‖ ~공장 папе́рова фа́брика. ~업 папе́рова промисло́вість. ~용 пульп папе́рова ма́са.

제창(提唱) ініціати́ва; по́чин. |제의| пропози́ція. |전파| пропага́нда *чого*. ¶ ~하다 бра́ти на себе ініціати́ву (по́чин); висува́ти; пропонува́ти. …의 ~으로 за по́чином *кого*. ‖ ~자 ініціа́тор; застрі́льник.

제창(齊唱) унісо́н. ¶ ~하다 хо́ром крича́ти; співа́ти в унісо́н.

제책(製冊) обкла́динка. [형] паліту́рний.

제철 відпові́дний сезо́н; |시의적절한| благовре́менне. ¶ ~의 своєча́сний, вча́сно, в (са́му) по́ру. ~이 아닌 не за сезо́ном. 모든 일에는 ~이(때가) 있다. Вся́кій спра́ві свій час. ‖ ~ (계절) сезо́нний това́р.

제철(製鐵) виробни́цтво ста́лі; ви́плвка залі́за; сталевари́ння. ¶ ~의 сталева́рений; сталеплави́льний. ‖ ~공장(소) сталеплави́льний заво́д. 종합~ металургія.

제청(提請) висунення; рекомендація. ¶ ~하다 висувати *кого* на посаду; рекомендувати; призначати *кого-ким*.

제쳐놓다 |생각을| викида́ти. |예외를 두다| роби́ти ви́ключення. |연기하다| відклада́ти. |치우다| прибира́ти (в і́нший бік).

제초(除草) поли́ця; полоття́. ¶ ~하다 поло́ти. |김 매다| прополювати (гряду́); |잡초| прополювати. || ~기 культиватор. ~제 гербіци́д (гербіци́д).

제출(提出) пред'я́влення; подавання. ¶ ~하다 пред'являти; показувати; пропонувати; висувати; вносити; подавати. 증거를 ~하다 подавати (пред'являти) докази. || ~안 поданий проект (документ). ~자 пред'явник; подавець.

제치다 обганяти *кого-чого в чому*; переганяти *кого*.

제트 ¶~의 струминний; реакти́вний. || ~기 реакти́вний літа́к. ~기류 стру́мінна течія. ~엔진 (повітряно-)реакти́вний (струми́нний) двигу́н. ~장치 струмунний апарат. ~전투기 реакти́вний вини́щувач.

제판(製版) гравіюва́ння; виготовлення фотогравіюва́ння. [형] граве́рний.

제패(制霸) |지배의| пануванння; гегемо́нія. |일등을 차지하다| верхо́венство; пе́ршість. ¶ ~하다 панувати *над ким-чим*; завойо́вувати; підкоряти; панувати *в чому* (*над ким-чим*); домінувати *над ким-чим*. || 세계 ~ світове́ пану́вання.

제풀에 сам; по-сво́єму; сам собо́ю; приро́дньо; мимово́лі; спонта́нно; самопли́вом. ¶ ~ 죽다 поме́рти приро́дно.

제품(製品) ви́ріб; проду́кт; проду́кція; това́р. || 가죽~ ви́ріб зі шкі́ри. 수~ куста́рні ви́роби (підро́бка). 완~ гото́ві ви́роби. 외국~ зарубі́жний това́р. ~원가 собіва́ртість това́ра.

제하다 |나누다| розподіля́ти; діли́ти *на що*. |분리하다| виділя́ти; відокре́млювати; виво́дити (пля́му); виключа́ти.

제한(制限) обме́ження; лімі́т; защемле́ння; межа́. ¶ ~하다 обме́жувати; ліміту́вати; зво́дити *до чого*; ста́вити в ра́мки. ~내에서 в ме́жах (в ра́мках) *чого*. ~을 벗어나다 ви́йти з ра́мок. ~ 없이 без обме́жень. || ~구역 закри́тий райо́н (заборо́нена зо́на). ~속도 грани́чна шви́дкість. 군비~ обме́ження озбро́ення. 산아~ регулюва́ння наро́джуваности. 수입~ обме́ження на і́мпорт. 전력~ грани́чне електропостача́ння. 통행~ обме́жене пересування.

제헌(制憲) встано́влення конститу́ції. || ~절 день Конститу́ції.

제현(諸賢) (всі) шано́вані лю́ди.

제호(題號) заголо́вок, на́зва, літерату́рного, музи́чного тво́ру. [형] заголо́вний. ¶ ~를 붙이다 дава́ти заголо́вок, дава́ти на́зву.

제화(製靴) виробни́цтво взуття́. || ~업 чобота́рство. ~공 чобота́р, взуттьо́вик. ~공장 взуттє́вий цех. ~용 가́чук взуттє́ва шкі́ра.

제후(諸侯) феода́л; уді́льний князь.

제휴 спри́яння, співробі́тництво; |동맹| коалі́ція, сою́з. ¶ ~하다

співпрацювати з ким (в чому), чгтгтт сприяння (сприяти) кому в чому, приймати участь в общій справі. ~ (동맹)에 가입하다 вступати до коаліції. …와 ~하여 в співпраці з ким.. ‖ ~회사 компанія-учасниця. 기술~ технічна співпраця.

젤라틴 желатин; желатина; тваринннй холодець.

젤리 желе. |엉긴상태| холодець; мармелад. [형] желейний. ‖ ~사탕 желейні сорти цукерок.

젯밥 варений рис, який призначений для жертвоприношення.

조 {식물} борове (татарське, пташине, чорне) просо.

조(兆) трильйон, число 10.

조(朝) дінастія, період царювання (правління).

조(條) пункт; стаття (документу); тон. ¶각 ~(항)마다 за пунктами; за статтями. 장난~로 жартома. 시비~로 презирливим тоном.

조(組) маленька група; колектив. ¶ …와 같은 ~가 되다 вступати в групу з ким.

조가비 раковина; мушля. [형] черепашкоий. ‖ ~세공 вироби з мушлі.

조가(弔歌) похоронний спів; |장송곡| похоронна (траурна) музика. ‖ ~행진곡 похоронний (траурний) марш.

조각 |음식| шматок; скиба. |토막·부스러기| жмутик; обривок; шмат; обрізок. |파편| осколок; уламок. |빠| окраєць. |천| відріз. |신문기사의| уривок. |둥근| комок. |조금 큰 조각| клаптик. ¶ 산산~으로 вщент; на дрібні шматочкі. [형] шматковий. ‖ ~달 молодий місяць. 빵~ шматок (кусень) хліба. 유리 ~ уламок скла.

조각(組閣) формування уряду (кабінета). ¶ ~하다 формірувати (утворювати) кабінет (уряд).

조각(彫刻) скульптура; ліплення; гравіровка по чому (на чому). ¶ ~의 скульптурний; ліпний. ~하다 створювати скульптуру. |석조| висікати. |목조| вирізати. гравіювати. |금속| відливати. |점토| ліпити (з глини). ‖ ~가 скульпор; різьбяр; гравер; різьбар. ~상 скульптурка. |전신상| статуся. |흉상| бюст; статуя.

조간(朝刊) ‖ ~신문 ранковий випуск; ранкова газета.

조갈(燥渴) спрага. ¶ ~을 풀다 вгамувати спрагу. 폭염으로 ~을 느끼다 жадати (відчувати спрагу).

조감(鳥瞰) перспектива. ¶ ~하다 дивитися з висоти. ‖ ~도 креслення (вид) з пташиного польоту.

조감독 помічник (асистент) режсера.

조강지처(糟糠之妻) дружина, яка випробувала знегоди з чоловіком.

조개 (раковинні) молюски; безхребетні. [형] молюсковий. ‖ ~껍데기 раковина. ~류 пластиножаберні. ~무지 раковинні купи. ~살 м'ясо молюсків. ~젓 солені двостулкові молюски.

조객(弔客) гість на похованні. ¶ ~으로 오다 (조문하다) співчувати кому-чому.

조건(條件) умова; застереження; умовність. ¶ ~하에 за умовою

чого, *за якихось умов, за умовою*. 일정한 ~ 으로 на певних умовах. ~을 붙이다 обмовляти. ~으로 삼다 ставити *що* умовою. || ~문 {어문} умовне речення (спосіб). ~반사 умовнйи рефлекс. 고용~ умови наймання. 기후~ кліматичні умови. 노동~ умови праці. 공급 ~ умови поставки. 전제~ передумова. 주거~ умови життя. 지불~ умови платіжу (оплати). 필수~ неодмінна умова.

조건부 (造建附) ¶ ~의 умовний. ~로 із застереженням; умовно. || ~계약 умовний контракт. ~권리 умовне право. ~승인 умовне схвалення. ~채용(임명) умовне прийняття (призначення).

조경 (造景) садово-паркова справа.

조공 (朝貢) данина. ¶ ~을 바чити платит данину.

조교 (助敎) помічник; лаборант.

조교수 (助敎授) доцент.

조국 (祖國) батьківщина; вітчизна. || ~애 любов до батьківщини (вітчизні). ~전쟁 {역사} вітчизняна війна.

조그맣다 |작은| маленький; малесенький; дрібний; мініатюрний; карликовий; ляльковий; іграшковий; крихітний; малогабаритний. |미세한| мікроскопічний. | 필적이 깨알같은 бісерний.

조금 трохи; мало; незначно. |양| жменя; жменька; крихітку; краплинку; на один зуб; малість; хоч трохи; трохи [구어]. |다소| кілька; скільки-небудь. |기간| недовго; ненабагато. ¶ ~씩 мало-помалу; по дрібниці.

조급 (早急) нетерпіння. ¶ ~한 нетерплячий; квапливий; гарячковий; поспішний. ~히 з нетерпінням; наспіх; нашвидку. ~할 것 없다 не на пожежу. || ~성 нетерпеливість; поспішність.

조기 {어류} жовта горбуша.

조기 (早期) ранній період; перший етап. [형] передчасний. || ~치료 попереджувальне (передчасне) лікування.

조끼 безрукавка; жилет. || 털~ джемпер. 구명~ рятівний жилет.

조난 аварія; лихо; біда. |교통사고| зіткнення; катастрофа. |난파| корабельна аварія. ¶ ~당하다 терпіти аварію (лихо). || ~구조대 аварійна служба. ~신호 сигнал лиха. ~자 потерпілий; постраждалий.

조달 (調達) постачання. |공급| поставка. доставка. |자금| вишукування. [형] постачальний. ¶ ~하다 постачати; забезпечувати *ким-чим* (*кого-що*); поставляти *кому що*; доставляти *кому що*. || ~청 бюро з господарського постачання.

조도 (照度) освітленість; ступінь освітлення. || ~계 люксметр.

조동사 {어문} допоміжний глагол.

조락 (凋落) листопад. ¶ ~하다 в'янути і опадати, відмирати.

조랑말 поні; кінь (лоша) дрібної породи; малорослий кінь.

조력 (助力) допомога; підмога; підтримка; сприяння; опора; запомога. ¶ ~하다 допомагати *кому*; сприяти; надавати підтримуку(допомога, сприяння) підтримувати *кого-що*; служити підтри́мкою (підмо́гою); керува́ти *ким-чим*. |촉진시키다| сприя́ти *кому́-чому́*; допомога́ти *чому́ в чому́*; |재난| прийти́ на допомо́гу (поряту́нок); подава́ти ру́ку допомо́ги. ⋯의 ~으로 за допомо́гою *кого́-чого́*.

조련(調練) впра́ва; тернува́ння; дресирува́ння; приборку́вання; ната́кска. ‖ ~사 приборкува́ч, дресирува́льник.

조령모개(朝令暮改) сім п'я́тниць на ти́ждень.

조례(條例) поло́ження *про що*, законополо́ження; правові́ но́рми; ста́тус, ста́ту.

조례(朝禮) ранкові́ збо́ри.

조로(早老) передча́сна ста́рість (старе́зність).

조롱(嘲弄) насмі́шка; знуща́ння; глузува́ння [구어]; глузува́ння; зубоска́льство; |빈정거림| колю́чість; ви́крут; сарка́зм. |독설| язві́тельство. ¶ ~하다 знуща́тися *над ким-чим*; глуми́тися *над ким-чим*; глузу́-ва́ти *над ким-чим*; висмі́ювати; насміха́тися *над ким-чим*; пока́зувати язи́к *кому́*. ~거리가 되다 піддава́тися глузува́нням.

조루증 передча́сне виді́лення спе́рми при стате́вому а́кті.

조류(潮流) припли́во-відпливна́ течія́; струми́нь; по́тік. |추세| течія́, тенде́нція (*до чого́*), мо́да. |경향| напра́влення, шко́ла, сенс.

조류(鳥類) птахи́. ¶ ~의 국제적 보호 міжнаро́дна охоро́на птахі́в. ‖ ~학 орнітоло́гія. ~학자 орніто́лог.

조르다 |죄다| мі́цно затяга́ти; (зав'я́зувати). |요구하다| пристава́ти *до кого́* (з проха́нням), випро́шувати; кля́нчити *що в кого́*; діставати *кого́*; доку́чати *кому́ чим*. [형] затя́гнутий. ¶ 허리 띠를 ~ затяга́ти по́яс туґі́ше. 집 요하게 ~ наполе́гливо вимага́ти.

조리(調理) приготува́ння ї́жі; готува́ння. {의학} лікува́ння. ¶ (음식을) ~하다 приготовля́ти ї́жу, кухова́рити. ‖ ~대 ку́хонний стіл.

조리(條理) логі́чність; послідо́вність. |연관성| стру́нкість; зв'я́зність. |논리성| ло́гіка; закономі́рність. ¶ ~있는 розу́мний, логі́чний.

조리개 |사진기의| діафра́гма.

조리다 ува́рювати; випа́рювати. |농도| згуща́ти. ¶ 조린 ува́рений. 생선을 간장에 ~ ува́рювати ри́бу в сво́єму со́усі. 반쯤 ~ ува́рювати наполови́ну.

조림 ува́рка. ‖ 생선~ зва́рена ри́ба. 통~ консе́рви.

조림(造林) лісонаса́дження; лісоса́діння; лісорозве́дення; залі́снення. ¶ ~하다 розво́дити ліс.

조립(組立) збі́рка; монта́ж. ¶ ~하а́ти проби́ти збі́рку (монта́ж), збира́ти; монтува́ти. ‖ ~공 збира́ч; монта́жник. ~공장 склада́льний цех. ~부품 дета́лі для збі́рки. ~식 구조 збі́рна констру́кція. ~식 집 збі́рний дім. 기계~ збі́рка маши́нних части́н.

조마조마 триво́жно; неспокі́йно; не́рвово; незру́чно. ¶ ~하게 하다 приво́дити *кого́* у хвилюва́ння, бенте́жити; не дава́ти споко́ю *кому́*. ~하다 трив'о́житися *про що*, відчува́ти триво́гу (хвилюва́ння);

хвилюватися; не знати спокою; не знаходити собі місця.

조만간 незабаром; найближчим часом; в недалекому майбутньому; з дня на день; на днях; не сьогодні-завтра; на носі; рано чи пізно.

조망(眺望) перспектива; плани на мабутнє; передбачення; передбачливість. ¶ ~하다 передбачати.

조망대 спостережливий пункт (пост).

조명(照明) освітлення; осяяння; світло. ¶ ~하다 освітлювати; освявати. |어둠을 밝히다| висвічувати; вихоплювати з темряви. ǁ ~기구 освітлювальний прибір; світильник. ~기사 освітлювач. ~등 освітлювальна лампа; освітльвальні встановлення. ~신호 світловий сигнал. ~탄 освітлювальний снаряд. 무대~ сценічне (театральне) освітлення.

조모(祖母) бабуся.

조목(條目) пункт; стаття; параграф. ¶ ~조목 по пунктах; по параграфах; постатейно.

조무라기 |아이들| дрібність; незначність.

조문(弔問) співчуття. ¶ ~하다 поминати за упокій; співчувати кому-чому, виражати співчуття. ǁ ~객 гість на похоронах; людина, яка прийшла в дім померлого для вираження співчуття.

조물주(造物主) творець; створювач [남]; бог.

조미료 приправа. |향신료| спеції; прянощі.

조밀(稠密) щільність. ¶ ~하다 щільний; компактний; густий.

조바심 тривога; хвилювання; замішання. ¶ ~내다 тривожитися за кого; хвилюватися; турбуватися; приходити в неспокій, бути в тривозі. ~에 휩싸이다 бути охопленим тривогою.

조반(朝飯) сніданок.

조변석개 мінливе рішення.

조부(祖父) дідусь.

조부모(祖父母) дідусь і бабуся (дід і бабка).

조사(助詞) {어문} частка.

조사(調査) обстеження; розслідування. |원인·해명| з'ясування; вивчення. |검사·시찰| інспекція; огляд, оглядання. |학술| дослідження. ¶ ~하다 робити перевірку чого; обстежувати; розслідувати; з'ясовувати; інспектувати; оглядати; досліджувати. ǁ ~관 слідчий; інспектор. ~위원회 комісія з розслідування чого.

조사(弔詞) текст, що читається при здійсненні жертвоприношення, співчуття.

조산(早産) передчасні пологи. ¶ ~하다 передчасно народжувати. ǁ ~아 недоносок; недоношена дитика.

조산(助産) акушерство; допомога при пологах. ǁ ~원 акушерка.

조상(祖上) предок; стародавній попередник по роду; співвітчизник в попередніх поколінях.

조서(調書) |기록| протокол. |범죄| акт. ¶ ~를 작성하다 складати протокол на що. протоколювати; вести протокол; занести до протоколу. ǁ 심문~ протокол допиту. 외교~(의정서)

дипломатичний протокол.

조석(朝夕) ранок і вечір; найближче майбутнє.

조선(朝鮮) назва стародавньої Кореї. [형] корейський.

조선(造船) будування судна; кораблебудування. ¶ ~의 кораблебудівний; суднобудівний. ‖ ~산업 суднобудівна індустрія (промисловість). ~소 судноверф; суднобудівна верф.

조성(造成) складання; створення; організація; формування; улаштування, будівництво. ¶ ~하다 складати; створювати; організувати. 택지를 ~하다 створювати житлоплощу. 사회불안을 ~하다 викликати соціальне хвилювання. 공포분위기를 ~하다 залякувати; наводити жах.

조세(租稅) податок. |납세| оподатковування; мито. [형] податковий. ¶ ~를 징수하다 справляти податок. ~를 부과하다 справляти податком; накладати мито на що. ‖ ~감면 зниження податку. ~법 положення про податки. ~부과액 ставка.

조소(嘲笑) → **조롱**. насмішка. ¶ ~하다 насміхатися над ким-чим. ~받다 зазнавати глузування. ~거리가 되다 ставати предметом глузування.

조속히 можливо швидше, як можна скоріше.

조수(潮水) приплив (відлив); ранковий приплив (відлив). ¶ ~의 приливний (відливний). ‖ ~(조력)발전소 гідроелектростанція.

조숙(早熟) скороспілість; передчасність. ¶ ~하다 скороспілий; рано зріючий (який розвивається).

조식(朝食) сніданок.

조신(操身) ¶ ~하다 добре вести себе; робити гарний вчинок.

조실부모(早失父母) ¶ ~하다 в ранньому віці залишитися круглою сиротою; становитися сиротою.

조심(操心) обережність; обачність; обачливість; настроженість; бережність. ¶ ~히 обережність; з великою обережністю; обачливо. ~하다 |경계하다| берегтися, остерігатися *кого-чого*, застерігати *від чого*, бути обережним. ‖ 개~! Обережно (злий) пес! 불~ будьте обережні вогнем.

조아리다 схилятися *перед ким-чим*. ¶ 머리를 ~ кланятися до землі *кому* (*перед ким*).

조악(粗惡) грубість; недоладність; незграбність; невишуканість. |뻔뻔한| нахабство. ¶ ~하다 |조잡한| грубий; незграбний; неоковирний; |천한·거칠은| невишуканий; базарний [구어] нечутливий; нетонкий. ~한 제품 неякісний виріб; груба робота.

조약(條約) договір; пакт. |협정| угода; конвенція. ¶ ~을 체결하다 заключати (підписувати) договір. ~을 파기하다 розривати (анулювати) договір. ‖ ~비준 ратифікація договору. ~선포 промульгація договору. ~유예 пролонгація договору. 불가침~ договір про ненапад (недоторканність). 불평등~ нерівноправні договори. 통상~

торговельний договір. 핵확산금지~ договір про непоширення ядерної зброї.

조약돌 камінь; галька; гравій.

조언(助言) порада; рекомендація; вказання. ¶ ~하다 радити *кому*, давати (подавати) пораду; підказувати. ~을 구하다 радитися *з ким*; просити (питати) поради в *кого*; |전문가의| консультуватися в *кого* (*з ким*). ~을 따라 за порадою. ~을 따르다 слідувати пораді *кого*. ‖ ~자 порадник.

조업(操業) експлуатація; праця. ¶ ~하다 працювати; ставати до ладу.

조역(助役) помічник; асистент.

조연(助演) підсобна роль; сторонній виконавець. ¶ ~하다 виконувати другорядну роль.

조예(造詣) енциклопедизм; ерумація; глубоке пізнання в *якійсь* області. ¶ ...에 ~가 깊다 мати глибоке пізнання *чого або з чого*.

조용 тиша; затишшя. |침묵| безмовність; мовчання. |침착; 평안| спокій. ¶ ~하다 тихий; ледве чутний; заглушений; слабкий; безшумний; беззвучний. |내성적| спокійний. ¶ ~히 тихо, потихеньку [구어]; тишком.

조우(遭遇) ¶ ~하다 зустрічати.

조운(漕運) морський рух. ‖ ~선 вантажне судно.

조율(調律) надбудова. ¶ ~하다 надбудовувати. ‖ 피아노 ~사 настроювач піаніно.

조응(照應) наслідок. ¶ ~하다 мати наслідки, відповідати з *ким-чим*.

조의(弔意) співчуття і утішання, вираз співчуття (жалю). ¶ ~를 표하다 виражати співчуття.

조인(調印) скріплення; скріпа; підписання. ¶ ~하다 скріплювати підписом; підписувати *під чим*; розписуватися в *чому* (*на чому*); поставити (свій) підпис. ‖ ~국 держава, яка підписалась. 가~ парафування договору.

조작(操作) |운송수단| керування; водіння. |기계·도구| обходження з *чим*. ¶ ~하다 керувати *ким-чим*; водити; обходитися з *чим*.

조작(造作) підробка; фальсифікація; вигад. ¶ ~하다 |날조| підробляти, вигадувати. 문서를 ~하다 виробляти фальшиві документи. 서명을 ~하다 підробляти *чий* підпис.

조잘거리다 цвірінькати; щебетати; торохтіти.

조잡(粗雜) → 조악.

조장(助長) підтримка;, сприяння; заохочення; стимул. ¶ ~하다 підтримувати; заохочувати; стимулювати; сприяти.

조장(組長) бригадир; командор; командир; керуючий.

조절(調節) регулювання; налагодження; |악기·라디오| настройка. ¶ ~하다 регулювати; налагоджувати; настроювати. ‖ ~기 регулятор, контроль. 음식~ дієта.

조정(調停) регулювання; упорядкування; посередництво; арбітраж. ¶ ~하다 регулювати; упорядковувати; |분쟁| бути посередником; улагоджувати; примиряти. ~에 부치ати віддавати (передавати) на арбітраж. 파업을 ~하다 бути посередником у страйку. 국제분쟁의 평화적 ~ мирні урегулювання міжнародних спорів (конфліктів). ‖ ~자 посередник. ~위원회 арбітражна комісія.

조제(調劑) → **제약**.

조조(早朝) ранній ранок. ‖ ~상영 ранок, ранковий сеанс. ~할인권 квиток зі знижкою на ранковій сеанс.

조종(操縱) управління (кермом); водіння. |수동| маніпуляція. |운영| розпорядження. ¶ ~하다 керувати; водити *чим*; маневрувати; розпоряджатися. ~ 불능이 되다 втратити керування *чого*. ‖ ~간 кермо [남]. ~사 пілот; льотчик. ~실 |비행기| кабіна екіпажа. |배| штурманська рубка. ~장치 кермовий механізм.

조준(照準) наведення; прицілювання; візування. ¶ ~하다 наводити; прицілюватися; візувати. ‖ ~경 вікно прицілювання (візирна трубка). ~사격 пробний (пристрілювальний) постріл.

조지다 привести в непридатність.

조직(組織) організація; формування; утворення, система, заклад, стрій; {생물} тканина. ¶ ~적으로 орагнізовано, за орагнізованому ладі; систематичний. ~하다 складати; утворювати; формувати; орагнузовувати. |설립| засновувати; приводити до ладу; систематизувати. ‖ ~력 орагнізаторські здібності. ~ 위원회 орагнізаційний комітет. ~자 організатор. ~책 головний організатор. ~화 систематизація. 세포~ клітковина.

조짐 симптом; ознака; прикмета; показник. ¶ ~의 ~이 있다 з'явились нові симптоми (ознаки).

조차 |…까지도| навіть; аж. |더구나| на додаток; разом *з тим*; притому; до того ж; крім *того*; на додаток *до того*; а тут ще [구어]. ¶ 상상~ 못하다 навіть неможливо (не можу) уявити собі це.

조찬(朝餐) сніданок. ‖ 공식~ офіційний сніданок.

조촐하다 |아담하다| затишний; зручний. |단정하다| охайний; акуратний; чистий.

조카 племінник/ця.

조타(操舵) керування кермом, пілотування, керованість. ‖ ~기 кермовий механізм поворота. ~수 кермовий. ~실 кермова рубка.

조퇴(早退) завчасний вихід (з роботи, з занять). ¶ ~하다 іти раньше часу.

조판(組版) верстка. ¶ ~하다 верстати.

조폐(造幣) чеканка монет; відбиток (на монеті). ¶ ~하다 карбувати монету. ‖ ~국 монетний двір.

조합(調合) складання; змішування (фарб); комбінація (кольорів). ¶ ~하다 складати; змішувати; мішати з *чим*. ‖ ~물 суміш [여]; змішування.

조합(組合) асоціація; кооперація; артіль [여]; комбінація, сполучення. {수학} комбінаторика. ‖ ~원 член профспілки (артілі).

노동~ професійна спілка (профсоюз), трудова артіль. 협동~ кооператив.

조항(條項) стаття, пункт.

조해(潮解) {화학} змішування.

조혈(造血) кровотворення, гематопоез. ‖ ~제 кровотворні ліки (засоби).

조형(造型) формовка. [형] формовий.

조형(造形) моделювання; ліплення. ¶ ~하다 робити *що* за моделю; ліпити. ‖ ~ 미술 образотворче мистецтво.

조혼(早婚) ранній шлюб.

조화(調和) гармонія; відповідність; згода. |화음| співзвуччя; милозвучність; злагодженість; |균형잡힌| симетрія. ¶ ~된 гармонічний; гармонійний; співзвучний *кому-чому*. ~시키다 гармонувати; відповідати *кому-чому*; узгоджуватися *з ким-чим*; приводити в відповідність *з чим*. …와 ~되어 в відповідності *з чим*. ~가 되지않는 негармонійний.

조화(造花) штучні квіти.

조회(朝會) ранкова нарада (збори).

조회(照會) запит; наведення довідок *про що*. |자세한| розпит. ¶ ~하다 робити запит; довідуватися, питати *про що*. |신원·경력의| наводити довідку *про кого*. звертатися за довідкою.

족 |동물의 발| нога (у тварини). |단위| пара (взуття, панчох).

족두리 головний убір у вигляді великої матерчатої квітки, прикрашеної намистом.

족벌(族閥) кліка; групування. ¶ ~정치 патримональна політика. ~주의 непотизм, кумівство.

족보(族譜) генеалогічна книга. ¶ ~를 캐다 простежити походження родини. ~를 편찬하다 складати генеалогію.

족속(族屬) клан; рід.

족쇄(足鎖) ножні кайдани. ¶ ~를 채우다 плутати (сковувати, заковувати) в кайдани.

족자(簇子) сувій (за картиною або надписом).

족장(族長) патріарх; старший в роді; голова родини.

족적(足迹) сліди [복]; відбиток (ноги). ¶ ~을 남기다 залишати сліди.

족집게 щипці [복]; пінцет.

족치다 заставляти; мучити; терзати; страчувати *кого чим*.

족하다 |충분하다| достатній; забезпечений. |만족스럽다| задоволений *чим*.

족히 достатньо *чого*; вистачить *чого*.

존경(尊敬) повага; ушанування; благоговіння *до чого* (*перед ким*). ¶ ~의 шановний, поважаний. ~하다 поважати, шанувати. ~을 표하다 шанувати; відноситися з повагою. ~심에서 з поваги *до кого-чого*. ~을 받다 здобувати повагу; користуватися повагою. ~심 почуття поваги.

존귀(尊貴) ¶ ~하다 шляхетний; великодушний. ‖ ~성 шляхетність.

존대(尊待) ввічливе поводження (обходження). ¶ ~하다 ввічливо обходитися(поводитися) *з ким*.

존립(存立) існування; наявність

존재하다 зберігати свої позиції; існувати.

존망(存亡) життя і смерть [ея]. ¶ ~지추 критичний момент.

존비(尊卑) знатність і незнатність. ‖ ~귀천 знатні і незнатні стани.

존속(存續) продовження; тривалість; довгочасність. ¶ ~하다 продовжувати існувати. ~시키다 зберігати (в цілості); берегти, не давати пропасти *чому*.

존엄(尊嚴) позитивна якість; велич; високе положеня. ¶ ~하다 величний; величавий; святий; шляхетний. ‖ ~성 позитивна якість; почуття власної гідності. 법의 ~성 велич закона.

존재 існування; буття, (жива) істота. ¶ ~하다 існувати; бути; мати місце; знаходитися; бути присутнім. 신의 ~를 믿다 вірити в існування Бога. ‖ ~근거 (이유) підстава для існування. ~론 {철학} онтологія.

존중 ¶ ~하다 |가치를| цінувати; оцінювати. |소중히하다| берегти; дорожити.

존치(存置) утримання; збереження. ¶ ~하다 утримувати. ~되다 зберігатися.

존칭(尊稱) ввічливий вираз.

존폐 існування і занепад *чого*; збереження і ліквідація. ¶ ~문제 питання збереження або закриття. ~의 기로에 서다 бути на межі між життям та смертю.

존함 Ваше ім'я.

졸개 {군사} підлеглий; рядовий.

졸고(拙稿) (моя) скромна стаття.

졸다 дрімати; клювати носом. |잠깐| задрімати. [명] дрімота. ¶ 졸면서 운전하다 дрімати за кермом.

졸도 непритомність; безпам'ятство. {의학} інсульт; удар. ¶ ~하다 знепритомніти (впасти в безпам'ятство).

졸라대다 докучати *кому чим*. |성가시게 굴다| приставати; |떼쓰다| вередувати. ¶ 성가시게 ~ набридати; приставати.

졸라매다 затягати; стягати. |긴장시키다| напружувати.

졸렬 незграбність. ¶ ~하다 невмілий; незграбний; шкарубкий. ~한 표현 незграбні вирази.

졸리다 дрімотний; дрімати *хто*. ¶ 졸려 뵈는 сонний; сонливий. 졸려 죽겠다. Мимоволі закриваються очі. 졸린 사람을 깨우다 збудити сонного.

졸병(卒兵) рядовий (солдат); підлеглий.

졸부(猝富) нувориш

졸속(拙速) склолспілий. ¶ ~으로 하다 робити *щось* на швидку руку.

졸업 закінчення. [형] випускний. ‖ ~시험 випускний іспит. ~식 випускний (вечір). ~장 |초·중·고교| атестат. |대학교| диплом. ~생 той, хто закінчив; випускник.

졸음 дрімота; сонливість; напівсон. ¶ ~이 오다 *кому* хочеться спати; *кого* перемагає сон. ~이 달아나다; *кого* залишає сон.

졸작(拙作) поганий (незначний) твір.

좀도둑 злодій; шахрай; дрібний злодюжка.

좁다 [형] вузький; непросторий; |협소한; 꽉끼는| тісний. ¶ 세상은

좁다. Світ тісний. ~ 교제범위 вузьке коло друзів. ~ 전문성 вузька спеціальність. ~ 의미에서는 в узькому сенсі.

종 різноманітність. ¶ ~별 за сортом.

종가(宗家) родина страшого сина.

종각(鐘閣) дзвіниця.

종강(終講) закінчення учбового року; закінчення лекцій.

종결 завершення; закінчення. ¶ ~하다 завершувати; закінчувати; кінчати; доводити до кінця; ставити крапку *на чому*; |결론을 내리다| приходити до висновку; робити висновок.

종교(宗敎) релігія; віра; вірування. |종파| секта; віросповідання. [형] релігійний. ‖ ~관 релігійна точка зору. ~교리 віровчення. ~심 релігійність. ~인 віруючий; релігійна людина.~학 богослов'я.

종군(從軍) прикомандирований до армії; відправлення на поле бою. ¶ ~하다 бути прикомандированим до армії; знаходитися при армії; відправлятися на поле бою. ‖ ~기자 військовий кореспондент.

종기(腫氣) пухлина; веред; |작은| припухлість. |부풀어오른| опухання; розбухання; набухання; новоутворення. ¶ ~가 났다 Утворилась пухлина. ~가 가라앉았다 Пухлина спадала. ‖ 악성 ~ злоякісна пухлина. 양성 ~ доброякісна пухлина.

종단(縱斷) ‖ ~면 профіль; подовжній розріз.

종달새 жайворонок.

종대(縱隊) {군사} колона. ‖ 이열 ~ подвійна колона.

종두(種痘) прищеплювання від віспи; вакцинація. ‖ ~법 спосіб вакцинації (від віспи). ~자국 слід від прищеплення.

종래(從來) ¶ ~의 |선행하는| попередній, який передує. |이전의| минулий; попередній; колишній. ~와 같이 як колись.

종려(棕櫚) трахікарпус; пальма; веернік.

종례(終禮) вечірні збори.

종료(終了) закінчення; завершення. ¶ ~하다 завершати(ся) *чим*; доводити *що* до кінця, кінччати(ся) *чим*; |중지하다| припиняти(ся).

종류(種類) рід. {생물} вид; порода. |인종| плем'я. |품목| (добрий; поганий) сорт. |등급| (вищий; нижчий) розряд (клас). |부문별| категорія. ¶ …와 같은 ~ одної породи (виду, сорту).

종막(終幕) останній акт; остання дія. {연극} кінець сцени.

종말론(終末論) {철학} есхатологія.

종명(種名) видова назва рослин або тварин.

종목(種目) пункт; параграф. ‖ ~별로 나누다 розбивати на параграфи. ~별 по пунктах [구어].

종묘(宗廟) ‖ ~사직 королівська фамілія і держава. ~악 музика для поминального обряду предків короля.

종별(種別) |분류상의| класифікація; систематизація; розподіл *за якою-небудь системою*. {생물} таксономія; систематика рослин і тварин. |상품의| асортимент. |통계

종부(宗婦) старша сноха в родині голови роду.

종비나무 модрина корейська.

종사(從事) служіння; служба. ¶ ~하다 займатися *чим*; служити *кому-чому* (*в чому*); перебувати (знаходитися, налічуватися) на службі; нести службу; працювати *ким*; |전념하다| присвячати (себе) *чому*; віддавати (себе) цілком; віддатися *чому*; вкладати усі сили *у що*.

종소리 дзвоновий дзвін.

종속 підпорядкованість; підкорення; залежність. {군사} субординація. ¶ ~적 залежний; обумовлений; несамостійний; підлеглий; підвладний. ~하다 знаходитися в залежності; підчиняти *кому-чому* (*кого-що*); забирати (або брати) в (свої) руки; ставити в залежність (на коліна); |조건적| обумовлювати *чим*. ~관계에 있다 (의존하다) залежати *від кого-чого*. ~되다 підкорюватися *кому-чому*; бути залежним. [관용구] бути під черевиком (каблуком); танцювати під дудку *кого*. 운명에 ~되다 покорятися долі (талану). || ~국 залежна держава.

종손 старший онук в родині голови роду.

종식 припинення. {군사} перемир'я. |잠시간의| припинення. ¶ ~하다 припиняти(ся), кінчати(ся) *з чим*, переставати, класти край. || 전쟁 ~ припинення воєнних дій.

종신 усе життя, по життю. || ~연금 довічна пенсія. ~직 довічна посада. ~형 довічне ув'язнення.

종씨 член клану (роду).

종아리 гомілка; литки [보통복]. ¶ ~를 맞다 бити по литкам.

종알거리다 бурмортіти; говорити тихо і незрозуміло; буркотіти. |수다떨다| торохтіти; бовтати. |불평하다·투덜대다| бурчати. ¶ 종알거림 бурмотіння; бурчання.

종양 неоплазма; пухлина; новоутворення (оточене капсулою); рак. |부스럼| припухлість. ¶ ~의 пухлинний. ~을 제거하다 видаляти пухлину. || 암~ ракова пухлина.

종언 ¶ ~하다 кінчати(ся); доводити до кінця; припиняти(ся); завершувати(ся); вмирати *від чого* (*чим*).

종업원 робітник, який служить; який працює; працівник; трудівник.

종용 умовляння; переконання; напучування; спонукання. ¶ ~하다 |설득하다| умовляти *кого*; переконувати *кого* в *чому*; схиляти *до чого*; агітувати (за, проти). |간청하다| просити; благати. |매수하다| задобрювати. |자극하다| спонукати; давати стимул

종유 рослинна олія, екстрагована з насіння.

종이 папір. || ~끼우개 папка для паперу. ~돈 паперові гроші. |책의| сторінка. 모눈~ лінійний папір, міліметрівка. 포장~ обгортковий папір.

종일 весь день; цілий день;

цілодобовий.

종자(種子) насіння; зернятко. |곡물의| зерно. [집] насіння. |인체의| зачатки. ¶ ~의 насіння. ‖ ~ 증식 насінництво. ~학자 насінник.

종장(終章) остання (заключна) строфа вірша.

종적 слід; відбиток (ноги, лапи); залишки *чого*; ознаки. |반향·반사의 흔적| відблиск; відгук; відгомін. ¶ ~없이 безслідно. ~을 감추다 зникати; замітати сліди. ~을 없애다 знищувати сліди *чого*.

종전 ¶ ~의 нещодавно; раніше; попередній; колишній; який передує; минулий; давній.

종점 кінцевий пункт;, кінцева станція; пункт вивантаження; кінцева зупинка.

종정(宗正) {종교} голова секти; патріярх; основоположник; старійшина.

종족 плем'я; рід. |인종| раса; люди, які належать до одного роду. |민족| нація; етнічна група. ¶ ~의 племінний; етнічний; расовий; національний. |토착민·원주민| тубільний. ‖ ~기원 ентогенез (національне походження).

종종 іноді; часом; інколи; в окремих (деяких) випадках; час від часу; часами; інший раз; від випадка до випадка, епізодично, при нагоді, коли-не-коли, ні-ні та й. [구어]. ‖ ~걸음 дрібні кроки.

종주 сюзерен; воложар. ‖ ~국 сюзеренна держава (держава-сюзерен); метрополія. ~권 сюзеренніт.

종지 чашка; чашечка; миска для приправ.

종지(終止) завершення; закінчення; припинення; кінець; висновок; наслідок; фінал.

종착 ¶ ~하다 досягати кінцевого пункту. ‖ ~역 кінцева станція прибуття. ~지 кінцевий пункт (місце) прибуття.

종친회 збори родичів; родинна нарада.

종탑 дзвіниця. ‖ ~지기 дзвонар.

종파 {종교} секта; віросповідання. {학문} школа.

종합 синтез; узагальнення. ¶ ~의 синтезований; ~적 синтетичний; комбінований; комплексний. ~하다 синтезувати; узагальнювати. ~병원 поліклініка. ~예술 загальне мистецтво.

종횡 вздовж і впоперек; горізонтально і вертикально; зверху вниз і зліва направо; за різними напряками. ¶ ~무진 астрономічний напрямок.

좇다 |뒤따르다| іти слідом *за ким-чим* (*кому-чому, в чому*); іти по п'ятах. |수반되다| супроводжувати; бути супутником *кому-чому*; |추적하다| переслідувати *кого-що*. |추적·추구하다| гнатися *за ким-чим*. ¶ 좇아서 слідом, навздогін [구어]; слідом. 유행을 ~ слідувати моді. 명예/성공/이윤을 ~ гнатися за славою/успіхом/прибутком.

좋다 [형] хороший; непоганий; недурний; порядний; відмінний. |선망의| завидний. |탁월한| відмінний, першокласний; |적절한·적당한| вартий; підходящий. |신분| знатний, важливий. |행운의| фартовий. |정당한| правильний. |상

급의| кла́сний; приє́мний. |유리한| вигі́дний; кори́сний; до́брий. |성격·특성| позити́вний. |의복 대해| спра́вний. |음식·상품| сві́жий; доброя́кісний. |희망·소망의| благи́й; наді́йний. |호의적인| ми́лий; люб'я́зний; добрози́чливий; сприя́тливий. ¶ хоро́ший бік, на хоро́ший бік зміню́ватися на кра́ще. 좋은 평가가 내려지다 до́бре відгу́куватися про *кого*. 기분이 ~ га́рний на́стрій. 좋은 냄새가 난다 па́хне приє́мно. 좋은 평판을 지니다 ма́ти га́рну репута́цію. 더없이 ~ як мо́жна кра́ще.

좋아하다 коха́ти; до́бре або прихи́льно відноси́тися *до кого-чого*; |바라다| бажа́ти; хоті́ти. |마음에 들다| подо́батися *кому* (*хто*), бу́ти по душі́ (до вподо́би; до смаку́) [구어]. |열애의| обо́жнювати. |선택적으로| віддава́ти перева́гу *кому-чому*. |호감·매력을 느끼다| симпатизува́ти *кому-чому*; живи́ти ні́жні почуття́ *до кого*. |도취되다| милува́тися *ким-чим* (*на кого-що*); задивля́тися на *кого-що*, задиви́тися на *кого-що*. |매료된| захо́плюватися; ті́шити о́ко; розташо́вувати до се́бе *кого*.

좌(左) лі́вий; радика́льний; незако́нний. ¶ ~ 로 ліво́руч. ~ 경 лі́вий ухи́л. ‖ ~ 익 лі́ве кри́ло. Він лівша́.

좌골(坐骨) та́зова кі́стка; сідни́ча кі́стка. ‖ ~ 신경 сідни́чний нерв. ~ 신경통 і́шіас.

좌담(座談) засті́льна бе́сіда; засті́льна розмо́ва, симпо́зіум. ¶ ~ 하다 розмовля́ти си́дячи; вести́ засті́льну нара́ду. ~ 회 (засті́льна) бе́сіда.

좌상(挫傷) вну́трішній крововили́в; ви́вих; конту́зія.

좌석 сиді́ння; мі́сце (для сиді́ння); ла́вка. |국회의 의석| ла́ва. ¶ ~ 을 예약하다 замовля́ти квито́к (в теа́тр). |국회에서| ~ (의석)을 забезпе́чити (втра́тити) мі́сце в парла́менті.

좌선(坐禪) {불교} медита́ція з прийняття́м пе́вної по́зи.

좌시(坐視) ¶ ~ 하다 байду́же стежи́ти *за ким-чим*; байду́же спостеріга́ти. |수수방관| бу́ти сторо́ннім спостеріга́чем, сиді́ти скла́вши ру́ки.

좌약 супозито́рій.

좌욕 поясна́ ва́нна. ¶ ~ 하다 прийма́ти ва́нну в сидя́чому поло́женні.

좌우 лі́вий і пра́вий бік. ¶ ~ 에 по́ряд, збо́ку, під бо́ком.

좌우하다 |영향을 끼치다| залежа́ти *від кого-чого* (в зале́жності *від чого*), вплива́ти на *кого-що*, ді́яти на *кого-що*. |독선적| свавольни́ти, вирі́шувати до́лю *кого*; роби́ти пого́ду [구어]. ¶ [형] дію́чий; самовла́дний; самоправни́й.

좌우간 |이러저러| так чи іна́кше; між і́ншим; як доведе́ться; абия́к. |…와 상관없이| в будь-яко́му випа́дку; в уся́кому ра́зі; як би там не було́; як-не́будь.

좌우명 деві́з; кре́до.

좌익 лі́ве кри́ло; лі́вий фланг. |좌경적| ліви́зна. ¶ ~ 경향의 ліва́цький; лівофла́нговий. ‖ ~ 과 격파 ліві́ екстремі́сти; ультраліві́ елеме́нти. |좌경화| зрушення вліво.

좌장(座長) голова́ (на збо́рах або нара́дах).

좌절 |의기소침한| збенте́женість; сум. |계획의| занепа́д во́лі. ¶ ~하다 |낙담·절망하다| втрача́ти наді́ю на *що*. |의욕을 상실하다| втрача́ти дух; па́дати ду́хом; пові́сити ніс; бу́ти в пригні́ченому ста́ні. |시험에서| не витри́мувати (і́спит); зрі́зуватися; впада́ти в зневі́ру.

좌천(左遷) ¶ ~하다 пони́жувати на поса́ді (по слу́жбі).

좌초 корабе́льна ава́рія; ава́рія. ¶ ~하다 потерпі́ти ава́рію; наско́чити на підво́дний ка́мінь; зштовхуватися з ри́фами. |침몰| йти на дно.

좌충우돌 ¶ ~하다 наліта́ти (пхну́ти) на всіх без розбо́ру; бра́ти без розбо́ру.

좌측 лі́вий бік.

좌표 координа́ти. ¶ ~계 систе́ма координа́т. ~축 о́сі координа́т.

죄 зло́чин. |형사사건| криміна́льщина [구어]; криміна́л; {법률} правопору́шення. |범죄| злочи́нність; прови́на. |종교의| гріх. |익살| гріх; прови́на; лиході́йство, злодія́ння. ¶ ~의 злочи́нний. {법률} ка́рний; криміна́льний. |악의어린| лиході́йський. |과실·책임이 있는| винува́тий в *чому*; ви́нний в *чому*; гріхо́вний, грі́шний. ~를 인정하 다 (유죄선고) визна́ти *кого* ви́нним. ‖ ~명 кваліфіка́ція зло́чину. ~목 перелі́к зло́чинів. 유/무~판결 обвинува́льний/ виправда́льний ви́рок.

죄과 ¶ ~를 ба́дати підляга́ти пока́ранню згори́.

죄다 затяга́ти; стяга́ти *чим* (ре́менем, моту́зкою); зати́скати; натяга́ти; підтяга́ти; перехо́плювати. |줄을| засупо́нювати. |나사를| загви́нчувати. |마음을| ~ вно́сити напру́женість; перебува́ти в триво́жному ста́ні.

죄상 обста́вини зло́чину. {법률} склад зло́чину.

죄송 вибаче́ння. |강한 뉘앙스| проще́ння. ¶ ~하다 вибача́тися *перед ким* (в *тому*, *що*), *кому* здава́тися винува́тим.

죄수 ув'я́знений; в'я́зень. |범죄자| злочи́нець. ~를 수감하다 посади́ти (ув'я́знювати) у в'язни́цю.

죄스럽다 відчува́ти себе́ винува́тим.

죄악 → **죄**

죄인 злочи́нець. |형사상의| ка́рний злочи́нець [구어]; {법률} правопору́шник; грі́шник. ‖ 전범 військо́вий злочи́нець.

죄질 хара́ктер зло́чину.

죄책감 відчуття́ прови́ни за ско́єне; почуття́ відповіда́льності за ско́єний зло́чин

주(主) важли́вість. |중요성| значу́щість. |본질적인 것| су́тність; принципо́ве зна́чення. ¶ ~가 되는 основополо́жний; кардина́льний; сутте́вий. ‖ ~공격 головни́й уда́р.

주(週) ти́ждень. [형] тижне́вий.

주(註) примі́тка (*до чого*), комента́р. ¶ ~ны далі постача́ти примі́тками. ‖ 각~ застере́ження, підря́дкові примі́тки.

주(州) область [여]; префектура; штат. ¶ ~의 обласний; префектурний. ‖ ~지사 губернатор; префект. 자치~ автономна область.

주가 акція; фонди; ‖ ~지수 вартість акції. ~하락 падіння (спад) фондів на біржі.

주간 → 주(週). тиждень; ‖ ~지 щотижневий журнал (випуск).

주객(主客) господар і гість [남]; основне головне і другорядне.

주객(酒客) п'яниця; п'яний; алкаш.

주거 життя, проживання. |체재| перебування. [형] житловий. ¶ ~하다 проживати; перебувати; жити; мешкати. ‖ ~지 місце проживання. |은신처| притулок.

주걱 лопатка; ополоник. ‖ ~턱 гостре підборіддя. 구두~ взуттєва ложка.

주검 труп; мрець; бездиханне тіло; мертве тіло.

주격 {어문} називний відмінок.

주견 → 주관 власна думка.

주고받다 обмінюватися, мінятися *чим-ким (з ким)*; давати (віддавати) і отримувати (брати). ¶ 도움을 ~ взаємно допомагати; допомагати одне одному. 농담/독설을 ~ обмінюватися жартами/колкостями. 의견을 ~ обмінюватися думками; порозмовляти.

주관(主觀) власна думка; суб'єктивний погляд. {철학} суб'єкт. ¶ ~적인 власний, суб'єктивний. ~적 평가(판정) суб'єктивна оцінка. ‖ ~론 {철학} суб'єктивізм. ~성 суб'єктивність; смаківщина [구어]. ~적 관념론 суб'єктивний ідеалізм.

주관(主管) керівництво. ¶ ~하다 | 지도하다| керувати *ким-чим*; очолювати; направляти діяльність; |처리·운영하다| завідувати; керувати *ким-чим*; розпоряджатися. ‖ ~자 правитель.

주교(主敎) єпископ..

주구(走狗) (앞잡이) прислужник; поплічник; наймит.

주권 верховна влада; суверенітет; суверенні права. ¶ ~을 행사하다 вступати в суверенітет. ‖ ~국 суверенні держави. ~재민 суверенітет належить народу.

주근깨 веснянки [보통·복]. ¶ ~ 투성이의 у *кого* все обличчя в веснянках.

주급 зарплатня за тиждень; тижневий оклад.

주기 період; цикл. |순환적| коло; кільце. ¶ ~적 періодичний, який повторюється. ~적 운동 періодичний рух. ~적 현상 періодичне явище. ~표 {화학} таблиця періодичної системи.

주기도문 богослужебна молитва.

주년 річниця.

주눅 нахабство; безсоромність; нахабність; нескромність. ¶ ~들다 |당황하다| бентежитися. |꺼리다| соромитися *кого-чого*.

주니어 юнак; молодик; хлопець; молодий чоловік; недоліток; {스포츠} юніор/ка.

주다 давати. |되돌려주다| віддавати. |건네주다| передавати; вручати *що кому-чому*. |발행·지급하다| видавати. |공급·제공하다| подавати. |선물·수여하다| дарувати. |뇌물 등

을| давати (хабар). |지불하다| заплати́ти *за що*. |부여하다| надава́ти. |상을| нагоро́джувати *кого́ чим*. |허락을 내리다| дозволя́ти *що кому́*. |보태어주다| надава́ти (до) *кому́-чому́*. ¶ 자유를 ~ надава́ти свобо́ди. 공짜로 ~ віддава́ти *кому́* безкошто́вно, (да́ром). 기회를 ~ дава́ти можли́вість (шанс). 모욕을 ~ наноси́ти о́бразу.

주도(主導) ініціати́ва. ¶ ~ 적인 ініціати́вний; головни́й; прові́дний; верві́вний. ~ 하다 вести́ за́собом; керува́ти *ким-чим*; |영도 하다| очо́лювати, головува́ти *над ким-чим*. ~ 권을 쥐다 (세력을 쥐다) бра́ти на себе́ керівни́цтво *чим*, става́ти (встава́ти) на чолі́ *чого́*. || ~ 권 верхове́нство. ~ 력 ініціати́вність; акти́вність. ~ 자 ініціа́тор; оріа́ніза́тор; душа́ спра́ви. ~ 적 ро́ль провідна́ роль.

주동 → 주도.

주둔 перебува́ння (війсь́к); базува́ння. |군대배치| розташу́вання; дислока́ція; розмі́щення. || ~ (점령)군 окупаці́йні війська́.

주둥이 рот. |짐승의 입| па́ща; зів.; |새의 부리| дзьоб. ¶ ~ 를 놀리다 базі́кати.

주량 но́рма, межа́.

주력 головні́ си́ли. ¶ ~ 하다 вклада́ти си́ли *во що*; доклада́ти всі зуси́лля *до чого́*; збира́тися з оста́нніми си́лами. || ~ 부대 постійна́ арі́ма.

주례 керівни́цтво церемо́нією; розпоря́дник; церемонійме́йстер. || ~ 사 промо́ва розпоря́дника.

주로 головни́м чи́ном; здебі́льшого; бі́льшою части́но.

주류(主流) основни́й поті́к; основна́ течія́.

주류(酒類) спиртні́ напої́.

주름 змо́ршка; скла́дка. ¶ ~ 지다 покрива́тися змо́ршками. ~ 잡다 заклада́ти в скла́дки. || ~ 살 змо́ршка (на обли́ччі); скла́дка.

주리다 голодува́ти; недоїда́ти; кла́цати зуба́ми; харчува́тися ма́нною небе́сною; відчува́ти (зазнава́ти) недоста́чу (брак). ¶ 주 린 голо́дний; в животі́ бурчи́ть у *кого́*.

주마간산 швидки́й о́гляд.

주마둥 калейдоско́п.

주막 заї́жджий двір; тракти́р.

주말 вікенд; вихідни́й; кіне́ць ти́жня.

주머니 гамане́ць; мішо́к; су́ма; кише́ня (жіно́ча) су́мочка; ридикю́ль. |금전| гро́ші; бага́тство; кали́тка.

주먹 кула́к. ¶ ~ 을 사용하다 пуска́ти в хід кулаки́. ⋯에게 ~ 질하다 ударя́ти кулако́м; погро́жувати кулако́м; наноси́ти уда́р. || ~ 구구 лі́чба по па́льцям; гру́бий підраху́нок. ~ 구구식 приблизно, безла́дно. ~ 밥 жме́ня ва́реного ри́су.

주모 ¶ ~ 하다 бу́ти призві́дником в змо́ві. || ~ 자 вата́жок; призві́дник.

주목(朱木) {식물} тисс тонкозаго́стрений.

주목(注目) по́гляд; по́зирк; ува́га. ¶ ~ 하다 зверта́ти на себе́ всі по́гляди; зверта́ти ува́гу.

주목적 головна́ ціль.

주무르다 м'я́ти; стиска́ти; валя́ти (в рука́х); смика́ти (рука́ми).

주문 зака́з. |신문 등의| підпи́ска. ¶ ~하다 замовля́ти; підпи́суватися. ‖ ~자 замо́вник; передпла́тник.

주물(鑄物) лиття́. ‖ ~품 литі́ металеві ви́роби.

주민 насе́лення; жи́телі [복]. ‖ ~등록 за́пис (реєстра́ція) а́ктів громадя́нського ста́ну. ~세 резиде́нтськйи пода́ток; збір; ми́то.

주방(廚房) ку́хня.

주번 тижне́ве чергува́ння.

주범 головни́й (основни́й) пору́шник (злочи́нець, правопору́шник).

주벽 при́страсть до вина́.

주변 ото́чення; ко́ло; око́лиця. ¶ ~을 둘러싸다 ото́чувати. ¶ ~인 оточу́ючі [집]. ~환경 оточу́юча обстано́вка.

주변머리 |재치있는| винахі́дливість; |다방면| різнобі́чність; багатобі́чність; універса́льність. |기동성| мане́вреність.

주보 щоти́жневик; тижне́вий звіт.

주봉 головна́ верши́на (хребе́т), найви́ща верши́на гір.

주부 (дома́шня) господа́рка. ¶ 알뜰한 ~ еконо́мна домогоспода́рка. 검소한 ~ оща́длива господа́рка.

주빈 головни́й гість; поче́сний гість.

주사(酒邪) непристо́йна поведі́нка п'я́ного. ¶ ~를 부리да непристо́йно вести́ себе́ через п'я́нство.

주사(主事) моло́дший управля́ючий; заві́дувач.

주사(注射) ін'є́кція; уко́л; влива́ння; впро́скування. |예방접종| ще́плення. ¶ 예방~를 놓다 роби́ти *кому́* ще́плення *від (про́ти) чого́*. ‖ ~기 шприц; ін'є́ктор. ~바늘 го́лка шприца́. ~약 лі́ки для ін'є́кцій. 우두~ іноку́ляція.

주사위 гра́льні кістки́; ку́бик. ¶ ~를 던지다 ки́дати кістки́. ~는 던져졌다 (운명은 결정되었다) же́реб ки́нуто. ‖ ~놀이 гра в кістки́.

주산(珠算) раху́вниця.

주산물 головни́й проду́кт виробни́цтва.

주산업 ключова́ (головна́) промисло́вість.

주산지 мі́сце виробни́цтва проду́кта.

주색(酒色) вино́ та жі́нка; п'я́нство та хтиві́сть. ¶ ~에 빠지다 займа́тися п'я́нством та хтиві́стью, віддава́тися розпу́сті.

주석(主席) голова́; лі́дер; (Вели́кий) вождь; голова́ (пра́вительства, па́ртії).

주석(朱錫) о́лово. ¶ ~으로 만든 олов'я́ний; зро́блений з о́лова. ‖ ~도금 луді́ння; покриття́ о́ловом.

주석(註釋) комента́р; тлума́чення; анота́ція; (появлюва́льна) приміт́ка *на що*, комен́тування; гло́си [복]. |각주| застере́ження; підря́дкова приміт́ка. ¶ ~을 달다 дава́ти комента́ *до чого́*; роби́ти застере́ження *до чого́*. ‖ ~사전 тлума́чний словни́к.

주선 сприя́ння; по́слуга; інтерце́сія. ¶ ~하다 надава́ти по́слугу (допомо́гу).

주성분 основна́ (головна́) части́на *чого́*; основни́й компоне́нт. {어문} головні́ чле́ни ре́чення.

주세 пода́ток на алкого́льні напо́ї.

주소 адреса, місце проживання. ~ 불명 адреса невідома. ‖ ~록 адресна книга, список адрес.

주술 заклинання; змова (проти лих, нещасть). ‖ ~사 заклинач/ка.

주스 сік. ‖ 과일~ фруктовий сік. 오렌지~ апельсиновий сік.

주시 пильний погляд. ¶ ~하다 пильно спостерігати; дивитися випробовуючим поглядом; вдивлятися на *кого-що*.

주식(主食) основна їжа; основний продукт харчування.

주식(柱式) акція; фонди. ¶ ~을 양도하다 передавати акції. ~을 발행하다 випускати акції. ‖ ~거래 торгівля акціями. ~계약 фондові угоди. ~공개 пропозиція акцій. ~매매 біржові операції. ~발행 випуск акцій. ~배당 дивіденд від акцій. ~시장 фондова біржа. ~액면가 загальна вартість акцій. ~응모 підписка на акції. ~투자 інвестиція в акції. ~회사 акціонерне суспільство; акціонерна компанія.

주심 {스포츠} головний суддя; референ [불변]; головний екзаменатор.

주안점 місце, на яке акцентують. ~을 두다 робити головний упор на *що*.

주야 доба; день і ніч; весь час; не припиняючи. [형] добовий. ¶ ~교대로 작업하다 працювати в денну і нічну зміну. ~장천 일하다 працювати цілу добу.

주어 {언어학} підмет.

주어지다 даватися, надаватися.

주업 основне заняття (справа). ¶ ~에 종사하다 працювати за своєю професією.

주역 головна роль.

주연(酒宴) пір; бенкет; банкет. ¶ ~에 배석하다 обслуговувати на бенкеті. ~을 베풀다 давати (влаштовувати) бенкет.

주연(主演) виконання головної ролі. ¶ ~을 맡다 грати головну роль; виступати в головній ролі. ‖ ~배우 артист; виконуючий головну роль.

주옥 перла та яшма; дорогоцінний камінь. ¶ ~같은 글 блискучий витвір (труд).

주요→ 중요. ‖ ~산업 основні галузі промисловості. ~원료 основна сировина.

주워담다 збирати і класти; підбирати.

주워대다 говорити правдоподібно.

주워듣다 підслуховувати; ненавмисно підслуховувати. ¶ 주워들은 이야기 ненароком підслухана розмова.

주워모으다 збирати; |축적하다| накопичувати (гроші).

주원료 головна сировина.

주원인 головна причина; головний фактор. ¶ ~이 되다 служити головною причиною *чому*.

주위 округ; оточення; |인접부근| околиця; сусідство. ¶ ~의 оточуючий, прилеглий; сусідній. ~를 둘러싸다 оточувати. ~의 사람들 близькі люди. |이웃| сусіди. |친족| члени родини. |지기| друзі і знайомі.

주유(周遊) ¶ ~하다 подорожувати; об'їжджати.

주유 заправка. ¶ ~하다 заправлятися (бензином). ‖ ~소

заправний пункт; заправна станція. ~펌프 масляний насос.

주음(主音) {음악} тоніка, перший тон гами.

주의(主義) принцип; доктрина.

주의(注意) увага. |예고·경고| попередження. ¶ ~를 기울이다 звертати увагу *на кого*; поставити *кому що* на вид. ~를 끌다 привертати увагу, бути на виду у *кого*. …에 ~를 기울이다 приділяти (особливу) увагу *чому*. ~깊게 з увагою. || ~력 увага, зусередженність.

주인 власник; господар.

주인공 геро́й/и́ня. ¶ ~ 역을 하다 грати роль героя. ~인체 하다 зображати з себе героя.

주일(週日) Неділя. || 그리스도 고난~ страсна неділя. 부활절 ~ пасхальна неділя.

주일(主日) Неділя. ¶ ~마다 по неділях. || ~학교 релігійна недільна школа.

주임 завідувач; старший. |대표| голова.

주입 вдвівання. {의학} веле́ня. |주사| ін'єкція. {공학} залив; розлив. |감정·사상을 불어넣음| вселяння (надії), додання (хоробрості). |도입| впровадження. |인용·발췌| наношування. ¶ ~하다 вливати; заливати; впроскувати; впроваджувати; вселяти в *кого*, наносити.

주자학(朱子學) Чжусіанська філософія.

주작(朱雀) червоний сокіл.

주장(主張) |고수| наполягання. |요구| вимоги. |단언| установлення. ¶ ~하다 наполягати *на чому*, відстоювати, вимагати *чого*, стверджувати.

주장(主將) командуючий; капітан (команди). {군사} полководець.

주재(主宰) управління; керівництво. ¶ ~의 керуючий; командний; директивний; інструктивний. ~하다 керувати *ким-чим*, очолювати; начальствувати над *ким-чим*; управляти, завідувати. …을 ~하다 стояти на чолі *чого*. …의 ~하에 під керівництвом *кого*. || ~자 керівник; начальник; управляючий; інструктор; вождь [남].

주재(駐在) перебування. |단гкий| побивка [구어]. || ~원 постійний представник; агент.

주저 вагання (нерішучість); нерішучість; невпевненість. ¶ ~하다 вагатися в *чому*; не насмілюватися; [관용구] духу не вистачає у *кого*; |두려움 때문에| побоюватися *кого-чого*, боятися *кого-чого*. ~하면서 нерішуче; невпевненно. ~함이 없이 без вагання. 오랜 ~ 끝에 після довгих вагань. ~하는 걸음걸이 нерішуча хода.

주저앉다 плюхатися; тяжко сідати; опускатися. |붕괴되다| осідати; рушитися; руйнуватися; обвалюватися; провалюватися. ¶ 집이 ~ руйнується дім. 다리가 주저앉았다 міст обвалився.

주전(主戰) || ~파 прихильники війни.

주전부리 звичка їсти в неурочний час. ¶ ~하다 їсти в неурочний час.

주전자 чайник.

주절거리다 бовтати; цвірінькати; щебетати.

주절 {어문} головне речення.

주점 питний заклад; трактир; заїжджий двір.

주정 (винний) спир; хмільне; алкоголь [남].

주정꾼 п'яний бешкетник.

주정뱅이 (безпробудний; беспросипний) п'яниця; гультяй; алкаш; алкоголік. |주당| пияка.

주정하다 бешкетувати (грубіянити) в п'яному вигляді; напитися до зеленого змія; пиячити.

주제 головна (основна) тема; лейтмотив. ¶ ~를 바꾸다 перейти до іншої теми.

주제넘다 пихатий; чванливий; зухвалий; зарозумілий. ¶ 주제넘은 요구 зухвала вимога.

주조(鑄繰) лиття; відливання. ¶ ~하다 лити; відливати.

주종 головне та другорядне; пан та раб. ǁ ~관계 відношення між начальником та підлеглим.

주주 волода акції; акціонер. ǁ ~총회 акціонерна нарада.

주지(周知) ~의 загальновідомий; азбучний; само собою зрозумілим. ~하다 бути широко відомим.

주지(主知) ǁ ~론자 інтелектуаліст. ~주의 {철학} інтелектуалізм.

주지(住持) {종교} настоятель.

주차 паркування; стоянка автомобілів. ¶ ~위반 과태료를 부과하다 накласти штраф (штрафувати) за порушення правил паркування на стоянці. ~금지 стоянка заборонена. ǁ ~장 автостоянка.

주착 визначений погляд; визначена думка. ¶ ~없이 말하다 казати, що на думку спаде. ~을 부리다 чинити не замислюючись (легковажно).

주창 ініціатива. {음악} |선창| заспів. ¶ ~하다 брати на себе ініціативу; спонукати до активної діяльності. ǁ ~자 ініціатор; зачинатель; попередник.

주체 ¶ ~를 못하다 не справлятися з ким-чим; не збігатися з ким-чим; неможливо перебороти що; не подужати кого-що; не в змозі допомогти.

주체(主體) основа (головна) частина; самобутність. [형] самобутній. ǁ 민족 ~성 національна самобутність.

주초 початок тижня.

주최 ¶ ~하다 організовувати; влаштовувати. 만찬을 ~하다 влаштовувати обід в часть кого. ǁ ~자 упорядник; ініціатор; організатор.

주축(主軸) головний вал; головна вісь. ¶ ~이 되다 грати провідну (важливу) роль.

주춤 ¶ ~하다 різко зупиняти(ся); нерішуче рухатися; вагатися; не зважуватися. 결단을 ~거리다 вагатися в рішенні.

주춧돌 кам'яна подушка колони.

주치의 сімейний лікар.

주택 (житловий) дім; квартира; житло. [형] житловий. ǁ ~가 вулиця, забудована житловими будинками. ~난 труднощі з житлом; житлова проблема. ~지 житлова площа; житлоплоща.

주파(周波) {물리} цикл. ǁ ~수

{전기} частота́.

주판(珠板) рахівни́ця. ¶ ～으로 계산하다 рахува́ти на рахівни́цях.

주포{군사} головни́й калі́бр (на кораблі́).

주피터 Юпі́тер.

주필 головни́й (відповіда́льний) реда́ктор (газе́ти, журна́лу).

주해 → 주석. примі́тки; комента́рі тлума́чення. |각주| підрядко́ва примі́тка. ¶ ～하다 коментува́ти; тлума́чити;постача́ти; примі́тками.

주행(周行) ¶ ～하다 подорожува́ти; об'їжджа́ти.

주행(走行) пробі́г. ¶ ～하다 ру́хатися; зді́йснювати пробі́г. ‖ ～선 ходова́ части́на.

주형(鑄型) {야금} відливна́ фо́рма. ¶ ～을 뜨다 відлива́ти в фо́рмі.

주홍(朱紅) яскра́во-черво́ний (кармі́новий) ко́лір.

주화(主和) ‖ ～론 пацифі́зм. ～론자 пацифі́ст.

주화(鑄貨) моне́та. ¶ ～를 만들다 карбува́ти моне́ту. ‖ ～ 수집가 збира́ч моне́т.

주황 ко́лір апельси́ну; помара́нчевий ко́лів.

주효(奏效) ефе́кт, результа́т. ¶ ～하다 бу́ти ефекти́вним; прино́сити плоди́ (результа́ти).

죽(粥) рі́дка ка́ша; ка́шка. ¶ ～을 끓이다 вари́ти ка́шу. 식은 ～먹기 ду́же ле́гко вихо́дить.

죽(竹) бамбу́к.

죽다 |병사·자연사로| вмира́ти від *чо́го* (*чим*); розлуча́тися з життя́м; ухо́дити в і́нший світ [문어]. |자살하여| вби́ти се́бе; покі́нчити з собо́ю; позбавля́ти се́бе життя́; наклада́ти на се́бе ру́ки. |재난사로| ги́нути. |시계가 멈추다| зупиня́тися. |불빛이 꺼지다| га́снути. |장기의 말이 죽다| бу́ти загу́бленим. |힘을 소모하다| зника́ти, пропада́ти. ¶ 늙어 ～ вмира́ти від ста́рості. 굶어～ помира́ти від (з) го́лоду.

죽도 тренува́льний меч з бамбу́ка.

죽림 бамбу́ковий гай.

죽마고우 друг дити́нства.

죽순 пагонці́ бамбука́. ¶ 우후～같이 나온다 одноча́сно виника́ти (про рі́зні спра́ви).

죽음 смерть [여]; заги́бель [여]; поги́бель [여].

죽이다 вбива́ти; зни́щувати фізи́чно; позбавля́ти життя́; прибира́ти; віддава́ти сме́рті. |대량학살로| коси́ти; сі́яти смерть |불빛을| гаси́ти. |소리를| ослабля́ти; заглуша́ти. ¶ 속도를 ～ зме́ншувати шви́дкість; гальмува́ти. 발소리를 ～ заглуша́ти кроки́.

죽창 бамбу́ковий спис; бамбукова пі́ка.

준거하다 відмовля́тися наві́дрі́;, рішу́че відхиля́ти.

준결승 півфіна́л. ‖ ～전 півфіна́льне змага́ння; півфіна́льна гра.

준공 заве́ршення (кіне́ць) будува́ння; закі́нчення буді́вельних робі́т, вве́деня в ді́ю. ¶ ～하다 заве́ршувати (закі́нчувати) будівни́цтво; вво́дити в ді́ю. ‖ ～식 церемо́нія закі́нчення (заве́ршення) будівни́цтва.

준동(蠢動) закулі́сна ді́яльність, інтри́ги. ¶ ～하다 вести́ закулі́сну ді́яльність (інтри́ги).

자

준마 жва́вий кінь; скаку́н.

준법 дотри́мання зако́ну. ¶ ~하다 дотри́муватися зако́ну; слі́дувати зако́ну; притри́муватися зако́ну. ǁ ~성 зако́нність.

준비 підгото́вка. ¶ ~하다 готува́ти; приготува́ти. ~ 중이다 йде підгото́вка. ǁ ~ 작업 підготува́льна робо́та. 전쟁 ~ підгото́вка до війни́.

준설선 землесо́сний снаря́д (су́дно).

준수 дотри́мання. ¶ ~하다 дотри́мувати додержуватися; притри́муватися *чого*; слі́дувати *чому*; трима́тися *чого*; вітри́мувати.

준수(俊秀) ¶ ~하다 особли́вий; чудо́вий; визначни́й. ~한 청년 видатни́й хло́пець.

준엄 ¶ ~하다 стро́гий; суво́рий; крути́й; жорстки́й. |사람| невблага́нний. |원칙| ригорісти́чний.

준족 {동물} прудконо́гий кінь. {사람} га́рний кінь.

준준결승 чверть фіна́ла.

준칙 основне́ пра́вило.

준하다 притри́муватися; слі́дувати *чому*; бра́ти за осно́ву. ¶ …에 준 하여 у відпові́дності *з ким-чим*.

준행하다 ді́яти у відпові́дности (з встано́вленими но́рмами).

준회원 кандида́т у чле́ни. ¶ ~의 자́ро́м в я́кості кандида́та у чле́ни.

줄 моту́зка; шво́рка; шнур. |철사| дріт. |실| ни́тка. |현| струна́. |행렬| ряд, черга́; рядо́к; лі́нія. |띠| сму́жка. |연줄| зв'язки́ [복.]. ¶ ~을 서다 вступа́ди до лав; вишикува́тися в ла́ви. ~을 놓다 установля́ти зв'язки́. ǁ 고무~ гу́мка. 노끈~ паку́вальна моту́зка. 빨래~ білизня́на моту́зка. 철사~ залі́зний дріт.

줄거리 інтри́га. |구성적| сюже́т ро́зпові́ді. |순차적| фа́була. ¶ ~의 전개 ро́звиток сюже́ту.

줄기 (дерев'яний) стовбу́р; стебло́ [남]. |곁가지| відгалу́ження; па́росток. |산맥| ві́дріг (гори́). |수맥| струмі́нь. |기둥| стовп.

줄기차다 |끊임없이| невпи́нний; безперери́вний; безпереста́нний; безупи́нний. |강도있는| си́льний; могу́тній; поту́жній. |정력적인| енергі́йний; акти́вний. ¶ 줄기차 게 비가 내리다 невпи́нно і си́льно йде дощ; дощ ллє як з ведра́. 줄기차게 опира́тися сті́йко опира́тися.

줄다리기 перетяга́ння кана́та. ¶ ~ 하다 перетяга́ти кана́т.

줄달음치다 |빨리가다| бі́гти з усі́х, носи́тися як очмані́лий. |도망치다| утекти́; утекти́ без огля́дки, тіка́ти.

줄무늬 смуга́стий узо́р. ¶ ~ 있는 ткани́на сму́га́ста ткани́на. ~ 있는 가 ў смуга́стий хала́т.

줄어들다 зме́ншитися; збавля́тися *в чому*. |양·치수| скоро́чуватися; згорта́тися. |수| убува́ти,йти на убу́ток. |사그러들다| та́нути. |힘·속도| па́дати; зни́жуватися; пони́жуватися; зменува́ттися *в чо́му*; слабну́ти. ¶ 체중이 ~ убу́ти в вазі́. 거ри́ ~ ві́дстань зме́ншується. до́сті і ну лю́диції ~ зме́ншилось населення мі́ста зме́ншилось.

줄이다 зме́нувати; збавля́ти. |수·치 수를| скоро́чувати; згорта́ти; уріза́ти; зрі́зувати. |압축하다|

стискувати. |힘·속도를| знижувати; принижувати; зменшувати. ¶ 위험을 ~ зменшувати небезпеку. 지출을 ~ зменшувати затрати. 중량을 ~ зменшувати вагу. 예산을 ~ зменшувати бюджет. 기한을 ~ (단축하다) зменшувати термін. 속도를 ~ зменшувати швидкість.

줄자 вимірювальна стрічка. ¶ ~로 재다 вимірювати (вимірювальною) лентою.

줄잡다 |어림짐작| вимірювати на око. ¶ 줄잡아서 за скромними підрахунками.

줄짓다 побудуватися в лави; вибудовуватися.

줄타기 ходіння по канату. ¶ ~를 하다 ходити по канату.

줄행랑 ¶ ~치다 утікти; утекти без оглядки; рятуватися втечею.

줌 жменя. ¶ 한 ~의 모래 жменя піску.

줍다 збирати; підбирати. |새가 모이를| клювати.

중 {불교} чернець. ¶ ~처럼 금욕 생활을 하다 [익살] жити чернецем.

중(中) середина. ¶ 1월 ~순 середена січня. ‖ ~거리 середня дистанція.

중간 середина; проміжок. ¶ ~의 серединний. |사이의| проміжний; посередницький. |임시방편의| тимчасовий. ~에 в ході, в процесі. 일을 ~에 그만두다 кинути справу на середині. 인생의 ~에 в середині життя. ‖ ~검토 поточний контроль. ~층 проміжний шар; середня (проміжна) ступінь.

중개 соперéдництво. |화해| арбітраж; |중매| сватовство. ¶ ~로 з посередництва *кого*. ~하다 бути посередником *між чим*. ‖ ~업자 посередник, комісіонер, маклер.

중건 реконструкція; перебудова. ¶ ~하다 реконструювати; перебудовувати.

중견 ядро; кістяк. ¶ ~간부 основні кадри.

중계 ¶ ~하다 транслюватися; передавати (пересилати) *через*. ~망 трансляційна сітка. ~무역 реекспорт. ~방송 трансляція. ~방송국 трансляційна станція. ~소 ретрансляційний пункт. ~탑 ретрансляційна вежа. ~항 транзитний порт.

중고(中古) старість. ¶ ~의 старий; потриманий; ветхий; постарілий. ‖ ~품 потримана річ.

중공업 важка промисловість; важка індустрія.

중구(衆口) уста людей. ‖ ~난방 усім рота не заткнути.

중국 Китай. [형] китайський. ‖ ~어 китайська мова. ~인 кита́єць/янка.

중금속 тяжкий метал. ¶ ~폐기물 처리 обробка відходів тяжкого метала.

중기(中期) середній (проміжний) період; середня тривалість; {생물} метафаза.

중남미 Латинська Америка, Центральна та Південная Америка.

중년 середній вік; літній. ‖ ~여자 літня жінка.

중노동(重勞動) тяжкий фізичний

труд.

중늙은이 літня людина, людина середніх років.

중단 перерва; проміжок; пауза; інтервал. ¶ ~하다 припиняти; переставати; переривати.

중대(中隊) рота; ескадрон. ‖ ~장 командир роти.

중대(重大) ¶ ~하다 який має першорядне значення, важливий, значущий; вагомий; значний; принциповий; суттєвий. ~한 사건 історична (епохальна) подія.

중도 ¶ ~에 |길| по дорозі; на шляху. |과정| в ході; в процесі. ~에서 그만두다 кидати в процесі (роботи).

중도(中道) золота середина; помірність; міра. [형] помірний.

중독 отруєння інтоксикація; {의학} токсикоз; одурманювання. ¶ ~되다 отруюватися. |몰두하다| занурюватися у що, бути одурманенним. ¶ 식~에 걸리다 отруїтися їжею. 가스에 ~되다 отруїтися (задушливим) газом. 상한 생선에 ~되다 труїтися несвіжою рибою. 알코올 ~алкоголізм. ‖ ~성 токсичність, отруйність. 마약~자 наркоман. 알코올~자 алкоголік.

중동 Середній Схід.

중등 середній розряд; середня ступінь; середній ранг. ¶ ~ 교육 середня освіта.

중략 скорочення середньої частини (середини).

중량 вага. ¶ ~을 늘리다 набирати вагу. ~을 줄이다 скидати вагу. ‖ ~분석 {화학} ваговий аналіз. 총~ обна вага.

중력 тяжіння; {물리} сила тяжіння.

중론 суспільна думка; думка багатьох. ¶ ~에 의하여 вирішувати за думкою багатьох.

중류 середня течія; середина річки; |중간정도| середній розряд; середня категорія. ¶ ~사회 середні шари суспільства.

중립 нейтральна (проміжна) позиція; нейтралітет; невтручання. [형] нейтральний. ¶ ~을 지키ати дотримуватися нейтралітету. ~을 고수하ати бути нейтраль-ним; дотримуватися нейтралітету. 정치적 ~політика невтручання. ‖ ~국 нейтральна держава. ~선언 нейтралізація. ~정책 політика нейтралітету. 엄정~ суворий нейтралітет.

중매 сватання. ¶ ~하다 сватати кого кому (кого за кого). ‖ ~인 сват, ~ха.

중반전 середня фраза. ¶ 선거가 ~에 접어들었다 вибори вступили в середню фазу.

중벌 суворе (тяжке) покарання; тяжкий гріх. ¶ ~에 처하ати піддавати покаранню. ~을 받다 підлягати суворому покаранню.

중범 тяжкий злочин; небезпечний злочинець.

중병 важке захворювання; серйозна хвороба. ‖ ~환자 тяжкохворий.

중복(中伏) 2-ий спекотний день літа.

중복(重複) повторення; повтор; тавтологія; подвоєння; збіг; |부정적| рецидив. ¶ ~하다 повторювати; заводити; подвоювати. ~된 повторний.

중부 центральна частина. ¶ ~지방

центра́льний райо́н.

중사 сержа́нт.

중산계급 сере́дні проша́рки суспі́льства.

중산모 казано́к (капелю́х).

중상(中傷) на́клеп, нагові́р; {пра́во} обмо́ва; на́клеп; клевре́та; |비방작품| паскві́ль [нам]. ¶ ~의 накле́пницький; обмо́вницький. ~하다 заво́дити на́клеп; говори́ти на́клеп (обмо́ву) на *кого́*; обмовля́ти *кого́*; чорни́ти *кого́*; очо́рнити *кого́*; наговорюва́ти. ~적 보도 накле́пницьке повідо́млення.

중상(重傷) тяжке́ (серйо́зне) пора́нення; тяжка́ ра́на. ¶ ~을 입다 отри́мувати тяжке́ пора́нення; смерте́льно пора́нений. ‖ ~자 тяжкопора́нений.

중상주의 мерканти́ли́зм; користолю́бство; торга́шество. ¶ ~의 меркантильний; кори́сливий.

중생(衆生) все су́ще; усі́ живі́ істо́ти.

중생대 мезо́йська е́ра, мезозо́й.

중석 {хімія} вольфра́м; тяжки́й ка́мінь, шеелі́т.

중성 нейтра́льність; {грам.} сере́дній рід; {біол.} безстате́вість; безстате́ва осо́ба. ‖ ~반응 {хімія} реа́кція нейтраліза́ції. ~화 нейтраліза́ція.

중성자 {фіз.} нейтро́н.

중세(重稅) тяжкі́ пода́тки; тяга́р пода́тків. ¶ ~부담 тяга́р тяжки́х пода́тків.

중세 середньові́ччя. ‖ ~기 середньові́чні столі́ття. ~사 істо́рія середньові́ччя.

중소기업 сере́дні та дрібні́ підприє́мства.

중수(重水) {хімія} тяжка́ вода́.

중수(重修) |수리| ремо́нт; ла́годження; ви́правлення. |복원| реставра́ція.

중순 дру́га дека́да (мі́сяця).

중시 ¶ ~하다 надава́ти зна́чення *чому́*.

중심 |복판| сере́дина; центр; зосере́дження. |초점| фо́кус. |중핵| ядро́; центр. |평형| рівнова́га. ¶ ~을 잃다 втрача́ти рівнова́гу. ‖ ~사상 основна́ ду́мка; головна́ іде́я. ~인물 центра́льний персона́ж, головне́ обли́ччя.

중심(重心) центр ваги́. [형] центрови́й.

중압 вели́ке ти́снення. |부담| тяжка́ до́ля.

중앙 центр. |권력기구| центра́льний о́рган. ¶ ~의 центра́льний. ~에서 в це́нтрі *чого́*. ‖ ~공격수 центра́льний напада́ючий. ~아시아 Сере́дня А́зія. ~은행 центра́льний банк. ~집권화 централіза́ція.

중역(重役) член правлі́ння (директора́ту); дире́ктор-розпоря́дник; управля́ючий; генера́льний дире́ктор. ‖ ~회의 правлі́ння; нара́да директорі́в.

중엽 сере́дина (столі́ття, епо́хи); сере́дній лист.

중요 важли́вість; зна́чність. ¶ ~시 하다 надава́ти важли́ве (серйо́зне) зна́чення. ‖ ~성 важли́вість.

중용 помі́рність; золота́ сере́дина; сере́дня лі́нія. ¶ ~적 노선을 취 하다 доти́римуватися сере́дньої лі́нії.

중용(重用) ¶ ~하다 призначати *кого* на відповідальний пост.

중위(中尉) {군사} лейтенант.

중유 тяжкі олії, мазут.

중이 середнє вухо. ‖ ~염 запалення середнього вуха.

중임 |중한 책임| важливе (відповідальне) завдання; серйозний (тяжкий) обов'язок, відповідальний пост. |재임| повторне призначення. ¶ ~을 수행하다 виконувати серйозні зобов'язання. 그는 ~을 맡고있다. Він займає відповідальний пост.

중장(中將) {군사} генерал-лейтенант; віце-адмірал.

중장비 важке обладнання (спорядження).

중재 {금융} арбітраж; третейський суд. ¶ ~하다 виносити арбітражне рішення; примиряти; улагоджувати. ‖ ~국 арбітр. ~재판 арбітраж, арбітражні розгляд. 외환~ валютний арбітраж. ~인 арбітраж; третейський суддя; третейське рішення; примірник.

중전 королева.

중절 {의학} передчасне припинення вагітност; викидень; (штучний) аборт. |동물| недоносок. ¶ 임신~을 하다 мати викидот; робити аборт; переривати вагітність.

중절모 фетровий капелюх.

중점 середня точка.

중점(重點) важливий пункт; суть (справи); найістотніші факти. ¶ ~적 переважний; першочерговий. ~적으로 переважно; в першу чергу. ~을 두다 приділяти особливу увагу *чому*.

중죄 тяжкий (кримінальний) злочин. ¶ ~를 저지르да коїти кримінальний злочин.

중지(中止) припинення; призупинення; перерва; скасування. ¶ ~하다 призупиняти; припиняти; кінчати; скасувати.

중지(衆智) народна мудрість.

중진국 розвиваюча країна.

중창 хорова пісня в гомофонічному стилі.

중책 |책임| велика відповідальність; |책망| сильний докір.

중천 високе небо; кульмінація.

중첩 повторення.

중추 важлива (необхідна) частина. ‖ ~신경 центральна нервова система.

중추(中秋) 15-е число 8-го місячного місяця.

중축 центральна вісь.

중축(重築) ¶ ~하다 будувати (новий дім) на місці старого; відновлюючи в таком ж вигляді.

중층 середній слой.

중태 |환자| важке змагання.

중턱 середина (горба, гори).

중퇴 ¶ ~하다 кидати навчання; припиняти навчатися.

중풍 {의학} апоплексичний удар.

중학교 середня школа; середні класи.

중핵 ядро, центральна частина атома; |중점| суть; сутність.

중형(重刑) суворе покарання. ¶ ~을 선고하다 присуджувати *кого* до суворого покарання.

중혼 бігамія; двоєженство; двошлюбність.

중화 урівноваженість; помірність;

{화학} нейтралізація.

중화기 важка зброя.

중화학공업 тяжка хімічна промисловість.

중환 тяжка хвороба.

중후 солідність та великодушність. ¶ ~하다 солідний; великодушний.

중흥 відродження; реабілітація.

쥐 {동물} миша; мишеня; мишка; пацюк. ¶ ~를 잡다 ловити мишей. ~ 죽은 듯이 조용한 тихий; яка миша; в мертвій тиші. || ~구멍 мишина(щуряча) нора. ~덫 мишоловка. ~색 темно-сірий колір. ~약 отрута для цькування мишей. 들~ польова миша.

쥐 |마비| судома; спазм; конвульсія. ¶ ~가 나다 поява спазмів.

쥐다 брати *що* (в руку); тримати *що* (в руці); захоплювати *що*.

쥐라기 {고생물} юрський період.

쥐뿔 незначна річ; дрібниця. ¶ ~도 없다 хоч шаром покатати. ~도 모른다 Ні чорта не знати.

쥐어뜯다 щипати; висмикувати; відривати; віддирати.

쥐어박다 тикати (кулаком).

쥐어흔들다 потрясати *чим*.

즈음 в той час; коли. ¶ ~하여 з нагоди; в зв'язку з *чим*.

즉 тобто; а саме.

즉각 негайно; відразу ж.

즉결 швидкі рішення. || ~처분 самосуд.

즉답 невідкладна відповідь. ¶ ~하다 негайно (невідкладно, відразу ж) відповідати.

즉사 миттєва смерть. ¶ ~하다 загинути в один момент (на місці), тут же померти.

즉석 тут же на місці; експромтом; без підготовки.

즉시 негайно; відразу ж.

즉위 сходження; вступ на престол. ¶ ~하다 вступати на престол. || ~식 церемонія вступу на престол; коронація.

즉효(即效) миттєва дія (ліків), негайний ефект.

즉흥(即興) імпровізація; експромт. ¶ ~적 імпровізований. || ~곡 імпровізація; експромт. ~연주 імпровізація.

즐거움 задоволення; насолода. ¶ 큰 ~을 찾다 знаходити велике задоволення *в чому*. ···에게 ~을 주다 доставляти *кому* задоволення. 감각적/육체적 ~ почуттєва/фізична насолода.

즐겁다 задоволений; радісний; приємний.

즐겨 |자진하여| охоче; з готовністю; добровільно; |자주| часто.

즐기다 полюбляти; захоплюватися *чим*; насолоджуватися *чим*; добре проводити час; радіти.

즐비하다 розташування в ряд.

즙 сік. ¶ ~을 내다 вичавлювати сік.

증가 збільшення; ріст; множення; |두배의| подвоєння; зростання; збільшення вдвічі. ¶ ~하다 рости; збільшуватися. 현저한 ~ помітне (відчутне) збільшення.

증감 збільшення та зменшення.

증강 підсилення; укріплення; |병력| підкріплення; поповнення.

증거 підстава; дані; факти; ознака(и); свідчення; докази [복].

¶ ~가 되다 свідчити; служи́ти до́казом.

증권 ці́нні папе́ри.

증기 (водяни́й) пар. ‖ ~선 паропла́в, парове́ су́дно.

증대 розши́рення; збі́льшення; ро́звиток.

증류 дистиля́ція; перегання́ння; ректифіка́ція. ‖ ~기 ректифіка́йне обла́днання.

증명 до́каз; підтве́рдження. ¶ ~하다 дока́зувати. ~해 보이다 наво́дити до́кази. ‖ ~서류 документа́льний до́каз.

증발 |증기| випаро́вування. |사라짐| зни́кнення.

증보 дода́ток до кни́ги.

증빙 пока́зання свідка́; свідо́тське пока́зання як до́каз.

증산 збі́льшеня ви́пуска проду́кції.

증상 |기미| симпто́м; зо́внішня озна́ка; сві́доцтво. |예측·전도| прогно́з.

증서 дипло́м; сві́доцтво; {법률} письмо́ве пока́зання.

증설 розши́рення; збі́льшення буді́вель; прибудува́ння. ¶ ~하다 додатко́во будува́ти.

증세 → 증상.

증손 праву́нк.

증압 підви́щення ти́ску; надавлю́вання; нати́снення; сти́снення. ¶ ~시키다 нажа́ти (надавлю́вати) си́льніше.

증액 збі́льшення гроше́й. ¶ ~하다 збі́льшувати су́му гроше́й.

증언 показа́ння свідка́; показа́ння свідка́ як до́каз. ¶ ~하다 сві́дчити про *що*.

증여 переда́ча в дар; дар; поже́ртвування. ¶ ~하다 передава́ти *що* в дар *кому*.

증오 не́нависть. ¶ ~하다 ненави́діти. ~를 품고 있다 відчува́ти не́нависть до *кого*. ~에 사로잡힌 охо́плений не́навистю.

증원 збі́льшення персона́ла (шта́та, ка́дрів).

증인 сві́док; очеви́дець *чого*. ¶ ~으로 소환하다 виклика́ти *кого* в я́кості свідка́; приклика́ти у сві́дки. ‖ ~선서 приве́дення свідка́ до прися́ги. 위~ фальши́вий сві́док.

증자 збі́льшення капіта́ла.

증정 подару́нок; підно́шення. ¶ ~하다 дарува́ти.

증지 клеймо́; маркува́ння.

증진 сприя́ння (ро́звитку), заохо́чення; підбу́рювання.

증축 прибудува́ння.

증파 підкрі́плення; попо́внення.

증폭 розши́рення; допо́внення до ска́заного; ампліфіка́ція.

증표 письмо́ве сві́дчення; письмо́ве засві́дчення фа́кта.

지각 сприйня́ття; відчуття́; зда́тність сприйня́ття. ‖ ~기관 о́ргани сприйняття́.

지각(地殼) земна́ кора́; поверхне́ві відкла́дення.

지각(遲刻) запі́знення.

지갑 гамане́ць; га́ман. ¶ ~이 가볍다 худи́й гамане́ць.

지게 пристосува́ння для перене́сення вантажу́ на спи́ні.

지겹다 |지루함| нудни́й. |피곤함| утомли́вий.|지긋지긋함| набри́дло.

지경 |경계| межа́. |형편| поло́ження. ¶ …할 ~에 처해있다 бу́ти на межі́ *чого*; підляга́ти *чому*.

지고 вели́чність; підви́щення;

зверхність.

지구(地球) Земля, світ; в якому ми живемо; земна куля. ¶ ～표면 поверхня Землі.

지구(地區) округ; район; ділянка. ¶ 선거～ виборча ділянка.

지구(持久) витривалість; стійкість; терплячість; довготерпіння. ‖ ～력 сила витривалості.

지구전 війна на виснаження.

지국 філіал; відділення.

지극하다 крайній; надзвичайний; величезний.

지극히 дуже; надто; вельми.

지근 ¶ ～거리 недалеко; невелика відстань.

지금 теперішнє (час); зараз; тепер.

지급(支給) постачання; забезпечення; |돈| платіж. ¶ ～하다 постановляти; передбачати; забезпечувати; платити.

지급(至急) срочність; невідкладність; першо (черговість), невідкладність. ¶ ～의 терміновий, невідкладний.

지긋지긋 ¶ ～하다 нестерпний; нудний; стомливий. ～한 일 нудна робота. ～한 날씨 огидна погода.

지긋하다 літній. ¶ 나이가 ～이 들다 бути в літах (літнім).

지기(知己) |아는 사람| знайомий. | 가까운 친구| близький друг.

지껄이다 базікати; поговорюватися; розголошувати; розпускати язика.

지나가다 проходити; минати; відходити в минуле. |시간| протікати; пролітати. |매우 느리게| повзти. |기간| минати. |통과| проходити.

지나다 ¶ …에 지나지 않다 лише тільки; всього лише. 그것은 변명에 지나지 않는다. Це лише виправдання.

지나치게 занадто. ¶ ～ 똑똑하다 занадто розумний. ～ 먹다 переїдати; об'їдатися.

지나치다 перевищувати; перевершувати; бути надмірним (зайвим).

지난 минулий; останній; колишній. ¶ ～ 달에 минулого місяця. ～번 에 минулого разу; на днях.

지난(至難) велика трудність. ¶ ～하 다 немислимо трудний.

지남철 магніт; намагнічений предмет.

지내다 проводити час; жити; служити; обходитися. ¶ 하루를 ～ проводити день. 외투없이 ～ обходитися без пальто.

지네 багатоніжка; стонога.

지능 інтелект; розумові здібності. ‖ ～검사 перевірка розумовий здібностей. ～지수 показник розумових здібностей.

지니다 |소지하다| носити; мати при собі; |기억하다| берегти (тримати) в пам'яті. ¶ 마음에 ～ берегти в душі. 무기를 ～ бути озброєним.

지다 |패배| терпіти поразку; програвати. |굴하다| поступатися; здаватися. ¶ 지기 싫어하는 упертий; непохитний. 지기 싫어 하는 성격 непохитний характер. 소송에서 ～ програвати судовий процес. 유혹에 ～ піддаватися спокусі.

지다 |꽃・잎이| падати; в'янути. |달・ 해가| заходити. |사라지다| зникати; вимирати. |죽다| вмирати. ¶ 해가 ～. Заходить сонце. 해가

질 무렵 у сутінках.

지다 |그늘| затінювати. |얼룩| плямувати; бруднити.

지다 |짐| звалювати *що* на спину; нести *що* на спині. |빚·신세| бути зобов'язаним; повинен *кому*. |책임| нести відповідальність.

지당(至當) ¶ ~하다 цілковито природно; цілком правильній; належний; відповідний.

지대(地帶) зона; район; пояс; смуга. || 공장~ індустріальний район. 녹~ зелений пояс. 비무장~ демілітаризована зона. 산악~ гориста зона. 주택~ житлий квартал. 중립~ нейтральна зона.

지대(地代) земельна рента; ціна на землю.

지대공 ¶ ~미사일 ракета «земля-повітря».

지대장 командир загону.

지대지 ¶ ~미사일 ракета «земля-земля».

지대하다 величезний; колосальний; здоровенний. ¶ 지대한 관심사 величезний інтерес.

지덕(智德) мудрість.

지도(地圖) (географічна) карта. ¶ 상세한 ~ докладка карта. ~를 보다 читати карту. 백분의 일 ~ масштаб карти – одна сота. ~를 따라 가다 рухатися по карті. || 도로~ карта доріг. 세계~ карта світу. 역사~ історична карта.

지도(指導) керівництво; управління; інструктаж; {스포츠} тренерська праця. ¶ ~적 який рекує. ~하다 керувати. …의 ~아래 під керівництвом *кого*. || ~교수 науковий керівник; професор-консультант. ~기관 керівний орган. ~력 здібності до керування. ~방침 керуючий принцип. ~층 керівні кола. 개인 ~ приватне навчання; індивідуальна консультація. ~자 керівниц; лідер; інструктор.

지독하다 отруйний; їдкий; злісний; жахливий; жорстокий. 지독한 모욕 груба образа. 지독한 구두쇠 жахливий скнара. 지독한 추ивий лютий холод 지독한 날씨 жахлива погода.

지동(地動) землетрус. ¶ ~설 геліоцентрична теорія.

지랄 епілептичний припадок; ска;, божевілля. ¶ ~하다 битися в припадку епілепсії; божеволіти; казитися.

지략 розум; винахідливість; дотепність. ¶ ~이 풍부한 사람 винахідлива людина.

지렁이 земляний (дощевий) черв'як.

지레 важіль. || ~작용 дія важелю.

지레 занадто рано, заздалегідь.

지력(智力) розумові здібності, інтелект.

지력(地力) родючість.

지령(指令) директива; розпорядження; наказ; указ; розпоряджання. ¶ ~적 директивний, обов'язковий. ~을 내리다 давати наказ. || 비밀~ таємний наказ.

지령(紙齡) номер газети (журнала), кількість днів.

지론(持論) складена думка; давне переконання. ¶ ~을 굽히지 않다 відстоювати свою думку (переконання).

지뢰(地雷) мі́на; фуга́с. ¶ ~를 설치하다 встано́влювати мі́ну. ~를 폭파하다 наступа́ти на мі́ну. ‖ ~밭 мі́нне по́ле. ~탐지기 міношука́ч.

지루하다 висна́жливий; нудни́й; набри́дливий; нудни́й.

지류(支流) припли́в.

지르다 |소리| крича́ти; го́лосно співа́ти; |때리다| з си́лою ударя́ти; ти́кати; пха́ти. |넣다| втика́ти; встро́млювати; усо́вувати. |빗장| закрива́ти две́рі на за́сув. |불| розво́дити; |질러가다| йти навпросте́ць. ¶ 고함을 ~ крича́ти. 발로 정강이를 ~ ударя́ти кого́ по нога́м. 빗장을 ~ замика́ти две́рі на за́сув. 집에 불을 ~ підпа́лювати дім.

지름 діа́метр. ‖ 반~ ра́діус.

지름길 найкоро́тший (прями́й) шлях; доро́га навпросте́ць. ¶ 성공에의 ~ найкоро́тший шлях. 우린 ~로 왔다 ми ї́хали прямо́ю доро́гою.

지리(地理) хара́ктер місце́вості; географі́чні особли́вості. [형] географі́чний. ¶ ~적 환경 географі́чне середо́вище. ‖ ~좌표 географі́чна координа́та. ~학 топогра́фія, геогра́фія.

지리멸렬 ¶ ~하다 спра́ва трі́щить; незв'я́зний; непослідо́вний; пу́таний.

지망(志望) пра́гнення; мрі́я. ¶ ~하다 бажа́ти; пра́гнути; подава́ти зая́ву. 외교관을 ~하다 мрі́яти ста́ти диплома́том.

지망자 зая́вник; кандида́т; претенде́нт.

지맥(地脈) мінера́льна жи́ла; шар; шлях ру́ху ду́ха землі́.

지맥(支脈) відрі́ги; відгалу́ження.

지면(誌面) сторі́нка журна́лу. ¶ ~에 в журна́лі. ~에 발표하다 розміща́ти *що* в журна́лі.

지면(知面) знайо́ме обли́ччя. ¶ ~이 있다 бу́ти знайо́мим з *ким*.

지명(地名) географі́чна на́зва.

지명(指名) призна́чення. ¶ ~하다 признача́ти *кого́ ким*, виклика́ти висува́ти. ‖ ~권 пра́во висува́ти (кандида́та). ~수배 розшу́куваний мілі́цією.

지모 винахі́дливість; спри́тність. ¶ ~가 풍부한 사람 доте́пна люди́на. ~가 뛰어난 사람 надзвича́йно винахі́длива люди́на.

지목(地目) класифіка́ція земе́льних діля́нок. ‖ ~변경 перекласифіка́ція зіме́льних діля́нок.

지목(指目) вка́зання; пока́зання. ¶ ~하다 назива́ти; ука́зувати; пізнава́ти. ⋯를 범인으로 ~하다 впізнава́ти *кого́* зло́чинцем.

지묘 ¶ ~하다 чудо́вий; розкі́шний; прекра́сний.

지문(指紋) відби́тки па́льців. ¶ ~을 찍다 прикла́дати па́лець. ~을 채취하다 зніма́ти відби́тки па́льців.

지물포 папе́ровий магази́н.

지반(地盤) ґрунт; земля́. |기반| осно́ва; фунда́мент; ба́за. ¶ 단단한 ~ міцни́й ґрунт. ~을 굳히다 укрі́плювати осно́ву. ‖ ~침하 осіда́ння ґру́нта.

지방 місце́вість; райо́н; о́бласть, прові́нція; перифе́рія. ¶ ~의 місце́вий; провінці́йний. ‖ ~분권 децентраліза́ція вла́ди. ~색 місце́вий колори́т; провінціалі́зм. ~선거 ви́бори в місце́ві о́ргани влади. ~세 місцевий податок. ~자치 місцеве самоврядування.

지방(脂肪) жир; сало. |기름| мазь [여]. ¶ ~질의 жирний. ~이 많은 음식 жирна їжа. ‖ ~과다증 ліпоз; ліпоматоз. ~분해 {화학} ліполиз. 식물성 ~ рослинна олія.

지배 керівництво; завідування; панування; правління. ¶ ~적 пануючий. ~하다 керувати ким-чим; завідувати чим; панувати над ким-чим. правити ким-чим; управляти ким-чим. ~를 받다 бути під контролем. 여론을 ~다 впливати на суспільну думку. 감정에 ~되다 піддаватися почуттям. ‖ ~계급 пануючий клас. ~력 влада; панування. ~인 завідувач; розпорядник; менеджер. ~자 правитель; управитель; пан; господар.

지변 катаклізми природи.

지병 хронічна хвороба. ¶ ~을 앓다 страждати від хронічної хвороби.

지부 відділення; філіал; секція. ~장 начальник відділеня (філіала).

지분(持分) власний капітал. ¶ ~을 갖다 мати власний капітал. ~을 행사하다 використовувати власний капітал; розпоряджатися власним капіталом.

지불 сплата; виплата; платіж. ¶ ~하다 видавати; платити за що. 입장료를 ~하다 платити за вхід. ‖ ~수단 платіжні кошти.

지붕 дах. ‖ 기와 ~ черепична покрівля. 둥근 ~ купол.

지사(支社) відділення компанії;

філіал. ‖ ~장 директор філіала.

지사(志士) патріот, борець.

지사(知事) місцевий правитель; губернатор.

지상(至上) найвищий; верховний; вищий. ‖ ~권 верховна влада. ~명령 розпорядження президента.

지상(地上) ¶ ~의 наземний. ‖ ~군 наземні війська. ~낙원 земний рай. ~작전 наземні бойові дії. ~핵실험 ядерні випробування на землі.

지상(紙上) ¶ ~에 …의 на сторінках газети; у друку; у пресі.

지새다 |동이 트다| світати. |묶다| ночувати. ¶ 밤을 꼬박 ~ не спати всю ніч. 날을 새며 일하다 працювати всю ніч безперервно.

지서(支署) |부서| філіал; місцеве відділення. |경찰서| поліцейська дільниця.

지석 напис на надгробному камні.

지선(至善) вище благо.

지선(支線) залізнична гілка.

지성(至誠) щиросердечність; великі зусилля; величезна старанність. ¶ ~껏 з найбільшою щирістю; з величезним старанністю. ~이면 감천이다 терпіння та труд все перетруть.

지성(知性) розум; здоровий глузд; інтелект. ¶ ~적인 інтелігентний; інтелектуальний. ‖ ~인 інтелігент.

지세(地勢) характер місцевості.

지세(地稅) земельний податок.

지속 підтримка; безперервність; тривалість. ¶ ~적 тривалий; довготривалий. ~하다 |유지하다| підтримувати; берегти. |계속하다|

продовжувати. ~되다 продовжуватися; тривати. ‖ ~기간 тривалість.

지수(指數) показник; індекс. ‖ 물가~ індекс цін. 불쾌~ індекс дискомфорта. 소비~ індекс споживання.

지시 вказівка *на що*; розпорядження; директива. ¶ ~하다 вказувати; показувати; давати директиву (вказівку). ~에 따라 за вказівкою. ~에 따르다 виконувати поручення. ~를 기다리다 чекати розпорядження. ‖ ~대명사 вказівний займенник. ~문 письмова вказівка.

지식 знання; освіченість; мудрість. ¶ ~이 있는 освічений; добре освічений; знаючий. 단편적인 ~ неповні зведення *про що*. ~을 쌓다 накопичувати знання. ‖ ~인 освічена людина. ~층 інтелігенція.

지신 дух землі.

지압 масаж. ¶ ~하다 робити *кому* масаж пальцямі. ‖ ~술 масажні прийоми.

지어내다 |말을| вигадувати; складати; |만들다| робити; виробляти.

지엄 незвичайна суворість. ¶ ~하다 дуже суворий.

지엔피(GNP) валовий національний продукт, ВНП.

지역 район; зона; область. ¶ ~적 місцевий; районний; регіональний. ‖ ~대표 делегація района. ~방어 захист зони (района).

지연(地緣) місцевий зв'язок; регіоналізм. ¶ ~을 따지다 враховувати місце народження.

지연(遲延) затягання; затримка; відстрочення. ¶ ~하다 |늦추다| затримувати; баритися. |연기하다| відстрочувати; вікладати. ‖ ~작전 штучна затримка.

지열(地熱) теплота земних надр; теплота земної поверхні. ¶ ~의 геотермальний; геотермічний. ‖ ~발전소 геоматрична електростанція.

지엽(枝葉) |잎| гілки та лисття. |부차적인| незначні деталі; неважливі справи. ¶ ~적인 문제 стороннє (побічне) питання.

지옥 пекло. ¶ ~같은 пекельний. ~과 극락 пекло та рай. ~에 떨어지다 потрапляти в пекло. ‖ 생~ справжнє пекло. 교통~ чортячі пробки. 시험~ нестерпні іспити.

지온 температура земних надр.

지우개 пральна гумка; ганчірка; ластик.

지우다 |짐을| вантажити; навантажувати *кого-чого чим* (*кого-що на кого-що*). |의무·책임을| доручати; покладати обов'язки. |흔적을| витирати; стирати. |낙태하다| робити аборт.

지원(志願) бажанн;, прагнення. ¶ ~하다 бажати; прагнути; подавати. 입학을 ~하다 вступати. ~을 받아 들이다 приймати *кого куди*. ‖ ~병 доброволець; волонтер. ~자 заявник.

지원(支援) підтримка; допомога. ¶ ~하다 підтримувати *кого*; допомогати *кому*; надавати підтримку. 정신적인 ~ моральна підтримка. 적극적인

～ активна допомога. ‖ ～부대 підтримуюча части; допоміжні війська.

지위 місце; посада; положення; позиція; статус; пост; чин. ¶ ～를 얻다 отримувати посаду. ～를 잃다 втрачати посаду. 여성의 사회적 ～가 향상되었다. Суспільне положення жінок повищилось. 사회적 ～ суспільне положення.

지은이 автор, письменник.

지인(知人) знайомий; приятель.

지자기(地磁氣) земний магнетизм.

지장(支障) |장애| перешкода; завада. |곤란| проблема. |해로운| шкода; збиток. |불편| незручність. ¶ ～을 주다 заважати; перешкоджати.

지장(指章) вібиток пальця. ¶ ～ (지문)을 찍다 ставити відбитки пальців.

지장(智將) винахідливий генерал; мудрий полководець.

지저귀다 щебетати; цвірінькати; співати.

지저분하다 брудний; неохайний.

지적(指摘) вказування; зауваження. ¶ ～하다 вказувати, робити зауваження. 위에 ～한 바와 같이 як зазначе вище; вищевказаний, вищезгаданий.

지적(地籍) земельний реєстр. ‖ ～도 план зімельних ділянок.

지적(知的) інтелектуальний. ¶ ～능력 розумові здібності. ～ 활동 розумова діяльність. ‖ ～ 재산권 право на інтелектуальну власність.

지점(支店) відділення; філіал.

지정(指定) призначення; уповноваження. ¶ ～하다 призначати. 날짜(장소)를 ～하다 призначати дату (місце). ‖ ～석 замовлене місце. ～일 призначений день.

지정학 геополітика. [형] геополітичний. ‖ ～자 геополітик.

지조(志操) вірність, відданість, лояльність. ¶ 정치적 ～ політична вірність. ～가 없는 사람 невірна людина.

지주(地主) поміщик; землевласник.

지주(支柱) стойка; підпірка; опора.

지주(持株) акції. ‖ ～회사 акціонерне товариство.

지중해 Середземне море. ¶ ～의 середземноморський.

지지(支持) підтримка; опора. ¶ ～하다 підтримувати; підпирати; додавати сил. 국민의 ～를 얻다 користуватися підтримкою народа. ‖ ～자 прихильник.

지지(地誌) топографія.

지지(遲遲) повільність. ¶ ～부진하다 йти черепашачою ходою.

지지다 |생선을| гасити. |고기를| смажити (на сковорідці). |인두로| припікати; |퍼머하다| завивати.

지지리 страшно; жахливо. ¶ ～도 못난 얼굴 жахливо потворне обличчя.

지진(地震) землетрус. ¶ ～의 сейсмічний. 약한 ～ слабкий землетрус. 진도 3의 ～ землетрус силою в три бала. ～피해를 보다 постраждати від землетрусу. ‖ ～계 сейсмограф. ～관측소 сейсмічна станція. ～대 сейсмічна зона. ～파 сейсмічні хвилі. ～학 сейсмологія. ～학자 сейсмлог.

지진아(遲進兒) слабоумна дитина.

지질(地質) характер ґрунта; стан ґрунта. ‖ ～학 геологія. ～학자 геолог.

지질(紙質) якість паперу.

지참(持參) ¶ ~하다 нести *що* з собою; везти *що* з собою; брати з собою.

지척 невелика відстань. ¶ ~에 있다 рукою подати. ~을 분간할 수 없는 어둠 темрява непроглядна.

지천(至賤) ¶ ~하다 |천한| найнижчий; |흔한| рясний; щедрий; ~으로 матися в величезній кількості.

지청(支廳) місцевий офіс; місцеве відділення.

지체 походження; рід. ¶ ~가 높다 високе походження.

지체(肢體) кінцівки [复]. ¶ ~가 부자유한 кульгавий; ушкоджений. ‖ ~장애자 інвалід; каліка.

지체(遲滯) затримка; припинення; відкладання; відстрочення. ¶ ~하다 затримувати; відстрочувати; відкладати. ~없이 відразу ж; негайно.

지축(地軸) земна вісь.

지출(支出) витрати. ¶ ~하다 оплачувати; витрачати. 수입과 ~ прибутки та витрати. ‖ 공공 ~ державні витрати.

지층(地層) пласт; шар. [형] стратиграфічний.

지치다 |피로한| втомлений; стомлений. ¶ 그는 죽도록 지쳐 있다. Він втомився до смерті.

지치다 |얼음을| ковзати по льоду.

지침 установлення; вказівник; індекс; показник. |길잡이| путівник. ‖ ~서 довідник.

지칭 називати; призначати.

지켜보다 спостерігати *кого*, стежити *за ким-чим*.

지키다 |호위하다| охороняти; захищати; сторожити. |관찰하다| спостерігати, стежити *за ким-чим*; |규율을| дотримуватися. |약속을| виконувати. 자신의 이익을 ~ захищати власні інтереси. 법을 ~ дотримуватися закону. 약속을 ~ стримати обіцянку. 신의를 ~ залишатися вірним. 침묵을 ~ мовчати, зберігати мовчання.

지킴 охорона; захист; спостереження; дотримання; збереження.

지탄 докір; засудження. ¶ ~하다 засуджувати; обвинувачувати; гудити *за що*; обсипати *кого*; докорами; докоряти *кого в чому*. ~받다 засуджувати *кого*.

지탱 ¶ ~하다 підтримувати; підпирати. 집안을 ~ утримувати родину. 몸을 ~하다 триматися на ногах.

지판 нижня дошка труни.

지팡이 палиця; ціпок.

지퍼 (механічна) застібка; застібка-блискавка, блискавка. ¶ ~를 채우다 застібати на блискавку. ~를 푸르다 розстібати блискавку.

지평선 горизонт; лінія горизонту.

지폐 банкнота; паперові гроші, купюра.

지표(地表) поверхня Землі.

지표(指標) індекс.

지푸라기 соломка. ¶ 물에 빠지면 ~라도 잡는다. [속담] Потопаючий за соломинку хапається.

지프(jeep) джип.

지피다 |불| запалювати; розпалювати; підпалювати; розпалювати. ¶ 벽난로에 불을 ~ розпалювати вогонь в каміні.

석탄을 ~ розпалювати вугілля. 장작을 ~ підкладати дрова.

지필(紙筆) папір та перо. ‖ ~묵 папір; пензель та чорнила.

지하 підґрунтя; підземелля. ‖ ~갱도 підземний тунель. ~경제 підпільна економіка. ~보도 підземний прохід. ~수 підґрунтова (підземна) воа. ~실 підвал. ~운동 підпільна діяльність; підпільний рух. ~자원 підземні копалини. ~정부 підпільний уряд. ~조직 підпільна організація. ~주차장 підземна стоянка. ~철로 підземна залізнична дорога. ~핵실험 підземне ядерне випробування.

지하철 метрополітен; метро. ¶ ~로 가다 їхати на метро.

지학(地學) геологія.

지향(志向) намір; ціль [여]; прагнення *до чого*. ¶ 미래 ~형의 인물 людина; спрямована в майбутнє.

지향(指向) установлення *на що*; направлення. ¶ ~하다 прагнути *до чого*; мати установлення *на що*

지혈 зупинка кровотечі. ¶ ~하다 зупиняти кровотечу. ‖ ~대 турнікет. ~법 кровоспинне лікування (засіб). ~제 кровоспинний засіб.

지협(地峽) перешийок.

지형 рельєф місцевості; топографія. ¶ ~ (학)상의 топографічний. ‖ ~측량 топографічна зйомка.

지혜 мудрість; розум; розсудливість. ¶ ~로운 мудрий; розсудливий.

지휘 команда; керівництво; управління. ¶ ~하다 керувати; управляти; {음악} диригувати. ~에 따라 по команді. ‖ ~계통 порядок підпорядкованості. ~관 командир; начальник; командуючий. ~권 право на командування. ~봉 диригентська паличка. ~자 диригент.

직(職) |일터| праця; робоче місце. |직무| посада; пост; заняття; |직업| професія.

직각(直角) прямий кут. ¶ ⋯와 ~으로 під кутом до *чого*.

직감 (безпосереднє) сприйняття; інтуїція. ¶ ~ 적으로 інтуїтивно. ~에 의존하다 покладатися на інтуїцію.

직거래 безпосередня угода. ¶ ~하다 мати (вести) безпосередню справу *з ким*.

직격 прямий удар.

직결 прямий зв'язок. ¶ ~되다 мати прямий зв'язок *з ким-чим*.

직경 діаметр. ‖ ~면 {수학} діаметральна площина.

직계 пряма лінія споріднення. ¶ ~의 по прямій лінії *кого*. ‖ ~자손 нащадки по прямій лінії.

직고(直告) вірне оголошення. ¶ ~하다 відверто казати *кому про що* (повідомляти, сповіщати).

직공 робітник; працівник. |숙련공| майстровий. |기계공| механік. |수공업자| ремісник.

직관 → **직감**. ‖ ~주의 інтуїтивізм.

직권 повноваження. ¶ ~으로 결정하다/해고하다 вирішувати *що*; звільняти *кого* в якості уповноваженого. ~을 위임하다 уповноважувати. ‖ ~남용 правопорушення незаконним шляхом;

зловживання службовим становищем.

직녀성 {천문} Веґа.

직능 службові робочі функції.

직답 невідкладна відповідь. ¶ ~하다 давати невідкладну відповідь.

직렬 послідовний контур.

직류 постійний струм.

직립 ¶ ~하다 стояти прямо. ‖ ~원인(猿人) архантроп, пітекантроп.

직매 продаж з негайною поставкою за наявний розрахунок. ¶ ~하다 безпосередньо покупати у виробника і продавати споживачу, посередництво у продажу.

직면하다 стояти перед обличчям *кого-чого*. ¶ 죽음에 직면하여 перед обличчям смерті.

직명 посада; пост; звання.

직무 обов'язок; зобов'язання; повинність. ¶ ~상 за посадою. ~를 수행하다 виконувати свій обов'язок. ~를 게을리 하다 зневажати (своїми) обов'язками. ~에 충실하다 відданий своєму обов'язку. ‖ ~규정 робочий статус. ~수당 надбавка до зарплати (за посаду). ~유기 порушення обов'язків. ~태만 халатне відношення до службових обов'язків.

직물(織物) тканина; матерія. ‖ ~공업 текстильна промисловість. ~공장 текстильна фабрика. ~류 текстильні вироби. 견/면/모~ шовкова/паперова/шерстяна тканина.

직배(直配) безпосередня доставка; безпосередня передача *чого*. ¶ ~하다 безпосередньо доставляти.

직분(職分) свій обов'язок; службові обов'язки. ¶ ~을 다하다 повністю виконувати свій обов'язок.

직사각형 прямокутник.

직사광선 сонячний промінь; сонячне випромінювання.

직사포(直射砲) знаряддя, що веде вогонь прямою наводкою.

직선 пряма лінія. ¶ ~적 прямий; безпосередній. ~을 그ридати креслити пряму лінію. ~으로 늘어서다 вибудовуватися в лінію. ‖ ~코스 пряма дорога.

직설 розмова по щирості. ¶ ~적으로 말хати говорити відверто (прямо).

직성 ¶ ~이 풀리다 заспокоюватися; бути полегшеним, становитися легше на душі.

직속(直屬) пряме підкорення. ‖ ~부하 прямий підлеглий. ~상관 прямий начальник, шеф.

직송 безпосередня доставка; пряме відправлення. ¶ ~하다 безпосередньо відправляти.

직수입 прямий імпорт. ¶ ~하다 імпортувати (товари) прямо з країни-виробника. ‖ ~품 імпортні товари з країни-виробника.

직수출 прямий експорт. ‖ ~품 експортні товари.

직시(直視) ¶ ~하다 дивитися (прямо) вперед; дивитися прямо в обличчя *кому*. 사실을 ~하다 дивитися фактам в обличчя.

직심(直心) прямодушність; стійкий характер.

직언(直言) відверте висловлювання. ¶ ~하다 відверто казати

(висловлювати).

직업 заняття; професія; робота. [형] професійний. ‖ ~교육 професійна освіта. ~병 професійне захворювання.

직역(直譯) буквальне значення; прямий переклад; дослівний переклад. ¶ ~하다 перекладати безпосередньо.

직영(直營) безпосереднє управління. ¶ ~하다 безпосередньо керувати (підприємством).

직원(職員) службовець, співробітник; особовий склад; штат; персонал; колектив.

직위(職位) службове становище.

직인(職印) іменна печатка начальника.

직장(職場) робоче місце. ¶ ~을 구하다 шукати робоче місце.

직장(直腸) пряма кишка. ‖ ~암 рак прямої кишки.

직전(直前) напередодні *чого*; за день *до чого*.

직접 прямо. ¶ ~적 прямий, навпростець; |솔직하게| безпосередній; відвертий; |직역의| буквальний. ‖ ~세 прямий податок.

직제(職制) адміністративна структура (система); адміністративне керування; розпорядок праці установи.

직조(織造) ткання.

직종(職種) рід занять.

직진하다 йти (їхати) прямо вперед.

직책(職責) службова відповідальність; службовий обов'язок.

직탄(直彈) пряме попадання снаряда (бомби).

직통(直通) пряме повідомлення. ¶ ~하다 |직행하다| мати пряме повідомлення. |관련하다| мати прямий зв'язок. ‖ ~전화 прямий телефон.

직할(直轄) пряме управління; безпосередній контроль.

직함(職銜) титул, назва посади. ¶ ~을 지니다 мати титул (посаду).

직행 пряме повідомлення. ¶ ~하다 йти прямо; їхати без пересадки. ‖ ~열차 поїзд прямого повідомлення.

직후 |··· 하자마자| тільки що; |··· 이후| після того, як, як тільки.

진가(眞價) гідність; цінність.

진격(進擊) атака *на кого-що* (*проти кого-чого*); наступ, напад. ¶ ~하다 йти в атаку; наступати, нападати *на кого-що*.

진경(珍景) рідкісний по красоті пейзаж.

진경이 агар; червона качка.

진공 вакуум. {물리} порожнеча. ¶ ~펌프 вакуумна помпа. ~관 електронна (вакуумна) лампа. ~소제기 пилосос.

진국 правдивість. ¶ ~의 |건실한| правдивий. |농도가 짙은| міцний.

진군 похід; марш. ¶ ~하다 йти маршем. ~에 나서다 виступати в похід.

진귀한 рідкісний; дорогоцінний. ¶ ~ (절세의) 미 рідкісна краса. ~보석 дорогоцінний камінь.

진급(進級) просування по службі. ¶ ~하다 просуватися по службі. ¶ ~시험 перевідні іспити (на посаду).

진기(珍技) (рідкісна) майстерність.

진노(震怒) гнів; обурення; збурення; лютість; сказ; досада. ¶

~하다 сильно гніватися *на кого*; сердитися *на кого-що*; прогніватися; злитися *на кого-що*; лютитися, палати гнівом [문어]. ~를 참지 못하다 виходити з себе (терпіння).

진눈깨비 сніг з дощем.

진단 діагноз. ¶ ~하다 ставити діагноз. ‖ ~서 медичне свідчення (висновок, діагноз), письмо довідка про хворобу.

진달래 азалія; рододендрон гострокінцевий.

진담(眞談) правдиві слова.

진동 коливання; вібрація; хитання. ¶ ~하다 трястися; коливатися; | ґвалт| гриміти. 냄새가 ~하다 сильно пахнути.

진두(陳頭) ¶ ~지휘하다 очолювати; керувати *чим*.

진드기 кліщ. ¶ ~같은 사람 причепа; нав'язлива (настирлива, наполеглива) людина.

진득하다 терпеливий; стерпний. ¶ 진득함을 보이다 виявляти велику витримку.

진딧물 тля; рослинна воша.

진땀 рясний піт. ¶ ~을 빼게 하다 вганяти в піт *кого чим*; зганяти сім потов з *кого*. ~투성이의 весь в поту.

진력 ¶ ~을 다하다 збиратися з останніми силами, докладати всі зусилля. ~나다 становитися нудним; зовсім знесилюватися.

진로(進路) шлях; курс; |순환| маршрут. ¶ ~를 잡다 взяти (тримати) курс.

진료(診療) амбулаторне лікування. ¶ ~하다 лікувати амбулаторно. ‖ ~권 пропуск в поліклініку. ~소 амбулаторія.

진루(陳壘) позиція; табір [남]. ¶ 군의 ~ воєнний табір. ~를 펼치다 розташовуватися табором. ~를 거두다 знімати табір.

진리(眞理) істина; правда. ¶ 적나라한 ~ гола істина. 논쟁의 여지가 없는 ~ безперечна істина.

진면목 справжнє обличчя істинний облік.

진무르다 сильно запалюватися; гноїти.

진물 гній.

진미(珍味) ласощу; ласа страва; чудовий смак; дуже смачна їжа. ¶ 산해~ вишукані страви.

진미(眞味) справжній смак.

진배없다 майже такий самий.

진범(眞犯) справжній злочинець.

진법(陳法) {군사} диспозиція; {무용} розташування танцюрів.

진보(進步) прогрес. [형] прогресивний. ¶ ~하다 прогресувати; йти вперед; розвиватися. 기술의 ~ прогрес в техніці. ‖ ~당 прогресивна партія.

진본(眞本) дійсний примірник; оригінал.

진부(陳腐) ¶ ~하다 віджитий; стереотипний; банальний. ~한 표현 старий вислів.

진분홍 густий рожевий колір.

진상(眞相) дійсне положення речей; дійсна картина.

진상물(進上物) товари місцевого виробництва; подаровані королю.

진선미 істина; добро і краса.

진성(眞性) щирість; справжність; {의학} вроджений характер; притаманна властивість. ‖ ~ 콜레라 азіатська холера.

진세(陣勢) бойовий порядок.

진솔하다 правдивий і відвертий.

진수(珍羞) ‖ ~성찬 вишукана рясна їжа.

진수(眞數) {수학} дійсне число.

진수(進水) ¶ ~하다 спускатися на воду. ‖ ~식 церемонія спуску на воду.

진술(陳述) виклад; висловлювання. {법률} показання. ¶ ~하다 викладати; висловлюватися *про що*. ‖ ~서 письмове показання.

진실(眞實) правда; істина. ¶ ~하다 правдивий; дійсний; вірогідний. ~로 дійсно; справді; фактично. ‖ ~성 правдивість; справжність.

진심(眞心) щире відчуття. ¶ ~으로 всією душею.

진압(鎭壓) репресії; придушення; удушення. ¶ ~하다 придушувати. 폭동을 ~하다 придушувати заколот (бунт).

진앙(震央) епіцентр землетрусу; гіпоцентр.

진언(進言) висловлювати свою думку.

진열(陳列) експозиція; виставка; показ. ¶ ~하다 виставляти; експонувати. ‖ ~장 вітрина. ~품 виставлений товар; експонат.

진영 табір. |편| бік.

진용(陳容) бойовий порядок; боєв розташування; особистий склад.

진원지(震源地) → 진앙.

진위 правда і неправда; істина і вигадка.

진의(眞意) справжній сенс; істинне значення.

진일보 крок вперед. ¶ ~하다 зробити крок вперед.

진입(進入) вторгнення. ¶ ~하다 вторгатися (проникати) *во що* (*куди*).

진자(振子) маятник.

진작 заздалегідь; завчасно [구어]; наперед; перед тим, як.

진저리 тремтіння; трепет. ¶ ~치다 тремтіти *перед ким-чим*; кидатикого в трепіт; тремтіти *перед ким* (*від кого-чого*).

진전 розвиток; прогрес. ¶ ~하다 розвиватися; прогресувати.

진절머리 ¶ ~나다 набридати *кому чим*. ~나도록 듣다 продзижчати (всі) вуха.

진정 справжнє почуття; щирість. ¶ **진정한** щирий; справжній.

진정(陳情) ¶ ~하다 заспокоювати; затихати. ‖ ~서 доповідна записка.

진주(眞珠) перла. ¶ 인조 ~ штучні перли. ~목걸이 перлинне намисто.

진중(陣中) фронт; в центрі бойових дій.

진중(鎭重) важливий. ¶ ~한 모습 важливий вигляд.

진지(陣地) позиція. ¶ ~를 펴다 займати позицію. ‖ ~전 позиційна війна.

진지(眞摯) щирий. ¶ ~하게 щиро. ‖ ~성 щирість; правдивість.

진짜 справжній; дійсний. ¶ ~로 насправді; дійсно.

진찰 медичний огляд; огляд. ¶ ~하다 підлягати медичному огляду; оглядати хворого. ‖ ~료 плата за медичний огляд. ~실 кабінет лікаря.

진창 |진흙| бруд; місиво; болото. | 풍부한| удосталь; цілком; рясний чи; чреватий *чим*.

진척(進陟) просування; поступальний рух; посування. ¶ ~하다 просуватися; розвиватися. 좀처럼 ~되지 않는다. Ледве просувається вперед. 일의 ~ зрушення в роботі.

진출(進出) виступ видача. ¶ ~하다 виступати; висуватися. ‖ ~로 шлях до виходу.

진취적 той, що поступово розвивається; прогресивний; передовий; авангардний.

진통 біль [ж]; |산고| родові перейми. ¶ …에 ~이 있다 *у кого що* болить *(в чому)*. ‖ ~제 болезаспокійливий засіб.

진퇴(進退) просування і відступ; підхід і відхід. ‖ ~양난 дилема; безвихідний стан. ~양난에 놓이다 потрапити в глухий кут; стояти перед дилемою.

진폭(振幅) амплітуда коливання.

진품(眞品) справжня річ.

진풍경 прекрасний вид.

진하다 |소모되다| вичерпуватися. | 짙다| густий; міцний.

진학(進學) продовжувати навчання (освіту) у вищому навчальному закладі; отримувати вищу освіту. ¶ ~하다 продовжувати навчатися в вузі. ‖ ~률 відсоток зарахованих до університету.

진행(進行) хід; прогрес; проведення. ¶ 회의~ проведення зборів. ‖ ~성 중풍 прогресивний параліч.

진혼곡 реквієм; траурна музика.

진홍빛 малиновий; темно-червоний; червоний.

진화(進化) еволюція. ¶ ~하다 еволюціонувати. ‖ ~론 теорія еволюції; еволюціонізм.

진화(鎭火) ¶ ~하다 гасити пожежу.

진흙 глина; грязь [ж]. ¶ 그는 온통 ~투성이다. Він весь у грязнюці.

진흥(振興) ¶ ~하다 сприяти підйому (розвитку), ровивати. ‖ ~책 заходи, що сприяють підйому.

질 |품질| якість. |기질| характер; натура; {해부} піхва. |세트·벌| набір; комплект; прилад.

질겁하다 лякатися до смерті; страшитися. ¶ 질겁하게 만들다 вселяти страх *кому*; приводити в трепет.

질경거리다 жувати; пережовувати.

질경이 {식물} подорожник.

질곡(桎梏) колодки і наручники.

질권(質權) заставне право. ‖ ~설정자 заставник. ~자 заставоутримувач.

질그릇 керамічний посуд; не покритий глазур'ю.

질기다 міцний; стійкий; жорсткий.

질다 водянистий; рідкий.

질량(質量) якість і кількість; {물리} маса, вага. ¶ ~보존의 법칙 закон сбереження маси.

질러가다 йти найкоротшим шляхом.

질료(質料) предмет судження.

질리다 |진력나다| набридати *кому*; набриднути *чим*; |겁먹다| бліднути, ставати блідим; труситися *перед ким-чим*. ¶ 그 여자에게 질렸다. Вона мені набридла. 질리도록 보다 намуляти очі *кому*. 질리도록 먹다 ситий по горло *чим*.

질문(質問) питання; попит; запит. ¶

~하다 задавати питання кому; питати кого про що (у кого що); | 조회하다| довідуватися про що; справлятися про що; звертатися до кого за довідкою. ~에 답하다 відповідати на питання.

질박하다 простий; простодушний; нехитрий.

질병 хвороба; захворювання.

질산(窒酸) азотна кислота.

질색하다 відчувати огиду; неприємно дивуватися; вселяти відразу.

질서(秩序) порядок. ¶ ~를 유지하다 підтримувати порядок.

질소(窒素) {화학} азот. ‖ ~비료 азотні добрива.

질시 дивитися з огидою.

질식(窒息) ядуха; удушення. ¶ ~하다 задихнутися. 연기에 ~하다 задохнутися в диму. ~시키다 душити. ‖ ~사 смерть від удушення.

질염 вагініт.

질의(質疑) питання; запит. ¶ ~하다 задавати питання; питати. ‖ ~응답 відповідати на питання.

질주하다 швидко бігти; мчатися; носитися. ¶ 전속력으로 ~ мчати щодуху.

질책(叱責) осуд; докір. ¶ ~하다 лаяти і наставляти; докоряти.

질척하다 мокрий; вимоклий; сирий; вологий.

질타하다 лаяти.

질투 заздрість; ревнощі. ¶ ~하다 заздріти; ревнувати до кого-чого; ~심에 사로잡히다 кого беруть заздрощі.

질편하다 |넓다| широкий. |게으르다| лінивий. |그득하다| рясний; повний. ¶ 어제는 질펀하게 놀았다. Вчора вдосталь награлись.

질풍(疾風) сильний вітер; вихор; ураган; шторм.

질환(疾患) хвороба; захворювання.

짊어지다 |짐을| звалювати на себе; |의무·책임| брати на себе відповідальність.

짐 вантаж; ноша; багаж. ‖ ~바리 груз, який перевозять вантажним транспортом. ~꾼 носильник. ~짝 упакованарі ч; тюк, в'юк.

짐스럽다 важкий; тяжкий. ¶ 짐스러운 과제 тяжка задача.

짐승 тварина. |야수| (кровожерний) звір. |조류| птиця.

짐작 здогад. ¶ ~하다 здогадуватися; припускати. ~하건대 ймовірно.

짐짓 напевно; навмисно.

집 дім. |둥지| гніздо. ‖ ~구석 всередені будинку, в будинку.

집게 |새우·게 등의| клішня; кліщі. |도구| хірургічні щипці, пінцет. ‖ ~벌레 щипавка.

집결(集結) збір; зосередження. ¶ ~하다 збиратися. ‖ ~지 місце збору.

집계(集計) загальний підсумок (підрахунок). ¶ ~하다 підводити загальний підсумок.

집권(執權) захоплення влади. ¶ ~하다 захоплювати владу. ‖ ~당 правляча партія.

집기(什器) посуд; начиння.

집념(執念) нав'язлива думка.

집다 брати (пальцями); хапати (клешнею); піднімати, підбирати (з землі). |지적하다| указувати на що.

집단 скупчення; група.

групува́ння; колекти́в. ¶ ~적 колективний; груповий; ма́совий. ~화하다 колективізува́ти. ‖ ~검진 ма́совий меди́чний о́гляд. ~농장 колекти́вне господа́рство. ~안보 колекти́вна безпе́ка. ~적 소비 суку́пне спожива́ння. ~조치 колекти́вні за́ходи. ~주의 колекти́вом. ~학살 геноци́д. ~행동 колекти́вні вчи́нки. ~화 колективіза́ція.

집달리(執達吏) судо́вий викона́вець.

집대성(集大成) узага́льнення; інтегра́ція. ¶ ~하다 узага́льнювати.

집도(執刀) ¶ ~하다 бра́ти ска́льпель до рук; роби́ти хірургі́чну опера́цію.

집들이 новосі́лля. ¶ ~하다 пересе́лення в нови́й буди́нок (на но́ву кварти́ру).

집무(執務) викона́ння службо́вих обов'я́зків. ¶ ~하다 вико́нувати свій обов'язок (службо́ві обов'язки); служи́ти, працюва́ти.

집배(集配) ¶ ~하다 збира́ти і розно́сити; отри́мувати і розно́сити. ‖ ~원 |편지| листоно́ша. |화물| доста́вник.

집사(執事) викона́вець; управи́тель.

집사람 моя́ дружи́на.

집산(集散) ¶ ~하다 зосере́джуватися і розсі́юватися (розсі́юватися); збира́тися (концентрува́тися) і розхо́дитися. ‖ ~지 мі́сце зосере́дження (розво́зу); мі́сце купі́влі та про́дажу (торгі́влі).

집세 квартпла́та; платня́ за кварти́ну; оре́ндна пла́та. ~를 내다 плати́ти за кварти́ру. ~를 올리다/내리да́ підніма́ти/знижувати квартпла́ту.

집시 ци́ган. |부랑인| бродя́га. |유목인| кочівни́к.

집안 всере́дині буди́нку, в буди́нку; чле́ни роди́ни; сім'я́. ‖ ~싸움 сіме́йні чва́ри. ~일 дома́шні спра́ви; дома́шні турбо́ти; свої́ (особи́сті) спра́ви.

집약(集約) інтенси́вність. [형] інтенси́вний. ‖ ~적 영농법 інтенси́вна систе́ма сільсько́го господа́рства.

집어내다 вийма́ти; вино́сити. |밝히다| з'со́вувати.

집어넣다 |삽입하다| включа́ти у що; вклада́ти у що; су́нути (в кише́ню). |자리잡다| влашто́вуватися (на робо́ту); вставля́ти (сло́во, ви́раз).

집어삼키다 ковта́ти; ле́гко проковтува́ти; з'їда́ти; присво́ювати; захо́плювати; перетво́рювати насво́ю вла́сність. ¶ 남의 재산을 ~ присво́ювати чуже́ майно́. 눈물을 ~ ковта́ти сльо́зи.

집어치우다 кида́ти; прибира́ти зі шля́ху. ¶ 생각을 ~ відкида́ти ду́мку. 일을 ~ кида́ти (припиня́ти) робо́ту. 쓸데없는 생각을 ~ вики́дати з голови́ вся́кі дурни́ці.

집요(執拗) наполе́гливість; упе́ртість. ¶ ~하다 |끈질김| завзя́тий; наполе́гливий; |완고함| упе́ртий. ~하게 고집을 부리다 проявля́ти упе́ртість; впира́тися в чо́му. ~하게 요구하다 наполе́гливо вимага́ти.

집적(集積) накопи́чування; інтегра́ція. ¶ ~하다 нагрома́джувати(ся); накопи́чувати(ся); концентрува́ти(ся).

집정(執政) керува́ння. ¶ ~하다 керува́тикраї́ною; знахо́дитися (стоя́ти) при вла́ді. ‖ ~관 той, хто стої́ть при вла́ді.

집중(集中) зосере́дження; концентра́ція; централіза́ція. ~적 зосере́джений; централізо́ваний; масо́ваний. ~하다 зосере́джувати; концетрува́ти; централізува́ти. 주의를 ~하다 зосере́джувати ува́гу на *кому-чому*. ‖ ~사격 зосере́дження вогню́.

집집 ¶ ~마다 в ко́жному буди́нку. ~마다 방문하다 відві́дувати ко́жен буди́нок.

집착(執着) ¶ ~하다 захопи́тися; прив'я́зуватися; впира́тися; наполяга́ти.

집터 мі́сце (розташува́ння) буди́нку.

집필 ¶ ~하다 склада́ти; писа́ти. ‖ ~료 а́вторський гонора́р. ~자 склада́ч; а́втор.

집합(集合) збір; збира́ння. ¶ ~히다 збира́тися. ‖ ~개념 {논리학} збі́рне поня́ття. ~명사 {언어학} збі́рний іме́нник. ~이론 {수학} тео́рія безлі́чі. ~지 райо́н концентра́ції. ~체 конгломера́т.

집행(執行) приве́дення в ді́ю; вико́нання. ¶ ~하다 приво́дити в ді́ю; вико́нувати; конфіскува́ти (ма́йно) за борги́. ‖ ~권 викона́вча вла́да. ~기관 викона́вчий о́рган. ~력 {법학} си́ла зако́ну, ді́йсність(докуме́нта). ~명령서 викона́вчий лист. ~부 працю́ючі о́ргани (збо́ри), викона́вчий о́рган. ~유예 {법학} відстро́чення приве́дення в ді́ю (ви́року); умо́вне за́судження. ~위원회 викона́вчий коміте́т. ~자 викона́вець.

집회(集會) збо́ри; зібр. ¶ ~하다 збира́тися; проводи́ти збо́ри. ‖ ~소 мі́сце збо́ру. 군중~ мі́инг.

집히다 бу́ти взя́тим (па́льцями, щипця́ми); бу́ти схо́пленим (клешня́ми); бу́ти пі́днятим (піді́браним).

짓 рух; жест; вчи́нок; поведі́нка. ¶ 바보같은 ~을 하다 роби́ти дурни́ці. 위-ки~을 хідна́ ~за́ грати в небезпе́чну гру. ‖ 고개~ рух голово́ю (киво́к).

짓누르다 приду́шувати; пригніта́ти; гноби́ти; притиска́ти; си́льно ти́снути; обтя́жувати. ¶ 빈곤이 그를 짓눌렀다. Безгрі́шшя пригні́чувало його́.

짓눌리다 піддава́тися пригні́ченю; пригні́чений; приду́шений; бу́ти си́льно пригні́ченим; відчува́ти си́льний тиск. ¶ 근심걱정에 *кого́* пригні́чує хвилюва́ння.

짓다 |만들다| роби́ти; склада́ти; готува́ти. |확립하다| встано́влювати зв'язо́к; відно́шення. ¶ 이름을~ дава́ти ім'я́. 한숨을~ зітха́ти. 웃음을~ посміха́тися. 눈물을~ запла́кати. 무리를~ збира́ти натовп (в зграю). 죄를~ ко́їти зло́чин.

짓무르다 си́льно запа́люватися. ¶ 상처가~ гної́ться ра́на.

짓밟다 наступа́ти *на кого́-що*; (роз)то́птати *кого́*; атопта́ти.

짓밟히다 бу́ти розто́птаним; бу́ти сплюндро́ваним.

짓이기다 |반죽하다| підміша́ти *що куди*; міси́ти. |빻다| змоло́ти; руйнува́ти. |밟다| си́льно топта́ти. |분쇄하다| з си́лою порі́бнювати; дроби́ти.

징 {음악} гонг.

징검다리 міст з ка́менів для перехо́ду.

징계(懲戒) о́суд; стя́гнення. ¶ ~ 하다 гуди́ти *за що*; стяга́ти *з ко́го (за що)*; кара́ти. ~처분을 받다 наклада́ти стя́гнення. ‖ ~권 пра́во на стя́гнення (о́суд). ~처분 дисципліна́рне стя́гнення.

징구(徵求) ¶ ~하다 вимага́ти гро́шей; стяга́ти (пода́ток).

징그럽다 |사물| оги́дний; бридки́й; гидки́й; мерзе́нний; мерзо́тний. |광경| гідки́й. ¶ 보기만 해도 ~ о́чі б не ба́чили *ко́го-що*.

징발(徵發) реквізи́ція; ви́лучення. ¶ ~하다 реквізува́ти; вилуча́ти.

징벌(懲罰) покара́ння; дисципліна́рне стя́гнення. ¶ ~하다 кара́ти; наклада́ти дисципліна́рне стя́гнення.

징병(徵兵) приклика́ння на військо́ву слу́жбу. ‖ ~제 систе́ма приклика́ння на військо́ву слу́жбу.

징세(徵稅) ¶ ~하다 справля́ти пода́тки; накла́сти *на ко́го* нало́г.

징수(徵收) стя́гнення; збір; справлі́ння (пода́тка).

징역(懲役) ка́торга; ка́торжні пра́ці. ¶ ~을 살다 знахо́дитися на ка́торзі. ‖ 무기~ дові́чна ка́торга.

징용(徵用) ¶ ~하다 забира́ти (бра́ти) в солда́ти, залуча́ти до трудово́ї (військо́вої) пови́нності, реквізува́ти.

징조(徵兆) знак; озна́ка; симпто́м; натя́к. ¶ …의 ~가 되다 става́ти озна́кою *чо́го*. …의 ~를 보이다 натяка́ти *на що (про що)*. 불길한 ~ пога́на прикме́та.

징집 стя́гнення. ¶ ~하다 збира́ти.

징크스 марнові́рство.

징표 розпізнава́льна озна́ка; характе́рна ри́са.

징후(徵候) озна́ка; симпто́м; прикме́та.

짖궂다 доку́чливий; набри́дливий.

짖다 ла́яти; карка́ти (про во́рона); тріща́ти (про соро́ку).

짙다 |선명한| яскра́вий; сокови́тий. |울창한| ду́же густи́й. |깊은| глибо́кий (про те́мряву).

짙푸르다 яскра́во-си́ній; яскра́во-зеле́ний.

짚 соло́ма. ‖ ~단 пучо́к соло́ми. ~바리 стіг; сніп сі́на.

짚다 |의지하다| обпира́тися *на що*. |맥을| торка́ти, дотокра́тися (руко́ю); щу́пати (пульс). |짐작하다| будува́ти; здо́гади; припуска́ти.

짚신 соло́м'яні личаки́; лича́к.

짜다 вича́влювати; вида́влювати; підушкува́ти. |젖을 짜다| доі́ти; |엮다| заплі́тати; ткани́на; в'яза́ти; ство́рювати. |구성하다| формува́ти; склада́ти. |비밀을| таємно домовля́тися про *що*. |맛이 짠| соле́ний. |인색한| скупи́й. ¶ 머리를 쥐어~ лама́ти го́лову.

짜릿하다 |신랄한| го́стрий. |저린| прони́зливий. ¶ 짜릿한 풍자 го́стра сати́ра.

짜임새 |외관| зо́внішній ви́гляд. |알찬| зв'я́зність; логі́чність те́ксту;

자

теорії. ¶ ~있는 보고 логічна і змістовна доповідь.

짜증 незадоволення; дратливість. ¶ ~내다 дратуватися; нервуватися. 하찮은 일로 ~내다 дратуватися через дрібниці. ~나게 하다 діяти на нерви *кому*; нервувати, смикати.

짝 |한쌍| пара; парні предмети. |쌍의 한쪽| одна частина; штука (з пари). |부부| подружня пара. |동업자| партнер. |세는 단위| одне яловиче ребро. |꼴·모습| видовище; форма. |소용| використання; застосування. ¶ ~을 맞추다 скаадати пару. ~이 잘 맞다(어울리다) підходити (під пару). 아무 ~에도 소용이 없다 нікуди непридатний. || 얼굴~ морда; пика.

짝사랑 нерозділенe кохання; любов без взаємності.

짝수 парне число.

짝없다 |비길데없다| незрівнянний; чудовий. ¶ 기쁘기 짝이 없다 безумно рад (рада).

짝짓다 |사람| сполучати шлюбом; одружуватися *на кому*; виходити заміж *за кого*. |동물| спаруватии(ся); з'єднувати по дві; складати пару.

짝짝이 непарне. ¶ ~ 구두 різні (непарні) черевики. 그는 눈이 ~다. У нього різні очі.

짤막하다 досить короткий стислий. ¶ 짤막한 편지 стислий лист.

짧다 |길이| короткий; стислий. |시간| недовгий. |경험부족| малодосвідчений, який відчуває нестачу *чого*. ¶ 짧은 영어로 말하다 говорить ламаною англійською. 인생은 짧고 예술은 길다. Життя коротке, а мистецтво вічне.

짧아지다 коротшати; ставати (досить) коротким.

짬 |여유시간| дозвілля; вільний час. |사이| проміжок. ¶ 짬짬이 уривками; в перерві між справою. ~이 있다 *у когось* дозвілля, бути вільним. ~이 없다 зайнятий, *в кого* мало дозвілля.

짭짤하다 |맛이| досить солений. | 수익성이| прибутковий; цінний; змістовий. ¶ 짭짤한 장са прибуткова торгівля.

째다 |찢다·절개하다| різати; розрізувати; розсікати. |부족하다| недостатній; незадовільний. |꼭끼는| тісний; вузький. ¶ 외투가 ~ пальто тісне. 째는 신발 тісні черевики.

쩔쩔매다 потрапити в глухий кут; не знати, що робити; засоромитися. ¶ 돈이 없어 ~ відчувати велику потребу в грошах. 바빠서 ~ *у кого* багато справ, бути по горло зайнятим.

쩨쩨하다 скупий; скаредний; нікчемний. ¶ 쩨쩨한 사람 скупа людина.

조개다 розділяти; розколювати; розбивати; розривати; розщеплювати (навпіл). |세로로| тесати. ¶ 장작을 ~ колоти (рубати) дрова. 손도끼로 ~ тюкати сокиркою.

조개지다 розділятися; розколюватися.

조그리다 зіщулюватися; стискатися.

조글조글 ¶ ~하다 пом'ятий; зморщений. ~하게 만лю다

приминати; м'яти.

쪼다 |모이를| клювати; довбати; дзьобом. |돌을| ліпити; висікати (з мармуру); вирізати (з дерева).

쪼들리다 знемагати *від чого*; томитися *від чого*; страждати. ¶ 쪼들리는 생활 стиснуте життя. 돈에 (시간에) ~ не вистачає грошей/часу. 자금이 ~ потребувати кошти. 빚에 ~ бути обтяженим боргами.

쪼이다 |데우다| грітися. |건조시키다| сушити. ¶ 볕을 ~ грітися на сонці.

쪽 |머리핀| шпилька. |조각| шматок; уламок; осколок. |방향| бік; направлення. |낯짝| пика. |식물| горець фарбувальний. ¶ 빵 한 ~ шматочок хліба. 동~ схід. 오른~ правий бік. 양~ наші і ваші. |~을 못쓰다 бути скутим; паралізувати; ціпеніти (від страху); не сміти говорити.

쪽빛 колір індіго; синьо-фіолітовий колір.

쪽지 записка; папірець; клаптик паперу. ¶ ~를 건네다 передавати записку.

쫄딱 зовсім; повністю; надто; цілком. ¶ ~ 망하다 цілковито розорений.

쫑긋 ¶ ~거리다 |귀담아듣다| піднімати вуха; насторожити вуха, у всі вуха. |경계하다| насторожуватися; присухатися *до кого-чого*; пильнувати.

쫑알쫑알 ¶ ~대다 тараторити; воркотати. |투덜대다| дзявкати.

쫓다 |몰아내다| виганяти; проганяти; відсилати; гнати *від себе*. |뒤따르다| стежити; гнатися *за ким*; іти *за ким*; бігати *за ким*; слідувати *чому*; іти по п'ятах. |앞지르다| переганяти *кого*. |따라잡다| доганяти *кого*.

쬐다 |볕이 내리쬐다| світити; сяяти; освічувати; палити. |열기를 받다| грітися; пекти. ¶ 햇볕을 ~ піддаватися впливу сонця, знаходитися під сонцем.

쭈그리다 |몸을| стиснутися; присісти.

쭈뼛거리다 |주저하다| сором'язливий; соромливий; боязкий; незграбний; невпевнений.

쪽지 зчленування крила; плечовий суглоб; плече.

찌 поплавок. ¶ ~ 낚시하다 ловити рибу на поплавок.

찌개 густий суп; тушковане м'ясо (тушковані овочі) у гострому соусі. || ~ 그릇 горщик для густого супу. 된장~ густий суп із соєвою пастою.

찌그러지다 перекошений; спотворений; побитий; розбитий. ¶ 찌그러진 얼굴 перекошене обличчя.

찌꺼기 витопки; осад; відходи; поденки; залишок. || 타고남은 찌꺼기 попіл. 음식 찌꺼기 залишки їжі.

찌다 |살이| погладшати; стати товстим; поповнішати. |날씨가| спекотний; задушливий; жаркий (пекучий). |증기로| випарювати; варити на пару; топити паром. ¶ 찌는 듯한 더위 нестерпна спека.

찌들다 |때가 끼다| забруднитися. |고생에| вимучитись. ¶ 일에 ~ замучитись роботою.

찌르다 |못으로| колоти. |칼로|

простро́млювати; протика́ти; проко́лювати; ти́кати. |냄새가 코를| протухну́ти; тхну́ти; смерді́ти. ¶ …의 심장을 ~ устро́ми́ти *кому́* в са́ме се́рце.

찌르르 ¶ 손이 ~저리다 у *кого́* те́рпнуть (зате́рпають) ру́ки.

찌지 відмі́тка (позна́чка). |책의| закла́дка; би́рка; ярли́к.

찌푸리다 |얼굴·눈썹을| нахму́рювати обли́ччя; бро́ви; мо́рщити; насу́питись. |눈을| приму́жувати о́чі. |날씨가| вкри́тий хма́рами; захма́рений; похму́рий; хму́ритися. ¶ Ĭпу́рі́н ха́зл захма́ре́не не́бо. Ĭпу́рі́н날씨 него́да (непого́да); хма́рна пого́да.

찍다 |도장| ста́вити штамп, печа́тку; штемпелюва́ти; штампува́ти. |점| ста́вити крапки́; познача́ти пункти́ром. |눈여겨 두다| не відво́дити оче́й від *кого́-чого́*. |도끼| руба́ти. |사진| фотографува́ти; зніма́ти; прово́дити зйо́мку. ¶ 서류에 도장을 ~ поста́вити печа́тку на докуме́нт.

찔레나무 шипши́на; троя́ндовий кущ.

찔리다 проко́лений (проко́лотий). ¶ 양심이 ~ *кого́* гризе́ со́вість.

찜 зва́рена стра́ва; припа́рка (припа́рювання).

찜질 ¶ ~하다 роби́ти (компре́с); прийма́ти (ліку́ва́льну ва́нну); неща́дно би́ти.

찜찜하다 зніякові́лий; що відчува́є ня́ковість (незру́чність); нерішу́чий.

찝찔하다 |짠맛의| солонува́тий. |못 마땅한| незадові́льний; неприє́мний; бридки́й.

찡그리다 насу́пити бро́ви; насу́плюватися; диви́тися з о́судом (несхва́льно); спотво́рювати. ¶ 눈썹을 ~ су́пити бро́ви. 얼굴을 ~ мо́рщити обли́ччя.

찡긋하다 змо́рщити (ніс); щу́рити (о́чі).

찢다 розрива́ти; рва́ти; роздира́ти; терза́ти; висмику́вати; вирива́ти; витяга́ти; відніма́ти. ¶ 종이를 ~ рва́ти папі́р.

찧다 би́ти; молоти́ти; товкти́; роздро́блювати; рва́ти на малі́ шматки́; трамбува́ти; молоти́ти (зерно́); си́льно вда́рятися; натикну́тися. ¶ 이마를 벽에 ~ розби́ти лоб (го́лову) об сті́ну. 엉덩방아를 ~ незгра́бно впа́сти; розби́ти ніс.

차

차(差) |차이| різниця; розрізнення; несхожість; відмінність. |불일치| нерівність; різниця; невідповідність. |변화| зміна; змінювання. |차별| дискримі-нація; обмеження в правах. |수학| залишок. |차감| баланс; сальдо; залишок. |간격| пропуск; інтервал; проміжок. |매매 가격| запас. ¶ 성격 ~ несхожість характерів. 연령 ~ різниця у віці. 임금 ~ різниця в оплаті праці. 이것과 저것의 ~ різниця між цим та тим.

차(次) |때마침| як раз; між іншим; доречі; коли. |다음번의| наступний раз. ¶ 사업 ~ 만나다 зустрічатися по справах. 수십 ~ 에 걸쳐 по декілька десятків разів. ‖ 1~ 자료 першоджерела. 제 2~ 세계대전 друга світова війна.

차(茶) чай. ¶ ~를 끓이다 заварювати чай. ~를 따르다 розливати чай. ‖ ~나무 чайна рослина. ~잎 чайний лист; лист чайного дерева. 녹~ зелений чай. 홍~ чорний чай.

차(車) автомобіль; потяг; поїзд. ¶ ~를 타고 가다 їхати на машині. ‖ ~고 гараж. ~량 вагон. ~사고 автомобільна аварія. 식당~ вагон-ресторан.

차감(差減) зменшення порівняно з чим. ¶ …을 ~하여 за рахунок (скорочення) чого. ~하다 підводити баланс; підводити підсумки.

차갑다 холодний; льодяний. |냉담한| холодно-кровний; байдужий; врівноважений. ¶ 차가워지다 холодіти; замерзати; крижаніти. 차갑게 대하다 холодно поводитися з ким; холодно приймати кого; звертатися до кого з прохолодою. 차갑게 말하다 говорити крижаним тоном. 차가운 사람 холоднокровна (безсердечна) людина. ‖ 찬물 холодна вода. 찬바람 прохолодний вітер.

차고(車庫) гараж; депо.

차관(借款) державна позика; позика; кредит. ¶ ~을 체결하다 домовлятися про позику. ~을 제공하다 надавати позику (кредит). ‖ ~단 консорціум.

차관(次官) замісник міністра; замісник. ‖ ~보 помічник міністра.

차광(遮光) ¶ ~하다 не пропускати (світло; промені). ‖ ~막 штора; затемнена занавіска.

차근차근 уважно; ретельно; докладно. ¶ ~ 설명하다 докладно пояснювати.

차기(次期) наступний період (цикл). ‖ ~ 대통령 наступний президент. ~대회 наступний з'їзд (конгрес).

차남(次男) другий (молодший) син.

차내(車內) внутрішність вагона (машини). ¶ ~에서 в вагоні.

차녀(次女) друга (молодша) дочка.

차다 |차갑다| холодний; прохолодний; вогкий. |충만하다| заповнюватися; наповнюватися. | 만료되다| закінчуватися; минати. | 걸어차다| вдаряти ногою; давати стусана́; брика́ти. |두르다| причі́плювати (шабли́ю); прикрі́плювати (о́рден). ¶ 마음에 ~ бути задоволеним *чим*. подобатися *кому*. 공을 ~ би́ти по м'ячу́ 혀를 ~ кла́цати язико́м. 문을 ~ пха́ти ного́ю две́рі. 정강이를 ~ вда́рити по нога́м. 칼을 ~ носи́ти ша́блю. 혁대를 ~ скрі́плювати па́сками. 그녀의 눈은 눈물로 가득 찼다 Її о́чі напо́внилися сльоза́ми.

차단(遮斷) перехо́плення; перешко́да; ізоля́ція; каранти́н. ¶ ~하다 загоро́джувати; відключа́ти; відріза́ти від *кого́-чого́*; перехо́плювати; перерива́ти; затуля́ти. 퇴로를 ~하다 відріза́ти шлях до ві́дступу. || ~기 автомати́чний вимика́ч; {전기} руби́льник.

차대(車臺) шасі́; ходова́ части́на; ра́ма.

차도(差度) виду́жання; оду́жування; покра́щення здоро́в'я; зці́лення; вилі́кування. ¶ ~가 있다 виліко́вуватися; оду́жувати

차도(車道) прої́жджа доро́га; доро́га для тра́нспорту.

차돌 кварц. ¶ ~같은 사람 люди́на з си́льним хара́ктером; вольова́ люди́на.

차등(差等) рі́зниця в ступі́ні; рі́зниця; відмі́нність; рі́зні розря́ди (в кла́сах чи ра́нгах).

차디차다 ду́же холо́дний.

차라리 кра́ще; скорі́ше; охо́че кра́ще. ¶ 수치를 당하느니 차라리 죽는것이 낫다 Кра́ще поме́рти, ніж вести́ гане́бне життя́.

차량(車輛) сухопу́тний за́сіб пересува́ння чи переве́зення; рухо́мий склад; тра́нспортні за́соби; ваго́н. || ~번호판 реєстраці́йний но́мер. ~등록 реєстра́ція маши́ни. ~세 пода́ток на тра́нспорт. ~통행금지 прої́зду нема́є.

차례(次例) |순서| поря́док; послідо́вність; ряд; черга́. |횟수| раз; ви́падок. |목차| заголо́вок; зміст. ¶ ~로 |순서대로| по че́рзі; по поря́дку. |연달아| вслід за; |금새| одра́зу ж. ¶ ~를 기да́рити очі́кувати на свою́ че́ргу. ~가 돌아오다 стоя́ти в че́рзі. ~가 뒤바뀌다 не в поря́дку; зіпсо́ваний.

차례(茶禮) спро́щений обря́д жертвоприно́шення, що здійсню́ється на свя́та.

차례차례 оди́н за о́дним; по че́рзі; по поря́дку; послідо́вно ¶ ~ 손님들과 악수하다 по че́рзі поти́снути ру́ку всім гостя́м.

차리다 |음식을| готува́ти до чо́го; | 외관을| га́рно вдяга́ти. ¶ 살림을 ~ заво́дити сім'ю́. 회사를 ~ засно́вувати компа́нію. 잔칫상을 ~ влашто́вувати бенке́т. 예절을 ~ дотри́муватися етике́ту. 체면을 ~ вести́ себе́ солі́дно. 위신을 ~ підтри́мувати свій авторите́т. 정신을 ~ взя́ти себе́ в ру́ки; зібра́тися з ду́хом.

차림새 |옷차림| о́дяг; по́вний компле́кт о́дягу. |외관| зовні́шній вигляд; ¶ ~로 판단하다 судити по зовнішності.

차명(借名) ¶ ~하다 використовувати (брати) чуже ім'я. ǁ ~계좌 рахунок на чуже ім'я.

차변(借邊) {회계} дебет; прихід. ¶ ~에 기입하다 дебетувати.

차별(差別) відмінність; розрізнення; розпізнавання; різниця; дискримінація. ¶ ~적인 відмітний; що вміє розрізняти; нерівний. ~하다 відрізняти; розрізняти; виділяти. ~없이 без розрізнення ǁ ~관세 диференційне мито. ~대우 дискримінація. 인종~ апартеїд; расова дискримінація; расизм.

차분하다 заспокоюватися; умиротворяти; втихомирювати. ¶ ~한 тихий; безшумний; спокійний; мирний; пом'якшений; приглушений.

차비(差備) |준비| приготування, підготовка. |의도| намір. ¶ ~하다 готувати; підготовувати; мати намір.

차비(車費) плата за проїзд; вартість проїзду на автобусі (таксі).

차석(次席) |차점자| друге місце; |직위| заступник.

차선(車線) смуга руху (на шосе). ǁ 4~ 고속도로 автострада з чотирма смугами руху.

차선(次善) на другому місці. ¶ 이 것이 ~책이다 годиться за відсутності кращого.

차세대 наступне покоління.

차손(差損) збиток; розмір збитків; дефіцит. ǁ 환~ збитки через зміну курсу (котирування) валют.

차압(差押) накладання арешту на майно боржника; {법률} секвестр. ¶ ~하다 накласти секвестр *на що*. Майно ~하다 накладати арешт на майно.

차액(差額) різниця; баланс; залишок; прибуток.

차양(遮陽) |지붕| козирок (над дверима). |창| штора; маркіза. |모자| козирок (кашкета).

차용(借用) {어문} запозичення. |수용| рецепція. |대출| позика, кредит. ¶ ~하다 запозичувати; взяти у позику ǁ ~증서 боргова розписка.

차원(次元) розмірність; {수학} вимір. ¶ 4~ четвертий вимір ~이 다르다 зовсім різний

차이(差異) відмінність; різниця; розходження. |구분| відмінність; розрізнення. |불균형| нерівність. ¶ 신분의 ~ нерівність в положенні. 연령의 ~ різниця у віці. 의견의 ~ різномислення, суперечності ǁ ~점 точка (пункт) розходження.

차익(差益) (чистий) прибуток. ǁ 환~ прибуток на вексельному (валютному) курсі.

차일피일 із дня на день ¶ ~ 미루다 відкладати діло в довгий ящик.

차입(借入) позика. ¶ ~하다 позичати; робити позику; брати гроші в борг; орендувати. ǁ ~자금 позикові засоби.

차장(車掌) |버스| кондуктор. |열차| провідник, -ця.

차장(次長) заступник начальника.

차점자(次點者) що зайняв друге місце (на конкурсі, виборах).

차종(車種) тип (модель) машини.

차주(車主) хазяїн машини; власник

차주(借主) боржник; знімач.

차지 |몫| доля; |소유| власність. ¶ 이것은 …의 ~이다 кому це належить; кому це дісталось.

차지다 липкий; клейкий; настирливий.

차질 зачароване коло. ¶ ~이 생기다 потрапити в несподівану (безвихідну) ситуацію; 사업에 ~이 생기다 привести діло в глухий кут.

차차 поступово; мало-помалу; крок за кроком; потихеньку. ¶ ~ 일에 익숙해지다 поступово звикати до роботи. ~ 나아지다 поступово покращуватися; змінюватися накраще.

차창(車窓) вікно вагона (автобуса). ¶ ~밖을 바라보다 дивитися у вікно.

차체(車體) кузов (автомобіля); корпус. |비행기| фюзеляж. ‖ ~검사 технічний огляд. ~조립 складання кузова.

차축 вісь (машини); напіввісь (заднього моста автомобіля). ¶ ~의 вісьовий. ~간격 відстань між осями.

차출 ¶ ~하다 обирати; намічати; підбирати.

차치(且置) ¶ ~하다 залишати в стороні; відволікатися *від чого*. 농담은 ~하고 залишати жарти в стороні.

차편 ¶ ~으로 автомобільним шляхом; проїжджою дорогою.

차폐(遮蔽) ¶ ~하다 закривати; укривати; прикривати; екранувати.

차표 білет на проїзд. ¶ ~를 예약 하다 замовляти білет. ~를 조사 하다 перевіряти білет. ~를 찍다 (개찰하다) компостувати. ‖ 왕복 ~ білет в обидва кінці.

차후 після цього; вслід за тим; в подальшому; згодом; через деякий час; після.

착 щільно; тісно. ¶ ~ 감기다 щільно обмотати.

착각 помилкове уявлення; ілюзія; помилкова думка; нездійсненна мрія; галюцинація. ¶ ~하다 помилятися; створювати собі (будувати) ілюзії; створювати хибне враження. 도둑으로 ~하다 приймати *кого* за злодія.

착공(着工) ¶ ~하다 починати будівництво. ‖ ~식 церемонія початку будівництва.

착란(錯亂) відвернення; розбрат; плутанина. ¶ ~의 плутаний; безладний; нелогічний; бути розгубленим. ‖ ~상태 стан слабоумства. 정신~ недоумство.

착륙 посадка; приземлення. ¶ ~하 다 приземлюватися; робити посадку. 달에 ~하다 прилунитися. 물에 ~하다 приводнюватися. 무사히 ~하다 благополучно робити посадку. ‖ ~신 호 сигнал на посадку. ~장 аеродром; майданчик для взльоту та посадку літаків; посадковий майданчик; місце приземлення. ~점 точка приземлення; пункт висадки. ~지 зона посадки. 강제~ вимушена посадка.

착복 присвоєння чужих грошей (чужого майна; чужої власності); розтрата суспільних (казенних) грошей; незаконне придбання

착상 ду́мка. |예술적 영감| за́дум. | 계획·구상| концéпція. ¶ ~하다 прихо́дити в го́лову (про ду́мку). 기발한 ~이 떠올랐다. Прийшла́ в го́лову чудо́ва іде́я.

착색 фарбува́ння; розфарбува́ння. | 채색·배색| забарвлення. ¶ ~하다 фарбува́ти; розфарбо́вувати. |색을 덧입히다| покрива́ти (підфарбо́вувати) чим пове́рхність. || ~물감 фарбува́льна речовина́. ~제 фарбува́льна речовина́.

착생(着生) {생물} інсе́рція. ¶ ~하다 паразитува́ти.

착석 ¶ ~하다 сіда́ти; всіда́тися; присіда́ти. ~해 주́жі́цвo. Про́шу сіда́ти. || ~자 сидя́чий.

착수 поча́ток. ¶ ~하다 почина́ти; бра́тися за спра́ву; почина́ти робо́ту; почина́ти що; прийма́тися за спра́ву; встава́ти (вступа́ти) на шлях чого; пуска́тися у що. || ~금 (грошови́й) завда́ток; заста́ва; ава́нс.

착시 обма́н зо́ру; ілю́зія; химе́рність; прима́ра; при́вид.

착신 . | ~ 지불 вступні́ платежі́.

착실 ¶ ~한 ві́рний; ві́дданий всі́єю душе́ю; незмі́нно прихи́льний до кого-чого; правди́вий. |믿을 만한| вірогі́дний. ~히 ві́рно; ві́ддано. ~하게 일 하다 сті́йко працюва́ти.

착안 ¶ ~하다 зверта́ти (зупиня́ти) свою́ ува́гу. || ~점 то́чка зо́ру; об'є́кт ува́ги..

착암기(鑿巖機) перфора́тор; бур.

착오 поми́лка; непорозумі́ння; поми́лкова ду́мка. ¶ ~로 по поми́лці; по непорозумі́нню. ~하 ді зроби́ти (вчиня́ти; допуска́ти) поми́лку; помиля́тися. 커다란 ~ груба́ (вели́ка) поми́лка. ~를 시 인하다 визнава́ти поми́лку. 무엇 가 ~가 일어났음이 틀림없다. Мабу́ть, ви́никла яка́сь поми́лка || 시대~ анахроні́зм; хронологі́чна поми́лка. 시행~ спро́би та поми́лки.

착용 носі́ння; но́ска (о́дягу). ¶ ~하다 носи́ти о́дяг; бу́ти одя́гненим у що; що знахо́диться в носі́нні; що одяга́ється.

착유(搾油) ~의 масло́бі́йний. ~하다 вича́влювати ма́сло. || ~기 масло́бі́йний прес. ~량 кі́лькість ви́душеного ма́сла.

착의(着衣) ¶ ~хати одяга́ти о́дяг.

착잡 ¶ ~하다 заплу́таний; складни́й. ~한 ви́раз збенте́жений ви́раз.

착지(着地) → **착륙**

착착 споко́йно; холоднокро́вно; ефе́ктно. ¶ ~진і́снюе́ться; рі́вно прохо́дити.

착취 експлуата́ція. ¶ ~хати експлуатува́ти; піддава́тися експлуата́ції; зловжива́ти; використо́вувати що в свої́х інтере́сах. 무 자비́ни ~ безжа́лісна експлуата́ція. ||~자 експлуата́тор. 노동~ експлуата́ція пра́ці.

착하다 до́брий; доброду́шний; добросерде́чний. |선행| доброче́сний. |친절한| ми́лостивий. ¶ 착하게 행동하다 добросерде́чно ста́витися *до кого*. 착한 행동 доброче́сність. ‖ 착함 добро́; доброта́; добросе́рдя.

착화(着火) розпа́лювання ¶ ~하다 запа́лювати; розпа́лювати; роздува́ти. ‖ ~점 то́чка займа́ння.

찬(饌) гарні́р до ри́су; додатко́ві стра́ви; заку́ски.

찬가 о́да; гімн; дифира́мб; панегі́рик; акафі́ст; славосло́в'я.

찬거리 проду́кти для сала́тів (заку́сок).

찬동 схва́лення; благослове́ння *кого-що на що*. |공식적 승인| апроба́ція. |지지하다| підтри́мка. ‖ ~자 прихи́льник *чого*.

찬란 блиск; осліпле́ння. ¶ ~한 сліпу́чий; що блищи́ть; гля́нцевий; видатни́й. |화려하게| розкі́шний. 나는 그녀의 ~한 아름다움에 눈이 부셨다 Вона́ засліпи́ла мене́ свої́ю красо́ю. 별이 ~히 빛난다 Зірки́ вибли́скують.

찬물 холо́дна вода́. ¶ ~을 끼얹다 облива́ти холо́дною водо́ю.

찬미 похвала́; просла́влення; схва́лення; похва́льний ві́дклик; хвальба́; хвала́; хва́лення. ¶ ~하다 хвали́ти *кого за що*; говори́ти з похвало́ю *про кого-що*; схва́лювати; розхва́лювати; звели́чувати. |공식적| да́ти висо́ку оці́нку *кому-чому*; позна́чити; прославля́ти. 여성의 아름다움을 ~하다 прославля́ти красу́ жі́нки. 높이 ~하다 обсипа́ти похвала́ми; підно́сити *кого* до небе́с. ‖ ~자 хвали́тель.

찬바람 холо́дний ві́тер. ¶ ~을 쐬다 піддава́ти ді́ї холо́дного ві́тру. 살을 е́ющі дучь ~ різки́й холо́дний ві́тер.

찬반 схва́лення та несхва́лення; за та про́ти. ¶ ~투표를 hа́дати голосува́ти за та про́ти.

찬밥 холо́дний (засти́глий) рис; вчора́шній (давно́ пригото́ваний) рис. ¶ ~신세 дріб'язко́вий ста́тус.

찬부 схва́лення та несхва́лення; за та про́ти. ¶ ~투표에 бу́ти ста́вити на голосува́ння. ~양론 за та про́ти.

찬사 похвала́; схва́лення; позити́вний ві́дклик; панегі́рик. ¶ 아끼́мне~ безме́жна похвала́. ~를 аккида́жно́го посилати обсипа́ти кого́ похвала́ми.

찬석(鑽石) алма́з.

찬성 зго́да; підтри́мка; схва́лення. |비준·가결| ствердже́ння. ¶ ~хати пого́джуватися *з ким-чим*; підтри́мувати; схва́лювати. 계획에 ~хати схва́лювати план. 제안에 ~хати пого́джуватися з пропози́цією. 만장일치로 ~хати прихо́дити до односта́йної зго́ди. ~을 얻다 добива́тися зго́ди. ~자 прихи́льник *чого*. ~투표를 hа́дати прово́дити голосува́ння *за кого-що*.

찬송 ¶ ~가 хвале́бний гімн; псало́м; хора́л. ~가를 부르다 співа́ти церко́вний гімн.

찬양 хвалі́ння. ¶ ~хати хвали́ти. ~дать церко́вний хор.

찬연 сліпу́чість. ¶ ~한 сліпу́чий;

블스쿠́чий; |선명한| яскра́вий. ~하게 드러나다 здава́тися яскра́вим.

찬의(贊意) схва́лення; зго́да. ¶ ~를 표하다 виража́ти своє́ схва́лення.

찬장 ша́фа; кухо́нна ша́фа.

찬조 підтри́мка; допомо́га; підкрі́плення. ¶ ~하다 підтри́мувати; підпира́ти; подава́ти підтри́мку. 그녀의 ~하에 при її́ підтри́мці. 재정적 ~를 얻다 придба́ти фіна́нсову підтри́мку. ~연설을 하다 виступа́ти з промо́вою за кого́-що. ~출연하다 виступа́ти, як гість. ǁ ~금 матеріа́льна підтри́мка; грошова́ допомо́га.

찬찬하다 |세심하다| акура́тний; рете́льний; скрупульо́зний. |침착하다| споко́йний. |냉정하다| холоднокро́вний. |정교한| ажу́рний; ювелі́рний; філігра́нний.

찬찬히 акура́тно; рете́льно; споко́йно. ¶ ~교정을 보다 рете́льно коректува́ти. ~얼굴을 살펴보다 стара́нно роздивля́тися обли́ччя.

찬탄(讚嘆) захо́плення; схва́лення. ¶ ~하다 о́хнути (від захо́плення); любува́тися ким-чим (на кого́-що); захо́плюватися ким-чим; восхваля́ти кого́-що. |열광하다| захо́плюватися ким-чим. |넋을 잃다| зачаро́вуватися. ~할 만하다 ва́ртий захо́плення ким-чим; ва́ртий схва́лення. ǁ ~사 хвалі́ сло́ва; хвале́бна промо́ва.

찬탈(簒奪) узурпа́ція; незако́нне захо́плення. ¶ ~하다 узурпува́ти; захо́плювати престо́л. 정권을 ~하다 захо́плювати вла́ду. ǁ ~자 узурпа́тор тро́на.

찰-- клейки́й; глютино́зний; ду́же си́льний.

찰거머리 пия́вка (мілки́й різно́вид); нудна́ люди́на. ¶ ~같이 달라붙다 пристава́ти до кого́-чого́ як пия́вка.

찰과상 садно́; подря́пина. ¶ ~을 입히다 дря́пати. ~을 입다 отри́мати садно́.

찰기(札氣) клейкість; в'я́зкість.

찰나 мить; моме́нт. ¶ ~적 митт́євий; момента́льний. 그 ~에 в ту мить. ǁ ~주의 момента́лізм.

찰떡 парови́й хлі́бець з бо́рошна, зме́леного з клейко́го ри́су ¶ ~같은 ли́пкий; клейки́й. |정이 깊은| мі́цний. ~같은 애정 глибо́ка прихи́льність. ~궁합 прекра́сно підхо́дити.

찰랑거리다 хлю́патися; наповня́ти до країв; покрива́тися ряботи́нням; ряби́ти. ¶ 수면이 ~ вода́ затягну́лася ряботи́нням. 호수가 찰랑인다. О́зеро збу́рюється. 찰랑찰랑한 ма́йже напо́внений водо́ю.

찰밥 клейки́й рис, зва́рений на пару́.

찰싹거리다 хлю́патися; бри́зкати; шльо́пати чим; би́ти по щока́х. ¶ 목욕탕에서 물을 ~ хлю́патися у ва́нній.

찰싹거림 |물결| хлю́піт.

찰카닥 різкий звук; тріск; дзвя́кання.

찰흙 гли́на; глинозе́м. ¶ ~의 гли́нистий; гли́няний. ~으로 만들다 роби́ти що із гли́ни.

참 і́стина; пра́вда; свя́та пра́вда. |공

정함| справедли́вість. |실현가능함| реалісти́чність. |솔직함| відве́ртість. ¶ ~으로 пра́вильно; ді́йсно; достеме́нно; і́стинно; відве́рто. 오늘은 ~ 덥다! Сього́дні ду́же жа́рко!

참가 у́часть. |가입| вступ. ¶ ~하다 бра́ти у́часть *в чому́.* ~를 신청하다 подава́ти зая́ву на у́часть. 경기에 ~하다 бра́ти у́часть у змага́нні. 회의에 ~하다 прийма́ти у́часть в конфере́нції прекра́сно підхо́дити. ‖ ~국 краї́на-уча́сник. ~자 уча́сник. ~권 пра́во у́части в *чому́.*

참견 втруча́ння. ¶ ~хати втруча́тися; прийма́ти особи́сту у́часть. 남의 일에 ~хати сова́тися (втруча́тися) в чужі́ спра́ви. 외부의 ~없이 без втруча́ння ззо́вні. 이것은 네가 ~할 일이 아니다 Це не твоя́ спра́ва.

참고 дові́дка; посила́ння; ви́носка. ¶~хати справля́тися; зверта́тися за дові́дкою; користува́тися дові́дковим матеріа́лом; роби́ти посила́ння на *кого-що.* ‖ ~문헌 дові́дкова літерату́ра. ~서 дові́дковий (учбо́вий) посі́бник; дові́дник; насті́льна кни́га. ~인 сві́док; очеви́дець

참관 о́гляд; відві́дування. ¶ ~хати огляда́ти; відві́дувати *що* з ціллю о́гляду. ‖ ~기 за́пис про результа́ти дослі́дження. ~인 відві́дувач *чого.*

참극(慘劇) траге́дія; трагі́чна поді́я.
참기름 кунжу́тне ма́сло.
참깨 кунжу́т. ¶ ~를 빻다 моло́ти кунжу́т.

참나무 дуб. ¶ ~누에 гу́сінь дубо́вого шовкопря́ду. ~누에고치 ко́кон дубо́вого шовкопря́ду.

참다 терпі́ти; перено́сити; утри́муватися; стри́муватися. |자제하다| трима́ти себе́ в рука́х. ¶ 고통을 ~ терпі́ти стражда́ння. 굴욕을 ~ перено́сити прини́ження. 열기를 ~ перено́сити жар. 모욕을 ~ перено́сити обра́зи. 졸음을 ~ терпі́ти сонли́вість. 참을 수 없는 нестерпни́й; не в си́лах терпі́ти. 아파서 도저히 참을 수 없다. Не в змо́зі терпі́ти біль. 나는 도무지 웃음을 참을 수가 없다. Я не мо́жу стри́матися від смі́ху.

참담 ¶ ~хати |참변의| катастрофі́чний; |동정이 가는| жалюгі́дний; |비극적인| трагі́чний; сумни́й; гірки́й. ~한 상태 жалюгі́дний стан. ~한 생활 сумне́ життя́

참되다 і́стинний; спра́вжній; щи́рий; ві́дданий; правди́вий.
참뜻 спра́вжній зміст; і́стине зна́чення.
참말 че́сне (правди́ве) сло́во.
참모 штабни́й офіце́р; шта́бна робо́та. ¶ ~본부 штаб-кварти́ра. ~장 нача́льник шта́бу. ~총장 нача́льник генера́льного шта́бу.

참배 шанува́ння; поклоні́ння. ¶ ~хати поклоня́тися ду́ху; відві́дувати храм чи моги́лу; здійсню́вати пало́мництво в храм чи на моги́лу. ‖ ~객 хто поклоня́ється; пало́мник.

참변 катастро́фа; ава́рія; жахли́ва (трагі́чна) поді́я.
참붕어 аму́рський чеба́чок.

참빗 часний гребінь; гребінець. ¶ ~나무 гребінчаста ялиця.

참사관 радник посольства чи консультаційної ради.

참사(慘事) катастрофа; біда; лихо; трагедія. ¶ 철도 ~ залізнодорожня аварія.

참사람 справжня людина. ¶ ~이 되다 ставати справжньою людиною.

참사랑 віддана любов.

참상(慘狀) трагічне видовище; страшна сцена.

참새 горобець.

참석 присутність; участь. ¶ ~하다 бути присутніми; брати участь. …의 ~하에 в присутності *кого*. ‖ ~자 присутній; учасник.

참선 медитація в «Зен буддизмі». ¶ ~하다 занурюватися в медитацію в «Зен буддизмі».

참소(讒訴) помилкове обвинувачення. ¶ ~하다 фіскалити; неправильно доносити. ‖ ~자 наклепник.

참수(斬首) обезголовлювання.

참숯 високоякісне деревне вугілля.

참신 |신선함| новизна; незвичність |싱싱함| свіжість. ¶ ~한 новий; свіжий.

참여(參與) → **참가**.

참외 диня.

참을성 терплячість; терпіння; витримка; витривалість. ¶ ~이 있는 терплячий; витривалий. ~이 없는 нетерплячий; роздратований. ~있게 기다리다 чекати терпляче. 대단한 ~을 소유하다 володіти янгольським терпінням.

참의원(參議院) палата радників; верхня палата в парламенті; консультаційна рада.

참작 увага; розуміння. ¶ ~하다 враховувати; приймати до уваги; брати в розрахунок; рахуватися *з чим*. |귀담아듣다| прислуховуватися *до чого*. ~할 만한 사정 поважна обставина. 미성년인 점을 ~하여 враховуючи неповноліття.

참전 участь у війні; вступ у війну. ¶ ~하다 брати участь у війні (в бою). ~국 держава, що бере участь у війні; держава, що воює.

참정 участь в політичному житті країни; голосування; участь в голосуванні (виборах). ‖ ~권 право голосу; виборче право. 여성~권 виборчі права жінок.

참조 посилання *на кого-що*. |주석| виноска; примітка *на що*; довідка. ¶ ~하다 давати посилання (на джерело). ‖ ~문헌 довідковий матеріал; наочні посібники. ~서 довідник. ~문헌 리스트 список літератури. 전후~ перехресне посилання.

참치 тунець.

참패 тяжка (ганебна) поразка; розгром. ¶ ~하다 потерпіти жорстоку поразку. ~시키다 нанести *кому* поразку; розгромити *кого*.

참하다 симпатичний; миловидний; привабливий.

참형(斬刑) відсічення голови; обезголовлювання. ¶ ~하다 відрубувати голову; обезголовлювати.

참호 траншея; окоп; сховище; укриття. ¶ ~를 파다 обкопувати(ся); укріплювати

참혹 |잔인무도한| суворість; жорстокість; безжалісність; безсердечність. |육체적 고통| страждання; муки. ¶ ~하다 жахливий; жорстокий; звірячий. | 동정할만한| жалюгідний ¶ ~한 모습 жалюгідний (жахливий) вигляд.

참화 жахлива біда; катастрофа; аварія; крах. ¶ ~를 자초하다 накликати на себе біду.

참회 розкаяння; каяття; спокутування. ¶ ~하다 розкаюватися в чому; каятися перед ким в чому (кому в чому). ~의 눈물 сльози розкаяння. || ~록 сповідь; покаяння. ~자 хто сповідається; хто кається.

찹쌀 клейкий рис. || ~떡 паровий хлібець з борошна, змелений з клейкого рису.

찻길 шосе; проїжджа частина дороги; проїжджа дорога.

찻잎 чайний лист; лист чайного дерева.

찻집 чайна; кафе; закусочна.

창 |구두밑창| підошва. |구멍| дірка; діра. ¶ 구두~을 대다 підбивати підошви.

창(槍) спис; піка. ¶ ~을 던지다 кидати спис.

창(唱) корейська пісня, виконана високим голосом.

창(窓) вікно. ¶ ~가에 서다 стояти біля вікна. ~을 열어두다 залишати вікно відкритим ~밖을 내다보다 дивитися в вікно || ~턱 підвіконня. ~틀 віконна рама.

창가(唱歌) пісня; спів; корейська традиційна пісня.

창간 створення; заснування (газети; журнала). ¶ ~하다 заснувати; створювати. 그 잡지는 ~된지 10년이 된다 Цей журнал вийшов в світ 10 років назад. || ~기념호 ювілейний номер. ~호를 내다 видавати перший номер.

창건 створення. |도시·건물| заснування. |초석| закладення; основа; базис. ¶ ~하다 засновувати; створювати; організовувати; встановлювати. || ~자 засновник. ~일 день створення (заснування).

창검 спис та меч; холодна зброя.

창고 склад; амбар; комора; пакгауз. |보물창고| скарбниця; скарб. ¶ ~에 보관하다 поміщати в склад; зберігати на складі. ¶ ~료 плата за оренду складу. ~업 здавання в оренду склада. 세관~ митний пакгауз.

창공 синє небо; блакитні небеса; емпірей. ¶ ~에 뜬 구름 хмара на блакитному небі.

창구 вікно; каса. ¶ ~에서 사무를 보다 обслуговувати за віконцем каси (банку). || 매표~ вікно каси.

창궐 несамовитість; буйство; розгул. ¶ ~하다 бути несамовитим. 유행성 감기가 ~하고 있다 лютує грип.

창극 корейська класична опера.

창기(娼妓) повія.

창녀 повія; публічна (вулична) жінка; панельна дівчина; розпусниця; куртизанка.

창달 ро́звиток; ріст; рух вперед. |진화·과정| еволю́ція; прогре́с. ¶ ~하다 розвива́тися; покра́щуватися; просува́тися вперед. ¶ 문화~을 위해 공헌하다 вно́сити вклад в ро́звиток культу́ри.

창당 формува́ння політи́чної па́ртії. ¶ ~하다 формува́ти (організо́вувати) політи́чну па́ртію.

창란 ну́трощі мінта́я. ‖ ~젓 соло́на ікра́ мінта́я.

창립 встано́влення; заснува́ння; ство́рення. ¶ ~하다 засно́вувати; ство́рювати. ~ 50주년을 축하하다 віта́ти з пятдесятирі́ччям від дня заснува́ння. ‖ ~위원회 оргкоміте́т (організаці́йний коміте́т). ~자 зачина́тель; засно́вник; творе́ць; основополо́жник. ~총회 устано́вчі збо́ри.

창밖 за вікно́м; на ву́лиці. ¶ ~으로 고개를 내밀다 висува́ти го́лову в вікно́. ~으로 내던지다 вики́дати що за вікно́. ~을 내다보다 диви́тися в вікно́.

창백 блі́дість. ¶ ~한 блі́дий; безкро́вний; восково́й; нея́скравий; тья́ний. ~해지다 блі́днути. |희미한| тьмя́ніти; га́снути. 죽을 듯이 ~한 блі́дий як смерть. 공포감으로 인해 ~해지다 блі́днути від стра́ху (жа́ху).

창법(唱法) спо́сіб спі́ву.

창살 гра́ти; віко́нне опра́влення.

창생(蒼生) наро́д; ма́са.

창설 → **창립**.

창세 ство́рення сві́ту. ‖ ~기 кни́га «Буття́».

창시 ство́рення; заснува́ння. ¶ ~하다 ство́рювати; твори́ти. ‖ ~자 основополо́жник; творе́ць.

창안 ви́нахід; ви́гадка. ¶ ~하다 |발명하다| винахо́дити. |고안하다| приду́мувати; виду́мувати. ‖ ~자 винахі́дник; вига́дник.

창업 ство́рення фі́рми. ¶ ~하다 ство́рювати бі́знес; засно́вувати фі́рму. ~이래 від дня заснува́ння фі́рми. ‖ ~자 засно́вник; основополо́жник; підприє́мець.

창연(蒼然) ¶ ~하다 си́ній; блаки́тний; з те́мним відті́нком; потемні́вший від ча́су; су́тінковий.

창의 тво́рчий за́дум; ініціати́ва; оригіна́льна ду́мка. ¶ ~적인 тво́рчий; оригіна́льний. ~력이 풍부한 사람 (люди́на), що ма́є бага́то тво́рчих зді́бностей. ‖ ~성 ініціати́вність.

창자 ки́шка; {동물} по́трухи; ну́трощі. ¶ ~의 кишко́вий. 생선의 ~를 빼내다 видаля́ти кишки́ з ри́би. ~가 뒤틀리다 ну́трощі переверта́ються.

창작 тво́рчість; ство́рення. ¶ ~하다 твори́ти; ство́рювати; склада́ти (пі́сню); вига́дувати; писа́ти (леге́нду); пі́сню; ві́рші; му́зику). ~적인 тво́рчий. ~에 종사하다 займа́тися тво́рчістю. ~을 그만두다 кида́ти тво́рчість. 소설을 ~하다 писа́ти рома́н. ‖ ~력 тво́рчі си́ли (зді́бності). ~성 тво́рчий хара́ктер. ~집 збі́рник худо́жніх тво́рів. ~품 тво́ри мисте́цтва.

창제 → **창작**, **창조**

창조 тво́рчість; ство́рення. ¶ ~하다 ство́рювати; твори́ти; займа́тися тво́рчістю. ~적 оригіна́льний; тво́рчий. ~적 예술 оригіна́льне мисте́цтво. ‖ ~

물 творіння; створення; творчість. ~력 творчі сили (здібності). ~성 творчі здібності.

창창하다 |푸르다| темно-синій; з великими перспективами; густий. |잘 자라는| буйний. |아득한| стародавній. ¶ 장래가 창창한 청년 хлопець з великими перспективами. 갈길이~ дорога далека.

창천 блакитне небо.

창틀 віконна рамка (рама); обрамлення вікна.

창파 велика хвиля; блакитні хвилі. || 만경~ схвильоване море.

창포 татарське зілля.

창피 ганьба; сором. |모욕| образа; безчестя. ¶ ~하다 присоромлений; ганебний. ~스럽게 ганебно. ~를 주다 зганьбити; осоромити. ~를 무릅쓰다 накликати ганьбу на себе. ~를 당하다 соромитися; ображатися. 아이구 ~해! Образливо!/ Який жах!/ Соромно!

창해(滄海) синє море; океан.

창호(窓戶) вікна та двері. || ~지 папір для клеєння вікон.

찾다 шукати; обшукувати; знаходити. |방문하다| відвідувати; наносити кому візит. ¶ 전화로 ~ кликати кого до телефону. 은행에서 돈을 ~ знімати гроші з банку.

찾아내다 знаходити; заставати. |원인을| дізнаватися; з'ясовувати.

찾아오다 приходити; приходити з візитом; відвідувати; отримувати назад.

채 |북·장구의| барабанна паличка. | 채찍| батіг; пуга; канчук. |손잡이| ручка. |수레의| вісь; дишель [여].

채 лічильна одиниця будинків. || 집 두 ~ два будинки. 큰 ~ головна будівля.

채 |불완전한| ще не...; не зовсім. | 이른| передчасний. |온통| цілком. ¶ 사과가 ~ 익지 않았다 яблука ще не (не зовсім) достигли. 눈을 뜬 ~로 밤을 지새다 провести всю ніч, не зімкнувши очей.

채 шатковані овочі. ¶ ~치다 шаткувати овочі.

채광(採光) освітлення. ¶ ~하다 освітлювати; давати світло. ~좋은 방 світла (добре освітлена) кімната.

채광(採鑛) гірська справа; ведення гірських робіт. ¶ ~의 гірсько-добувний; гірськозаводський. ~권 право на розробку корисних копалин. ~지대 гірськозаводські райони; копальня.

채굴(採掘) добування; виймання вугілля; копання; риття; розкопки. ¶ ~하다 добувати; копати; розробляти (корисні копалини). ~권 право на розробку корисних копалин.

채권(債券) зобов'язання; облігація (позики). ¶ ~을 발행하다 випускати облігації. || ~발행 випуск позики. ~시장 ринок облігацій. 국가 ~ державна облігація.

채권(債權) боргове право; право кредитора. || ~국 держава-кредитор. ~법 боргове право. ~자 кредитор. ~압류 накладення арешту на гроші боржника, що знаходяться у третьої особи.

채근 ¶ ~하다 |독촉하다| квапити;

підганяти.

채널 канал (передачі). ‖ ~을 바꾸다 перейти на другий канал; перемкнути на другий канал.

채다 |눈치채다| помічати; розуміти; здогадуватися. |훔치다| красти; вихоплювати. |잡아당기다| смикати; тягнути; тягти ривками.

채득 ¶ ~하다 добувати факти.

채무 боргове зобов'язання; борд; заборгованість. ¶ ~를 이행하다 виплачувати борг. ‖ ~국 держава-боржник. ~면제 вилучення з боргового зобов'язання. ~상환 виконання заборгованості. ~자 боржник; дебітор.

채산 {상업} користь; вигода; прибуток; дохід та витрати. ¶ ~하다 підводити баланс; бути прибутковим. ~이 맞는 прибутковий. ~이 맞지않다 прибуток не покриває витрати. ~성 рентабельність. ~점 беззбиткова точка. ~제 система розрахунку. ~독립~제 самоплатність; хозрозрахунок.

채색(彩色) |음영| колір. |염색| фарба. ¶ ~하다 розфарбовувати(ся). ‖ ~화 хромолітографія; кольорова картина.

채석 ¶ ~하다 добувати каміння. ‖ ~장 каменярня.

채소 овочі. ¶ ~를 가꾸다 вирощувати овочі. ‖ ~가게 овочевий магазин. ~밭 город. ~재배 овочівництво. ~저장소 овочесховище.

채송화 портулак крупноквітковий.

채식 ¶ ~하다 харчуватися овочами. ‖ ~가 вегетаріанець. ~주의 вегетаріанство.

채용 |채택| прийняття; прийом. |임용| призначення; прийом (на роботу); наймання (робітників). ¶ ~하다 |임용| застосовувати; надавати роботу; наймати кого (ким). ‖ ~시험 прийомний екзамен.

채우다 |잠그다| зачиняти (на замок); застібати (на гудзики); зачиняти. ¶ 문을 ~ зачиняти двері. 단추를 ~ застібати на гудзики.

채우다 |액체를| наливати (рідину); наповнювати; заповнювати.

채우다 |기한| завершувати (до визначеного сроку).

채점 виставлення оцінок. ¶ ~하다 ставити оцінку (бал).

채찍 батіг; пуга; малахай. ¶ ~질하다 бити батогом (пугою). |재촉하다| квапити; підганяти.

채취 добування; збір (трав; грибів). ¶ ~하다 добувати; витягати; збирати.

채탄(採炭) ¶ ~하다 добувати вугілля (торф). ‖ ~량 об'єм добування вугілля (торфу).

채택(採擇) прийняття (закону; рішення). ¶ ~하다 приймати; обирати.

책 книга; альбом. ‖ ~가방 портфель. ~꽂이 книжкова полиця.

책(柵) дамба; частокіл.

책동 маневри; спонукання; провокація. ¶ ~하다 маневрувати; задумувати; займатися (махінаціями); спонукати; провокувати(ся); починати різні махінації.

책략 хитрість; махінація; підступи;

책망 заміри; інтриги. ¶ ~을 꾸미다 пророблят́и махіна́цію. ‖ ~가 махіна́тор.

책망 ла́йка; сва́рка; дога́на. ¶ ~하다 свари́ти; ла́яти; роби́ти дога́ну; виноси́ти дога́ну *кому́ за що*.

책무 обов'язок; борг; відповіда́льність.

책받침 підста́вка під кни́гу; підкла́дка під лист папе́ру.

책방 книжко́вий магази́н.

책벌레 книжко́вий черв'як; буквої́д; книжко́ва моль; бібліома́н.

책보 хусти́нка для загорта́ння книг.

책상 письмо́вий стіл.

책임 відповіда́льність; обов'язок. ¶ ~을 지다 відповіда́ти *за що*; нести́ відповіда́льність. ~을 지우다 покладат́и *на кого́* відповіда́льність. ‖ ~감 почуття́ відповіда́льності. ~량 но́рма ви́роблення. ~자 відповіда́льна осо́ба; керівни́к.

책장(冊張) листи́ кни́ги; сторі́нки.

책장(冊欌) книжко́ва ша́фа.

책정 ~하다 визнача́ти; планува́ти.

챔피언 чемпіо́н; перемо́жець.

챙 козиро́к.

챙기다 збира́ти; прибира́ти за собо́ю; приво́дити в поря́док. ¶ 여행짐을 ~ збира́ти ре́чі в доро́гу.

처(妻) дружи́на; жі́нка. ¶ ~를 얻다 одру́жуватися *з ким*. ‖ ~가 рі́дня дружи́ни; дім батькі́в дружи́ни.

처(處) |기관| управлі́ння; ві́дділ. |장소| мі́сце. |상황·입장| поло́ження; пози́ція. ‖ 과학기술~ управлі́ння у спра́вах нау́ки та те́хніки. 환경~ управлі́ння у спра́вах навко́лишнього середо́вища.

처-- безла́дно; си́льно. ¶ ~담다 нава́лювати. ~박다 забива́ти з си́лою.

처갓집 рі́дня (ро́дичі) дружи́ни; дім батькі́в дружи́ни. ¶ ~살이 жи́ти у батькі́в дружи́ни.

처남 моло́дший брат дружи́ни; шу́рин.

처넣다 |밀어넣다| з си́лою стромля́ти; набива́ти. |투자하다| вкла́сти *у що*. ¶ 책을 상자에 ~ набива́ти коро́бку кни́гами. 돈을 증권에 ~ безпереста́ну вкла́дати гро́ші в а́кції.

처녀 дівчи́на; неза́ймана; ді́ва; незамі́жня. ¶ ~의 діво́чий; дівча́чий. ~다운 скро́мна; сором'язли́ва. ~작을 발표하다 дебютува́ти. ‖ ~공연 дебю́т. ~생식 {생물} партеногене́з. ~ непоро́чне розмно́ження. ~성 неза́йманість. ~시절 діво́цтво. ~작 пе́рший твір. ~지 неза́йманий ґрунт; цілина́; новина́. 노~ стара́ ді́ва.

처단 рі́шення; ка́ра; стра́та. ¶ ~하다 |벌하다| кара́ти; покара́ти. 단호히 ~하다 прийма́ти рішу́чі мі́ри *до чого*.

처량 ~하다 |황량하다| за́пущений; безлю́дний. |구슬프다| сумни́й; журли́вий.

처리 оберта́ння; управлі́ння. |세공하다| обро́бка. ¶ ~하다 зверта́тися *з чим*; управля́ти *чим*; прийма́ти мі́ри *до чого*; справля́тися *з ким-чим*. ~되다 ви́рішений; ула́годжений. 사무를

~하다 вести справи.

처마 стріха; звис з даху. ‖ ~끝 край даху.

처먹다 жадібно їсти; поглинати; пожирати.

처박다 вбивати (забивати) з силою; вбивати як-небудь. |감금하다| тримати під замком. |던져넣다| ввалювати *у що*. |몰입하다| вдаватися. |쑤셔넣다| вкручувати; вводити *у що*; вдавлювати.

처박히다 бути міцно вбитим; бути забитим як-небудь.

처방 |조제| рецепт; спосіб; приготування ліків. |수단·조치| засіб; міри. ¶ ~을 내리다 прописувати ліки; приймати міри *до чого*. ‖ ~전 рецепт.

처벌 покарання; кара. ¶ ~하다 покарати; карати.

처분 |사람| розпорядження. |물건| розпродаж. ¶ ~하다 розпоряджатися *чим*. 관대한 ~을 내리다 поблажливо ставитися *до кого*. 재고 ~ розпродаж залишків.

처사(處事) → **처리**

처세 ¶ ~하다 поводити себе. 그는 ~가 능하다 Він добре себе поводить. ‖ ~술 життєва мудрість.

처소 місце проживання; місце. ‖ 임시 ~ тимчасове місце проживання.

처신 поведінка. ¶ ~하다 поводити себе. 변덕스럽게 ~하다 не впадати у відчай.

처연(凄然) ¶ ~하다 сумний; скорботний. ~히 сумно; скорботно.

처우(處遇) обходження; поводження. ¶ ~하다 поводитися; обходитися. ‖ ~개선 покращення робочих умов.

처음 початок. |기원| джерело; походження. |초기| первинна стадія. ¶ ~에 спочатку; спершу. ~으로 вперше; перший раз. ~의 перший; первісний; вихідний.

처자(妻子) → **처녀** дівчина.

처자식 дружина та діти.

처절 ¶ ~하다 дуже сумний; журливий; страшний; жахливий.

처제 молодша сестра дружини.

처조카 племінники дружини.

처지 |형편| стан; обставини. |관계| ставлення; зв'язок.

처지다 |늘어지다| безсильно опускатися; висіти; звисати; повисати. |가라앉다| осідати; опускатися (на дно); падати; спадати; |뒤처지다| залишатися; залишатися позаду; відставати.

처참(悽慘) ¶ ~하다 сумний; скорботний; невтішний.

처치 |조치| міри; заходи. |처분| розпорядження. |치료| лікування. ¶ ~하다 приймати міри; вести справи; розпоряджатися; лікувати.

처하다 |위치하다| знаходитися; опинятися. |처벌하다| присуджувати; накладати стягнення; стягувати *з кого за що*. ¶ 벌금에 ~ штрафувати. 곤란한 상황에 ~ опинятися в тяжкому положенні; знаходитися в скрутних обставинах.

처형(妻兄) старша сестра дружини.

처형(處刑) виконання смертного вироку. ¶ ~하다 віддавати страті; страчувати.

--척 ¶ ~하다 |가장하다| робити вигляд; вдавати з себе *кого-що*;

зобража́ти (з се́бе) *кого́*. |사칭하다 | вида́вати себе́ *за кого́*; виступа́ти під ма́скою *чого́*. |위장하다| носи́ти (одягти́) ма́ску *кого́*; перефарбо́вуватися *в кого́*. 읽는 ~하다 роби́ти ви́гляд, що прочита́в. 아픈~ 하다 прикида́тися хво́рим.

척(尺) мі́ра довжини́; ліні́йка.

척(隻) {해운} одини́ця раху́нку корабліі́в. ¶ 몇~의 선박 деякі́лька судíв.

척결 ліквіда́ція; зни́щення; ви́нищення. ¶ ~하다 ліквіду́вати; зни́щувати; вини́щувати. |장애·방해| лама́ти; перетво́рювати в по́рох. |해악·단점| викорі́нювати; руби́ти під ко́рінь. 모조리 ~하다 зміта́ти все на своє́му шляху́; вирива́ти з ко́ренем. ‖ ~자 вини́щувач.

척도 |길이치수| мі́ра довжини́; масшта́б. |단위| мі́ра; мі́ри́ло; одини́ця. |기준| крите́рій; крите́ріум. ¶ ...의 ~е́ відпо́віти по мі́рі *чого́*.

척박 неродю́чість; безплі́дність. ¶ ~하다 неродю́чий; безплі́дний; худи́й. ~한 토양 неродю́чий грунт.

척수(脊髓) {의학} спинни́й мо́зок; хребці́; хребе́т. ‖ ~동물 хребе́тні. ~마비 рахіоплегі́я. ~신경 спинни́й мо́зок.

척추(脊椎) → **척수** хребе́ць.

척하다 → **척**.

천 матерія; ткани́на.

천(千) ти́сяча. ¶ ~분의 одна́ ти́сячна. ~년의 тисячолі́ття.

천(天) не́бо; небеса́.

천거(薦擧) рекоменда́ція (на поса́ду). ¶ ~하다 рекомендува́ти; вису́вати на поса́ду.

천고(千古) глибо́ка давнина́; анти́чність. |영원성| ві́чність.

천공(穿孔) сверді́ння; бурі́ння; перфора́ція шпа́рини. ¶ ~하다 сверди́ти; бури́ти шпа́ру.

천국 небеса́; ца́рство небе́сне; рай; еде́м.

천근(千斤) ду́же важка́ річ.

천금(千金) вели́кі гро́ші; висо́ка ціна́; величе́зна ці́нність.

천기(天機) таємни́ця приро́ди; глибо́ка таємни́ця; приро́дній ро́зум. ¶ ~를 누설하다 видава́ти бо́жий секре́т.

천기(天氣) пого́да.

천녀(天女) небе́сна фе́я.

천당 → **천국**.

천대 прини́ження; знева́га *до кого́-чого́*; знева́жа́ння *ким-чим* (*до кого́-чого́*). ¶ ~хати прини́жувати; знева́жати; ста́витися *до кого́* зі знева́гою; диви́тися зве́рху донизу́ *на кого́-що*. |학대하다| топта́ти; втопту́вати в грязюку́; попиха́ти *ким*. |모욕하다| закида́ти грязю́кою *кого́*; змі́шати з бру́дом *кого́*.

천도(遷都) ¶ ~хати перено́сити столи́цю.

천동설 геоцентри́чна систе́ма сві́ту Птоломе́я.

천둥 грім. |굉음| гурко́ті́. |위험예고| гроза́. ¶ ~чи́ти грими́ти; гуркоті́ти; гримоті́ти.

천륜 мора́льні при́нципи, у відно́синах між батька́ми та дітьми́.

천리 величе́зна ві́дстань.

천마(天馬) кінь, що літа́є.

арабський скакун.

천막 палатка; шатро. ¶ ~을 치다 розбити намет. ‖ ~존 наметове містечко.

천만 |뜻밖의| несподіваний. ‖ ~다행 велике щастя. ~부당 цілком нерозумно (несправедливо). 위험~ величезна небезпека.

천명(天命) життя; існування; доля; участь.

천명(闡明) ¶ ~하다 пояснювати.

천문(天文) небесні явища та закони; астрономія. {천문} астрономія. [형] астрономічний. ‖ ~관 планетарій. ~년 астрономічний рік. ~단위 астрономічна одиниця. ~대 обсерваторія. ~력 астрономічний календар. ~학 астрономія. ~학자 вчений-астроном.

천민 нищий стан.

천박 ¶ ~하다 |지식이 얕은| неглибокий; поверхневий. |비속한| вульгарний; паскудний. |무질서한| безладний; заплутаний; переплутаний.

천방지축 метушливо; нетямуще. ¶ ~ 뛰어가다 бігти швидко.

천벌 небесна кара.

천변 берег ріки.

천부(天賦) ¶ ~의 природній; вроджений; визначений наперед; талановитий; обдарований. ~의 재능 небачені здібності.

천부당 ¶ ~만부당 повна невідповідність; абсолютна несправедливість.

천사 ангел; херувим. ¶ ~같은 사람 ангел покірності; покірний, як ягня. ‖ 수호~ янгол-охоронець.

천상 рай. ‖ ~천하 всесвіт.

천생 даний богом (небом); талановитий; |기질| вроджені якості; натура. |행운을 입은| благословенний. ‖ ~배필 визначений наперед шлюб. ~연분 небом встановлені узи.

천성 природа; природні якості; натура.

천수(天壽) життя; існування; доля; участь.

천수(天水) дощова вода. ‖ ~답 рисове поле, зрошувальне тільки дощами.

천시 ¶ ~하다 не ставити ні у що; зневажати; ігнорувати *кого*.

천식 задуха.

천신(天神) бог; небесний дух.

천신만고 незчисленні страждання.

천애(天涯) абсолютно одинокий; сиротливий; безсімейний. ‖ ~고아 кругла сирота; сирітство.

천양지차 величезна різниця.

천연 природа; натура; природність. ¶ ~적 природній; натуральний. ‖ ~가스 природній газ. ~기념물 природні релікти. ~자원 природні ресурси; натуральні багатства.

천연두 віспа.

천연스레 |꾸밈없는| природньо; натурально; невимушено. |뻔뻔하게| нахабний; несоромязливий; безсовісний; безсоромний. |거리낌없는| розв'язний. ¶ ~ 웃다 нахабно посміхатися. ~ 거짓말 하다 безсовісно обманювати.

천왕성 Уран.

천우신조 Божа милість. ¶ ~에 따라 по милості Божій.

천운 задум неба; доля; щаслива

до́ля. ¶ 항상 ~이 따르다 *кому́* у всьо́му тала́нить.

천인(賤人) люди́на з низько́го ста́ну. ¶ ~신분에서 출세하다 ви́йти з низі́в.

천인공노 лю́та не́нависть *до кого́-чого́*; на дух не прийма́ти.

천자문 посі́бник, що вміща́є ти́сячу ієро́гліфів.

천장 сте́ля. ¶ ~에 매달려 있다 висі́ти на сте́лі.

천재(天才) (приро́дний) тала́нт; ге́ній. ¶ ~적 геніа́льний; талановитий; обдаро́ваний. 어학의 ~ люди́на з виключними зді́бностями до мов. ‖ ~성 геніа́льність; талановитість. ~아 талановита дитина; вундеркі́нд.

천재(天災) стихі́йне ли́хо; небе́сна ка́ра. ‖ ~지변 стихі́йне ли́хо та поді́я.

천재일우 слу́шний ви́падок (моме́нт) (що випада́є оди́н раз на життя́).

천적 приро́дній во́рог (шкі́дник).

천정 зені́т. {형} зені́тний. ‖ ~거리 зені́тна ві́дстань. ~점 то́чка зені́ту; зені́т.

천정부지 ¶ ~로 치솟다 стрі́мко підніма́тися; підска́кувати. 물가가 ~로 치솟는다. Ці́ни нестри́мно росту́ть.

천주교 католици́зм; католи́цтво. ‖ ~신자 като́лик.

천지 не́бо і земля́; (весь) світ; все́світ. ¶ ~가 뒤집혀도 на́віть якщо весь світ переве́рнеться; в будь-яко́му ви́падку. ‖ ~개벽 | 세계창조| ство́рення сві́ту. |격변| величе́зні змі́ни. ~만물 всі ре́чі (предме́ти). 별~ магі́чна (казко́ва) краї́на.

천직 покли́кання; спра́ва життя́; обов'язок; мі́сія.

천진난만 ¶ ~하다 простоду́шний; безпосере́дній; нехитри́й.

천차만별 вели́ка рі́зниця.

천천히 пові́льно; неквапли́во. ¶ ~하십시오. Робі́ть не поспіша́ючи.

천체 небе́сне ті́ло (світи́ло). ‖ ~관측 астрономі́чні спостере́ження. ~망원경 телеско́п; рефле́ктор; астрономі́чна труба́. ~물리학 астрофі́зика. ~학 ураногра́фія.

천치 ідіо́т; ненорма́льна люди́на. ‖ 바보~ ду́рень від наро́дження.

천태만상 різнома́ніття. ¶ ~이다 різномані́тний.

천편일률 моното́нність; шабло́н-ність. ¶ ~적 моното́нний; шабло́нний. ~적으로 моното́нно; однотипно; шабло́нно; за шабло́ном. 그의 말은 ~적이다. Він гово́рить моното́нно.

천하 весь світ. ¶ ~를 호령하다 володі́ти сві́том. ~에 이름을 떨치다 програмі́ти на весь світ. ~에 під не́бом; на сві́ті. ~에 둘도 없는 неба́чений; безпрецеде́нт-ний; неповто́рний. ~의 영웅 світови́й (найвидатні́ший; ви́знаний у всьо́му сві́ті) геро́й.

천하다 низьки́й; знева́жений.

천행 величе́зне ща́стя.

천혜 приро́дний (вро́джений) дар.

철 |계절| пора́ ро́ку; сезо́н. |때| пері́од; час. ¶ ~늦게 з'явля́тися пізні́ше; запізнюватися.

철 кмітли́вість; ро́зум. ¶ ~이 들다 порозумні́шати. ~이 없다 нерозу́мний; некмітли́вий.

철(鐵) залізо; метал. ¶ ~의 залізний. ~의 장막 залізна завіса.

철(綴) підшивка; папка (з матеріалами). ¶ ~하다 підшивати; переплітати. 신문을 ~하다 переплітати (підшивати) газети. ‖ 서류~ досьє.

철갑 |갑옷| лати. |철판| броня. ¶ ~의 броньовий. ‖ ~상어 сахалінський осетер. ~선 броньований корабель.

철강 залізо та сталь.

철거 |퇴거| евакуація; вивід. |제거| видалення; усунення; демонтаж. ¶ ~하다 видаляти; усувати; демонтувати.

철골 металічний каркас.

철공소 майстерня металоремонту.

철교 |철로 만든 다리| металічний (залізний) міст. |기차의| залізничний міст. ¶ ~를 놓다 наводити (перекидати; будувати) залізний міст.

철군 відвід (вивід) військ. ¶ ~하다 виводити (відводити) війська.

철권 міцний кулак. |강압| насилля. ‖ ~제재 політика залізного кулака.

철근 арматура (залізобетонна). ‖ ~골조 металевий каркас. ~콘크리트 залізобетон; армований бетон.

철기 |그릇| металевий посуд. |도구| знаряддя праці, зроблені з заліза. ‖ ~시대 залізний вік.

철길 залізна дорога; залізничний шлях. ¶ ~을 놓다 проводити залізну дорогу. ~건널목 залізничний переїзд (перехід).

철도 залізна дорога; залізничний шлях; залізнична лінія. ¶ ~를 부설하다 прокладати залізну дорогу. ~편으로 на потязі; потягом; по залізній дорозі. ‖ ~망 мережа залізних доріг. ~승무원 провідник. 광궤/협궤~ широкопутна/вузькопутна залізна дорога.

철두철미 від початку до кінця; з ніг до голови; цілком. ¶ ~하다 послідовний; вичерпний.

철들다 порозумнішати.

철렁하다 хлюпатися. ¶ 가슴이 ~ у грудях тремтить.

철로 → 철도.

철망 |철로 된 망| залізна сітка. |철조망| дротове загородження.

철면피 |성질| безсоромність; нахабність. |사람| нахаба. ¶ ~같다 безсоромний; нахабний. 그는 ~같게도 …하러 왔다 Він мав нахабність прийти…

철문 залізні двері.

철물점 магазин залізних товарів.

철벽 залізна стіна. ¶ ~같다 неприступний. ~같은 진 неприступна позиція.

철병 виведення військ. ¶ ~하다 виводити війська.

철봉 турнік. [형] турніковий. ¶ ~을 하다 займатися на турніку.

철부지 дурна (некмітлива) людина. ‖ ~같은 дурний; некмітливий. ‖ ~ 어린애 нетяма.

철분 вміст заліза. ¶ ~이 많은 багатий залізом. ~이 있다 вміщувати залізо; бути залізистим. ~을 함유한 물 залізиста вода.

철사 залізний (металевий) дріт.

철새 перелітні птахи.

철석 |확고함| твердість;

непохи́тність. ¶ ~같다 тверди́й; непохи́тний.

철수 ви́ведення. ¶ ~하다 виво́дити; відклика́ти. 군대를 ~시키다 виво́дити (відклика́ти) війська́.

철썩 ¶ ~하다 |파도| хлю́пати. |때리다| шльо́пати *кого по чому*; ля́скати; вдаря́ти. ~거리다 |파도가| хлю́пати. 뺨을 ~ 때리다 вда́рити по щоці́.

철야 безсо́нна ніч. ¶ ~하다 не спа́ти вночі́; проводи́ти ніч без сну. ‖ ~작업 нічна́ робо́та.

철없다 нерозу́мний; некмітли́вий. ¶ 철없이 굴다 пустува́ти. 철없는 행동 (짓) дитя́чий вчи́нок; легкова́жність.

철옹성 |요새| тверди́ня; недосту́пна форте́ця. |확고부동| моноліт́ність. ¶ ~같다 |요새가| непристу́пний; |확고부동하다| моноліт́ний.

철인(鐵人) залі́зна люди́на.

철인(哲人) мудре́ць; філо́соф.

철자 лі́тера. ¶ ~를 틀리다 роби́ти орфографі́чні поми́лки. ‖ ~법 орфогра́фія; пра́вопис. ~책 буква́р.

철재 залі́зо (як матеріа́л).

철저 ¶ ~하다 |일관되다| послідо́вний. |빈틈없다| по́вний; вичерпни́й; доскона́лий. ~히 |일관되게| послідо́вно. |빈틈없이| по́вністю. ~히 조사하다 обсте́жувати все зверху донизу; перевіря́ти все доскона́ло.

철제 ¶ ~[의] зро́блений з залі́за; залі́зний; по́вний ‖ ~품 ви́роби з залі́за; залі́зні ви́роби.

철조망 дрото́ва сі́тка; дрото́ве загоро́дження; колю́чий дріт. ¶ ~에 걸리다 натрапля́ти на колю́чий дріт; заплу́туватися в дрото́вому загоро́дженні. ~을 치다 ста́вити дротові́ загоро́дження.

철쭉[나무] рододе́ндрон шліппенба́ха; ~꽃 кві́ти рододе́ндрону.

철창 |창| вікно́ (две́рі) з залі́зними гра́тами. |감옥| в'язни́ця. ¶ ~에 гаду́ти саджа́ти *кого* за гра́ти. по́вний; ~살 залі́зні гра́ти (на вікні́; на дверя́х). ~생활 перебува́ння у в'язни́ці.

철책 залі́зна огоро́жа.

철칙 залі́зний зако́н; залі́зне пра́вило. ¶ ~을 встано́вити залі́зний зако́н.

철탑 залі́зна ве́жа.

철통 залі́зна бо́чка. ¶ ~같은 непристу́пний; непору́шний. ~같은 방어선 непристу́пна лі́нія оборо́ни.

철퇴(撤退) ві́дхід; евакуа́ція. ¶ ~하다 відхо́дити; евакуюва́тися.

철퇴(鐵槌) залі́зний мо́лот; ~를 가하다 прийма́ти рішу́чі за́ходи *проти кого-чого*.

철판 лист залі́за; залі́зна плита́ (пласти́на).

철폐 скасува́ння; спро́щення. ¶ ~하다 скасо́вувати; спро́щувати. 차별대우를 ~하다 скасо́вувати дискриміна́цію. ~ 악법 спро́щення драконі́вських зако́нів.

철학 філосо́фія; філосо́фський світо́гляд. ¶ ~적 філосо́фський ‖ ~개론 вве́дення в філосо́фію. ~사 істо́рія філосо́фії. ~자 філо́соф. 자연~ натурфілосо́фія.

철회 скасува́ння. ¶ ~하다 бра́ти

첨가 доповнення; надбавка. ¶ ~하다 доповнювати; додавати. ‖ ~량 кількість, що додається. ~물 додавання; приправа; добавка (до їжі). ~어 агглютинативна мова.

첨단 вістря; кінчик. ¶ ~[의] передовий. ~적 ультрасучасний. 시대의 ~에 서다 стояти в авангарді свого часу.

첨벙 |소리| бультих. ¶ ~하다 бультихнути(ся).

첨병 дозір; похідна застава.

첨부 докладання; додавання. ¶ ~하다 докладати; додавати. 서류를 ~하다 докладати документи. ‖ ~서류 документи, що додаються.

첨예 ¶ ~하다 гострий. ~화하다 гострити. ‖ ~성 гострота. ~화 загострення.

첩(妾) коханка.

첩(貼) пакетик для ліків.

첩(帖) альбом. ‖ 사진~ фотоальбом.

첩경 найкоротший (найближчий) шлях.

첩보 секретна інформація; агентурні дані. ‖ ~기관 орган (контр)розвідки. ~망 агентурна мережа.

첩자 агент; шпигун.

첫-- перший. ~걸음을 떼다 робити перший крок; здійснити перші кроки *до чого*. ‖ ~걸음 перший крок.

첫날 перший день.

첫눈 перший погляд. ¶ ~에 들다 сподобатися. ~에 알아보다 впізнавати з першого погляду. ~에 반하다 закохатися з першого погляду.

첫마디 перші слова. ¶ ~에 이해하다 розуміти з напівслова.

첫머리 початок; вступ. ¶ ~에 в самому початку.

첫사랑 перше кохання.

첫인상 перше враження.

첫째 ¶ ~[의] перший. ~[로] перш за все. ~가다 бути першим (головним). ~가 되다 займати перше місце.

첫출발 самий початок; перший крок *в чому*. ¶ 인생의 ~ перші кроки в житті.

청(請) прохання. ¶ ~하다 просити; випрошувати; клопотатися. 원조를 ~하다 просити допомоги. ~을 들어주다 задовольняти прохання. 간절한 ~ переконливе прохання; благання.

청(廳) |기관| відомство. |건물| відомча будівля. ‖ ~사 адміністративна будівля. 시~ мерія.

청각 слух; слухові відчуття. ‖ ~기관 органи слуху.

청개구리 деревна жаба.

청결 ¶ ~하다 чистий. ~하게 하다 чистити; очищати.

청과 (свіжі) овочі та фрукти.

청구 вимога; заявка. ¶ ~하다 вимагати *що*; робити заявку. ‖ ~권 право вимагати (робити заявку). ~서 вимога; заявка; рахунок. ~인 що потребує *чого*; хто просить. 손해[배상]~ вимога компенсації збитків. 지불~ вимога виплати (платежу).

청년 молодь [ю]. [형] молодіжний.

‖ ~기 мо́лодість; молоді́ роки́; ю́ність. ~운동 молоді́жний рух. ~회 молоді́жне суспі́льство. ~회관 пала́ц мо́лоді.

청동 бро́нза. [형] бро́нзовий. ‖ ~기 ви́роби з бро́нзи. ~기 시대 бро́нзовий вік.

청량 ¶ ~하다 чи́стий та прохоло́дний; що освіжа́є. ‖ ~음료[수] прохоло́дні напо́ї.

청력 слух. ‖ ~계 аудіо́метр.

청렴 ¶ ~[결백]하다 че́сний; безкори́сливий; непідку́пний.

청명 ¶ ~하다 сві́тлий; я́сний. ~한 하늘 я́сне не́бо.

청문 вислухо́вування. ¶ ~하다 влаштовувати публі́чні слу́хання. ‖ ~회 публі́чні слу́хання.

청바지 джи́нси.

청백리 че́сний (безкори́сливий; непідку́пний) чино́вник.

청부 підря́д; контра́кт. ¶ ~하다 взя́ти на підря́д. ~맡다 підряджа́тися. ‖ ~공사 робо́та за контра́ктом. ~살인 вби́вство за замо́вленням. ~업 підря́дні робо́ти. ~업자 підря́дник.

청빈 ¶ ~하다 че́сний та бі́дний.

청사 істо́рія; старода́вні істори́чні за́писи. ¶ ~에 길이 빛날 것이다 ніко́ли не зга́сне.

청사진 си́ня світлокопі́я; (світлопи́сна) си́ня ко́пія.

청산 |부채의| клі́рінк. [형] клі́ринговий. |회사의| ліквіда́ція. ¶ ~하다 |부채를| погаси́ти. |회사를| ліквідува́ти. 회사를 ~하다 ліквідува́ти торго́ве товари́ство. 과거를 ~하고 새 생활을 시작하다 похова́ти мину́ле та поча́ти (вступи́ти в) нове́ життя́.

청산유수 рі́вне мо́влення. ¶ ~로 말하다 не лі́зти за сло́вом в кише́ню.

청색 си́ній ко́лір.

청소 (о)чи́стка; прибира́ння. ¶ ~하다 чи́стити; прибира́ти. ‖ ~기 пилосо́с. ~부 прибира́льник; двірни́к. ~차 сміттєприбира́льна маши́на. 대~ генера́льне прибира́ння.

청소년 мо́лодь [дж].

청승 ¶ ~[을] 떨다 виклика́ти жаль. ~맞다 неща́сний; жалі́сний.

청심환 пігу́лки, що стимулю́ють серце́ву дія́льність.

청아 ¶ ~하다 |го́лос| чи́стий та га́рний.

청운 |хма́ра| блаки́тні хма́ри. |висо́кий| висо́ка поса́да; високе́ стано́вище; знать та могу́тність. ¶ ~의 뜻 честолю́бство; честолю́бні пра́гнення.

청원 клопота́ння. ¶ ~하다 проси́ти про допомо́гу; зверта́тися за допомо́гою; подава́ти клопота́ння; клопота́тися. ‖ ~경찰[관] поліце́йський, що патрулю́є за прива́тним клопота́нням. ~서 (письмо́ве) проха́ння (зая́ва); клопота́ння.

청음기 звуковловлюва́льний апара́т.

청자 селадо́н.

청장년 мо́лодь та лю́ди похи́лого ві́ку.

청정 чистота́; незаплямо́ваність. ¶ ~하다 прозо́рий; чи́стий.

청주 проці́джена горі́лка.

청중 слухачі́; аудито́рія. ¶ ~에게 깊은 인상을 주다 залиша́ти

глибоке враження на аудиторію.

청진 вислуховування. ¶ ~하다 вислуховувати. ‖ ~기 стетоскоп.

청천벽력 грім серед ясного неба. ¶ ~같은 як грім серед ясного неба.

청초 ¶ ~하다 чистий; охайний; милий.

청춘 юність; молодість. ¶ ~의 피가 끓다 горіти жаром молодості; кипить молода кров. ‖ ~기 молоді роки.

청취 слухання. ¶ ~하다 слухати. ‖ ~자 слухач; радіослухач.

청탁 прохання. ¶ ~하다 просити; звертатися з проханням; доручати.

청풍 вітер, що освіжає.

청하다 |부탁하다| просити. |남을 부르다| кликати; запрошувати.

청혼 пропозиція. ¶ ~하다 робити пропозицію; просити руки.

체 ¶ ~하다 робити (подавати) вигляд, що …; вдавати з себе що ….

체격 склад тіла.

체결 укладання (договору). ¶ ~하다 укладати (договір).

체계 система. ¶ ~적인 систематичний; системний.

체계화 систематизація. ¶ ~하다 систематизувати.

체공 ¶ ~하다 знаходитися в повітрі (в польоті).

체구 склад тіла; тіло.

체납 прострочення. ¶ ~하다 прострочити (затриматися) з виплатою. ~액 прострочена сума. ~자 неплатник.

체내 ¶ ~의 внутрішній. ~에 в тілі.

체념 ¶ ~하다 цілковито відмовлятися.

체능 фізичні дані *кого*.

체득 ¶ ~하다 пізнавати; засвоювати.

체력 фізична сила.

체류 перебування. ¶ ~하다 зупинятися; перебувати.

체면 |명예| честь. |평판| добре ім'я. |위신| престиж. ¶ ~상 заради честі; з пристойності.

체벌 тілесні покарання.

체불 ¶ ~하다 затримувати виплату.

체신 зв'язок. ‖ ~망 мережа зв'язку.

체액 {생물} рідини тіла.

체열 тепло тіла.

체온 температура тіла.

체위 фізичний розвиток.

체육 фізкультура. ¶ ~계 спортивні кола. ~관 спортивний зал. ~인 фізкультурник; спортсмен.

체재 зупинка; перебування. ¶ ~하다 проживати; перебувати. ‖ ~비 вартість перебування.

체적 {수학} об'єм.

체제 система; організація; стрій; структура.

체조 гімнастика; гімнастичні вправи.

체중 вага тіла.

체증 нетравлення шлунка.

체질 фізичні дані; конституція організму.

체취 запах тіла.

체통 важливий вигляд. ¶ ~을 차리다 величатися.

체포 арешт; затримання. ¶ ~하다 заарештовувати; затримувати.

체하다 страждати нетравленням шлунку.

체험 особистий досвід. ¶ ~하다 особисто випробувати; знати з

체형 зовнішній вигляд.

첼로 віолончель.

쳇바퀴 обруч сита.

쳐다보다 дивитися вгору. |존경하다| дивитися з повагою.

쳐들다 піднімати. ¶ 고개를 ~ піднімати голову.

초 свічка.

초(抄) секунда.

초(初) початок. ¶ 학년~ початок навчального року.

초--(超--) зверх--; супер--; ультра--.

초가 будинок, критий соломою.

초가을 рання осінь; початок осені.

초겨울 рання зима; початок зими.

초경 |여자의| перша менструація.

초계 ¶ ~하다 нести вартову службу; патрулювати; баражувати. ‖ ~정 патруль.

초고(草稿) чернетка.

초고추장 паста з червоного перцю з оцетом.

초과 перевищення. ¶ ~하다 перевищувати (що).

초근목피 коріння трав та кора дерев.

초급 ¶ ~의 початковий; первісний.

초기 початкова стадія; перший період; початок.

초년 перші роки. ‖ ~병 новобранець.

초단파 ультракороткі хвилі.

초대(初代) перше покоління. [형] перший; ¶ ~ 대통령 перший президент.

초대(招待) запрошення. ¶ ~하다 запрошувати кого. ‖ ~권 запрошувальний білет. ~장 запрошувальний лист; (письмове) запрошення.

초두 початок.

초등 ¶ ~의 початковий; елементарний. ‖ ~학교 початкова школа.

초라하다 сірий; неважливий; незначний.

초래 ¶ ~하다 чинити вплив на кого-що; позначатися на чому; приводити до чого; викликати що.

초로 похилий вік. [형] похилий.

초록 виписка; витягання; реферат; короткий огляд.

초록색 колір трави; зелений колір.

초롱초롱하다 |눈이| ясний; чистий.

초막 курінь.

초만원 ¶ ~을 이루다 бути переповненим (людьми).

초면 незнайоме обличчя; незнайомець; перша зустріч.

초목 трава та дерева; рослинність.

초미 ¶ ~의 невідкладний; насущний; навислий.

초밥 страва зі звареного на пару рису та свіжої риби.

초벌 ¶ ~의 перший; первинний.

초범 перший злочин; людина, що скоїла злочин вперше.

초병 вартовий.

초보 перший крок; початок. |신참자| новачок. ¶ ~적 початковий; елементарний.

초본 виписка.

초봄 рання весна; початок весни.

초비상 ¶ ~의 надзвичайний; незвичайний.

초빙 запрошення. ¶ ~하다 запрошувати.

초산(初産) перші пологи. ¶ ~하다 народжувати перший раз.

초산(醋酸) оцтова кислота́.

초상(肖像) портре́т.

초상(初喪) похоро́нні обря́ди до похова́ння.

초서 скоро́пис.

초석 кам'яна́ поду́шка коло́ни; |기초| заснува́ння; підва́лини.

초소 пост; вартова́ заста́ва.

초속 шви́дкість в секу́нду.

초순 пе́рша дека́да. ¶ ~에 в пе́ршій дека́ді.

초승달 молоди́й мі́сяць; серп мі́сяця.

초식 ¶ ~하다 харчува́тися траво́ю. ‖ ~류 травої́дні.

초심 ¶ ~의 недосві́дчений; початкі́вець. ‖ ~자 новачо́к; початкі́вець.

초안 чорнови́й прое́кт; ескі́з; на́черк.

초여름 ра́ннє лі́то; поча́ток лі́та.

초역 вибірко́вий пере́клад. ¶ ~하다 переклада́ти вибірко́во.

초연 ¶ ~하다 безві́льний; безси́льний; апати́чний.

초엽 пе́рший пері́од.

초원 степ; лука́.

초월 перева́га. ¶ ~하다 переважа́ти; переви́щувати.

초음속 надзвукова́ шви́дкість.

초음파 ультразвукові́ хви́лі.

초인 надлюди́на. [형] надлю́дський.

초인종 дзві́нок.

초임 пе́рша поса́да. ¶ ~하다 впе́рше отри́мати призна́чення (поса́да).

초입 вхід; в'їзд.

초자연 ¶ ~적 надприро́дній.

초저녁 ра́нній ве́чір; поча́ток ве́чора; сутінки.

초점 фо́кус; центр; осере́док.

초조 ¶ ~하다 неспокі́йний; триво́жний. ‖ ~감 почуття́ неспо́кою.

초주검되다 бу́ти на ме́жі сме́рті; тро́хи не поме́рти.

초지 перві́сний на́мір. ‖ ~일관 послі́довність у викона́нні пла́ну (за́думу, на́міру).

초진 пе́рший меди́чний о́гляд. ‖ ~료 пла́та за пе́рший меди́чний о́гляд.

초창기 початко́вий (пе́рший) пері́од.

초청 запро́шення. ¶ ~으로 по запро́шенню. ~하다 запро́шувати. ‖ ~장 офіці́йне запро́шення; запро́шувальний біле́т.

초췌 ¶ ~하다 висна́жений; змарні́лий.

초치 ¶ ~하다 кли́кати; запро́шувати.

초침 секу́ндна стрі́лка.

초탈 ¶ ~하다 знахо́дитися за ме́жами звича́йного; бу́ти ви́ще всього́.

초토화 ¶ ~하다 ви́палити все навкруги́.

초파일 → 석가[탄신일].

초판 пе́рше вида́ння.

초하루 1-е число́ мі́сяця.

초행 незнайо́ма доро́га; назнайо́мий шлях. ¶ ~하다 здійснювати пе́ршу пої́здку (пе́ршу подоро́ж).

초현실주의 сюрреалі́зм.

초혼 пе́рший шлюб. ¶ ~하다 вступа́ти в шлюб.

촉 кі́нчик; ві́стря. |화살의| наконе́чник.

촉각 до́тик; такти́льна чутли́вість.

촉감 до́тик; відчуття́.

촉구 ¶ ~하다 наполе́гливо

촉망 ¶ ~하다 покладати надії.
촉매 {화학} каталізатор.
촉박 ¶ ~하다 наступати. |기간이| близький; не вистачати (про час).
촉발 ¶ ~하다 чіпати; зачіпати.
촉수 щупальця. ¶ ~를 뻗치다 протягати щупальця *до чого*.
촉진 прискорення; форсування; стимулювання; полегшення. ¶ ~하다 прискорювати; стимулювати; сприяти розвитку *чого*.
촉촉하다 сирий; вологий.
촌 село.
촌극 скетч; п'єса-мініатюра.
촌놈 селянин; селюк.
촌뜨기 сільський дурень.
촌락 селище.
촌로 селянський старий.
촌수 ступінь спорідненості.
촌음 мить; коротка мить.
촌장 сільський староста.
촌철살인 одним словом можна вбити насмерть.
촌충 солітер.
촐랑거리다 |물이| злегка хвилюватися; хлюпатися. |까불다| легковажно поводити себе; бути вітряним.
촘촘하다 частий; густий.
촛대 свічник.
촛불 полум'я (вогонь) свічки.
총 кінська волосина.
총(銃) гвинтівка; рушниця.
총각 хлопець; неодружений молодий чоловік.
총감독 загальний контроль; генеральний інспектор. ¶ ~하다 здійснювати загальний нагляд (загальний контроль).
총검 |총과 칼| рушниця та меч. |총 끝에 꽂는 칼| штик. ‖ ~술 прийоми штикового бою.
총격 штикова атака. ¶ ~하다 атакувати в штики. вести штикову атаку. ‖ ~전 вибування.
총결산 загальний висновок. ¶ ~하다 підводити (загальний підсумок).
총계 загальний висновок. ¶ ~하다 підводити (загальний підсумок); підсумовувати.
총공격 генеральний наступ; загальна атака. ¶ ~하다 наступати (атакувати) по всьому фронту.
총괄 підсумовування; ототожнення; [형] сумарний. ¶ ~적으로 взагалі; в цілому. ~하다 підсумовувати.
총구 дульна частина; дуло.
총기(聰氣) розум; мудрість; прозорливість. |기억력| гарна пам'ять.
총기(銃器) особиста (вогнепальна) зброя.
총대 стовбурна частина рушниці; рушниця.
총독 генерал-губернатор.
총동원 всезагальна мобілізація. ¶ ~하다 проводити (всезагальну мобілізацію).
총량 загальна кількість; загальна вага; сумарна величина.
총력 всі сили; вся сила. ‖ ~전 тотальна війна.
총론 введення; загальний нарис.
총리 прем'єр-міністр; канцлер.
총명 гарна пам'ять. ¶ ~하다 розумний; тямущий. |기억력이| гарний (про пам'ять). |머리가|

кмітли́вий.

총무 що управля́є спра́вами. ‖ ~부 зага́льний ві́дділ; управлі́ння сра́вами.

총반격 зага́льний контрна́ступ; контрата́ка всіма́ си́лами. ¶ ~하다 вести́ (зага́льний контрна́ступ); контратакува́ти (всіма́ си́лами).

총보(總譜) {음악} партиту́ра.

총본부 головна́ ста́вка; головне́ кома́ндування.

총본산 головни́й буді́йський храм.

총부리 ду́ло. ¶ ~를 겨누다 прицілюва́тися *в кого*.

총사령관 (верхо́вний) головноко́мандуючий.

총사령부 верхо́вне кома́ндування; ста́вка головнокома́ндуючого.

총살 ро́зстріл. ¶ ~하다 розстрі́лювати; застрі́лити. ‖ ~형 ро́зстріл.

총상 вогнепа́льне пора́нення.

총서 колекціонува́ння книг; коле́кція книг; багатото́мне вида́ння; се́рія книг.

총서기 генера́льний секрета́р.

총선 → 총선거.

총선거 всезага́льні ви́бори. ¶ ~하다 проводи́ти всезага́льні збо́ри.

총성 → 총소리.

총소리 звук рушни́чного (гвинті́вкового) по́стрілу; рушни́чний (гвинті́вковий) по́стріл.

총수(總數) зага́льне число́; зага́льна чисе́льність.

총수(總帥) головноко́мандуючий; | 회사의| голова́.

총신(銃身) стовбу́р рушни́ці.

총신(寵臣) фавори́т.

총아 зага́льний улю́бленець.

총알 ку́ля. ‖ ~받이 обстрі́л; живи́й засло́н від куль.

총애 схи́льність; особли́ва любо́в. ¶ ~하다 виявля́ти *кому* засту́пництво.

총액 зага́льна су́ма; пі́дсумок.

총영사 генера́льний ко́нсул.

총원 весь особи́стий склад; вся кома́нда; зага́льне число́ люде́й.

총의 односта́йна (зага́льна) ду́мка; зага́льна во́ля.

총장 |대학| ре́ктор. |검찰| генера́льний прокуро́р.

총재 |정당| голова́. |은행·단체| головни́й управля́ючий; президе́нт.

총재산 весь стан; все майно́; всі ко́шти.

총점 зага́льна кі́лькість ба́лів.

총지휘 зага́льне керівни́цтво (кома́ндування). ¶ ~하다 здійсню́вати зага́льне керівни́цтво (кома́ндування). ‖ ~권 повнова́ження (пра́во) на зага́льне керівни́цтво; зага́льне керівни́цтво (кома́ндування). ~자 що здійсню́є керівни́цтво (кома́ндування).

총진격 ата́ка всіма́ си́лами. ¶ ~하다 атакува́ти всіма́ си́лами.

총진군 зага́льний (генера́льний) на́ступ. ¶ ~하다 вести́ (генера́льний) на́ступ.

총질 ¶ ~하다 стріля́ти з рушни́ці.

총집결 зага́льна концентра́ція. ¶ ~하다 по́вністю концентру-ва́тися.

총책임 відповіда́льність. ‖ ~자 відповіда́льний за все.

총체 суку́пність; ці́лісність. ¶ ~적 суку́пний. ~적으로 взага́лі.

총총 ¶ ~하다 |별이| гу́сто всі́яний (яскра́вими зі́рками).

총총(悤悤) ¶ ~하다 спішний; швидкий.

총총(蔥蔥) ¶ ~하다 густий; пишний.

총총거리다 іти дрібним кроком.

총총걸음 дрібні кроки. ¶ ~으로 дрібними кроками.

총출동 загальний виступ. ¶ ~하다 виходити (виступати) всім разом.

총칙 загальні правила (положення).

총칭 загальна назва. ¶ ~하다 давати загальну назву.

총칼 |총검| рушниця та меч. |무기| гвинтівка; шабля; зброя.

총탄 куля.

총통 президент; голова держави.

총퇴각 загальний відступ. ¶ ~하다 здійснювати загальний відступ.

총파업 всезагальна забастовка (страйк). ¶ ~하다 проводити всезагальний страйк.

총판매 монопольний продаж.

총평 загальна оцінка; загальне судження; загальний розбір.

총포 гвинтівка та артилерійське знаряддя; вогнепальна зброя;

총합 всього; разом. ¶ ~하다 підводити підсумок; підсумовувати.

총화 підведення підсумків. ¶ ~하다 підводити підсумки; підсумовувати.

총회 загальні збори; сесія; генеральна асамблея. ǁ 유엔~ Генеральна Асамблея ООН.

촬영 |사진| фотозйомка. |영화| кінозйомка. ¶ ~하다 фотографувати; знімати; проводити зйомку. ǁ ~기 |영화| кіноапарат. ~기사 кінооператор. ~소 кіностудія. ~장 знімальний майданчик. 야외~ зйомка на відкритому місці (природі). 야외~장 місце виїзних зйомок.

최-- най--. ¶ ~하등의 найгірший. ~적의 найбільш підходящий (придатний; відповідний).

최강 ¶ ~의 найсильніший. ~팀 найсильніша команда.

최고(最高) максимум. ¶ ~의 найвищий; вищий; максимальний; верховний. ǁ ~회의 верховна рада.

최고(最古) ¶ ~의 старий; давній.

최고급 найвищий клас (сорт; розряд).

최고도 найвища (максимальна) ступінь.

최고봉 найвища вершина; вищий пік; найвищий рівень. ¶ 화단의 ~ найвеличніший з художників.

최고액 максимальна сума.

최고점 вища точка; максимум; вищий бал. |경기에서| найбільша кількість балів.

최고조 найвищий підйом.

최고품(最高品) товари вищого сорту.

최고형(最高刑) вища міра покарання.

최근 ¶ ~에 останнім часом; в останні дні; нещодавно. ~ 삼년간에 за останні три роки. ~까지 до останнього часу.

최남단 південний край.

최다 найбільш багаточисленний.

최단 найкоротший.

최대 ¶ ~의 найбільший; максимальний. ǁ ~공약수 загальний найбільший дільник. ~치 найбільше значення. ~한

[도] ма́ксимум.

최루 ¶ ~성의 сльозоточи́вий. ‖ ~га́с сльозоточи́ва ОР (отру́йна речовина́); сльозоточи́вий газ. ~тан снаря́д (авіабо́мба; грана́та) із сльозоточи́вою ОР.

최면 присипа́ння; гіпно́з. ‖ ~술 гіпнотизм. ~술을 걸다 гіпнотизува́ти. ~요법 лікува́ння гіпно́зом. ~제 снодійний (засіб).

최북단 північний край.

최상 |가장 높음| са́мий верх. |품질·등급 따위| ви́щий розря́д.

최상급 ви́щий ступінь; ви́щий клас; [언어] найви́щий ступінь.

최상등 ви́щий розря́д.

최상층 найви́щий проша́рок (пласт); ви́щі проша́рки (суспільства).

최상품 високояќісний това́р (проду́кт).

최선 найкра́ще. ¶ ~의 найкра́щий. ~의 но́ерця всіля́кі зуси́лля, максима́льні стара́ння. ~을 다하다 зроби́ти все можли́ве.

최선두 пе́рші ряди́. ¶ ~를 걷다 іти́ (крокува́ти) в пе́рших ряда́х.

최선봉 са́мий авангард. ~에 서다 стоя́ти в само́му авангарді; в голові.

최소 ¶ ~의 найме́нший; мале́нький; найме́нший; дрібни́й; мініма́льний. ‖ ~공배수 спі́льне кра́тне. ~한[도] мі́німум.

최신 ¶ ~의 са́мий нови́й; найнові́ший; оста́нній; ново́го ти́пу (зразку́; моде́лі; систе́ми).

최신식 нови́й зразо́к (тип).

최신형 нова́ моде́ль.

최악 ¶ ~의 гі́рший. |가장 해로운| шкідли́вий. |가장 악한| злі́ший.

~의 상황이다 Це гі́рше за все. ~의 경우에 в гі́ршому ви́падку. ~의 상황을 대비하다 готува́тися до гі́ршого ви́падку.

최우등 чудо́ва успі́шність. |성적·점수에서| відмі́нно. ‖ ~생 відмі́нник (у́чень).

최우수 найкра́щий; чудо́вий; прекра́сний.

최장 максима́льна довжина́. ¶ ~의 |길이| найдо́вший; |나이| найста́рший. ‖ ~거리 найдо́вша диста́нція.

최저 ¶ ~의 найни́жчий; мініма́льний. ‖ ~생활비 прожитко́вий мі́німум. ~속력 найме́нший хід. ~임금 прожитко́вий мі́німум; мініма́льна заробі́тна пла́та. ~한 [도] мі́німум.

최적 ¶ ~의 найбі́льш підхо́дящий (прида́тний; відпові́дний).

최전방 передній край оборо́ни.

최전선 передова́ лі́нія; передній край; передова́ лі́нія.

최종 ¶ ~의 найоста́нніший; кінце́вий; |최종적| заклю́чний; остато́чний. ~ 결정 остато́чне рі́шення. ~ 목적 кінце́ва ціль. ‖ ~일 оста́нній день.

최초 поча́ток. ¶ ~의 пе́рший; першопоча́тковий; поча́тковий. 그가 ~로 그것을 발견하였다 Він пе́рший помі́тив це.

최하 ¶ ~의 ни́жчий; |최악의| гі́рший. ‖ ~위 ни́жчий сту́пінь.

최하급(등) ни́жчий клас (розря́д; сорт).

최하층 найни́жчий проша́рок (пласт). |사회의| найни́жчі проша́рки.

최혜국 країна, що має більше привілегій (при укладенні договору).

최후 кінець. ¶ ~의 останній; крайній; кінцевий; заключний; остаточний. ~로 під кінець; нарешті. |최종적으로| заключно; в кінцевому рахунку. |결국| врешті-решт. ~까지 до кінця; до останнього. ~결과 кінцевий результат. ~수단 єдиний засіб, що залишився. || ~만찬 таємна вечеря. ~통첩 ультиматум.

추(錘) |저울의| гиря для вагів. |낚시줄의| грузило; вантаж. |시계의| маятник. ¶ 낚시~를 달다 підвішувати грузило.

추(秋) осінь.

추가 доповнення; додавання. ¶ ~적 додатковий. ~하다 додавати; доповнювати. ~계산 додаткові бюджетні асигнування. || ~량 додаткова кількість; приріст. ~분 додаткова доля (частина). ~예산 додатковий бюджет.

추격 переслідування. ¶ ~하다 переслідувати. ~적을 ~하다 гнатися за супротивником. || ~기 винищувач-перехоплювач; літак, що переслідує. ~자 переслідувач. ~전 бій при переслідуванні.

추경(秋耕) осіння оранка.

추계 осінній сезон; осінь. ¶ ~의 осінній.

추곡 рис, що збирають восени. || ~수매 купівля урядом рису, що збирають восени.

추구(追求) прагнення; пошуки. ¶ ~하다 прагнути *до чого*.

추구(追究) дослідження; роз-слідування. ¶ ~하다 досліджувати; розслідувати; дошукуватися.

추궁 переслідування. ¶ ~하다 переслідувати; піддавати переслідуванням. 책임 ~ залучення до відповідальності.

추근추근하다 настирливий; невідчепний.

추기경 кардинал. || ~회의 консисторія.

추남 негарний (бридкий) чоловік.

추녀 стріха.

추녀(醜女) негарна (бридка) жінка.

추다 танцювати.

추대 ¶ ~하다 висувати *кого* на пост.

추도 оплакування. ¶ ~하다 оплакувати *кого-що*. || ~문 некролог. ~식 панахида. ~식을 행하다 здійснювати панахиду. ~회 громадянська панахида.

추돌 ¶ ~하다 зіштовхуватися *з чим* ззаду; вдарятися.

추락 падіння; скинення. ¶ ~하다 падати. |낙하하다| впасти. |권위·신뢰등이| втрачати (авторитет; довіру). 비행기를 ~시키다 збивати літак. || ~사 смерть в результаті падіння з висоти.

추렴 складка. ¶ ~하다 приймати участь у складці.

추론 міркування; висновок; дедукція. ¶ ~하다 робити висновок.

추리 висновок; {논리} умовивід. ¶ ~하다 приходити до висновку. || ~력 сила доказу. ~소설 детективна повість.

추리다 вибирати.

추모 ¶ ~하다 шанувати пам'ять *кого*; згадувати; тужити *за ким-*

추문 скандал; погана репутація; скандальні чутки. ¶ ~을 일으키다 влаштовувати скандал.

추물 потворна та брудна річ. |경멸적으로| негідник.

추방 вигнання; вислання. ¶ ~하다 виганяти; вислати.

추분 осіннє рівнодення; день осіннього рівнодення.

추산 обчислення. ¶ ~하다 обчислювати; підраховувати; рахувати.

추상(抽象) {논리} абстракція. ¶ ~적 абстрактний. ‖ ~ 개념 абстрактне поняття. ~력 здібність до абстрактного мислення. ~ 명사 абстрактний іменник. ~미 абстрактна краса. ~성 абстрактність. ~주의 абстракціонізм. ~파 абстракціоніст. ~화 абстрагування. ~화하다 абстрагувати.

추상(秋霜) осінній іній. ¶ ~같다 суворий.

추서 постскриптум.

추석(秋夕) корейське свято урожаю.

추수(秋收) збирання урожаю. ¶ ~하다 збирання урожаю ‖ ~기(철) період збирання врожаю.

추수(追隨) ¶ ~하다 бути безвольним; сліпо слідувати *за ким*.

추스르다 |어깨를| піднімати плечі. |물건을 치켜올리다| витягувати вгору. |봄을다| рухати. |흔들다| хитати; трясти. |수습하다| приводити в порядок справи.

추심 інкасо. ¶ ~하다 інкасувати; збирати (борги; речі). ‖ ~료 збір за інкасо.

추악 мерзенність; огидність. ¶ ~하다 |혐오스런| мерзенний; огидний; гидотний. |못생긴| потворний; незграбний. ~한 행동 огидний вчинок. ‖ ~성 мерзенність; огида.

추앙 повага; вшанування. ¶ ~하다 поважати; шанувати.

추어탕 суп з в'юнів.

추억 спогади. ¶ ~하다 згадувати. ‖ ~담 спогади; розповідь про минуле.

추워지다 холонути; ставати холодним.

추워하다 мерзнути.

추월 обгін; випередження. ¶ ~하다 переганяти; обганяти; випереджати. ‖ ~금지 Обгін заборонений.

추위 холод; мороз. ¶ ~를 타다 не переносити холоду.

추이 зміна; зрушення.

추인 ратифікація; затвердження; наступне визнання. ¶ ~하다 ратифікувати; затверджувати.

추잡 ¶ ~하다 |지저분하다| мерзенний; відразливий; підлий. |거칠다| грубий; вульгарний. ‖ ~성 мерзенність; підлість.

추장 вождь; шейх.

추적 переслідування. ¶ ~하다 ганятися *за ким*; переслідувати *кого*; іти по п'ятах. ‖ ~자 переслідувач.

추정 припущення. ¶ ~의 приблизний. ~하다 припускати. ‖ ~증거 презумпція невинності.

추종 слухняне слідування; покірливе підкорення. ¶ ~하다 слухняно слідувати *за ким*;

покі́рно підкоря́тися *кому*. ‖ ~자 підголо́сок; сателі́т.

추진 ¶ ~하다 просува́ти; штовха́ти впере́д; ру́хати; форсува́ти. ‖ ~기 |비행기| пропе́лер; повітряний гвинт. |배| гребни́й гвинт. ~력 си́ла, що ру́хає.

추징 додатко́вий збір. ¶ ~하다 додатко́во стя́гувати. ‖ ~금 додатко́вий збір.

추천 рекоменда́ція; ви́сунення. ¶ ~하다 дава́ти рекоменда́цію *кому*; пропонува́ти; висува́ти. ‖ ~서 рекомендаці́йна літерату́ра (кни́га). ~자 хто рекоменду́є. ~장 рекомендаці́йний лист.

추첨 жеребкува́ння; лотере́я. ¶ ~하다 тягну́ти (жре́бій; лотере́йний біле́т). ‖ ~권 лотере́йний біле́т. ~제 систе́ма жеребкува́ння; жеребкува́ння.

추축 головна́ вісь.

추출 витя́гнення; {화학} екстра́кція. ¶ ~하다 витя́гати; {화학} екстрагува́ти. ‖ ~기 екстра́ктор. ~물 витя́гнення; екстра́кт. ~제 витя́гач.

추측 припу́щення. ¶ ~하다 припуска́ти; здога́дуватися.

추켜들다 підніма́ти догори́; підтя́гати.

추켜세우다 |들어올리다| втя́гати наго́ру; підніма́ти. |칭찬하다| непомі́рно хвали́ти; розхва́лювати.

추태 непристо́йна поведі́нка; бридки́й ви́гляд; неприва́блива карти́на. ¶ ~를 부리다 пово́дити себе́ непристо́йно.

추파 коке́тливий по́гляд. ¶ ~를 던지다 кида́ти коке́тливий по́гляд.

추풍낙엽 ли́стя, що па́дає при пори́вах осі́ннього ві́тру; несподі́ваний крах.

추하다 брудни́й; непристо́йний; низьки́й; пі́длий; нега́рний; потво́рний; бридки́й.

추행 непристо́йна (ганебна) поведі́нка; пога́ний (низьки́й; безче́сний) вчи́нок.

추호 йо́та; крапли́на. ¶ ~라도 ні на йо́ту. ~반점도 ні на йо́ту.

추후 ¶ ~에 зго́дом; пізні́ше; пото́ім. ~ 통지가 있을 때까지 напере́д до отри́мання пода́льших інстру́кцій.

축(軸) вісь; центра́льний стри́жень.

축 ¶ ~ 늘어지다 звиса́ти. ~ 처지다 опусти́ти.

축가 віта́льна пі́сня.

축구 футбо́л. ¶ ~를 하다 гра́ти у футбо́л. ‖ ~공 футбо́льний м'яч. ~광 футбо́льний вболіва́льник. ~단 футбо́льна кома́нда. ~선수 футболі́ст. ~시합 футбо́льний матч. ~장 футбо́льний майда́нчик; футбо́льне по́ле.

축대 на́сип; плато́.

축배 тост в честь *кого-чого*. ¶ ~를 들다 проголо́шувати тост *за кого-що*; підніма́ти ке́лих в честь *кого-що*.

축복 побажа́ння ща́стя; благослове́ння. ¶ ~하다 побажа́ти ща́стя; благословля́ти.

축사 віта́льна промо́ва; віта́ння. ¶ ~를 하다 віта́ти *кого-що з чим*; мо́вити віта́льну промо́ву.

축산 твари́нництво. ¶ ~기술자 твари́нник. ‖ ~물 проду́кти твари́нництва. ~업 твари́нництво; скота́рство. ~업자 скота́р. ~학 зоотехні́ка.

축소 зменшення; скорочення. ¶ ~하다 зменшувати; скорочувати. ‖ 군비~ скорочення озброєння.

축소판 малоформатне видання; зменшена копія.

축수 ¶ ~하다 бажати довголіття

축원 ¶ ~하다 бажати; молити(ся). 행복하기를 ~ бажати кому щастя.

축음기 патефон.

축의(祝意) вітання. ¶ ~를 표하여 в ознаменування чого.

축의(祝儀) церемонія поздоровлення.

축이다 змочувати; зволожувати. ¶ 목을 ~ промочити горло.

축재 накопичення. ¶ ~하다 накопичувати. ~ 수단 засоби накопичення. ‖ ~자 людина, що накопила кошти (капітал).

축적 накопичення; акумуляція. ¶ ~하다 накопичувати. ‖ ~금 накопичення. ~기 період накопичення. ~량 кількість накопичуваного. ~물 накопичене.

축전(祝典) фестиваль; урочистість; святкування. ¶ ~을 행하다 святкувати.

축전(祝電) вітальна телеграма. ¶ ~을 치다 вітати кого по телеграфу; давати вітальну телеграму.

축전기 конденсатор. ‖

축전지 акумуляторна батарея; акумулятор.

축제 фестиваль. ‖ ~일 свято.

축조 ¶ ~하다 будувати; зводити. ‖ ~물 споруда; будівля.

축차 ¶ ~적으로 послідовно. ‖ ~성 послідовність.

축척 масштаб.

축첩 ¶ ~하다 мати рабиню.

축축하다 вологий; сирий.

축출 вигнання. ¶ ~하다 виганяти.

축포 салют; артилерійський салют. ¶ ~를 쏘다 салютувати; давати салют.

축하 вітання; привітання. ¶ ~하다 вітати кого з чим; привітати кого-що. ‖ ~단 група вітальників. ~문 привітання (письмове); адреса. ~식 церемонія привітання (вітання). ~연 бенкет в честь кого.

춘계 весінній сезон; весна. ¶ ~의 весінній.

춘곤[증] весіння знемога.

춘광 весінній пейзаж.

춘궁기 весінній період, пов'язаний з продовольчими труднощами.

춘부장 Ваш (Його) батько.

춘분 весіннє рівнодення; день весіннього рівнодення.

춘색 перші ознаки (приходу) весни.

춘심 весінній настрій; бажання, що виникає весною.

춘약 засіб, що збуджує (статеву) діяльність).

춘추 весна та осінь. |나이| Ваш (Його) вік; Ваші (Його) роки. ‖ ~복 демісезонний одяг.

춘풍 весінній вітер.

춘하추동 чотири пори року.

춘화 порнографія.

출가(出嫁) вихід заміж; заміжжя. ¶ ~하다 виходити заміж. ~외인 заміжня дочка.

출가(出家) ¶ ~하다 піти з дому; порвати з сім'єю. |중이 되다| іти в монастир; постригатися в монахи (монахині); ставати монахом.

출간 → 출판.
출감 → 출옥.
출강 ¶ ~하다 читати лекцію.
출격 вилазка; бойовий виліт; виступ; вихід в море. ¶ ~하다 робити вилазку (бойовий виліт; вихід в море); виступати.
출결 вихід та невихід (на службу).
출고 ¶ ~하다 видавати зі складу. ‖ ~량 кількість виданого зі складу товару. ~품 товари, відпущені (видані) зі складу..
출구(出口) вихід. ‖ 비상~ пожежний (запасний) вихід.
출구(出柩) ¶ ~하다 виносити труну з тілом померлого з дому; виймати труну з могили.
출국 ¶ ~하다 їхати за кордон.
출근 явка (вихід) на службу (роботу). ¶ ~하다 з'являтися (виходити) на службу (на роботу). ~시간 службові години. ‖ ~부 журнал виходу на службу (роботу). ~자 що вийшов на службу (роботу).
출금 |지출| сплата. |지출금| сплачені кошти. |출자| капіталовкладення; фінансування; |출자금| вкладений капітал. ¶ ~하다 сплачувати; вкладати гроші (капітал).
출납 прибутки та витрати; отримування та видача. ¶ ~하다 отримувати та видавати. ‖ ~구 вікно каси; каса. ~부 прибутково-витратна книга. ~원 касир. ~증 квитанція про отримання та видачу. ~표 ордер на отримання та видачу.
출당 виключення з партії. ¶ ~하다 виключати з партії.

출동 виступ в похід; відправ-лення на фронт; мобілізація; введення в бій. ¶ ~하다 виступати в похід; відправ-ляти(ся) на фронт; мобілізувати; бути введеним в дію.
출두 присутність; явка. ¶ ~하다 бути присутнім; з'являтися.
출렁하다 хлюпнутися.
출렁이다 хлюпатися. ¶ 해안에 출렁이는 파도 хвилі, що з хлюпотом набігають на берег.
출력 вихідна міць; {전기} міць. ¶ ~하다 вкладати кошти (працю).
출로 вихід (зі складного положення).
출루 ¶ ~하다 добиратися до першої бази.
출마 ¶ ~하다 виїжджати в путь на коні. |입후보하다| виступати кандидатом; балотуватися (на пост). ‖ ~자 кандидат.
출몰 ¶ ~하다 з'являтися та зникати. |자주 나타남| часто з'являтися; бувати.
출발 відправлення; від'їзд; відхід; старт. ¶ ~의 вихідний; старто-вий. ~하다 відправлятися; виїжджати; виходити. ‖ ~선 лінія виходу (старту); старт. ~역 станція відправлення. ~점 пункт відправлення (відходу); відправний пункт; вихідна точка. ~지 район відправлення (виходу); вихідний район.
출범 відплиття. ¶ ~하다 відпливати; відправлятися в плавання.
출사표 донесення (доповідь) королю про відправлення військ на фронт.

출산 пологи; народження. ¶ ~하다 народити. ‖ ~률 народжуваність.

출생 народження. ¶ ~하다 народитися. ‖ ~률 народжуваність. ~지 місце народження.

출석 присутність; явка. ¶ ~하다 бути присутнім; явитися; відвідувати. ~을 부르다 робити перекличку. ‖ ~부 журнал реєстрації присутніх. ~자 присутній.

출세 успіх в житті; кар'єра. ¶ ~하다 робити кар'єру; досягати успіхів. ‖ ~욕 кар'єризм. ~자 що досяг успіхів в житті; що зробив кар'єру. ~작 твори, що прославили *кого*. ~주의 кар'єризм. ~주의자 кар'єрист.

출소 ¶ ~하다 виходити з ув'язнення; бути звільненим від ув'язнення. ‖ ~자 звільнений від ув'язнення.

출신 походження. ¶ 그는 서울 ~이다. Він родом із Сеула. 그는 대학 ~이다. Він з числа тих, хто закінчив університет. ‖ ~교 школа (університет), яку закінчили. ~성분 соціальна належність; соціальне положення.

출애굽기 {성경} Вихід.

출어 вихід на ловлю риби. ¶ ~하다 виходити ловити рибу.

출연 виступ. ¶ ~하다 |영화에| зніматися; фотографуватися. |무대에| виступати на сцені. ‖ ~자 що виступає (на сцені; у фільмі).

출영 ¶ ~하다 виходити (виїжджати) для зустрічі.

출옥 ¶ ~하다 виходити (випускати) з в'язниці; бути випущеним з в'язниці. ‖ ~자 випущений арештант (ув'язнений).

출원 подача заяви (прохання). ¶ ~하다 звертатися з проханням; подавати заяву. 특허 ~ 중 Патент заявлений. ‖ ~기간 срок для подачі заяви. ~인 прохач.

출입 ходження; прогулянка; вхід та вихід; відвідування. ¶ ~하다 входити та виходити; прогулюватися; відвідувати. ~금지 вхід заборонено. ‖ ~구 вхід; вихід. ~국법 правила виїзду (в'їзду) з країни. ~문 вхідні двері. ~자 відвідувач. ~증 пропуск; контрольний листок.

출자 капіталовкладення; фінансування. ¶ ~하다 вкладати капітал; інвестувати; фінансувати. ‖ ~금 вкладений капітал; асигновані кошти. ~액 сума вкладеного капіталу. ~자 інвестор; власник вкладуваного капіталу.

출장 відрядження. ¶ ~[을] 가다 їхати у відрядження; бути у відрядженні. ~[을] 보내다 відряджати. ‖ ~비 відрядні витрати. ~소 відділ (фірми); агенство. ~지 місце відрядження.

출전(出戰) ¶ ~하다 відправлятися на фронт; вступати в бій (борьбу; змагання).

출전(出典) джерело. ¶ ~을 밝히다 вказувати (показувати) джерело.

출정(出征) похід. ¶ ~하다 відправлятися в експедицію (на фронт). ‖ ~군 діюча (експедиційна) армія.

출정(出廷) явка в суд. ¶ ~하다 з'явитися в суд.

출제 висунення теми. ¶ ~하다 висувати тему; ставити питання.

출중하다 незвичайний; виключний; видатний.

출처 походження; джерело.

출타 ¶ ~하다 іти з дому; залишати дім (сім'ю).

출토 ¶ ~하다 витягати *що* з землі; з'являтися з-під землі. ‖ ~품 археологічна знахідка.

출판 видання; випуск. ¶ ~하다 видавати; випускати. ~의 자유 свобода друку. ~ 부수 тираж. ‖ ~계 видавничі кола. ~권 авторське право; право видавати. ~물 друк; преса; друковане видання. ~법 закон про друк (видавничої діяльності). ~사 видавництво. ~소 видавництво. ~업 видавнича справа. ~자 видавець.

출품 виставка. ¶ ~하다 виставляти; експонувати. ‖ ~작 експонат.

출하 відправлення вантажу. ¶ ~다 відправляти вантаж.

출항(出港) вихід в море з порту (з гавані). ¶ ~하다 іти (виходити) з порту. ‖ ~지 порт відправлення.

출현 поява; прояв. ¶ ~하다 з'являтися; проявлятися.

출혈 кровотеча; крововилив. ¶ ~하다 кровоточити; кров тече. ~을 멈추게 하다 зупиняти кровотечу. ‖ ~량 втрата крові. ~성 геморагічний. ~성 소인 геморагічний діатез. ~성 폐혈증 пастереліз.

춤 танок. ¶ ~[을] 추다 танцювати; стрибати; скакати; стрибати від радості.¶ ~판이 벌어졌다. Почались танці. ‖ ~꾼 танцю-рист; танцюристка. ~판 танці.

춥다 холодний. ¶ 몸이 ~ мерзнути.

충(蟲) комаха.

충(忠) вірність (відданість) королю.

충격(衝激) зіткнення, віддача; |자극 | поштовх; імпульс. ¶ ~적 імпульсивний; імпульсний. ~을 주다 зіштовхуватися; віддавати; штовхати; слугувати імпульсом. ~을 받다 пережити удар; перенести шок. ~적인 사건 чудова подія.

충격(衝擊) ‖ ~파 ударна хвиля.

충견 вірний собака.

충고 порада. ¶ ~하다 радити. ‖ ~자 радник.

충당 поповнення. ¶ ~하다 поповнювати; укомплектовувати.

충돌 зіткнення; конфлікт. ¶ ~하다 зіштовхуватися.

충동 пробудження; імпульс; поштовх; порив. ¶ ~적이다 спонукальний. ~[질]하다 схвилювати; спонукати; змушувати. ~을 받다 бути засмученим. 일시적인 ~에 못 이겨 під впливом швидкоплинного імпульсу.

충만 ¶ ~하다 бути наповненим *чим*; сповнений *чим*. ‖ ~계수 коефіцієнт наповнення. ~성 наповненість; насиченість.

충복 відданий (вірний) раб; слуга.

충분 ¶ ~하다 задоволений; повний; достатньо. ~히 повністю; достатньо.

충성 вірність; відданість; відданість королю. ¶ ~스럽다

вірний; відданий. ~을 다하다 бути відданим (вірним) до кінця; проявляти виключну вірність. ǁ **~심** вірність; відданість.

충신 відданий васал; віддана людина.

충실(充實) ¶ **~하다** |알차다| повний; упомплектований. |건강하다| здоровий; міцний. 내용이 ~하다 змістовний.

충심 щирість. ¶ **~으로** від всього серця; від всієї душі; щиро.

충언 порада; щирі слова. ¶ **~하다** давати пораду; говорити щиро.

충원 поповнення. ¶ **~하다** поповнювати.

충일 ¶ **~하다** бути переповненим; бути сповненим.

충적(沖積) нанесення. ǁ **~광상** алювіальне місце народження. **~기** алювіальний період. **~물** алювіальна порода. **~층** алювій.

충전(充電) заряджання (акумулятора). ¶ **~하다** заряджати (акумулятор). ǁ **~전류** зарядний струм.

충전(充塡) закладення. ¶ **~하다** робити закладення. ǁ **~거리** крок закладення. **~공** заставник. **~관** закладна труба. **~광상** закладне місце народження. **~기** закладна машина. **~물** закладний матеріал. **~제** наповнювач.

충절 вірність.

충정 щирість.

충족 повне задоволення. ¶ **~하다** достатній. **~시키다** задовольняти повністю; наповнювати до відмови. 요구를 **~시키다** відповідати вимогам.

충직 ¶ **~하다** вірний; відданий; прямий; чесний. ǁ **~성** вірність; відданість.

충천 ¶ **~하다** [형] високий; величезний. [동] підніматися високо. |사기가| підніматися. 노기가 ~하여 в припадку гніву.

충충하다 мутний; тьмяний.

충치 гнилий зуб; карієс.

충해 шкода, що причиняють комахи. ¶ **~를 입다** отримати шкоду від комах.

충혈 гіперемія. ¶ **~하다** накопичуватися. |눈이| **~되다** червоніти.

충효 відданість монарху і синам повага.

췌장 підшлункова залоза. ǁ **~염** панкреатит; запалення підшлункової залози.

취객 п'яний.

췌언 зайві (непотрібні) слова. ¶ **~하다** бути багатослівним.

취급 |사람·물건의| ставлення *до кого-чого*. |사무의| введення; управління. ¶ **~하다** |사람·물건을| ставитися *до кого-чого*. |사무를| вести; керувати *чим*. 기계를 **~하다** керувати механізмом. **~주의!** Обережно! ǁ **~자** завідувач; розпорядник; приймальник.

취기(醉氣) сп'яніння.

취나물 салат з айстри шерехатої.

취득 придбання; отримання. ¶ **~하다** придбати; отримувати. ǁ **~물** придбання; придбана річ. **~세** податок на придбану річ (на придбане майно). **~시효** придбана давнина.

취미 смак; схильність; захоплення; хоббі; інтерес. ¶ **…에 ~를 가지**

취사(取捨) ¶ ~하다 вибирати; відбирати. ~선택 вибір; відбір. ~선택하다 вибирати; відбирати.

취사(炊事) приготування (варіння) їжі. ¶ ~하다 готувати їжу. ǁ ~당번 черговий (днювальний) по кухні. ~도구 кухонний посуд. ~병 кухар. ~실 кухня.

취소 скасування; ліквідація. ¶ ~하다 скасовувати; анулювати; ліквідувати; знімати. 결정을 ~하다 анулювати постанову. 자신의 제의를 ~하다 зняти свою пропозицію. ǁ ~권 право анулювання (скасування).

취약 ¶ ~하다 слабкий; крихкий; неміцний. ǁ ~성 слабкість; крихкість.

취업 |일을 시작함| початок роботи (занять). |취직| вступ на роботу. ¶ ~하다 вступати на роботу. ǁ ~난 труднощі отримання (пошуку) роботи; безробіття. ~시간 робочий час; робочі години. ~자 що поступив на роботу.

취임 вступ на посаду. ¶ ~하다 вступати на посаду. ǁ ~사 промова при вступі на посаду. ~식 церемонія вступу на посаду.

취입 ¶ ~하다 |노래를| записувати (на платівку, плівку).

취재 збір матеріалу (інформації); підготовка репортажу. ¶ ~하다 збирати матеріал (інформацію; дані); висвітлювати в пресі; вести (готувати) репортаж. ǁ ~기자 репортер. ~반 прес-група. ~활동 журналістська (кореспондентська; репортерська) діяльність; висвітлення в друці.

취조 допит. ¶ ~하다 допитувати. ǁ ~실 кабінет слідчого.

취주악 ǁ ~기 духовий музичний інструмент. ~단 ансамбль духових музичних інструментів. ~대 духовий оркестр.

취중 ¶ ~에 в стані сп'яніння. ~진담 що в тверезого в голові, то в п'яного на язиці.

취지 основна ціль; намір.

취직 вступ на роботу; отримання місця; вступ на посаду. ¶ ~하다 вступати на роботу (службу); отримати місце; вступати на посаду; вступати на службу. ǁ ~난 труднощі отримання (пошуку) роботи; труднощі вступу на роботу; безробіття.

취침 {군대} відбій. ¶ ~하다 лягати спати.

취하 скасування; анулювання; взяття назад; відмова. ¶ ~하다 скасовувати; анулювати; взяти назад. 소송을 ~하다 скасувати позов.

취하다(醉--) сп'яніти; бути захопленим. ¶ 한 잔에 ~ п'яніти від однієї чарки. 취한 п'яна людина.

취하다(取--) |가지다| брати. |선택하다| вибирати. |대책을| застосовувати; діяти. |태도를| займати. 대책을 ~ прийняти міри. 분명한 태도를 ~ зайняти визначену позицію.

취학 вступ в школу. ¶ ~하다 вступати в школу. ǁ ~률

취합 збір; збори. ¶ ~하다 збирати.

취항 відправлення в плавання. ¶ ~하다 відправлятися в плавання.

취향 смак; схильність; інтерес; захоплення.

측 сторона. ¶ 우리 ~에서 볼 때 з нашої сторони.

측간 вбиральня на дворі.

측근 |가까운 곳| близькість. |측근자| близька людина. ¶ ~의 ближній; наближений.

측두 скроня. ‖ ~골 скронева частина. ~부 скронева частина; скроня.

측량 вимірювання; зйомка. ¶ ~하다 вимірювати; проводити вимірювання (зйомку); зважувати. ‖ ~기 геодезичний вимірювальний. ~대 віха. ~사 землемір. ~술 геодезія.

측면 сторона; бік; фланг. {건설} торцева поверхня. {수학} бокова межа; бокове ребро. ‖ ~공격 {군사} атака у фланг; {운동} боковий напад. ~도 вид збоку.

측방 бокова сторона. ¶ ~경계 {군사} флангові війська.

측백[나무] біота східна.

측벽 бокова стіна; стіна збоку.

측변 бокова сторона.

측우기 дощомір; плювіометр; амбромéтр.

측은 співчуття. ¶ ~하다 співчутливий. ~지심 співчуття.

측정 вимірювання; визначення. ¶ ~하다 вимірювати; визначати; встановлювати. ‖ ~단위 одиниця вимірювання. ~치 число, отримане при вимірюванні.

층 |지층| шар. |계층| прошарок. |건물의| поверх. |간층| прошарок. ¶ ~을 이루다 залягати прошарками. ‖ ~수 число (кількість) прошарків (поверхів). 지식~ інтелігентні прошарки.

층계 сходи.

층운 шаруваті хмари.

층층 шари; прошарки; поверхи, яруси; декілька шарів (прошарків). ¶ ~의 багатошаровий; багатоярусний; багатоповерховий. ~이 шарами; в декілька шарів (поверхів).

치 (齒) зуби. ¶ ~가 떨리다 (~를 떨다) тремтіти від гніву.

치 (値) {수학} значення. ‖ 평균~ середнє.

치골 (恥骨) {해부} лобкова кістка. ‖ ~근 гребінцевий м'яз.

치골 (齒骨) кісткова речовина зуба.

치과 одонтологія. ‖ ~의[사] зубний лікар; стоматолог.

치국 ¶ ~하다 керувати державою (країною).

치근 (齒根) корінь зуба.

치근거리다 приставати; набридати; нав'язуватися.

치근치근하다 набридливий.

치기 наївна дитяча душа.

치다 |공·카드를| грати (в м'яч; в карти). |공격하다| нападати; атакувати. |꼬리를| виляти (хвостом). |눈이| влити. |눈보라가| мести. |바람이| сильно дути. |비가| хльоскати. |파도가| битися. |손뼉을| плескати в долоні. |시계가| (про)бити. |장난을| пустувати. |전보를| посилати телеграму. |줄·새끼를| вити (мотузку). |큰소리를|

го́лосно кри́кнути. |타자를| друкува́ти. |도망을| бі́гти; рятува́тися втече́ю.

чи́да |커튼을| опуска́ти (гарди́ну). |망을| закида́ти (сі́ті). |병풍을| ста́вити (ши́рму). |모기장을| натя́гувати (сі́тку від комарі́в). |벽·담을| зво́дити (сті́ну); ста́вити перегоро́дку (огоро́дження). |거미줄을| плести́ (павути́ну).

чи́да |우물·변소를| чи́стити; очи́щувати. |걸레를| витира́ти; підтира́ти.

чи́да |새끼를| прино́сити (пото́мство). |가지를| пуска́ти (корі́ння). |사육하다| трима́ти (худо́бу; птахі́в). |하숙을| трима́ти (квартира́нтів).

чи́да |겪다| піддава́тися; зві́дати. ¶ 시험을 ~ здава́ти екза́мен.

чи́да |계산에 넣다| прийма́ти в рохраху́нок. |어림계산하다| приблизно підрахо́вувати.

чида́лда вибіга́ти; мча́ти; бі́гти шви́дко. |감정이| виника́ти.

чиддільда тремті́ти від гні́ву.

чиле́ лікува́ння; терапі́я. ¶ ~하다 ліку́вати. || ~법 ме́тод лікува́ння. ~비 витра́ти на ліку́вання. ~제 ліку́вальні за́соби.

чиреу́да |지불하다| плати́ти; розпла́чуватися. |겪어내다| перено́сити; зазнава́ти. |행사를| здійснюва́ти; викону́вати; прово́дити; влашто́вувати. |끼니를| прийма́ти ї́жу.

чима́ спідни́ця. || ~ 자라 по́діл спідни́ці.

чимё́нг ¶ ~적 смерте́льний. ~적 손실 непопра́вні втра́ти. ~적 таку́вати смерте́льний уда́р. || ~상 смерте́льне пора́нення; нищівни́й уда́р.

чими́ль ¶ ~하다 |촘촘하다| щі́льний. |자세하다| рете́ль-ний; дета́льний. ~한 머리 виту́нчений ро́зум. || ~도(성) щі́льність; рете́льність.

чими́льда підніма́тися. |감정이| нари́нути. |음식물이 목으로| підступа́ти до го́рла. ¶ 격분이 ~ обу́ритися.

чибанда́ |처올리다| підкида́ти. |들이받다| си́льно штовха́ти; буца́ти.

чибу́ (恥部) |음부| стате́ві о́ргани.

чибу́ (致富) ¶ ~하다 розбагаті́ти. || ~술 спо́сіб розбагаті́ти.

чибу́ (置簿) ¶ ~하다 вести́ за́пис прибу́тків та витра́т. |생각하다| закарбува́ти(ся) в па́м'яті; ду́мати; вважа́ти.

чиса́ (恥事) ¶ ~하다 ганебний. ~하게 соро́мно.

чиса́ (致死) бу́ти при сме́рті. ~량 смерте́льна до́за. 과실~ (죄) ненавми́сне вби́вство.

чиса́ (致謝) ¶ ~하다 дя́кувати.

чиса́н ¶ ~하다 до́бре розпоря́джатися майно́м. || 금~ неправозда́тність розпоряджа́тися майно́м. 금~자 позба́влений пра́ва розпоряджа́тися своі́м майно́м; неправозда́тний.

чиса́нчи́су збере́ження лісі́в та укрі́плення бере́гів річо́к.

чисо́к зубни́й ка́мінь.

чисо́нг ~을 дри́дра проявля́ти щи́рість; зверта́тися з щи́рою моли́твою.

чисе́ царюва́ння. ¶ …의 ~에 в царюва́ння кого́; при кому́.

чисо́тта рі́зко підви́щуватися.

чису́ ро́змір.

치아 зуби. ‖ ~동통 денталгія. ~발생 прорізування зубів.

치안 суспільний спокій; суспільна безпека. ¶ ~을 유지하다 підтримувати (зберігати) суспільний спокій. ~을 방해하다 порушувати суспільний спокій. ‖ ~대 загін з охорони суспільного спокою (порядку).

치약 зубна паста; зубний порошок.

치어 мальок.

치열(熾烈) ¶ ~하다 різкий; озлоблений; ярий.

치열(熾熱) ¶ ~하다 жаркий; жорстокий; високий.

치열(治熱) ¶ ~하다 знімати жар (температуру). ‖ 이열치열 влітку їсти гаряче, взимку їсти холодне.

치열(齒列) ряд зубів; зуби.

치욕 сором та ганьба; безчестя. |모욕| ображення. ¶ ~적 ганебний. ~스럽다 здаватися ганебним. ~을 안기다 зганьбити.

치우다 |정리하다| прибирати; приводити в порядок. |다먹다| доїдати; з'їдати до кінця. |그만두다| кидати (залишати) на середині. ¶ 먹어 ~ з'їсти.

치우치다 |기울다| звалюватися. |입장이| схилятися. |성향이| мати схильність.

치유 вилікування. ¶ ~하다 вилікуватися; зцілитися; видужати. ~할 수 있는 виліковний.

치외법권 право екстериторіальності; консульська юрисдикція.

치이다 |차에| бути розчавленим; потрапляти (під машину). |방해당하다| зустрічати труднощі (перешкоди).

치이즈 сир.

치장 ¶ ~하다 вбиратися; гарно обставляти (кімнату).

치적 заслуги.

치중(置重) ¶ ~하다 приділяти особливу увагу *чому*.

치키다 тягнути наверх; підтягувати. ¶ 옷자락을 ~ закочувати рукава.

치킨 курятина. ‖ ~고기 курятина. ~ 샌드위치 бутерброд з курятиною.

치통 зубний біль. ¶ 그는 ~을 앓고 있다 У нього болять зуби.

치하 похвала; вітання. ¶ ~하다 вітати; хвалити.

치환 {수학} підставлення; {화학} заміщення. ¶ ~하다 підставити; заміщувати. ‖ ~기 замісник. ~ 반응 реакція заміщення.

칙칙하다 |색깔이| темний. |숲·머리털이| густий.

친교 дружні стосунки; дружба. ¶ ~를 맺다 зав'язувати дружбу. ~가 있다 бути в дружбі *з ким*. ~를 끊다 порвати дружні стосунки.

친구 друг. |여자 친구| подруга. товариш; колега. ¶ ~가 되다 подружитися *з ким*. ~ 따라 강남간다. З другом хоч на край світу. 어려울 때 ~가 진정한 ~다. Друг пізнається в біді. ‖ ~간 дружні стосунки.

친권 батьківські права.

친근 ¶ ~하다 близький; ближній; інтимний. ~한 사이 близькі стосунки. ‖ ~감 почуття близькості.

친남매 рідні брати та сестри.

친동생 рідний молодший брат; рідна молодша сестра.

친목 дружба. ¶ ~하다 дружній. ‖ ~회 дружня зустріч; зустріч друзів; союз друзів.

친밀 ¶ ~하다 близький; дружній; тісний. ‖ ~감 почуття великої дружби; тісна дружба. ~성 дружність; дружба.

친분 дружба; дружні почуття. ¶ ~을 맺다 зав'язати дружбу *з ким*.

친서 власноручне написаний лист; послання вищестоящого. ¶ ~하다 власноручно писати; власноручно (особисто) підписувати.

친선 дружба; дружні стосунки. ¶ ~의 дружній. ~ 조약을 맺다 укласти *з ким*.

친소(親疏) дружба та відчуженість. ‖ ~관계 стосунки дружби та відчуженості.

친숙 ¶ ~하다 добре знайомий; бути добре знайомим; бути близьким. 서로 ~해지다 зблизитися.

친아버지 рідний батько.

친애 любов. ¶ ~하다 любити.

친어머니 рідна мати.

친우 друг.

친위대 військо, що охороняє Сеул; урядова охорона; охоронний загін.

친일 ¶ ~적 прояпонський. ‖ ~분자 прояпонський елемент. ~파 прояпонське угрупування (фракція).

친자식 рідна дитина.

친절 щирість; люб'язність; милість. ¶ ~하다 серцевий; люб'язний; привітний. ~을 베풀다 зробити милість *кому*.

친정 батьківський дім заміжньої жінки.

친족 родич; споріднення. ‖ ~회 의 зустріч (збори) родичів.

친지 близький друг.

친척 близька спорідненість; найближчі родичі; рідня. ¶ ~관계 родинні стосунки.

친필 власноручне написане; свій (власний) почерк.

친하다 близький; дружній.

친형 рідний старший брат.

친형제 рідні брати.

친히 |친하게| дружньо. |몸소| особисто; власноручно; сам.

친화 дружба; близькість. ¶ ~하다 дружити. ‖ ~력 сила дружби.

칠(七) сім. |순서| сьомий.

칠(漆) фарбування; фарба; покриття (лаком). ¶ ~하다 фарбувати; мазати; лакувати. 물감으로 벽을 칠하다 фарбувати стіни фарбою.

칠기(漆器) лаковані вироби.

칠성 |북두칠성| Велика Ведмедиця.

칠순 |나이| сімдесят років. ¶ ~ 잔치를 하다 влаштовувати бенкет на семидесятирічний ювілей.

칠십 сімдесят. |순서| сімдесятий. ¶ 그는 ~이 넘었다. Йому за сімдесят.

칠전팔기 не втрачати присутності духа.

칠칠 ¶ ~하다 |길차다| високий; рослий; охайний; солідний; рано достиглий. ~치 못한 소년 неспритний (нездібний) хлопчик.

칠판 класна дошка. ‖ ~ 지우개 ганчірка для витирання з дошки.

칡 пуерарія. ‖ ~ 덩굴 пуга пуерарії. ~ 뿌리 корінь пуерарії.

침 слюна. |구어| слини. ¶ ~을 뱉다 плюватися; плювати *на кого-*

що. 입에서 군침이 돈다 слина тече з рота. 군침을 삼키다 ковтати слину.

침(鍼) |침술| голка. |주사| укол. ¶ ~을 맞다 отримати укол. ~을 놓다 робити головколювання. 환자에게 ~을 놓다 робити хворому укол. ‖ ~술 лікування голками; голкотерапія.

침(針) |식물의 가시| колючка; шип; голка. |시계·나침반| стрілка. ‖ 주사~ шприц. 지남~ стрілка компаса.

침공 вторження; агресія; напад. [형] агресивний. ¶ ~하다 нападати *на кого-що*.

침구(鍼灸) головколювання та припікання. ‖ ~ 요법 лікування голками та припіканням. ~술 голкотерапія та лікування припаленням.

침구(寢具) постіль; постільне приладдя. ¶ ~를 펴다/개다 стелити/прибирати постіль.

침대 постіль; ліжко; спальне місце (в вагоні). [형] ліжковий. ¶ ~에 눕다 лягти на ліжко. 1인/2인용 ~ односпальне/двоспальне ліжко.

침략 агресія; захоплення. [형] агресивний. ¶ ~하다 нападати; захоплювати. ‖ ~전쟁 загарбницька війна. ~군 загарбницька армія. ~주의 політика агресії; агресивність. ~자 агресор; загарбник.

침목(枕木) шпала. ¶ ~을 깔다 укладати шпали.

침몰 потоплення. ¶ ~하다 тонути; іти до дна. 배를 ~시키다 потопити судно. ‖ ~선 затонуле судно.

침묵 мовчання; тиша. ¶ ~하다 мовчати. ~을 깨뜨리다 |지키다| переривати (зберігати) мовчання. ~이 깃들다 затягнулось мовчання.

침방(寢房) спальня.

침범 порушення; вторгнення. ¶ ~하다 порушувати; вторгатися;권리를 ~하다 замірятися на права. 국경을 ~하다 порушувати кордон. 이웃나라를 ~하다 вдиратися в сусідню країну.

침상 ліжко; постіль; корейське дерев'яне ліжко. ¶ ~에 눕다 лежати на ліжку.

침소봉대 ¶ ~하다 робити з мухи слона; перебільшувати.

침수 затоплення. ¶ ~하다(되다) затопити(ся).

침식(浸蝕) {지질} ерозія; вимивання. ¶ ~하다 вимивати; розмивати (ґрунт).

침식(寢食) сон та їжа. ¶ ~을 잊고 без їжі та відпочинку.

침실 → **침방**.

침엽수 хвойні дерева. ‖ ~림 хвойний ліс.

침울 смуток; пригніченість; сум; меланхолія. ¶ ~하다 похмурий (про погоду). ~한 기분 пригнічений настрій. 얼굴이 ~ 해졌다. Обличчя стало похмурим.

침윤 просякання; інфільтрація. ¶ ~하다 |액체가| просякати; просочуватися; проникати; поширюватися. |잉크가| розпливатися.

침입 проникнення; вторгнення. ¶ ~하다 проникати; захоплювати; окуповувати. ‖ ~자 загарбник; окупант.

침잠 ¶ ~하다 ховатися; переховуватися; прихований; таємний.

침전 осад. ¶ ~하다 осідати; випадати в осад. ‖ ~물 осад.

침착 холоднокровність; самовладання; незворушність. ¶ ~하다 холоднокровний; незворушний; спокійний; врівноважений. ‖ ~성 незворушність; стриманість.

침체 застій. [형] застійний. ¶ ~하다 знаходитися в стані застою. ‖ ~기 період застою.

침침 ¶ ~하다 |불빛이| тьмяний; похмурий; темний. |눈이| що погано бачить; підсліпуватий.

침탈 ¶ ~하다 насильно захоплювати; забирати силою.

침통 смуток. ¶ ~하다 сумний; смутний. ‖ ~한 기분 сумний настрій.

침투 просочування; проникнення. ¶ ~하다 |액체가| просочуватися; |사상이| проникати. ¶ ~시키다 впроваджувати; прищеплювати.

침해 зазіхання; порушення. ¶ ~하다 зазіхати *на що*; порушувати.

칩(chip) |나무로 된| тріска; скіпка. |돌| уламок каменя. |감자| чіпси, хрумка картопля. |카드| фішка; марка.

칩거 ¶ ~하다 заточувати себе в чотирьох стінах; вести затворницький спосіб життя. ‖ ~생활 затворництво.

칫솔 зубна щітка. ¶ ~질하다 чистити зубною щіткою.

칭송 хваління; схвалення. ¶ ~하다 хвалити.

칭찬 похвала; хвала. [형] похвальний. ¶ ~하다 хвалити. ~을 퍼붓다 обсипати похвалами.

칭하다 звати; називати.

칭호 звання. ‖ 영웅~ звання героя.

카

카나리아 канарка.
카네이션 гвоздика.
카드뮴 кадмій.
카르텔 картель. [형] картельний. ‖ 석유 ~ нефтяний картель.
카리스마 божий дар; харизма; геніальність. [형] харизматичний.
카메라 фотоапарат; знімальна камера. ‖ ~맨 фотограф; оператор.
카멜레온 хамелеон. [형] хамелеоновий; хамелеонський.
카바레 кабаре.
카세트 касета. ‖ ~ 플레이어 касетний плеєр.
카오스 хаос; повний безлад. [형] хаотичний.
카운슬러 радник; консультант; адвокат.
카운터 касир; каса.
카운트 рахунок; підрахунок. ¶ ~하다 рахувати; підраховувати. ‖ ~다운 (підрахунок часу в зворотному порядку).
카타콤 катакомба; підземелля.
카테고리 категорія. ¶ ~별로 나누다 розподіляти по категоріях.
카톨릭 католицтво; католицизм. ‖ ~ 신자 католик, чка.
카페 кафе.
카페인 кофеїн.
칵테일 коктейль.

칸 кімната; приміщення. |기차| купе; клітка.
칼 ніж; кинжал; меч. ‖ ~날 лізо ножа; клинок. ~자루 ручка ножа. ~집 піхви.
칼국수 локшина.
칼라 |와이셔츠| комір; комірець.
칼로리 калорія. [형] калорійний.
칼륨 калій. ‖ 칼리염 калієві солі.
칼리지 ВУЗ (вищий учбовий заклад); колледж.
칼부림 ¶ ~하다 розмахувати ножем.
칼슘 кальцій. [형] кальцієвий.
캄캄하다 дуже темний; похмурий; безпросвітний. |소식이| незнаючий; темний. |지식이| неосвічений. ¶ 날이 캄캄해졌다. Стемніло.
캐다 |광물을| викопувати; виривати; добувати. |원인을| зясовувати; розпитувати.
캐럿 карат.
캐묻다 розпитувати; випитувати.
캐비넷 шафа. |내각| кабінет.
캐스팅 кидання; метання. ¶ ~하다 кидати; метати; відкидувати. ‖ ~보트 вирішальний голос при рівному числі голосів.
캔버스 полотно; парусина; картина.
캠퍼스 кампус; територія університету.
캠페인 кампанія.
캠프 табір.
캠핑 кемпінг. ¶ ~하다 розташовуватись табором.
커녕 яке там; куди там; не те що; не тільки, але навіть.
커리큘럼 курс навчання; учбовий план; розклад.
커미션 |위임| довіреність; повно-

커버 покришка; обгортка; обкладинка; переплїт; конверт; укриття; покрів; ширма. ¶ ~하다 закривати; покривати; охоплювати.

커플 два; пара (подружжя; наречений та наречена).

커피 кава. ¶ 블랙 ~ чорна кава. ‖ ~포트 чайник для кави.

컨디션 умова; обставини; душевний стан; стан здоровя.

컨테이너 контейнер; вмістилище; посудина; резервуар.

컬러 |빛깔| колір; відтінок; тон. |물감| краска; світло. [형] барвистий; кольоровий; яскравий.

컴퍼니 |단체| суспільство. |회사| фірма; компанія; група.

컴퓨터 компьютер. ‖ ~화 компьютерізація.

컵 чашка. |스포츠| кубок. ‖ 종이~ паперовий стаканчик.

케이블 трос; кабель. [형] кабельний. ¶ 해저 ~ підводний кабель.

케이스 |상자| ящик; коробка; футляр; чохол; обкладинка; вітрина. |경우| випадок. |재판| справа. |문법의 격| відмінок. |담배 ~ портсигар.

케이크 пиріг; торт; печиво.

캥기다 натягуватися; побоюваться.

켜 шар; пласт; прошарок.

켜다 |나무를| пилити. |악기를| грати. |전기기구를| вмикати. ¶ 물을 한~ випивати залпом.

쪽 |쪽·편| сторона.

결레 пара. ¶ 한 ~의 신발 пара взуття.

코 |사람의| ніс. |콧물| соплі. |신발| шкарпетка. |그물의| вузол. ‖ ~끝 кінчик носа. 콧구멍 ніздря.

코끼리 слон. ¶ 새끼~ слоненя.

코란 коран.

코멘트 зауваження; відгук; коментар. ¶ ~하다 робити зауваження; коментувати.

코뮈니케 офіційне повідомлення; комюніке.

코미디 комедія; комічний випадок. [형] комічний. ‖ ~언 комедійний актор.

코민테른 Комінтерн.

코발트 кобальт. [형] кобальтовий. ‖ ~색 кобальтовий колір.

코스모스 |우주| космос; всесвіт. |식물| космея.

코스트 вартість; собівартість.

코웃음 іронічна посмішка.

코일 катушка. [형] катушковий.

코코아 какао |불변| [형] какаовий.

코피 |코의| носова кровотеча. |영화의| копія. ¶ ~가 흐르다 кров тече.

코홀리개 шмаркливе шлопчисько. [속] шмаркач.

콘서트 концерт.

콜레라 холера. ‖ ~균 холерний вібріон.

콤바인 комбінат.

콤비 комбінація; поєднання. |결합| зєднання. |조화| гармонія. |의복| комбінезон.

콤팩트 пудрениця.

콧물 соплі. ¶ 코를 풀다 шмаркатися.

콩 |대두류| боб. [형] бобовий. |완두류| горох. [형] гороховий.

콩기름 соєве масло; салат із ростків соєвих бобів.

콩알 бобо́к.

콩쿠르 ко́нкурс; змага́ння.

쾌감 приє́мне відчуття́; ра́дість; задово́лення.

쾌거 по́двиг; до́блесні ді́ї.

쾌락 ра́дість [여]; насоло́да. ‖ ~주의 гедоні́зм; епікуреї́зм.

쾌적 ¶ ~하다 приє́мний; за́тишний; підбадьо́рливий; зру́чний.

쾌활 ¶ ~하다 весе́лий; живи́й; життєра́дісний..

쿠데타 путч; (держа́вний) переворо́т.

큐 кий.

크기 величина́; обє́м; ро́змір; ріст. ~의 величино́ю з (в) кого-що. вели́кий; величе́зний.

크다 |가치가| висо́кий. |위대하다| вели́кий. |거대하다| величе́зний; гіга́нтський; колоса́льний. |부피·무게가| маси́вний; обє́мистий. |소리가| гoло́сний.

크라운 коро́на. |치관| коро́нка..

크레용 кольоро́вий олі́вець; кольоро́ва крей́да.

크레인 підйо́мний кран; де́ррик. ‖ ~선(船) плаву́чий кран. ха́нман ~ берегови́й кран.

크로스 |십자형| хрест; перети́н.

크롬 хром. [형] хро́мовий.

크리스마스 рі́здво. [형] різдвя́ний. ‖ ~이브 різдвя́ний святве́чір. ~ 트리 різдвя́на ялі́нка.

크리스찬 християни́н, -я́нка. [복] християни.

크림 |식품| вершки́ [복]. крем.

큰소리 гучни́й го́лос (розмо́ва); ла́йка; бахва́льство; крики́. ¶~로 гу́чно; у весь го́лос. ~를 치다 свари́ти; хвали́тися; бахвали́тися.

큰일 вели́ка (серйо́зна; важли́ва) спра́ва (поді́я); жахли́ва (страшна́) спра́ва. ¶ ~ 나다 Жах! / Біда́!.

클라리넷 кларне́т.

클래식 кла́сик; кла́сика. [형] класи́чний. ‖ ~음악 класи́чна му́зика.

클럽 клуб. |트럼프의| тре́фа. ‖ ~회원 член клу́бу.

키 |신장| pict. |사물의| висота́.

키스 поцілу́нок. ¶ ~하다 цілува́ти(ся).

키우다 |교육하다| дава́ти осві́ту. | сáхувати| вигодо́вувати. |양육하다| вихо́вувати. |육성하다| рости́ти; вирощувати. |재배하다| розводи́ти; культиву́вати.

킬러 вби́вця [남·여].

킬로 кі́ло. ‖~그램 кілогра́м (кг). ~미터 кіло́метр (км).

킹 коро́ль [남].

타

타 інший; чужий; незнайомий.

타개 ¶ ~하다 долати; боротися (труднощі). 난관을 타개하다 знайти вихід із важкого положення. ‖ ~책 міри подолання (труднощів).

타격 удар. ¶ ~하다 бити. ~을 받다 терпіти удар. ~을 주다 наносити *кому* удар.

타결 згода. ¶ ~하다 досягнути згоди; прийти до згоди.

타계 інший світ; потойбічний світ. ¶ ~하다 померти; відійти у інший світ.

타고나다 бути вродженим. 타고난 вроджений; природній; природженний; від народження.

타다 |소실하다| горіти; вигорати. |바싹| підгорати. |햇볕에| засмагати. |먹을 것이| засмажуватися; висмажитися. |빵이| випікатися. |가뭄으로| сохнути; згорати. |목이| пересихати. |속이| переживати. |탈것에| сідати *в (на) що*; їхати *на чому*. |산·바위·나무·줄 등을| долати. |스키·스케이트·그네를| кататися. |기회를| використовувати; користуватися *чим*. |용해시키다| розчиняти; розводити. |섞다| змішувати. |상·월급·재산 등을| отримувати. |행운을| мати щастя.

타다 |가르다| розрізати; розкладати; розділяти. |알곡을| дробити; роздрібнювати. ¶ 가리마를 ~ робити проділ.

타다 |악기류를| грати *на чому*; виконувати *що на чому*. ¶ 간지럼을 ~ відчувати сверблячку. 부끄러움을 ~ відчувати сором (збентеження). 더위를 ~ погано переносити спеку; погано себе почувати літом.

타당 ¶ ~한 належний; доречний; підходящий; доцільний. ‖ ~성 доцільність.

타도 зверження; повалення. ¶ ~하다 скидати.

타락 падіння; деградація; моральний розклад; розбещення; робещеність. ¶ ~하다 падати; деградувати; розкладатися; розпускатися; зіпсований розбещений.

타령 ¶ ~하다 настирливо повторювати. ‖ 신세 ~ скарга на нещасне життя.

타박상 забій; контузія. |멍| кровопідтік. ¶ ~을 입ада забитися; отримати контузію.

타산 розрахунок. ¶ ~적인 розрахунковий.

타성 інерція. ¶ 습관의 ~ сила звички. ~적으로 інерційний.

타수(舵手) кермовий.

타악기 ударний інструмент.

타오르다 спалахувати; займатися; розгоратися.

타원 еліпсис; овал. ¶ ~형의 еліптичний; овальний.

타율 гетерономія; гетерономний; інша дисципліна; інший порядок.

타의 |다른 생각| і́нша ду́мка; і́нший на́мір. |저의| за́дня ду́мка. |악의| злий за́мисел.

타이르다 переспо́рити; переко́нувати; вмовля́ти.

타이밍 розраху́нок (ви́бір) ча́су. ¶ ～이 맞게 до ре́чі вча́сно.

타이어 ши́на; покри́шка. ¶ ～에 바람을 넣다 надува́ти ши́ну. ～의 바람이 빠졌다 ши́на спу́щена.

타이틀 |표제| заголо́вок назва. |영화| на́дпис; титр. |칭호| ти́тул; зва́ння.

타이프 |유형| тип. |타이프라이터| друка́рська маши́на.

타인 чужи́й; незнайо́мий.

타일 черепи́ця; ка́фель [남]. ізразе́ц.

타임 час. 경기 중 Час!

타자 ¶ ～를 치다 друкува́ти на друка́рській маши́нці. ‖ ～수 машині́стка.

타전 ¶ ～하다 телеграфува́ти *що про що*; посила́ти телегра́му.

타진 перку́сія. ¶ ～하다 висту́кувати; перкутува́ти.

타파 ¶ ～하다 розбива́ти; руйнува́ти; зни́щувати; вали́ти.

타협 зго́да; компромі́с. ¶ ～적 зго́дний; компромі́сний. ～하다 іти́ на компромі́с; заключа́ти зго́ду; прихо́дити до зго́ди. ‖ ～안 компромі́сний план.

탁구 насто́льний те́ніс; пінг-по́нг.

탁본 на́дпис, скопі́йований з ка́меня (зі стіни́); малю́нок, скопі́йований з де́рева (кера́міки).

탁아소 (дитя́чі) я́слі.

탁월 перева́га. ¶ ～한 чудо́вий; видатни́й; ви́ключний; незвича́йний.

탁자 стіл.

탁하다 каламу́тній; несві́жий; те́мний. |목소리가| хрипки́й; си́плий. |냄새가| важки́й.

탄광 (вугі́льна) ша́хта. ‖ ～ 노동자 шахта́р, -ка. ～촌 шахта́рське село́.

탄력 пру́жність; еласти́чність. ¶ ～성 있는(～적인) пру́жний; еласти́чний.

탄생 наро́дження. ¶ ～하다 наро́джуватися.

탄성 пру́жність; еласти́чність. ¶ ～있는 пру́жній; еласти́чний.

탄소 вугле́ць. [형] вуглеце́вий. ‖ ～강 вуглеце́ва сталь.

탄수화물 вуглево́д.

탄식 зітха́ння. |비탄| жаль. ¶ ～하다 зітха́ти з жа́лем *про кого-що.*

탄신 день наро́дження.

탄압 прити́снення; пригні́чення; репре́сія. ¶ ～하다 притиска́ти; піддава́ти *кого́* репре́сії; репресува́ти *кого́*. ～을 당하다 піддава́тися репре́сіям.

탄탄하다 |튼튼하다| міцни́й; наді́йний; добро́тний.

탄탄하다 рі́вний. |길이| гладе́нький. ¶ 탄탄히 рі́вно; гладе́нько. 탄탄대로 широ́ка та рі́вна доро́га.

탄화수소 вуглево́день.

탈 ма́ска. ¶ ～을 쓰고 під ви́глядом *кого́-чого́*. ～을 쓰다 одягну́ти (носи́ти) ма́ску.

탈당 ви́хід із па́ртії. ¶ ～하다 вихо́дити з па́ртії.

탈락 випаді́ння. ¶ ～하다 |떨어지다| відхо́дити *від чо́го.* |빠지다| випада́ти. |낙오하다| вибува́ти з ла́ду. ‖ ～자 відщепене́ць.

탈모 випадіння волосся; линька. ‖ ~제 депіляторій. ~증 плішивість.

탈바꿈 |동물| метаморфоза; перетворення. |식물| анаморфоз. |변신| видозміна. ¶ ~하다 видозмінюватися.

탈법 ухилення від закону; порушення закона. ‖ ~행위 незаконний акт.

탈색 знебарвлення; відбілення. ¶ ~하다 вицвітати; знебарвлювати(ся). ‖ ~제 знебарвлюючий засіб.

탈선 |기차의| крах; схід з рейок. |이야기의| відступ. |행동의| відхилення; порушення. ¶ ~하다 |기차가| сходити з рейок. |행동이| відступати від норм; порушувати правила поведінки.

탈세 ухилення від плати податків. ¶ ~하다 ухилятися від плати податку.

탈수 обезводнення; дегідрація. ¶ ~하다 обезводнювати; дегідратувати; позбавляти що води (вологи). ‖ ~기 дегідратор.

탈주 бігство; втеча. |병사의| дезертирство. ¶ ~하다 тікати від (з) чого; рятуватися від чого. |병사가| дезертувати. ‖ ~병 дезертир; перебіжчик. ‖ ~자 втікач.

탈출 бігство; позбавлення. ¶ ~하다 рятуватися бігством; позбавлятися чого; уникати чого; виходити з чого.

탈춤 танок в масках.

탈취 захоплення; оволодіння чим викрадення. ¶ ~하다 захоплювати (силою); оволодівати чим; забирати силою кого-що, у кого викрадати.

탈퇴 вихід; відпадіння. ¶ ~하다 виходити з чого; відпадати від чого.

탈피 відшарування; лущення. ¶ ~하다 позбутися чого.

탈환 ¶ ~하다 повертати що собі; відбивати; забирати; відвойовувати.

탐 ¶ ~내다 жадати; домагатися чого; заздрити кому-чому.

탐구 дослідження; розслідування пошуки. ¶ ~하다 досліджувати; вишукувати; розслідувати; шукати. ‖ ~자 дослідник, -ця.

탐내다 → 탐.

탐닉 відданість чому; пристрасть. ¶ ~하다 віддаватися чому; пристраститися до чого; захоплюватися чим.

탐독 ¶ ~하다 читати з захопленням; занурюватися у читання.

탐방 ¶ ~하다 дізнаватися у кого про кого-що; розвідувати що про кого-що; брати інтерв'ю у кого. ‖ ~기자 репортер.

탐사 пошуки; дослідження. ¶ ~하다 розвідувати що (про кого-що); досліджувати.

탐색 розшук; пошуки; розслідування; розвідка. ¶ ~하다 розшукувати; розслідувати розвідувати.

탐스럽다 чарівний; красивий.

탐욕 ненаситність; жадібність; жадоба. ¶ ~스러운 ненаситний; жадібний; корисливий.

탐지 розвідка. ¶ ~하다 розвідувати; вивідувати; висліджувати.

탐험 експедиція. [형]

태 여жа. |절의| пагода. |기념탑| обеліск. |첨탑| шпиль [남].

експедиційний. ¶ ~하다 робити експедицію; досліджувати. ‖ ~가 дослідник. ~대 експедиція. 극지 ~ полярна експедиція.

탑승 ¶ ~하다 сідати на що. ‖ ~객 пасажир.

탓 причина; провина; привід. ~으로 по причині чого; по вині кого; через кого-що; в наслідок кого-чого.

탓하다 покладати провину на кого; звинувачувати кого-що в чому; нарікати на кого-що.

탕 густий мясний (рибний) суп (бульйон).

탕감 ¶ ~하다 |세금을| відміняти. |빚을| вибачати що кому.

탕진 марнотратство. ¶ ~하다 марнувати; витрачати; розтринькувати.

태 {해부} послід; плацента. ‖ ~교 порада вагітній жінці.

태권도 тхеквондо (тайквондо).

태극 первісний хаос; всесвіт. ‖ ~기 корейський державний прапор.

태도 поведінка; манера; позиція; відношення. ¶ ~를 취하ати займати позицію; ставитися до кого-чого; притримуватися якої-небудь лінії поведінки; триматися. 의기 양양한 ~로 з тріумфальним виглядом.

태동 рух плоду; народження; поява. ¶ ~하다 |태아가| рухатися; виникати; проявлятися.

태만 недбалість; недбале ставлення до своїх обовязків. ¶ ~한 лінивий; недбалий.

태반(太半) більша половина; більша частина; більшість. ¶ ~은 більшою частиною; по більшій мірі.

태부족 досконалий недолік (нестача) кого-чого (в кому-чому).

태산 дуже висока гора. ¶ ~ 같다 великий; багаточисленний. 일이 ~ 같다 бути заваленим справами; справ по горло. ~ 준령 висока гора і крутий перевал.

태생 народження (поява на світ). ¶ ...~의 родом з чого. ‖ ~지 місце народження.

태세 стан; положення; позиція; |준비| готовність. ¶ ~를 갖추다 бути готовим до чого.

태아 зародок; ембріон; паросток. |처음| початок. |발단| зачаток.

태양 сонце. ¶ ~이 떠오르다. Сонце сходить (встає). ~계 сонячна система. ~광선 сонячне проміння. ~전지 сонячна батарея.

태어나다 народжуватися; зявлятися на світ. ¶ 부자로 ~ народитися в багатій родині.

태연 ¶ ~한 спокійний; холоднокровний; незворушний. ~자약하게 з холоднокровям; незворушно; спокійно.

태엽 |용수철의| пружина; ресора |시계의| завод. ¶ 시계의 ~을 감다 заводити годинник.

태우다 спалювати; випалювати; запалювати. |가슴을| терзати. ¶ 애를 ~ терзати душу; душа болить за кого-що.

태우다 |승객을| везти. |자기의 차에| підвозити. |거들어서| підсаджувати. |승차시키다| посадити кого в вагон.

태자 принц-наступник.

태초 початок світу.

태클 приладдя; обладнання. ¶ ~하다 енергічно *за що* братися; битися *над чим (з ким-чим), чим об що*.

태평 мир; спокій. [형] мирний; спокійний; благополучний.

태평양 Тихий океан

태풍 тайфун. ‖~권 зона тайфуна. ~의 눈 центр тайфуна.

태환 конверсія. ¶ ~하다 конвертуватися. ~ 지폐 кредитний білет.

택시 таксі. ¶ ~ 운전수 водій таксі; таксист. ~로 가다 їхати на таксі. ~를 잡다 брати (ловити) таксі.

택일 ¶ ~하다 вибирати що одне.

택일(擇日) вибір підходящого дня *для чого*. ¶ ~하다 вибирати (підходящий день *для чого*).

택지 |건축용지| земельна ділянка для житла. |이미 집이 있는| житлова ділянка.

택하다 вибирати; обирати. |선발하다| відбирати. |쪽을 좋아하다| віддавати перевагу *кому-чому*.

탤런트 талант.

탱고 танго.

탱자 {식물} плід понцируса трилисточкового. ‖ ~ 나무 понцирус трилисточковий.

탱크 резервуар; бак; цистерна; резервуар-сховище; паливний бак. |전차| танк. ‖ 석유~ масляний бак (маслобак).

터 ділянка під дім; земельна ділянка; місце; фундамент; база. ‖ 낚시 ~ місце рибної ловлі.

터 ¶ 우리와 잘 아는 ~이다. Ми з ним добре знайомі. 하려던 ~에 саме в той момент (в той час коли). 할 ~이다 мати намір; припускати; мати на увазі.

터놓다 |막힌 것을 트다| відкривати проривати. |고백하다| зізнаватися *кому в чому*.

터득 ¶ ~하다 розуміти; зловити зміст; засвоювати.

터뜨리다 |폭발하다| рвати, розривати; зривати. |폭로하다| розкривати; викривати; відкривати; видавати.

터무니 підстава. ¶ ~없는 абсолютно безпідставний; цілковито необґрунтований.

터전 земельна ділянка під дім; присадибна ділянка; база; фундамент. ¶ ~을 닦다 закласти фундамент.

터지다 |공·꽃망울·수도관·종양·포탄| лопатися; вибухати; розколюватися; розриватися. |나무·열매| тріскатися. |전쟁| спалахнути. |댐·자루·풍선·감정·분노·울음| прориватися; продірявлюватися. |비밀| відкриватися; розкриватися. |웃음| вибухати. |코피| ринути. |행운| привалити.

터치 |그림의| штрих; риса; туше. ¶ ~하다 |접촉하다| торкати. |관계·언급하다| торкатися *чого*, контактувати *з ким*, мати відношення *до чого*. |감동시키다| зворушити.

턱 челюсть; підборіддя. ‖ ~수염 борода.

턱 |높은 곳| поріг; невеликий виступ.

턱 |대접| частування з приводу якої

події. ¶ 한 ~내다 частувати з приводу радісної події.

턱 |까닭| підстава; мотивація; привід; причина.

털 |머리털| волосся. |식물의 세포| волосина. |새의 깃털| пух. |짐승의 털·양모·모직물| шерсть. [여] хутро. |보풀| ворса. ¶ ~의 |양모제의| шерстяний. ~이 많은 |양모제의| волосатий. ~이 없는 безволосий. 새나 짐승이 ~을 갈다 линяти. ‖ ~같이 линька. ~모자 хутряна (шерстяна) шапка. ~목도리 шерстяний шарф. ~보 бородач, волосатик. ~실 шерстяна нитка (пряжа). ~장갑 шерстяні рукавички.

털다 |먼지를| струшувати; витрушувати; вибивати. |눈을| змітати. |훔치다| обікрасти; обчистити.

털썩 раптом з шумом. ¶ 그 자리에 ~ 주저앉다. так і гепнувся на цьому місці.

털어놓다 |마음을| викладати; відкривати. ¶ 비밀, 음모를 ~ відкрити таємницю (змову).

털털거리다 |걸음이| волочитися. |소리가| деренчати.

털털하다 |성격이| простий; поступливий; задовільний. ¶ 털털한 성격 поступливий характер.

텃밭 присадибна ділянка землі; город біля будинку. ¶ ~을 갈다 орати присадибну ділянку.

텃세(貰) орендна плата за земельну ділянку.

텃세 ¶ ~하다(부리다) зневажливо ставитися до новенького.

텅 зовсім; цілковито. ¶ ~빈 зовсім (цілковито) пустий.

테 |통나무| обідок; обруч. |안경| оправа. |장식| окрайка; окантування. |윤곽| край. |실의| моток.

테너 тенор. [형] теноровий; тенорови́й.

테니스 теніс. [형] тенісний. ¶ ~를 치다 грати в теніс. ‖ ~공 тенісний мяч. ~ 코트 тенісний корт.

테두리 |윤곽| край. |범위| круг; округлість; рамки. |공학| габарит. ¶ ~를 벗어나다 вийти з рамок.

테라스 тераса; насип; уступ; веранда; плаский дах.

테러 страх; жах; терор. ¶ ~하다 тероризувати; піддавати терору; вселяти страх. ‖ ~리스트 терорист. ~리즘 тероризм.

테마 тема; предмет. ‖ ~ 음악 музичні програми; музика на одну тему.

테스트 випробування; перевірка; тест. ¶ ~하다 піддавати випробуванню.

테이블 стіл. ¶ ~에 앉아 있다 (식사 중에 있다) сидіти за столом.

테이프 стрічка; тасьма. ¶ ~를 끊다 різати стрічку. |달리기| приходити до фінішу першим. ‖ ~ 리코더(녹음기) магнітофон. 녹음~ магнітна (магнітофонна) стрічка. 절연~ ізоляційна стрічка.

테제 теза. ¶ ~를 옹호하다/반박하다 захистити/відкинути тезу.

테크닉 техніка; технічні прийоми; метод; спосіб. [형] технічний. ‖ 테크нісен спеціаліст.

텍스트 текст; оригінал. ‖ ~북 підручник.

텐트 палатка; шатро. [형]

텔레비전 |수신기| телеві́зор. |방송| телеба́чення. ¶ ~을 보다 диви́тись телеві́зор. ~에 나오다 з'явля́тися на екра́ні телеві́зора; виступа́ти по телеба́ченню. ║ ~ 방송 телепереда́ча; телеба́чення; телемо́влення. ~ 탑 телеве́жа.

텔렉스 теле́кс. ¶ ~로 송신하다 передава́ти по теле́ксу.

템포 |속력| шви́дкість. |음악| темп; ритм. ¶ 속력을 내다 розви́ти шви́дкість. 빠른/느린 ~ шви́дкий/повільний темп.

토 |언어학| ча́стка; службо́ве сло́во.

토(土) земля́.

토기(土器) гли́няний по́суд, не покри́тий глазу́р'ю; гонча́рні ви́роби; кера́міка. ║ ~공 гонча́р.

토끼 за́єць. |집토끼| кро́лик. [형] за́ячий; кро́лячий. ║ ~털 за́яче (кро́ляче) ху́тро.

토닥거리다 (злегка) посту́кувати.

토담 глинобито́нна огоро́жа (стіна́).

토대 підста́ва; фунда́мент. |비유| осно́ва; ба́за. |철학| ба́зис. ¶ ~를 닦다 закла́сти фунда́мент.

토로(吐露) ¶ ~하다 відве́рто розповіда́ти; вилива́ти ду́шу.

토론 ви́ступ; прі́ння; деба́ти; диску́сія. [형] дискусі́йний. ¶ ~하다 виступа́ти (в прі́ннях); обгово́рювати. ~에 붙이다 ста́вити на обгово́рення; піддава́ти пита́ння диску́сії. ║ ~자 уча́сник прі́ння (диску́сії); виступа́ючий. ~회 диску́сія; семіна́р; симпо́зіум.

토마토 помідо́р; тома́т. [형] тома́тний. ║ ~ 소스 тома́тний со́ус. ~ 주스 тома́тний сок.

토막 шмато́к. |작품의| ури́вок; фра́за; фрагме́нт; купле́т; части́на. ¶ ~내다 (~을 치다) рі́зати (руби́ти) на шматки́. ║ ~극 ури́вок з п'єси.

토목 земля́ і де́рево. ║ ~공사 будіве́льні робо́ти. |군사| інжене́рні робо́ти. ~공학 будіве́льна інжене́рія. ~기사 інжене́р-буді́вельник.

토벌 приду́шення; кара́льні опера́ції. ¶ ~하다 приду́шувати; кара́ти; проводи́ти кара́льні опера́ції.

토분(土紛) бі́ла гли́на, що додає́ться при товче́нні ри́су.

토사(土砂) земля́ і пісо́к.

토사(吐瀉) ¶ ~하다 стражда́ти від поно́са, що супрово́джується блюво́тою.

토산물 місце́ва проду́кція; місце́вий проду́кт.

토색질 шанта́ж; вима́гання. ¶ ~하다 шантажува́ти; вимага́ти гро́ші.

토성(土城) земля́на стіна́; земе́льний вал.

토성(土星) Сату́рн.

토속 місце́ві зви́чаї.

토양 ґрунт. ║ ~ 보호 ґрунтозахи́ст. ~ 침식 еро́зія ґру́нту. ~학자 ґрунтозна́вець.

토요일 субо́та. [형] субо́тній.

토의 обгово́рення. ¶ ~하다 обгово́рювати. ║ ~ 대상 (의제) предме́т обгово́рення.

토인(土人) |토착민| аборигє́ни; корінні́ жи́телі; тузе́мці. |미개인|

те́мна (некульту́рна) люди́на. |혹인| негр.

토정(吐情) ¶ ~하다 ви́словити чистосерде́чно; відкри́ти ду́шу.

토종 місце́вий сорт; місце́ва поро́да. ‖ ~ 닭 місце́ва поро́да кур.

토지 земля́. [형] земе́льний. ‖ ~ 개량 меліора́ція. ~ 개혁 земе́льна рефо́рма. ~ 국유화/사유화 націоналіза́ція/приватиза́ція землі́. ~ 대장 земе́льний када́стр. ~ 법 земе́льне пра́во. ~ 이용 землекористува́ння. ~ 조사 обсте́ження земе́ль.

토착 ‖ ~민 аборигени; корінні́ жителі́; тузе́мці.

토코페롤 токоферо́л вітамі́н Є.

토템 тоте́м. ‖ **토테미즘** тотемі́зм.

토하다 ви́рвати; блюва́ти. ¶ 그는 토했다. Його́ знуди́ло. 피를 ~ плюва́ти (харка́ти) кро́в'ю.

토호 місце́вий бага́ч.

톤 |음조| тон. |목소리| інтона́ція; модуля́ція. |품격| тон; хара́ктер; стиль. |색조| тон; відті́нок.

톤 |무게| то́нна. ‖ ~수 (선박) тонна́ж.

톱 |연장| пила́. |방적 기구| пряди́льний гребі́нь. |정상| верхі́вка; верши́на. ¶ ~을 갈다 точи́ти пилу́. ‖ ~날 зу́би пили́. ~밥 ти́рса. ~질 розпи́лювання.

통 |배추나 호박의| кача́н. [형] кача́ний.

통 |바지의| окру́жність; ширина́. ¶ ~이 (도량이)크다 великоду́шний; благоро́дний.

통 |무리| гру́па; на́товп; збо́рище. ¶ 한 ~(속)이 되다 об'є́днуватися; группува́тися.

통(桶) бо́чка; ка́дка; відро́; чан; бачо́к; ва́нна.

통 [부] зо́всім; ці́лком; цілкови́то. ¶ ~ 말이 없다 не ви́мовити ні сло́ва. ~ 알 길이 없다 дізна́тися цілкови́то немо́жливо.

통-- [접두사] ці́льний; ці́лий. ‖ ~마늘 ці́ла голо́вка часнику́. ~나무 ці́ла коло́да.

--통 [접미사] знаве́ць; обі́знана люди́на. ¶ 러시아 통 знаве́ць росі́йської.

통감(痛感) ¶ ~하다 го́стро відчува́ти; прийма́ти бли́зько до се́рця; відчува́ти біль.

통계 ви́сновок; стати́стика; о́блік. [형] статисти́чний. ¶ ~를 내다 підво́дити підсу́мок; вести́ стати́стику; врахо́вувати. ‖ ~국 статисти́чне управлі́ння (бюро́). ~표 статисти́чна табли́ця. ~학 стати́стика. ~학자 стати́стик.

통고 сповіщення; повідо́млення попере́дження; оповіщення. ¶ ~하다 повідомля́ти; сповіща́ти; дово́дити до ві́дома; допові́дати оповіща́ти.

통곡 рида́ння; гірки́й плач. ¶ ~하다 рида́ти; гі́рко пла́кати.

통과 прохо́дження. |안건의| схва́лення; стве́рдження. |시험의| зда́ча. ¶ ~хати проходи́ти; проїжджа́ти повз схва́лювати; стве́рджувати. 결의안을 ~시키다 схва́лювати прое́кт резолю́ції. ‖ ~세 транзи́тне ми́то. ~ 화물 транзи́тні вантажі́.

통관 ¶ ~하ати проходи́ти ми́тний до́гляд; контролюва́ти (вантажі́)

на ми́тниці. ‖ ~세 ми́то та ми́тні збо́ри.
통괄 ототожнення. ¶ ~하다 централізува́ти; злива́ти в одне́ ці́ле; ототожнювати; сумува́ти.
통근 ~하다 ходи́ти (ї́здити) на робо́ту (слу́жбу) з до́му.
통기(通氣) вентиля́ція; аера́ція.
통나무 ці́ла коло́да. ‖ ~ 뗏목 колодя́ний пліт́ок. ~ 집 колодя́ний буди́нок.
통념(通念) зага́льне уя́влення.
통념(痛念) ¶ ~하다 прийма́ти бли́зько до се́рця; хворі́ти душе́ю.
통달 ¶ ~하다 бу́ти до́бре обі́знаним (компете́нтним) *в чо́му*; доскона́льно вивчити; ви́вчити на зубо́к.
통독 ¶ ~하다 прочита́ти від поча́тку до кінця́.
통렬 ¶ ~하다 жорсто́кий; лю́тий; рі́зкий; стро́гий; жорсто́кий. ~히 стро́го; жорсто́ко.
통로 прохі́д; прої́зд; шлях. ~ 없음 прохо́ду нема́є.
통마늘 ці́ла голо́вка часнику́.
통발 {식물} пузи́рчатка.
통발 |물고기 잡는 도구| ве́рша.
통보 |잡지| ві́сник. |알림| повідо́млення. |기상| зве́дення. ¶ ~하다 повідомля́ти; інформува́ти; дово́дити до ві́дома. ‖ ~서 інформаці́йний бюлете́нь.
통분(痛忿) обу́рення. ¶ ~하다 обу́рений; обу́ритися.
통분(通分) |수학| приве́дення до зага́льного (одно́го) знаме́нника.
통사(通史) зага́льна істо́рія.
통사(統辭) синта́ксис.
통사정 ¶ ~하다 відве́рто проси́ти; вилива́ти ду́шу.
통산 ці́ле; су́ма; зага́льний ви́сновок. ¶ ~하여 в су́мі.
통상(通常) ¶ ~의 звича́йний; ордина́рний; прости́й; повсякде́нний. ‖ ~복 повсякде́нний о́дяг.
통상(通商) торгі́вля; комерці́я. ¶ ~하다 торгува́ти із закордо́ном. ‖ ~대표부 торгове́ представни́цтво. ~ 조약 торго́вий до́говір.
통설(通說) зага́льна тео́рія; загальновизна́на тео́рія.
통속(通俗) широко́ розповсю́джений звича́й. ¶ ~적 популя́рний; загальнодосту́пний. ~화하다 популяризува́ти.
통솔 керівни́цтво; кома́ндування. ¶ ~하다 керува́ти; кома́ндувати *ким-чим*. ‖ ~력 (одноосо́бове) керівни́цтво.
통수권 пра́во кома́ндуваня всіма́ збро́йними си́лами краї́ни.
통신 переда́ча; повідо́млення (інформа́ції); зв'язо́к; кореспонде́нція. ¶ ~하다 повідомля́ти; передава́ти. ‖ ~ 교육 зао́чна осві́та (навча́ння). ~ 과정 зао́чний курс. ~망 мере́жа звязку́. ~문 текст повідо́млення. ~사(社) (телегра́фне) аге́нство. ~원 кореспонде́нт. ~위성 супу́тник звязку́.
통역 (у́сний) пере́клад. ¶ ~하да (у́сно) переклада́ти. ‖ ~사 переклада́ч.
통용 ¶ ~하다(되다) широко́ використо́вувати(ся); широко́ застосо́вувати(ся). ‖ ~어 розповсю́джене сло́во. |언어학| жарго́н.
통일 єдна́ння; об'є́днання; уніфіка́ція; консоліда́ція. [형]

통장(通帳) карточна книжка. ‖ 예금 ~ зощадна книжка.

통정 |간통| адюльтер; порушення подружньої вірності; любовний зв'язок.

통제 контроль. [형] контрольний; контролюючий. ¶ ~하다 контролювати; здійснювати контроль. ‖ ~력 сила контролю.

통조림 консерви [복]. ¶ 고기(생선) ~ м'ясні (рибні) консерви.

통증 больові відчуття; біль; страждання. ¶ ~을 느끼다 відчувати біль; страждати; боліти.

통지 повідомлення; інформація; оповіщення. ¶ ~하다 повідомляти; інформувати; оповіщувати *кого про що*. ‖ ~표 табель успішності.

통째로 цілком; повністю.

통찰 проникливість; гострота. [형] проникливий. ¶ ~하다 проникати в суть; бачити наскрізь. ‖ ~력 проникливість; прозорливість.

통첩 письмове оповіщення. |외교| нотифікація. ‖ 최후 ~ ультиматум.

통치 правління; управління; режим; панування. ¶ ~하다 управляти *ким-чим*; панувати *над ким-чим*. ‖ ~권 державна влада. ~자 правитель.

통칭 загальноприйнята назва; популярна (розповсюджена) назва (ім'я).

통쾌 ¶ ~하다 дуже задоволений; вдоволений; веселий; радісний.

통탄 ¶ ~하다 гірко жалітися; жалкувати; оплакувати *кого*. ~할 만한 гідний жалю; жалібний; сумний.

통통 ¶ ~하다 повний; товстий; крупний; великий; пухлий; жирний.

통풍 провітрювання; вентиляція аерація. ¶ ~하다 провітрюватися. ‖ ~구 душник; вентиляційний отвір. ~기 вентилятор; дефлектор.

통하다 |길·통로·교통| проходити. |개통| бути відкритим. |전기가| вмикати струм; діяти. |말이| бути зрозумілим. |감정이| передаватися. |마음이| розуміти один одного. ¶ 일생을 통하여 все життя. 신문을 통하여 알다 дізнатися з газети.

통학 ¶ ~하다 ходити (їздити) в школу. ‖ ~거리 відстань від дому до школи. ~버스/열차 автобус/поїзд для учнів.

통한(痛恨) глибокий жаль (горе).

통합 злиття; об'єднання; збільшення *чого*; інтеграція; синтез. ~하다(되다) зливатися; об'єднувати(ся); збільшувати(ся). ‖ ~군(연합군); об'єднані війська.

통화(通話) (телефонна) розмова. ¶ ~하다 розмовляти (по телефону). ~중이다 телефон зайнятий.

통화(通貨) гроші; валюта. ‖ ~량 кількість грошей, що знаходяться в обертанні. ~ 수축/팽창 дефляція/інфляція. ~ 정책 грошова політика. ~ 조절 регулювання грошей (грошового оберту). ~ 안정 грошова стабі́льність. ~제도 грошова́ систе́ма.

퇴거 |이전| перемі́щення; переї́зд; пересе́лення. |철수| евакуа́ція; ві́дхід; ви́хід. ¶ ~하다 оформля́ти пересе́лення; переї́жджати; переселя́тися; відхо́дити; відступа́ти.

퇴근 ¶ ~하다 іти́ з робо́ти.

퇴락 ~하다 руйнува́тися; вали́тися (від ста́рості).

퇴로 шлях відхо́ду (ві́дступу). ¶ ~를 차단하다 перерива́ти шлях відхо́ду.

퇴보 регре́с; регре́сія; деграда́ція. [형] регреси́вний. ¶ ~하다 іти́ наза́д; ру́хатися наза́д; регресува́ти; погі́ршуватися; відстава́ти; відступа́ти; відкида́ти.

퇴비 компо́ст. [형] компо́стний.

퇴사(退社) ~하다 |회사를| вихо́дити із суспі́льства; звільня́тися; залиша́ти компа́нію.

퇴색 знеба́рвлення. ~하다 знеба́рвлюватися; втрача́ти ко́лір; вицвіта́ти; линя́ти. ~한 знеба́рвлений.

퇴소 ¶ ~하다 залиша́ти слу́жбу; іти́ з робо́ти.

퇴역 ¶ ~하다 іти́ у відста́вку. ‖ ~군인 відста́вний; військо́вий; відста́вник.

퇴원 ¶ ~하다 випи́суватися (вихо́дити) із ліка́рні.

퇴위 зре́чення (від престо́лу). ¶ ~하다 відмо́витися (зректи́ся) від престо́лу.

퇴임 відста́вка; ви́хід у відста́вку. ¶ ~의(한) відста́вний. ~하다 вихо́дити у відста́вку; залиша́ти слу́жбу; іти́ з робо́ти.

퇴장 ¶ ~하다 залиша́ти (збо́ри); іти́ зі сце́ни.

퇴적 ску́пчення; нагрома́дження акумуля́ція; ку́па. |지질| відкла́дення; нано́си. ¶ ~하다(되다) агрома́джувати(ся); ску́пчувати(ся). ‖ ~물 во́рох; гру́да; опа́дні відкла́дення.

퇴조 |썰물| відли́в; відливна́ вода́. |기분| спад. ¶ ~하다 (물이 빠지다) іти́ на убу́ток (убува́ти). ‖ ~기 час відли́ву.

퇴직 → 퇴임.

퇴직금 грошова́ допомо́га при вихо́ді у відста́вку.

퇴진 ¶ ~하다 відхо́дити; відступа́ти; відво́дити. ~시키다 відправля́ти у відста́вку.

퇴짜 ¶ ~를 놓다 не прийма́ти; поверта́ти; відкида́ти. ~를 맞다 не бу́ти при́йнятим; бу́ти відки́нутим; отри́мати відмо́ву.

퇴치 ліквіда́ція; викорі́нювання; ви́нищення. ¶ ~하다 ліквідува́ти; викорі́нювати; вини́щувати. 문맹을 ~하다 ліквідува́ти неграмо́тність.

퇴폐 занепа́д; декада́нс. [형] занепа́дний; декаде́нтський. ‖ ~주의 декаде́нтство. ~주의자 декаде́нт; занепа́дник.

퇴학 ¶ ~시키다 виганя́ти (виключа́ти) зі шко́ли.

퇴행 ¶ ~하다 відхо́дити; відступа́ти.

퇴화 регре́с; деграда́ція; занепа́д дегенера́ція; виро́дження. {생물} атрофі́я. ¶ ~하다 регресува́ти; деградува́ти; дегенерува́ти; виро́джуватися; атрофува́тися.

툇마루 кри́та тера́са з дерев'я́ною

підло́гою.

투 |버릇| зви́чка; мане́ра. |방식| спо́сіб; ме́тод. ¶ 이런 ~로 таки́м спо́собом.

투고 ¶ ~하다 писа́ти і посила́ти в журна́л (газе́ту).

투과 ¶ ~하다 пропуска́ти; пронизувати. ‖ ~성 прони́кність.

투구 металі́чний шоло́м.

투구(投球) ¶ ~하다 кида́ти мяч.

투기(投機) спекуля́ція; авантю́ра. [형] спекуляти́вний; авантю́рний. ¶ ~하다 спекулюва́ти; пуска́тися на авантю́ри. ‖ ~성 авантю́рність; авантюри́зм. ~업자(꾼) спекуля́нт.

투기(妬忌) ¶ ~하다 ревнува́ти *кого́ до кого́*.

투덜거리다 бурча́ти; бурмота́ти; буркота́ти собі́ під ніс.

투매 де́мпінг; неприда́тний е́кспорт. ¶ ~하다 продава́ти по неприда́тним ці́нам.

투명 ¶ ~하다 прозо́рий; крізни́й. ‖ ~성(도) прозо́рість; сту́пінь прозо́рості.

투박하다 |언행이| гру́бий; незгра́бний. |물건이| несклáдний. ¶ ~한 말 гру́бе сло́во. ‖ 투박함 гру́бість.

투병 ¶ ~하다 боро́тися з хворо́бою (неду́гом).

투사(闘士) боре́ць. ¶ 민주주의 ~ боре́ць за демокра́тію.

투사(投射) ¶ ~하다 з си́лою кида́ти (мяч). ‖ ~각 |물리| кут вхо́ду (паді́ння).

투사(透寫) зняття́ ко́пії. ¶ ~하다 калькува́ти зніма́ти ко́пію. ‖ ~지 ка́лька.

투서 аноні́мний лист. ¶ ~하다 писа́ти і посила́ти аноні́мний лист.

투석 ка́мінь, що кида́ють. ¶ ~하다 кида́ти камі́ння; кида́тися камі́нням.

투성이 ¶ 기름~ весь в ма́слі. 피~ весь в крові́.

투수(投手) пі́тчер; подава́льник мя́ча.

투수(透水) ¶ ~하다 проника́ти. ‖ ~성 водопрони́кність.

투숙 ¶ ~하다 залиша́тися в готе́лі. ‖ ~객 постоя́лець; ме́шканець.

투시 ¶ ~하다 ба́чити крізь (через що). ‖ ~도 перспекти́вний малю́нок (кре́слення). ~력 прони́кність.

투신 ¶ ~하다 |사업에| цілко́м посвя́чувати себе́ що чому. |자살| тону́ти; топи́тися.

투약 ¶ ~하다 виготовля́ти лі́ки (по реце́пту).

투어 подоро́ж; пої́здка; турне́; екску́рсія; прогу́лянка. |순회공연| тур.

투여 ¶ ~하다 дава́ти лі́ки (до́зами).

투영 |그림자| тінь [ея]. |그림| проє́кція; проєктува́ння [형] проєкці́йний.

투옥 ¶ ~하다 увя́знювати (кида́ти у вязни́цю); засади́ти (посади́ти) у вязни́цю. ‖ ~된 사람(수인, 囚人) увя́знений, -на.

투우 бій биків; бій з бико́м. ‖ ~사 тореадо́р; матадо́р.

투입 пода́ча; заванта́ження. ¶ ~하다 |원료나 짐을| подава́ти; заванта́жувати. |자본을| вклада́ти; помі́щувати (капіта́л).

투자 інвести́ція; капіталовкла́дення. ¶ ~하다 вклада́ти (капіта́л); інвестува́ти. ‖ ~가 вкла́дник.

~액 су́ма капіталовкла́день.

투쟁 боротьба́; би́тва; бій; конфлі́кт. ¶ ~적 бойови́й. ~하다 боро́тися; би́тися; вступа́ти в конфлі́кт з ким. ‖ ~력 бойові́ си́ли.

투정 ~하다 каню́чити; випро́шувати; чіпля́тися; присхі́пуватися; ~을 부리다 вередува́ти; капризува́ти.

투지 бойови́й дух; во́ля до боротьби́. ¶ ~ 만만하다 по́вний рішу́чості.

투척 мета́ння (спи́са; ди́ска). ~하다 мета́ти.

투철 ~하다 прозо́рий; зрозумі́лий; я́сний; послідо́вний; прозірли́вий; го́стрий; сті́йкий.

투포환 штовха́ння ядра́. ‖ ~ 선수 штовха́ч ядра́.

투표 голосува́ння. ¶ ~하다 голосува́ти. 찬성/반대 ~하다 голосува́ти за/про́ти кого́. ~에 부치다 ста́вити на голосува́ння. ~권 пра́во го́лосу. ~소 кабі́на для голосува́ння; мі́сце голосува́ння. ~자 що голосу́є. ~지 ви́борчий бюлете́нь. ~함 я́щик для голосува́ння.

투하 ¶ ~하다 |폭탄을|кида́ти вниз; скида́ти. |자본을| умі́щувати. |힘을| вклада́ти. 폭탄을 ~하다 скида́ти бо́мби.

투합 ¶ ~하다 збіга́тися. 의기 ~하다 дух (настрі́й склад хара́ктера) збіга́ється.

투항 капітуля́ція. ¶ ~하다 капітулюва́ти; здава́тися. ‖ ~자 капітуля́нт; капітулю́ючий.

투혼 наступа́льний дух; бойови́й дух.

툭 |끊어지는 소리| несподі́вано (з трі́ском). |치는 소리| зле́гка. |солі́дно| пря́мо. ¶ ~ 털어놓고 말하다 говори́ти пря́мо. 불거지다 трі́шки виступа́ти (випина́тися).

툭하면 ра́птом що з найме́ншого при́воду.

퉁기다 |물건이| зіска́кувати; випада́ти; схо́дити; зрива́тися. |배짱을| бу́ти наполе́гливим.

튀기다 ¶줄을 ~ перебира́ти стру́ни. 물을 ~ хлю́патися (бри́зкатися) водо́ю.

튀김 ри́ба, заж́арена в ті́сті.

튀다 |공이| відска́кувати. |불꽃이| трі́скатися; лопа́тися; розсипа́тися. |파편이| розігну́вшись, зійти́ зі свого́ мі́сця. |달아나다| втекти́. |물방울이| бри́зкати; розліта́тися. |뛰어나다| помі́тно виступа́ти (виділя́тися).

트기 |사람| дити́на від змі́шаного шлю́бу; мети́с. |동물| гібри́д.

트다 |싹이| пуска́ти па́ростки; відро́щувати; розпуска́тися; проби́ватися. |피부가| трі́скатися. |먼동이| світа́ти. |길을| відкрива́ти. |관계를| встано́влювати близьки́ відно́сини; з ким дружи́ти.

트랙 ‖ ~ 경ги ле́гка атле́тика.

트랙터 тра́ктор. ‖ ~ 기사 тракторі́ст.

트랩(trap) |덫| капка́н; па́стка. |선박과 항공기의| люк; опускні́ две́рі. ¶ ~을 놓다 ста́вити па́стку. ~에 걸리다 попада́тися в капка́н.

트러블 занепоко́єння; хвилюва́ння; неприє́мність; триво́га; тру́днощі. ¶ ~ 메́йкер пору́шник спо́кою (поря́дка).

트럭 ванта́жний автомобі́ль; вантажі́вка; автові́з.

트럼펫 труба́. ¶ ~을 бу́ти труби́ти

в трубу́. ‖ ~을 부는 사람 труба́ч.
트렁크 |가방| доро́жня скри́ня; валі́за; бага́жник. |나무의| стовбу́р. |코끼리| хо́бот.
트레이너 тре́нер; інстру́ктор. [형] тре́нерський.
트레이닝 вихова́ння; навча́ння; тренува́ння. [형] тренува́льний. ¶ ~하다 тренува́ти. 현장 ~ навча́ння по мі́сцю робо́ти.
트레이드 торгі́вля; уго́да; обмі́н. ¶ ~하다 торгува́ти; обмі́нювати. ~ 마크 фабри́чна ма́рка.
트레일러 тре́йлер; причі́плення.
트리오 |음악| трі́о. |사람| тро́є.
트림 відри́жка. ¶ ~하다 відри́гувати.
트이다 бу́ти відкри́тим; звільня́тися *від чого*. ¶ 마음이 트였다 на душі́ ста́ло ле́гко. 숨이 ~ ві́льно зітхну́ти. 마음이 트인 사람 люди́на з відкри́тою душе́ю.
트집 причі́пка. ¶ ~[을] 잡다 дошкуля́ти; чіпля́тися. ‖ ~쟁이 причепа́.
특가 осо́бливо зни́жені ці́ни. ‖ ~ 판매 ро́зпродаж.
특강 спеціа́льна ле́кція; спецку́рс. ¶ ~하다 чита́ти спеціа́льну ле́кцію (спецку́рс).
특공대 командо́с; заго́н спеціа́льного призна́чення.
특권 привіле́гія; пі́льга; виключні́ (особли́ві) права́. ¶ ~을 ма́ти володі́ти привіле́гією (особли́вими права́ми). ~을 가зі́н привіле́йовані. ‖ ~층 привіле́йовані сфе́ри.
특근 понаднормо́ва робо́та. ‖ ~수당 пла́та за понаднормо́ву робо́ту.
특급 спеціа́льний (особли́вий) розря́д.
특기(特技) особли́ва майсте́рність; особли́вий тала́нт; особли́ві зді́бності.
특기(特記) ¶ ~하다 осо́бливо відзнача́ти (запи́сувати). ~할 만한 хто заслуго́вує бу́ти осо́бливо відзна́ченим (зга́даним).
특등 ви́щий розря́д (клас; сорт). ‖ ~실 |готе́ль| но́мер «люкс».
특례 рі́дкісний при́клад; особли́вий ви́падок; виня́ток. ‖ ~법 спеціа́льний зако́н.
특별 ¶ ~하다 спеціа́льний; особли́вий. ~히 спеціа́льно; осо́бливо. ‖ ~ 계좌 спеціа́льний пото́чний раху́нок. ~법 спеціа́льний зако́н.
특사(特使) надзвича́йний посла́нник. ¶ ~를 보не́ти посила́ти надзвича́йного посла́нника.
특사(特赦) ¶ ~하다 зни́жувати мі́ру; покара́ння *кому*; ми́лувати *кого*.
특산물 місце́ва проду́кція; специфі́чні проду́кти.
특산품 това́ри місце́вого виробни́цтва.
특색 особли́вість; особли́ва власти́вість; характе́рна ри́са; колори́т. ¶ ~ 없는 사람 безба́рвна особи́стість. 민족적 ~ націона́льний колори́т.
특선 спеціа́льно віді́бране (о́бране).
특설 ¶ ~하다 спеціа́льно встано́влювати.
특성 особли́вість; специ́фіка; характе́рна ри́са. [형] особли́вий; специфі́чний; характе́рний.
특수(特殊) ¶ ~하다 особли́вий;

특수(特需) особливий попит.

특약 особлива угода; особливий договір. ‖ ~점 фірмовий магазин.

특용 ‖ ~작물 технічна культура.

특유 ¶ ~하다 відмітний; характерний; властивий; притаманний; специфічний.

특이 ¶ ~하다 своєрідний; специфічний. ‖ ~성 своєрідність. ~점 відмітна сторона.

특장 особлива перевага; особлива позитивна риса.

특전(特典) особлива милість; привілегія; пільга. ¶ ~을 베풀다 пропонувати привілегію. ~을 누리다 користуватися привілегією.

특정 ¶ ~하다 особливо встановлювати (визначати). ‖ ~인 довірена особа.

특종 особливий рід (вид; сорт); особлива порода. |신문의| сенсаційна новина.

특질 особливість; відмітна властивість; характерні особливості.

특집 спеціальне редагування. ‖ ~호 спеціальний номер (випуск).

특징 особливість; характерна ознака; специфіка. [형] своєрідний; характерний. ¶ ~[을] 짓다 характеризувати(ся).

특출 ¶ ~하다 особливо видатний; незвичайний; неповторний. ~한 공로 видатні заслуги.

특파 ¶ ~하다 спеціально посилати (командувати). ‖ ~원 спеціальний кореспондент.

특필 ¶ 대서 ~하다 писати крупним почерком. (шрифтом).

특허 патент. ¶ ~를 가진 патентований. ~의 патентний. ‖ ~권 патентне право. ~청 бюро патентів.

특혜 особливе благодіяння; особлива милість. |경제| преференція. [형] преференційний. ¶ ~를 주다 віддавати преференцію. ‖ ~관세 пільгове мито. ~세율 преференційний тариф.

특효 особлива дія; особливий ефект.

특히 особливо; в особливості; переважно; тим більше що.

튼튼하다 |건강이| здоровий; міцний; тривкий. |믿음이| надійний. ¶ 튼튼히 здорово; міцно; твердо.

틀 |테| рама; рамка. |모형| опора. |공식| рамки; межа; форма. ¶ ~에 박힌 традиційний; шаблонний; стереотипний.

틀다 |돌리다| крутити; закручувати; вити. |머리를| збирати. |라디오를| включати. |솜을| тріпати. |일을| суперечити; заважати.

틀리다 |어긋나다| не співпадати; не відповідати. |관계가| псуватися. |계획이| не вдаватися; провалюватися. |계산이| бути помилковим (неправильним).

틀림 невідповідність; розходження; помилка. ¶ ~없다 безпомилковий; безсумнівний; ~없이 безсумнівно. 원본과 ~없음 з оригіналом звірено.

틀어막다 закручувати; затикати.

틀어박히다 бути ізольованим; бути замкненим.

틀어지다 |일이| терпіти невдачу; не вдаватися; провалюватися. |관계가| псуватися. |꼬이다| кривитися; коситися.

틈 |벌어진 사이| щілина; тріщина; зазор. |불화| відчуженість. |빈 여지| вільний час; зручний випадок; шанс. ¶ ~을 내다 знайти вільний час.

틈바구니 → 틈

틈새 тріщина; щілина; вузьке місце.

틈타다 використовувати зручний випадок (момент). ¶ 기회를 틈타서 користуючись випадком.

틈틈이 |구멍마다| у всі щілини. |여가| кожну вільну хвилину.

티 |이물질| частка; смітинка; пилинка. |흠| незначний дефект (хиба). |기색| ознака; вид. ¶ ~없이 чистий; ясний; без вад. ~를 내다 робити вигляд. 학자~를 내다 зображати з себе вченого.

티(tea) чай. ‖ ~룸 кафе (кондитерська). ~스푼 чайна ложка.

티격태격 ¶ ~하다 сперечатися. 시시한 것을 가지고 ~하다 сперечатися щодо дрібниць.

티끌 смітинка та пилинка. ¶ ~모아 태산 по краплині море. ~만하다 мізерний; дрібний. ~만큼 ні на йоту.

티타늄 титан. ‖ ~산염 титанат.

팁 чайові; грошовий подарунок.

파

파 {식물} цибу́ля.

파(派) |분파| фра́кція; се́кта. |학파| шко́ла. |당파| па́ртія.

파(波) хви́ля. || 초음~ ультразвукова́ хви́ля.

파격 ві́дступ від звича́йних пра́вил; пору́шення пра́вил. ¶ ~적 ви́ключний; непра́вильний; помилко́вий.

파견 поси́лка; відря́дження. ¶ ~하다 посила́ти; кома́ндувати; відправля́ти.

파계 ¶ ~하다 пору́шувати за́повідь. || ~승 мона́х, яки́й пору́шив за́повідь.

파고들다 |규명| дослі́джувати; виясня́-ти; розслі́дувати. |가슴 속으로| про-ника́ти. |진상을| допи́тувати.

파괴 руйнува́ння; лама́ння; підри́в. ¶ ~적 руйнівни́й; підривни́й. ~하다 руйнува́ти; лама́ти; підрива́ти. || ~력 руйнівна́ си́ла. ~자 руйнівни́к; диверса́нт.

파국 катастро́фа; катастрофі́чне поло́ження; зрив; крах. ¶ ~적인 катастрофі́чний. ~으로 이끌다 вести́ *що* до зри́ву (до катастро́фи).

파급 поши́рення. ¶ ~되다 поши́рювати *на що*; відбива́тися *на чому*.

파기 ¶ ~하다 |찢다| розбива́ти (роз-рива́ти) і викида́ти. |무효화하다| відміня́ти; денонсува́ти; розрива́ти.

파내다 вико́пувати.

파다 |땅을| копа́ти; ри́ти. |구멍을| проробля́ти; продіря́влювати. |조각하다| вирі́зати; гравірува́ти. |유익한 것을| витяга́ти; добува́ти. |진상을| доку́пуватися; дошу́куватися; докла́дно розпи́тувати; допи́туватися. ¶ 진실을 ~ доко́пуватися до пра́вди.

파도 хви́ля. ¶ ~ 치다 набіга́ти хви́лями. 거센 ~ си́льні хви́лі. || ~ 타기 се́рфінг.

파동 |물결| хвилюва́ння. {물리} хви́ля; хвильови́й рух. |반향| ві́дклик; ві́дголос.

파리 му́ха. ¶ ~ 목숨 мале́ньке життя́. || ~채 хло́павка; мухоло́вка.

파리하다 блі́дний; худи́й; тонки́й.

파면 звільнення. ¶ ~하다 звільня́ти; зніма́ти *кого́* з поса́ди; звільни́ти *кого́* від поса́ди (зі слу́жби).

파멸 зни́щення; заги́бель [여]; зруйнува́ння; розо́рення; крах. ¶ ~적 згу́бний. ~하다 ги́нути; руйнува́тися.

파문(波紋) |물결| ряботи́ння [여]; бри́жі [여]; ко́ла на воді́. |반향| ві́дгук; ві́дгомін; вплив. ¶ ~을 일으키다 виклика́ти ві́дгук; зді́йснювати вплив (шум; хвилюва́ння; резона́нс).

파문(破門) відлу́чення від це́ркви. ¶

파묻다 |땅 속에| закопувати; зарива́ти. |숨기다| хова́ти; прихо́вувати.

파묻히다 бу́ти закопаним (закритим); бу́ти прихо́ваним.

파벌 угрупува́ння; фракці́йна гру́па; се́кта. ¶ ~적 фракці́йний; секта́нтський. ‖ ~주의 секта́нтство. ~ 싸움 фракці́йна боротьба́.

파병 ~하다 відправля́ти (посила́ти) а́рмію (війська́).

파산 розоре́ння; банкру́тство; крах. ¶ ~하다 розори́тися; збанкрути́тися; ви́явитися незамо́жнім; потерпі́ти крах (банкру́тство). ‖ ~자 банкру́т; люди́на, яка́ розори́лася (збанкрути́лася).

파상(波狀) хвиля́стість. ¶ ~의 хвилеподі́бний; хвиля́стий. ~적 공격 періоди́чні ата́ки.

파상(破傷) уда́р. ‖ ~풍 остовпі́ння.

파생 похо́дження (*від чого*); дерива́ція; відбрунько́вування. ¶ ~적 похідни́й; дериваці́йний; той, що відгалу́жується; побі́чний. ~하다 винкати; похо́дити *від чого*; відбрунько́вуватися. ‖ ~어 похі́дне сло́во.

파손 пошко́дження. ¶ ~하다 пошко́джувати; нано́сити пошко́дження; отри́мувати пошко́дження.

파쇼 фаши́зм; фаши́ст.

파수 сто́рож; карау́л. ‖ ~꾼(병) сто́рожа; сто́рож; часови́й.

파스텔 пасте́ль [여]; крейди́. [형] пас-те́льний. ‖ ~화 пасте́льний жи́вопис.

파악 ~하다 осяга́ти; розумі́ти; дава́ти собі́ звіт *в чо́му*; схва́чувати; трима́ти в рука́х.

파업 страйк. ¶ ~하다 страйкува́ти. ~을 일으키다 оголоси́ти страйк; влаш-то́вувати страйк. ‖ ~자 страйка́р, ~ка; забасто́вщи|к, ~ця. 총~ всезага́льний страйк.

파열 виса́джування; ро́зрив. ¶ ~하다 розкрива́ти(ся); лопа́тися; розрива́тися. ‖ ~음 вибухо́вий звук.

파운드 |вага́| фунт. (453.62грам); |грошова́ одини́ця| фунт. (20шилінг).

파울 {спорт} пору́шення пра́вил гри. ‖ ~ 플레이 нече́сна гра.

파이프 (pipe) |труба́| труба́. |тютюно́ва| кури́льна тру́бка. |муз.інстр.| сопі́лка; ду́дка, свисто́к. ‖ ~ орга́н орга́н.

파인애플 анана́с. [형] анана́сний; анана́-совий.

파일 |комп'ю́тер| файл. |ка́ртки| картоте́ка. |папе́ри| підши́ті папе́ри. |газе́ти| підши́вка. |папе́рів| швидкозшива́ч.

파장(波長) {фіз.} довжина́ хви́лі.

파종 посів. ¶ ~의 посівни́й. ~하다 сі́яти. ‖ ~기 сіва́лка.

파죽지세 непобо́рна (розру́шлива) си́ла. ¶ ~로 неутри́мний лави́ною; неутри́мно.

파출(派出) ‖ ~부 поде́нниця для дома́шньої робо́ти; прибира́льниця. ~소 поліце́йський піст.

파탄 зрив; банкру́тство. ¶ ~하다(되다) зрива́ти(ся); терпі́ти прова́л; збанкруті́ ти(ся); розрива́ти(ся).

파토스(pathos) пафос; чуттєвість.

파편 скалка. ¶ 포탄 ~ скалка знаряду.

파하다 |끝나다| завершуватися; закінчуватися.

파행 ¶ ~하다 шкандибати; храмати; йти з важкістю; повільно рухатися.

파헤치다 |땅을| розгрібати; копатися; розкидувати; підрив під. |무덤을| розривати. |사건을| розкривати. |음모를| відкривати таємницю, змову.

파혼 ¶ ~하다 розірвати заручини.

판 |자리| місце. |상황| обстановка; ситуація; момент |경기| гра; партія; тур; раунд; змагання.

판(板) дошка. {공학} щит; панель.

판(版) |인쇄| кліше; печатна дошка. |판수| випуск; видання. ¶ ~박은 듯하다 як дві краплі води.

판가름 ¶ ~하다 розсудити; вирішува- ти; робити вибір.

판결 визначення; рішення. {법학} вирок. ¶ ~하다 виносити вирок; чати; вирішувати. ~을 유예하다 відкласти винесення вироку. || ~문 вирок (документ).

판국 ситуація; обстановка; положення.

판권 авторське право; автор. ¶ 저서의 ~을 갖다 зберігати авторське право на видання.

판금(板金) металічна плита; металічний лист.

판단 рішення; визначення. {논리} судження. ¶ ~하다 вирішувати; визначати; судити. || ~력 здатність (вміння) розсуджувати.

판도 власність; область; сфера.

판독 ¶ ~하다 розшифровувати; роз- бирати; прочитати.

판례 судовий прецедент. ¶ ~에 따рати слідувати судовому прецеденту.

판로 ринок збуту; район збуту.

판막 клапан. ¶ 심장 ~ серцевий кла- пан.

판매 продаж; збут; реалізація. ¶ ~하다 продавати; збувати; реалізувати.

판별 розрізнення; розмежування. ¶ ~하다 розрізнювати; розмежовувати; розбиратися. || ~력 уміння розрізняти.

판사 суддя [남].

판소리 пхансорі (класична народна пісня, виконана під звуки барабану).

판이하다 зовсім другий (інший); прямо протилежний.

판자 дошка. ¶ ~를 대다 обшивати дошками. || ~쪽 дощечка. 판잣집 домок (хатина; халупка) з дошок; дощаті халупки.

판정 визначення; рішення. ¶ ~하다 визначати; вирішувати. || ~승/패 перемога/поразка по балам.

판형 {인쇄} формат. [형] форматний.

판화 гравюра. || 동~ гравюра на міді. 목~ гравюра на дереві.

팔 рука. ¶ ~을 걷고 나서다 взятися *за що*, закотивши рукави. || ~걸이 підлокітник.

팔 вісім. ¶ 제 ~의 восьмий.

팔꿈치 лікоть [남].

팔다 |물건을| продавати. |이름을| використовувати; прикриватися

чим. |배신하다| зраджувати *кого-чого*. |한눈을| звертати. ¶ 정신을 ~ пристрасно захоплюватися; віддавати всю душу.

팔다리 рука і нога; кінцівки; члени.

팔리다 |물건이| бути проданим. |마음이| бути причарованим; бути зверненим (направленим). |이름이| бути використаним; бути відомим (популярним).

팔목 зап'ясток. [형] зап'ясний.

팔순 вісімдесят років.

팔월 серпень. ‖ ~ 추석 чхусок.

팔자 доля; фатум. ¶ ~ 타령하다 нарікати на долю. ~ 가 사납다 нещасний; богом скривджений.

팔짱 ¶ ~을 끼다 засувати руки в рукави (під мишки). ~을 끼고 앉아 있다 сидіти склавши руки.

팔찌 браслет. [형] браслетний.

팔팔 ¶ ~하다 |성격이| гарячий; поривчастий; нестриманий. |발랄함| живий; жвавий.

팜플렛 памфлет; брошура.

팝송 популярна (американська) пісня.

팥 квасоля вугласта; адзуки (червоні боби). ‖ ~고물 товчена квасива вугласта. ~죽 рідка рисова каша з квасолею вугластою.

패(牌) |무리| група; партія; компанія. |화투 따위의| карта. ¶ ~를 짓다 утворювати групу. ‖~거리 компанія; шайка.

패(敗) поразка; провал. ¶ ~하다 терпіти поразку (невдачу); провалитися.

패권 главенство; панування; першість; гегемонія. ¶ ~을 다투다 боротися за господство (гегемонію).

패기 честолюбиві прагнення; завзяття. ¶ ~만만하다 честолюбивий; повний честолюбивих прагнень.

패다 |장작을| рубати; колоти. |때리다| сильно бити; бити. |이삭이| колоситися. |옴폭하게| бути викопаним; бути видовбаним.

패랭이꽃 гвоздика амурська.

패류(貝類) молюски. [형] молюсковий.

패륜 неморальність; аморальність. [형] неморальний; аморальний. ¶ ~ 행위 аморальний вчинок. ‖ ~아 амораль-на людина.

패망 поразка; загибель; крах; фіаско. ¶ ~하다 потерпіти поразку.

패물(佩物) підвіски (прикраси); жіночі прикраси.

패배 поразка. ¶ ~하다 (~를 당하다) потерпіти поразку. ‖ ~자 переможе-ний; потерпівший поразку. ~주의 пораженство.

패션 стиль; мода. ‖ ~ 모델 модель. ~쇼 виставка (демонстрація) мод.

패소 ¶ ~하다 програвати справу (процес).

패스 |통로| прохід; шлях. |합격| здача екзамену без різниці. |무료 입장권| безкоштовний квиток. |통과증| пропуск. |여권| паспорт. |스포츠나 카드| пас; передача. ¶ ~하다 проходити; здати; передавати. 시험에 ~하다 здати екзамен. 공을 ~하다 передавати

패인 причина поразки. ¶ ~을 규명하다 виясняти причину поразки.

패자(敗者) той, хто потерпів поразку.

패자(覇者) той, що виграє; переможець; чемпіон; [형] переможний.

패잔병 солдати розбитої армії.

패전 поразка. ¶ ~하다 терпіти поразку.

패키지 тюк; пака; посилка; пакет; пачка; упаковка. ‖ ~ 여행 пакетний тур (екскурсія).

패턴 |모범| зразок; приклад. |모형| модель; шаблон. |문양| малюнок; візерунок. |방식| система. |문학의| стиль; характер. ¶ 인생의 ~ образ життя.

패퇴 ¶ ~하다 потерпіти поразку; відходити (відступати).

패혈증 сепсис; зараження крові; сеп-тицемія.

팩시밀리(팩스) факсіміле; факс. ¶ ~로 보내다 надіслати факсом.

팬(fan) |부채| віяло; опахало. |선풍기| вентилятор. |애호가| ентузіаст; вболівальник; любитель. ‖ ~클럽 клуб вболівальників. 축구 ~ футбольний вболівальни|к, ~ця.

팬 |냄비| каструля; миска; таз.

팬츠(pants) кальсони; брюки; штани.

팬티(panty) трусики.

팽개치다 |던지다| викидати. |일을| залишати; кидати.

팽배 ¶ ~하다 виривати; здійматися; розливатися.

팽창 розширення; експансія.

{물리} дилатація. {의학} опухання. ¶ ~하다 розширятися; розпухати; поширюватися; виходити за межі. ‖ ~주의 експансіонізм.

팽팽하다 |켕기어서| тугий. |세력이| рівносильний; рівний. ¶ ~하게 당기다 туго натягнути.

퍼뜨리다 широко поширювати (попаля-ризувати; пропагандувати). ¶ 소문(병)을~ поширювати чутки (хворобу).

퍼레이드 парад. ¶ ~하다 проходити строєм; марширувати.

퍼붓다 |눈·비가| сильно йти; валити. ¶ 질문을 ~ засипати питаннями. 찬물을 ~ обдати холодною водою. 욕설을 ~ звалюватися з лайкою; осипати лайкою.

퍼센트 відсоток.

퍼즐 питання; загадка; головоломка. ¶ ~을 풀다 розгадати загадку; розібратися в загадці. ‖ 크로스워드 ~ кросворд.

퍼지다 |벌어지다| роздаватися вшир; розширюватися. |번식하다| розплодитися. |소문이| широко поширюватися; широко простягатися. |부풀다| набухати; розбухати; збільшуватися.

펀치 |구멍 뚫는| компостер. |타격| удар кулаком. |술| пунш.

펄 |개펄| заболочене місце; драговина. |넓고 평평한 땅| поля й луги; рівнина.

펄떡 різко; раптом. ¶ 심장이 ~거린다(인다) Серце б'ється. 물고기가 ~거렸다. Риба билась.

펄럭 ¶ ~거리다 розвіватися;

폴짝 сильно; різко. ¶ ~ 뛰다 вскочити; сильно підскакувати.

펄프 |종이| паперова маса. |나무| деревна маса; пульпа.

펌프 насос; помпа. ¶ ~질을 하다 пра-цювати насосом; качати; викачувати.

펑퍼짐하다 досить широкий; повний; кругленький. ¶ 펑퍼짐한 엉덩이 повні сідниці.

페넌트 прапорець; прапор; вимпел; знамено (приз у змаганні).

페널티 покарання; штраф. || ~킥 штрафний удар.

페니실린 пеніцилін. [형] пеніциліновий. || ~ 연고 пеніцилінова мазь.

페달 педаль [여]; важіль. [형] педальний. ¶ ~을 밟다 натискати на педалі.

페더급 напівлегка вага.

페스트 мор; чума.

페이스(pace) крок; довжина кроку; швидкість; темп. ¶ ~를 지키다 йти нарівні з ким; не відставати від кого. ~를 내다/늦추다 збільшити/зменшити темп.

페이스북 фейсбук.

페이지 |쪽수| сторінка. |인생의| епі- зод; яскрава подія. [형] сторінковий.

페이퍼 |종이| папір. |문서| документ; меморандум. |논문| наукова допо- відь; стаття. |지폐| банкноти. [형] паперовий.

페인트 фарба; забарвлення. ¶ 회색으로 ~칠하다 вифарбувати сірою фарбою. ~가 벗겨졌다. Осипалася фарба.

펜(pen) |펜촉| перо. |철필| ручка з пером. |문필활동| літературна праця. |~네임| літературний псевдонім. ~화 графіка.

펜스 |울타리| тин, огорожа, загорожа [여]. |돌담| камінний тин. ¶ ~(울타리)를 치다 оточити тином. || 철조망~ дротовий тин; колюча загорожа.

펜싱 фехтування. || ~ 선수 фехтуваль-ник.

펴내다 видавати; опублікувати; випустити в світ. ¶ 신문을 ~ видавати газету.

펴놓다 розстеляти; розгортати.

펴다 |펼치다| розстеляти; розгортати. |세력을| повсюдно здійснювати; збільшувати; розширяти. |우산을| розкривати; відкривати. |굽은 것을| розгладжувати. |몸을| розпрямляти.

편(便) |쪽| сторона. |한패| група. |방향| направлення. ¶ ~을 들다 вставати на чию сторону. 맞은~ протилежна сторона. 철도~으로 на потязі.

편(篇) |장·절| частина; розділ. |권| окремий будинок.

편견 попередження; упереджена думка; пристрасть. ¶ ~이 있는(~적인) упереджений. ~을 가지고 대하다 відноситися з упередженням до кого.

편곡(編曲) обробка. ¶ ~하다 обробляти музичний витвір.

편도선 мигдалеподібна залоза; мигдалина. || ~염 амигдаліт.

편두통 мігрень [여]. [형] мігреневий.

편력 ¶ ~하다 обходити;

об'їжджа́ти.

편리 зру́чність; комфо́рт. ¶ ~하다 зру́чний; комфорта́бельний. …의 ~를 위하여 для зру́чності *кого*.

편린 дрібна́ части́нка; дета́лі.

편모(偏母) ма́ти-вдова́. ¶ ~슬하에서 자라다 ста́ти доро́слим при ма́тері після сме́рті ба́тька.

편법 зру́чний (досту́пний) ме́тод (спо́сіб). ¶ ~을 쓰다 вводити (приміня́ти) зручни́й ме́тод.

편성 утво́рення; формува́ння; компле́к-тува́ння; склада́ння. |영화| монта́ж. ¶ ~하다 утво́рювати; формува́ти; склада́ти; комплектува́ти; монтува́ти; проводити техні́чне редагува́ння.

편수(編修) редагува́ння.

편승 ¶ ~하다 |승차| ї́хати на попу́тній маши́ні. |기회를| використо́вувати ситуа́цію (обстано́вку).

편식 ¶ ~하다 надава́ти перева́гу виз-на́ченій стра́ві.

편싸움 боротьба́ між двома́ гру́пами. ¶ ~하다 боро́тися між собо́ю.

편안 спо́кій; благополу́ччя. ¶ ~하다 споко́йний; благополу́чний. ~히 споко́йно; благополу́чно. ~히 주무십시오 Надобра́ніч. 만사가 ~하다 все йде благополу́чно.

편애 при́страсть; особли́ве коха́ння. ¶ ~하다 відчува́ти особли́ве коха́ння; приохо́чуватися *до кого-чого*.

편의 зру́чно; за́соби обслуго́вування; се́рвіс. ¶ ~를 보장하다 ство́рювати (забезпе́чувати) всі зру́чності. ~상 для зру́чності. ‖ ~시설 зру́чності; підприє́мство побуто́вого обслуго́вування.

편익 зру́чність; ви́года; ко́ристь. ¶ ~을 도모하다 ство́рювати зру́чність (ви́году).

편입 вклю́чення; зарахува́ння. ¶ ~하다 бу́ти зарахо́ваним (при́йнятим); зарахо́вуватися (*у що*) *куди*. 대학에 ~하다 зарахо́вуватися до університе́ту. ‖ ~생 при́йнятий (зарахо́ваний) той, що вчи́ться. ~시험 екза́мен для зарахува́ння.

편재(偏在) ¶ ~하다 бу́ти прив'я́заним (прив'язуватися) до одно́го мі́сця.

편재(遍在) ¶ ~하다 бу́ти всюдису́щим; знаходитися повсю́дно. [형] всюди- су́щно.

편저 склада́ння і ви́пуск кни́ги. ‖ ~자 уклада́ч, ~ка та а́втор.

편제 штат склад співробі́тників; шта́тний ро́зклад. ¶ ~하다 комплектува́ти шта́ти.

편중 ¶ ~하다 нахиля́тися (змі́щуватися) в сто́рону. [형] той, що перева́жає.

편지 лист. ¶ ~하다 писа́ти і відправля́ти лист. ‖ ~지 пошто́вий папі́р.

편집 редагува́ння. ¶ ~하다 редагува́ти; готува́ти до дру́ку. ‖ ~국 реда́кція. ~자 реда́ктор.

편파 ¶ ~적인 несправедли́вий; упере́джений; однобо́кий; односторо́нній. ~적인 판단 однобо́ке су́дження.

편하다 споко́йний;

благополу́чний; легки́й; зручни́й. ¶ 마음이 편해졌다 На душі́ ста́ло спокі́йно.

편향 у́хил; тенде́нція *до чо́го*. {물리} ухи́лення. ¶ 우(좌)익적 ~ пра́вий(лі́вий) у́хил.

편협 ¶ ~하다 обме́жений; недале́кий; вузьки́й. || ~성 обме́женість; ву́зькість.

펼치다 розкрива́ти(ся); розгорта́ти(ся); розстеля́ти(ся). ¶ 깃발을 ~ розгорта́ти знаме́на. 날개를 ~ розправля́ти кри́ла.

평(評) оці́нка; ві́дгук; кри́тика; реце́нзія. ¶ ~하다 оці́нювати; дава́ти ві́дгук; рецензува́ти. ~이 좋은 популя́рний.

평(坪) пхне (мі́ра земе́льної пло́щі; 3,3 $м^2$)

평-- [접두사] прости́й; звича́йний. ¶ ~사원 рядови́й службо́вий. ~지대 рі́вна місце́вість.

평가(評價) оці́нка. ¶ ~하다 оцінювати.

평가(平價) норма́льна (помі́рна) ціна́. || ~ 절상 ревальва́ція. ~ 절하 девальва́ція.

평균 сере́днє. [명] в сере́дньому. [형] сере́дній. ¶~하다 бра́ти в сере́дньому. ~이상/이하 ви́ще/ни́жче сере́днього. || ~점 сере́дня оці́нка. ~치 сере́дня величина́ (сере́днє).

평단(評壇) суспі́льство кри́тиків.

평등 рі́вність. ¶ ~하다 рівнопра́вний; рі́вний. || ~권 рівнопра́вність. ~ 선거 рі́вні ви́бори. ~주의 при́нцип рів-ності.

평론 кри́тика; крити́чний ві́дгук (о́глад); реце́нзія. ¶ ~하다 критикува́ти; роби́ти о́гляд; рецензува́ти. || ~가 кри́тик; рецензе́нт; огляда́ч. ~집 збі́рка крити́чних стате́й.

평면 рі́вна пове́рхня; майда́нчик. {수학} пла́скість. ¶ ~적 пласки́й; поверхо́вий. || ~도 планіметри́чна ка́рта.

평민 люди́на з наро́ду; проста́ люди́на; сере́дній шар; простолюди́ни; простонаро́ддя.

평방 квадра́т. || ~미터 квадра́тний метр.

평범 ¶ ~하다 звича́йний; бана́льний; посере́дній; прости́й. ~히 звича́йно; непомі́тно; посере́дньо.

평상(平床) коре́йське дерев'я́не лі́жко.

평상(平常) ¶ ~시 ми́рний час; звича́йний час. || ~복 повсякде́нна су́кня; звича́йна су́кня.

평생 все життя́. ¶ ~ 동안 все життя́; на все життя́; про́тягом всього́ життя́.

평소 звича́йний час. ¶ ~와 같이 як звича́йно. ~의 소망 давно́ ви́плекане (да́внє) бажа́ння.

평시 → **평상**[**시**].

평안 ¶ ~하다 спокі́йний; благополу́ч-ний; норма́льний. ~히 (~하게) спокі́йно; благополу́чно; норма́льно.

평야 рівни́на. [형] рівни́нний. || ~지대 рівни́на; рівни́нна місце́вість.

평영 |수영| брас. || ~ 선수 плаве́ць бра́сом.

평온(平穩) спо́кій. ¶ ~하다 спокі́йний; ми́рний. |날씨가| ти́хий.

파

평원 → 평야.

평이 ¶ ~하다 простий; легкий; доступний.

평일 будні. [형] будній.

평점 |점수| бал; оцінка. ¶ ~을 매기다 поставити оцінку.

평정(平定) ¶ ~하다 умиротворяти; утихомирювати; підкоряти. 폭동을 ~하다 утихомирювати бунт.

평정(平靜) спокій. ¶ ~을 유지하다 зберігати спокій.

평준 ¶ ~하다 вирівнювати; робити рівним. ‖ ~화 рівняння; приклад.

평지 рівне місце; рівна місцевість; рівнина. ¶ ~ 풍파를 일으키다 викликати неочікувану сварку.

평탄 ¶ ~하다 рівний і великий; рівнинний; гладкий; безперешкодний.

평판(評判) |명성| репутація; популяр- ність. |세평| судження; відгуки; розмови; чутки. ¶ ~이 좋은 маючий хорошу репутацію.

평평 ¶ ~하다 плаский; рівний; гладкий ~한 지붕 пласка покрівля.

평행 паралель. [형] паралельний. ‖ ~봉 паралельні бруси. ~선 паралельні лінії.

평형 {의학} баланс. ¶ ~을 잃다 вихо-дити з рівноваги; втрачати рівновагу. ‖ ~ 감각 відчувати рівновагу. ~대 колода; гімнастичний знаряд.

평화 мир; спокій. ~롭다(~적) мирний; тихий; спокійний. ‖ ~조약 мирний договір; пакт миру. ~주의자 пацифіст. ~ 통일 мирне об'єднання.

폐(肺) легені. ‖ ~결핵 туберкульоз легень. ~렴 запалення легень. ~암 рак легень.

폐(弊) неспокій. ¶ ~를 끼치다 достав-ляти (наробити) *кому* турботи; турбувати.

폐간 припинення видання (газети; журналу). ¶ ~하다 припиняти видання.

폐강 ¶ ~하다 закривати курси; при- пиняти лекції.

폐경기 клімактерій; клімактеричний період; менопауза.

폐기 ¶ ~하다 вилучити з використання; списати (за непридатністю); відміняти; анулювати; розривати; денонсувати. ‖ ~물 непридатні речі; непотріб; утиль.

폐단 вада; зло; зловживання. ¶ ~을 시정하다 виправляти зловживання (зло; ваду).

폐막 ¶ ~하다 опускати завісу; закривати(ся).

폐병 → 폐결핵.

폐부 |폐| легені. |마음속| глибина душі. ¶ ~를 찌르는 듯한 надриваючий серце; той, що глибоко зачіпає.

폐쇄 закриття; замикання. {의학} закупорка. ¶ ~하다 закривати; замикати. ~된 생활을 하다 жити замкнуто. ‖ ~ 경제 закрита економіка. ~음 смичний згідний.

폐수 стічні води. {공학} відпрацьована вода. ¶ ~ 파이프

폐습 дурна звичка. ¶ ~을 고치다 ви- правляти дурну звичку.

폐업 ¶ ~하다 закривати (ліквідувати) підприємство (магазин).

폐인 каліка; даремна (непотрібна) людина.

폐장 ¶ ~하다 закривати; замикати.

폐점 ~하다 закривати магазин.

폐지 відміна; скасування. ¶ ~하다 зупиняти; скасовувати; відміняти. 법률을 ~하다 скасовувати закон.

폐품 утиль [нам]. [형] утильний. ~을 모으다 збирати утиль.

폐하 коронована особистість; ваша високість; милостивий государ.

폐해 шкідливі наслідки; втрата; шкода.

폐허 руїни. ¶ ~로 만들다 розвалювати.

폐회 ¶ ~하다 закривати зібрання. || ~사 заключне слово. ~식 церемонія закриття зібрання (з'їзду).

포(砲) артилерійське знаряддя. || ~격 артилерійська стрільба. ~수 мисливець. ~신 ствол гармати.

포개다 класти один на одного; складати.

포고 офіційне оголошення; оповіщення; оприлюднення. ¶ ~하다 офіційно оголошувати; оповіщати; оприлюднювати. || ~령 оголошений наказ. ~문 декларація; маніфест.

포괄 ¶ ~적 всеосяжний; той, що ох-оплює все. ~하다 утримувати; охоп-лювати; включати в себе.

포교 ¶ ~하다 поширювати релігію.

포구(浦口) гавань [여]. [형] гаванський. || 자유~ вільна гавань.

포구(砲口) дуло знаряддя.

포근하다 |폭신| м'який; ніжний. |날씨가| теплий. ¶ 포근히 м'яко; ніжно; тепло. 포근한 겨울 тепла зима.

포기(抛棄) відмова; занедбаність. ¶ ~하다 кидати; залишати; відмовлятися *від чого*.

포기 |단위| окрема рослина; корінь. [남]; кущ.

포대(布袋) мішок із полотна (бавовняної тканини).

포대(砲臺) форт.

포도 виноград. [형] виноградний. || ~나무 виноград. ~당 виноградний цу-кор; глюкоза. ~밭 виноградник. ~주 виноградне вино. ~재배 виноградарство.

포로 полонення; полонений. ~로 잡다 брати в полон; полонити. ~가 되다 потрапити в полон; бути зачарованим (полоненим). || ~병 військовополонений.

포르말린 формалін. [형] формалінний; формаліновий.

포말 піна; булька.

포목 полотно та бавовняна тканина.

포문 дуло знаряддя. ¶ ~을 열다 вести вогонь зі знаряддя.

포병 артилерія; артилерист.

포부 бажання; намір; плани на май-бутнє. ¶ ~를 이야기하다

говори́ти про свої́ на́міри; діли́тися свої́ми пла́нами.

포상 нагоро́да. [형] нагоро́дний. ¶ ~하다 нагоро́джувати *кого-чим*; премі́ювати; хвали́ти.

포석(布石) ¶~하다 розставля́ти ша́шки для гри.

포섭 ¶ ~하다 втя́гувати; притяга́ти на свою́ сто́рону.

포성 гул знаря́ддя; звук знаря́ду, що розрива́ється.

포수(砲手) |사냥꾼| мисли́вець. |포병| артилери́ст; каноні́р.

포수(捕手) |야구| ке́тчер.

포스터 плака́т; афі́ша. ¶~의 плака́тний. ~를 게시하다 ви́вісити плака́т. 벽에 ~를 붙이다 обклє́ювати сті́ни плака́тами.

포식(飽食) ¶ ~하다 наїда́тися; ї́сти досхочу́.

포악 ¶ ~하다 жорсто́кий; безжа́лісний; злий. ~무도하다 ве́льми жорсто́кий. || ~성 жорсто́кість.

포옹 обі́йми. ¶ ~하다 обійма́ти; прижима́ти до груде́й (до се́рця); трима́ти *кого* в обі́ймах.

포용 ¶ ~하다 сте́рпно (поблажливо) відноси́тися *до кого*. || ~력 поблажливо; терпимість.

포위 ото́чення. ¶ ~하다 оточувати. || ~망 кільце́ оточення. ~ 작전 опера́ція по оточенню.

포인트 |활자| пункт. |장소| мі́сце; пункт. |요점| головне́; спра́ва; суть; зміст. |시간| моме́нт. |득점| раху́нок.

포장(布裝) упако́вка. ¶ ~하다 упако́- ву́вати. ~하는 사람 упако́вщи|к ‖ ~지 пакува́льний папір.

포장(鋪裝) мості́ння; покриття́. ¶ ~하다 мости́ти; покрива́ти. ‖ ~길 бру-кі́вка. ~도로 асфальто́вана (мо́щена) доро́га; шосе́.

포주 хазя́їн (вла́сник) публі́чного до́му.

포즈 по́за. ¶ ~를 취하다 позува́ти; прийма́ти по́зу.

포지션 |장소| мі́сце; пози́ція. |지위| поло́ження. |자세| відно́шення; то́чка зо́ру; пози́ція. ¶ 강경한 ~ (태도)을 취하다 зайня́ти тверду́ пози́цію.

포진 |대형| стрій. |스포츠| розполо́ження гравці́в перед поча́тком гри; розста́влення сил. ¶ ~하다 займа́ти пози́цію; будува́ти; вибудо́вувати(ся) в лі́нію.

포착 ¶ ~하다 хапа́ти; затри́мувати; захва́чувати; схо́плювати; уло́влювати. 좋은 기회를 ~하다 лови́ти зручни́й випа́док.

포탄 артилері́йський снаря́д. ¶ ~을 퍼붓다 закида́ти снаря́дами.

포함 ¶ ~하다 утри́мувати(ся); вклю- ча́ти(ся) ...를 ~하여 включа́ючи *кого-чого*; в тому́ числі́.

포화(砲火) спа́лах; артилері́йський во́гонь; артилерія та вогняні́ за́соби. ¶ ~가 멎다 Війна́ закі́нчилася.

포화(飽和) наси́чення. ¶ ~하다 наси́чуватися; бу́ти наси́ченим. ‖ ~량 наси́ченість.

포획 ¶ ~하다 |짐승을| ловити. |적을| брати в полон; полонити.

폭(幅) ширина; широта.

폭 |비교되는 정도| в такій же мірі, як; виходить, що.

폭거 бешкет. ¶ ~를 감행하다 бешкету-вати.

폭격 бомбардування. ¶ ~하다 бомбити; бомбардувати. ‖ ~기 бомбардуваль-ник.

폭군 тиран; деспот. ¶ ~ 같은 (포악한) тиранічний.

폭도 бунтівники; заколотники; розбійники. [형] бунтівний.

폭동 ¶ ~을 일으키다 піднімати бунт (повстання). ‖ ~자 бунтівни|к, ~ця; повсталий.

폭등 ¶ ~하다 |가격이| підскакувати.

폭락 ¶ ~하다 |가격이| різко падати.

폭력 насилля; насильні дії. ¶ ~적 насильний. ~을 행사하다 застосовувати міри (насилля); діяти насильницькими методами. ‖ ~배 хулігани. ~투쟁 насильницька боротьба.

폭로 виявлення; розкриття; викриття. ¶ ~하다 відкривати; виявляти; розкри-вати.

폭리 величезний прибуток (бариш). ¶ ~를 얻다 (~를 취하다) загрібати великий прибуток; безпідставно наживатися на спекуляції.

폭발 підривання; розрив; детонація; спалах. ¶ ~적인 (~의) розривний; величезний; приголомшливий. ~적인 인기 приголомшлива популярність. ~하다 підриватися; детонувати. ~시키다 підривати; провести вибух. ‖ ~력 сила підриву. ~물 підривна речовина; вибухівка. ~성 вибуховість. ~음 звук вибуху.

폭사 ¶ ~하다 загинути під час бомбування.

폭설 сильні снігопади. ¶ 갑자기 ~ 이 내렸다 Пішов раптом сильний сніг.

폭소 вибух сміху (регіт).

폭압 придушення; репресія.

폭약 вибухова річ; заряд. ¶ 대포에 ~을 장전하다 забити заряд в гармату.

폭언 різке слово (вираження); груба промова; лайка. ¶ ~하다 говорити дуже грубо (жорстоко); лаяти.

폭염 сильна (палюча) спека; спека. [형] спекотний. ¶ 한 여름의 ~ літня спека. 찌는 듯한 ~ томлива спека.

폭우 злива [남]. ¶ ~가 쏟아진다. Зли-вою ллє; дощ ллє як з відра.

폭음(爆音) звук вибуху. |비행기의| гул.

폭음(暴飮) запій; запійне пияцтво. ¶ ~하다 перепити; випити не в міру; напитися; надмірно випити.

폭정 тиранія; деспотизм; тиранство. ¶ ~의 (포악한) тиранічний; деспотичний.

폭주(輻輳) ¶ ~하다 сходитися (стіка-тися) в одне місце; збиратися натовпом; набиватися ущерть.

폭탄 авіаційна бомба. ¶ ~을 투하하다 скидати бомбу.

폭파 вибух; зруйнування вибухом; під-рив. ¶ ~하다 зривати;

підрива́ти; проводи́ти ви́бух. ‖ ~장치 вибухо́вий за́сіб.

폭포 водоспа́д. [형] водоспа́дний.

폭풍 бу́ря; шторм; урага́н. ¶ ~의(~ 같은) бурхли́вий; штормови́й; урага́нний. ~이 일다 штормува́ти.

폭행 наси́льницькі ді́ї. {법학} наси́лля. ¶ ~하다 докла́дати (здійсню́вати) наси́лля; удава́тися до наснаги; бешкетува́ти; гвалтува́ти. ‖ ~자(범) гвалті́вник.

표(票) |차표·입장권 등| квито́к. |투표| бюле́тень; го́лос. |표찰| ярли́к. ¶ 극장~ білет в теа́тр. 찬성/반대~를 던зи́да голосува́ти *за/про́ти чого́*.

표(標) |부호| знак; мі́чення. |상표| фабри́чна ма́рка (клеймо́.) |표시| позна́чка. |휘장| си́мвол; озна́ка; знак. ¶ ~를 하다 поміча́ти; ста́вити мі́чення. ~가 나다 виділя́тися; ма́ти характе́рні озна́ки.

표(表) |접미사| табли́ця. ‖ 시간~ ро́зклад; гра́фік. 연대~ хронологі́чна табли́ця.

표결 голосува́ння. ¶ ~에 붙이다 ста́вити на голосува́ння. ~하다 голосува́ти; вирі́шувати шля́хом голосува́ння. ‖ ~권 пра́во го́лосу.

표구 ¶ ~하다 офо́рмлювати. 그림을 ~하다 накле́ювати карти́ну на карто́н.

표기 позна́чення; ви́раження на письмі́. ~하다 познача́ти; виража́ти на письмі́; розміча́ти. ‖ ~법 спо́сіб за́пису; правопи́с.

표류 дрейф. [형] дре́йфовий. ¶ ~하다 дрейфува́ти; носи́тися по хви́лям.

표면 пове́рхня; зо́внішня (лицьова́) сторона́. ¶ ~적 зо́внішній; пове́рхо́вий. ~적но ззо́вні; по ви́гляду.

표면화 ви́явлення; проя́влення. ¶ ~하다 виявля́ти(ся); проявля́ти(ся).

표명 ви́раження; ви́явлення. ¶ ~하다 виража́ти; виявля́ти; вика́зувати. 동의/희망을 ~하다 виявля́ти зго́ду/ба́жання.

표방 ¶ ~하다 проголо́шувати себе́ прихи́льником (прибі́чником) *чого*; відсто́ювати; підтри́мувати.

표백제 відбі́лювати; речови́на для вибі́лювання.

표범 леопа́рд. [형] леопа́рдовий.

표본 зразо́к; взіре́ць. {생물} екземпля́р; експона́т; моде́ль [여]. при́клад. |실험용| препара́т. ¶ ~이(본бо́ги́) бу́ти служи́ти зразко́м.

표상 {철학} предста́влення; іде́я. |상징| си́мвол; ембле́ма.

표시(表示) ви́раз; ви́явлення. ¶ ~하다 виража́ти; виявля́ти.

표시(標示) позна́чення; знак. ¶ ~하다 познача́ти.

표어 га́сло. [형] лозу́нговий. ¶ ~를 내́ргу́ти ви́сунути (проголоси́ти) га́сло.

표적(標的) мі́шень [여]; ціль [여]; мі́чення; знак. ¶ 과녁의 ~ я́блуко мі́шені. ~이 бу́ти служи́ти мі́шенню. ~에 맞다 попа́сти в ціль.

표절 плагіа́т. ¶ ~하다 викрада́ти (привла́снювати) чужи́й твір. ‖

~자 плагіа́тор.

표정 ви́раз обли́ччя; почуття́, ви́ражене на обли́ччі; мі́м мі́ма. ¶ ~이 풍부한 얼굴 вира́зне обли́ччя.

표제 |책, 신문의| на́зва; заголо́вок. ‖ ~어 |сло́вника| заголо́вне сло́во.

표준 станда́рт; но́рма; етало́н. ~의 станда́ртний; норма́льний. ‖ ~시 поясни́й час. ~어 станда́ртна (нормо́вана) мо́ва. ~형 станда́ртний (норма́льний) тип.

표준화 нормаліза́ція; стандартиза́ція; нормува́ння. ¶ ~하다 нормалізува́ти; стандартизува́ти; нормува́ти.

표지(表紙) обкла́динка (кни́ги). [형] обго́ртковий. ¶ 책의 겉~ суперобго́ртка.

표지(標識) спо́сіб ви́разу чого́. ‖ ~등 |авіа́ції| сигна́льний вого́нь. ~판 до́шка; полотно́ як покажчи́к.

표창 нагоро́да; заохо́чення. ¶ ~하다 нагоро́джувати кого́ чим; заохо́чувати. ‖ ~식 церемо́нія нагоро́дження. ~자 нагоро́джений. ~장 похва́льна гра́мота.

표출 ¶ ~하다 виділя́ти; вино́сити.

표피(表皮) зо́внішній шар. {생물} ку́ти-ку́ла; епіде́рма; епіде́рміс; надкожи́ця. ‖ ~ 조직 епітелі́альні ткани́ни.

표하다(表--) виража́ти. ¶ 감사의 뜻을 ~ виража́ти вдя́чність.

표하다(標--) ста́вити знак; позна́чати; поміча́ти.

표현 ви́раз; проя́влення. ~적 вира́зний; експреси́вний. ~하다 виража́ти; проявля́ти. ‖ ~력 вира́зність; експреси́вність. ~주의 експресіоні́зм.

푯말 стовб(чи́к) як покажчи́к шля́ху. ‖ 경계 ~ прикордо́нний стовб. 이정 ~(표) ве́рстовий (кіломе́тровий) стовб.

푸념 ¶ ~하다 поши́рюватися про свої́ негара́зди (неща́стя); виража́ти незадово́лення чим; ска́ржитися на що; подавля́ти ска́ргу.

푸대접 холо́дний прийо́м. ¶ 그는 ~을 받았다 Його́ при́йняли хо́лодно.

푸르다 |색이| зеле́ний; си́ній; голуби́й. |서슬이| го́стрий; шпиля́стий. ¶ 푸르디~ сині́й-сині́й; зеле́ний-зеле́ний.

푸석푸석 ¶ ~하다 розси́пчастий; пух-ки́й; той, що розсипа́ється на кри́хти.

푸성귀 о́вочі; зе́лень [ж]. ¶ ~를 먹다 (채식하다) харчува́тися зе́ленню (овоча́ми).

푸짐하다 до́сить рясни́й; ще́дрий; цілко́м доста́тній. ¶ 푸짐히 ря́сно; ще́дро; ще́дрою руко́ю. 푸짐한 음식 бага́те частува́ння.

푼 небага́то гро́шей; гро́ші. ¶ 한~도 없다 У ме́не нема́є ні гроша́.

푼돈 гро́ші; дріб'язо́к.

풀 |잡초| трава́. ¶ ~을 베다 коси́ти траву́. ‖ ~밭 лука́. ~섶 за́рості. ~잎 лист трави́.

풀 |접착제| кле́йстер; клей. ¶ ~로 붙이다 наклею́вати; приклею́вати кле́йстером. ~을 먹이다 крохма́лити.

풀 |수영장| пла́вальний басе́йн;

басе́йн для пла́вання.

풀기(--氣) кле́йкість; накрахма́леність. ¶ 풀이 죽다 па́дати ду́хом.

풀다 |매듭을| розв'я́зувати. |실꾸리를| розплу́тувати. |짐을| розпако́вувати. |대형을| розформо́вувати. |해방시키다| випуска́ти; звільня́ти. |코를| виска́кати но́са. |몸을| звільня́тися від тяга́ря. |물에| розчиня́ти. |의심을| розсі́ювати. |피로를| зніма́ти; розряджа́ти. |원한을| зрива́ти. |소원을| задовольня́ти. |문제를| вирі́шувати; розга́дувати. |암호를| розшифро́вувати. |무장을| роззбро́ювати(ся). |그물이나 뜨개질한 것을| розпуска́ти. |사건을| нала́годжувати. ¶ 화/혐의를 ~ розсі́ювати гнів / підо́зри.

풀칠 ¶ ~하다 кле́їти; нама́зувати кле́єм. |겨우 끼니를 이음| перебива́тися як-не́будь. 간신히 입에 ~하다 зво́дити кінці́ з кінця́ми.

품 об'є́м (ве́рхньої су́кні) в гру́дях; па́зуха; обі́йми. ¶ ~에 안기다 па́дати в обі́йми. ~에 넣다 заключа́ти в обі́йми.

품 витра́ти пра́ці (си́ли). ¶ ~을 팔다 найма́тися; працюва́ти *на кого*. ‖ ~삯 пла́та (винагоро́дження) за (на́йману) пра́цю. ~앗이 взаємодопомо́га.

품(品) я́кість; това́р; річ; предме́т. ¶ 전시~ експона́т. 창작~ ви́твір. 수출~ експо́ртні това́ри.

품격 позити́вна я́кість; я́кість (люди́ни). ¶ ~을 떨어뜨리다 упуска́ти свою́ гі́дність.

품귀 недоста́ча това́ру; дефіци́т. ¶ ~의 недоста́тній; дефіци́тний. ~상품 дефіци́тний това́р.

품다 |가슴에| носи́ти за па́зухою; обійма́ти; притиска́ти до груде́й. |마음에| таї́ти в душі́ *що*; почува́ти (відчуття́). |알을| виси́джувати пташеня́т. ¶ 희망을 ~ плека́ти наді́ю. 애정을 ~ плека́ти любо́в.

품목 |물품의 목록| перелі́к това́рів (предме́тів). |품명| найменува́ння това́рів. ¶ ~별로 세다 перерахо́вувати по предме́там. 주요 수출 ~ головні́ експо́ртні това́ри.

품위 |품격| поло́ження (в суспі́льстві); досто́їнство; відчуття́ вла́сної гі́дності. ¶ ~를 유지하다 трима́ти себе́ з вели́кою гі́дністю.

품질 я́кість това́ру. ‖ ~ 검사 бракера́ж.

풋-- |덜익은| недозрі́вший; неспі́лий. |새로운| нови́й. |얕은| поверхо́вий; неглибо́кий. |어설픈| недоста́тній. ‖ ~고추 неспі́лий черво́ний пе́рець. ~내기 новачо́к; недосві́дчена люди́на. ~사랑 любо́в, що заро́джується; пе́рше ле́гке захо́плення.

--풍(--風) |외양| ви́гляд; зо́внішність. |풍습| звича́й; мане́ра. |바람| ві́тер. |양식| стиль.

풍경(風景) ви́гляд; пейза́ж; ландша́фт. ¶ 산악 ~ гі́рський пейза́ж. 그림 같은 ~ живопи́сний ландша́фт. ‖ ~화 пейза́ж. ~화가 пейзажи́ст.

풍경(風聲) дзвіно́чок на ві́трі.

풍금 орга́н; фісгармо́нія. [형]

풍기(風紀) суспільна мораль та дисципліна. ‖ ~ 문란 деморалізація.

풍기다 |냄새를| поширюватися. |향기가| випускати. |악취가| смердіти *чим*. ¶ 냄새를 ~ видавати (розносити) запах.

풍년 багатий врожай; урожайний рік; велика кількість (безліч) *чого*.

풍뎅이 жук блискучий; гнойовий жук; гнойовик.

풍란 {식물} льнянка звичайна.

풍랑 вітер та хвилі; великі хвилі, викликані вітром. |생활의| життєві труднощі (негаразди). ¶ 인생의 ~을 겪다 страждати від життєвих труднощів.

풍류 витонченість; елегантність; смак. ¶ ~의 витончений; елегантний.

풍만하다 |풍족하다| багатий; пишний. |몸이| повний; пухлий; округлий.

풍모 зовнішність; риси; вигляд.

풍문 чутка. ¶ ~이 돌다 йде (ходить) чутка.

풍물 |경치| вигляд; пейзаж; картина; ландшафт. |악기| народні музичні інструменти.

풍미(風味) |맛| смак. |고상한 멋| елегантність; витонченість.

풍미(風靡) ¶ ~하다 панувати; домінувати; володіти *ким-чим*; мати вплив *на кого*.

풍병 {한의} [형] паралічний. ¶ ~에 걸리다 Він вражений (розбитий) паралічем.

풍부 ¶ ~하다 багатий; пишний. |성량이| могутній; сильний. 돈이 ~한 щедрий золотом. ~한 경험 багатий досвід. ‖ ~화 збагачення.

풍상 ¶ ~을 겪다 піддавати великим труднощам.

풍선 повітряна куль(ка); аеростат. ¶ ~을 띄우다 запускати аеростат.

풍성 багатство; велика кількість. ¶ ~하다 багатий; пишний. ~한 음식 багата їжа.

풍속(風俗) звичаї. ‖ ~도 жанрова картина.

풍속(風速) швидкість вітру. ‖ ~계 анемометр.

풍습 звичаї; звички. ¶ ~에 따르다 дотримуватися звички.

풍요 ¶ ~롭다 заможний; пишний; багатий. ~로운 인생 заможне життя. ~로운 대지 рясний край.

풍운아 везучий авантюрист.

풍자 сатира. ¶ ~적 сатиричний. ~하다 висміювати зло. ‖ ~가 сатирик. ~극 сатирична п'єса. ~성 сатиричний характер. ~화 сатирична картина (карикатура).

풍조 |경향| течія; тенденція. ¶ 세상 ~를 따르다 йти по течії часу.

풍족 ¶ ~하다 заможний; рясний. ~하게 살다 жити в багатстві. ~한 삶 рясне життя.

풍진(風疹) {의학} краснуха; вітряна віспа.

풍채 зовнішній вигляд; вигляд; зовнішність; постава. ¶ ~가 좋은 사람 представницька людина.

풍치(風致) красивий пейзаж; живописна місцевість.

풍토 кліматичні та ґрунтові умови району; природні умови

풍파 штормова́ хви́ля. |비유| негара́зди; пережива́ння. ¶ ~를 겪다 пережива́ти (подола́ти) негара́зди. 인생의 ~ хви́лі життє́вого мо́ря; життє́ві бу́рі.

풍향 на́прямлення ві́тру. ¶ ~이 바뀌다 змі́нюється на́прямок ві́тру.

풍화 вивітрюва́ння. ¶ ~하다(되다) ви-ві́трюватися. ‖ ~ 작용 вивітрюва́ння.

프라이드 гі́рдість; почуття́ гі́рдості. ¶ ~가 센 го́рдий; той, що відчува́є зако́нну гі́рдість.

프레스 |기계| прес; друка́рський стано́к. |출판물| друк; пре́са. ¶ ~로 찍다 зажа́ти в прес. ‖ ~석 місця́ для журналі́стів.

프로그램 |계획| план |연극 등의| програ́ма. |정당의| програ́ма. ¶ ~을 짜다 склада́ти програ́му. ~에 따라 по програ́мі *чого*. TV ~ програ́ма телепереда́ч.

프로그래머 програмі́ст.

프로야구 професі́йний бейсбо́л. ¶ ~ 선수 професі́йний гравець в бейсбо́л.

프로젝트 прое́кт; план. ¶ ~를 짜다 проектува́ти; склада́ти прое́кт; розро́блювати прое́кт.

프리미엄 нагоро́да; пре́мія; надба́вка; винагоро́да. ¶ ~을 붙여 користу́ючись вели́ким по́питом.

프린트 ві́дтиск; відби́ток; друкува́ння; друк. ¶ ~하다 друкува́ти; з'яви́тися в друк. ‖ ~공 друкува́льник. ~물 друкува́льний матеріа́л.

플라스틱 пластма́са (пласти́чна ма́са). [형] пластма́совий. ¶ ~ 제품 ви́ріб із пластма́си.

플라이급 легка́ вага́.

플랑크톤(plankton) планкто́н. [형] план-кто́нний.

플래시 |번쩍임| спа́лах; блиска́ння. |사진| спа́лах; ла́мпа. |손전등| ручни́й (електри́чний) ліхта́р. ¶ ~를 터뜨ри́да запа́л ла́мпу-спа́лах.

플러스 плюс. ¶ 2 − 3은 5 Два дода́ти три дорі́внює п'ять. ~ 8도 плюс ві́сім гра́дусів.

플랜 план; прое́кт; за́дум. ¶ ~을 짜다 склада́ти план; пла́ну план; проектува́ти.

플레이 гра; заба́ва. ¶ ~하다 гра́ти; за-бавля́тися. 페어 ~ че́сна гра.

플롯 |이야기의| фа́була; сюже́т. |음모| змо́ва; інтри́га. ¶ ~을 짜다 |이야기| склада́ти сюже́т. |음모| склада́ти змо́ву; інтригува́ти; плести́ інтри́ги.

피 кров [여]. ¶ ~의 댓가로 ціно́ю життя́. ~가 끓다 кров кипи́ть. ~가 난다 кров йде; кровото́чить. ~를 멈추다 (지혈하다) зупини́ти кров (кровоте́чу). ~가 묻다 бу́ти в крові́. ‖ ~ 검사 ана́ліз кро́ві. ~고름 сукрови́ця. ~눈물 гіркі́ сльо́зи. ~순환 кровоо́біг.

피 {식물} вороб'я́че про́со.

피격 ¶ ~되다 піддава́тися на́паду (ата́ці); бу́ти атако́ваним.

피고[인] відповіда́ч; підсу́дний; звинува́чуваний. ‖ ~석 ла́вка підсу́дних. ~측 варіо́р. захи́сник звинува́чуваних.

피곤 вто́мленість, уто́ма. ¶ ~하다

(~한) втомлений. ~을 풀다 знімати втому.

피난 притулок. [형] притулицький. ¶ ~하다 бігти; приховуватися; шукати притулку. ~살이하다 знайти приту- лок. ‖ ~민 біженець. ~처 притулок; укриття.

피날레(finale) |끝| фінал. |결승전| фінал (фінальна зустріч). [형] фінальний.

피다 |꽃이| квітнути; розквітати; розпускатися. |불이| розгортатися. |얼굴이| поправлятися; кращати. |구름이나 연기가| запалати.

피동 пасивність; пасивні дії. ¶ ~적[인] пасивний; бездіяльний. ~적 역할을 하다 грати пасивну роль. ‖ ~형 {어문} форма пасивного стану.

피력 ¶ ~하다 відкривати душу. 소감을 ~하다 ділитися враженнями (почуттями) з ким; виказувати свою думку.

피로연 банкет з випадку оголошення чого. ¶ ~을 베풀다 давати обід з випадку чого.

피로(疲勞) → 피곤.

피리 сопілка [여]; дудка. ¶ ~를 불다 грати на сопілці (дудці).

피막(皮膜) щільна оболонка; покрив; пліва. {해부} капсула.

피보험자 застрахований; страхувальник; страхувальне обличчя.

피복(被服) одяг; обмундирування.

피부 шкіряний покрив; шкіра. ‖ ~과 дерматологія. ~과 의사 дерматолог. ~병 шкірна хвороба; дерматоз. ~색 колір шкіри. ~암 рак шкіри. ~염 дерматит. ~ 호흡 шкірне дихання.

피사체 {예술} натура.

피살 ¶ ~되다 бути вбитим. ‖ ~자 вбитий; той, що загинув; жертва.

피상 ¶ ~적 поверховий; зовнішній. ~적인 견해 поверховий погляд. ~적으로 관찰하다 ковзати по поверхні.

피서 ¶ ~하다 рятуватися від спеки; виїздити на дачу (за місто). ‖ ~객 дачник. ~지 дачна місцевість.

피선 ¶ ~되다 бути обраним. ‖ ~거권 право бути обраним.

피신 ¶ ~하다 ховатися; приховуватися; ховатися з вигляду (з очей).

피아노 піаніно; фортепіано. |그랜드| рояль [여]. ¶ ~를 치다 грати на роялі. ‖ ~곡 фортепіанна п'єса. ~연주자 піаніст.

피안 той берег. {불교} потойбічний світ; вигаданий (нереальний) світ. ¶ ~의 потойбічний.

피우다 |불을| розпалювати (вогонь); топити (піч). |소란을| підіймати (возню). |담배를| курити. |부지런을| проявляти (старанність). |꽃을| цвісти. |냄새를| видавати; поширювати (запах). ¶ 재주를 ~ пуститися на хитрощі. 향을 ~ курити (палити) фіміам.

피의자 підозрюваний; підозрювана людина.

피임 попередженя вагітності. ¶ ~하다 попереджувати вагітність. ‖ ~법 спосіб попередження вагітності. ~약 протизаплідні засоби.

피지배 ¶ ~ 계급 поневолений клас. ~ 민족 поневолений народ.

피차 те і це. ¶ ~의 обопільний; взаємний. ~간 між собою; один з одним. ~ 일반이다 бути однаковим.

피처 пітчер; подаючий м'яча.

피치(pitch) {음악} висота тону (звуку). ¶ 급~로 на великій швидкості. ~를 올리다 набирати швидкість; прискорювати хід.

피크닉 |소풍| пікнік. ¶ ~에 참여하다 брати участь в пікніку.

피켓 (picket) |군사| пікет; сторожова застава.

피투성이 окровавлена людина (пред-мет). ¶ ~가 되다 бути окровавленим.

피폐 ¶ ~하다 виснажуватися; втомлюватися; бідніти. 전쟁으로 ~해진 나라 країна, виснажена війною. || ~상 втомлений вигляд.

피하 ¶ ~의 підшкірний. || ~ 주사 підшкірне впорскування; ін'єкція. ~ 조직 підшкірна клітковина. ~ 지방 підшкірний жир.

피하다 уникати; ухилятися; рятуватися; укриватися; ховатися. ¶ 피할 수 없는 минучий. 위험/곤란을 ~ уникати небезпеки/труднощів.

피해 шкода; збиток; пошкодження. ¶ ~를 끼치다 спричинити (нанести) кому шкоди. ~를 입다 постраждати; понести (терпіти) шкоду. || ~자 постраждалий; жертва; потерпіл|ий, ~а.

피혁 шкіра. [형] шкіряний. || ~ 공장 шкіряний завод. ~ 제품 шкіряний виріб.

픽업 |선택| вибір. ¶ ~하다 заїзджати (заходити) за ким, чим. || ~트럭 пікап.

핀 шпилька; кнопка.

핀잔 докір; насмішка. ¶ ~하다 докоряти; насміхатися над ким-чим. ~[을] 먹다 піддаватися докорам (насміханням). 호되게 ~하다 засипати кого докорами.

핀치(pinch) крайня потреба; стиснене положення. ¶ ~에 몰리다 бути в стисненому положенні.

핀트 |초점·중심| фокус. |요점| суть [여]; головний зміст. ¶ ~를 맞추다 уміщуватися (збиратися) в фокусі.

필(匹) |마소를 세는 단위| голова.

필경(畢竟) в кінці кінців; наприкінець; в кінцевому підсумку (рахунку).

필기 ¶ ~하다 писати; записувати. || ~ 시험 письмовий екзамен.

필담 ¶ ~하다 обмінюватися думками в листі; переписуватися з ким.

필두(筆頭) |붓의 끝| кінчик пензля (пера). |맨 처음| перший в списку. ¶ ~로 починаючи з кого; в голові з ким.

필력 виразність штриху (мазка); уміння писати. ¶ 그의 ~은 대단하다. У нього приголомшлива виразність штриха.

필름 плівка. |영화| фільм. ‖ 영화/사진 ~ кіноплівка/фотоплівка. 흑백/칼라 ~ чорно-біла/кольорова плівка.

필명 псевдонім.

필사(必死) ¶ ~의(~적) самовідданий; відчайдушний. ~적인 노력 відчайду-шне зусилля.

필사(筆寫) ¶ ~하다 переписувати; знімати копію. ‖ ~본 копія.

필생 все життя. ¶ ~의 пожиттєвий. ~의 사업 справа (робота) всього життя. ~의 작품 найкращий твір; шедевр.

필수(必須) необхідність ¶ ~의(~적) обов'язків; неодмінний; необхідний. ~ 조건 необхідна умова.

필수품(必需品) необхідне; предмети першої необхідності. 생활 ~ щоденне необхідне в повсякденному житті.

필승 ¶ ~하다 неодмінно отримати перемогу. ~의 신념 незгасна віра; тверда впевненість.

필시 неодмінно; обов'язково.

필연 необхідність; минучість. ¶ ~적 обов'язковий; неодмінний; минучий. ‖ ~성 необхідність.

필요 потрібність; необхідність; потреба. ¶ ~하다 потрібний; необхідний; потребувати. ~하다면 якщо знадобиться. ~에 따라 по мірі необхідності. 말할 ~가 없다 не має потреби (треба) говорити. 서두를 ~는 없다 немає чого поспішати.

필자 автор; складач. [형] авторський; той, що складає.

필적(筆跡) почерк.

필적(匹敵) ¶ ~하다 бути рівні (парою). 그에게는 ~할 만한 사람이 없다. Йому немає рівних.

필치 своєрідний (індивідуальний) почерк; перо; стиль; штрих.

필터(filter) фільтр. ¶ ~ 담배 сигарета з фільтром.

필하다 кінчати; завершувати. ¶ 병역을 ~ завершувати військову повинність. 검사를 ~ кінчати перевірку.

필화(筆禍) неприємності, викликані на себе статтею (листом).

핍박 ¶ ~하다 виявляти тиск; примушувати; притіняти.

핏기 колір крові. ¶ ~가 가시다 зблід-нути.

핏덩이 новонароджена (грудна) дитина; невеликий згусток крові.

핏발 прилив крові. ¶ (눈에) ~이 서다 наливатися кров'ю.

핏줄 |혈관| кровоносні судини. |혈족| рід; спорідненість; походження. ¶ ~ (혈족) 관계 родинні зв'язки. ~ (혈관) 주사 внутрішньовенне вливання.

핑계 привід; виправдання. ¶ ~를 대다 знаходити привід; насилатися *на що*. ~를 대어 посилатися *на що*.

핑크 рожевий колір. ¶ ~색의 рожевий. ‖ ~ 무드 закоханий настрій.

핑퐁 настільний теніс; пінг-понг.

하

하 |하급| низ; нижчий сорт (клас; розряд). |하권| остання частина. | 상태 아래| під; в ; при. ¶ 그러한 유리한 조건 ~에서 в таких сприятливих умовах.

하강 |하하| спуск; опускання; зниження. |경기의| регрес. ¶ ~하다 спускатися; регресувати; знижуватися. ‖ ~기류 низхідний вітер.

하객 гість, що прийшов з привітаннями; доброзичливець. ¶ 신년~ гість Нового року.

하계 літній період (сезон).

하관(下棺) ¶ ~하다 опускати труну в могилу.

하교(下校) ¶ ~하다 повертатися додому після школи.

하구 гирло річки. ‖ ~만 естуарій.

하급 нижчий клас (розряд). ¶ ~의 підлеглий; молодший; нижчий. ‖ ~ 공무원 низький (маленький) чиновник. ~생 учень молодшого класу.

하나 |한개| один. |동일한| єдиний. ¶ ~하나 один за одним; по одному; кожен окремо.

하나님 Бог (в християнстві); [물주형] Божий.

하녀 служниця; покоївка; прислуга. ¶ ~로 일하다 служити (працювати) служницею (покоївкою).

하느님 → 하나님.

하늘 |천공| небо; небеса. |하나님| бог. [형] небесний. ¶ ~ 같다 великий; величезний. 갠/흐린 ~ ясне/хмарне небо. ~을 찌를 듯한 спрямувавшись в небо; енергійно.

하늘거리다 плавно колихатися.

하다 |행하다| робити; виробляти. |착수| займатися. |실행| виконувати. ¶ 운동을 ~ займатися спортом. 나무를 ~ заготовлювати дрова. 나쁜 짓을 ~ здійснити злочин.

하단(下段) |글의| нижній абзац; |계단의| нижня сходинка.

하달 ¶ ~하다 віддавати (наказ); спускати (указання). ~되다 віддаватися.

하도 дуже; занадто; надто.

하등 низький клас (розряд; сорт); предмет поганої якості. ‖ ~ 동물 нижчі тварини.

하락 падіння; зниження. ¶ ~하다 |강하| падати. |가격이| знижуватися. |등급이| понижуватися. 물가의 급격한 ~ різке зниження цін. ‖ ~세 тенденція до пониження.

하례 |예식| вітальна церемонія. |축하| привітання.

하루 день і ніч; доба. ¶ ~라도 빨리 як можна скоріше (швидше). ~가 멀다고 дуже часто; майже кожен день. ~하루 щоденно; з кожним днем. ~아침에 дуже короткий час; одного разу вранці.

하루살이 {곤충} одноденка. ¶ ~하다 жити одним (сьогоднішнім) днем.

하류(下流) |강의| нижня течія; пониззя річки.

하마터면 ледве було не…; трохи не …; ледве; ледве не. ¶ ~ 죽을 뻔했다 ледве не помер; ледве врятувався.

하물며 тим паче (*що*); не говорячи *про що*.

하반기 друга половина *якого* терміну; друге півріччя.

하반신 нижня половина тіла. ¶ ~불구 параліч нижньої половини тіла.

하복부 {해부} підчеревна область.

하부 нижня частина *чого*; низ. ¶ ~의 нижчий; підлеглий. ~ 기관 нижчий орган. ~ 구조 {경제} базис. {건축} нижня частина конструкції.

하사(下士) молодший сержант. ‖ ~관 сержантський склад; унтерофіцер (сержант; старший сержант).

하사(下賜) ¶ ~하다 |왕이| давати (вручати) васалу (сановнику) *що*. ‖ ~품 річ, дана королем сановнику.

하산 ¶ ~하다 спускатися з гори.

하상(河床) русло ріки; річище.

하소연 скарга. ¶ ~하다 скаржитися на *що*; плакати *кому* в сорочку; плакатися *кому* на *що*.

하수(下水) брудні (стічні) води. ‖ ~관 стічна труба. ~구 стічна канава. ~도 каналізація. ~정화 очистка стічних вод.

하수(下手) |낮은 솜씨| нездатний; людина без навиків.

하숙 пансіон; дім з пансіоном. ¶ ~하다 знімати кімнату з пансіоном. ‖ ~방 кімната з пансіоном. ~생 квартирант; мешканець.

하순 остання (третя) декада (місяця).

하야 ¶ ~하다 іти з політичної арени; відмовлятися від посади; іти у відставку; іти з роботи.

하얗다 чистобілий; білосніжний; біленький; цілковито білий.

하여간 так чи інакше; в любому випадку.

하여금 ¶ 나로 ~ 기다리게 하지 마시오. Не змушувати мене чекати.

하여튼 → **하여간**.

하역 ¶ ~하다 вантажити і розвантажувати. 배에서 ~을 하다 вантажити і розвантажувати корабель. ‖ ~인부 портовий вантажник (докер).

하우스 |집| будинок. ‖ 비닐 ~ вініловий будинок.

하원 нижня палата; палата депутатів. ‖ ~ 의원 член конгреса; член нижньої палати.

하의(下衣) штани; спідниця; труси.

하이킹(hiking) пішохідна екскурсія; прогулянка пішки; туризм. ¶ ~하다 подорожувати; ходити пішки.

하인 слуга [남].

하자(瑕疵) пляма; недолік; вада; дефект. ¶ ~ 없는 без вад; бездоганний.

하중 вага вантажу; {фізи} навантаження.

하지(夏至) літнє сонцестояння.

하지(下肢) нижні кінцівки (нога; лапа).

하직 ¶ ~하다 розпрощатися зі старшим (вищестоящим); розлучатися *з ким-чим*; кинути. 이 세상을 ~하다 залишити цей світ;

померти.

하찮다 неважливий; нехороший; незначний; неістотний; мілкий; мізерний. ¶ 하찮은 일 дріб'язкова справа.

하천 ріка та струмок; ріки. ¶ ~ 운수 річний транспорт.

하청 субдоговір; субпідряд. ¶ ~계약을 맺다 заключати субдоговір. ~을 주다 передавати в субаренду. ‖ ~인 субпідрядник; завод-суміжник.

하체 нижня половина тіла.

하층 |아래층| нижній поверх. |하급| нижній шар. ¶ ~의 нижній; низький. ‖ ~ 계급 нижчі класи; низький стан. ~ 사회 нижчі шари суспільства.

하키 хокей. [형] хокейний. ‖ 아이스 ~ хокей з шайбою. 필드 ~ хокей на траві.

하필 чому саме (так). ¶ ~ 너냐? Чому саме ти?

하한(下限) нижня межа. ‖ ~가 ціна нижньої межі.

학(鶴) (білий) журавель. ¶ ~이 운다 журавель курличе.

--학 (學) наука; вчення; --логія; --ведення; --графія; --знавство. ‖ 생태~ екологія. 언어~ мовознавство.

학계 науковий світ; наукові кола.

학과(學科) |과정| дисципліна; курс; шкільний предмет. |전공| відділення; група. ‖ ~목 предмет; дисципліна.

학교 школа; учбовий заклад. ‖ ~교육 навчання в школі.

학구(學究) вивчення науки; вчений-відлюдник. ¶ ~적 вчений; властивий ученим; маючий відношення до вивчення науки. ‖ ~열 жага знань; потяг до знань.

학급 клас; група.

학기 учбовий семестр. ¶ ~초/말 початок/кінець семестра.

학년 учбовий рік; курс; клас.

학대 жорстоке (погане) ставлення; жорстокість. ¶ ~하다 жорстоко (погано) ставитися *до кого*.

학도병 військо, набране з учбової молоді.

학력 (學力) освіта; освіченість. ¶ ~이 좋다 отримати добру освіту.

학력 (學歷) пройдений курс навчання; (отримана) освіта.

학령 шкільний вік.

학문 |연구| вивчення науки; дослідження; наука. |학식| знання; ерудиція; вченість. ¶ ~에 몰두하다 віддатися науці.

학벌 каста жреців науки; ¶ ~을 폐지하다 відміняти касту жреців в науці.

학보 наукове повідомлення; наукова доповідь; вісник наукового закладу; вчені записки.

학부 факультет. ‖ 교양 ~ основний факультет. 예비 ~ підготовчий факультет.

학부형 батько та старший брат учня; батьки учня. ‖ ~회 батьківські збори в школі.

학비 витрати на навчання; плата за навчання. ¶ ~를 내다 платити за навчання.

학사 (學事) адміністративні справи в учбовому закладі.

학사 (學士) бакалавр. ¶ ~ 학위 наукова ступінь бакалавра.

학살 звірське вбивство; різня. ¶ ~하다 по-звірячому вбивати;

влаштовувати різню. ‖ 대~ кровава різня. ~자 вбивця.

학생 учень; школяр; студент. ¶ ~써클 студентський клуб. ~회 самоврядування учнів. ~증 студентський білет.

학설 теорія; вчення; доктрина.

학수(鶴首) ¶ ~ 고대하다 з нетерпінням чекати.

학술 наука та техніка. ¶ ~적 науково-технічний. ‖ ~ 대회 наукова конференція. ~ 용어 науково-технічна термінологія.

학습 навчання; заняття. ¶ ~의 учбовий. ~ 환경 атмосфера навчання. ‖ ~장 зошит.

학식 знання; ерудиція; вченість. ¶ ~이 있는 вчений; ерудований; освічений.

학업 навчання; навчальна робота; навчальні заняття. ¶ ~을 게을리 하다 не виконувати учбову роботу. ‖ ~ 성적 успішність.

학예 наука і мистецтво; природні та гуманітарні науки. ‖ ~회 огляд (виставка) робіт та художньої самодіяльності учнів.

학용품 шкільне обладнання.

학우 шкільний товариш; однокашник; товариш по інституту (університету).

학원(學院) училище; спеціальна школа; приватна школа. ¶ 예술 ~ спецшкола мистецтва.

학위 вчена ступінь; наукова ступінь. ¶ ~ 논문 наукова дисертація.

학자 вчений. ‖ 대~ великий вчений.

학자금 → 학비.

학장 директор інституту; декан. ¶ ~실 деканат.

학적 запис (реєстрація) анкетних даних та успішності учнів. ‖ ~부 журнал реєстрації анкетних даних та успішності учнів.

학점 бал; оцінка. ¶ 좋은/나쁜 ~을 주다 ставити хороший/поганий бал.

학정(虐政) деспотичний режим. ¶ ~에 신음하다 стогнати під деспотичним режимом.

학제 система освіти. ¶ 낡은 ~를 개편하다 реформувати (перетворювати) стару систему освіти.

학질 малярія; болотна лихоманка; [형] малярійний. ¶ ~을 떼다 звільнитися *від чого* (неприємного). ‖ ~ 모기 малярійний комар; анофелес.

학창 ¶ ~ 생활 шкільне життя. ‖ ~ 시절 шкільні роки.

학칙 шкільні правила. ¶ ~을 준수하다/어기다 притримуватися/порушувати шкільні правила.

학파 хід; школа.

학풍 атмосфера навчання; напрямок в науці; академічна традиція.

학회 наукове суспільство; наукова організація. ‖ ~원 член наукового суспільства.

한(恨) |원한| незадоволення; прикрість; образа; заздрість. |한탄| жаль, горе, каяття. ¶ ~ 많은 прикрий; той, хто кається. ~이 되다 прикро, що... ~이 없다 не шкода. ~을 품다 мати зуб *проти кого*.

한(限) |한도| межа; кордон. |조건| поки; оскільки. ¶ ~이 없다 безмежний; безмірний; нескінченний. 가능한 ~ по мірі можливого; наскільки можливо.

내가 아는 ~ Наскільки мені відомо.

한 |하나| один. |대략| приблизно; біля. |동일| один і той самий; однаковий. ¶ ~ 달 один місяць. ~마디 одне слово.

한-- [접두사] |큰| великий. |가장·한창| що знаходиться в самій середині; розпал; ¶ ~길 велика дорога. ~겨울 сама середина зими. ~가운데에 в самій середині; як раз в центрі; в самому центрі.

한가 ¶ ~하다(롭다) вільний; незайнятий; бездіяльний. ~로이 на дозвіллі; бездіяльно.

한가위 велике свято «кави» (свято 15 числа 8 місячного місяця).

한가지 |일종| один із багатьох. |동일| один і той же; той же самий; однаковий; однорідний.

한갓 тільки; лише; просто.

한강 річка Ханган.

한걸음 один крок. ¶ ~ 한걸음 крок за кроком.

한결 ще більше; доволі.

한결같다 однаковий; одностайний; загаль-ний; незмінний. ¶ 한결같이 одностайно; всі як один.

한계 межа; кордон; обмеження. ¶ ~의 межовий; обмежуючий. ~를 긋다 позначити кордон. ~를 벗어나다 вийти за межі (за кордон). ‖ ~선 обмежувальна лінія; лінія кордону. ~성 обмеженість; граничність.

한구석 кут; закуток; глушина.

한국(韓國) (республіка) Корея. ¶ ~[인]의 корейський. ‖ ~어 корейська мова. ~인 кореєць, -янка.

한글 хангиль (назва корейської національної писемності). ¶ ~학교 школа для дорослих по ліквідації безграмотності.

한기(寒氣) холод; мороз; озноб. ¶ ~가 나다 холодати; морозити.

한꺼번에 одночасно; одразу; за один раз.

한껏 з усіх сил; по мірі можливого; гранично; що є сили; що є духу.

한낮 полудень. ¶ ~에 в полудень.

한낱 |단지 하나| тільки; лише; тільки один. |하잘 것 없는| мізерний; незначний; не заслуговуючий уваги.

한눈 ¶ ~[을] 팔다 дивитися по сторонам; задивлятися.

한대 холодний пояс; полярна зона. ¶ ~ 기후 клімат полярної зони. ‖ ~성 морозостійкість.

한데 |한군데| одне місце. ¶ ~모이다 збиратися в одному місці.

한데 |노천| ¶ ~서 на подвір'ї; під відкритим небом; зовні.

한도 межа; ліміт. ¶ 최대/최소로 в максимальній/мінімальній мірі. ~를 정하다 встановити ліміт.

한동안 деякий час; протягом деякого часу.

한때 |잠시| деякий час; короткий час. |전에| в один час; колись; в свій час.

한랭 ‖ ~ 전선 холодний фронт.

한량(限量) міра. ¶ ~없다 безмірний. ~없이 безмірно.

한량(閑良) міра. |건달| норма; марнотрат; гульвіса; марнотратник життя.

한마디 одне слово; одна фраза. ¶ ~ 한마디 слово в слово; дослівно. ~로 말해 одним

словом.

한마음 єдина душа; єдина воля; тільки один помисел. ¶ ~ 한뜻 єдинодумство. ~으로 одностайно.

한몫 одна доля (частина). ¶ ~[을] 잡다 поживитися. ~ 끼다 бути в долі; приймати участь. ~ 하다 робити свою долю.

한바퀴 одне коло.

한바탕 чимало; досить.

한반도 інша назва Республіки Корея; півострівна країна «Корея».

한발(旱魃) засуха.

한밤 |한밤중| глибока ніч; північ. ¶ ~에 глибокою нічню; в північ.

한방(韓方) корейська медицина. ‖ ~약 корейські ліки. ~의 лікар корейської медицини.

한방(漢方) китайська медицина.

한복 корейський національний одяг.

한복판 самий центр. ~에 위치하다 знаходитися в самому центрі.

한사코 будь-якою ціною; ціною життя; відчайдушно; до кінця.

한산(閑散) ¶ ~하다 бродячий; тихий; глухий; бездіяльний; нічим не займатися; байдикувати. ~한 거리 глуха вулиця.

한수 |바둑·장기의| хід. ¶ ~가 낮다 поступатися *кому в чому*. ~가 높다 перевершувати *кого*.

한술 ¶ ~ 더 뜨다 зробити ще один крок вперед; перевершити.

한숨(탄식) важке зітхання; ¶ ~을 짓다 тяжко зітхнути. ~ 자다 заснути (відпочити) ненадовго. ~을 돌리다 переводити дух.

한스럽다 відчувати досаду (незадоволення); жалкувати *про кого-що*.

한시름 неспокій. ¶ ~을 놓다(덜다) полегшити душу; гора з плеч впала.

한식 |스타일| корейський стиль. |음식| корейська страва. ¶ ~집 корейський будинок; корейський ресторан.

한심 ¶ ~하다 вартий жалю; жалюгідний; вбогий; ганебний. ~한 생활을 하다 вести ганебне життя.

한약(韓藥) корейські ліки. ¶ ~을 복용하다 приймати корейські ліки. ‖ ~(방) корейська аптека. ~재 корейські лікувальні засоби.

한없다 безкінечний; безмежний; неосяжний; безмірний. ¶ 한없이 безкінечно; безмежно; безмірно; без кінця. 한없는 기쁨 безкінечна радість.

한여름 |여름의 한창| розпал літа. |어떤 여름| одне літо. ¶ ~에 в самому розпалі літа.

한옥 корейський національний будинок; будинок корейського типу.

한우 корейська корова.

한의 китайська медицина. ‖ ~사 лікар китайської медицини. ~학 китайська медицина.

한자(漢字) ієрогліф; китайський ієрогліф. ~의 ієрогліфічний. ~말(어) слово ієрогліфічного походження. ~ 문화권 коло ієрогліфічної культури.

한자리 |장소| одне місце. |직책| пост; посада. ¶ ~에 모여 앉다 зібратися в одному місці. ~ 하다 займати пост; займати високу посаду.

한적(閑寂) ¶ ~하다 тихий і спокійний; глухий. ~한 장소 глухе місце.

한적(閑適) ¶ ~하다 вільний та безтурботний.

한정 обмеження; ліміт. ¶ ~하다 обмежувати; лімітувати. ‖ ~량 доза, обмежена кількість. ~판 закрите видавництво.

한줄기 |나무의| один стовбур (стебло). |비 등의| струмінь. ¶ ~ 희망 промінь надії.

한줌 жменя. ¶ ~의 모래 жменя піску.

한증탕 сауна; парильня.

한지(韓紙) папір старого корейського виробництва.

한직 синекура; добре оплачувана посада; не потребує великої праці.

한쪽 одна сторона. ¶ ~ 귀로 듣고 ~ 귀로 흘린다 голова як решето; голова решетом.

한참 деякий час; небагато. ¶ ~ 동안 протягом деякого часу; на деякий час. ~ 만(후)에 через деякий час.

한창 [самий] розпал; самий час. ¶ ~이다 в самому розпалі.

한층 ще більше. ¶ ~ 노력하다 зробити ще більше зусилля. ~ 강력한 ще більш могутній.

한칼 ¶ ~에 자르다 розрубати одним помахом меча.

한탄 жаль, каяття. ¶ ~하다 жалітися *на кого-що*; жалкувати *про кого-що*.

한통속 однодумці; сотовариші. ¶ ~의 однодумний; єдиний. ~이 되다 збирати разом; об'єднувати.

한파 хвиля холоду. ¶ ~가 다가오다 Наближається хвиля холоду.

한판 раунд; партія; тайм. ‖ ~ 승부 змагання одного раунда.

한편 |한쪽| одна сторона. |한 짝| одна група. ¶ ~으로는 з однієї сторони; з іншої сторони.

한평생 все життя; за все життя.

한풀 ¶ ~ 죽다(꺾이다) |기분이| падати духом; бути зламаним. |추위·더위가| здавати; спадати. 더위가 꺾였다 Спека спала.

한풀이 ¶ ~하다 |분노·불만을| проходити; відплачувати *кому за що чим*; зривати зло *на кому*; виливати злість (гнів). ~하다(보복하다) відплачувати злом за зло.

한하다(限--) обмежуватися.

한학(漢學) література, написана на ханмуні; вивчення ханмуна. ‖ ~자 спеціаліст по ханмуну.

한화(韓貨) корейські гроші.

할(割) десята частина. ¶ 5~ п'ять десятих.

할거 ¶ ~하다 закріпитися на виділеній ділянці землі. ‖ ~주의 сепаратизм.

할당 розподіл; видача по нормі. ¶ ~의 розподільний. ~하다 розподіляти; виділяти; видавати по нормі. ‖ ~량 норма видачі. ~액 виділена сума грошей. ~제 система нормування.

할머니 |조모| бабуся. |노파| стара. ¶ 증조 ~ прабабуся.

할멈 твоя (його) бабка; моя бабка; бабка.

할미꽃 простріл корейський.

할부 розподіл; розстрочення. ~로 팔다 продати в розстрочення. ~금 частка; частина. ~ 판매 продаж в розстрочення.

할아버지 |조부| дідусь. |노인| дід;

старий. ‖ 증조 ~ прадід.

할애 ділення. ¶ ~하다 щедро ділитися *з ким*; не бажаючи роздавати *що*.

할인 |가격의| знижка. |어음| облік векселя; дискаунт. ¶ ~하다 робити знижку; враховувати векселі; дисконтувати. ~하여 팔다 продавати зі знижкою. ‖ ~가격 ціна зі знижкою. ~료 |어음의| обліковий процент. ~률 |어음의| облікова ставка.

할증 |임금의| приплата; націнка. |주식의| премія; надбавка. ¶ ~하다 робити націнку. ~ 요금 додаткова плата.

할퀴다 подряпати; розчесати.

핥다 лизати; облизувати; хлебтати.

함(函) |상자| скриня; ящик; скинька. |신랑집에서 신부집으로 보내는 상자| дерев'яна шкатулка з подарунками та листами від нареченого, що посилають нареченій.

함구 мовчання. ¶ ~하다 зберігати мовчання; тримати язик за зубами. ‖ ~령 заборона розмовляти (говорити); заборона на розмови.

함께 разом; разом *з ким-чим*; нарівні *з ким-чим*. ¶ 나와 ~ зі мною.

함대 флотілія; ескадра; військово-морський флот.

함락 падіння. ¶ ~하다 пасти; захопити.

함량 вміст *чого в чому*. ¶ 알코올 ~ алкогольний (спиртовий) вміст.

함몰 ¶ ~하다 |물·땅 속에 빠짐| потонути; зануритися в воду; провалитися в землю.

함박눈 пластівці снігу; густий сніг.

함부로 безладно; як небудь; необережно; безцеремонно. ¶ 버릇없이 ~ безцеремонно.

함빡 дуже багато; більше, ніж потрібно; зовсім; наскрізь. ¶ ~ 웃다 посміхатися сяючою посмішкою.

함석 оцинковане залізо. ¶ ~ 지붕 оцинкований дах.

함성 крики; вигуки; бойовий клич. ¶ 기쁨(승리)의 ~을 올리다 видавати (підіймати) бойовий клич радості (перемоги).

함수(函數) функція. ¶ ~관계 функціональна залежність. ‖ ~값 функціональне значення.

함양 ¶ ~하다 виховувати; розвивати; наставляти.

함유 зміст. ¶ ~하다 вміщувати (заключати) в собі; вміщувати. ‖ ~량 вміст. ~성분 компонент; складова частина; складовий елемент.

함정(陷穽) яма для ловлення тварин; пастка; западня. ¶ ~에 빠지다 потрапити в западню. ~에 빠뜨리다 спіймати в пастку.

함정(艦艇) військові кораблі та катери. ‖ 함장 командир військового корабля.

함축 ¶ ~하다 таїти в собі; заключати *що в себе*; вміщувати. ~성 있는 표현 змістовний вираз.

합 |총계| підсумок; разом; всього. |합계| сума; {천문} сполучування планет. {철학} |변증법에서| синтез.

합격 що відповідає вимогам. ¶ ~하다 |조건·표준·규격 등에 합당하다| відповідати пред'явленим вимогам; відповідати *чому*; |시험에| витримати (екзамен). ‖ ~자 той, що витримав (екзамен). ~점 прохідний бал.

합계 підсумок; загальне число; (загальна) сума. ¶ ~하다 підводити підсумок; підраховувати; підсумовувати; сумувати.

합금 сплав; [형] сплавний. ¶ ~하다 сплавляти.

합당 ¶ ~하다 [형] відповідний; підходящий; придатний. ~하다 [동] відповідати *кому-чому*; підходити *кому-чому (під що)*; бути доречним.

합동 злиття; об'єднання; з'єднання. ¶ ~하다 зливати(ся); з'єднувати(ся). ~의 об'єднаний; спільний. ~하여 об'єднано; разом. ‖ ~훈련 спільне тренування.

합류 злиття; впадання. ¶ ~하다 вливатися (впадати) *у що*; зливатися *у що (з ким-чим)*; приєднуватися *до кого-чого*.

합리 ¶ ~적 раціональний; розумний; доцільний. ~하다 раціоналізувати; робити раціональним; придавати *чому* розумний характер. ‖ ~성 раціональність. ~주의 раціоналізм. ~화 раціоналізація.

합목적 ¶ ~적 доцільний. ‖ ~성 доцільність [여].

합방 анексія. ¶ ~의 анексійний. ~하다 анексувати; об'єднувати (країну).

합법 ¶ ~적 законний; легальний. ~으로 легально; законно. ‖ ~성 законність; легальність. ~ (준법)투쟁 легальна форма боротьби. ~화 легалізація. ~화하다 легалізувати.

합법칙성 закономірність.

합병 об'єднання; злиття; анексія. ¶ ~하다 об'єднувати; зливати; приєднувати *кого-що до кого-чого*; анексувати. ‖ ~증 ускладнення.

합산 складання; підсумовування; підведення підсумків. ¶ ~하다 складати; підсумовувати; підводити підсумок.

합석 ¶ ~하다 разом сидіти.

합선 {전기} замикання.

합성 складання; з'єднання; синтез. ¶ ~의 складений; складний; синтетичний; змішаний; штучний. ~하다 складати; з'єднувати; синтезувати. ~고무 синтетичний каучук. ~수지 пластмаса, пластик. ~어 складове слово.

합세 об'єднання сил. ¶ ~하다 об'єднувати сили; об'єднуватися; приєднуватися *до чого*. …과 ~하여 у взаємодії *з ким-чим*.

합숙 гуртожиток. ¶ ~하다 жити в гуртожитку; жити разом. ‖ ~소 гуртожиток.

합승 ¶ ~하다 разом їхати.

합심 згуртування; одностайність. ¶ ~하다 об'єднуватися; згуртовуватися.

합의 домовленість. |외교상의| домовленості; погодження. |협의·심의| нарада; консультація. ¶ ~하다 домовлятися *про що*; змовлятися *з ким (з ким-чим)*; ~에 좇아(따라) по домовленості; по змові. ~체 судійська колегія.

합일 ¶ ~하다 об'єднувати(ся); зливати(ся) в єдине ціле.

합작 колективна праця; спільна робота; співробітництво. ¶ ~하다 спільно працювати; співпрацювати; працювати у співпраці.

합장(合掌) ¶ ~하다 складати долоні.

합주 спільний інструментальний виступ; виступ ансамбля (оркестра); спільне виконання; концерт. ¶ ~하다 виступати разом з ким у складі ансамбля (оркестра); виступати (брати участь) в концерті (в ансамблі). ‖ ~곡 музичний твір для оркестра. ~단 ансамбль музичного виконання [남].

합창 хор. ¶ ~하다 співати хором; співати в ансамблі. ‖ ~곡 хор; хорал. ~단 хоровий колектив; ансамбль пісні [남].

합치 |부합| збіг. |동의| погодження; згода. |화합| узгодження; одностайність. |단결| об'єднання; єдність. |조화| гармонія. ¶ ~하다 узгоджуватися з чим; погоджуватися з чим; бути узгодженим з чим; бути у згоді з ким. ~하여 згідно; одностайно. ‖ ~점 узгоджений пункт; точка стикання.

합판 фанера.

합하다 з'єднувати(ся); об'єднуватися з чим; вливатися у що; підраховувати.

합헌성 конституційність.

항 |절| параграф. |조항| пункт; {수학} член.

항간 ¶ ~에 серед простих людей; в народі; серед народа.

항거 опір. ¶ ~하다 опиратися чому; чинити опір; опиратися кому-чому.

항고 апеляція; окрема скарга. ¶ ~하다 подавати апеляцію.

항공 авіація; повітроплавання. [형] авіаційний; повітроплавальний. ‖ ~기 літак; аероплан. ~모함 авіаносець. ~사(社) авіакомпанія. ~사진 аерофотозйомка. ~술 техніка повітроплавання. ~조약 повітряна конвенція. ~[우]편 авіапошта; аеропошта.

항구 гавань [ж]; порт. ‖ ~도시 портове місто.

항구 ¶ ~적 тривалий; постійний; вічний, незмінний. ‖ ~성 тривалість; вічність.

항균 ¶ ~성의 антибактеріальний.

항로 |배의| рейс; морський шлях; курс. |비행기의| повітряна лінія (траса).

항목 параграф; пункт. ¶ ~으로 나누다 перераховувати по пунктам; розбивати на пункти.

항문 задній прохід.

항변 заперечування; протест. ¶ ~하다 заперечувати кому (проти чого); протестувати проти чого.

항복 капітуляція. ¶ ~하다 капітулювати; здаватися. ‖ 무조건~ безсуперечна капітуляція.

항상 звичайно; звично; завжди; постійно; вічно.

항생제 антибіотик; антибіотичний засіб.

항소 апеляція; оскарження. ¶ ~하다 подавати апеляцію; оскаржити; апелювати. ‖ ~심 апеляційний суд.

항속 |비행기의| тривалість польоту. |배의| тривалість плавання. ‖ ~

거리 ра́діус ді́ї;

항수 конста́нта; постійна величина́.

항시 завжди́; пості́йно.

항아리 керамі́чний череватий глечик з вузьки́м горля́тком.

항암 ~제 антира́ковий за́сіб.

항원 {생물} антиге́н. [형] антиге́нний.

항의 проте́ст; запере́чення. ¶ ~하다 протестува́ти про́ти *чого́*; запере́чувати *кому́-чому́* (про́ти *чого́*). ~서 но́та проте́сту.

항일 боротьба́ про́ти япо́нської агре́сії. ¶ ~의 антияпо́нський.

항쟁 о́пір; боротьба́. ¶ ~하다 опира́тися *кому́-чому́*; боро́тися про́ти *чого́*.

항전 військо́вий о́пір. ¶ ~하다 опира́тися *кому́-чому́*; чини́ти *кому́-чому́* о́пір.

항체 антиті́ло.

항해 морепла́вання; навіга́ція; судноплавство. ¶ ~하다 пла́вати по мо́рю; здійснювати пла́вання; подорожува́ти по мо́рю; ї́хати мо́рем. ‖ ~술 навіга́ція; кораблеводі́ння; судноводі́ння.

항행 морепла́вання; повітроплавання; навіга́ція; рейс. ¶ ~하다 пла́вати; ходи́ти; здійснювати рейс.

해 |태양| со́нце. ¶ ~뜰/질 무렵에 на схо́ді/за́ході со́нця. ~가 뜬다/진다 Со́нце схо́дить/захо́дить. (сіда́є). ~가 길어졌다/짧아졌다 Дні ста́ли до́вше/коро́ткими.

해(年) рік. ¶ ~와 달이 바뀌었다 Бага́то ча́су мину́ло.

해(害) втра́та; шко́да; псува́ння. ~를 주다 наноси́ти (заподі́ювати) *кому́-чому́* шко́ду; шко́дити *кому́-чому́*; псува́ти. ~를 입다 потерпі́ти (понести́) шко́ду.

해(海) мо́ре. ‖ 동~ Схі́дне мо́ре. 지중~ Середзе́мне мо́ре.

해갈 ¶ ~하다 |목마름을 풀다| заспокоюва́ти спра́гу. |가뭄을 면하다| напої́ти зе́млю.

해결 ви́рішення; до́звіл. ¶ ~하다 дозволя́ти. |해결되다| бу́ти дозво́леним; |분쟁 등이| ула́годжуватися. ‖ ~책 мі́ри (за́ходи; за́соби) для до́зволу.

해경 морська́ полі́ція.

해고 зві́льнення. ¶ ~하다 звільня́ти; зніма́ти; розрахо́вувати. ~되다 звільня́тися; бу́ти розрахо́ваним.

해골 скеле́т; че́реп; кістя́к. |유골| зали́шки [보].

해괴하다 ди́вний; дивови́жний; чудерна́цький.

해군 військо́во-морські́ си́ли. |함대| військо́во-морськи́й флот. ¶ ~의 військо́во-морськи́й. ‖ ~기지 військо́во-морська́ ба́за. ~력 військо́во-морська́ си́ла.

해금 зняття́ емба́рго (заборо́ни). ¶ ~하다 зніма́ти заборо́ну (емба́рго).

해녀 нире́ць.

해답 розв'я́зання (зада́чі); ві́дповідь (на екзамена́ційне пита́ння).

해당 ¶ ~하는 [형] да́ний; відпові́дний. ~하다 [동] |합치·적당하다| відповіда́ти *кому́-чому́*; підхо́дити *до чо́го*. ‖ ~자 підхо́дяща (відпові́дна) люди́на.

해독 розшифрува́ння; дешифрува́ння. ¶ ~하다 розшифрову́-

해독제 антидот.

해돋이 схід сонця.

해동 танення; відтавання.

해득 розуміння; осягнення. ¶ ~하다 розуміти; уловлювати; осягати.

해로 все життя разом. ¶ ~하다 прожити все життя разом; разом постаріти.

해롭다 шкідливий; отруйний; згубний.

해리(海里) морська миля; вузол.

해리 {동물} бобер.

해맑다 сліпуче білий та чистий.

해면(海面) поверхня моря; морський простір.

해면(海綿) {동물} губка.

해명 з'ясування. ¶ ~하다 з'ясовувати; розбирати; розкривати.

해몽 тлумачення сну. ¶ ~하다 тлумачити сни.

해물 продукти моря (морського промислу).

해바라기 соняшник.

해박하다 |넓은| широкий; обширний; всеосяжний. |깊은| глибокий; ерудований.

해발 висота над рівнем (вище рівня) моря.

해방 звільнення; розкріпачення; емансипація. ~의 визвольницький. ~하다 звільняти; розкріпачувати. ‖ ~구 звільнений район. ~군 визвольна армія.

해변 берег моря.

해병 моряк; морські сили. ‖ ~대 морська піхота.

해보다 випробовувати; перевіряти; намагатися; робити досвід.

해부 розкриття; диссекція. |분석| аналіз; розбір. ¶ ~의 анатомічний. ~하다 розкривати; анатомувати; аналізувати; розбирати. ‖ ~도 скальпель. ~실 анатомічний театр. ~학 анатомія.

해빙 танення льоду; розкриття річки і т. д.; відлига. ¶ ~하다 танути. ‖ ~기 період танення льоду (відлиги).

해산 розпуск. |부대 등이| розформування. ¶ ~하다 |집회자가| розходитися. |의회 등을| розпускати(ся). |부대 등을| розформувати. |군중을| розганяти

해산(解産) пологи. ¶ ~하다 народжувати.

해산물 продукти морського промислу.

해삼 {생물} трепанг.

해석 тлумачення; витлумачення; інтерпретація; розуміння; коментар. ¶ ~하다 тлумачити; витлумачувати; коментувати; пояснювати; інтерпретувати; розуміти. математика.

해설 роз'яснення; пояснення; тлумачення; коментар. ¶ ~하다 роз'ясняти; пояснювати; тлумачити; коментувати. ‖ ~자 тлумач [남]; коментатор. 뉴스~ коментарі (поточних подій).

해소 |융해| розчинення. |청산| ліквідація. |파기| розторгнення; анулямція. |해결| розв'язання. ¶ ~하다 |융해하다| розчинятися. |해산하다| розформовувати. |없애다| ліквідувати. |파기하다| розривати; анулювати. |해결하다| вирішувати; розв'язувати.

해송(海松) {식물} сосна корейська.

해수병 застудний кашель.

해수 морська (солона) вода. ‖ ~욕 морське купання. ~욕장 морський курорт; пляж. ~욕을 하다 купатися в морі

해악 шкода та зло; лиходійство.

해안 морський берег; узбережжя; надбережжя. ‖ ~경비 берегова охорона. ~선 берегова лінія. ~을 따라 вздовж берега; по берегу; близько до берега. ~지방 прибережний район.

해약 розторгнення контракта (договору). ¶ ~하다 розривати (ліквідувати) контракт. ‖ ~금 неустойка.

해양 океан; море. ¶ ~의 океанський; морський. ‖ ~학 океанографія.

해어지다 розтріпуватися; зноситися; протиратися.

해역(海域) район моря.

해열 пониження (зниження) температури. ¶ ~하다 знижувати температуру; знімати жар. ‖ ~제 жаропонижуючий засіб.

해오라기 {조류} біла чапля.

해외 закордон. ¶ ~의 закордонний; іноземний. ~에 나가다 їхати за кордон. ~로부터 із закордону. ~에서 за кордоном.

해운 транспортування морем; морські перевезення. ‖ ~업 морські перевезення; підприємство морських перевезень.

해이 ¶ ~하다 послаблюватися. ‖ 규율이 ~ розхитуватися.

해일(海溢) цунамі [불변중].

해임 визволення; звільнення. ¶ ~하다 звільняти з посади; знімати з роботи; звільняти зі служби.

해장 похмілля. ¶ ~하다 похмелятися. ¶ ~술을 마시다 похмелятися. ‖ ~국 суп, що їдять на ранок після випивки.

해저 морське дно. ¶ ~의 підводний. ‖ ~전선 підводна телеграфна лінія (кабель).

해적 пірат. [형] піратський. ‖ ~선 піратське судно. ~판 самовільне перевидання. ~행위 піратство; піратські дії.

해전 морський бій.

해제 зняття; відміна. |책임 등의| визволення. |무장의| роззброєння. |경보의| відбій. ¶ ~하다 скасовувати; анулювати. |책임 등을| визволяти; знімати. |무장을| роззброювати. |경보를| давати відбій. ‖ 봉쇄~ зняття блокади.

해조 морські водорості. ‖ ~류 види морських водоростей.

해주다 робити *що кому-чому*; виробляти; здійснювати.

해지 закінчення; припинення. ¶ ~하다 закінчувати; припиняти.

해직 звільнення від роботи (посади). |면직| звільнення. ¶ ~의 про звільнення. ~하다 звільняти від посади; знімати з роботи. |면직·해고하다| звільняти.

해질녘 захід сонця. ¶ ~에 до заходу сонця; на заході сонця.

해체 розбір; розбирання; демонтаж; розчленування; розпуск. ¶ ~하다 розбирати; демонтувати; ліквідувати; розчленяти.

해초 морські водорості.

해충 шкідливі комахи; шкідник.

해치다 → 해(害).

해치우다 рішуче робити *що*; успішно виконувати *що*; упоратися *з чим*; переробити;

해탈 визволення; звільнення *від чого*. ¶ ~하다 звільняти(ся); визволяти *від кого-чого*.

해파리 {동물} медуза.

해풍 морський вітер.

해프닝 випадок; подія.

해학 жарт; гумор. ¶ ~적인 гумористичний. ‖ ~극 гумористична вистава.

해협 протока.

해후 випадкова (несподівана) зустріч. ¶ ~하다 випадково (несподівано) зустрітися.

핵 {물리} ядро; {식물} кісточка. ¶ ~의 ядерний. ‖ ~무기 ядерна зброя. ~무장 ядерне озброєння. ~물리학 ядерна фізика. ~반응 ядерна реакція. ~연료 ядерне паливо. ~열의 термоядерний. ~잠수함 ядерний підводний човен. ~탄두 снаряд, що має (ракета, що має) ядерний заряд. ~폭발 ядерний вибух.

핵가족 нуклеарна сім'я.

핵산 нуклеїнова кислота.

핵심 ядро; серцевина. |요점| суть [єдиного]; сутність. ¶ ~적 основний; ведучий; центральний. ‖ ~체 ядро.

핸드 рука. ‖ ~북 коротке керівництво; довідник.

핸드백 дамська сумочка; ручна валізка.

핸들 ручка; рукоятка; кермо; кермове колесо. ~을 잡다 тримати кермо. ~을 돌리다 керувати (кермом).

핸들링 дотик (рукою); «рука!».

핸디캡 невигода; невигідне положення; перешкода.

햄 шинка.

햅쌀 рис нового урожаю.

햇곡식 зерно нового урожаю.

햇님 → 해님.

햇볕 сонячні промені. ¶ ~을 쬐다 грітися на сонці.

햇빛 сонячне світло; сонячні промені.

햇살 сонячні промені.

햇수 число років.

행 рядок.

행간 проміжок (відстань) між рядками.

행군 марш; похід; похідний рух. ¶ ~하다 крокувати; іти в похід. ‖ ~대형 похідний порядок; маршове шикування.

행낭 ранець; рюкзак; поштовий мішок.

행동 дія; вчинок; поведінка; рух. |개개의| акт; акція. ¶ ~적 дієвий. ~하다 діяти; чинити; вести себе. ~에 옮기다 здійснювати; ~을 취하다 ужити заходи. ‖ ~거지 манера тримати себе; поведінка. ~반경 радіус дії. ~주의 {심리} біхевіоризм.

행락 насолода.. ¶ ~의 розважальний.

행렬 |행진| хода; процесія; колона. |열·줄| низка; черга; ряди; хвіст; матриця. {수학} матриця.

행로 шлях; курс; маршрут

행방 місцезнаходження. ¶ ~을 감추다 замітати сліди; ховатися; збитися зі сліду; зникнути. ~을 알아맞추다 знайти кого. ~불명되다 без вісті пропасти. ‖ ~불명자 пропавший без вісті.

행보 крок; хода.

행복 щастя. ¶ ~한 щасливий. ~하게 살다 жити в щасті (благополучно). ‖ ~감 відчуття щастя.

행사(行事) урочистий захід; урочистості; святкування. ¶ ~를 하다 відзначати подію; проводити захід.

행사(行使) ¶ ~하다 приміняти; здійснювати; пускати в обіг; використовувати.

행상 торгівля в роздріб. ¶ ~하다 торгувати (продавати) в роздріб. ‖ ~인 торговець в роздріб.

행색 зовнішній вигляд; манера вести себе.

행선지 місце призначення; ціль [ю].

행성 планета. ‖ ~계 планетна система.

행세 зловживання владою. ¶ ~하다 використовувати (мати; зловживати) владою; 주인처럼 ~ хазяйнувати; 자기 집처럼 ~ розпоряджатися як в себе вдома.

행실 поведінка.

행여 випадково; може; іноді; інший раз.

행운 щаслива доля; щастя; вдача; везіння. ¶ ~을 타고난 щасливий. ‖ ~아 щасливець, -ця; пестун долі.

행인 подорожній; перехожий.

행자(行者) |수행자| аскет. |은자| пустельник.

행정 управління; адміністрація. ¶ ~의(적) адміністративний. ‖ ~관리 адміністратор. ~구역 адміністративний район. ~권 адміністративна (виконавча) влада. ~기관 адміністративний орган. ~부 адміністрація; вищий орган адміністративної (виконавчої) влади; правління. ~학 адміністративні науки.

행주 кухонний (посудний) рушник.

행진 марш; похід; парад; хода; рух вперед. ¶ ~하다 крокувати; прямувати. ‖ ~곡 марш.

행차 виїзд; поїздка (вищого). ¶ ~하다 виїжджати; відправлятися в дорогу.

행태 поведінка; вчинок; манери.

행패 безцеремонність поведінки; свавіля. ¶ ~부리다 безцеремонно поводити себе; творити свавілля.

행하다 робити; діяти; здійснювати; виробляти; вести. |행동하다| чинити; поводити себе. |나쁜 짓을| вчинити. |실시하다| виконувати; здійснювати. |방법·실습을| практикувати. |거행하다| проводити; відправляти; влаштовувати. |식전을| святкувати. |교섭을| вести переговори.

행해지다 відбуватися; виконуватися; здійснюватися; чинитися; мати місце.

향 запах; аромат; куріння. ¶ ~을 피우다 спалювати куріння.

향가 ханга.

향긋하다 запашний; пахучий; з ніжним (ледве вловимим) ароматом.

향기 духм'яний запах; аромат.

향기롭다 ароматний; духм'яний; пахучий. ¶ ~로이 ароматно; з ароматом; з приємним запахом.

향나무 ялівець китайський.

향내 ароматний (запашний) запах.

¶ …의 ~가 나다 пахнути *чим*; духм'янiти.

향년 кiлькiсть прожитих рокiв.

향도 ведучiсть; ведучий; головний; направляючий; проводир; вождь.

향락 насолода. ¶ ~적 розважальний. ~하다 насолоджуватися *чим*. ‖ ~주의 епiкуреїзм.

향로 курильниця.

향료 ароматичнi (духм'янi) речовини [보통복]. |식물의| спецiї [보통복]; прянiсть. |화장용| парфуми [복]

향방 напрямлення.

향배 позицiя; вiдношення; слухнянiсть i непокiрнiсть.

향상 пiдвищення; рiст; пiдйом; покращення. ¶ ~하다 пiдвищуватися; пiдiйматися; зростати; покращуватися; робити прогрес.

향수(香水) парфуми. ¶ ~를 뿌리다 надушити *кого-що*.

향수(鄕愁) туга по батькiвщинi; ностальгiя. ¶ ~를 느끼다 нудьгувати по батькiвщинi.

향신료 спецiї; прянощi.

향악 корейська нацiональна музика.

향연 бенкет; урочистий (званий) обiд. ¶ ~을 벌이다 влаштовувати бенкет. ‖ ~장 бенкетний зал.

향우회 земляцтво.

향유 володiння. ¶ ~하다 володiти *ким-чим*; володiти *ким-чим*.

향토 батькiвщина; рiднi мiсця; рiдний край. ‖ ~색 мiсцевий колорит.

향하다 |상태| бути зверненим *до чого* (*куди*); звертатися *до кого-чого*; |이동| прямувати; вiдправлятися; пiти; розвиватися. ¶ …을(로) 향하여(в напрямку) *до кого-чого*; обличчям *до кого-чого*.

향학열 гаряче прагнення до навчання; ентузiазм в навчаннi.

향후 пiсля цього; згодом.

허 |감탄| ах; ой. |놀라움·절망 등의 심적 상태| а. |유감·고통·비애| ох.

허가 дозвiл; допуск; санкцiя. ¶ ~하다 дозволяти; санкцiонувати; допускати *кого-що до кого-чого*. …의 ~를 얻어 з дозволу кого. ‖ ~장 (письмовий) дозвiл; права; документ; лiцензiя. ~제 система лiцензiй; лiцензiйна система. ~증 письмовий допуск; дозвiл; пропуск.

허공 порожнеча; простiр.

허구 брехня; вигадка; вимисел; фiкцiя. ¶ ~적 неправдивий; вигаданий; сфабрикований; фiктивний.

허기 почуття голода; голод.

허기지다 знесилитися вiд голоду; зголоднiти.

허깨비 → 헛것.

허다(許多) ¶ ~하다 багаточисельний.

허덕이다 битися як риба об лiд; метатися.

허둥거리다 бути невгамовним; нервувати; метушитися. |마음이| переживати; хвилюватися.

허둥지둥 невгамовно; метушливо; нервово; неврозно; квапливо; поспiшно; беспокiйно.

허드레 неважлива рiч; дрiбниця.

허락 дозвiл; згода. ¶ ~하다 дозволяти; давати згоду *на що*; схвалювати.

허례 пуста формальнiсть;

허름하다 поношений; потріпаний.

허리 поперек; стегна. [복] |의복| талія; пояс. |중간부분| середина; середня частина. ¶ ~가 굽은 згорблений. ~를 구부리다 нахилитися; нагинатися; горбитися. розвкланюватися в пояс. ~를 펴다 випрямлятися.

허리띠 пояс; ремінь [남]. ¶ ~를 매다 надягати ремінь. ~를 졸라 매다 напружувати всі сили. ~를 풀다 розстібати ремінь.

허리뼈 попереково́ві хребці́.

허리춤 пояс; поясок.

허망 брехня; неправда; фальш [여]. ¶ ~하다 неправдивий; малоймовірний; ненадійний; порожній; даремний; марний.

허명(虛名) фальшива репутація.

허무 ніщо; небуття. ¶ ~하다 несуттєвий; порожній; даремний. || ~감 почуття безнадійності (спустошеності). ~주의 нігілізм.

허무맹랑하다 фальшивий; безпідставний; марний.

허물 недолік; дефект; похибка; помилка; провина; вина. ¶ ~을 벗다 змивати ганьбу.

허물다 ламати; зносити; розбивати; розвалювати; руйнувати.

허물어지다 ламатися; розбиватися; розвалюватися; руйнуватися.

허물없다 несором'язливий; безцеремонний; відвертий. ¶ 허물없이 без церемоній; просто; вільно.

허벅다리 верхня частина стегна.

허벅지 внутрішня сторона стегна.

허비 даремні витрати; розтрата; витрата. ¶ ~하다 марно (даремно) витрачати; розтрачувати.

허사 марна справа (заняття); марна робота. ¶ ~로 돌아가다 піти прахом.

허상 уявне зображення.

허세 зарозумітися; показна могутність; блеф. ¶ ~를 부리다 величатися; пускати пил в очі; залякувати.

허송 |세월| порожнє проведення часу. ¶ ~하다 даремно проводити час; витрачати даремно (час); бити байдики; байдикувати.

허수아비 опудало; чучело. |비실력자| підставне обличчя; маріонетка. ¶ ~의 номінальний. || ~정권 маріонеткова влада.

허술하다 старезний; старий; поношений; слабкий.

허심(虛心) || ~탄회 безпристрасність; щирість. ~탄회하게 협의하다 відверто розмовляти.

허약 ¶ ~하다 слабкий; кволий; немічний. || ~성 слабкість; кволість; немічність. ~자 квола (слабка; немічна) людина.

허영[심] марнославство. [형] марнославний. ¶ ~이 강한 марнославний; честолюбний.

허욕 нездійсненне бажання; жадібність; жадоба; ненажерливість.

허용 допущення; дозвіл; допущення. ¶ ~하다 допускати; дозволяти; санкціонувати. || ~오차 допустима помилка; допустиме відхилення.

허우대 крупне тіло.

허울 (зовнішній) вигляд; зовнішність; удавання; маску-

ва́ння; прикриття́. ¶ ~ 좋다 зовнішнє га́рний.

허위 брехня́; підро́бка. [형] хи́бний; підро́блений. ‖ ~날조 брехня́ і фальсифіка́ція. ~보고 хи́бне донесе́ння. ~진술 хи́бне показа́ння.

허전하다 закинутий; глухи́й; пусте́льний; одино́кий; сумни́й; смутни́й; нудни́й; сто́млений.

허점 слабке́ мі́сце.

허탈 знемо́га; висна́ження; за́непад сил; позба́влений сил. ¶ ~한 знеси́лений. ‖ ~감 почуття́ пова́леного ста́ну. ~상태 стан по́вного безси́лля; спустоше́ння.

허탕 безрезульта́тність; безплі́дність. ¶ ~을 치다 нічо́го не отри́мати (за ви́конану робо́ту); отри́мати кукі́ш з ма́слом.

허튼 поро́жній; даре́мний; ма́рний; безглу́здий; нікче́мний.

허튼 소리 нісені́тниця; безглу́здя; дурни́ця; пусти́й звук. ¶ ~를 하다 базі́кати; нести́ нісені́тницю (дурни́цю).

허파 легеня́; легені́.

허풍 вихваля́ння; перебі́льшення. ¶ ~떨다 хвали́тися *чим*. ~치다 вихваля́тися; перебі́льшувати; розду́вати. ‖ ~선이 хвалько́.

허허벌판 безме́жна рівни́на; широ́ке по́ле.

허황하다 нісені́тний; неймові́рний; неправдоподі́бний; безглу́здий.

헌금 грошове́ поже́ртвування. ¶ ~하다 же́ртвувати (гро́ші) *на що*.

헌납 ¶ ~하다 підно́сити *що кому*; прино́сити *що* в дар; же́ртвувати *що*. ‖ ~품 підно́шення; дар.

헌법 конститу́ція. ¶ ~의 конституці́йний. ‖ ~개정 попра́влення до конститу́ції.

헌병 жанда́рм; жандарме́рія. ‖ ~대 жандармський заго́н; заго́н жанда́рмів.

헌상 ¶ ~하다 підно́сити *що кому*; прино́сити в дар. ‖ ~품 дар.

헌신 самовідда́ність; самопоже́ртвування. ¶ ~적으로 самовідда́но …에 헌신하다 посвя́чувати себе́ *чому*; же́ртвувати собо́ю для *чого*; же́ртвувати собо́ю зара́ди *кого-чого*; віддава́ти всього́ себе́.

헌장 стату́т; ха́ртія; зако́н; пра́вила. ‖ 유엔~ стату́т ООН.

헌정 підно́шення; дар. ~하다 підно́сити *кому що*; прино́сити *що кому*.

헌정사 мо́ва підно́шення

헌혈 ¶ ~하다 віддава́ти свою́ кров; же́ртвувати кров.

헐값 низька́ ціна́; дешевина́. ¶ ~으로 사다 купи́ти де́шево (за низько́ю ціно́ю).

헐다 |낡다| ста́ти стари́м (неприда́тним). |부스럼·상처 따위가| гноїтися.

헐다 лама́ти; руйнува́ти; розва́лювати.

헐떡거리다 задиха́тися.

헐떡이다 → 헐떡거리다.

헐뜯다 |중상하다| обмовля́ти *кого-що*. |명예를| порочити.

헐렁하다 ві́льний; на́дто широ́кий.

헐레벌떡 ¶ ~ 뛰어오다 прибі́гти, задиха́ючись.

헐리다 лама́тися; руйнува́тися; розва́люватися; бу́ти зла́маним (зруйно́ваним).

헐벗다 бу́ти роздя́гнутим та роззу́тим; стражда́ти від бі́дності;

дійти до бідності.

험난 крутість; тяжкість та небезпека. ¶ ~하다 крутий; обривистий; стрімкий; важкий та небезпечний.

험담 лихослів'я; пересуди. ¶ ~하다 лихословити; відгукуватися *про кого*.

험로 стрімка (крута) стежка; небезпечний шлях; важкопрохідна дорога.

험상궂다 дуже злий (злісний); зловісний; мерзенний; дуже грубий.

험악 ¶ ~하다 грізний; небезпечний; гострий; поганий; несприятливий; важкий; загрозливий; зловісний; злий; хижий; кепський.

험준 ¶ ~하다 скелястий; крутий; неприступний; стрімкий.

험하다 крутий; скелястий; суворий; грізний; небезпечний.

헛간 сарай; склад; амбар.

헛갈리다 |뒤섞임| бути нерозрізненим; змішатися з чим. | 정신| розгубитися; бути в збентеженні.

헛걸음 нетверда хода. ¶ ~하다 даремно збити ноги; марно ходити.

헛것 |허깨비| зорові галюцінації.

헛기침 удаваний кашель; покашлювання. ¶ ~하다 кашляти.

헛되다 марний; даремний; пустий. ¶ 헛되이 марно; даремно.

헛소문 хибні плітки.

헛수고 марна (даремна) праця; мавпина праця; марні зусилля. ¶ ~하다 марно працювати; працювати впусту; битися головою об стіну.

헝겊 клапоть; латка. ¶ ~을 대다 латати; класти зарплату *на що*.

헝클어지다 сплутуватися; переплутуватися; заплутуватися; скуйовджувати(ся); ускладнюватися.

헤게모니 гегемонія.

헤드 голова; глава; керівник; начальник; здібність; розум; передня частина; верх; верхня частина.

헤드라인 заголовок; назва.

헤딩 удар головою.

헤매다 бродити; хитатися; блукати; перескакувати з однієї думки на іншу; метушитися;

헤비급 важка вага.

헤아리다 |수량을 세다| рахувати; вираховувати. |식별하다| розрізняти; розпізнавати. |추측하다| вгадувати; уявляти; здогадуватися; розгадувати.

헤어나다 виходити. |탈출하다| позбуватися; вислизати.

헤어지다 |이별| розставатися *з ким*; розлучатися *з ким*; прощатися *з ким-чим*. |분산·별거| розходитися. |이혼| розлучатися *з ким*;

헤엄 плавання. ¶ ~치다 плавати; плисти; купатися.

헤집다 колупати(ся); дряпати(ся); шкрябати(ся); копатися *в чому*; ритися *в чому*; розкидати.

헤치다 розкидати; розсовувати; розсіювати; розв'язувати; розпаковувати. |옷자락을| відкривати. |극복하다| подолати.

헤프다 неміцний; неекономний; балакучий; багатослівний; жалісливий; м'якосердий.

헥타르(hectare) гектар.

헬레니즘 еллінізм.

헬리콥터 вертоліт; гелікоптер.

헬멧 шолом.

헷갈리다 |길을| загубитися; загубити. |당혹| бути збентеженим (бути в розгубленості). |뒤섞이다| бути заплутаним (переплутаним).

혀 язи́к. [형] язико́вий. |악기의| язичо́к. |뱀의| жало́. ¶ ~를 내밀다 |경멸| висо́вувати (ви́сунути) язи́к. ~를 차다 цо́кати язико́м. …를 ~로 핥다 лиза́ти язико́м що.

혁대 ре́мінь [남].

혁명 револю́ція. |변혁| переворо́т. ¶ ~적 революці́йний. ~하다 здійсню́вати револю́цію; вести́ революці́йну робо́ту. ‖ ~가 революціоне́р. ~군 революці́йна а́рмія.

혁신 оно́влення; нова́торство. ¶ ~적 нови́й; нова́торський. ~하다 поно́влювати; реформува́ти.

혁혁하다 чудо́вий; блиску́чий. ¶ 혁혁한 성과를 거두다 досягти́ блиску́чих успі́хів.

현(弦) тятива́; хо́рда; чверть.

현--(現--) тепе́рішній; ни́нішній; суча́сний; існу́ючий. ¶ ~정권 ни́нішня (полі́тична) вла́да.. ~정세 суча́сний (ни́нішній) стан.

현(絃) струна́.

현격 ¶ ~하다 відда́лений; дале́кий; що си́льно відрізня́ється від чого. 현격한 차이 значна́ рі́зниця.

현관 передпо́кій; вестибю́ль; пара́дний хід (під'ї́зд).

현금 готі́вка. ¶ ~의 ка́совий. ~으로 지불하다 плати́ти готі́вкою. ~화하다 перевести́ в готі́вку. ‖ ~거래 ка́сова уго́да; уго́да за готі́вковий рахуно́к.

현기[증] запа́морочення (голови́). ¶ ~증 나다 Голова́ па́морочиться.

현대 суча́сна епо́ха; наш час; тепе́рішній час. ¶ ~의(적) суча́сний. перевести́ в готі́вку. ‖ ~문학 суча́сна літерату́ра. ~성 суча́сність; суча́сні осо́бливості (ри́си). ~식 суча́сний стиль (зразо́к; тип). ~화 модерніза́ція. ~화하다 модернізува́ти(ся).

현란 ¶ ~하다 блиску́чий; пи́шний; пишномо́вний.

현명 ¶ ~하다 розу́мний; му́дрий.

현모 му́дра ма́ти. ‖ ~양처 му́дра ма́ти та до́бра дружи́на.

현몽 ¶ ~하다 з'являтися кому́ уві сні (про небі́жчика).

현물 нату́ра; ная́вний това́р. ‖ ~거래 уго́да на ная́вний това́р. ~시장 ри́нок ная́вного (реа́льного) това́ру.

현미 неочи́щений рис.

현미경 мікроско́п. [형] мікроскопі́чний. ‖ ~적 мікроскопі́чний. ‖ 전자~ електро́нний мікроско́п.

현상(現象) я́вище; фено́мен. {філах} фено́мен. ¶ ~계 реа́льний світ. ~론 феноменалі́зм. ~학 феноменоло́гія.

현상(懸賞) пре́мія; приз. ‖ ~금(품) пре́мія; приз.

현세(現世) суча́сний світ. ¶ ~에서 на цьо́му сві́ті. ~적 сві́тський; земни́й.

현수(懸垂) ‖ ~교 підвісни́й міст. ~막 підвісни́й плака́т.

현숙 ¶ ~하다 цнотли́ва

현실 дійсність; реальність. ¶ ~적(의) дійсний; реальний. ~화하다 реалізовувати; приводити до життя [у]. ‖ ~감 почуття реальності. ~성 реальність. ~주의 реалізм. ~화 реалізація.

현악 струнна музика. ‖ ~기 струнний інструмент. ~사중주 струнний квартет.

현안 відкрите питання; нерозглянутий проект (план; питання).

현역 дійсна служба. ¶ ~에 복무하다 знаходитися на дійсній службі. ~에서 물러나다 піти з дійсної служби. ‖ ~군인 кадровий військовий.

현인(자) мудрець.

현장 місце народження (дії). ¶ ~에서 на місці (дії). ‖ 건설~ будівельний майданчик. 사건~ місце подій.

현재 теперішній час; зараз. ¶ ~의 справжній; теперішній. ~의 시점에서는 в даний момент; поки що; на час. ~까지 досі.

현저 ¶ ~하다 значний; очевидний; примітний; помітний; знаменний; разючий. ~히 значно; в значній мірі; у вищому ступіні.

현존 ¶ ~하다 [형] існуючий в теперішній час; що зберігся; наявний; сучасний. ~하다 [동] існувати; знаходитися; матися у наявності.

현주소 нинішнє (дане) місце проживання; теперішня адреса.

현지 місце. |행해진 장소| поле дії. ¶ ~의 місцевий; на місці. ‖ ~조사 розслідування на місці.

현직 посада, що займається в теперішній час.

현찰 → 현금.

현충일 день пам'яті.

현판(懸板) дошка з написом.

현학(衒學) педантизм. ¶ ~적 педантичний. ‖ ~자 педант, -ка.

현행 ¶ ~의(нині) діючий; існуючий. ‖ ~범 злодій, спійманий на місці злочину. ~법 діючий закон. ~제도 діюча система.

현혹 осліплення; зачарування. ¶ ~적인 чаруючий; чарівний. ~하다 осліплювати; зачаровувати. ~되다 бути осліпленим; бути зачарованим.

현황 сучасний стан (положення); положення в даний момент.

혈(穴) точка для іглотерапії та припікання. |산맥의| гірська жила. |명당자리| хороша ділянка для могили.

혈관 кров'яна судина. ‖ ~계 ангіометр. ~주사 внутрішньовенне вливання.

혈구 кров'яні кульки. ‖ 백~ білі кров'яні кульки. 적~ червоні кров'яні кульки.

혈기 палкість (гарячність; пристрасність). ¶ ~의 палкий; гарячий; пристрасний. 젊은 ~로 з юнацьким запалом. ~왕성하다 повний сили (енергії); кров грає (кипить; горить).

혈뇨 гематурія; сеча з кров'ю.

혈당 цукор, що знаходиться в крові.

혈맹 клятва, закріплена кров'ю.

혈색 колір обличчя; почерво-ніння шкіри; рум'янець; колір крові. 그는 ~이 좋다. У нього здоро́вий ко́лір обли́ччя.

혈색소 гемоглобі́н.

혈서 рядки́, що напи́сані вла́сною кро́в'ю. ¶ ~를 쓰다 писа́ти кро́в'ю.

혈압 кров'яни́й тиск. ¶ ~이 높다 підви́щений кров'яни́й тиск. ~을 재다 виміряти кров'яни́й тиск. ‖ ~계 сфігмомано́метр; тоно́метр.

혈액 кров [я́]. ‖ ~ 검사 ана́ліз (дослі́дження) кро́ві. ~ 순환 кровоо́біг. ~ 은행 схо́вище кро́ві (для перелива́ння). ~형 гру́па кро́ві.

혈연 кро́вне спорі́днення. ¶ ~적 спорі́днений.

혈육 (кро́вний) ро́дич; кро́вне рі́дство; рі́дна дити́на.

혈장 пла́зма.

혈전(血栓) згу́сток; тромб. ‖ ~증 тромбо́з.

혈전(血戰) кровополи́тний бій; кровополи́тна війна́; кровополи́тна би́тва. ¶ ~하다 вести́ кровополи́тний бій.

혈족 кро́вний ро́дич.

혈청 сирова́тка; се́рум. ‖ ~요법 сирова́ткове лікува́ння; сі́рко тера́пія.

혈통 родові́д; похо́дження. ¶ ~이 좋은 із хоро́шої роди́ни.

혈투 кровополи́тна боротьба́. ¶ ~를 벌이다 вести́ кровополи́тну боротьбу́.

혈흔 слід кро́ві; кров'яна́ пля́ма.

혐오 відра́за; не́нависть. ¶ ~하다 нена́видіти; ~의 감정을 품다 відчува́ти не́нависть *до кого-чого*. ~할 (스러운) нена́висний; оги́дний; мерзо́тний; мерзе́нний; гидки́й. ‖ ~감 почуття́ відра́зи.

혐의 підо́зра. ¶ ~가 있는 підозрі́лий. …의 ~로 по підо́зрі *в чому*. ~를 두다 підозрювати *кого́ в чому́*. ~를 받다 бу́ти під підо́зрою *у кого́*; підозрюватися. ‖ ~자 підозрюваний [남명].

협곡(峽谷) уще́лина.

협공(挾攻) охо́плення супроти́вника з фла́нгів. ¶ ~하다 охопи́ти супроти́вники з фла́нгів.

협궤(挾軌) вузька́ ко́лія. ¶ ~의 вузькоколі́йний. ~철도 вузькоколі́йна залі́зна доро́га. [구어] вузькоколі́йка.

협동 співробі́тництво; спі́льні дії́; співдру́жність; взаємо́дія. ¶ ~적 спі́льний. ~하다 співпрацюва́ти з ким, сприя́ти; ді́яти ра́зом (суку́пно). ~하여 у взаємо́дії́. ‖ ~조합 кооперація; арті́ль [여]. ~체 співдру́жність.

협력 взаємо́дія; підтри́мка; співробі́тництво. ¶ ~하다 співробі́тничати; об'є́днувати зу́силля; ді́яти спі́льно; підтри́мувати. ‖ ~자 співробі́тник.

협박 загро́за; заля́кування; шанта́ж. ¶ ~하는 що загро́жує; шанта́жний. ~하다 загро́жувати; заля́кувати; погро́жувати; шантажува́ти.

협상 перегово́ри; пого́дження; конве́нція; до́говір; домо́вленість. ¶ ~하다 вести́ перегово́ри. консультува́тися.

협소 ¶ ~하다 вузьки́й; ті́сний; обме́жений.

협심증 грудна́ жа́ба; стенокардія.

협약 зго́да; пакт; до́говір; конве́нція.

협의 нара́да; ра́да; обгово́рення;

консультáція. ¶ ~하다 рáдитися; спíльно обговóрювати; консультувáтися. || ~제 колегіáльність. ~회 нарáда; конферéнція; рáда.

협잡 шахрáйство; афéра. ¶ ~하다 обмáнювати; шахраювáти; займáтися афéрами. || ~꾼(輩) шайрáй; злодíй; аферíст.

협정 погóдження; конвéнція. ¶ ~하다 погóджуватися *з ким*. прихóдити до згóди; домовля́тися. || ~가격 конвенцíйна (договíрна) цíна́. 신사 ~ джентельмéнська згóда. 어업 ~ згóда про риболóвство. 항공~ згóда про повíтряне повідóмлення.

협조 допомóга; сприя́ння [ю]. ¶ ~하다 допомагáти *комý-чомý*; сприя́ти *комý-чомý*. || ~심 почуття́. ~자 люди́на, що допомагáє; помíчник, -ця.

협주 спíльний ви́ступ; ви́ступ ансáмбля. ¶ ~하다 виступáти рáзом *з ким* у склáді ансáмбля. || ~곡 концéрт.

협착 ¶ ~하다 вузький́; тíсний.

협찬 схвáлення; сáнкція. ¶ ~하다 схвáлювати; давáти згóду; санкціонувáти.

협회 асоціáція; суспíльство. || ~원 член асоціáції (товариства).

헛바늘 рáнки на язицí.

헛바닥 спíнка язика́. ¶ ~을 놀리다 базíкати язикóм.

형(兄) стáрший брат.

형(形) фóрма; вид; ви́гляд.

형(型) зразóк; тип; фóрма.

형광 мерехтíння свíтля́чка; флуоресцéнція. || ~도료 флуоресцéнтна фáрба. ~등 флуоресцéнтна лáмпа.

형구(刑具) знаря́ддя покарáння.

형국(形局) полóження справ; обстанóвка; ситуáція.

형극(荊棘) шипи́; колю́чки; тéрні. || ~의 길 тернистий шлях.

형기(刑期) тéрмін покарáння. ¶ ~를 마치다 відбу́ти тéрмін.

형무소 → 교도소

형벌 покарáння; кáра. ¶ ~을 받다 зазнавáти покарáння *за що*.

형법 кримінáльне прáво. |법전| кримінáльний кóдекс.

형사 агéнт. |형사사건| кримінáльна спрáва. || ~범인 кримінáльний; злочи́нець. ~범죄 кримінáльний злочи́н. ~재판 головний процéс.

형상 фóрма; вид; фігýра; зобрáження; óбраз; фóрма; вид; конфігурáція. ¶ ~화하다 зобрáжувати; втíлювати в худóжній фóрмі.

형색(形色) зовнíшність; вид і колíр.

형석(螢石) {광물} флюори́т.

형성 утвóрення; складáння; станóвлення; формувáння. ¶ ~하다 утвóрювати; складáти; формувáти. 성격 ~ станóвлення харáктера.

형세 полóження; стан; обстанóвка; ситуáція; кон'ю́нктура. ¶ 좋은/나쁜 ~ сприя́тливе/ несприя́тливе полóження. ~를 살피다 вичíкувати; узгóджуватися з обстáвинами.

형수 дружи́на стáршого брáта.

형식 фóрма; формáльність; фóрмула. ¶ ~적 формáльний. ~에 얽매이다 дотри́муватися фóрми; бу́ти формалíстом. || ~미 краса́ фóрми. ~주의 формалíзм.

형언 ¶ ~할 수 없는 невимóвний;

형용 зображення; опис. |비유적 표현| фігура. ¶ ~하다 зображати; описувати; виражати фігурально.

형용사 прикметник. |형용어| епітет. ‖ 형동사 дієприкметник.

형이상 ¶ ~의 метафізичний; абстрактний. ‖ ~학 метафізика.

형장(刑場) місце страти. ¶ ~의 이슬로 사라지다 бути страченим.

형제 брат; брати ¶ ~의 братній; сестринський. ‖ ~간 братські відношення. ~애 братська любов. 의~ названий брат; побратим. 이복~ зведений брат.

형질(形質) якість; властивість; відмітна ознака (організма). {생물} відмітна ознака (організма)..

형체 форма; фігура; корпус; кістяк.

형태 форма; вид; образ, відмітна ознака (організма). ‖ ~론 морфологія. ~론적 морфологічний. ~소 морфема.

형편 положення; стан (справ). ¶ ~이 펴이다 покращуватися; ставати краще. 지금 ~으로는 при цих обставинах; в цій ситуації.

형편없다 неможливий; нестерпний; недопустимий; сумний; прикрий. ¶ 형편없이 надто; занадто.

형평 рівновага. |안정된 관계| стійкість. |평정| спокій. ¶ ~을 잃다 втрачати рівновагу.

형형색색 ¶ ~의 різноманітний; різний; різнокольоровий. |잡다한| всякий; різного роду.

혜성(彗星) комета.

혜안(彗眼) пильне око; зіркість; спостережливість; проникливість; блискучі очі; блискучий погляд.

혜택 блага; благодіяння; милість; милосердя; благодійність; милостиня. |자비| милосердя. |자선| благодійність; благочинність; милостиня. ¶ ~받은 привілейований; що користується перевагами. ~을 주다 чинити благодійність; подавати милостиню.

호(戶) дім. |농촌 등의| двір.

호(弧) {수학} дуга.

호(號) |아호| псевдонім. |신문·잡지 등의| номер.

호(壕) рів; окоп; яма; траншея.

호가(呼價) {경제} оголошена ціна (котирування). ¶ ~하다 оголошувати (запитувати) ціну; котувати.

호각(互角) ¶ ~의 рівний; однаковий.

호감 доброзичливість; прихильність; симпатія. |좋은 인상| гарне враження. ¶ ~이 가는 симпатичний. …에게 ~을 주다 справляти гарне враження *на кого*; прихиляти. …의 ~을 사다 завоювати симпатію; потримати гарне враження. …에게 ~이 가다 відчувати симпатію (прихильність) *до кого*; симпатизувати *кому-чому*.

호강 розкішне життя. ¶ ~스럽다 розкішний. ~하다 жити в розкоші.

호객(豪客) смілива (енергійна; відважна; хоробра) людина.

호걸 герой; богатир [на].

호경기 висока (сприятлива) кон'юнктура; оживлення; процвітання; бум.

호구(戶口) кількість дворів і число жителів. ‖ ~조사 перепис дворів

호구(糊口) || ~지책 засоби до існування.

호국 захист вітчизни. ¶ ~하다 захищати батьківщину.

호기(好奇) || ~로 з цікавістю. ~심 допитливість ~심이 많은 допитливий.

호도 ¶ ~하다 замазувати; згладжувати. | 일시적 ~책 часова міра; паліатив.

호되다 дуже сильний; важкий.

호두 грецький горіх.

호들갑 легковажність; непостійність; необачність. ¶ ~스럽다 легковажний; необачливий. ~을 떨다 поводити себе необачливо; легковажно.

호떡 солодкі пиріжки з начинкою з червоної квасолі.

호랑이 тигр. [형] тигровий. |암컷| тигриця. |새끼| тигриня.

호령 команда; наказ. |명령·위협·경고| оклик; догана. ¶ ~하다 віддавати команду (наказ); командувати; голосно кричати *на кого*; робити догану.

호롱 резервуар керосинової лампи. || ~불 вогонь (полум'я) гасової лампи. |남|

호루라기 → **호각**.

호르몬 гормон. [형] гормональний. || ~제 гормональний препарат.

호른 горно. || ~주자 сурмач.

호명(呼名) || ~하다 називати (викликати) по імені.

호모(homo) {의학} гомопластика; гомосексуаліз̲м; гомосексуаліст. ¶ ~의 гомосексуальний.

호미 мотика; сапа. ¶ ~질하다 обробляти землю мотикою та населення.

호밀 жито. || ~밭 житнє поле.

호박 гарбуз. || ~씨 насіння гарбуза. ~잎 листя гарбуза.

호박(琥珀) бурштин. [형] бурштиновий.

호반(湖畔) берег озера.

호방(豪放) ¶ ~하다 відважний; з відкритим серцем.

호별 ¶ ~방문하다 відвідувати кожен дім. ~로(окремо) по будинкам. || ~방문 відвідування кожного двору.

호사(豪奢) розкіш [여]. ¶ ~스럽다 занадто розкішний. ~하다 жити на широку ногу; жити розкішно.

호사(好事) щаслива подія; щастя; добрі справи. || ~가 дилетант; аматор. ~다마 Де щастя, там і горе.

호상(護喪) розпорядник на похованні.

호색(好色) чуттєвість; пристрасть. ¶ ~의 чуттєвий; пристрасний. || ~가 ласолюб; любострасник.

호선(互選) взаємний вибір. ¶ ~하다 обирати зі свого середовища (із числа вибірників).

호소 |어필| приликання; звертання; звернення. |하소연| скарга; жалоба. ¶ ~하다 |어필하다| приликати *до кого-чого*; звертатися *до кого-чого*. |하소연하다| подавати скаргу; скаржитися. || ~문 звертання; звернення.

호송 конвоювання; екскортування; супровід; охорона. ¶ ~하다 конвоювати; екскортувати. || ~대 конвой; конвойний загін; ескорт; охорона. ~선 конвойне судно; ескортний корабель; корабель охорони. ~선단

конво́й; конво́йний карава́н суде́н. ~원 супрово́джуючий.

호수(湖水) о́зеро.

호스텔 гурто́житок; турба́за.

호시탐탐 ¶ ~하다 вичі́кувати зручну́ можли́вість на́паду; бу́ти гото́вим ки́нутися у будь-яку́ хвили́ну.

호식(好食) до́бре харчува́ння. ¶ ~하다 до́бре харчува́тися.

호신(護身) самооборо́на; самоза́хист. ‖ ~술 мисте́цтво самооборо́ни (самозахи́сту). ~책 за́соби самооборо́ни (самозахи́сту).

호실(號室) |호텔 등의| но́мер. |기숙사 등의| кімна́та.

호언(豪言) ¶ ~하다 говори́ти голосні́ слова́; хвали́ти(ся); вихваля́тися.

호연(浩然) ‖ ~지기 світова́ ене́ргія; натхне́ння; душе́вна бадьо́рість.

호외 |신문| е́кстренний ви́пуск. |잡지| позачерго́вий ви́пуск; доба́вка.

호우(豪雨) зли́ва; заливни́й дощ. [남] ¶ ~가 내리다 ли́ти (про дощ). ‖ ~경보 попере́дження метеослу́жби про зли́ву.

호위 охоро́на; конвоюва́ння; супрові́д. ¶ ~하다 охороня́ти; конвоюва́ти; ескортува́ти. ‖ ~대 охоро́на; еско́рт; конво́йний заго́н. ~병 конво́йний. ~함 конво́йний (еско́ртний) корабе́ль.

호응 ві́дгук; ві́дгомін; резона́нс; узго́дження. ¶ ~하다 відгу́куватися (на зверта́ння; за́клик); узго́джуватися з чим. ~하여 узго́джено з ким-чим.

호의(好意) доброзичли́вість; дружелю́бність; прихи́льність; люб'я́зність. ¶ ~적인 доброзичли́вий; дружелю́бний; люб'я́зний. ~적으로 доброзичли́во; дружелю́бно. ~를 гази́ти бу́ти дру́жньо прихи́льним до кого-чого. ~를 보ити́ виявля́ти дру́жню прихи́льність.

호의호식 ¶ ~하다 до́бре харчува́тися та одяга́тися; жи́ти на широ́ку но́гу; жи́ти приспі́вуючи; розкі́шно жи́ти.

호적(戶籍) сіме́йний за́пис; кни́га пе́репису насе́лення та буди́нків (дворі́в). ¶ ~에 넣다 запи́сувати кого́ в кни́гу за́пису. ‖ ~계 реєстра́тор; хто веде́ сіме́йний за́пис; ~등본 ко́пія сіме́йного за́пису; випи́сування з сіме́йного за́пису. ~부 кни́га сіме́йного за́пису.

호적수 гі́дний супроти́вник.

호전 поворо́т на кра́ще; покра́щення. ¶ ~하다 прийма́ти сприя́тливий оберт; піти́ на лад ~되다 змі́нюватися на кра́ще; покра́щуватися.

호전(好戰) ¶ ~적 войовни́чий; мілітари́стський.

호젓하다 само́тній; заки́нутий; глухи́й; пусти́нний; усамі́тнений.

호조(好調) сприя́тлива обстано́вка; задові́льний хід поді́й. ¶ ~이다 бу́ти сприя́тливим (задові́льним)

호조건 ви́гідні (сприя́тливі) умо́ви.

호주(戶主) голова́ сім'ї́. ‖ ~권 права́ голови́ сім'ї́.

호주머니 кише́ня. [형] кишенько́вий.

호출 ви́клик; запро́шення (вимо́га) з'яви́тися. ¶ ~하다 виклика́ти.

법정으로의 ~장을 받다 отримувати повістку в суд. ‖ ~장 повістка; виклик.

호칭 найменування; назва; заклик; виклик. ¶ ~하다 найменовувати; називати по імені.

호쾌 ¶ ~하다 хвилюючий; захоплюючий; сміливий; великодушний; життєрадісний.

호탕 ¶ ~하다 бравий.

호텔 готель. [형] готельний.

호통 злісний (сердитий) окрик; злісна лайка. ¶ ~치다 голосно сваритися; сердито кричати; вигукувати загрози; голосно гукати.

호평 сприятливі відклики; добра оцінка; успіх; гарна репутація. ¶ ~하다 позитивно оцінювати. ~을 받다 користуватися успіхом; мати великий успіх; бути добре прийнятним.

호피(虎皮) шкура тигра.

호헌(護憲) захист конституції.

호화 розкіш; пишнота; пишність. ¶ ~롭다 розкішний; пишний. ~찬란하다 пишний; блискучий. ‖ ~판 розкішне видання.

호환(互換) взаємний обмін. ¶ ~하다 взаємно обмінювати(ся). ‖ ~성 взаємозамінність [여].

호황(好況) висока (сприятлива) кон'юнктура; квітучий стан.

호흡 дихання; 〈생물〉 газообмін. ¶ ~하다 дихати. ~이 맞다 збігатися; бути одностайним. ‖ 인공~ штучне дихання. ~곤란 задишка. ~기 дихальні органи.

혹 жовно. |피부·식물의| гуля; наріст. |돌기| опуклість.

혹 |또는| чи; або. |어쩌면| можливо

мабуть. |어떤 경우| в деяких випадках.

혹간 іноді; часом.

혹독 жорсткість; лють; лютість. ¶ ~하다 жорстокий; безжалісний; лютий.

혹부리 людина з гулею на обличчі.

혹사 ¶ ~하다 примушувати працювати без відпочинку; жорстоко експлуатувати.

혹성 планета. [형] планетний.

혹시(或是) можливо; може; мабуть; якщо.

혹자(或者) якийсь; деякі [복명]. ¶ ~는 …, ~는 один…, а інший.

혹평 різка критика; сувора оцінка. ¶ ~하다 різко критикувати; давати сувору оцінку.

혹하다 бути зачарованим; спокушатися *чим (на що)*; захоплюватися *ким-чим*; піддаватися спокусі.

혹한 лютий мороз.

혼 |넋| дух. |정신| душа. |망령| привид; примара.

혼거(混居) спільне життя. ¶ ~하다 жити разом.

혼기(婚期) шлюбний вік. ¶ ~를 놓치다 відцвісти; залишитися старою дівою.

혼나다 сильно злякатися; вибитися із сил; ускочити в халепу; бути покараним.

혼내다 провчати.

혼돈 хаос. ¶ ~하다 хаотичний; туманний; невиразний. ‖ ~세계 світ (всесвіт) у стані хаосу; помутніння свідомості.

혼동 змішування; змішання. ¶ ~하다 змішувати; плутати; переплутувати.

혼란 замішання; безлад; хаос; заколот; розлад; паніка. ¶ ~하다 [형] хаотичний; безладний. ~하다 [동] бути у безладі; бути в хаотичному стані. ~되다 знаходитися в замішанні; впасти в розгубленість. ~을 일으키다 приводити в безлад; вносити анархію. ~이 일어났다 піднявся (почався) заколот. ‖ ~기 смутні часи. ~상태 хаотичність; плутанина.

혼령(魂靈) → 영혼.

혼례 шлюбний (весільний) обряд; весілля. ¶ ~를 올리다 здійснювати шлюбний обряд; справляти весілля; вінчатися.

혼미(昏迷) ¶ ~하다 мутний; помутнілий. 정신이 ~하다 похмурніти (про свідомість).

혼미(混迷) зніяковіння; помилка. ¶ ~하게 하다 бентежити; приводити кого у бентеження. ~에 빠지다 ніяковіти.

혼비백산 паніка; переляк. ¶ ~하다 лякатися; бути (знаходитися) в паніці; впасти в паніку; піддатися паніці. ~하여 달아나다 бігти в паніці.

혼사(婚事) весільний обряд; весілля. ¶ ~를 치르다 справляти весілля.

혼선 переплутування дротів. |혼란| безладдя; плутанина.

혼성 суміш; змішуватти; гібридизація. ¶ ~의 змішаний; комбінований. ~하다 змішувати(ся); перемішувати(ся); комбінувати(ся); ‖ ~팀 збірна команда. ~합창 змішаний хор.

혼수 глибокий сон; {의학} кома; транс; летаргія; забуття; непритомність. ¶ ~ 상태에 있다 бути в непритомному стані.

혼신 все тіло. ¶ ~의 힘을 기울여 всіма силами.

혼연(渾然) ‖ ~일체 монолітність; одностайність.

혼영(混泳) комбінований заплив.

혼용 ¶ ~의 змішане вживання; плутанина у використанні; змішаний; комбінований. ~하다 змішувати; перемішувати.

혼인 шлюб. ¶ ~하다 вступати у шлюб. ~신고를 하다 реєструватися.

혼자 один; сам. ¶ ~의 один; єдиний. ~되다 |배우자를 잃다| овдовіти.

혼잡 метушня; безладдя; давка; штовханина. ¶ ~하다 [형] метушливий; сум'ятний; безладний. ~을 이루다 панує метушня.

혼잣말 ¶ ~하다 говорити самому собі (з самим собою); вимовляти монолог.

혼전(混戰) безладний бій; сутичка.

혼탁 помутніння; мутність; забруднення. ¶ ~하다 [형] мутний; брудний; темний. ~하다 [동] |의식이| стати неясним (мутним; затьмареним). ~하게 하다 помутити. ~해지다 помутніти.

혼합 змішування. ¶ ~한 змішаний; перемішаний. ~하다 змішувати (перемішувати) що з чим. ‖ ~기 змішувач [남]; мішалка. ~물 суміш; конгломерат; сплав. ~ 비료 компост; складове добриво.

혼혈 змішання крові; расове

змішáння. || ~아 метúс. {생물} гíбрид.

홀(hall) велúкий зал; хол.

홀가분하다 легкúй; неважкúй; зручнúй; несерйóзний; легковáжний.

홀대 недостáтньо увáжний прийóм. ¶ ~하다 приймáти без служнóї увáги; погáно (грýбо) поводитися *з ким*; приймáти погáно.

홀딱 абсолю́тно; пóвністю; цілкóм; легкó. ¶ ~ 반하다 закохáтися без пáм'яті. ~ 벗다 роздягнýтися догóла.

홀로 → 혼자.

홀리다 бýти зачарóваним (спокýшеним); бýти обмáнутим; зачаровýватися; спокушáтися.

홀몸 несімéйний; -на. |남자| холостя́к; вдівéць. |여자| неодрýжена жíнка; вдовá.

홀수 непáрні числá.

홀아비 вдівéць; розлýчений [남명].

홀어머니 вдовá; розлýчена [여명].

홀연[히] несподíвано; рáптом.

홀짝거리다 пúти зáлпом; легкó підстрибувати; шмúгати нóсом.

홀쭉하다 довгáстий; худúй; тонкúй.

홈 канáвка; жолобóк; паз; вúточення. ¶ ~을 파다 робúти паз.

홈통 жóлоб; лотóк; паз.

홉 хоп (мíра рідинú та сипкúх тíл=0,18 л.).

홍당무 (червóна) рéдька; мóрква. ¶ ~가 되다 почервонíти (про облúччя).

홍등가 квартáл питнúх закладів; вýлиця червóних ліхтарíв.

홍보(弘報) ширóке оповíщення (повідóмлення); глáсність. ¶ ~하 다 ширóко сповíщувати *про що*.

홍삼 червóний культивóваний женьшéнь.

홍수 повíдь; рóзлив. ¶ ~가 일다 бýти затóпленим; затóплювати; розливáтися.

홍어 {동물} скат.

홍역 кір. [형] коровúй. ¶ ~에 걸 리다 заразúтися кíр'ю.

홍조(紅潮) червоня́стий кóлір щік; рум'я́нець; відобрáження ранкóвої зорí. ¶ ~를 띤 рум'я́ний; залúтий рум'я́нцем. ~를 띠다 почервонíти.

홍차 бáйховий чай; (чóрний) чай.

홍학 {동물} фламíнго.

홍합 {패류} мíдія; морськá мíдія.

홑이불 легкá (лíтня) кóвдра; простирáдло; підкóвдра.

홑치마 спідниця без підкладки.

화(火) гнів; роздратувáння. ¶ ~난 гнíвний; розгнíваний; сердúтий. ~가 가라앉다 холóнути. ~가 끓다 кипíти від гнíва. ~가 나게 하다 злúти; сердúти. ~가 나다 гнíватися; сердúтися. ~를 내다 дáти вóлю (вúхід) своєму гнíву; гнíватися *на кого-що*; сердúтися *на кого-що (за що)*; відчувáти гнів. ~를 누그러뜨리다 пом'якшúти гнів.

화(禍) нещáстя; бідá. |재난| лúхо; зáгибель. ¶ ~를 당하다 потрапля́ти в бідý. ~를 면하다 рятувáтися від бідú. ~를 부르다 виклúкати нещáстя. ~를 자초하 다 наклúкати на себé бідý.

화(花) квíтка.

화(畵) рисýнок; малю́нок; жúвопис. || 풍경~ пейзáжний жúвопис.

화가 худóжник, -ця; живопúсець.

화강석 граніт.

화강암 граніт; гранітні породи.

화공(化工) хімічна промисловість. ‖ ~품 хімікат; хімікати.

화관 вінчик; вінок; гірлянда.

화교(華僑) китаєць-емігрант; китайські резиденти.

화근(禍根) корінь зла; джерело занепокоєння. ¶ ~을 없애다 усувати корінь зла (причину нещастя).

화급(火急) крайня необхідність; критичні обставини; критичний момент. ¶ ~하다 нагальний; терміновий; невідкладний. ~히 нагально; терміново.

화기(火氣) |화| вогонь [남]. |열| жар; полум'я. ‖ ~엄금 «вогненебезпечно».

화기(和氣) тиха та ясна погода; мир; згода; мирна атмосфера. ¶ 화기애애하다 мирний; дружній.

화끈거리다 загорятися; пахнути жаром; горіти.

화끈하다 гарячий; палкий.

화농 нагнивання; {медична} потік гною. ¶ ~성의 що гноїться; гнійний; гноєрідний. ‖ ~균 гноєрідні бактерії.

화단(花壇) клумба.

화단(畵壇) світ (товариство) художників.

화답(和答) ¶ ~하다 відповідати віршами (піснею).

화덕 велика жаровня; кухонна плита.

화두(話頭) початок (тема) розповіді (розмови).

화랑(畵廊) картинна галерея.

화려 ¶ ~하다 пишний; розкішний.

화력 сила вогню; вогнева міць. ‖ ~발전 вироблення електроенергії тепловою електростанцією. ~발전소 теплова електрична станція (ТЕС). ~전 вогневий бій; стрілянина.

화로 жаровня.

화류 ‖ ~계 квартал публічних будинків.

화면(畵面) картина; зображення. | 장면| сцена; кадр; екран; епізод. ‖ 텔레비~ телевізійний екран.

화목(和睦) ¶ ~하다 дружній; згодний. ~하게 згідно; щасливо; дружньо.

화물 |대| тягар. |소| багаж. |상품| товар. ¶ ~의 вантажний; товарний. ‖ ~선 вантажне судно. ~열차 товарний потяг. ~차 товарний вагон.

화백 → 화가.

화법 правила малювання.

화병(火病) іпохондрія.

화병(花甁) → 꽃[병].

화보(畵報) ілюстрований журнал; альбом з рекламними фотографіями та малюнками.

화복(禍福) щастя та нещастя.

화분(花盆) квітковий горщик.

화분(花粉) → 꽃[가루].

화사 ¶ ~하다 розкішний; пишний; помпезний.

화산(火山) вулкан. ¶ ~의 вулканічний. ‖ ~암 лава. ~재 вулканічний попіл. 사~ згаслий вулкан. 활~ діючий вулкан. 휴~ тимчасово згаслий вулкан.

화살 стріла. ¶ ~을 쏘다 пустити стрілу. ‖ ~표 знак «стрілка».

화상(火傷) опік. ¶ ~의 опіковий. ~을 입다 обпектися; отримати опік. ‖ ~환자 опіковий хворий.

화상(華商) торговець-китаєць.

화상(畵像) намальований портрет; зовнішність; образ; |비유적으로| бездарна людина.

화색(和色) лагідний вираз обличчя.

화석(化石) окам'янілість; копалина. ‖ ~화 скам'яніння.

화선지 папір великого формату.

화성(火星) Марс.

화성(和聲) милозвучність; гармонія. ¶ ~의 гармонічний; милозвучний. ‖ ~학 {음악} гармонія.

화성암 вивержені (вулканічні; магматичні) гірські породи.

화술(話術) мистецтво (вміння) говорити.

화신(化身) втілення; уособлення.

화실(畵室) майстерня художника; ательє; студія [여명].

화약 порох; вибухова речовина. ¶ ~의 пороховий ‖ ~고 пороховий склад.

화염(火焰) полум'я. ¶ ~에 싸이다 бути охопленим полум'ям. ‖ ~방사기 вогнемет. ~병 пляшка з пальною сумішшю; запальна пляшка.

화요일 вівторок. ¶ ~에 у вівторок.

화원(花園) квітник; квітковий сад.

화음(和音) {음악} акорд.

화의(和議) мирні переговори; примирення; згода; компроміс; {법학} компромісна згода боржника з кредиторами. ¶ ~하다 вести переговори про мир. ~를 맺다 укласти мир. ~를 신청하다 просити про компромісну згоду.

화자(話者) оповідач; розповідач.

화장(化粧) туалет; косметика. |메이크업| грим. ¶ ~의 туалетний; косметичний. ~하다 пудритися; білитися; займатися туалетом. |메이크업하다| гримувати. ‖ ~대 туалетний столик. ~도구 туалетне приладдя; туалетний прилад. ~수 косметична вода. ~실 туалет. |배우들의| гримерна. [여명]. ~품 косметика; косметичні засоби. ~품점 парфумерний магазин.

화장(火葬) кремація. ¶ ~하다 кремувати; спалювати. ‖ ~장 місце кремації.

화재(火災) пожежа. [형] пожежний. ¶ ~가 일어나다 спалахнути (трапитися; виникнути; зробитися; бути) пожежа. ~를 일으키다 викликати пожежу. 화재다! Пожежа! ‖ ~보험 страхування майна від пожежі.

화전(火田) зруб. ¶ ~ 농사 вирубне землеробство. ~민 селянин що займається вирубним землеробством.

화제(話題) тема (предмет) розмови. ¶ ~를 바꾸다 змінювати тему розмови. ~에 오르다 стати предметом розмови.

화주(貨主) хазяїн (володар) вантажу.

화집(畵集) альбом з малюнками.

화차 → 화물[차], 화물[열차].

화창 ¶ ~하다 |날씨가| теплий та ясний. |마음이| мирний; безтурботний. |바람이| лагідний.

화초 декоративні рослини. ‖ ~재배 квітництво.

화촉 кольорова воскова свічка; весільний обряд. ‖ ~동방 спальня молодят (у дні весілля).

화투 корейські карти; гра в

корейські ка́рти. ¶ ~ 치다 гра́ти в коре́йські ка́рти.

화판(畵板) стенд (до́шка) для малю́нків; етю́дник.

화평 мир; спо́кій. ¶ ~하다 мі́рний; спокі́йний.

화폐 дзвінка́ моне́та; гро́ші [复]; валю́та. ‖ ~가치 моне́тна ці́нність. ~개혁 грошова́ рефо́рма. ~교환 валю́тний (грошови́й) о́бмін. ~단위 грошова́ одини́ця. ~시장 грошови́й ри́нок. ~제도 систе́ма грошово́го о́бігу.

화폭 панно́; худо́жнє полотно́ [불변중].

화풀이하다 зрива́ти зло (се́рце) на кому́.

화풍(畵風) стиль карти́ни (худо́жника).

화학 хі́мія. ¶ ~적 хімі́чний. ‖ ~공업 хімі́чна промисло́вість. ~기호 хімі́чний знак. ~무기 хімі́чна збро́я. ~비료 хімі́чне до́бриво. ~수지 синтети́чні смо́ли. ~약품 хімікати́. [复]; ~요법 хіміотерапі́я. ~원소 хімі́чний елеме́нт. ~자 хі́мік, -чка. ~작용 хімі́чна ді́я (вплив). ~전 хімі́чна війна́. ~제품 хімікати́. [复]; ~펄프 (шту́чна) целюло́за. 무기~ неоргані́чна хі́мія. 생~ біохі́мія. 유기~ органі́чна хі́мія.

화합(和合) зго́да; лад. ¶ ~하다 ладна́ти; жи́ти (працюва́ти) дру́жно (в зго́ді). ~하여 дру́жно.

화해 примире́ння; мі́рний до́звіл; компромі́с. ¶ ~하다 мири́тися з чим.

화형(火刑) спа́лювання на вогни́щі. ¶ ~하다 спа́лювати на вогни́щі. ~당하다 бу́ти спа́леним на вогни́щі. ‖ ~식 церемо́нія спа́лення на вогни́щі (опу́дала).

화환 віно́к. ¶ ~을 바чи́ти поклада́ти віно́к.

화훼(花卉) → **화초**.

확고 ¶ ~하다 тверди́й; непохи́тний; рішу́чий. ~부동하 непохи́тний; непору́шний.

확답 ви́значена (оста́точна) ві́дповідь. ¶ ~하다 дава́ти ви́значену (оста́точну) ві́дповідь.

확대 збі́льшення; розши́рення. ¶ ~하다 збі́льшувати; розши́рювати.

확률 імові́рність.

확립 встано́влення. ¶ ~하다 встано́влюва(ся); визнача́ти(ся).

확보 забезпе́чення; гара́нтія; набуття́. ¶ ~하다 забезпе́чувати; гарантува́ти; придба́ти; мі́цно утри́мувати.

확산 розсі́ювання; дифу́зія; розповсю́дження. ¶ ~하다 розсі́юватися; розповсю́джуватися.

확성기 гучномо́вець; репроду́ктор; підси́лювач; ру́пор.

확신 упе́вненість; переко́нання. ¶ ~하다 бу́ти впе́вненим; бу́ти переко́наним; відчува́ти впе́вненість в чо́му; мі́цно ві́рити у що.

확실 вірогі́дність, достові́рність. ¶ ~하다 наді́йний; достові́рний; то́чний. ~히 достові́рно; то́чно. ‖ ~성 то́чність; достові́рність; обґрунто́ваність; наді́йність.

확약 тверда́ обіця́нка. ¶ ~하다 тве́рдо обіця́ти.

확언 встано́влення. ¶ ~하다 говори́ти то́чно (ви́значено); затве́рджувати.

확연하다 ясний; виразний; чіткий; точний; вірогідний. ¶ ~히 ясно; виразно; чітко; точно; вірогідно.

확인 підтвердження; засвідчення. ~하다 підтверджувати; засвідчувати; визнавати; приймати.

확장 розширення; збільшення; експансія. ¶ ~하다 розширювати; збільшувати. ‖ ~공사 розширення масштабів будівництва.

확정 встановлення. ¶ ~적 точний; визначений. ~하다 вирішувати; встановлювати; визначати. ~되다 бути вирішеним; бути встановленим (визначеним).

확증 ясний доказ. ¶ ~적 доказовий; який підтверджує. ~하다 підтверджувати; доводити; переконувати у достовірності *чого*.

확충 ¶ ~하다 розширювати; розповсюджувати; розтягувати.

환(換) пересилання грошей переказним векселем.

환각 галюцинація; ілюзія. ¶ ~성의 галюцинаторний. ~에 빠지다 галюцинувати. ‖ ~제 галюциногени.

환갑 60 років; 60-річчя. ‖ ~잔치 бенкет по випадку шістдесятиріччя.

환경 оточення; середовище; атмосфера; обставини; обстановка. ¶ ~오염 забруднення (навколишнього) середовища. ‖ ~보호 захист навколишнього середовища. ~보호단체 організація захисників навколишнього середовища. 도시 ~ міське середовище. 생태학적 ~ екологічне середовище.

환궁 ¶ ~하다 повертатися у палац.

환금(換金) перетворення в гроші; реалізація. ¶ ~하다 перетворювати в гроші; реалізовувати.

환급(還給) повернення. ¶ ~하다 повертати.

환기(換氣) вентиляція; провітрювання. ¶ ~하다 провітрювати; вентилювати. ‖ ~장치 вентиляційний прилад.

환난(患難) турботи та нещастя.

환담 приємна розмова. ¶ ~하다 вести приємну розмову.

환대 привітність; привітний (теплий) прийом; гостинність. ¶ ~하다 тепло (привітно) приймати; справляти привітний прийом.

환도 повернення (уряду) в столицю.

환락 розвага; задоволення; насолода; звеселяння.

환란 → 재앙

환멸 розчарування. ¶ ~적 розчарований. ~을 느끼다 розчаровуватися *в кому-чому*.

환부(患部) місце поранення.

환불 повернення грошей. ¶ ~하다 повертати гроші.

환산(換算) перерахунок; переведення (одних одиниць в інші); обчислення. ¶ ~하다 перераховувати; переводити.

환상 фантазія. |망상| ілюзія; химера. ¶ ~적 фантастичний. ‖ ~곡 {음악} фантазія.

환생(還生) ¶ ~하다 повертатися до життя; оживати.

환성(歡聲) радісні крики (вигуки).

환속 ¶ ~하다 повернутися до світського життя.

환송 (урочисті) проводи. ¶ ~하다

урочи́сто проводжа́ти. ‖ ~연 проща́льний бенке́т (прийо́м).

환수 ¶ ~하다 бра́ти (отри́мувати) наза́д.

환심 ра́дісний на́стрій. ¶ ~을 사다 притяга́ти прихи́льність; заслуго́вувати ласка́вість.

환약(丸藥) пігу́лка.

환언 ¶ ~하다 говори́ти (виклада́ти) і́ншими слова́ми. ~하면 і́ншими слова́ми; іна́кше ка́жучи.

환영(幻影) прима́ра; о́браз. |환상| ілю́зія.

환영 віта́ння; привíтний (серде́чний; те́плий) прийо́м; ра́дісна зу́стріч. ¶ ~하다 влашто́вувати серде́чний прийо́м; віта́ти; привíтно прийма́ти. ~을 받다 зустрíти прийо́м. ‖ ~사 привіта́льна промо́ва.

환원 поверне́ння до початко́вого поло́ження; {화학} відно́влення; |분해| ро́склад на складо́ві части́ни. ¶ ~하다 поверта́ти(ся) до початко́вого поло́ження; відно́влювати(ся); розклада́ти(ся) на складо́ві части́ни.

환율 валю́тний курс. ‖ 공정~ офіці́йний (вста́новлений) курс.

환자 паціє́нт, -ка; хво́рий, -а.

환장 божеві́лля. ¶ ~하다 збожеволі́ти; зійти́ з глу́зду.

환전 розмі́нювання (гро́шей); гро́ші, перека́зані конфіденці́йним листо́м; поштови́й перека́з.

환절기 перехідна́ пора́ ро́ку.

환청(幻聽) слухова́ галюцина́ція.

환하 |빛이| яскра́вий; світлий. |명백하다| я́сний; очеви́дний.

환호 ра́дісні ви́гуки; ова́ція. ¶ ~하다 ра́дісно ви́гукнути.

환희 ра́дість; ра́дощі; за́хват. ¶ ~에 찬 захо́плений; ра́дісний.

활 лук. ¶ ~을 쏘다 стріля́ти з лу́ка; пуска́ти стрілу́.

활강(滑降) спуск. ¶ ~하다 спуска́тися; коти́тися по нахи́льній пове́рхні.

활개 (розки́нуті) ру́ки (но́ги); (розки́нуті) кри́ла. ¶ ~치다 розма́хувати рука́ми; ді́яти енергі́йно.

활극(活劇) пригодни́цький фільм; бойови́к; бурхли́ва сце́на. ¶ ~을 하다 розі́грувати бурхли́ву сце́ну.

활기 одухотво́рення; оживле́ння; жва́вість; ене́ргія. ¶ ~있는 жва́вий; живи́й; енергі́йний.

활달 ¶ ~하다 живи́й; енергі́йний; великоду́шний; доброзичли́вий; сві́жий.

활동 дія́льність; ді́я; акти́вність; робо́та. ¶ ~적인 акти́вний; ді́яльний; енергі́йний. ~하다 ді́яти; бу́ти ді́яльним (акти́вним); розвива́ти дія́льність. ‖ ~가 акти́вність; дія́ч.

활력 життє́ва си́ла; життєзда́тність; жи́вість; живу́чість; ене́ргія; динамі́чність.

활로 ви́хід з поло́ження; за́соби до існува́ння. ¶ ~를 개척하다 знахо́дити шлях (за́соби) до рятува́ння (існува́ння).

활발 ¶ ~하다 живи́й; пожва́влений; енергі́йний; акти́вний; спри́тний; мото́рний. ~해지다 пожва́влюватися.

활보 ¶ ~하다 іти́ вели́кими кро́ками; вели́чно прямува́ти; го́рдо вируша́ти.

활성 активність. [형] активний. ‖ ~화 активізація.

활시위 тятива.

활약 діяльність; активність. ¶ ~하다 грати активну роль.

활어(活魚) жива риба.

활엽수 листяне дерево. ‖ ~림 листяний ліс.

활용 практичне застосування; використання. ¶ ~하다 застосовувати на практиці; використовувати по призначенню.

활자 друкарський шрифт; літера. ‖ ~체 друкарський шрифт.

활주 ковзання; планування. ‖ ~로 злітна смуга.

활짝 навстіж; широко; повністю; цілковито; добре.

활화산 діючий вулкан.

활활 ¶ ~ 날다 плавно летіти. ~ 타오르다 палати.

활황 пожвавлена обстановка; пожвавлення.

황갈색 темножовтий (світло-коричневий) колір.

황공 ¶ ~하다 охоплений побожним страхом.

황금 золото. ¶ ~의 золотий. ‖ 만능 влада грошей (золота). ~빛(색) золотий (золотистий) колір золота. ~시대 золоте століття.

황급 ¶ ~하다 поспішливий; квапливий.

황달 жовтяниця; хвороба Боткіна.

황당 ¶ ~하다 безглуздий; неправдивий; порожній. ~무계하다 безпідставний; необґрунтований.

황량 ¶ ~하다 пустинний; безлюдний; дикий; суворий.

황무지 пустище. перелогова земля.

황산(黃酸) сірчана кислота.

황새 біла лелека.

황색 жовтий колір. ¶ ~의 жовтий.

황소 віл.

황실(皇室) імператорське прізвище.

황야 пустеля. [형] пустельний.

황옥(黃玉) топаз. [형] топазовий.

황인종 жовта раса.

황제 імператор. |제정 російсія| цар |군주| монарх. |회교국| султан.

황천(黃泉) потойбічний світ. ‖ ~객 небіжчик. ~길 дорога на той світ.

황태자 принц-наступник. ‖ ~비 дружина принца-наступника.

황태후 імператриця-вдова.

황토 лёсс. ‖ ~물 жовта вода.

황폐 запустіння; розорення; спустошення. ¶ ~하다 [형] закинутий; пустинний. ~하다 [동] бути закинутим (занедбаним); розорятися; спустошуватися; бути зруйнованим. ‖ ~화 запустіння; розорення. ~화하다 закинути; запустіти; прийти в запустіння

황혼 сутінки. ¶ ~의 сутінковий.

황홀 захоплення; зачарування. ¶ ~하다 зачарований; розкішний ~한 чаруючий; чарівний. ~하게 하다 заворожувати; зачаровувати; полонити; осліпити. ‖ ~경 зачарованість; екстаз.

황후 імператриця.

홰 сідало. ¶ ~에 앉다 сидіти на сідалі.

홰 півні на світанку; ¶ ~를 치다 лопотіти крилами.

횃불 смолоскип. ‖ ~시위 смолоскипова хода.

회(灰) → 석회.

회(會) |단체| товариство; асоціація. | серкль| кільце. |집회| мітинг; вечір; вечірка. |회합| збори; засідання; з'їзд.

회(膾) свіжа риба (дрібно нарізана).

회(回) |회수| раз. |경기의| гра. ¶ 월 3~ три рази в місяць.

회갑 → 환갑.

회개 розкаяння в помилках та бажання виправитися. ¶ ~하다 каятися та виправлятися.

회견 зустріч; прийом; інтерв'ю; бесіда. ¶ ~하다 дати *кому* інтерв'ю; приймати *кого*, інтерв'ювати *кого*. || 기자~ прес-конференція.

회계 розрахунок; рахунок; сплата; розплата; бухгалтерська перевірка. || ~ 감사 перевірка звітності. ~ ~사 бухгалтер. ~학 бухгалтерія.

회고 ретроспекція; спогади. ¶ ~적 인 ретроспективний. ~하다 оглядатися назад (на минуле); згадувати. || ~담 спогади; розповідь про минуле. ~록 мемуари; спогади.

회관 зала; приміщення (громадського використання). || 문화~ будинок культури.

회교(回敎) мусульманство; іслам; магометанство. || ~국 мусульманська (магометанська) держава. ~권 мусульманські країни. ~도 мусульманин, -ка; магометанин, -нка.

회군(回軍) ¶ ~하다 повертати (виводити) військо.

회귀(回歸) оберт; повернення; рейс; {수학} регресія. ¶ ~하다 обертатися; повертатися. ~의 оборотний; зворотний; періодичний; що повторюється. || ~선 тропік, поворотна гарячка. Пів/пд ~선 тропік Козерога (Рака).

회기(會期) сесія. |기간| тривалість сесії.

회담 бесіда; переговори. ¶ ~하다 розмовляти; вести переговори. ~을 결렬시키다 перервати (зірвати) переговори. 정상 ~ зустріч на вищому рівні; саміт.

회당 → 회관.

회동 збори; зустріч. ¶ ~하다 збиратися (разом); зустрічатися; влаштовувати зустріч.

회람 циркуляр. ¶ ~하다 читати та передавати іншим. ~되다 циркулювати.

회랑 коридор; галерея.

회로 циркуляція; рух по ланцюгу; |전류의| (електричний) ланцюг

회보 вісник; бюлетень; вісті.

회복 відновлення; повернення; відродження. |병의| одужання. |명예| реабілітація. ¶ ~하다 відновлювати. |되살아나다| відродитися. |병에서| одужати. |명예| реабілітуватися.

회부 відсилання; передача. ¶ ~하다 відсилати; пересилати; передавати на розгляд.

회비 членський внесок.

회사 компанія; фірма; товариство; спілка. || ~원 робітник фірми; співробітник.

회상 спогад. ¶ ~하다 згадувати. || ~기 записки про минуле; спогади. ~록 спогади; мемуари.

회색 сірий колір. ¶ ~의 сірий; сіруватий; попелястий. || ~분자 нестійкі елементи.

희생 повернення до життя; воскресіння; оживлення. |전기| рекуперація. ¶ ~하다 воскресати.

회수(回收) повернення; вороття. ¶ ~하다 відбирати назад; забирати.

회수(回數) частотність; частота; (число) разів.

회식 обід за загальним столом. ¶ ~하다 обідати в компанії.

회신 лист у відповідь; телеграма у відповідь.

회심(回心) ¶ ~하다 обернутися в іншу віру.

회양목 самшим.

회오리 вихор. ¶ ~치다 вихоритися; кружлятися вихором.

회원 член товариства (гуртка). ‖ 명예 ~ почесний член. 정~ постійний член. 준~ член-кореспондент.

회유 умиротворення; примирення. ¶ ~하다 |설득시키다| умовляти; умиротворювати. |한편이 되게 하다| схиляти (привертати) на свій бік; розташовувати до себе. ‖ ~정책 політика умиротворення.

회의(會議) конференція; нарада; засідання; сесія; рада; конгрес. ¶ ~중이다 бути на нараді; засідати. ‖ ~록 протокол. ~실 зала засідання; конференц-зал. ~장 місце засідання (зборів).

회의(懷疑) сумнів; недовіра. ¶ ~적 скептичний; недовірливий. ~하다 сумніватися; впадати в сумнів. ‖ ~론 скептицизм. ~론자 скептик.

회장 голова; президент.

회전 обертання; поворот. |체조의| партія. |자금| оберт; оборотність. ¶ ~하다 обертатися; вертітися. |기계가| пра-цювати. |자금이| обертатися. ~시키다 обертати; вертіти. |자금을| обертати; пускати гроші в оберт. ‖ ~문 (поворотні) двері, що обертаються. ~ 운동 обертальний рух.

회중(會衆) учасники зборів (мітинга).

회중(懷中) ‖ ~ 시계 кишеньковий годинник. ~ 전등 кишеньковий ліхтар.

회진(回診) обхід хворих; візит лікаря. ¶ ~하다 робити обхід; обходити (хворих).

회초리 різка.

회충 аскарида; круглі глисти. ‖ ~약 глистогінний засіб.

회칙(會則) статут товариства.

회포 заповітна дума.

회피 відхилення; уникнення. ¶ ~적 ухильний; ~하다 ухилятися *від кого-чого*; уникати *кого-що*.

회한 каяття.

회합 зустріч; побачення; сходка; збір.

회화(會話) діалог; розмова; живе мовлення. ‖ ~체 розмовний стиль.

회화(繪畫) картина; малюнок; витвір живопису. ¶ ~적 живописний; зображувальний; графічний.

획기적 епохальний; надзвичайно важливий; радикальний; історичний.

획득 отримання; придбання; захоплення. ¶ ~하다 отримувати; придбати; завойовувати; захоплювати. ‖ ~물 придбання

획일 однаковість; уніфікація; стандартизація. ¶ ~적

однаковий; стандартний; єдиний; уніфікований. ‖ ~주의 принцип одноманітності (уніфікації). ~화 стандартизація; уніфікація. ~화하다 стандартизувати; уніфікувати.

획책 план; задум. ¶ ~하다 планувати; задумувати; складати план; маневрувати.

횟집 ресторан, що спеціалізується на сирому м'ясі та рибі.

횡(橫) |폭| поперечник; ширина. ~적 горизонтальний; поперечний. ~으로 поперек; в ширину; горизонтально.

횡단 пересічення. ¶ ~의 поперечний. ~하다 перетинати; переїжджати; переходити. ~하여 через *що*. ‖ ~보도 перехід для пішоходів.

횡령 захоплення; привласнення; узурпація. ¶ ~하다 захоплювати; привласнювати; узурпувати.

횡사 насильницька смерть. ¶ ~하다 помирати насильницькою смертю.

횡설수설 ¶ ~하다 нести дурницю (нісенітницю; безглуздя).

횡재 несподіване придбання (багатство). ¶ ~하다 несподівано отримати (багатство); розбагатіти.

횡포 тиранія; насильство; деспотизм; свавілля. ¶ ~를 부리다 тиранствувати.

횡행 ¶ ~하다 бешкетувати; безперешкодно орудувати; сваволити.

효(孝) шанування батьків; синова (донькова) шанобливість; ¶ 효도하다 бути шанобливим до батьків.

‖ ~녀 шаноблива донька. 효도(성) шанобливість до батьків. ~부 шаноблива невістка. ~자 шанобливий син.

효과 ефект; дія; результат; плід. ¶ ~적 ефективний; дійсний. ~가 없는 безрезультатний; недіючий; безплідний.

효능 дія; ефект; ефективність. ¶ ~이 있는 дійсний; ефективний; корисний.

효력 дія; ефект; сила. ¶ ~이 있는 дійсний; ефективний; маючий силу. ~을 잃다 втрачати силу.

효모 закваска; дріжджі.

효소 фермент.

효시(嚆矢) початок; перший випадок; піонер.

효용 застосування; ефективність; корисність. ¶ ~이 있는 корисний; ефективний.

효율 коефіцієнт корисної дії.

효험 ефект; гарний результат.

후(後) після *кого-чого*; через *кого-що*. ¶ ~ після *того*; згодом; потім; після.

후--(後--) задній; наступний.

후각 нюх.

후견 опіка; опікунство. ¶ ~하다 опікати *кого*. ‖ ~인 опікун.

후계 наступність. ¶ ~의 наступний. ‖ ~자 спадкоємиць, -ця.

후광 яскравий фон.

후궁 наложниця короля.

후기(後期) останній період; другий семестр; друга половина року.

후끈거리다 горіти (від сорому); відчути жар.

후대(後代) майбутні століття; наступний період. |사람| майбутні покоління; потомство; нащадки.

[복].

후대(厚待) теплий (привітний) прийом; тепле звертання. ¶ ~하다 тепло (привітно) приймати; тепло ставитися *до кого*; тепло звертатися *до кого*.

후덕(厚德) ¶ ~하다 добрий; великодушний.

후두(喉頭) гортань; горло. ‖ ~암 горловий рак. ~염 ларингіт.

후련하다 відчути полегшення. ¶ 후련히 з легким серцем.

후렴(後斂) приспів.

후리다 |세게 치다| вдаряти; шмагати; бити з розмаху. |나뭇가지 따위를| гнути. |휘둘러 몰다| гнатися *за ким-чим*.

후면(後面) задній бік; задній план; зад; тил.

후문(後門) задні двері (ворота); чорний хід.

후문(後聞) останні вісті (повідомлення).

후미 (後尾) задня частина; тил. |배의| корма. |비행기의| хвостове пір'я. |줄의| хвіст.

후미지다 звивистий; глибоко порізаний; глухий; віддалений.

후박(厚朴) ¶ ~하다 великодушний та щирий.

후박(厚薄) щедрість та скупість; упередженість. ¶ ~하다 щедрий.

후반 друга половина. |경기에서| другий тайм. ‖ ~기 друга половина року; друге півріччя. ~부 друга частина. ~전 друга частина (половина) гри; другий тайм (період).

후발(後發) ‖ ~대 той, що замикає загін; загін в арергарді.

후방 задня частина (сторона); тил. ‖ ~근무 служба в тилу. ~근무를 하다 служити в тилу. ~병원 тиловий госпіталь. ~부대 тилова частина.

후배 молодший [명].

후보 кандидатура. ¶ …를 대통령 ~자로 추천하다 висувати *кого* кандидатом (в якості кандидата) в президенти. 입~하다 висувати свою кандидатуру. ‖ ~선수 запасний гравець. ~자 кандидат, -ка. 입~하다 виступити кандидатом.

후불 відстрочений платіж; плата після виконання замовлення. ¶ ~하다 платити пізніше терміну; платити після виконання замовлення.

후비다 копати. |·귀·코| колупати *чим в чому*. |파다| розкопувати.

후사(厚賜) ¶ ~하다 щедро обдаровувати.

후생(厚生) добробут. ‖ ~비 витрати на побутове обслуговування. ~사업 соціальне забезпечення.

후세(後世) майбутні століття; майбутність. |사람| майбутні покоління; потомство; нащадки.

후속 ¶ ~의 подальший; наступний. ~부대 загін підсилення (підкріплення).

후손 нащадки.

후송 відправлення в тил; евакуація. ¶ ~하다 відсилати в тил; евакуювати.

후술(後述) ¶ ~하다 сказати нижче.

후안무치 нахабство; нахабність; безсоромність; нахаба; зухвалець. ¶ ~하다 нахабний; безсоромний.

후예 нащадки.

후원 підкріплення; підтримка; спонсорство; протекція; протегування; ¶ ~하다 підтримувати; протегувати; спонсувати; підтримувати. ǁ ~단체 організація (установа), що веде шефство *над ким-чим*; шеф. ~자 заступник, -ця, спонсор; патрон; шеф. ~회 товариство для підтримки *кого*.

후유증 ускладнення після хвороби; наслідки.

후일 подальші дні; майбутнє. ǁ ~담 розповідь про наслідки, що трапились (пізніше).

후임(자) спадкоємець.

후자 останній; другий.

후진 відставання; регрес; рух назад; задній хід. |후배| молодший; молодь; підростаюче покоління. ¶ ~하다 рухатися назад; давати задній хід; залишатися; регресувати. ǁ ~국 слаборозвинута (відстала) країна. ~성 відсталість.

후천(後天) ¶ ~적 набутий; апостеріорний. ~적으로 апостеріорі.

후추 зерна чорного перцю; чорний перець.

후춧가루 чорний молотий перець.

후퇴 відступ; відхід; віддача. ¶ ~의 відступальний. ~하다 відступати; відходити; рухатися назад; провертатися назад. ǁ ~작전 відступальний маневр.

후편(後篇) остання частина; останній том (випуск).

후하다 щедрий; люб'язний; сердечний; добрий.

후학 молодий вчений; знання, необхідні в майбутньому [명]. ¶ ~을 위하여 до відома.

후환 (погані) наслідки.

후회 розкаяння; каяття. ¶ ~하다 розкаюватися *в чому*; каятися; жаліти *про що*. ~막심하다 дуже прикрий.

훈계 застереження; попередження; настанова. ¶ ~하다 застерігати; попереджати; наставляти.

훈공 (видатна) заслуга; подвиг. ¶ ~이 있는 заслужений. ǁ ~표장 відмінності.

훈기(薰氣) тепле повітря.

훈련 навчання; підготовка; тренування. |짐승| дресирування. ¶ ~하다 навчати; тренувати. |짐승| дресирувати. ǁ ~생 слухач (курсант) 군사 ~ військове навчання. 직업 ~ навчання ремеслу.

훈령 інструкція; вказівка; директива; розпорядження; наказ. ¶ ~을 내리다 давати директиву; інструктувати.

훈민정음 хунмінчжонім (корейське національне письмо, створене в 1444 р.).

훈수 підказка. ¶ ~하다 підказувати хід (спосіб).

훈시 вказівка; інструкція; настанова. ¶ ~하다 наставляти; вказувати.

훈육 навчання; настанова. ¶ ~하다 наставляти; навчати; виховувати. ǁ ~주임 вихователь, -ка (наставник, -ця).

훈장 орден; відмінність. ¶ ~을 수여하다 нагородити *кого* орденом; вручити орден.

훈제(燻製) ¶ ~의 копчений. ~하다 закопчувати.

훈풍 теплий вітер.

훈훈하다 те́плий; м'яки́й.

훌륭하다 вели́кий; видатни́й; знатни́й; відо́мий; чудо́вий; прекра́сний. |탄성| Чудо́во!; Молоде́ць!

훑다 |벼 따위를| віддира́ти. |겉에 붙은 것을 떼어내다| обдира́ти; здира́ти. |자세히 눈여겨보다| ува́жно (стара́нно) огляда́ти.

훑어보다 огляда́ти; обводи́ти по́глядом (очи́ма).

훔쳐보다 гля́нути кра́дькома; підгляда́ти.

훔치다 |물기 따위를 닦아내다| стира́ти; витира́ти; підтира́ти; протира́ти; вичища́ти; чи́стити. |남의 물건을| кра́сти; хльоста́ти.

훗날 → 후일

훤하다 світли́й; проя́снюючий. |내용이| безсумні́вний; я́сний. |탁 트인| ши́роко розки́нутий. |얼굴이| бі́лий та благоро́дний. ¶ ~ 히 сві́тло.

훨씬 значно́; ве́льми; набага́то; дале́ко.

훨훨 ¶ ~ 벗다 скида́ти (о́дяг). ~ 타오르다 га́ряче пала́ти; ~날다 пла́вно леті́ти.

훼방 |헐뜯음| на́клеп. |고장| перешко́да. |장애| перешко́да; перепо́на. |방해| зава́да. ~ 놓다 (치다) зводи́ти на́клеп *на кого́-що*; шко́дити *кому́-чому́*; заважа́ти *кому́-чому́*. ‖ ~꾼 накле́пник; шкі́дник.

훼손 пошко́дження; дискредита́ція. ¶ ~하다 зіпсува́ти; пошко́дити; дискредитува́ти; підрива́ти.

휑하다 поро́жній. |눈이| запа́лий.

휘감다 обмо́тувати; намо́тувати; згорта́ти; обгорта́ти;

휘날리다 |깃발| розві́яти(ся). |먼지·눈| кружля́ти(ся). |눈보라| мести́. |이름| сла́вити.

휘다 гну́ти(ся); прогина́ти(ся); підгина́ти(ся); згина́ти(ся); бу́ти ви́кривленим; бу́ти зі́гнутим; хили́ти(ся).

휘두르다 |돌리다| розма́хувати. |지휘·혹사하다| розпоряджа́тися; попиха́ти. |얼을 빼놓다| приголо́мшувати. |자기 능력을 발휘하다| проявля́ти; виявля́ти.

휘발(揮發) ‖ ~성 летю́чість. [형] летю́чий. ~유 бензи́н.

휘슬 свист; свисто́к.

휘어잡다 |손아귀에 넣다| трима́ти в рука́х. |거머잡다| хапа́ти; хапа́тися *за кого́-що*.

휘장(揮帳) заві́ска; запо́на.

휘젓다 |마구 젓다| розмі́шувати. |팔| маха́ти; розма́хувати.

휘청거리다 гну́ти(ся); прогина́ти(ся); шкандиба́ти; ле́две йти́; хита́тися.

휘파람 свист. ¶ ~을 불다 свисті́ти.

휘하 війська́ під кома́ндуванням *кого́*. ¶ ...의 ~에서 під кома́ндуванням.

휘황찬란하다 блиску́чий; прекра́сний; сліпу́чий; яскра́вий; ося́йний.

휩싸다 обгорта́ти; ото́чувати; охо́плювати; обліплюва́ти.

휩쓸다 зміта́ти; здмухува́ти все навко́ло; змива́ти; вино́сити.

휴가 кані́кули; відпу́стка. ¶ ~를 얻다 отри́мувати відпу́стку. ~를 주다 да́ти відпу́стку. ‖ 무급 ~ відпу́стка без змі́сту. 산전산후 ~ декре́тна відпу́стка; відпу́стка по вагі́тності та поло́гам. 여름

літні канікули.

휴강 пропуск лекції. ¶ ~하다 пропускати лекції; скасовувати лекції.

휴게 ǁ ~소 місце відпочинку. ~시간 перерва. |막간| антракт. ~실 кімната відпочинку.

휴교 (тимчасове) закриття школи. ¶ ~하다 закривати (школу; навчальний заклад); бути закритим. ǁ ~령 наказ про закриття школи.

휴대 носіння (при собі). ¶ ~하다 брати з собою; носити (возити; мати) при собі. ǁ ~용 портативний; переносний; ручний.

휴면 〈생물〉 анабіоз; сплячка. ¶ ~하다 бути (знаходитися) в сплячці. ~에 들어가다 залягти в сплячку. ǁ ~기 період сплячки (анабіозу).

휴무 (тимчасовий) відпочинок; тимчасове закриття (припинення роботи). ǁ ~일 вихідний день. 금일 ~ Сьогодні зачинено.

휴식 відпочинок. ¶ ~하다 відпочивати. ǁ ~처 місце відпочинку.

휴양 відпочинок. ¶ ~하다 відпочивати. ǁ ~지 місце відпочинку; курорт.

휴업 тимчасове закриття підприємства. ¶ ~하다 тимчасово закривати підприємство.

휴일 вихідний день; свято.

휴전 перемир'я; припинення воєнних дій. ¶ ~하다 тимчасово припиняти воєнні дії. ǁ ~선 лінія фронту до моменту перемир'я. ~협정 угода про перемир'я.

휴지 туалетний папір; макулатура; непотрібний папір. ǁ ~통 корзина для паперу; урна.

휴직 тимчасова залишання (відсторонення від) посади. ¶ ~하다 тимчасово не працювати; тимчасово відсторонятися від посади. ǁ ~자 тимчасово не працюючий.

휴학 тимчасове невідвідування школи; академічна відпустка. ¶ ~하다 тимчасово припиняти навчання.

휴화산(休火山) недіючий вулкан.

휴회 перерва. ¶ ~하다 закривати збори (засідання; сесію).

흉 |다친 곳| шрам; рубець. |결점·오점| вада; слабкість; порок; пляма; дефект.

흉가(凶家) нещасливий дім; запущений дім.

흉계 підступи; мерзенний план (задум).

흉금 душа. ¶ ~을 털어놓다 відкривати душу.

흉기 смертоносна зброя.

흉내 передражнювання; імітування; наслідування. ¶ ~내다 передражнювати; наслідувати *кого-що* (*кого в чому*); слідувати прикладу *кого-чого*; брати приклад *з кого-чого*.

흉년 поганий (чорний; неврожайний; голодний) рік.

흉물 чудовисько; мерзенна особа. ¶ ~스럽다 страшний; зловісний; мерзенний; підлий.

흉보다 виявляти недоліки; викривати вади; говорити про чужі недоліки.

흉부 груди [복]. [형] грудний. ǁ ~질환 хвороба легенів.

흉상(胸像) бюст; поясний портрет; поясне зображення.

흉악 ¶ ~하다 злий; жорстокий; злісний; капосний; запеклий.

흉작 поганий врожай; неврожай.

흉조(凶兆) погана прикмета; дурний знак.

흉측 ¶ ~하다 мерзенний; підлий; порочний.

흉탄 злочинна куля.

흉터 шрам; рубець; сліди поранення.

흉통 біль в грудях.

흉포 жорстокість; лютість; звірство. ¶ ~하다 жорстокий; лютий.

흉하다 огидний; відразливий; що відштовхує; підступний; віроломний; поганий.

흉허물 вада; недолік. ¶ ~없다 дружній; відвертий.

흉흉(洶洶) ¶ ~하다 |인심이| тривожний; жахливий. |물결이| бурхливий; голосний.

흐느끼다 схлипувати.

흐느낌 схлипування.

흐르다 |물·세월| текти; протікати; проходити. |떠서 흐르다| плисти; парити. |상처에서| сочитися. |쏠리다| мати нахил *до чого*.

흐름 течія; потік. ¶ ~을 거슬러 проти течії. 사상의 ~ ідейні течії.

흐리다 |분명하지 않다| неясний; нечіткий; невиразний. |맑지 못하다| мутний; брудний. |구름이 끼다| похмурий; хмарний; вкритий хмарами. |공기가| несвіжий; забруднений. |낯을| затьмарювати.

흐릿하다 трошки мутний (брудний); трошки похмурий; слабкий.

호물호물 ¶ ~하다 спілий; м'який; розварений.

흐뭇하다 задоволений; вдоволений; задовільний.

흐뭇해하다 бути задоволеним; задовольнятися *чим*; вдовольнятися *чим*.

흐지부지 неясно; невизначено; нерішуче.

흐트리다 сплутати; заплутати; переплутати; змішати. |혼란시키다| приводити в безлад; розладнувати. |머리털·옷 따위를| кошлатити.

흑갈색 темно-коричневий колір.

흑막 чорна завіса; закуліснa сторона; підґрунтя.

흑백 чорне та біле; погане та хороше; правда і брехня.

흑사병 чума.

흑색 чорний колір; чорнота. ‖ ~ 선전 чорний піар.

흑설탕 нерафінований (темний; чорний; бурий) цукор.

흑심 чорний задум; чорна душа. ¶ ~을 품다 таїти (виношувати) чорний задум.

흑연 графіт.

흑인 негр. ¶ ~의 негроїдний; негритянський. ‖ ~종 негроїдна раса.

흑점 пляма; чорна крапка. |태양의| сонячні плями.

흔들거리다 колихати(ся); злегка розгойдувати(ся); тремтіти; трясти(ся); однорідно погойдувати(ся); хитати(ся).

흔들다 качати; трясти. |어지럽히다| трясти. |손상시키다| руйнувати; підривати. |손을| махати; кивати. ¶ 권위를 ~ підривати авторитет.

흔들리다 |신념| коливатися; хитатися. |신용| хилитатися. |기초| трястися; колихатися; тремтіти.

흔들림 хитання; вібрація; коливання. |지진의| поштовх.

흔들의자 крісло-качалка; качалка

흔적 слід; відбиток; руїни. ¶ ~을 좇아 в слід; по сліду. ~을 감추다 замітати сліди.

흔쾌(欣快) ¶ ~히 приємно; охоче; із задоволенням; з готовністю.

흘리다 |액체를| лити; проли-вати; виливати. |가루를| розсипати; упускати. |잃다| губити; втрачати. |말을| прослу-ховувати; пропустити повз вуха.

흙 |지면| земля. |토양| ґрунт. || ~더미 купа землі. ~먼지 пил. ~빛 земляний колір. ~탕[물] мутна (брудна) вода. ~탕길 брудна дорога.

흙 → **흠**.

흠 |깨어진 곳| тріщина. |물건의| пошкодження; подряпина; пляма; хиба; недолік.

흠모 любов [여]. ¶ ~하다 шанувати та любити; обожнювати.

흠뻑 зовсім; наскрізь; рясно; сильно. ¶ ~ 젖다 (зовсім) змокнути; (наскрізь) вимокнути.

흠집 тріщина; рубець; шрам.

흠칫 від переляку; від несподіванки. ¶ ~하다 здригнутися від переляку (несподіванки).

흡사 близька схожість. ¶ ~하다 майже однаковий (схожий); бути дуже схожим на кого-що; мати схожість з ким-чим.

흡수 всмоктування; вбирання; поглинання; абсорбація; втягування; втягнення. ¶ ~하다 всмоктувати; вбирати в себе; поглинати; абсорбувати; втягувати. || ~량 об'єм всмоктування (асорбації). ~력 сила всмоктування (абсорбації); всмоктуваність. ~성 поглинальні властивості; поглинальність.

흡습성 гігроскопічність.

흡연 куріння. ¶ ~하다 курити. || ~실 курильна кімната.

흡인 аспірація; всмоктування; засмоктування; залучення; втягнення. ¶ ~하다 всмоктувати; засмоктувати; присмоктувати. |끌어당기다| притягувати; залучати; втягувати. || ~력 притягання; сила всмоктування.

흡입 інгаляція; всмоктування; вдих; поглинання. ¶ ~하다 всмоктувати; вдихати; робити інгаляцію.

흡족 задоволення. ¶ ~하다 [형] достатній; багатий.

흥(興) інтерес; задоволення. ¶ ~을 돋구다 підіймати (підвищувати) настрій. ~이 나다 прийти в веселий настрій.

홍건하다 переповнений водою; водянистий.

홍겹다 припіднятий; радісний; веселий; забавний; кумедний.

흥망 процвітання та занепад. || ~성쇠 розквіт та занепад; підйом та занепад.

흥미 інтерес; цікавість; смак *до чого*. ¶ ~가 있는 цікавий. ~를 가지다 зацікавитися *ким-чим*; мати інтерес (смак) *до чого*; знаходити задоволення *в чому*.

흥분 хвилювання; збудження;

роздратування. ¶ ~하다 бути збудженим; хвилюватися; збуджуватися; дратуватися. ~하여 у збудженні; збуджено; схвильовано.

홍얼거리다 наспівувати про себе; муркотати.

홍정 купівля й продаж; торгівля; торг; посередництво при торгівлі. ¶ ~하다 посередничати при заключенні торгової угоди; займатися маклерством; торгуватися.

홍청거리다 бути у припіднятому настрої; радіти; бути самовдоволеним; жити на широку ногу.

홍청망청 розгульно; радісно; самовдоволено. ¶ ~하다 розгулятися.

홍하다 процвітати; розквітати.

홍행 вистава; сценічне виконання. ¶ ~하다 показувати виставу; виконувати.

홀날리다 розмітатися; розвіватися на вітрі.

홀뜨리다 розкидати; розсипати. |군중을| розганяти; розсіювати. |어질러 놓다| плутати; переплутати.

홀어지다 розсіюватися; розлітатися; розходитися; розсипатися; розкидатися; розвалюватися; розлучатися; розходитися.

희곡 драма; п'єса. || ~작가 драматург.

희구 ¶ ~하다 надіятися; очікувати; вимагати; просити; добиватися; домагатися.

희귀 ¶ ~하다 рідкісний; рідкий; дорогоцінний. || ~본 рідкісна книга. ~성 рідкість.

희극 комедія. [형] комедійний. ¶ ~적 комічний. || ~배우 комік; комедійний актор; комедійна актриса.

희다 білий; ясний; чистий. |머리털이| сивий.

희대(稀代) ¶ ~의 рідкісний; дивовижний.

희로애락 почуття; переживання; радість та гнів; сум та радість.

희망 бажання; надія. ¶ ~하다 бажати; хотіти; сподіватися. …에 ~을 걸다 понадіятися *на кого-що*. ~이 없는 безнадійний. ~적으로 з надією; оптимістично. || ~자 бажаючий.

희미 ¶ ~하다 слабкий; ледве помітний; невиразний; неясний; тьмяний. ~하게 слабко; ледве помітно.

희박 ¶ ~하다 рідкий; тонкий; слабкий; рідкий; негустий; неглибокий 인구가 ~한 малонаселений.

희비 радість та сум.

희사 ¶ ~하다 добровільно (з радістю) пожертвувати. || ~금 грошове пожертвування.

희색 щасливий вигляд; радісний погляд. ¶ ~이 얼굴에 돌다 сяяти радістю.

희생 жертва. ¶ ~적 жертовний; героїчний; самовідданий. ~하다 жертвувати *ким-чим*; приносити *кого-що* в жертву. ~을 치르다 приносити жертви. ~정신 дух само-пожертви.

희석 розбавлення. ¶ ~하다 розбавляти; розріджувати. || ~도 ступінь розрідження (розведення). ~액 рідкий розчин.

희소 ¶ ~하다 рідкий; що рідко

зустрічається. ‖ ～성 рідкість.

희소식 хороші (радісні) новини.

희열 захват; захоплення; радість.

희한 ¶ ～하다 рідкий; рідкісний; небачений.

희희낙낙 ¶ ～하다 бути дуже задоволеним; радіти *кому-чому*; веселитися.

흰머리 сивина; сивизна; голова з сивиною.

흰자[위] білок.

히어로 гер/ой, -їня; напівбог.

히스테리 істерія; істерика. ¶ ～적 істеричний.

히터 нагрівальний засіб; радіатор.

히트 успіх; удача; бестселер. ¶ ～하다 добитися успіху.

히트송 модна пісенька; модний шлягер.

히피 хіпі.

힌두교 індуїзм.

힌트 натяк; прийом; хитрість. ¶ ～를 주다 подавати натяк; наводити на думку; натякати *на кого-що (про що)*. [여].

힐끔거리다 косо дивитися.

힐끗 ¶ ～ 보다 скоса подивитися.

힐난 докір. ¶ ～하다 докоряти *кого-що в чому*. ‖ ～조 докоряючий тон.

힐문 перехресний допит; запит (питання) з вимаганням пояснень; ¶ ～하다 вимагати пояснень *в кого*; строго допитувати; розпитувати *кого про що*.

힐책 лайка; сварка; докори; догана; осуд; засудження. ¶ ～하다 докоряти *кого-що в чому*.

힘 сила; могутність. |체력| фізична сила. |능력| здатність. |노력| зусилля; праця. |정력·기력| енергія. |세력| вплив. ¶ ～겹다 непосильний; дуже важкий. ～겹게 з великими зусиллями. ～껏 із усіх сил; з силою. ～쓰다 |노력하다| докладати старання (зусилля); старатися.

부록

한국어 국명·지명 우크라이나어 표기

가나	Га́на — Респу́бліка Га́на
가봉	Габо́н — Габо́нська Респу́бліка
가이아나	Гая́на — Кооперати́вна Респу́бліка Гая́на
감비야	Га́мбія — Респу́бліка Га́мбія
과테말라	Гватема́ла — Респу́бліка Гватема́ла
그레나다	Грена́да
그리스	Гре́ція — Гре́цька Респу́бліка
그린랜드	Ґренла́ндія — зале́жна терито́рія (автоно́мний регіо́н)
기니	Ґіне́я — Респу́бліка Гвіне́я
기니비사우	Ґіне́я-Біса́у — Респу́бліка Гвіне́я-Біса́у
나미비아	Намі́бія — Респу́бліка Намі́бія
나우루	Нру — Респу́бліка Науру
나이지리아	Ніге́рія — Федерати́вна Респу́бліка Ніге́рія
남수단	Півде́нний Суда́н — Респу́бліка Півде́нний Суда́н
남아프리카공화국	ПАР — Півде́нно-Африка́нська Респу́бліка
네덜란드	Нідерла́нди — Королі́вство Нідерла́ндів
네팔	Непа́л — Федерати́вна Демократи́чна Респу́бліка Непа́л
노르웨이	Норве́гія — Королі́вство Норве́гія
뉴질랜드	Но́ва Зела́ндія
니제르	Ні́гер — Респу́бліка Ні́гер
니카라과	Нікара́гуа — Респу́бліка Нікара́гуа
대한민국, 한국	Півде́нна Коре́я — Респу́бліка Коре́я
덴마크	Да́нія — Королі́вство Да́нія
도미니카연방	Домі́ніка — Співдру́жність Домі́ніки
독일	Німе́ччина — Федерати́вна Респу́бліка Німе́ччина

동티모르	Схі́дний Тимор — Демокра́ти́чна Респу́бліка Тимор-Лесте
라오스	Лаос — Лао́ська Наро́дно-демократи́чна Респу́бліка
라이베리아	Лібе́рія — Респу́бліка Лібе́рія
라트비아	Ла́твія — Ла́твійська Респу́бліка
러시아	Росі́я — Росі́йська Федера́ція
레소토	Лесо́то — Королі́вство Лесо́то
루마니아	Румуні́я
루안다	Руа́нда — Руа́ндійська Респу́бліка
룩셈부르크	Люксембу́рг — Вели́ке Ге́рцогство Люксембу́рг
리비아	Лі́вія — Вели́ка Соціалісти́чна Наро́дна Лі́війська Ара́бська Джамахі́рія
리투아니아	Литва́ — Ли́то́вська Респу́бліка
리히텐슈타인	Ліхтенште́йн — Кня́зівство Ліхтенште́йн
마다가스카르	Мадагаска́р — Респу́бліка Мадагаска́р
마샬군도	Марша́ллові Острови́ — Респу́бліка Марша́ллові Острови́
마이크로네시아	Федерати́вні Шта́ти Мікроне́зії
마카오	Мака́о (Аоминь)
마케도니아	Македо́нія — Респу́бліка Македо́нія
말라위	Мала́ві — Респу́бліка Мала́ві
말레이시아	Малайзі́я
말리	Малі́ — Респу́бліка Малі́
말타	Ма́льта — Респу́бліка Ма́льта
멕시코	Ме́ксика — Ме́ксиканські Сполу́чені Шта́ти
모나코	Мона́ко — Кня́зівство Мона́ко
모로코	Маро́кко — Королі́вство Маро́кко
모리셔스	Маврі́кій — Респу́бліка Маврі́кій
모리타니	Маврита́нія — Ісла́мська Респу́бліка Маврита́нія
모잠비크	Мозамбі́к — Респу́бліка Мозамбі́к
몬테네그로	Чорного́рія
몰도바	Молдо́ва — Респу́бліка Молдо́ва
몰디브	Мальді́ви — Мальді́вська Респу́бліка
몽골	Монго́лія
미국	США — Сполу́чені Шта́ти Аме́рики
미얀마	М'я́нма — Сою́з М'я́нма
바누아투	Вануа́ту — Респу́бліка Вануа́ту
바레인	Бахре́йн — Королі́вство Бахре́йн
바티칸교황청	Ватика́н — Держа́ва-мі́сто Ватика́н, Святи́й престо́л

방글라데시	Бангладеш — Народна Республіка Бангладеш
베네수엘라	Венесуела — Боліварська Республіка Венесуела
베냉	Бенін — Республіка Бенін
베트남	В'єтнам — Соціалістична Республіка В'єтнам
벨기에	Бельгія — Королівство Бельгія
벨라루스	Білорусь — Республіка Білорусь
벨리즈	Беліз
보스니아-헤르체코비나	Боснія і Герцеговина — Республіка Боснія і Герцеговина
보츠와나	Ботсвана — Республіка Ботсвана
볼리비아	Болівія — Багатонаціональна держава Болівія
부탄	Бутан — Королівство Бутан
북한	КНДР — Корейська Народно-демократична Республіка
불가리아	Болгарія — Республіка Болгарія
브라질	Бразилія — Федеративна Республіка Бразилія
브루나이	Бруней — Султанат Бруней-Даруссалам
브룬디	Бурунді — Республіка Бурунді
사모아	Самоа — Незалежна Держава Самоа
사우디아라비아	Саудівська Аравія — Королівство Саудівська Аравія
산마리노	Сан-Марино — Республіка Сан-Марино
상투메프린시페	Сан-Томе і Принсіпі — Демократична Республіка Сан-Томе і Принсіпі
서사하라	Західна Сахара — Арабська Демократична Республіка Сахари
세네갈	Сенегал — Республіка Сенегал
세르비아	Сербія — Республіка Сербія
세이셜군도	Сейшельські Острови — Республіка Сейшельські Острови
세이트 빈센트 그레나딘	Сент-Вінсент і Гренадини
세인트 킷츠 네비스	Сент-Кітс і Невіс — Федерація Сент-Критофер і Невіс
세인트 루시아	Сент-Люсія
소말리아	Сомалі — Сомалійська Демократична Республіка
솔로몬군도	Соломонові Острови
수단	Судан — Республіка Судан
수리남	Суринам — Республіка Суринам
시리아	Сирія — Сирійська Арабська Республіка
싱가포르	Сингапур — Республіка Сингапур
스리랑카	Шрі-Ланка — Демократична Соціалістична Республіка Шрі-Ланка

스웨덴	Шве́ція — Королі́вство Шве́ція
스위스	Швейца́рія — Швейца́рська Конфедера́ція
스페인	Іспа́нія — Королі́вство Іспа́нія
슬로바키아	Слова́ччина — Слова́цька Респу́бліка
슬로베니아	Слове́нія — Респу́бліка Слове́нія
아르메니아	Вірме́нія — Респу́бліка Вірме́нія
아르헨티나	Аргенти́на — Аргенти́нська Респу́бліка
아이티	Гаї́ті — Респу́бліка Гаї́ті
아이슬란드	Ісла́ндія — Респу́бліка Ісла́ндія
아일랜드	Ірла́ндія — Респу́бліка Ірла́ндія
아제르바이잔	Азербайджа́н — Азербайджа́нська Респу́бліка
아프가니스탄	Афганіста́н — Ісла́мська Респу́бліка Афганіста́н
안도라	Андо́рра — Князі́вство Андо́рра
안티구아	Анти́гуа і Барбу́да
알바니아	Алба́нія — Респу́бліка Алба́нія
알제리	Алжи́р — Алжи́рська Наро́дна Демократи́чна Респу́бліка
앙골라	Анго́ла — Респу́бліка Анго́ла
에리토리아	Еритре́я — Держа́ва Еритре́я
에스토니아	Есто́нія — Есто́нська Респу́бліка
에콰도르	Еква́дор — Респу́бліка Еква́дор
엘살바도르	Сальвадо́р — Респу́бліка Ель-Сальвадо́р
영국	Вели́ка Брита́нія — Сполу́чене Королі́вство Вели́кої Брита́нії і Півні́чної Ірла́ндії
예멘	Є́мен — Є́менська Респу́бліка
오스트레일리아	Австра́лія — Австралі́йський Сою́з
오스트리아	А́встрія — А́встрійська Респу́бліка
온두라스	Гондура́с — Респу́бліка Гондура́с
요르단	Йорда́нія — Йорда́нське Ха́шімітське Королі́вство
우간다	Уга́нда — Респу́бліка Уга́нда
우루과이	Уругва́й — Схі́дна Респу́бліка Уругва́й
우즈베키스탄	Узбекиста́н — Респу́бліка Узбекиста́н
우크라이나	Украї́на
이디오피아	Ефіо́пія — Федерати́вна Демократи́чна Респу́бліка Ефіо́пія
이라크	Іра́к — Респу́бліка Іра́к
이란	Іра́н — Ісла́мська Респу́бліка Іра́н
이스라엘	Ізраї́ль — Держа́ва Ізраї́ль
이집트	Єги́пет — Ара́бська Респу́бліка Єги́пет
이탈리아	Іта́лія — Іта́лійська Респу́бліка

인도네시아	Індонезія — Республіка Індонезія
인디아	Індія — Республіка Індія
일본	Японія — Японська держава
자메이카	Ямайка
잠비아	Замбія — Республіка Замбія
적도기니	Екваторіальна Гвінея — Республіка Екваторіальна Гвінея
조지아	Грузія — Республіка Грузія
중국	КНР — Китайська Народна Республіка
지부티	Джибуті — Республіка Джибуті
짐바브웨	Зімбабве — Республіка Зімбабве
차드	Чад — Республіка Чад
체코	Чехія — Чеська Республіка
칠레	Чилі — Республіка Чилі
카나리아군도	Канарські острови
카메룬	Камерун — Республіка Камерун
카보베르데	Кабо-Верде — Республіка Кабо-Верде
카자흐스탄	Казахстан — Республіка Казахстан
카타르	Катар — Держава Катар
캄보디아	Камбоджа — Королівство Камбоджа
캐나다	Канада
케냐	Кенія — Республіка Кенія
코소보	Косово
코스타리카	Коста-Рика — Республіка Коста-Ріка
코트디부아르	Кот-д'Івуар — Республіка Кот-д'Івуар
콜롬비아	Колумбія — Республіка Колумбія
콩고	Конго — Республіка Конго
쿠바	Куба — Республіка Куба
쿠웨이트	Кувейт — Держава Кувейт
크로아티아	Хорватія — Республіка Хорватія
키르기즈스탄	Киргизстан — Киргизька Республіка
키프로스	Кіпр — Республіка Кіпр
타지키스탄	Таджикистан — Республіка Таджикистан
태국	Таїланд — Королівство Таїланд
타이완	Тайвань — Республіка Китай (Тайвань)
탄자니아	Танзанія — Об'єднана Республіка Танзанія
터키	Туреччина — Турецька Республіка
토고	Того — Тоголезька Республіка
통가	Тонга — Королівство Тонга
투르크메니스탄	Туркменістан — Республіка Туркменістан
투발루	Тувалу

튀니지	Туніс — Туніська Республіка
트리니다드토바고	Тринідад і Тобаго — Республіка Тринідад і Тобаго
파나마	Панама — Республіка Панама
파라과이	Парагвай — Республіка Парагвай
파키스탄	Пакистан — Ісламська Республіка Пакистан
파푸아뉴기니아	Папуа-Нова Гвінея — Незалежна Держава Папуа-Нова Гвінея
팔라우	Палау — Республіка Палау
팔레스타인	Палестина
페로제도	Фарерські острови — Фарери
페루	Перу — Республіка Перу
포르투갈	Португалія — Португальська Республіка
폴란드	Польща — Республіка Польща
푸에르토리코	Пуерто-Ріко — Асоційована вільна держава Пуерто-Ріко
프랑스	Франція — Французька Республіка
피지	Фіджі — Республіка Фіджі
핀란드	Фінляндія — Фінляндська Республіка
필리핀	Філіппіни — Республіка Філіппіни
헝가리	Угорщина
홍콩	Гонконг(Сянган)

한국어-우크라이나어 사전

2012년 7월 20일 초판 1쇄 인쇄
2012년 7월 25일 초판 1쇄 발행

著作者   고려대학교 러시아-CIS 연구소
        허승철 · 채첼니츠카 편저
發行人   서덕일
發行處   도서출판 문예림
등록   1962년7월12일 제 2-100호
주소   서울 광진구 군자동 1-13호
        문예하우스 101호
전화   02) 499-1281~2
팩스   02) 499-1283
http://www.bookmoon.co.kr
Email:book1281@hanmail.net

ISBN 978-89-7482-676-5 (13790)
값 45,000원

* 잘못된 책은 구입하신 서점에서 교환해 드립니다.